编纂人员

主　　　编：王明华

副　主　编：陈敏毅

执行副主编：臧具林　罗林平

编　　　委：肖红旗　关来顺　张冬梅　黎惠娟　马　琳　肖丽林
温　飚　华春玫　梁建军　卜伟才　徐朝清　蒋生元
魏敏华

编　　　务：王　莉　梁国壮　王　健

国际传播论文集

（第十四辑）

主　编　王明华

副主编　陈敏毅

中国国际广播出版社

目　录

传播理论

业务实践

品牌建设

网络节目

节目创新

海外落地

驻外记者

语言研究与推广

受众研究

播音主持

翻译园地

新媒体

他山之石

其　他

技术天地

传播理论

加强国际传播能力　向世界介绍真实的中国

汤　黎

让世界了解一个真实的中国一直是我们对外宣传秉承的传播理念。习近平总书记在带领新一届全体中央政治局常委首次与中外记者会面时指出：中国需要更多地了解世界，世界也需要更多地了解中国。由于意识形态、社会制度和价值观的不同，西方有关中国的负面舆论仍没有改变，它们对中国的发展充满误解，因此我们要加强国际传播能力建设，努力提升国际传播实效，加强针对性，掌握话语权，扩大传播影响力，让世界认识一个客观真实的中国。

一、提高国际传播能力是更好地向世界说明中国的需要

在信息化和全球化发展的今天，各国都越来越重视舆论在国家发展中的作用。只有拥有先进的传播手段和强大的传播能力，才能在国际舆论中占据有利地位。目前，中国已明确提出要加强国际传播能力建设，构建现代传播体系，打破西方媒体垄断的格局，形成与我国经济社会发展水平和国际地位相称的国际传播力。

1. 中国影响力的提升增加了向世界说明中国的机会

随着中国综合国力的不断增强以及中国国际地位的日益提高，中国在国际事务和地区事务中所起的作用越来越大。中国经济的发展带动了政治和文化等其他方面地位的不断提高，使中国的国际影响力日益增强，世界越来越关注中国，中国在世界媒体报道中成为出现频率最高的国家之一。特别是北京奥运盛会和上海世博会的成功举办，使国际社会见证了中国的大国风范。“神九”飞天，“蛟龙”入海，G20会议等，无不彰显中国的强大国力，提升中国的国际地位和形象，增强中国人的自信心，增进中外民众之间的相互了解，同时也将进一步促进中国的改革开放和社会进步，加速中国与世界的融合。由于经济的快速发展和国际地位的不断提高，中国的影响已经超越经济而深入到政治、文化等各个领域，国外受众了解中国的愿望与日俱增。作为全球第二大经济体，中国经济的发展愈加受到国际的关注，中国经济的相关报道常常成为国外媒体讨论的话题。特别是在全球金融危机发生后，中国的宏观政策、经济运行状况、各产业发展形势、对外贸易和海外投资等中国经济的各方面都成为国外媒体关注的焦点。中国媒体在国际传播中应表现出有别于西方媒体的立场和声音，抓住机遇，引导世界以客观的态度看待中国，多角度解读中国问题，全面展现中国的良好形象，为推进中国可持续发展创造良好的舆论环境。

2. 树立中国良好形象让国际社会了解真实的中国

随着中国综合国力的日益增强，中国国家形象不断提升，中国对全球政治、经济、外交、文化和科技等方面的影响越来越大，自然引发一些国家的担忧，一些西方媒体甚至妖

魔化中国。中国的形象变得模糊不清，并受到质疑。外国媒体有关“中国速度”、“中国崛起”和“中国威胁论”等有关中国形象的讨论也常常出现。外媒报道的中国虽然数量上比以前增多了，但是常常会出现误差，而且报道仍是以负面的为主，从而影响了中国的国际形象。许多到过中国的外国人都表示，中国的发展让他们震撼，与他们之前的想象完全不同。但能够亲自来中国的毕竟是少数人，只靠这些少数外国人的访问不可能解决大多数外国人了解中国的问题。因而，要让世界了解一个真实的中国，只有加强对外说明中国的力度，根据受众思维习惯、生活方式、宗教信仰、文化习俗和价值体系用对方熟悉的文化、历史语言表达我们要说的话的意思，才能使别人更加容易理解我们。在全球化时代，随着媒体传播范围和影响的日益扩大，媒体外交越来越受到重视，它不仅体现着国家的软实力，而且在很大程度上塑造着国家形象。作为中国对外传播主流媒体之一的中国国际广播电台（以下简称国际台）应充分利用自己的语言优势和海外资源优势，重视东西方文化差异，讲究传播技巧，摆事实讲道理，用国际化的表达向外界讲述中国故事，向世界传播一个真实的中国。

二、提高“软实力”，增强向世界说明中国的能力

硬实力是指经济、科技、军事实力，软实力则是以文化、意识形态和吸引力体现出来。在党的十七大文件中，“文化软实力”、“文化创造活力”、“文化生产力”等新名词频频出现，显示出中国已确立从国家层面推动发展文化软实力的重大战略。文化软实力是综合国力和国际竞争力的重要组成部分。中国要在激烈的国际竞争中赢得主动，就必须在增强经济实力、科技实力和加强国防力量的同时，大大提高文化实力。国际传播能力作为软实力是维护国家形象的重要手段。2009 年中国出台了文化产业的振兴规划，2011 年中国共产党十七届六中全会决定要加快发展文化产业，推动文化产业成为国民经济支柱性产业。2012 年，中国“十二五”时期的文化改革发展规划纲要，进一步明确了振兴文化产业的国家政策，为提高国际传播能力提供了难得的机遇。

1. 借鉴国外经验发展文化软实力

在现代化发展进程中，只有有效地传承传统文化和促进外来文化吸引力，才能加强文化实力，提高文化创新力。中国和美国是世界上两个最大的经济体，论工业的总产值中国已经超过了美国，中国与美国的 GDP 差距在于文化和金融两个产业，美国的文化产业占 GDP 的 27%，是美国的第二大产业。中国的文化产业占 GDP 不足 3%。根据国际标准指标，文化创意产业必须占 GDP 总量的 5%，才能被称为支柱型产业。目前看来，我国与 5%相距很遥远。2010 年我国的文化产业增加值仅为 GDP 的 2.5%左右，相比于美国文化产业增加值占 GDP 的 27%，还有一定距离。美国作为文化输出的第一大国，其成功经验值得中国学习和借鉴。美国通过好莱坞电影，比如《阿凡达》无形中体现出美国的精神价值观。在文化创新方面，美国好莱坞在《花木兰》、《功夫熊猫》等影片中，成功地利用了中国元素进行传播。

另外，俄罗斯的做法也值得我们借鉴。2012 年俄罗斯着重推动文化战略的实施，利用举办丰富多彩的文化节、音乐节、电影展、摄影作品和书画展这些固有的传播渠道为俄罗

斯文化的走出去创造条件。值得一提的是，在对外文化交流中俄罗斯尽量淡化“政治色彩”。为了改变西方对俄罗斯的负面影响，俄罗斯利用大型能源企业在欧洲传媒集团做商业广告，欧洲传媒集团则额外提供黄金时段，播出俄罗斯风情片，如俄罗斯面包的制作，俄罗斯婚礼，伏特加酒的制作等非政治性节目的播放，改变了西方社会中公众对俄罗斯的原有印象。

2. 增强中国文化在西方国家的认知度

尽管中国的经济得到快速发展，但许多国家对中国文化的了解还是片面、零碎和肤浅的。如果没有与经济大国相称的、被世人所理解和认知的现代形态的中国文化，中国的大国地位无法奠定，也就难以实现中国的真正崛起。

目前西方人对中国的普遍印象是：经济快速发展，汉语热，丰富的中国历史文化，中国功夫，一些来自中国的诸如华为、中兴、联想、海尔等国际品牌，价廉物美的商品，巨大的中国国内市场和海外投资实力，等等，越来越多的外国人希望能真正了解中国。近年来，世界各地都兴起了“汉语热”，许多外国人渴望学习中国语言，进一步了解中国文化。到目前为止，国家汉办已在110多个国家和地区建立起410多所孔子学院和550多家孔子课堂，国际台也建有12家广播孔子课堂。孔子课堂在教授汉语的同时，致力于传播中国文化，积极开展中医、武术、书法和烹饪等文化活动，满足了汉语学习者的多样化需求，促进了中国文化与世界文化的交流和交融。我们应该清醒地意识到，中国在世界上的影响力不仅意味着经济增长的影响，中国文化的影响将更为深远。因此，加强国际社会对今日中国的认识和认同，让世界了解中国文化的深刻内涵是中国媒体的责任。

三、掌握话语权有效传播中国声音

国际话语权是一个国家就国家事务和相关国际事务发表意见的权威度和影响力，是由其政治经济实力决定的，它关系到一个国家的国际地位、国际形象和国家的软实力。如果一个国家经济发达、政治外交活跃，说话就会有分量。

在当前政治多极化，经济一体化，信息全球化的时代，各国都设法在国际舞台发出自己的声音，赢得更多有利的声音。研究表明，由于覆盖面、接受习惯和对不同媒体信任度不同，受众更倾向于从本国媒体获得信息，并倾向于信任本国媒体提供的信息。对于中国媒体来说，掌握了国际话语权就能够影响和引导国际舆论的走向、影响国际主流社会和主流媒体，维护国家利益，提高中国影响力。近年来，国际媒体的“中国热”持续不减，特别是2008年北京奥运会，中国经历了前所未有的重大考验，受到世界媒体从未有过的巨大关注。一些国家的主流媒体因为北京奥运会的召开而专门在北京设立记者站，有的至今仍在运行。这显示出西方国家媒体对中国从轻视到重视的转变。

国际台作为专门从事对外传播的国家级媒体一直致力于由传统媒体向现代媒体，由单一媒体向综合媒体，由对外广播向国际传播的转变，同时积极推进内容的本土化、贴近性和时效化。目前，国际台除了拥有传统的覆盖全球的中短波多语种广播电台外，还在世界多个国家的主要城市建成了84个整频率调频台，传播语种达63种。此外，国际台还拥有

4000多海外听众俱乐部和35种外文期刊，其中不少都与对象国平面媒体联合发行。2012年，国际台还开办了CIBN互联网电视。经过近年来的发展，国际台已经拥有平面媒体、音频、视频、新媒体等多种媒体形态，初步建成语种丰富、手段齐全的现代综合新型传媒集团，全球的影响力显著增强。比如：2010年为俄罗斯“汉语年”而策划的反映中国传统文化精髓的大型多媒体系列文化节目《你好，中国》的推出；斯瓦希里语版的《媳妇的美好时代》在坦桑尼亚国家电视台黄金时段的成功播出；俄语部杂志《中国风》与俄罗斯主流媒体捆绑发行等，实现了占领海外舆论阵地，进入国外主流人群的有效传播。

一个国家的话语权大小，很大程度上来源于媒体的国际传播能力。中国媒体应挖掘自身的资源优势，提高国际竞争力，把中国的声音和中国形象传播出去，使国际舆论报道的中国和真实的中国差距缩小，让国际社会对中国发生的事情有正确的认识，让世界更了解中国，解决认识上的差异。

四、拓展对外传播手段讲好中国故事

尽管传播的手段不断丰富、各国的传媒业不断发展，但是，东西方民众对彼此还是缺乏了解。在有关中国的问题上，由于一些传播强国和媒体集团对国际新闻源的垄断，西方受众所获取的有关中国的信息是间接的，不够全面的，从而导致对中国存在着误解和偏见。因此，中国媒体要用世界听得懂的语言介绍中国的发展情况，用受众能够理解的方式讲述中国故事，影响受众对中国的认识和理解。

1. 讲究报道方式，掌握传播主动权

对外传播要主动表达，避免被动解释。遇到突发事件，要争分夺秒，掌握有利时机。要及时全面公开信息，展示中国发展中的方方面面。对外报道要避免用“内宣”口气向国外受众宣传中国的观点和立场。除了语言文字，借助数据、图片和影像等工具加强说服力。总之，要用外国受众听得懂的表达方式讲述中国故事。

2010年9月23日中国前总理温家宝在65届联合国大会一般性辩论会上发表了题为《认识一个真实的中国》的讲话，客观地阐述了中国30多年来的发展成就以及中国在发展过程中存在的主要问题。他指出，中国国内生产总值位居世界第三，但人均水平较低，只相当于发达国家的十分之一左右。中国经济已保持30多年的快速增长，但进一步发展受到能源和环境的制约。中国若干重要产品产量位居世界前列，但总体上仍处于全球产业链的低端。中国已经成为国际贸易大国，但出口产品技术含量和附加值低，核心技术仍然大量依赖进口。中国沿海地区和一些大中城市呈现现代化繁荣，但中西部和广大农村不少地方经济相当落后，还有1.5亿人口生活在联合国设定的贫困线以下。中国民生有了很大改善，但社会保障体系不健全，就业压力很大。中国社会政治生活日趋活跃公民基本权利得到较好的维护，但民主法制还不够健全，社会不公和贪污腐败等问题依然存在。温家宝在联大的讲话，反映了中国的“先进落后并存，新旧矛盾交织，面临诸多前所未有的挑战。中国仍然处于社会主义初级阶段，仍然属于发展中国家”的基本国情，告诉了全世界一个真实的中国，为世界正确认识中国打开了一扇窗户。

2. 加强媒体合作提高传播实效

在当今信息大爆炸的时代，信息的传播方式和受众对信息的需求和兴趣也发生了变化，包括广播媒体在内的传统媒体面临着巨大挑战。为了生存和发展，进而掌握话语权，媒体的融合和中外各家媒体之间的合作无疑是实现传播效果最大化并实现共赢的最佳方式。

近两年国际台加强与媒体同行间的合作，采取联合举办活动、联合采访等形式，实现资源共享，打造品牌知名度。如《中国城市榜》活动、《你好，中国》大型多媒体文化项目、《双座自行车——中国和奥地利》等。去年，俄东中心与该地区主流媒体推出了一档由各语言部和对象国合作电台共同策划分别播出的有关中国经济《媒体双行线》的节目。栏目编辑选择双方共同感兴趣的话题，特别是西方媒体对中国经济存在的一些偏见和误解，参考国内外财经媒体的报道，以国际视角全方位地进行客观阐述。节目在东欧波兰、捷克、塞尔维亚、克罗地亚、阿尔巴尼亚、保加利亚和俄罗斯七个国家的九家主流媒体播出，不仅使双方获得了第一手资讯、给受众提供了真实客观的报道、提高了节目的可听性，而且满足了这一地区的受众对中国经济资讯的需求。《媒体双行线》节目播出以来，受众反响热烈，扩大了传播的影响力。

3. 追求精准传播，提升传播影响力

对外传播不是简单地传递信息本身，而是要结合我们的传播目的和受众需求，有的放矢，让受众准确地接收和理解我们想要表达的意思，把真实情况告诉世界。涉藏问题一直是国际媒体和西方社会关注的话题，因此，我们的报道只有增强针对性和贴近性，才能让受众听得进、看得懂并且乐于接受。

2012 年 11 月初，在波兰首都华沙中华人民共和国国务院新闻办、西藏自治区政府和中国驻波兰使馆共同举办了“2012 波兰・西藏文化周”的活动。作为此次活动的唯一媒体支持单位，国际台主动策划，发挥国际台多语种、多媒体、多窗口的独特优势，俄东中心、新闻中心、英语中心、国际在线和采集制作中心等多个部门联动，全方位、多手段报道了此次活动。国际在线波兰文、中文、英文、匈牙利文和捷克文等 5 个中外文网站，统一推出设计精美、图文并茂的“2012 波兰・西藏文化周”专题，通过整合华沙记者站和各媒体报道资源，充分运用图、文、音、视等多媒体手段，对文化周活动进行全面跟踪报道。

为提高网民参与度，专题内设置了《西藏图片展》栏目、西藏文化周特刊《中国西藏・缘》特刊电子版，从自然风光、文化艺术、宗教信仰和西藏新貌等方面展示西藏并设置互动投票栏目。其中波兰网民投票累计超过 10 000 次，5 种语言网站累计投票超过 200 000 次。网络专题还同国内重点新闻网站链接并在中国驻波兰大使馆网站、波兰孔子学院网站、波兰旅游网等对象国网站进行推介。此外，为了配合此次活动，波兰语部还专门制作了《中国西藏・缘》特刊，作为文化周活动的纸质宣传刊物，在中国驻波兰使馆和活动现场发放。特刊选取“波兰记者西藏行”、“外国人眼中的西藏”、“西藏印象”、“西藏旅游小贴士”等针对性、知识性、服务性和说服力较强的内容，让读者全面了解西藏。文化周活动现场之外，在文化周举办期间，三百本《中国西藏・缘》中、波文特刊还被推上了波兰航空公司北京至华沙直飞航线的飞机，从而进一步推介了文化周活动，提升了国际台的影响力，为波兰人感知西藏架起了空中桥梁。

五、结语

在中国经济飞速发展、国际地位不断提高的今天，打造与自身国力相匹配的国际传媒，成为我国媒体迫在眉睫的任务。目前，我国媒体的国际传播能力与日益提高的综合国力和国际地位明显不相匹配，在世界上的声音仍然是西强我弱，迫切需要提高国际传播能力，提升国家软实力和我国媒体的话语权。中国媒体得到外国受众的认可并不是一件易事，需要讲究传播技巧，注重传播效果，把握不同国际受众的文化背景，从内容、形式上下工夫，迎合国际受众的接受习惯，避免引起受众的反感和排斥，要学会用西方受众熟悉的表达方式客观全面地介绍中国，讲好中国故事，呈现出真实的中国形象。

（作者单位：中国国际广播电台波兰语部）

参考文献：

1. 姜加林、于运全：《构建现代国际传播体系》，中国国际出版集团、外文出版社，2011 年 11 月。

2. 赵启正：《公共外交与跨文化交流》，中国人民大学出版社，2011 年 3 月。

3. 李希光：《软实力与中国梦》，法律出版社，2011 年 1 月。

浅谈如何做好中国新闻的对外传播

卫　宁

改革开放35年来，中国在国际上的地位不断提高，影响力也越来越大；中国要面向世界，世界更需要了解中国。因此，中国新闻在对外传播中扮演着十分重要的角色。

然而，现实的情况却是，尽管我国对外报道工作已取得初步成就，但“中国声音”在西方媒体占主要地位的世界新闻传播格局中依然显得微弱。而一些西方媒体所报道的中国，常常充斥着偏见和歪曲，久而久之在国际舆论中造成了十分不良的影响。有研究发现，20多年前美国有六成的人对中国持负面看法；而20多年后的今天，在中国发生了巨变之后，这个数字仍没有多大改变。根本原因之一就是在于我们的对外传播在国际上的传播效果与影响还很小。[①] 在这种形势下，如何提升中国新闻对外传播的有效性，使其更具吸引力和感染力，从而扭转国际舆论环境，已成为目前摆在中国对外传媒面前的一项艰巨任务。

一、切实了解外国受众的信息需求，提高对外报道的吸引力

我们通常所指的对外报道对象主要是指外国人和海外华人、华侨。他们具有不同的文化背景，价值观念和生活方式也各不相同，因此对中国信息的需求也相应地有所差别。大致说来，西方发达国家的受众对中国的政治制度、外交政策、民族和宗教事务等问题非常关注；发展中国家的受众更想了解中国在政治、经济等领域的发展情况，希望从中获得可供参考和借鉴的经验；而海外华人、华侨则更多地想获知中国改革开放及各项事业的发展情况、所取得的成绩以及中国国际地位的提升。跨国、跨地区、跨文化的对外报道的根本点是让外国人更好地了解中国，只有摸清受众的基本脉络，了解他们对中国新闻的需求，发出的报道才能有的放矢，具有针对性。

实际上，在我们的对外报道工作中的确还存在着内外不分的问题，抓不住海外受众的新闻关注点，连篇累牍地给他们提供一些他们并不感兴趣的东西；不管有没有新闻价值，只要一有领导参加就一律播报，不考虑对外播出有没有意义，也不管外国受众的接受心理。这样做的直接后果就是失去了对外传播的效果，更失去了受众。

对外报道是向世界说话，在选取话题时自然不同于普通的对内新闻报道。首先，要用世界的眼光审视对外报道的题材。实施改革开放的35年里，中国不断加快融入世界的脚步。随着中国经济的迅猛发展，国际影响力的显著提升，如今国际社会越来越多地把中国的发展视为全球事务的一部分。在与世界的互动中，中国迅速地发展着自身，这种互动影响着中国的决策和未来发展方向，影响着全球政治、经济格局的演变，也为世界提供了新

---

① 侯迎忠：《改革开放以来我国对外报道研究现状与趋势分析》，2009年第1期。

的发展机遇。所以，我们观察、分析、判断问题必须立足全国、放眼世界，决不能孤立地看待某一新闻事件，而是要把我们所获悉的国内情况，放在国际大背景下去考虑，选择适合的题材和报道角度，这样才能使对外报道更加有接近性，更具有世界意义。

比如中国的环境问题。这是近年来外界关注度最高的中国话题之一，究其原因是它对国际社会来讲具有多层含义：一是由于中国的人口数量和经济规模，特别是对能源的巨大需求，中国环境问题正在产生全球影响；二是中国已成为一个环保新技术、产品和服务的巨大市场；三是中国处理环境问题的经验与教训可供他国参考；此外还包括国际政治方面的考虑。再如，中国机动车保有量再创新高的消息，乍一看，是一条比较对内的新闻，但是对于世界汽车强国德国来说，则意味着巨大的商机，是十分适合对外播发的内容。

在对外报道题材的选择上具有世界眼光外，还应全方位多角度地寻找共同话题，从人类的共同利益和共同关心的问题出发，报道具有全球意义的中国新闻。无论文化背景如何不同，有些问题总是受到普遍关注的。具体来看，包括全球性的普遍关注、区域性的特殊关注、时间性的热点关注。其中，人类生存环境、科学技术重大突破、社会贫富差距、人口老龄化、妇女儿童及投资环境，等等，这类话题既是中国的，也是世界的。有关这些内容的新闻报道很容易引起受众的兴趣，中国新闻对外报道应该让世界了解中国在人类面临的共同问题面前，是如何处理的。

此外，有数据表明，前几年《人民日报》海外版、央视国际频道和《中国日报》中，政治新闻分别占到70％、60％和50％的份额。而近20多年来，西方媒体的报道题材正在减少政治和国际事务，转向财经理财、生活方式、著名人物、文化娱乐等。① 这从一个侧面反映出当代西方新闻受众价值取向的变化。因此，在对外报道中应适当增加软性新闻的分量。由于外国受众与国内受众的文化背景、生活习惯大不相同，因此对于中国民众来说司空见惯的事情对于外国人来说可能会感到十分新奇。中国的重大新闻并不是天天都有，这样，选择那些具有趣味性、知识性和实用性的中国新闻进行对外传播，则容易获得外国受众的青睐。比如，有人情味的社会现象、丰富多彩的民俗活动、少数民族的传统节日等都是对外新闻的好题材。

二、准确把握外国受众的思维方式和表达习惯，提高对外报道的亲和力

原中国国务院新闻办公室主任赵启正曾指出："我深感我们在向外表达中国的时候，往往忘了对象是外国人，而用中国的方式，这里包括用我们的思维，用我们的语言（不是指汉语，而是指我们的词汇和表达习惯），甚至不顾对方想知道什么，一味地输出，不顾对方的反应，那么效果就不会理想。"② 由此可见，提升对外传播的有效性，不仅要知道外

---

① 余泽梅：《跨文化传播与外宣新闻策略思考》，《新闻知识》，2007年第6期。

② 中国外文局对外传播研究中心：《向世界说明中国（赵启正演讲谈话录）》，新世界出版社，2005年，第395页。

国受众的信息需求，还要讲究对外传播的艺术和策略，力求在受众文化语境中传播我们的新闻、我们的文化和我们的价值观。

但是，在现实的对外报道工作中，由于我们长久以来形成的思维定势，以及习以为常的报道模式，从而有意无意地将对外报道简单化、片面化和绝对化。一些对外报道有浓厚的“官腔”、“宣传味”，不顾及外国受众的判断力和感知力，兀自生硬地讲解和阐述说明，把一些大道理强加于人，令人反感。还有的片面理解“以我为主、以正面报道为主”的报道原则，对中国社会发展中出现的问题进行刻意隐瞒，结果不但起不到良好的传播效果，反而还会严重损害媒体的声誉和中国的国家形象。要想达到预期的传播效果，就必须与国际传媒通行的报道方式接轨，用符合外国受众的思维方式和表达习惯去讲述“中国故事”。

1. 用事实说话，力求报道的真实客观

中国的对外报道肩负着捍卫国家利益、民族尊严的使命，但它更是中外文化交流互动的一种中介，故此它必须要依照新闻的基本体例和法则，充分体现新闻价值和规律。[①] 运用“用事实说话”这一叙事方式，则遵循了新闻基本规律和法则。这一报道方式从形式上淡化宣传色彩，避免赤裸裸的口号式报道，将观点寓于事实之中，让外国受众自然而然地接受报道者的立场和观点。

以 CNN、BBC 为代表的西方主流媒体采取的一般都是“没有宣传者的宣传”方式，将其主观倾向隐藏在对新闻事实的精心选择和编排当中，让观众得出传播者想要的结论。“没有宣传者的宣传”是由美国学者詹姆士·沙纳汉提出的，不可谓不是一个高明的新闻传播方式，值得中国同行借鉴。

新华社在 2012 年 12 月 3 日对外发布了一则《中国尽己所能自主减排获国际社会称赞》的新闻。众所周知，根据相关国际公约，在现阶段要求作为发展中国家的中国绝对减排是不公平、不合理的。但，一些西方媒体仍在这个问题上大做文章，要求中国承担本应是由发达国家承担的责任。新华社发出的这篇对外报道则叙述了我国在减排方面的多项政策措施，列举了反映减排效果的多项数据，同时还引用了不同国际组织及有关专家对中国减排政策的积极评论，通过“第三方”的论述有力回击了西方媒体对这一问题的负面言论。显而易见，这样的对外报道比单纯地阐述中国减排立场的新闻，更有说服力，更容易使受众信服。

此外，新闻客观性的理念还要求媒体工作者在报道中不能含有个人主观判断和感情色彩。但在新闻实践中这是难以操作的，因此要善于运用平衡报道的手法，来体现对外报道的公正、公平。平衡报道的手法要求媒体工作者在撰写报道时给持不同意见的各方以平等的权利，“记者在报道中应尽量照顾来自各方的观点，避免任意站在争论的一方，这样才能保持新闻媒介的客观立场”[②]。尤其是在进行成就性报道时，特别要注意留有余地，不要把话说得过满，以增加新闻报道的公信力和可信度。

---

① 闫晓虹：《中国对外报道技巧初探》，《对外大传播》，2007 年第 5 期。

② 李良荣：《西方新闻事业》，复旦大学出版社，1997 年。

2. 主动设置议题，力求报道的及时有效

我国在对外报道上存在的另一问题是在议题设置上缺乏主动性，以致延误了报道的时机，丧失了报道的主动权和话语权。其结果是受众对西方的媒体言论“先入为主”，我们的对外报道往往最终沦为了对负面舆论的“反驳”和“回应”。化被动为主动的唯一办法就是积极争夺舆论的话语权，主动设置议题，抢占国际舆论高地。

对于那些已预知的重大新闻事件，尽早作出整体性策划。以 2012 年新华社就中国共产党第十八次全国代表大会组织的对外报道为例。本次报道中，新华社更加重视英文报道，以便更直接地影响西方舆论。其中，精心策划了一组言论性报道，内容涉及中国经济、环境保护和黄岩岛事件等热点话题。这些稿件很多被美联社、路透社、法新社、英国 BBC 网站等海外主流媒体采用，成为很有效率的对外传播。①

在日常对外新闻报道中提升与西方媒体的竞争能力，特别是在经济、文化、军事等报道领域积极设置吸引受众的选题。对于那些受众特别关注和感兴趣的内容，则组织有规模、成系列的报道。如新华社 2012 年组织的“发现中国创造力”大型采访活动，报道了一大批拥有核心技术、先进生产理念、富有竞争力的中国企业，回击了国际上“中国伪造、中国仿造”言论。中国国际广播电台 2011 年播出的《中国民族经典器乐鉴赏》系列节目，则重在挖掘笛子、古琴、琵琶等中国十大民族乐器及音乐作品所蕴含的人文故事，传播中华文化的价值内涵。

另外，在主动设置对外报道议题时，要敢于触及敏感问题甚至是负面信息。目前，中国正处于社会转型期，经济发展、政治进步的同时，各种社会问题也层出不穷。中国对外传播要本着客观的态度及时、准确地对当前中国社会所面临的问题和矛盾予以报道，并提供中国政府的解决方案，展现中国政府解决这些问题的措施和决心，这样才能让外国受众信服。

西方媒体对我国的关注往往集中在一些敏感话题，例如中国政治体制改革、人权、宗教、民族事务和台湾问题等。要在对外报道中赢得主动，必须正视这些敏感问题，注意把握报道时机，积极设置报道议程，主动将敏感问题在日常报道中呈现给受众，充分表达中国的立场和声音，而不是等出了问题才被动应对。这也正是中国国际广播电台多年以来一直强调涉疆、涉藏等敏感问题报道，并将之常态化的原因。

3. 寓理于事，力求报道的生动鲜活

要做好中国新闻的对外传播，还要做到寓理于事，运用讲故事的手法，多展示新闻事件的细节性材料，使对外报道具有亲和力和感染力。实际上，我们的对外报道就是要将发生在中国的人与事讲给国外受众。将视点投向普通社会个体，“以小见大”地反映中国人的精神面貌、中国人的生活态度，反映中国改革开放发展变化的成绩，更容易被外国受众接受。这也是“华尔街日报体”即通过具体的、富有人情味的新闻故事开篇的报道结构被广泛应用的原因。

2011 年中国国际广播电台为汶川大地震三周年采制的一期特别节目《孩子，你是妈妈

① 孟娜：《描述好十八大的历史方位》，《对外传播》，2012 年第 7 期。

的希望》，讲述了地震中丧子家庭如何在震后重拾希望，重新迎接新生命的故事。这篇稿件切入口很小，而反映的却是震后外国受众最关注的问题。据统计，有超过 8 000 户四川家庭在这次地震中失去了唯一的孩子。报道通过具体的人物故事向外国受众展现了中国人在灾难过后积极面对生活的态度、客观真实的生活状态，并进一步展示了中国政府在震后对灾区出台的“丧子家庭可以生二胎”等一系列饱含人情味的法规。

此外，在对外传播中不仅可以讲中国人的故事，还可以讲在中国的外国人的故事，从而达到介绍中国的目的。写外国受众熟悉的人的故事，能拉近距离，让他们接受和理解，更好地认识中国。

随着中国社会经济的快速发展，来自中国的新闻已成为世界各大媒体的竞争对象，而新媒体技术的不断发展则使信息传播进一步“全球化”。中国的对外宣传报道工作面临着来自国外同行的一系列挑战。因此，中国的对外报道要想在激烈的竞争中扭转地位、赢得优势，迫切需要提升对外报道的传播力，在进行中国新闻的对外传播时要讲究艺术，运用国际通行的新闻报道手法，努力使外国人对我们的报道听得懂、听得有兴趣，从而客观地认识一个真实的中国。

（作者单位：中国国际广播电台西拉中心地区编辑部）

汇聚正能量 提升话语权

——提升对外传播话语权的思路

于清凡

国际舆论传播格局中的博弈归根结底是话语权的争夺。不公正、不合理的国际舆论传播格局，归根结底是由传播能量的悬殊造成的。未来大国的战略竞争焦点将锁定话语权。基于这三点认识，中国对外传播的当务之急，也是我们当下最有条件做到的就是提升话语权。而话语权的提升，必然依赖于正能量的汇聚和智慧的应对。围绕这个问题，本文作如下考量：

一、提升话语权的迫切需求

全球传播空间的显著特点是众声喧哗。这是世界多极化、经济全球化、文化多样化在传播领域的必然反映。在自由表达、众说纷纭的全球语境中，每一种声音都是一种利益的诉求，价值理念的张扬，文化力量的渗透。强势媒体咄咄逼人的态势已是不争的事实。

下面四组数字表明，这种传播能量悬殊造成的“西强我弱”格局是多么发人深省：

全世界几乎一半的报纸、电台、电视、出版社、电影公司、唱片公司被五大财团所垄断。他们利用手中掌控的传媒工具，不仅可以诱导民众，而且还能对政府的决策施加影响。

世界四大通讯社，即美联社、合众国际社、路透社和法新社，都属于发达国家。发达国家利用信息技术的优势轻而易举对发展中国家进行有选择的信息输出，控制和影响发展中国家的传媒事业。

当今世界最大的100家跨国公司，有98家公司的母国是发达国家。这些发达国家不仅拥有雄厚的经济技术硬实力，还有影响世界的文化软实力，诸如麦当劳、好莱坞等，发达国家在资本输出的同时，也把自己的价值观念、生活方式输给东道国，染指他国的历史文化传统，形成了一股强势的文化冲击力。①

据统计，全世界每天播报的国际新闻中，96%是由西方五大通讯社发布的；美国、欧盟和日本控制了全球90%的信息资源，美国独自控制了75%的世界电视节目流通量。②

为此，我们有理由认为，这些天天与我们打交道的国际传媒，正在利用他们的传媒强势，对我们形成一种高压。那些24小时滚动播报和形形色色的文化传播，无时无刻不在向全世界扩散他们的价值体系、生活方式，乃至语言的表达方式，潜移默化地影响着我们对世界的看法和对他人的理解。

更需引起我们警觉的是西方强势媒体背后的政治企图。美国之音总监杰弗里·科恩在

① 余潇湘、潘一禾、王江丽：《非传统安全概论》，浙江人民出版社，2004年，第198页。

② 孟彦、樊剑英：《怎样看待当今的国际舆论格局》，《军事记者》，2010年11月。

1996年公开提出“输出美国的价值观”是美国之音六大任务之一。20世纪70年代，美国国会在一份官方文件中称：“广播是推行对外政策最宝贵的工具”，“应当重新认识广播电台的战略作用，并从战略优势考虑，重新认真评价电台”，他们经评价确认：“电台广播是足以颠覆社会主义制度的唯一手段”。冷战结束后，美国等西方国家进一步提出要“打好一场没有硝烟的新的世界大战”，“融化掉社会主义”。他们提出21世纪是“解放”世纪，要利用文化交流的“慢媒介”和“新闻传播”的“快媒介”作为推销美国价值观的“进攻性工具”，以“民间色彩”加以掩饰，建立一个“以西方文明为指导的新世界”。

对此看得透彻、说得深刻的是美国著名学者亨廷顿。他是“文明冲突可能是后冷战的主要冲突方式”的提出者，同时，他也不无担忧地指出：对美国这样的当代主要文化“输出国”而言，不断地将自己的价值观和政治体制宣传推行到其他国家和异类文化地区去，是一种使自己国家陷入遭人反感、憎恨、抵抗和战争的危险行为。①

经济全球化背景下外国强势传媒的扩张和渗透，已构成对我们的挑战和对本土文化的冲击。大量事实表明，西方强势媒体对我国和平崛起的国家形象多有负面报道和歪曲解读，热衷于“中国威胁论”的炒作和相关负面信息的聚焦放大，在全球受众中引起了不良影响。面对“外国电台对我国内广播渗透日趋严重”的现实，我们要用主动出击的姿态去争夺话语权，争夺舆论空间的制高点，努力走出传播的逆差和被动局面，以此捍卫中华民族的文化安全，强化中国声音，扩大中国对世界的影响。

提升话语权是历史赋予我们对外传播媒体人刻不容缓的光荣使命！

二、提升话语权的能量汇聚

在争夺话语权的较量中，或许西方传媒大国的某些优势是我们暂时不具备的，但是，我们的某些优势或许也是他们无法企及的。我们提升话语权的自信来自我们自身优势的整合，来自这些优势所蕴含的正能量汇聚。

1. 综合国力的支撑力

在国际上拥有话语权是一个国家综合国力的体现。世界之所以关注中国的声音，中国声音之所以在世界引起强烈反响和广泛认同，说到底，就在于中国改革开放30多年的迅速发展和日益强盛。中国的和平发展，不仅改变了世界政治、经济格局，也对西方强势媒体的话语权产生了持久的冲击。我们深切地感受到，我国综合国力的提升，正是我们对外传播话语权提升的动力保障，也是胡锦涛同志在党的十八大政治报告中提出的“构建和发展现代传播体系，提高传播能力”的能量支撑。

2. 和谐世界理念的感召力

和谐世界理念是中国和谐社会、和平发展理念的合理延伸，是中国全球治理的正确主张。冷战结束后，世界步入大发展大变革大调整的新时期，世界向何处去的问题充满着不

---

① （美）塞缪尔·亨廷顿、彼得·伯杰：《全球化文化动力：当今世界的文化多样性》，新华出版社，2004年，第11～15页。

确定的因素、不确定的前景。2005年4月，胡锦涛在国际会议上提出的“共同构建一个和谐世界”的理论，正是对“世界向何处去”的最正确最完美的回答，它获得了世界大多数国家的认同，并被写进双边和多边合作的协议中。

和谐世界的内涵构成我们媒体人与世界对话的基调和话语框架；和谐世界理念的亲和力，是我们提升话语权的能量资源。和谐世界理念高瞻远瞩的大手笔、大境界是我们开拓视野、启迪智慧、滋养气魄的丰富思想能源。

3. 传统文化的亲和力

文化是一个民族的精神密码，是一个民族血脉相承的非物质载体。中国传统文化的博大精深和它强大的生命力，保障了东方文明流传至今，而没有像其他文明那样不可避免地走向衰落。传统文化是祖先给我们留下的一笔无形的资产。它汇集了“天人合一”的宇宙观，“己所不欲，勿施于人”的道德操守，“非攻”的反战思想，“和而不同”、“求同存异”的包容情怀以及“和为贵”的政治诉求，这些核心理念显然与西方民族的价值观和生活方式有着明显的差别。我们看世界、看各国人民是“四海之内皆兄弟”，而西方人看世界、看东方人，总有一种文明人看野蛮人的傲慢，充满了偏见。正是这种偏见与傲慢，离间了他们与世界的融洽。世界多样文化的交融中，“得道多助，失道寡助”的命运是谁也不能逃避的。最终注定被世界抛弃的正是这几个自诩为上帝使者的孤独牧羊人。

中国对外传播的媒体人是中国传统文化的代言人和传播者。我们欣赏中国传统文化的厚重和丰富，也尊重世界各民族文化的多彩和绚丽。我们相信中国传统文化的亲和力一定会为我们的话语权赢得更广阔的提升空间。

4. 中国媒体的整合力

虽然中国媒体规模较小，目前的运营效益较差，但它们不是散沙一盘。中国媒体是一家，这本身就是一种优势，一种力量的组合和能量的汇聚，在共同的理念和相同需求的支配下，易于发出强大一致的声音。这是西方强势媒体无法谋取的整合优势。

形成中国传媒整合力和协调力的两个因素不可小觑：

其一，中国媒体人才济济，不拘一格，他们有强烈的使命感，熟悉业务，精通交流，在对外传播的实践中积累了丰富的经验。提升话语权的第一要素就是提升传媒人的素质，我们有强大的人才储备。

其二，现有的媒体多格局具备了向全媒体跨越式发展的基础，有利于我们在全媒体的起点上与西方国家缩小差距，有利于实现劣势向优势的快速能量转换。

当然，我们提升话语权依赖的优势互补和能量汇聚远不止这些，但是仅综合国力的支撑力、和谐世界的感召力、传统文明的亲和力和媒体自身的整合力，足以给我们提升话语权以信心和力量。我们是站在坚实的能量基础上实现自我提升的。

三、提升话语权的方略应对

既然提升话语权是一场博弈乃至争夺，因此应对方略的选择当属题中应有之义。

应当承认，在话语权的博弈中，我们和西方传媒强势国家不属于同一个重量级。在报道权、标准权、定义权等方面，西方的强势传媒长期占据国际舆论的制高点，垄断了相当的信息资源和传播渠道。但是，话语权并不是他们独有的权力，就像真理和正义的声音无法封锁一样，西方强势媒体无法霸占全部的舆论传播空间，这就给我们提升话语权留下了足够的余地。只要我们采取扬长避短、灵活务实的应对方略，在现有的传播力量的基础上，提升自身的话语权必将是一次务实的进取。

话语权博弈中，应对方略的选择有以下选项值得考量：

1. 以话题诠释问题

我们不是问题的制造者，也不是伪问题的欣赏者。围绕着西方强势媒体提出的层出不穷的问题，去解释、去回应，等于被人牵着鼻子走，不是明智之举。我们要有居高临下审时度势的视角，通过对问题的逻辑梳理和理性分析，形成自己的话题，去把握问题的脉络，解释事件的本质。

捕捉和选择话题，既需要“风起于青萍之末”的新闻意识，又要有深入虎穴的勇气。在重大国际问题正在酝酿尚未发酵之际，就要敏感地意识到一个焦点问题即将诞生，就要准确地把握住事件演变的脉搏，在宏大的叙事构建中，运用层层剥笋的方式，跟踪探究，层层推进，透过现象抵达事件幕后的因果关系。如果说话题是话语的核心，选择了正确精当的话题，就能赢得更多的受众，赢得他们的折服，也就提升了话语权的力量。

2. 以意见消解异见

意见和异见相左，正见与偏见共存，这是国际舆论传播格局中的一大特色。哪怕是谎言，你都无法制止它的存在和流传，甚至在某一个时段，谎言会误导受众，产生负面影响。西方媒体对我重大决策的曲解和误导，我们当然不能回避。尤其是对涉及中国国家主权、领土完整、中国人民的文化传承和生活方式等赖以生存的底线的言论，我们必须要旗帜鲜明地“亮剑”。

我们的剑不是以势压人的恐吓、歪曲事实的欺骗，而是我们主流意见的正面表达，是事实透明的坦露，是真相的勇敢还原，是对谎言无情地揭穿。

中国共识形成的主流意见正是中国话语权的剑锋所在。

3. 以质量应对数量

在信息资源的占有和新闻发布流通的数量上，我们无法与西方强势媒体抗衡。提升中国话语权必须走以少胜多、以质量取胜的路子。市场运作规律决定，媒体的产品质量是媒体的生命。媒体产品的质量体现在信息来源的可靠、信息采集的全面、信息表达的真实完整等方面。无法提升信息的质量，话语权的提升就是一句空话。

以质量应对数量的目的是提高公信力。从这个意义上讲，“言必信”是我们对外传播媒体人追求的一种境界。只有说真话，道真情，表达民意，体现公正，才能做到“言必信”，才能让中国声音掷地有声，产生“不鸣则已，一鸣惊人”的新闻冲击力。

4. 以“和而不同”对局“同而不和”

西方强势媒体对国际传播话语权的把持并不是以铁板一块的模式出现的。欧洲的多边主义不同于美国的单边主义，日本的“脱欧返亚”的战略本身也是对欧美同盟的一种貌合神离。西方强势媒体出于不同利益诉求和价值判断，他们的话语表达也会有不同的声音，我们从中可以发现某些微妙的端倪。

对西方强势媒体“同而不和”的现象，我们要敢于用“和而不同”的智慧和勇气去面对。我们相信，“和而不同”寻求的是对话而不是对抗，是融合而不是搅局，是对全球话语空间的丰富而不是冲击。我们对“和而不同”的价值坚守，源于我们对国际舆论传播空间多元化的期待，相信不同的媒体只有在平等的交流中，才能共存、共荣、共赢。

5. 用品牌抵挡招牌

国际传媒舞台上有一个奇特的现象，各种远离事实与正见的新闻报道，无不打着各式各样的招牌招摇过市。招牌是谎言与偏见的伪装，也是我们提升话语权所面对的雾霾。当面揭穿，固然是正义与自信的选择，但过于直白地表达难免有锋芒毕露之嫌。用品牌抵挡招牌的“拉大旗作虎皮”不失为“道高一尺，魔高一丈”的举措。

品牌是正能量的汇集和体现，是一个经久不衰的话题不断创新、不断进取的窗口。品牌栏目的构建除了与时俱进的选题外，应当赋予主持人更多的个人色彩，使之成为一种有固定受众的可感知的能量，使品牌成为持续而统一的形象化传播平台。品牌节目主持人的特性归类，本身就形成了对应各种招牌下的谎言与偏见的正面形象和力量。

可喜的是，中国国际广播电台对品牌的构建和创新作出了成功的探索，出现了不少精品栏目，有较高的知名度，深受海内外华人侨胞和港澳台同胞的欢迎。也培养了许多优秀的节目主持人，频频获得金话筒等传播大奖。这是我们汇集正能量、提升话语权的有利条件。

6. 以媒体语言替代官方语言

对外传媒的媒体人毕竟不是外交部、国防部和国台办的新闻发言人，他们的语言、语气的表达应当迥异于官方的语言、语气的表达，而更要具有人间烟火气息，更能体现社会脉动、民意诉求，更有亲和力。

亲和力是媒体语言的魅力所在。媒体人要善于通过非官方组织、智库、民间大使和意见领袖获取信息资源，更多地表达他们的观点，传递他们的思想，与官方话语形成一种良性互动。

7. 以自塑回应他塑

由于中国经济发展的路径和政治制度的选择不同于西方发达国家的历史经验与价值判断，因此受到了质疑、误解，乃至敌视，许多有损中国国家形象、军队形象、华人形象的报道充斥西方媒体，令西方受众难以看到一个真实的中国。这个经验教训告诉我们，中国作为一个正在崛起的大国，中国形象不能在别人的话语框架中谋求认同，中国声音也不能在别人的价值体系中谋求传播。中国的形象要靠自己塑造。因为中国形象本身就是一个巨大的品牌。我们媒体人的努力不过是用聚光灯照亮它原本的风貌而已。

最后，需要强调的是，提升话语权的目的在于发出中国应有的最强音。中国声音是中国立场、中国诉求、中国价值判断的表达，提升话语权不过是这种表达的强化。在中国声音正由世界传播格局中的边缘向中心转移的大变局中，中国话语权的提升面临着挑战和机遇，成功将取决于我们的努力。

（作者单位：中国国际广播电台新闻中心）

论和谐世界理念与我国的国际舆论传播

赵　力

当今世界，由于民族国家和国家主权的存在，国家间的国际传播，特别是国际舆论传播有着十分明确的战略目标。在参与国际舆论传播活动的各国媒体背后，都有着各自不同的国家利益、意识形态、经济发展、民族文化和安全需要等诉求。近年来，我国媒体加快了国际传播能力建设步伐，以和谐世界为核心理念，以中华文化为主要载体，以塑造良好国家形象为根本目的，主动融入国际舆论传播格局的竞争，积极利用好近20年的重要战略机遇期，为我国改革开放事业营造一个良好的国际舆论环境，为实现中华民族的伟大复兴作出自己的贡献。

一、和谐世界理念的思想内涵

建国60多年来，中国始终坚定不移地走和平发展的社会主义道路，向外界传递着中国不称霸、不威胁现有国际秩序的庄严承诺。2003年12月11日，温家宝总理在美国哈佛大学的演讲中首次采用了“和平崛起”的提法。中国改革开放论坛理事长郑必坚曾经指出，“近代以来大国争霸的历史反复说明，一个大国的崛起，往往导致国际格局和世界秩序的急剧变动，甚至引发大战。一个重要原因，就是他们走了一条依靠发动侵略战争，实行对外扩张的道路。而这样的道路，总是以失败告终。”① 长期以来，中国一直探寻着和平崛起的方式，认识到崛起的方式比崛起的结果更加重要。2005年，胡锦涛总书记提出要“建设持久和平、共同繁荣的和谐世界”，从此，中国开始了构建和谐世界的伟大实践。和谐世界包含的思想内涵主要有三点：

①国际政治方面，不同社会制度和发展模式应当相互借鉴，共同建设各国和谐共处、公正民主的新世界。

②世界经济方面，关切广大发展中国家利益，提倡互利合作，实现全球经济的和谐发展。

③多样文明方面，提倡不同文明开展对话，取长补短，倡导开放、包容的精神。

二、建设和谐世界的重要意义

“和谐世界”理念博大精深，有着丰富的思想内涵。它不仅体现了中国的和平外交理念以及倡导世界和平的美好愿望，同时也包含着世界各国人民对和平与发展的向往与期

① 郑必坚：《中国和平崛起新道路和亚洲的未来》，2003年博鳌论坛年会演讲，http：//news. xinhua net. com/newscenter/2003-11/24/content _ 1195240. htm。

盼。这一理念的提出符合各国人民的共同利益，同时回应了国际社会对中国今后走向的疑问，从根本上回击了“中国威胁论”，回答了中国希望构建一个怎样的世界和如何构筑等国际社会共同关心的重大问题。

首先，“和谐世界”的提出，是向全世界发出的一份倡议书，具有重大国际意义。

其次，“和谐世界”思想符合世界各国发展的长远目标，和谐世界是人类追求美好生活的终极目标。

第三，“和谐世界”是对“中国威胁论”等不实国际舆论的有力驳斥，具有普世价值。

第四，“和谐世界”理念对为应对全球生态危机的挑战以及有效解决全球性难题铺平了道路。

三、推进和谐世界理念的国际舆论传播

国际传播，特别是国际舆论传播，其突出特点就是具有鲜明的政治性和国际性，国际舆论传播的内容、媒介、受众、方式等要素都具有明显的国际性特征，而国家的存在和发展是国际舆论传播存在和发展的基础。在我国，国际舆论传播必然会服从和服务于党和国家构建和谐世界的战略，让中国了解世界，让世界了解中国，向国际社会和目标国全方位展现中国和平发展的国家形象，从而为我国营造客观、友善的国际舆论环境以促进和谐世界的建设，这是我国国际舆论传播最主要的任务。只有让其他国家了解中国，中国才能从被接纳到进一步融入国际社会，直至与其他国家进行优势互补、交流合作，最终实现与世界的共同发展。

1. *和谐世界是中国国际传播的核心价值观*

和谐世界理念是从维护人类整体利益的高度思考问题，谋求建立一种既超越霸权又能够避免冲突，既尊重差异又能够实现各国共同进步，既代表时代精神又体现全球价值的社会模式，向世界提供了一种崭新的思路和选择。和谐世界是战胜西方舆论竭力甚至强行推销的“普世价值观”的第一利器。

自由、民主、人权一直被西方国家视为是人类唯一合理的普世价值观，在大肆对外宣扬和传播的背后，显露出的是侵犯他国文化、经济和政治的丑恶嘴脸。冷战结束后，西方的外交工具就被普世价值观所取代，其实所谓的“普世价值”，一直都是由西方国家制定的，说白了不过是西方国家推行的一套有利于自身的“国家标准”。在对外输出的过程中，这套“普世价值”一直表现出双重标准：对于本国来说，如果“普世价值”有违发展，则会迅速调整变更；对于他国来说，无论实际环境如何，这套“普世价值”只会被强制推行，稍有反抗，便要遭遇“胡萝卜加大棒”的待遇。西方国家对自我利益和统治地位的重视远甚于其所宣扬的“自由、民主、人权”。①

中国提出建设和谐世界的重要目的之一，是要向世界表明：中国的理想追求与全人类共同利益一致，中国选择的发展道路是和平发展道路，中国的发展必将惠及全世界人民。

---

① 腾讯网：《中国为什么要怀疑西方的普世价值》，http：//news.qq.com/a/20090206/001391.htm。

中国一直在坚守和平的道路上逐渐崛起，这种崛起让世界安心，让世界进步，尤其是中国政府明确提出的“和谐世界观”，更是为世界其他国家“维护和平、促进世界发展”提供了有理可寻、有据可依的蓝本。

2. 和谐世界是推动世界文化交流与兼容并蓄的时代话题

和谐世界的一个重要标志和内容，就是维护世界文明和文化的多样性。众所周知，当今世界的主流话语体系，都是以西方价值观为主，凡是与此相违背的价值观往往受到排挤和打压。和谐世界的理念就是要开创一个与当前主流价值体系相抗衡的、符合全人类共同利益的价值观，它是推动世界文化交流与兼容并蓄的时代话题。

(1) 推动中华文化走出去是提升我国综合国力的必然选择

文化是沟通人与人心灵和情感的桥梁，是国与国加深理解和信任的纽带。① 2005 年，胡锦涛主席在联合国成立 60 周年首脑会议上的讲话中指出：“文明多样性是人类社会的基本特征，也是人类文明进步的重要动力。应该加强不同文明的对话和交流，在竞争比较中取长补短，在求同存异中共同发展，努力消除相互的疑虑和隔阂，使人类更加和睦，让世界更加丰富多彩；应该以平等开放的精神，维护文明的多样性，促进国际关系民主化，协力构建各种文明兼容并蓄的和谐世界。”②

当代中国文化是包容、兼收并蓄的文化。中国坚持尊重文明的多样性，与世界各国优秀文化平等交流，互相借鉴，创造并形成了鲜明的时代特征。从传统文化到现代文化，从民族文化到流行文化，我国各种文化和谐共生、相互影响、融合发展，显示出当代中国文化开放包容、海纳百川的胸怀。而文化作为中国软实力的重要组成部分，始终以增进各国民众对中国的了解、沟通各国人民的感情为目的。在文化的交流借鉴与合作发展中，真诚地展示一个有着悠久历史和灿烂文化，同时又是一个改革发展、文明进步、倡导建设和谐世界的中国。推动中华文化走向世界，是不断增强我国文化软实力和国际竞争力，提升我国综合国力的必然选择。

(2) 推动中华文化走出去有利于和谐世界的建设

由于意识形态和文化的差异，西方媒体对中国的报道时有严重的歪曲乃至攻击。通过西方媒体的报道，很多外国民众对中国也有众多误解。比如：认为中国特色的社会主义缺乏民主，中国正常的国防建设被认为是为了取得军事霸权，中国经济的发展被认为会增加外国的失业率，甚至中国对非洲光明磊落的政策被诬蔑为新殖民主义。在这种情况下，推动中华文化走出去是当前的首要任务。

推动中华文化走向世界，是营造良好外部环境，推动建设持久和平、共同繁荣的和谐世界的战略需要。③ 中华民族的历史，是一部追求和谐与和平的历史。从历史中走来的新

---

① 赵少华：《把握规律、科学发展、加快推动中华文化走向世界——十六大以来中国对外文化交流的实践与思考》，http：//www.qstheory.cn/zxdk/2012/201216/201208/t20120814_175709.htm。

② 胡锦涛：《努力建设持久和平、共同繁荣的和谐世界——在联合国成立 60 周年首脑会议上的讲话》，《人民日报》，2005 年 9 月 16 日。

③ 赵少华：《把握规律、科学发展、加快推动中华文化走向世界——十六大以来中国对外文化交流的实践与思考》，http：//www.qstheory.cn/zxdk/2012/201216/201208/t20120814_175709.htm。

中国，继承了传统中国的和谐文化基因，以包容开放、兼收并蓄的胸襟，持续推动着世界的和平发展。在丰富多彩的文化交流中，弘扬中华民族“和为贵”、亲仁善邻等优秀传统，向世界介绍中国和平发展道路、和谐世界的理念，争取赢得国际社会的尊重。因此，推动中华文化走出去对建设持久和平、共同繁荣的和谐世界有着十分重要的战略意义。①

3. 和谐世界是改善我国国际舆论环境的有力思想武器

在全球化时代，国际舆论主导权主要操纵在西方三大通讯社（美联社、路透社、法新社）、五大电视网（ABC、NBC、CBS、CNN、FOX）和六大新闻报刊（《时代》、《新闻周刊》、《经济学家》、《纽约时报》、《华盛顿邮报》、《华尔街日报》）手中。也就是说，这些西方主流媒体，通过对国际问题设置议程和舆论宣传，控制着国际舆论的主导权。相比之下，中国在国际舆论中声音还比较弱，舆论格局呈现“西强我弱”的态势。② 而构建和谐世界是针对当前不和谐的国际舆论环境发出的真诚而正当的呼声，因此，和谐世界是改善我国国际舆论环境的有力思想武器。

（1）和谐的国际舆论环境是和谐世界的重要组成部分

构建和谐世界需要国际社会的支持，国际舆论传播也是和谐世界建设的积极参与者和配合者。同时，和谐的国际舆论环境也是和谐世界不可缺少的重要组成部分，是构建和谐世界强有力的舆论支持和保障者。

首先，和谐世界离不开和谐的舆论，舆论的和谐是世界和谐的重要条件。舆论的和谐是指在舆论传播中要体现舆论的多样性，要实现舆论的多样性与主导性的有机的、和谐的统一，也就是要形成和谐的舆论③。

当今世界仍存在诸多不和谐、不稳定的因素。单边主义和强权政治依然存在、恐怖主义势力依然猖獗、地区安全形势、环境污染等全球性问题日益突出。随着信息传播技术的迅速发展，舆论的作用越来越大，已经成为影响国家政治、经济等方方面面的重要因素。因此，我国国际舆论传播要自觉地、积极地为构建和谐世界服务，着力营造顾全大局、团结稳定的和谐舆论氛围，最大限度地增进国际社会的共识，这对于构建和谐世界有着十分重要的意义。当然，和谐的舆论环境需要世界各国一道共谋共举，需要国际社会长期不懈的努力，其过程注定不会平坦。④

国际舆论传播的过程中还应当有能够引起世界共鸣的“主导性舆论”，比如，人道主义灾难、贫穷、饥饿等，这些事件大多与全人类命运息息相关，因此，比较容易唤起世界人民的关注，引起他们的共鸣和同情。在舆论传播中，如果能够把这种舆论的主导性与舆论的多样性结合起来，既注重各国的不同意见和要求，又注重用这种人道主义精神去积极引导民众，就有助于形成一种和谐的舆论，而这种和谐的舆论又会促进世界各国间的

---

① 赵少华：《把握规律、科学发展、加快推动中华文化走向世界——十六大以来中国对外文化交流的实践与思考》，http：//www. qstheory. cn/zxdk/2012/201216/201208/t20120814 _ 175709. htm。

② 孟彦、樊剑英：《怎样看待当今的国际舆论格局》，《军事记者》，2010 年第 11 期。

③ 张征：《以和谐的心态对待不和谐的外部舆论》，http：//www. qstheory. cn/dd/dd2012/ylhj/201202/t20120207 _ 137403. htm。

④ 郑保卫：《新闻传媒与和谐社会建设》，中国人民大学出版社，2006 年 5 月，第 27 页。

和谐。

其次，根据中国古老的“和而不同”的思想，要实现舆论的和谐，必须注意在解决矛盾中求和谐，在发展进步中求和谐，在多样状态下求和谐。因此，只有国际舆论真正实现了和谐与多样化并存，才能进入一种和谐状态，各个国家才能够积极地为构建和谐世界发挥自己的作用，这正是我国国际舆论传播界所期盼的，也是我们努力的方向。

（2）有效引导构建和谐世界的国际舆论

作为和谐世界的推动力量，构建国际舆论环境应当以和谐世界理念为契机，着力增强我国国际舆论的领导能力，营造客观、公正的舆论环境，为构建和谐世界铺平道路。

胡锦涛总书记在2009年世界媒体峰会开幕式上的致辞中指出：“世界各地媒体应该顺应时代发展潮流，携手并进，努力为建设持久和平、共同繁荣的和谐世界作出贡献。”[①] 因此，我国的新闻传播工作必须适应国内外形势的新变化，充分运用自身特点和优势，广泛传播和平、发展、合作、共赢、包容的理念；坚持平等互信、互利共赢、共同发展，更好地开展交流合作；切实承担社会责任，促进新闻信息真实、准确、全面、客观地传播。这将有利于世界人民更好地了解中国，感受到和谐世界理念对于增进全人类的共同福祉和利益的重要作用，以及了解中国为和谐世界这一理念所作出的诸多努力。

（3）和谐世界是创建公正合理国际舆论环境的奋斗目标

构建和谐世界是中国共产党及中国政府在当今环境下确立的奋斗目标，也是世界人民共同努力的奋斗目标，自然它也是国际舆论环境为之努力的奋斗目标。既然是奋斗目标，在改善国际舆论环境的同时就应当把构建和谐世界作为今后很长一段时间的主要任务。要通过努力实现构建和谐世界的理想目标，主要从以下几个方面做起：

第一，营造和谐的舆论环境。在国际政治领域，继续倡导国际关系民主化，坚守国际道义高地，始终贯穿“公正、平等”的理念。在经济合作领域，利用在地区经济中的影响力，巩固和创建区域经济合作机制，推动国际贸易机制和国际金融机制的改革。对于一时难以解决的国际问题，积极营造有利的国际舆论环境，使各方关切话题讨论机制化，培养信任基础，引导多边机制的创建。

第二，协调好舆论攸关方的利益。国家利益是国家对外关系的出发点和落脚点，也是国际舆论传播的落脚点。我国是发展中大国，也是国际政治大国，这就决定了我国与世界各国的利益纠葛绝不会少，必须本着和平共处五项原则处理好与世界各国的关系，达到共同发展的目的。

第三，发挥国际舆论的建设性作用。当前，国际形势的变化深刻复杂，和平、发展、合作的时代潮流更加强劲。对待国际热点问题，中国国际传播媒体应当发挥建设性作用。要积极推动通过多边合作解决地区冲突和发展问题，促进国际关系民主化，促进世界共同安全。要进一步呼吁加强同世界各国、各个国际和地区组织之间的友好合作，深化共同利益，携手应对全球性挑战，以更好地维护世界和平，促进共同发展。

---

① 胡锦涛：《胡锦涛在世界媒体峰会开幕式上的致辞》，http：//news.xinhuanet.com/politics/2009-10/09/content_12200932.htm。

尽管当前的国际舆论格局呈现“西强我弱”的不平衡、不合理状态，但它并非永远不变，发展中国家改善当前国际舆论环境的机会很多，空间很大。发展中国家可以利用互联网、有线电视等新媒介，进一步缩小与发达国家的差距，积极主动地参与全球信息传播进程。实现与世界各国协调、共同发展和互利共赢，形成融洽和谐的国际关系，以促进和谐世界的建设。

4. 和谐世界是促进中国主流媒体参与国际舆论竞争的推动力

中国的主流媒体要在构建和谐世界的国际舆论竞争中发挥作用，贡献力量，必须做好以下几个方面的工作：

首先，信息要公开、透明。这是构建国际舆论传播新格局中最重要的一环。在这方面，我们国家有过很多的教训，比如 2003 年的“非典”事件，由于当时卫生部门和有关官员初期的一些不当做法，使得国家形象受到极大影响。此后，中国吸取教训，尝试信息公开，得到了国际社会的支持，迅速扭转了被动局面。再比如，2008 年汶川大地震发生后，中国政府对于信息的国际传播几乎没有任何限制，不仅允许国内媒体积极投入报道，同时也对境外媒体持开放态度。温家宝总理曾在地震灾区的一次新闻发布会上这样说道：“我们欢迎世界各国的记者前来采访，相信大家会用你们的良知、人道主义精神，公正、客观、实事求是地报道震情、灾情和我们所做的工作。”① 事实证明，信息管理的公开、透明，非但没有扰乱人心，反而有力地抑制了谣言和猜疑，稳定了人心，极大地激发了全国人民的凝聚力和爱国心，也得到了国际社会的高度赞许。因此，面对每一个重大事件，如果我国主流媒体都能迅速发回现场报道，及时发出中国声音，快速表达中国立场，长此以往，日积月累，我国在全球舆论传播格局中的声音就会不断增强，世界各国人民就会更多地知道中国对世界的看法，国际舆论环境就会逐步向于我有利的方向发展。

其次，要处理好对公共突发事件的报道，公共突发事件比一般的事件更能吸引人的眼球，成为全球关注的焦点，一些西方媒体凭借自身的传播优势，通常都是“先声夺人”地把发生在我国以及发展中国家的突发事件与民主、人权、宗教等联系在一起，故作歪曲事实的报道，给这些国家带来了严重的负面影响。

第三，对国际上发生的大事要本着客观、人道的准则发出中国的声音，倡导和谐世界理念，使世界人民对中国的声音越来越重视，努力完善国际形象。

最后，努力提升国家形象，促进和谐世界建设。改革开放以来，中国因地制宜，不断改革政治经济体制中存在的问题，在经济增长、政治稳定、政府治理等方面取得了举世瞩目的成就。国际社会普遍关注中国发展模式，很多发展中国家纷纷效仿中国模式，希望通过与中国的合作，摆脱长期被西方边缘化的不利局面。与此同时，国际上也有很多不和谐的声音出现，质疑声、焦虑声此起彼伏。和谐世界理念正是“以科学的发展观和方法论，认真回答了一个日益紧迫的时代课题：中国需要一个什么样的世界以及怎样建设这个世

---

① 李斌、徐松：《温家宝在震中汶川接受中外记者采访》，http：//news.163.com/08/0525/00/4COFUCLS0001124J.html。

界，具有很强的针对性和时代特色”①。有了和谐世界的理念，中国媒体的国际舆论传播底气更足，说服力更强。

基于中国在当今世界格局中的地位以及发展历史与现状，我们把努力建设和谐世界的中国国家形象定位为：努力建设成为一个“和平、发展、合作”的大国形象。中国所塑造的国家形象必须向世界表明：中国将是一个富强、民主、文明、和谐的国家；发展中的中国将同世界各国一道，努力维护世界和平；发展中的中国将坚持自己发展中国家的身份；发展中的中国将坚决反对霸权主义，致力于世界的繁荣昌盛；发展中的中国将是一个负责任、有所为有所不为的大国②。

（作者单位：中国国际广播电台俄东中心）

① 秦治来：《和平·发展·合作》，人民出版社，2008 年第 1 版，第 56 页。

② 马海波：《软实力与国家形象提升》，《人民论坛》，2009 年第 21 期。

国家形象塑造中的传播内容生产策略初探

王　乐

何为"国家形象"，长期以来，国内学者在研究中进行不同的概念界定和论述。中国新闻学院教授徐小鸽认为："国家形象是一个国家在国际新闻流动中所形成的形象，或者说是一国在他国新闻媒介的新闻言论报道中所呈现的形象。"① 中国传媒大学学者张毓强认为国家形象是"一个主权国家系统运动过程中发出的信息被公众映像后在特定条件下通过特定媒介的输出。"②

笔者认为，"一个主权国家系统运动过程中发出的信息被公众映像后在特定条件下通过特定媒介的输出。"这个描述更注重了媒体的传播活动在国家形象塑造中的作用。固然，国家形象塑造的主体可以是政府，也可以是企业和个人，不可否认跨国企业的商业活动和国家公民的个人行为也都对国家的形象发生作用，但这些行为难以规范或总结成规律性成果并上升到策略指导实践，所以暂不放入。本文致力于对以政府为传播主体，利用大众传播媒介进行的国际传播中国家形象塑造策略的探讨，从内容传播的角度对几个传播实际案例进行分析，从而形成规律性总结，以期对进一步丰富加强外宣效果，从而在传播领域实现增强我国"软实力"的目标或有启发意义。

一、研究国家形象塑造中国际传播规律的必要性和紧迫性

国家形象塑造是全球化背景下各国面临的共同课题，但对于中国，国家形象塑造的问题更是现实而紧迫。近年来，随着经济的迅速崛起，中国的综合实力不断增强，国际地位相应有了一定的提高，各种形式的对外传播活动也越来越繁荣。作为大国，中国是一个传播大国但同时也是一个传播弱国，尽管近年来，我国政府越来越充分重视国家形象塑造，也在多方面多层次进行了实践，但一些观念与思路尚未调整到位，可遵循的有自己特色的规律性成果还在形成之中，传播效果也有待提高，在西方传统大国的强势传播力夹击下，中国在世界上尚处于一种普遍话语权缺失状态。对中国而言，如何提升国际传播影响力，进行更成功的国家形象塑造，依然是一个值得不断探索研究的领域。良好的国家形象是国家"软实力"的重要元素，应与崛起大国的"硬实力"相匹配，而国际传播效果更应与政府的政策重视和大量的资金投入成正比。

媒体传播对于国家形象的塑造至关重要，各国在推进国家形象工程时，都会制定相应的媒体策略。我国向来十分注重利用对外传播媒体，从 1941 年延安时期就开始了最早的

① 徐小鸽：《国际新闻传播中的国家形象问题》，《新闻与传播研究》，1996 年第 2 期。

② 张毓强：《国家形象刍议》，《现代传播》，2002 年第 2 期。

对外传播事业，当时成立了“延安新华广播电台”开始了以外语广播为手段的对外传播，尔后中国国际广播电台（以下简称国际台）成为了外语广播尤其是以短波广播为主要手段的重要外宣媒体。除国际台外，我国的传统外宣媒体还有以新华社为代表的国际通讯社，以《中国日报》、《人民日报》（海外版）等为代表的纸质媒体，还有以中央电视台外语频道等为代表的电视新闻传播媒体。如今，这些传统的外宣媒体也在进行着传播方式和传播内容的转变。国际台近年提出了要实现“三个转变”，即国际台的业务由传统媒体向新媒体转变，由单一媒体向多媒体转变，由独立制作媒体内容向合作制作媒体内容，共建媒介转变。新华社、人民日报社、中央电视台等主流外宣媒体近年来也纷纷实行了新媒体业务转型，传播内容也在发生改变。在这种变革中，如何能在国际媒体的竞争中获得优势，达到理想的传播效果。除去硬件建设，内容生产水平在其中发挥着重要作用。接下来试从一些案例入手，探讨如何更好地发挥国际传播影响力。

二、“内容为王”：从传播符号到内容制造的案例分析

在一次由人民日报社发起的由中外新闻传播学者和资深媒体从业者参与，以《海外人士谈中国加强国际传播力建设》为题的研讨会上，有学者提出，“中国提高在国际上的话语权要有步骤地进行：一是要把话说出去；二是要让对方理解。毛泽东主席当年非常重视埃德加·斯诺的一个原因就在于，斯诺对中国的诠释能够让国际接受，他说出的话能够得到国外的理解、认同和赞成。”① 这通俗的表达可谓一针见血地把国际传播活动的规律点了出来。有力地“把话说出去”是一个国家传播能力硬件建设的目标，而如何“让对方理解”则应成为国际传播媒体从业者们即内容生产者们需要潜心钻研的课题和在实践中孜孜不倦的追求。近年来，国家不断加大外宣投入，加强国际传播媒体的建设力度，而传播效果依然有限，这就更要求学者和从业者们秉承“内容为王”的理念，在传播内容制造上讲究方法和策略。

1. 语言符号系统的贴近性：用受众的母语传播中国声音

根据传播学中的符号理论，符号是“信息的外在形式或物质载体，是信息表达和传播中不可缺少的一种基本要素。”② 信息是由各种不同类型的符号编码组织在一起的，信息正是凭借符号才能得以流通，而媒介通过由符号表征的信息传播意义。作为信息的物质载体和媒介传播意义的抽象表达，符号无处不在，人类传播活动首先表现为一个符号化与符号解读的过程。而语言就是一种典型的符号体系，在国际传播中，它作为传播内容的载体和表现形式之一，具有不可替代的作用。在跨文化传播之中，由于民族和文化的差异，人类的语言则千差万别，不同语言之间的解读障碍，是影响国际传播效果的一个主要因素。所以，要达到更好的传播效果，用受众的母语进行传播是非常必要的，也往往能跨越民族和国家的藩篱，得到受众对于传播内容的心理认同感。这种母语传播在国际传播中的应用在我国已经得到了成熟的发展。

① 《尊重传播规律讲述中国故事——海外人士谈中国加强国际传播力建设》，人民网，2011年09月28日。

② 郭庆光：《传播学教程》，中国人民大学出版社，2005年。

而时下世界各地正在兴起的“孔子课堂”，以及由此刮起的“汉语热”风潮，则为“母语传播”和“传播汉语”的辩证关系进行了完美的注解。利用多语种优势，国际台与国家汉办合作设立了“中国广播孔子学院”和其下的“广播孔子课堂”。“用你的母语学汉语”使“广播孔子课堂”成为非常有吸引力的一个招牌，一下子拉近了国外受众与汉语的距离，使受众能在轻松的感觉和氛围中学习汉语。2008 年 5 月，为配合“广播孔子课堂”的学习，首个 38 种外语版《每日汉语》正式开播，为各国受众提供了一个“通过母语学习汉语”的平台。节目一经播出，就以其新颖的编排，实用的内容，活泼的形式赢得了各国受众的喜爱。继续保持和发扬多语种传播的优势，应该说，坚持“母语传播”战略，用受众的母语传播中国声音，是我国进一步在国际上增强传播影响力必须继续坚持的策略，而多语种传播优势也为国家文化软实力的“厚积薄发”奠定了坚实基础。

2. 内容生产：在中国符号的故事性表达中体现人类共性和人文关怀

当然，符号只是信息的载体，而要成功地生产传播内容尚有许多技巧，要讲究传播手法，还要深入揣摩受众的信息消费习惯。如果说，代表中国元素的符号是在国家形象塑造的传播活动中的“原材料”，我们向世界奉献的“中国大餐”是否得到“食客”们的悦纳和欣赏，则取决于这些中国符号的组合方式和糅合技巧，而这也是我国国际传播媒体从业者即内容生产者们应该着重研究的核心问题。

那么，什么样的表达方式是国外受众容易接受的呢？这一问题的解答需要建立在受众研究的基础上，尽管受众由于国家、种族和文化的不同，信息消费习惯各异，但总有一些人类共性的特点是相对普遍和可总结归纳的，本文拟对几个国际传播实例进行分析，从而得出具有相对普遍性意义的内容生产原则。在这些实例中，我们将探讨“中国符号”与“人类共性”之间该如何作用，并发挥传播效果。

(1)《中国国家形象片——人物篇》——中国符号简单堆砌的失败尝试

《中国国家形象片——人物篇》于 2011 年 1 月 17 日开始在美国纽约时报广场大型电子显示屏上播出。这堪称以中国政府为主体的国家形象宣传活动的一次瞩目亮相，纽约时报广场被称为“世界的十字路口”，在这里投放广告且不说巨大的投入，在地点选择上也可称得上用心良苦。但这一广告片的效果并不理想，英国广播公司全球扫描的调查显示，广告播出后，对中国持好感的美国人从 29%上升至 36%，上升 7 个百分点；而对中国持负面看法者，则上升了 10 个百分点，达到 51%。①

为何没有达到预期效果反而甚至收到了反效果呢？据看过这一广告的当地人说，“看了这个广告很紧张，第一个想法是：中国人来了，而且来了这么多。”在这个 60 秒的片子中，59 个中国各个领域的顶尖人物轮番登场，有科学家、企业家、艺术家、奥运冠军、影视明星、著名导演、设计师、宇航员，等等，他们都是在世界上享有一定声誉和影响力的中国人，他们是各领域的中国精英代表。从创作者的本意出发，或许是想将这些著名中国人的面孔作为一个个“中国符号”来呈现，如同给世界打出一张张中国名片一般。但在宣传片里，这种 59 个精英陆续隆重登场的强势表达却最后给受众一个“中国威胁论”的印象。

① 洪长晖：《国家形象片的政治传播话语效度研究》，《阅江学刊》，2011 年第 6 期。

笔者认为问题出在叙事方式上，《中国国家形象片——人物篇》又被戏称为“精英名单”，先不提这个名单上到底有多少精英的名字是国外受众熟悉的，仅这种“拉清单”式的展示方式也值得商榷，它只是一些“中国符号”的简单堆砌，其中没有情节，只有神色凝重的面孔，或站或坐的呆板姿态，缺乏人性化元素的融入，这种生硬的表达对于习惯了以平民视角“讲故事”的叙事手法的西方受众而言是难以接受的。

在以《海外人士谈中国加强国际传播力建设》为题的研讨会上，美国学者哈特指出，“在中国努力提高国际传播能力的过程中，‘内容为王’仍为铁律。中国媒体在发出自己声音的过程中，如能更多地对美国受众‘讲故事’，将会更具说服力和影响力。”对于欧美受众而言，试图强硬改变其既有观点是非常令人不快的行为。一味把自己认为好的信息呈现出来，而不顾及西方语境下的释读，会令我们试图传达的信息大打折扣。反之，如果“中国符号”以人性化的姿态出现，融于富有人情味的故事之中，则会起到更好的传播效果。这就是《中国国家形象片》留给我们的启示。

（2）纪录片《舌尖上的中国》——中国符号＋故事性表达的范例

对于如何在国际传播中对“中国符号”进行故事性表达，近期在国内热播的纪录片《舌尖上的中国》给我们提供了一个范例。该片一经播出，就受到了国内受众和海外受众的追捧，好评如潮。有网友评论它为“不是空洞地宣扬饮食文化的博大精深，而是从美食背后的制作工艺和生产过程入手，配合平常百姓的生活，在情感上引起共鸣。”

从内容上来说，这部讲美食的纪录片并不仅仅是单纯地介绍食物，而是以轻松快捷的叙述节奏和精巧细腻的画面，向观众尤其是海外观众，展示中国的日常饮食流变、中国人在饮食中积累的丰富经验、千差万别的饮食习惯和独特的味觉审美，以及上升到生存智慧层面的东方生活价值观，使他们通过美食这个窗口更多地看到中国人、人和食物的关系、人和社会的关系。

据相关机构统计，《舌尖上的中国》的平均收视率达到0.5%，创造了央视播出纪录片超过了所有同时段的电视剧收视率的纪录。该片在国内创下高收视和好口碑的同时，国外对此也反响强烈，一些国家和地区还发生了争抢该片的现象。①

《舌尖上的中国》这部纪录片在国内外受众和业界中获得如此好评，带给我们的启示是，它的解读对象——“中华美食”，作为一种中国人和外国人都喜闻乐见的典型“中国符号”，也是中国传统文化的一个载体。在这部片子中，它却更像是成为了一个线索，将一个个在不同地域、不同民族的中国普通家庭的故事串了起来，普通中国人的日常生活被原汁原味展示出来，一张张男女老少的笑脸在食物间绽放，亲情、乡情等人类共通的情感涌动其间，还通过挖掘中国传统的饮食智慧，体现了中国人自古以来就倡导的“人与自然的和谐相处”这一人类共同认可的价值观，这就不难解释为什么这部片子无论在中国观众还是外国观众中，都能引起广泛的共鸣。

（3）斯瓦希里语版《媳妇的美好时代》——母语传播＋中国故事的成功尝试

2011年11月23日，斯瓦希里语版36集电视连续剧《媳妇的美好时代》登陆坦桑尼

① 《人民时评：“舌尖上的中国”何以走红》，《人民日报》，2012年5月21日。

亚。这也是第一部翻译成非洲本土语言后，在非洲国家的国家电视台播出的中国电视剧。这部反映当代普通中国人家庭生活的电视剧在坦桑尼亚开播以来，受到当地观众热捧，很多当地观众看了《媳妇的美好时代》这部电视剧后的第一反应都是：原来现在中国人的生活状态是这样的，很羡慕中国人的生活。该剧在坦桑尼亚热播后，也引发了后续效应，很多周边的非洲国家也有购买这部电视剧的版权意向。①

为何一部电视剧竟能有如此的魔力？从内容传播的角度进行解读，首先，它被翻译成了当地的语言——斯瓦希里语，而高度的本土化策略更是将“母语传播”的优势发挥到了一个更宽广的维度，斯语版电视剧中，男女一号分别由两名肯尼亚最具号召力的巨星担纲配音，这种积极贴近非洲观众的重新演绎更是受到了观众的追捧。其次，作为第一部在非洲国家的国家电视台播出的中国电视剧，它满足了非洲观众对于中国的好奇。其实，作为一个崛起中的发展中大国，中国是被世界关注的，尤其是发展中国家的人民，他们也渴望了解中国经济发展的真实情况，而这也从一个侧面说明了我国传统外宣影响力的有限。最后，也是最重要的一点，就是电视剧讲述了一个故事，一个由婆媳矛盾、爱情与家庭关系等元素组成的引人入胜的故事。

相比于新闻类节目，影视剧这种大众传播产品拥有更为广泛的受众群，在我国的传统对外传播策略中向来较偏重新闻类节目的传播，而影视剧的对外传播恰恰是一个弱项。而以上成功尝试则为其他从事着母语国际传播事业的工作者提供了深远的启发：不妨从一个外宣工作者变身为一个会用受众的母语来讲“中国故事”的人，或者仅仅是直接的现成国产优秀影视剧的翻译，也能够达到事半功倍的效果。

三、创新传播内容，积极有效塑造国家形象

由以上案例的分析，我们可以总结出，实现传播内容的创新，进行“母语传播＋中国符号＋故事化表达”的有效结合，可使自身的传播能力得以显著提升。在我国的传统对外传播媒体的传播内容产品结构中，向来较偏重新闻类的节目，而以上案例中提到的这些类型多样的产品，如汉语学习材料、广告宣传片、影视剧等恰恰是我国对外传播的弱项，而相比于新闻类节目，这些大众传播的产品却往往拥有更为广泛的受众群，也容易产生意想不到的强大影响力。

所谓“国际传播无定法”，最大限度地吸引受众，达到理想的传播效果，让世界更好地了解中国才是目的。在我国的媒体跟随我们的国家一同走上不可逆的全球化道路的时候，利用国际传播在世界上塑造一个友好的、和平崛起中的国家形象，成为从政府到大众传播从业者们必须解决好的问题。当然，国家形象塑造是一个复杂的工程，远非一朝一夕能够完成，需要完备的长期战略规划和在实践中不断地摸索和努力。

（作者单位：中国国际广播电台菲律宾语部）

① 《中国“媳妇”在坦桑尼亚受欢迎》，中新社，达累斯萨拉姆12月28日电。

浅谈国际传播中的对外文化传播

——以斯语版《媳妇的美好时代》在非洲热播为例

许平平

2013年3月25日，中国国家主席习近平在坦桑尼亚尼雷尔国际会议中心发表题为《永远做可靠朋友和真诚伙伴》的重要演讲，用“真、实、亲、诚”四个字描述中非关系。当习近平在演讲中提及中国电视剧《媳妇的美好时代》在坦桑尼亚热播，使坦桑尼亚观众了解到中国老百姓家庭生活的酸甜苦辣时，会场顿时响起了热烈的掌声。坦桑尼亚是习近平就任中国国家主席后首次出访中的重要一站，在演讲中谈到《媳妇的美好时代》在非洲热播这一文化现象绝非偶然，这体现了中国领导人对文化软实力与综合国力竞争关系的高度认识，对实施文化强国战略的深度思考。

中国文化“走出去”的成功范例

《媳妇的美好时代》是首部被翻译成斯瓦希里语（包括坦桑尼亚在内的一些东非国家广泛使用的语言）的优秀中国电视连续剧。该剧由中国国际广播电台（简称国际台）译制，2011年11月在坦桑尼亚国家电视台首播，迅速引起了强烈的反响。很多坦桑尼亚观众通过电话、手机短信等方式表达了对这部电视剧的喜爱。这部中国电视剧不仅在坦桑尼亚得到观众的喜爱，在肯尼亚、乌干达同样横扫电视银屏，让观众跟着中国媳妇“毛豆豆”，了解中国老百姓的现代家庭生活。《媳妇的美好时代》是2011年国家广电总局“中国优秀电视剧走进非洲”项目的开局之作。该剧也成为第一部在坦桑尼亚和东部非洲地区译制并推广斯瓦希里语版的中国电视剧，受到了上至总统下至百姓的喜爱，成为中非合作论坛非洲各国首脑们热议的话题。不久前，该剧的葡萄牙语版圆满译制完成，英文版与法文版也将在2014年推出，有望逐步覆盖非洲其他区域，在整个非洲地区掀起一股“中国文化风”。

《媳妇的美好时代》成功走进非洲证明，民族的也是世界的，描述中国当代百姓美好生活的作品，同样也可以获得世界其他国家人民的认同，从而扩大中华文化的影响力。实际上，在走进非洲之前，《媳妇的美好时代》已经登陆日本主流电视台，播出后受日本观众热烈追捧，并在“东京国际电视节”获得“最佳海外电视剧奖”。此外，在中国热播的电视剧《金太狼的幸福生活》，成为“中国电视剧走向东盟”的代表作，国际台缅甸语部参与了翻译、录音工作，使之成为缅甸首部缅甸语配音的外国电视剧，于2013年6月在缅甸播出，缅甸政府高度重视此剧的译制、播出，首播当天举办了隆重的开播仪式，该剧在缅甸播出后也得到了广大观众的喜爱。此外，在泰国拍摄的中国电影《泰囧》不仅在国内创下票房奇迹，还在泰国引起轰动，主创人员徐峥等甚至受到泰国总理英拉的亲切接见。

毫无疑问，《媳妇的美好时代》等影视剧是中国文化“走出去”的成功范例。而这些影视剧走出国门，更离不开国际台各个语言部的辛苦劳动，是国际台的语言部门在完成日常新闻制作之外、开始谋求发展文化产业的有益尝试。

《媳妇的美好时代》非洲热播绝非偶然

在中国共产党第十七届六中全会上，制定了建设中国社会主义文化强国的系统战略规划。文化强国战略的提出，充分体现了党中央高度的文化自觉、高度的文化自信、高度的文化远见，具有重大的现实意义和深远的历史意义。《媳妇的美好时代》非洲热播绝非偶然，这与中国推行文化强国战略是分不开的。

文化产业是知识经济时代的产物，对政治生活、社会经济产生了巨大影响，被人们喻为21世纪的“朝阳产业”。作为当今人类社会新的财富创造形态，文化产业所产生的巨大的乘数效应，正日益引起国际社会的关注。世界各国纷纷加快发展文化产业，抢占国际市场，中国文化产业的发展也面临着空前巨大的国际竞争压力。加快有中国特色的文化产业发展，提高文化软实力，成为综合国力竞争的重要一环。

目前，世界正处在大发展、大变革、大调整时期。对中国而言，既面临着难得的发展机遇，也不得不应对严峻的风险挑战。树立良好的国际形象，为中国的和平发展营造良好的国际环境，亟须做大做强文化产业，提高中国文化软实力，占领国际话语权的制高点。

正是基于上述考虑，国际台近年来不断拓展业务范围，目标是建设成现代综合新型国际传媒集团，深入推进由传统媒体向现代媒体转变，由单一媒体向综合媒体转变，由对外广播向国际传播转变，由本土媒体向跨国媒体转变。这其中，国产影视剧译制输出成为重要一环，国际台依靠其雄厚的外语人才队伍，立志打造国产电视剧出口的“美好时代”。

以往，国外影视剧都是以英语字幕的形式在坦桑尼亚、肯尼亚等东非国家落地，能不能有一部斯瓦希里语版的中国电视剧进来？国际台凭借独特优势，如经验丰富的斯瓦希里语专业翻译人员，在东非设有当地的记者站、孔子课堂等可作为调研和推广的资源，等等，开始尝试斯瓦希里语版国产电视剧输出。

值得称道的是，国际台没有选择四大名著，也没有选择功夫片。四大名著，非洲人难以理解。而功夫片，非洲人也已经看腻了。最后，经国际台斯瓦希里语专家、驻坦桑尼亚记者站以及坦桑尼亚国家广播公司的共同调研，《媳妇的美好时代》成了最终选择，因为这部剧“能够反映当代中国的都市生活，这是非洲观众想要看到的。”

应该说，国家层级的文化强国战略，国际台的全新发展观念与强大译制能力，中国普通百姓自信而幸福的生活，是《媳妇的美好时代》在非洲、《金太狼的幸福生活》在缅甸热播的关键因素。有了国家规划，有了时代内容，更重要的是有国际台这样拥有强大翻译能力、推广能力的执行机构，必将促进中国的文化以更直观、更简易、更有效的途径传播到世界各地，给全球人民带去中国的社会、政治、经济现状，展现全新的人民生活，毋庸置疑，这将是未来中国文化国际传播的一条最有效、最便捷的渠道！

中国文化产业发展迅速，潜力巨大

根据联合国教科文组织的定义，文化产业是指按照工业标准生产、再生产、储存以及分配文化产品和文化服务的生产、再生产、供应和传播的活动。历史上，英国由于最先把“文化产业”这一概念运用到社会经济结构中而使经济得到了飞速的增长。此后，文化产业受到了世界各国的关注，文化产业已成为许多发达国家的支柱产业。

文化产业在当代中国同样产生了巨大的吸引力。2000年党的十五届五中全会通过《中共中央关于制定国民经济和社会发展第十个五年计划的建议》，第一次明确使用了“文化产业”这一概念。此后，中国文化产业发展步入了全新时代，文化产业发展呈现逐年加快的趋势。近年来，中国文化产业增加值年均增长速度更是超过20%，初步显现出成为国民经济支柱性产业的潜力。据国家统计局统计，2012年，全国文化产业增加值达到16 000亿元。

文化产业的崛起是经济和文化融合的体现，这是世界性的一个趋势。近年来，虽然我国文化产业快速发展，但由于起步较晚，相对于欧美、日韩等文化产业发达国家和地区来说，水平不高、活力不强，还有许多可供发掘的空间。要使文化产业在国家发展中作出更大的贡献，当务之急是加快打造文化产业品牌，改变“文化制造”的弱国形象。

目前，我国打造文化产业品牌虽初见成效，但就世界范围而言，知名文化品牌的数量与我国经济社会发展地位还不相称。我国文化产业要在世界舞台上占有一席之地，并把“中国形象”展现在世人面前，关键在于打造一批精品、打造一批真正强势的文化产业品牌。

打造文化产业品牌，必须加大研发的力度。一方面，从历史的、民族的、民间的角度发掘具有深厚文化内涵与底蕴的文化品牌；另一方面，创意全新的、富有现代气息和风尚的文化品牌，如“映象刘三姐”、“中国好声音”等就是成功的典型范例。此外，要加大保护的力度。文化品牌塑造的实质是在全球化语境下重塑民族精神和文化价值，既要对抗西方文化殖民，又要维护民族文化特质。当然，加大国际化的力度也必不可少。中国文化产业发展要赢得市场，中国文化产业品牌建设必须走出去、请进来，参与国际、国内文化资本的激烈竞争。就文化产业的主打领域传媒业来看，时代华纳、迪斯尼、贝塔斯曼、维亚康姆、新闻集团、索尼、通信公司、环球影业和日本广播公司是支配着全球传媒文化产业市场的九大巨头，每一家品牌企业的年收入都在数百亿美元。中国文化产业培育和文化品牌壮大任重而道远。

借鉴他国实现文化软实力跨越式发展

正如《媳妇的美好时代》在非洲的热播，文化产品具有传播本国或本民族价值理念和意识形态的独特作用。在经济利益和政治利益的双重推动下，各国在文化领域里的竞争异常激烈。中国，作为一个经济总量大国和文化产业弱国，我们需要参考他国的成功经验，进行创新和实践，争取实现跨越式发展。

日本和韩国同为我国的邻国，日本因“动漫”行业的成就在国际上具有竞争力，韩国则在短期内实现了文化产业的跨越式发展。这两个国家在文化产业发展、文化产品输出、打造文化软实力方面可资借鉴。

日本是亚洲的老牌文化强国，文化产业总产值约占其国内生产总值的20%左右，是仅次于制造业的第二大支柱产业。其中，既有像电影、音乐、出版这样多年来在世界上居于领先地位的传统产业，也有像动漫、游戏之类崛起不久的新兴产业。但是，后者的发展势头显得更为迅猛和强劲。目前，日本已成为全球最大的动漫输出国，全球播放的动画片约有六成产自日本。另一方面，由于游戏软件的开发多来源于动漫作品，日本动漫所取得的国际影响力大大推动了日本游戏软件的出口，并进一步带动了游戏硬件产品的海外市场扩张。日本的文化产业出口逐渐形成了以动漫产品为核心，带动游戏、图书、音像制品和特许经营商品等整体的产业链出口态势。

再看韩国。经历了1997年亚洲金融危机的重创，韩国痛定思痛，开始大力发展文化产业。尔后，在较短时间内就取得了骄人的成绩，特别是以影视、音乐、动漫、游戏为代表的娱乐文化形成了一股强大的“韩流”，席卷亚洲众多国家和地区，树立了文化产业强国的国际形象。韩国电影从20世纪末开始迅速崛起，不仅在亚洲市场频频告捷，还打进了美国的好莱坞。美国许多大制片厂纷纷以巨额资金加未来票房的分成来购买韩国电影的翻拍版权。与电影一样，韩国的电视剧也是自20世纪末开始迈开大步走出国门。2012年，鸟叔更是凭借江南style风靡世界，骑马舞甚至跳进了联合国。

中国文化“走出去”国际台必将起到独特的作用

美国是全球文化产业最发达的国家。数据显示，美国文化产业的年产值已占到其国内生产总值的1/4，是美国国民经济的支柱产业。借助“经济全球化”，美国文化产业向外大规模输出。自冷战结束以来，以视听产品为代表的美国文化产品出口无论从营业收入、覆盖地域还是从实际影响力来看，都堪称世界第一。美国电视媒体所发布的信息量超过世界其他各国所发布信息量的总和。此外，以《读者文摘》、《国家地理》、《时代周刊》为代表的杂志，以麦当劳、肯德基、可口可乐为代表的餐饮文化，以美国职业篮球、美式橄榄球、棒球为代表的体育文化，以圣诞节、情人节、万圣节为代表的节日文化，以迪斯尼为代表的休闲娱乐文化等充斥着无数媒体的空间，占据着世界各国人们的空余时间。强势的文化产业出口，为美国在全球范围内输出其生活方式和价值观念起到了巨大的作用，好莱坞电影更是处处体现着美式生活的舒适与便捷，宣扬着美国民主政治制度的优越和完善。美国大片的出口不仅为美国创造了巨大的经济价值，而且带来了难以估算的国际政治价值，成功地体现了国家的“软实力”。

不过，美国文化输出，有一个先天的便利条件，就是英语作为一个非常国际化的语言容易被许多国家的受众理解和接受。而中国文化“走出去”存在一个语言的问题，必须通过译制，而且是做到“信达雅”的传神翻译才可以。这方面，国际台必将发挥重要的作用。

创办于1941年的中国国际广播电台，从延安窑洞的第一声电波，到目前拥有全媒体手段，已经迎来了全新的媒体时代。截至2013年5月5日，国际台海外整频率落地电台增至90家，对外传播语种增至64种。国际台已成为全球媒体语种最多、全国媒体形态最全、海外受众最广的国际传播机构。

能够在非洲落地生根，“嫁”到坦桑尼亚的“媳妇”无疑成了一次成功的经验，这也让国际台加大了影视剧译制业务。2012年10月，国际台成立了影视译制中心。2013年下半年，国际台影视译制中心将向非洲推出10部电视剧和52部电影，外加5部动画片和4部纪录片，并分别译制成英语、法语、阿拉伯语、葡萄牙语、斯瓦希里语和豪萨语等六种语言的配音版本在非洲各国主流媒体播出。

文化软实力将成为中国发展复兴的脊梁

目前，世界各国对于文化软实力的建设越来越重视，各国在文化领域里的竞争异常激烈。尽管面临诸多困难，在实施文化强国战略上，我们应该有高度的自信。

这种自信源于中华民族的传统文化。中国五千年灿烂文化是我们文化的根，其主体内容博大精深，蕴含着非常丰富的文化软实力要素，其哲理智慧、理性价值和人文精神，有很多内容适应人类社会发展趋势，至今仍然闪烁着耀眼的生命力之光。这种自信还源于改革开放为我们更广泛更充分地学习借鉴别国优秀文化创造了便利的条件。改革开放以来，国际台等一些中国媒体开始逐渐与国际知名媒体过招，这一过程既是学习的过程，也是竞争的过程。善于兼收并蓄别国之优长并进行创新超越，成了国际台等媒体快速发展的经验。

目前，建设中国社会主义文化强国的战略规划已定。今后，要把中国社会主义核心价值体系建设作为文化建设的根本任务，同时不断加大对文化传播平台、载体、产业的投入，把热爱祖国、勤劳勇敢、正直守信、文明友好、热爱和平、崇尚和谐等优秀品格塑造成为中国形象的代名词。《媳妇的美好时代》之所以能走出国门，广受欢迎，正是在于这部电视剧将中国传统的伦理道德放在当代改革开放的时代背景下去展现，让国外受众既能感受到现代的中国，又能体会到中国饶有兴趣的家庭文化。

相信在文化强国战略下，会有更多类似《媳妇的美好时代》这样既为国人喜爱、又被外国朋友喜欢的作品涌现出来，而文化也将从以往的“软肋”变成中国发展复兴的“脊梁”。

（作者单位：中国国际广播电台东南亚地区传播中心）

战略理论在广播电台竞争中的应用研究介绍

阳　燕

战略理论已被企业广泛应用于市场竞争。我国广播传媒领域在20世纪80年代引入了战略管理理论，受到了普遍关注和广泛应用。本文将首先简要介绍战略理论，然后分四个方面介绍其在广播电台竞争中的应用。

一、战略理论概述

现代企业战略理论起源于二战后高度竞争环境下的西方商业领域，直到20世纪70年代都属于传统战略管理理论的范畴，主要分为设计学派和计划学派两大流派，前者的代表人物是美国哈佛教授安德鲁斯及同事，他们创立了SWOT分析法（Andrews，1971）①，后者的代表人物是美国战略管理的一代宗师安索夫，认为“战略构造应该是一个有控制、有意识的正式计划过程”（Ansoff，1965）②。此阶段，战略理论已在逐步被学术界和企业界所接受和应用，但对此的研究还没有广泛铺开。

自20世纪80年代以来，西方经济学界和管理学界一直把企业竞争战略理论置于学术研究的前沿地位，有力地推动了企业竞争战略理论的发展，形成了结构学派、能力学派和资源学派三大派别。

1. 结构学派。20世纪80年代，哈佛商学院的迈克尔·波特在其著作《竞争战略》中提出了战略定位的观点③。波特认为，企业战略的核心是获取竞争优势，而获得竞争优势的因素有两个：一是企业所处产业的整体赢利能力，即产业吸引力；二是企业在产业中的竞争地位。波特创造性建立了五种竞争力量分析模型。他认为，一个行业的竞争状态和赢利能力取决于五种基本竞争力量之间的相互作用，即进入威胁、替代威胁、买方讨价还价能力、供方讨价还价能力和现有竞争对手的竞争，而其中每种竞争力量又受到诸多经济技术因素的影响。在这种思想指导下，波特提出了赢得竞争优势的三种最基本的战略：总成本领先战略、差异化战略、集中化战略。

2. 能力学派。1990年，美国管理思想界的两位大师普拉哈拉德（C. K. Prahalad）和哈默尔（Gary Hamel）在《哈佛商业评论》上发表了《企业核心能力》一文④。其后，越

---

① Kenneth R. Andrews：The concept of corporate strategy [M]. Richard D. Irwin，Homewood. 1971.

② H Igor Ansoff：Corporate strategy：business policy for growth and expansion [M]. McGraw-Hill Inc. 1965.

③ 迈克尔·波特著，陈小悦译：《竞争战略》，华夏出版社，2001年。

④ C. K. Prahalad，Gary Hamel：The Core Competence of the Corporation，Harvard Business Review. May-June，1990：79～91.

来越多的研究人员开始投入企业核心能力理论的研究中。所谓核心能力，就是所有能力中最核心、最根本的部分，它可以通过向外辐射，作用于其他各种能力，影响着其他能力的发挥和效果。一般说来，核心能力具有如下特征：1）核心能力具有延展性，它可以使企业进入各种相关市场参与竞争；2）核心能力能够使企业具有一定程度的竞争优势；3）核心能力不会轻易地被竞争对手所模仿。核心能力学派认为，现代市场竞争与其说是基于产品的竞争，不如说是基于核心能力的竞争。因此，企业战略的目标就在于识别和开发竞争对手难以模仿的核心能力。

3. 资源学派。20 世纪 80 年代，美国密歇根大学的两位学者卡尔纳尼和威纳费尔特等人的观点逐渐形成了战略资源学派①。资源学派形成了一个分析企业内部资源分配和使用的框架，即以"资源—战略—效益"的逻辑关系制定企业的战略。该学派认为，企业战略的主要内容是如何培育企业独特的战略资源，以及最大限度地优化配置这种战略资源的能力。在企业竞争实践中，每个企业的资源和能力是各不相同的，同一行业中的企业也不一定拥有相同的资源和能力。"战略必须随环境变化而不断调整"。这样，企业战略资源和运用这种资源的能力方面的差异，就成为企业竞争优势的源泉。

战略理论在广播电台竞争相关的研究受到了充分的重视。本文分四个方面进行归纳：综合发展战略、核心竞争力、品牌战略和时段战略。

二、综合发展战略

战略理论在广播电台竞争中的第一类应用是综合发展战略，即利用战略理论对电台方方面面进行战略设计，提高整体的竞争力。李广昌通过引进 SWOT 矩阵、波士顿矩阵两种战略分析方法②，分析了我国广播电视产业的发展战略，包括产品开发战略、品牌经营战略、集团化发展战略、市场竞争战略、人力资源战略、资本运营战略、媒体扩张战略等 7 个方面。何大新针对四川广播电视发展战略进行研究，分别从体制改革、事业与企业的划分、建立公共服务体系、创新投融资体制等八个方面进行战略设计③。刘浩三和徐军立对类型化电台的源流历史和受众特点进行分析，具体描述了国内类型化电台的发展现状，提出如下发展战略：1）逐步推进类型化发展，坚持本土化发展策略；2）推进内部机制改革，建立各级广播联盟；3）更新传播理念，创造、培育和发展市场体系；4）拓展新平台，与全媒体融合④。张君浩对内蒙古广播事业的未来发展提出近期、中期、远期的发展战略，近期战略主要是指广播业自身的变革与创新，进行频率专业化运作；中期战略是在广播业内构建有别于现行模式的广播集团，形成以集团为单位的竞争态势；远期战略是推

① Karnani Al, Wernerfelt Bl: Multiple Point Competition, Strategic Management Journal, 1985, 6 (1): 87—96.

② 李广昌：《我国广播电视产业发展战略研究》，硕士论文，天津大学，2005 年。

③ 何大新：《论四川广播电视发展战略》，硕士论文，西南财经大学，2007 年。

④ 刘浩三、徐军立：《国内类型化电台的现状及发展战略》，《中国广播》，2011 年第 9 期，第 24～28 页。

进广播业与各种新兴媒体的融合，特别是与互联网的融合，产生新兴传播媒介——网络广播①。

三、核心竞争力

战略理论在广播电台竞争中的第二类应用是核心竞争力，即利用战略理论指导电台提高核心竞争力。媒介核心能力是一种独特的整合能力，能够调动媒介组织的各种资源，培育出自身不同于其他媒介的最根本的竞争优势，来持续满足媒介产品消费者的需求，从而在市场上获得持续性的竞争优势。新闻集团的默多克在2001年的总裁述评中指出，公司的核心竞争力就是曾经让该集团成为世界上最大的媒介公司的基本经营技巧和资本实力。

巢立明将中国广播电视产业的核心竞争力分为三个层面：从微观层面看，主要是广电产业内部各个企业（媒体）的经营与管理水平以及产品的竞争力；从中观层面看，则是整个产业内不同区域间（包括不同级别、集团间）的竞争力以及产业外部环境对这种竞争力的促进提升作用；从宏观层面看，则是国际间的比较，即中国广电产业的国际竞争力以及国际的政治、经济、文化等环境的影响。中国广电产业核心竞争力的提升过程，是一个复杂的系统工程②。李瑞苓对地市级广播电台的核心竞争力进行研究。其研究认为，地市级广播电台核心竞争力是地市电台所拥有的、能创造独特价值且赖以生存和发展的核心资源与核心能力。地市级电台以此为轴心，通过整合自身各种资源，形成不同于其他媒体的最根本的、不易被模仿的能力和持续的竞争优势，从而保持和增强其持续发展的潜力。增强核心竞争力是电台应对媒介市场激烈竞争的战略选择。电台新闻频率核心竞争力构建应通过优化人力资源、技术资源等在内的核心竞争力要素，进行资源集中整合，推动核心竞争力形成；在实施差异化、本土化、个性化、品牌化等竞争战略中发展广播优势，建立自身核心竞争力③。韩韶君则认为广播媒体的核心竞争力可以按核心要素归纳为两部分：一个是“硬件”的核心竞争力，主要是指广播媒体其独特的核心硬件资源，包括广播电台数字音频录音、制作和自动化播出等硬件系统以及技术、设备等方面；另一个是“软件”的核心竞争力，是指广播媒体的经营效率（包括广播媒体的整体运营机制、良好的管理制度、高水平的从业人员等）和广播媒体的信息传播效果控制（包含广播电台的节目和频率品牌、有效的信息反馈测评）等要素④。

具体到某些栏目，戴永明提出网络视野下提升地方新闻核心竞争力的方法包括：1）注重本地化，推陈出新，办出特色；2）树立精品意识，在新闻采访中把“人”放在中心位置，做好贴近国计民生话题的报道；3）借助网络扩大广播影响力，做到更快、更新、

① 张君浩：《内蒙古广播事业发展战略研究》，《北方经济》，2012年第9期，第50～51页。

② 巢立明：《中国广播电视产业核心竞争力研究》，博士论文，复旦大学，2005年。

③ 李瑞苓：《地市级广播电台新闻频率核心竞争力研究——以保定电台新闻综合频率为例》，硕士论文，河北大学，2005年。

④ 韩韶君：《河北人民广播电台少儿音乐频率核心竞争力研究》，硕士论文，河北大学，2011年。

更活[①]。朱丽萍研究了广播早间新闻栏目核心竞争力，认为其提升策略包括四方面：发布“快”新闻，培养“全能”广播记者（发现和捕捉新闻的能力、现场播报能力、新闻评论能力、多媒体工具使用能力），培养个性化新闻主播（把握播报贴近性、树立“记者意识”、提升主播的知名度），树立“大”编辑意识（统筹整合信息资源能力，提升加工、解读新闻能力，节目编排有层次、有重点）[②]。

四、品牌战略

战略理论在广播电台竞争中的第三类应用是品牌战略，即利用战略理论指导电台的品牌设计。汤晓芳以交通广播为案例分析了广播电台竞争的品牌战略。其研究以SWOT范式对国内交通广播的生存环境进行了分析，在总结交通广播品牌实施战略方面，重点对北京交通广播以及浙江交通之声、湖南交通频率等交通广播各有特色的成功经验进行了研究[③]。该研究分析了国内广播品牌经营中存在的缺失和面临的一些困难，提出了以核心受众为本的差异化品牌定位、塑造体现人文关怀的品牌个性、构筑循环互动的品牌营销体系、建立数据化为基础的广告营销策略以及改善广播规模实现多领域延伸等针对性的措施。最后，作者在实地调查与深度研究的基础上，重点对南昌青山湖之声电台凭借实施品牌战略实现了媒体的跨越性成长的过程进行了透视。钱红波同样对地市级交通广播的品牌战略进行了分析，认为品牌是媒体的无形资产，良好的品牌战略能够提升频道的影响力，可以开发和巩固媒体的受众资源，带来更高的品牌忠诚度、更有效的广告市场沟通和品牌延伸机会；还强调通过对频道受众和节目进行定位、打造精品节目、引入CIS（Corporate Identity System，企业的统一化系统）体系、举办特色活动以及拓展经营等方式来塑造品牌，并对株洲交通频率实施品牌策略的成功案例进行分析，发掘其启示与借鉴意义，对地市级交通广播媒介的未来发展提出了建议[④]。孙彦杰分析了广播频率品牌战略对于广播频率自身发展的必要性，阐述了频率品牌战略的具体实施方法和步骤，并介绍了山东广播交通音乐之声品牌战略实例[⑤]。

五、时段战略

由于广播在节目设置和收听人群等方面都具有鲜明的时段特征，所以，战略理论在广播电台竞争中的第四类应用是指导各时段节目策划，即时段战略设计。时段战略起源于对时间价值差异性的认识。从物理时间的侧面看，时间的质是均匀的、同一的。但当社会、经济、政治、文化等因素一进入和时间的耦合，物理时间便转化为社会时间。由于耦合状

① 戴永明：《网络视野下如何提升地方新闻核心竞争力》，《新闻窗》，2012年第3期，第58～59页。
② 朱丽萍：《论广播早间新闻栏目核心竞争力提升策略》，《新闻知识》，2011年第10期，第82～83页。
③ 汤晓芳：《从交通广播看广播品牌战略的突围与缺失》，硕士论文，南昌大学，2006年。
④ 钱红波：《地市级交通广播品牌战略研究》，硕士论文，湘潭大学，2010年。
⑤ 孙彦杰：《广播电台频道品牌战略研究》，硕士论文，山东大学，2005年。

态和时间上的不同，时间的质地显现出差异，时间的价值失去了均匀性，不同时段的价值大小就不一样了。

2008年，笔者曾以成立时间短、定位高的国际台环球资讯广播为案例，以资讯类频率为切入点对中国类型化频率的时段策略设计进行研究①。欧阳莉娅就晚间（21：00到次日凌晨）这一具体时段的节目安排展开分析，发现晚间节目收听率较低，各电台节目同质化严重，不能满足更多不同听众的需求，认为电台应该打破倾谈节目一统天下的局面，丰富节目类型（背景类、信息类、话题类、体验类），针对如老年听众、农民听众或学生听众等非传统晚间听众创新节目，拓展深夜节目时间（如西安交通音乐台针对出租车司机开辟新的栏目），发挥主持人品牌效应，以及加强时效性（如对晚间突发事件、特别新闻资讯的播报）②。

本质上，时段策略属于广播电台竞争的差异化战略，通过在时段设置上的设计体现差异化，来提高广播电台的竞争力。一个广播频率要想充分发挥它的时段策略，就必须做到两点：一要通过分析自己特定的频率定位、目标听众、播出目的、播出时间、节目类型等自身属性来制定自己的时段策略；二要分析竞争对手的时段策略来不断调整和更新自己的时段策略。

（作者单位：中国国际广播电台环球资讯广播）

① 阳燕：《中国类型化频率的时段策略：环球资讯广播案例分析》，硕士论文，中国传媒大学，2008年。
② 欧阳莉娅：《晚间广播节目的未来趋势》，《视听》，2012年第8期，第77～78页。

浅谈广播媒体与政治传播的互动

龚　晨

政治传播产生于人类进入阶级社会以后，是社会发展到一定历史阶段的产物。它以政治信息为传播的主要内容，为建立、巩固国家政权服务。政治信息要到达受众，必须通过一定的通道，其中大众媒介是政治传播的最主要通道之一。国家政策的发布、推广、选举、舆论监督和引导等大多是通过人们日常接触最多的传播媒介来实现的。作为传统的大众媒介之一，广播在政治传播的发展历程中发挥了不容忽视的作用。在当今的新媒体时代，广播媒体与政治传播的互动呈现出新的特点。

一、政治传播与传播媒介的互动影响

1. 政治传播的表现形式

所谓政治传播，从其字面意义上来说，是指政治信息的传播。政治信息往往呈现成多种形式，常见的有新闻、政治广告、政治演说、政治辩论、法律政策、司法判决等。政治传播的主体主要包括政府、立法机关、司法机关、政党领袖、政府官员、候选人和利益群体等。我国传播学者对政治传播的定义做了多方面的界定。其中，浙江大学邵培仁教授认为，所谓政治传播，是指政治传播主体通过多通道、多媒体、多符号传播政治信息，以推动政治过程、影响受传者的态度与行为的一种对策。“政治传播有五个功能：报道、表达、解释、教育、控制。”①

政治传播活动追求政治意见、政策的有效传达以及政治思想的引导、人心的归向。如果政党和政府的路线、方针、政策的制定或者实施希望畅行无阻地实现，政治传播必然直接或间接参与其中。政治传播起源已久，几千年前就已具备雏形。例如在中国古代，先秦时期的奴隶制游说论、春秋战国时期百家争鸣，都不同程度地维护了统治阶级的利益。而西方对政治传播的研究最早可以追溯到古希腊时期。随着人类传播活动和传播手段的演变，政治传播活动也在不断向前发展。

按照目标受众划分，政治传播又可以分为对内和对外传播两类。对内，通过宣传政府、组织或个人的法律法规、政治理念，达到维护统治和争取支持的目的；对外，则是主要宣传本国政治、经济和文化意识形态，塑造良好的国际形象，在国际问题上制造与己有利的舆论氛围。

2. 政治传播与传播媒介的互动方式

作为政治传播的最主要也是最重要的通道之一，传播媒介与政治传播能动地相互

---

① 邵培仁主编：《政治传播学导论》，浙江大学出版社，1991年，第47～60页。

影响。

政治传播具有传播的众多属性，比如其在引导舆论的同时又与舆论监督相结合，形成由上而下、由下而上的双向沟通渠道。政府、组织或者个人，借助于传播媒介将信息传输给受众，试图引导、说服受众，使其支持自己，形成有利于自身的社会舆论，保证政府、组织政策的贯彻执行。对于个人而言，可以获取选民的支持，在选举中取得优势。另一方面，受众是理性的受众，他们不会被动地接受信息，而是主动通过各种传播媒介方式寻求信息，并寻求对政府、组织或个人的监督，由此形成舆论引导和舆论监督的双向沟通渠道。

另外，媒体是在一定的社会环境下运行的。一方面，媒体作为社会的一个有机组成部分，不可避免地受到所在的社会和政治体制的影响；另一方面，由于其所具有的双向社会信息沟通功能，大众传媒对整个社会的影响也不可忽视。

二、从传统媒体到新媒体时代的政治传播

绝大多数的政治信息都是经由传播媒介向外发布扩散。从印刷媒体到广播，再到电视、互联网，随着通信技术和传播手段的发展，开创了一个又一个传媒时代。政治传播在不同时期与传播媒介的互动也呈现出不同的特点。

1. 广播在政治传播中曾扮演重要角色

在政治传播的大众媒介通道中，一个不容忽视的力量就是广播。最常被政治传播学者提及的范例之一，就是广播在两次世界大战期间作为政治传播的重要手段所发挥的作用。

从历史进程来看，早在一战时，无线电技术已经作为重要辅助手段应用到战争中，用以传递军事情报，进而显现出巨大效力。一战结束后，许多国家加大了对无线电技术的投入，并鼓励这项技术民用，带来了广播的兴起。二战前夕，一些国家都建立了大功率、多语种的广播体系。二战爆发后，广播凭借其即时性和空间跨越性的优势，被纳入到参战国的战略性政治传播中。

广播介入战时的政治传播，首先表现在对外广播的规模迅速扩大。二战时，主要参战国家的国内经济非常萧条，但广播却得到了空前的大发展。各国争相发展广播，特别是积极开办对外广播，目的是通过广播形成有利于自己国家利益的国际关系和舆论导向。有资料显示：1938 年开始用阿拉伯语对外广播的英国，从 1941 年到二战末期共使用了 46 种语言从事对外广播；纳粹德国战时的广播电台拥有 1 万多名员工，到 1943 年已经使用 53 种语言向欧洲及全世界散布言论；1929 年开办对外广播的苏联，战争期间对外广播语言从 1933 年的 11 种增加到战争中的 30 种。①

其次，广播强化了政治传播效果。对外广播在传播中常带有政治倾向性，在特殊的战争环境中，这种倾向性更加明显。有些广播节目和评论更是以直接或间接的方式代表了所

① 顾东黎著：新浪网 www.dzwww.com/eqnjz/xbyk，《广播媒体与现代战争》，原载于《青年记者》2004 年第 12 期，第 7 页。

在国政府的立场与观点。1942 年 7 月 16 日，希特勒发表了愿意与英国谋求“和解”的演讲，实际上是敦促英国放弃与德国作战的立场。一个小时以后，英国广播公司著名播音员德尔默就代表全体英国人民在广播中给予了回绝。1945 年德国投降后，美国之音在对日本宣传上加强了劝降宣传的力度，每隔 30 分钟便在广播中发出具有强烈宣传色彩的话语：“日本军民们，为了挽救你们的生命，立即无条件投降吧！如果不投降的话，日本本土会受到不可想象的破坏。”这些宣传对加速日本的投降起到了重要作用。①

2. 电视的崛起削弱了广播在政治传播中的地位

随着科技的快速发展，电视的崛起大幅削弱了广播在政治传播中曾占据的重要地位。电视机的普及将人们拉离了收音机，音画结合的表现方式令单一的“耳报”黯然失色。政府、政党、利益集团为电视媒体投入巨额资金，以谋求更好的政治传播效果。在传播媒介和政治传播学发达的美国，这一现象尤为明显。以美国大选为例，政治广告是政治家和选民间进行沟通的主要工具之一。由政府、政党、候选人及各种政治团体通过传播媒介，在广播、报纸、户外平面媒体等，特别是电视台付费购买时间、空间和篇幅，直接向受众传输政治信息，影响其政治态度，花费也在成几何倍数增长。

2012 年美国总统选举投票于当地时间 11 月 6 日举行。在选举期间，美国《时代》杂志报道说，估计到 11 月 6 日投票当天为止，民主党和共和党两大阵营与他们各自的支持者花在电视广告上的经费，预计可能达到 11 亿美元。这一数字让 2012 年的选举在历届美国总统大选当中都显得格外“昂贵”。

在“摇摆州”佛罗里达州，比较民主、共和两党与各自支持阵营 2008 年与 2012 年两次总统大选期间在该州奥兰多地方电视台的竞选广告支出，就会发现两党都有花费暴增的趋势。据统计，2008 年 7 月 1 日到 9 月 10 日，民主党与其支持阵营在奥兰多地方电视台的广告花费为 180 万美元，2012 年同期增加到 600 万美元。同样，共和党与其支持阵营 2008 年花了 50 万美元，2012 年同期增为 750 万美元。

铺天盖地的电视宣传轰炸一定程度上达到了政党和政客需要的民众对于其政治理念的了解，甚至是对某一政党或候选人的支持。但过于密集的宣传也令民众不胜其烦。2012 年美国大选期间，一个小女孩哭着抱怨竞选广告“太烦了”的视频广为流传，从一定程度上讲，这是民众通过传播媒介表达自己不满的方式。

3. 网络时代令政治传播渠道更加多样化

数字技术、互联网技术和移动技术的蓬勃发展，将人们带入了新媒体时代；数字电视、手机媒体、IPTV、社交媒体等新媒体手段令人们接触信息、了解新闻变得更加随时随地。新媒体的发展空间具有传统媒体无法比拟的优势，对于以互联网为基础的新媒体的重视和掌控也逐渐成为政治传播的必然，许多政府部门、公共组织和个人也开始利用新媒体拓展自身的影响力。

依旧以美国大选为例。从 1998 年开始，美国三分之二以上的参众议员候选人都拥有

① 李飞舟、宋伟伟：《舌剑出鞘——二战中的舆论战》，军事科学出版社，2004 年 12 月，第 14 页、第 93 页、第 44 页。

自己独立的网页。在 2000 年大选中，几乎所有的参选人都建立了自己的竞选网站，表达政治主张，同选民进行沟通。对于 2012 年的美国大选，有评论指出，奥巴马之所以能最终击败对手罗姆尼，网络和社交媒体的作用不容忽视。譬如，罗姆尼竞选总部每天约发一条 Twitter，奥巴马总部则一天平均发 29 条；奥巴马在视频网站 You Tube 贴出的视频和博客大约是罗姆尼的两倍；除了 Twitter、You Tube、Facebook 外，奥巴马总部在 Google+ 等 9 个主要美国社交媒体上都有活动。事实证明，这种“网络政治”手段很好地“讨好”了选民，尤其是年轻一代，使奥巴马在青年人中的支持率达到历年最高。

在中国，政府部门和领导人也越来越重视网络和社交媒体对政治传播的重要作用，通过网络实现政府信息与民众间的交互流动，不仅使得国家政策广而告之，向“下”传达，还使得民意及时通过论坛、微博等新型渠道向“上”反映，得到了大众的支持和肯定。这些利用网络平台实施政治传播的行为，引发民众的热议，取得了良好的效果。2012 年，“表叔”、“房叔”、“房婶”等一大批贪腐官员下马，正是由于微博实名举报引起了国家司法部门的注意，互联网为自下而上监督政府清廉运行起到了不容忽视的作用。当今，网络等新媒体正在作为政治传播的重要渠道，进一步推进政治生活、优化舆情环境，成为构建和谐社会进程中发挥重大作用的媒介。

三、新形势下广播媒体如何做好政治传播

现今的社会，是以互联网为主导的信息社会，电视的出现、互联网的兴盛，以及新媒体蓬勃发展对于广播在传播领域以及政治传播活动方面的冲击是不言而喻的。在新形势下，广播媒体必须与时俱进。

1. 传统广播与在线广播等新媒体形式共同发展

为适应时代发展的需要，积极发展包括在线广播、移动终端等在内的新媒体形式是广播电台的必然选择。

以美国之音为例。作为美国政府对外宣传的一个标志性产品，2011 年，美国之音宣布全面停止中文广播。美国之音开播于 1942 年，专职负责对交战国的舆论宣传。二战后，美国之音更成为美国政府对不同意识形态国家主要的政治宣传机构，并在苏联、东欧及南斯拉夫解体和政权更替中代言美国政府，发挥了巨大的政治宣传作用。然而，这样一个曾为美国政府立下汗马功劳的广播媒介，随着互联网、手机等新媒体的快速兴起，遭到了前所未有的挑战。近年来，其对外广播听众数量急剧下滑。深谙媒体与政治传播互动之道的美国政府感到美国之音的竞争力和影响力辉煌难再，因此，停播便成为必然之举。

值得注意的是，美国之音中文广播停播，并不意味着美国之音失去了存在价值。美国官员透露，美国之音原对华广播的时段、频段和设备，都并入自由亚洲电台。同时，美国之音的中文网站被保留，其普通话节目悉数转入互联网播出。可见，这次停播并非意味着广播媒体的没落，而只是一种针对新形势的策略调整，反映了美国政府在数字化传播趋势下对广播媒体政治传播功能的重新认定和评估、对媒体资源的重新配置和操控。

与美国之音的遭遇相似，实际上，世界各国的广播媒体都面临同样的问题。因此，在

新形势下发展在线广播，借助新媒体手段塑造新形象，扩大影响力是广播媒体的发展之道。

作为中国官方媒体之一，中国国际广播电台（简称国际台）目前也已经在发展新媒体业务方面迈出了坚定的步伐。目前，国际台使用64种语言，先后在五大洲50个国家的首都或主要城市开办了90家海外分台，覆盖近2亿城市人口，每天播出2 000多小时节目，每年收到300多万件受众反馈。

无线广播是国际台的传统宝贵资源。国际台在“多媒体融合、全媒体发展、加快建设现代综合新型国际传媒集团”的目标指引下，统筹发展无线广播与在线广播，统筹传统媒体与新兴媒体。以无线广播为代表的传统媒体是现代国际传播体系的基础。以互联网技术为基础的新兴媒体，是现代国际传播体系的支撑。传统媒体与新兴媒体的融合发展，是建设现代国际传播体系的基本方向。目前，国际台的无线和在线广播基本上实现了对全球重点国家和地区重点城市的有效覆盖。利用无线广播的优势，借助新兴技术扩展传播平台，打造媒体产业群，国际台才能在未来的媒体竞争中占据优势位置。

2. 对外传播对广播媒体提出更高要求

在政治信息的传播方面，广播具有其他媒体无法比拟的天然优势。广播具有时间上的即时性，空间上的跨越性；表现手法上，由于声音传递的信息比书面文字更为直观和感性，容易为听众接受。但由于长期体制原因，我国的广播节目在内容选择和贴近性方面目前仍有很大提升空间，尤其是在对外传播领域，亟待加强。

国际台是以对外传播为主营业务的媒体。对外传播、塑造国家形象是一门艺术，需要讲求方式和方法。传播内容要有效到达受众，必须树立符合现实的对外传播理念，符合报道规律，才能使对外传播达到切实的效果。

第一，要树立全局观念。对外传播需要进行正确的舆论引导，避免充分依赖外界信息而忽视本身所持有的报道立场。要在纷繁复杂的国际形势中冷静作出正确的价值判断，在广泛参照国外媒体同行新闻报道基础上坚持自己报道的路线。在西方媒体舆论占主导地位的今天，切不可成为西方的传声筒。

第二，要树立平等的服务观念。我们的对外传播不能只是一味宣传我国政府的政治理念，还要在内容上考虑国外受众的需要和兴趣点，将我们想要传播的信息与国外受众想要了解的信息有机结合起来。比如，外国人对中国的传统文化非常感兴趣，我们可以将中国传统文化中的“仁”、“和”等理念与现代形象结合，塑造热爱和平的国际大国形象。

第三，要从节目形式上力求贴近性。对不同国家进行传播时，可以选择当地受众喜欢的主持方式和内容表现形式进行表达。比如，让当地具有知名度和信任度的人说出我方想要表达的观点，或者选择与当地媒体合作制作节目。在播出和报道时，用当地节目主持人和记者，力求消除节目与受众的隔阂。

（作者单位：中国国际广播电台新闻中心）

中国媒体话语权分析

陈霞枫

二次世界大战结束以来，国际传播一个很明显的特点就是超级大国依靠其在经济与科技上的优势，利用大众传播媒介为工具，在信息自由流通的原则下，对发展中国家进行控制①。由于西方文明在经济社会领域占有明显的比较优势，其媒体的文化传播和舆论引导能力远远超过各发展中国家，国家间的信息自由与平等交流从未真正实现过。因此，国际舆论掌握在发达国家的少数媒体手中，发展中国家基本上没有向世界其他国家清楚地阐明自身国内事务的渠道。此外，由于文化、意识形态以及社会制度的差异，中国媒体的声音在国际传播的过程中会受到削弱与限制。这些因素都造成了中国媒体在国际舆论中的话语权不强。

话语权指的是影响和控制舆论的权力与能力②。国际舆论是民族、国家在国际公共空间对共同感兴趣的问题所形成的态度和意见的总和。随着媒介手段的不断发展，较大范围内舆论的产生和消失往往是大众媒介信息传播和引导公众的结果③。分析媒体在国际上的话语权，可以从新闻策划能力、信息传播的公信力，文化传播和社会动员等多个方面来分析。在新媒体和新技术时代，随着中国经济的崛起，我国媒体在国际舆论的话语权建设方面也具有后发优势。在正确的媒体发展战略指引下，中国媒体在国际上的话语权必将得到加强。

一、新闻策划力

从新闻采访策划能力看，由于没有直接有效的国际受众反馈渠道，中国媒体在新闻报道的策划工作中，往往无法准确地根据不同媒介载体、不同国家、不同文化的受众需求与媒介特点来设计不同的报道角度，因而无法有效地进行信息整合、信息发布或互动传播。在国际传播中，选题针对性不强，新闻首发率不高，深度报道不够，品牌节目不多，报道前瞻性不强，多媒体传播手段没有得到充分利用，面临突发事件时新闻策划的创造性不够，都是我国媒体与西方发达国家的一流媒体相比，在新闻的策划能力上存在的差距。

2008年北京奥运会的报道，是中国媒体新闻策划能力的一次集体展现。奥运会的平台，也给了中国媒体一次与国际一流媒体同台竞技的机会。中国各媒体都进行了一系列从新闻采访到媒介营销的自主策划，在对外传播中取得了良好的效果。但值得注意的是，在奥运会筹备期间，我国主流媒体奥运报道的焦点主要集中在政府官员与奥运相关的活动

---

① 关世杰：《国际传播学》，北京大学出版社，2004年9月第1版，第66页。

② 黄一刚：《改变文风提升主流媒体话语权》，《新闻实践》，2012年02期。

③ 陈力丹：《舆论学——舆论导向研究》，中国广播电视出版社，1999年7月第1版，第59页。

上[①]，说明媒体的报道策划与受众需求仍存在差异，这也是媒体的新闻策划力不强的表现。而从更广义的新闻策划能力来比较，中国媒体存在着更大的差距。以时代华纳、迪士尼、维亚康姆、新闻集团为代表的西方发达国家的大型传媒集团，在市场推广、媒介营销、新闻产品包装策划等方面，有着成熟的模式和丰富的经验，能够调动各种媒介力量，对新闻产品和媒体进行全方位立体的宣传策划。相比较之下，中国的传媒企业的市场化公司化运作刚刚起步，在传媒发展战略策划、传媒营销策划、内部管理机制策划、媒体风格与定位策划、广告策划等方面存在经验不足，市场化运作水平较低的问题，内部管理和运行仍保留着计划经济时代的印记，媒体品牌建设任重道远。

二、国际公信力

在国际舆论领域，国际社会对于一个国家的认识，很大程度上来自国际媒体的新闻报道，尤其是权威性强，影响力大的国际媒体[②]。在全球化的语境下，国际舆论格局仍由西方国家主导，中国媒介对外传播所面临的问题，并不是世界听不到中国的声音，而是世界受众并不相信中国媒介所说的话，用有色眼镜来看待中国的新闻报道。中国媒体面临着国际公信力不强的尴尬。

一方面，长期以来中国的新闻媒体奉行的“对外宣传”的理念，将国际受众看成是中国媒介的“宣传对象”[③]：重宣传，轻传播；重舆论导向，轻新闻规律，不能真正做到用事实说话。在新闻报道中，以我为中心，不重视受众反馈，对重大新闻事件的报道缺乏一线采访，报喜不报忧，回避敏感话题，这些做法都使国际受众对中国的新闻报道缺乏信任感。当然，由于社会制度、文化传统以及意识形态上的差异，西方受众对中国官方媒体一直存在刻板印象。西方受众往往认为中国官方媒体是为政府服务而非社会公众。他们对于中国的国际传播媒体，大多抱着审慎保守的态度。

另一方面，西方媒体在涉华报道上经常以意识形态为指导思想，配合其在国际传播上的优势地位，引导国际舆论过多关注中国的负面消息。西方国家的强势媒体出于维护本国利益的目的，在涉华舆论中常常使用“妖魔化中国”的做法，利用一些经济、政治议题向中国施压，遏制中国发展[④]。中国的对外传播媒体则往往处在对负面消息的解释、说明、辟谣的被动境遇，使国际舆论从一开始就对中国媒体的报道缺乏信任。媒介公信力的形成非一朝一夕，所以提升媒体的公信力也需要长期积累，从点点滴滴的改善做起。外交部副部长傅莹总结对外传播的观念和方法是：早说话、多说话、说明白话。突发事件及时发布权威信息，全面客观报道新闻事实，是提高媒体公信力，打破西方媒体霸权的有效做法。“5・12”汶川大地震，中国媒体及时深入地报道灾情，地方外宣部门还邀请组织中外记者

---

① 赵启正：《公共外交与跨文化交流》，中国人民大学出版社，2011年3月第1版，第58～59页。

② 郭可：《国际传播学导论》，复旦大学出版社，2005年，第115页。

③ 刘建明、何花：《全球化语境下中国媒介对外传播的策略》，《媒体时代》，2011年02期。

④ 严怡宁：《国家利益与国际舆论——美国涉华舆论实证研究》，2009年10月，第4页。

赴灾区报道；新疆“7·5”事件发生后，中国政府采取公开透明的原则，迅速及时发布事件真实信息，中国媒体的报道迅速、全面、客观，被境外媒体广泛采用，取得了良好的传播效果，提高了自身的公信力。

正确把握国际传播规律，主动融入国际话语体系，以国际受众能够接受的方式进行国际传播，对于提高媒体公信力，塑造中国良好的国际形象至关重要。只有运用“中国立场，世界表达”的传播方式，才是提高中国媒体公信力的关键要素。

三、社会动员力

在现实生活中，公众不能直接得到的或者本身较为复杂的信息，一般需要依赖传播媒介提供，于是大众媒介无形中为人们构建着现实社会①。这是大众媒介议程设置能力的表现。从这个角度看，传播媒介对于民众参与社会事务方面有着很大的影响力。

在国际舆论领域，媒介的议程设置同样对国际社会的议程有着重要影响。西方主流媒体对国际新闻事件的议程设置，使国际受众按照其提示的角度和内容来思考国际事件或国际问题，从而影响国际社会发展变化的进程。新媒体时代，西方国家媒体通过其在网络技术上的优势，通过多媒体的传播手段，强势介入国际社会议程设置，影响国际社会的关注点，使国际格局及国际舆论朝着有利于维护西方霸权的方向发展。例如通过人权问题攻击其他发展中国家，动员民众对这些国家进行抵制；通过大量报道其他国家的负面新闻来达到维护本国利益的目的，都是西方强势媒体议程设置过程中强大的社会动员力的表现。一些对中国抱有敌意或误解的西方媒体所宣扬的“中国威胁论”、“中国崩溃论”等，在很大程度上影响了西方受众对中国的认识，这些媒体议程甚至鼓励和论证了反华、排华的行为。相比较之下，中国媒体在国际传播报道中议程设置的效果不明显。新闻报道的本土化水平较低，传播渠道与受众反馈渠道不够畅通，造成中国媒体在国际传播报道中，内容的时效性、贴近性和针对性不够，报道议程的设置与国际受众的生活经验差距较大，无法有效地影响国际社会舆论议程，因而在国际社会上的动员力和号召力不强。提高中国媒体的感召力和动员力，是对中国国际传播事业提出的重要课题。

要让来自中国的消息进入西方受众的主要议程，就必须将传播内容与受众的兴趣紧密结合，在注重文化差异的基础上，体现时代性，把握规律性，富于创造性。尤其是突发事件中的热点、难点和敏感点，一般都是国外受众关注的重点领域，应该成为中国媒体议程设置的重点，主动影响国际舆论，用客观平衡的正能量动员国际社会的有利舆论。

四、文化传播力

长期以来，西方发达国家的“文化霸权主义”，控制与影响着国际文化传播。只占世界人口5%的美国垄断了世界大部分地区近90%的新闻传播。美国的因特网更是全方位、

① 陈力丹：《舆论学——舆论导向研究》，中国广播电视出版社，1999年7月第1版，第79页。

全时空、全天候地向全世界推行美国的价值标准、意识形态、商业理念、社会文化①。

对比之下，中国的传媒产业在推动中华文化的国际传播中，实力还非常弱。对文化产品的国际化、商业化和市场化运作才刚刚起步，文化传播的手段较为单一，方法也过于简单粗糙。目前，在国际上有影响力的中国文化品牌少之又少。文化之所以有吸引力，是根植于一个国家或民族在经济或物质上的成就与影响②，这是西方“文化霸权主义”的物质根源，也是中华文化在近年来越来越具有吸引力的根本原因。中国改革开放30年来，经济社会发展的成就举世瞩目。中国特色社会主义现代化的发展模式，被国际上公认为“中国奇迹”。中国模式的成功，为后现代化国家提供了一套不同于西方的现代化经验，对其他发展中国家产生了越来越大的吸引力。

近年来，中国热、汉语热已经在全球悄然兴起。海外受众对于中国的武术、京剧、熊猫、长城等文化元素表现出了浓厚的兴趣。文化交流，成为中国对外传播，塑造良好国际形象的重要载体。而海外受众进一步了解中国的迫切需求，也对中国的国际传播媒体和文化产业提出更高的要求。中国共产党十七届六中全会明确提出了“增强国家文化软实力，弘扬中华文化，努力建设社会主义文化强国”的战略任务。这就要求中国国际传播媒体加强中华文化的国际传播力建设，将“海外受众所要了解的”与“我们想要传播的”结合起来，满足海外受众深入了解中国的愿望，也实现中华文化的全球传播。

五、战略发展力

战略是指对全局性、高层次的重大问题的筹划与指导，具有长期性、全局性和前瞻性。对于媒介组织来说，其传播战略对其未来发展有着重要的指导意义。纵观全球各大媒体，其发展壮大的过程中，都有明确的国际传播战略，以适应在复杂的国际政治、经济、社会环境中，帮助其始终争取到话语权、主动权，并扩大影响力。媒体对自身实力的正确评估，制定正确的媒体传播战略以及战略的贯彻实施，是媒体提升自身话语权的核心所在。

自20世纪以来，英国的传媒业为其世界霸主的地位提供舆论支持。直到现在，英国依然是国际传播的强国。无论是世界上最早的通讯社“路透社”，还是开启公共广播电视体制的英国广播公司，其发展过程中都离不开其传播战略的指导。相比较之下，从新中国成立到改革开放前，中国媒体主要承担意识形态宣传功能，国际传播能力有限。改革开放后，随着市场化和现代化水平的提升，中国媒体的国际传播战略建设也日渐成熟。2002年，党的十六大作出深化文化体制改革、发展文化产业的战略部署，中国媒体开始了市场化、集团化和产业化的变化，开始了国际传播战略的探索③。尤其自2008年党的十七届三

---

① 米珏：《跨国公司跨文化广告传播中的文化霸权》，《现代经济（现代物业下半月刊）》，2009年第08期。

② 塞缪尔·亨廷顿：《文明的冲突与世界秩序的重建》，新华出版社，2010年1月修订版，第72页。

③ 胡正荣、关娟娟：《世界主要媒体的国际传播战略》，中国传媒大学出版社，2011年10月第1版，第175页。

中全会提出构建覆盖广泛、技术先进的现代传播体系，形成与我国经济社会发展水平和国际地位相称的国际传播能力的规划之后，中国的各主要国际传播媒体的国际传播战略也在不断发展成熟。

随着中国媒体自身竞争力和资源优势的充分发挥，战略目标的明确，以及本土化、全球化、市场化、差异化、专业化等传播战略的正确实施，大力发展现代媒体、新型媒体，建设跨媒体、跨领域、跨国界的媒体集团，中国媒体整体的战略发展能力将得到有效提升，从而其国际话语权也将不断提升。

（作者单位：中国国际广播电台缅甸语部）

试论树立“三个自信”对国际传播能力建设的意义

段秀杰

2012年年底，在十八大召开之际，时任中共中央总书记胡锦涛首次提出了“全党要坚定道路自信、理论自信、制度自信”。随后，习近平总书记强调，坚持和发展中国特色社会主义是贯穿党的十八大报告的一条主线。要深刻领会中国特色社会主义是由道路、理论体系、制度三位一体构成。“三个自信”的提出是中国共产党在历史关键时期对全党、全社会提出的新的号召。它引领全体中国人民迈向全面建成小康社会、实现民族复兴的中国梦的征程，使人们头脑更加清醒，脚步更加坚实。

在全面贯彻十八大精神的同时，中国国际广播电台（以下简称国际台）在2013年年初的工作会议上确立了自己的发展目标，“力争到2015年建成现代综合新型国际传媒集团”。为了这个目标的实现，各个部门的职工都迸发了极大的热情和动力，开拓思路，整合资源，创新机制，细化本部门的工作方案，全台上下呈现出积极向上的工作局面。近几年来，国际台国际传播事业发展突飞猛进，国际传播能力全面提升，传播效果成绩喜人。随着十八大胜利召开、“两会”成功实现中国领导层的新老交接，中国进入新的发展时期。国际台如何抓住机遇，实现事业的跨越式发展，树立“三个自信”对未来国际传播能力的建设具有至关重要的意义。它既可以促进国际台工作人员进一步解放思想，修正以往一些模糊和僵化的认识，又可以加强对外传播的主动性、创造性、使命感和责任意识。

一、深刻理解“三个自信”产生的必然性

“三个自信”是理论创新。习近平说，中共十八大的主题，是宣示中共将举什么旗、走什么路。胡锦涛在报告中说，道路是一个关乎命脉的问题，不仅关乎中共自身，更关乎中国前途、民众幸福。而在道路选择方面，十分明确：“既不走封闭僵化的老路，也不走改旗易帜的邪路。”

在道路问题上，中国共产党坚定宣示自己的选择，是有底气的。中国近现代历史表明，道路是实现路径，选择不好就会偏离目标甚至和目标背道而驰。但道路有千万条，找到一条顺应规律、符合国情、切合实际的道路很难。封闭僵化的老路曾经让中国付出了很大的代价。改旗易帜全盘西化的邪路，旧中国也走过没走通，如果重新回去，只会把中华民族带向新的灾难，更是对国家和民族极大地不负责任。是历史选择了中国共产党，是人民选择了中国特色社会主义道路。

中国道路的最大合理性来源于它顺应了事物的发展规律。世界上任何成功国家的道路、制度的选择都是由本国的历史、国情所决定的。鞋子合不合适，只有试了才知道。

瑞士是欧洲中部的一个山地小国。100多年前，这个地处内陆、缺少资源的国家以贫

穷著称，男人充当雇佣军、女人到富国当保姆来养家糊口。经过上百年的发展，几代人的努力，瑞士成为目前世界上最富裕、最安定、环境最美好的国家之一。这种变化的原因是多种多样的，但其中一条重要的原因就是瑞士选择了适合本国国情的发展道路，以及由此产生的一系列颇具特色的制度安排。以民主制度为例：作为资本主义国家，瑞士也实行议会制。但是同时保留了另一种议会制的补充，那就是直接民主。800 年前，瑞士雏形时期，当时决定国家大事，都是通过所有成年居民在村镇广场争论，最终以举手表决的方式完成。这种一人一票的直接民主被当做国家的文化传统保留下来。1848 年，瑞士宪法规定，议会由四个在大选中领先的政党组成，分上下两院，负责制定国家法律。同时，瑞士每年还要举行四次全民投票，对提交的提案进行表决。任何一个获得 5 万名选民签名支持的提案都可以送交表决，一旦表决通过，就将成为国家法律的一部分，如果是对现有法律的反对提案，那么相关法律必须按全民公决的结果进行修改。近些年，不断有人对瑞士的直接民主提出非议，认为这种制度导致社会资源的浪费，同时成为一些政治势力的工具。瑞士政府和百姓也承认这种制度存在某些缺陷，但仍然认为这种瑞士独有的制度是国家传统文化的一部分，不能轻易改变。这种坚持也可以称得上是瑞士人的“制度自信”吧。

二、深入体会提出“三个自信”的合理性

理论界认为，“三个自信”的提出，体现了中国共产党的清醒和成熟。从历史发展规律的深邃视野，从当代中国发展进步的深层动因，从社会主义制度变革完善的深刻逻辑中，全方位把握和展现中国特色社会主义制度的优势。

首先，自信来源于成绩。在二十一世纪，发展是世界各国人民的核心诉求，在这一点上，中国的社会制度显现出强大的生命力。

中国特色社会主义制度具有最大限度地整合社会资源、集中力量办大事的体制机制优势。能够集中力量办大事、和衷共济解难事、提高效率办好事，是中国特色社会主义制度的独特优势。中国特色社会主义制度，是广泛民主与高度集中的统一、党的领导与人民当家作主的统一、民主决策与高效执行的统一、宏观调控与市场调节的统一、中央治理和地方自主的统一。这些以“统筹结合”为特征的科学高效、实用便利的制度安排，使我们党、国家和社会拥有强大的资源整合力、统筹协调力、组织动员力、决策执行力和危机应对力，拥有集中一切力量、资源和智慧，同心同德地向着共同目标前进的强大力量。最近几年，我们党和国家充分发挥制度优势，成功举办了北京奥运会、上海世博会等一系列大事、要事，从容应对了国际金融危机等一系列急事、难事，同时喜事连连，充分彰显了中国特色社会主义制度的独特优势。

其次，自信来源于比较。2013 年，席卷全球的国际金融危机已步入第六个年头。这场危机不仅是对世界经济的严峻挑战，也是对各国政治制度的一次大考。在这场大考中，西方国家的窘迫、焦躁、困惑和无助有增无减。西方有识之士和媒体开始意识到西方民主存在的问题，探究美欧政治体制困境的根源和出路到底在哪里。

“短视民主”、“游戏民主”、“金钱民主”被认为是西方民主制度的三大痼疾。大多数

西方国家经济今天都成了寅吃卯粮的债务依赖型经济。从政治角度来看，政客为了拉选票竞相讨好选民，开出各种各样的福利支票，耗尽了国库，到头来还是要老百姓来买单。美欧各国债务危机、财政危机某种意义上就是这样形成的。

美国《时代》周刊发表《民主能解决西方的经济问题吗?》一文指出："大西洋两岸的政治问题有着相同的症结，即现代民主国家选举政治的要求，西方政客们将选举胜利这种狭隘的利益看得重于更大的国家长远利益，他们关心的不是削减赤字，提升经济竞争力，或者推动欧洲一体化进程，他们的眼光最远也就是停在下一次选举计票上。"

曾被标榜为普世价值观的西方民主制度在全球经济危机面前显露出了弊端。与此形成对比的是，中国的社会制度在应对危机中显示出强大的优势。实践是检验真理的唯一标准。在成绩面前，中国人民有资格拥有这份自信。

三、坚持"三个自信"，以最大的文化自觉提升国际传播能力建设

"三个自信"所概括的道路、理论、制度，从广义来说，都属于政治文化范畴。十八大报告同时号召全体人民树立高度的文化自觉和文化自信。国际台作为从事国际传播事业的主力军，肩负着向世界介绍传播社会主义先进文化的重任，责无旁贷。我们必须以更强烈的责任感、更有效的传播效果来完成这一使命。

国际传播从本质上来说，就是文化的传播。文化是民族的血脉，是人民的精神家园，也是国家的实力体现。在国际传播过程中，如果传播主体没有对自身依托的文化及其特点的理性认同，就无从谈及传播的效果；如果传播主体没有对自身文化的自我肯定和自豪感，就会失去传播行为的方向。文化自觉和文化自信是一个民族、一个国家心理成熟的标志，有没有文化自觉和文化自信，也是国际传播行为能否具有影响力的决定性因素。

意识决定行动。在思想上高度重视加强国际传播能力建设的意义的同时，国际台通过一系列的自主策划大型外宣活动来切实提升传播能力。2013年年初，国际台总编室组织几大地区传播中心赴全国各地，展开了"发展中国"、"文化中国"、"美丽中国"、"和谐中国"、"改革中国"等大型系列主题采访活动，以"三个自信"作为总基调，全面展示了当今中国的面貌，收到良好的传播效果。这里以"发展中国"为例，谈一谈是如何在国际传播中体现"三个自信"的。

"发展中国"报道组由西拉中心牵头，采访的目的地是浙江省。浙江是我国最早实行改革开放的东部沿海省份之一，得风气之先的浙江经济发展处在全国领先地位，尤以民营经济最具特色。这里是中国最早涌现出的以温州、义乌为代表的私营企业集群，近些年更是出现了以阿里巴巴为代表的新经济业态的民营企业，发展势头迅猛，跻身世界前列。作为发展主题，浙江的经济成就必不可少。但报道组没有将视角局限在经济领域，而是寻找更能代表当今中国社会发展的典型人物和典型事件。最美妈妈吴菊萍、劝捐遗体的中国十大志愿者郑方，也成为报道的重要组成部分，以此来反映当代中国人的精神世界。特别值得一提的是，报道组把以浙江温岭的基层民主协商制度为代表的草根民主，纳入到报道当中。向世界介绍中国改革开放进程中，富裕起来的农民不满足于追求物质生活水平的提

高，而是表现出更强烈的政治意愿和参与决策的民主诉求。2001年，温岭开始定期或不定期举行民主恳谈会，让老百姓参与公共事务的管理，特别是政府财政预算的讨论和监督。十几年下来，温岭坚持将该制度在不同领域推广深化，在制度层面规范完善，成效是十分明显的。十余年来，“草根民主”受到了广大干部群众的普遍认同以及国内外有关专家学者的高度肯定，被赞誉为“中国21世纪基层民主政治建设的一道新曙光”。目前，温岭民主恳谈的经验已经走出了温岭，走出了中国，走向了世界，很多国内外的专家学者对这一形式给予了高度的肯定。每年都会有好几批的专家学者不远万里来到温岭进行实地考察研究。巴黎第八大学的社会学教授维斯·辛特马（Yves Sintomer）是专门从法国赶过来进行实地考察的学者。他对本台记者说，“我觉得这种经验的意义在于，可以将这种制度在其他各个城市推广开来。在中国，经常会有很多关于地方改革的讨论，我个人觉得这种民主恳谈有可能会是一条可能行得通的地方改革之路”。

“发展中国”报道组在浙江五天的采访，通过文字、图片、录音报道等形式发稿近二十篇。这次主题采访活动全面展示了当代中国的经济成就、积极向上的社会风气，还有适合中国本土的基层民主，以“三个自信”展示成绩的同时，也不回避存在的问题，以及中国政府应对挑战的对策。既坚持正确的政治导向，又遵守客观平衡的传播规律，是一次主动传播的成功实践。

四、践行“三个自信”，为国际传播事业插上腾飞的翅膀

2012年，国际台事业成绩喜人。以海外落地和电视剧译制为代表的对外文化传播的发展成为亮点。总结过去，国际台对自身的发展理念显得更加自信。对于未来，也作出了更加宏伟的规划。王庚年台长在年初的工作报告中，对国际台全体职工提出了五个要求。关于理想，他表示，单位有单位的理想，打造现代综合新型国际传媒集团，就是中国国际广播电台的宏伟理想。个人有个人的理想，成为一个出色的国际传播者，应是每一位员工的目标和事业追求。实现理想的方法和路径多种多样，但有一条是共性：就是要奋斗！立足现实，脚踏实地，持之以恒，才能积小流成江海，积跬步至千里，一步一步向着理想迈进。对于理想的实现，王庚年强调了创新的重要性。他表示，一切进步都是创新的产物，一切发展都是再创新的开始。创新是提高媒体生产力和综合实力的战略支撑。强调创新，就是要把创新放到关乎国际台全局发展的战略高度来重视。创新是适应全球新一轮媒体技术革命和产业革命的必然要求。随着新技术、新媒体的快速发展，多媒体融合已成为现代媒体发展的基本态势。我们要更加自觉地把握机遇，迎接挑战，以前所未有的创新力度，转变媒体发展方式，调整媒体业务结构，拓展媒体发展空间。

王庚年在带领国际台走向事业高峰的同时，不断思考如何来打造国际台团队文化，体现这些从事国际传播媒体人的精神气质。他建议将“知崇礼卑”作为国际台团队文化的核心表述。知是智慧、志向；崇是崇高、远大；礼是履行、遵循；卑是亲切、贴近。所谓“知崇”，就是志存高远；所谓“礼卑”，就是脚踏实地。“知崇礼卑”，就是希望全台同志，理想要像天空一样高远，行动要像大地一样扎实；锻造出“志存高远，脚踏实地”的人文

品格。我们有建设世界级传媒集团的远大理想，更需要有脚踏实地的工作作风。

长风破浪会有时，直挂云帆济沧海。在中国人凝聚力量，为中国梦的实现而奋斗的滚滚洪流中，国际台一定会在新的团队文化的感召下，为增强中国的软实力建设，为国际传播能力的提升贡献出更大的力量。

（作者单位：中国国际广播电台新闻中心）

参考文献：

1. 天津市中国特色社会主义理论体系研究中心：《制度自信的力量》，《求是》，2013年1月16日。

2.《扭曲的民主结不出好果子》，《人民日报》，2013年2月1日。

从国际台对柬广播实践看我国对外广播的发展变化

郑　磊

我国的对柬广播由中国国际广播电台（简称国际台）于1956年开办，半个世纪以来，我国的对柬广播经历了短波广播、调频广播和本土化直播各个时期不同的发展阶段，不但在对柬外宣中发挥了越来越重要的作用，同时也见证了我国对外广播的发展变化历程。

一、对外广播的起源和发展

1. 对外广播的起源

自广播20世纪20年代在美国诞生，广播以其传播速度快、传播范围广的优势，迅速拥有了广大的听众群，并快速在世界各国普遍发展起来。此后，广播逐渐开始承担起更多的政治服务功能，成为了重要的宣传工具，对外广播应运而生，并发挥了巨大的宣传作用。苏联、英国、德国等是最早开办对外广播的国家，1929年莫斯科国际广播电台成立，播出法语、德语和英语节目；1932年英国广播公司开始用英语对全世界广播；自1933年开始，德国的希特勒用外语进行对外宣传，共计用88个短波台对欧洲广播；1942年美国之音在美国开办。

2. 对外广播的发展

20世纪70年代后，随着电视业的发展，广播面临了前所未有的竞争压力，但是对外广播却由于其独特的“宣传功能”，非但没有被弱化，反而得到了更迅速的发展。世界各国都在寻求更大的对外传播空间，大国的对外广播更是以“环绕全球”、“日夜不停”为目标，纷纷增设语言种类、增长播出时段，最大程度地在本国的外宣中发挥作用。

以美国之音为例，1942年2月在美国成立的美国之音是美国政府对外设立的宣传机构，拥有国际广播电台和电视台，其广播电台是世界上规模最大的国际广播电台之一。目前美国之音以44种语言，每周向世界各地广播1 300多个小时的广播节目。作为美国官方的宣传工具，美国之音新闻报道的中立性与客观性一直受到质疑，但是美国之音在全球也拥有为数不少的各国听众，所以在美国的对外传播中起着不可忽视的作用。

3. 我国的对外广播发展状况

我国的国家级对外广播机构是中国国际广播电台，中国国际广播电台创建于1941年12月3日，最初称“延安新华广播电台”；1950年4月10日，改称“北京广播电台”；1978年4月18日，正式更名为“中国国际广播电台”。其宗旨是“向世界介绍中国，向中国介绍世界，向世界报道世界，增进中国人民与世界人民之间的了解和友谊”。中国国际广播电台是世界主要国际广播电台之一，目前中国国际广播电台使用64种语言向全世界传播，每天累计播出广播节目3 000多小时。

二、我国对柬广播的发展

1. 我国对柬广播的短波广播时代

我国的对柬广播由中国国际广播电台于1956年开办，是开办较早的对外广播之一，开始时为半小时节目，每天播出两次。广播节目以新闻节目为主，及时报道国内外重大事件、重要活动和动态。除新闻节目外，还有专题和音乐节目。从60年代开始，广播节目的内容越来越丰富多彩，形式也越来越活泼，先后开办了《中国故事》、《听众信箱》、《中国知识》等十几个专题节目，深受听众喜爱。

对柬广播开播以后，得到了柬埔寨各阶层人士以及广大听众的高度评价。在20世纪60年代，西哈努克亲王和柬埔寨语最高权威庄那僧王多次公开赞扬国际台柬埔寨语广播用词严谨、准确、通俗易懂，符合柬埔寨语法。国际台的对柬广播在当时也被列为世界上对柬广播之首。

2. 我国对柬广播的调频广播时代

进入21世纪，受众获取资讯、信息的手段极大丰富，短波广播渐渐淡出了人们的日常生活，我国的对柬短波广播陷入了进退维谷的艰难时期，播出质量不尽如人意，听众数量锐减。此时，中央明确提出对外广播“走出去”的发展战略，为我国的对柬广播确定了新的发展思路。

2008年12月，经柬埔寨新闻部批准，国际台在柬埔寨首都金边开办了金边中柬友谊台。中柬友谊台是国际台与柬埔寨国家电台在柬埔寨合作运营的调频广播电台，每天播出18小时，分别播出柬埔寨语、汉语普通话、汉语方言潮州话和英语广播节目。节目内容包括中国资讯、世界新闻、中柬两国音乐、双边交流信息以及为金边听众提供的各种服务。

金边中柬友谊台开播后，受到柬埔寨听众的普遍欢迎，也得到了柬埔寨政府部门的肯定。柬埔寨皇家科学院院士宋春本表示，在新时期，新形势下，以调频广播形式传递中国的声音，能更有效地弥补短波广播收听效果欠佳的不足，将来自中国的声音更清晰地传到柬埔寨，增进两国人民之间的深情厚谊。金边中柬友谊台在柬埔寨首都金边的正式开播，可以说是开启了我国对柬广播的新纪元。

2011年10月，为了更好地服务于柬埔寨人民，加深中柬两国人民之间的传统友谊，国际台和柬埔寨国家电台合作运行的又一调频电台——暹粒中柬友谊台FM105在柬埔寨另一个主要城市暹粒（世界著名旅游胜地吴哥窟所在地）正式开播。暹粒中柬友谊台被誉为是中柬两国广播电视合作的又一成果，是中柬文化交流的新平台。

3. 创建金边节目制作室，实现本土化制作

开办海外整频率电台，可以很好地解决节目的覆盖和收听问题，但要切实提高外宣的针对性和有效性，则必须实现节目的本土化制作。为此，国际台在柬埔寨筹建了金边节目制作室，并于2012年6月26日，正式开始了本土化的节目制作和播出。

金边制作室的直播节目一经播出即受到广大听众的热烈欢迎，目前在每天直播的3个小时时段都会接到近50名听众打来的热线电话表达对中柬友谊台节目的喜爱和要求参与

直播节目的话题谈论。本土化直播节目的播出，不仅拉近了广播和受众的距离，而且也可以快速了解受众的收听心理、收听习惯和收听需求，使我们的对外广播更具时效性、针对性和贴近性。

三、我国对柬广播在外宣中的作用

中国和柬埔寨两国有着悠久的传统友谊，两国于1958年正式建立外交关系，而我国的对柬广播则早在两国建交之前就已经开始播出了。长期以来，中国几代领导人与西哈努克亲王建立了深厚的友谊，为两国关系的长期稳定发展奠定了坚实的基础。2010年，中柬双方达成重要共识，一致同意建立中柬全面战略合作伙伴关系。

1. 我国对柬广播的重要性

在中柬关系发展的每一个阶段，我国的对柬广播都发挥了重要的外宣作用。很多年长一些的柬埔寨人一提起“北京电台”（国际台原播出呼号）都非常亲切，当时他们对中国的了解、认识都源于这个来自北京的声音。

现今国际形势多变，特别是近一段时间在亚太地区，所谓的中国“南海问题”格外凸显，西方势力不断介入，试图把中国同相关有主权诉求国家之间的双边问题扩大化、复杂化，这就使得我国对东盟成员国之一的柬埔寨的外宣工作显得更为重要。

2. 我国对柬广播在外宣中的优势

相比较其他中国对柬外宣手段，对柬广播具有不可比拟的优势。柬埔寨目前可收看到中国中央电视台CCTV-1、CCTV-9、CCTV-4及中国南方一些省份的电视节目，但由于语言障碍，收看这些电视节目的一般是当地的华人华侨。同样中国的报纸、杂志和书籍等也受到语言的影响，在柬埔寨很难看到踪迹。而我国的对柬广播，特别是在柬埔寨落地的中柬友谊台，不仅每天有9个小时的柬埔寨语广播，而且这些节目都是依据柬埔寨受众的收听习惯和需求特别制作的，节目风格清新、自然，内容积极向上，深受当地各界人士的好评。

相比较其他外台的对柬广播，我国的柬埔寨语广播播出时段长、内容丰富，在听众中威信高。其他外台如美国之音（VOA）、自由亚洲电台、澳大利亚电台的柬埔寨语节目每天只有一个小时，并且西方国家的对柬广播都以推动所谓的“自由民主进程”为宗旨，在宣传上倾向于柬国内的反对党派，侧重报道政府的负面新闻，经常被柬政府批评其报道有失客观和公正。而我国的对柬广播自1956年开播以来，一贯秉承公正、客观的报道原则，长期以来在听众中享有良好的口碑，中柬友谊台在柬埔寨落地后，也一直坚持以往的报道原则，尤其对于柬国内新闻的报道更为谨慎，为我国的对柬广播树立了良好的形象。

3. 新时期下对柬广播的新趋势

目前，我国的对柬广播在柬埔寨也面临着与当地媒体的激烈竞争，完全按照过去不看对象、一味说教的宣传理念已经无法达到有效的传播效果。在新的形势下，我们必须使我国的对柬广播节目更加具有贴近性，更接地气。

2008年，中柬友谊台在金边落地播出，自国际台实施柬埔寨语节目落地计划之初，国际台柬埔寨语部就决定突破过去短波广播的传统制作模式，依据柬埔寨国内的调频电台和中国国内知名城市调频电台的节目特点，策划并制作一套全新的柬埔寨语调频广播。柬埔寨语调频广播节目的栏目设置、节目包装、主持风格等各个方面，均是从当地受众的角度出发，如：在新闻节目中特设了柬埔寨当地新闻板块；在娱乐节目中增加了柬埔寨听众喜爱的听众点歌节目形式；节目片头、片花、片尾的制作加入了现代时尚元素；在节目中使用更通俗的言语和更轻松、更亲切的语调，等等，所以中柬友谊台一经播出就受到了金边各界人士的普遍欢迎，特别是在高端受众中引起了很大的反响。

目前中柬友谊台在当地有良好的口碑和品牌形象，金边节目制作室本土化直播节目播出后，中柬友谊台将在适当的时机增加本土化的直播节目时段，逐步将制作阵地前移，建立以北京语言部为资源库、以金边节目制作室为节目制作中心的本土化节目制作模式。同时，进一步推进节目内容建设，增加新闻节目的权威性、服务类节目的针对性和娱乐类节目的独创性，打造更多名牌栏目，加强与当地媒体的有效合作，实现资源互享、强强联合，并加强听众联络工作，成立听众俱乐部，将中柬友谊台打造为一个在柬埔寨国内有影响力的新型媒体。

4. 我国对柬广播在对柬外宣中大有可为

以2012年为例，我国的对柬广播在中国领导人访柬、柬埔寨东盟峰会等重要宣传报道中均起到了非常好的传播作用。

(1) 在胡主席出访柬埔寨的宣传报道中充分体现对柬广播的海外平台优势

2012年3月30日至4月2日，时任中国国家主席胡锦涛对柬埔寨进行了国事访问，这是中国国家元首时隔12年后再次访问柬埔寨，也是中柬关系史上重要的一页。中柬友谊台金边节目制作室在当地进行了大量的音频、视频采访，制作、播出了大批相关报道，在柬埔寨为胡主席出访营造了良好的舆论氛围，凸显了“中柬友谊台”的海外平台优势，得到了中央领导同志的充分肯定。

(2) 在东盟峰会报道中有力回击针对中国的不实报道

在2012年柬埔寨召开的东盟峰会上，中柬友谊台金边节目制作室的记者多次抓住机会向柬埔寨首相洪森、柬埔寨外长等高官发问，通过提问扭转舆论导向，使柬方有机会澄清和驳斥个别媒体对中国与东盟关系的不实报道，并积极评价中国在东盟区域内乃至全世界经济发展中起到的重要作用。相关节目在广播中播出后，得到了柬方各相关部门和媒体的普遍赞赏。

(3) 在突发事件中担当重任

2012年10月15日北京时间凌晨2点20分，柬埔寨太皇西哈努克在北京逝世。在得知消息后，中柬友谊台立即停止了日常的节目播出，打破日常节目模式，重新编排和制作了缅怀西哈努克太皇的特别节目。在柬埔寨政府宣布的7天哀悼日期间，中柬友谊台制作、播出了大量感动柬埔寨受众的哀悼日特别节目，赢得听众和当地业界的赞誉和尊重。中国驻柬埔寨大使潘广学对中柬友谊台的哀悼日节目特别作出批示：“中柬友谊台对于西哈努克逝世的报道及时准确，充满感情，体现了我们不仅是负责任的国家，更是重情义的国家，为我们的和平外交、周边外交贡献了一份力量。”

四、我国外宣的发展变化

通过我国对柬广播的发展，可以非常清晰地看到我国在外宣战线上的发展变化，那就是在指导思想上与时俱进，在形式上更多样，在内容上更具贴近性和针对性。

1. 指导思想的变化

目前我国正处于社会主义初级阶段，积极宣传我国改革开放和社会主义现代化建设取得的伟大成就，说明我们党和政府在重大国际国内问题上的原则立场，增进世界各国对我国的了解，树立我国的良好形象，改善外部舆论环境，争取和平发展的外部环境是现阶段外宣的主要任务。在指导思想上一改过去政治的强攻态势，坚持“中国视角、客观公正”的报道原则，解放思想，拓宽思路，努力提升我国在国际上的文化软实力。

2. 外宣形式的多样化

在科学技术飞速发展的今天，外宣的手段和形式也在不断丰富。

以我国的对柬调频广播中柬友谊台为例：中柬友谊台品牌内，除了落地调频电台外，还包括中柬友谊台官网、中柬友谊台微博和Facebook，成为了一个对柬传播全媒体体系。全媒体体系的建立，为对柬外宣提供了更为广阔的发展空间。未来几年，中柬友谊台计划以官网为基础，全面开展新媒体业务，并推动中柬友谊台官方微博和Facebook等社交网络媒体工具的社交功能，通过新媒体业务的发展提高品牌的综合传播效应。

3. 外宣内容上的变化

在新的外宣形式下，中央对外宣工作提出了更高的要求，要确实做到有效的传播，改变“西强我弱”的国际舆论格局，就必须在外宣内容上多下工夫。

过去我国对柬的广播节目多是以我为主，以宣传我国的政治制度、经济发展为主要内容，主要广播栏目有《中国建设》、《中国经济》、《中国农村》等。现在中柬友谊台则将自身打造成一个当地的都市调频广播电台，其宗旨就是要让中柬友谊台真正成为市民的好朋友、好伙伴。在节目内容上，中柬友谊台力争做到“润物细无声”地传播中华文化和中国的声音，如与都市百姓互动的话题类节目《谈笑人生》、满足听众各方面生活资讯需求的生活服务类节目《时尚生活》、面向年轻人群的音乐节目《音乐下午茶》等，中柬友谊台在这些节目中都适当地加入中国元素，使受众在娱乐的同时了解中国的文化。

（作者单位：中国国际广播电台柬埔寨语部）

关于加强国际台印地语对外传播的几点思考

何星宇

中国国际广播电台印地语广播是中国唯一使用印地语向印度等南亚国家广播的重要媒体，是沟通和联系中国与南亚国家人民友谊的桥梁和纽带，是南亚国家人民了解中国、了解世界的有效途径。

中国国际广播电台印地语广播于1959年3月15日正式开播。开播之初，印地语广播每天播出两次，每次半小时。目前播出次数已增至每天四次，每次一小时。

国际台印地语广播的听众遍布南亚各国，主要集中在印度北方的印地语通用地区，除此之外，美国、德国、毛里求斯、斐济、南非等国也有国际台印地语广播的听众。近年来，随着中印两国关系不断改善，国际台印地语广播在印度听众中的影响也越来越大，听众来信不断增加。为了更好地收听国际台印地语广播，交流彼此的收听感受，印度各地成立了数百个专门收听国际台印地语广播的听众俱乐部。近年来，国际台每年大约收到印地语听众来信数十万封。

2003年12月28日，国际在线印地文网站正式开通，并成为许多印度网友和留学生经常光顾的地方。印地语通过几次网络改版，使得网站内容更贴近印度网民生活，网站界面更加人性化，并开通视频专栏，使印度网友能通过多种形式了解国际台印地语部的宣传内容，网络浏览量稳步提升，大大提高了外宣能力。

通过传统无线广播和在线网络传播以及包括音、视频等在内的新媒体传播方式，构成了国际台印地语传播的整个体系。

一、加强国际台印地语对外传播的重要意义

第二次世界大战后，以联合国成立为标志，形成了当代的国际秩序。六十多年来，国际社会始终为建立一个更加公正、合理、均衡的国际政治经济秩序而努力。与此相适应，在信息传播领域，就是要努力谋求建立新的国际传播秩序，形成一个更加公正、合理的国际舆论传播新格局。

所谓的国际舆论传播格局，是指在一定时期内国际舞台上的各种舆论力量相互联系、相互作用所形成的一种结构状态。受国际政治、经济、军事、科技和文化等诸多历史因素影响，以美国为首的西方发达国家一直占据着国际舆论传播的制高点，并以所谓普世价值观为主导，牢牢把握着国际舆论的话语权。然而，作为国际大格局中正在迅速崛起的重要力量，中国在国际上的舆论影响力与目前的综合国力并不匹配。因此，加强国际传播，抢夺国际社会话语权已经成为迫在眉睫的任务。

近年来，在中央精神的指导下，中国国际广播电台正朝着成为国际舆论传播新格局中

的主要力量和重要一级的方向前进，而印地语传播作为国际台国际传播中的一环，受众群体面对的是同样正在崛起的印度，其重要性不言而喻。

印度位于南亚次大陆，面积将近300万平方公里，人口超过10亿，是世界第二人口大国。它是一个多民族、多宗教和多语言的发展中国家。印度在历史上一直是中国的友好邻邦，中印之间有着两千多年的友好交往史，两国之间有着悠远的文明、历史、宗教、文化和经济联系。1950年4月1日，印度和中国正式建立外交关系。其后两国关系经历了一段不正常时期，中国改革开放后，两国关系逐步步入正常化。近年来，两国已开始了双边关系多元化的进程。目前，双边对话不仅集中在有利于促进两国合作的一系列领域，而且还涉及反恐、安全、环境、可持续发展以及多边经济体系等一系列国际事务。两国经贸关系正在健康发展，文化、教育、科技、媒体以及旅游业领域的交往也在增加。在解决双方分歧的同时，中印两国正在寻找富有成果的合作道路。

印度和中国同为发展中国家，而地理位置上的相邻，让两国关系变得非常微妙，既有互利合作，又在某些方面存在竞争。如何把中国经济的快速发展、中国社会的繁荣富强以及中华民族的价值观传达给印度受众，是国际台印地语传播工作长期面临的问题和挑战。

促进多媒体融合、全媒体发展是传媒业的发展趋势，也是国际台发展的方向。全媒体发展的目标，是为了让不同的媒介依据各自特点传递不同类型的信息，使受众接受的信息更加全面化。而具体来说，要加强国际台印地语对外传播的宣传实效，可以从以下几个方面努力。

二、无线广播是印地语对外传播的基石

随着新媒体传播方式的迅猛发展，传统无线广播的地位已大不如前，但是在对印度、乃至对南亚的宣传上，无线广播的作用仍不可忽视。国际台印地语广播的对象地区是以印度为主的南亚国家，包括印度、巴基斯坦、尼泊尔、孟加拉等国。其中主要传播对象是印度。印地语是印度宪法中的国语。讲印地语的人约占印度全国总人口的40%，主要通行在北印度。而其中有很大部分受众是社会的中下层人士，他们不具备经常上因特网的条件，很多家里电视都没有，广播是他们了解外界信息的一大途径。因此，印地语无线广播仍具有重要的作用，是国际台印地语传播事业的基石。

无线广播作为传统的传播方式，要加强其宣传效果，唯有在内容上有更多的创新，打造一个乃至数个品牌节目，两者相辅相成，协调发展。

1. 坚持内容创新

内容创新，就是根据印度听众的民俗风情、文化、社会关注点等方面，在节目内容上有针对性地进行改革和创新。印度民众比较关注国内大大小小的事情，关注印度国内各邦的选举，痴迷板球运动以及极度热爱印度宝莱坞的国产电影。因此，在广播节目的安排上，除了完成国际台必需的外宣任务外，应该在节目内容上加强针对性，比如：可以增加一些针对印度各邦选举乃至2014印度大选的时评类节目，连线印度国内的专家就选举问

题做点评和分析；可以在体育类节目中适当增加板球、羽毛球的分量，这两个运动在印度国内非常流行，深受人民的喜爱，将大大增加节目的收听率；可以开设宝莱坞影星的专栏节目，等等。

2. 打造品牌节目

品牌是媒体的核心竞争力。建设品牌媒体，是国际台建设媒体集团的重要举措，也是实现由办节目向办媒体、管媒体、经营媒体转变的关键所在。这就需要实现以品牌塑造媒体、以媒体承载品牌。而要打造印地语传播的品牌节目，归根结底在于赢得受众持久、稳定的品牌注意力和忠诚度。媒体的品牌价值体现在其市场占有率、观众影响力、信息权威性等各项指标上。这就必须充分考虑观众的心理需要，借此作出准确的市场及品牌的定位，针对印度乃至南亚受众群推出相应的内容，坚持内容创新和针对性，打造品牌节目。

三、新媒体在线传播是未来的发展方向

无线广播是印地语对外传播的基石，而新媒体在线传播则是未来的发展方向。根据国际电信联盟公布的统计数据显示，2011 年全球网民总数为 23 亿，其中中国为 5.13 亿，美国为 2.45 亿，印度为 1.21 亿。网民的数量已经占到了全球总人数 60 亿的近三分之一，印度排在了第三。

国际在线印地语网站在 2003 年 12 月 28 日正式开通后，便成为许多印度网友和留学生经常光顾的地方。印度虽然国内上网人数相对比例不是很高，但是因为基数庞大，而且有着庞大的在美国、欧洲从事 IT、金融业的精英人士和留学生，网站的潜在受众群体是非常巨大的。因此，发展壮大新媒体在线传播迫在眉睫。如何吸引更多的网友？可以从以下几个方面着手。

1. 新闻发布的时效性

国际在线印地语网站必须在新闻的发布和更新上尽可能地抢时效，这样才有可能在与其他印度本土网站的竞争中占上风。在印度的网络媒体里，英文网站的更新速度普遍比印地语网站快，很多印地文网站都有一个英翻印的过程，所以，在时效性方面，特别是在一些重大新闻的报道上，国际在线印地语网站是完全有机会抢得先机的。无论是新闻还是专题节目的更新，都应该在保证真实性和准确度的基础上抢时效，这对争取那些想尽快了解新闻事实的受众群体非常有帮助。

2. 网站受众群体应有明确的定位

国际在线印地语网站最初的发展是以无线广播受众为基础，进而扩大在印地语受众群的影响的。但是，随着网站的快速发展，网站的受众群体定位应该更有针对性。在印度，网络的普及程度远远不如中国，很多普通民众是不具备上网条件的，因此，网站的受众群体应该定位为印度的中产阶级及以上的高端人士、印度在欧美发达国家的精英人士以及印度在包括中国在内的其他国家的海外留学生，只有有了明确的受众定位，才能在内容上更有针对性。

3. 适当增加服务性内容

在了解到网站的主要受众群体以后，在网站内容上，除了新闻以及政治、文化、经济等方面的栏目外，应适当增加和完善服务性质的内容：如提供中国各地旅游景点的介绍及路线，提供国内、国际航班的查询链接地址，提供国内外各大城市的天气预报，等等，这些人性化的内容将会增加受众对网站的忠诚度。

4. 视频和图片是更为直观的表现形式

相对文字而言，视频和图片是更为直观的表现形式，特别是在一些重大事件的报道上，有视频和图片的衬托会更有冲击性。因此，国际在线印地语网站应在客观条件许可的情况下，尽可能地增加视频和图片的比例，并定期有一些视频方面的专题策划，把视频栏目做成一个品牌栏目，吸引更多的网友。

5. 宣传和推广是发展壮大的最直接途径

宣传和推广是国际在线印地语网站发展壮大的最直接途径。应当寻求与其他印地语相关网站和媒体的合作，特别是与一些印度的主流媒体建立合作关系，包括网站互相链接、媒体资源共享以及投放广告等。同时，可以通过百度、谷歌推广等一些技术性手段，增加国际在线印地语网站被搜索到的次数，从而提高网站的访问量。

四、多媒体融合、全媒体发展是未来发展的趋势

全媒体概念是随着信息和通讯技术发展、应用和普及，从“多媒体”等概念逐步衍生而成的。多媒体融合通过多平台战略创造规模化效应，在媒体的覆盖面、技术手段、媒介载体、受众传播上形成合力，发挥不同媒体形态特性，实现媒体间的协同效应，并通过充分利用稀缺的媒介资源，实现低成本、高效率运作，形成媒体的凝聚力。

由传统媒体向新媒体拓展的一个重要标志，就是包括网络视频、数字电视、手机电视、户外显示屏在内的各种视频媒体的快速发展。未来，视频新媒体的发展将催生更多的内容提供方式和信息服务形式变革，带动整个传媒业的全媒体发展进程。

而随着全媒体理念逐渐从传统媒体向新兴媒体辐射拓展，全媒体概念在业界被广泛使用。这也意味着，新的传播时代已经到来，它通过全时空、全方位、多媒体、多渠道的方式整合传媒资源，融合新老媒体，突破传统的“内容为王”、“渠道为王”模式，向“用户为王”转变和过渡。

全媒体是一个开放的系统。当互联网技术和移动通讯技术日益成熟、普及之后，全媒体就被塑造为一个开放的、不断兼容并蓄的传播形态。特别是随着3G网络的成熟以及4G网络的开发成功，必然还将有更多意想不到的传播形态纳入其中。全媒体是在信息、通讯、网络技术快速发展的条件下，各种新旧媒介形态，包括报纸、广播、电视、网络媒体、手机媒体等，借助文字、图像、动画、音视频等各种表现手段进行深度融合，产生的一种新的、开放的、不断兼容的媒介传播形态和运营模式。

因此，多媒体融合、全媒体发展是国际台未来发展的趋势，而印地语传播作为其中的一环，也要顺应潮流，努力实现由传统媒体传播向新型媒体传播的转型，为打造国际台现

代国际传播体系增砖添瓦。

（作者单位：中国国际广播电台印地语部）

参考文献：

1. 王庚年：《国际舆论传播新格局研究》，中国国际广播出版社，2013 年。
2. 吴瑛：《国际舆论格局对我国对外传播的路径选择》，《当代传播》，2009 年 05 期。

国际台对印度传播策略浅析

牛卫东

印度是我国重要邻国，也是一个地区大国和金砖国家之一。近些年，中印关系有了较快发展，尤其在贸易领域。但是，缺乏足够的政治互信和相互了解依然是困扰中印关系的难题。在印度媒体眼中，中国形象总体来说是偏于负面的。这就要求我们充分认识对印度传播的重要性和艰巨性，不断加强对印传播，努力提升中国声音在印度的影响力。对印传播，我们一定要充分考虑印度的基本国情，遵循一定的策略，讲求实效。本文主要结合日常工作，对中国国际广播电台（以下简称国际台）印地语对印度传播策略做一些分析和梳理。

一、巩固好传统短波阵地

1959 年 3 月，国际台印地语广播开播。在 50 多年的岁月里，印地语广播取得过辉煌成绩，赢得了大批忠实的印度听众，成为国家对印度传播的主渠道之一。随着时代变迁，传媒业发生了巨大变化。从全球范围看，受电视和网络的猛烈冲击，短波广播在国际传播中的影响力急剧下降。正是在这样的背景下，美国之音和德国之声相继关掉了印地语广播，英国的 BBC 也从 2011 年开始将印地语广播节目从每日 4 个小时大幅压缩至 1 个小时。面对这种形势，我们该如何对待自己的印地语短波广播呢？笔者认为，我们不宜盲目跟随西方传媒的做法，现在还不到放弃或大力减弱印地语广播的时候，仍有必要巩固好传统短波阵地。主要原因如下：

1. 短波广播在印度仍有较大市场，这是由印度经济和社会发展水平决定的

最近十几年，印度经济保持了较快发展，引起世人瞩目。但是，印度现在仍是世界上比较贫穷的国家之一。国际货币基金组织 2012 年 4 月颁布的数据显示，印度人均 GDP 约为 1 389 美元，在 181 个国家和地区中位居第 138 名。另据印度国家电视台网站上显示的数据，印度目前只有 42.3%的家庭拥有电视机（城市为 76.1%，农村为 28.5%），也就是说 57.7%的印度家庭还没有电视。印度还是一个电力十分匮乏的国家，即使在首都新德里拉闸限电也是家常便饭，广大乡村的情况更加糟糕。在这种较低的社会发展水平下，广播在印度的信息传播中还发挥着重要作用，收听国际短波广播仍然是不少印度人获取外部信息最便捷和最经济的手段。目前，印地语部每年能收到 20 多万封听众来信，就证明了这一点。BBC 印地语网站的资料显示，根据独立机构的调查，目前 BBC 印地语广播在印度的听众有 1 250 多万，这一数据还不包括印度之外的庞大受众群体和网上听众。BBC 在 2011 年决定减少印地语广播后，曾在印度引起极大震动，许多组织和知名人士纷纷呼吁 BBC 不要减少或关闭印地语广播。这也从一个侧面反映出短波广播在印度是有一定市场的。

2. 新媒体的发展为广播节目提供了新的平台

互联网与移动通讯设备的普及扩大了电台的使用范围和潜力，越来越多的人通过宽带或手机来收听广播节目、进行互动。这就增加了广播节目的传播渠道。另外，传统广播节目具有选择性差和保留性差的弱点。利用新媒体这个平台，则可以弥补传统广播的弱点。所以新媒体与广播并不是完全对立的关系，它们可以相互支持与融合。

3. 办好短波广播可以为今后进入印度的调频广播市场做准备

在印度，调频广播有着众多的受众，广阔的市场。近几年，印度政府对发展调频广播一直采取鼓励的态度，准入门槛不断调低。由于建立调频电台所需资金总量相对来说不算太大，印度的私人资本对进入调频广播市场表现十分积极。目前，印度调频广播的发展势头迅猛，涌现出一大批新的调频台。当然，这也导致印度调频广播市场的竞争日趋激烈。今后，如果我们的节目要想实现在印度本土落地，进军印度的调频市场是一个重要的方向。但是，将来不管以何种形式进入印度的调频市场，我们总是需要一批懂得广播、精通印度语言、了解印度和印度受众的人才队伍才行。所以，在我们没有进入印度调频市场之前，办好短波广播在某种意义上可以起到练兵和储备人才的作用。

4. 在“非常时期”短波广播具有不可替代的作用

“非常时期”主要指爆发战争、两国关系严重恶化或敌对的时候。在“非常时期”，短波广播是“信息战”和“心理战”的重要手段。以2003年伊拉克战争为例，美国对伊拉克展开了强大的电波攻势。美国之音对伊拉克广播时间延长到6个小时，美国还在伊拉克周边建立了几个临时电台，并向伊拉克空投了数十万的收音机。20世纪六七十年代，中印关系处于低谷，双方曾在边境地区开展宣传战。老广播工作者李荣欣先生曾经亲身参与过这场宣传战。2013年他在《北京晚报》发表过回忆文章《42年前，我在卓拉山口对印军广播》。文中透露，当时中方在边境宣传战中的主要做法就是转播国际电台印地语节目①。

目前，我们的广播节目同BBC印地语相比差距还是很大的。同俄罗斯之声、NHK甚至伊朗国际电台的印地语广播相比，也没有明显优势。要提高我们的广播节目质量、体现一家国际大台的水准，笔者认为还需要在以下几个方面多注意：

1. 广播新闻要短小精悍，信息丰富

广播新闻一定要重点突出，短小精悍。如果一条新闻过长，里面必然有很多次要或无关紧要的信息，听众就容易感到枯燥，出现走神的现象。要让听众在收听新闻时始终保持大脑的兴奋状态，就必须做到内容精练，在有限的时间里提供较多的资讯。印度的广播和电视媒体都非常看重这一点，它们一般都设有新闻快报栏目。印度萨哈拉电视台的“1分钟播报”节目往往安排十几条要闻。印度国家电台全印广播电台的整点新闻是5分钟时长，一般安排10条左右的新闻。目前，我们新闻节目的时间是10分钟，常常也是10条左右的新闻，有时只有7、8条，信息量显然偏少，也反映出新闻不够精练。

另外，我们的新闻一般以时政类为主，对体育、娱乐、科教和社会类新闻重视不够，

① 李荣欣：《42年前，我在卓拉山口对印军广播》，《北京晚报》，2013年5月26日，第28版。

这使得我们的新闻节目显得单调、刻板，不够多姿多彩。

2. 广播新闻要重视音响和口播报道

在广播新闻中适当使用音响（比如领导人、官员或专家的声音、新闻现场的声音等）和记者的口播报道，会使节目声音富于变化，能够增强节目的鲜活性、感染性和权威性，体现出国际性大台的风范。

3. 新闻播报要干脆有力、富有节奏感

印度媒体新闻播报的风格同我国媒体相比有着很大不同，这背后有语言差异问题，也有理念、受众喜好和习惯问题。总的来说，印地语新闻播报更讲究鲜明的节奏感，语速也比较快。

4. 专题时长要合理，避免水分产生

现在，印地语广播节目每周有 12 个固定专题，其中 8 个专题的时长在 15 分钟至 30 分钟。单看节目单，感觉专题排列得很整齐。其实对于一些专题来说，分配给其的时间太长了，在制作时经常产生凑时间的情况，导致节目拖沓、啰唆。以《听众之友》为例，此专题共 30 分钟，包含 15 分钟听众来信摘播、10 分钟听众访谈和 5 分钟听众点歌。在来信摘播和听众访谈里面，听众的许多话都是套话或平淡无味的内容，但是为了达到时间上的要求，往往想删除又不能删掉。这就使节目质量受到影响。广播是单向传播，声音是唯一的传播符号。如果同一类内容的节目时间过长，就会使听众感到单调、乏味，产生疲倦感。要想不断增强听众的注意力和兴奋感，就必须尽量缩短篇幅、突出精华、编排紧凑。所以，我们要在调研的基础上，缩短一些专题节目的长度，挤掉水分，利用空出的时间开辟新的专题。

二、加速印地语网站发展

在办好印地语短波广播的同时，我们必须将更多的精力和时间投入到印地语网站建设，加速印地语网站发展。这是时代发展的要求，也是我们争取重点受众的必经之路。

（一）加速印地语网站发展的紧迫性

1. 网络在国际传播中的主导地位日益凸显

互联网是信息化时代的主要标志。它突破了时空和国界的限制，具有“及时、超大容量、多媒体表现方式、互动性与开放性”的特点。这些特点注定了互联网在国际传播中有着广阔的空间与未来。近几年，网络技术、网络硬件的发展突飞猛进，互联网真正成为了融合多种传播方式的综合性平台；而且随着各类社交网站的兴起，它的互动性达到历史的高峰。这一切使得互联网在国际传播中的主导地位日益凸显。

2. 印度网民数量正在迅速增长

印度社会发展总水平比较低，但是在信息化和互联网领域，它的发展速度非常快。印度是著名的软件大国，印度网民数量仅次于中国和美国，位居世界第三。据印度政府部门公布的数据，2012 年印度网民数量已经达到 1.2 亿，年增长率为 41%，而且未来几年都将保持高速增长。另外，据印度电信管理局发布的数据显示，2012 年年初印度移动电话用户数是9.62亿，其中有12%的用户经常浏览网站，另有37%的用户对浏览网站感兴趣。预计到2016年，印度移动网络用户将接近2亿。

3. 争取重点受众的需要

印度是一个贫富两极分化极其严重的国家。印度总人口是12.1亿，上层和中产阶层的人数大概在2亿至3亿之间。这一群体在印度政治、经济和社会生活中发挥着主导作用，属于精英阶层。他们应该是我们进行对印度传播的重点受众。印度的网民或潜在的网民主要也分布在这一群体中。

（二）关于加快印地语网站发展的建议

1. 高度重视网站公信力建设

在印度，网民这一群体的素质相对来说是比较高的，他们一般拥有一定的经济基础、受过一定的教育、对外部信息有着比较强烈的渴求，他们当中的大部分应该属于印度社会的中坚力量。印度网民所处的媒体环境与我们完全不同。在印度，媒体资讯行业是非常发达的，新闻理念与西方基本相同，受众对“官办媒体”和“宣传”都有本能的戒心或排斥。在这种情况下，我们要吸引印度网民，就必须高度重视公信力建设。我国著名新闻传播专家马胜荣先生在《专业化是网络媒体提升国际传播能力的基础》一文中说，“即使同一信息，如果出自不同的传播者，人们对它的接受程度也是不一样的。这是因为人们首先要根据传播者本身的可信度对信息的真伪和价值作出判断。从某种意义上说，媒体的可信性是一种无形资产，在国际传播中具有很强的影响力。只有可信性增强了，才能受到国际社会主要阶层的关注，成为社会主要受众获取信息的渠道，也就在真正意义上达到了提高国际影响力的目的。”①

在公信力建设中，最基本的就是要讲真话、客观、平衡，这是由新闻的属性决定的。近几年，《环球时报》引起国际社会的普遍关注，它的许多报道和观点被包括印度媒体在内的众多国际媒体引用。《环球时报》成功的一个主要原因就是敢讲真话。该报总编辑胡锡进曾讲过，“环球时报的写作风格是逐步形成的，它的形成动力就是我们对实事求是的追求，是我们讲真话的愿望。”，“我们尝试跳出官方话语体系，采取说大实话的方式，表达中国主流社会的观点，传达民间的态度。”② 位于卡塔尔的半岛电视台在短短几年时间里成为一家具有重要影响力的国际传媒，创造了奇迹。半岛电视台前北京分社社长伊扎特·舍赫鲁尔在谈到半岛电视台成功的秘诀时说，“最重要的是我们提供的是新闻而不是宣传。做新闻的话首先必须是客观、中立。”③

在目前印地语网站的报道中，富有宣传色彩或一边倒的内容还是不少的。阿格瓦尔先生是印地语部聘请的监听员，他也是印度一家媒体的编辑。他在一份监听报告中坦率地指出，“我想要说的是，在你们的网站上经常见到一些泛泛赞扬中国的文章，这种表面的赞扬其实有害无益。这些文章会使广大网民认为你们只是政府的工具，从而在心理上与你们

① 马胜荣：《专业化是网络媒体提升国际传播能力的基础》，《电视研究》，2010年第9期。

② 环球时报：《讲真话的中国》，科学出版社，2011年7月第一版，第4～5页。

③ 张志安、柳叶：《中国怎么样：驻华外国记者如何讲述中国故事》，南方日报出版社，2009年10月。

产生距离。”所以，我们一定要重视网站公信力建设，注意报道的客观与平衡。

2. 网络新闻要快

网络媒体突破了传统媒体在时间上受到的种种限制，这也使得网络媒体在时效性方面的竞争异常激烈。在信息化时代，网民们总是希望看到最新、最快的报道，这就对我们提出了更高的要求。实事求是地讲，在绝大多数情况下，我们的网站还做不到首发，但是在重大或针对性强的新闻发布上，我们必须争分夺秒、尽可能地快，否则会对网站形象产生严重负面影响。

3. 上网内容要富有吸引力

媒体竞争的游戏规则是内容为王，网络媒体自然也不例外。目前，印地语网站的点击量还不高，2012 年页面浏览量大概在 13 万左右。要改变这种状况就必须加大内容建设的力度，增强上网内容的吸引力。对于印度网民的关注点与兴趣点，我们不能单纯凭经验想当然，要做好相关的调查研究工作，大胆地探索，不断对上网内容进行优化。笔者认为，可以从以下几个方面了解网民的需求与喜好：1）跟踪分析网页点击量排行，了解点击量高的页面内容特点。页面点击量是最客观的数据。在当前网站发展水平还比较低的阶段，点击量是最有指导性的指标。在保证导向正确的前提下，判断一条网上资讯的价值大小，主要看点击量，而不是制作这条资讯所花费的劳动量的大小。2）定期开展网上调查。2013 年 2 月，我们围绕印地语网站建设开展了一次网上调查，吸引了近 500 名印度网民参与，从中获得不少有意义的启发。比如，有一道题是“你最希望 CRI 印地语网增加哪些方面的新闻?”，选择“印度新闻”的网民数量位居第一，遥遥领先其他选项。这就表明我们的网站今后需要重视印度本土新闻的发布。再比如，有一道问题是“你最喜欢哪些网上内容?”，选项有“新闻”、“专题”、“图片”、“视频”、“调查”等几项，选择“图片”和“新闻”的网民数量远远超过其他选项，这就要求我们今后给予“图片”和“新闻”更多的关注。3）跟踪、分析印度媒体的涉华报道。这是一条了解印度受众对华关注点的捷径。需要指出的是，我们分析印度媒体涉华报道是为了了解舆情、获得线索，以便更有针对性地开展报道，绝不能简单地人云亦云。4）直接与网民交流。

4. 注意网站推介

在 2 月份进行的印地语网络调查中有一道题是，“你是通过何种渠道知道 CRI 印地语网址的?”，绝大多数网友选择了“当地听众俱乐部”和“CRI 广播”，而选择“当地媒体”、“搜索引擎”和“其他网站上的链接”的网友数量均不超过 10 人。由此可见，我们的网站在自身推介上存在严重不足，没有很好地利用印度媒体、搜索引擎和网站链接等常见的推介渠道扩大知名度。今后，我们应当寻求多种方式加大网站推介力度。

5. 注意向其他网站学习

我们要经常浏览中外同行的网站，对于其他网站有新意或创意的地方，多学习和借鉴，这样才能使我们的网站跟上发展的潮流，不断给网民以惊喜。

三、积极寻求多种形式的印度本土落地方式

由于受印度政策法规限制，目前我们在印度实现整频率落地的时机还不成熟。寻找合

作电台，租时段播出我们的节目还是可行的。俄罗斯之声就曾与印度的 FEVER 104 FM 合作，每天播出一定时长的介绍俄罗斯的印地语节目。当然，租时段要考虑性价比的问题。除了广播节目落地，我们的印地文网站还可以像 BBC 那样积极寻求印度本土合作伙伴。BBC 目前已与 AMAR UJALA，WEB DUNIA 在内的多家印地文媒体网站建立了合作伙伴关系，其中 AMAR UJALA 网站的国际新闻栏目完全分包给了 BBC。另外，与印度媒体联合采访、交换节目等也是在印度落地的灵活方式。值得关注的是，2012 年 11 月 BBC 通过印度 ETV 电视网正式推出了印地语电视节目，节目通过 ETV 电视网的 5 个频道在印度所有印地语地区播出。这是 BBC 扩大在印度影响力的新举措。如果将来条件允许，我们也完全可以尝试制作电视节目，提供给印度电视频道播出。

总之，对印度传播面临着挑战，也面临着机遇。只要我们从印度的实际情况出发，不断探索，不断努力，就一定能够取得新的进展。

（作者单位：中国国际广播电台印地语部）

全媒体时代国际台尼泊尔语广播事业发展构想

刘 雯

中国国际广播电台（简称国际台）尼泊尔语广播从开播之初到现在，已经走过近38个春秋。在全球传媒行业进入全媒体时代的大背景下，国际台尼泊尔语广播经过几代人的努力，短中波广播、调频广播、在线广播、微广播、平面媒体、孔子课堂等多种传播形态已初具规模。未来，尼泊尔语对外传播事业应秉承“多媒体融合，全媒体发展”的发展理念，推动建立各种传播手段的联动机制，提高尼泊尔语广播的影响力和传播实效。

1975年6月25日，国际台尼泊尔语广播正式开播。它使用短波和中波向尼泊尔和印度北部、不丹等地区播出。2003年，尼泊尔语网站正式推出，该网站以滚动播出的新鲜资讯内容和鲜明的尼泊尔风格，吸引了世界各国的尼泊尔网民。同年4月，尼泊尔语杂志《友谊桥》正式创刊，进一步丰富了国际台尼泊尔语广播的传播手段。2008年9月26日，国际台尼泊尔语广播通过租用时段的方式，实现在尼泊尔首都加德满都FM99.4友谊调频台的落地。落地之后，加德满都地区受众数量呈现爆发式增长。2009年，尼泊尔广播孔子课堂正式挂牌成立。尼泊尔语部派出人员深入前方，以与受众直接面对面的方式，在宣传中国文化的同时，努力提高国际台尼泊尔语广播在当地的知名度和影响力。2012年，尼泊尔语部“尼好CRI”微博广播正式推出。它与其他传播手段并重，主要面对中国国内受众，通过即时速递尼泊尔新闻的方式，推广国际台尼泊尔语广播。随着微博推广力度的加大和尼泊尔旅游热的兴起，现在它已经成为中国民众了解尼泊尔的主要窗口。2012年10月，国际台尼泊尔语广播海外分台加德满都都市调频广播正式开播。至此，尼泊尔语部已具备多种传播形态，国际台尼泊尔语对外广播事业迈入了全新的发展阶段。随着全媒体时代的到来，笔者作为尼泊尔语部的一分子，尝试对国际台尼泊尔语广播事业发展作出以下战略构想。

一、加快海外分台建设，尽快组建海外工作室

2012年10月13日，国际台尼泊尔语广播海外分台加德满都都市调频广播FM92.4正式开播。尼泊尔语部对外广播事业迈入新的发展阶段。在十八大和“两会”等重大事件报道过程中，海外分台发挥了重要作用。例如，在“两会”报道中，海外分台发挥前方优势，积极主动采访尼泊尔政要和社会各界知名人士畅谈“两会”，并送上祝福。在新一届领导集体产生和新总理中外记者见面会等重要时刻，海外分台和北京进行连线，以电话直播的形式，及时、准确、生动地报道了全程，成为尼泊尔首个播发相关新闻的媒体机构，在尼泊尔当地引起强烈反响。

随着海外分台在尼泊尔影响力的不断提升，海外工作室中方人员的派遣日显急切。海

外工作室是国际台尼泊尔语部海外工作的总指挥机构。尼泊尔语部海外工作室不仅承担着管理和经营海外分台的任务，而且应该具备整合海外资源的功能。

二、依托海外工作室，业务重心向尼泊尔本土化转移

目前，尼泊尔语部在尼泊尔本土的事业仅有海外分台和广播孔子课堂。调频和短中波广播节目的制作、网站的维护和平面媒体制作发行等工作均是在国内完成。随着海外工作室的组建完成，笔者认为可以逐渐将大部分国内业务实现本土化制作。一方面，本土化后，将省去中间环节，成本大幅降低；另一方面，只有真正深入当地受众，才能够切实了解受众需求，制作出更加贴近受众生活的节目。

1.《友谊桥》杂志本土化发行

内容时效性和高昂的物流成本一直以来是困扰国际台尼泊尔语部《友谊桥》杂志发展的主要问题。经过调研，可以依托海外工作室，以本土化的方式发行《友谊桥》杂志。《友谊桥》杂志是国际台尼泊尔语部创办的一本对外宣传的尼泊尔语季刊。它利用纸质传媒的可复制及可阅读性，为加深尼泊尔人民对中国的了解作出了积极贡献。《友谊桥》杂志自2003年4月创办以来，已经发行了近40期，在受众中拥有良好的口碑。该杂志历经几次改版，目前版面增至16页，发行量高达两万份。杂志在信息时效性方面的局限性总是客观存在。虽然尼泊尔语部十分注重杂志的时效性，一再地优化编辑流程，但其发行过程既涉及长途国际货运又涉及较为缓慢的尼泊尔国内物流，使得整体周期不可避免地延长。待杂志到达受众手里，杂志内容或许早已滞后。除此之外，在整个发行过程中，高昂的国际邮寄费用占据了发行成本的绝大部分，它是印刷成本的近三倍。为节省时间成本、物流成本和为今后媒体经营打下基础，该杂志可委托前方工作室，申请刊号，实现本土化制作发行。与此同时，根据笔者对尼泊尔当地杂志的调研发现，在尼泊尔销量排名前两位的杂志的纸质和印刷效果都和尼泊尔语部的《友谊桥》杂志接近。所以，经过本土化发行后的《友谊桥》完全有实力和尼泊尔本土杂志一较高下。

2. 积极拓展本土化手机传播形态

在媒体的数字化进程中，人们不再仅仅通过手机打电话或者发短信，还可以收听手机广播。所以，在尼泊尔语部业务本土化发展的过程中，可以依托海外工作室与当地手机运营商合作，推广国际台尼泊尔语广播。

随着手机在尼泊尔的普及，手机这个可移动传播平台越来越触手可及。手机精巧、轻便，易于随身携带，使人们可以随时随地收听广播。手机广播在传播的分散性方面达到了目前其他大众传媒尚无法企及的高度，使大众传媒和个性化传播实现了完美的结合，达到了点对点传播的效果。据笔者对尼泊尔广播受众群体的调研发现，除了出租车司机外，尼泊尔青年越来越青睐用手机收听广播。因为手机具有便携性，它整合了广播和电话的功能，随时随地可以娱乐上网。以前，尼泊尔语部发布重要通知，例如频率调整、知识竞赛等，主要通过网络和广播方式发布。每种传播方式都有自身的局限性和相对固定的受众群体。网络传播需要有电脑能上网，广播发布必须当时收听，过时不候。而作为新的媒体终

端，手机广播拓展了广播的新时空，增加了节目的外延性。手机短信具有接收的强迫性。所以，笔者认为未来通过与尼泊尔当地电信运营商的合作，可以采用短信息形式发布重要信息。不仅如此，还可以采用短信的形式直接进行受众调研。相反，如果手机使用者不是国际台尼泊尔语广播的受众，他们通过接收的信息对国际台尼泊尔语广播也会有一定的了解，一定程度上推广了国际台尼泊尔语广播。

三、细分受众，注重发展在线广播

尼泊尔语部网站经过十年的发展，历经数次改版，已经拥有相对固定的受众群体，在受众中享有一定知名度。随着海外分台的开播，前方工作室的组建完成，笔者认为尼泊尔语部后方可以逐渐转移工作重心，侧重发展在线广播。

根据统计数据显示，尼泊尔语网站浏览量和点击率最高的，分别是图片库和网络音视频节目。这些音频节目是尼泊尔语部每天除了制作短中波广播和调频广播节目之外，特别针对在线广播制作的网络音频节目。这些网络音频节目模拟海外分台的节目定位，结合尼泊尔当地资讯，例如：中尼主要城市天气预报、国际金价、各国货币汇率等，穿插介绍中国歌曲、中国风土人情。经过一段时间的网络流媒体数据跟踪调查，网络音频节目的流媒体量逐渐攀升。节目贴近实际，贴近生活，贴近受众，一直是尼泊尔语部事业发展遵循的基本路线。所以，在尼泊尔语部在线广播未来的发展过程中，可以创新发展模式，细分受众，打造精品。

受尼泊尔经济发展的制约，网络在尼泊尔并没有大范围普及。尼泊尔语部在线广播的受众主要分布于加德满都和博卡拉等一些大城市，多为一些在海外工作的尼泊尔人。他们接受过一定程度的教育，会使用电脑，经济条件也不错，能够承受上网费用。年龄分布以中青年为主，主要为教师、商人、公务员、白领、媒体人士、银行职员等。他们的共同特点是：对新鲜事物的感知和接受能力较强，关心中国的发展，对中国文化感兴趣。国际台尼泊尔语网站是他们了解中国和世界的一个重要窗口。除此之外，随着中国和尼泊尔交往的日益密切，有很多中国人到尼泊尔旅游，甚至有越来越多的中国人选择在尼泊尔工作、生活、定居。由于长期受印度的影响，尼泊尔民族的文化比较偏印度。在尼泊尔国内，又因为物流成本等原因，中国的杂志、音视频资料等中国元素的东西很少。据听众反馈统计，这一部分华人选择通过收听国际台尼泊尔语网站的网络音频节目，来感受故乡的讯息。节目中，轻松愉快的中国旋律和中国歌曲让他们倍感亲切。为此，笔者认为，在尼泊尔语部在线广播未来的发展中，可以开拓思路，调整结构，不仅有针对尼泊尔等南亚受众的栏目，而且对在海外的华人华侨受众也可以给予重视，有针对性地打造相关栏目。

四、整合资源打造品牌活动，提升媒体品牌影响力

随着国际台尼泊尔语广播事业的发展，各种传播手段逐渐丰富、完善。尼泊尔语部亟需推动建立各种传播手段的联动机制，“多媒体融合，全媒体发展”，打造尼泊尔语广播的

本土化品牌，提升国际台尼泊尔语广播的影响力。婚恋节目《非诚勿扰》的大红大紫，提升了江苏卫视的品牌影响力。娱乐节目《我是歌手》的迅速走红，使得湖南卫视“东山再起”。综艺节目《星光大道》的声名大噪，让央视综艺走进万千家庭。而国际台尼泊尔语广播要实现本土化快速推广，迅速打造品牌，可以采取举办品牌活动的方法。

中国和尼泊尔边境地区大部分是喜马拉雅山脉，高山阻隔，所以中国文化在尼泊尔的影响有限，尼泊尔民众对中国文化的接受度也有限。但是尼泊尔和印度边境地区属于平原，相较之下，印度的“宝莱坞”文化深植于尼泊尔民众之中。尼泊尔民族的血液里流淌着歌舞的活力因子，茶余饭后，他们更是载歌载舞，歌舞助兴。由此联想，并受《中国好声音》真人秀大获成功的启发，可以将中国的真人秀节目在尼泊尔本土化，通过举办大型选秀活动，建立多媒体传播手段联动机制，提高国际台尼泊尔语广播的影响力。

在具体操作过程中，可以依托尼泊尔海外工作室，联合广播孔子课堂，通过与当地电视台合作，举办《尼泊尔好声音》大型选秀节目。因政治局势不稳定，尼泊尔就业形势比较严峻，失业率居高不下。所以，该选秀节目以提供在海外电台就业机会为大奖，乘机打造国际台尼泊尔语广播本土传媒的“星工场”。为扩大节目影响力和增加节目连续性，选秀过程可细化产生周冠军、月冠军、季冠军和年度总冠军。在整个选秀过程中，短中波广播、网络广播和微广播、平面媒体等尼泊尔语部所有传播手段进行配合性宣传，并结合网络投票，产生优胜者。每场比赛都从网络投票中抽取幸运听众，给予一定奖励。为宣传国际台广播孔子课堂，选秀中可对演唱中文歌曲选手给予一定鼓励。整个活动以扩大增强海外分台的影响力和打造尼泊尔语广播的本土化品牌为主要目标，“多媒体融合，全媒体发展”，推动建立各种传播手段联动报道机制，为今后“媒体经营”打下良好基础。

以上是笔者对全媒体时代国际台尼泊尔语广播事业发展的一些构想。就在不久前，国家新闻出版总署和国家广播电影电视总局合并为“国家新闻出版广电总局”。此举意味着中国全媒体时代即将到来。在这样的背景下，通过尼泊尔语广播人的努力，志存高远，脚踏实地，凝聚力量，攻坚克难，必定能够使尼泊尔语对外广播事业落地生根，开花结果。

（作者单位：中国国际广播电台尼泊尔语部）

从泰媒有关中国的报道谈进一步做好对泰传播

何喜玲

近年来，中国经济持续的高速发展极大地提升了中国在全球事务上的影响力，凸显了中国的实力。作为中国重要邻邦之一的泰国，以东盟为依托，在保持与美国传统盟友关系的同时，注重发展同中国、日本等国的关系。在世界新格局下，泰国媒体对中国的报道也日益增多，分量日重，有时一天中国报道多达五六篇之多，显示了中国对泰国及其人民具有举足轻重的作用。

泰国媒体以私营为主，按市场规则运作。泰文媒体是主流媒体，主要泰文媒体有《民意报》、《泰叻报》和《经理报》及其网站等。本文以2012年11月份的《民意报》及其网站为例，探讨一下泰国主流媒体有关中国报道的内容、消息源以及对中国国际广播电台进一步做好对泰传播的启示。

一、泰媒中国报道的内容（以2012年11月份《民意报》及其网站为例）

据不完全统计，2012年11月份泰国《民意报》及其网站涉及中国的报道有60多篇，内容包括时政、经济、民生等。其中，时政类报道有30多篇，经济类报道有10篇左右，民生类报道也大约有10篇，相关报道大多配发比较抓人、吸引受众眼球的图片。

具体的分类报道如下：

1. 时政类中国报道

（1）关于中共十八大的主要稿件有：

《中国政权交接之前最后一议》

《中国进入习近平时代“政治局”引人注目》

《大会》（中共十八大开幕）

《在中共全国代表大会里》

《“习”晋升新一代中国领导人誓言消除腐败》

《政权交接》（中共总书记习近平11月15日记者见面会）

（2）关于反腐倡廉的主要稿件有：

《中国决议开除“薄熙来”党籍》

《“胡”告诫中国如果不解决腐败问题将亡国》

《习近平警告腐败问题有亡党之危险》

《中国任命新市委书记接替“薄”》

（3）关于东亚峰会的主要稿件有：

《美国加倍关注亚洲——奥巴马连任后》

《美—中大手相握　泰国小心“手疼”》

《贝拉克·奥巴马之重返亚洲》

《东盟—中国重申推动DOC——指出对话有助于增进理解》

（4）关于时任中国总理温家宝访问泰国的重要稿件有：

《访问泰国》（11月20日晚中国总理抵达廊曼机场，对泰国进行正式访问）

《热烈欢迎“家宝”飞抵泰国会见国王——英拉总理带病会见签署大米交易——会见商业人士》

《温家宝访问泰国，告别“中国总理”一职》

《美中誓言合作推动经济增长》

《泰国国王会见中国总理温家宝》

（5）关于南海主权争端的主要稿件有：

《菲律宾将举行四方会谈，解决南海争端》

《菲—越抗议中国护照划地图明示南海主权》

《越南拒绝在中国新护照上加盖签章》

《菲律宾拒绝新版中国护照》

（6）关于中国军事动态的主要稿件有：

《隐形飞机秀》

《首次》（中国歼-15在中国首艘航母“辽宁舰”上降落成功）

以上时政类中国报道，涵盖了当月全球媒体关注的国际热点和地区问题，泰国媒体的整体报道评论比较平衡、连续，有一定的深度。例如：

关于中共十八大的召开，泰国媒体在会议开幕之前就进行了预热报道，对会议进行了展望，着重介绍了以习近平为首的中共新一届领导人的产生和面临的前所未有的挑战，高度关注中共及中国政府的反腐决心和措施，并预示中国将进入“习近平时代”。其中：

2012年11月10日《中国进入习近平时代“政治局”引人注目》的评论文章说，“今年年底连续发生的世界级政治变化，看起来与泰国及其东南亚邻国的何去何从很有关系，因此很值得关注。美国总统大选和议会大选刚刚结束不久，在今后一周之内，中国领导集团新老交替就逐渐明朗了。如人们所料，习近平将高升为中国最高领导者，担任国家主席和军队最高统帅。此外，政治局的其他8大常委将是何人，有何来历，有何构想，也值得关注。”文章还评论说：“奥巴马在大选中获胜，表明美国不仅将维持其在亚太地区的‘再平衡’政策，而且将加快实施该政策。美国的‘亚太再平衡’政策目标指向‘中国’。显而易见，当今的中国不仅在经济上对整个亚太地区具有重大的影响，而且在军事上也积极扩充发展，中国正准备在不久的将来在世界上发挥更大的作用。”可见，泰国媒体把中共十八大的召开与美国大选、把中国与美国放在同等重要的位置。

当今世界的政治发生了深刻变化，最大的变动是美国高调重返亚洲，美国调整了战略，把触角延伸到了中国周边，而中国坚持走和平发展道路，在世界上的影响越来越大。这也反映在东亚峰会的报道上，泰国媒体关注中美两个大国的作用，同时评论说泰国夹在中美两个大国之间，作为中国友好邻邦和美国传统盟友，要平衡好与中国和美国的关系。例如：

2012 年 11 月 18 日全球聚焦栏目《贝拉克·奥巴马之重返亚洲》文章说，奥巴马访问与中国有特殊关系的泰国、柬埔寨和缅甸亚洲三国，显示了美国对亚洲，特别是中国后院的重视。

关于时任中国总理温家宝和美国总统奥巴马都参加东亚峰会并访问泰国一事，泰国媒体报道说，泰国把两者的访问都放在同等重要的位置，没有任何偏颇。例如：

2012 年 11 月 21 日《民意报》有 5 篇关于中国总理访问泰国的报道，显示了泰国对此次访问的高度重视。其中第 13 版为深度报道，并评论说，泰国现接任中国—东盟关系协调国，将在推动中国—东盟关系和东亚合作方面发挥独特而重要的作用。

关于南海主权争端，虽然泰国不是当事方，但泰国作为东盟—中国的协调人，对整个事态是非常关注的。泰国媒体除了报道相关国家的争议外，重点着眼于和平解决南海主权争端问题。例如：

2012 年 11 月 20 日《东盟—中国重申推动 DOC——指出对话有助于增进理解》文章认为，东盟—中国在《南海各方行为宣言》（DOC）签署十周年之际发表联合公报，提倡推进现有合作项目，加强海上安全合作，支持有关国家用和平的方式解决边界问题。

在军事报道中，泰国《民意报》及其网站主要稿件有 2012 年 11 月 3 日国际版图片新闻《隐形飞机秀》报道了中国第二代隐形飞机“古鹰”（音译）10 月 31 日在中国辽宁沈阳试飞，以及 11 月 26 日图片新闻《首次》报道中国歼-15 在中国首艘航母“辽宁舰”上降落成功。这表明泰国媒体非常关注中国的国防建设和军事动态。

2. 经济类中国报道

主要稿件有：

《关注世界政局变化，影响明年泰国经济的指数》

《内阁批准向中国政府出售 500 万吨大米》

《泰中贸易目标提升为 2 千亿美元——英拉将召开会议部署工作，投资旅游翻番》

《美国舒缓口气不再指责中国干预人民币汇率》

以上经济类中国报道，都是泰国的重大关切所在。

对泰国而言，中国是其重要的出口市场。2012 年 1 月至 9 月，中泰双边贸易额达 515.9 亿美元，同比增长 4.4%。泰国除了向中国出口大量的水果以外，还希望增加大米的出口量。因此，温总理此次出访泰国期间两国签署了总价值为 2.4 亿美元的大米交易谅解备忘录，给泰国和泰国人民带来了一个“大礼包”，也自然成为泰国媒体的重点关注之一。

2012 年 11 月 5 日《民意报》经济版评论文章《关注世界政局变化，影响明年泰国经济的指数》称：美国大选即将于 7 日（泰国时间）揭晓，中国新一届领导人也即将产生，世界政局的变化将影响明年泰国经济。明年泰国经济走势如何，将受到世界政局变化的影响。文章分析说，中国新一届领导人将执行既定的经济方针政策，做好“十二五”规划。值得关注的是中国的人民币汇率、刺激经济政策以及物价情况，因为中国是消费大国，其经济将对整个世界经济产生重大的影响。

3. 民生类中国报道

此类报道比较广泛，包括婚姻家庭、治理堵车、拆迁问题、生命和财产安全以及一些软性新闻，从新闻价值来讲有一定的接近性，比较接近泰国受众心理。另外这类报道也有一定的趣味性，让受众从不同的角度来了解中国。

二、泰媒中国报道的消息源

泰媒中国报道，有泰国本土原创的新闻和评论，也有来自西方媒体的，如编译自美联社、法新社、路透社等世界主流媒体的报道。以 2012 年 11 月份《民意报》及其网站为例，在 60 多篇中国报道中，有近一半转载西方媒体的报道，其中来自美联社的有 10 来篇、法新社的有 10 来篇、路透社的也将近 10 篇，部分报道和图片是直接转载新华社、《人民日报》等中国媒体。

这表明，泰国媒体在自已独立判断的同时，目前仍主要通过西方媒体的报道来了解、解读中国和报道中国。

三、泰媒中国报道的启示

中国国际广播电台坚持“中国立场、世界眼光、人类胸怀”的传播理念，“国际在线”网站是中央重点新闻网站之一。东南亚地区传播中心泰语广播部及泰文子网站致力于向全球泰语受众提供更好的时事、政治、经济、文化、体育、旅游、社会和汉语教学等综合信息服务。目前，国际台泰文子网站每日更新 20 多条新闻及图片、3 篇时事、3 篇专题，以及《你好！中国》等音视频汉语教学栏目。其中主打《中泰一家亲》和学汉语栏目。近年来，受众反馈攀升到每年 6 000 封左右。另外，泰文版《悦生活》杂志也于 2012 年初具雏形。

如何进一步做好对泰国传播，是我们一直思考的问题。泰国媒体的中国报道给了我们以下几个启示：

启示 1：进一步把握“内外有别”的方针，加强深度报道和评论解读。

我国发生的重大事件，如“两会”、中共党代表大会等，具有重大的社会意义和国际影响力，是全球关注的大事。例如：中共十八大作为执政党的全国代表大会，受到全球关注，泰国媒体也积极跟进。国际台泰文子网站在第一时间报道，从会议的准备、会议的开幕、会议议程到会议的闭幕，都做得很到位。说道改进之处，可进一步把握“内外有别”的方针，在深度报道和评论解读上多下工夫，开设类似国际台东南亚中心《东盟观察》或者湖北卫视《长江评论》这样的栏目，深度报道解读“中国立场”以及该重大事件对泰国的影响，有哪些利益的交融？有哪些观点的碰撞？也许有人会认为泰国受众对这类中国时政漠不关心，跟他们没什么关系，但从泰国媒体关于中共十八大的报道来看，这类重大时政要闻恰恰是泰国受众和泰国媒体所高度关注的，说明泰国受众和泰国媒体也是有“世界眼光"、把眼光瞄准中国的。又如南海问题，虽然泰国不是当事方，但因为泰国是东盟成员国，是中国—东盟协调人，南海在地域上离他们也比较近，所以他们是很关心南海问题的。因此，应进一步加强这类的深度报道和评论解读。

启示 2：进一步加强贴近性和广泛性。

除了政治方面，当今世界的经济格局也发生了深刻变化和大调整，我国经济总量位居世界第二。我国对东盟地区包括泰国经济方面的影响日益加深。从泰媒有关中国的报道换位思考，进一步了解受众的关切，特别是重大利益关切。例如：从泰国水果到大米、从中国游客到中国投资者，从婚姻到生命安全，从学汉语到留学，这些涉及受众利益的话题，可以广泛地加以报道。而且进一步加强贴近性和广泛性也非常符合国际台"人类胸怀"的传播理念。

启示 3：进一步以图片加强趣味性。

图片或图片新闻能增添光彩，吸引受众的眼球和点击率。例如：下雪对于泰国这个热带国家来说是新奇事，很多人都没见过下雪，泰国《民意报》2012 年 11 月 4 日图片新闻《初雪》报道了中国华北普降初雪，警察在中国首都北京天安门广场铲雪。白头偕老的婚姻是人类共同的美好愿望，2012 年 11 月 9 日外国趣闻栏目《真正的伴侣》报道了中国四川南充一对一百零一岁和一百零三岁老人并配发了这对老人的婚纱照。交通堵塞是曼谷等各大都市的烦恼事，2012 年 11 月 17 日外国趣闻栏目《逃离……堵车》文章配图报道了一位苏州人士乘降落伞（parachute）上下班，以逃离堵车 3 小时的烦恼。而房产是老百姓的生活密切相关，所以该报也跟踪中国房地产市场及其相关政策，连续推出了两篇有关房产的图片新闻和配图花絮。这些抓人的画面，有的给人以美的享受，有的震撼人心，有的发人深省。目前，国际台泰文子网站的图片和视频栏目做得有声有色，可进一步加强趣味性，增加点击率。此外，泰文版《悦生活》杂志也可刊登，以增强可阅性。

启示 4：努力使国际台等中国媒体成为消息源，特别是重大新闻的消息源。

虽然泰国媒体有关中国的报道大多来自美联社、法新社、路透社等世界主流媒体的报道，但必要时也会在国际台网站及其泰文子网站、新华社等中国媒体上查证一下。虽然当今世界还是"西强我弱"，不过很有理由相信，随着我国软实力的不断增强，汉语在全世界使用范围的不断扩大，若干年后，国际台等中国媒体必将成为全球重大新闻的第一消息源。

总之，仔细阅读、琢磨泰国主流媒体的中国报道，有助于进一步了解对方立场、对方关切，紧密结合国际台"中国立场、世界眼光、人类胸怀"的传播理念，从而进一步做好国际台对泰国地区的传播、对全球泰语受众的传播，为全球泰语受众提供更好的信息服务和舆论引导。

（作者单位：中国国际广播电台泰语部）

参考文献：

1. 泰国《民意报》及其网站：http：//www.matichon.co.th。
2. 泰国《经理报》及其网站：http：//www.manager.co.th。

论全方位加强国际台对韩国传播的策略与方法

金敏国

1992年8月，中韩两国领导人顺应世界和平发展的历史潮流，高瞻远瞩，作出了建立外交关系的重大决策，从而揭开了中韩关系的新篇章。建交20年来，在两国各界人士的不懈努力下，中韩关系从青青幼苗长成了参天大树，实现了面向21世纪的合作伙伴关系、全面合作伙伴关系和战略合作伙伴关系三次重要跨越。双方在政治、经济、文化、教育、科技等各领域交流和合作全面发展，其发展速度之快，程度之深，成果之丰，在国与国之间的关系中是不多见的。事实证明，中韩建交以及中韩友好合作关系的发展，有利于两国长远发展和地区和平稳定，符合两国人民根本利益，是历史性的正确选择。以2012年的数据为例，中韩两国间来往的人员数量已达650万人次。2013年，中韩两国都迎来新的领导层，中韩关系发展既有机遇也有挑战。包括中国国际广播电台（简称国际台）在内的中国新闻媒体，无疑有责任配合中国的外交界及经济界等一起发挥积极性、主动性、能动性，推动中韩关系发展进入新阶段。国际台应该借助新的历史时机，全方位加强对韩国传播。

一、国际台对韩传播是中国对韩外宣的重要组成部分

1. 中韩建交20年来中国对韩国外宣的基本情况

因种种历史原因，1992年8月24日，中韩两国才正式建立外交关系。此后，中韩之间的新闻领域展开了迅速的合作。两国互向对方国家派出驻外记者。截至2013年年初，中国向韩国派出正式记者的中央级新闻媒体有：《人民日报》、新华社、中央电视台、国际台、《经济日报》、《科技日报》、《法制日报》等7家。另外，还有《人民日报》海外版、人民网韩语频道、中央电视台经济频道首尔演播室的相关新闻工作人员。据不完全统计，韩国派往中国的新闻机构则多达二三十家，先后轮换的记者人数更是多达百人以上。

建交20年来，中韩两国间政治、经济、人员交往不断密切，飞速发展，被称为世界外交界的奇迹。目前，中国对韩国的主要外宣平台包括：国际台对韩国的传播（包括短波广播以及网上节目）、《人民日报》海外版韩语版、人民网韩语频道等。其中，2011年和2012年《人民日报》海外版韩语版和人民网韩语频道都分别实现了在韩国本土运营。2012年7月，国际台在韩国第二大城市的仁川电台实现了节目落地。虽说目前中方对韩传播仍有各种各样的困难和挑战，但考虑到中韩目前“政冷经热”的实际情况，中国媒体在韩国还是大有可为的，很多韩国企业也愿意与中方媒体进行合作。

2. 中韩两国媒体间的友好交往

中韩两国政府在2008年缔结了战略合作伙伴关系。为此，中韩还特别成立了由两国

专家组成的媒体委员会。中韩两国有识之士都认识到，国之交，在于民相亲；民之亲，贵在心相知。多年来，两国媒体通过大量报道和评论，向双方民众生动展示了中韩两国发展风貌和中韩友好合作成果，为促进中韩关系发展作出了重要贡献。

在中国人民对外友协的推动下，中韩特派记者联谊机制——“和璧之声”于2008年12月在北京成立。2011年11月，“和璧之声”首尔中韩特派记者俱乐部成立。“和璧之声”包含“和谐”与“合璧”两层含义，意指美玉碰撞时发出的美妙和谐之音。此后，中韩特派记者以“和璧之声”为平台，定期举行交流活动，旨在推动中韩媒体合作发展，增进两国民众理解和友谊，促进中韩关系持续健康发展。中国驻韩国大使张鑫森在2012年春节后为中韩两国记者举行的活动中曾表示，中韩两国有着广泛的共同利益。两国媒体在推动双方友好合作，增进民众友好感情方面发挥着重要作用。双方的特派记者身处采访一线，通过大量丰富翔实的报道，向两国民众生动展示了对方国家的发展成就和中韩关系成果，是中韩友好合作的直接见证者和有力推动者。

3. 国际台目前对韩国传播的节目情况

国际台朝鲜语广播于1950年7月2日开播，目前覆盖朝鲜半岛、中国东北地区和山东沿海地区，通过中波和落地调频每日播出6小时节目。朝鲜语广播的节目内容，包括国内外重要新闻、社会生活、经济广场、文化、旅游、音乐、韩语讲座以及听众之友等丰富内容。朝鲜语广播于1999年12月10日正式推出朝文网，除了转载每日广播内容外，还制作视频、图片和网络广播内容，点击量为每月200万至300万人次。另外，朝鲜语广播与朝鲜中央广播委员会、韩国KBS建立了友好关系，每年进行人员交流及共同制作特别节目。

另外，国际台朝鲜语部于2012年7月31日与仁川电台实现整频率落地，由朝鲜语部提供新闻、专题、汉语讲座及音乐节目等素材，每日播出10小时，让韩国受众更多地了解来自中国的信息。

二、韩国媒体如何看待及报道中国

1. 中国崛起对中韩关系的影响

中韩建交20年来，也正是中国国力得到飞速发展的20年。建交之初，韩国经济实力强于中国，社会文化等各方面发展也领先于中国。但随着中国成为世界第二大经济实体，中国国际地位不断提高，中韩之间的关系发生了微妙的变化。中国必须面对邻国对中国崛起的各种心理变化。“一个国家要实现成功崛起，需要认真处理与其周边国家之间的关系，因为一个国家能否获得良好的发展环境，周边国家的稳定与否与其本国息息相关。国家在崛起的过程中，由于自身实力的不断壮大，必然会引起周边国家的关注。”①

有人把中韩两国间关系的变化比作穷富邻居的变化。以前中国是穷邻居，现在中国变

① 邵亚楼：《大国崛起的外交战略及对中国的启示》，《国际体系与中国的软力量》，时事出版社，2006年7月第一版，第51页。

成了富邻居，而韩国在近20年中的变化却是不大的，因此其心理落差可想而知。“上世纪90年代，随着中国的崛起，美国出现了‘中国威胁论’。美国政治思想家塞缪尔·亨廷顿等人提出了文明冲突论。上世纪90年代后期，韩国也开始接受了源自美国的中国威胁论。随着美国和日本越发强调中国是安保威胁，中国威胁论也成为韩国媒体和知识阶层的争论焦点。中国威胁论甚至迫使韩国面临两者择一的歧路，即是加强与美国的同盟关系、还是弃美以中国为友邦，这一选择直接关系到朝鲜半岛的未来。”①

除却中韩两国之间的一些问题，中韩两国关系因朝鲜问题更为复杂而多变。朝鲜问题是冷战遗留下来的历史问题，更因美国的介入而成为影响东北亚局势的主要问题。长期以来，中国在朝鲜问题上不断努力以发挥建设性的作用。然而2010年的“天安”号事件以及延坪岛炮击事件，却使韩国舆论对中国政府的正面作用产生了极大的怀疑。

2. 中韩建交20年来，韩国媒体对中国报道的变化

中韩关系20年的发展和变化，无疑使韩国媒体对中国的报道立场也发生着变化。“（中韩关系发生的）这种反差，给中国和韩国都带来了心理的变化，尤其对韩国来说，冲击是巨大的，也是完全可以理解的。这一时期，韩国媒体和舆论对中国的负面报道显著增多，主要是中国威胁论以及文化遗产之争等。中国媒体也开始对韩国的一些说法进行反驳，使民间情绪时常对立。尽管这不是舆论的主流，但对发展中韩战略合作伙伴关系是不利的。”②

近些年来，虽然中韩两国关系取得了令人瞩目的变化，但中韩两国在朝鲜问题、韩美同盟、脱北者问题（韩国把从朝鲜逃离的人称为“脱北者”）、渔业纠纷以及一些历史问题上不断发生着冲突。由于上述事件发生的情况各不相同，韩国媒体对涉华报道的态度和角度也有很大的不同。总体来说，韩国媒体涉华报道数量不断增加，但负面情绪不容忽视。以韩国三大主流报纸之一《朝鲜日报》为例。“自1992年8月24日韩中建交至韩中建交20周年的2012年8月24日，《朝鲜日报》共刊登了260篇有关中国的社论，可以说每25天就刊登一次有关中国的社论。其中，两国人员交往的增加、中国经济的快速发展、科学技术进步等几个题材是正面的，可以给《朝鲜日报》的读者留下对中国的好印象。除此之外，大部分都是负面题材，特别是近5年来，在《朝鲜日报》社论中的中国形象大部分是负面的。”③

随着网络上民意力量的强化，中韩时不时爆发两国网民间的“冲突”。虽说网民间的冲突事件只是个别事件，但其影响也不可小觑。中国媒体如何更有智慧地化解中韩两国间的各种猜忌、误解、冲突，显然是能为中国的整体外交作出贡献的。

---

① 朱盈库：韩国教授著书批评韩国助长“中国威胁论”，http：//world.people.com.cn/GB/11671205.html。

② 徐宝康：《构筑中韩舆论媒体的“合璧之声”》，2012年9月5日在首尔中韩媒体论坛上的发言。

③ 朴勝俊：《韩中两国关系发展中媒体的角色：以1992—2012年朝鲜日报社论中的中国形象为中心》，2012年9月5日在首尔中韩媒体论坛上的发言。

三、国际台应全方位加强对韩国传播

1. 区别对韩国、对朝鲜传播的必要性

历史上，朝鲜半岛是一个统一的单一民族国家，其所用的都是叫“训民正音”的表音文字。20世纪初，朝鲜半岛沦为日本的殖民地。20世纪中叶二战结束后，由于政治的原因，朝鲜半岛被人为地分成两部分，即北部的朝鲜民主主义共和国和南部的大韩民国。多年的分离，朝韩双方的语言和文字产生了不少差异。目前，韩国以首尔音为标准音，朝鲜以平壤音为标准音。虽说双方所用语言同为朝鲜语，但在发音上有所区别，就像中国汉语方言间的区别一样，主要是一些元音发音上不同。另外，在外来词使用方面，朝鲜主要通过俄文音译，而韩国则以英语音译为主。此外，在固有词和外来词的使用频率上，韩语和朝鲜语也存在很大差异。

由于历史和政治原因，国际台朝鲜语广播一直以来使用的语言和文字均以朝鲜平壤语言和文字为标准。但随着中韩关系迅猛发展及朝鲜语部网上节目的开播，不得不考虑朝、韩两国网民和听众情绪，以寻求让双方都比较满意的传播手段。

2. 对韩国传播应更加大网络传播

韩国是世界上互联网最发达、普及率最高的国家之一。经济合作和发展组织（OECD）2012年7月发表的数据显示，韩国是无线宽带普及率最高的国家，也是首个无线宽带普及率超过100%的国家。这里所指的无线宽带包括3G、4G、WIFI以及WiBro等网络方式。这一数字是OECD成员国平均普及率的近2倍。另外，目前韩国智能手机用户已突破3 000万户，完全改变了韩国人的数字生活。韩国因特网普及率的迅速提高，改变了韩国人收集信息的方式和渠道，目前韩国本国的媒体也是大力开发网络节目以及节目的网络下载版。韩国青少年中收听广播乃至收看电视的比率正在逐年大幅减少，这一情况对国际台对外传播方式的转换也提出了新的要求，即国际台对韩传播应该大力发展网络传播。

3. 进一步推动国际台节目在韩国的本土化制作

“随着经济全球化的深入发展和世界各国合作交流的日益频繁，国际舆论环境在国家发展中的战略地位不断提升，传媒产业界的竞争也日趋白热化。面对新的国际传播环境，无论传统广播内容还是包括网络在内新媒体发展，必须转变传统理念，以变求生。”① 因此，积极落实国际传播“走出去工程”，实现节目落地“本土化”策略，是在当今国际舆论环境中有效提高国际台广播对韩国传播时效性和影响力的有效途径。

广播节目制作包括策划、构思、采集、制作以及播音等复杂环节，而使这一产品具备市场竞争力，一方面要符合市场规则，另一方面在语言、内容、形式、风格、收听方式等方面，需要贴近听众需求。而国际台在境外成功开播的肯尼亚调频广播等媒体，强化了驻外新闻采访、节目制作、落地推广和对外交流的功能，成为本土听众了解中国的主要窗口和渠道，同时为进一步拓宽国际传播渠道开辟了新的思路。朝鲜语广播也应顺应韩国听众

① 王庚年：《构建现代国际广播体系》，2006年12月22日在接受中国广播影视节目采访时讲话。

和网民的需求，制作出“入耳”、“入脑”、“入心”的节目内容。

与此同时，国际台朝鲜语部更应该倾力打造本土化的品牌节目。目前，国际台朝鲜语部有《韩语讲座》、《成语故事》、《中国旅游》、《文化之旅》等不少好节目。但由于地域性、语言文化差异等影响，在韩国听众和网民中推广力度有限。唯有遵循品牌建设的市场化共性规律，创造出符合韩国听众和网民审美趣味的品牌节目，才能大大提高节目的收听率和点击率，同时可以拉动广告和经营创收，创造较好的经济效益。

（作者单位：中国国际广播电台朝鲜语部）

关于提升国际台乌尔都语广播传播影响力的思考

叶　枫

近年来，中国国际广播电台（简称国际台）致力构建现代综合新型国际一流媒体集团，建设了多语种、多媒体、多平台、多终端传播新闻资源的技术系统，顺利实现了传统媒体向现代综合媒体的转型。国际台台长王庚年在2012年全媒体建设专题会议上指出："多媒体融合、全媒体发展是规律、是趋势、是未来。"就国际台外语广播业务发展而言，这是方向；构建现代综合新型国际一流媒体集团，通过传统和各类现代媒体形态及其他受众所认可的介质，改善传播效果，这是方法；在对象国地区实现传播影响力，达到事业产业协调发展，这是目标。从这个意义上讲，国际台乌尔都语广播遵循"中国立场、世界眼光、人类胸怀"的传播理念，通过中短波广播、海外调频广播、网站、平面媒体、手机报以及孔子课堂等多种形式实现有效传播和精准传播，切实扩大国际台的影响力，是我们语言广播业务的发展方向。

乌尔都语广播的优势

国际台乌尔都语广播经过近47年的发展，目前在巴基斯坦和印度等南亚国家，已具有广泛的影响力，和受众之间建立了牢固的关系，有着良好的受众基础。截至2012年年末，乌尔都语部共收到听众来信40万多封，在巴基斯坦的听众俱乐部已超过680个，登记注册的印度听众俱乐部也达到225个，乌尔都语广播在当地的影响力可见一斑。众所周知，中巴关系是全天候的战略伙伴关系，中巴友谊有着深厚而广泛的民意基础，中巴人民是休戚与共的好兄弟。2011年11月，巴基斯坦总统为国际台创办70周年题词，时任总理吉拉尼发来贺信，高度评价国际台乌尔都语广播在促进中巴友谊方面所作出的贡献。2010年7月时任中国国家主席胡锦涛和巴基斯坦总统扎尔达里出席了国际台与巴基斯坦国家广播公司签署谅解备忘录的签字仪式。坚如磐石的两国关系加速推进了乌尔都语广播与巴当地媒体的合作，为提升乌尔都语广播在当地的影响力打下了坚实的基础。

与英国广播公司、美国之声和德国之声等外国电台相比较，国际台的乌尔都语广播有着自己的特点。这些外国电台的节目主持人均为当地人，而我们则不同，播音员和节目主持人皆以中国人为主，这在巴基斯坦人心目中，是有特殊含义的，认为是中国人民对巴基斯坦语言、文化的尊重，是中巴友谊的体现，因而巴基斯坦受众对来自中国的乌尔都语广播有一种认同感，对乌尔都语广播的亲近感也油然而生。

乌尔都语广播所面临的问题

尽管乌尔都语广播在巴印等南亚国家已经有了一定的影响力，但存在的问题也是显而易见的。目前乌尔都语广播除在首都伊斯兰堡、卡拉奇、拉哈尔、木尔坦和格哈特等几个主要城市开通了调频节目外，其他绝大部分地区仍以传统的传播手段即通过中短波播送节目，但由于受到气候、发射功率等客观因素的影响，传播效果和传播质量受到一定影响。同时近十几年来由于受众群的改变，受众目标年轻化，高学历及中上阶层受众数量的增加，带来了收听习惯和收听途径的改变，中短波等传统传播模式已明显滞后，不能适应这些新变化。

打造媒体，建设品牌，提升传播影响力

胡锦涛总书记在党的十七届三中全会上明确提出“谁的传播手段先进，传播能力强大，谁的思想文化和价值观念就能更广泛地流传，谁就能更有力地影响世界。”乌尔都语广播的优势明显，如何扬长避短，将乌尔都语广播的影响力从农村和小城镇扩展到大中城市，这对乌尔都语广播提出了更高的要求。改变原有的广播模式，提升传播能力，创新节目内容，打造品牌，从而吸引听众，扩大乌尔都语广播在当地的影响力，笔者认为主要要从以下几个方面入手：

第一，加强国际传播能力建设，推进海外本土化发展，改变传播途径，“走出去”，实现节目本土化制作发布。乌尔都语广播未来将把“主战场”设到巴基斯坦，其中最核心的一点就是要在对象国建立节目制作室。目前国际台已和巴基斯坦国家广播公司就此项目达成初步意向，巴方为中国国际广播电台提供节目制作室场地、设备等，国际台伊斯兰堡节目制作室计划于2013年第三季度挂牌运营。乌尔都语部根据现有的人员状况，每年将派2至3名人员前往制作室工作，以后将会逐步增派人员，同时聘用一批对象国合作媒体或主流广播电视媒体机构的主持人，从而实现真正意义上的媒体海外事业的发展。同时相信“阵地”的前移，节目的针对性、时效性和贴近性将大大增强，这势必会吸引大量的年轻受众，为听众实时参与节目创造条件，提升听众在节目中的参与度，这无疑又提升了乌尔都语广播在当地的收听率，而收听率的上升带来的是国际台乌尔都语广播在当地影响力的提升。此外，节目制作室除作为本土化节目制作发布的平台外还肩负着扩大与当地媒体交流合作的重任，比如积极推动乌尔都文杂志的本土化设计、制作，推广、发行中国优秀影视剧和纪录片，等等。

第二，改变传播手段，拓宽传播渠道，实现由单一媒体向综合媒体的转变。目前乌尔都语广播仍以无线广播为主，但随着技术手段的提升，乌尔都语广播将根据传播对象地区的实际情况进行调整。乌尔都语网站的开设有效吸引了大批城镇年轻受众，较之无线广播，网络的优势不言而喻，开办网络电台势在必行。但应该看到，巴基斯坦是一个经济较为落后的发展中国家，全国停电现象在夏季尤为突出，电脑的使用率也因此受到影响，但巴基斯坦电信业发展迅猛，手机普及率非常高，用户过亿，便捷和低廉的费用，使短信成为巴基斯坦民众相互联系的首选。针对这一情况，乌尔都语部正在与中国移动巴基斯坦分公司积极联系，寻求合作模式，尽快推动开办乌尔都文的手机报，使之成为乌尔都语广播的有效传播途径之一，同时也能迅速扩大国际台在当地的知名度及影响力。

第三，自主策划，打造品牌，有效提升乌尔都语广播在当地的形象。2011 年中巴建交 60 周年，由乌尔都语部参与策划、以中国国际广播电台为主体承办、有国内多家媒体参与的“中巴媒体母亲河之旅”被誉为外宣服务外交的“友谊之旅”。这次联合采访活动沿巴基斯坦的母亲河——印度河，由南向北，行程约 5 000 公里，采访团在巴期间受到了巴基斯坦和各地方政府的高度重视和民众的热烈欢迎。巴基斯坦时任总理吉拉尼在伊斯兰堡亲自接见了采访团成员。巴基斯坦总统扎尔达里在接受本台记者专访时对该活动给予高度评价。他表示，“中巴媒体母亲河之旅”大型跨境采访活动以中巴两国的母亲河印度河与长江为依托，以大量精彩丰富的报道展示了两国的文化，增进了两国人民的了解。活动期间，巴各类媒体每天都予以报道。有关“中巴媒体母亲河之旅”的报道，“谷歌”搜索结果共 4 430 000 条，其影响力可见一斑。由此可见，打造策划自主品牌，与对象国受众密切相关的外宣活动会增强国际传播的吸引力和影响力。

第四，优化节目内容，提高节目质量，提升传播实效。广播节目总体均要求内容贴近听众的生活和精神需求，语言力求通俗化和口语化，但根据受众目标的不同，对节目内容的定位也不一样。乌尔都语的中短波听众主要集中在印度北部和巴基斯坦的广大农村地区和中小城镇，这些地区经济发展水平比较落后，因而中短波的节目在新闻类以及全面介绍中国社会、经济、文化、旅游等各个领域的专题类节目的基础上，加大我国在农业领域应用先进科学技术所取得的成果，增加常识比如沼气的使用，蓄水灌溉等科普类节目，使受众在了解中国的同时还能听而有用，增加收听兴趣点。而调频节目的内容设置则不同，因为调频节目的受众一般为大学生，青年人，政府、公司职员等受过良好教育的人群，即便同样是新闻类节目，侧重面也应有所不同，调频的新闻类节目应更注重国内外重大事件，有关巴方的重大消息要力求前后方记者协同作战，多形式、多方位对事件进行报道。同时为了加强节目的权威性和真实性，只要有巴基斯坦代表团来华访问，尤其是高访团，乌尔都语部都会派记者进行采访并在第一时间上网和在节目中播出。巴基斯坦总统、总理、外交部长、新闻部长等多名国家领导人和政要的声音都曾出现在中国国际广播电台乌尔都语广播中。专题类节目则力求轻松活泼，主要采用对谈的主持方式，中间穿插政经、文化、社会生活等各类话题，采访、电话连线、音乐，营造调频节目轻松活泼的氛围。此外，在条件成熟时，更多的设置一些与听众实时互动的节目，以增强节目的亲和力、吸引力和感染力。

第五，积极开拓合作途径，进一步提升乌尔都语广播的传播影响力。2011 年 2 月，乌尔都语部与中国移动巴基斯坦分公司合作，推出手机短信平台。平台使用该公司的手机号码，每隔 6 小时将接收到的短信以表格的形式发送到约定邮箱，每条短信息包括发送者的手机号码、短信内容和发送时间。现在，每周的短信数量已达上百条。通过巴基斯坦当地号码开设短信平台是乌尔都语部加强与听众联系和互动的一个新举措。在现有条件下，形成听众和节目的良性互动，听众的参与，增加了节目的可听性，同时也为改进乌尔都语广播节目提供了依据。而过去两年多来与中移动的合作也为今天乌尔都语开办手机报打下了基础。目前乌尔都语部正在设置手机报的内容，和中国移动巴基斯坦分公司协商运营模式，相信不久的将来国际台乌尔都语的手机报将成为巴基斯坦民众了解世界和了解中国的一个实实在在的平台，手机的普及性和实用性也必将使受众群大幅增加。

第六，利用孔子课堂，扩大自身影响力。巴基斯坦孔子课堂现已成为推广汉语教学，传播中国文化的有效平台。在国家汉办的资助下，乌尔都语部在巴基斯坦开设了两家“孔子课堂”，并根据课堂所开设城市以及合作单位的具体情况，采用不同的教学模式，一是“空中广播课堂”，学员通过乌尔都语网站所录制的课程和收听广播“学汉语”节目来进行学习，“用你的母语学汉语”这一广播教学活动深受广大听众和学员的喜爱，收到了非常好的效果；二是向当地派遣中国老师，建立实体课堂，老师进行现场教学。国际台海外孔子课堂与巴基斯坦根基教育集团合作，该教育集团是巴基斯坦最具影响力的国际化教育机构之一，目前已在其下属5个校区将汉语纳入必修课程，现有注册学习汉语的学生2 200人。国家汉办孔琳主任曾前往巴基斯坦，在根基学校伊斯兰堡孔子课堂听取汇报，观看孩子们的演出，孔琳表示国际台孔子课堂不仅传播了中华文化，也拉近了国与国之间的距离。与此同时，国际台还积极寻求与当地其他机构合作，进行汉语教学和推广活动。例如，同中国移动巴基斯坦分公司合作，开办了高级经理中文培训班等。2012年11月下旬，乌尔都语部派人参加了在伊斯兰堡举行的为期一周的汉语教学和中国文化推广活动，活动获得了当地学校和相关部门的高度评价，也为提升国际台海外孔子课堂的自我发展提供了平台。

第七，加强自身宣传和推广，促进国际台乌尔都语媒体与当地媒体的合作。首先乌尔都语广播实现在巴基斯坦调频落地，这是两国媒体间有效合作的成果。其次，通过协商，巴基斯坦国家电台的网站链接了国际台乌尔都文网站的网址，为推广国际台乌尔都语网站搭建了平台。再者，乌尔都语部正在设想和巴基斯坦平面媒体合作，将国内唯一一份乌尔都语杂志推向巴基斯坦市场，内容包括“政经发展”、“前沿科技”、“社会百态”、“中国旅行”、“中国文化”、“电影故事”、“跟我学汉语”、“听众园地”、“主持人空间”等。相信通过各种形式的合作，国际台将会在巴基斯坦、印度乃至南亚地区受到越来越多的关注，成为真正意义上的新型综合一流国际媒体。

（作者单位：中国国际广播电台乌尔都语部）

全媒体时代的俄东地区国际传播能力建设策略探究

郭亚君

当今世界，国际主流媒体都已打破原有的传统传播模式，广播、电视、网络、移动终端、手机、新媒体等相互交织在一起，制作出的音视图文、微博报纸、互动留言等各种新闻产品层出不穷，国际传播呈现出分层次、多样性、技术化的新趋势。当前，“西强我弱”的传播格局仍未有明显改善，在此情况下，我国媒体，特别是外宣媒体如何创新发展，实现多媒体融合、全媒体发展，是摆在我们面前的一项重要课题。

作为我国外宣战线的骨干力量，中国国际广播电台致力于发挥自有优势，通过多语种平台加强国际传播能力建设。国际台台长王庚年曾指出，力争在不久的将来，把国际台打造成为以无线广播为基础，以在线广播为支撑，以新媒体发展为方向，以多媒体传播为特征的语种多、信息量大、受众面广、影响力强、覆盖全球的现代、综合、新型国际传媒集团。全媒体时代的国际传播建设，对国际台各语言中心的发展提出了更高的要求，尤其是针对近年来发生巨大变化的俄罗斯和中东欧地区的国际传播工作。

一、全媒体时代加强俄东地区国际传播能力建设的必要性

（一）推进全媒体发展、多媒体融合是媒体生存的必然选择

上海社科院新闻研究所 2012 年年初发布的一项报告显示，随着新媒体爆发性发展，传媒向全媒体演进态势明朗化，全面融合的发展特征和趋势显著，在体制创新、产业增长、技术应用等方面均取得了重大发展突破。

该报告显示，2011 年媒体数量持续扩张，新媒体形态层出不穷。网络化、智能化、移动化、数字化、人性化推动媒体创新，互联网和手机成为重要平台，网络视听产业迅速发展壮大，以网络和移动媒体为代表的新媒体形态大有取代传统媒体的趋势。

自“全媒体”概念 2007 年在中国新闻传播领域开始使用以来，我国的一些报业集团首先组建了“全媒体新闻中心”，尝试从传统报业到“全媒体”运作。随着全媒体理念逐渐从传统媒体向网络、手机等新兴媒体辐射拓展，“全媒体”概念在业界被广泛使用。如今，随着科技的进步、网络的普及，传统媒体与新媒体、平面媒体与电子媒体间不断融合发展，“全媒体”的概念也有了更加丰富的内涵，虽然还未被学术界一致认可，但已经成为我国许多媒体顺应时代发展的必然选择。单一的媒体形式、单纯的传播途径，单薄的传播内容难以与受众拉近距离，产生互动，传播效果也会大打折扣，而“全媒体”除了具备“多媒体”的表现手段外，从传播渠道来说，包括报纸、广播、电视、网络、手机等多种媒介终端，可以充分发挥不同媒体形式在新闻传播中的优势，互相补充，形成合力，为受众提供多样化服务。因此，只有紧跟时代步伐，掌握新媒体技术，全媒体发展，不断开拓

优势和潜力资源，才能在日趋激烈的媒体竞争大潮中破浪前行。

（二）俄东地区进行全媒体传播的条件

1. 中国与俄东地区国家政府层面合作的基础

俄东地区包括俄罗斯和中东欧国家。中国和俄罗斯、中东欧国家有着友好往来和互利合作的传统。由于历史和意识形态等方面的原因，部分东欧国家一度对中国的社会制度和发展道路存在误解。随着中国改革开放进程稳步向前，中国道路和发展经验在国际金融危机背景下表现出独特的魅力，中欧和东欧多数国家对中国刮目相看，开始有意在经济、人文交往以及外交关系等方面拉近与中国的距离，寻求密切合作关系。

就中东欧国家而言，他们中大多数已经相继加入欧盟，一些国家成为申根成员国，经济和社会获得了较快的发展，人均收入多数已经超过 1 万欧元。近两年，欧债危机持续发酵，世界经济发展面临困难。然而，在这个复杂多变的经济环境下，中国与中东欧国家之间的合作往来却迎来了新的发展机遇。受全球金融危机影响，在经济上一度依赖西欧的中东欧国家面临困难，急需发展所需要的资金，中国方面也需要与俄罗斯及中东欧国家开展更为广泛的务实合作，双方的需求有很高的互补性。

2012 年 4 月，时任国务院总理温家宝在华沙出席中国－中东欧国家经贸论坛并发表讲话指出，中国与中东欧国家的友好关系面临快速发展的重要机遇，迎来了充满希望的春天。只要我们辛勤培育播下的种子，就一定能收获丰硕的果实。同年 9 月，中国—中东欧国家合作秘书处在北京成立，中国政府面向中东欧国家设立的 100 亿美元专项贷款也正式启动。

可以说，中国与中东欧国家的合作正迎来新的发展契机，双方合作互利共赢，共享成果，不仅在经济层面，也必将在文化、教育、媒体合作等领域开启新的合作篇章。

2. 国际台与中东欧国家媒体间合作不断拓展

在国家政府层面合作机制日渐热络的形势下，中国与中东欧国家媒体合作日益加强，合作内容愈发丰富。其中，中国国际广播电台俄东地区传播中心发挥着重要作用。

俄东中心是国际台下设的面向俄罗斯、中东欧地区传播的媒体机构。中心下设九个语言广播部，每天使用俄语、捷克语、塞尔维亚语、罗马尼亚语、阿尔巴尼亚语、保加利亚语、匈牙利语、波兰语、克罗地亚语、乌克兰语和白俄罗斯语向俄罗斯、中东欧地区使用无线和在线等多种手段传播。

除传统广播外，俄东中心还有 4 个整频率海外分台，9 个语种的多媒体网站，9 种年发行量约 45 万份的平面刊物，近 20 家海外合作媒体，每天累计播出近 30 个小时的节目，全面介绍中国和中国与俄罗斯、中东欧各国的友好交流情况。目前，俄东中心多语种传播平台已经成为俄罗斯和中东欧受众了解中国最便捷、最有效的途径。

与此同时，俄东中心还依托语言优势与中东欧国家媒体开展广泛合作，并成功运行“媒体双行线”项目。

《媒体双行线》是一档聚焦中外双边经济的节目，从 2012 年 6 月份发稿开始，在东欧地区 7 个国家的 9 家主流媒体播出，覆盖人口超过 6 000 万，成为加强中东欧地区“渠道拓展”和“内容建设”的重要平台。

《媒体双行线》的主要运作方式包括以下几种类型：语言部在对象国寻找合作媒体，

双方共同策划选题、制作节目，并在双方节目中播出；合作媒体或语言部就经济选题提出需求，请另一方协助提供素材或完成采访；外方提出或我方提供选题，相关素材供另一方经济类节目使用。

除以上合作模式，俄东中心还就《媒体双行线》节目统一策划发稿，每周一篇，选题来自对象地区受众和合作媒体对中国经济的关注点，稿件用国际视角来客观表述，引导受众从多元观点中得到应有结论。

国际台通过不断深化与俄罗斯、中东欧国家媒体合作，为双方今后在传统媒体、新媒体领域更深层次的交流与合作打下了坚实的基础，积累了充实的人脉关系，也提升了国际台外宣工作的针对性、精准性和有效性。

二、全媒体时代加强俄东地区国际传播能力建设的途径

（一）传统媒体推陈出新

尽管全媒体目前已成主流话语，但纵观国际、国内传媒融合发展的历史、现状和未来，传统媒体和新媒体的发展前景将是共生共存的媒介生态与现实。因此，就国际台对俄东地区国际传播而言，当前，传统媒介的功能并不能摒弃，应树立全新的国际传播理念，尽力改革现有的广播节目框架和内容设置，制作贴近受众的新闻产品。

1. 策划针对性强的重大外宣报道

每年我们都会有重大外宣报道，比如2012年的十八大会议、胡锦涛赴俄出席APEC峰会、中国“俄罗斯旅游年”、伦敦奥运会、中国—中东欧国家合作秘书处成立大会等，既有世界舆论关注的重要新闻事件，也不乏对象国受众感兴趣的地区性活动。

对于全球性重要新闻事件和活动，我们要突出针对性和对象性，结合对象国地区实际特点和关心热点，精心策划选题，积极采访报道。对于地区性活动，我们要在报道角度和采访内容上多下工夫，注重报道的客观性和平衡性。

2. 打造特色地区性专题报道

外宣工作的目标是让海外受众接受我们所传播的内容。为做好外宣工作，首先要求我们对目标受众群有调查、有研究、有分析。俄东地区受众年龄差别较大，但普遍受教育程度较高。有关调查显示，中国与这些国家的经贸往来是这些受众关注的重要内容。针对于此，我们在节目设置时应更加关注双方经贸往来的话题，打造一些特色的专题报道。

比如，为迎接党的第十八次全国代表大会，俄东中心策划了《中国—中东欧·同行十年》十八大系列报道节目，以五篇专稿的形式梳理了中国与中东欧国家在过去十年的外交、经贸、旅游、农业等领域的合作与交流。该系列报道音响丰富，有故事、有案例，点面结合，很好地反映了中国与中东欧地区之间的友好合作关系，以及未来中国—中东欧合作前景。

保加利亚语部制作的系列节目《保加利亚“三宝”在中国》通过中保双方多年来在红葡萄酒、玫瑰油和酸奶方面的合作与贸易解读，展现中国十年来经济的飞速发展，中国从“世界工厂”逐渐向“世界经济发动机”转变的过程以及中保两国十年来经贸合作的巨大成就。捷克语策划采访制作《捷克品牌，在你身边》系列节目，通过采访在华比较成功的

捷克品牌，向受众介绍捷克品牌进入中国，在中国发展的情况，透过企业主的视角向受众传达中国经济发展状况，中国经济开放程度及中捷贸易现状，等等。

3. 加强权威性访谈报道

新闻的权威性，是指媒体持续稳定的新闻质量在受众中形成的一种公信力，是衡量新闻品牌价值的重要标准。没有新闻权威性的媒体品牌，就不可能成为强势品牌。

国际台俄东中心应充分发挥自身的语言优势，依靠长期在对象国建立的充实的人脉关系，挖掘访谈类节目的潜力，努力打造权威性访谈节目，树立良好的品牌形象，为节目“走出去”创造更多的机会和更广阔的空间。

在此领域，俄东中心进行了一系列的努力，制作多期优质节目，例如结合国内外政治、经济热点，塞尔维亚语部在2012年专访了塞尔维亚新任总统、新任总理、前外长和第67届联大主席、塞尔维亚时任央行行长等众多对象国高层，采访了多位体坛、影坛名人，相关音视频节目被多家国内和对象国媒体转载使用。

阿尔巴尼亚语部在十八大召开期间陆续推出专题《给某某的一封信》，结合媒体关注的热点，分别邀请阿尔巴尼亚方面的资深外交官、经济学家，议会经济委员会主席、媒体记者，用信件的方式表达他们对十八大的关注点，谈自己对报告的解读，提出所关心的问题。这些信件由中国驻阿外交官、中国经济学家，亲历十八大的中国媒体记者来一一回应，并且就十八大报告进行观点交流。有关专题内容主要在网络上呈现。该专题引起了阿尔巴尼亚多家媒体关注。阿尔巴尼亚国家电台还特别联系国际台阿尔巴尼亚语部，认为专题形式新颖，内容深刻，所选对象有代表性，希望与国际台共同播出。

（二）注重新媒体应用和开发

近几年，伴随着中国城乡网络普及率的飙升，网络电视、手机媒体、数字图书、博客等新媒体形态发展迅猛，这些在网络技术支持下的新媒体形态在信息接收的速度与广度方面与过去相比发生了翻天覆地的变化，在冲击传统媒体发展的同时，也对现代传播理念产生了深远的影响。

2013年1月，中国互联网络信息中心（CNNIC）发布《第31次中国互联网络发展状况统计报告》。报告显示，截至2012年12月底，我国网民规模达到5.64亿，手机网络各项指标增长速度全面超越传统网络，手机在微博用户及电子商务应用方面也出现较快增长。报告还显示，截至2012年12月底，我国微博用户规模为3.09亿，网民中的微博用户比例达到54.7%。手机微博用户规模为2.02亿。[①]

新媒体的快速发展对传统媒体而言是挑战，也是机遇。传统媒体只有充分挖掘自身的潜力，积极调动优势资源投入到新媒体建设当中，才能把挑战切实转化为机遇。

作为国际台俄东地区传播的主力军，俄东中心的新媒体建设规划主要围绕以下重点工作展开。首先，完成多语种移动国际在线项目。目前，国际在线的日均访问量达到1 900万，各语种网站的访问量与日俱增，随着手机上网人数的激增，移动国际在线项目大有可为，俄

---

① CNNIC发布《第31次中国互联网络发展状况统计报告》，http：//www.cnnic.net.cn/gywm/xwzx/rdxw/2012nrd/201301/t20130115_38507.htm。

东中心 11 种语言移动国际在线上线势必将争取到更年轻、更高端、更广泛的受众群。

第二，建成多语种移动终端杂志应用项目。目前，俄东中心除保加利亚语外，俄语、捷克语、塞尔维亚语、罗马尼亚语、阿尔巴尼亚语、匈牙利语、波兰语以及克罗地亚语等 8 种语言都有外文期刊，截至 2012 年年底，俄东中心发行杂志 39 万余册，大部分期刊均在对象国地区实现当地设计、当地印刷、当地发行。其他的外文期刊也正在筹划改版以及同对象国合作媒体探讨海外发行事宜。

外文期刊，作为传统的平面媒体，可读性强，保存时间长，影响力久，通过积极建设外文期刊媒体集群，探索外文期刊的本土化发行，可以逐步扩大国际台在海外的知名度和影响力，努力开发潜在的受众市场。

外文期刊的电子化将是今后新媒体发展的重点工作。俄东中心可完成现有语言杂志的 app 化，推出适配 android 和 ios 系统。所有杂志 app 将在对象国 app store 中挂出。

第三，完成多语种国际在线网站优化工作。要对现有语言网站进行进一步优化，根据各语言受众关注点不同，对内容进行梳理、细分和整合，做到定位精准、特色鲜明、贴近网民。增强搜索引擎优化理念，提升网站的点击率和知名度。

此外，可充分发挥 Facebook 社交网络平台进行传播报道。俄东中心九个语言部门均设有 Facebook 账户，通过 Facebook 第一时间发布信息，使海外受众随时随地了解中国的新鲜资讯，并交流感想。2013 年“两会”期间，俄东中心各部通过 Facebook 传播“两会”资讯，取得较好的效果。

（三）加强区域传媒属性研究

近年来，国际台正逐步由办节目向办媒体、管媒体、经营媒体转变，不同形态的海外媒体数量成倍增长，传播力得到显著提高。在这一背景下，国际台提出建设现代综合新型国际传媒集团的目标，其重要的一环，就是打造若干个面向特定国家和地区，具备一定地域针对性，有效贯通事业与产业两个机制的区域媒体集团。

建设区域媒体集团，就是要立足国际台各地区广播中心，将各语种打造成拥有多种传播手段、传播方式和传播平台的综合媒体，也就是区域性的全媒体业务发展的集团，在此基础上整合和打通国际台各语言中心媒体资源，实现不同语种、不同媒体的联合运作，将局部优势转化为整体优势，形成规模优势，也就是形成更广、更深、更高层次的全媒体业务集团。

为了把区域媒体集团建设好，就需要我们仔细研究区域媒体集团的基本形态和业务类型、建设区域传媒集团所需条件、俄东中心建设区域传媒集团具备的优势和潜力。就俄东中心的对外广播、海外城市电台、多语种网站、平面期刊、对象国合作媒体等进行充分调研和分析，在发挥全媒体业务优势的基础上，努力贯通事业和产业两个机制。

当前，国际、国内媒体数量持续扩张，新媒体形态层出不穷，网络视听产业迅速发展壮大。网络化、智能化、移动化、数字化、人性化推动媒体创新，新的传播时代通过全时空、全方位、多媒体、多渠道的方式整合传媒资源，融合新老媒体。在全媒体时代，我们要突破传统观念，紧跟时代步伐，多媒体融合，全媒体发展，加快建设现代综合新型国际传媒集团。

（作者单位：中国国际广播电台俄东中心编辑部）

试论多媒体融合和全媒体发展背景下的对德语地区传播

黄　刚

近年来，全球传媒业变革呈现新趋势。新媒体的迅猛发展，使传播主体更加多元，传播渠道更加多样，传播速度更加迅速，传播范围更加广泛，传播内容更加丰富。同时，媒介融合趋势愈演愈烈，各种传播终端的功能，正由单一向多功能、多媒体转化。中国国际广播电台（以下简称国际台）正在努力建设和创新国际一流现代综合媒体，多媒体融合和全媒体发展是对全球传媒业变革发展新趋势的适应。本文首先简述多媒体融合、全媒体发展的特点及其在国内外产生的背景和发展现状。随后分析德语地区受众的特征、媒体市场生态及中国对德语地区传播的现状。最后，文章指出当前该领域面临的问题和原因，并介绍国际台对德语地区传播的全媒体发展尝试。

一、多媒体融合及全媒体发展概念的由来

1. 多媒体融合

媒介融合（Media Convergence）是指单一功能媒体向综合功能媒体的发展趋势，即多媒体化趋势。多媒体融合，就是把报纸、电台、电视台和互联网站的采编作业有效结合起来，资源共享，集中处理，衍生出不同形式的信息产品，然后通过不同的平台传播给受众。由媒介功能融合而产生的多媒体具有十分丰富的功能，其出现和普及大大提高了人类的传播效率，是媒介发展史上具有革命性意义的事件。

2. 全媒体发展

“全媒体”（omnimedia）作为一个新闻传播学术语，一直并未被国外新闻传播学界所提及。直到2008年，“全媒体”一词才开始在新闻传播领域被频繁使用。全媒体是在具备文字、图形、图像、动画、声音和视频等各种媒体表现手段基础之上进行不同媒介形态（纸媒、电视媒体、广播媒体、网络媒体、手机媒体等）之间的融合，产生质变后形成的一种新的传播形态。全媒体通过提供多种方式和多种层次的各种传播形态来满足受众的细分需求，使得受众获得更及时、更多角度、更多听觉和视觉满足的媒体体验。

3. 产生的背景

日新月异的信息、通讯技术促成了互联网、手机等新媒体的崛起，信息传播的方式呈现出更加多样的形态，多媒体融合成为一种必然趋势。互联网、手机与报刊、广播、电视等传统媒体构成一种多项竞争、交融互渗的媒介生态。多媒体融合和全媒体发展已逐渐成为国际传媒业的新潮流。网络媒体的出现促进了媒体整合、融合的速度，最初体现在报刊所办的电子版上。随后，电台和电视台也随之跟进。

(1) 国际背景

1999 年 10 月 19 日，玛莎-斯图尔特生活全媒体公司成立。这个公司拥有并管理多种媒体，包括四种核心杂志、34 种书籍、一栏荣获艾美奖的艺术电视节目、一栏在 CBS 电视台播出的电视周刊节目 This Morning。不仅如此，公司还管理一个名为 Ask Martha 的报纸专栏（其内容提供给 230 多家报纸）、一个在美国 330 多家广播台播出的节目、一个拥有 17 万注册用户的网站 www. marthastewart. com。玛莎-斯图尔特生活全媒体公司是美国当时最有名的家政公司之一，它通过旗下的“全媒体”传播自身的家政服务和产品。然而，囿于当时的技术条件限制，玛莎-斯图尔特生活全媒体公司并没有实现如今所有的媒介形态如手机电视、户外电视等。当时的“全媒体”只停留在扩张阶段，只求拓展新的媒介形态，而没有注重“全媒体”中传统媒体和新媒体的融合问题。

(2) 国内现状

2008 年，“全媒体”开始在国内新闻传播领域崭露头角。许多媒体从业者纷纷提出“全媒体战略”或“全媒体定位”。报纸、电视、广播、出版、广告等行业的“全媒体”发展呈现出两种方式：一是“扩张式”的全媒体，即注重手段的丰富和扩展，如新兴的“全媒体出版”、“全媒体广告”；二是“融合式”的全媒体，即在拓展新媒体手段的同时，注重多种媒体手段的有机结合。

北京奥运会期间，中央电视台提出了“多种新媒体”全程转播奥运会的理念，具体内容包括：网站发布、手机电视转播、公交电视转播以及 IPTV 转播。可以说，央视运用多种媒体手段共同转播奥运会的方式是全媒体应用于广电领域的重要尝试。中国广播网实现了中央电台所有奥运报道广播信号同步网上直播，创新了图文并茂、音视频同步多点互动直播报道新模式，尝试广播频率、门户网站、有线数字广播电视、手机广播电视、平面媒体五大终端的融合。2009 年，国家广电总局成立了中广卫星移动广播有限公司，负责建设全国移动多媒体广播传输覆盖网络。

二、对德语地区进行多媒体国际传播的现状和问题

1. 德语地区媒体市场

(1) 德语地区多媒体发展概况

德语地区主要指德国、奥地利、瑞士、卢森堡、列支敦士登以及中西欧与德国接壤的地区，覆盖人口约一亿。

20 世纪 90 年代以来，随着数字技术尤其是互联网的飞速发展，德语地区的主要国际传媒机构如德国之声、德新社、奥地利广播集团等开始调整自己的国际传播体系架构，由相对单一的广播媒体开始向集广播、电视、网络、移动通信为一体的综合性、跨媒体传播机构发展，近年来更将手机纳入其中。

(2) 德国传统报业遭遇挑战

德国是欧洲报纸出版及发行量最多的国家。统计数据显示，德国市场现有日报 347 份、26 份周报和 6 份星期日周刊，总发行量达 2 400 万。2012 年年底，德国平面媒体业遭

遇了一轮倒闭潮。三家有影响的报纸《纽伦堡晚报》、《法兰克福论坛报》和《德国金融时报》陆续宣告破产，德国报业出现了二战以来规模最大的破产现象。面对手机媒体和网络媒体的冲击，多媒体融合也成为德国传统报业亟待解决的问题。

2. 国际台对德语地区进行多媒体传播的现状

当前，国际台已经在德语地区建立了覆盖广泛的信息发布体系。该体系在物质与技术层面主要表现为：面向全德语地区的短波广播与互联网广播（发布）、面向部分特定地区的中波（调频）落地广播和卫星电视以及少量的杂志发行。在广义上，还可以将文化交流、演出展览、孔子学院的文化推介与汉语教学视为中国对德语地区传播的补充形式。

据统计，国际台德语短波广播日均节目制作量为 2 小时，播出总时长为 10 小时，其配套的网络电台的日更新量为 2 小时。德语在线网站的月浏览量为 15 万～20 万人次。

3. 当前对德语地区多媒体国际传播面临的问题及原因

其一，融合性不够。囿于传统传播理念的窠臼，未能融合不同的媒介载体形式、内容形式及技术平台，最终实现各种媒体形态、各种传播手段的融合。

其二，互动性不足。多数节目形式仍然保持传统的单向传播，未能实现媒体与媒体、媒体与受众以及受众与受众之间的互动。

其三，传播的技术手段有待更新。受到人力和资金的限制，短波广播播出时段有限，互联网发布的多媒体特征有待进一步显现。

其四，以受众为核心的方向不够明确。多媒体传播与传统传播方式的根本区别在于它归根结底是服务于受众，受众的多元化、个性化需求是多媒体传播全媒体发展的最终目标，而目前媒体的传播方式难以满足受众的这种要求。

三、国际台贯彻全媒体发展对德语地区多媒体传播的尝试

近年来，国际台积极推进由传统媒体向现代媒体转变，力争由单一媒体向综合媒体转变，由对外广播向国际传播转变，由本土媒体向跨国媒体转变，逐步发展成为集无线广播、在线广播和多媒体传播于一体的全球语种最多、媒体形态齐全、受众分布广泛的现代综合新型的国际全媒体机构。

其中，为提高对德语地区传播实效，贯彻全媒体发展的思路，国际台对该地区国际传播进行了一些多媒体融合的尝试。

1. 加强德文网建设

第一，深化在线栏目《中国印象》。该栏目是特别为德语部外籍员工量身开办、由外籍工作人员自主策划、采访、编辑和制作，以他们的视角，通过图文、音视频的多媒体形式，报道他们在北京和中国的生活、工作和游历，全面反映中国的城市、社会、文化以及风土人情。

第二，继续加强在线音频广播。现日均在线节目播出时数接近 90 分钟；德文网推出《中国音乐》在线专栏，以在线音频、图文等多媒体方式介绍中国传统、流行音乐以及歌手、音乐人。

第三，推进在线视频广播。通过整合互联网视频新闻资源，推出《身边的中国》——ChinaLive. Journal视频新闻双周刊，每期 5 分钟。目前，德文网视频发布量约为每周 10 分钟。

根据国际台新的流量统计系统数据，从 2012 年 4 月 1 日新统计系统启用之日起，至 2012 年 12 月 31 日，德文网日均页面浏览量（PV）达 5 633，日均访问量（IP/UV）达 2 075。详见表 1：

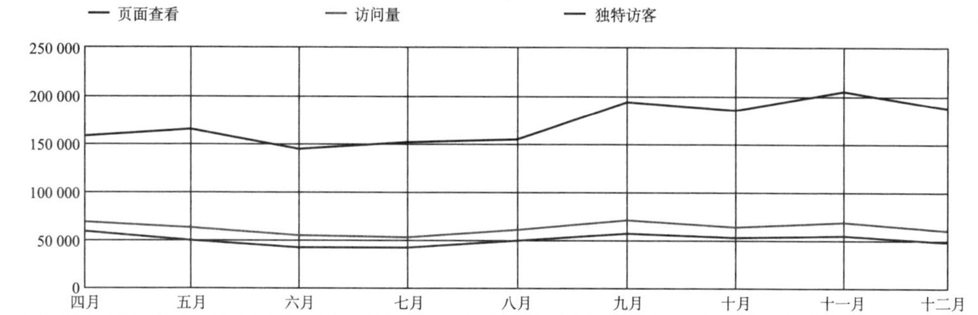

关键量度｜所有访问（无区段）｜2012-04-01~2012-12-31｜由SiteCatalyst生成的图表 使用报表加速器产生，生成时间：2013-01-04 10:49 GMT+8

	日期	页面查看	访问量	独特访客
1.	2012-04	158 599	70 010	59 928
2.	2012-05	164 543	63 754	51 893
3.	2012-06	146 889	54 272	43 373
4.	2012-07	152 133	53 559	44 119
5.	2012-08	155 031	61 756	51 911
6.	2012-09	194 710	71 691	59 487
7.	2012-10	185 738	65 186	52 965
8.	2012-11	203 887	69 920	55 913
9.	2012-12	187 453	60 749	48 796
合计		1 548 983	570 897	468 385

2. 加强手机媒体建设

德文移动在线于 2012 年 12 月底正式启动，共设置包括《新闻资讯》、《手机广播》、《手机视频》、《旅游》、《外国人眼中的中国》、《图说世界》、《汉语教程》、《德中汇报》共 8 个栏目，提供文字、图片、音频、视频等多媒体移动浏览方式。目前，文字稿日均发布量接近 40 条，图片日均发布量约 30 张，音频日均发布量约 30 分钟，视频日均发布量约 5 分钟。从 2012 年 10 月 20 日开始试运行至 2013 年 1 月 1 日，德文移动在线的页面浏览量已位居在线统计前列。详见表 2：

最热门页面跳出率
german -
2012-10-20 - 2013-01-01

	页面	Bounce Rate
1.	Radio China International	42.1%
2.	Webradio - Radio China International	13.1%
3.	CRI Mobile	28.8%
4.	18. Parteitag der Kom...o China International	32.1%
5.	Hässlich gewinnt - Radio China International	70.1%
6.	China ABC(CRI): Chinas Landwirtschaft	80.4%
7.	China ABC(CRI): Wichtige Religionen in China	88.1%
8.	Internationale Gemein...dio China Internation	70.4%
9.	Antikörper gegen Alz... China International	88.7%
10.	Porsche verstärkt Prä... China International	67.4%

3. 加强品牌栏目《双座自行车》的创新发展

由国际台和奥地利广播电视台利用互联网技术合作拍摄的远程高清电视节目《双座自行车》自 2011 年 2 月开始，在德国巴伐利亚广播电视台 α 频道、奥地利广播电视台网站、国际在线中文网上播出，该节目通过设在北京（国际台）和维也纳（奥地利广播电视台）的两个演播室以及多方多点连线方式，以中奥两国跨文化对比，唤起欧洲观众对中国及中国文化的兴趣。

《双座自行车》是国际台于 2011 年成立的多语种、多媒体传播平台——中国国际广播电视网络台（CIBN）框架内首个对外视频合作项目。国际台通过较完善的多方会谈视频软件 switchX，对两地演播室访谈进行录制，外景拍摄节目素材由互联网传送，使这档低成本制作的远程视频节目能够保证欧洲电视台高清播出的质量要求。节目录制完成后，不仅可实现中国和对德语地区的国内、国际传播，还可通过分类编辑制作，同时生产出视频、音频、文字和图片产品。这些产品既可用于网络呈现，在国际台和奥地利广播电视台的网站上实时收看或在线点播，还可用于无线广播，真正实现节目的多媒体传播。

4. 加强与德国媒体的深度合作

《对话——中德建交 40 年 40 人》是国际台 2012 年的重点品牌传播项目，其中《问道高端：40 位中德人士眼中的政治、经济与社会》一书是 40 篇独家高端访谈的集结。该书中德文各 20 万字，访谈嘉宾中德方各 20 人。该书通过 40 位高端人士的亲身讲述，反映了中德建交 40 年来的风雨历程和不同文明与价值观之间的冲撞与对话，以此进一步加强和促进中德两国各界人士之间的交流、沟通与合作。

该项目充分实践多媒体融合、全媒体发展的思路，依托对40名中德知名人士的独家专访，生产出了《对话》项目的衍生品中文版图书《问道高端：40位中德人士眼中的政治、经济与社会》和德文版图书《Gelebte Geschichte》，并于2012年10月10日参加第64届法兰克福书展。法兰克福书展是由德国举办的国际性图书展览，是世界上规模最大的书展，被誉为“世界出版人的奥运会”。该书德文版登陆德国亚马逊网站，并进入德国KNV、Libri和Umbreit等主流实体发行渠道。中文版则登陆中国亚马逊和当当网发售，并进入各地新华书店。此外，《对话》项目的视频传播产品《遥远的近邻——中德建交40年访谈录》除提供给国际台各视频播出窗口外，还在德国商业电视台——北威州电视台播出。

《德中汇报》由旅德华人企业家创办，是德国第一份，也是目前唯一一份全方位介绍中国发展和促进中德对话与交流的德文报纸，发行量约15 000份。

2012年8月，国际台西欧拉美中心、德语部与《德中汇报》达成一致，从9月号起由德语部为该报最重要的版面供稿，内容涵盖政治、社会和“封面故事”，双方实现网站互链、内容共享和互转。

5. 加强与受众的互动

德文网延续“每周一问”在线有奖答题活动，择机策划和举办各种网络知识竞赛；推出在线旅游频道“你所不熟悉的中国”，该频道旨在区别于现有的对中国名胜古迹的大量报道，从其他视角为对象地区游客提供信息与服务。

开设德语部新浪官方微博和Facebook账户，就无线在线节目、热点问题、社会话题、趣闻等与网民互动、收集反馈。目前，德语部新浪官方微博粉丝数已接近15 000人。

德语移动在线未来拟提供App下载，实现重大活动、事件的移动音、视频直播，实现与微博、Facebook等的联动，与传统网站共同组织与受众互动活动，并根据用户需求和反馈进行栏目调整。

四、结语

国际台有自身的全媒体发展目标和发展战略。目前，国际台着力改变以无线短波广播为主体的技术保障模式，加快建设能够整合和联通多语种、多媒体、多平台、多终端传播资源的大技术系统，构建符合新媒体传播和高新技术应用的多媒体技术传播支撑体系，优化了传播业务流程和产品体系。

针对对德语地区传播的重要性和独特性，国际台应顺应世界范围内的全媒体发展潮流，明确定位，以务实的态度加强现有平台的内容建设，力争融合多种媒体传播渠道在多种平台上用受众易接受的形式、针对受众感兴趣的话题进行全方位多层次的报道。

（作者单位：中国国际广播电台德语部）

参考文献：

1. 王菲：《媒介大融合数字新媒体时代下的媒介融合论》，南方日报出版社，2007 年。
2. 罗鑫：《什么是全媒体》，《中国记者》，2010 年第三期。
3. 国家广播电影电视总局发展研究中心：《2010 年中国广播电影电视发展报告》，新华出版社，2010 年。
4. Der Fischer Weltalmanach 2012，Fischer Taschenbuch Verlag，Frankfurt am Main。
5. 王庚年：《全媒体技术发展研究》，中国国际广播出版社，2013 年。

从欧洲媒体发展实践看如何做好对欧传播

——以国际台对意大利传播为例

金　京

欧洲国家众多，经济发达，传媒业发展水平高。调查显示，欧洲人平均每天看电视的时间是228分钟，听广播的时间是170分钟，上网的时间为3小时，媒体在欧洲民众生活中的重要性和活跃性可见一斑。做好对欧传播，一方面对于增强我国在国际社会的话语权和影响力，增进国际主流人群对中国的了解和支持，具有重要意义；另一方面必须从欧洲媒体发展的实际出发，知己知彼，顺应趋势，有针对性地参与欧洲传媒市场竞争。

一、欧洲媒体发展的基本态势

欧洲媒体市场是全球最大且最重要的大众传播市场。欧洲媒体的发展，特别是相对发达的西欧地区的媒体发展，呈现出以下几个方面的鲜明态势。

1. 传统媒体仍然占据传媒市场的重要地位

意大利国家统计局1999年～2012年统计数字显示，欧洲人一直保持着良好的广播收听习惯，每天早、中、晚均为收听高峰。主要收听场所为家中和车内，利用手机等移动终端收听的人数也在不断攀升。听众以25岁～45岁中青年听众为主，经济发达的商业中心和政治、文化中心城市的听众比例高于其他地区，并普遍具有较高学历和文化水平。目前，欧洲各类广播电台数量众多，广播技术发达，主要形态包括短波、中波、调频、有线广播、数字音频广播、网络电台、流媒体、iTunes、地面数字广播、卫星数字广播等，不少电台之间的频率间隔仅有200kHz，市场竞争极其激烈。

电视在欧洲占有广泛的市场份额。2012年，欧洲16个国家84个频道所播放的100个热门节目版式（节目的概念和想法、剧本等使用权）所产生的收益，和前一年相比增加了5.3%，总额达到27亿4 500万美元。[①] 近年来，英国、意大利、法国、德国、挪威、奥地利和比利时等国的IPTV、高清电视等业务也取得了一定发展。[②]

在平面媒体方面，世界报业和新闻出版物协会（WAN-IFRA）《世界报业趋势2011》报告提出：市场越富足，报纸越有可能成为新闻的主要来源。在许多富裕国家，报纸拥有数量众多的忠实读者。目前，爱尔兰、挪威、瑞士和瑞典是世界上报纸热心读者最多的国家——超过80%的人每天都阅读印刷版的报纸。

① DigitalTVResearch：《欧洲电视节目格式市场 TV Formats in Europe》，2013年3月。

② 陈中原：《世界公共服务传媒管理体制浅析——以外国广播电视系统为例》，新闻与社会发展研究中心，《新闻学论集》第22辑。

2. 依托新媒体发展的媒体融合步伐不断加快

在当今数字技术高速发展的时代，欧洲传统媒体开始思考全面发展新型媒体，寻找发展新模式。这种发展趋势使传统媒体发掘出完全不同的服务模式。各国纷纷修改已有的传媒法、电信法，为传媒和电信的兼并融合大开绿灯。这些国家的有线电视集团很早便不再单纯提供某一频道的电视服务，他们提供包括电视/广播、电话和互联网的“三重服务”。另外，欧洲广播联盟（EBU）发布的“公共广播和新媒体平台2011”研究报告表明，尽管传统的AM/FM广播电台消费下降，但公共广播电台正在成功地利用在线、移动服务、智能手机应用和社交媒体等手段覆盖新听众及增加他们的关联性，同时提升其在公众中的影响力。欧洲的广播电视同时呈现全媒体、多媒体态势，电台均配套有网站、手机客户端等多媒体传播平台。同样面临困境的传统纸媒产业渴望借助数字化技术来保卫阵地，如网媒融合、增加音视频内容、丰富现有信息，等等。根据《世界报业趋势2011》报告，在欧洲、北美洲等发达国家和地区，数字媒体正成为报业新的收入来源。

3. 媒体并购成为欧洲传媒综合发展的重要途径

近几年，欧洲传媒市场风起云涌，不同国家之间的跨疆界兼并融合中产生了许多传媒领域巨头。

大多数欧洲传媒集团注重发展本国之外市场的原因基于：一方面本国媒介市场趋于饱和，本国相关法律规定不再批准国内的扩张兼并；另一方面，欧盟境内创造的统一市场使各国电视广播领域传输网络自由流通，传媒集团的跨国经营相对以前变得容易一些；而且传媒业界的集中并购在某些欧洲国家受到支持，这些国家以前都实行比较严格的准入制度，但近来有所松弛。2000年，英国皮尔森有限公司和卢森堡广播电视集团实施合并，欧洲最大的新闻广播电视和报业集团诞生，并创造了当时传媒公司市值总额的新纪录。2006年，欧洲媒体行业当年并购总规模大幅增长。2007年夏天，德国最大电视公司ProSieben-Sat. 1MediaAG收购SBS Broadcasting集团，构建一家覆盖整个欧洲的广播集团。法国传媒巨头拉加代尔集团全资收购瑞典IEC体育经纪公司，将其并入拉加代尔体育公司，并与Sportive协同发展体育赛事及电视转播方面的业务。

在新的数字环境下，媒体并购更加倾向于向新媒体领域发展扩张。如2009年欧洲最大电视广播集团RTL集团向网络领域进攻，收购德国领先的社交网站wer-kennt-wen，该网站是德国最大的社交网站之一。RTL集团此前已拥有该网站部分股份，此次收购剩余的股份，实现100%控股。[①] 意大利贝卢斯科尼的Mediaset集团，是欧洲首屈一指的综合性传媒集团，旗下拥有包括三个电视频道的电视公司、一个意大利最大的出版集团、一家大型广告公司、一家电影制作公司，并且控制着两份大型报纸，旗下的Mediasetonline（MOL，http：//www. mediasetonline. com/）也是意大利访问量极高的门户站点。1990年，贝卢斯科尼收购Mondadori出版集团，该集团所出版的图书占据意大利30%的市场份额。面对互联网热潮与新媒体的兴起，贝卢斯科尼成立了Mediasetonline（MOL）与New-media公司，提供在线内容服务，近来又开展互动电视业务。虽然MOL的实力还不能与

① 罗静平：《数字环境下欧洲传媒集团化进程》，2009年6月。

AOL 等在线巨头相提并论，但在欧洲也是新贵媒体，且增速迅猛。

为促进泛欧框架下广播电视业的发展，欧洲理事会与欧盟一直致力于跨国广播电视与公共广播电视领域的立法规范工作，并且卓有成效。欧理会《欧洲跨国广播电视协议》规定，各国不得妨碍跨国广播电视，提出了保护未成年利益、播出欧洲制作的节目等原则，要求成员国用半数以上的时间播放欧洲制作的节目。① 目前，大多数欧盟成员国严格遵守有关促进欧洲地区音像作品创作和生产的法规，在这些国家播放或可点播的电视节目中大部分产自欧洲本土。

二、做好对欧传播的主要策略

概括而言，欧洲地区媒体发展的主要特点是：传统媒体强势、新媒体发达、媒体市场活跃。意大利居于欧洲发达国家之列，其媒体发展和受众选择偏好颇具代表性。将做好对欧传播的总体策略，与探索对意传播的具体实践结合起来，有利于更加深入把握进入和影响欧洲主流社会的有效途径。

1. 推进融合发展和综合传播

综观欧洲媒体市场，传统媒体发展几近饱和且饱受新兴媒体冲击，不同媒体手段联动融合的趋势日益明显，单凭一种媒体形态很难跟上发展的步伐，很难在欧洲社会取得预期的影响力。我对欧传播的基础薄弱，新媒体崛起带来的媒体融合浪潮，为我们提供了重要机遇。

从媒体行业的发展趋势和潮流来看，在市场需求和全球大潮驱动下，媒体间除了融合别无选择。美国太阳微电子公司老板杰·尼尔森曾在《传统媒体的终结》一书里预言说："未来的 5 年到 10 年间，大多数现在的媒体样式将寿终正寝，他们将被以综合为特征的网络媒体所取代。"② 虽然这一观点略显激进，却从一个角度显示了媒体融合的必然趋势。

从广义来讲，"媒体融合"是国际传媒大整合之下的新作业模式，就是把报纸、电视台、电台和互联网的采编作业有效结合起来，资源共享，集中处理，衍生出不同形式的信息产品，然后通过不同的平台传播给受众。这种新型整合作业模式已逐渐成为国际传媒业的新潮流。然而到目前为止，国内大规模的媒体融合还在起步阶段，媒体之间的融合主要还是报纸与网络之间，广播、电视与网络之间的单向融合。与意大利本土媒体发展趋势相同，国际台意大利语部旨在将现有短波广播、中波广播、调频广播、外文网站、广播孔子课堂、平面杂志、电子杂志、新浪微博、Facebook 等各类传播媒介相互结合，建立资源共享机制，形成合力，实现传播效益的最大化，打造综合化、融合化的媒体发展模式。近年来，伴随各项业务的快速发展，意大利语部积极探索，力争实现多种平台的传播效果最大化，打造独立的、统一的媒体集群，不断在对象国提高自身影响力和传播力。

从狭义来讲，媒体融合主要体现在新旧媒体之间的整合。即在网络技术、数字技术的

① 张谦：《欧洲理事会与欧盟的广播电视政策法规》，《国际新闻界》，2002 年第 5 期。

② 高宇：《论新媒体时代网络与广播的融合》，《新西部（下旬·理论版）》，2011 年第 6 期。

基础上，报纸、广播、手机、互联网等媒介在形式和内容上的融合。由于互联网技术使信息传播成本大大降低，现代化的数字压缩技术使网络传输系统兼容了文字、图片、声音、影像等传统媒体传播手段，超强的加载能力使新旧媒体之间的融合成为未来传媒发展的主要趋势。从目前传统媒体和新媒体的共存情况看，媒体之间只有实现优势互补、彼此融合、形成打造市场的合力，才能弥补单一媒体自身存在的缺陷。以国际台意大利语部为例，在拥有多种媒体形态和传播平台后，积极做好传统的各类广播节目主业的同时，只有适时发展和实现各类新媒体节目和产品，使各个媒介相互融合，对不同媒体形态进行科学、有效地融合，衍生出更多的媒介产品，扩大传播内容的深度和广度，才能跟上欧洲媒体融合发展的时代趋势。

2. 提高专业化和本土化水平

与我国相比，欧洲媒体市场更加成熟和发达，需要以更专业的方式报道更多新生事物和社会现象。这就要求媒体要把生产和提供更丰富更专业的内容产品作为出发点和落脚点，通过最大限度地满足受众对内容产品消费和服务的需求，实现其价值的最大化。我们的对欧传播，应具有中国立场和独特见地，适应传媒市场与受众需求，从而争取更多的市场份额。

今天，内容提供者和接收者之间的界线正在消失，互联网和其他媒体平台已使受众获取信息的通道无限增加，传播从“大众”转向“分众”，由“广播”走向“窄播”。这更加要求我们在新闻、信息等类型内容生产上提高专业化水平，依托自身媒体特色吸引固定目标受众群体，在服务受众的过程中逐步赢得其“忠诚度”，不断探索细分化市场、专业化频道、差异化产品、分众化服务对象，在差异中突出特色，最终实现在分众中达到聚众的目标。

提高对欧传播的专业化水平，根本途径是实现本土化传播。近年来，西方对外广播电台均在重点国家建立了强有力的新闻采集网络和广泛的社会联系，雇佣外籍员工制作节目，实现节目本土化、人员本土化。国际台在对意大利传播的实践中，也积极探索了“本土化战略”。

一是传播平台本土化。近年来先后在意大利米兰、罗马开办了 24 小时整频率的本土化城市电台。与意大利教育中心合办的意大利广播孔子课堂的建立，标志着我对意文化及汉语传播的平台及人员本土化，课堂通过现场授课、远程教学、合办中意大型文化活动、参与意大利高层各类活动、与意大利境内其他孔子学院的有效合作等手段，大大扩大和提高了我台在当地的影响力和传播地位。

二是调研本土化。英国广播公司每年在国外进行十多次调查，到目前为止已在 60 多个国家和地区进行了听众调研。近年来，国际台意大利语部致力于搭建有效的受众联络、沟通和调研体系，积极通过各类调查、调研、沟通活动，通过与本土公司的密切合作，借助本土化广播与网站平台，了解受众的各类需求和节目反馈，不断改善节目质量与内容，力求贴近受众，赢得受众。

三是内容本土化。作为意大利主流城市中的调频电台，米兰、罗马落地节目突出本土化新闻特色，同时以各类聊天、访谈类节目彰显中国文化特色，先后策划了大量与受众关注度相关联的中意交流类节目、中国文化、经济、音乐类节目等，受到了当地听众的广泛关注。

四是人员本土化。2011年，意大利米兰节目制作室正式建成，通过后方总部与前方公司共同管理、派驻后方管理人员、雇佣当地媒体从业人员等合作、前后方沟通机制等，初步实现了人员及部分节目内容的合作及本土化运营模式，为未来更加成熟和广泛的合作方式及合作领域打下了坚实基础。

3. 注重品牌建设和市场运营

我们开展对欧传播，面对的是一个充分竞争的媒体市场。如果不能真正进入欧洲媒体市场，不能真正借助市场的机制和力量实现对欧媒体的做大做强，就不能真正实现有效的对欧传播。

从我国媒体发展和对欧传播的实践看，进入欧洲市场、开展媒体运营的起点，是做好媒体品牌建设。建设品牌，实质就是赋予品牌要素以创造价值的新能力的行为，即通过技术、质量、商业模式和企业文化创新，增强品牌生命力。品牌的建立和完善是一个战略性、系统性工程，是一个最具有实效的发展战略。做有本地特色的品牌媒体，首先要对受众进行重新定位和划分，有针对性地在本地听众群中按其所需强化媒体的品牌效应。其次，在产品的核心吸引力上做文章，集中人力和智力策划构建本土化品牌栏目、品牌主持人、品牌活动等要素。近年来，国际台意大利语部充分发挥中、外员工的创造性和能动性，策划了一系列在当地受众中颇具影响的品牌产品，如“语你同行——中意汉语课堂”网络视频直播系列活动、《空中茶舍》广播节目、“中意文学研讨会”系列网络专题、自办刊物等，都是建立在充分调研、符合需求、前后方互动等前提下尝试推出的品牌产品。同时，意大利语对外传播依据本语言的地域和人文特点，不断树立传播的文化理念，不断加强内容生产的竞争力和品牌的创新力，不仅把各类节目看成宣传品和作品，更看成一种打入国际市场的内容产品和文化产品。

市场是检验产品的风向标和重要标准，只有受到国外受众欢迎的产品才可以证明我们不仅“走出去”了而且“走进去”了。“走出去”是从传者角度说的，是指传播区域由内向外；“走进去”则是从受众角度来看，是指传播的目标和到达的效果。长期以来，我们习惯了“以内养内、以内养外”的思维模式，在当今媒体的发展背景下，只有转变办媒体及管媒体的思路、不断推陈出新、彰显自身特色、取得海外市场收益，才能证明产品是成功的。我们的传播媒体只有变“以内养外”为“以外养外”，即对外传播直接在海外市场运营中取得收益，这样才能说明我们拥有了广泛而忠实的海外受众。应该充分利用传媒市场的杠杆作用，以市场为导向推动各类产品运营产业化，加强和扩大与国外媒体的合作，实现“以外养外”的良性循环，同时不失时机地进入新媒体领域，建立一个跨国界跨体制跨行业的国际传媒产业。以意大利语国际传播为例，目前在现有传播平台的基础上，在做好、做实基础业务的前提下，正致力于积极拓展与当地媒体、机构、企业的良性合作，充分发挥自身资源优势，坚持探索海外经营与可持续发展的基本思路，努力实现“以外养外”、立足本土的发展目标。

（作者单位：中国国际广播电台意大利语部）

中国对意大利传播的现状及发展策略

钱　璨

中国对意大利传播已有52年的历史，取得了长足的进步，并产生了深远的影响。然而，这种传播并不是一帆风顺的，它受到两国文化的影响。如何找到二者的共同价值观并在此基础上进行传播，是提升中国对意传播有效性的重要环节。本文主要介绍中国对意传播的现状、存在的困难，还就如何更有效地开展传播提出一些建议。

2012年3月6日，意大利欧联通讯社发文指出，自欧洲债务危机以来，中国已成为欧洲人最为关注的焦点，其关注范围已不再仅仅限于经济领域，欧洲社会正掀起一股认识和发掘中国文化思想宝藏的“中国风”，希望从中国文化中发现有益于社会发展的文化因素，以解决目前面临的危机。① 同时，旨在推动中华文化走向世界，形成与国际地位相称的文化软实力。提高中华文化国际影响力的对意传播已走过了52个年头，而且随着中国综合国力的不断增强，国际地位的不断提高，对意传播的发展速度越来越快，发展空间也越来越广阔。

整体来看，中国对意传播主要分为两个阶段：第一阶段为1960年至1996年。在此期间，中国对意传播发展较慢；第二阶段为1997年至今，尤其是进入21世纪以来，中国对意传播高速发展，1997年在罗马建立记者站、2002年建立意大利文网站、2004年意大利语广播覆盖阿尔巴尼亚、2006年覆盖摩纳哥、2011年调频广播在米兰和罗马落地、2012年《中意杂志》刊发。可以说，通过近10年的发展，中国对意传播已进入一个规模发展并逐渐走向成熟，形成了广播、互联网和杂志多种媒体并存的格局。

一、中国对意传播的现状

目前，中国对意传播的重要载体为中国国际广播电台，因此，中国国际广播电台意大利语部的发展历程在一定程度上反映了中国对意传播的过程。中国国际广播电台意大利语部于1960年4月30日正式对外广播，播出方向为欧洲意大利语地区。每天播出三次，每次1小时，其中两次为重播。意大利语广播主要内容包括国内外新闻、时事报道，以及中国经济、文化、旅游、社会生活等专题节目。

2002年，中国国际广播电台正式对外发布了意大利文网站，这也是目前国内最大的意大利文网站，网站页面浏览量每月50万左右。该网站现有栏目100个左右，主要包括新闻、时事、经济、文化、体育、音乐、社会生活、听众园地、神州揽胜、中国百科、学中文、论坛等。此外，网站还提供音视频节目，可以为广大用户提供全面而实用的服务

① http：//www.chinadaily.com.cn/hqgj/jryw/2012-03-07/content _ 5345857.html。

信息。

整体来说，现在中国对意传播不论在形式上还是内容上都已经较为丰富，对传播中国的经济文化、树立中国的国家形象都起到了积极的作用。笔者收集整理了近些年部分听众的198封来信，听众来信主要来自意大利本土。此外，瑞士、法国、捷克、巴西、日本、埃及等国和中国本土也有听众反馈，因此在一定程度上这些来信是真实可信的。从来信内容上看，占比例最多的是问候和节日祝福，数量占到了来信的20%，其次是对广播中播出的重大事件的祝贺，占比例15%，而通过来信分享自己经历的听众也达到了11%。通过这些数据，我们可以比较清楚地认识到，中国的意大利语广播已逐渐成为这些听众生活的一部分。

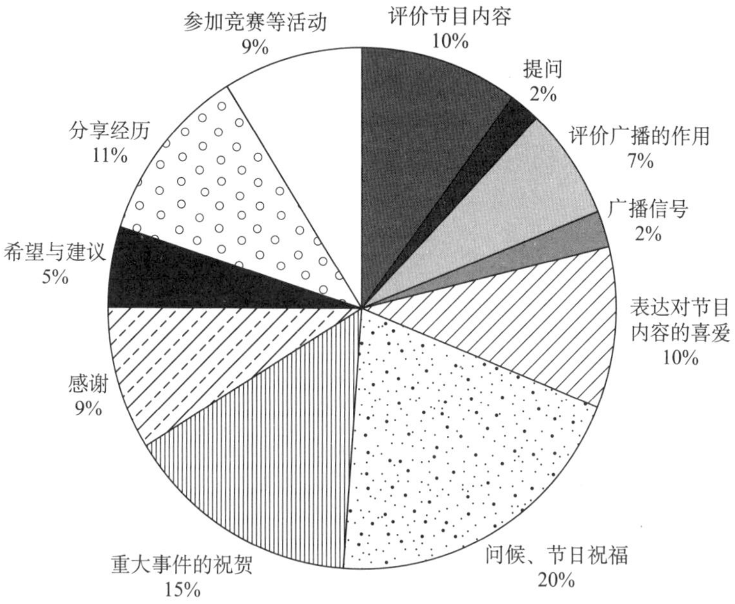

但是，我们也应该清醒地认识到，虽然中国经济和社会发生了翻天覆地的变化，但在西方媒体中仍是负面报道占主导地位，同时听众来信中也有一部分对于节目内容的希望和建议，也就是说，中国对意传播的有效性在一定程度上仍有待提升。

笔者认为，价值观对传播有效性起到了至关重要的作用。一般来说，具有不同宗教信仰、文化背景、政治理念的人之所以能够相互沟通交往，是因为他们之间存在着同一性。这种同一性是世界各地人们交往的基础。在对外传播中，有意识地引入和利用这种同一性，将有助于国外受众更全面、更客观地认识和理解中国，也能够避免由于不同价值观的输入导致中外之间的误解、隔阂甚至反感的情绪，从而削弱和影响对外传播的效果。因此，只有深刻理解和分析中意两国的价值观，找出既符合我国对外传播的基本政策，又符合两国价值观的共通点，才能拓展和创新我们对意传播的领域，增强对意传播的影响力。

二、中国对意传播存在的问题

如今的对外传播不仅是跨国界的，更是跨文化的，传播广度和深度均得到了空前的发展，对意传播也不例外。然而，正因为这种跨界、跨文化的传播，便触发了传播者和受众价值观的差异。正是由于价值观差异的存在，传播者在传播时就必须考虑其价值观是否为受众所理解和接受，因为这必然而且直接影响到其传播的质量和效果。

站在地理大背景下看，中国和意大利具有东西方价值观差异的大部分特点，最集中体现在主流价值上。西方文化价值观的主流是为自我满足而奋斗，张扬个性，强调维护个人利益；而中国的主流文化价值观是和合精神、集体主义精神，主张个人服从集体。而随着中国社会的日益开放，中国与意大利的接触机会也逐渐增多，双方在交流层面不断扩展的同时，不可避免地产生了价值观的碰撞。比如，如何认识市场经济、如何理解中国特色等。

既然价值观对传播效果具有如此大的影响，那在中国对意传播中又应该如何面对呢？是让受众接受传播者的价值观，还是让传播者贴近受众的价值观，又或者有其他更好的办法？

前文提到，意大利的价值观强调个人，而中国的价值观则强调集体，这就注定了中意两国在传播形式上的差异，如在传播同一内容时，意大利的传播主题是突出介绍这个项目对提高人民生活质量、对改进就业状况、对缓解环境恶化的帮助益处，而中国的传播主题则是大力宣传项目本身的成就，如填补空白、亚洲最大、技术上大有突破等。

而处在不同价值观体系下的意大利受众对于中国媒体对意传播的形式和内容又作何评价呢？传播效果到底如何呢？笔者针对“我国对意传播的可信度”这一问题，对50名中国国际广播电台意大利语广播的听众和网友做了问卷调查。调查范围包括意大利语广播及网站上的各类资讯及专题（新闻、时事评论、文化、旅游、经济、社会、音乐、杂谈等），设立选项分别为“相信”、“不相信”、“视情况而定”以及“不作评价”，并要求给出理由。在收回的答案中，选择“不相信”的为零，大多数选择“相信”，但选择“视情况而定”的占了总人数的16％。这部分调查对象中对新闻及文化等专题均表示可信和喜欢，认为新闻的时效性及可信度比较强，关于中国的新闻让他们弥补了意大利媒体对中国报道“稍稍不均”（表现在偏重对中国经济和政治的报道）的不足，尤其喜欢中国的社会和文化新闻，认为只有这样才能构架一个“完整丰满”的中国；但同时指出在某些重大的国际事件及对象国突发事件的报道速度上，略晚于意大利媒体，在报道方式及语言上也与意媒有所差别。而对“时事评论”则持比较负面的态度，认为“不太客观”，有的甚至认为“在同一事件的评述上同意大利媒体几乎是两个版本，这不完全是立场的原因。”

当然，随着传播经验的不断增加，中国已经意识到哪种才是受众容易理解的价值观，这种有意照顾国外受众价值观的传播产品逐渐多起来，对外传播者明显感到这样做缩短了他们与国外受众之间的思想距离。不仅如此，中国也认识到并努力弥补自身价值观的某些缺陷，比如对个性的过分约束、对创新精神的否定及对于权威的不敢质疑等。前文中的调查结果还显示，对中国对意传播可信度表示相信的调查对象占了大部分，其中有人表示“政治新闻的比重有所下降是乐意看到的事情”。而作为受众群体，意大利的价值观同样存在着难以解决的问题，如经济发展带来的各种环境问题，以及由于失业带来大量社会问题，等等。

综上所述，中国和意大利的价值观是不同的，因此要提升对意传播的质量和效果，直接照搬国内传播的形式是不可行的，而需要找到双方价值观中的共同元素，而这种共同元素就是双方的共同价值观。

三、中国对意传播的策略建议

过去几年，中国的对意传播在考虑受众价值观方面做过大量的尝试与改进，从强调针对性到提出对外传播“三贴近”，即贴近实际、贴近生活、贴近受众，都是基于这样一个基本事实，即国外受众生活在不同的价值圈里，对中国价值观的理解和接受存在着一定的难度。而如今，在经济全球化的前提下，高新技术的飞速发展与普及，使得国家之间的界限越来越淡化，世界各国的共同话题空前增多，大家各抒己见并不断相互促进发展。也就是说，一个被大多数国家、民族所认同的人类共同的价值观，已经开始形成。

所谓共同价值观，顾名思义，指的是全世界绝大多数国家和民族都认同的最基本的人类价值观。它的具体内容主要包括和平、科学、民主、法治、自由、公平、正义、人权、平等、和谐、诚信等。[①] 这些价值理念并非某一类社会或某一些国家所独有，而是为整个人类所共有并贯穿古今。事实上，世界各国的对外传播都在输出自己的价值观，虽然都带着自身的特点，但以上内容却是亘古不变的，原因在于这些文明成果本来就是世界各国、各民族在漫长的历史过程中共同创造的，也是人类共同追求的价值观体系。因此，要做好对意传播，提升对意传播的质量和效果，就必须深刻认识到共同价值观并充分运用，并将其融入传播品中，成为传播品的灵魂。只有这样，才能最大限度地提升传播的有效性。

首先，报道要做到及时、真实、客观、全面。所谓报道及时、真实、客观、全面，表现为对意传播时不夸大或隐瞒事实真相，尤其如公布灾情情况时，不隐瞒任何灾情，如实反馈死亡数字，并且及时地在第一时间报道灾难的新进展，显示出媒体的专业精神，这样不仅有效避免了国际上的种种猜疑和谣言的传播，还向国际社会展示了一个坦荡、真诚、负责的大国风范。同时，把更多视角定格在救援现场和捐助后方的普通民众身上，重点突出国民万众一心和互助互爱，通过一个个具体生动的“微观”叙事，来表现中华民族的传统美德、民族性格和价值观念。

其次，做好平衡报道。近些年，随着互联网的快速发展，中国民众接受到越来越多的国外信息，针对同一事件国外媒体和民众如何评价，以及是否和国内媒体报道一致成为人们关注的重点。事实上，笔者认为，与其对不同观点和结论进行反驳甚至掩盖，不如让不同的声音在“对话”和“交流”中，实现价值观的碰撞和沟通，从而为受众提供更多价值

---

① 黎海波：《对外传播中的共同价值观问题初探》，《对外传播》，2008 年第 02 期。

观的认知、选择和评价，使传播内容更加平衡。以人权问题为例，国外民众和媒体越来越关注中国的人权问题，而中国又似乎不希望他们关注自己的人权问题，因为中国认为自己本身没有问题又何必解释。其实，在这个问题上，我们应该关注的焦点在于中国应该如何去改善人权并理直气壮地说出来。毕竟，作为人类共同的价值观，人的自由和全面的发展始终是各国人民共同奋斗的目标。只要将如何改善人权以及改善后的效果明确展示给对方，才能赢得外国受众的理解。

第三，以人为本，用人文关怀打动受众。所谓以人为本，在对外传播中可以理解为传播体现着人道主义、人本主义，且总是体现着人性中真善美的一面。① 这种人文关怀不仅表现在灾难事件中，更应该表现在人们的日常生活里，用身边普通的小事感染成千上万的人。在有政府参与的事件中不要局限于对政府工作和领导人行为的报道，即使是对国家领导人做特别报道和评论，也是通过个性化的语言、平易近人的姿态，让听众感受到他们在重大灾难事件中的态度、情感、意识和行动。

第四，在共同价值观基础上坚定弘扬社会主义价值观。在对意传播中，应该做到避免抽象概念的宣传和空洞观念的灌输，用饱含深情的笔触进行具体生动的叙事，塑造感人至深的人物形象，传播他们的精神价值。如汶川地震中赞扬敬礼娃娃、保护学生的老师、奋不顾身的战士、捐款的乞讨老人等，身上凸显了社会主义核心价值观，为广大国外受众提供了一种“正确直觉”，辅助他们以敏锐的感觉去体验中国社会主义核心价值体系的进步性。

最后，借鉴其他国家对意传播的优点，不断提升中国对意传播的效果。现如今，对外传播已不再是一两个国家之间的事，而是绝大多数国家间交流互通的主要途径。我们应该避免闭门造车，充分学习别国的优势，在共同价值观的前提下取长补短，切实改进中国对意传播工作。

四、结论

本文对中国对意传播的现状、存在的困难和机遇，以及如何更有效地传播做了一些分析，这样做的深层意义在于它将有利于外界更全面客观地认识、理解中国；减少和化解可能存在于中外之间的误解、隔阂甚至敌视情绪；有利于中国得到外国受众的理解，成为国际社会更受欢迎的一员；有利于中国更深入地进入国际话语圈，真正实现“同一个世界，同一个梦想”的口号。

此外，中国对意传播是中国和意大利价值观的融合，也是双方文化的融合，更代表着中国文化和西方文化的融合，而我国媒体又肩负着传播中国文化的重任，因此，如何理解和认识中西方文化和价值观，并在此基础上开展传播工作，有待我国媒体人去开拓、实践。

（作者单位：中国国际广播电台意大利语部）

① 黎海波：《对外传播中的共同价值观问题初探》，《对外传播》，2008 年第 02 期。

参考文献：

1. 黎海波：《对外传播中的共同价值观问题初探》，《对外传播》，2008 年第 02 期。

2. 李珮：《新时期我国对外传播对策分析》，《新闻界》，2005 年第 4 期。

3. 郭可：《试论我国对外传播中国际受众心理研究》，《新闻与传播评论》，2002 年。

4. 陈兆伟、蔡清辉：《新时期我国对外传播战略分析与对策思考》，《新闻世界》，2011 年 05 期。

5. 蔡惠福、刘大勇：《在实施文化“走出去”战略中积极搞好核心价值观的对外传播》，《唯实》，2012 年 03 期。

全媒体覆盖　市场化运营

——国际台葡萄牙语区域传媒集团建设的几点思考

吴一尘

葡萄牙语（Português）是罗曼语族的一种语言。使用它的国家和地区包括欧洲的葡萄牙、拉丁美洲的巴西、非洲的安哥拉、莫桑比克、佛得角、几内亚比绍、圣多美和普林西比，以及亚洲的东帝汶和中国澳门。葡萄牙语是世界上少数几种分布广泛的语言，全世界有两亿多人口使用葡萄牙语。葡萄牙语的使用者中近两亿居住在巴西，一千万人口在葡萄牙，其余居住在其他葡萄牙语国家和地区。

葡萄牙语区是具有良好经济发展前景，与中国在政治、文化、经济等领域联系紧密的地区，其中巴西的经济位列拉美第一、世界第七，是金砖四国中的重要成员；澳门是中国的特别行政区，是内地经济走出去的重要通道，足够的经济规模和与中国的紧密联系为国际台建立葡萄牙语区域媒体集团提供了基础。在这一区域，目前还没有一个具有绝对垄断地位的媒体集团，而具有中国基因的媒体更是少而又少，为中国的国际化媒体留下了非常大的市场空间。

一、国际台对葡萄牙语区传播现状

中国国际广播电台（简称国际台）对葡萄牙语区的传播始自 1960 年 4 月 15 日，通过短波面向拉丁美洲的巴西、欧洲的葡萄牙、非洲的安哥拉、莫桑比克、几内亚比绍、佛得角、圣多美和普林西比等国家和地区广播。覆盖地理总面积达 1 000 多万平方公里，覆盖人口两亿多。目前，葡萄牙语短波广播每日首播播出时长为 1.5 小时，累计每日播出 5.5 小时。

除短波之外，葡萄牙语部与巴西利亚超级调频电台和巴西瓜伊巴中波电台分别于 1990 年和 2003 年建立合作，在对方频率播出国际台制作的有关中国的新闻传送节目，每日时长各五分钟。

随着互联网的发展，1999 年 12 月 20 日，国际在线葡萄牙语网站（http：//portuguese. cri. cn/）正式对外发布。葡文网先后进行过三次改版。目前，网页设置了网络电台、文化、经济、休闲娱乐、音乐、互动、汉语教学和视频等频道。自 2008 年起，葡文网开始加强视频建设，发布原创视频节目，其中部分针对性强的原创视频节目被对象国家媒体转载。同时，葡文网举办多场次网络视频直播和网络对话。网站月浏览量达近 17 万次，月独立用户数近 7 万，并均持稳步上升趋势。

在国际台本土化战略的推动下，葡萄牙里斯本调频台于 2012 年 6 月 8 日正式开播，每天 24 小时不间断播出葡萄牙语节目。该播出频率为 FM91.4 兆赫，实际发射功率 1 290

瓦，节目覆盖300万人口。目前，葡萄牙语部制作的葡萄牙语节目共6小时，其余18小时节目由前方制作团队完成。为适应调频广播的特性，节目采用中外主持人仿直播访谈形式，整体节目风格轻松活泼、去说教性，其中《我会说葡语》、《交锋》、《会客厅》等栏目获得受众的肯定。另外，调频节目采取合作的方式获取优质广播节目资源，与澳门广播电视股份有限公司（简称澳广视）签订合作协议，对方向调频台提供《北纬22度》、《每周之声》、《古典音乐》、《澳门访谈》等节目供选用。

除了广播和新媒体外，国际台葡萄牙语还向平面媒体和视频媒体领域进行拓展。葡文报纸《听众之友》创刊于2004年4月15日，2008年1月，改版为16开双月刊杂志《听众之友》。2011年1月，改版为现在的32页16开双月刊双语杂志，每期印刷3 000册。2013年1月，正式更名为《发现》。该杂志内容涉及中国政治、经济、文化、社会报道、CRI动态，以及中国及葡萄牙语国家间的交流活动。

2012年8月，葡萄牙语部完成了《媳妇的美好时代》电视剧的葡文译制工作。现该电视剧的播出事宜正在与葡萄牙语非洲对象国家的电视台洽谈。

国际台葡萄牙语地区全媒体传播格局正在形成，在这一阶段，其原动力来自于事业的需求，投入不足、运营机制不畅等弊端制约着其发展。接下来，国际台将在现有规模基础上突出媒体覆盖和产业化运营，逐步打造具有品牌影响力和市场价值的区域传媒集团，在葡萄牙语区传媒市场上占据重要地位。

二、葡萄牙语区域媒体集团定位

作为一个葡萄牙语区之外的机构，国际台无论以何种形式进入葡萄牙语国家和地区，都会对当地的媒体竞争格局产生影响，作为后来者，我们应有清晰的市场定位。

首先是品牌定位，应确立“本地化的国际媒体”品牌形象。媒体是一种特殊的商品，本地化是任何媒体在一个市场生存的基础，包括使用的语言、内容、文化特色、传播习惯是本地化的，更适合当地人接受；采取的市场推广、销售策略有本地针对性。国际化，意味着其运营模式、资源获取、市场客户、潜在价值观是国际化的，对于国际台的媒体来说，还应巧妙植入中国文化，是具有中国立场的国际化。

在媒体品牌定位的基础上，我们确立了用户定位。国际台葡萄牙语区域传媒集团将与其他外来媒体和当地媒体分享当地受众，所以需要确立清晰的用户定位，有针对性地为他们提供合适的内容和采取有效的运营手段。用户群是分层的，其核心为当地的国际化人群，他们具有一定的国际化视野，对外部世界的信息，特别是中国和当地有关联的信息比较关注。国际台的媒体应努力成为这些人优先选择的媒体，甚至成为其必选的媒体；在任何一个区域，这样的核心人群都是少数，市场规模有限，所以，围绕这层核心受众，区域媒体集团最大规模的目标用户是该国或地区的中坚力量，他们不排斥国际间的经济、文化交流，具有一定的辨别能力和媒体消费能力，最关键的是，他们的行为容易受我们的核心用户——当地的国际化人群所影响，国际台的媒体应成为这个人群经常消费的媒体；在这些用户的外围人群，他们只关心本社区事务，只消费纯本地媒体，之所以列入国际台葡萄牙语区域传媒集团用户群的第三层，是因为其规模大，对当地市场的吸引力大，如果媒体品牌进入这个人群，会成为其选择的“长尾媒体”。

任何一个媒体的运营都需要客户的支撑，对于媒体来说，品牌定位和用户定位决定了客户。对于国际台葡萄牙语区域传媒集团来说，其客户应定位于本土化和国际化的结合，本土化客户是媒体存在的基础，葡萄牙里斯本调频台现已拥有较为固定的广告客户，如当地大型超市、餐厅、保险公司、汽车销售等，传媒集团应充分渗透进当地媒体市场，采取代理等通行的方式获取本地客户。在客户方面，我们最大的优势来自于国内，随着中国和葡萄牙语区经济、文化等依存度的提高，大量中国城市、企业会产生在当地进行公关和品牌、产品推广的需求，而国际台的媒体会成为其优先的选择。

在媒体品牌和用户、客户定位的基础上，国际台葡萄牙语区域传媒集团需明确其内容定位——当地人喜欢的内容，以及对当地人有影响的国际化内容，特别是来自中国的内容。这样的内容定位也顺应了国际台的媒体地位和优势：国际台由对外广播向国际传播的探索，使葡萄牙语的传播内容选择上更宽松，多年形成的对外广播体正在被符合受众需求和国家利益的内容所取代，在与其他外来者的竞争上具有一定优势；国际台葡萄牙语区域传媒集团的母体在中国，将比其他当地媒体更容易获取中国和葡语区在各领域交流的线索和资讯；国际台品牌影响力优势可以使葡萄牙语区域传媒集团吸引更多的内容提供商，获取更多优质内容资源。

三、葡萄牙语传媒布局

葡萄牙语区是一个以语言作为划分的区域，在经济、文化发展方面既有巨大的差距又有不同程度的联系。根据对葡萄牙语区域的现状分析和国际台媒体覆盖的现实，为加强国际台在葡萄牙语国家的传播力，打造能够形成市场能力的媒体品牌，成为有特色、有影响力、有市场价值的区域传媒集团，应从以下几方面入手进行媒体布局。

1. 根据市场情况有重点地布局

葡萄牙语国家和地区相对比较分散，经济规模和与中国的关联度不同。对媒体来说，生存空间也不一样，所以在进行媒体布局时，不宜平均用力，应从经济规模大，与我国联系紧密的国家和地区入手，扎实推进，向其他国家和地区延伸。如巴西，在能源、制造业、高端服务业（如行政飞机和私人飞机）等方面和中国联系密切，相对来说，有中国背景的媒体生存空间比较大，适宜重点布局。同时，还应对投入和预期经济和社会收益进行综合分析，在保证基本覆盖的基础上，应重点投向投入产出比比较高的地区和媒体，适度投入预期风险高，但发展前景广阔的地区和媒体，少投入预期市场规模小，竞争比较激烈，传播效果差的地区和媒体，避免盲目布局。

巴西是拉丁美洲最大的国家，人口居世界第五，面积居世界第五。巴西的国内生产总值位居南美洲第一。作为“金砖国家”之一，巴西在国际舞台上发挥着越来越重要的作用。该地区应成为国际台葡萄牙语区传媒集团布局的重点。在广播方面，到目前为止还未实现在巴西的整频率落地，这是打造传媒集团必须要实现的业务之一。在巴西调频台建立之后，将推进当地节目制作室的筹建，实现节目的本土化制作和频率的本土化运营。在此期间，还应对巴西新媒体市场进行充分调研，寻找突破口迅速进入新媒体领域，与整频率电台在品牌上和业务上统一，形成传播合力。

葡萄牙和澳门是重点布局的第二类区域。2012 年 6 月 8 日，葡萄牙里斯本 FM91.4 整频率调频台开播，葡萄牙语区传媒集团应抓住这个频率资源做强其品牌，形成良好的品牌影响力，再利用本地团队有选择地进行其他媒体类型的布局。

其他葡萄牙语区规模较小，应控制成本，慎重布局，尽量采用低成本的新媒体手段和葡萄牙语区通用的内容进行覆盖，当市场形成一定规模后再进行本地化运营。

2. 根据地区传播特点，选择媒体形态

葡萄牙语区经济发展不平衡，各类媒体的成熟度和未来的发展前景也不同，对国际台来说，应选择合适的媒体形态和合适的内容定位进行布局。

在葡萄牙、巴西，传统媒体和新媒体发展都比较成熟，应在考虑全媒体覆盖的同时，将新媒体上升到战略高度去布局。2013 年，Twitter 将在巴西圣保罗设立分公司，巴西也是国内腾讯公司的重要发展地区，新媒体正在成为当地人获取和分享信息的主流渠道。中国企业华为公司是巴西电信运营商的第一大合作伙伴，也给国际台在当地发展新媒体提供了潜在的机会。

在澳门，依托大陆，文化会展将成为其经济转型的重点方向，葡萄牙语区传媒集团应利用自身优势，通过合作等方式介入此类广义媒体的布局。

而在其他经济发展相对滞后的葡萄牙语区，短期内传统媒体占据优势，而从长期发展来看，必将迎来新媒体的爆发，其爆发点将首先出现在手机终端上。为此，葡萄牙语区传媒集团应慎重发展以上地区的传统媒体，跟踪新媒体发展态势，做好内容和业务的储备，并寻求与当地电信运营商的合作，着力发展新媒体。

3. 充分利用当地机构对中国信息的依赖，采取合作的方式进行媒体布局

葡萄牙语国家和地区对中国信息具有一定的依赖度，我们应该充分利用这一机会与相关机构进行合作，共同开办、运营媒体。跨文化传播和运营成功的核心在于真正的落地，与当地机构合作将可以以最小的成本实现业务落地。在新媒体方面，与当地新媒体机构和电信运营商进行合作，甚至利用国际台市场化运作机制和经验，参与收购当地有发展潜力的新媒体创新产品。在平面媒体方面，与当地的印刷发行方合作，以降低成本，扩大发行量。目前，双月刊中葡双语杂志《发现》已实现在巴西、葡萄牙和非洲葡萄牙语国家的覆盖。未来，该杂志将在发行渠道和市场运作方面进行新的尝试，在葡萄牙语区寻求合作媒体，与其捆绑发行或以制作其副刊的形式进行合作，依托合作媒体已有的受众群和影响力，实现真正意义上的平面媒体落地。

四、葡萄牙语区域传媒集团建设推进思路

国际台葡萄牙语从一个广播语种演变成区域传媒集团是一个非常艰巨的任务，需要对当地媒体环境、自身优势、产业环境进行深入调研；因成本、管理经验、运营经验等因素

限制，在推进过程中必须有重点推进，在推进过程中不断积累资源和经验；推进过程中应有所为，有所不为，不做与战略无关或能力范围之外的工作。

1. 准备阶段

充分调研，确定区域内媒体发展策略。葡萄牙语区各国媒体产业情况各异，需利用国际台在当地的机构对媒体产业环境进行初步调研。根据调研结果，结合国际台实际，确定每个地区的具体发展策略。但在此阶段，媒体布局等工作需要同步推进，在实际操作中调研，以调研指导操作。

2. 重点突破阶段

作为一个“外来者”，占领市场必须采取超常规的做法，需要在以下几方面实现突破：

首先是寻找市场突破点——目前，在葡萄牙语所有媒体形态上，最成熟、最具市场潜力的是葡萄牙里斯本整频率调频台，葡萄牙语区传媒集团将以此为突破点做强频率，获得市场收益和葡萄牙语区媒体产业运营。除此之外，还将对其他地区的媒体环境进行研究，利用现有的葡文网、杂志在某些地区或领域实现市场突破。

渠道突破——渠道是媒体发展的基础。目前。葡萄牙语区域传媒集团需要继续扩大渠道覆盖能力，包括整频率调频台、新媒体应用、平面媒体的布局等，争取在短时间内使渠道资源和业务规模实现匹配。

内容突破——目前，葡萄牙语传播的主要内容为新闻、专题类，此类内容只是基础内容，如果要占领更广的市场，必须实现内容突破。寻找具有当地市场价值，并且我们资源可以满足的特色内容，如果固守目前的内容，无论借助多强大的渠道都无法获得市场的认可。

3. 领先阶段

在市场、渠道和内容实现突破，并取得一定实力的基础上，作为有中国背景的葡萄牙语媒体可以利用其自身优势参与当地市场竞争，为取得市场领先地位，需要在团队、渠道、管理等方面进行变革。

首先要完成团队的本地化——以整频率调频台为试点，通过公司化运作的方式，将制作和运营团队转到本地，最终实现广播、网络、杂志的本土化采集、本土化制作、本土化运营，为媒体领先奠定基础。

要敢于进入领先的媒体渠道——目前，国际台在各国的媒体渠道方面很少能够占据主流，虽然可以有效避免直接的竞争，但在外围的迂回必然会限制其发展，所以必须探索更领先的媒体渠道，如与当地电信运营商合作进入基础电信业务的媒体增值业务（如手机广播电视、葡萄牙语国家民众来华服务的客户端等）。

形成领先的媒体集团管理能力——随着近年来国际台媒体管理能力的提升和本土化运作所带来的经验支持，国际台葡萄牙语区域传媒集团可以初步形成比较科学合理的管理体系，但如果面对当地竞争，还必须从资本层面、经营团队层面、媒体制作管理层面进行深度变革。

区域传媒集团建设是国际台提出的建设现代、新型、综合国际传媒集团的重要组成部分。通过区域传媒集团的建设，可以调动国际台事业、市场的资源，有针对性地进行媒体布局。相对其他区域，葡萄牙语区虽然经济发展水平不高，但属于新兴市场，发展潜力巨大，与中国的依存度在提升，媒体发展空间比较大，以创新的思维迅速进入该市场，取得成功的几率将很大。

成功实现构建区域传媒集团的目标，必须要在事业和市场两个机制贯通的基础上，多方组成工作组，制定战略。根据战略，加大投入，在葡萄牙语区形成媒体品牌的影响力。

（作者单位：中国国际广播电台葡萄牙语部）

多渠道提高国际台塞尔维亚语广播的传播实效

王婷婷

中国国际广播电台塞尔维亚语广播于1961年6月正式开播，其受众主要居住于塞尔维亚、黑山、波黑、克罗地亚、马其顿以及斯洛文尼亚。国际台塞尔维亚语广播肩负着向上述地区受众介绍中国，增进中国与前南地区人民了解和友谊的重任。

近些年来，在“构建现代传播体系，打造现代综合新型的国际一流媒体”的发展目标要求下，国际台通过广播、网站、电视等多种传播手段，不断提高自己的国际影响力，而如何提高国际台塞尔维亚语节目的传播实效是塞尔维亚语部持续研究、探索的课题。

一、国际台塞尔维亚语广播现状

国际台塞尔维亚语广播自开播以来，至今已走过了50多年的光辉历程。为了适应我国外宣工作的需要以及更好地满足受众的不同需求，塞尔维亚语广播不断尝试在传播方式、手段和内容等方面进行创新。目前，塞尔维亚语广播主要包括短波、中波、落地调频广播节目以及网络广播几种形式。

1. 短波节目

国际台塞尔维亚语短波广播节目时长为30分钟，每天播出两次，其中一次为重播。节目内容包括国内新闻、国际新闻、时事评论、文化、旅游、财经等资讯，以及《每日汉语》节目。

2. 中波落地节目

2004年3月1日，塞尔维亚语广播开始通过在阿尔巴尼亚落地的中波对原南地区国家广播，节目时间为一小时。

3. 落地调频节目

2005年3月1日国际台塞尔维亚语部通过当时的塞黑（塞尔维亚和黑山）国际广播电台调频100.4赫兹和96.3赫兹播出1小时塞尔维亚语节目，实现调频节目在巴尔干地区落地零的突破。然而，此节目因对象国法律变更于2008年停播。2009年6月24日，塞尔维亚语部通过塞尔维亚“FOKUS”电台所拥有的覆盖塞全境及邻国边境地区的7个频率转播一小时调频节目，播出时间为当地时间每天上午9点至10点。2011年11月，塞尔维亚语部对广播节目进行大规模改版，增加了访谈类节目时间，并更多地使用中外主持人对播的形式。改版后，外籍工作者的能动性得到了充分调动，节目质量有了很大提高，受到了对象国受众的一致好评。

4. 在线广播

“国际在线”塞尔维亚语网站（http：//serbian. cri. cn）于2003年10月正式推出。在过去的几年中，塞尔维亚语部不断完善页面设计并丰富网页内容，网站点击率逐年增加。随着受众要求的不断提高，塞尔维亚语网站已发展为集文字、图片、音频、视频等多媒体为一体的网站，浏览量不断增长，成为对象国受众了解中国的重要窗口。

二、加强塞尔维亚语广播的必要性

塞尔维亚语主要由在塞尔维亚、黑山、波斯尼亚和黑塞哥维那及其他地方的塞尔维亚人使用，使用人数超过 1 000 万。作为国际台塞尔维亚语广播的主要对象国，塞尔维亚位于欧洲东南部，巴尔干半岛中部，与黑山、波黑、克罗地亚、匈牙利、罗马尼亚、保加利亚、马其顿及阿尔巴尼亚八个国家接壤。塞尔维亚在巴尔干半岛上的地理位置形成了西欧、中欧、东欧及近东和中东之间的天然桥梁和交叉路口。有人曾经说过，谁控制了塞尔维亚，谁就控制了巴尔干；谁控制了巴尔干，谁就控制了全世界，由此可见塞尔维亚战略位置的重要性。无论是在历史上，还是在当下，巴尔干半岛始终是西方大国争夺的对象。随着东欧剧变，苏联解体，塞尔维亚这个斯拉夫人的国家一直是西方大国地缘政治的牺牲品。

近年来，塞尔维亚局势趋稳，一些西方国家有影响的电台出于政治需要都停止了对塞尔维亚的广播。例如，英国广播公司于 2005 年 5 月 1 日起停止用短波向塞尔维亚广播，而改为通过当地电台的调频时段向整个塞尔维亚播出节目。2011 年 3 月，BBC 由于政府减少了对其的支持资金，停止了塞尔维亚语等五种语言的广播。

塞尔维亚同中国的关系近年来一直发展较好。特别是塞尔维亚总统博利斯·塔迪奇 2009 年 8 月访华时，两国发表了《建立战略伙伴关系的联合声明》。此后，两国高层互访不断，在政治、经济和文化等领域的合作也取得了全面的进展。中塞建立战略伙伴关系，既有历史原因，也源于两国共同的利益。在西方大国使用多种手段不断实行分化塞尔维亚的政策之下，中国和俄罗斯运用各自在联合国的影响力，在领土和主权问题上支持塞尔维亚。2008 年，一些西方国家承认科索沃单方面宣布独立，而中国和俄罗斯始终不承认其合法性，塞方因此对中方给予的支持表示感谢。同时，塞尔维亚也多次表示，支持一个中国的立场，台湾是中国的一部分。

出于以上所述原因，以及为了更好地介绍中国在重大国内外问题上的立场，向更多的塞尔维亚受众介绍中国，争取更多国家对中国立场的支持，提高国际台塞尔维亚语广播的传播实效性非常重要。

三、如何提高国际台塞尔维亚语广播的传播实效

中国是全球 GDP 增长最快的国家，是全世界制造业的中心，同时也是世界上创造财富最多、最快的地方。作为世界第二大经济体的中国，其在国际社会上的话语权与其强国地位并不相称。中国媒体的传播效果也不甚理想。因此，中国媒体需要从根本上转变传播理念，即从“对外宣传”转变为“对外传播”，根据外国受众的特点和要求开展对外传播

工作。

笔者长期关注塞尔维亚媒体有关中国的报道，发现这些报道数量并不是很多，也主要集中在对中国经济、突发事件等方面。笔者曾有两年时间生活在塞尔维亚及黑山，在同当地人交往的过程中，发现他们大多数对中国怀有友好的感情，认为中国是他们的朋友。但是，他们对中国的了解却非常有限，而这些有限的了解也主要来自西方媒体。因此，国际台如何利用自身拥有的独特资源，通过多种传播手段消除这些受众对我国的误解，并向他们全面介绍真实的中国显得十分必要。

笔者认为，要提高国际台塞尔维亚语广播的传播实效性，应做到以下几点：

1. 根据受众需求，不断调整节目内容，注重节目策划和制作技巧，使塞尔维亚语广播更加贴近受众

国际台是面向全世界广播的国家广播电台，目前使用64种语言向世界传播，每天累计播出节目3 200多个小时。其中，塞尔维亚语广播每天播出半小时短波节目，1小时中波节目，1小时在塞尔维亚落地调频节目。以往短波广播节目受天气、环境等诸多因素的影响，节目传播经常受阻，影响受众的收听。但是自从2005年国际台塞尔维亚语广播节目在塞尔维亚落地以后，当地电台每天转播国际台一小时节目，节目收听质量得到了保证。在解决了“听得见”问题之后，如何满足受众“听得好”的问题就变得更加迫切。

2005年至今，塞尔维亚语部对节目进行了多次改版，打破了原来由多个小栏目组成的节目模式，在每天10分钟的新闻和时事评论栏目之后，按文化、经济、旅游、体育和娱乐等内容设立大板块，其后加以汉语教学节目《每日汉语》以及音乐节目。除此之外，塞尔维亚语部还根据听众调研的结果增加了经济栏目的数量，每周三、周五的节目均由经济栏目构成。

除了对节目内容进行整合之外，改版后的塞尔维亚语广播节目更加强调节目的策划和制作技巧。节目策划做得好，选题就准确，针对性就强，就能够引起受众的兴趣。好的策划制作出的节目，往往信息量大，思想内涵深，制作也比较精美。笔者以2011年11月塞尔维亚语部制作的“马其顿文化日”节目为例，虽然该节目是语言部自主策划而不是统一的外宣活动，却收到了很好的宣传效果。2011年是中国和马其顿建交20周年。11月，“马其顿文化日”系列活动在北京举行。借此契机，塞尔维亚语部派出记者全程采访了马其顿民俗艺术展以及马其顿国家歌舞团在北京的专场演出。活动期间，塞尔维亚语部与“国际在线”中文网合作，制作了网络专题，发布马其顿民俗文化的相关资料，有文字、图片、音频、视频等。除此之外，塞尔维亚语部还组织人员制作了特别节目《音符演绎下的移动博物馆——马其顿国家歌舞团艺术品鉴》。该节目以马其顿国家歌舞团专场演出为背景，以中马音乐对比的形式向受众展示了两国民间音乐的魅力。除了音频外，在线节目还以文字、图片、视频等多媒体方式更直观地介绍了节目所涉及的内容，突破了传统在线音乐专稿模式，直观表现演出盛况。由于塞尔维亚语部事先进行了全面的策划，很多在线节目中使用的音频、视频、图片均为现场录制并拍摄，专业性强，整体感强。节目一经播出，获得了受众的高度评价。

2. 努力推动实现节目本土化

2005年，国际台台长王庚年在《论国际电台节目海外落地发展战略》一文中指出，加强国际台节目海外落地是今后中国国际广播发展的大趋势，同时国际台将借助节目海外落地在2020年之前实现跨越式的发展。实现节目的本土化，有利于国际台制作的节目更加符合对象国受众的收听习惯，以及更好地起到对其宣传中国的目的。

近年来，塞尔维亚语广播已经逐渐将工作重点由传统的短波节目转向调频落地节目。调频节目收听效果好，同时也要求不断提高节目质量。以往的塞尔维亚语广播节目，都是由中方工作人员采编、翻译，由外籍工作人员修改，再由中方人员播音及制作。由于这一系列的节目制作过程需要时间相对较长，很难保证节目的时效性。另外，由于中方人员外语水平参差不齐，以及对受众收听喜好了解的不足，很多节目并不会引起受众的共鸣。为了提高节目的时效性和可听性，实现节目的本土化是未来发展的趋势。现在，国际台已把在塞尔维亚建立节目制作室列入了系统工程之中。相信在不久的将来，就可以实现国际台提供文字素材，而后交由制作室当地工作人员制作出符合受众收听需求的节目。

为了实现节目的本土化，就需要一批外语水平高、专业知识丰富的记者和主持人。现在，塞尔维亚语部的工作人员由中方和外籍工作人员组成。在节目改版后，很多节目都是由外籍和中方工作人员共同制作的。外籍人员无论是在语言能力还是在对对象国受众的了解方面都强于中方人员。另外，很多小语言部门的工作人员都是外语院校毕业，他们的新闻知识及采访、主持技巧都相对欠缺。通过和外籍工作人员的互相配合，既能保证节目的可听性，也能使中方人员的专业技能得以提升。所以，大量招聘外籍记者、主持人制作节目将是未来塞尔维亚语广播提高时效性和贴近性的主要途径和发展趋势。

3. 采用多种新媒体手段

新媒体是新的技术支撑体系下出现的媒体形式，如数字报纸杂志、数字广播、移动电视、网络、数字电视等。所谓新媒体，是相对于传统媒体而言的。新媒体与传统媒体的区别，不在于其出现的时间前后，而在于传播方式和内容形态的不同。与传统媒体相比，新媒体具有个性化突出、受众选择性强、表现形式多样、信息发布及时等特点。新媒体既可以传播文字，也可以传播声音和图像。

近几年来，国际台塞尔维亚语广播越来越注重在宣传报道中采用新媒体手段。很多时候，塞尔维亚语部在策划宣传报道时，都将大广播和在线网络节目相结合并统筹安排，收到了不错的效果。首先，不断加强网站建设。改进网页设计，综合运用文字、图片，使用音、视频节目，努力做到让网页美观、大方，内容丰富，可看性强。其次，大力发展网络电台，使受众收听节目的愿望不会受到地域和时间的限制。再次，增加在线视频的数量。2011年3月，中国国际广播电视网络台（CIBN）建设正式启动，并成为国际台国际传播能力建设的重要组成部分。在全台整体发展战略下，塞尔维亚语部注重开展视频业务，采集制作与对象国受众相关的视频节目，增强了传播的针对性。

4. 加大国际台在对象国的推介，提高其知名度

国际台塞尔维亚语部利用各种机会，努力扩大在对象国的影响力。由于前南地区现已分裂为六个独立国家，塞尔维亚语广播对象国相对较多。除了已在塞尔维亚成功将节目调

频落地以外，塞尔维亚语部正积极与黑山和波黑的电台商谈合作事宜。相信在不久的将来，国际台的广播节目也会实现在上述两国落地。除此之外，塞尔维亚语部与对象国驻华使馆保持良好的关系，经常通过使馆组织的各种活动宣传国际台，提高国际台知名度。例如，2011 年 10 月，由塞尔维亚驻华使馆组织的“米卢杯”——外交使团足球邀请赛，国际台成为此次“米卢杯”的合作媒体，对活动进行了全方位的报道，受到了塞尔维亚使馆的好评。在“马其顿文化日”系列活动采访中，马其顿驻华大使也给予了很大支持，使得塞尔维亚语部记者能够采访到来华访问的马其顿文化部长以及来华表演的马其顿艺术家们。除此之外，在对象国国庆日等重要节日以及我国与对象国的高层互访等事件报道中，都有国际台记者的身影。正是由于塞尔维亚语部利用各种机会进行宣传，国际台在对象国的知名度不断提高。

（作者单位：中国国际广播电台塞尔维亚语部）

浅谈新媒体环境下的国际台捷克语对外传播

刘　峥

新媒体是新的技术支撑体系下出现的媒体形态，如数字杂志、数字报纸、数字广播、手机短信、移动电视、网络、桌面视窗、数字电视、数字电影、触摸媒体等。相对于报刊、户外、广播、电视四大传统意义上的媒体，新媒体被形象地称为“第五媒体”。

当今社会，以互联网为主要代表的新媒体发展迅猛，对传统媒体构成了严峻的挑战。在对外传播领域也不例外。中国国际广播电台（以下简称国际台）在这个领域里也不甘落后，中国国际广播电视网络台（简称 CIBN）于 2011 年 1 月 18 日正式成立，它标志着中国国际广播电台全面进入新媒体领域，是国际台适应当代网络、数字等新媒体技术发展趋势，实现无疆界、跨媒体综合传播作出的重大选择。目前，国际台作为国家级新闻媒体拥有广播、在线网站、移动在线网站、互联网电视、报纸、手机移动终端等多种传播途径。

国际台捷克语部是中国对捷克传播的主要阵地，虽然工作人员数量不多，但是已经开始运用广播、在线网站、移动在线网站、社交媒体、手机终端软件等向捷克受众进行传播，并取得了积极进展。在此，笔者对捷克语部的新媒体手段传播工作进行了梳理。

一、捷克语的在线网络传播

捷克于 2006 年被世界银行列入发达国家行列。在东欧国家中，捷克拥有高水平的人类发展指数。捷克人口有 1 056 万，超过 70%的捷克人经常上网浏览信息。捷克政府在 2012 年提出了建设更加快速的国际互联网接入服务，到 2020 年以前，捷克普通家庭的接入带宽将达到 40M。可以看出，捷克政府对于互联网发展相当重视。捷克语部的听众来信及反馈 83%来自捷克语在线网站的网民，而其他传播手段一起贡献了其他的 17%，所以不难看出捷克语的在线网站是对捷克宣传的主要途径。

国际台国际在线捷克语网成立于 2003 年 10 月，在这九年多的时间里，通过对受众反馈的调查和了解，经历了多次的改版与变更，目前已经在捷克当地网站排名中名列前茅。网站的发展大致可以分为以下几个阶段：

第一个阶段，从 2003 年到 2005 年，捷克语网站主要是在摸索中前行。当时，网站的内容以广播中所用到的内容为主，通过语言修饰和增加图片丰富网站内容。网站开设的栏目包括有《中国新闻》、《国际新闻》、《中国经济》、《中国旅游》、《中国文化》、《体育世界》、《中国音乐》等。由于处于网站发展的初级阶段，内容更新较少，但还是引起了捷克网民的注意。很多广播听众在广播节目中听到了有关捷克语部网站上线的消息后纷纷给予了关注，并在之后的来信中对捷克语网站给予了积极评价。一些听众在来信中还表达了对捷克语网站更美好前景的期待。

在这一期间，捷克语网站最成功的栏目是《中国百科》。栏目通过各种分类向网民全方位介绍了中国的政治、文化、地理、历史、科教、卫生等方面，大部分有关介绍中国的内容都可以在这里找到，总翻译量达到40余万字，是捷克语部员工当时将近一年的劳动成果。栏目的效果也非常好，很多听众发来信件，认为《中国百科》栏目的内容已经超过所有捷克语网站中介绍中国的栏目，成为他们在了解中国时的首选。

也是在这段时间里，在捷克语部的听众来信中，来自电子邮件的数量迅速超越了纸质来信，成为听众来信和反馈的主要来源。

第二个阶段，从2006年到2009年，捷克语在线网站经历了几次重要改版，细化了栏目，受众能够更加容易地找到自己所喜欢的内容。在此期间，网站开辟了几种新的传播方法。

(1) 网站开辟了新的板块，以制作即时专题，增强了对时事内容的详尽报道。如《"两会"专题》、《热点地区新闻专题》、《2008年北京奥运会专题》、《西藏专题》、《捷克听众游西藏》以及其他一些热点事件和有关听众活动的专题等。这些专题详细报道了相关事件，给受众集中提供了事件相关信息，受到了捷克语网民的好评。

(2) 在网站上推出了在线flash游戏——《西藏之旅》，网民通过注册后可以在网站上玩游戏，游戏主要以答题方式进行，让网民在娱乐的同时能够更加了解西藏的风土人情和经济发展，达到了宣传西藏的目的。

(3) 2008年，西藏问题专家应邀做客捷克语部，与捷克网民进行了一次题为《西藏对话》的网络对话。当年的3月14日西藏首府拉萨爆发了大规模的打砸抢烧事件，一些外国听众和网民对事实真相并不了解，对于西藏的历史和现状认知也只是通过西方媒体的片面报道。为了让更多的捷克人了解真相，了解真实的西藏，捷克语部策划了这次网络对话。很多受众从网站的预告和广播节目中的推介知道了这次网络对话，并在对话开展当天积极参与。通过专家在网络对话中对捷克受众问题的解答，很多受众对于西藏有了更加充分的了解，同时也对事件有了更加正确的看法，达到了很好的宣传效果。

(4) 2008年，捷克语把《中文课堂》栏目上线，内容包括中文字书写、中文课文语音教授，以及情景短文等。此栏目很快受到汉语爱好者的喜爱，他们在来信中一一表达了对这个栏目的赞赏。

(5) 2009年，捷克语在网站上举办了题为《美丽西藏》的网络知识竞赛活动，活动特等奖听众斯塔尼斯拉夫·文促尔应邀来到中国，并同其他国家的特等奖听众一起到西藏参观旅游，他的行程以及所见所闻以图片和文字的形式在网络专题中呈现，成为当时关注度非常高的一个专题栏目。这次活动的成功举办为捷克语部今后的工作打下了良好的基础。

(6) 在这段时间里，捷克语部在网站的专题栏目中开始引入视频手段，内容由捷克语部员工制作或拍摄而成，网络视频这一流行的现代传媒手段在捷克语部的网站中得到了很好的运用，一些事件、文化、旅游栏目内容在视频中被呈现出来，让文字不再枯燥，网友们很容易地通过视频内容了解事物的真实情况而不仅仅是对文字内容的想象和通过对简单图片的拼凑。

第三个阶段，从2010年至今，捷克语网站正式进入崭新的发展阶段。在这一期间，贴近受众成为网络节目制作和网络内容改版的主要思路，一些新的想法、新的创意层出不穷。捷克语网站的栏目向着更加贴近受众、更加新颖的方向迈进。其中，捷克语部推出的网络创新有以下几个方面：

(1) 2010年，捷克语部在网页中增设了电子杂志栏目。电子杂志，又称网络杂志、互动杂志，目前已经进入第三代，以flash为主要载体独立于网站存在。电子杂志是一种非常好的媒体表现形式，它兼具了平面与互联网两者的特点，且融入了图像、文字、声音、视频、游戏等形式呈现给读者，此外，还有超链接、及时互动等网络元素，是一种很享受的阅读方式。电子杂志延展性强，未来可移植到PDA、MOBILE、MP4、PSP及TV（数字电视、机顶盒）等多种个人终端进行阅读。这种新兴的杂志炫酷精美、内容丰富，十分符合当下年轻人的审美追求，很快便在网络上流行起来。

捷克语的电子杂志和纸质杂志取名相同，都为《彩虹》，寓意为中捷友谊的桥梁。第一期内容以中国老城为主，图文并茂地为网友介绍了中国西安、阆中、绍兴等古城风貌，由于电子杂志的方式新颖，也可以自由下载到各种终端，所以很快在捷克网民中流行起来，达到了良好的宣传效果。目前，杂志的内容更加丰富，涉及文化、旅游等捷克网民所关心的诸多领域。

(2) 2012年捷克语在网站中推出了《美食地图》栏目，用美食划分中国地图，在网民点击中国地图的同时，当地的中国美食将呈现在网民眼前。美食文化作为中国文化的重要组成部分在世界上享有非常高的声誉，捷克网民对于中国的美食也一直十分向往，但是苦于语言障碍和没有非常好的了解中国美食的窗口，而《美食地图》为他们提供了一个很好的途径。通过这个栏目，他们可以很好地了解中国各地的美食，以及各地的文化背景。

(3) 2012年，捷克语在网络上推出了《食·尚》栏目，栏目的新颖之处在于：捷克语部员工利用业余时间拍摄了一些中国美食的制作方法，以视频形式放到网上，并伴有捷克语的讲解。节目一经推出，便受到了普遍好评。之前，捷克语在广播中和网络上曾经有叫做《中式厨房》的栏目，也是教外国听众和网民做中式饭菜的栏目，但是中国美食的制作方法纷繁复杂，通过简单的语言描述和图片呈现很难学到其中的奥秘。视频讲解很好地解决了这一问题，许多听众在观看节目后都成功地进行了实践，中国美食也慢慢进入了捷克普通民众的餐桌。

二、通过社交媒体与受众互动

社交媒体（Social Media），指允许人们撰写、分享、评价、讨论、相互沟通的网站和技术。社交媒体也是人们彼此之间用来分享意见、见解、经验和观点的工具和平台，现阶段主要包括博客、论坛、播客等。近年来，社交媒体在互联网的沃土上蓬勃发展，爆发出令人炫目的能量，其传播的信息已成为人们浏览互联网的重要内容，不仅制造了人们社交生活中争相讨论的一个又一个热门话题，更进而吸引传统媒体争相跟进。

目前，许多捷克人都使用 Facebook、Twitter、google＋等社交媒体。针对这种情况，捷克语部也积极跟进，在这些社交网络中建立了自己的官方账号，并且将一些听众加入到交流群中，与其分享捷克语网站内容，介绍中国，这些网友通过转载与其他好友分享了这些内容，达到了二次传播的效果。在捷克语开通了这些账号之后，关注捷克语部的人的数量以每月 30％的速度递增，捷克语部网站点击率也在以平均每月 27％的速度增加。调查显示，经过在社交媒体上推广的文章的点击率要 4 倍于没有被推广过的文章。

可以说，对社交媒体的开发为捷克语部的发展开启了新的篇章。

三、捷克语部在移动平台上的探索

这里所说的移动平台包括了手机终端和平板电脑。目前，这两个终端也是发展最为迅猛的两个终端。前不久风靡一时的上网本现在已经基本在市场上销声匿迹，取而代之的是各种智能手机和平板电脑。

1. 捷克语部手机网页的上线

根据捷克互联网行业协会的调查，目前超过 40％的网页浏览量来自手机或平板电脑等移动终端。各个网站的移动版网页在页面设计方面较为简洁，可阅读的内容清晰明了，而且大多以新闻为主，在当今的“快餐时代”越来越受到年轻人的喜爱。另外，由于手机或电脑移动终端具有不受地点限制的优势，使用者随时随地可通过移动网络上网，浏览页面，相比 PC 电脑更加方便、快速。

捷克语在 2013 年开始建设自己的手机网页，在内容上仅更新文字新闻和图片新闻等内容。清新、简洁的页面让捷克受众眼前一亮。根据最新统计，在新增页面浏览量中，对捷克语部网站手机页面的浏览量已经达到了 34％。相信这一数字还将继续增长，手机网页浏览的前途不可限量。

2. 苹果 ios 系统平台软件的制作

根据苹果公司所公布的 2012 年第四季度财政报告，该公司于 2012 年第四季度共出售了 4 780 万部 iPhone，较前年同期的 3 704 万部有所上升。与此同时，iPad 的销量为 2 290 万部，较前年同期的 1 540 万部也有所上升。目前，苹果公司的产品仍然是全球移动终端中的佼佼者。

通过对这些数据的研究，捷克语部在 2012 年决定在苹果 ios 的在线商店 App store 里推出自己的 ibook 电子书，内容为捷克语的品牌栏目《食・尚》。通过对该软件的下载，捷克手机用户可以在手机上学习如何制作中国的美味佳肴。该软件一经推出便受到了捷克手机用户的热捧，在之后的几个月里，下载量已经过万。此外，软件在宣传中国美食的同时，也增加了捷克语部网站和广播的知名度。

四、关于捷克语传播在新媒体环境下的几点思考

传统广播节目形态的演变，是多样化信息传播技术发展的产物。以广播频率资源为信

息单一出口的传统广播与当前快速变化的受众市场存在着矛盾，多样化的信息表现形式对传统广播构成了致命地冲击。“一是网络、手机用户群迅速扩大，使传统广播听众日益分流；二是互联网、手机用户年轻化、娱乐化、生活方式网络化，却很难在网上找到所需的广播节目，而传统广播听众老龄化现象严重；三是手机广播某种程度上比手机电视更快捷、实用，而手机音频节目却开发不足。”因此，正视和尊重新环境下受众的收听需求，调整单一的信息表现形式，才能使传统广播突破困境。

从技术手段看，“媒介融合环境下，广播的传播工具和接收工具都发生了较大变化，接收终端越来越多样，技术越来越先进和成熟。”一个显著特征是，手机成了人们随身携带、伴随性强的媒介终端，互联网更是占据了人们大量的工作时间和业余时间。正是由于传播技术的多样化，从受众特征看，不同媒介终端对应的是不同人口学特征的受众群，他们因为媒介的多样化而被进一步细分。也就是说，事实上已经被多样化细分的受众群，他们需要的信息表现形态也必然是多样化的，一元化的节目表现形态将由于“不对称”而让他们集体失去兴趣。

利用技术手段的多元来实现节目表现形态的多元，适应细分化下的受众群的不同口味，这正是当前广播需要融合信息表现形态的缘起。

以互联网、手机为代表的新媒体，因其海量存储、实时交互、媒介融合、及时更新的特点，成为海量信息的发源地，人们对信息的获取变得轻而易举。相比较 20 世纪 70 年代新闻成为广播存在的重要理由，现在随处可得的新闻信息，消解了广播对新闻发布的垄断，分流了广播的受众。在媒体竞争的初期，抢头条、抢独家报道、拼大信息量，曾成为媒体争夺战的制高点，但现在，人们告别了信息资源稀缺的时代，广播也随之失去了信息独揽的优势。

综上所述，捷克语部的对外传播工作要顺应时代发展，把传播的主要阵地从广播转移到新媒体传播手段上来。

在新媒体技术领域中的传播，根据笔者经验，应做到以下几点：

第一，广泛进行市场调研，了解当今新媒体技术流行趋势，注重用户数量和新媒体技术终端发展前景，做到有的放矢。

第二，在新媒体应用中，应注重“以人为本”，充分考虑用户体验，了解用户需求，最大限度了解用户对于产品的评价，时时改进产品质量。

第三，在信息化的“快餐时代”，速度仍应是追求的目标，简洁、明快的用户操作界面、网页设计，清晰、明了的栏目设计都是设计人员需要考虑的重点。

第四，积极收集受众反馈。对于反应不好的产品应及时改进；对于市场占有量较少，或者不具备发展前景的产品应及时取缔。

（作者单位：中国国际广播电台捷克语部）

参考文献：

宋书深：《现代广播在全媒体时代的融合发展》，《中国广播》，2012 年第 10 期。

浅析国际台对德传播的本土化与集团化策略

路　明

进入21世纪的第二个十年，世界范围内的传播环境发生了深刻变化。无论在哪个国家，也无论使用何种语言，今天的大众传播都已深深打上了数字化、融合化和全球化的烙印。产生这种崭新传播格局的宏观因素有三：一是数字与通信技术迅猛发展，传播的地理与时间疆界日趋模糊。只要使用适当的技术手段，完全可以做到实时的全球传播；二是世界政治经济格局深刻演变，国与国之间经济、贸易、金融、物流、人员之间的交流已经密布成网，彼此深度交织，跨文化传播既受到世界局势、国家安全、金融市场波动乃至民族精神和民族气质的制约，反过来又深刻影响这些因素；三是具有区域和全球性影响的传媒机构自身发生了深刻变革，西方国家的主要传媒机构大多通过兼并收购等方式，建立起庞大的传媒集团，这些机构在股权关系上往往与大财团、大企业、大金融机构有千丝万缕的联系。

正是在这种背景下，本文着重探讨对德国的跨文化传播如何通过本土化与集团化策略达到更好的传播效果。

一、全球传播格局下的对德传播

全球化本是来自美国的提法，美国政治经济界希望通过其主导的全球化巩固和扩大美国在全球利益分配格局中的主导地位。二战结束后，联邦德国被纳入美国主导的西方阵营，在跨大西洋伙伴关系框架下，德美意识形态更为接近，有许多共同的政治经济利益。然而，近年来，这种盟友关系发生了深刻变化：一方面，美国新保守主义势力抬头，在全球奉行单边主义政策，以“盟主”自居，不关切甚至牺牲盟友利益；另一方面，欧洲一体化日益紧密，欧洲国家不断尝试摆脱美国的政治、经济控制。可以说，在大西洋两岸，同时上演着全球化和逆全球化。“9・11”事件及其后续的阿富汗战争、伊拉克战争以及全球金融危机充分体现了美欧之间的嫌隙。不可否认，欧洲国家也深刻体会到，经济全球化已经成为一股“沛然莫之能御”的时代潮流，摆在欧洲政治家面前的课题不是要不要全球化，而是如何参与全球化。

经济全球化与传播的全球化是相伴发生的。美国主导的传播全球化为经济全球化张目。同时，美国也希望通过其主导的经济全球化改变欧洲大陆的传播体制和传播格局。也就是说，美国希望欧洲放松对传媒业的监管，进而在某种程度上压抑欧洲传播的社会属性，突出其经济和产业属性。这样做的目的，从经济角度看是为美国资本进入欧洲传媒市场大开方便之门，进一步扩充美式传媒集团的疆土；从政治角度看则是服务于美国全球霸权的野心。2002年，德国KirchGruppe的破产案和默多克新闻集团近期频繁爆出的丑闻，都是美国资本试图控制和改造欧洲媒体生态的实例。

德国对此并非没有警觉。德国政府从两方面防止产生巨无霸式的传媒寡头：一方面是强化反垄断监督，《联邦反卡特尔法》鼓励竞争反对垄断的精神同样适用于传媒领域；另一方面是通过传媒立法规定传媒资本和市场规模的上限。因此，美国资本在德国传媒产业格局中的规模总体不高，美式传播模式在德国也不盛行。这是认识德国传媒市场的必要前提。

二、德国在全球舆论场中的地位

毫无疑问，德国在全球舆论场中占有重要地位。作为两次世界大战的发起国，美苏（美俄）以及欧洲邻国对德国的顾虑从来没有消失。德国位于欧洲的十字路口，地理位置特殊。冷战时就是美苏对峙的前线。冷战之后，美国政界仍未彻底抛弃冷战思维，一直没有放松对德国的影响，更没放弃在德国的安全和军事利益。美国在重返亚太的同时，没有忽视对欧洲的影响与控制。未来一段时间，美国将更加借助“软实力”扩大其对欧洲的影响。很显然，兼具政治属性、经济属性和文化属性的传媒业，是美国优先考虑使用的工具。

德国历届政府均正视历史，通过推动德法和解和欧洲一体化取信于欧洲近邻，希望在统一的欧洲中实现自身的安全、政治和经济利益。在国际舞台上，德国支持和推动世界多极化发展，致力于建立新型国际治理模式。此外，德国还是制造业强国和世界贸易大国。根据德国一直以来奉行的基本外交政策和德国的经济实力，世界上大多数国家都将德国视作战略合作伙伴和重要的贸易伙伴。德国是中国在欧洲最大的贸易伙伴，中国同时也是德国在亚洲最大的贸易伙伴，2011 年两国贸易额为 1 691.5 亿美元①。

从市场规模上看，德国国民生产总值高达 25 000 亿欧元，人口约 8 200 万，是欧盟最大的经济体和规模最大的媒体市场。德国广播电视媒体规模在欧洲首屈一指，2009 年公共广播电视总收入高达 85.7 亿欧元，两家最大的商业广播电视集团总收入约 78.2 亿欧元②。

由以上分析可知，德国必然是全球舆论场的一个热点，对德国的传播只能加强，不能减弱。

三、对德传播中全球化与本土化的辩证关系

传播的全球化与本土化看似两个相互独立的概念，实则不然。在全球化产生以前，所有的传播都是本土传播，全球化产生以后本土传播具有了国际视角，全球性新闻事件的传播具有了本土关联性。可以说，全球化是本土化传播的重要条件，本土化传播是全球化趋势与逆全球化运动相互作用的结果：全球化传播者希望以本土化的形式强化其传播效果；

① 顾俊礼主编：《中德建交 40 周年回顾与展望》，社会科学文献出版社，2012 年，第 251 页。

② 路明：《德国广播电视双轨制》，中国国际广播出版社，2012 年，第 1 页。

全球化的反对者用本土化的形式，对全球化传播的内容加以改造，从而对全球化的冲击起到一些缓冲作用。

四、集团化是实现对德本土化传播的有效方式

集团化具有规模效益，规模效益不仅体现在集团的营业收入上，也体现在集团的布局规模、抗风险能力、创新能力上。集团化不是做简单加法，而是通过资源优化重组，产生一加一大于二的效果。控制论的一个基本定理是：整体功能大于各部分功能之和。笼统来看，传媒集团相较于单一市场、单一传播形态和单一传播模式的媒体有以下几点优势：

（1）从内容到发布的完整传播链条；

（2）有利于实现社会效益与经济效益的有机统一；

（3）适应媒介融合的发展趋势。

当今世界传媒业集团化各自有不同的集团化路径。美国是当代西方国家传媒产业集团化的大本营，代表着当前传媒产业化、集团化的主流。美国传媒组织主要通过兼并和投资等资本运作方式形成传媒集团，例如时代华纳集团和新闻集团。这种模式可称之为“美国模式”。“美国模式”的优点在于充分发挥资本的杠杆作用，能在短时间内形成极具规模的传媒巨无霸。“美国模式”集团化的前提是：（1）在集团化以前，市场上分散的传媒机构已经颇具规模；（2）传媒产业链齐全；（3）投融资平台完善。“美国模式”的不足在于：过分强调集团化的经济产业功能，传播的社会意义和文化意义被有意或无意忽视，在子品牌相对独立的情况下，集团本身的品牌容易变得相对模糊。

“美国模式”集团化有四个主要特征：（1）向本土以外渗透、扩张。美国传媒业自始至终都奉行自由竞争法则。早在20世纪中叶，美国传媒市场的竞争即已白热化，市场饱和。在全球化旗帜下，美国推行文化霸权主义，充分利用二战后的国际政治经济格局，借助英语作为全球通用语言的优势，在世界范围内输出美国价值观和生活方式；（2）国际市场聚众化，即市场数量众多，分布广泛，单个市场比重小。2011年，时代华纳集团海外市场收入为90.8亿美元，占其总收入的31.34%，其中英国占19%，德国占8%，加拿大占8%，法国占6%，日本占6%，世界其他地区总计占53%①；（3）积极发展范畴经济，延展传媒产业链。营运范畴扩大意味着产业链向两端延长，研发、生产和营销成本得以分担，集团凭借其庞大的规模和齐全的产业链有效降低运营成本。以新闻集团为例，新闻集团目前的经营范畴包括：图书出版、报纸、杂志、音乐、广播、体育、电影、电视、互联网等多个传媒产业。音乐、体育、电影等产业可以确保向报刊、广播电视、互联网提供内容。反过来，杂志、广播电视、互联网等平台又能促进音乐、体育和电影的销售；（4）集团发展主要受市场规律制约，媒体的集团化就是资本的集团化。二战结束后，美国80%的报纸都是独立的或由家族经营，而到了20世纪90年代初，情况已经剧变，80%的美国报

① 黄廓、姜飞：《国际主流媒体发展战略研究及其对中国国际传播的启示》，《现代传播》，2013年第2期，第45页。

纸已经属于大公司所有，电视网的情况也类似。今天，美国很多主流媒体都是上市公司，例如《纽约时报》、《华尔街日报》、CNN 等。决定这些媒体价值的是这些上市公司的股价，而不是新闻价值。可以说，美国媒体集团化有两个引擎，一个在华尔街，另一个在硅谷。

德国传媒市场上也存在某种程度的集团化，其影响和规模要小于美国以资本为驱动的集团化。德国传媒集团化的标本当属德国公共广播协会（ARD），ARD 的集团化可称之为矩阵—协力式的集团化。它区别于“美国模式”的最大特点是：不以资本为驱动，不以赢利为目的，通过集团内部的协作分担成本，强化集团的整体品牌形象。

德国传媒的集团化有以下特征：（1）内向型集团化。集团化的初衷和主要目的是降低成本，整合资源，本土是集团最重要的市场。受法规的限制，集团没有外向扩张的动力；（2）集团化发展平稳、速度缓慢。ARD 集团化始于 20 世纪 50 年代，今天 ARD 集团的年预算为 63 亿欧元①；（3）集团强固本业，产业链不完整。在图书、杂志、音乐、电影、体育等领域，ARD 集团几乎没有涉足。在集团平台播出的大部分节目，通过外部购买获得。集团的主要业务是生产新闻产品和教育类节目；（4）集团的属性、职责、发展目标受法律约束，集团接受社会广泛监督，集团收入受到制度保障，市场规律对集团的发展影响较小。以 ARD 为代表的德国本土公共传媒集团，是社会公共财产，不可上市交易，其资金来源是具有质押税性质的广播电视捐；ARD 的主要竞争对手是有外资背景的传媒集团，如 RTL 和 ProSiebenSat. 1 等。这些外资传媒集团允许上市，但法律对其资本规模和集团化程度有明确规定。

五、针对于德国媒体市场的集团化策略

1. 再本土化的多品牌策略

德国立法者吸取二战经验教训，时刻对媒体的集团化程度保持高度戒备，不允许任何媒体机构在市场上占有垄断地位，即便是针对有半官方性质的公共媒体，制度设计者都要进行所谓“体制内的多元化”，即在公共体制内引入竞争，建立德国电视二台（ZDF），防止公共广播协会（ARD）一家垄断的局面。进入 20 世纪 80 年代，借着新自由主义的风潮，德国广播电视引入“体制外的多元化”，即开放私人资本进入广播电视领域，由此产生了与 ARD、ZDF 抗衡的两大商业广电集团——RTL 和 ProSiebenSat. 1。

此外，德国是联邦制国家，地区间存在历史、地理、文化差异，大部分当地媒体都是本地经营的“割据诸侯”，全国性的大报大刊只有五六家，全国性的广播节目只有三套，有影响力的全国性电视频道数目寥寥。

由此来看，对德国的传播应该以集团化为依托，按地域特点进行“德国市场内的再本土化”。本土化是指传媒集团针对德国市场制作节目产品，入乡随俗，遵守当地法律按照当地媒体机构的运作模式进行运营；再本土化是按照更小的地域特点与受众构成等外部条

① www. ard. de/intern/finanzen/-/id＝2216176/property＝download/nid＝8214/1s49bfc/ARD-Finanzbericht＋2011。

件，对本土化进行深层次、精细化的市场细分。

2. 针对德国市场双轨制的经营、合作策略

德国传媒市场结构式壁垒森严的双轨模式：一轨是相对封闭的公共体制，公共传媒属于半官方媒体，政府或议会向媒体的最高管理层派驻代表，对媒体直接监督，外资难以进入；另一轨是受法规和市场规则双重制约的商业体制。外资进入德国的商业传媒门槛虽然较低，但是当地法律又对商业性媒体规模的上限作出规定：商业广播电视集团所属频道的累积受众份额不得超过30%。如果这些传媒集团还涉足除广播电视以外的媒体领域，如图书出版、杂志等，那么，这些集团旗下广播电视频道的受众数额不得高于25%。这就决定了，德国市场本土化必须针对公共广播机构和商业媒体，采取不同的策略。针对公共媒体，可以采取联合制作、节目交换等形式；针对商业媒体应该采取多点、多面、多媒体形式，分散—融合的模式，从而在不触犯当地法律的前提下尽可能实现集团的本土化。

3. 树形节目生产架构和新媒体优先发展策略

德国媒体监管虽然存在诸多限制，但是新媒体领域的法律法规相对滞后，主要原因有两方面：一是技术发展迅猛，立法程序相对缓慢。二是新媒体领域是不同利益集团角力的新战场：杂志是商业媒体的天下，商业媒体百花齐放；电视市场是公共频道与商业频道平分天下，公共电视台略占上风；公共广播与商业广播在广播市场上的比例基本为7∶3。以上这三块市场格局已定，难以骤然改变，唯有依托于互联网技术的新媒体市场格局尚未形成。因此，新媒体是进入德国传媒市场最有前途、成本最小、不确定性最低的路径。这里不存在严格的成文法条款，不需要投入大量资本用于购置部署制作、传输、发布设备，也不必仰赖既有的发布、发行渠道。

进军新媒体领域，需要对既有的新闻产品研发—生产—发布模式进行调整。传媒机构内应该由原来单向度、线性作业重塑成围绕内容和用户的矩阵协力作业模式，即将传统的直线弯曲成圆环。在现实中，经常通过整合策划、编辑、检索、制作、发布等功能，组建全媒体编辑中心（All-Media-Newsroom），这种生产模式可称之为树形生产架构。全媒体编辑中心如同树木的躯干，从源头整合各种新闻资源和创意（资源与创意如同树根），通过树干的加工整合，按照不同的媒体形态、受众需求进行差异化发布，差异化的发布形式与多种终端形式则如同树冠。这种组织结构以“内容核”与受众需求为中心，“内容核”是思想和事实的结合，受众需求是指传播目的与受众心理预期的契合度。在全媒体编辑中心，“内容核”在流水线上按照不同的受众需求被赋予不同的产品外观和形式，面向不同平台发布出去。策划、编辑、发布三种功能整合在一起后，媒体的固定运营成本集中在树干部分，媒体的可变运营成本体现在树冠部分。由于作业流程精简，固定运营成本降低；又由于编辑与发布功能高度整合，因而本来已经很低的可变运营成本还可进一步压缩。因此，全媒体编辑中心是当前技术与市场条件下最为高效的生产组织模式。同时，这种生产组织形式考虑到了成本控制，也考虑到了多媒体时代的网络特征，能够适应受众对多媒体产品的多样化需求，同时也是针对德国传媒市场最为有效的集团化、本土化运行模式。

（作者单位：中国国际广播电台德语部）

浅析国际台外语体育报道在国际传播报道中的重要性

杨孟书　于　希

近年来，尤其是2008年北京奥运会结束之后，中国国际广播电台（以下简称国际台）体育报道一直处于一个相对尴尬的地位，有很多语言部都在其广播或网络平台上关闭了体育栏目，并逐渐减少和削弱了体育在日常报道中的比重，一些重大体育新闻很难在各媒体平台上得到相应的显示，一些很好的体育报道题材也被遗憾错过。然而，体育报道在国际传播中的地位是否真的无足轻重？国际台的国际传播中究竟应当报道什么样的体育内容？在国际台的国际传播中是否存在体育报道的成功案例？而他们的成功经验是否有值得推广之处？本文将对上述问题进行探讨。

一、矛盾：国际台体育报道的缺失VS对象国受众关注的高涨

2012年，在国际台举办的“微电影”大赛中，一位年轻同事执导拍摄了一部名叫《CR·爱》的微电影，讲述了一位热爱足球、崇拜葡萄牙巨星克里斯蒂亚诺·罗纳尔多的女孩在一次追星失败后，进入国际台工作，并通过独家专访的机会实现了与自己偶像零距离接触的梦想。

不过，电影终究只是电影，每个崇拜罗纳尔多或者科比或者纳达尔或者博尔特的体育迷并非都有机会能在进入国际台工作后采访到自己的偶像，而国际传播工作中的体育报道也并不如电影里描绘得那么轻松。

众所周知，体育报道近年来已发展成高投入产业，以腾讯、网易、乐视等为代表的一批新兴网络媒体在体育报道方面的“大下血本”，更是让国内媒体的体育报道在媒体报道中所占的分量越来越重。与此同时，一些综合型传统媒体也在悄然改变着对体育的认知，体育报道也开始逐渐走到主流权威媒体的聚光灯下。

而作为从事国际传播的外宣媒体，我们更应该注意到，随着体育的市场化与全球化，国际上的媒体同行对于体育报道的投入也在不断加大，我们的对象国受众对于体育的关注和热情也在与日俱增，这一点从以下一系列数据中可以得到非常好的体现：

在美国，创下全美电视收视历史最高纪录的节目不是总统就职演讲，也不是格莱美或者奥斯卡，而是美国职业橄榄球“超级碗”总决赛。美国全国广播公司（NBC）调查显示，2012年2月5日的“超级碗”总决赛吸引了1.13亿观众，创下历史纪录①，而超高的

① 梁金雄：《超级碗创美收视最高纪录，全美1.13亿观众观赛》，新华社华盛顿，2012年2月6日体育专电。

收视率也致使2013年的“超级碗”电视广告费水涨船高，达到每30秒400万美元①！

在德国，创下该国电视收视纪录的同样是体育赛事。2010年7月7日南非世界杯半决赛德国队对西班牙队的比赛，根据德国公共广播联盟（ARD）的数据，有3 110万观众收看了比赛，收视率最高值点达到3 288万人②，创德国电视收视历史新高。如果再算上在广场、酒吧等公共场所看球的观众数量，这一数字有可能突破4 500万。

在中东，以战争报道走红的有“中东CNN”之称的卡塔尔半岛电视台，如今已建成包括26个免费或付费频道的体育频道群，赛事转播的触角伸及世界各地的各项体育赛事。与此同时，半岛新闻网（aljazeera. net）甚至将体育板块单独分出，并开通体育综合型网站——半岛体育（aljazeerasport. net），来满足受众对于体育报道的强烈需求。

而在其他很多国家，体育频道在很多综合型主流媒体网站的导航栏上都处于重要位置，通常仅次于时政新闻，位居经济、文化、娱乐等新闻之前，由此也能够反映出体育报道在媒体以及受众心目中的重要地位。

国内外媒体同行对体育的重视在某种意义上或许能为国际台的体育报道给出一个可供参考的“风向标”。据初步统计，在国际在线多语种网站框架下，除去中文及华语网站和几个在北欧国家的语种网站外，其余的40余个网站中，目前只有8个网站明确设有体育频道，而在这8个体育频道中，还有3个网站是将“体育”和“娱乐”两部分内容集成在同一个频道里，也就是说，只能算作“0.5个频道”。而还有1个网站是将2008年北京奥运会期间国际台统一的奥运频道当做体育频道沿用至今，页面第一屏上甚至还保留有5年前的内容，时效性已远远落后。

由此可见，尽管对象国受众对体育抱有极高的热情，但在国际台的报道和播出内容中，体育却正在逐渐被边缘化，这不能不说是一对现实存在的矛盾。

二、大环境：中国体育的国际传播价值

诚然，作为我国对外宣传的主力军，国际台自然不能跟把宣传对象定位于本地的对内媒体和一些国外媒体画上等号，致力于对外宣传、服务于对外交流的国际台自然有着自己的特色。那么，中国体育的国际传播价值在哪里？中国体育的现时背景与形势是否更应该在我国的国际传播窗口得到展示？

1. 体育报道正日益被放到突出的位置上

进入21世纪以来，中国体育再次取得突破性发展。自2000年悉尼奥运会开始，中国体育代表团连续四届杀入金牌榜三甲。尤其在2008年北京奥运会上，中国体育代表团更是凭借东道主之利一举揽下创纪录的51枚金牌，并将美国从“奥运金牌霸主”的位置上拉落马下。

在竞技体育成绩提高的同时，大众体育全民健身的地位也愈加重要，这一点甚至能够

① 程岗：《“超级碗”引爆好莱坞广告战，每30秒400万美元》，《环球时报》，2013年2月4日。
② 德国《世界报》（Welt），2010年7月9日报道。

从中央的一些动向上得到印证。2009 年，时任中共中央总书记胡锦涛强调，“要深入开展全民健身运动”，“努力推动我国由体育大国向体育强国迈进”，彰显我国大力发展群众体育的决心；2012 年年初，时任国家副主席习近平在出访美国时现场观看美国男子篮球职业联赛（NBA），并在随后访问爱尔兰时一展足球球技，被业内广泛认为是我国“十二五”时期推进体育事业全面发展的信号。

正是在这一形势驱动下，不少我国综合型媒体也正在悄然改变对体育的传统认知。在 2013 年 1 月 2 日进行的一场中国男子篮球职业联赛（CBA）的比赛中，浙江队美国外援昆西·杜比拿下 75 分，创下中职篮个人单场得分新纪录，而这一消息也极为罕见地出现在了次日出版的《人民日报》的头版；而在同年 3 月 22 日晚进行的 2015 年亚洲杯足球预选赛中国队对伊拉克队的比赛，也同样得到了中国官方媒体的关注，当晚 19 点播出的《新闻联播》节目破天荒地以记者连线的方式对中国队的备战情况进行了长达 3 分钟的报道，而与之同期播出的其他新闻内容还包括国家主席习近平首次外交访问等。作为我国最具权威性和影响力的平面媒体和电视新闻节目，《人民日报》和《新闻联播》的转变正是我国综合型媒体对体育事业关注增加的集中体现。

而国际台作为中国向全世界广播的国家级对外传播机构①，我们所依靠的就是“中国”——这个越来越吸引着全世界目光的国家，而它的体育环境与背景，也应成为国际台对外报道的一大组成部分。

2. 中国体育的新成就吸引全世界目光

近年来，随着中国体育在奥运赛场上不断取得瞩目成就，一批优秀运动员的涌现也让中国体育的国际地位得到显著提升。退役篮球运动员姚明经过在美国男子篮球职业联赛（NBA）的历练而一跃成为国际篮坛巨星；田径运动员刘翔的横空出世则给欧美运动员对男子 110 米栏比赛的垄断画上了句号；网球女将李娜成为亚洲第一个夺得网球大满贯赛事冠军的巾帼英雄；而游泳新星孙杨、叶诗文在伦敦奥运会上的一飞冲天也让欧美人惊呼不可思议。这些中国优秀运动员在世界赛场上的惊艳表现，不光让他们成为世界媒体关注的焦点，也让他们成为各自所在运动领域的青少年偶像，为该项运动在世界范围内的普及和推广起到了积极作用。

在他们的推动下，世界开始关注、了解中国体育，一些传统体育强国开始对曾经的“东亚病夫”刮目相看，而一些非传统体育强国则开始尝试学习与借鉴中国体育的成功经验与模式。因此，包括国际台在内的一批致力于“构建友谊桥梁”的中国外宣媒体也应为此开展相应行动，将中国运动员的成功经验传递到世界其他各国，为加深奥林匹克精神、促进人类全面发展和交流作出应有的贡献。

3. 对外交流为中国体育注入活力

除了“走出去”，“引进来”政策也为中国体育近年来的强势发展注入了新的活力。科特迪瓦足球巨星迪迪尔·德罗巴 2012 年加盟中国足球超级联赛，不仅让中国球员有了与世界一流球星同场竞技的机会，更是让低谷中的中国足球成为了世界媒体关注的焦点；而

① 中国国际广播电台国际在线，《关于 CRI》。

在中国男子篮球职业联赛（CBA）中效力多年的美国篮球名将斯蒂芬·马布里，不仅是北京球迷心目中以一己之力率队问鼎联赛冠军的孤胆英雄，更以其出众的亲和力与人格魅力成为北京对外宣传的一张“城市名片”。此外，还有日本“花样游泳之母”井村雅代、法国击剑教头斯蒂安·鲍埃尔、韩国曲棍球教练金昶佰以及不计其数的在中国体育基层工作的外籍人士，都曾为体育在中国的发展作出过不可磨灭的积极贡献。

也正因为这些为中国体育发展作出贡献的“老外”，以及他们所带来的“体育外交”热潮及其积极影响，包括国际台在内的中国外宣媒体也应适时改变“只有外交的、官方的才是双边交流”这种狭隘认知，对中外体育交流事业给予一定的关注和报道，挖掘更多优秀的体育双边交流题材，丰富对外宣传的多样性。另一方面，加大对体育双边交流题材的报道也能为吸引更多更优秀的外籍体育人才来华发展作出一定贡献，以此推进我国体育事业取得进一步发展。

三、回溯：国际台体育报道的成功案例

尽管前文中提到，国际台体育报道正处在一个低谷期，但是，国际台的体育报道就真的没有成功案例了吗？答案当然是否定的。且不必说北京奥运会期间国际台史无前例的百余名多语种记者的联动出击，近年来发生在我们身边的就有几个出色的成功案例。

1. 国际台葡萄牙语记者偶遇“老熟人”

2012年夏，身在巴西的拉美总站站长助理李菁在一次坐出租车外出途中偶遇一位当地出租车司机，聊天中得知这位出租车司机竟是曾在20世纪90年代中后期在中国足球甲A联赛（现中超联赛）四川全兴队中效力多年的法比亚努。随后，李菁又通过法比亚努找到了当年曾一同在四川全兴队中效力、现在在巴西国内靠出租别墅为生的马麦罗。尽管法比亚努与马麦罗两人仅是业余球员出身，但在当时还处于起步时期的中国足球联赛中，两人通过精湛的球技赢得了球迷的喜爱，并被成都球迷奉为“城市英雄”。后来通过李菁的牵线搭桥，这两位深受中国球迷喜爱的“老熟人”在不久后重回中国，同当年的老队友以及球迷一起重温了昔日的难忘岁月。而“开出租、住别墅，也没忘说四川话”的报道也一时传为佳话，并在当时引起了国内球迷的怀旧热潮。

随后，葡萄牙语部借助这一话题，制作了面向对象国播出的葡萄牙语节目，向受众详细介绍了这些曾在中国踢球的外援的所见所想，他们回想起那些“中国往事”的感受，以及由于对中国的热爱而引发的对中国的正面和积极的评价。而这，不正是我们对外传播工作所需要的吗？

李菁的这次偶遇造就了一次体育外宣的成功案例，他利用国内外其他媒体同行不可比拟的优势就如何进行体育外宣报道给了我们很大启发——既然斗不过时差、赶不上时效，那就适当减少体育新闻报道力度，转而在其他方面下工夫。毕竟，就参与体育赛事报道来讲，国际台外语记者无论是体育专业知识还是赛事采访经验与国内外其他体育专业媒体同行相比均无优势可言，因此，国际台记者在采访报道体育赛事时完全可以“另辟蹊径”，利用自身的外语优势，完成从“赶新闻”到“挖故事”的转变，并打造有国际台外宣特色

的体育报道。

2. 国际台克罗地亚语部体育品牌栏目对内对外均“讨好”

2010 年，国际台克罗地亚语部体育节目《情同父子的赛场对手——鲁能和申花克籍主教练访谈》获中国国际广播新闻奖访谈类三等奖。根据历年获奖的节目分类，体育节目获得该奖已属少见。而此后，该节目又获得了 2010 年度中国新闻奖的访谈类三等奖，这在体育节目中更加难得。2011 年度，克罗地亚语部的《体育》栏目获得中国国际广播新闻奖的栏目类一等奖。当然，该栏目不仅在国内的专业领域受到好评，对对象国受众来说，这也是一个很受关注的栏目。从网站点击量来看，克文网体育频道的点击一直在其下属的近十个频道中位居前列。其频道内容也一直受到克罗地亚体育界、运动员、教练员等专业人士的好评。同时，中文报道稿件内容也受到国内体育媒体的高度重视，其独家访谈稿件在国内网站上的转载量一直优于其他媒体的同类稿件。不久前，克罗地亚语部还曾获得由克罗地亚首都萨格勒布体育协会颁发的水晶奖盘，旨在奖励其多年来对萨格勒布和北京两市体育合作的持续关注和报道。

如果说之前葡萄牙语关于巴西外援报道的成功之处在于“挖故事”，那么克罗地亚语体育栏目的成功就在于“特色”和“对象性”。克罗地亚语部的体育栏目一直坚持双边对象性的特色，下图为专访中国国家手球队主教练内纳德·兹沃纳雷克的相关节目。

克罗地亚语广播的《体育》栏目从2009年2月开始播出，每周一期，每期时长1小时。主要采用“听音乐、聊体育”的谈话类节目形式，由主持人引出话题讨论，同时加入网友提问、留言谈感想等内容。话题主要涵盖中国及克罗地亚的重点体育赛事话题、知名运动员、教练及体育官员访谈等方面。而“特色”二字归结起来主要有以下四点：

首先，《体育》栏目注重节目的自采率，在2011年全年播出的52期节目中，按照严格计算，自采及精编率超过92.3%，努力改善以往广播中的“自说自话、单向传播”的现象，在丰富节目音响的同时“借嘴说话”，让受访者用自己生动的经历和语言向听众介绍中国，增强节目的针对性、真实性、双边性、贴近性。

其次，在话题安排上，改变了以往“以我为主”的选题套路。除关注亚洲杯、达喀尔汽车拉力赛等全球性赛事外，还照顾对象国受众的关切。比如，在克罗地亚足球运动员、现役国脚加布里奇车祸重伤，对象国媒体纷纷跟踪报道这一事件时，该栏目特别采访中国的“格子军网友”，推出特别节目《中国网友祝福加布里奇》；在克罗地亚足球劲旅萨格勒布迪纳摩队在时隔11年后重返欧洲冠军联赛赛场，受到对象国媒体广泛关注时，该栏目及时推出特别节目《迪纳摩开始欧冠征程》，从中国媒体的角度展望、分析欧冠及迪纳摩队参赛的前景；在中国国奥足球队出征伦敦奥运会预选赛前及比赛后分别制作对国奥队克籍主教练布拉泽维奇的专访节目。

第三，特点鲜明，追踪在华的对象国体育从业者，以情动人。虽然栏目内容定位是体育节目，但节目的内容并不仅仅局限于赛事进程本身。作为具有国际传播性质的栏目，在关注赛事本身的同时，更多地为听众讲述被采访对象在中国的生活感受、对中国的感情，以及与中国人相处的故事等内容，使之在“体育从业者”这一身份之外，还是一名热爱中国的外国人。

第四，与对象国媒体联动。克罗地亚作为世界足球强国，各大媒体都非常关注体育方面的消息。《体育》栏目在播出过程中积极寻求与对象国媒体的合作，在关注著名教练布拉泽维奇癌症病情、北京国安队克籍外援马季奇被评为中超联赛最佳中场球员、伊万·博什尼亚克加盟重庆力帆等报道中，都融入了对象国媒体的内容，并积极与合作方沟通相关内容以保证细节的真实性。

四、优势：国际台体育报道的最大优势——知“文”善“问”

我们常说，国际台的优势在于语种多，让受众通过母语阅读了解中国。但在体育报道中，特别是在国际传播的体育报道中，母语优势并不是唯一的优势，我们需要将国家甚至世界的体育圈的大环境综合考虑，再以大环境为背景，细化到对象国、对象语言的范畴内，来重新审视自身在体育——这一看似我们并不擅长的报道领域中的优势。

其实，体育报道有时并不局限于竞技的范畴内，有时也会“意外”地跟对象国的政治、宗教、文化产生千丝万缕的联系。这就要求我们的对外宣传团队在进行体育报道时要做到知“文”善“问”，“文”是指对象国的语言、文化甚至采访对象的背景资料；而“问”则不光指采访中的发问，更指与采访对象相处中的一些细节，知人文而后问。在这一点上，国内其他媒体同行与国际台记者相比存在比较明显的不足，因而也曾出现过在体育报道中造成误会的一些事例。

2010 年，一家来自南方某城市的平面媒体刊载了对某位在中国踢球的伊拉克足球运动员的专访，其中提到了该球员曾亲眼目睹伊拉克足球“白色恐怖”时期乌代（伊拉克前总统萨达姆长子）对球员残酷体罚的细节，而事实上，由于对乌代时期的心有余悸，一些伊拉克运动员并不愿意向媒体谈及此事，也不愿意媒体就此事进行刊载报道，而该专访事后也引起了这名球员的极大不满。

然而，这些并非从事国际传播的内宣媒体的不足，正是国际台记者的长处。多年的语言文化的学习和海外留学的经历，以及日常工作中与外籍专家的朝夕相处，让国际台记者对该如何与采访对象取得联系、如何取得对方的信任、如何在采访中运用技巧使采访获得更好的效果，有着天然的优势。

2010 年广州亚运会期间，一位阿拉伯语部同事邀请卡塔尔籍国际象棋华人棋后诸宸做客亚运新闻中心，参与国际在线《亚运军团面对面》网络视频节目的录制。众所周知，作为一项极其消耗精力的智力运动，从事国际象棋的运动员需要在赛前得到充足的睡眠与休息，而且诸宸本人性格内敛寡言，再加上当年入籍卡塔尔时曾遭众多非议，因此极少接受国内媒体专访。不过，这位阿拉伯语部同事却聪明地采用“迂回”和“曲线救国”的策略，利用自身语言优势，与诸宸的丈夫、同为卡塔尔国际象棋运动员的穆罕默德·马代基取得联系。最终，与这位同事渐渐熟络的马代基欣然接受了该同事的邀请，并偕夫人诸宸一起参加了《亚运军团面对面》的视频专访。原本看似很难完成的“大牌”专访，成功地被做成了一期充满爱意和家庭温馨的节目，所谓知“文”善“问”在这一成功案例中得到了充分的体现。

五、分析：国际台的体育报道，报些什么

2010 年南非世界杯期间，一位某语言部的同事曾抱怨“世界杯报道不好做”，原因是，他们部门每天的广播新闻节目在北京时间每晚 24 点（即次日凌晨零点）更新播出，而世界杯新一天的比赛已于北京时间当晚 8 点开始，因此，涉及世界杯当天比赛赛况的新闻内容在 24 点已经过时。无奈之下，在进行了两天不成功的尝试之后，该部门放弃了世界杯新闻报道的方案。其实，曾被时差与时效问题困扰的不止这一个语言部，前方记者们现场采回的稿件在后方经过繁琐的翻译、编辑、播出之后早已失去了时效。而这位同事的苦恼也为我们提出了一个新的课题：外宣体育报道报什么？怎么报？

其实这个问题在前文中已有所探讨，国际台不少体育报道的成功案例可以给我们一个较为清晰的启发，在这里只做一点简要的总结：

1. 中国体育成就——知己知彼、投其所好

国际传播中“以我为主”的理念也存在于体育报道中。新中国体育近些年来的体育成就，理应是国际台体育报道中的一个重要组成部分。但实际上，体育外宣报道需要我们“知己知彼”地去选择报道角度，“投受众所好”地选择报道对象。

例如姚明、李娜、林书豪，不要担心对他们的报道已经铺天盖地，更不要担心对他们的报道会引起受众的反感或厌倦。诚然，很多国外的媒体也对他们在赛场上的成就进行了很多报道，我们似乎很难再找到更加独家或是深入的报道素材。然而，正是国际台这样立足于中国、向世界报道中国的对外宣传媒体，才能够掌握很多外媒并不能掌握的第一手素材。比如，乒乓球被誉为中国的“国球”，很多国外受众或许只知中国人爱打乒乓球、中国人乒乓球打得好，却不知它背后广泛的群众基础和独特的球台文化，而这些关注细小个体、关注生动故事的报道也正是吸引对象国受众的地方。

再比如，一个略显“反面”的例子，中国足球的反腐行动看似只是一个国内的刑事案例，一些国内足球裁判和官员的获刑看似与对象国受众没有任何相干，报道过多或许还可能引起负面效果。但实际上，很多国外媒体以及足球从业人员对中国的反黑行动和决心是予以积极肯定的。比如，克罗地亚媒体曾以《韩日世界杯上罚下我们球员的裁判终于获刑》为题报道中国反赌扫黑的成功，而欧洲的受众会将中国的反赌扫黑成就与欧洲足坛同样正在进行的这一工作结合起来，认为中国在这方面更加高效。

其实，对于体育报道而言，换一个角度，或许就能获得不一样的效果。

2. 与对象国的体育交流——用对象性和贴近性打动受众

双边性和对象性是国际台报道的最大特点，在体育报道中也不例外。因此，国际台的体育报道中应延续这一特色，使之更加能够打动受众。在很多国家，专业的体育人士是受到民众的普遍尊敬甚至追捧的，因此报道他们在中国的生活和职业经历，以及他们对中国的积极影响或积极评价，有利于对象国的普通受众增加对中国的好感，在一定程度上消除在很多文化中都存在的对中国的偏见。

比如对于在中国职业联赛中效力的运动员，我们可以告诉受众，他们国家的体育明星在中国的愉快生活和比赛经历；比如对于中国球队引进大牌球员，我们可以向受众展示中国对体育项目的高度重视和巨额投入；比如对于外国教练执教中国某运动队或者率队取得好成绩，我们可以向受众讲述他们对中国体育发展所作出的积极影响和贡献，以及中国向世界学习、向世界开放的心态……

对象性和贴近性是国际台报道的最大优势所在，随着中国体育项目的商业化和国际化，在体育报道中恰恰能够更好地利用这一优势，“借嘴说话”，以达到更好的传播效果。

3. 挖故事配合抢新闻

“讲故事”是最好的报道方式，几年前一本名为《华尔街日报是如何讲故事的》的书曾被很多媒体人奉为经典。而在体育报道中，更有很多“故事”可讲。近年来，“传递正能量”成为网络上的流行语，而体育正是包含“正能量”最丰富的领域。这对于我们国际传播的导向性以及传递中国人的价值观有着更加生动的效果。

比如运动员如何战胜困难登上领奖台，比如贫困条件下仍旧坚持独自训练的运动员，比如赛场上令人动容的拼搏和赛场下不为人知的苦楚，比如一些运动员虽然技不如人却依旧不肯放弃心中的奥林匹克梦，比如一些退役运动员如何把自己的经济所得投入到青少年培养甚至社会公益慈善项目中等这样的例子不胜枚举。

总之，国际台的体育报道，基于其自身的语言和传播平台优势，实际上是大有可为的。在我国体育事业飞速发展、体育对外交流日益频繁的今天，各项事业都取得大发展的国际台如果在体育报道方面停滞不前、或者边缘化，乃至放弃体育报道实为不智之举。当然，体育也不是非大成本不可为。面对众多新兴网络媒体的强势冲击，国际台拥有这些新兴媒体无法比拟的绝对优势，如何在体育报道领域发挥这种独有优势、用小成本办大事，将是国际台如何转变自身传播理念的重要体现。

（作者单位：中国国际广播电台阿拉伯语部、克罗地亚语部）

关于提高少数民族信息对外传播水平的几点思考

林　凌

少数民族信息的对外传播是塑造我国国家形象、为国家发展营造良好舆论环境的重要组成部分。多年来，包括国际台在内的对外传播机构积极宣示中国的民族政策和民族工作成就，反映各族人民真实生活，传播中国多姿多彩的民族文化。为了在国际舆论格局中赢得更多话语权，本文对提高少数民族信息对外传播水平和完善信息传播的策略进行了探讨。

一、少数民族信息对外传播的特点分析

我国的民族信息对外传播秉承正面、客观的报道原则，从为国家发展营造良好的舆论环境、传播我国多姿多彩的民族文化的目的出发，主要致力于展现民族政策和民族工作成就，反映我国各民族一律平等，团结进步，共同发展，共同繁荣以及安定团结、和谐稳定的社会局面。中国国际广播电台的相关报道注重各少数民族在自治区域享有民族自治权，生活水平不断提高，民族文化得到保护和发扬等内容。同时，为了回应海外的广泛关注，西藏和新疆的民族报道构成了民族信息对外传播的重中之重。其主要特点有：

第一，动静结合，更多以动态的眼光和关注细节的态度从事对外传播，赢得了良好的受众反馈。具体体现为凭借“以小见大”的报道方式，更多地通过普通人的生活反映民族地区的发展变迁，符合海外受众的接受习惯。

第二，为民族文化走出国门搭建了更广阔的平台。在“中法文化年”、“中俄国家年”、“中华文化非洲行”以及北京奥运会等重大活动中，通过国际台全方位、多媒体形式的报道，少数民族文化艺术绽放光彩，产生了良好反响，有力地促进了中华文化的传播和国家软实力建设。

第三，及时、全面、客观、公正报道突发事件，使外界了解事件真相。例如，乌鲁木齐“7·5”打砸抢烧严重暴力犯罪事件发生以后，中国国际广播电台的国际在线土耳其文网站与土耳其伊斯坦布尔“方向”调频电台合作，围绕新疆民族宗教政策、经济社会发展给当地各族人民带来的实惠、少数民族权益保障和各民族和谐相处等话题，举行了题为“来自乌鲁木齐的声音”的五场网络对话。据“方向”电台提供的数据，五场网络对话期间，土方听众超过150万人次，土各界人士纷纷通过电子邮件、电话等各种方式表示，网络对话让他们了解了“7·5”事件的真相。

在媒体策划报道的同时，许多民族地区也积极主动邀请境外媒体进行实地考察采访，更多地通过“外眼”看中国。例如，新疆乌鲁木齐“7·5”事件发生时，一个来自美国、德国、瑞士、日本、加拿大、新西兰、匈牙利等10多个国家的海外华文媒体高层代表团

正在新疆库尔勒等地考察，报道的主题是新疆经济、社会、文化等方面情况。而“7·5”事件发生后，这些媒体代表迅速赶到乌鲁木齐进行现场采访，纷纷谴责暴力事件，并结合考察中看到的新疆欣欣向荣的发展景象，有力驳斥了外界对中国民族政策的不实之论。

二、少数民族信息对外传播存在的问题分析

毋庸讳言，当前国际社会信息传播领域仍然呈现“西强我弱”的格局，除此之外，以下因素也在一定程度上影响着我国民族信息对外传播的效果。

第一，对外传播的信息与海外受众的需求间存在错位。

西方媒体和受众对中国少数民族地区的民主、人权和宗教信仰自由问题很感兴趣，而我们更乐于传播的则是少数民族地区的文化、旅游资源。虽然这些对于构筑国家软实力也十分重要，但是如果不能做到平衡性报道，就容易给受众留下“粉饰”的印象，连累整体的传播效果。

第二，对突发事件中的报道时效有待提高，官方色彩浓厚，传播效果还有待提升。

例如，西藏“3·14”事件发生后，第一周只有新华社发布了简短消息，但是西方媒体并没有“放过”这个新闻事件，而且趋向更为宏观、更加政治化的层面。部分西方媒体因其双重标准，进行了大量主题先行式报道。

我国的新闻事业是社会主义事业的重要组成部分，这就决定了社会主义国家的一切媒介都必须坚定不移地为社会主义服务，为人民服务，在政治上与党中央保持一致，政府信息对媒体而言是权威的。但是，由于西方媒体与政府间存在着“不合作”的传统，而西方民众看待传播源的公信力、可信度有一个递减的规律：首推专家学者（包括民众），其次为媒体，最次为政府。[①] 因此，如果简单地以政府信息发布的方式澄清事实，效果未必最佳。

第三，民族信息对外传播工作者对世界民族问题的理解还不够深刻，而这个问题构成了海外受众所身处的舆论环境，从而在理解受众心理方面产生困难。

在西方媒体的国际传播中，涉及民族方面的报道经常集中于民族冲突、暴力事件。这有其客观原因：首先，冷战结束后，世界上许多国家的民族问题主要表现为国家内部的文化认同、民族融合等问题。其次，最极端的民族问题——民族分裂活动在世界范围内表现得更加突出。典型的例子是2008年2月17日科索沃未经全民公决就单方面宣布独立。第三，西方国家试图把其热衷的“自由民主模式”推广到世界各国的民族问题解决上。在表现形式上，他们致力于建构这样的话语体系：国际社会不能对一国内部的民族危机事件置之不理，甚至要进行必要的国际干预。第四，民族问题与国际政治、大国战略利益的关联更加紧密。其中，一个重要的表现形式就是西方国家在世界民族问题上存在“双重标准”，如对英国的北爱尔兰问题持“促和”立场，希望将问题控制在一定的范围内；但对塞尔维

① 郭海燕：《突发性危机事件中网络媒体对外传播研究》，人民网，2009年12月16日，http://media.people.com.cn/GB/22114/150608/150621/10595629.html。

亚的科索沃、索马里的索马里兰等问题，则支持民族分裂势力，希望将民族问题国际化，并不断为国际干预制造借口。①

三、关于提升民族信息对外传播水平的建议

1. 优化传播策略，重视平衡传播

民族信息不是孤立的，不仅仅是所涉及的民族地区的事务，而且是构成我国大局的一个组成部分。中国在民族事务上所采取的方针政策，受到世界的广泛关注。因此，从事民族信息对外传播，不能仅从该地区、该民族的角度出发，而要从区域的角度、中国的角度、世界的角度去审视民族，寻找国内关心、国际关注的热点切入，寻找值得报道的角度。

在话语表达方面，更多将机会移至民间，实现多元表达主体的差异性表达，才能博取西方受众的信任。例如，新华社在西藏自治区和平解放50周年的报道中，从西藏自治区主席到雅鲁藏布江摆渡者，从珠峰登山人到喇嘛寺住持，从外国留学生到天葬师，从藏族科技专家到打工妹，采访到了西藏社会的多个方面，新闻性强的短消息多，可读性强的现场新闻多，有针对性的重点报道多，这样的传播模式值得推广。

要进一步提高突发事件的报道时效和主动性，尤其在涉及国际社会广泛关注的我国少数民族地区事务话题或突发事件的应急处理上要做到：快速、及时、主动，而非拖延、封闭、逃避。要积极建设中国少数民族信息对外传播的议题库，一方面正确分析和积极妥善回应国际社会和媒体关注的各种议题；另一方面，主动设置和输出中国希望传达的议题，引导国际视听。

2. 整合传播力量，优化传播格局

从客观条件而言，由于体制、资金来源等因素，民族信息的对外传播不可能由单一媒体来完成，也没有必要，关键在于力量的整合。

有学者建议，应打破目前我国少数民族信息对外传播仅靠几家国家级主流媒体和区域媒体零打碎敲、资源分散、分兵作战的局限，从国家战略的高度，加强专业性媒体基础建设，加大科学系统的资源投入，优化对外传播体系结构，推动形成一个囊括国家主流媒体、区域性媒体、民营媒体、社会个体网站等多元表达主体的“统一战线”。②

例如，民族地区在对周边国家的传播方面拥有更多地缘优势。在这方面，中央媒体与地方媒体之间可以加强合作，中央媒体可以借助地方媒体的优势充实自己的报道内容，地方媒体可以通过与中央媒体的合作提升自己的影响力。目前，国际台与新疆维吾尔自治区、青海省、云南省等多个少数民族分布较多的省区签署了外宣战略合作框架协议，为中央和地方媒体拓展民族信息对外传播合作开拓了新空间。

---

① 赵磊：《世界民族问题新态势与中国外宣工作的应对重点》，http://blog.sina.com.cn/s/blog_5d3dbdc10100qwiu.html。

② 魏丽宏：《西方媒体垄断语境下我国少数民族信息对外传播的问题和对策》，《新闻记者》，2011年第2期。

同时，合作的目光还应进一步向外延展，可以通过和友好国家媒体的合作，实现更多的海外落地。加强境外媒体公关和对话，针对友好国家、中立国家的媒体，与之建立稳定、通畅的沟通路径，提供专门的信息资源。具体方式包括：节目交换、共同举行媒体活动、联合开展调查，等等。

3. 规范传播范式，提高传播技巧

客观上，各民族之间存在差异，尊重各民族的特点，是对外传播的基础。在这方面，可以借鉴我国在国内处理民族关系的做法：例如，在和平解放西藏的过程中，进藏部队聘请了藏学家李安宅、李有义等先生作随军顾问，使部队对藏族传统文化、风土人情、宗教信仰有了较为深入的了解和认识，由此制定了官兵与藏族群众接触和交流的各项制度和规定，减少了文化冲突所导致的摩擦。从事民族事务对外传播的媒体，很有必要与民族、宗教领域的专家、学者建立长期、稳定的沟通、联系，借助他们的调查经验和理论成果，规范民族信息传播的范式。

此外，已经有许多从事民族信息传播的工作者提出了许多规范相关报道的经验之谈。有必要把这些观点汇总起来，为广大的相关从业者提供指引。

除了规范传播范式外，传播技巧也需进一步提高。

第一，要用情节丰富、故事性强的报道打动受众。

受中国传统思维方式的影响，许多新闻报道往往更加关注事件的概貌而细节不足，特别是对突发事件，通常是宏观性的概述，而西方受众则容易相信细节真实陈述。在对外传播中，要注意而不能不加区分翻译新闻稿，翻译稿件过程中要尤其注意词汇的转换，语言叙事与内容的编播必须符合受众的喜好。

第二，逐渐跳出对少数民族宣传报道中存在的民俗化、娱乐化、风情化报道风格。少数民族与整个中国其他地区一样，处于巨大的变革和发展过程中，早已不是外界妄测的“世外桃源”。主流媒体报道民族地区政治、经济、社会的现实性和现代性，既要反映进步和发展，也要探讨存在的困难。

第三，争取更多话语空间。当一国媒体报道别国事件时，总会将其置于自己的新闻框架之下，这一框架通常受到传统文化、意识形态等诸多因素影响，对西方媒体而言，往往“希求全球范围内的各种角色均被嵌入西方利益框架。”

面对这种局面，我们要充分运用现代传播技巧和传播艺术，不断提高质量、丰富内容、改进文风，不断增强信息传播的感染力、吸引力和竞争力，我们的传播与沟通才能真正发挥作用，达到预期的传播效果。

4. 建立、健全民族信息对外传播效果评估机制

我国的对外传播事业已经经历了 70 多年的发展，要继续向前推进，持续的、动态的效果评估必不可少。这样的评估不仅可以检验我们的传播效果，也将为进一步提升传播水平提供依据。目前，这样的评估还比较分散，主要通过受众反馈、国际交流活动进行，还没有形成规模，也没有专业化、稳定化，所以有必要加强这方面的工作，提高传播的科学性。

（1）形成规范的评估机制

建议规范评估程序，组建由相关主管部门官员、专家、媒体代表等组成的评估小组，

逐步加强专业评估意识，建立专业评估理念。

（2）确立评估标准

民族信息对外传播的主要目的是加强世界对中国少数民族的了解。对此，应在评估中注重对传播的当前效益和长期效果的考虑。一个民族题材节目的目的和希望传达的信息是什么？播出的节目能否真正有效地表现主题？应该从时效性、受众满意度、可持续发展等多方面设立评估标准。

（3）注重阶段评估

阶段评估对于涉及民族题材的媒体活动显得尤为重要。我们现在更加注重一头一尾，也就是项目的计划和总结，而在项目推进过程中的实时评估比较少。实际上，由于媒体活动的规模往往比较大，涉及的地区、部门比较多，必须重视阶段性的评估，从而使每个环节的重点突出，目标明确，使监管和督导的作用贯穿始终，从而保证项目质量，而不是流于“锣鼓喧天、彩旗飘飘”的表面热闹。而且，这样的阶段性评估还有利于对策划进行动态完善，为进一步创立民族信息传播品牌活动打下基础。

（4）进行政策吻合度评估

我国的民族政策是对民族信息对外传播得失进行评估的依据。相关信息的传播应该注重传统与现代、发达地区与欠发达地区、民间与官方等多组关系之间的平衡。又如，针对不同国别、不同地区、不同经济和文化背景的对象国家和地区，选题应当各有特色。总之，改革开放30余年来，中国的对外宣传与传播策略经历了数次调整，民族信息对外传播也应与时俱进，适应国家形象传播的需要进行动态调整。

（作者单位：中国国际广播电台新闻中心）

试析我国大众传播中健康节目的定位与改进

刘　红

随着社会和经济的快速发展及人们生活水平的不断提高，健康成为越来越多的人十分关注的话题。中国教育部的一项调查报告显示，拥有潜在收视群第一位的电视节目是科教健康卫生节目，其收视率达 40.6%。日本 NHK 放送文化研究的调查表明，日本观众期望看到“对日常生活有用的节目”第一位的就是防病、健康类节目，收视率高达 37.5%。中国《第三次国家卫生服务调查主要结果》也指出，在 15 岁及以上调查人口中，47.2%的人能自己主动获取健康保健知识，其中 71.6%的人主要通过广播电视节目来获取健康保健知识。①

健康节目近年来之所以大行其道、广受欢迎，有着深刻的社会需求和现实基础：一是随着经济的发展，人们在物质生活得到满足的同时更加关注精神生活和生活质量。人们的需求不再局限于吃饱穿暖，而是要在此基础上活得更健康，更加注重生活品质的提高。二是现代社会竞争日趋激烈，生活节奏不断加快，人们身体与精神的压力不断增大，双重透支情形日益严重，导致亚健康人群数量增加。中国医师协会等机构 2010 年 8 月发布的《2009 中国城市健康白皮书》显示，当今中国城市人群中亚健康人群占到了 76%，而真正意义上的健康人群比例不到 3%，健康问题已经发展成为现代社会人的一大隐忧。② 三是看病难、看病贵等问题成为困扰现代人生活的一大难题，而对于食品、环境等污染加重的担忧也加剧了人们对健康生活的需求。

正是由于受众需求的不断增加，在全世界范围内，各大传播机构对健康节目的投入也日益增加，相关的收听收视率正不断提高。如美国著名的日播节目《奥兹医生秀》，首播于 2009 年 9 月 14 日，每天一小时，由于定位准确，形式新颖，互动性强，信息量大，在美国创下了健康养生类节目收视第一的好成绩。中央电视台国际频道的《中华医药》栏目于 1998 年 6 月 1 日开播，目前节目时长 50 分钟，是中央电视台唯一向海内外传播中医药文化的大型健康栏目。2010 年 1 月 5 日，中国国际广播电台中文环球开办了大型直播节目《中华养生》（后更名为《CRI 健康中国》），每天一小时，专门向海外的华人华侨和对传统中医感兴趣的外国人传播中医养生保健文化，三年来得到广大海外华人华侨听众的高度关注和热烈反响。由于作为受众获取信息的重要途径的大众传媒（特别是广播电视媒体）在健康传播中承担着重要角色，大众传媒承载着民众的健康教育和健康文化的推广，因此，积极促进健康节目在大众传播中的不断发展和提高具有十分重要的意义。

在健康节目中，媒体通常的节目运作模式是把它和防病、治病联系到一起。目前，绝大多数的健康节目都遵循着这样一种制作理念：请一位医学专家到直播间来，介绍某种疾

---

① 潘文功：《拓外延、挖内涵——打造电视健康传播主要渠道》，《东南传播》，2007 年第 8 期。

② 李振华、宋甲勋：《电视健康养生节目初探》，《新闻知识》，2011 年第 3 期。

病的病因、表现以及相应的防治知识，观/听众则可以在现场或通过电话热线、手机短信、电子邮件等方式请相关专家进行解答。此类节目在创办初期很受欢迎，对于那些疾病在身的人们，可以通过“电波门诊”直接和专家进行交流，实现一对一的服务，而对于其他感兴趣的人群，在收听收看过程中也可以从中了解一些相关疾病的防治知识。但是，笔者认为，如果健康节目长期满足于此，将会面临比较大的发展瓶颈。为了谋求健康节目更大的生存空间，应该进行健康知识传播方式等方面的思考，重新定位受众的健康价值接受取向。

当前，大众传播中的健康节目在定位方面存在着一些问题，概括起来主要有以下四个方面：

一是受众定位偏窄。节目要想成功，首先要考虑的是受众需求，即什么样的人需要此类节目。长期以来，业界习惯于把健康节目的受众定位为有需要的病人，这种定位长期沿袭下来，不但造成了受众的审美疲劳，也会带给受众一种误导，即健康节目是为病人服务的。这样，就会把绝大多数身体健康的人从受众当中分隔出去。此外，由于疾病具有相当的专业指向性，一种病的患者通常不会对别的病产生兴趣，因此，每一期健康节目的受众群就会更小。两者叠加的结果就是健康节目的受众大量流失，很难具备持续稳定的受众群。

二是内容定位错位。节目影响力的关键在于内容。前文已经说过，当前大众传播中健康节目的主要内容是疾病的防治知识讲座，这种基本内容已经与当今人们日益多元化的生活需求相错位，远远不能满足人们对于健康生活的向往和要求，更不要说引领人们的健康生活时尚。事实证明，当受众需求呈现多元化的时候，健康节目的内容也必须不断随之调整，否则就会受到冷落，最终走进死胡同。

三是市场定位出轨。由于媒体目前基本靠市场化生存，健康节目也不能例外。因此，不少健康节目为市场、为广告而陷入违法宣传的误区。如近几年来，不少医院或企业为了推销自己的产品，专门购买大众传媒的健康节目广告，通过虚构患者来电、设置医托来电、违法推销药品、肆意夸大疗效等手段误导、欺骗受众，而不少健康节目为了生存，放松了节目监管和审查，有意无意与这些广告主配合，其结果是严重损害了媒体和节目的社会公信力及影响力，造成了极坏的社会影响和不良后果。如台湾地区排毒理念的倡导者兼《健康一身轻》节目主持人林光常，就曾因误导患者服用他在节目中推荐的排毒餐造成死亡而引发官司。有医学专家一针见血地指出，“当今这个混乱的养生保健知识宣传的市场上，如果说个别专家是演员，那么媒体就是他们背后的推手。有的电视台为了取得高的收视率，就忽视甚至完全不顾及内容的科学性。”①

四是主持定位失范。在健康节目中，主持人的重要性毋庸置疑。当前，不少健康节目为了追求所谓收视率和收听率，挖空心思试图把节目做得吸引人，但结果是健康节目的出格、出位。如在节目制作中气氛过分煽情，用词“假大空”，对病人缺乏人文关怀，过于追求所谓幕后真相，甚至陷入低俗、恶俗当中不能自拔。这样的主持只能把受众驱离节目，最终导致节目的失败。

上述四种定位问题，说明我国大众传播中的健康节目存在着明显的偏差，其主要表现

① 郝洪、颜匀：《养生节目的隐忧与发展》，《中国广播电视学刊》，2010年第6期。

为：首先，健康节目，特别是广播电视的健康节目，缺乏专业人才。由于我国健康节目的设计、研发和制作相对滞后，许多从业人员还达不到“既具有健康教育意识、以人人健康为传播出发点，又具有医学科学知识和必要的传播技能”的要求；其次，不良健康信息传播仍比较频繁。通过健康信息的传播提高公众的健康水平是健康节目的根本目的，但是多数受众对健康信息缺乏准确的判断力，受众常常为大众媒体传播的健康观念所左右，因此，片面的、缺乏针对性和指导性的健康信息被频繁传播；最后，伪劣健康信息的传播屡禁不止。部分媒体为了所谓的市场效益而放弃社会责任，听任带有明显广告意图的伪劣健康节目进行传播。

要想改变当前大众传播中健康节目的诸多不良倾向，使之成规模、上档次、扩影响、见效益，就必须实现健康节目的六个转变：

第一，健康节目要实现从老年病人向普通人群的转变。节目做得好不好，定位是关键。笔者认为，健康节目受众定位的范围应当有所延伸，节目定位应全面覆盖对健康有需求的人群。这部分人群主要包括三类人群：一是病人，通过收听收看节目可以了解相关的医学知识和信息，以实用性为主；二是面对社会众多压力大、处于亚健康的人群，这部分人许多属于社会精英群体，知识面广、受教育程度高、社会地位高，收入水平也高，健康节目理应把这部分人群纳入自己的节目受众；三是积极追求健康生活的健康人群，他们乐观向上，希望用所学的有用知识来指导生活，并用行动来影响周围的亲友。随着生活水平的提高，这部分人群的数量有日益增长的趋势。当受众定位下的人群出现扩展的时候，节目的覆盖范围和制作内容、方式都会出现明显的变化，这就大大提高了健康节目的适应人群，也顺应了人们追求美好生活的向往。

第二，健康节目要实现从寻医问药向理念普及的转变。古人云，“防病胜于治病”，今天人们说，“健康的钥匙就在自己手中”。当今社会，追求高品质生活已经成为一种时尚，而高品质生活的前提是拥有健康。大众传播不仅要向广大受众传播健康理念，还应该向人们讲明“防病胜于治病”的道理，不仅要向疾病患者提供与病魔做斗争的勇气和力量，而且还要让健康人知道该如何防范疾病，这就是传播中的贴近实际、贴近群众、贴近生活。健康节目必须实现从受众中来，到受众中去，才能广受欢迎。例如，中国保健领域两位专家洪昭光、齐国力，不仅在健康节目中向人们介绍如何治疗疾病，还会通过出版通俗易懂的书籍来告诉人们如何保健养生。他们深知病人疾苦，深知防病胜于治病的道理，深知广大人民群众想什么、要什么，所以，他们提出的观点、做法深得百姓欢迎。

第三，健康节目要实现从医学领域向文化领域的转变。健康节目应当树立文化品格，打造节目品牌，把文化载入媒体，把专业性的医学知识变成文化承载力，通过中华文化中博大精深的中医药文化，从文化的角度做好健康节目。健康节目不仅要面向国内受众，也要考虑广大海外华人华侨、港澳台同胞以及对中华传统文化感兴趣的国外友人。党的十七届六中全会通过的《中共中央关于深化文化体制改革推动社会主义文化大发展大繁荣若干重大问题的决定》中明确指出，“优秀传统文化凝聚着中华民族自强不息的精神追求和历久弥新的精神财富，是发展社会主义先进文化的深厚基础，是建设中华民族共有精神家园的重要支撑。要全面认识祖国传统文化，取其精华、去其糟粕，古为今用、推陈出新，坚持保护利用、普及弘扬并重，加强对优秀传统文化思想价值的挖掘和阐发，维护民族文化基本元素，使优秀传统文化成为新时代鼓舞人民前进的精神力量。”这就为大众传播中健康节目的未来发展指明了道路。

第四，健康节目要实现从单向传播向互动传播的转变。随着媒体技术的不断进步和传播形态的不断丰富，健康节目的设置理应从过去的“我说你听”的单向传播，转变为媒体与受众的彼此沟通、平等交流的双向传播，乃至受众向受众传播的多向传播，在调动受众收听收看积极性的同时，为受众营造一种轻松、愉快的氛围。今天，健康节目从创意到选材、从内容到形式，从包装到串接，都必须把受众放在核心位置，形成主持、专家围绕受众甚至受众服务受众的新型传播模式。比如，在节目选材上，可以通过电话、短信、电子邮件、微博等手段加强与受众的沟通，了解受众的想法，征询受众的意见，并让受众参与到节目制作中来，不仅能使健康节目有的放矢，言之有物，还能充分调动广大受众的参与热情和收听收看热情，从而提高健康节目的传播效果和社会影响。

第五，健康节目要实现从主持专业化向人格化的转变。主持人是节目的灵魂，他（她）不仅体现在节目的内在融合，也体现在对受众的外在影响。过去，由于节目的特殊性，健康节目的主持人常常强调专业性，要求对医疗卫生有比较深入的了解。现在，仅仅具备专业知识的主持人并不一定能够适应健康节目，除了专业性，主持人还必须具备人格化特征。所谓人格，是指一个人的性格、气质、能力等特征的总和，它是主持人真实自我的表现。美国传播学者罗伯特·诺顿认为，个人在传播过程中不仅提供信息，而且还在以某种方式告示人们怎样理解和对某一信息作出反应。他认为，这些信息通过“显示应该怎样对待、筛选、解释或理解某一基本讯息”而起到了“风格讯息”的作用①。显然，主持的人格化不仅决定了节目的内容、形式，也有助于形成节目风格和媒体风格，并规范着主持人的传播行为。这对于在竞争激烈的众多传媒节目中形成独树一帜的品牌形象是十分有益的。

第六，健康节目要实现从广告营销向综合营销的转变。媒体不能脱离市场而存在，节目更不能离开市场。由于健康节目事关受众生命，更是具有独特性，因此，此类节目的市场营销应该在社会效益第一的原则下进行。在市场营销方面，不能单纯着眼于广告效益和经济效益，而是要充分考虑社会效益和科普效益。要在广告营销之外，更多地策划社会活动、公益行动等，通过这些有益于全社会的健康平台，提升健康节目的整体形象和品牌内涵。此外，在营销方式上，还可以借鉴微博等电子平台，实现现实世界和互联网平台的共同营销。

总之，做好并进一步改进大众传播中的健康节目，定位是关键，只有认真研究受众需求，增强节目服务功能，拓展传播的社会效果，才能长期赢得受众的认可和支持，在取得良好社会效益的同时，创造良好的经济效益。

（作者单位：中国国际广播电台华语中心）

① （美）斯蒂文·小约翰：《传播理论》，中国社会科学出版社，1999年，第191页。

国际台网络媒体的跨文化传播

林春秀

近年来，网络媒体发展迅猛，受众群体不断扩大，凸显了网络媒体在当今信息化社会中的重要地位，同时技术创新在推动着网络媒体向前发展，网络媒体也将在未来继续扩大其影响力。在全球跨文化传播中，中国正处在一个相对被动的地位。中国国际广播电台（以下简称国际台）作为中国唯一向全世界广播的国家广播电台，目前使用 61 种语言对外传播。国际台创办的“国际在线”网站是中央重点新闻网站之一，承担着“向世界报道中国，向中国报道世界”的重大使命。本文拟就浅析国际台网络媒体的传播特点，对如何增强网络媒体跨文化传播能力进行探讨。

网络媒体的全球性、开放性等特点使它在进行对外传播时突破了时空、文化、地域的局限，能够面对全球受众传播。而这些受众大多是处在与中国文化不同的文化体系中，跨文化传播强调的是不同文化体系的人之间的交流与沟通。所以从这个角度来看，网络媒体对外传播是一种跨文化传播。拉里·A·萨默瓦将跨文化传播定义为：“拥有不同文化感知和符号系统的人们之间进行的交流，他们的这些不同足以改变交流事件。”[①] 网络媒体成为跨文化传播交流的重要载体。

网络媒体作为一种新媒体传播方式，技术的不断变革使媒体传播发生深刻的革命，互联网等新兴媒体正经历着从传播方式到内容的双重变化。新的传播方式使新媒体展现出强大的社会影响力，对于民众生活、社会结构乃至整个社会的发展都产生了巨大的影响。

国际台承担着“向世界报道中国，向中国报道世界”的重大使命，目前正全面构建现代综合新型国际传媒集团。现代综合新型国际传播媒体是指能影响主流人群，代表主流意识，传播主流新闻，引导国际舆论，从而塑造国家形象，彰显出国家软实力。近年来，国际台网络媒体对外传播有了较快的发展，但在传播技术的运用、媒体发展规模、信息覆盖以及传播效果等方面与先进国家相比尚有一定的距离。

一、国际台网络媒体跨文化传播中存在的不足

国际台“国际在线”61 种语言网站优势未发挥出全部作用的原因有很多个，从媒体跨文化传播的角度分析，主要有以下几个方面：

1. 国际台网络媒体传播的内容上本土化程度不够，无法满足当地受众需求。受众的需求是节目制作的目的。同时，在实际操作中，国际台新闻时效性明显慢于境外媒体，主要集中在两个方面：一是国内热点问题和重大突发事件报道时效差；二是我国党和国家领导

① 拉里·A·萨默瓦、理查德·E·波特：《跨文化传播》，中国人民大学出版社，2004 年，第 47 页。

人活动发稿时效差。由于国际台网络媒体的发展正在探索和实践中，在有些节目形式和栏目制定上还不够成熟，造成新闻时效性差。2008 年国际台“国际在线”成立的网络电台，由于是一种直播形式节目，出于节约制作节目成本和人力的考虑，贴近生活节目为主，以音乐、旅游、职场、美食等为主要内容。新闻量就显得少且分量不够重。海外落地的节目和网络电台节目形态相似，国外播出时间比国内发送节目的时间晚，造成了新闻时效性差。这就造成国际台网络媒体的内容即时性差，这也是跨文化传播能力大大降低的原因。

2. 国际台网络媒体对外传播理念上始终无法摆脱“宣传”的观念，话语形态上仍具有较强的宣传色彩，影响传播效果。一方面是过分强调宣传。由于文化差异，如果过于强调宣传，会让他国产生误会，甚至产生对中国媒体的不信任。这样媒体的公信力就差了。“而对外传播工作的对象是外国人，我们不能去塑造外国人，只能营造有利的国际舆论环境，对外国人产生一定的影响，使他们能较正确地认识和对待中国。”① 在传播理念上不是去教化别人，而是通过媒体传播，让西方人能正确地认识和了解我们。因此，对外传播媒体应把握传播规律，在传播内容和传播方式上考虑到传播对象的感受，避免传播对象的逆反心理。另一方面是缺乏对传播对象的研究。作为国家重点新闻网站，国际台国际在线网站对外报道的内容及宣传方式政治性比较强，且有些信息不符合国外受众接受习惯。容易让外国受众对网站的信息产生怀疑。而且现阶段国际台网络媒体对外宣传缺乏互动性交流，更多地进行单方的信息播报，缺乏必要的效果反馈，这样就造成国外受众的接受度降低。国际台目前虽有听众联络组织和海外的听众俱乐部，但是所涉及的范围不全面。有些语言部门对对象国收听自己的节目的情况了解不多，对听众的收听情况也不了解，听众反馈的信息也很少。制作出来的节目缺乏针对性和目的性。

3. 由于目前国际台网络媒体的建设正在探索和实践中，很多传播技术仍然不够完善，造成媒体缺乏应对突发事件的经验。国际台目前形成以“国际在线”为基础，互联网电视、手机广播电视、CMMB 可视化广播等为重点的，使用多媒体、覆盖多终端的新媒体业务集群，朝构建现代综合新型国际传播媒体方向而努力。2011 年 1 月成立的 CIBN 互联网电视平台主体只是初步搭建起面向多屏的业务体系，其特色体现在视听互动、资源共享、多语种集合等方面，业务形态涵盖多语种网站、多语种网络电台、多语种网络电视台和多语种网络手机台，还需要时间去不断完善。目前，国际台国际在线网络电台直播节目还没有办法做到用手机随听。

二、应对国际台网络媒体跨文化传播不足的对策

随着经济全球化的发展，以及传播科技推动下，全球文化交流的日益频繁，跨文化传播已成为广泛涉及各个社会领域的一种社会行为。跨文化传播时要注重传播策略。针对国际台网络媒体的跨文化传播中存在的问题，从以下几个方面解决：

1. 减少阻碍网络媒体对外传播的文化因素。不断改变和创新传播内容、传播手段、传

---

① 张桂珍：《中国对外传播》，中国传媒大学出版社，2006 年，第 73 页。

播体制和政策，提高媒体国际传播的针对性、感染力和实效性，在涉华舆论和国际重要舆论中争夺国际话语权和影响力。加强国际新闻事件的第一时间报道、现场报道、首发报道、独家报道、全面报道和权威报道，最大限度地提高新闻报道的时效性、独家性、权威性和全面性，最大限度地提高新闻报道的原创率、首发率、落地率，实现重大国际新闻事件报道“首发有我，首发用我”。新闻作为一种有价值的信息，新闻必须及时且有新意，才能满足人们急欲知晓的需要。可以说及时性是新闻的第一要素，在卫星通讯、信息网络化和多功能媒体迅速发展的今天，新闻报道和新闻事实发生的时间差更是大大缩短了。如今，新闻报道更加强调形象感、直观化，才能满足受众对生动形象的需求。要求取得视觉传播新平台，这既包括与各传统媒体合作共享，更要注意不断出现的新技术提供的发展空间。所以网络媒体的出现为受众提供了这一平台。国际台在 2012 年着力发展沿海节目制作室，目的就是为了传播内容的全球化和本土化，加大对对象国和本土事务的报道力度，满足国外受众的需求。而且在跨文化传播中，如果能与当地文化相结合，找到其间相通、相近的地方并以此为突破口来传播本国文化，当地人接受起来更容易。

2. 发展文化传播策略，传播中体现中国的价值观念。以文化为载体，将中国传统文化中的精髓部分发掘、提炼出来，形成系统的中国文化传播策略，结合我国政府关于“和谐社会”、“和平发展”的提法，在对外传播中强化中国“和而不同”、“民本主义”、“人道主义”的价值观念，吸引国际公众，把中国文化融合到其他国家的文化中去，减少隔阂，增进理解，争取得到他国的认同。原中国国家主席胡锦涛曾形象地总结让世界了解中国的挑战。他在一次采访中告诉《金融时报》记者：“中国在世界上有着巨大的贸易顺差，但也存在着巨大的文化逆差。”中国和外界沟通有很多障碍，价值观的表达方面双向渠道不通畅。语言表达的差异、教育背景的差异，思维方式的差异、宗教观的差异，实质上还是文化的差异。文化差异必定带来许多障碍，如语言障碍和表达方式的障碍，进而构成交流的障碍、传播的障碍、理解的障碍和合作的障碍。

美国社会学家戴维·波谱诺从社会学和人类学的角度将文化定义为：“人类群体或社会的共享成果，这些共有产物不仅包括价值观、语言、知识，而且包括物质对象，尽管文化共享，但它仍然需要每一新生代通过社会交往的方式来学习，文化因世代相传，不断积累。”① 许多外国人不了解中国的价值观，中国的文字翻译给别国受众，但是并没有转化成别国受众能接受的价值观。“有限效果论”就揭示了大众传播效果形成过程中的许多制约因素，这些都是影响国际台网络媒体对外传播的文化因素。国际台“国际在线”的 61 种语言网站的优势，可以很大程度上减少语言理解上的障碍，利用自身优势提高对外传播能力。

3.媒体应对突发事件的态度和能力直接关系到媒体的影响力。媒体应对突发事件的态度和能力可以视为一种文化模式，时刻给广大受众的行为造成各种影响。全球化、全民化、网络化和社会化发展的新媒体，使得国际传播空间中不同文化、意识形态、价值观的冲突与交锋更为复杂、激烈和多样化。所以在尝试一些内容独特、模式创新的新媒体国际传播节目形态的时候，要充分互动，平等对话。面对突发事件要反应迅速，信息公开，而

① （美）戴维·波谱诺著，李强等译：《社会学》，中国人民大学出版社，1999 年，第 257 页。

且要多角度呈现事实。以和听众互动的方式传播节目内容，并以品牌活动为契机，引导境外媒体全面报道中国。在网络中，很多人不是在倾听他人，而是用别人的话来加强自己的看法。① 网络的即时性和便捷性，让网络媒体在焦点事件报道上成为展示事实真相，营造积极国际舆论的重要手段。同时，网络媒体借用焦点事件，提高社会影响力。国际台网络电台直播节目形成网络中和听众互动的形式，比如微博，已经成为当前最热的新媒体传播方式，这种融合了互联网、手机、即时通信工具的媒介，不仅具有全球传播的能力，而且那些随时随地记录的人，都可以是新闻的报道者。在节目中可以随时和主持人互动。根据外国受众的心理、兴趣和需要，制作出相应的节目内容。

节目内容直接影响到树立节目品牌的效果。节目品牌是媒体产业发展的重要动力。品牌有价值，媒体推动才会更加有意义。利用新媒体进行品牌宣传，增加品牌影响力，最后达到品牌营销的目的。推进媒体发展，产业化发展是一条重要的道路。美国广播理事会强调在公共外交方面要用最少的经济投入获得最大的收益。一切以美国国家利益为核心，一切以实用为标准，投入最小化而受益最大化，讲求策略、重视传播效果，这是美国对外传播的基本原则。这一点也很值得中国国际广播电台借鉴。

中国网络媒体的出现，其信息综合性、互动性、开放性等优势克服了传统媒体进军国际媒体的某些先天障碍，为壮大我国的对外传播能力提供了契机。网络媒体让麦克卢汉曾预言的"地球村"变为现实，而要想在这个"地球村"中与他人顺畅地交流、沟通，就要承认彼此的差异，寻找途径搭建"桥梁"，从而提高网络媒体的跨文化传播能力。网络媒体对于提高我国跨文化传播能力具有重要作用。在当今多元化时代，国际台网络媒体的发展既面临着机遇，也面临着巨大挑战，国际台网络媒体必须结合自身的优势，不断开拓创新，才能不断提高对外传播能力。

（作者单位：中国国际广播电台华语中心）

参考文献：

1. 马杰伟、张潇潇：《媒体现代——传播学和社会学对话》，复旦大学出版社，2011 年。
2. 威廉·E·布隆代尔：《〈华尔街日报〉是如何讲故事的》，华夏出版社，2006 年。
3. 赫伯特·阿特休尔：《权力的媒介》，华夏出版社，1989 年 7 月。

① 胡泳：《众生喧哗——网络时代的个人表达与公共讨论》，广西师范大学出版社，2008 年，第 2 页。

业务实践

论全媒体环境下国际台语言广播记者的技能培养问题

雷德辛

随着新媒体技术不断发展、“自媒体”的出现，国际广播在全球化传播的过程中进行着战略性调整，而在这个过程中，语言广播“全媒体记者”的打造是重要组成部分。本文将结合自己作为国际台语言广播记者工作内容转变的实践，对国际台语言广播“全媒体记者”技能培养问题谈谈自己的粗浅认识。

一、对“全媒体”和“全媒体记者”概念的理解

总体上看，我国新闻传播学者对“全媒体”的定义，主要分为两类：一类是“营运理念说”，即认为，全媒体是指一种业务运作的整体模式与策略，即运用所有媒体手段和平台来构建大的报道体系，全媒体不是单落点、单形态、单平台的，而是在多平台上进行多落点、多形态的传播①，报纸、广播、电视、网络等，都是这个报道体系的组成部分。另一类是“传播形态说”，即认为“全媒体”的概念来自传媒界的应用层面，是媒体走向融合后“跨媒介”的产物。②

结合上述两类定义，笔者所在的国际台对全媒体的认识是：“具体来说，全媒体是指综合运用各种表现形式，如文、图、声、像，来全方位地展示传播内容，同时融合文字、声像、网络、通信等传播手段来传输的一种新的传播形态。”③ 基于上述定义，全媒体记者则是指“具备突破传统媒体界限的思维与能力，适应融合媒体岗位的流通与互动，集采、写、摄、录、编、网络技能运用及现代设备操作等多种能力于一身的记者”。④ 目前国际台语言广播记者除了已经掌握的音频新闻的采、编、播外，还需提高视频新闻录像与剪辑、网络传播等技能，努力达到既“精”又“全”的目标。

本文中提到的全媒体记者技能培养，有关广播电视新闻学的传统描述都是：“根据广播电视发展需要，培养具备广博的知识面、扎实的新闻传播理论功底和敏锐的社会观察力，具备良好的政治素养、社会责任感、专业精神和职业道德，能够在各级广播电视新闻传播机构从事新闻采访、现场报道、策划编排、节目主持等工作的优秀广播电视新闻传播

① 彭兰：《媒介融合方向下的四个关键变革》，《青年记者》2009 年第 6 期。

② 王庚年：《CCBN 主题报告：全媒体的认识与探索》，通信世界网，2012 年 3 月 20 日，http：//www.cww.net.cn/news/html/2012/3/20/20123201756233162.htm。

③ 王庚年：《CCBN 主题报告：全媒体的认识与探索》，通信世界网，2012 年 3 月 20 日，http：//www.cww.net.cn/news/html/2012/3/20/20123201756233162.htm。

④ 韩锦：《对向“全媒体”记者转型的思考》，《新闻世界》2011 年第 6 期。

专门人才。”随着影像技术和传播方式的变化与发展，笔者认为“全媒体记者”技能培养主要是指培养具备新闻写作能力、多媒体视频和图片表现能力、视听语言运用能力和沟通采访能力等多项技能的人才。

二、国际台语言广播全媒体记者培养面临的挑战

从国际传播的大环境以及国际台的实践来看，国际台语言广播记者向全媒体记者转型要迈过四道坎。换个角度来说，就是面对以下四个问题，或是四种挑战。

第一个挑战是多媒体技术知识的学习和技能的掌握。这里就包括影像拍摄和剪辑技术的学习、网络知识和操作技能的学习等。比如很多双语记者或者文字编辑对文字有感觉，但对视频、镜头的推拉摇移、电视剪辑等则需要加强学习和实践，在个人能力不足时可能还会错失多媒体资源，如文字记者难以记录画面等。

第二个挑战是思维方式的转变。具体来说就是从单纯语言文字表达到影像表达、网络方式表达的转变。比如，采访时要能判断哪种方式更适合采访对象特点，是文字表达、声音表达，还是影像表达，或是网络呈现？或者采访是否需要综合运用文字、声音、影像和网络表达才能达到传播效果的最大化？……

第三个挑战是采访难度和节目内容门槛。首先这个难度和门槛体现在表达方式的最佳选择上。其次是融合表达方式的采访，需要花更多时间和技巧与被采访人沟通，以取得对方的信任和配合。除台内的语言广播正常报道工作外，还要考虑到海外整频率落地后需要培养什么样的媒体人才。

第四个挑战是体能和心理问题之坎。全媒体记者永远不知道，何时会有精彩的新闻出现。这就意味着，全媒体记者的装备要随时可用。除了传统的录音设备外，小型 DV、相机经常需要随身携带，这是对体能的考验。此外，现场采集新闻的工作强度比纯文字记者所耗费的体力要大，后期剪辑花费时间也多。在拍摄和写作以及播音的过程中，都要消耗记者大量的体力和精力。在心理健康方面，全媒体记者需要更强的心理承受能力。

三、关于国际台语言广播全媒体记者技能培养的建议

1. 队伍的组建上，要注意选择那些在校期间接受过针对性培养的人才

2005 年 9 月，美国密苏里新闻学院建立了媒介融合专业和实验室，让学生面对由四五台公共计算机组成的屏幕来实施对一个新闻报道的多媒体信息合成。国内方面，中国人民大学新闻学院、汕头大学长江新闻与传播学院、南京大学新闻传播学院等也陆续建立了媒介融合实验室，让学生在仿真的全媒体环境里模拟演练，提高学生的实战技能。无论是新闻业界的内部培训还是新闻院校的正规教育，重心与落点都偏向于掌握媒体运用的技能，尤其是要求传统媒体记者学会视频拍摄和剪辑、信息通信和网络等技术。新闻和传播专业的毕业生如果在大学校期间就能学会各种技能，具备多媒体设备操作技能，则为成为全媒体记者奠定了坚实的基础。当然，全媒体记者并不是一日能培养出来的，有学者提出，全

媒体记者的本质在于意识的形成与思维的训练，在于传播新技术的运用与发现，这些需要长期的培养和实践，在每一次的新闻报道中去进行总结。

2. 做好国际台全媒体记者的培养

具体来说，第一个方面的建议是夯实个人和团队基础能力。语言广播全媒体记者既是记者，又不是一般的单一媒体记者，需要更强的基础能力和素质。在这方面，笔者认为，简而言之，记者的基础能力必须是“扛得住、顶得住、撑得住”。“扛得住”指的是遇到情况不慌乱，团队或者个人能够完成报道任务。“顶得住”是指在复杂和繁琐的报道环境下，能够顶住各方面的写作压力和多媒体技术的运用压力，在有限的时间内发挥专业精神，最终达到拍作俱佳。“撑得住”更多的是指在连续作战的情况下，对持续性的考验。接下来是语言广播全媒体记者团队能力的夯实。笔者认为这方面在台内可以尝试语言广播小型全媒体专业化团队的方式。配合制作人制度，可以逐渐将 15 人到 20 人的团队分为侧重于音响、视频、文字、网络（含外文信息和中文稿件共享）的几个小型制作团队。在个人技能培养方面，根据台内人才储备战略需要对人才进行梯次和专业类别的划分。如有些记者口齿清晰，逻辑思维敏捷，适合做录音、新闻播报、在线节目录制等；有些记者则善于掌握新科技手段，适合进行摄像机拍摄和非线性编辑等。每个人的侧重方向不一样，可以发挥各自的特长进行相关的全媒体内容培训。

第二个方面的建议是培养语言广播记者的影像表达能力。笔者本人也经历了一个从传统记者到全媒体记者转变的过程，感到这个“软肋”更多的来自于图片与视频的拍摄与剪辑如何做到准确的影像表达。

一是图片新闻的抓拍水平要提高。在重大事件采访，比如每年的“两会”、重大自然灾害和名人高端访谈等过程中，台内一般都能够配备足够的专业摄影师和摄像师，但是对于语言广播记者来说，这部分技能必须得通过专业培训。按照台内鼓励各个语言广播节目创新的原则，很多并非台内统一安排的采访也十分需要图片和视频的拍摄，比如某些对象国的重要领导来访、一些线下与网友互动的活动等。这也必然要求记者在媒体技术上不能单一靠个人感觉行事，务必要扬长避短，做不好的一定要找有这方面特长的同事或者专业人士。关于图片摄影，不能依赖一时的培训，除了可以通过课程学习外，还需要多看专业的作品，学习镜头语言。二是视频的拍摄与剪辑能力需要培训。就目前台内语言广播记者情况来说，年轻的记者需要进行更多的专门培训，才能有机会完成转变。从语言专业毕业生到全媒体记者的转换肯定是一个长期的过程，这里还涉及硬件和软件使用的问题，各类 DV 和编辑软件的使用，后期调色、加中文和外语字幕等都需要台内组织专门的培训和长期的个人实践积累才能掌握。

在硬件和软件都齐备的情况下，剩下的就是如何选择合适和恰当的方式综合运用文字、声音、影像和网络表达以达到传播效果的最大化，这里当然还要考虑到国际台的传播策略，做到人有我优（依靠外语采访更加全面、贴近生活），人优我先（发布新闻的记者总在第一现场）。高端报道采用全方位立体报道方式，按照台内部署做好策划，如“两会”报道、奥运会报道、重要节庆报道等。语言广播自我策划的栏目，可以根据不同报道灵活搭配。如泰语部在配合国际在线进行“2013 友城之约——北京·曼谷”对话活动中，国际在线与泰语组的全媒体记者综合运用了视频直播、微博互动、网络图文直播的方式，取得了良好的传播效果。有的记者同时负责采访、文字整理、同声传译和微博图文发送，显示出全媒体的特点和优势。

第三个方面的建议是通过“请进来”和“走出去”的办法解决采访难度和表达方式的选择问题。在“请进来”方面，要善于总结业界成果，学习其他媒体的先进传播经验。在“走出去”方面，通过国内培训培养管理人才，带动海外分台发展。

在“请进来”方面，首先要了解全媒体记者所面临的任务和内容上的改变。这可以通过邀请知名全媒体学者开展相关的培训、开设相关专题讲座等方式实现。只有对自己所面临的人物和内容上的改变有清醒的认识，才能搞清楚如何恰当地在媒体竞争中灵活地从对象国取得信息来源，通过电话采访、图片摄影或者是视频采访等方式进行国际重大事件的报道。“走出去”在这里指的不光是让记者走到国内各个地区进行采访，而且是在对象国地区实现全媒体技术的运用，以此来积累经验。

第四个方面的建议是做好体能和心理问题的应对。体能方面，除了积极参加台内丰富的文体活动外，还可以参加有益身心、拓宽知识面的参观、展览、拓展训练等，并做好定期的体检以及心理咨询。台内的活动如“工间操”和“太极拳教学”都十分适合语言部记者参加。

新闻事件的突发性、亲历性、危险性、独创性也决定了新闻记者要有良好的心理素质。当采访一些创伤和冲击性事件时，势必会带来心理压力，久而久之“负能量”满身。在这个情况下，记者要学会倾诉、寻求社会支持等。心理学专家认为适当的冥想和渐进式的肌肉放松训练，是有效缓解压力的方法。考虑到台内大多数记者都是身处异国的环境，所以建议在驻站记者和工会、团委之间建立起更加顺畅的沟通机制，一方面组织能够更好地了解记者的心理状况，二来记者本身也多了一个组织上的沟通途径。

综上所述，语言广播全媒体记者的培养和发展是国际传播力建设中一个十分重要的环节，只有一步步抓好人才的培养与发展，才能开拓国际传播新局面。

（作者单位：中国国际广播电台泰语部）

国际广播记者如何提高采访质量

王　鑫

随着国际广播事业的蓬勃发展，越来越多的中国国际广播电台小语种节目实现了在对象国落地播出。这就给我们的节目质量提出了更高的要求。单一的新闻录播、专题录音报道等形式已经不能满足听众对节目质量的要求。作为国际广播人，我们的节目应该遵循国际广播媒介的特殊传播规律和特点，深入探索国际广播这一现代化听觉传媒独具的采访规律，不断提高业务素质，提高采访能力和技巧，力争以一流的采访活动，制作采访录制一流的精品访谈节目，这是对国际广播记者最根本的要求。国际广播记者的采访质量问题，对办好节目至关重要。那么，如何提高采访质量，制作精良的访谈节目呢？以下几点是笔者工作实践的切身体会。

一、采访的准备工作必须充分

广播记者采访前的准备工作如同战斗前的准备工作一样必须充分。如果准备不充分，面对采访现场的变化，很可能出现丢了西瓜捡了芝麻的现象，达不到高质量、高水平的采访目的。实践反复证明，大凡重视访前准备的记者，其采访的成功率就高。笔者认为采访的准备工作必须做到以下三个方面。

1. 明确报道中心思想，体现我国对外政策，制定切实可行的采访大纲

报道思想是记者采访活动的主线。国际台作为我国外宣的“国家队”，体现党和政府的声音是我们的基本原则。绝不能违背党的基本对外政策而哗众取宠，吸引所谓的关注，这是国际广播人的基本素质。因此，在采访准备工作中，首要的是要认真把握题材的内涵，加强报道的导向正确性。其次是基于“内外有别，外外有别”原则。遵循我国的外交政策、宣传口径。具体过程中，可以先列采访大纲，再将大纲小型化、具体化，力求操作性强。同时根据情况的变化，及时调整和充实报道计划。

2. 熟悉被采访者的有关材料，做到心中有数

在采访前，记者应尽可能了解一下采访对象的基本情况，譬如大致经历、身份背景、性格特征、在所在国地位影响等。有时候这些资料是不容易找到的，这时就要通过与采访对象的熟人、同事聊天，或者从网上查找，从而掌握一些素材、资料。情况了解得越多，在访问时双方的共同语言就越多，就越便于记者掌握更多有分量、有价值的内容。

3. 积极的心理准备和良好的心理素质

在采访中，受访者类型各不相同，对采访的态度自然也不尽相同：有的滔滔不绝，有的沉默寡言，有的饶舌多变，有的百般推诿。我们无法改变受访者的性格特点，面对这些情况，记者一定要有积极的心理准备和良好的心理素质，设计多种对策和方案。特别是采

访负面新闻事件，很可能遇到种种阻挠，这就更需要宠辱不惊，冷静从容，不急不躁，以积极韧性的心态疏通采访渠道，力争获得成功。实践证明，凡是采访获得成功的，都与记者扎实做好准备工作是分不开的。[①]

二、确保高质量的提问

国际广播记者高质量、高水平的提问，是采访活动获得成功的又一重要环节。对采访者来说，都希望被采访者乐意提供情况，而且谈话坦白直率，中肯切题。要做到这一点，就应该学会提问。如何确保高质量的提问，笔者采访实践中总结出一些经验。

1. 问题要简单明了，尽量具体

一些记者在现场采访中由于准备不充分，心中无数，提出的一些问题本身含糊不清，令人费解，导致被采访者无从谈起，心里一种不愉快之感不觉产生。因此，采访经验丰富的记者提问往往是非常自然、简单、明白，给被采访者一种舒服、乐于表白之感。

2. 提问方式要灵活多样，恰到好处

当记者在采访前掌握了被采访者的一些基本情况后，和采访对象见面时应注意用一些对方喜欢的话题提出问题，其目的是消除双方拘谨生疏的紧张情绪，形成融洽和谐的交谈气氛。切忌一开始就提一些棘手的、难以回答的问题。倘若开门见山提出一些严肃问题，就会使对方感到拘谨，有时会出现僵局，导致采访无法进行。当谈及一些敏感性问题或遇到僵局时，记者可以提一些与采访内容无关的问题，以缓解一下气氛；倘若遇到被采访者谈话滔滔不绝、主题不突出时，记者应有礼貌地打断对方，可委婉地提问，如："对不起，您能不能先谈谈这个问题。"这样使谈话不会离题。总之一定要在实地访问中，根据不同的采访对象采取灵活多样的提问方式，力求达到高质量的提问，这样才会使采访活动取得成功。

3. 注意提问的逻辑性，始终保持灵活敏捷的思维

记者在提问题时，要特别注意提问的逻辑性，不能使自己所提问题互相矛盾。在谈一些棘手的问题前，不妨先提两三个预备性问题，让采访对象感到这些问题是记者一时想到的而非预设的。同时，还要注意在谈话过程中收集那些能够启发你提出新问题的信息，始终保持灵活敏捷的思维，这样很可能发现当初没有想到的但有很大价值的新闻。

4. 切忌在采访中显出傲慢的神态，要有谦虚好学的精神

在记者群体里，广播记者是边访问、边观察、边录音、边报道，采访录音是一次性的，事后很难补录。这就决定了广播记者更要注意自己的个人修养，切不可在被采访者面前显露出傲慢的神态，不要怕向对方请教一些自己不懂的问题。[②] 因为记者经常会遇到一些不熟悉的行业，对这些行业的一些专业术语不大了解，这就应该不耻下问，虚心请教，直到知晓为止。只有这样，才能使采访者知识更加渊博，更好地驾驭采访局面，逐步成长

① 吴云涛：《浅谈谈话类节目主持人的基本素质》，《才智》2010年第11期。

② 李冬蕾：《试论访谈类节目对于主持人语言素能的要求》，《活力》2011年第5期。

为优秀的广播记者。

5. 重视采访收尾

大量事实表明，一个优秀的广播记者要能够做到驾驭采访局面，及时判断何时材料已经够用，重视设计采访结尾的问题，力求见好就收。据笔者的采访实践经验，最具有新闻价值的事实或最精彩的语言往往是在采访接近尾声时采访对象才会说出来。所以，广播记者采访到最后一刻，仍要集中注意力，保持新闻敏感性，使采访活动圆满结束。在记者设法找一个有特点的话题结束采访后，一定要征求采访对象对整个采访过程的意见和建议，并真诚地向对方致谢，包括给予对方由衷的称赞，力争给对方留下好印象。

三、灵活使用多种提问方式

1. 直接式

直接式就是开门见山，直截了当提出问题，让被采访者回答。这种方式常在人物专访中使用。比如问："您来自哪里?""您在北京住在哪里?""您在哪个单位工作?"……这种提出问题的方式，简单明了，给人以真实感，不管以后采访对象说些什么，又是怎样说的，都能让听众确切无疑地知道记者采访的是谁，是一种什么情况。同时，还可以为转入录音采访的主题起到铺垫作用。但是如果总是使用这种直问式的方法提出问题，就会使采访对象感到彼此身份的不对等，破坏现场采访的气氛，也会使听众听起来不是滋味："这是采访吗？倒和审讯差不多。"效果不会很好。

2. 请求式

请求式就是记者很有礼貌地代表听众向采访对象表达自己的想法，希望他能谈一下记者和听众关心的问题。比如采访一位来华旅游人士，记者往往要这样发问："请您介绍一下都参观了中国的哪些地方?"待游客回答之后，再问："您能不能谈谈您对北京的感受是什么呢?"这种问话的方式比直接发问显得委婉动听，采访对象愿意回答，听众也感到亲切。在录音采访中，笔者经常采用的就是这种请求式的问话方式。它有利于激发采访对象的谈话兴趣，也有益于在听众心目中树立一个文明礼貌的记者形象。

3. 重复式

重复式就是记者以发问的口气，重复采访对象说的某一句话，用意在于使采访对象再说一遍，以便加深听众印象，或者使谈话深入一步。比如采访来华学习的留学生暑期生活，一位留学生说，他和同学们一道骑着自行车从北京到秦皇岛旅行了一次。这时，记者可以重复一遍："哦，你们骑着自行车到秦皇岛旅行?"这样，采访对象就可以根据记者提问的口气进一步回答："本来想坐火车去的，可我们觉得骑自行车更有意思!"或者"是啊，秦皇岛离北京挺远的，可我们骑了两天就到了。"这种重复式的问话，常在采访对象讲了一些听众不大熟悉的地名、人名和年代之后使用，以便使听众听得更清楚。有时候采访对象本人由于语言的问题，或者对某个问题还没有说得很明白，记者为了使听众听清楚，也需要重复发问。尤其是在国际广播中涉及听众比较陌生的中国的地名、人名等时，更应多采用此种提问方式。

4. 惊叹式

惊叹式就是记者在和采访对象交谈的时候，被某件事、某个人所感动，用惊叹的口气流露出自己的感情，同时又能让采访对象顺着记者的口气继续说下去。如前例，留学生说他们从北京骑车到秦皇岛去，记者听到这里也可以使用惊叹式的发问方式：“啊，那可真够远的!”采访对象就可能根据记者的惊叹之处接下去说：“是啊，我们骑了两天呢，可大家觉得很有意思。”惊叹式的发问，真挚自然，是活跃采访气氛的好方法。

这四种问话方式是电台记者在录音访问中经常交替使用的。一个高明的电台记者不但要能够根据采访对象的不同、采访场合的不同以及问题的不同来决定自己的问话方式，而且要有“见面熟”的本领，善于发问，善于围绕采访主题发问，驾驭整个采访过程，善于通过自己的问题和声音给听众留下一个亲切、文明和有学识水准的记者形象。通常记者和采访对象是不认识的，谈起话来会很拘束。尤其对许多没有录过音的人来说，一看到话筒，就会更感紧张。所以记者要有“谈兴”，让人感到你随和，好接触，愿意和你交谈。如果记者没有热情，不善言谈，甚至有气无力，十分冷漠，那么不但采访对象谈不出什么东西来，而且讲出来的东西也会让人感到苍白无力，没听头。但是，这种谈兴并不表现为记者的东问西问，离开采访的主题太远，及至回来整理录音素材的时候，才发觉可供播出使用的谈话内容不多。记者应当善于抓住听众关心的本质问题采访。

四、采访的形式应该灵活多样

作为一个广播记者，除了个别访问、访谈以外，还应该采取灵活多样的采访形式。

1. 座谈采访

座谈采访是记者邀请新闻事件有关人士，包括知情人、专家等，进行座谈以了解实际情况的一种采访形式。这种采访，记者应对参会人和主要发言内容事先有充分的准备，对座谈会如何进行要心中有数，并要注意掌握座谈进度，力争按计划进行，恰到好处时收尾，保证报道质量。

2. 电话采访

文字记者运用电话采访获取材料同样体现出方便快捷的优势。如果记者善于和采访对象交流，就可以较充分体现声音传真、传情的优势，给人以如临其境、如见其人的真切感受。其局限性在于记者在材料真实性的判断上难以准确把握；同时由于电话交流时间有限，要深入采访还需记者亲临现场获取第一手资料。在国际广播中，电话采访往往是节约成本，同时提高节目质量的较好形式之一。

3. 体验式采访

这种采访是记者投入多、难度大的一种采访形式，多是重大活动或调查性报道题材。它要求记者不仅要亲临现场进行采访报道，还要求记者自始至终参加活动，成为集体活动的一员。既包括重大时政新闻的报道，也包括各种民间外交、外事活动的采访，这种形式往往“投入大，产出高”。

4. 隐性采访（国际报道采访中慎用）

所谓隐性采访，即指记者不暴露自己的身份，亲自到事件现场进行采访。事先不惊动采访的单位或对象，能够较真实地了解事实。这种形式往往用于批评报道或调查报道。当然，需要强调的是：记者采用隐性采访时要遵守新闻工作者职业道德，在不侵犯采访对象隐私权的前提下进行。这种方式在国际广播报道中要慎用。采访过程中，既要遵守相关外事纪律，也要保证记者自身安全。

记者无论采用上述哪种形式，只要努力探索广播采访的规律，扎实提高采访技能，就能采制出高质量的稿件。提高采访质量是广播记者应具备的最重要的基本功之一。以上就是本人作为国际广播一线工作人员的一些个人感受。当然，如何提高采访质量是一个永久性的话题，同时也是一个与时俱进的过程，需要我们在工作中不断总结、提高。

（作者单位：中国国际广播电台印尼语部）

浅谈突发事件对外报道中新闻媒体如何更好地塑造国家形象

薛斐斐

在当今信息时代，如何在突发事件报道中维护国家形象，已经日益成为各国新闻媒体不可忽视的问题。我国2007年11月1日起施行的《中华人民共和国突发事件应对法》规定："突发事件，是指突然发生，造成或者可能造成严重社会危害，需要采取应急处置措施予以应对的自然灾害、事故灾难、公共卫生事件和社会安全事件。"当前，随着国际联系日益紧密、信息传递更加迅捷，突发事件发生后，如果没有及时有效地采取相应应急措施，势必造成各种不良影响，同时也将会影响到我国的国家形象。而对于在突发事件中扮演重要角色的新闻媒体来说，正确定位在突发事件应对过程中的角色、功能并发挥作用，对于维护我国国家形象十分重要。进行这方面的研究也很有意义。本文尝试以中国唯一的国家级对外广播电台——中国国际广播电台（以下简称国际台）为例，在这方面谈些自己粗浅的看法。

一、了解突发事件的特点

首先，需要对突发事件的特点有清晰的认识。笔者认为，首先，突发事件的特点是突然发生，无法预料，往往令人措手不及。尽管人们利用科技手段可以预知一些自然灾害的发生，但却无法完全避免灾害的发生。此外，公共卫生事件和社会安全事件与可以用科技手段预测的事件相比，其发生就更加难以预测。突发事件的这个特点使得突发性自然灾害发生时，在猝不及防的情况下，由于相关信息的缺失，很容易在人群中引起恐慌和谣言；在群体性事件发生时，一般涉及人数比较多，影响力更加广泛，如果不能做好突发事件的处理工作，那么会造成更大范围的负面影响，由此产生的损失也会更大。

其次，突发事件的后果往往比较严重。如上所说，在应对突发事件时人们往往没有及时和充分的准备，由此产生的损失会比较大。不仅会造成人员的伤亡、经济上的损失，还会造成人心的恐慌。而这些后果、负面效应的消除往往需要更大的投入和更长的时间。

再次，突发事件的特点是无规律可循。引起突发事件的各类因素各不相同，而且往往无规律可循。比如飓风、地震等严重自然灾害，只能依靠科技手段尽力做好预测工作，但却无法完全准确地总结其发生的规律；而像公共卫生等突发事件，由于它往往与人们常规的生活经验相区别，所以对于这类事件何时发生、如何发生，人们往往也无法预测，也很难总结其共性和规律。

最后，突发事件的特点是影响范围大。突发事件的影响力和影响范围一般都比较大，往往会产生较大的负面影响，而且很容易成为社会甚至国际舆论关注的焦点。此外，突发事件发生后，由于事发突然，相关信息报道不能很快跟进，容易形成流言等不实消息在人群中的快速传播。一旦不实消息形成，那必将对国家和政府形象造成负面影响，尤其是有些消息是由于恐慌而产生的无根据猜测或是纯属恶意造谣，这都会引起社会秩序的混乱和公众的恐慌。而想要消除这些负面影响，则需要花费数倍的努力。

二、新闻媒体如何做好突发事件对外报道

笔者认为，基于突发事件的上述特点，新闻媒体应从以下七个方面，做好突发事件对外报道，树立我国良好的国家形象。

第一，应树立危机意识，建立应急机制。

对于新闻媒体来说，做好危机应急预案是十分必要的。这也是政府危机管理系统的一个重要组成部分，也是新闻传媒在危机潜伏期的任务和作用的具体体现。① 新闻媒体建立起危机事件应急报道机制，就能在突发事件发生时，从容应对，科学安排分工，并及时准确地发布相关消息，形成正确舆论场，抢占话语权，为政府及时有效处理突发事件营造良好舆论氛围。从“非典”之后，我国新闻媒体开始逐渐重视危机应急报道机制的建立。

第二，应全面、及时、准确地公开相关信息。

及时、准确地传播信息是一个国家塑造良好形象的必要条件。一般情况下，当与一国相关的重大突发事件发生时，如果传播主体能够及时、准确地发布信息，并以此建立信誉，就会引导舆论朝着对国家有利的方向发展，而不致陷于被动。② 通常来说，政府对于人民和社会来说是最权威的信息源，人们往往期望从政府那里听到权威的声音。因此在突发事件发生时，新闻媒体的责任之一就是充当政府与公众信息交流沟通的桥梁和渠道，向社会及公众传递政府的权威声音，提供准确可靠的信息。在突发事件中，全面、及时、准确地公开相关信息，对于消除流言，掌握主动地位有很重要的意义。

第三，应迅速反应、主动出击。

突发事件的发展速度往往十分惊人，会迅速波及蔓延开来。由于公众对危机相关信息有强烈的知晓欲，因此有关信息能引起公众的广泛关注并形成各种评价，而在突发事件中由于信息传播不通畅，往往还存在各种猜测和谣言。这种情况对新闻媒体的快速反应能力提出了很高的要求。以中国国际广播电台对四川芦山“4·20”7.0级地震的报道为例，地震发生后，中国国际广播电台迅速组织启动了应急采访报道工作。地震发生当天，派出两名记者第一时间随李克强总理乘专机前往震区采访，随即又先后派出了新闻中心、国际在线和英语中心的多名记者赶赴灾区报道，并通过环球资讯广播、国际在线和各外语平台及时、全面地呈现抗震救灾的最新进展，获得第一手信息，确保了报道的准确、及时、充分。

第四，应坚持正确的立场和舆论导向。

---

① 赵志立：《危机传播概论》，清华大学出版社，2009年。

② 程曼丽：《大众传播与国家形象塑造》，《国际新闻界》2007年第3期。

舆论在英文中意为“公众的意见”，是“公众关于现实社会以及社会中的各种现象、问题所表达的信念、态度、意见和情绪表现的总和。具有相对的一致性、强烈程度和持续性，对社会发展及有关事态的进程产生影响”[①]。突发事件处理事关中国的国家形象。新闻媒体除了全面、及时地报道突发事件，满足公众的知情权外，还承担着正确引导舆论，确保社会和谐稳定的责任。尤其是对于作为唯一国家级对外广播电台的中国国际广播电台来说，在危机事件的应对中，更应该坚持正确的舆论导向，坚持正确的报道立场，争取在第一时间发布权威、客观和详细的相关信息，掌握报道主动权，把事件真相告诉国外受众，消除误解和流言，让国外受众和媒体通过中国的权威声音了解关于中国的准确信息。

第五，应积极运用新媒体和多媒体融合手段。

当今时代是多媒体相互融合的时代。除报纸、杂志、广播、电视等传统媒体外，网络、手机等新兴媒体正在成为非常重要的话语平台，这些新媒体具有很强的互动性、时效性和开放性[②]，并覆盖了广泛的受众群体。新媒体的出现使普通公众也成为新闻传播过程中的一分子，他们借助手机、博客、BBS、微博等平台发布信息，发表观点。

以国际台为例，现在在突发事件发生时，除了通过传统的广播向受众及时发布相关消息以外，还积极通过网络、手机广播等方式传播信息，增强与受众的互动，达到了更好的传播效果。据统计，2012 年国际台全年共收到各类信件 312 万件，海外分台覆盖人口 1.9 亿，国际在线多语种网站日均页面浏览量（PV）约 2 000 万，平面媒体发行量 35 万份，社交媒体粉丝总数 1 246.4 万人，数字媒体用户数 6 235.5 万，其中互联网电视覆盖用户达 230 万。[③] 多媒体融合、全媒体发展的方式正在不断显现其作用并覆盖着日益众多的受众群体，这些都为我们准确对外传播中国声音，让国外受众准确了解中国提供了有力平台。

以四川芦山地震为例，地震发生后国际台采用了多种方式确保能及时、全面地对地震情况进行报道，除向灾区派记者进行采访报道外，还综合无线广播、在线广播、网站、海外落地电台、微博等新媒体平台及时、全面地做好抗震救灾报道工作。国际在线中文网和多语种网站迅速作出反应，及时发布地震消息，搭建相应网络专题，实时更新和丰富专题内容。各外语媒体积极借助微博、移动平台等新媒体进行配合报道。微博信息的发布迅速准确，生动鲜活，引起了网友和粉丝的高度关注和积极转发，有效地向受众传递了有关灾区的翔实报道。全媒体融合的报道也得到了各国主流媒体的高度认可，国外各主流媒体在报道中纷纷转载国际台的消息，并对此次地震报道给予了高度赞扬。

第六，应充分考虑对象国受众的思维方式和文化习惯。

这方面首先是要考虑受众的语言接受能力。一国信息传播的话语方式只有同目标受众的信息编码、释码、译码方式相吻合，传播才能顺利进行并且有效地传播。塑造良好的国家形象，就必须与国际通行的认知、规范体系相符合。[④] 这方面国际台因其语种特色有其

---

① 陈立丹：《舆论学》，中国广播电视出版社，1999 年。

② 谢耕耘、曹慎慎、王婷：《突发事件报道》，上海交通大学出版社，2009 年。

③ 王庚年：《中国国际广播电台 2013 年工作报告》，2013 年 1 月。

④ 严文斌、陈瑶：《突破国际话语弱势还原中国国家形象》，《中国记者》2009 年第 8 期。

独到优势。其次是应在新闻编排上充分考虑对象国的文化、思维方式和理解方式，注重方式和技巧。再次是在新闻翻译过程中，应充分考虑对象国受众的收听、阅读习惯，尊重他们的用词习惯，这样才能使我们所传递的信息更容易被对象国受众所接受、所理解，达到更好的传播效果。

第七，动之以情，报道中体现对危机中公众的关怀。

突发事件如果处理不当，常会引起公众情绪的不安与焦虑，还可能导致社会动荡。而在突发事件报道中，突出人文情怀的报道，能使受众感同身受，更易被受众接受，从而达到更好的传播效果。

在突发事件的处理中，新闻媒体除了传递信息以外，在稳定公众情绪，维护社会秩序上也可以发挥一定作用。在突发事件报道中体现人文关怀是值得媒体注意的事项之一，尤其是在灾害性突发事件的报道中。比如，应积极传递政府和社会的关怀，这些信息能帮助受灾人群树立起坚定的同灾难做斗争的信心。此外，新闻媒体也应该多从细处着眼，从受灾的个体出发，从他们的角度考虑问题，以典型事例吸引社会的关注，争取更多的帮助。新闻媒体的此类报道能更好地向国际社会展示突发事件处理中我国政府和社会的人文关怀，展示负责任的大国形象。

三、结语

全球化的网络时代里，一个国家发生突发事件后，往往会受到全球媒体的关注。虽然现在头条新闻或者是头版新闻的替换越来越快，公众的注意力很容易很快地从一个事件转移到另一个更新的事件上，但是如果负面报道一旦造成，其影响可能会延续几个月甚至几年。因此突发事件应对过后，新闻媒体应及时进行全面的评估，总结危机报道中的经验教训，评估危机报道的宣传效果，并从危机处理报道实践中发现问题、解决问题，提高突发事件应对能力。突发事件应对后的经验总结不仅有助于提高新闻媒体再次应对危机的能力，也有助于发现问题，针对问题调整报道策略，更好地为构建国家形象服务。

突发事件的发生，为国家形象的塑造带来了考验，同时也带来了机遇。在事件的及时有效处理中，新闻媒体积极向广大国际受众展示、介绍突发事件的真实情况，增加国际公众对我国的认识和了解，消除偏见和误解，将更好地为我国良好国际形象塑造服务。

（作者单位：中国国际广播电台孟加拉语部）

浅谈如何做好大型直播类报道

——以国际台环球资讯广播节目为例

安　然

大型直播类报道因其在广播业务当中常见且分量较重、前期准备时间长、投入精力大而倍受广播从业人员的关注，如何做好相关报道也成为业界关注的焦点。近年来，随着多媒体形态的发展以及受众口味的不断提升，该类报道也需要注入更多的创新元素，以适应不断发展的媒体传播需求。中国国际广播电台环球资讯广播近年来在这方面做了诸多有益尝试，由此产生的丰富经验具有一定的参考价值，本文就此简要谈一下。

当今广播电视新闻正朝着缩小新闻事件发生和报道时间差的方向发展，即广播电视的时效观已经从过去的“TNT”（Today’s News Today，今天的新闻今天发）变为现在的“NNN”（Now News Now，即时的新闻即时发）。广播电视新闻最迷人的魅力就是现场同步直播。这种集现场性与时效性为一体的传播方式是实现广播电视新闻性节目主导性的有力保证。[①] 重大事件发生之时，广播电视从业者往往采取大型直播报道的方式，比如集中某些时段进行持续报道，充分体现其现场感和时效性，以期用充分的报道规模和丰富的报道内容赢得收听率。那么，我们究竟该如何做好此类报道呢？笔者有如下几点体会。

一、根据报道内容和特点的不同设置相应报道方案

根据笔者的认识和理解，大型直播类报道主要有会议类报道、科技类报道、突发类报道和自主性报道等几类。做好不同类型大型直播报道，首先需要根据报道对象的内容和特点设置相应报道方案。

1. 会议类报道

如全国人大、政协开闭幕式、上海世博会开闭幕式、伦敦奥运会开闭幕式等重大仪式直播报道。此类报道程序性较强，时间、地点和事件等因素具有一定的预知性，编制此类报道方案时需设定好时间点及关键点，并将广播常用的连线报道、录音报道、音响资料片、专家解读等多种元素融入其中。

2. 科技类报道

如近年来出现较多的“嫦娥一号”“嫦娥二号”“天宫一号”发射并与神舟系列飞船对接等航天工程类报道。此类报道因为天气和发射条件等因素具有一定的不确定性，需做好相关的应急预案。

---

① 百度百科：关于“现场同步直播”的意义，http：//baike.baidu.com/view/3161412.htm。

3. 突发类报道

如日本大地震、卡扎菲身亡等突发性新闻。此类报道需立刻打断常规性节目编排，对正在发生的新闻事件进行及时的报道和解读，不断介绍最新消息和多方反映。

4. 自主性报道

针对某个新闻事件，自主策划大型直播类报道，如环球资讯广播在2012年12月21日联合多家电台就“世界末日说”所做的环保公益直播报道《地球——我们共同的家园》，呼吁人们提高环保意识，倡导文明科学的生活方式。此类报道内容设置可提前安排妥当，形式更加灵活多样。

二、明确主题、把握主线，注重报道层次

首先，要明确主题、把握主线。一般而言，大型直播类报道持续时间长，内容涵盖面广，总的来说需要有一个主线贯穿始终，为此有必要在策划阶段设置好主题。醒目的主题将为报道加分不少。如环球资讯广播在2013年“两会”闭幕当天进行了四个小时的直播报道，名字确定为《新人新风新政》，借此展示2013年“两会”出现的新气象、新局面，体现新一届政府的执政思路和理念，收到了很好的效果。

其次，要注重报道层次。一般而言，对前方同期声进行切换的大型直播类报道，可以划分为直播前的预热环节、直播中的转播环节和直播后的总结环节三大块。预热环节可通过连线、音响、嘉宾解读等多种方式烘托气氛，使听众对直播盛况的到来有一种期待感。直播实况结束后，听众还有意犹未尽的感觉，这时就需要对直播的活动或事件进行解读和分析，帮助听众做梳理和归纳，同时亦可做一些延展性或展望式的报道。以上述《新人新风新政》直播报道为例，可以看作两场大直播的合体，创作者将其分为三部分，第一部分重点转播国家主席习近平和全国人大常委会委员长张德江的讲话，在这之前和之后都分别做了预热和总结。因为中间涉及转场，第二部分将重点放在对“两会”成果的总结上。第三部分即是对国务院总理李克强记者见面会的介绍和直播，节目当中既有对过去的回顾，也有对未来中国政府的执政方向和面临挑战的分析。这样的直播报道可以做到层次分明、层层递进。

三、节目制作过程中，需要注意做到六个“增强”

1. 增强现场感

与其他媒体相比，广播具有天然的快速传播优势，在直播类报道当中，需要尽可能多地引入记者连线的形式，记者通过在现场的讲述，将自己的所见所闻所感以最快的速度传递给听众，使听众尽可能多地知晓发生了什么，力求达到感同身受的效果。同时现场出现的诸如人流声、嘈杂声、音乐声等都能融入进来，使得真实性得以进一步凸显。除此之外，转播现场同期声也可以收到相应的效果，相对而言更加直观一些，比如环球资讯广播2010年10月1日晚上对“嫦娥二号”发射进行的直播报道，听众最关注的莫过于火箭发

射前的倒计时声以及腾空而起的瞬间，这些现场效果可以使听众在那一刻仿佛置身发射现场，心中的自豪感油然而生。

2. 增强感染力

广播是用声音传递的一门艺术，增强广播的感染力对于广播节目来说至关重要，但凡优秀的广播节目无不包含着编播人员的真情实感。跟电视和网络相比，广播节目主持人虽然不能让听众看到他的长相、衣着和表情，但是可以通过语言和语调的变化使听众感受到主持人的魅力，产生更多想象和发挥的空间。因此对于广播节目主持人而言，对稿件的熟悉程度，对事件的把握程度，以及对节目的情感投入和临场发挥的表现等诸多因素都影响着节目的好坏，影响着听众的感受。就大型直播报道而言，更需要主持人对直播对象的理解和感知、契合度，以及使用贴近性的语言，只有这样才能尽可能地接近听众、感染听众。除了好的播报之外，直播类报道想要增强感染力还得有充分的内容做支撑，这需要前期大量的准备工作。如环球资讯广播在 2010 年上海世博会开幕之际做的直播报道《城市，让生活更美好》，通过“走进世博”“拥抱世博”和“体验世博”等多个角度展现上海世博会的魅力。翔实的内容、丰富的介绍令听众耳目一新。另外，点睛的片花、恰到好处的垫乐以及歌曲都可以提升节目的感染力，使节目做到有声有色，有情感。

3. 增强权威性

这方面首先是嘉宾的权威性和表现力。嘉宾认知水平的高低、口才的好坏以及临场发挥的程度与直播报道的成功与否息息相关。因此，在制作节目时，选择合适的嘉宾很重要。一般而言，一个好的嘉宾需要具备的条件有三：第一，要具有相关领域和行业的深厚造诣，是该领域、该行业的专家；第二，要拥有良好的语言表达能力，能够用通俗易懂的语言表达专业的知识；第三，熟悉广播电视媒体的传播特征。就与嘉宾探讨的议题设置而言，编播人员需了解直播报道的新闻背景，熟知相关流程，问题设置要专业，提问得当，不能让人看起来较为业余，这需要提前做好功课。当然，权威并不意味着完全是高端，能够获得第一手资料、能够让人相信同样是权威。广播记者在新闻现场能够获取第一手资料，同样也具有权威性，听众也会因此产生信任感。

4. 增强节奏感

广播节目的元素多样，大型直播报道更是如此，只有将多种元素综合起来运用，才能达到最好的传播效果。大型直播报道可以以时间段划分，比如每半个小时为一个节点，这段时间中，要衡量穿插片花的频次、连线和音响片的数量、嘉宾讨论和听众互动的次数等，同时对每项内容的时间有一个估算，比如连线时间控制在 3 分钟以内，做到简洁有力，重点突出，太长听众则容易听腻，信息较为重复。需要说明的是，直播是一种动态的传播，存在较多变数，因此在节目进行当中要根据实际情况作出一定的调整，力争节目整体有张有弛，有条不紊。2011 年，环球资讯广播在制作“天宫一号”发射直播报道时，充分调动多种直播元素，运用记者现场报道、直播间专家解读、背景资料音响短片播放、主持人穿插介绍、短信互动、音乐和片花搭配等形式，节奏此起彼伏，扣人心弦，做到几分钟一变化，几分钟一转场，节奏感凸显。需要说明的是，如果现场直播还没有开始，时间相对来说又比较宽裕，这时节目制作者不妨通过介绍背景资料来解释新闻事件的意义，这在一定程度上也可以延展报道范围。主持人也可以通过适当地播报频率呼号、介绍现场情况、阅读听众和网友的留言等方式来做补充，加强直播的力度。

5. 增强创新性

创新使广播节目充满活力，也是吸引听众持续关注的重要途径。在媒体激烈竞争的环境下，能否创新成为广播持续发展的必备条件之一。突破、创新的途径有很多，如从报道规模、报道方式、传播形态等方面着手，从报道时长、报道范围、报道人员、报道参与度等多方面着力等。上文中提到的《地球——我们共同的家园》30小时大型直播报道，从2012年12月21日19点开始，持续到23日凌晨5点钟，通过多台大联播的形式，分别在北京、上海、宁夏、浙江、哈尔滨、广东、扬州、青岛设立国内直播点；同时还在海外设立报道点。与此同时，在上海、北京两地还分别举行年终庆典等地面活动。将国际台台内资源、海外资源、地方电台资源进行有效整合，同时充分利用广播、网络、报纸等多媒体形态进行多渠道、全方位的立体传播，是一次媒体联动机制创新的积极尝试。万变不离其宗，创新需要保持并体现本频率特点，不能背道而驰。环球资讯广播一贯以国际化视角为特色，集合国际台多方资源优势，打造资讯品牌。在《地球——我们共同的家园》直播报道当中，节目实时连线环球资讯广播驻外记者，并邀请环保部、世界自然基金会、自然之友等机构的知名环保人士和学者作客直播间，向听众介绍环保理念，讲述环保故事，就人类与环境等相关主题展开探讨和解读。同时，每个整点采用不同国家的语言进行报时，充分体现了国际台的语言优势。

6. 增强互动性

随着社会的不断发展，媒体的形态变得日益多样，互联网、手机等业务突飞猛进，尤其是近年来微博的兴起，使公众参与度、与媒体的互动程度不断提高。越来越多的媒体意识到多种资源融合共享从而增强传播效果、扩大影响力这一点并积极实践。而对于广播这种实时互动的媒介来说，更是如此。大型直播报道需要实时将听众或者网友拉进来，形成参与的热潮。一方面，听众或者网友的留言角度多样，对节目制作者来说是一种启发，主持人和嘉宾也可就此发表各自的观点和看法，可以丰富报道内容；另一方面，可以达到调动现场气氛的目的，对于紧张有序的直播状态来说，不失为一种缓解和调整。就互动话题的设置而言，节目制作者要尊重听众或者网友的选择习惯，切中他们的心理，使互动在平等交流、真诚沟通的基础上进行。《地球——我们共同的家园》直播报道进行了大约30个小时，在此过程中，环球资讯广播分别在新浪微博和腾讯微博开设相关的主题搜索和评论区，并且利用微信与听众进行语音互动，同时在国际在线开设专区不断更新节目精彩片段。由于节目话题设置轻松愉快，具有很强的贴近性，因此吸引了大量听众和粉丝参与节目，评论和转发相当踊跃，共收到评论3万余条，听众的微博页面浏览量过亿。

（作者单位：中国国际广播电台国内外宣广播中心）

领导人出访现场直播考验中国媒体国际化水准

洪 琳

领导人时政报道一直在中国媒体的新闻报道中占据重要位置。但以往，中国领导人出访或者参加重要的国际会议，中国媒体多以新闻播报的方式体现，极少进行现场直播报道。今天，随着中国的国际地位日益提高，中国领导人出访引起国际社会越来越多的关注。中国媒体对此进行现场直播，不仅能很好展示中国领导人的个人魅力，更能充分展示中国改革开放的形象。领导人出访现场直播，已经成为公共外交的一部分，而且考验着中国媒体国际化的水准。本文尝试对此进行分析。

一、领导人活动现场直播是媒体常规报道形态

2013 年 3 月 22 日，北京时间 23 点 15 分，正在俄罗斯进行国事访问的中国国家主席习近平与俄罗斯总统普京共同出席俄罗斯“中国旅游年”开幕式。开幕式上，习近平主席和普京总统分别致辞并观看演出。中国国际广播电台（以下简称国际台）使用汉语普通话、英语、俄语，对习主席参加开幕式并致辞进行直播，直播内容通过国际台海外分台、在线广播、中波广播和合作伙伴台等平台播出。中央电视台综合频道、中文国际频道、新闻频道和英语、俄语等外语频道也进行了现场直播。国际台成为首家进入克里姆林宫进行直播的外国媒体。北京时间 23 日下午 2 点，习近平在莫斯科国际关系学院发表演讲。国际台、中央电视台等中国主要广播电视媒体又一次进行了现场直播。其中，国际台积极与俄通社—塔斯社、《俄罗斯报》、俄罗斯之声广播电台三家俄罗斯国家级主流媒体的官方网站合作，实现同步联合直播，有效地扩大了直播报道的覆盖和影响范围。

习近平访问俄罗斯，是他担任中国国家元首后的首次出访，引起国际社会的广泛关注。中国媒体多平台、多语种的现场直播，使国外受众有了通过中国媒体直接了解这一重大事件的可能。习近平此次出访的多场直播，传播效果好，反响极佳。中国领导人出访现场直播报道，今后极有可能成为国际台、中央电视台等媒体的常规报道形态。

对领导人出访活动进行现场直播，早已是国外媒体的常规报道手段。1790 年 1 月 8 日，有美国“建国之父”之称的乔治·华盛顿总统在临时首都纽约市宣读了“年度信息报告”，这可以看作美国历史上的首次国情咨文演讲。美国总统发表国情咨文演讲原本只是白宫的一项常规工作，但如今，全美各大电台、电视台争相直播，各路记者云集，俨然已经变成一项全球瞩目的盛事，美国媒体更是称之为“华盛顿的奥斯卡颁奖礼”。各大电台、电视台对总统国情咨文演讲进行转播，直接改变了国情咨文的根本性质。布鲁金斯学会的著名政治学家保罗·莱特说：“随着听众范围从华盛顿环城公路内扩展到环城公路外，国情咨文已从时常是空洞的政策演说逐渐变成了一项重大的游说宣传，可以这么说，国情咨

文的主要听众如今是美国选民和更广泛的海外听众，而不是美国的国会议员。”

对领导人出访活动进行现场直播，中国媒体起步较晚。2004 年 1 月 26 日晚上，中央电视台同时在新闻频道和 4 套、9 套以现场直播的方式报道了时任国家主席胡锦涛出访法国的新闻。特别是央视新闻频道从 21:20 开始现场直播了长达 70 分钟的“胡锦涛主席访问法国特别报道”。以现场直播的方式报道国家领导人出访的时政新闻，这在央视还是头一回。2012 年 2 月 13 日至 17 日，时任国家副主席习近平访问美国。国际台使用汉语普通话和英语，对习副主席在美中友好团体欢迎午宴、中美经贸合作论坛演讲，访问艾奥瓦州马斯卡廷小镇等活动进行独家直播。几场直播报道取得圆满成功，海外受众特别是美国受众对国际台报道给予高度评价。

海外民众对领导人活动的关注度很高，海外媒体直播领导人活动早已是常态，国际台、中央电视台等有海外播出平台的中国媒体对领导人出访活动进行直播，对方不会感到意外。

二、领导人出访现场直播有其必要性、必然性

中国领导人出访，一方面希望影响对方高层人物，另一方面还要增进普通民众对当代中国的认知。要想达到预期的传播效果，需要就对象国的传媒特点、受众习惯进行认真研究，并制定相应策略。而对领导人活动，有选择地进行直播，符合海外受众的习惯，能很好地塑造当代中国国家形象和领导人形象。可以说，今后中国主流媒体对领导人出访进行常态化的现场直播报道，有其必要性、必然性。

首先，尽管中国已是有着全方位影响力的世界性大国，但西方媒体对中国进行有选择性、带偏颇性的报道还会持续很长时间。如何改变这种局面？这就需要国际台、中央电视台等国际传播媒体担当起促动改变、寻求改善并最终引领方向的作用。

其次，围绕领导人出访活动做文章是增进了解的绝佳途径。中国和平发展，需要的是全方位的发展。但实际过程中，经济、政治、军事、文化等领域发展速度不一。经济上，我们经济总量已经排名世界第二，但其他方面的发展还存在不足。政治上，我们的价值观在国际社会认同不够；文化上，外界对中华文化更多停留在欣赏层面。如何使国际社会加强对中国的认同？围绕领导人出访活动做文章是绝佳的途径。

领导人，除了领导人定位外，也是普通中国人的代表。可以说，围绕领导人出访做文章，可以充分展示外交的魅力，这不仅是领导人的魅力外交，也是普通中国人的魅力外交，更是国家的魅力外交。像习近平主席出访俄罗斯，夫人彭丽媛一同亮相，就引起外界的广泛关注。

新加坡《联合早报》3 月 21 日在题为《彭丽媛：中国的新名片》的文章中称，彭丽媛显然具备了胜任中国新时代第一夫人的实力。在 30 多年的演艺生涯中，彭丽媛见过无数大场面，靠自己的实力征服过无数观众。正因如此，彭丽媛的第一夫人之旅尚未开启，已引起万众期待。《纽约时报》曾在一篇专门描写彭丽媛的文章中称，她形象好，在中国享有盛名。文章说，20 多年来，彭丽媛一直在春节晚会盛装出场，演唱爱国歌曲。近期，彭丽媛致力于公益事业，比如慰问汶川地震的幸存者等。美国《大西洋月刊》对彭丽媛的评

价也充满赞赏，文章称“彭丽媛具有第一夫人的全部特征：习惯公众的注目，有一种平易近人的美丽，拥有盛名……”印度《德干先驱报》同样肯定地认为，作为著名艺术家的彭丽媛，将会为在德班举行的金砖国家会议增添色彩和魅力。

美国、印度媒体对中国有失偏颇的报道一直很多，但从《纽约时报》《大西洋月刊》《德干先驱报》的报道看，对彭丽媛的报道很自然会延伸到中国公益事业等许多个方面上去。这些国外媒体其实对彭丽媛的了解并不多，中国媒体在直播中如果报道出更多有意义的内容，自然会被这些国外媒体转载播出。

最后，也是非常关键的一点，现场直播领导人活动在我国早已有之，只是相关媒体没有主动寻求突破，更没有做到直播的常态化。而事实上，我国当代领导人的政治自信以及普遍具有深厚政治素养、良好公众意识、娴熟语言表达等，已经为现场直播领导人活动的成功提供了必要的前提条件。习近平在莫斯科国际关系学院发表演讲称，无论遇到什么样的曲折，历史总按自己的规律向前发展，没有任何力量能阻挡历史前进的车轮。“要跟上时代的前进步伐，就不能身体已经进入 21 世纪，脑袋还停留在过去。”这样含义丰富、风趣幽默的语言表达特别适合现场直播。同样，习近平访问美国前接受《华盛顿邮报》书面采访时说，“宽广的太平洋两岸有足够空间容纳中美两个大国”，很好地展示了大国领导人形象，此类言语表达非常适合向国外受众传播。可以说，我国当代领导人无论从气质、内涵还是外交意识等角度看，都可以成为直播报道中的主角和亮点，不怕与外国领导人同台“竞技”。此外，技术条件、媒体条件、受众条件的成熟，也为现场直播领导人活动提供了有力的支撑。

三、重大新闻事件现场直播是媒体竞争力的体现

对重大新闻事件进行现场直播，是新闻媒体竞争力的体现。对中国领导人出访进行现场直播，不仅意味着中国媒体和国外媒体的竞争，也是媒体话语权的竞争。因此，可以说，对中国领导人出访进行现场直播，考验着中国媒体国际化的成色。

改革开放 30 多年来，中国经济持续高速发展，实力不断增强，但中国在国际上的话语权还严重缺失，中国的国际传播能力还相当滞后，中国在世界上的文化影响力还相当有限。可以说，中国的对外舆论力量与我国经济社会发展水平和国际地位还极不相称，中国的国际形象和国际舆论环境塑造权还掌握在西方媒体的手中。以 CNN、BBC、《纽约时报》为代表的西方主流媒体，它们所传播的中国声音、中国形象，以及它们传播中国声音、中国形象的方式，很大程度上左右了世界上其他国家受众关于中国舆论的视听和认知，基本上掌握了当今国际涉华舆论的话语权和主导权。它们将中国发生的事情按照西方国家的思维方式和价值标准进行报道传播，形成了涉华舆论传播的强势，对中国的文化传统、核心价值观、内政外交形成冲击和干预。而中国领导人出访时，往往也是这些西方媒体加大杂音、加强干预的时候。借领导人出访的高关注度，向国外受众传递真正的中国声音，为他们描绘真正的中国形象，是中国媒体的一个重要使命。从这个角度讲，做好领导人出访报道，尤其是现场直播报道，对于争夺话语权至关重要。我们不仅要快，要有国外受众关心

的内容，还要找到国外受众习惯的传播方式。

以往，我们的时政报道比较生硬，程序化色彩浓厚，以领导人讲话和领导人活动为主线，对新闻的细节发掘不够，仅限于在浅层着力，官方色彩比较浓厚。这其中，有客观原因，但主观原因同样不能忽视，我们的媒体本身并没有很好地就国外受众关心的内容及国外受众习惯的传播方式进行认真思考，并没有在抢时效上和西方媒体展开现场直播的较量，而是把第一时间的报道权交了出去。因为做抢时效的文章，没有比现场直播更快的方式。

就现场直播而言，必须真正做到“直播”。这个“直播”，不仅是时间上与领导人活动同步，更主要体现在报道的敏锐和直观，即所谓身临其境。领导人新闻不一定全是严肃的新闻，在新闻报道中完全可以多一些活泼、丰富的内容，拓宽报道领域，强调文化视角，多一些人文类细节性、故事性的新闻，从而使国外受众看起来、听起来饶有兴趣。任何一个新闻报道都要考虑受众的关注点，中国领导人出访对国外受众而言是非常大的国际新闻，它会涉及全球多个利益相关集团，所以一定要在全球化的思维中做新闻。我们的媒体如果在直播中能够在形式、内容、意识上都围绕国外受众做文章，我们和西方媒体在竞争中是有优势的，毕竟“内容的主动权”在我们一方。像2012年2月13日至17日，时任国家副主席习近平访问美国时，国际台就是抓住这一访问的意义，做好内容文章，成为多家美国媒体的报道来源。

在以国外受众为目标的领导人出访直播报道上，国际台和中央电视台无疑已经走在前列。其中，国际台更是有着自己独特的优势：语言的针对性优势、平台的广泛性优势、文化的熟悉性优势。今后，国际台应积极探索除广播外的其他手段，如电视、网络等，同时应有担当中国国家外宣媒体领军者的意识。在直播领导人出访活动上，国际台优势突出，它的传播网络是完备的，它的受众资源是优质的，它的传播意识是出色的。这些条件，使国际台有理由成为领导人出访直播报道的领军者。

在做好领导人出访活动报道的同时，也要进行另外一个方向的思考，即外国领导人访问中国的直播报道。这一方面，国际台的优势更加突出：语言的优势、人脉的优势、合作的优势、传播的优势。今后，外国领导人到中国访问，国际台完全可以精心选择活动对国外受众进行直播，应努力与对方主流媒体合作，为它们提供直播信号源。这方面，包括国际台在内的中国媒体优势明显。

西方媒体对中国报道的态度、内容、方式，有失偏颇的情况还会延续很长时间，中国媒体要扭转这种情况会非常艰难。今天，随着中国的国际地位日益提高，中国领导人出访引起国际社会越来越多的关注，中国媒体此时的国际传播力也成为越来越多人关注的焦点。新华社、中央电视台、国际台作为中国主流的媒体成员，对扩大中国的国际传播力有义不容辞的义务，而且它们本身也有国内其他媒体不具备的优势和资源，更应该起到“领头羊”的作用。对于本国领导人出访这种本身就具有报道优势同时又是宣传国家形象、扩大影响的新闻更应做好。领导人出访报道的话语权，无论如何，不能有失。可以说，领导人出访现场直播考验中国媒体国际化的水准。

（作者单位：中国国际广播电台南亚中心）

关于语言部记者做好“两会”采访报道的实践和思考

任春生

全国“两会”是我国政治生活中的一件大事，“两会”报道也是像国际台这样的国家媒体的年度重大宣传报道战役。“两会”报道涉及环节众多，但其中记者采访可以说是基础性的工作。在本文中，笔者尝试总结自己“两会”报道的采访经验，希望对年轻的语言部记者能有所裨益。

一、认真学习、扎实准备，做好采访前各项工作

全国“两会”在每年的3月份召开，参会代表委员人数众多，议程安排也满满当当。如何选择采访题目、采访对象，同时又能采访到这个人，成为摆在每个语言部记者面前的难题。尤其是对第一次采访“两会”的语言部“新人”来说，就更不轻松。有鉴于此，做好采访前的学习、培训等功课，以及上会前的各项准备工作至关重要。

1. 认真参加培训，打下扎实基础

每年“两会”召开前，国际台都会邀请中央党校和社科院的专家介绍“两会”召开的背景、趋势、该年“两会”的主要任务等，讲座是宏观式的，但是能给上会记者指明采访的方向。在采访的实际操作方面，台里也会邀请《人民日报》、新华社以及台资深记者和编辑介绍“两会”采访的经验。比如文字记者通过实例介绍如何策划采访“两会”、如何约请被采访人；摄影记者通过展示“两会”采访照片实例，介绍采访设想如何通过图片呈现，以及如何通过浏览图片提前熟悉会场环境和氛围。比如采访报道应该准备什么样的设备，细到需要哪些数据线，台里都会请技术部门负责人讲解。培训班还会给每位记者发“培训和发稿手册”，里面的信息方便记者和后方取得联系，第一时间发稿，也方便和其他部门的记者取得联系，做联合采访，等等。这些培训内容丰富，操作性强，上会记者应充分重视，认真学习，为采访报道打下坚实基础。

2. 提前策划、检查，做好各项准备工作

首先应该清楚地知道“两会”日程、议程和内容，从而对自己采访报道的“两会”本身有清楚的认识。

其次是提前确定采访选题。这方面先是需要梳理代表委员们会关注哪些问题。如今网络非常发达，像新华网、人民网和国际在线等中央主流媒体网站每年都会推出“两会”专题，这些网站在“两会”召开前都会面向网民开展问卷调查，通常会列出20～30个社会热点问题，根据网民的回答给这些热点问题排序。上会记者可以在这些问题中挑选出自己关注的话题，作为自己采访的题目。同时也可以在这些网站上找到其他年份的“两会”专

题栏目，学习其他记者报道“两会”的思路和方式。

在确定想要采访的题目后，可以上网查找相关资料，看看相关题目网上有什么样的报道，通过多收集资料尽快制定出自己的采访思路和确定采访的题目。

最后，要确保所有采访设备正常有效，比如采访机、相机、摄像机、笔记本电脑等。要检查电脑中需要的软件是不是齐全，是不是都会用。所需的各种数据线、电源转换头和数据线转换头、各种电池、储存卡（包括备份）是否都带齐了。设备的准备工作中，每一个细节都不能放过，因为“两会”期间代表们都非常忙，尤其是政府官员和明星代表。能获得采访机会非常不容易，某个环节出了问题，采访机会就有可能擦肩而过。

二、熟悉环境，适时调整，确保采访顺利进行

俗话说：“好的开始是成功的一半。”会议报道开始后，尽快适应工作环境，迅速进入工作状态，找到合适采访对象，可为做好“两会”采访报道打下坚实基础。在这方面，笔者的体会是：

1. 尽快熟悉采访的环境和流程

首先，要熟知上会采访报道的各项规定。比如笔者上会采访的是2011年的人大会议，采访“两会”记者的采访证件种类不同，首先分为采访人大的记者和采访政协的记者；采访人大会议的记者也分为驻会记者和非驻会记者，驻会记者就是可以住在某些人大代表团下榻的酒店里面，好处是采访很便利。非驻会记者不能随团住在酒店里，每天要奔波采访。每年“两会”，关于记者的人数和记者证件的种类都有一些相关规定，需要上会记者熟知并遵守。

其次，尽快熟悉会场、代表委员驻地等环境，这些是上会记者工作的主要场所，是上会后首先需要了解的。2011年笔者是采访人大的驻会记者，和辽宁代表团、内蒙古代表团一起住在驻地。这时的酒店和往常不一样，已经不对外营业了，大门口设置了安检口，安保措施非常严格。为了弄清这两个人大代表团的成员住在酒店的哪一层，团组会在哪个会议室开会，笔者一层一层地了解询问，基本搞清了这些情况。

2. 会前准备、会中调整，顺利开展采访工作

会前准备方面，首先是通过多方联系、多方关注，尽可能多地获取相关材料。比如，为了事先了解代表团情况，笔者找到代表团的新闻媒体联系人，请他们提供代表团的名单和房间号，并与他们就采访事宜进行了充分交流和沟通，争取他们的理解与支持。同时，每个新闻联系人房间附近一般都有该省人大代表团的简报组，在这里可以取阅人大会议的简报和相关资料。此外，酒店大堂也是一个很重要的地方，比如哪个代表团何时在几号会议室会开什么会议，什么时间在哪里出发去人民大会堂等信息都会张贴出来。所以经常到酒店大堂转一转也是必需的。

其次是应尽快落实好采访对象。拿到代表团的名单后应该尽快研究并筛选出哪些是自己需要的最佳采访人选。因为代表人数众多，所以需要记者根据事先确定的采访主题，按照关联性、可能性排出顺序。人选确定后，就要根据名单进行联系。如果有的代表无法直

接联系（如名单上没有手机号码），就可向该团的新闻媒体联系人求助，说要采访谁，请帮忙联系。新闻媒体联系人通常会告诉你，省市级领导很忙，需要等待。其他的代表，他们会和代表沟通后回复。尽管有了答复，还是需要给新闻媒体联系人勤打电话，以确保他们确实是在联系被采访者。

会中调整方面，主要是通过听会，发现代表委员发言中的新闻点，以及和自己的采访设想相契合的内容，对采访方案、采访对象进行及时的调整。2011 年，笔者是采访辽宁人大代表团和内蒙古人大代表团的驻地记者，平时就参加这两个团的团组会议。参加会议主要是听代表们的发言，然后结合自己的采访题目，确定采访的人选。笔者最终就“新型农村合作医疗体制改革给你带来了什么”这个题目采访了辽宁锦州市卫生局局长以及辽宁团的全国道德模范武秀君，发了一篇 3 000 多字的特写。笔者的一个建议是，根据选题参加相关省市代表团的团组会议，多了解人大代表们的提案和想法，并与自己的采访方案或计划进行对照，适时调整，这样有利于采访的顺利进行。

此外，每逢大会，语言部记者通常会被分配到人民大会堂的三层。这里挤满了一些中小媒体的文字记者，通常无法进行什么采访。在人民大会堂一层采访的记者是《人民日报》、新华社、中央电视台还有国际台等大媒体的时政记者等，他们会预约到很多重要的中央部委或者省市级的领导进行采访。语言部的记者应该根据事前拟定的采访题目，进行采访。而不要心血来潮，在人民大会堂堵着人大代表采访两句，这种做法通常是采访不到什么有价值的新闻的。

三、关于语言部记者做好“两会”采访的几点思考

全国“两会”是中国人民政治生活中最重要的会议之一，代表委员们在接受采访时发言一般都比较谨慎。按照日常通用的方法采访，稿件内容和质量恐怕会比较平常。关于如何能在采访中打出特色、创新出彩，笔者通过实践，总结出如下几点体会。

1. 好新闻是用心倾听、用心琢磨出来的

以笔者发的两条新闻为例。这两条消息类稿件在台内的多媒体文档处理系统里的采用率都比较高。第一条新闻《迎三八节，内蒙团女代表勤练合唱》，就是笔者在参加团组会时听到内蒙古人大代表团的几位女性人大代表小声说在休息时换上民族服装排练合唱的信息后，特地守在会议室拍摄了她们练习合唱的照片。东北亚和中亚地区广播中心的蒙古语部很快就采用了这个稿件。国际在线网站将该稿件上网后，也很快被网易、凤凰网等大型门户网站转载。采访新闻需要点滴的积累，用心倾听才能写出好的新闻。

再看一条笔者采写的新闻《白玛赤林：西藏未来五年将加快建设南亚大通道》，笔者因这条新闻获得了中国国际广播新闻奖 2011 年度宣传人大政协制度好新闻的消息类三等奖。2011 年是西藏和平解放 60 周年，因此笔者在上会前就设想就西藏和平解放 60 周年、西藏“十二五”期间发展等话题采访西藏的某位领导。但西藏代表团的新闻媒体联系人告诉笔者，自治区的领导比一般的人大代表更忙，基本没有什么时间来接受媒体的独家专访。笔者经过几天的留意，感觉代表团团组会结束后抢抓时间当面采访可能是个机会。

2011年3月10日下午，京西宾馆，记者不多，笔者感到这是一次机会。团组会议刚结束，笔者第一个冲到西藏自治区白玛赤林主席面前，在自报家门后，他马上说可以接受采访但是时间有限。笔者问了一个有对外报道特色的问题：“十二五”期间西藏对外经济和文化交流有哪些项目？白玛赤林主席稍微想了一下后做了回答。当笔者问完以后，有其他媒体记者上前想再提问题时，白玛赤林主席则委婉地谢绝了。可见抢抓采访的时机是多么的重要。此外，如果采访的新闻能有照片配上就更好，但是采访者无法给自己拍照，笔者想到了请其他媒体的记者给自己拍照。那天中午笔者很早到了京西宾馆，看到有几个摄影记者在，主动和他们交换名片拉近关系，有个西藏网的记者和笔者聊得很投机，笔者在团组会中途休息时间和他说，准备在散会的时候采访白玛赤林主席，请他给拍下照，他答应了。就这样，采访照片的问题也就解决了。

2. 好机会是平时磨炼、积累出来的

2011年的“两会”采访是笔者从事新闻工作以来最重要的采访之一。再次回想起来，那种兴奋劲和满足感至今不能忘怀。中心领导说，作为语言部的记者能够拿到中国国际广播新闻奖就已经很不错了，笔者也感慨采访到一条有价值的新闻多么的不容易。

语言部的记者基本都不是学新闻出身的，和新闻中心的记者相比基本功等都略显不足，采访“两会”时基本没有太多机会使用外语，所以和他们相比，基本没有什么优势可言。因此语言部记者平时就要注意培养一种新闻感觉，多出去做一些采访，这样的积累很有必要。有了日常积累的采访基础和写稿经验，当像采访“两会”这样的重要机会来临的时候，就可以通过参加台内“两会”记者编辑培训班、中心领导指导，加上平时练就的灵敏的新闻感觉，灵活发挥，就有可能写出一些优秀的采访报道稿件。笔者也期待自己“两会”采访经验总结能为语言部的年轻记者们所借鉴。

（作者单位：中国国际广播电台日语部）

从英语高端时政访谈栏目《专家论坛》谈如何做好广播访谈节目

钱珊铭

中国国际广播电台（以下简称国际台）英语环球广播中心时政访谈栏目《专家论坛》，是一档高端时事新闻类谈话栏目，也是国内唯一的英语广播时政访谈栏目。栏目访谈话题涵盖国内外政治、经济、外交、社会、文化、科技等领域的重大事件。采访对象涵盖国际国内政要及各行各业的专家、学者等，包括美国前总统吉米·卡特、美国前国务卿亨利·基辛格、英国前首相托尼·布莱尔、泰国前总理阿披实、国际奥委会执行委员何振梁、耶鲁大学校长莱文等。《专家论坛》栏目创立至今已走过了15年，一批批优秀的制作人、主持人投入了大量的心血，将其从最初的周播栏目建设成为日播的旗帜性访谈栏目，拥有一批忠实的听众。中国的许多大城市，包括北京、上海等，以及东南亚、欧洲、北美、非洲和澳大利亚等地听众都可通过当地调频或短波广播收听该栏目。笔者作为该栏目组的一员，现结合工作经验论述一下对语言部门广播访谈节目的认识，包括栏目的定位、节目制作的流程以及此类高端访谈栏目的功用等。

一、广播访谈节目应抓好栏目定位

1. 定位栏目的意义

许多世界知名媒体都拥有自己的王牌访谈栏目，或著名人物访谈栏目，如BBC目前相当有名的《激烈对话》(*Hard Talk*)、《质询时间》(*Question Time*)，又如CNN曾一度风靡的《拉里·金现场》。这些节目不仅能培养闻名世界的主持人，提高该媒体在国内外的影响力和地位，更是提高该国软实力的一个重要手段，在某种程度上左右世界范围内的意识形态。

英语环球广播推出的《专家论坛》栏目，其定位主要是向海内外听众深度解读与中国相关的时政热点问题，更多的是发挥"向世界介绍中国"这一功用。作为世界第二大经济体，中国在世界舞台上正发挥着日渐重要的作用，中国的经济、政治、外交、文化、社会政策也受到国内外受众的广泛关注。我们需要用自己的声音来介绍，并深度解读中国的政策走向、社会发展趋势、重大新闻事件等，在各方观点的碰撞中勾勒出清晰准确的中国形象。

2. 如何定位栏目

(1) 确定类型。

"高端访问一般都是针对国家首脑、政府部门的高官，社会影响大、威望高、名声响的政治、经济、科技、文化、体育等领域的精英。"① 与一般的电视访谈节目相似，广播访

① 陈杰：《浅谈做好高端访谈节目的几个要素》，《国际传播论文集》(第十三辑)，中国国际广播出版社，2012年。

谈节目也可分为意见性访谈节目和人物专访。在意见性访谈节目中，节目主持人通常就国际国内广泛关注的某一话题向权威人士发问，请专家从多角度、多侧面、多层次解析该事件发生的背景、深层原因、意义或影响，请他们给出专业的意见或提出建议。人物专访一般指对具有新闻价值的人进行专访，通常包括国际国内政要、各行业的知名人士以及文体明星等，侧重点在于受访者的人生经历、人生感悟。《专家论坛》作为一档时政类访谈栏目，整体来说属于意见性访谈节目，但也会经常结合时政热点，对高端政要等进行人物专访。例如，在中国国家主席习近平就任后首次出访俄罗斯、坦桑尼亚、南非和刚果共和国之际，《专家论坛》前往南非驻华使馆采访了南非驻华大使贝基·兰加博士，就中南双边关系、经贸外交合作成果、前景等对其进行了专访。由于《专家论坛》是一档英文访谈栏目，除了拥有众多的海外受众，在国内也是外交外宣部门以及各驻华机构相当关注的栏目，这对于传播中国声音和宣传中国形象，起到了切实的作用，同时也提高了中国国际广播电台的知名度和影响力。

(2) 明确广播访谈节目的优劣势，扬长避短。

相较于传统的电视访谈节目和新兴的新媒体表现形式，广播访谈节目应明晰自身的优劣势，扬长避短，发挥应有的作用。

首先，广播所能提供给受众的只是一种声音产品，缺乏生动、形象的画面感。这就要求广播访谈节目将重点放在内容上，能用内容抓住耳朵，让受众听其声如见其人。无论是解读一项比较专业的经济政策，或是探讨一桩严肃的外交事件，广播访谈都要尽力做到口语化表达，使内容通俗易懂，深入浅出。例如在中日钓鱼岛争端升级的态势下，《专家论坛》曾采访澳门大学法学院院长莫世健教授，请他从国际法的角度阐释中国向联合国提交钓鱼岛领海基线相关图表的法理性依据。在这期节目中，我们并未将重点放在具体的国际法条款上，因为这样会使受众觉得枯燥不解，而是从多角度解析中日美各方在钓鱼岛争端上的立场是否具有法理性依据。例如，从国际法的视角出发，为何中国对钓鱼岛拥有合法主权？为什么日本所谓的“钓鱼岛国有化”行动是非法的？中国如何运用法律手段保护自己的利益？日本主要列举了两项法律论据证明其“拥有”钓鱼岛主权：第一，所谓的“无主土地的占领”；第二，“取得时效”理论。为什么这些证据站不住脚？又如，二战之后，美国不顾中国的强烈反对，私自向日本移交钓鱼岛。如今美国声称钓鱼岛及其附属岛屿适用于《美日安保条约》，美国的这一立场是否符合国际法？这样的讨论方式使整个节目显得生动、立体又不失专业水准，更重要的是，适合广播访谈类节目的特殊要求。

其次，由于广播节目提供的只是声音产品，这反倒丰富了采访的手段，其中电话采访被普遍采用。通过电话采访的形式，能够保证采访更具有时效性，也能在短时间内寻找到更多的受访嘉宾，尤其是国外的嘉宾。“有时候，由于距离的隔阻，或者出于时效的考虑，电话采访仍然是最优的选择。”① 通过电话采访，广播访谈节目的主持人能够就受众关注的热点问题，在同一时间采访若干专家，以获得多方的意见和解读。例如，在2013年全国“两会”召开期间，《专家论坛》节目就通过电话采访的方式，联系到多名海内外专家，在

① 陈红梅：《新闻采访》，华东师范大学出版社，2009年。

外长新闻发布会、新任总理新闻发布会之后，立即对发布会内容进行深度解读，及时将中国声音传播出去。

二、做好访谈前准备工作

1. 策划选题站稳立场、注重时效

作为国家重要外宣媒体的高端访谈栏目，在节目的策划选题上首先要站稳中国立场。节目既要符合国家政策，体现出正确的舆论导向，同时要保持客观公正，具有对外传播特色，能为受众所接受。《专家论坛》栏目在策划选题过程中，不会去跟随外媒追逐的焦点，而是站稳中国立场，具备清晰的对外宣传报道思路。栏目组在策划选题时更多地会参考新华网、《参考消息》等关注的话题，主动思考应该选择怎样的切入点为海内外受众介绍中国的各项政策措施、社会发展，而不是被动应对外媒对我们国家发展进程的各种质疑。例如 2012 年党的十八大召开期间，《专家论坛》栏目组为增进海内外听众对中国共产党的了解，策划推出了系列节目《了解中国共产党》，邀请国内外知名学者、官员就中国共产党的执政理念创新、经济建设成就、民主与反腐建设等话题展开讨论，通过正面、直接、深入阐释与中共相关的热点话题，取得了良好的外宣效果。

在坚定中国立场的前提下，时事评论类节目应该具备较强的时效性、针对性，在策划节目选题时，应站在受众的角度来思考和提问。“抓住听众渴求，迅速搜集信息，趁热打铁、适时传播，才能使高端访问收到最好的传播效果。”[①]《专家论坛》作为高端访谈栏目，一般都会结合当前正在发生的或即将发生的与中国相关的重要国际国内事件，邀请专家进行解读。例如在中澳建交四十周年之际栏目组采访了澳大利亚驻华大使孙芳安，从经济、政治、文化等多领域地解读了中澳双边关系。

2. 选择合适的采访对象，抓住受访时机

选择合适的采访对象，是一档访谈类栏目是否能成功的关键因素。明确了某期节目的具体定位，以及希望达到的效果，才能合理地选择采访对象。《专家论坛》作为一档英语高端访谈栏目，可选的采访对象范围相对宽泛，这是个很有利的条件。尽管如此，栏目组仍会针对每期不同的主题，选择在国内外具有知名度和公信力的专家来接受采访，包括来自知名高校、机构的专家学者，来自我国和对象国的外交人士等。例如，栏目组在制作十八大《了解中国共产党》系列访谈节目时，邀请到了一批相当知名和有公信力的海外嘉宾，包括美国布鲁金斯学会中国研究中心主任李侃如、美国霍普金斯大学中国项目主任蓝普顿、美国哈佛大学燕京学社社长裴宜理、澳大利亚悉尼大学中国研究中心主任克里·布朗、牛津大学中国领导力项目负责人阿兰·哈德森教授等，还包括苏丹执政党国民大会党领导局成员、对外关系部部长伊卜拉欣·甘杜尔这样的海外政党高层领导。这些嘉宾的参与在受众中引起了不错的反响，同时也彰显了《专家论坛》栏目的品牌实力。

① 陈杰：《浅谈做好高端访谈节目的几个要素》，《国际传播论文集》（第十三辑），中国国际广播出版社，2012 年。

此外，适时抓住采访时机，也能为节目带来意想不到的收获。“采访时机是个复杂的问题，有时机会是通过长期努力争取来的，有时是遭遇或临时抓住的，关键是记者要随时做好准备。”① 2012年11月底，《专家论坛》栏目组获悉英国前首相托尼·布莱尔将来京参加中国公益论坛，经过多方积极联系，在相当短的时间内获得了视频专访机会。随后12月初，栏目组又获悉88岁高龄的美国前总统吉米·卡特将赴海南参加三亚财经国际论坛。同样在很短的时间内，栏目组通过与外交部、外交学会、对外友协等多方沟通，获得了在北京对卡特总统进行专访的机会，成为卡特总统访华期间第一个对其进行独家专访的中国媒体。抓住这些采访机会，不仅扩大了栏目的影响力，为受众带去耳目一新的节目，更发挥了外宣配合外交的积极作用。当然，选择这些高端人物接受采访，不仅仅因为他们高端，更因为他们依然在积极地发挥对华友好作用，在不懈推动西方大国与中国的交流合作。

3. 结合采访主题和受访对象，撰写采访提纲

在访谈节目中，无论是通过电话采访，还是当面采访，撰写采访提纲都是准备工作的核心。确定了采访主题和受访对象之后，节目制作人和主持人就可以着手准备采访提纲了。首先，应结合采访主题列问题。这需要大量查询跟主题相关的背景资料，了解针对某一话题各方不同的观点。尤其是当某个访谈主题更具有专业性时，更需要考虑如何列采访提纲，才能使受访对象用深入浅出的表述将问题阐释清楚。在列问题过程中，需“明确访谈思路，提出精准、独到、简洁、特色鲜明的问题，帮助被访者打开思路、畅所欲言，围绕主题做文章”②。其次，应充分了解受访对象，针对受访对象提问题。“好的提问往往都是来自记者精心的准备和前期的积累。记者对所采访的主题领域越了解，对采访对象越了解，就越能将问题问到点子上。这样的问题有时候尽管显得尖锐，却也能赢得采访对象的尊重。”③ 例如，《专家论坛》在策划一期关于中国环境治理的节目时，采访了上海交通大学环境资源法研究所所长王曦教授，他对环境立法颇有研究，我们在采访中也适当向这一方向倾斜，取得了较好的采访效果。当然，采访提纲只提供访谈的思路和方向，主持人在采访过程中需要根据现场情况适时作出调整，与受访者形成良好的互动，才能使采访顺利推进。再次，在采访提纲的具体设置上，应从简单直接的问题切入，进而挖掘事件或政策形成的背景、原因、现状、影响、发展趋势等。采访问题要具体，避免设定过大过空的问题让受访者无从下手，或觉得提问过于宽泛不够专业。采访提纲一般包括5～10个问题，以帮助节目主持人在采访过程中把握思路和方向，有的放矢，紧扣采访主题且减少时间浪费。对采访话题和采访对象具备透彻的了解，并充分准备采访提纲，也有助于主持人在访谈过程中做到有备而来，临阵不慌。

准备好采访提纲后，如受访嘉宾提出需要，可提前发去采访提纲。尤其像《专家论

① 倪宏伟：《如何采写制作人物专访》，《国际传播论文集》（第十三辑），中国国际广播出版社，2012年。

② 陈杰：《浅谈做好高端访谈节目的几个要素》，《国际传播论文集》（第十三辑），中国国际广播出版社，2012年。

③ 陈红梅：《新闻采访》，华东师范大学出版社，2009年。

坛》这样用英语进行访谈的节目，对于一些国内的专家来说，让其有提前准备的时间，能够保证其在采访过程中语言表述更为流利，思路梳理更为清晰，阐述问题能不受语言表达的限制，层层推进，步步论证，透彻深入。事实证明，这些有备而来的采访，效果一般都会更好一些。

三、成功展开访谈

1. 抓好开端，自然切入

在正式开始访谈前，主持人可以先向受访者简要介绍一下自己的采访思路，为正式进入访谈进行预热。广播访谈节目经常采用电话采访的形式，而受访对象又多是从未打过交道的陌生人。主持人与陌生的受访对象之间没有任何面对面的交流，不能通过眼神、体态等肢体语言进行辅助性的交流。这就需要广播访谈节目的主持人迅速有效调动起谈话气氛，让陌生的受访者对其迅速建立起信任感。例如，短暂寒暄之后，主持人可以聊一聊事先了解到的受访者发表过的观点、著作、参加的活动等。主持人的这一预热非常必要，通常，在调动起谈话气氛后，受访者会更愿意交谈，更愿意作深入的交流。

访谈正式开始后，主持人应从相对简单容易回答的问题开始。在访谈开始时，提出一个宽泛但又点题的问题，通常一两句话就能概括，有利于给受访对象一个相对自由的发挥空间，引发对方的谈话兴趣。“很显然，清晰、简短的问题比冗长、复杂的问题更容易让对方听懂，从而沟通的效果会更好。”① 随着访谈的深入，主持人可以逐渐将问题的范围缩小，从话题的不同侧面入手，提一些更为具体的问题。这不仅符合采访的逻辑顺序，也契合广播节目线性传播的特征。对于一些需要介绍背景才能清楚提出的问题，主持人应该用三五句话概述背景，避免喧宾夺主，使受访者失去耐心。② 如果要问的内容涉及多个方面，应提前做好分类，不可跳跃性提问，给受访对象杂乱无章的感觉，否则容易扰乱受访对象的思路，使他们难以系统完整地思考和回答问题。同时，也可以将较为敏感或有难度的问题放到访谈的中间段落去提问，受访对象在已经打开了话匣子的情况下，会更容易接受这些棘手的问题。同时，主持人在访谈过程中，也需要及时回应受访者，因为“听者的状态会影响到说者的状态，认真的倾听能鼓励说者有更好的表达”③。主持人有时只需要辅之以“对”“好”这些简单的词，表示自己在认真倾听，鼓励对方继续作答即可。

访谈层层推进的过程，实际上也是展示主持人领悟力和洞察力的过程。在遵循采访思路的前提下，主持人要随时“整理对方谈话的逻辑关系，对于有疑问的地方要及时追问，对于要素不全的地方，要及时要求对方补充”④。同时，主持人应针对受访者的回答，即兴提出相关问题，与受访者形成良性互动，推动访谈节目向纵深发展。

---

① 陈红梅：《新闻采访》，华东师范大学出版社，2009 年。

② 陈红梅：《新闻采访》，华东师范大学出版社，2009 年。

③ 陈红梅：《新闻采访》，华东师范大学出版社，2009 年。

④ 陈红梅：《新闻采访》，华东师范大学出版社，2009 年。

2. 主持人应掌控局面，把握访谈方向

在访谈过程中，主持人应努力主导访谈的方向。有时候，在访谈进行过程中，受访对象会不自觉偏离主题，尤其遇到健谈渊博的受访对象，会出现在一个枝节问题上过于细化、滔滔不绝的情况。这时候需要主持人在受访对象稍有停顿的间隙，适当插入新的话题，将访谈拉回到原先的轨道上。《专家论坛》节目在访谈过程中也遇到过这样的情况，受访者在访谈主题的某个侧面停留了太久，致使访谈的中心思路发生了变化，侧重片面而失去了全局观。在这种情况下，主持人恰当地把受访对象带回到预设的话题上来，显得相当必要。另一种情况是，受访者也会有意无意希望由自己来主导访谈局面，主持人的主导性角色并非没有竞争。所以，访谈节目的主持人在倾听和鼓励受访者发表见解的同时，也要对整个访谈过程进行控制，使访谈按照预期目标运转下去。①

但是，主持人控制局面，并不等于将自己的意见强加于受访者。主持人在访谈过程中，虽然要把控局面，却要隐藏起自己的性格和观点，只起到穿针引线的作用，引导受访者作出预期的阐释。有些问题必须由受访者亲自来回答，即使主持人心知肚明，也不能忽略不问，因为新闻遵从客观性原则，主持人不能在访谈中用自己的推测来代替被访者的意见态度。② 强加意见，只会破坏采访气氛，却不能得到积极的效果。2012 年下半年《专家论坛》栏目采访托尼·布莱尔之前，该栏目几位资深的制作人就在采访提纲设置上提出了许多宝贵意见，剔除了一些闭合型的提问，指出不能为受访嘉宾预设限制性的框架，让嘉宾做是非选择题，而是应该引导嘉宾说出我们希望的回答。BBC 曾有过一个相关方面的失败教训。BBC 广播主持人伊万·戴维斯采访英国财政大臣奥斯本时，双方互不相让，结果采访尴尬收场。双方在讨论英国财政赤字是否下降的问题时发生激烈争论。伊万·戴维斯对奥斯本充满敌意，反复打断奥斯本发言，企图迫使奥斯本承认其通过对财政预算报告做手脚达到使人们相信英国财政赤字下降的目的。但奥斯本对此坚称财政预算报告没有任何问题。采访中，伊万·戴维斯反复就该问题发难，奥斯本则始终不承认，用同样的答案回复提问。伊万·戴维斯称这只是一个十分简单的问题，奥斯本的回避显得很不寻常。奥斯本则坚持称自己始终在认真回答提问。戴维斯在情急之下甚至对财政大臣说道："不要避而不答，这纯粹是在浪费我们的时间。"此事导致英国首相府向 BBC 高层提出交涉。BBC 最终不得不承认，伊万·戴维斯在此次采访中做法欠妥。由此可见，节目主持人如果不能很好地尊重受访对象，未能巧妙设计问题而急功近利，与被采访者沟通互动存在较大问题，提问方式欠妥，只能直接导致采访的失败。

3. 与高端人物进行当面访谈时需注意事项

访谈节目主持人在与高端人物面对面访谈时，要仪表端庄，举止、打扮、谈吐要表现出国家重要媒体从业人员的素质。要以轻松自然、大方得体、不卑不亢的心态与对方对

① 陈红梅：《新闻采访》，华东师范大学出版社，2009 年。

② 陈红梅：《新闻采访》，华东师范大学出版社，2009 年。

话。[1] 同样，在访谈开始之前，如果时间允许、说话投机，主持人可与高端人物聊聊天，这样不仅能拉近与采访对象的距离，营造相对轻松的氛围，也能消除主持人自己的紧张感。例如，《专家论坛》栏目的主持人在采访托尼·布莱尔之前，向这位前首相简单介绍了中国国际广播电台，告诉布莱尔先生 CRI 是中国的 BBC。这位高端人物立刻就对我们的媒体和栏目的层次有了准确的定位。同样，在采访美国前总统吉米·卡特之前，本栏目主持人也与卡特总统聊了刚从现场了解到的关于卡特中心在中国进行的一些项目和取得的成果，这也成功拉近了主持人与这位高端人物之间的距离，营造了从容、自然的氛围。最后这位 88 岁高龄的美国前总统滔滔不绝谈了 20 分钟，成就了一段相当成功的独家专访。

面对高端人物，主持人的临场心理素质也相当重要。在现场访谈时，尤其在时效性强、时间紧迫的情况下，主持人保持镇定的心态和清晰的思路显得尤为重要。同时，像《专家论坛》这样采用对象国语言进行采访的栏目，主持人的语言组织能力也非常关键，英语的表述要准确到位，因为每一个用词都体现着专业水准的高低，影响着高端受访对象对栏目甚至该媒体专业程度的判断。在访谈过程中，主持人“既是一个倾听者、追问者，还是一个编辑者，对提问的整体结构必须十分清晰，才能做到步步追问有序”[2]。

四、结语

立足中国国际广播电台这一国家重要广播外宣媒体平台，一档成功的高端访谈栏目能够为海内外听众深度解读中国社会发展的方方面面，用中国声音向世界阐释一个真实的中国。这对提高中国软实力，挑战全球话语权有着相当积极的作用，也是公共外交领域的一项具体实践。与此同时，一档颇具知名度和影响力的高端访谈栏目，也可以提升中国国际广播电台作为中国重要外宣媒体在海内外的知名度和影响力，加快国际台打造现代综合新型国际传媒集团的步伐。

（作者单位：中国国际广播电台英语中心）

---

① 陈杰：《浅谈做好高端访谈节目的几个要素》，《国际传播论文集》（第十三辑），中国国际广播出版社，2012 年。

② 赵琳：《双语播音主持艺术》，中国传媒大学出版社，2007 年。

大型国际会议报道浅析

于昕怡

国际会议是公务活动的高层次形式，是开展对话、交流经验、制定各种政策的重要场所和方式，是人们了解各种信息的重要窗口，会议报道也相应地成为新闻报道中不可或缺的一部分。当下全球化程度日益提高，大型国际会议的召开因而更加频繁，而已经形成例会的国际会议也不断增加，如亚太经济合作组织领导人非正式会议、联合国世界气候变化大会、二十国集团领导人峰会，等等。这些会议讨论的议题涉及政治、经济、社会、科技等方方面面，关系到世界各国人民的利益，对当今国际政治和经济格局影响重大，因此大型国际会议报道的重要性不言而喻。报道大型国际会议不是轻松的事，各国媒体云集，怎样作出有价值的、鲜活的报道对于记者的业务能力是很大的考验。同时，如何在报道中以国家利益和民族利益为重，也是记者需要深入研究的命题。结合在驻外期间参加联合国坎昆气候变化大会的经历，笔者认为，大型国际会议的报道应当立足本国的报道立场，坚持正确的舆论导向，选取合适的报道角度，对报道结构和语言不断进行改进，增加报道的贴近性。

一、加强选题策划，挖掘有效资源

大型国际会议报道不同于突发事件，一般会议召开的地点、时间甚至主题早已广为人知，属于可预测事件。因此，国际会议报道完全可以提前进行准备。国际会议既是世界各国合作的舞台，也是政治、经济角力的竞技场。尤其是有我国参加的国际会议，对我国的意义和影响更加重大。提前对报道选题进行策划、挖掘有效的新闻资源是必不可少的，也是决定报道成败的一个关键环节。

加强策划，挖掘资源，首先需要对会议的方方面面进行了解。一是熟悉会议背景。了解会议背景的有效途径是跟踪与这一会议有关的大事，特别是会议召开前与会代表对于各自立场的公开表态等。以 2010 年 11 月底在墨西哥加勒比海度假胜地坎昆召开的联合国气候变化大会为例，坎昆会议开幕前，曾举行了 4 次预备会议。2009 年哥本哈根气候大会之后互信缺失的后遗症在这 4 次会议上显露无遗，这使得各方猜测坎昆会议无法对《京都议定书》的未来明确表态。从这个意义上讲，背景常常是国际会议的新闻所在，国际会议有时又是背景新闻的发展。二是需要全面了解会议本身。一般来说，国际会议都是由某一组织召集、为某一特定主题而召开的，通常设有大会网站。会前一段时间就能在网站上浏览到会议主题、日程及讨论内容，甚至与会代表名单和联系方式。时时浏览大会网站不仅能够及时得到会议日程的最新信息，而且也可以得到一些官方背景材料，有助于记者了解必要的专业知识。但是大会网站一般不会有与会方分歧、争论方面的信息，这些内容往往可以从其他非政府组织网站上查询，常常能够帮助了解会议的实质性问题。三是掌握会议专门用语。以坎昆会议为例，不仅涉及气候领域的专业知识，而且还涉及可持续发展方面的绿色经济、新能源技术等知识。还有各相关组织的略缩语，比方说，会议中提到Basic，是指“基础四国”，包括中国、巴西、印度、南非等。

其次，设定会议报道框架，“大而全”的同时，突出小亮点。麻省理工学院教授Noam Chomsry在题为《主流媒体何以成为主流》（*What Makes Mainstream Media Mainstream*）的文章中指出，主流媒体又叫“精英媒体”（Elite Media）或“议程设定媒体”（Agenda-setting Media），这类媒体设置着新闻框架（the Framework），所有二三流的媒体每天都在这个框架内筛选新闻。① 主流媒体的权威性和影响力使之对其他媒体具有示范和引导的作用。作为中国广电行业的主流媒体，国际台已经有一套行之有效的大型国际会议报道的框架。在报道第一阶段，也就是会议举行前，发出前瞻性报道，包括回顾上次会议的成果和遗留问题，介绍本次会议的背景和意义，预测会议成果。第二阶段是会议进行时，记者对会议的议题、与会人员、会议细节等做及时和全方位的报道，相关的新闻数量多、篇幅长、涵盖面广。第三阶段是会议结束后，报道所关注的内容也转向了对会议成果和分歧的探讨，以及对会议意义的阐发等方面，为系列会议新闻报道画上句号。不过这种“大而全”的报道容易落入程式化的套路，使得新闻的可看性、可听性不强，与其他媒体的报道拉不开差距。因此，作为前方记者，笔者根据广播媒体的特点和需要，在会议提供的堆积如山的材料中，为每天的报道设定亮点题目。比如，在坎昆气候大会开幕首日，在报道中介绍了会议本身采取的一些减少碳排放的措施，包括使用太阳能和风能发电，将混合动力汽车投入交通使用等；以非政府组织在气候大会期间颁发的“化石奖”为切入口，引出各方对日本僵硬态度、阻碍气候谈判进程的批评……

再次，根据设定的报道框架和亮点题目，认真挖掘采访资源。出席重要国际会议的往往是各国首脑和政要、知名的专家学者等，平时想采访到这些人非常不容易。在会议期间，要注意他们在开放式论坛、双边活动中的行踪，或者是他们就某个问题专门举行的记者会，寻机采访。甚至是在闭门会议外等候，以堵住他们进行采访。另外，对于有中方参加的会议，中国代表团无疑是重要信息源，与中国代表团接触不仅可以了解我方立场，也可以了解我方对会议的报道方针，从而正确把握舆论导向。同时，也可能了解到和中国有关的信息，使我们对外报道内容更加丰富。比如在坎昆会议期间，有一个“中国日”活动，是第一次在国际气候变化会谈中集中展示并深入讨论中国低碳实践中遇到的挑战和瓶颈以及积极活跃的低碳尝试与突破。出席这项活动的，有中国地方政府官员，企业界代表以及本土基金会和公益组织、研究机构的专家，具有相对成熟低碳发展经验的国际城市代表及国际企业代表。大家共聚坎昆，分享经验，并探讨未来国际合作的可能性。这个活动报道也成为常规报道之外的一大亮点。

---

① Noam Chomsky，*What Makes Mainstream Media Mainstream*，http：//www.chomsky.info/articles/199710-.htm.

二、选取独家视角，拉近受众距离

新闻报道的视角可分为：政府视角、专业视角、平民视角。政府视角的好处是体现出相当的高度，不足的是与普通受众不够贴近。国外媒体报道通常采用“透过百姓个人视野看待社会生活变化”[①] 的平民视角和“突出专业深度，全面解读新闻事件对一个或若干个专业领域的影响”[②] 的专业视角，以具体的人或事实来加以说明验证，强调具象思维，这些报道视角值得借鉴。大型国际会议往往吸引了世界各国大小媒体的记者。独家报道在这种情况下往往不可能体现在信息的独家占有上，而是体现在独特的视角上。要做到视角独特，一方面是专业视角，一方面是平民视角，两者都需要下工夫。

首先，记者带着问题听会，带着问题采访，对共有的信息资源进行整合，透过现象把握本质，发回“观察”类的深度报道，是专业视角报道的关键。伴随着媒体和网络的飞速发展，时间、空间的距离被轻而易举地压缩，世界越来越成为一个没有间隔的平面。对于各类新闻媒体来说，传统的以“第一落点”为特征的“独家新闻”已经难以存在。读者也已经不再满足于媒体仅仅报道发生了什么，还想知道为什么发生、如何发生、将来会演变成什么样，等等。这种状况使新闻传播陷入空前激烈的竞争之中，突破口开始更多地转向深度报道。何谓深度报道？曾做过英国路透社和英国广播公司高级记者的福赛斯说的“深度报道就是发掘性报道”，是对深度报道高度概括的一种说法。具体来说，深度报道需要将事件的“点”延伸到横向、纵向各个方面，展示事件的宏观态势和前景，要求跨越时空，由表及里，由内到外。[③] 对此可以简单理解为需要记者从表面材料深入挖掘出事实真相，以“深”出“独”。记者们越来越认识到，没有独家信息并不意味着没有独家报道；不能先发制人，就后发制人。在掌握相同信息的情况下，如果记者能采取不同的思路，以对某一事件的专业视角思考作为前提导向深入报道，就有可能成为“独家”。当然这对记者的判断、思考和整合能力提出了很高的要求。

坎昆气候变化大会从一开始就普遍被外界认为取得突破性成果的可能性不大，而日本在会议开始第二天突然抛出强硬立场，公开表示要终结《京都议定书》。日本的强硬立场仿佛是在平静的水面投入一块石头，泛起了阵阵涟漪，让在会议开始之初找不到焦点的媒体兴奋起来，当然也成了笔者报道的重点。然而多数媒体报道对于会议进展普遍持悲观情绪，甚至对于应对气候变化的多边谈判机制是否能够延续也充满怀疑。但是笔者通过观察日本自哥本哈根大会以来的表态后认为，情况确实如《联合国气候变化框架公约》秘书处执行秘书菲格雷斯所说，日本的言论延续了其一贯的立场，并没有新意，大家不必大惊小怪。因此，笔者在第一时间的连线报道和会议进程过半的分析报道中都深入介绍了日本一贯的立场，并向受众强调，日本的强硬表态只是文字游戏，是其外交手段，对于坎昆大会

---

① 林晖：《新闻报道新教程视角·范式与案例解析》，复旦大学出版社，2005 年，第 134 页。
② 林晖：《新闻报道新教程视角·范式与案例解析》，复旦大学出版社，2005 年，第 137 页。
③ 夏晓阳：《发挥驻外记者“一线”优势做好国际新闻“独家”报道》，《新闻记者》2007 年第 10 期。

最终成果不会造成重大影响。事实证明，坎昆会议最终通过的决议还是承认了《京都议定书》第二承诺期，向国际社会发出了积极信号，日本并未在这一问题上过多纠缠，使会议成果流产。笔者对此的心得是，做好会前准备工作，结合会场上观察到的蛛丝马迹，不跟风，就能形成自己的相对客观的观点。

其次，记者需要根据媒体定位和受众需求，寻找细节，捕捉新闻现场有趣却容易被人忽视的片段，以平民视角进行报道。一般来说，大型国际会议因为关注的问题重大，自身属性必然是硬新闻，但可以在"硬"的基础上适当软化，从严肃的会议议程和会议现场中挖掘新鲜的内容和鲜活的细节，强调故事性、趣味性、贴近性，或者通过轻松活泼的表现方式，来引起受众的视听兴趣。要把严肃的事情说得轻松，就需要记者有一双善于发现的眼睛。记者最大的优势就是处于新闻现场。对此，美联社资深记者杰里·施瓦茨在其所著的《如何成为顶级记者：美联社新闻报道手册》一书中特别强调了临场的重要性："到现场，是最好的方法，没有跟事实的亲密接触，是不会有亲身体会的，对新闻的价值也是认识不准确的；任何的新闻都要求记者去接触现实，而且是第一时间赶到现场，这应该成为一种习惯。只有接触了事实，才会有感于事实，才会有写作的动力与激情，才能写出让人们觉得真实的新闻。"① 在多数情况下，现场记者获得的信息都差不多，能否通过自身的观察和感受，找到一些细节就成了能否有"独"到之处的关键。这在连线报道中尤为重要，因为细节能够使报道生动，让受众有身临其境的感觉。

本次联合国气候变化大会选在坎昆举办，这个加勒比海滨的度假胜地即使在冬天，也是温暖如春。除了忙碌于大会的人们以外，到坎昆度假的游客标准装束就是泳衣和人字拖。然而会议举行之初，各个会场的空调温度调得非常低，从室外走进去不免打个寒战。笔者在新闻中心发稿时，披了一件毛衣还感觉很冷，不时要到室外晒晒太阳。尽管大会用电主要是依靠附近的一个风力发电机，大会不注意节能还是遭到了与会者的诟病。在参加一场新闻发布会时，菲格雷斯问现场的记者："你们怎么能在这么冷的环境里活着呢？"这个问题引起了广大记者的共鸣。菲格雷斯此后跟相关方面交涉，会场空调此后基本不开，而这样的温度在室内着一身薄正装正合适。笔者在连线中把这个类似花絮的细节报道出去，大大增加了报道的现场感和可听性。

媒体行业里有一句经验之谈：脚底板下出新闻。这就需要记者腿勤，到处去跑，到处去找。本次坎昆气候变化大会的主会场、多边会场和新闻中心相距甚远，需要坐摆渡车来回。笔者每天穿梭于各个会场，寻找有价值的新闻。就在这看似散漫的寻找中，笔者发现了一个来自美国华盛顿大学圣路易斯分校的中国学生赵佳琨。她和她的美国同学们来到本次气候大会，是要提交一份中美大学生签署的《气候变化可持续发展谅解备忘录》。这一举动的起因是：坎昆会议前不久，在美国华盛顿大学圣路易斯分校举行了第一届中美大学生气候变化与可持续发展会议。11 名来自中国复旦大学和 11 名来自美国华盛顿大学的学生在为期 5 天的会议中，就环境问题进行了讨论，并模拟联合国气候大会的流程，签署了

① 杰里·施瓦茨：《如何成为顶级记者：美联社新闻报道手册》，曹俊、王蕊译，中央编译出版社，2003 年。

这份备忘录。笔者就此采写了一则录音报道，从中美两国大学生的角度看待应对气候变化的问题以及青年关于此问题的合作。这则录音报道因为有中国元素，并且以大学生的平民视角出发，给人耳目一新的感觉。

三、维护国家利益，突出中国立场

英国首相丘吉尔在二战时期曾说过，“我们没有永恒的敌人，也没有永恒的朋友，我们的使命就是为我们的利益而奋斗”。他的话道出了核心的国家利益决定论。国家利益是国家间冲突与联合的根源，是各国行动的指南针，在本质上决定着国际关系的形态。毋庸置疑，新闻报道和国家利益是紧密相连的。各国主流媒体都是维护各自国家利益的重要渠道，也是国家利益观凸现的重要窗口。话语权是指舆论主导力。国际话语权是指通过话语传播影响舆论、塑造国家形象和主导国际事务的能力，属于软实力范畴。话语包括理论、思想、价值、理念、议题、政策、主张和情况等。话语传播涉及“说什么”“谁来说”“何时说”“怎么说”等环节。衡量尺度是“说了算不算”。拥有话语权，就能通过议题设置(设计)，占据舆论制高点，引导舆论，使之导向有利于己的方向，从而达到宣传塑造形象的目的。[①] 在国际舆论场上，西方媒体长期以来执掌话语权。随着中国国力的提升，国际社会特别是西方世界对中国的关注度也越来越高。同时，西方媒体和民众对中国的不理解和疑虑，也随着中国国力上升而被放大。在西方媒体的涉华报道中，对中国的误解与偏见普遍存在，由此形成的舆论环境对于国家的发展极为不利。因此，中国记者在国际舆论场上面临的挑战在于真正发出令人信服的中国声音，更好地说明中国，有针对性地释疑解惑，让更多的外国人了解我们的核心价值观与发展观。在国际会议中，各国在分歧中求合作、在矛盾中求协同的努力表现得淋漓尽致。而国际会议正是中外记者竞技的平台。在国际会议报道中突出我方的立场，是中国主流媒体记者维护国家利益的职责所在。

坎昆气候变化大会的主要议题是：面对全球气候变化威胁人类生存的严峻现实，世界各国应当承担共同责任，达成一份具有法律约束力的协议，推进落实巴厘路线图谈判。发达国家和发展中国家在各自应当承担的责任区别上存在严重分歧。美国政府更极力强化中国与美国是平等重要的大国地位，借此要求中国和已经完成了工业化进程的发达国家一起来为气候变暖的恶果埋单，同时限制中国的现代化工业发展。美国主流媒体不遗余力地鼓吹美国政府的观点，维护美国的国家利益。中国主流媒体有责任在涉及我们国家利益的国际问题上，发出中国声音。首先，以中国人发出中国声音，积极影响国际舆论。笔者在发回的多篇录音报道中，以我代表团成员官员，特别是团长、国家发改委副主任解振华的讲话阐述中国政府立场，坚决强调共同但有区别的责任立场，指明主要责任承担国应为西方发达国家。同时通过采访中国代表团中以及其他发展中国家的专家学者，着重介绍了中国在应对气候变化方面进行的努力，不仅有国际合作，也有国内为达到节能减排采取的切实行动，让西方民众真正了解中国在环境问题上的努力。其次，让国际机构权威人士和外国

---

① 张铭清：《话语权刍议》，《中国广播电视学刊》2009 年第 2 期。

专家发出声音，客观评说中国，增强说服力和国际影响力。笔者在坎昆气候变化大会期间采访了联合国开发计划署驻华协调员罗黛琳女士。罗黛琳女士对中国在向低碳、可持续发展模式转变，在再生能源方面的大力投入以及对其他发展中国家输出经验方面给予了积极评价。通过将我方自身呐喊与国际权威人士的评价相结合，进一步增强说服力，这样的报道体现了中国是从广大发展中国家的立场出发，而不是谋求本国一己之私利，在会议期间以及会议外一直扮演着发展中国家利益的呼吁者和维护者的角色，展现了中国负责任的大国形象，也有利于中国主流媒体实现在国际会议场合对话语权的争夺。

（作者单位：中国国际广播电台国内外宣广播中心）

浅析新闻报道中的采访技巧

赵洪超

采访是新闻报道的前提和基础，尤其是在广播这种听觉效果较强的媒介中，采访提问是否成功更是决定了被采访对象的同期声是否精彩。正所谓新闻是“七分采，三分写”，能否写出一篇生动鲜活的报道，关键在于采访。记者本身的新闻敏感性、采访前的准备、采访问题的顺序安排等细节都直接决定了采访的成败。

一、记者的新闻敏感性

现代社会所具有的典型特点是我们每一个社会成员都“浸泡”在信息的海洋中，新闻时时刻刻都在发生，但这一切却不是每个人都能轻易察觉的，而记者的职业特殊性恰恰在于其应具有敏锐捕捉新闻的能力。善于发现采访亮点，是新闻记者的基本素质。而要成为一个优秀记者，并能在经年累月的采访中有所作为，新闻敏感性必不可少。比如说我们采访的对象分为公众人物和普通公民，公众人物已经习惯与媒体打交道，他们往往能够把新闻的敏感点表述出来，而普通的个人没有接待媒体的义务，也缺乏经验，他们的表述很可能不会语出惊人。但是如果记者具有较强的新闻敏感性，往往能从普通人中获得更多的信息。

培养新闻敏感性不是一朝一夕的事情，在新闻采写的过程中，培养新闻敏感性要做到“三快”。一是思路快，能迅速地捕捉事物正在或即将发生的最新变化，能从纷繁复杂的事物中判断和选择出有传播价值的东西。二是采访快。从发现有价值的新闻线索到开展新闻采访，这中间的准备时间越短，越能实现新闻的价值。迅速投入采访，要求我们在平时的工作中大量地积累可能有用的信息，同时将这些信息尽快消化吸收，这样才能在需要采访的时候信手拈来，将头脑中的信息编织成网，网住新闻报道中的大鱼。三是成稿快。新闻采写也需要灵感和激情，有些时候我们能够迅速找出新闻点也能很快投入到新闻的采访和资料搜集当中，但当这些工作都做得差不多时，人也有了一定的疲劳，面对采访来的大量资料往往理不出头绪而心生烦乱，给自己开脱休息。固然一定时间的休整和思考是必要的，但没有把握好时间的度，容易将灵感“休”了、将写作激情“息”了。敏感性的培养是一个长期的过程，需要我们在生活和工作中做到靠积累、靠思考、靠比较“三靠”和眼勤、腿勤、嘴勤“三勤”。

二、采访的前期准备

采访前的准备是从事新闻采访活动不能忽略的一个重要环节。常言道，不打无准备之仗。高质量的提问离不开采访前的充分准备。

研究背景。查阅新闻剪报和一切可能找到的文件以熟悉选题和采访对象。向被采访者身边的人了解被采访者的轶事和习惯。为采访设计一个有趣的开头，寻找一个采访对象感兴趣的问题或方式，这样可以拉近与被采访者的距离，尤其是当面对的是公众人物时，这些人通常对他们认为无聊的问题给予程式化的回答，因为同样的问题他们已经被问过好多次。如果对背景做了仔细的调研，你将会发现有趣的新闻或好的报道角度，这样就能够问出不寻常的问题并得到有趣的回答。

设计问题。用两种方式准备问题清单：一种是写出所有想要问的问题，另一种是为了得到关键信息必须问的问题，如果采访时间有限，可以直接选用关键问题清单。清单上的问题可以分为两类：闭合式问题和开放式问题。在采访中这两类问题最好能够结合使用。闭合式问题是为了引出简短的、具体的、事实性的回答。它们适于用来获取基础性信息，比如姓名和头衔，“对”、“是”或“不是”这类问题的回答以及对何人、何地、何时这类问题的回答。例如：谁参加了会议？集会有多少人？事故是什么时候发生的？开放式问题是为了详细阐述或者更长的答复。比如：你这项计划的目的是什么？采取这项措施的目的是什么？闭合式问题后面最好跟进开放式问题，比如“为什么”和“怎样”。

适当着装。首先着装一定要整洁，以表示对采访对象的尊重。着装的风格最好能符合采访对象周围的环境。比如在政府部门中采访职员或其他人，着装就应该像在那里工作一样，男士要穿西装打领带，女士要着职业裙装。

准时到达。一般可以提前 10～15 分钟到达，到达的时间太早可能会给采访对象带来不便，时间太晚又不利于记者熟悉适应环境，但最重要的是千万不能迟到。

三、实施采访

1. 营造融洽氛围

对于记者而言，很多采访对象是第一次接触，在采访对象的心目中，记者还是个陌生人。怎样使采访对象开口说话，吐露心声，这是记者在每次采访中都会遇到的问题。采访对象能否在心理上真正接受你，最主要取决于采访氛围是否融洽。如何营造一种融洽的氛围呢？

保持尊重的态度。尊重采访对象是对记者的基本要求，在采访时应该明确，采访对象是知情者、当事人，而记者仅仅是个问路人、求知者。在提问时，记者应以和蔼的语气、求教的态度向采访对象发问，认真耐心地恭听对方的介绍。只有这样，采访对象才能配合并认真回答记者提出的问题。例如在采访对象回答问题时，要有积极的反馈，比如微笑、点头或作出适当的反应，而且采访期间要注意不时地与采访对象进行目光交流。

寻找沟通桥梁。一些原本健谈的采访对象，一旦坐到记者面前，往往显得心情紧张、言语不畅，此时如果一下就进入正题采访效果并不会理想。这时往往需要寻找话题的共同点，即抓住记者与采访对象“共通”的可以把双方联系起来的东西，实现与采访对象的心灵沟通。这种东西，可以使双方感情融洽起来，往往可以营造一些轻松愉快的谈话氛围。这也是采访前期准备中设计出来的一个环节。

2. 坚持探究的不懈精神

采访的主题和对象一旦确定，摆在记者面前的问题就是如何具体有效地实施，如何实现预想目的。

敢于质疑一切。质疑是记者的一种重要品质，如果采访对象说什么记者就相信是什么、记什么，就会被采访对象牵着鼻子走，得到的新闻信息往往是表层的。记者对采访对象提供的信息，要常常问几个“为什么”，通过质疑，探询新闻事件发生的深层原因，还有新闻人物背后的故事。当然，质疑是从常理出发，不是胡乱质疑，不是没有道理的尖刻，也不是故意刁难，而是要合情合理。

善于把握重点。不是记者所有的问题和采访对象所有的回答都值得写入报道。记者的提问应准确具体，切忌含糊空泛。“你有什么感受?”“你的愿望是什么?”“你有什么困难?”及“你今后打算怎么办?”如果记者的提问老是囿于此类宽泛模糊、缺乏个性的问题，采访对象的回答多半也是泛泛而谈、枯燥乏味，据此写出的新闻报道也就难有新意。所以记者采访之前要对采访对象和新闻事件进行初步分析，找准与新闻事件密切相关的问题，一问到底，深入挖掘，直至获得最重要的新闻事实。

不断深入追问。提问的过程实质是一个探询过程，要探究事件真相、追溯事件的来龙去脉，就需要记者不断追问。要根据已知的东西，追问出未知的。因为后者往往是人们感兴趣和想要了解的，更富于新闻特质，更接近新闻本义。面对采访对象的回答，记者一定要眼观六路、耳听八方，用心倾听、用脑识别，敏锐地筛选出谈话中生动有趣、新鲜独到的东西，捕捉到那些与众不同的信息、事实和故事。

3. 把握适宜恰当的问话时机

记者什么时候切入采访主题，针对什么采访对象提出什么样的问题，有的问题在什么情况下采访对象能够接受等，这都是记者采访时需要把握的。因人、因时、因地而宜，就是要针对不同的采访对象、不同的环境，采取不同的提问和谈话方式。

区别对象，因人而异。对不同的采访对象，要采用不同的方法，切忌千人一面，没有变化。对热情健谈者，要耐心倾听，以“热”对“热”；对漫无边际、滔滔不绝的谈话者，要巧妙引导，使话题归入正题；对文化程度较低，表述有困难的人，要以轻声细语帮助对方思考和回忆，甚至可以让他从一些有趣的、有启发性的故事中有所感悟，打开记忆的闸门。

注意观察，适时发问。记者要时刻注意采访对象的心理变化，如果采访对象不愿回答某个问题，记者的发问就要多启发，少追问。如果咄咄逼人，急于求成，效果往往不理想，甚至事与愿违。有时遇到采访对象有顾虑、有难言之隐或对某事记不清的时候，记者不可急躁，也不要轻易放弃，要揣摩对方的心思，积极引导。可以抛砖引玉进行启发，或者进行一些试探性的提问，让被访者选择回答，使采访得以顺利进行下去。

把握心理，巧妙发问。问话时要随时揣摩对方当时的思想、情绪、感情、顾虑、习性与爱好，以灵活多变的形式发问。有的采访对象在再现某种刻骨铭心的情景时往往控制不住自己的感情，或痛哭流涕，或拍案大怒，或缄默不语。有的采访对象对记者的问题故意回避不愿回答，如果一味穷追不舍，有时会导致气氛尴尬。这时候，记者千万不能着急，更不要误以为是采访对象不配合，而应该摆出一个内紧外松的态势，与采访对象闲聊，力争做到：他紧张你轻松，他冷淡你热情，他言者无意你听者有心，抓住机会，巧妙发问。

四、GOAL 采访法

一次成功的采访，核心在于问题的组织。下面同大家分享一个简单易行的组织问题的方法，即 GOAL 采访法。GOAL 采访法是新闻教育家拉吕·W. 吉尔兰（LaRue W. Gilleland）设计提出的，是一个帮助记者为多种报道组织问题的方法，既可以应用在简单新闻事件的采访上，也可以用在人物访谈、专题报道之中，它是一种以不变应万变的技巧。如果按照这种思路构建问题，你可以得到“何因、怎样、何事”这些问题的答案。当然，GOAL 采访法并不是对所有的报道都有效，但它为组织问题提供了一个基础性的框架。下面就是这些字母所代表的具体含义：

G＝Goals（目标）

O＝Obstacles（困难）

A＝Achievements（成就）

L＝Logistics（背景）

GOAL 采访法遵循的原则是：大部分人无论是官员还是普通人，都把实现某种目标作为自己生活的一个重要组成部分，但并不是所有的这些目标都能轻易实现。如果在采访中问到了这些目标，对方也作了比较现实的回答，那就可以开始运用 GOAL 采访法了。目标是什么，然后找到阻碍它实现目标的层层障碍。可能的解决方案是否存在于现实中，还是在理论上。最后回到事件的开端，这事儿是怎么发生的。为什么会发生？下面是运用这种方法具体提问的思路。

目标。“您从事这项计划（或这种职业）的目标有哪些？”“你想要取得什么样的成就？”“你为什么想要做这件事情？”通过这类问题来了解行为的动机。

困难。“您面临过或者正面临着哪些困难？”争取捕捉到一些具体的例子或趣闻，可以问：“你能举例说明你所经历的困难么？”尽量不要把问题限制在“最”字上，诸如，“最困难的问题是什么？”“最有趣或最快乐的时刻是什么？”人们通常很难凭空判断什么是最好的、最坏的、最艰难的、最容易的、最高兴的或者最悲伤的。它们需要你提供一定的线索来帮助思考，比如生活中某一个特殊具体的时期。

成就。“你是如何克服这些困难的？”“你是怎样实现目标的（或你是怎样计划去实现目标的）？”

背景。弄清楚问题的来龙去脉，问题或者项目是什么时候、如何开始的？为什么？“你或这个计划是如何发展到目前程度的？”

五、综述

“采访是沙里淘金，是蜜蜂采花酿蜜，是艰难的跋涉，是痛苦的探寻”。记者采访报道的技巧方法，需要新闻记者深入到生活中，深入到群众中去，在长期的工作实践中边学习、边尝试、边探索，以达到熟练掌握、运用自如。

会追问，是深化采访的重要技巧；会质疑，是深入访问的重要手段；而用真心体味被采访者的感受，用真情、真意打动和征服被采访者，则体现了记者的人文素养。总而言之，采访的目的是为了获得素材，记者所有的采访技巧都应该为这一目的服务，为成功的新闻报道锦上添花，更好地完成采访报道工作。

（作者单位：中国国际广播电台塞尔维亚语部）

参考文献：

1. 卡罗尔·里奇：《新闻写作与报道训练教程》，中国人民大学出版社，2004年。
2. 张申菊：《浅谈新闻采访艺术》，《新闻传播》2012年第9期。
3. 王思远、雷伟：《浅论记者的提问方式》，《中国广播》2011年第2期。
4. 陈玲：《让人物访问更加真诚与真实》，《新闻爱好者》2012年第11期。

谈谈日语广播新闻和网络新闻的不同

闵亦冰

新闻翻译和编撰是国际台对外广播中最基础的工作之一。近些年，随着新媒体业务的不断扩大，网络新闻的数量逐渐增加，我们的核心业务类型也正逐步从“对外短波广播”向“外语多媒体传播”转型。我们的新闻稿不再是单纯的广播新闻稿，每一篇稿件都会成为网络新闻稿，在互联网上被广大网友阅读。业务转型后，还有很多稿件将成为专供网络使用的新闻稿。由此便产生了一个新的课题，那就是对于广播新闻和网络新闻的区分。特别是对于日语新闻工作者来说，由于日本语言文字自身的一些特点，就要求无论是新闻撰写还是新闻翻译，都应该注意两者的区分。广播新闻可以说是由播音员使用而不直接面向读者的稿件，因此它的文字要求侧重在“是否便于播读”“是否易于听懂易于理解”上。网络新闻则具有快速、多面化、多渠道、多媒体、互动等特点，突破了传统的新闻传播概念，在视、听、感方面给受众全新的体验。因此，其文字要求是更加精准，易于读者快速阅读且信息量丰富。本文将结合自身的工作经历，从日语新闻的标题、词汇、句式、内容等方面分析广播新闻和网络新闻在翻译撰写上的不同，同时探讨如何将其应用在实际工作当中。

一、标题

新闻标题，是在新闻正文内容前面，对新闻内容加以概括或评价的简短文字，其作用是划分、组织、揭示、评价新闻内容，吸引读者阅读。新闻标题既不同于公务文书的标题（例如：《某某单位关于加强安全生产管理工作的通知》），也不同于文艺作品的标题（例如：《家》《春》《秋》），它的种类繁多，结构复杂，而且还存在着内在的逻辑关系。

日语广播新闻中的标题，按照惯例不会被播音员播读，因此只对相关的编辑和播音员起到提示内容的作用，在此可以不做过多要求。

然而，作为网络新闻，新闻标题的作用就显得尤为重要了。特别是在新闻网站的主页上，通常只会出现标题，只有在标题足够吸引人的前提下，读者才会点击进入内容页。

例如一条原文标题为“2012 年十大科技新闻结果发布”的新闻，广播新闻可以直译为“2012 年科学技術十大ニュース発表”。而作为网络新闻的标题，应该放入更多信息量和读者可能产生兴趣的关键字。该新闻标题可以翻译为“2012 年科学技術十大ニュース、神舟 9 号が首位”。这里增加了一个信息就是“有关神 9 的新闻位居榜首”。

当然，网络新闻的标题也不是越长越好。受到网页设计的影响，有时候新闻标题需要限定字数。如国际在线日语网，首页新闻标题最长不能超过 25 个字，否则会出现标题换行的现象，影响页面的整齐与美观。这种情况下，对于原文很长的新闻标题，其文字要求是高度提炼、有所取舍并突出关键字。对于国名、地名、人名较长的日语单词，可以使用其略称。

如原文标题为“中国常驻联合国代表积极评价联合国朝鲜卫星决议：平衡解决各方关切”，广播新闻可以直译为“中国国連大使、朝鮮の衛星発射をめぐる国連決議を評価、「バランスが取れている」”。而作为网络新闻的标题，该标题尽管信息量充分，但超过了字数限制，应该精简。可翻译为“朝鮮めぐる決議、中国国連大使が「バランス取れた」と評価”。这里在不影响语义的基础上删除了若干名词和助词，使标题变得简短但又没有丢失信息。因此，无论翻译还是编写一条准确、简约、传神的新闻标题，都非得花费一番心思不可。

二、词汇

新闻中出现的词汇涉及面很广、种类繁多。对于广播新闻和网络新闻来说，词汇运用的不同主要集中在专有名词和数词这两大类词汇上。

1. 专有名词

专有名词会大量地出现在新闻稿件中，包括地点、人物、组织机构等词汇。尽管这些词汇在翻译上没有什么技巧可言，在很多工具书上也可以查到相应的日语说法。但是基于广播新闻与网络新闻的不同特点，这些词汇在文字表记上还是有所区分的。

（1）人名。

对于大多数人名和地名来说，广播新闻与网络新闻几乎没有区别。通常是以忠实原文为原则。对于字符数较多且用片假名书写的人名，网络新闻可以以全名表记，而广播新闻，考虑到便于播音员播报以及便于听众理解，往往只表记为姓氏。

如“印度的现任总统普拉纳布・慕克吉”，网络新闻中可以表记为“インドのプラナブ・ムカジー大統領”，而广播新闻中应表记为“インドのムカジー大統領”。“国际货币基金组织的克里斯蒂娜・拉加德总裁”，网络新闻中可以表记为“国際通貨基金のクリスティーヌ・ラガルド専務理事”，而广播新闻应表记为“国際通貨基金のラガルド専務理事”。

（2）组织机构名。

一些中国的组织机构名中，词语高度概括，在网络新闻中有时可以直接写汉字。因为对于日本受众来说，汉字比较直观，通过新闻内容可以推断这些组织机构的含义。而在广播新闻中，通常是以“加注释”的方式来解决这样的问题。

如“铁道部春运办公室”，网络新闻中可以表记为“鉄道省春運弁公室”，对于“春运”这个词，可以在后文作解释。而广播新闻中应表记为“旧正月の帰省ラッシュに対応する鉄道省春運弁公室”，也就是用一个定语来注释这个组织名。又如“中国银联”，网络新闻中可以表记为“中国銀聯”，而广播新闻中则应表记为“中国国内の銀行を結ぶ決済ネットワーク・中国銀聯”。

2. 数词

数词在新闻里也经常出现。网络新闻一般会表记为精确数字，而广播新闻，考虑到便于播音员播报以及便于听众理解，往往用约数表记。

例如“1 万 5 123 人”，网络新闻中可按原文表记为“15 123 人”，而广播新闻中一般表记为“1 万 5 000 人あまり”或者“1 万 5 000 人以上”或者“1 万 5 000 人超”等。

又如“1 998 亿元”，网络新闻中可按原文表记为“1 998 億元”，而广播新闻一般表记为“約 2 000 億元”或者“2 000 億元近く”等。

对于带有小数点或者百分号的数字，如“6.55 万吨”“295%”，网络新闻中可以按原文表记为“6.55 万トン”“295%”，而广播新闻中应表记为“6 万 5 500トン”“約 3 倍”。

3. 汉字较多的单词

在日语词汇中，含有 4 个汉字以上的单词就属于较长的单词了。在广播新闻中，一个单词的汉字过多，就会产生连读变调的问题，既增加了播报的难度，也会影响听众对其含义的理解。这种情况下，往往会在单词中间用“の”作间隔。例如“非金融类直接投资额”，网络新闻中可直接表记为“非金融類直接投資額”，而广播新闻中应表记为“非金融類の直接投資額”。又如“非税收入票据电子化管理系统”，网络新闻中可表记为“税外収入領収証管理システム”，而广播新闻中应表记为“税外収入の領収証の管理システム”。

三、句子

日语广播新闻和网络新闻在句子上的不同，主要体现在句子的“体”上。也就是“敬体（ます/です）”和“简体（ある）”的区别。按照惯例，广播新闻中使用敬体，网络新闻中使用简体。

此外，日语句子的特点是：宾语在句尾，肯定或否定也在句尾表示。句子过长的广播新闻，既不便于播音员的播报，也会影响受众对其含义的理解。因此，在广播新闻的翻译和撰写中，应注意不要让定语或者修饰的部分过长，当从句过多的时候，也可以把一句话拆分成若干句。

例如“今月 6 日スタートした「八重の桜」は、福島県出身で戊辰（ぼしん）戦争の落日、会津（あいづ）の鶴ケ城に500 人の女たちと立てこもり、銃を持って戦ったことから「幕末のジャンヌ・ダルク」と呼ばれ、のちに同志社大学を創設した新島襄（にいじまじょう）の妻となる新島八重の生涯を描いています。”

此句出自一条介绍日本最新大河剧的新闻。这句话长达 130 多个字，介绍了整部电视剧的剧情梗概。作为网络新闻没有问题，但是作为广播新闻，修饰主人公“新島八重”的定语过长，既增加了播报的难度，也让听众很难抓住要点。这种情况下可做以下修改：

“今月 6 日スタートした「八重の桜」は、戊辰（ぼしん）戦争の落日、会津（あいづ）の鶴ケ城に500 人の女たちと立てこもり、銃を持って戦ったことから「幕末のジャンヌ・ダルク」と呼ばれ新島八重の生涯を描いたものです。新島八重は、福島県出身で同志社大学の創始者・新島襄（にいじまじょう）の妻としても知られています。”

这样一来，定语修饰被分解成两个部分，句子也从一句变成两句。信息量没有丢失，并且可以更好地被听众所理解。

又如“今回の会議では、現在の反腐敗の情勢を分析し、共産党の紀律、特に政治紀律を厳格化し、指導機関と指導幹部の態度を確実に転換し、反腐敗活動の中で突出した問題を真剣に解決し、腐敗の懲戒と予防システムの建設を全面的に推進し、「腐敗の懲戒と予防システム健全化計画 2013－2017」を制定し実施しました。”

此句出自一条有关中共强调反腐倡廉的新闻。这句话如果出现在广播新闻中，其问题所在就是“意思平行”的分句过多，播音员在播报中很难突出重点，听众也不容易抓住重点。这种情况下可做以下修改：

“今回の会議では、現在の反腐敗の情勢を分析した上で、共産党の紀律、特に政治紀律の厳格化、指導機関と指導幹部の態度の転換、反腐敗活動の中で突出した問題の解決を呼びかけると共に、腐敗の懲戒と予防システムの建設を全面的に推進する「腐敗の懲戒と予防システム健全化計画 2013～2017」を制定し実施しました。”

修改后，尽管还是一句话，但是上文使用“上で”、“共に”等连词使句子更有层次，前后分明。另外，上文还将一些分句名词化，也就是把多个并列的分句变成宾语，减少了谓语反复出现的几率，使整个句子显得十分紧凑而不赘余。

比较中文与日语句子的特点，由于中文经常出现排比的句式，因此，在翻译广播新闻的过程中，要特别注意变换和拆分句式。一句话中尽量避免动词（谓语）过多出现，同时，要善用“上で”“共に”“同時に”等连词使句子变得富有层次。

四、内容

标题、词汇和句子都是新闻的构成要素。通过这些要素的比较，我们不难看出广播新闻和网络新闻在“微观”上的区别。而在“宏观”上，即段落和内容的取舍上，广播新闻和网络新闻也有各自的特点。广播新闻受到播出时间的制约，每条新闻的长度相对固定，不能过长，因此对于信息量筛选的要求更大。而网络新闻可以加入更多的背景资料，内容可以更加详尽，信息量更充实，同时，由于结合了图片视频等多媒体手段，因此有些内容可以通过语言以外的形式表现，表现手法更加丰富了。在此，我们以实例进行说明。

“24 日から始まった「全国学校給食週間」に合わせ、群馬県の小学校で、学校給食が始まった明治時代の給食を再現したメニューを児童たちが味った。

この取り組みは、給食の大切さを知ってもらおうと、群馬県邑楽町が全国学校給食週間に合わせて行っている。

24 日は、町立中野小学校で、全校児童に明治時代の給食が配られた。

（省略部分）

邑楽町立学校給食センターの齋藤孝栄養教諭は「ふだん安易に給食を残す子どももいるので、きょうをきっかけに感謝の気持ちを持って残さずに食べるようになってほしいです」と話していた。”

以上为一篇关于“日本群马县在小学引进明治时代配餐”的 NHK 网络新闻。这条新闻同时也被选入了当天的广播新闻，广播新闻稿如下：

“群馬県邑楽町の小学校で学校給食が始まった明治時代の給食を再現し、児童たちに味わってもらいました。

（省略部分同前）”

与网络新闻相比，这条广播新闻的用词造句都十分精练，十分易于播报和理解。此外，考虑到时间因素，它还删除了“24 日は、……給食が配られた。”（配餐范围）和“邑楽町立学校給食センターの齋藤孝栄養教諭は……話していた。”（对老师的采访）这两段内容。尽管信息量有所减少，但是删去的部分相对没有那么重要。这表明编辑对内容进行了取舍。

又如下面这条新闻：

“昨年 11 月に再選されたオバマ米大統領が20 日正午（日本時間 21 日午前 2 時）前、ホワイトハウスで家族や側近を前に就任を宣誓し、政権 2 期目が正式に始動した。

（省略部分内容）

21 日の就任式やパレードには60～80 万人が訪れる見通し。約 180 人が参加した4 年前の半分以下だが、それでも2 期目の就任式としては過去最多になるという。

政権 2 期目では、クリントン国務長官やパネッタ国防長官、ガイトナー財務長官などの重鎮が退任。後任にはそれぞれ、ケリー上院外交委員長、ヘーゲル元上院議員、ルー大統領首席補佐官が指名されている。”

这是一条关于“奥巴马总统第二任期就职典礼”的 FNN 网络新闻。同样，这条新闻也入选了当日的广播新闻。广播新闻稿如下：

“アメリカのオバマ大統領は20 日正午、ホワイトハウスで就任宣誓式に臨み、政権 2 期目が正式に始動しました。

オバマ大統領は「わたし、バラク・フセイン・オバマは、大統領の地位を全うすることを誓います」と述べました。

オバマ大統領は20 日、大統領就任に際しての宣誓式に家族とともに出席し、ミシェル夫人の家族が使っていた聖書に手を置いて、大統領の職務の全うと憲法の順守を誓い、オバマ政権 2 期目がスタートしました。

（省略部分同前）”

与网络新闻相比，该广播新闻的长度基本相同，内容上各有侧重。广播新闻用“オバマ大統領は……と述べました。”（奥巴马总统的话）“オバマ大統領は20 日……スタートしました。”（陪同人员及奥巴马的动作）这样的段落对仪式进行了较为具体的描述。而上面的网络新闻中，由于配有图片，对具体场景并没有进行描述。另一方面，它加入了“1日の就任式やパレードには……過去最多になるという。”（参加人数）“政権 2 期目では……指名されている。”（奥巴马第二任期的其他人事变动）等背景资料。

从以上两个例子不难看出广播新闻与网络新闻在内容上的侧重。当然，无论是广播新闻还是网络新闻，它们首先都应符合新闻撰写和新闻翻译的各个要求。其次才是根据各自的传播特点，具体问题具体分析，对段落和内容进行筛选。此外，生僻词汇较多的科技类、经济类新闻，网络上的图片新闻等很难用语言描述的新闻，一般都不会被选作对外广播新闻。

综上所述，我们从微观和宏观方面探讨了广播新闻和网络新闻的不同，目的是将这些成果更好地应用到实际工作中。如今，在日语部的新闻翻译和新闻采写工作中，几乎所有的稿件都会成为网络新闻供网友浏览，而一部分则会以广播新闻的形式播出。随着网络新闻的不断增加，其中很多稿件的写法和内容并不再适合广播播出了。因此，我们在编排广播新闻的时候，首先应该在“宏观”上挑选内容适合广播播出的新闻，在新闻确定后，还要对其内容和段落进行取舍；其次在“微观”上，我们应该对词汇和句子进行有效的修改，从而达到最好的播出效果。

（作者单位：中国国际广播电台日语部）

参考文献：

1. NHK 新闻网，http：//www3. nhk. or. jp/news/。
2. 日文雅虎新闻网，http：//headlines. yahoo. co. jp/hl。
3. 国际在线日文网，http：//japanese. cri. cn/。

谈国际广播新闻节目的编排

——以CRI和BBC斯瓦希里语广播为例

谢 意

一、新闻编排是发挥广播传播功能、提高收听率的关键

电视新闻节目的编排广义上是指新闻频道的各栏目和节目的组织、安排；狭义上是指一个栏目对其播出的节目确定各自所占有的时间、内容、分布以及组合和排列顺序，以求达到节目的优化组合，提高收视率。

广播新闻节目编排的目的是使新闻节目主次分明，层次清晰，衔接连贯，详略得当，使听众循序收听，清楚明白，印象深刻。新闻节目制作人对稿件的选取、对篇幅长短的取舍、是否配发评论等，对于发挥广播新闻的传播功能，提高广播新闻的收听率有着重要的作用。

CRI和BBC都有一档在东非当地时间早上播出的30分钟的新闻节目（CRI：8：00 a.m.～8：30a.m.；BBC：6：00 a.m.～6：30 a.m.），两家媒体的新闻编排各有其特色和优势。

1. CRI和BBC新闻节目中的小板块设置和片花/播报安插大致相同，但各有特色

从板块设置上看，CRI和BBC的新闻内容上相同点是，都有新闻提要、世界新闻简讯、详讯和深度报道、体育新闻、歌曲欣赏等部分。

CRI和BBC早新闻节目单对比（2012/6/4～2012/6/8）：

CRI早间新闻节目单（6.4～6.8）：提要1→国际新闻简讯→播报联系信箱地址→要闻详讯→间奏→要闻详讯→播报CRI网址和电邮→体育和文化新闻→天气预报→提要2→歌曲欣赏

BBC早间新闻节目单（6.4～6.8）：提要1→国际新闻简讯→播报手机和Facebook联系方式→要闻详讯→读听众新闻内容相关短信→报时→提要2→要闻详讯→歌曲欣赏→报时→体育新闻→读听众新闻内容相关短信

可以看出，尽管CRI和BBC在小板块的设置中有许多相同之处，但有着很明显的两处不同：

（1）BBC的新闻节目中穿插了选读听众短信的小板块，吸引听众参与，大大增强了新闻节目的互动性。

（2）CRI的新闻节目中有《天气预报》板块，该板块旨在为沿海和维多利亚湖周边地区居民从事渔业活动以及内陆居民从事农耕活动提供天气服务，增强了新闻节目的服务性。

2. 从提要的内容、设置和表现形式上看，CRI和BBC略有区别

从提要的内容、设置和表现形式上看，CRI和BBC基本上都发挥了提要在三方面的作用：预告节目内容，吸引听众收听；提示新闻要点，揭示新闻本质；强化收听效果，加深听众印象。

（1）从内容上看，CRI和BBC的提要均选取了当天新闻中最吸引眼球的、与受众生活密切相关的新闻，且选取的提要在当天新闻中的位置分布较为均匀。

CRI 和 BBC 早新闻提要内容对比（2012/6/4～2012/6/8）

媒体 播出日期	CRI	BBC
6月4日	•尼日利亚调查坠机事件（第1条） •长沙大学为四名肯尼亚学生提供助学金（第4条） •俄罗斯担心一些国家利用胡拉镇事件破坏安南计划（第5条）	•尼日利亚客机坠毁150人罹难（第1条） •国际人权组织称卢旺达军队为刚果（金）境内反政府武装提供支持（第2条） •英女王登基60周年庆典（第3条）
6月5日	•尼日利亚坠机事故现场清理出137具尸体（第2条） •专访肯尼亚副总统 谈非洲和平与安全问题（第4条） •利比亚武装组织包围机场（第5条）	•英国女王丈夫菲利普亲王突然入院将缺席钻禧庆典（第1条） •就反政府武装在刚果（金）村庄强行征税专访刚果（金）南基伍省社会团体联盟副主席（第5条） •贫血问题医学研讨会在坦桑尼亚首都举行（第7条）
6月6日	•联合国辟谣蒙巴萨沉没（第1条） •中俄签署联合声明等12个文件务实合作再获新成果（第4条） •穆巴拉克健康状况恶化（第5条）	•美国宣布基地组织二号人物被击毙（第1条） •埃及再次爆发游行抗议穆巴拉克案审判结果（第3条） •环保人士要求刚果（金）总理禁止非法木材贸易（第5条） •金星凌日天文现象开始上演
6月7日	•肯尼亚反恐预算翻倍（第1条） •布隆迪警方逮捕杀害白化病患者嫌疑人（第3条） •国际社会就叙利亚问题意见不一（第7条）	•叙利亚再次发生针对平民的暴力事件 反对派和政府相互指责（第1条） •刚果（金）东部再次爆发冲突（第2条） •卢旺达大学计划减少女生怀孕事件（第6条）
6月8日	•联合国观察员在叙利亚遭袭（第1条） •苏丹要求非盟更换峰会地点（第4条） •2012世界环境报告显示非洲饮水安全形势严峻（第6条）	•安南称六点建议没有执行 警告叙利亚处在内战边缘（第1条） •乌干达人对总统电视讲话看法不一（第2条） •东非汽车拉力赛走过60年 辉煌不再（第3条） •卢旺达传统舞蹈女性舞者坚持梦想（第5条）

（2）从表现形式上看，CRI 和 BBC 的提要类似，即前后两次提要在表现形式上有所区别。第一次提要中，每条新闻后都安插了该新闻详讯中的音响，而第二次提要则没有音响。

（3）从安插位置上看，CRI 和 BBC 略有不同。

CRI 新闻提要出现在新闻板块的开头和结尾部分，这两处是相对比较容易给人留下深刻印象的地方，两处的提要在内容上没有变化；BBC 的新闻提要则出现在开头和中间部分，有时候在结尾部分主播也会提及当天的重点新闻，但不做特殊安排。这样做的目的是用简洁的语言在节目进行过程中不断强化听众对收听内容的印象。安插在新闻过半处的提要在内容上有别于开头部分的提要，开头的提要在内容上覆盖全时段的新闻内容，而中间的提要主要是对上半段节目中已经播出内容的回顾总结。

（4）从编写形式上看，CRI 和 BBC 的提要涵盖了以下几种编写方式：

• 评价式：在概述主要新闻事实的同时，扼要指明新闻的思想意义。如 CRI 6 月 6 日的“中俄签署联合声明等 12 个文件 务实合作再获新成果”。

• 简讯式：简明扼要地交代新闻的基本事实。如 BBC 6 月 4 日的“尼日利亚客机坠毁 150 人罹难”。

• 点要式：将新闻中最精彩、最吸引人的事实点出。如 BBC 6 月 8 日的“安南称六点建议没有执行 警告叙利亚处在内战边缘”。

• 归纳式：把内容相近或正反对比鲜明的两篇或几篇报道编写成一条提要。如 CRI 6 月 7 日的“国际社会就叙利亚问题意见不一”。

• 悬念式：不道出新闻的最终结果，以引起听众的兴趣。如 BBC 6 月 8 日的“乌干达人对总统电视讲话看法不一”。

• 预告式：对自然界或人类社会各种情况的预告。如 BBC 6 月 6 日的“金星凌日天文现象开始上演”。

3. 从重点新闻分布上看，CRI 和 BBC 的新闻排序都体现了“峰谷排列”原则

美国传播学者特德·怀特提出广播电视节目编排的“峰谷排列”理论（peak-and-valley format），该理论认为，电视节目中不可能每一条新闻都是所有的观众感兴趣的，所以必须把节目想象成一列列的山峰和斜谷，高低不平，错落有致。

“峰谷排列”理论在实践中，需要把新闻板块中由广告、片花等内容分隔出的每一个小板块或者一组新闻当作一个独立的播出单元看待，这些单元如果单独收听，也能够吸引受众。而这种独立性并不意味着每个小板块都有新闻、体育和天气等内容，而是体现在每一个小板块都以一个重要的、有趣的且内容丰富的报道开始和结束，中间则是一些次重要性的报道。因此，重要、有趣且内容丰富的报道分布在新闻板块各部分当中。

暂且不论 CRI 和 BBC 新闻理念的差异、拥有资源的多少以及每条新闻的优劣，从当天两家媒体各自拥有的新闻资源上看，两家媒体都将手头当天相对重点的新闻贯穿于节目始终，因此，在节目单中呈现出来的新闻编排都体现了很强的“峰谷排列”痕迹。

（1）从小板块整体设置上看，CRI 和 BBC 的新闻节目编排都体现出“峰谷排列”。

在很多地区，体育和天气预报是很重要的新闻。在农业社会，天气预报是每天、每晚甚至每个星期当中最好的新闻。CRI 和 BBC 播出的对象地区农业仍是国家经济和国民生活的支柱，沿海地区渔业发达，因此，天气预报对于受众日常的务农和从事渔业来说具有重要意义。因为体育消息和天气预报都是听众较为感兴趣和需要了解的内容。

CRI 和 BBC 早间新闻节目小板块设置对比：

CRI 小板块设置：时政新闻→体育消息→天气预报→歌曲欣赏

BBC 小板块设置：时政新闻→歌曲欣赏→体育新闻

（2）在时政新闻编排上，CRI 和 BBC 的头尾新闻都较有贴近性，但 BBC 的内容更为丰富、形式更加灵活。

CRI 和 BBC 的时政新闻首末两条大都安排了当天的热点或是具有较强贴近性的本地新闻，但是 CRI 的新闻大多为普通消息，而 BBC 的则形式多样，有记者连线、记者口播和录音报道等。

CRI 和 BBC 早新闻时政新闻单元首末条新闻内容和报道形式对比（2012/6/4～2012/6/8）

媒体 播出日期	CRI	BBC
6 月 4 日	首条：尼日利亚开始调查坠机事件（消息） 末条：以色列通过逮捕非洲非法移民法案（消息）	首条：尼日利亚客机坠毁 150 人罹难（记者连线） 末条：乌干达首都举行大型宗教活动（录音报道）
6 月 5 日	首条：肯尼亚警方审问 7 名爆炸案嫌疑人（消息） 末条：刚果（金）将发行面额更大纸币（消息）	首条：英国女王丈夫菲利普亲王突然入院将缺席钻禧庆典（录音报道） 末条：贫血问题医学研讨会在坦桑尼亚首都举行（录音报道）
6 月 6 日	首条：联合国辟谣肯尼亚蒙巴萨将沉默说（消息） 末条：俄罗斯说叙利亚一反对派退出停火协议极其危险（消息）	首条：美国宣布基地组织二号人物被击毙（录音报道） 末条：在摩洛哥求学的肯尼亚学子生活艰难（录音报道）
6 月 7 日	首条：肯尼亚反恐预算翻倍（消息） 末条：国际社会就叙利亚问题意见不一（记者口播）	首条：叙利亚再次发生针对平民的暴力事件（录音报道） 末条：卢旺达大学计划减少女生怀孕事件（录音报道）
6 月 8 日	首条：联合国观察员在叙利亚遭袭（消息） 末条：非洲宽带接入率目标确立（消息）	首条：安南称六点建议没有执行警告叙利亚处在内战边缘（录音报道） 末条：卢旺达传统舞蹈女性舞者坚持梦想（录音报道）

（3）在下一单元重点节目预告（Teasing）上，BBC 做得更好。

BBC 新闻节目中的时政新闻板块包括提要和听众短信选读两个部分，该提要提及了下半部分的重点内容，起到了很好的预告、提示和吸引听众往下听的作用。而 CRI 则没有类似的安排。

（4）在板块衔接、歌曲选择等细节方面 BBC 更为出色。

无论是在新闻与新闻的衔接或是板块与板块衔接中，BBC 都采取了交叉混入的方式来衔接，即前一段音响减弱，后一段音响同时渐强，通过这样的方式完成“无缝连接”。

因为 CRI 和 BBC 都对东非地区播出，在音乐欣赏小板块中，CRI 的音乐选择更为注重音乐内容，而 BBC 的音乐选择则在注重内容的基础上也兼顾音乐来源地的平衡，从 6 月 4 日（周一）至 6 月 8 日（周五）的歌曲板块中，分别选用了坦桑尼亚歌曲、乌干达歌曲、赞比亚歌曲、肯尼亚歌曲等不同国家的歌曲。

二、CRI 和 BBC 新闻编排的差异来源于两家媒体的立场、所有权归属以及组织特质

美国学者 Shoemaker 和 Reese 提出影响新闻的五个层次：个人层次、媒介常规层次、组织层次、媒介外部层次和意识形态层次。而 CRI 和 BBC 在新闻编排上的差异主要来源于前三个层次。

1. 个人层次

新闻制作人的个人特质、思考模式、价值观和工作模式等都可能影响到其对新闻内容的选择。而新闻制作人就是新闻节目的“把关人”，根据“把关人”理论，他们会不可避免地站在自己的立场和视角上，对信息进行筛选和过滤。CRI 的制作人是中国人，而 BBC 的制作人来自不同国家，不同文化背景，有着不同的教育背景和新闻价值观，这些个人因素都影响着新闻节目的最终面貌。

另一方面，媒体的“把关”是一个多环节、有组织的过程，其中虽有记者、编辑和制作人个人的活动，但是“把关”结果总体上是该媒体组织的立场和方针的体现。因此，CRI 和 BBC 新闻编排的差异是和两家媒体立场和方针的差异紧密相关的。比如 BBC 6 月 4 日早新闻中就播出了大量关于英女王登基 60 周年伦敦庆祝活动和肯尼亚庆祝活动的内容，而 CRI 当天仅将该消息放在了简讯板块中。

2. 媒介常规层次

播出时间、截稿时间和采访路线等都会影响新闻内容的处理。而由于时差的关系，CRI 在内容采集、选择和编辑上有更为充裕的时间。CRI 的播出时间是东非时间早 8 点到 9 点，对应的北京时间是 13 点到 14 点，因此北京时间 9 点上班后，CRI 的编辑和制作人有充裕的时间从现有的、丰富的、当天已经发生的（已过半）新闻中选取和整理出合适的内容，在东非居民起床时播放给他们。但是 CRI 当天上午基本不做新的采访。

而 BBC 早间节目是从内罗毕直播的，因此 BBC 的编辑和制作人们必定是在当天的大部分新闻还未发生的凌晨开始工作，手头的大多是前一天的消息或是时效性不强的报道，但是由于 BBC 拥有遍布非洲各国和地区的报道员（BBC 斯瓦希里语广播共有 51 名员工，覆盖整个非洲甚至世界其他地区），因此当天的重要消息往往当天就能够采访到手并播出。

因此总的来看，CRI 和 BBC 的早新闻节目基本涵盖当天的热点和突发事件。

3. 组织层次

媒介所有权归属以及组织特质（如媒体所有者与高层管理者介入新闻制作播出），也

可能影响新闻内容。在CRI方面，来自政府的一些宣传口径和宣传任务会直接影响节目的构成和内容。比如CRI 6月4日的录音报道《俄罗斯披露普京访华议程 将签联合声明并探讨能源合作》和6月6日的《中俄签署联合声明等12个文件 务实合作再获新成果》这两条和对象地区关联不大的新闻都出现在了早新闻节目中，且后者还在提要中提及。

BBC在英国国内是竞争性公营模式，经费收入97%以上来自视听收费，除了视听收费外，经费来源还有旗下所属企业公司从事相关事业方面的节目销售、出版、国际卫星电视等营业的收入和利息，公开大学制作中心提供的节目制作费等，因此政府参与该媒体日常业务的力度和频率相对较小。

三、结论

本文通过对比CRI和BBC斯瓦希里语广播一周的早间新闻节目的板块设置、提要内容、时政新闻排序等，发现两家媒体在新闻编排方面的异同和各自优点。

通过对比发现，CRI和BBC的早间新闻节目在小板块设置、提要内容选择方面大致相同，但各有特色。BBC的新闻节目中穿插了选读听众短信的小板块，增强了新闻节目的互动性，而CRI的新闻节目中有《天气预报》板块，增强了新闻节目的服务性。两家媒体在时政新闻编排上都体现了很强的“峰谷排列”的特点，但是BBC在板块衔接和歌曲选择等细节方面更为出色。

CRI和BBC在新闻编排上的差异主要来源于“把关人”文化背景、思考模式、价值观和工作模式的不同，两家媒体立场和方针的不同，媒体内部工作流程的不同以及媒体所有权归属以及组织特质的不同。

因此，CRI斯瓦希里语早间新闻节目可以在增加听众短信环节、注重衔接细节等几个方面作出改进，CRI斯瓦希里语的新闻从业者在坚持中国政府立场的同时，应加强对象国文化的学习，在节目撰写、编辑、选择和制作过程中，从受众角度出发考虑问题，增强早间新闻节目的针对性和贴近性。

（作者单位：中国国际广播电台斯瓦希里语部）

参考文献：

1. Ted White，*Broadcast News WritingReporting And Producing*，Focal Press 2004（怀特：《广播新闻写作、报道与制作》，2004年）。

2. Pamela J. Shoemaker、Stephen D. Reese，*Mediating the Message*：*Theories of Influence on Mass Media Content*，Long Trade/Caroline House 1996（休梅克、斯蒂芬·里斯：《中介信息：影响大众传播内容的理论》，1996年）。

3. 郭庆光：《传播学教程》，中国人民大学出版社，1999年。

浅谈如何做好塞尔维亚落地调频新闻节目

王　萍

一、引言

新闻节目是广播电台的立台之本，新闻节目在形式多样的广播节目中独树一帜，具有独特的地位。除了广播、电视、报纸等新闻传播媒介外，随着媒介技术的飞速发展，诸如网站、手机报、微博等新型新闻传播载体的出现，吸引了大量受众。在现今媒体竞争日益激烈、日益彰显个性魅力的时代，广播新闻节目面临着前所未有的巨大挑战和竞争压力。如何让塞尔维亚语落地调频广播新闻节目在对象国激烈的媒体竞争中占有一席之地，如何更好地吸引当地受众，是值得我们深思和探索的问题。

二、塞尔维亚广播现状及受众分析

由于科索沃战争后国际社会对塞尔维亚的经济制裁以及多年来政局不稳，该国的经济发展速度缓慢，再加上当地电视节目的贫乏，互联网发展及普及尚属不发达阶段，在塞尔维亚还存在着大量的广播受众。调查显示，塞尔维亚每周收听广播的人数约占其总人口的85%。

美国国际开发署与美国国际研究与交流协会于2009年联合调研并发布了《塞尔维亚电台收听调查》，对除科索沃地区外的6 134名10岁至70岁年龄段受众收听情况的调研结果表明，80%以上的听众热衷音乐节目，36%的听众喜爱新闻节目（如图1所示），因此塞尔维亚境内大部分电台都是音乐类型电台。[①] 但无论是音乐类电台、新闻访谈类电台、宗教电台还是综合性电台，每家电台无一例外都设置有或以整点新闻或以滚动新闻为形式的新闻播报节目。

根据该收听调查，每天早上8点到9点，听众收听率开始攀升。20%的塞尔维亚听众喜欢在9点到10点收听节目，而在每天的10点到11点，收听率达到顶峰，达到21%（如图2所示）。中国国际广播电台（以下简称国际台）塞尔维亚语每日新闻节目设置于整个调频落地节目的龙头位置，新闻内容的选择和制作质量直接关系到节目是否能在短时间内抓住受众的耳朵，并能更好地吸引他们继续关注国际台塞尔维亚语广播其他的节目内容。因此，做好新闻节目至关重要，这也对新闻节目的选择内容、编排和制作提出了更高的要求。

① IREX，USAID：*Istraživanje slušanosti radio stanica u Srbiji*，http：//www.mc.rs，2009.

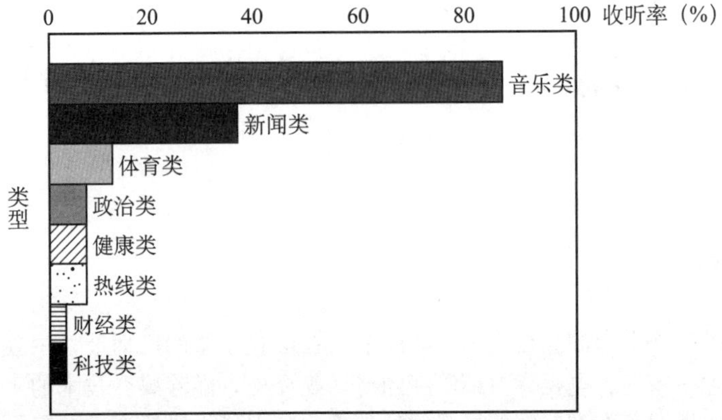

图 1　塞尔维亚受众喜爱的广播节目类型

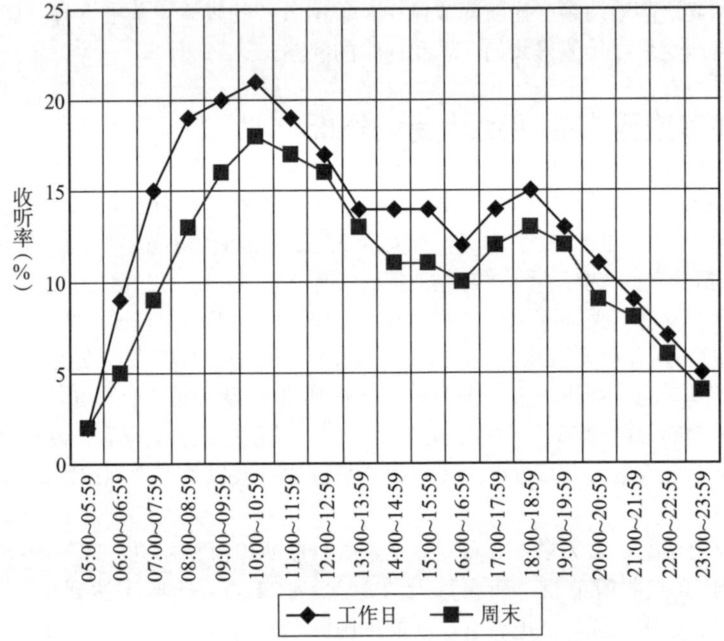

图 2　塞尔维亚听众一周中每天收听广播的平均时段分布

三、国际台塞尔维亚语广播新闻选择的标准

广播新闻指的是以广播为传播手段对正在发生或新近发生新闻事实的报道。在广播新闻节目编播过程中，新闻的选择是至关重要的。

国际台塞尔维亚语广播主要根据以下几点标准来进行新闻的选择。

1. 符合外交大局

对外宣传和外交政策紧密相连，外宣服从并服务于外交。因此，国际台的塞尔维亚语新闻节目在满足当地受众诉求的同时，一定要符合国家的外宣政策，符合“中国立场”，为我国外交事业提供一种衬托、背景、补充、配合、策应和支持①，为本国的发展创造良好的外部舆论环境，向世界介绍中国，充分展现文明民主开放进步的国家形象，从而提高国家的影响力，并致力于加深中国与塞尔维亚的友好关系和合作。

2. 注重新闻的真实性、准确性和时效性

用事实说话是对内和对外新闻报道的一个基本理念，也是国家电台新闻节目必备的基本条件。国际台塞尔维亚语广播新闻节目的主要来源是国际台和新华社编发的新闻及报道，保证了每日塞尔维亚语广播新闻的真实性和准确性。时效性是新闻的“生命”，也是赢得更高收听率的关键。2009 年塞尔维亚语调频节目在塞尔维亚实现落地后，对新闻时效性的要求就更加突显。由于中国与塞尔维亚有着 7 个小时的时差，前一天中午 12 点后的新闻就要在第二天的节目中播出。因此，我们在保证安全播出的情况下尽量做到赶制时效性强的重大突发事件新闻，此外还将精力放在了关注重大新闻事件的延续报道、深度报道和总结性报道方面。

3. 根据新闻的重要性

挑选新闻时，除符合以上标准外，要优先选择国内、对象国及国际社会当日或近期发生的重大新闻事件，并把其排在新闻要闻板块。

4. 注重新闻贴近性

国际台塞尔维亚语落地调频节目针对的是塞尔维亚这个多民族、多宗教的国家，因此在选择新闻时要考虑当地受众的收听口味，树立听众意识，在各民族间关系、宗教等问题上把好关，从而获得当地受众的认同与接纳。广播新闻的贴近性实现得越好，当地受众的忠诚度就越高，节目的收听率就越理想，国际台在当地广播业的地位也就越牢固。因此，在国际台塞尔维亚语落地广播新闻节目中选择具有贴近性新闻是十分重要的，也是十分迫切的。

5. 注重趣味性

除了时政、经济、社会等新闻，选择一些当地受众喜爱的内容轻松、文化娱乐性强的新闻，有利于增加新闻节目的可听性，吸引年轻受众，增加节目在当地的收听率。

四、国际台塞尔维亚语调频落地广播新闻的内容选择、编排及制作特点

为了制作出符合当地受众收听习惯和口味的新闻节目，塞尔维亚语部在 2012 年 11 月开始对调频落地每日广播新闻节目进行了改版，改版后的新闻节目在新闻内容选择、节目

① 王永亮等：《传媒精神》，中国传媒大学出版社，2005 年。

制作手法等方面进行了突破性的大胆尝试。

笔者以2012年11月16日的节目单举例说明目前国际台塞尔维亚语广播新闻的内容选择、编排及制作特点。

表1 塞尔维亚语部节目单

国内要闻		
1	《录音特写》：新一届中共中央政治局常委与中外记者见面	2音响
2	（十八大）：（综合稿一）一些国家和政党领导人致电或致函热烈祝贺习近平当选中共中央总书记	
3	《录音新闻》：外交部副部长：加强中国—中东欧国家旅游合作有助于提升双方整体合作水平	自采1音响综编
	塞尔维亚财政与经济部国务秘书佩特科维奇表示塞尔维亚将与中国继续加强旅游领域合作	自采
4	《录音新闻》：人民币国际化面临黄金时机 香港将继续发挥试验基地作用	1音响
对象国要闻		
5	俄罗斯将向塞尔维亚提供贷款以解决塞明年国家预算问题	记者口播
6	塞总统尼科利奇：塞政府将解决就业、贫困等塞多年积累的问题	
7	塞总理达契奇表示希望斯洛文尼亚最大电器公司能获得塞尔维亚国内生产商地位	
全球视野		
8	《录音新闻》：联合国召开紧急会议讨论以巴冲突问题	1音响 综编
	《录音新闻》：国际社会呼吁巴以双方保持克制	1音响
9	中方希望叙利亚有关各方尽快开启对话	综编
	俄罗斯认为叙利亚反对派宣言违背安南计划	
10	伊朗希望尽快与伊核问题六国恢复谈判	
11	欧盟五国呼吁推动欧盟防务建设	
12	保俄就共建南溪输气管道保加利亚境内段签署协议	
文体资讯		
13	“华夏瑰宝展”将赴土耳其展出	
14	《环球记者连线》：西班牙新出土熊猫化石 中国大熊猫祖先或源自西欧	
天气预报		

1. 国际台塞尔维亚语广播新闻内容的选择及编排特点

以往塞尔维亚语新闻节目时长为 10 分钟，内容选取当天国内外要闻，新闻编排整体结构单一，基本机械地分为中国新闻和世界新闻两个板块，遵从传统的根据新闻重要性的倒金字塔式新闻编排原则，头条、二条、三条一一排列，在听觉上没有冲击力，会让受众产生枯燥的情绪。然而，广播的线性安排与收听特性决定了重点不能总放在头条上。从收听习惯讲，必须波浪式地进行新闻刺激才能不断鼓励听众坚持听下去，产生尽可能多的兴奋点。[①] 根据这个特性，我们对塞尔维亚语调频广播新闻节目进行了大胆改版。改版后的新闻节目时长延长到了 14 分钟，节目信息量增大，编排层次感更强，更易吸引受众的注意，从而大大提高收听率。

改版后的塞尔维亚语调频广播新闻节目主要包括对象国要闻、国内要闻、全球视野和文体资讯四个板块，依据当天新闻的重要性适时调整头版位置。这样安排兼顾了对象国受众关切、国际台传播诉求以及调频新闻软硬兼顾的特点。

（1）国内要闻板块。

国际台对外广播的主要任务是向世界介绍中国，让世界各国的听众更全面地了解真实的中国。因此，选择受众关注、感兴趣的国内新闻是塞尔维亚语每日新闻节目中的重中之重。

①国内发生的重大事件、重要会议及相关新闻。

以 2012 年 11 月 16 日的新闻节目为例，中国共产党第十八次全国代表大会的召开是 11 月份的报道重点。中国共产党新任总书记是谁、新一届中共中央政治局常委的人选、在中国共产党新一任领导班子的领导下中国的外交走向、中国经济未来的发展趋势都是塞尔维亚国家领导层及老百姓极其关注的热点。因此当天选用了录音特写《新一届中共中央政治局常委与中外记者见面》，并把包含有关十八大及国内外各界对十八大反馈等台发及自采的国内要闻进行了提炼和综编，在当天新闻第一板块区播出。

②反映中国与塞尔维亚及使用塞尔维亚语的对象国间双边关系、合作等内容的新闻。

2012 年 11 月 16 日节目单中的第三条综编新闻就属于此类。为了落实 2012 年 4 月温家宝总理与中东欧 16 国领导人在华沙会晤时达成的相关共识，2012 年 9 月中国外交部成立了中国—中东欧国家合作秘书处，标志着中国与中东欧国家的合作关系进入了一个新纪元。在 11 月份的中国国际旅游交易会期间，外交部中国—中东欧国家合作秘书处举办了中东欧国家旅游产品专场推介会。塞尔维亚语新闻节目在第一时间播发了有关外交部副部长宋涛及塞尔维亚财政与经济部国务秘书谈中塞两国旅游领域合作的两条自采新闻。此外，诸如两国领导人高层互访，双边经贸，文化、科技、教育等领域合作等，此类反映双边友好合作关系，增进两国人民互相了解的新闻是受众关注的热点，也是我们的报道重点。此外，以国际台塞尔维亚语广播为来源的双边自采新闻还时常见诸塞尔维亚主流媒体包括电视、电台、报纸、网络等各个传播平台上，这些都极大提升了国际台塞尔维亚语广播的品牌效应。

① 徐若清：《广播新闻的编排艺术》，《新闻窗》2011 年第 4 期。

③反映中国政治、经济、社会等领域发展成就等新闻。

例如，2012 年 11 月 16 日节目单中的录音新闻《人民币国际化面临黄金时机 香港将继续发挥试验基地作用》。人民币国际化是近期国内外舆论非常关注的有关中国经济的最热门话题之一。人民币国际化意味着人民币成为国际经济和金融体系的重要计价货币，成为重要的国际储备货币，可以改变国际价格体系和收入分配体系不利于中国和所有发展中国家的局面，国际货币体系将呈现美元、欧元、人民币等多元货币相互竞争的格局，美元霸权地位将衰落和终结，真正实现自 20 世纪 70 年代以来所有发展中国家所渴望的“全球经济新秩序”。因此，节目当天选取了此条国内外受众都非常关切的相关消息，并放置在第一板块中。

④能彰显中国国际地位和国际影响力的有关新闻以及国际社会对中国现状正面评价的新闻。

例如，《中国代表：联合国改革应提高发展中国家发言权》《外交部：中方要求日本就安倍歪曲言论作出澄清和交代》《第 66 届联合国大会主席高度评价中国在实现人的健康和环境保护方面的成就》等。

此类消息有助于对象国听众更直接地了解真实的中国，驳斥不友好国家和势力对中国的歪曲和诋毁。

（2）对象国要闻板块。

此板块主要涉及包括塞尔维亚和使用塞尔维亚语的对象国政治、经济、社会等领域与当地受众工作、生活息息相关的新闻。设置此类板块的目的是考虑到当地受众的关切，让新闻节目更具贴近性，也能让当地听众了解中国媒体所关切的对象国发生的事情，有助于拉近中国媒体与当地受众的关系，提高受众对我们的信任度，从而提高节目收听率。如 2012 年 11 月 16 日节目单中的第 5、6、7 条新闻，分别报道了有关塞尔维亚 2013 年国家预算问题，塞尔维亚政府将解决就业、贫困等多年积累问题以及塞尔维亚政府重视吸引外资的相关情况等对象国受众近期最为关注的热点新闻。

此外，像塞尔维亚等前南地区国家加盟入约、塞尔维亚前南战犯情况等经常占据当地媒体及国际媒体重要位置的事件也是我们的报道重点。

在对象国要闻板块中，我们还适当选取一些有关体育、娱乐等领域的软性新闻。例如，世界排名第一的塞尔维亚网球名将德约科维奇参加国际网球大赛的体育新闻，中国著名导演张艺谋参加塞尔维亚电影节的文化娱乐类新闻，英媒体报道塞尔维亚一山庄酒店是世界末日人类最终避难所的社会趣闻等。

（3）环球视野板块。

在此板块中选择的均是在世界范围内产生巨大影响的政治、外交、经济、军事等领域的新闻。例如 2012 年 11 月 16 日节目单中的第 8、9、10、11、12 条新闻，其中涉及国际社会关注的巴以局势升级的消息、在叙利亚问题上中国及俄罗斯的相关立场、伊朗核问题、经济危机影响下欧盟五国推动欧盟防务建设的消息以及保俄签署输气管道协议的地区热点消息。此类热点新闻的选用充分体现了国际台在国际新闻播报上敏锐的国际视角。

（4）文体资讯板块。

在此板块内选取的是有关文化、娱乐、体育领域的具有知识性、娱乐件的软性新闻。2012年11月16日节目单中的第13、14条就属于此类新闻。“华夏瑰宝展”将在土耳其展出的软性消息，侧面展示了中国文化在世界上日趋上升的影响力。而与大熊猫化石有关的消息则具有知识性和趣味性。

软性新闻具有内容轻松、语言活泼生动的特点，增设此板块是为了让整个广播新闻节目内容做到软硬兼顾，易于受众的感官刺激，符合对象国受众的收听习惯，达到“喜闻乐听”的效果，可进一步提高节目可听性。

（5）天气预报。

在新闻节目的最后设置了包括中国、塞尔维亚主要城市的当天天气预报，提升了节目的服务性，也符合新闻贴近性的原则。

2. 塞尔维亚语新闻节目制作特点

（1）新闻播报。

新闻播出是广播新闻节目策划与制作全过程中最重要的环节，它把最终成果集中展示给受众，直接决定新闻节目的成功与否。[①]

根据受众和塞本土广播界专家反馈，中方播报员播报新闻过程中有口音重、重音不准、容易让受众产生歧义的问题。因此塞尔维亚语部大胆启用外籍播音员，外籍播报员具有更容易准确把握稿件思想、更好地掌握播报节奏、播报风格符合听众收听习惯等优势。

（2）增加新闻音响的使用量。

广播新闻节目要想形成自己的独特风格，必须在音响方面下工夫，音响是广播新闻中体现真实性的重要元素，可以重现某一事物的一种声音图画，这种声音图画能表现事物所处的环境，再现新闻现场的情景，使报道更加真实，起到如见其人、如临其境的作用。和谐的音效可以增强新闻报道的传播效果，是广播新闻扬长避短的一把利剑，也是广播新闻吸引听众的主要原因。

改版后的塞尔维亚语新闻节目发挥声音之长，选取大量的录音新闻、自采新闻和驻外记者及海外报道员的口播连线，大大增加了新闻节目的可信度和可听性，能够激发和满足听众收听兴奋，达到让广播新闻节目声声入耳，“声”入人心的效果。而记者及海外报道员口播有关对象国地区的新闻，进一步拉近了节目与当地受众的距离，传播效果好。

（3）巧妙运用背景音乐。

在14分钟的新闻节目中巧妙运用了背景音乐，节奏舒缓，淡入淡出，贯穿始终，并作为新闻各板块的间奏乐，保证了新闻节目的整体性，也使广播新闻的传播形式变得丰富立体，避免了听时枯燥无味，最大限度地吸引听众的注意力，从而达到更好的传播效果，增添了广播新闻的活力。

① 晁惠、刘帅：《当代广播新闻节目策划与制作初探》，《吉林广播电视大学学报》2009年第3期。

五、进一步做好国际台塞尔维亚语调频广播新闻节目的一些思考

1. 更专业化的运作

在现有的塞尔维亚语部新闻组的基础上，进一步推进新闻节目制作专业化运作，确立新闻制作人牵头的制作模式。从新闻内容的选取、编排、制作到人员的调度都给予制作人充分的支持，为新闻节目的正常运转打下基础。

2. 增强新闻节目内容建设

①加强有关中国新闻的报道，提供及时、权威的中国新闻资讯。

②充分利用海外新闻报道资源。利用国际台驻贝尔格莱德常驻记者站及塞尔维亚语部海外报道员的优势，在当地采制大量时效性强、针对性强的信息。

③增加软性、服务性内容。新闻节目中可适当增加文化、体育、娱乐等软性新闻和诸如汇率信息、路况信息、出行天气预报等服务性内容。做到整套新闻节目的开头以重要资讯吸引听众，结尾以软性有趣、带有服务信息的内容留住听众的效果，做到节目贴近人心，有利于提高收听率。

④利用新媒体手段加强与当地受众互动，了解受众关切，根据受众的兴趣点，及时调整、加强有关国内外新闻的报道力度。

3. 做到报道手法多样化

在新闻节目报道手法上，尽量多采用录音报道、记者口播连线以及重大事件的现场直播等形式，让我们的新闻节目不再枯燥乏味，增强节目的可听性。

六、结语

烹制膳食菜肴，要严格选料，精心烹制，巧妙调味。制作塞尔维亚语调频广播新闻节目也是如此，要考虑当地受众的求知习惯和收听口味，遵循新闻的客观规律，在新闻内容选择、编排和制作上多下工夫，才能制作出时效性强、重点突出、信息丰富、形式多样的广播新闻节目，来赢得国外受众青睐，并实现国际台“向世界介绍中国、向世界报道世界”的传播目的。

（作者单位：中国国际广播电台塞尔维亚语部）

对阿尔巴尼亚语双边交流谈话节目的思考

詹　典

内容永远是广播节目的核心，“内容为主”是吸引受众的硬道理。如何“做实内容”，是一线采编播人员需要一直努力探索的问题。双边交流节目是对外广播的不可或缺的重要组成部分。在本文中，笔者从如何“做实做好内容”出发，思考和探索阿尔巴尼亚语部双边交流节目的表现形式、定位、特点以及内容建设等方面的问题，对节目制作提出自己的构想和建议。

广播史学家普遍认为，世界上最早的广播谈话节目出现在1921年，以美国马赛诸塞州普林菲尔德WBZ电台播放的“为农村听众讲解农场经营”的脱口秀节目为起点。自1921年开始，在美国就出现了一些这样的脱口秀节目，但是当时广播节目的形态大多是主持人自己的“独角戏”，经过进一步的发展，听众开始出现在谈话节目中，效果良好，对谈节目成为最受欢迎的节目形式，因为它为人们“提供了亲密交谈的感觉”。由此，谈话节目的内容开始向广大听众关心的热点靠拢，比如热点时事、公共事务、家庭生活等，涵盖范围广泛。

广播谈话节目经过几十年的发展和丰富，已经形成了以主持人为基础，主持人与嘉宾谈话为核心，间或伴随其他群众互动参与的较为成熟的节目形式。

一、谈话节目是双边交流栏目的最佳表现方式

时至今日，谈话节目被广泛应用，在对外广播中也是有效的节目形式。在阿尔巴尼亚双边交流栏目中，为什么采用这种节目形式？经过理论研究和实地考察，总结出原因有三：

（1）谈话节目受众群体参与其中，充分体现了“话语权”的平等。广播媒介不再是不可触及的主持人独角戏，而是变成了舒适的沙龙，受众可以在其中与主持人平等对话、各抒已见。

（2）平等自由的平台可以为节目拢聚人气，谈话节目的参与性和亲和力让收听率提高成为可能。显而易见，受众如果在一档节目中能够听到自己的声音、自己的观点表达，对于他们来说很有新鲜感，更具有一种其他任何宣传手段无法替代的吸引力。

（3）这是一种更为对象国听众接受和信服的节目形式。谈话节目起源于西方，也是西方一种主流的节目形式，经过数十年发展，已经比较成熟丰富。我们做对外广播，必须要了解受众的心态和接受方式，据我们研究并且实地考察了解到，阿尔巴尼亚国内的主流电视、广播媒体在定位、节目形态等方面都非常美国化、BBC化，主持人念稿子、高高在上说教的方式必然无法达到良好的传播效果，特别是在涉及双边话题上，阿尔巴尼亚人想知

道中国和阿尔巴尼亚之间发生了什么，会为阿尔巴尼亚带来什么，阿尔巴尼亚的专家或者普通人怎么看待这件事。有本国声音的参与，才会使节目更有说服力，更有活力，更有趣味性，也更能吸引他们本国人来听。

二、对阿尔巴尼亚语双边交流谈话节目准确定位

首先，介绍一下阿尔巴尼亚语部双边交流专题节目的发展现状。

1. 概述

双边交流节目在对外广播节目中是必不可少的组成部分，是吸引受众的一个重要兴趣点。经过近一年的摸索总结，目前我们的双边交流专题节目时长30分钟，分为两个板块，每周三在广播节目中播出，并且在国际在线阿尔巴尼亚语网站上同步推出。

两个板块分别名为《声音》和《我和你》，栏目名称浅显易懂，《声音》板块由外籍员工负责，主要关注中国和阿尔巴尼亚发生的热点问题、社会现象等，外籍员工陈述，并联系相关领域的人士进行采访评述。《我和你》栏目由中方员工负责，更加贴近百姓生活，是一个轻松愉快的聊天沙龙，在关注社会现象的时候以一种更轻松的平民视角讨论。

2. 栏目定位

表现形式和节目内容相辅相成，共同构成节目的整体定位。

（1）从表现形式上来看。

《声音》节目采用的是主持人直述和访谈两种形式。先由主持人个人陈述事件本身，接下来连线嘉宾，嘉宾多是权威人士或某方面专家，他们就主持人陈述的现象或者问题进行探讨，一般由嘉宾作出比较权威的、可信性较强的分析和阐释。

主持人直述的优点在于把握节目风格，而访谈则弥补了直述的单调，形式上更为活泼，不仅增加了节目的可听性，嘉宾的选择也在一定程度上保证了节目的可信度和权威性。

《我和你》栏目采用的是访谈式或者交谈式，主持人简短介绍事件背景。每期节目与不同身份的受众就人们普遍关心的社会问题、社会现象、文化热点、生活百科等进行交流沟通。嘉宾如果是一人，就属于访谈式；如果一期节目里多于一个嘉宾，则为交谈式。

（2）从节目内容上来看。

《声音》栏目偏重于综合性，在综合性板块类节目中，通常有一个话题，在这个栏目中，新闻事件、新闻人物、社会热点、公共事务均是话题的选择范围。政府官员、专家学者、媒体工作者、新闻当事人等作为嘉宾与主持人互动。

《我和你》栏目偏重于休闲谈话，谈话对象范围宽泛，话题设置也较为轻松，更贴近生活。值得一提的是，我们的谈话对象一部分来自于CRI Shqip广播、网站、论坛、Facebook等不同平台的受众，根据他们感兴趣的话题展开讨论。

不难看出，两档节目的定位是有差异的，《声音》栏目更偏重于高端权威，而《我和你》栏目则是亲切轻松。两者相结合，既有对新闻大事件、社会现象的关注，也有对你我身边事的交流，可谓是将“阳春白雪”的高端与“下里巴人”的通俗相结合。

3. 阿尔巴尼亚语部双边交流谈话节目特点

在明确了节目定位以后，经过一段时间的实践，总结改版后的节目播出收听效果，发现阿尔巴尼亚语部关于双边交流而设置的对谈节目特点十分显著。

（1）听众是主角，主持人甘当绿叶。在传统的印象里，广播节目大多数是一种“我说你听”的模式，听众常常处于被动接受或者配角的地位。阿尔巴尼亚语部双边交流设置的这两档对谈节目则打破常规，让听众担当真正的主角。主持人可以选择和发起话题，但是谈什么，怎么说，则完全是由听众自己发表见解。更大的主动性和参与度、更多的思维心理同步让听众对节目有了更大的热情，这无疑是对传统形式的改进和丰富。

当然，这种自由的交流方式不可避免地会带来一些不可控因素，甚至是言论风险，但是我们可以通过前期对嘉宾背景的了解、主持人的引导以及最后合成节目的审听剪辑等技术手段消除这些风险。

（2）淡化说教色彩和明确的教育目的，通过沟通达到听众的自我教育和认识。我们的谈话型节目没有直接的说教，通过与听众交谈、倾听、给予回答这样一种更为平易近人、更为亲切的方式，达到更好的教育、宣传效果。与传统广播节目相比，我们淡化了明确、直接的宣传目的，不是直接告诉听众我们想让他们知道什么，而是通过与听众交流沟通，以一种潜移默化的方式，使主持人想要表达的思想通过提问，让听众自己表述出来。主持人的作用只是一个引子，帮助听众理清思路，让他们自己表达主持人的思想，找到正确的解决方法。这样的方式比生硬的说教更温和却更有效。

（3）拉近主持人和听众的心理距离，其实质也是培养 CRI Shqip（CRI 阿尔巴尼亚语）这个品牌与听众的情感。让听众感受到广播不再是照本宣科、遥不可及，而是如同身边的一个朋友，在和你谈政治、谈理想、聊家常、出主意、提供帮助，等等。这种由衷的伴随感和亲近感，只能通过这种亲切的方式才能达成，是其他方式无法替代的。而只有真正对 CRI Shqip 这个品牌有了信赖和情感，才能使我们的节目成为受众打开收音机、上网的首选，才会让受众对我们的节目产生依赖感，才能使我们要表达的观点让人信服。在感情上、心理上的接受才是真正的接受，才能达到我们想要的传播效果。

三、探索如何“做实内容”，打造 CRI Shqip 品牌

“做实内容”是广播节目之本。阿尔巴尼亚语双边交流谈话节目的内容建设主要包括以下几个方面。

1. 选择合适的题材

选题是谈话节目的关键。如何选择合适的题材？应该综合考虑各方面的因素。对于外宣节目来说，既要考虑受众需求，也要结合考虑国际台的外宣职责和外宣任务。

（1）听众想听什么。

受众是节目的最终服务对象。因此，节目的选题应该是受众关心，与其相关的。阿尔巴尼亚语部双边交流节目一直很重视题材的选择。《声音》与《我和你》两个栏目风格不同，一般关注的热点不同，但有时候也会从不同角度关注同一个话题，相互配合。

《声音》栏目较多关注中国发生的热点话题，比如雾霾天气的治理、高知女性是否愿意回归家庭等，并就此采访阿尔巴尼亚相关领域的官员、专家、评论员等，就雾霾、环境治理问题采访阿尔巴尼亚环境保护部的副部长，探讨阿尔巴尼亚在环境保护方面的经验，总结不足。

《声音》也会关注阿尔巴尼亚、欧盟的一些热点，比如欧洲发生的毒奶事件，阿尔巴尼亚也受到影响，就此采访了阿尔巴尼亚食品安全委员会发言人，请他谈一谈阿尔巴尼亚受到多大程度的影响，如何应对这次牛奶安全危机，如何加强食品安全。

在《我和你》这个栏目中，话题的选择更为自由宽泛，比如和阿尔巴尼亚年轻摄影师巴拉谈谈摄影的故事，和雷蒙德女士谈谈对我部新改版推出的杂志的意见，等等。

（2）配合宣传工作重点。

作为外宣的喉舌，在选材中不仅应该考虑到受众想了解的热点话题，也要把国家宣传工作重点通过包装推出；要以受众为本，但也要牢记自己所肩负的国家外宣喉舌的职责。

在《声音》栏目中，我阿尔巴尼亚语部配合前任外交部长杨洁篪 2011 年 8 月访问阿尔巴尼亚，主动积极联系驻阿使馆，发挥外籍员工在阿尔巴尼亚的媒体资源，第一时间拿到杨外长访阿行程，及时进行自主策划，通过阿外交部发言人拿到阿总理贝里沙在活动现场的录音，在当天的《声音》栏目中及时制作并播出，被阿媒多次转载，收到了良好的效果。

《我和你》栏目风格轻松活泼，这样的风格，正是严肃的双边交流各项活动的良好包装。2013 年 1 月，中国国家汉语国际推广领导小组办公室（汉办）向阿尔巴尼亚赠送汉语教材仪式在中国驻阿使馆举行，驻阿尔巴尼亚大使叶皓、阿卢什涅市副市长努什等出席。阿尔巴尼亚语部主动出击，和卢什涅市副市长努什成功取得联系，并与其交流赠书活动的始末、汉语教材将投放至何处、如何使用，等等。这样的谈话，更能体现出阿尔巴尼亚的汉语热，体现出我国在全世界推广汉语教学的成果。

2. 选择合适的谈话对象

（1）与节目主题相关人士。

相关人士可以是政府官员、专家学者、媒体工作者、新闻当事人。

政府官员、专家学者，理性权威，答疑解惑，高屋建瓴地分析事件并得出结论，引导公众思维。

新闻当事人、听众的参与可以增强节目的互动性。普通人会希望在广播、网站上听到自己的声音，也可以借此吸引更多的听众参与进来。还有更重要的一点，可以根据听众对节目的反馈及时调整节目策略。

还有一点值得注意，名人效应是增加节目收听率的策略之一，同时，名人明星自身的影响力和号召力，可以配合节目起到正确的舆论导向的作用。

在此基础上根据主题进行选择。

（2）谈话对象的自身素养和表达能力。

谈话对象要具备一定的表达能力，尽量做到清晰无误。如果是权威发布，比如政府官员、专家学者，则要了解其专业素养，言谈更要求具备一定逻辑性，要客观公正，保证权威性。这就要求在谈话节目进行之前，提前与谈话对象进行交流沟通，进而对其立场、专业能力、表达能力进行评估，以保证谈话内容导向正确，保证谈话内容逻辑通顺、内容丰富。

（3）主持人的作用和能力要求。

主持人在整个节目里并非袖手旁观。在谈话节目开始之前，主持人要做好充分的准备，了解事件的基本情况，了解谈话对象并与之进行沟通等。虽然现在阿尔巴尼亚语双边交流的谈话节目是录播，但是在谈话过程中，如果嘉宾跑题或者逻辑不清，主持人需要予以纠正和进一步引导。这就要求主持人本身具有良好的听力和口语能力，能听懂嘉宾的表达并且能够进行对话、引导。

四、增强双边交流谈话节目可听性的思考和建议

1. 实现节目的本土化制作，增强节目互动性、贴近性

王庚年台长提出继续推行“本土化”战略，依托境外合作伙伴，通过委托制作、提供素材等方式，探索节目本土化新模式。阿尔巴尼亚语部在阿尔巴尼亚首都地拉那以及第二大城市杜拉斯的调频 FM106 即将开播，这对于我们是一个很好的发展机遇。现在我们的谈话节目主要通过电话采访录音。笔者认为，阿尔巴尼亚语部双边交流谈话节目的未来应该是实现节目的本土化制作，与嘉宾面对面交流，甚至可以开通听众热线，可以通过电话直接与主持人、现场嘉宾互动，这样将进一步提高节目的互动性、贴近性，真正做到“在你身边”。

2. 在节目中增加更多策划，及时推出特别节目、系列节目等

目前，阿尔巴尼亚语部双边交流的这两档谈话节目，大多是紧跟社会热点来展开的，因此随机性较大，比较缺乏系列策划。在今后的工作中，可以提前进行策划，比如社会热点系列专题，一共五期节目，每期讨论一个你我身边的话题，如中阿大龄青年结婚问题、年轻人买房问题、离开家乡到大城市发展如何兼顾父母、高知女青年如何兼顾事业和家庭，等等。

或者在有一定节目量的积累以后，及时回顾总结，将其中相关性较高的话题进行整合，系统化以后在国际在线阿尔巴尼亚语网上推出特别节目。

3. 多媒体多平台互动，共同打造品牌栏目

现在阿尔巴尼亚语部双边交流谈话节目的主要平台是广播和网站。不久的将来，我们会有 FM106，这也将是我们一个很重要、更加贴近受众的平台。不仅如此，还可以结合杂志 Ejani，整合节目，在杂志上推出相关专题。通过多平台、多媒体形式，打造品牌栏目。

4. 巩固现有采访资源，积极拓展更广阔的人脉

广播对谈节目，采访资源也是至关重要的。阿尔巴尼亚是一个小国，在中国的阿尔巴尼亚人也不多。所以联系采访、谈话对象对于每周一期的节目，有一定难度。现阶段，阿尔巴尼亚语部已经开始进行多方位的尝试，和驻阿使馆密切互动，主动联系网站留言的网友，利用微博、Facebook 等发布话题、收集回馈。在以后的工作中，还可以继续探索新途

径，比如和地拉那大学汉语班共同举办活动，尝试参与在阿国具有很高人气的论坛，等等。还有一点值得注意，阿尔巴尼亚部外籍员工在当地有不少媒体、经济等方面的资源，现在已经发挥了很大的作用，可以继续挖掘潜力，让他们发挥更大的作用，拓展采访资源，并且为我所用，建立部门人脉资源库，避免因为人员变更出现资源流失。

（作者单位：中国国际广播电台阿尔巴尼亚语部）

参考文献：

1. 董旸：《广播节目策划与制作》，中国传媒大学出版，2007 年。
2. 陈敏毅主编《当代国际传播研究》，中国国际广播出版社，2006 年。
3. 林少文：《新媒体时代对东欧俄罗斯传播的研究》，辽宁人民出版社，2011 年。
4. AdobeSitecatalyst 可行性 Web 分析软件：对国际在线阿尔巴尼亚语网浏览情况分析数据，2013 年前三个月数据。

“CRI·中外记者行”成为有国际台特色的宣传报道活动

闫 伟

“CRI·中外记者行”是中国国际广播电台（以下简称国际台）近几年来推出的重要品牌项目之一。自启动以来相继举办了河南行、贵州行、杭州行、贵阳行、华西行、邯郸行、大连行、浙江行、江西行等多个采访活动。2009年，为庆祝新中国成立60周年，“看中国——CRI·中外记者边疆行”活动将中外记者行活动扩展到多地。2010年，外籍记者的参与给国际台上海世博会的采访报道增添了一道亮丽的风景线。2011年为庆祝中国共产党建党90周年，国际台策划举办的“新西行漫记——中外记者联合采访”和“中外记者进部委”等大型宣传活动，在向世界介绍中国、介绍中国共产党方面起到了积极的推动作用，得到了业界的肯定。同年，由中宣部举办，中国国际广播电台承办的“我镜头中的新疆”活动中，首次邀请国外媒体的资深记者参与，对“中外记者行”活动进行了有益的创新，取得了不错的传播效果。

“CRI·中外记者行”由国际台与当地外宣主管部门共同组织策划，由国际台多语种多媒体报道队伍联合采访，节目通过国际台无线广播、国际在线网站、海外调频电台等多个窗口播出，突出展示各地经济社会发展成就、历史文化资源和独特风情风貌，受到海外受众的广泛关注与喜爱。

笔者有幸作为翻译兼记者参与了2009年中外记者边疆行活动新疆分团的活动，2010年“感知新疆·新疆人家”的采访活动；2011年又参加了西亚非中心自主策划的“CNI-NA·纸之源”品牌采访活动江西分团的工作。在采访报道中，在丰富自己的经历、开阔眼界和做好宣传报道的同时，也发现了一些问题，产生了自己的想法。通过与参与过“中外记者行”活动的同事们的交流与沟通，发现自己的一些想法与其他同事存在共性，因此就将自己的一些不成熟的观点赘述如下，欠妥之处敬请指正。

一、“中外记者行”活动是国际台遵循对外宣传报道规律，发挥自身优势，利用多媒体传播平台，探索出的一条有特色的宣传报道方式

（1）在对外传播中，传播者总是追求传播效果的最大化，但是客观的传播效果受到事实和受众两方面的制约。其中受众的接受程度直接影响着传播的客观效果。现实生活中的受众，并非一群一无所知、毫无抵抗力的人群，他们对社会、对人生有自己的见解和要求；他们又是社会实践的主体，对社会生活的变化感受最深，最有发言权。因此，面对传播者的宣传，受众一般只接受和自己相一致的见解和立场，使自己固有的观点更加巩固；

而对于和自己不一致的观点，受众会作出选择性理解和选择性接受，主动权完全掌握在受众手里。[①] 由此可见，我们的节目能否被受众所接受、喜欢，必须从受众的角度出发去策划、制作节目，站在受众的立场上，按照他们最习惯的方式和被普遍接受的规律进行传播，才能实现传播效果最大化。在这一点上，在国际台工作的外籍专家无疑具有天然的优势。他们对于本国的国情、受众的接受习惯以及当地的媒体发展更具有发言权，因此在策划、采访和制作节目时能更有针对性地从受众更容易接受的立场出发，创作出更具有贴近性的作品，从而实现传播效果最大化。

(2) 创办于1941年12月3日的国际台经过70年的发展，已经由一个仅仅使用短波广播的传统单一媒体，发展成为拥有从第一媒体到第五媒体全部媒体形态的国际传媒，全面实现了媒体转型，搭建了现代、综合、新型媒体框架。国际台的语种规模增加到64种，节目播出时数增加到每天3 000多小时，海外整频率电台从无到有，外籍员工数量也增加不少。海外地区总站、境外节目制作室已建多家，成为国内媒体传播手段最全、国际主流媒体语种最多的传播平台。[②]

时至今日，国际台与其他媒体相比，最显著的特点就是多语种的优势、海外广阔的播出平台和人数不少的外籍员工队伍。国际台充分挖掘自身潜力，发挥自身优势，调动外籍员工的积极性，利用广阔的播出平台，打造的“中外记者行”采访活动正是这些特点的集中体现。在国际台2 000多名在职员工中，外籍员工200人左右，约占员工总数的十分之一。在过去相当长一段时期内，外籍员工只作为语言的把关者，在日常基本工作中对各个语言部翻译的新闻和专稿进行语言上的把关。这无形中造成了资源的浪费。因为在国际台工作的外籍工作人员中不乏优秀的新闻工作者，他们有的有着丰富的从业经历，有的具有极强的新闻敏感性，有的甚至在对象国的传媒界是小有名气的人物。外籍员工也希望积极参与到国际台节目的制作的各个环节，他们对受众的把握是我们所不及的。因此，外籍员工仅仅从事语言上的把关工作，显然有些大材小用。所以，国际台开始组织外籍员工积极参与到采访报道活动中，发挥他们的才干，挖掘他们的潜力，与中方记者形成良好的互补，取得了不错的采访效果。国际台由中外记者组成的采访报道团队，每到一处，都会因为外籍员工的特殊性引起极大的关注，这无形中就扩大了国际台的知名度。同时，适时结合重大活动，利用外籍员工与对象国的天然联系，增强了国际台在国际传播上的可信度和影响力。“中外记者行”活动已经成为国际台的一张名牌，与组织知识竞赛、邀请获奖听众来华访问一样，形成了品牌效应。

① 何梓华：《新闻理论教程》，高等教育出版社，1999年。

② 《继往开来 创新前进——中国国际广播电台简介》，《国际广播影视学刊》2011年第12期。

二、“我镜头中的新疆”——伊斯兰国家摄影记者新疆采风暨“新疆之美”中外网民评选活动，是在中国国际广播电台“中外记者行”活动基础上进行的一次有益的创新尝试

在2011年9月份举办的“我镜头中的新疆”活动之前，“中外记者行”活动中的外籍记者大多来自国际台的某一个语言部门，即使是邀请过外国媒体同行参加过的大型采访活动，例如“中巴媒体母亲河之旅”联合跨境采访活动，也只有一国的媒体同行参与其中。而“我镜头中的新疆”——伊斯兰国家摄影记者新疆采风暨“新疆之美”中外网民评选活动共邀请了来自土耳其、沙特阿拉伯、伊朗、尼日利亚、印度尼西亚、马来西亚等10个伊斯兰国家的14名专业摄影、摄像记者和知名摄影家到新疆采风。无论是被邀请的外籍记者的数量，还是参与其中的国家数量，都在国际台的历史上名列前茅。

在活动中，来自国际台的中方员工不仅和来自对象国家的同行有了更多的交流，还一起努力把新疆之美通过图片的方式传递到世界各国的受众面前。不仅如此，由于参加新疆采风活动的外籍记者来自十个不同的国家，采风的成果将在十几家合作媒体的网站上共同展出，因此与以往采访活动大多只通过国际台一家的传播窗口播出相比，“我镜头中的新疆”活动的影响力获得了极大的提升。

采访活动结束后，国际台与十多家境外媒体联合推出的“新疆之美”中外网民评选活动受到了网民的热烈欢迎。网友在纷纷留言对新疆之美表示惊叹的同时，也纷纷在网上留下了自己的感想。埃及网友扎齐·祖麻在留言中写道：感谢中国国际广播电台一直努力向阿拉伯世界介绍中国的穆斯林。中国是个美丽的国家，新疆是个迷人的地方。这些照片激起我们很大的兴趣，去中国旅游，体验和欣赏那里独特的风情。马来网友留言称：“我被新疆当地人民的淳朴、热情和好客深深地打动了。热情天真的孩子们，打动人心的歌舞，如梦似幻的美景，新疆真是一个在我梦中都没有出现过的天堂。”肯尼亚网友说：“我真希望我能有机会到新疆去亲眼看看啊！我希望能学习中国的文化，学习做中国菜，因为我很喜欢中国菜。我经常去中餐馆吃饭。去中国是我的梦想。我希望学习汉语和中国文化。”

三、国际台“中外记者行”采访活动已经形成品牌效应，对于扩大国际台的知名度和影响力具有重要意义

2010年上海世博会期间，由中外记者组成的国际台报道团队在激烈的媒体竞争中，发挥多语种的优势，利用与对象国之间的良好关系，发挥了品牌效应，取得了良好的效果。特别是由多语种中外记者联合制作的《与政要面对面》节目，先后采访了近20位外国政要，其中包括德国前总理科勒、欧盟委员会主席巴罗佐、克罗地亚总理约西波维奇、塞尔维亚总理茨韦特科维奇、越南总理阮晋勇、斯里兰卡总理贾亚拉特纳等。《与政要面对面》高端访谈贯穿国际台世博会报道的始终，推出的新闻产品包括音频、视频、文字、图片等。国际在线中文网开设了专题，经中文网首发的相关报道纷纷被中国网、新浪网、网易

网、搜狐网等国内各大网站转载，提高了传播实效和国际台的社会影响力。相关语言部纷纷把相关新闻产品刊发在多语种网站显著位置，受到对象国驻华使馆的重视。不少外国驻华使馆都对《与政要面对面》的传播效果表示满意，并希望今后继续与国际台保持合作。国际台在上海世博会期间广泛、深入且富有公关色彩的采访报道活动，起到了增强国际台影响力和树立国际台品牌的积极作用。①

随着国际台“中外记者行”活动的发展和影响力的不断扩大，越来越多的媒体、单位和政府部门与国际台携手，共同发展。2010 年 11 月，江西省旅游局与国际台签署了外宣战略合作关系协议，双方建立了旅游外宣信息共享及反馈机制、旅游外宣联络协调机制、旅游宣传联合策划及智力支持机制等合作关系。根据协议，国际台联合江西省旅游局于 2011 年 1 月和 4 月分别策划、组织了“魅力江西”全球知识竞赛活动和“CRI·中外记者江西行——江西风景独好”活动，多视角对外推介江西；国际在线同时携手江西旅游网多视角、多层次宣传推介江西旅游资源；国际台还利用多语种、外籍专家等资源为江西重大旅游项目提供智力资源支持。② 2011 年全国各大媒体围绕中国共产党建党 90 周年而开展的大规模、高密度的报道中，国际台组织百余名中外记者，在历时近一个月的活动中，走进部委观察体验我党的开放形象，兵分五路前往上海、浙江、江西、贵州、四川、陕西等省市，对我党历史上重大事件发生地进行了深入的寻访报道，以亲眼所见、亲耳所闻、亲身体验，向世界客观、真实、全面地介绍了中国共产党带领各族人民不断提高生活水平、推进中国科学发展、构建和谐社会的良好形象。活动选取外籍记者看中国的视角，充分发挥外籍记者的主观能动性，借助他们熟悉对象国受众心理特点和关注点、熟知对象地区表达习惯、使用母语进行传播等优势，结合记者自己的兴趣点，挖掘了丰富的报道题材，一个个生动而真实的故事便呈现在了受众面前。尼日尔记者马曼·阿达在手记中说：“我认为，从一个当初只有 53 名党员的小党，发展壮大为今天拥有约 8 000 万党员的世界第一大执政党，中国共产党自身的优越性是不言而喻的，中国社会取得的巨大进步与中国共产党的英明领导更是分不开的。”这种通过个性化的讲述，从微观入手，“润物细无声”式的报道既照顾了国外受众的接受习惯，又倾注了记者的真情实感，对于有效引导国际社会积极正面认识我党，引导海外受众认同我国的发展道路和建设成就具有积极的作用。③

综上所述，“CRI·中外记者行”采访活动已经成为中国国际广播电台的一张名片。只有按照宣传报道规律，积极拓展策划思路，不断完善活动机制，才能发挥其品牌效益，扩大国际台的知名度和影响力。

（作者单位：中国国际广播电台土耳其语部）

① 李支援：《在世博会报道中展现国际台媒体特色》，《国际广播影视学刊》2010 年第 12 期。

② 卜伟才：《旅游外宣的国际经验与中国策略》，《国际广播影视学刊》2011 年第 5 期。

③ 《“新西行漫记”大型媒体活动》，《国际广播影视学刊》2011 年第 7 期。

制作生活类广播节目之思考

薛晓云

近年来，国际台提出“构建现代国际广播体系，建设国际一流媒体，提高舆论引导能力，掌握话语权”的目标，在国际传播中坚持“中国立场，世界眼光，人类胸怀”的理念，努力增强国际传播的针对性、有效性、感染力和吸引力。在这一指导思想下，乌尔都语部的对外广播获得了巨大的发展空间，在节目制作方面也进行了大刀阔斧的改版，力求摒弃广播节目中的刻板宣读色彩，在节目内容和形式方面都为增加可听性做了各种尝试，从而增加国际传播的有效性和吸引力。笔者作为乌尔都语部《生活百科》栏目的内容策划者和主持人，在节目开播之后不断探索和思考如何将这一档节目做得更好听，更贴近受众。本文将就此进行初步的探讨。

《生活百科》栏目于2010年6月29日开始播出，每周一期。该栏目结合先进生活理念，主要内容为健康知识、生活窍门、美容常识，以贴近生活、内容丰富、主持风格轻松等特点受到听众广泛好评，被听众称为“知识的海洋，健康的宝藏”。节目基本采用采访普通民众了解生活观点、连线专家学者介绍健康常识、主持人介绍实用小窍门等方式制作完成，还尝试以广播剧方式来介绍生活小窍门，很多听众来信表示这个栏目“知识丰富、活泼有趣”。笔者在制作这一档栏目期间，有所感悟，认为做好一档生活类广播节目需要做到以下几点。

一、内容要做到贴近性

作为中国的国际传播媒体，我们的任务是传播中国文化，发出中国声音。将新闻信息传播用作宣传，就是要用所传播的信息影响、引导甚至是改变受众。在对外宣传中，要把传播的目的性有意识地、巧妙地隐蔽起来，通过潜移默化的方式达到宣传的目的。

要做到贴近性，首先，需要寻找两种文化的碰撞点。要以对象国受众熟悉的知识作为切入点，结合中国特色，做到中外结合，于无声处传播中国文化。例如《生活百科》栏目中曾经播出的一期有关“糖”的节目就试图在这一方面进行尝试。这期节目选择在西方的情人节之前播出，因此选择了“糖”和“甜蜜”为主题。在乌尔都语中“糖”和“中国人”发音相同，这是我们受众非常熟悉的知识，很容易立刻吸引听众的兴趣，我们即以此作为切入点。节目开始采访了几个普通巴基斯坦朋友，问题是：“您知道为什么乌尔都语中‘糖’和‘中国人’发音相同吗?”，对这一个问题，几乎所有巴基斯坦人都熟悉但是又从没有深入了解过。问题一出，立刻抓住听众耳朵。随后节目由浅入深，请对南亚次大陆文化有深入研究的专家介绍了南亚次大陆糖的制作传播历史。专家的回答不仅解决了听众的疑问，还丰富了听众有关中巴文化交流历史的知识。节目播出之后受到广泛好评，巴基斯坦听众利亚兹在短信中就表示："有关糖的节目内容非常丰富，通过节目介绍，我第一次知道乌尔都语中'糖'与'中国人'发音相同的原因。"

其次，要做到贴近性，必须时刻关注对象国的新闻热点。人们对自己熟悉的和近距离的事物有特别关注的心理，这就是"就近心理"。我们在对外宣传的时候很注意掌握国外听众的这种就近心理。要做到关注受众所关注的，提供受众所需要的。如当地发生洪水或者大地震等严重自然灾害之后，我们就可以立刻制作有关灾后传染病预防以及治疗的节目。节目内容可以包括当地疾病防治专家介绍疾病基础知识，如何防治以及医疗救援情况等。同时，此类节目还可加入中国色彩，如可以了解有没有当地华人参与救援，驻当地使馆有没有举办捐赠活动等。即便我们的节目从头至尾不提"中国"两个字，但是因为这是中国媒体发出的声音，此间所传递出的人道主义关怀更会令中国赢得尊敬。同时，受众也可以在收听我们节目的同时获得宝贵的疾病预防知识，这将成为巩固已有受众群，同时吸引更多受众的一个有力工具。

另外，要做到贴近性，需要深刻研究对象国风土人情。如《生活百科》栏目曾制作播出过一期有关长寿的节目。我们初步了解到中国长寿之乡的知识，随后在查阅资料过程中，了解到巴基斯坦也有一个举世闻名的长寿之乡。于是节目不仅介绍了中国的长寿文化，同时还加深了受众对于本国相关知识的了解。既宣传了中国的知识，又丰富了听众有关本国的知识。节目播出之后，巴基斯坦听众利亚兹·艾哈迈德就在电子邮件中表示："虽然我是巴基斯坦人，但是我通过你们的节目第一次知道巴基斯坦的罕萨地区是一个长寿之乡。非常感谢这个节目。"

二、知识要具有权威性

生活类节目内容的权威性非常重要，只有建立起节目的权威性，才能获得受众的认可和支持。生活类节目的受众通常为家庭主妇和关心健康的老人，这部分人群对于专家的话通常比较重视。因此，在节目风格保持平易近人的同时增加节目内容的专业性和权威性就非常重要。要做一档对受众有指导意义的节目，一档可以得到受众信任的节目。纵观国内大部分生活服务类节目，特别是健康养生节目，一般都会邀请专家参加。而国外的节目如《奥普拉秀》中的健康类节目也有专业的医生充当长期客座主持人，将养生保健话题融入其中。

目前国际台在巴基斯坦当地还没有设立工作室，乌尔都语的广播节目邀请当地专家参加录音间的节目录制面临一定困难。为此我们可以选择电话连线，和一部分专家保持联系，可以邀请他们经常参加我们的节目，进行访谈，介绍有关健康的常识，传递积极的生活方式和生活态度。而美容类节目则可以考虑邀请当地美容达人或者部分热心听众来分享美容小窍门。这都是可以有效提升节目权威性的方法。

三、形式要做到多样性

作为广播节目，如果没有听众参与，长时间讨论一个话题容易令人产生听觉疲劳。这就需要在形式上做到多样性，同时在内容编排上把节目划分为不同的小部分，保证在听觉疲劳产生之前立刻抛出下一个兴奋点。内容可以保持整体的关联性，但是要寻找各种不同的侧面，保证一定的跳跃性。这一点可以借鉴国内一些做得比较成功的电视节目，如北京电视台的《快乐生活一点通》的结构安排就非常值得学习。这一栏目主打生活牌，把老百姓的生活状态、生活方式当作栏目关心的对象。节目编排精心，气氛轻松，以情景剧的形式串联起生活小窍门和家常菜的制作等不同的内容，抛弃了高高在上或者严肃刻板的说教方式，于家长里短的平民化讨论之中介绍生活知识。

另外，作为声音的艺术，在音响的运用上掌握技巧也是保证听众不疲劳的基本方法。一期节目中可以采用主持人讨论、电话连线听众、专家访谈等音响相结合，适时地插入提神的片花和垫乐，还可引入广播小短剧的形式。比如一期介绍辣椒的节目中，就可以包括听众谈论“中国人和巴基斯坦人谁更能吃辣”、专家介绍辣椒的营养与功效、广播小短剧模拟辣椒妙用等不同音响，在充实节目内容的同时更有效地抓住听众的耳朵。

四、增加听众参与度

近几年来，媒体传播的重心发生了很重要的变化，从传播者向受众的转移成为主要趋势。综观目前媒体流行趋势，普通人参与度高的节目受到非常大的关注与肯定。如 2012 年浙江卫视的《中国好声音》，同样是浙江卫视的王牌娱乐节目《我爱记歌词》以及此前几届湖南卫视《超级女声》和《快乐男声》的选秀节目等都获得了很大成功。细到生活服务类节目，江苏卫视的《非诚勿扰》、湖南卫视的《我们约会吧》等更可谓普通人参与的成功范例。尽管电视与广播各有特点，但是这一点还是可以进行借鉴的。

广播面临电视、网络等现代化媒体的冲击，需要多方面发掘自己的优点。互动可以作为其中可供利用的一个显著优点。目前国内城市调频广播中受欢迎的节目大部分都以大量的与听众互动作为基础。如国际台的名牌节目《飞鱼秀》、北京交通广播的《一路畅通》，都有大量听众参与。广播互动传播主要有两种途径：一是延时性互动，主要为读者来信；二是即时性实现，主要为热线电话、互动短信、网络沟通等。考虑到客观条件，再根据乌尔都语《生活百科》栏目现有的结构，可以尝试开设“听众私家菜”“听众美丽密码”或者分享生活小窍门的子栏目，增加听众参与度。也可以把录音间办到听众厨房或者院子，于鸡鸣犬吠之中，让听众感觉这就是在隔壁发生的事情，而这样广播节目也就做活了。另外，条件成熟的时候，还可以考虑进一步举办“厨艺大赛”或者“最有用的日常生活小窍门”等比赛，发动听众参与到节目进来。如此不仅可以丰富节目内容，增加节目可听性，还可充分调动听众积极性。

五、加强主持人素质培养

主持人是节目取得成功的关键，也是节目确立独特风格的重要因素。如《奥普拉秀》《鲁豫有约》《飞鱼秀》等成功节目都有独特风格的主持人，以此吸引了大批受众。不过对于外语广播节目的主持人来说，要确立独特风格需要更多努力。

作为外语节目的主持人，首先，需要注意主持语言口语化。对于此前主要从事翻译工作的工作人员来说，这一点非常重要。翻译、新闻播音和主持一档生活栏目所需要的语言风格各有不同。依笔者浅见，翻译过程中容易使用较多书面语，而在播音当中则需要较为口语化的风格。而新闻播音和主持生活类专题栏目的风格也有所不同。新闻以庄重风格为主，而专题栏目特别是生活类专题栏目则需要活泼的主持风格。广播是声音的艺术，好的声音不只指主持人天生的音质，更重要的是语言的艺术。幽默风趣的语言是增加广播魅力、第一时间抓住听众耳朵的必胜法宝。

其次，要做到主持语言流行化。要做到这一点，需要观看或者收听对象国的电视或者广播节目，阅读最新的报纸。除了掌握最新的资讯之外，更重要的是可以掌握最新的流行文化，学习最新的流行用语。只有不断了解对象国的流行文化，才能做到语言风趣，和听众打成一片。

最后，更重要的是要注意各方面知识的不断学习与积累。对于外语学习者来说，口语化可能还容易做到，但是要做到主持风格的幽默风趣，则需要更多学习。主持风格的确立需要逐渐形成。不仅需要语言的学习，对于文化的学习更为重要。主持人要对相关领域的知识有较为深入的掌握和积累，方能提高对节目整体的驾驭能力。除了对于本国的文化知识需要进一步积累外，还需要对对象国的文化进行更深的研究。只有深刻了解对象国传统文化，才能做到贴近听众。

综上所述，要做好一档生活类广播节目，需要从节目内容、制作形式、调动受众积极性以及增强主持人个人魅力等诸多方面着手，才能有效增加传播的有效性和吸引力，达到有效国际传播的目标。除此之外，有分析人士指出，目前西方国家的生活类节目已经从具体生活细节的展示上升为生活方式的解读，而我国的生活类节目目前主要仍关注具体生活细节的展示。我们希望在分享生活具体细节和健康美容知识的同时，也兼顾先进生活理念的传播，探讨全新的生活方式，倡导积极的生活态度，从而将国际台的这一档生活类广播节目做成一个有魅力的节目，一个积极向上的节目，一个不断提供正能量的节目。

（作者单位：中国国际广播电台乌尔都语部）

参考文献：

1. 张绍刚：《全球金牌电视节目解析》，北京大学出版社，2011 年。
2. 孔义国：《全球生活类节目浅析》，《广告大观》（理论版）2011 年第 6 期。
3. 李建刚、王粲：《论杂志型广播节目的构成与形态》，《中国广播》2012 年第 3 期。
4. 陆锡初：《论互动意识与互动主持》，《西部广电学刊》2004 年第 4 期。
5. 夏盛、李平根：《在广播节目中提升互动意识》，《中国广播》2007 年第 2 期。

浅谈音乐在土耳其语广播节目中的作用

麻余瑶

中国国际广播电台（以下简称国际台）土耳其语广播于1957年10月21日开播。50余年来国际台土耳其语广播主要向土耳其共和国及其周边国家和中亚地区使用土耳其语的听众介绍中国的经济文化、风土人情，加强了中土两国的交流合作，增强了中土两国人民的相互了解和友谊。在中土两国高层领导的商定下，2012年在土耳其举办中国文化年，2013年在中国举办土耳其文化年。中土建交40多年来，双边关系长足发展，政治互信日益增强，各领域交流合作不断扩大。中土战略合作关系的建立，为两国关系开辟了更广阔的前景。国际台土耳其语广播为两国之间的文化交流走向更加广阔的天地，为增进两国人民感情提供重要契机，为土中关系的新发展作着重要贡献。

一、引言

在全球化、现代化和信息化迅速发展的当今国际社会中，国家之间的竞争也日益激烈。作为世界第二大经济体的中国，在全球经济疲软的今天仍然是经济发展的奇迹，经济发展水平居于全球领先地位。然而提到文化影响和国家形象，即经济军事力量之外的软实力，仍旧处于西强我弱的阶段。胡锦涛总书记在十七大报告中发出了兴起社会主义文化建设新高潮的号召，代表了全国人民的共同心愿。当今时代，一个民族的觉醒首先是文化的觉醒，一个国家的强盛离不开文化的支撑。这是党中央站在时代发展前沿、立足我国新世纪新阶段的新特征作出的重大战略部署。广播电视已是当今覆盖面最广影响最深远的媒体，在大力推进我国文化事业发展的进程中，广播电视担负着传播精神文明，促进文化发展与繁荣的历史使命。而国际台土耳其语广播肩负着将中国璀璨文化和民族精神传播至土耳其的重任。如何让土耳其语广播节目在对象国更具影响力是一个值得深思的问题。国际台土耳其语广播除了新闻时事栏目以外还设有《中国旅游》《今日新疆》《文化生活》《社会生活》《中土交流》《经济纵横》《民族音乐》和《声动中国》等栏目。音乐是广播节目中不可或缺的部分，如何应用音乐提高土耳其语广播节目的影响力、感染力是值得探究的问题。

二、音乐在广播中的重要性

音乐是人类共同的语言，它表达着人类的情感和社会生活。所有的艺术形式中，音乐也是最擅长于抒发情感、最能拨动人心弦的艺术形式，它借助声音这个媒介来真实地传达、表现和感受审美情感。音乐借它超强的感染力和表现力抒发着人们的情感，它是一种不需要翻译的语言。在广播节目中，文字节目搭配上适当的音乐使节目内容更丰满精彩，更具吸引力和感染力，从而加强了节目的传播效果和影响力。和文字语言一样，音乐语言的表达同样要求思想内容和表现形式的和谐统一。单凭单调和松散的语言不能更多更久地抓住听众的耳朵，有了音乐的引入，即那些通过演唱、演奏获得了生命的旋律给广播带来了灵感、血脉，带来了表面的华彩，带来了内在的生机。有了音乐，广播节目更具整体性也更具生命力。土耳其同中国一样，是一个热爱音乐的民族。现在在土耳其的主流电台中，例如在土耳其国家电视台（TRT）、NTV 以及土耳其方向电台（YonRadyosu）中音乐类节目占着重要的比例，而在私人电台和地方电台中，例如在 BESTFM 等中都是 24 小时音乐节目。根据土耳其广播电视机构（RTUK）2012 年发表的调查，在土耳其广播节目中收听率最高的是音乐类节目，49.7%的听众偏爱音乐类广播。由此可见，在土耳其语广播节目中，音乐的引入和应用尤为重要。

三、音乐在广播节目中的应用

音乐在广播节目中有着广泛的应用，大致可以分为三类：标志性音乐、专题类音乐以及欣赏性音乐。

1. 标志性音乐

标志性音乐指每个节目或栏目的开始曲、结束曲以及节目片花、推介等。这类音乐的主要功能是突出节目或是专栏的特色，树立节目形象，收到先声夺人的效果。一般这类音乐简短贴切、个性鲜明并具有相对的稳定性。国际台每个语种广播节目的开始曲、英国广播电台（BBC）经典的新闻开始曲、中国音乐之声的节目片花都是典型的标志性音乐。最具感染力的广播应当贴近对象国听众的口味。土耳其主流广播媒体的开始曲也都极具标志性音乐特色。例如 NTV 新闻，它的开始曲虽然是简单的单音旋律，但是反复贯穿所有栏目，极具感染力和吸引力，能让人听到这个旋律立马想起它所属的电台。对外电台的开始曲和栏目曲在制作时应当选择充分体现本台特色的音乐类型，以独特的风格情调彰显本台个性，能让对象国听众领略到具有中国特色的音乐。土耳其语部当前节目中的《中国旅游》《今日新疆》等栏目的开始曲的音乐十分贴切。《中国旅游》开始曲选用的是周杰伦的《千里之外》的前奏，浓重的中国传统音乐风很快能让听众想起美丽的东方明珠——中国，而该栏目的结束曲是《丝路》，中国和土耳其是古代丝绸之路的两端，结束曲选择《丝路》既贴切又具代表性。而《今日新疆》的开始曲便是新疆舞曲，新疆音乐与土耳其传统民族音乐风格十分相近，这样的开始曲除能让土耳其听众立马联想到中国的新疆外，还倍感亲切。而标志性音乐在专题栏目中可以反复使用，它发挥着音乐在广播节目中的连接功能。在广播节目中，节目推介以及片花的适当介入能解决听众因为节目单调和枯燥陷入听觉钝化而关台的问题。这种音乐的贯穿让整个栏目内容连贯且充满生命力。

2. 专题类音乐

专题类音乐在节目中的应用十分普遍，最常见的当属文学专题节目，比如诗歌欣赏。这类节目中音乐语言的运用一定要注意所选择的音乐符合内容的意境，节奏与内容相吻合，做到和谐适宜，烘托出必要的氛围，将整个节目的内容、风格、时代特征及极其复杂的情绪变化鲜明地表现出来，唤起听众的共鸣，引起听众的联想，进而产生强烈的艺术感染力。2010年土耳其语广播有一档节目叫《今日中国》，是由外籍专家布泽直接撰稿，主要是中国具有代表性的诗人的作品欣赏。在这类专题中，制作人在制作节目时选择的是传统的中国音乐，传统中国乐器独奏类音乐是首选。主持人在读诗时配上符合意境的音乐，更好地展现了诗人表达的情感，收到了预期的传播效果。而《经济纵横》栏目用的音乐更加现代化，节奏也更为紧凑些。《社会脉搏》专题的音乐则更活泼些。专题类音乐同标志性音乐一样，在栏目中也具有连接功能，同时它还具备滋润功能。播音员在读专题类节目时，加上合适的背景音乐，有了动听音乐的滋润，听众能更好地感受栏目所表达的情感。整个栏目在音乐的帮助下更加精彩动人。

3. 欣赏性音乐

欣赏性音乐在广播节目中往往起着过渡的作用，此外广播节目中还有专门的音乐欣赏栏目。如国际台土耳其语广播的《民族音乐》和《声动中国》栏目。央广的《音乐之声》栏目。欣赏性音乐在选择时一般根据播音员自己喜欢以及节目特色来确定，也有的是根据听众互动来确定。以《声动中国》为例，国际台土耳其语广播在选择音乐时主要以推介中国时下最流行以及在中国最具代表性的音乐人及其作品为宗旨。在选择这类音乐时，主要参照中歌榜，同时在特定节日里选择符合特殊节日特点的歌曲。例如春节期间土耳其语广播《声动中国》做了一期“春晚大盘点”，还有“年度最受欢迎歌曲排行榜”，都受到了听众的好评。同时《声动中国》根据听众的要求播放听众喜爱的歌曲。《民族音乐》则主要以推介中国传统的民族音乐为主，在选择这类音乐时，制作人主要选择传统中国乐器演绎的经典乐曲以及根据中歌榜推介最受欢迎民族歌曲类歌曲。其他栏目为了衔接节目选择欣赏性音乐时则主要根据栏目风格选择歌曲。例如，《今日新疆》主要推介新疆歌曲，《中国旅游》栏目则习惯用悠扬动听的乐曲来衔接整个栏目。

四、如何通过音乐做出听众满意度高的广播节目

广播节目的听众满意度是指听众对所收听到的特定广播节目的满意程度的主观态度评价。它是体现听众主观感受的指标，可用以体现广播节目的制播质量。听众满意度评价的主体是听众，对象是节目。节目的实际播出效果综合代表了其制播团队的最终劳动成果。因此，听众对广播节目的收听满意度评价，其实质可以理解为收听市场对广播电台“最终产品”是否满足听众需求的认同感评定。满意度高则认同感强。制作出听众满意度高的土耳其语广播节目是我们的共同目标。在二战时期，英国广播电台（BBC）就开始针对电台播出的节目进行听众收听率调查并开始使用“欣赏指数”度量听众对节目的偏爱情况，如今这一概念仍然被业内人士所用。在听众满意度调查中，听众评价主要根据广播节目对其收听期望的满足程度，除了节目带来的信息量、帮助程度、认同感、愉悦感外，还有是否有收听惊喜。土耳其语广播节目在制作中以它们为出发点，在制作受众满意度高的节目上有了自己的尝试。音乐的引入对于广播节目的制作有着强化效果。为了增强节目传播效

果，在节目制作时，应当选择符合节目特点的背景音乐。

国际台土耳其语广播节目类型繁多，内容多样，从健康到旅游，从教育到股市行情资讯，在内容上能满足听众获取信息、获得帮助的需求，土耳其语广播节目每个专题中间都会穿插精心制作的节目片花、节目推介以及极具欣赏性的中国音乐经典片段。这些音乐的加入加大了节目的丰富性，提升了听众听完节目后的愉悦感。

音乐在节目中的作用决定了要为节目选取适当的音乐。依靠音乐的润色有助于土耳其语广播制作出听众满意度高的节目。而在音乐选择制作上我们仍需要多方面的知识和感性认识。无论是标志性音乐、专题类音乐还是欣赏性音乐，它们在制作的过程中应当以传播效果、满足听众为最终目的。在制作音乐时怎样既体现民族特色又具有时代感，既符合节目主旨又尽显音乐的独特作用，就需要我们多读一些音乐书籍，了解和掌握音乐语言的特性，才能做到运用音乐语言恰当到位，为节目增色添彩。当然，要做到熟练精巧地运用音乐语言还有很多具体的细节，比如在哪个音节扬起，在哪个音节说话等，都需要不断地摸索和积累经验。

五、结语

土耳其语广播在节目制作中，通过加强音乐的引用，不断摸索努力，制作出听众满意度高的广播节目，从而提高了土耳其语广播节目在土耳其的影响力，为中土两国的交流提供了更大更好的平台和窗口。

（作者单位：中国国际广播电台土耳其语部）

参考文献：

1.《最受欢迎的土耳其广播节目》，土耳其媒体鼠标网站，2012年2月10日，http：//www.medyafaresi.com/haber/36158/medya-turkiyede-en-cok-hangi-radyo-programlari-dinleniyor.html。

2. 王旭：《重视音乐在广播中的作用》，《声屏世界》2011年第6期。

3. 赵景仁：《构建基于听众收听需求的广播节目满意度指标体系》，《数据广播》2012年第3期。

原创广播剧的策划及制作技巧

毕　玮

广播剧是为了适应电台广播的需要而产生的一种艺术形式。它可以让广大受众在收听节目的同时展开丰富的想象，从而获得特殊的艺术享受。但是，由于广播剧，特别是原创广播剧的策划及制作具有一定的难度，因此使许多广播工作者望而却步。本文将就原创广播剧的一些策划和制作技巧展开论述，希望能为广大喜爱广播剧制作的人士提供一些切实的帮助，同时也对原创广播剧未来的发展起到一定的推动作用。

在介绍广播剧的策划和制作技巧之前，我们首先要了解一下广播剧的定义以及它的一些基本特点。

广播剧的定义及特点

广播剧，英文 Broadcasting Play，是指在广播播送，主要为播音员或配音演员所演出的戏剧。也称为放送剧、音效剧、声剧。

广播剧主要由对话、解说、音乐和声音效果构成。根据听众只能凭借听觉进行欣赏的特点，广播剧以人物对话和解说为基础，并充分运用音乐伴奏及音响效果来加强气氛，以帮助听者展开想象的空间。广播剧的优势在于它在展开故事情节时能够获得更大的时空自由，并使幻想、梦境、回忆等成为广播剧理想的题材。其劣势在于由于广播剧只能依赖听觉手段，故不宜表现人物众多的场面、繁杂的情节，要求线索单纯清晰，人物集中。

为了使本文在论述时更加具体直观，笔者将以国际台南亚中心印地语部制作的一部原创广播剧《相识，缘自国际台!》为例来阐述广播剧的一些策划及制作技巧。该作品曾在“中国国际广播新闻奖”的评选中荣获 2011 年度优秀对外广播节目文艺节目类三等奖。

获奖作品简介

2011 年 12 月 3 日是国际台建台 70 周年的大喜日子。为了反映广大听众对于国际台的热爱，也为了突显国际台向各国听众传递友谊的桥梁作用，印地语部尝试制作了一部该题材的广播剧，这也是印地语部制作的第一部原创广播剧。值得一提的是，该广播剧是根据印巴两国听众间一个真实的故事而创作的，剧中原汁原味地反映了广大听众朋友与国际台之间的情缘，因此十分贴近受众。此外，创作者通过倒叙、插叙等艺术手法的运用，使得整个剧情既在意料之外又在情理之中，十分引人入胜！该广播剧于台庆期间播出后，受到广大南亚听众的热烈好评。

广播剧的策划

策划，对于制作任何一个优秀的广播节目来讲都是十分重要且必要的。特别是在广播剧的整个创作过程中，策划的作用尤为明显。为了使一部广播剧能够收到最佳的艺术效果并为广大受众所喜爱，首先必须要成立一个策划团队，其成员要对制作广播剧具有浓厚的兴趣并具备一定的基础。策划不仅仅是制作广播剧的一个开始，策划团队要共同对广播剧的创作进行全程规划、指导和管理，其间大家集思广益，集体的智慧得到了充分的体现。

印地语部在制作这部广播剧前就成立了一个策划团队，其中包括总导演、编剧、录音师、音效师，还有一名擅长制作文艺类节目的外籍专家。在整个广播剧的制作过程中，团队的每个成员都有各自的职责，随着制作进程的发展，相关人员的作用便会凸显出来。

策划团队在确定了为台庆 70 周年献礼的大主题后，便开始在整个语言部门征集故事构想。一名听众联络工作者在日常阅读来信的过程中发掘出印巴听众间的一个小故事，很有特色！故事梗概如下：印度听众罗申和巴基斯坦听众卡里德相隔千里，但是他们都是国际台印地语广播的热心听众。在广播节目中他们听到了对方创作的诗歌，在印地语杂志上他们看到了对方所举办的听众俱乐部活动，都十分仰慕彼此的才华，但是苦于没有联系方式。直到印地语网站的创建才使他们获得了相识的机会。通过网友留言，他们成了一对异国好友。

经过策划团队的筛选，大家一致认为这个故事比较具有代表性，且颇具新意。故事内容来源于普通听众的草根生活，十分切合受众心理，同时也符合国际台 70 周年庆的大主题，不仅反映了国际台在七十年间的飞速发展变化，更体现了它在中国对外宣传中所起到的重要作用。因此，便将该故事作为广播剧的主线，紧接着就是围绕这个主线进行艺术创作了。

广播剧的创作

原型故事就好像没有经过加工的食材，虽然新鲜营养，但是并不美味。只有通过编剧的艺术创作才可以使其成为一道色香味俱全的佳肴。因此，待广播剧的主题和故事构架明确以后，就该轮到策划团队中的编剧出场了。编剧需要具备一定的文学功底并热爱写作，尤其是小说，并对广播剧剧本格式比较熟悉，能尽可能地将故事情节等通过剧本完美地展示出来。下面，我们就具体谈一谈在创作中需要把握的一些原则和技巧。

1. 人物对话要丰富且极具个性化

鉴于广播剧受众只能凭借听觉进行欣赏的特点，因此在创作剧本时要以人物对话和解说为基础，并充分运用音乐伴奏、音响效果来加强气氛。其中，人物对话是推动剧情发展的主要手段。人物的语言一定要清晰明丽，具有鲜明的个性和复杂的情绪性，并富于动作性。创作者要善于从听众的角度去遣词造句，既通俗易懂，又自然优美。这里要提醒大家注意的是：在不断修改剧本的过程中，外籍专家起到了非常重要的作用。他们能够使人物的对话变得更加符合对象国大众的口味，也就是更加口语化。

在《相识，缘自国际台!》这部广播剧中，每个角色都有其各自的特点。下面我们就选取剧中印度听众罗申一家三口的一段对话让大家来体会一下。

罗申：这是啥呀？莫纳（罗申的孩子）的常识课作业只得了零分！孩儿他妈，你快过来看看吧！

罗申的妻子：来了来了，让我看看。

罗申：你看看，常识课作业只得了个零分。莫纳，你有没有好好学习啊？

莫纳：爸爸，可能老师手边没有奖励的星星给我了，于是就给我画了个满月。

罗申的妻子：多可爱啊，我的宝贝莫纳！

罗申：还可爱呢，都被你惯坏了！看看，2008 年奥运会在哪个国家举办的？这都不知道。世界上哪个国家的人口最多？这也不知道。汉语普通话是那个国家的语言？这还不知道。中国！这些问题的答案都是中国！知道吗？

（音效：倒牛奶的声音）

罗申的妻子：拿着，这牛奶杯也是“中国”的（“瓷器”和“中国”的发音相同）!（音效：翻作业本的声音）哎？老师在这里写的啥啊？（自言自语地说）下个月学校里将开设汉语普通话课程，希望各位家长能到学校来为孩子购买课本。孩子他爹，你听到没？

罗申：听到了，很不错的课程嘛！莫纳，仔细听好了，回头要好好学习中文，不许翘课哦！

莫纳：没问题，爸爸！爸爸，这道数学题我不会做，你教教我吧。

罗申：好的，你看这道题是这么做的……

通过他们一家三口的对话，一位宠爱孩子的母亲、一位严厉且热爱中国的父亲，还有一位顽皮可爱的小朋友，这三个人物形象便清晰地展现在了听者的眼前。

2. 情节发展要跌宕起伏

如何使一部广播剧的情节环环相扣，并时刻抓住听众的耳朵呢？笔者认为可以从以下三个方面来吸引受众：情绪的波动、时间的推移和场景的转换。

情绪的波动。可以通过一些特定的情节让剧中的主人公在情绪上有大喜大悲的变化，从而引领听众跟随主人公的心情或喜或悲。在创作《相识、缘自国际台!》这部广播剧时，编剧从一开始就埋下一个包袱，表达了两名听众希望能够相识、相见的愿望，而且随着时间的推移，这种愿望变得越来越强烈。但是，编剧又狠心地一次次将这些希望之火扑灭，让听众倍感惋惜！最后，为了使故事能有一个圆满的结局，编剧在结尾部分虚构了一些情节，那就是让这两位印巴听众通过参加国际台举办的知识竞赛得到了一次在北京见面的机会。由此，这两位异国朋友相识、相知、最后相遇的全过程便饱满地展现在听众的眼前，相信这也是广大听众所期盼的一个结局吧。

时间的推移。没有时间的推移，剧情就会像一潭死水，停滞不前，当然就更不会引发听众继续收听的兴趣。在阐述时间的发展变化时，广播剧的叙述可以通过顺序的方式，也可以通过倒叙。《相识、缘自国际台!》中就采用了倒叙的手法。在印巴听众电话聊天的过程中，将他们如何通过国际台相识、相知的过程倒叙出来。此后，又将听众拉回到电话机旁的现实世界，继续发展剧情。值得注意的是，在阐述时间变化时要通过解说词和相关的声音效果尽量简洁明快地把时间的推移展现出来。

场景的转换。总是在一个场景中发展故事的情节，会让听者有一种听觉疲劳。因此，要通过解说及音效的配合来进行场景的切换，让听者充分发挥自己的想象力，在脑中去幻想一幅又一幅场景的画面。听者的想象力有多么丰富，那么他幻想的空间就会有多大。有时，这其中的乐趣要比看电影还有意思。在《相识、缘自国际台!》中就包含了印度听众罗申家、巴基斯坦听众卡里德家、罗申所居住的村子、北京首都国际机场等场景，并运用相关的声音效果来配合场景的展现。

3. 解说词的运用要恰到好处

解说词，又可称为串词或旁白，是广播剧中必不可少的因素，它能够帮助听众了解剧中情景和人物的动作状态。串词要精炼，起到很好的衔接情节、拉大时间跨度的作用。

下面是《相识，缘自国际台!》中的一些旁白，大家可以从这些旁白中清楚地看到时间和场景的变化。

旁白：这个故事发生在15年前。当时罗申所在的村子里没有电视机，收音机也不多，闲暇时村民们经常聚到一起收听广播节目。

旁白：时光荏苒，转眼间已经来到2001年。就在这一年，由国际台印地语部编辑印制的第一本印地语杂志《听众园地》问世了，印地语广播的所有听众都可以免费获取这份刊物。听！邮递员来给卡里德送杂志了。

旁白：时间的车轮飞速旋转，不知不觉又过了几年。在2003年，国际台印地语部有了自己的网站！到了2008年，听众不但可以浏览网页，在线收听广播，还可以在网上留言，发表自己的看法。与此同时，罗申家里的经济条件也有了极大的改善。家里不但添置了电视、冰箱等家用电器，还买了一台笔记本电脑！浏览国际在线印地语网站成了罗申每天的必修课。这一天，他又打开了印地语网页。

4. 配乐和音效的添加要起到画龙点睛的作用

广播剧中配乐的使用要符合各种情景，并带有统一协调性。也就是说一部剧的音乐要有一个主旋律，其他场景或情绪音乐都是它的变奏。这样，无论音乐如何变化，整体的风格都不游离全剧的主题。

音效的使用要丰富且可听性强。在制作《相识、缘自国际台!》这部广播剧时，有一些声音效果是从网上搜集的，也有一些是音效师亲自录制的，还有一些是将网上搜集的素材与自己录制的声音效果进行混播，以求达到最好的听觉感受。有时候一个音效的添加，就可以立刻让人物变得鲜活起来。

下面是剧中印度听众罗申一家进餐时的一段对白。

莫纳（罗申的孩子）：妈妈，我不要吃这些蔬菜，我要吃炒面。

（音效：推远盘子的声音）

罗申的妻子：先把这些菜吃了，然后才有炒面呢！

（音效：拉近盘子的声音）

莫纳（边用刀叉敲盘子边任性地说）：我不吃蔬菜，我就要吃炒面嘛！

通过推远和拉近盘子以及孩子敲打杯盘的音效，人们的眼前立刻会展现出一幅孩子任性胡闹与母亲在餐桌前僵持不下的场面。只是短短几秒钟的音效使用便让剧中的人物动了起来。

广播剧的录制

在广播剧的录制过程中，录音师要根据不同的角色选取适合该角色的演播者来进行录制，使其发挥最佳的艺术才能。要想把一个角色把握好并淋漓尽致地表演出来，不仅仅要求演播者对角色有着充分的理解，更要求演播者对相应的时代背景、特定场景以及故事情节发展有一个整体的把握。所以在录音的时候，录音师给演播者提前交代清楚规定情景是什么，远比给他们提出各种各样的演播要求更有效。对于演播人员来讲，在录制对话的过程中一定要做到吐字清晰，表达准确生动，感情充沛真挚。

那么，我们还是以广播剧《相识、缘自国际台！》为例，来体会一下演播者是如何掌控人物情绪的。在下面这段对白中，演播者需要在短短的几分钟内表现出剧中人物从期待到失落，最后狂喜这三种情绪。

主持人：今天的节目里，我们将公布“国际台建台70周年”知识竞赛的获奖听众名单。一等奖共有20人，二等奖30人，三等奖50人……（节目声音渐弱，混入对话）

罗申的妻子：这么多人呢，真不错！

罗申：嘘……安静点。先听着！

（音效：节目声音渐强）

主持人：现在我来公布获奖听众名单，他们是来自新德里的莫汉，因道尔的法蒂玛，比哈尔的莫迪哈利……

（音效：节目声音渐弱，混入对话）

罗申：唉…这次我又没戏了！这么多获奖者的名字中怎么就没我呢？我的运气怎么这么背呀？

（音效：节目声音渐强）

主持人：现在我们要宣布一条重要信息。在国际台建台70周年之际，我们决定打破惯例，邀请两名特等奖听众来华参观访问。这两名幸运听众分别是来自巴基斯坦的卡里德和来自印度的罗申。下面我们就用一首欢快的印度歌曲《恭喜恭喜》向本次竞赛的所有获奖听众表示祝贺！（播放歌曲）

（音效：节目声音渐弱，混入对话）

罗申的妻子（激动地说）：你赢了！老公，你赢了！神啊，太谢谢你了，太谢谢你了！

罗申（不敢相信的语气说）：奇迹！这简直就是奇迹！我得奖了！我居然得大奖了！

莫纳（罗申的孩子）：（欢呼）欧耶！我爸爸得奖喽！欧耶！我爸爸得奖喽！

罗申：是呀，宝贝！你爸爸终于得奖喽！

莫纳：哦！我爸爸要去中国喽！我爸爸会从中国给我买好多好多玩具回来哦！

（音效：三人笑声）

此外，为了追求声音效果的真实性和可听性，也要善于利用一些录音技巧。例如：如果广播剧中出现了通过电话聊天产生的对白，那么可以直接采用电话采访的形式来进行录音，这样既省去了后期制作时添加音效的麻烦，又给听者一种真实感。如果在剧中有就餐时的对白，那就不妨让演播者也一边吃东西，一边进行录音，这样会比假装口里含着食物说话效果要好得多。

广播剧的合成

在广播剧中，对话、配乐及音效的合成也是一门学问，有时配乐和音效多一秒即显冗长，少一秒又显突兀，因此三者的配合必须要恰到好处。无可否认，这与音效师的审美水平有着很大的关系，在合成广播剧的时候，音效师要尽量把自己当作一名普通听众来感受剧中的音响效果是否添加得当。配乐及音效要与剧情相对照，与对白的情绪相关联。音量什么时候该大，什么时候要小，这些都是有讲究的。在剪接节目时必须要有良好的节奏感，保证两段衔接音乐在节奏和调式上保持一致。

虽然本文已经使用大量篇幅来阐述广播剧中的一些策划和制作技巧，但是如果想创作出一部优秀的广播剧，这可能仅是管中窥豹。更多的技巧需要广大的广播人在不断的实践过程中进行完善和总结。希望在不久的将来能够有越来越多优秀的原创广播剧作品问世。

（作者单位：中国国际广播电台印地语部）

参考文献：

1. 权胜：《广播剧节奏艺术论略》，中国广播网 2010 年 12 月。
2. 王宏：《试论广播剧的策划工作》，中国广播网 2009 年 12 月。
3. 彭红平：《尽情绽放声苑奇葩的艺术魅力》，中国广播网 2009 年 12 月。

品牌建设

英语广播品牌栏目建设初探

王　蕾

中国国际广播电台（以下简称国际台）2013 年工作报告中提出，媒体影响力的关键是品牌，经营的价值也是品牌，要求品牌为重，媒体品牌建设要科学规划，分步实施，突出特色，彰显个性，发展全媒体，打好“外”字牌，突出外语、外宣、国外的特点和优势。对于英语传播工作者而言，把英语栏目打造成品牌栏目，是提高英语外宣影响力的基础性工作。本文作者以国际台英语广播制作的两档新闻谈话类栏目《今日》（*Today*）和《脉动中国》（*China Drive*）为例，结合媒体专家和目标受众的节目听评反馈意见，分析节目内容、制作方式、运营环境和发展潜力，并借鉴英美广播界的同类知名品牌栏目的经验，探索英语广播打造品牌栏目的管理工作机制。

一、国际台英语谈话类栏目与西方同类品牌栏目的比较

（一）国际化的新闻访谈栏目《今日》（*Today*）

《今日》开播于 2009 年 5 月 8 日，时长两个小时，每周一至周五北京时间上午 10 点到 12 点直播，周六和周日 10 点到 12 点录播。《今日》团队由六名中方员工和两名外籍员工组成，每天负责生产制作两个小时的新闻直播，其中包括一个小时的大型国际时事访谈和一个小时的新闻点评。

《今日》节目涉及话题广泛，内容广度和深度兼具，从全球金融危机到气候变暖问题，从中国第一部国家人权行动计划的发布到全民医疗改革，从中国的网络游戏市场到中国人的婚恋观变迁，都有涉及。节目因时效性、专业性、国际性受到国内外有关国际问题专家、普通听众的好评。2012 年版《中国广播电视年鉴》收录《今日》为年度热播节目。

1. “以全球目光关注世间万象”

《今日》第一小时为国际时事访谈。播出时间为每天上午 10 点到 11 点。这个节目的特点为“国际团队、国际嘉宾、全球话题”。主持人一中一外。来自不同国家的嘉宾、横跨各大洲主要国家的话题、每期节目中中外专家观点的交流和碰撞，都使得该节目具有一流的国际制作水准。

第二小时的节目（11 点到 12 点）为新闻点评。节目团队在致力于报道世界和中国的同时，还打造了团队独有的强项：挖掘新闻附加值，剖析新闻背景，号脉新闻趋势，充分利用主持人丰富的国际国内知识，点评全球新闻。

2. 栏目直播和运营

作为国际台英语广播 2009 年倾力打造的新闻访谈杂志节目，《今日》开创了国际台外语广播新闻访谈直播的先河。栏目适合拥有高级英语水平的人员收听，从选题到访谈嘉宾

的选择都有针对性。主持人采用中外搭档。新加坡《联合早报》曾在一篇评论中提到《今日》节目，称中外主持人共同直播的做法体现了中国新闻改革的新气象。整个直播过程，邀请的中外嘉宾至少三人，或作客国际台直播间，或通过国际、国内电话连线参与讨论，在直播过程中时有交锋，体现出访谈节目展示不同观点的特点。话题选择宽泛，既有时政新闻，也有关于中国社会、经济、体育、文化等方面的“软性”新闻，有助于受众全面了解当代中国。

目前，《今日》栏目在新浪微博上有自己的账号，已连续两年举办“中美大学生对话”活动，但缺乏专门品牌推广人员，没有运营模式。节目推广尚待启动。

总体来看，英语环球广播的《今日》栏目在节目定位和节目信息量上都得到了受众的认可。参与听评的媒体专家和目标受众充分肯定了节目思想性强，定位贯彻较好，内容丰富，形式感强。但他们同时希望栏目组能够进一步细化节目编排和内容策划，不断设置兴奋点来避免收听疲劳；建议栏目主持人确定共同的语言表达标准，逐渐形成栏目的主持人风格，凸现男女主持人的优势搭配；希望改进网络收听下载方式，开发社交平台等多种传播平台，以拓展节目品牌影响力。

3. 英国老牌新闻广播栏目《今日》的经验

《今日》是英国广播公司广播 4 台（BBC Radio 4）的一档新闻旗舰栏目，栏目开播于 1957 年 10 月 28 日，距今 56 年。该栏目播出时长为 2～3 个小时，时段为周一至周五的早间 6 点到 9 点、周六的 7 点到 9 点。2010 年，该栏目荣获英国索尼广播学院奖“年度最佳早餐秀栏目金奖”。每周收听人数超过 600 万，是英国最受欢迎的三大早间新闻栏目之一。

BBC 的《今日》在品牌打造方面给我们的启示有：

（1）板块化编排。BBC 的《今日》栏目是一档新闻综合性栏目，节目内容有新闻、时事话题、文化、军事综合等，节目形态以时事新闻深度解析为主，辅以文学、音乐、军事等话题讨论，中间穿插财经、体育两档新闻板块。该栏目节目板块时长较短，编排节奏紧凑，顺应受众快节奏收听需求。

（2）品牌子栏目。BBC 的《今日》栏目在开播 56 年的历史中创立了若干品牌子栏目。比如具有浓重英伦风格的品牌子栏目——“今日思想”，其时长在 2 分 40 秒至 3 分 15 秒，围绕新闻中的人和事进行宗教及哲理阐述。另一个品牌子栏目是每日 8 点 10 分播出的固定政治新闻访谈子栏目《8 点 10 分大事件》，掌握着国家高端政治新闻资源，是国家权威政治信息和重要话题的发布探讨平台，也是英国人了解国家政务必不可少的渠道。

（3）记者型主持人。BBC《今日》栏目的当家主持人约翰·汉弗莱斯被英国民众誉为“英国最受尊敬的新闻工作者之一”。1977 年，他就成为英国广播公司最年轻的驻外电视记者并参与“水门事件”等重大国际报道。该栏目其他四位成员也均有丰富的电视、报纸等一线采访经验。在全球重大事件发生的第一时间，《今日》栏目调动 BBC 全球记者站资源，直抵新闻源头，对苏联解体、北爱尔兰恐怖事件等重大事件进行了首发报道。

（4）高端访谈。高端政治访谈决定了 BBC 的《今日》栏目具有较高的新闻品质。2010 年索尼广播学院颁给《今日》“最佳早餐秀”金奖的获奖词为：“作为英国广播节目奠基石的《今日》栏目时刻见证时代的变迁，半个世纪以来，不断影响着英国的公共话语空间。”

英国前首相玛格丽特·撒切尔和托尼·布莱尔都曾明确表示自己是《今日》栏目的忠实听众。

(5) 新媒体平台。在新媒体以及报纸、电视等的冲击下，BBC 的《今日》栏目不断强化自身传统媒体优势，同时主动迎合受众习惯变化，借助播客、Facebook、Twitter 等新媒体平台实现互动，并通过 BBC iPlayer 手机下载软件实现多元化收听。

(二) 轻松时尚的新闻评论栏目 *China Drive*

China Drive 于 2005 年 12 月 1 日开播，时长 2 小时，每周一至周五北京时间 13 点～15 点直播，周六至周日录播。节目经过多次改版，形式和内容上有较大变化。节目最初开播时为 3 个小时，分别由一中一外两位主持人双语主持，从其最初的中文名《轻松杂志》即可看出其轻松漫谈似的节目风格。2011 年 3 月 20 日，节目第三次改版，由双语改为全英语播出，仅保留英语名称，去掉了中文名称，从新闻资讯类杂志变为新闻与评论栏目。

1. “一本会说话的英语新闻资讯杂志”

目前的 *China Drive* 第一小时周一到周日由一名外籍员工主持，涵盖财经、文化、娱乐、生活、体育等方面的新闻资讯，并热衷于各类公益主题。该节目听众教育水平及英文水平较高，其中不乏高级白领、大学教师以及外籍人士。许多外企总裁、文化名人、商界精英都是该节目的座上客。同时，该节目也为公益机构和高端演出市场所青睐。

2. “英文版的锵锵三人行”

在 2011 年 3 月 20 日的改版中，*China Drive* 把以前偏重生活服务的第二个小时改造成全英语的时事评论节目《圆桌讨论》。节目每天讨论 5 至 6 个话题，内容紧跟当下热点，涵盖经济、社会生活、文化娱乐等各个方面，由一名主持人串联话题，主导讨论方向，一中一外两个评论员多方解读时事新闻、热点话题，由此反映当今中国社会的发展、百姓的关切。内容丰富灵活，形式有别于已有的时事采访和专家访谈节目，努力做到短、平、快，让听众了解事实，知晓各方观点。《圆桌讨论》自开播以来市场反应非常积极，当月就创下了该时段收听率的新高，目前的收听表现也持续良好。

总体来看，*China Drive* 升级改版以来节目内容和思想性受到听众的较高评价，但行业专家和目标听众也有更高期待，希望改进节目的板块内容设计；扩大参与话题讨论嘉宾的范围，加强受众互动；进一步细化风格和明确目标受众定位；丰富多媒体传播形式，拓宽品牌推广手段，保持节目的持续发展和创新。

3. 美国新闻资讯类栏目《早间版》的经验

《早间版》是由美国公共广播电台（NPR）制作，在多频率平台播出的一档著名的早间广播栏目。节目开播于 1979 年 11 月 5 日，至今 33 年。栏目播出时长一般为两个小时，在不同城市播出的时间段略有不同。1999 年，该节目荣获乔治·福斯特·皮博迪奖。长期以来，该栏目每日所播出的内容是美国各地区广播电视网和地方电视台制作节目所争先参考的对象。根据阿比创数据分析公司提供的数据，《早间版》每周收听人数为 980 万，收听率仅次于《拉什林堡秀》，位列美国全国性广播栏目收听率排行第二位。

NPR 的《早间版》在品牌打造方面可以给我们的启示有：

(1) 精细化的“新闻杂志”编排。以《早间版》第一小时 7 点到 8 点为例，其将时段严格分为5段：8分15秒、7分45秒、3分45秒、8分45秒、7分15秒，中间留出时间供各地转播电台插播本地信息、广告或者是音乐片段。每个时间段的侧重点各不相同，却又独立成章，将国内新闻、国际新闻、记者报道、话题讨论、嘉宾访谈等糅合在一起。碎片化的编排特点，使早间上班族无论什么时候开始收听，都可以很快进入节目并锁定频率。

（2）跨界发展的主持人。《早间版》栏目由两位主持人——史蒂夫·英斯基普和芮妮·蒙塔涅分别在NPR华盛顿总部和加利福尼亚州进行异地播报。他们都曾参与过很多国际新闻事件的大型报道，具有丰富的新闻从业经历，在纸媒、电视、广播不同媒体平台之间跨界发展，与该栏目相得益彰，最大化地体现了主持人自身品牌的市场价值和社会价值。

（3）高端作客嘉宾。《早间版》的嘉宾包括美国总统奥巴马，其常座嘉宾包括州长、市长、专家、教授等，访谈内容涉及政治、经济、文化、科技、能源等各个领域。这也就无怪乎美国前总统克林顿都是该栏目的忠实听众了。

（4）新媒体应用。《早间版》同样借助播客、Twitter、App软件、开放的API等新媒体手段来实现与受众的互动和多元化的收听。

二、国际台英语广播打造品牌栏目的管理方法

通过比较国际台英语谈话类栏目与西方同类品牌栏目，我们可以看到，国际台英语广播的节目制作方式并不逊色，节目定位和内容也赢得了受众的认可，但我们在引进人才、拓展采访资源、加强新媒体应用和宣传推广等方面，与西方同类品牌栏目相比还存在相当大的差距。笔者建议，为了打造英语品牌栏目，我们可以建立一套管理工作机制，针对英语广播各栏目的不同发展水平和阶段，分别建设“遴选”“研究”“培育”“管理”4个机制，为品牌栏目的建设提供动力和支持。

1.“遴选”机制

“遴选”机制同时也是对英语广播各栏目的备案监管机制。自1947年国际台英语广播诞生以来，创办和经营了一大批不同类别的广播栏目，同时，根据国际台“多媒体融合，全媒体发展”的战略，英语广播近年来还推出了相当数量的视频栏目。在数量众多的栏目中，有的历史悠长，有的崭露头角，有的存在一定时间后被新栏目取代，有的经过多番改版焕发出新的生命力。鉴于国际传播形势的变化以及人力、财力的限制，有必要采取分级管理的办法加以“遴选”。

第一级普通栏目——统计备案。梳理在不同媒体终端播出的栏目，并对栏目的总体属性进行备案，媒体进行内容改版工作时，应对栏目调整进行及时备案。

第二级重点栏目——持续监测。各类媒体平台按照一定的比例，上报本播出终端的重点栏目，媒体管理机构确定一定规模的重点栏目，以季度为周期进行长期监测和分析，分析结果反馈给各部门，以便及时发现潜力栏目。

第三级潜力品牌栏目——定期遴选。在重点栏目中查找成绩优秀、具备品牌打造潜力

的栏目，给予重点支持，持续监测；以年度或更长时间为周期，对效益较差的栏目进行更新。

2. “研究”机制

围绕潜力品牌栏目开展综合研究，确保打造栏目的成本收益合理，并具有显著的影响力效益。主要从以下方面开展研究：

(1) 对象地区市场研究。对英语广播主要传播地区的节目市场进行研究，了解当地受众对节目的需求和偏好，了解当地市场的节目需求和空白。

(2) 海外媒体和节目形态研究。对于主要传播地区的媒体和优秀栏目进行监测研究，分析在当地市场占有主要市场份额的栏目的形态、制播方式、运营方式。

(3) 潜力品牌栏目改造研究。对于遴选出的潜力品牌栏目，通过与落地地区的需求、市场主要栏目进行对比研究，节目分析研究，制作团队研究，品牌标识系统研究，专家和受众听评研究，栏目细分和定位研究，综合研究等，形成栏目改造建议。

(4) 新栏目研究。根据重点传播市场的共性，研究开发通用型的重点栏目，形成创意栏目草案，持续改进媒体产品形态。

3. “培育”机制

对条件合适的潜力品牌栏目，在栏目改造方案的基础上，形成栏目培育机制，主要是针对具体的栏目的改进和推广，制定定量的资金、人力投入方案，并辅助开展识别系统建设、品牌推广、重视受众管理和营销等专业工作，同时形成栏目运营和经营的可实施方案。

最后，确定栏目培育期和品牌发展目标。在培育期内逐渐形成栏目自我发展和强化的模式，逐渐降低栏目培育扶持资金等，并在培育期结束后进行审核，未达标栏目逐渐淘汰出品牌栏目序列。

4. “管理”机制

对于可持续发展的品牌栏目进行长期的管理，促进其不断完善栏目内容，改进运营机制，实现品牌经营，合理处理收益分配；促使品牌栏目实现传播效益和经济效益的最大化，实现栏目品牌与媒体品牌的对接，使栏目的品牌影响力有效带动媒体影响力。

（作者单位：中国国际广播电台英语中心）

移动互联网时代如何实现“环球资讯”广播的全媒体发展

李大勇

移动互联网的蓬勃发展使得互联网更加普及。而随着宽带无线移动通信技术的进一步发展和Web应用技术的不断创新，移动互联网的技术发展呈现多样化的趋势，广播需要按照移动互联的传播规律，争取在新时代细分受众市场的大潮中占据一席之地。众多传媒专家早已指出，全媒体时代，传媒行业细分与整合加速，音频的载体和平台日益融通，对于传统广播而言，内生增长趋缓，对外整合是发展的必然方向。借助新媒体平台，拓展广播的品牌价值，让广播的覆盖由“收音机”向“移动终端”延伸，应是广播未来发展的努力方向。

一、“环球资讯”广播的全媒体发展目标

作为中国国际广播电台（以下简称国际台）下属的、国内唯一以国际资讯为主的都市综合类频率，“环球资讯”广播正在积极进行媒体建设和品牌打造。其具体目标包括：从单一广播频率品牌向全媒体品牌延伸，从以产品和服务为核心的媒体品牌向以价值观和国际新闻专家为核心的媒体品牌转型，以打造“环球资讯”品牌为媒体行动的共同焦点，使“环球资讯”成为国际台对内外宣事业中的优质品牌资产。

“环球资讯”广播的全媒体发展正逢移动互联网蓬勃兴起。移动互联网的本质是以自然的方式融入人们生活的方方面面，对于广播的意义也不仅限于用手机听广播。移动互联网主要具有以下三大特点：

第一，便捷性。人们可以在任何完整或零碎的时间使用移动互联网。移动用户可随时随地方便接入网络，海量应用可以同时进行。移动应用还改变了人们的某些生活、消费习惯，例如出行之前不用查找路线，上车后打开移动导航便可以了。

第二，智能感知。移动互联网终端设备可以定位自己所处的方位（LBS服务），采集附近事物及声音的信息。而更新的设备还具备温度、嗅觉、触碰感等“感觉”，显然要比传统的设备“聪明”很多。

第三，个性化。移动互联网的个性化表现为终端、网络和内容与应用的个性化。面对移动互联网的全新属性，要想在新技术不断融合的移动互联网时代彰显品牌特征，就必须审时度势地从新闻产品设计规划、生产流程和渠道建设等多方面全面整合。具体而言，“环球资讯”全媒体平台解决方案，应以“环球资讯”从传统广播向新型全媒体发展方向为指导思想。以“一云多屏”的架构，支持“环球资讯”品牌下各个媒体产品的图文、音频、视频、多媒体全媒体形态展现能力，提供“环球资讯”品牌覆盖广播、智能移动终

端、PC、TV全终端能力，提供在安卓、iOS、Windows等多平台统一开展媒体业务的能力。实现“环球资讯”从单一广播频率品牌向以国际新闻为特色的新闻媒体品牌延伸，提升“环球资讯”的媒体品牌影响力。

二、“环球资讯”全媒体品牌发展路径

1. “环球资讯”广播现有品牌分析

品牌名称：环球资讯

品牌定位：国内第一家以国际资讯为主的广播频率品牌

频道主要受众描述：

• 关心国际政治、经济、文化，并对该类信息有较大需求
• 有教养、有魅力且具有活力
• 是社会的中坚力量，创造财富并具有较高的消费能力
• 经常出差，经常出入于各类商务活动
• 热爱生活、追求品质，具备良好的价值观

品牌资产结构：

频率品牌（环球资讯）——栏目品牌（如第一资讯、老外看点等）——主持人品牌

2. 深度分析品牌发展

媒体品牌是从用户对媒体、信息的需求出发，给用户形成的核心主张和在用户心中引起的共鸣。媒体品牌以各个媒体形态为载体，但又是超越媒体形态和产品形态的。

在当今新媒体快速发展的媒介生态下，传统媒体从自身的资源和用户优势出发，施行以媒体品牌为核心的业务重组、扩充已经成为决定其未来发展空间的必由之路，可以借鉴的如“凤凰”的媒体品牌发展之路。“凤凰”这一品牌从“凤凰卫视”单一的电视品牌发展到电视、新闻门户网站（不像内地的那些传统媒体的新媒体化或者官网）和新媒体客户端等媒体产品的媒体品牌，媒体形态变得更加丰富，没有改变的是凤凰品牌的受众定位、“拉近全球华人距离，发出华人声音”的品牌愿景使命和中西合璧的品牌价值观。

笔者建议“环球资讯”广播的“全媒体发展”路径为：

（1）从单一广播媒体品牌出发向全媒体的媒体品牌延伸。原有的“环球资讯”的广播受众定位不变，以国际资讯为核心功能的品牌功能定位和“中国立场、世界眼光、人类胸怀”媒体价值观不变。但是将原有的“环球资讯”品牌下的媒体形态从单一广播频率，向全国广播网延伸，向国际新闻门户网站、国际新闻移动客户端、特色栏目移动客户端、国际新闻互联网电视客户端、国际新闻客户端以及未来的新媒体业务形态发展。

（2）从功能型品牌定位向价值观品牌定位延伸。在媒体形态扩展的情况下，实现“环球资讯”品牌从单一国际资讯专家形象，向最新、最快、最全的媒体形象延伸，向“中国立场、世界眼光、人类胸怀”的媒体价值观理念延伸。

3. “环球资讯”全媒体产品和运营需求

“环球资讯”全媒体产品和运营需求是在传统广播的基础上，跟踪和利用最新的信息

技术发展趋势和成果，以音频、影视、图片、三维动画、交互式传播、社交社区等为展现方式，拓展传播内容和渠道，并结合线上传播与线下活动，挖掘商业价值，搭建起富有整合性、互动性、延展性和商业性的“一云多屏”新型综合传播平台。

“环球资讯”广播的内容运营要求将环球资讯广播现有的音频、视频、图片和文字进行整合，对现有整版节目和节目素材进行加工整理；同时在国际台全台内容中挑选适合对内通过多媒体传播的多语种特色内容，进行本地化、对象化和多媒体化加工，使之符合“环球资讯”广播的传播理念和品牌价值；并在一定程度上汇聚国际台外兄弟广播电视台和部分知名机构组织的优秀传播内容，形成适合多媒体、多终端的传播内容数据库。

(1)“环球资讯”广播现有多媒体平台资源。

将“环球资讯”广播官方网站、新浪微博、腾讯微信等“环球资讯”广播所使用的现有成熟网络和社交平台上所有内容进行整合，作为“环球资讯”广播多媒体传播数据库中的基础内容。

(2)“环球资讯”广播不同属性的内容资源。

将“环球资讯”广播现有节目和内容按属性分类，以便于有相同兴趣和接收习惯的受众自动归类，为下一步按照受众群体属性推送信息以及商业化提供基础数据。

- 信息类：《第一资讯》《直播世界》《环球媒体浏览》
- 谈话类：《资讯非常道》《新闻盘点》《环球名人坊》
- 文娱类：《环球文化圈》《大话体坛》
- 交流类：《边走边看》《AUTO 有志》
- 知识类：《档案揭秘》《环球故事会》《环球财富故事》
- 经济金融类：《环球财经大视野》《风云财经》

(3) 成熟栏目独立资源。

在以上属性内容资源的基础上，对部分受众参与活跃、有多媒体基础、利于生产多媒体内容的栏目设立单独专区，形成特色互动内容模块。

4. 台内外资源整合

挖掘国际台内部资源，将适合多媒体传播的文字、图片、音视频等多语种素材通过整合和编辑，形成符合“环球资讯”广播风格的内容和方式进行推送；在合作单位、兄弟媒体（平面、广播电视）的报道和推送内容中，挑选具有“环球资讯”广播定位，并经过适当加工整合传播。

与社会知名组织和机构合作，如经济组织、NGO、健康组织等，将其最新理念、研究成果、生活方式等整合到“环球资讯”广播传播平台中（结合广播节目，引导其进入上述属性分类），并借助这些组织和机构现有追随者拓展“环球资讯”广播的受众群体，并有效引导这部分受众关注“环球资讯”广播的其他内容。

与符合“环球资讯”广播定位人群的公司进行合作，将其部分有意义的传播内容引入“环球资讯”广播多媒体传播平台中（可以结合广播节目），为创造商业价值进行铺垫，同时借助其现有用户群拓展“环球资讯”广播的受众群体。

在实际运营中，通过多种载体、多种运作方式、多终端的覆盖，积极利用强势新媒体载体，包括新浪、搜狐、网易等新媒体平台和媒体品牌，采用 Apps 进驻、内容品牌专区合作等方式，增强品牌影响力。通过品牌合作借势，来提升品牌影响力。

三、“环球资讯”全媒体品牌发展阶段

对基于品牌的全媒体产品和运营进行全面规划和设计后，可以根据全媒体产品开发的难易程度和可操作性，分成三个阶段，逐步进行实施。

1. 启动阶段：Apps 新媒体拓展

一期通过在安卓和苹果手机主流移动端平台上，推出“环球资讯”广播专属的 Apps（移动应用程序）产品开发和运营，并在包括安智、苹果 App Store 等主流应用商店的上传和推广，并借助“环球资讯”广播频率本身的宣传，推出“环球资讯”品牌的新媒体客户端。

支撑系统：

建立网络直播的媒体采集、流化、转码基本平台；

Apps 实现网络直播、资讯、基础交互等功能。

移动应用所需接口功能实现及应用上线。

应用功能和形式：

在线直播与点播；

在线互动，微博、微信参与，投票，观点交锋等；

在线活动，定制与推送节目，主持人个性视频等；

利用各种宣传契机，启动“环球资讯”新媒体的宣传和产品化，并不断跟进用户反馈，及时根据用户访问量和偏好，进行比较频繁的产品升级。实现“轻量、小步快跑”，迅速适应市场和用户反馈，并在最终用户中形成“这是一个不断更新的应用”的认识，使之保持新鲜感，获得持续关注的动力。

Apps 和“环球资讯”栏目形成互动，“环球资讯”品牌与新媒体，包括微信在内的强势新媒体品牌进行合作，让移动端的收听、互动整合起来，形成“台端联动”，将受众变成用户。

2. 推动阶段：网站全媒体品牌延伸

通过建设“环球资讯”新媒体网站和用户平台，推动全媒体品牌延伸，真正形成“台网联动”。让基于移动客户端的浅阅读和碎片化阅读、伴随式收听，通过网站延续到基于品牌的专题栏目、访谈，形成立体的深度内容和舆论引导，引入类似豆瓣等群组社区并开通微信账号、sohu 新闻客户端联动等模式，打造能够集理性沟通和发挥建设性于一体的高端用户互动平台。

支撑系统：

全媒体电台业务管理系统（播控系统）：后台业务数据管理；

基于社交网络的电台网站：整合 SNS 社交网站，实现基于互联网的电台网络直播和

点播；

电台流媒体采集和播放系统：实现内容的碎片化和组织管理，便于多平台内容应用。

新媒体内容管理系统：实现新媒体内容的管理和转码服务。

网站实现功能和形式：

打通现有网站和服务平台，实现真正的Web2.0＋SNS的互动社区网站。实现功能如下：内容定制推送；增值服务；活动举办、召集，如爱车族、试驾会等。

效果：实现受众到用户的转化，形成台内新媒体联动的品牌，并构建一个Web2.0的主流人群品牌。带动移动Apps用户的快速增长。

以网站为依托，打造品牌活动和宣传平台，将广播、线下互动、Apps和网站互动、Apps和网站与其他的主流新媒体平台对接，并对Apps进行一个整合升级，从1.0版升级到2.0版，实现电台频率、Apps、网站的整合，从新媒体迈入全媒体的范畴。

3. 发展阶段："一云多屏"的全媒体品牌构建

通过构建内容汇聚平台和内容共享平台，丰富全媒体内容媒资库的内容，并形成内容集约效益，结合CIBN等台内视频、互联网电视等，实现"一云多屏"的全媒体品牌构建。

支撑系统：

用户推送系统：内容挖掘，用户行为分析和内容推送服务。

节目汇聚系统：实现全国各媒体单位、合作单位内容的提供和汇聚，提供高速便捷的内容上传方式，便于更加方便的内容采集和汇聚。

节目共享系统：实现节目的定时或实时推送，直接投放节目内容到指定的合作单位，实现内容的共享交换。

服务监控系统：对各业务系统进行管理，实现可控、可管理的运营服务。

第三方开发API：实现平台内容和服务对于合作方的开放。

用户可以通过网站和移动客户端、电视、OTT等多种方式，获取"环球资讯"的品牌服务。在此平台的支持下，能够细分用户兴趣和爱好，基于内容的丰富，实现内容的自主定制。

（作者单位：中国国际广播电台国内外宣广播中心）

参考文献：

1. 李潇逸：《移动互联网三大特性技术多样化趋势》，《网络导报》2012年4月5日。

2. 刘浩三：《全媒体时代的广播发展机遇——专访中国传媒大学副校长、教授、博士生导师胡正荣》，《中国广播》2012年第3期。

3. 张炎滨：《迎接全业务运营时代——新媒体革命：拉动消费需求加速产业转型》，《世界电信》2008年第12期。

浅议广播媒体品牌形象的塑造

步万祺

在信息化、全球化大背景的今天，中国的传媒业发生了巨大的变化，从计划经济逐步走向市场经济。从长远看，传媒业的发展，必须要有品牌形象意识，媒体品牌形象不仅关乎媒介形象主体的生存与发展，也关乎整个社会和世界的发展与进步。媒体经营的最高境界是品牌形象的经营，而运作方式也会更加遵循产业化的法则和规律。只有塑造出强势的品牌形象，创造品牌价值，才能获得持续的经营和长远的发展。如何成功地实施品牌形象战略，已成为媒体经营者所面临的重要课题。

一、媒体品牌形象是一种经济资本和无形资产

媒体品牌形象是媒介根据自身文化和经营管理的需要，在社会和市场中刻意树立的、用以影响大众和表现自我的精神与物质的姿态和形象。社会公众是媒体形象的评价者和感受者。媒体品牌形象是媒体在社会交往中形成的能够吸引注意力的品相，是受众对媒体组织的印象集合。

从消费心理学角度来说，一种品牌与顾客进行多方面的接触，并通过接触点向公众传播一致的清晰的企业形象；每一次与消费者的接触，都会影响到消费者对企业的认知程度，并在其头脑中形成一定的概念，达到建立品牌形象和形成品牌联想的目的。品牌形象一经被大众所接受，必将成为社会关系和价值尺度的参照坐标，这意味着对巨大的经济和政治利益的掌控，具有“经济价值”“文化价值”“市场价值”和“社会价值”等。

从经济学的角度来说，媒体品牌形象代表着产品的特性、品质和标志，是一种经济资本，也是一种无形资产。在新闻媒体的概念中，品牌形象是一个媒体的理念、内容、定位、人才等多种优势的集合体，不仅以其外观的形式，还以其引导附加值的再创造而显得弥足珍贵，是可以为媒体组织带来经济利润的有价资源。这种资源可以单独估价，使媒体产品“增值”，从而给媒体经营者带来高额的“经济回报”。

英国广播公司（British Broadcasting Company，以下简称 BBC）成立于 1922 年，是英国最大的综合性新闻广播机构，融电视、广播、出版、网络等为一体。九十年来，BBC 与英国其他媒体不同的定位便是“最大化的公众价值”，除了坚持自身属性、定位，还与新的社会趋向及人们生活相关的链接相结合，形成其独特的主张：包容多元文化、亲切的国家代言人，并不断地致力于品牌形象的塑造。20 世纪 50 年代，BBC 首度尝试定义自己的品牌，开始使用 BBC 符号来与其他广播公司有所区别。随后的 1963 年，地球成为了 BBC 著名的象征。2002 年 2 月，BBC 换去了热气球的频道宣传形象（channel 1），这只热气球在 BBC 的电视屏幕里漂浮了近 40 年。取而代之的是一系列以多元为主题的宣传片。为设

计这套频道的新形象花去了70万英镑（约1 000万人民币）。如今，BBC的新形象在英国甚至世界被广泛接受，BBC也获得丰厚的回报。2001/2002年度，BBC收入达33.829亿英镑，其中公共收入拨款27.786亿英镑，收视费保证了英国广播公司对优秀节目的承诺。

二、准确的定位是广播媒体品牌形象塑造的前提

什么是定位？定位就是对项目在市场营销中的战略、战术等一系列概念问题的明确界定。它包含多种概念的组合体，其中属于战略范畴的有两个，一个是目标消费群定位，一个是产品的定位。目标消费群是核心，产品是围绕目标消费群而定位的。定位具有“非此即彼”的排他性，是突出一个事物最典型、最主要、最关键的特征或核心，是产品在市场所处的地位和消费者或用户对某一特征或属性的重视程度，是塑造产品与众不同的、给人印象深刻的个性和形象，把这种形象和个性特征生动有力地传递给目标消费群，是整个营销体系中最基本的也是最具决定性的要素，它决定着一个品牌形象在营销过程中的成败。

广播作为大众传媒，其传播和影响的对象是广大的消费者即受众。广播媒体的价值是通过其为受众提供的节目来体现的，这种价值决定了广播媒体和听众以及客户的关系。而节目的定位则是对节目设置和意义作出理性的判断，是根据受众消费群的年龄、爱好、工作性质、经济状况、所处环境以及市场需求等来确定节目内容及安排。准确的节目定位，又决定着媒体品牌形象的特性和发展动力，同时也决定着媒体品牌形象在市场上的位置和地位，这就使节目具有了产品的属性。而一个节目产品在市场的准确定位，首先要求媒体对市场进行调研，将受众纳入整体品牌形象设计的体系中，从而使媒体能够正确地确定目标，有针对性地制作出符合受众需求的广播节目，让主体在与受众的双向交流中树立良好形象。

其次，要对市场有敏锐的洞察力和判断力，也就是对市场的动态、发展、走向等有很高的可预见性，明确目标群、节目主旨以及富有个性和新颖别致的节目频率，对市场需求的变化趋势作出准确判断，这样才能向受众提供符合其需要的高品质的节目，才能赢得市场，占领市场，塑造品牌形象。

汽车业的快速发展，对道路交通畅通以及交通安全提出了考验。北京广播电台自成立北京交通广播起，就明确了目标受众群，频率的主旨是交通服务。整体节目以“路况信息”贯穿，提供实时路况信息服务，着力打造交通服务的品牌形象，并提出“贴近你我，时时相伴”的广播节目口号。

中国国际广播电台轻松调频（EZ FM 91.5）创始于1986年，与其他广播电台面向的消费群即听众不同的是，轻松调频从创立之初就明确地把广大白领阶层（教育水平基本都在大学以上）作为自己主要的受众群。轻松调频定位为都市时尚频道，每天用中、英文双语向北京地区连续播出24个小时。节目内容包括音乐、新闻、中国文化、英语教学；拥有众多外籍主持人，采用最地道的英文主持配合本土的优秀中文主持人，在两种语言间自由地切换、调侃。此外，音乐和新闻资讯也是轻松调频的一个重要组成部分，在第一时间

从世界知名唱片制作公司获取来自世界各地最新的、最好的音乐并播放，在这里汇集了全球顶尖流行音乐，引领听觉时尚潮流，并以国际化的广播风格，每日播报最快捷的新闻资讯。无论是欣赏音乐，练习英语，还是了解世界，都能在这里得到充分的满足，整个频率紧扣“Easy”这个核心，倡导集音乐、资讯、娱乐、语言学习于一体的轻松生活方式，时尚、灵动的节目风格和品牌形象赢得国内外广大听众的喜爱。轻松调频对其受众群的准确定位，使其媒体品牌效应逐步产生，随之而来的是广告客户结构不断优化调整，形成良性循环。这一点，从大众、通用、奔驰、方正等集团公司在轻松调频的广告投放上可以得到充分印证，真正实现了媒体与企业、节目与广告的品牌共建和市场共赢。

三、节目内容是广播媒体品牌形象的核心和主体

广播媒体是舆论和信息的载体，它的本质功能是传递信息，形成舆论，进而引导舆论。而节目内容是广播媒体的主体和核心，也是其赖以生存与发展的基础。节目受不受欢迎，收听率高不高，是检验广播节目品质的砝码。只有具有独家性、时效性、服务性、权威性以及富有个性和公信力强的高品质节目内容，才能够吸引听众、满足听众；才具有广泛和深入的社会传播效果；才能够影响和左右社会舆论，引导社会思潮；才具有强大的社会影响力，进而树立起具有较高声望的媒体品牌形象。

1. 公信力是广播媒体的生命

媒体公信力是指媒体本身所具有的一种被社会公众所信赖的内在力量，是赢得目标群普遍信任的特质和能力。它是媒体自身内在品质和外在形象在社会公众心目中所占据的位置，是衡量媒体信誉度和社会影响力的标尺。真实、客观、公正的报道，决定其舆论影响力的大小，也是赢得受众、占领市场、获得最佳社会公众形象的首要因素。虚假信息报道不仅使媒体失去信誉，而且会给社会造成混乱，甚至在政治、经济、思想和精神上造成严重后果。

在英国新闻集团的窃听门事件中，英国传媒大亨默多克旗下的英国报纸为获得独家新闻而窃听失踪女孩电话，进而妨碍到警方对事件的调查。一时间，引起民众强烈的抗议声。窃听阴云蔓延至英国政坛，英国现任首相卡梅隆也被卷入其中，国会为此专门举行了听证会。此次事件直接导致英国新闻集团多位高管下马，收购天空广播公司的计划流产，市值缩水 140 亿美元，信用问题带给英国新闻集团前所未有的危机。

2003 年中国“非典”疫情爆发的前期，媒体最初的表现导致公众对媒体的信任度降低，进而影响了公众对政府的信任度。因此，在我国，媒体要提供真实、客观、公正的新闻信息，政府要把增加信息透明度放在重要位置。

2. 时效性是广播媒体竞争力的体现

广播媒体应以新闻时效为竞争焦点，力争让有价值的自采新闻贯穿全天各时段的新闻节目，靠领先于其他媒体的新闻时效来吸引听众、留住听众。广播媒体把握住了快捷传播与灵活传播的新闻时效的特点，也就把握住了自身生存与发展的契机。新闻事件一旦发生，一名赶到现场的广播记者用一部手机就可以实现第一时间的现场播报。例如，在汶川

地震发生后不久，中国国际广播电台派出多位记者赶赴现场发回报道，无论是国内还是国外的听众都第一时间感受到来自第一现场的自采报道，展示了广播的时效魅力。

再如，对伊拉克战争的报道，中央人民广播电台于2003年2月20日10点40分30秒在全国媒体中抢发出第一条伊拉克战争爆发的消息，比央视4套快了1分钟，比央视1套快了5分多钟。由于战争爆发时间是在上午，大量的移动人群获知此消息均是通过广播，其新闻时效性得到提升。

3. 服务性是广播媒体的核心竞争力所在

服务性是广播媒体的主要功能之一，即时性、便携性、伴随性、互动性又为听众收听提供了便捷。作为媒体人就应从听众出发，为听众做好极致服务，打造出真正具有超强服务功能的品牌节目，通过新闻报道，帮助听众了解国内外大事，解读国家政策，解答受众关心的问题，增强广播媒体的贴近性、指导性。以受众为本位，重点关注听众关心的、感兴趣的，对听众有重大影响和贴近听众生活的新闻事件及服务信息。树立服务为本的节目指导思想，突出服务意识，充分满足受众的信息需求。尤其在突发性灾难事件中，许多地区会出现断水断电、交通瘫痪、通信失灵等现象，公众普遍感受到潜在的危机和威胁，会产生烦躁、焦虑等心理问题。公众由于自身没有可靠的消息来源，对事件产生的原因和政府的解救措施一无所知，急于获取更多、更详细、更真实的信息。媒体此时承担着向公众报道新闻、传递信息，缓解公众紧张情绪的责任。媒体作为公众获取信息的主要来源，必须想公众之所想，识公众之未识。

例如，2007年5月底，太湖蓝藻暴发，无锡市区多家水厂的水质受到污染，市民生活用水受到影响，纷纷抢购超市纯净水，原价5元一桶的纯净水一度飞涨至50元一桶。群众担心水污染给生活带来的不利影响，忧虑污染是否会扩大。中央人民广播电台即时不断地发布消息，报道了无锡市政府对这次水质异常原因作出的说明，告知群众市政府正在采取的措施。中央人民广播电台对这次突发的水污染事件的发生、发展、水质状况、污染影响、解决措施等进行了全方位的报道，满足了受众对事件发展情况的获知需求。还有，2008年1月，我国南方大部分地区遭受雨雪冰冻灾害，很多地方断水断电、交通瘫痪、通信失灵，灾情发生后，部分公路持续堵塞，司乘人员长时间滞留，贵州、湖南持续停电，使不少人产生焦躁等心理问题。中央人民广播电台迅速行动，首先启动对雪灾的高强度聚焦式报道，推出48小时不间断特别直播节目《爱心守望　风雨同行》。节目全面关注各地灾情及救灾情况，积极引导受灾群众抗冰雪，并在第一时间现场报道了温家宝总理赶赴灾区组织抗冰救灾情况。这次报道及时将事件真相和政府在处理突发事件时所采取的正确、果断的措施告知群众，稳定了社会上的不安情绪，充分体现和发挥了广播媒体的社会服务功能和正确的舆论引导作用。

四、经营管理和营销是提升广播品牌形象影响力的有效途径

广播媒介品牌形象是传播和沟通的产物，是有意识地向公众推广自己的特色、品质、属性、标识和利益点，树立或更改公众对自己的看法，其目的就是将媒介品牌形象信息传

递给社会公众，使媒介形象深植于公众心目中。而要想在公众心目中树立良好的品牌形象，吸引受众的注意力，必须借助各种有效途径。

首先，必须建立起有自己特色，能体现自身媒体理念的品牌识别系统。广播媒体的识别系统主要包括：呼号、标识、宣传语、节目内容、主持人风格等。通过这些，媒体会在受众心目中留下独特心理感受和深刻的印象，也就容易打开市场、占领市场，增强品牌的市场竞争能力。例如，中国国际广播电台轻松调频提倡的是轻松的生活方式，名称与节目内容水乳交融，节目风格时尚、轻松、灵动。而北京交通台则提炼出“贴近你我，时时相伴”的频道口号，打造的是媒体的“路况信息”服务形象。中央人民广播电台的音乐之声频道（Music Radio）以“我要我的音乐”为口号，如今已响遍全国。

其次，必须建立起媒体品牌的管理系统。品牌管理是经营者对品牌的建立、维护、巩固、推广、宣传等过程的管理，其核心思想就是有效监控品牌与消费者的关系的发展。品牌形象一旦在公众心目中形成，就不会轻易改变，所以只有通过建立健全的媒介品牌管理制度才能实现品牌的形成，才能创造更好的经济效益和社会效益。对于广播媒体来说，一是建立广播媒体品牌质量监测评估制度。在保持媒体品牌个性的基础上，密切跟踪受众的潜在需求和市场变化，并采纳一些受众正确的反馈意见，对局部不合理、不完善的节目环节进行检查和修改，不断调整媒体节目内容，提高媒体产品质量，使媒体品牌更新换代，实现自我超越。二是完善品牌节目、栏目的运行机制。在保证媒体品牌节目制作质量的基础上，构建一个技术领先、策划先行、运行稳定、可靠安全的运行机制，整合资源，优化系统结构，构建大媒体、中制作、小播出的技术系统。加强智能管理，确保安全播出，构建集安全性、稳定性、可靠性和灵活性于一体的智能化监控和应急系统。加强技术规划，实现管理创新，构建科学化、规范化、标准化的管理和运行维护体系。三是通过商标注册及版权管理对广播媒体品牌进行保护。只有通过商标权和版权管理体系的建立，才能更好地保护和使用媒体品牌。

再者，必须建立起媒体品牌推广和营销系统。在节目、推广、营销三者关系中，节目是核心，推广和营销应围绕节目运转，对品牌节目要重点推广。一是媒体资源与节目相结合，举办各种大型社会活动，增强受众对广播媒体的了解，扩大品牌的影响力及亲和力，吸引增量听众，开拓发展空间。二是针对目标受众重点推广。经营者必须随时注意对市场环境进行调查、预测和分析，而后针对目标受众的现实与潜在需求确定节目内容以及营销战略战术，有针对性地进行媒体品牌推广，以求最高收听率和市场份额占有率。三是跨区域媒体推广。重大新闻事件发生时，可联合不同区域的广播机构（可以来自亚洲、欧洲、美洲、大洋洲等不同国家和地区），同步推出大型特别直播，覆盖全球，受众遍及四海，树立广播媒体的品牌形象。四是向不同企业推广。广播媒体是迅速、广泛、活灵活现把企业的产品特征介绍给消费者的重要渠道。客户至上，信誉第一，是媒体与企业建立良好关系的根本宗旨，而优质的节目内容、灵活的广告时段以及个性化、多元化的服务是媒体经营者实现宗旨的基础。只有树立良好的媒体形象，使媒体与企业达成协调合作，才能实现互惠互利。

总之，广播媒体已进入品牌竞争的时代，注意节目包装，树立品牌意识，塑造品牌形象已成为业界的共识。媒体要想真正树立自己良好的品牌形象，就要明确自己的理念、导向和宗旨，拥有自己的识别系统、完整的制作流程和管理体系，更要以优质的媒体产品满足受众需求，通过不断发展、完善、创新，形成自己独有的品牌节目，最终在社会大众心目中树立广播媒体良好的品牌形象。

（作者单位：中国国际广播电台国际合作交流中心）

办好国际台马来语《中国穆斯林》栏目之我见

徐国玮

近年来，中国国际广播电台（以下简称国际台）马来语部在注重传播实效、加强节目针对性方面取得了显著的成绩。2003年，国际台马来语部为更好地宣传我国的民族和宗教政策，创办了《中国穆斯林》栏目。经过十年的打造，《中国穆斯林》栏目已经成为深受对象国受众关注和欢迎的金牌栏目。

一、相同的宗教背景让《中国穆斯林》栏目更加吸引受众

马来语广播的对象听众是马来西亚、文莱、印度尼西亚、新加坡和泰国南部地区的居民。马来西亚是一个传统的伊斯兰国家，伊斯兰教是宪法规定的国教。在其2 700万的人口中，约有60%以上是世代信仰伊斯兰教的马来族。此外，占人口第二的华人和第三的印度族中也有一些人加入了伊斯兰教。文莱的人口到2009年年底约为40.6万，其中27万为信仰伊斯兰教的马来人，伊斯兰教是其国教。印度尼西亚是世界上最大的伊斯兰国家，在其2.3亿多的人口中，信仰伊斯兰教的居民达到87%。在新加坡将近400万的常住人口中，穆斯林占将近14%。此外，信仰伊斯兰教的马来族在泰国南部的居民中占有很大数量。综上所述，马来语广播覆盖的5个国家和地区的穆斯林居民数量达到两亿多！根据Internet World Stats网站的统计数字，截至2007年年底，马来西亚、文莱和新加坡三个国家的网络用户分别是1 490万人、17.6万人和242万人，分别占这三国人口总数的60%、47%和53.2%；截至2007年5月，印尼的网络用户是2 000万，约占该国人口总数的9%。从这一数字来看，马来语广播的潜在穆斯林听众人数是相当可观的。

伊斯兰教传入中国已经有近1500年的历史。伊斯兰教的先知穆罕默德就曾经说过，“到远方的中国去学习知识”。这句圣言对全世界，特别是东南亚的穆斯林，有着深远而广泛的影响。在中国的55个少数民族中，有10个民族世代信仰伊斯兰教，其人口达到2 000多万。此外，中国有着丰富而影响深远的伊斯兰文化，涵盖音乐、哲学、科学、数学、武术，等等。在办好外宣广播的过程中，一定要考虑到听众的宗教文化背景，这样才能做出更让他们感兴趣的节目，更加贴近听众。伊斯兰教的经典《古兰经》讲，“世上的穆斯林皆兄弟”。在笔者和马来西亚、印度尼西亚、文莱和新加坡的听众和官方代表团接触的过程中，深感他们对中国的伊斯兰历史文化特别是中国穆斯林的生活状况非常有兴趣。伊斯兰教可以成为一根纽带和一座桥梁，让东南亚的穆斯林听众对马来语部的无线和在线广播更加感兴趣。

二、重视搭建好节目的构架

节目创办之初，马来语部的同志尽量多选用一些知识类、历史类的稿件，比如，伊斯

兰教传入中国的过程，中国穆斯林的发展，中国穆斯林的人口和分布，10个信仰伊斯兰教少数民族的传统习俗、文化，等等。这就为《中国穆斯林》栏目打下了良好的基础和框架。框架搭好后，在这个栏目里播出一些反映中国伊斯兰教发展、杰出的穆斯林人物、中外穆斯林的友好文化交流以及穆斯林群众的生活的内容。最后，随时根据国家当前形势、政策和重大活动需要，做一些特别节目，反映和报道诸如奥运、汶川地震和新疆“7·5”事件等中的穆斯林人物，使听众通过中国穆斯林的生活、观点来了解事情的真相。穆斯林之间皆兄弟，听众对中国的穆斯林更有信任感，这可以起到泛泛的正面“硬”宣传起不到的作用。

三、突出节目中的伊斯兰特色

《中国穆斯林》栏目不同于其他的栏目，它需要有很强的伊斯兰文化色彩，才能够引起穆斯林听众的共鸣。为了更加贴近听众，马来语部在无线广播节目中大量使用维吾尔族和哈萨克族的音乐和舞曲以及回族的“花儿”歌曲。这些乐曲有着浓郁典型的伊斯兰风格，但是东南亚的穆斯林听众又基本没有接触过，这些很有特色的乐曲能够很快地引起他们的亲近感和好奇感。另外，马来语的同志到清真寺录下阿訇念《古兰经》、唤礼（清真寺召唤穆斯林来礼拜的一种经文）以及“瓦尔兹”（穆斯林进行《古兰经》诵读比赛的一种诵唱形式）的音响效果作为节目的片花。在东南亚地区，阿訇和穆斯林群众都是先学习标准的阿拉伯语，才能够念出《古兰经》、唤礼和“瓦尔兹”。但是中国的国情不同，阿訇和穆斯林群众基本没有接受过系统正规的阿拉伯语教育。他们念的《古兰经》很多是用汉语发音拼出来的。因为方言的不同，每个地区的念法都不同。同样是《古兰经》，宁夏回族自治区、甘肃和新疆维吾尔自治区念出来的发音都有区别。但这并不影响中外穆斯林的交流和对真主共同的崇拜。很多听众对这种中国特色的诵读《古兰经》的方式非常感兴趣。

一位来自马来西亚霹雳州的听众 Yusuf Bin Hasssan 在邮件中说：“《古兰经》中写道，世间只有一个真主安拉。虽然中国穆斯林兄弟诵读的《古兰经》我不能全部听懂，但是我听到他们用自己的声音颂扬我们心中共同的真主安拉。我为他们感动，为他们骄傲!”

在网络上，马来语部在《中国穆斯林》栏目里大量使用有穆斯林特色的图片，例如中国宏伟的清真寺建筑、成百上千带着哈吉帽的穆斯林正在虔诚礼拜的场景、古尔邦节和开斋节穿着各色艳丽民族服装的穆斯林群众欢庆的场面，等等。这些图片为栏目营造出浓郁的穆斯林氛围，成为网站中亮丽的风景线。

四、提高关于伊斯兰教词汇的翻译水平

在对《中国穆斯林》稿件的翻译中，马来语部的同志遇到了很多难题。很多关于伊斯兰教的特有词汇我们不理解或翻不准。很多老同志包括专家也没有这方面的经验。比如，伊斯兰教每逢聚礼（很多穆斯林在《古兰经》规定的特定的日子或节日聚在一起，由阿訇

带领礼拜）必须要先沐浴，如果直接翻译成洗澡（mandi），将是对穆斯林的不敬。应该翻译成“大净”（hadas besar）。再比如，翻译一位虔诚的穆斯林去世，如果翻译成去世（meninggal dunia）就显得不够准确，最恰当的是回到仁慈的真主的怀抱（kembalik ke rahmatullah）。此外，在翻译中，不可避免地要涉及全世界穆斯林心中最圣洁的经典——《古兰经》的内容。很多词汇，若非专业的伊斯兰教研究人士，连中文都不太容易明白，这就需要认真地研究和平时的知识积累。比如，真主安拉说的圣言叫 qitab al-Quran，穆罕默德先知的圣言叫 Hadis，伊斯兰教的法典是 Fiqah，关于真主的伟大和无所不在的知识称 Tauhid，关于穆罕默德先知的生平称 Sirah，“瓦尔兹”，诵读《古兰经》的比赛称 tilawatil Quran 或 musabaqah，而不能称为 pertandingan pembacaan al-Quran。这些特有的词汇，一般的字典，包括中英文词典中都很难找到，中文马来文的字典更是很少收录。只能靠翻译者收集整理，有时候还需要向中国的穆斯林学者请教，以找到相对应的中文词。通过使用这些伊斯兰教的专业用词，节目翻译会更准确，更能让穆斯林听众信服。在播音方面，虽然上述伊斯兰教特殊用词是用马来文拼写的，但是它的发音更偏近于阿拉伯语。这就需要我们的播音员时常向外籍专家请教学习。

五、加强为海外穆斯林的服务性

《中国穆斯林》有线栏目也是向海外讲马来语的听众提供服务的一个平台。在全球化日益加剧的情况下，来中国特别是北京和上海旅游、从事商务活动或求学的对象国听众日益增多。因为语言不通，国情不同，他们急需了解中国哪里有清真餐厅、清真寺，以及中国各个地方的礼拜时间（全世界穆斯林每个地方和每天的礼拜时间都是不同的）。《中国穆斯林》栏目适时推出了一些介绍北京和上海各个清真寺和清真餐厅环境、地点、公交行车路线的文章以及礼拜时间表。虽然目前只限于北京和上海，而且内容还不够丰富全面，但是听众可以获取一些穆斯林在生活中所必需的信息。他们会有一种感觉，中国国际广播电台并不是宣传的工具，而是实实在在为他们服务的电台。同时，很多以前担心来中国会很不方便的穆斯林听众会更有意向来中国旅游观光。有一位马来西亚柔佛州的受众在看到马来语部网页后发来的电子邮件中感叹道：“以前我们很多马来西亚的穆斯林不敢来中国旅游，因为担心没有合适的清真餐厅。真没有想到在中国的一个城市会有这么多有名的穆斯林餐厅和美味的清真食品，我一定带我的家人来北京旅游，品尝中国的清真美味。”

六、重视自采让节目更加鲜活、生动

《中国穆斯林》创办之初就确定，不能成为一个呆板的宣传说教节目。这个栏目的目的是让海外的穆斯林受众了解中国穆斯林的生活和伊斯兰教在中国的发展的真实情况。自采的稿件无论在在线广播还是在无线广播上都能为受众提供更加丰富的视觉和听觉的效果，使节目更加贴近，更具有可信性。为了达到这个目标，马来语部同志的足迹遍及大江南北，采访了新疆、宁夏、云南、上海等地的穆斯林，为听众成功地展现了一幅中国穆斯林的生活画卷。每逢伊斯兰教的重大节日如开斋节、古尔邦节，《中国穆斯林》栏目的同志都会到北京的穆斯林聚居地，如牛街、东四进行现场报道，把中国穆斯林节日的问候带给海外的听众。

《中国穆斯林》做过一期对北京南豆芽清真寺的采访报道活动。这座始建于元代的清真寺坐落在北京朝阳门内的豆瓣胡同，因为年久失修，这座古老的清真寺到2002年已经难以满足附近穆斯林群众的宗教需求。2003年，北京市政府对豆瓣胡同地区进行危旧房改造，当地的穆斯林群众从低矮破旧的平房搬进了宽敞漂亮的居民楼。同时，政府投资700万元对南豆芽清真寺进行重建。重建后的清真寺面貌焕然一新，设施完善，其建筑风格为北京四合院特点与明清宫廷式建筑风格相结合，古色古香。东面紧邻东四奥林匹克社区公园，北距北京市奥组委驻地青兰大厦仅500米。清真寺与奥林匹克社区公园的现代气息交相辉映，宗教文化与奥运文化在这里共容共存，相互尊重，和而不同，协调发展，成为北京市东二环沿线上一道新的城市景观。新建的清真寺还吸引了周边使馆区的很多伊斯兰国家驻华使节前来礼拜，每年接待外国穆斯林游客上万人。在采访中，马来语部的同志拍摄了大量的图片，采访了清真寺的阿訇、乡老、前来礼拜的驻华使节和马来西亚穆斯林游客。被采访者用阿拉伯语、汉语、英语和马来语向听众介绍了当地伊斯兰教的发展、穆斯林群众的新生活、在这里做礼拜的感受。这期节目受到了听众的好评，没有任何政治宣传，听众从每张照片、每个被采访人朴实的谈话中切切实实了解了中国穆斯林群众蒸蒸日上的生活。

2007年，马来语部进行了“中国穆斯林文化之旅”的系列采访报道活动，该系列节目共分五期，分别是：《暮探纳家营》《甘肃大河家的保安族腰刀》《从白骆驼泉传说中走来的民族——撒拉族》《陶醉维吾尔风情》和《走进帕米尔高原上的人家——塔吉克族和柯尔克孜族》，向听众介绍了云南回族，青海撒拉族，甘肃保安族，新疆维吾尔族、塔吉克族和柯尔克孜族的民风民俗。五期节目风格一致，内容和音响效果丰富，通过声音把听众带到各具风情的少数民族地区，体验独特的中国穆斯林文化。

在东南亚中心领导的协调下，马来语部联合印尼语部于2011年11月、2012年9月成功举办了两次“中国穆斯林文化之旅”采访活动。活动邀请了来自印尼安塔拉通讯社、印尼美都电视台、印尼 Elshinta 电台、印尼《罗盘报》、马来西亚广播电视台、马来西亚国家新闻社、马来西亚 Karangkraf 杂志社、马来西亚语文出版局等8家媒体的11名外籍记者，赴新疆喀什、宁夏和北京三地开展采访报道。马来语部和印尼语部分别开设了网络专题，发布大量专稿、外媒记者手记和图片，以外国人的视角，图文并茂地介绍了中国的穆斯林文化。

七、根据对外宣传方针的需要随时推出相关的专题

马来语部还适时推出特定节目和专题来配合党和政府政策和重大活动外宣的需要。每年的“两会”，《中国穆斯林》栏目推出专题关注穆斯林委员的事迹和他们向政府的献言献策，来体现中国的民族宗教自由，如《玛丽亚·马提：帕米尔高原走来的女代表》就很有

代表性。奥运会前，栏目推出介绍中国穆斯林运动员和志愿者的节目，如《哈萨克拳击手哈那提》《哈孜古丽：奥运志愿者中的微笑天使》，等等。汶川地震后，又及时推出报道《危难显真情，大灾有大爱——各族穆斯林支援灾区行动纪实》。2008 年 9 月，为了迎接宁夏回族自治区成立五十周年，《中国穆斯林》栏目推出了两个月的宁夏回族自治区系列报道，如《宁夏女童读书不再是梦想》《回商：走向世界的宁夏名片》《50 年深情关爱，50 年辉煌巨变》《小小枸杞成就宁夏人致富路》，等等。在新疆“7·5”事件后，马来语部及时推出关于新疆的特别报道，如《中国穆斯林祈愿国家繁荣统一》《抗震安居工程使新疆人民过上幸福生活》《探访内地新疆班》，等等。听众通过我们的报道专题了解了真实的新疆和“7·5”事件的本来面目。西方媒体经常进行刻意抹黑中国的报道，我们的外宣媒体不应采用与之“论战”的方式。马来语部的《中国穆斯林》栏目以“润物细无声”的手法，融我们的思想、观点、主张、立场于介绍普普通通的中国穆斯林群众生活的节目里，起到了很好的外宣效果。《中国穆斯林》栏目很好地贯彻了外宣“三贴近”的原则，切实做到节目在内容和形式上贴近中国穆斯林发展的实际、贴近海外穆斯林听众对中国穆斯林兄弟的信息需求、贴近穆斯林听众的宗教信仰和文化习惯，未来仍将不断提高针对性、时效性和吸引力。

（作者单位：中国国际广播电台马来语部）

关于打造国际台乌尔都语广播区域媒体品牌的思考

朱 熹

"打造媒体品牌，是建设全媒体的重要措施，也是国际台今后一段时间做好各项工作的主要抓手。"① 在媒体竞争日趋激烈、受众需求日趋多样化的今天，媒体品牌建设对于媒体发展的重要意义不言而喻。

国际台乌尔都语广播传播的对象地区主要是巴基斯坦、印度及阿富汗。作为国际反恐最前沿，巴基斯坦和阿富汗早已成为世界媒体关注的热点，也是英国、美国等媒体相互争夺的战略要地。在这场没有硝烟的媒体争夺战中，2011 年 1 月 17 日，国际台乌尔都语广播与巴基斯坦广播公司（国家广播电台）合作，通过其 FM93 频率，在巴基斯坦首都伊斯兰堡、卡拉奇、拉合尔、木尔坦和科哈特五大城市每天同时播出 1 小时乌尔都语调频广播节目。2012 年 10 月 17 日，中国国际广播电台伊斯兰堡 FM98 中巴友谊调频台暨国际台第 81 家海外整频率落地电台在巴基斯坦总统扎尔达里、时任中央政治局常委李长春、国际台台长王庚年与巴基斯坦广播公司总裁索朗基的共同见证下正式开播。目前，短波、中波、调频、网络及乌尔都语版杂志《友谊之声》的传播平台已基本搭建完成。

如何打造区域媒体品牌、创建综合新型国际一流媒体、提高传播的核心竞争力，成为乌尔都语广播发展的当务之急。本文以对巴基斯坦、印度和阿富汗受众的网络问卷调查为依据进行分析讨论，就提高国际台乌尔都语广播对外传播的贴近性和有效性，打造国际台乌尔都语广播区域媒体品牌提出建议。

一、区域媒体品牌建设的核心

区域媒体品牌向某个地理区域或语言区域进行传播，它的建设不同于全球媒体品牌建设。如果说全球媒体品牌追求的是"广泛、多样、高端、大气"，那么区域媒体品牌追求的应是"精准、专业、果断、灵活"。总的来说，区域媒体品牌建设的核心不在于"全面"，而在于"贴近"。②

"贴近"，即贴近使用同一语言，拥有相似文化传统、宗教信仰和价值观念的受众。对于使用乌尔都语的巴基斯坦、印度和阿富汗听众来说，他们大都拥有密切相连的历史，相互影响的历史发展路径，相似的人文品味、宗教信仰和行为习惯，偏好和特征也更加集中、鲜明，不容忽视。因此，要做到在有特点的区域进行有特点的传播，用有特点的传播影响有特点的受众，就必须对受众群进行充分的了解。

① 王庚年：《关于全媒体的认识与探索》，2012 年 3 月 6 日。

② 王庚年主编《媒体品牌战略研究》，中国国际广播出版社，2013 年 1 月第 1 版。

二、以受众调查为基础精准品牌定位

为了解受众需求、精准国际台乌尔都语广播区域品牌定位，2012年9月～12月，国际台乌尔都语部首次通过自身网站对巴基斯坦、印度及阿富汗地区的受众进行了在线受众调查。调查通过网上在线填写方式，截至2012年12月1日，共收到有效问卷444份。鉴于该问卷的信度与效度，该调研结果对于今后乌尔都语广播区域品牌定位具有一定参考价值。调查基本数据如下。

1. 受访者性别构成

性别	男性	女性
人数	387人	57人
比例	87.16%	12.84%

2. 受访者年龄构成

年龄	18岁及以下	19～30岁	31～45岁	46～60岁	61岁及以上
人数	29人	155人	203人	28人	29人
比例	6.53%	34.91%	45.72%	6.31%	6.53%

3. 受访者受教育程度

学历	小学及以下	初中	高中	大专	大学	硕士及以上
人数	5人	17人	79人	55人	155人	133人
比例	1.13%	3.83%	17.79%	12.39%	34.91%	29.95%

4. 受访者职业构成

职业	政府官员	学生	商人	职员	教师	农民	家庭主妇	自由职业	退休	其他
人数	83人	93人	38人	64人	85人	32人	16人	4人	14人	15人
比例	18.7%	20.9%	8.6%	14.4%	19.1%	7.2%	3.6%	0.9%	3.2%	3.4%

由上述表格数据可以看出，国际台乌尔都语广播受众群体中男性受众比例远高于女性，达到受众总数的87.16%；受众主要群体为中青年人群，年龄段大部分集中在19岁到45岁之间；受教育程度也以大学及以上学历者居多，与国际台乌尔都语广播目前节目受众定位基本一致。

调查中，63.02%的受访者来自巴基斯坦首都伊斯兰堡、卡拉奇、拉合尔、木尔坦和科哈特等大城市。444名受访者收听国际台乌尔都语广播的途径基本以中短波及调频广播为主。详见下表。

收听途径	中波、短波	FM调频台	网络	iPad/iPhone
人数	222人	165人	56人	1人
比例	50%	37.16%	12.61%	0.23%

由此可见，2011年FM93和2012年FM98调频广播开播以来，乌尔都语广播不仅在媒体形态上有了实质性的跨越，在传播效果和传播影响力上也有了大幅提升。开播两年来，乌尔都语落地广播节目实现从零到37.16%听众占有率的快速发展。在未来一段时期内，乌尔都语落地调频广播仍大有可为，打造乌尔都语落地调频广播区域品牌势在必行。

当然，在重点发展落地调频广播的同时也要兼顾中短波老听众的需求。数据表明，目前国际台乌尔都语中波、短波听众仍占据半壁江山，他们中大部分都是多年来一直支持国际台乌尔都语广播的忠实听众和广播爱好者。因此，中短波节目的品牌打造及在更多地区开展落地广播是未来乌尔都语部努力发展的方向。如能在更多地区开设落地调频广播，这些忠实听众也将随之转化成调频听众。这样，无论是在收听效果，还是收听时长方面都将会有质的飞跃。

有优势也有不足。数据表明，在444名受访者中只有56人是通过网络收听国际台乌尔都语广播的，这表明乌尔都语的网络建设还有待提高。长期以来，国际台乌尔都语网站由于技术等方面原因还停留在定时更新、音视频节目在线收听的半静态页面。未来乌尔都语广播应顺应时代潮流，攻克技术难关，争取打造“在线”“无线”“调频”等多方面协调发展的媒体品牌集团。

此外，新媒体的开发与应用也是乌尔都语广播未来发展的新方向。2012年以来，随着iPhone和iPad的流行普及，听众可以通过苹果系统App Store中的PakRadio等应用程序同步在线收听乌尔都语广播在巴基斯坦的落地调频节目。这些应用程序的出现使乌尔都语广播在美国、德国等欧美地区的巴基斯坦裔听众数量有了显著增加。现居住在美国休斯敦的巴基斯坦裔听众法西姆·哈贾在电子邮件中表示：“我现在生活在美国，能够通过iPad听到乌尔都语广播在伊斯兰堡FM98播出的节目感到非常激动和意外。我和我的三个儿子现在正在学习中文，我们对中国有着浓厚的兴趣。我相信CRI乌尔都语广播的学汉语等节目能够帮助我们更好地学习中文和中国文化。”

调查中，100%的受访者表示对中国及中国文化抱有浓厚兴趣，希望了解更多关于中国及中国文化的知识和信息。82.66%的受访者表示希望国际台乌尔都语广播能够成为资讯类广播，即新鲜资讯占节目总时长的70%左右。其中，文化和社会类节目成为受众最感兴趣的节目。详见下表（调查中该问题为多选）。

内容	文化	社会	经济	教育留学	科技	新闻时事	影视娱乐
选择人数	376	304	140	218	288	278	285
内容	体育	学汉语	时尚美容	生活窍门	旅游	医疗养生	听众互动
选择人数	261	196	94	139	262	146	230

“海量的资讯还需要有需要它们的受众才能真正体现其价值。”① 根据数据反馈，文化类节目受欢迎程度高居榜首，而时尚美容、生活窍门、经济及医疗养生类节目相对不受欢迎。究其原因，首先是由于国际台乌尔都语广播受众群以男性为主，其本身对生活类节目就不感兴趣；其次，中国和巴基斯坦等国的宗教信仰和文化习俗差距较大，人们的生活习惯、饮食习惯、审美标准及国家之间经济发达程度存在较大差异，因此，此类节目中很难做到“文化认同”，这也成为该类节目不大受欢迎的主要原因。

贴近受众需求、打造国际台乌尔都语区域品牌资讯广播，并不只是简单地把资讯罗列出来，还需要通过细致的市场调查明确频率的目标受众，并经常对他们的变化及需求进行调研。综上数据表明，国际台乌尔都语广播目标受众为年龄在19岁到45岁之间的受过高等教育的城市中青年男性；应力求打造以服务南亚地区尤其是巴基斯坦大城市政界高层、商界人士、城市白领和青年学生为主的，调频与中短波并重的具有中国元素的文化类城市资讯广播品牌。

三、利用优势资源打造国际台乌尔都语广播区域媒体品牌

“贴近受众、突出特色”是打造国际台乌尔都语广播区域媒体品牌的重要手段。建设区域媒体品牌不仅需要精准的品牌定位，更需要突出品牌特色，拓宽品牌传播领域与渠道，“精准、专业、果断、灵活”地在有特点的区域进行有特点的传播，用有特点的传播影响有特点的受众。

1. 关键时刻推广媒体品牌

区域媒体品牌所面向的地区范围有限，不像全球媒体品牌那样，时刻都会遇到重大新闻、事件、变化。所以，一旦所面对的区域有重大事件、政策发生，区域媒体品牌必须紧紧抓住机会，充分利用机会，将品牌效应实现到最大。② 2011年，国际台乌尔都语部借“中巴建交60周年”的东风，通过前期准备和各方努力将筹划多年的节目落地事宜作为两国纪念“建交60周年”媒体合作项目搬上议事日程，并得以在中巴两国元首的见证下予以实施。国际台乌尔都语广播FM93调频广播在巴基斯坦五大城市的落地不仅是乌尔都语广播在媒体形态上质的突破，并且两国知名媒体对于中巴两国元首签署该合作协议的报道也使国际台乌尔都语广播的品牌形象和影响力有了大幅提升。

2012年，为了使时任中央政治局常委李长春在访巴之际参加国际台伊斯兰堡FM98中巴友谊调频台的开播仪式，并与巴基斯坦总统扎尔达里一起共同为中巴友谊调频台揭牌，乌尔都语部把开播时间一再提前，并说服合作方在新设备未到位的情况下，动用其备播设备为FM98中巴友谊台开播。FM98开播仪式在巴基斯坦总统府胜利圆满举行，巴基斯坦国家通讯社、国家广播电台等各大主流媒体及其网站均大幅刊登了中巴友谊台开播的相关消息及图片，达到了树立品牌形象、推广品牌的目的。

---

① 王庚年主编《媒体品牌战略研究》，中国国际广播出版社，2013年1月第1版。

② 王庚年主编《媒体品牌战略研究》，中国国际广播出版社，2013年1月第1版。

2. 打造品牌栏目

打造媒体品牌离不开品牌栏目的支撑。在品牌制胜的时代，栏目品牌的建设对于媒体品牌形成具有重要意义。为此，乌尔都语部在开设落地调频节目以来就在栏目设置及栏目品牌打造上做了大胆尝试，其中《文化对对碰》就是乌尔都语广播重点打造的一档闲聊谈话式文化推广品牌栏目。

该栏目打破了文化推广的单向传播“说教”模式，以一中一外两位主持人轻松对谈的形式，在介绍中国和巴基斯坦两国广泛使用的含义相同或相近的谚语俗语的过程中，通过文化比较的手段把中国文化与对象国文化背景相结合，就其中的相似性和差异性，以及文化间的相互影响等文化现象进行比较分析，通过两国文化视角的相互碰撞，使听众能够非常准确地感受到中国语言及文化的魅力，提高对象国听众对中国文化的认同感。比如在讨论两国与水有关的谚语俗语时，中方主持人就提出在中国有个成语叫做“覆水难收”，意为泼出去的水就无法收回，事已经发生就很难挽回了。这时外方主持人提到在巴基斯坦也有这样的俗语，只是说法不同，叫做“开弓没有回头箭”。从这样看似闲聊的讨论对话中，听众可以感受到两种文化惊人的相似度和细微的差异，这样听众不仅通过该节目了解了中国文化，还能够在日常语言中使用中国谚语，使听众无形中成为中国文化的传播者，在文化层面上拉近了与受众之间的距离。

通过《文化对对碰》等品牌栏目的有益尝试，乌尔都语广播未来在品牌栏目打造方面应从受众最感兴趣的“文化”入手，突出品牌“个性”，在南亚广播媒体市场中做到“人无我有”，着力打造具有中国元素的媒体品牌特色。

3. 打造品牌主持人

“主持人是指代节目的一个突出符号，听众认可我们的栏目，百分之七八十是冲着主持人来的，很多栏目因为主持人而成名，很多栏目造就了主持人。文学创作讲究‘人以文传，文以人传’，在广播电视行业也是同样的道理，因此我们抓栏目，非常重要的一环就是抓好主持人队伍建设。”① 因此，主持人对于栏目品牌、媒体品牌的形成与建立也发挥着至关重要的作用。

对于国际台乌尔都语广播来说，栏目的主持人在节目的制作过程中实现了采编播一体。因此，主持人的个性风格与栏目的契合度就更显重要。作为栏目的核心人员，主持人与栏目的个性风格必须融为一体、契合自然，才能形成栏目的整体品牌形象。

要在媒体对外品牌推广的过程中突出主持人个体，大力培养“明星主持人”，展示主持人的个人魅力。巴基斯坦的广播电视业并不落后，除了官方的巴基斯坦电视台和巴基斯坦广播公司外，还有很多私人电台和电视台。其中，巴基斯坦私人电视台 GEO 的收视率一直名列前茅，很多人之所以选择 GEO 看新闻，主要是看 GEO 的主播。因此，聘用具有个人魅力和公众亲和力的主持人打品牌，要比直接用抽象的频道名称打造媒体品牌有效得多。

---

① 胡占凡：《强化品牌意识打造精品栏目》，《2005 中国广播电视品牌蓝皮书》，中国广播电视出版社，2006 年。

未来，国际台乌尔都语广播也可采取以打造主持人品牌助力媒体品牌打造的策略，为主持人拍摄宣传册或明信片，甚至量身创作歌曲、发行专辑、举办最受欢迎主持人评选活动等。在打造主持人品牌的过程中，宣传品牌栏目，打造媒体形象。

4．增强外延合作，打入主流媒体市场

增强对外合作是提高国际台乌尔都语广播品牌影响力和实现未来商业化运作的必要手段，其中包括与当地媒体的合作和与当地企业的合作。

目前，乌尔都语广播已与中国移动巴基斯坦分公司合作，建立了短信互动平台，增强了节目中听众的参与性与互动性，达到良好效果。今后，乌尔都语广播还要加强与更多中资企业的合作，优势互补，拓展传播渠道，提升自身品牌形象。

此外，与当地媒体的合作也非常重要。加强与当地主流媒体的交流与合作不仅使国际台乌尔都语广播在对象国的曝光率提高，而且对国际台乌尔都语广播国际媒体形象的形成，甚至为打入巴基斯坦主流媒体市场也起到推波助澜的作用。此外，乌尔都语杂志《友谊之声》的当地发行也需要和当地媒体合作。

5．本土化扎根，增强传播贴近性

“外宣海外本土化”作为目前中国外宣事业的重要战略之一，是推动解决跨文化传播障碍和提高传播效率的重要手段。而建立境外节目制作室正是落实“媒体本土化”的重要途径。

为顺应这一趋势，增强传播效果与传播效率，未来，乌尔都语部将在巴基斯坦伊斯兰堡建立节目制作室，并聘用当地人员制作本土节目；建立当地人脉信息网，采访政府官员，及时发布权威可靠消息；利用当地人力资源优势，在节目形式上力求突破，争取实现节目的实时互动。除此之外，还可根据受众的需求和兴趣点，对节目进行类型化分段制作，增强贴近性，适当增加交通信息和生活服务性节目。

正如中国国际广播电台台长王庚年所说：“要实现以品牌塑造媒体、以媒体承载品牌。”国际台乌尔都语广播的区域媒体品牌建设，已成为乌尔都语广播事业发展的重中之重。为实现这一目标，未来我们还将不断探索，把建设乌尔都语广播区域媒体品牌作为长期努力的方向。

（作者单位：中国国际广播电台乌尔都语部）

浅谈缅甸语广播节目的制作

林　迟

中国国际广播电台（以下简称国际台）缅甸语广播创办于1950年4月10日，目前每天播出三次，每次一小时，节目信号除覆盖缅甸全境外，在泰国、马来西亚、孟加拉国等也能收到较清晰的信号。作为缅甸语部的一名主持人，笔者将结合近几年来的工作经验，谈谈缅甸语广播节目的制作。

缅甸是亚洲中南半岛上最大的国家，自然资源十分丰富，但多年来经济发展缓慢，该国人民生活水平较为落后，文化生活则较为单调。在这样的生活环境中，广播成为老百姓获取信息、了解外界的重要途径之一。而作为联系中国和缅甸的空中纽带，国际台缅甸语节目从20世纪50年代开播以来，就一直得到东南亚地区缅甸语听众的认可与欢迎。2011年3月30日缅甸民选政府上台之后，缅甸政府制定和推行的政策更为科学和灵活，政府的内外形象也大为提升，国家转型与发展将进入一个良性循环的状态。随着缅甸的逐步开放，尤其是政府对于国外媒体准入政策的进一步放宽，广大缅甸听众对于广播节目的品位需求也呈现逐渐上升的趋势。因此，从2012年年初开始，缅甸语广播致力于提高节目质量、改进节目形式，取得了令人欣喜的成效。

缅甸语广播除了新闻节目之外，还开设有众多丰富多彩的专题节目，包括《听众信箱》《世界在你身边》《在中国旅行》《大千世界》《体育世界》《身边》《观点1+1》《听众点播》《音乐世界》《留学在中国》《诗歌芳草地》及《每日汉语》等。在改进节目制作的过程中，各栏目主持人除了发挥自身主观能动性之外，也广泛借鉴广大听众的合理建议及东南亚地区中心其他语言广播的成功先例，着重从节目内容、节目形式这两个方面改进节目制作，力争将最亲切的中国声音带给千里之外的缅甸受众。

一、节目内容贴近听众

贴近听众的广播节目才能得到听众的喜爱，以缅甸语广播收到的听众来信为基础，笔者试着对缅甸语广播的听众成分进行了归类，并对听众们喜欢的节目进行了一些分析，发现凡是受听众欢迎的栏目，其内容及设置，无不想听众所想，急听众所需，良好的传播效果自然是水到渠成。缅甸语广播节目的听众大致可分为普通百姓及华人华侨两类。下面，笔者将围绕这两类受众群体进行阐述。

1. 本土百姓

缅甸老百姓对国际台的广播节目很有感情，这与中缅两国间的“胞波”友谊是分不开的。“胞波”是缅语，意思是“有着相同的血统、语言和风俗”的兄弟关系，用它来表达中缅两国友谊，使人感到格外亲切。中缅两国自古便是山水相连的友好邻邦，两国人民的交往在历史长河中经受了风风雨雨的考验。20世纪50年代，当时的中国总理周恩来与缅甸总理吴巴瑞在中缅边境的云南省德宏傣族景颇族自治州亲手缔结下了中缅“胞波”友谊，两国人民的情谊从此更加深厚。

目前，缅甸语广播节目中，最受缅甸百姓们欢迎的是《听众信箱》《听众点播》《每日汉语》等栏目。

《听众信箱》栏目是缅甸语广播的传统热门节目，它之所以广受听众欢迎，正是由于其通过答复听众来信中的疑问，讲述听众来信中分享的故事来与听众进行亲切的交流。在这样的交流中，一中一缅两位主持人时而引用一些缅甸百姓耳熟能详的俗语，时而念诵几句听众自己写的优美诗句，从一丝一缕的细节上接近听众，引起听众情感上的共鸣，而CRI缅甸语节目与听众之间的距离，也通过电波在不知不觉之中越拉越近。

尽管已经颇受好评，《听众信箱》的主持人仍是精益求精，不断提高节目质量。在这项工作中，最值得一提的是鼓励听众品评缅甸语广播的各个栏目，为节目的发展建言献策。《听众信箱》的这项倡议发出之后，缅甸听众朋友，尤其是资深的几位听众均以来信或是在网站留言的方式提出了许多具有建设性的建议，为缅甸语节目的改进提供了很强的助力。例如，有的听众提出某个节目的设置过于刻板，有的听众指出有的主持人的语调过于平淡，有的听众则建议多开设双主持人的聊天节目以增强可听性。在广泛采纳了听众的合理建议后，缅甸语的一些栏目在节目设置及制作上进行了不同程度的改进，并收到了较好的成效。

《听众点播》栏目主要以点播缅甸语歌曲的形式为听众送出生日、节日或某些特定日子的祝福。随着中缅文化交流的逐年升温，许多港台歌曲在缅甸也越来越流行，许多缅甸歌星更是通过缅文翻唱的港台歌曲来提升人气。《听众点播》主持人在尽量满足听众点歌要求的基础上，不断紧随流行步伐，通过网络媒介、缅甸友人等多种渠道了解缅甸乐坛走势及当红明星的近况，丰富了节目内容，增添了节目活力，得到缅甸听众，尤其是青年听众的大力支持。在临近缅历新年这个重大节日之时，《听众点播》主持人还组织缅甸语部各位同事在我们的录音间为听众朋友们演唱喜庆的缅文歌以庆贺新年，进一步提升了栏目的亲和力，受到缅甸听众的一致褒扬。

《每日汉语》栏目通过教授发音、汉字、词汇、句子和段落，以及情景对话等从初级到高级的模式向听众教授汉语，是缅甸语广播最热播的节目之一，也是应听众朋友的要求，重复播出次数较多的节目。如今，随着中缅文化经贸往来持续发展，缅甸听众对汉语学习的热情与日俱增，听众来信中对于该栏目也提出了不少建议。除了土生土长的缅甸百姓之外，《每日汉语》同样受到许多生在缅甸、长在缅甸，却有着深深中国情结的华裔听众的欢迎。接下来就围绕这一听众群，继续缅甸语部栏目的介绍。

2. 华人华侨

据非官方的数据，在缅甸的华人已经达到约300万，大概占全国人口的2%，在缅甸的经济、文化、教育等领域扮演着重要角色，吸引华人华侨听众群也是我们工作的重点之一，目前，《音乐世界》《留学在中国》等栏目深受广大华人华侨听众的青睐。

身在海外的华人华侨们心系故土，非常渴望听到来自祖籍国的声音，对汉语也有着与生俱来的兴趣。《音乐世界》这一栏目主要为听众们播放主持人精选的经典或流行的中文歌曲，在节日喜庆之时还精心制作与之相关的特别节目，深受华裔受众，尤其是“中国迷”的喜爱。《音乐世界》的主持人专门为对学习汉语及中文歌曲兴趣较浓的听众在CRI缅甸语网站上设置了一个中文歌曲专栏，给一些特别受听众喜爱的中文歌曲的歌词标注上拼音，方便听众学习中文歌曲。这一专栏在听众中引起了巨大的反响，有的听众甚至说自己已经学会了多首中文歌，提议在合适的时候举办一个缅甸人唱中文歌曲的比赛。

在缅甸的华人凭借着自己勤劳的双手在创造财富的同时，也为中缅两国经贸文化的交流贡献着力量。许多缅甸听众，尤其是在缅甸生活的华人青年非常希望来中国留学。应听众的这一需求，缅甸语广播专门开设了《留学在中国》这一栏目。两位在北京学习的缅甸留学生通过这一栏目与听众朋友分享自己在北京的留学经历，以及他们利用假期在中国各地旅行的所见所闻。每期节目播出的同时，主持人还精选出这两位留学生在留学和旅游过程中的照片，配以每期节目的内容梗概，一起发布到缅甸语网站上，让一些有条件上网的受众更加直观地了解留学中国的见闻。《留学在中国》播出之后，许多听众来信表示，通过这个栏目身临其境地感受到了缅甸留学生们在中国的学习状况；而有的年轻的华人听众还表示，在网上看到了节目介绍和照片之后，留学中国的愿望更加迫切，希望能早日来到中国，也希望能够有机会来国际台参观访问。

通过在节目内容上贴近听众，缅甸语节目的制作正循序渐进地向前发展着。笔者认为我们仍有一些可以改进的地方。例如，可以通过MRTV（缅甸广播电视台）等与我们CRI缅甸语部有较好关系的当地媒体，协助我们筹办当地的听友联谊会，拓展听众群体，密切与听众朋友的联系；可以通过采访、连线等方式，介绍缅甸主要华人社团的历史沿革等，增进广播节目与当地华人的交流。最终通过缅甸语部员工的共同努力，借助电波与听众进行更好的交流，让我们的节目为缅甸听众带来“天涯咫尺”的亲切感受。

二、节目形式不拘一格

长期以来，缅甸语部的广播以新闻为主要内容，节目形式较为死板，听众听来会觉得比较沉闷。在改进节目内容的过程中，我们对节目的播出形式也进行了一定的调整，提高了专题栏目的可听性，收到了很好的成效。

1. 聊天节目

以《在中国旅行》为例，以往的节目只是由一位主持人说“单口相声”，节目中主要介绍中国一些名胜古迹的相关情况，所采用的音响也多为该景点游客的一些旅游感受，节目形式流于程序化，易给听众带来千篇一律的感觉。

借鉴马来语广播节目的成功经验，我们将《在中国旅行》改为两位主持人共同主持的聊天栏目，主持人选取听众们较向往的旅游目的地之后，通过你一言、我一语的聊天形式来进行推介，大大增添了节目的活力。除此之外，还根据绝大部分缅甸听众信仰佛教这一特点，增加了该景点附近古刹名寺的相关介绍，提升了节目的亲和力。在音响的采用上，主持人拓宽思路，将所推介景点相关的歌曲也加入到节目中，通过无国界的音乐来增加听众对中国风物的感性认识。

与此同时，对于听众们在来信中提到较多、兴趣较浓的景点，《在中国旅行》的主持人也尽可能地在下一期节目中给予补充介绍，甚至针对该景点制作续集，更加详尽地推介当地的风土人情、特色小吃及旅游路线等。这一系列的改进让缅甸语旅游栏目焕然一新，受到了听众们的广泛认可。

2. 广播剧

以《身边》为例，这一栏目是缅甸语部的一位资深主持人和一位外国专家共同制作的一档生活类栏目，主要向听众介绍生活中发生的一些轶闻趣事。两位主持人通过对话及讨论，以聊家常的形式向听众讲述故事，一直以来拥有着比较稳定的听众群。但是，仍有部分听众提出，该节目中的某些故事与缅甸日常生活的差异较大，希望能在节目中播出一些实用知识，同时也希望节目播出的编排形式能够更加丰富一些。

为了改进该栏目，主持人积极采纳听众意见，并针对生活水平逐步提高的缅甸民众对于健康生活的强烈愿望，将节目的定位转向健康类栏目，通过《身边》向听众介绍健康的生活习惯、可靠的中医偏方等，普及各种易学易懂的健康常识。

在创新节目播出形式方面，该栏目主持人在缅甸语广播节目中首次尝试了广播剧，即以几位主持人扮演角色的形式来讲述故事。在2012年缅历新年（泼水节）来临之际，调动了几乎全体组员之力的广播剧《泼水节之约》在《身边》栏目中首秀，并一举赢得了听众的青睐。《泼水节之约》讲述了一男一女两位儿时的同学在泼水节上偶遇、重聚，进而发展为恋人的浪漫故事。缅甸语部的各位主持人根据自身音色的特点，分饰剧中的不同角色，为听众生动地演绎了这一剧目，并通过这一特别节目向听众恭贺新年，收到了良好的传播效果。一些听众在给CRI缅甸语部寄来的明信片上还特意提出非常喜欢这一广播剧，希望以后可以收听到更多活力四射的节目。

通过倾听受众声音，丰富节目形式，缅甸语广播继续着改进与创新。随着缅甸国力逐渐增强，人民生活水平逐步提高，缅甸本国媒体网络化的趋势也日渐显现。为了更好地抓住这一网络化发展契机，笔者建议：（1）增设广播节目网络版板块，提供往期广播节目的在线点播服务，尤其是《听众信箱》《听众点播》《音乐世界》等最受欢迎的专题节目，吸引更多网络受众。（2）循序渐进地进行网站视频发布，发挥网络多媒体优势，以文字、音频、视频等多种方式向受众进行立体展示。

随着缅甸民选政府治下的缅甸进一步推进改革开放，随着缅甸语部广播节目、网站建设等各项工作的稳步推进，CRI缅甸语广播定会吸引更加广泛的受众，CRI缅甸语的前景也必将更加广阔。

（作者单位：中国国际广播电台缅甸语部）

提升国际台在缅甸传播力的思考与建议

梅　皓

近些年来，缅甸政局的疾速变化吸引了全世界的目光，其中比较突出的是缅甸政府对媒体的管理发生很大的变化。2013 年年初，缅甸政府结束了执行多年的对媒体的管控措施，开放了报禁，取消了对私营报刊的审查制度。据了解，目前美国之音等西方媒体已经在缅甸设立了记者站，记者站不仅限于在缅甸当地雇用缅方记者和通讯员，而且也开始从本部派驻记者。缅甸有关方面已经邀请中国国际广播电台（以下简称国际台）赴缅开设记者站。国际台应有效利用缅甸国内的发展局势，大力推动国际台对缅传播，加强国际台在缅甸的品牌建设。

一、推进国际台在缅甸调频落地建设及广播本土化

本土化是国际传播媒体发展的必经之路，国际台目前在这一领域已经迈出了坚实的一步。截至 2013 年 5 月，国际台在境外整频率落地电台已经达到 90 家。另外，国际台海外 10 家节目制作室日制作本土化节目已达 120 多小时。

尽管目前缅甸政府对外国媒体在缅开办电台、报纸等的政策尚不明朗，但是缅甸政策的开放趋势为国际台缅甸语节目调频落地提供了可能性。在缅甸调频落地可以首选类似于国际台老挝万象调频台或金边中柬友谊台的整频率方式落地（申请一个频率或租用现有频率的时段）。因此，国际台缅甸语广播应首先对缅甸相关媒体政策以及开办调频落地电台进行可行性调研。另外，也可先与“金”等缅甸私营电台采用节目交换的方式进行试水性的合作。如果在缅甸的整频率落地能够实现，从长远来看，该频率应该被打造成以介绍中国文化、音乐等信息为主的轻松、愉悦的一个调频电台，以引起缅甸年轻受众了解中国文化的兴趣。

二、争取在缅甸进行平面媒体建设

近年来国际台先后得以在缅甸举办了“中缅胞波情缅甸语诗歌比赛”以及“中国电视剧《金太狼的幸福生活》缅甸语配音译制及播出”等活动。这些活动的举办使得国际台缅甸语广播在缅甸的传播力和影响力有了显著提升。正是基于此，2012 年，中国驻缅甸大使馆与国际台缅甸语广播就在缅甸出版发行的《今日中国》杂志的编辑与发行问题进行了协商，2013 年上半年，使馆与缅甸语广播初步达成共识，由缅甸语广播接手《今日中国》杂志的改版、编辑、印刷和发行工作。

目前，缅甸经济还很不发达，互联网、手机等新媒体刚刚兴起，普通民众的生活水平

也处在较为贫困的状态，所以包括平面媒体在内的传统媒体仍然是大多数缅甸人获取信息的最主要的渠道。2012 年 8 月 20 日，缅甸信息部宣布废除媒体审查制度。2012 年 12 月，缅甸政府又宣布从 2013 年 4 月 1 日起允许私营日报出版。随着缅甸政府相关部门一系列限制制度的取消，缅甸的平面媒体市场将呈现出前所未有的活跃状态。《热点新闻》《七日新闻》和《呼声》等影响力较大的私营报刊也有机会从周刊转为日报发行。

《今日中国》杂志是中国驻缅甸使馆在缅甸正式注册发行的一份刊物，在缅甸出版发行已经有四十多年，目前为季刊。《今日中国》杂志的内容以介绍中国改革开放成就以及中缅双边交往为主，是一份风格较为严肃的偏政治性的刊物。多年以来，该杂志在缅甸一直采用赠阅的方式，长期寄送给缅甸政府官员、学者等，在高端人士中已经形成了一定数量的读者群。

由于官办报刊在信息传播的时效性和内容上的劣势，相对来说，缅甸读者更愿意选择内容活泼、信息量更为及时丰富的私营报刊。因此，缅甸语部将对《今日中国》杂志的定位和内容作出相应的调整，使之更适应缅甸读者的阅读习惯和喜好。与普通的缅甸刊物相比较，《今日中国》杂志的优势更多地应该放在传播中国文化上，这是其他缅甸本土报刊暂时无法做到的，应该作为《今日中国》的特色。因此，在留住原有高端受众的同时，应将定位调整为对中国文化感兴趣，希望了解中国的年轻人。在对《今日中国》杂志的改版中，我们应加入更多中国文化和娱乐时尚等一些更为软性的内容，使该杂志由一本较为严肃的偏政治性的杂志向较为轻松、活泼、时尚、幽默，普通人喜闻乐见的杂志转变。与此同时，也可配合中国传统文化和历史知识的介绍，提供中国的旅游等方面的信息，使杂志具有一定的服务性功能。只有这样，《今日中国》杂志才能够引起缅甸人了解中国文化的兴趣，成为他们了解中国的窗口。

目前，缅甸语广播已经申请立项在仰光设立《今日中国》杂志编辑部（工作室），尝试杂志的本土化制作。更为重要的是，杂志工作室作为国际台缅甸语广播在缅甸的一个常设机构，可以为国际台的对缅传播和发展在缅媒体业务提供很大帮助。

改版后的《今日中国》杂志还可依托诗歌比赛、中国电视剧译制配音在缅甸播出等活动的开展，扩大杂志在缅甸的影响力，也可为大量在缅甸有投资和工程建设的中国企业提供商业或公益广告平台，在与企业的良性互动中积累杂志的营销经验，从而尝试和推动杂志的市场化运作。

此外，缅甸图书市场也是一块尚待开发的处女地。缅甸主管文化的政府高官曾经表示，目前缅甸图书市场上几乎没有介绍中国的缅甸文书籍，而相关的英文书籍的权威性不足，受众市场也较为狭窄。缅甸推行改革和开放政策以来，各阶层希望了解中国的人越来越多，因此，介绍中国的缅甸文书籍在缅甸的图书市场上还是有很大的潜在需求。因此，缅甸语广播将对缅甸的图书市场进行广泛深入的调研，挑选一些介绍中国文化及改革开放成就，并且适合缅甸人阅读的书籍，翻译成缅甸语，然后在缅甸出版发行，满足普通缅甸人了解中国的需求。在缅甸图书市场开放初期，利用自身的优势，争取在缅甸图书出版市场上占据一席之地。

三、加大视频媒体建设，加大缅甸年轻人对国际台的品牌忠实度

缅甸语配音版的中国电视剧《金太狼的幸福生活》于2013年6月13日开始在缅甸国家电视台晚7点黄金时间播出。

6月8日，在缅甸仰光举行的缅甸语版《金太狼的幸福生活》的开播仪式上，前来参加的缅甸国家电视台、天空有线、热点新闻等多家缅甸官方及私营媒体对仪式上播放的电视剧片段和花絮都表现出了极大的兴趣。

长期以来，中国电视剧以各种渠道进入缅甸，尽管缅甸人普遍表现出对中国电视剧的喜爱，但是打字幕的方式还是给很大一部分普通民众理解和欣赏剧情及表演造成了不小的障碍。《金太狼的幸福生活》由于是首部以缅甸语配音方式播出的中国电视剧，因而消除了这一障碍。可以预见，配音后的中国电视剧将拉近与缅甸受众的距离，降低缅甸受众观看中国电视剧的门槛，从而必将拓宽在缅甸的受众群，提高中国电视剧在缅甸的知名度，扩大中国电视剧在缅甸的影响力。

国际台缅甸语广播应将优秀的中国电视剧向缅甸输出这一活动长期化、常态化，每年将一部或两部优秀的中国电视剧介绍给缅甸受众，以扩大国际台在缅甸的品牌影响力，加深缅甸受众对中国文化的了解和喜爱。

缅甸语广播还希望借电视剧译制配音及缅甸语诗歌比赛等项目和活动，在缅甸收获一些知名度，积累一些人脉，为今后这些项目的市场化运作打下基础。

从传统意义上来说，国际台对缅甸传播代表的是中国的官方形象，而这一形象在以年轻人为主要传播对象的缅甸应该得到一定程度的弱化。缅甸是一个年龄结构非常年轻的国家，15岁至25岁的年轻人占了缅甸总人口的三分之一。另根据联合国的相关数据，2009年，缅甸人识字人口比例高达90%，这个数据远远领先于大部分亚洲国家，在发展中国家中仅落后于中国、泰国、印度尼西亚和越南。因此，加大以缅甸年轻人为目标群体的传播力的建设，是国际台缅甸语广播的当务之急。

BBC有关人士曾表示，事实已经证明，人们对BBC的态度很大程度上取决于他们是否在青年时期就接触了BBC的节目。而“英国各大报都非常重视开发学生市场，但这一市场的重要性对《每日电讯报》尤为突出……如何改变报纸的保守形象和读者老化趋势，吸引更多的年轻读者，是该报面临的一个迫切课题。而在校园培植未来读者，无疑是一个最佳选择。据介绍，该报市场部专门有几个人负责开发学生市场”①。

四、继续做好网站媒体建设

国际在线缅甸文子网站自从2008年实现了网页的动态发布以来，一直处于稳步上升的态势。作为世界上为数不多的几个用缅甸语言和文字进行内容发布的网站之一，该网站

① 唐亚明：《走进英国大报》，南方日报出版社，2004年6月第1版，第52～53页。

在缅甸网民和受众中已经有了一定的知名度。2011 年，缅甸语广播对该网站进行了改版，对该网站做了更为清晰的定位：向缅甸受众介绍中国文化，增强网站的互动性。“养生”“北京印象”“学唱中国歌”及“听众园地”等栏目和频道的设置清楚地体现了这一定位。

对于近几年来缅甸语广播自主策划的一些项目和活动，缅甸语网站都会推出相关的专题网页进行配合推介和宣传。2012 年 6 月，缅甸语广播自主策划、与缅甸国家广播电视台合作举办的“中缅胞波情”缅甸语诗歌大赛正式启动。缅甸语网站适时推出了相关的专题网页，对诗歌大赛进行详尽介绍。2013 年 3 月，为了给《金太狼的幸福生活》在缅甸播出预热并且聚揽人气，缅甸语网站特别制作了名为“《金太狼的幸福生活》译制工作的背后”的专题网页，下设“我爱北京（配音演员在京生活）”“录音棚里的笑声（配音工作花絮）”“金太狼是谁（剧情介绍）”“名角面对面（该剧演员和配音演员介绍）”“人人都想来配音（演员甄选）”以及“历史性的协议（《金太狼》译制配音工作合作协议的达成）”等多个板块，全方位地介绍该剧及该剧的配音制作过程。

随着缅甸的进一步对外开放，缅甸国家实力势必得到不断增强，与国际社会的接触也会越来越多。经了解，缅甸的网络环境已经发生了极大的变化。可以想象，与世界其他国家一样，缅甸的网民数量将呈现爆发式的增长。缅甸语网站应该考虑进一步丰富网站内容，提供更多信息；另外，也可以考虑在缅甸寻找合适的合作伙伴，扩大网站在缅甸的影响力。

五、结语

缅甸是中国重要的友好邻邦之一，目前中缅两国间的关系发展既有传统友好的一面，也有因历史及现实原因带来的矛盾与冲突的一面。因此，缅甸近些年来政局的剧烈变化对中国来说既是机遇也是挑战。

“人们不难发现，传统主流媒体由于其长期不按照新闻规律办事，它所制造的舆论场有可能被‘新主流媒体’制造的舆论场边缘化。”[①] 目前国际台对缅甸语广播在很大程度上处于这一状态。面对西方媒体不断加大对缅甸渗透的现状，作为中国对缅甸传播的重要媒体之一的国际台，必须抓住这一历史时机，结合国际台自身的媒体化组织建设，力争在缅甸树立强有力的全媒体及品牌形象，积极提升传播力。相信随着我们的不断努力，国际台将始终如一地站在中国对缅传播的前沿战线。

（作者单位：中国国际广播电台缅甸语部）

① 李希光、周庆安主编《软力量与全球传播》，清华大学出版社，2005 年 4 月第 1 版，第 250 页。

谈谈如何提升国际台对老挝传播影响力

刘华丽

中国国际广播电台（简称国际台，英文缩写为CRI）老挝万象调频台正式开播于2006年11月19日，自开播以来就深深打上了“国字号”媒体的品牌形象，不仅为增进两国人民的相互了解和友谊架起了一座新的桥梁，更为老挝受众打开了一扇了解中国、了解世界的重要窗口，也成为老挝主流媒体报道中国、报道世界的主要消息源之一。① 在6年多时间里，CRI万象调频台由开播之初的老挝语、汉语和英语三种节目，2011年10月15日改版成现在的12.5小时老挝语单一语种整频率调频台。在相对成熟的传播模式和相对有效的传播途径下，面对对象国不同受众的需求和新的国际传播和竞争环境，如何进一步加强和扩大国际台对老挝传播的影响力，是值得我们思考的问题。

一、老挝广播发展概况及受众情况分析

老挝位于中南半岛北部，是一个多民族国家，据2010年数据统计，总人口数量625.6万人，其中华侨华人约3万多人。在经济发展方面，老挝是传统的农业国家，以农业发展为主，工业基础薄弱。因其国内交通不发达，很多山区不通电，电视信号覆盖率低，报纸送达难度大，教育不普及，多数居住在偏远山区的居民处于文盲或半文盲状态。在电视、互联网在很多国家都堪称强势媒体的现如今，在老挝却不尽然。老挝文化媒体产业欠发达，本土电视台频道少，节目形式单一。截至2011年6月底，老挝互联网普及率仅为5%。② 因此，在老挝各种传播媒体中，“广播仍然是老挝受众最主要也是最权威的信息来源途径”③。

老挝国家电台建于1983年12月，所属电台4家，包括1个短波台（AM567或6130）和3个调频台（FM103.7、FM95.0和FM97.25）。万象市所属电台2家（FM98和FM105.5），公安部和国防部所属电台各1家（FM101.50和FM99.7）。除此之外，目前通过政府合作项目，老挝已经允许澳大利亚电台和法国国际广播电台在各自国内每日发送24小时英语和法语节目。CRI万象调频台是在老挝境内落地并建成的首家外国广播电台，每日播出节目12.5小时。

2012年《CRI/CIBN海外分台受众调查问卷》结果统计显示，CRI万象调频台的主要受众是中青年，达到66%，主要是大学本科以上学历的高学历人群，他们更倾向于使用新

① 王庚年：《CRI/CIBN海外分台受众市场研究》，中国国际广播出版社，2013年1月第1版。

② 李国章：《老挝电信业快速发展》，《经济日报》2011年8月25日第10版。

③ 老挝国家电台官方网站，http：//laonationalradio. com。

媒体移动技术（如手机、MP3、车载广播）来收听CRI万象调频台节目，并且有49%的受访人士习惯于晚间收听节目，收听时长在1～3个小时和3个小时以上。由此可见，CRI万象调频台的受众趋于年轻化，收听渠道由传统的收音机转变成现今的多种便携设备。

二、国际台对老挝传播的现状

为提高对老挝传播的效果，实现本土化传播，CRI万象节目调频台2011年3月建立了老挝万象节目制作室，并推出2小时直播节目，实现了我国老挝语广播节目历史上的第一次本土化直播。随后，万象调频台还开通了短信平台，目前已覆盖了全老挝的手机用户，使老挝语广播与受众的互动迈上了新台阶。2011年10月，CRI万象调频台全面改版，老挝语节目由之前的6小时翻番成12.5小时，全天节目去掉了原来的汉语和英语节目，全部改为老挝语节目，其中万象节目制作室直播节目由原来的每天2小时增加为每天6.5小时，北京本部录播节目6小时。现有广播节目以资讯为核心，以音乐为载体，鲜明、生动的中国元素，独到、深入的跨文化视觉和贴心、周到的服务赢得了老挝受众的普遍欢迎和认可。除此之外，在原有不定期发刊的听众小报《空中桥》的基础上推出老挝文《悦生活》杂志，成功通过老挝外交部、新闻文化旅游部等部门审批，获得老挝正式出版发行刊号，并于2012年11月正式创刊发行。至此，国际台老挝语广播对老挝传播由最初的短波发展为现在的短波、调频、在线网络和平面媒体齐行并进的多媒体传播形态。

三、进一步加强和扩大对老挝传播影响力的几点思考

基于对老挝受众情况分析和国际台老挝语广播的发展现状，结合日常工作实践，笔者认为应着力加强以下几个方面。

1. 以CRI万象节目制作室助推本土化品牌栏目知名度

CRI万象节目制作室的成立是国际台老挝语广播“本土化”战略的重要一步。本土化是伴随着全球化的趋势出现的，媒体要想牢牢吸引受众的注意力，必须既把握全球化的趋势，又坚持本土化的原则。

西方很多媒体早就注意到这一迅速抓住受众的规律，他们在实践中主要遵循了两个本土化：节目内容本土化和制作人员本土化。美国维亚康姆公司运营的MTV就是本土化非常成功的一个典范。MTV的经营理念就是“国际化思考，本土化运作”，在力求保持MTV频道的整体风格、品牌完整性的基础上，力求制作出当地观众感兴趣的节目，使用本土语言，打造本土主持人，与当地既有的频道合作，推广本地娱乐明星。

由此可见，在本土化得以成功落实以后，在各类媒体竞争异常激烈的今天，打造品牌栏目依然是抓住受众、提升媒体品牌形象和知名度的重要手段。鉴于西方媒体的成功经验，CRI万象节目制作室在过去的两年多时间里，招募老挝本土员工参与节目的策划、制作和播出。一批由老挝人主持的本土节目如《体育世界》《93茶餐厅》《幽默人生》《CRI流行夜》等节目应运而生，收到了良好的效果。

本土化节目在内容和形式上更具针对性和贴近性，易于被受众接受。利用CRI万象节目制作室这一本土化平台，老挝语广播可以开展主持人与受众的互动与交流活动，及时做好受众反馈，加强与老挝官方及当地媒体的合作，如与老挝国家电视台合作推广中国电视剧、中国文化等，与老挝国家电台定期地互换工作人员，利用老挝国家电台电视台推广孔子课堂，等等。

相比之下，老挝语广播北京本部利用国内丰富的资讯资源优势，主推《观点1+1》和《93播放室》，采用中老两国主持人合作主持的方式，聚焦、解读中国、老挝以及世界热点话题，而《每日汉语》《中国名片》等则凸显了老挝受众关注的中国元素，充分利用国际台的资源优势，增进老挝受众对中国的认知和喜爱。像这样一批得到受众高度认可的广播节目，除了在网页上附加音频以外，我们可以考虑适当增加节目时长，增加网络视频、图文等多媒体手段提高在线节目的质量和再次传播功效。

2. 打造名主持

一个知名的主持人实质上就是一个栏目的代表，如果受众从心理上认可和接受了主持人（如喜欢、尊重、信任等），那么受众很自然地就愿意锁定他（她）的节目，并且愿意相信主持人对认知对象的介绍和评价。一个台的名主持人越多，有影响力的节目就越多，收听率自然就高，社会影响也就越大。所以，重视名主持人的榜样作用，就能够明显提高节目质量，并且牵一发而动全身，提高受众对这个频道其他节目的关注程度，从而实现精准传播。

在2012年《CRI/CIBN海外分台受众调查问卷》中关于CRI万象调频台节目主持人一栏的开放性问答里，有886人写出了自己喜爱的CRI万象调频台节目主持人名字。其中，75%填写的是老挝本土化节目主持人，19%填写的是中国老挝语主持人的名字，6%选择喜欢所有主持人。由此可见，本土化让更多的受众记住了CRI万象调频台的老挝主持人，扩大了受众群体，同时也给老挝语广播北京本部提出了更高的要求和挑战。

因此，对主持人进行有意识、有目的的培养、包装和推广，打造一支本领过硬、与节目风格形象相符合的主持人队伍尤为重要。在这方面，笔者认为，今后可以针对不同的节目风格选定与之相符的主持人来主持固定的栏目；对主持人进行定期培训；用主持人的名字给栏目命名；结合主持人的个性特点，在老挝语网站上推出主持人个人形象推广片，上传对应节目并登载主持人的照片、文字介绍、主持人自己写的文章，将主持人作为一个节目的品牌代言人，使主持人与节目内涵相融合；在老挝当地开展听众见面会，拉近主持人与听众的距离；等等。

从主持人自身的角度来看，主持人首先要加强对老挝语的理解能力和驾驭能力。上海东方电视台著名节目主持人曹可凡曾说过："一个好的节目主持人应展示语言的魅力，主持艺术说到底是语言的艺术。"而作为一名外语主持人，首先，语言不仅要准确、地道、富有美感，而且必须个性鲜明。其次，加强自身修养，成为名副其实的"名主持人"。成为名人，不能靠人为的树立、拔高，而只能靠自身成就，所有成就来自于实业、实干和实力。当主持人面对话筒时，他（她）所表现出来的能力实际也就是他所拥有的知识水平的体现。所以主持人应该不断地"充电"，积累深厚的文化知识，除了了解老挝的政治、经济、文化习俗之外，还要广泛涉猎各个领域的知识，了解世界各个国家的发展动态。再次，要依托节目，扬长避短塑造自身风格。比如，某主持人的声音比较厚实，而他的个性也比较沉稳，他就可以充分发挥声音成熟有磁性的特色，主持新闻、新闻评论这一类的节目。相反，如果这位主持人非要追求那种轻灵、柔美的声音特色，不但自己会感到别扭，听众听起来也会觉得做作不自然。最后，要通过不断地学习和对不同栏目的主持实践，来丰富自己的主持风格，最终成为一个主持节目的行家里手。

3. 注重平面媒体发展，收到精准传播效果

当今世界，网络的迅速发展给传统纸媒造成了强烈冲击，然而纸媒在全媒体时代依然拥有自身不可替代的优势。尤其在老挝，电视和网络发展相对滞后，报纸、杂志一类纸媒依然是老挝民众获取信息的主要来源之一。老挝政府已经提出，到2015年，将实现印刷媒体覆盖全国人口的95%，电台广播达到95%，电视播送达到80%～85%。[①] 由此可见，传统平面纸媒在老挝传媒业中仍占有相当重要的地位。

目前，由国际台老挝语广播策划编排的老挝文杂志《悦生活》已经在老挝正式发行。在起步探索阶段，笔者认为可以从以下几个方面逐步迈进：第一，寻找有实力的本土合作伙伴，坚持以来自中国政府的、权威的、可靠的、深度的声音走进老挝高端市场，走以质量取胜的路线，提升杂志的附加值。第二，注重选题策划和内容安排，提高译文水平，确保刊物质量。第三，利用CRI万象节目制作室这一重要平台，在各个大型活动中推介，扩大刊物的知名度和影响力。第四，建立完善受众调研、分析的长效制度和渠道，及时掌握受众对杂志的意见和建议，提升杂志的贴近性，实现精准传播。第五，锻炼培养专业化人才队伍。现在国际台老挝语广播已成立了杂志制作团队，按照纸媒的发展模式进行策划、撰写和排版。将来可以通过增设特约报道员、作家名家专栏等方式不断提升《悦生活》杂志的独家性和独特性，争取在老挝众多本土杂志中脱颖而出。

4. 增强对老挝广播节目的服务性

传媒行业是服务大众的行业，任何一个服务产品、服务内容，只有跟人联系在一起，把人放在整体关系结构当中，它才真正有魅力。

“挑战者”号航天飞机爆炸的时候，在场所有的录像机、照相机都对准了那个惨剧的主角：“挑战者”号，但只有美联社的记者把他的镜头对准了在看台上目睹这个惨剧的观众的表情——惊愕、无措、痛苦。大多数镜头记录了一个事件，唯有一个镜头表现出了事件对人的情感冲击，而这才是最具价值、最有魅力的东西。

国际台老挝语广播的节目受众66%是中青年，而老挝是个生活压力比较小的国家，老挝人民热爱生活，热爱音乐，关注跟生活有关的细节。针对这一特点，除了现有的短信互动平台，我们的节目要进一步贴近老挝人民的生活，在调频广播节目中增加老挝音乐素材，结合老挝社会发生的趣事丰富娱乐节目的内容；开辟一档类似于湖南卫视《百科全书》的精品生活服务节目，为听众解密日常生活中的小科学，解决人们衣食住行中的小难题；结合中国国内旅游资源和老挝旅游资源，在老挝语网页推出旅游视频专栏，带外籍员

① 王以俊：《老挝媒体业发展动态》，《印刷世界》2011年第11期。

工在全国各风景名胜地拍摄，从独特的视角，生动、直观地通过中国籍和老挝籍主持人在风景区的活动，把旅游景点独特的风光、人文和娱乐项目一一呈现；万象节目制作室在节目播出时段，实时播报路况信息、天气情况，设置问答，与听众通过短信或者电话的方式进行互动；等等。

（作者单位：中国国际广播电台老挝语部）

谈对外广播品牌栏目的核心要素
——以《媒体双行线》为例

卜卫军

品牌是文化的积淀，凝结的是智慧和思考，直接影响着公众的意识形态、价值观念和生活习惯。

在传播技术发生革命性变化、市场竞争异常激烈的大环境下，作为媒体，尤其是担负着对外传播任务的中国国际广播电台（以下简称国际台），如若没有品牌栏目开路，其产品很难被受众所接受、认同，将很快被淹没在信息海洋中，无法发挥出应有的社会、经济效益。然而，打造品牌栏目是个复杂的过程，它需要满足特定的传播规律，必须符合受众对特定信息的需求。

本文以国际台俄东地区广播中心面向中东欧地区受众重点打造的品牌栏目——《媒体双行线》为例，论述在对外广播中如何从栏目定位、栏目包装、品牌推广与维护这三大核心要素出发来设计、打造品牌栏目。

一、栏目定位

品牌定位是指组织在市场定位和产品定位的基础上，对特定的品牌在文化取向及个性差异上的商业性决策，它是建立一个与目标市场有关的品牌形象的过程和结果。定位的过程就是通过科学调查，精确寻找、选择自己能够做好的市场，体现差异，突出个性，针对目标受众特点提供让他们满意的产品。“（栏目）定位是塑造品牌形象的第一步，也是关键的一步，它的成功与否直接体现了一个栏目的舆论导向能力与收视（收听）率。”①

栏目定位于品牌栏目，犹如一个人的气质和个性对于塑造个人形象非常重要。从品牌学角度看，定位是品牌之母。通过科学、合理的栏目设置，树立亲善的“气质和个性”，对吸引受众、塑造栏目品牌发挥着积极作用。

一般来说，栏目定位包括以下几个方面的内容。

1. 确定栏目内容，明确栏目报道的领域和范围，即栏目的内容定位

清晰的内容定位能够使受众对栏目有明确的认识，根据对内容的判定，受众才会决定是否继续收听。无论时代如何变迁，“内容为王”始终是媒体或者是某个具体栏目制胜的法宝。

《媒体双行线》栏目于2012年5月份开播，每周播出一期，时长在15分钟以上，目标传播地区为俄罗斯以及中东欧国家。经过对中东欧多个国家的主流媒体的涉华报道进行了

---

① 尹建明：《浅析电视节目品牌定位》，《新闻世界》2009年第5期。

两年多的舆情监测，我们发现，中国经济常常是对象国媒体报道中国的主角，全球化环境下的中国经济常常是它们关注的焦点。据此，《媒体双行线》栏目的内容定位为“全球化环境下的中国经济议题”，在满足受众对中国经济信息需求的同时，“以我为主”做好每一期节目的选题策划，努力提高国际台在中东欧地区经济报道领域的议程设置能力，逐步引导受众关注我方“设置”的话题。

经济学有个“产品差异化”的概念，指企业在给顾客提供产品时，通过各种方法造成足以引发顾客偏好的特殊性，使顾客能够把它同其他竞争性企业提供的同类产品有效区别开来，从而达到使企业在市场竞争中占据有利地位的目的。好的“差异化”会使人对该产品有与众不同的认识和感受，从而产生偏爱。产品差异化是企业参与市场竞争的主要手段之一。引申到媒体产品间的竞争，则依靠媒体从业人员的专业性，制作出“人无我有，人有我优”的报道产品。

中东欧主流媒体虽然每天都会刊发关于中国经济的报道，但其报道内容往往有广度，缺深度，与报道自己国内议题的新闻专题产品相比，涉华报道常常观点性强，故事性差，意识形态味道浓厚。《媒体双行线》栏目采用的报道方式借鉴了对象国媒体品牌栏目报道自己国内议题的方式，主创人员利用自己对中国经济、社会的熟悉程度高、采访资源占优的优势，精心策划能够满足受众兴趣点、符合受众需求的选题；在报道方式上遵照欧洲受众思维方式精心设计，以事件、人物入手，对关乎世界经济的中国热点进行多角度深入分析，引用实际故事、具体案例解读、探寻背后成因，通过问题阐述成就。栏目的口号是“关注您所关注，追踪经济热点，剖析新闻背景，表达多元观点”。

2. 找准栏目的受众对象和范围，即栏目的受众定位

近十年，媒介技术快速发展，大众了解信息的方式发生重大改变，作为大众传媒的广播媒体已经进入“窄播”时代，即满足特定受众的需求。而受众是作为社会群体存在的，他们生活在一定的传统环境中，通过教育、交往、习俗，形成一整套特定社会的文化意识、行为准则和价值观念，具有作为社会群体的共同特征。为了保证传播的有效性，首先要了解传播地区受众的特点。

曾经共同的政治体制、不同的历史文化使不少中东欧受众对“遥远神秘的东方”——中国有浓厚兴趣。快速发展的中国也越来越受到中东欧中高端受众的关注。全球金融危机发生后，西方发达经济体遇到困难，尤其欧债危机的发生使欧元区自顾不暇，大量西方资本从中东欧国家撤离，使得正处于经济转型关键期的当地经济遇到许多困难，民众生活质量不升反降，由此社会上产生许多不满情绪，并开始对现行制度反思。许多高知分子开始关注中国的渐进改革模式，也有许多人将国家脱困的希望寄托于中国。

根据这一背景，《媒体双行线》的受众定位为中东欧地区的中高端人群以及对中国经济信息有着特定需求的个人。他们收听《媒体双行线》栏目是基于需求动机，并通过节目得到满足，认可后再次收听，如此循环，成为栏目的粉丝。

目前，世界已跨入自媒体时代，各种不同的声音来自四面八方，“主流媒体”的声音和影响力逐渐变弱，人们不再接受被一个“统一的声音”告知对或错，每一个人都在从独立获得的资讯中，对事物作出判断。自媒体有别于由专业媒体机构主导的信息传播，它是

由普通大众主导的信息传播活动，由传统的“点到面”的传播，转化为“点到点”的一种对等的传播概念。在信息的二次传播过程中，意见领袖发挥着至关重要的作用，通常能够引导公共舆论的发展。意见领袖有以下特点：

①常常是追随者心目中价值的化身。

②信源广，有更多的兴趣与机会接触传播媒介的内容。

③知识面广，有较强的解码、编码能力。

④责任感强，常常是利益集团的代言人或小群体中的头头。

⑤人际交往广，拥有较强的人际交往和社会活动能力以及关系协调能力，常有一批追随者。

⑥在其活动的那个群体之内社会地位相对较高，拥有在群体之外可以获取各种所需信息的社会关系。

意见领袖的这些特点决定了他们必然是我们传播、影响的重要群体。以《媒体双行线》栏目为例，在众多的高端受众中，有一定比例的人为当地的知识分子。我们把这些受众看作对华领域中的意见领袖，所以，从选题策划到播出的整个过程，始终追求如何满足这些精准定位的受众的需求，在有限的节目时长内提供更多、更全面的信息量，使他们对中国经济发展有全面、客观的认识，再经由他们的传播渠道实现信息的二次传播。

3. 明确栏目的本质属性，以及所要实现的社会功能，即栏目的功能定位

栏目的功能定位是指在内容定位与受众定位的基础上，根据潜在受众的需求，结合媒体的特点，对所报道产品应具备的基本功能和辅助功能作出具体规定的过程，其目的是为市场提供适销对路的报道产品。

影响栏目功能定位的因素是多方面的，有媒体自身实力因素，有市场需求因素，有地域因素，有受众自身因素，等等。在进行功能定位过程中，媒体要综合考虑这些因素，并且能够明确哪些因素是决定性因素。

以《媒体双行线》栏目为例，该栏目主要面向中东欧受众，传播关于中国经济的正确解读，通过深入解读、案例剖析，使节目努力适应受众的思维习惯，消除西方媒体带来的误解。

20 世纪 90 年代初，中东欧国家纷纷由社会主义国家转变为资本主义国家，意识形态发生逆转，其经济、外交政策全面转向西方国家，部分国家陆续成为北约和欧盟成员国。作为上层建筑的重要组成部分——大众传媒业也发生了巨大变化，当地媒体以西方媒体为模板，从国有媒体向公共媒体、私有化、商业化转变；与此同时，为了能够尽快加入欧盟、融入西方世界，一些国家按照入盟要求，在制定媒体法律法规时，允许本国媒体向外资开放，从而导致大量西方资本进入该地区传媒行业。受西方资本控制和新闻思想的影响，部分国家的涉华报道长期负面，关于中国的新闻大多来源于西方主流媒体，往往带有强烈的负面色彩。而担负对外传播任务的中国媒体由于受语言、传播平台、技术、传播理念等限制，在中东欧地区的声音始终较弱。

由于东西方媒体实力、传播能力悬殊，国际新闻信息流向始终不平衡，扭转西方继续“妖魔化”中国的势头将是一个长期的过程。《媒体双行线》作为国际台面向中东欧地区大

众传播的常设栏目，在影响受众观念、为他们了解真实的中国方面提供了不同视角。

二、栏目包装

如同好的商品需要包装，品牌栏目也需要精美的包装，将栏目进行品牌化的管理、营销和推广已经成为各媒体普遍采用的竞争手法之一。包装能够树立栏目整体形象，提高其整体竞争力。好的包装可以恰当地反映媒体的定位和价值观，甚至可以对之起到强化的作用，在受众心目中形成深刻和固定的印象。在信息泛滥的当今社会，没有包装和推广就没有市场。

从市场营销学的角度讲，任何一个产品在市场中出现后，消费者都有一个认知过程，认知过程就是一个品牌形象在其心中建立的过程，品牌栏目的包装应是一个完整的形象策划过程。

1. 设计好栏目名称

美国营销学大师阿尔·里斯认为："从长远观点来看，对于一个品牌来说，最重要的就是名字。"

一个栏目要想获得成功，离不开一个精心设计的栏目品牌，它承载了品牌识别的主要功能，是品牌识别系统的主要因素。原则上，给栏目取名，需遵守朗朗上口、关联内容、启发品牌联想、预设发展空间等一般要求。①

2. 固定栏目播出时间

栏目的播出时间不是随意制定的。对于不同的受众群，收听不同栏目的"黄金时段"有所不同，任何时段都对应着在某一方面具有相同特征的受众群并严格遵循，以此培养听众的收听习惯。

3. 发挥主持人的作用

主持人作为媒体与受众之间的情感桥梁，在品牌栏目的打造中发挥着巨大作用。一个成功的节目缺少不了具有独特人格魅力的主持人。在某种程度上可以说，主持人就是节目的灵魂、成型的标志、风格的体现。

主持人作为媒体的代表直接面对广大受众，在某种程度上发挥着"意见领袖"的作用，由于其较高的曝光率和知名度，在受众眼中具有更高的吸引力和可信度。受众会由于他们喜爱的主持人而对节目抱有期待心理。同样，依托品牌栏目，主持人可为自己带来更多的追随者，而这些追随者在消费媒体产品过程中获得了满足感、荣誉感和认同感，有意、无意地对外宣传，广而告之，逐渐形成品牌的口碑效应。随着时间的推移，这些追随者将逐渐转化成栏目，以至媒体的追随者。

4. 注重标识包装

标识包装是指从视觉与听觉方面构建给受众鲜明冲击的识别系统，以利于打造受众的忠诚度，提高品牌效应。

① 王庚年主编《媒体品牌战略研究》，中国国际广播出版社，2013年1月第1版，第140页。

以《媒体双行线》栏目为例，由于该栏目是广播栏目，所以应着重听觉系统的包装：在节目中采用片头、片中和片尾片花，以吸引听众注意力，使受众能长时间停留在本节目上。

在受众心目中，片头片花是栏目独一无二的识别符号，片头片花作为节目的典型体现和精彩缩写，既有介绍，也有精彩同期声，具有丰富的内涵和代表性；片中片花在深度报道中起承上启下的作用，浓缩、提炼了下一段节目的焦点，一般配有被采访人的同期声，以提起听众收听注意；片尾片花出现在节目结束时，在节目的结构中同样起着重要的作用，有人用“豹尾”来形容一个好的片尾，意味着一个好的片尾应当强劲有力。好的片花往往有点睛之笔的功效，可以起到转场、调整节奏、烘托气氛、引导收听的作用。

听觉包装包括语言、音乐、音响等元素，能起到让人“闭着眼睛找到栏目”的作用。在制作听觉包装的过程中应着重把握标识音乐良好的识别度、固定、广告语鲜明生动等特点。

5. 栏目包装的原则遵循以下几个特点

①统一性。包装形式与栏目内容的定位相统一，风格与频道风格的一致或相近，以及栏目整体包装系统内各表象要素的统一。

②简洁、美观。复杂的包装设计难以树立明确的整体形象，美观是指在新闻传播过程中表现为“受众对新闻内容真实的美和新闻表现形式的美的一种崇尚和主动去接受的心理”。

③有核心卖点。独特的卖点主张是品牌核心价值的外在表现，受众以此可以与其他栏目区别开来，缺乏好的核心概念会使包装面目模糊，难以给人留下深刻印象。

④渐变与稳定的原则。任何事物都不是一成不变的，栏目包装也是如此，伴随着栏目的发展，包装需要根据其发展规律和受众的审美心理进行不断改进。但包装的演变过程中应当是“渐变”，变化中须注重相对的稳定性。首先，变更不可频繁；其次，每一次变更中更换的元素不宜过多。不到万不得已，最好不要全盘推翻而“另起炉灶”。

三、品牌推广与维护

一个好的品牌如同一个有声望的家族一样，需要一代代人去维护和推广家族的形象。良好的品牌推广与维护应当从它的诞生之日起就一直采取强化措施，使之保持有活力的发展。

1. 品牌推广

品牌推广是指组织塑造自身及产品品牌形象，使广大消费者广泛认同的系列活动过程。品牌推广有两个重要任务：一是树立良好的组织和产品形象，提高品牌知名度、美誉度和特色度；二是最终要将有相应品牌名称的产品销售出去。品牌专家认为：“品牌创意再好，没有强有力的推广执行作支撑也不能成为强势品牌，而且品牌推广强调一致性，在执行过程中的各个细节都要统一，‘魔鬼在细节中’。”

对于品牌栏目来说，品牌的推广将是长期任务，需要多方配合打“组合拳”，推广不应局限于栏目本身，还需要节目内容以外的信息或实物，平台推广也不应局限于广播这一平台。

以《媒体双行线》为例，为了更好地将品牌对外推介出去，首先，栏目团队应精心制作宣传片，在多语言网站上长期播出，有条件的话在对象国主流媒体上做广告，并与成品节目放在一起制作成光盘等音视频资料对外赠送。其次，制作精美的宣传册，在对象国与中国直航的航班、驻外使领馆、中国企业驻外机构、听众俱乐部中摆放；在移动互联网平台、Facebook 和 Twitter 等新媒体平台上开辟与听众的互动平台，并进行主持人、记者的个性化推广；在节目中设置互动环节，设立奖项，将受众的意见、观点作为节目的要素之一反馈到节目中；资金宽裕的情况下，在国外知名大学传播学院设立奖学金，由对象国传播学研究生负责相关节目的调研、推广，为品牌栏目发展提供支持；设立栏目子品牌，进一步延伸品牌形象，如《经济半小时》利用其品牌优势，创造出“中国经济年度报告”“中国经济年度人物”等子品牌，不仅拓展了节目的发展空间，而且提升了品牌的价值。

2. 品牌维护

品牌维护，是组织针对外部环境的变化给品牌带来的影响所进行的维护品牌形象、保持品牌的市场地位和品牌价值的一系列活动的统称。在品牌维护过程中，应重点注意以下三点：

①维持栏目的美誉度。真实是新闻的生命，品牌栏目要具有诚信，内容要符合栏目推广的品牌价值观，增强受众对品牌的好感度。

②保持栏目的高质量。打造一个品牌栏目，就像生产一个品牌产品一样，必然要建立一个高标准的质量评估体系，来衡量栏目质量的常态性，努力把听众从流动收听状态转化为固定收听状态，培育受众对栏目的品牌忠诚度。

③丰富栏目的内涵。品牌竞争力的保持需要市场分析、受众研究。对于受众来说，他们需求的不只是收听节目，还包含了对节目的信息、音乐、故事、解读等要素的获取。应固定频次，对受众群体进行认真调研、系统分析，在调研、分析的基础上，对栏目各要素进行微调，适当增减节目构成要素，以适应时代的变化。

四、结语

对于媒体而言，栏目是节目的播出载体与依托；对于受众而言，栏目是其完成收视（收听）的记忆单位，通常依靠栏目来接触节目。①

简而言之，媒体通过栏目将产品“销售”出去，受众通过栏目来“消费”媒体产品，在这个互动过程中，品牌作为栏目的特有属性及受众对栏目的认知，将“销售”与“消费”这两个环节紧密相连。而要实现栏目、受众、品牌三者的良性互动，对于一个致力于创品牌的栏目而言，就需要有清晰的定位、科学的包装以及符合营销学规律的品牌战略。

（作者单位：中国国际广播电台匈牙利语部）

① 赵化勇主编《中央电视台品牌战略》，中国广播电视出版社，2008 年 12 月版，第 87 页。

广播移动终端开拓与综合媒体品牌建设

曹丽娇

进入新世纪，数字化技术的发展日新月异，其影响深入到社会的方方面面。对大众传播领域亦是如此，甚至从根本上动摇了大众传播的基本概念，撼动了整个大众传播经典理论的理论基础。据统计，中国使用社交媒体的人口已超过6亿，使用率和黏度在国际上也位居前列。互联网和以其为基础的媒介已不可阻挡地成为普通大众最依赖、最受欢迎的传播渠道。以四川雅安地震为例，新浪微博常规的日微博发布大约是1亿条，而在4月20日当天，仅关于地震的微博就达到6 500万条，超过3万的实名认证用户发布、转发或评论了相关内容。微博成为人们了解震情的最重要渠道。有人因此总结说，“9·11看CNN，汶川看央视，玉树看网络，雅安看微博”。

能够适应这一潮流的传统媒体将会逐渐转型为多种媒介手段综合利用的传播平台，否则就很可能会被时代淘汰或者囿于很小部分的受众，失去大众传播的能力和自身的品牌价值。中国国际广播电台（以下简称国际台）提出建设现代综合新型国际传媒集团可以说是具有战略眼光的一次抉择。在打造国际传媒集团的具体工作中，国际台需要寻找到有力的切入点，进而对资源和体制进行改革。笔者认为，在互联网，特别是移动互联开始重塑媒体的情况下，大力开拓移动终端传播并借此打造综合媒体品牌，将是迈向国际传媒集团的重要一步，对整个国际台的发展具有先导和指引作用。

一、移动终端建设的重要性和必要性

网络化毫无疑问已成为社会不可扭转的发展趋势，中国互联网络信息中心（CNNIC）最新发布的第31次《中国互联网络发展状况统计报告》显示，截至2012年12月底，我国网民规模达到5.64亿，全年共计新增网民5 090万人。互联网普及率为42.1%。而其中，发展最快的是移动互联，报告称，2012年我国手机网民数量为4.2亿，年增长率达18.1%，远超网民整体增幅。此外，网民中使用手机上网的比例也继续提升，由69.3%上升至74.5%，手机成为第一大上网终端。

手机、iPad等为代表的移动终端凭借便携、灵活、价格相对低廉的特点已经开始逐步成为中高收入人群接受信息的重要手段。特别是对于增长迅速、影响力飞速提升的社交媒体，如微博、微信、陌陌而言，移动终端更成为最重要的接收渠道。根据市场研究公司尼尔森的数据，与2012年同期相比，2013年3月使用智能手机来访问Facebook的美国人数同比增长近60%。而在同一时期，在美国从计算机登录到Facebook的人数下降了1 100万人次。在国内，根据时趣科技的统计，微博的用户当中有75%使用手机等移动终端设备，微信更是基本放弃了传统的PC渠道。在社交媒体大规模“侵占”移动终端的情况下，手机的“信息”功能也逐渐超越“通信”功能，开始扮演传播信息和文化娱乐的新角色。①

相对于其他媒体，广播的特点是随意性和伴随性强；相对于文字或图像来说，对人的注意力要求最低。② 同时，广播还可以与其他信息接收方式兼容，天然地贴近移动终端。在3G和未来4G提供更多带宽的前提下，广播或更广义的声音文件将能吸引更多的用户，满足他们对大量初级信息的需求。

因此，能否有效地把传播渠道及受众从车载设备吸引至移动终端，是包括国际台对内频率在内的众多广播电台能否成功转型的关键。

有效利用移动终端大致可以采取两种手段：(1) 制造高质量的移动终端设备并同时植入强大的信息产品，如iPhone、iPad之于iTunes。(2) 通过App或Wap占领现有的移动终端设备，如微信。国家台目前还不具备制造优势产品的能力，这也不是国际台的优势所在。因此，最合理的选择就是开发或利用现有的App来“抢占”更多手持设备的屏幕。

大部分国际知名媒体均已经把移动终端作为延伸自身影响力的重要手段。笔者随意检索了17家出版、电视、广播领域内的著名国际媒体，结果发现它们均已经开放了基于苹果或安卓系统的App。③

应该说，国际台也已经开始重视移动终端的传播，国际在线日语网、朝鲜语网推出了基于苹果系统的“知中国”移动客户端，全台各语言部和媒体在境内外开办微博账号65个，拥有粉丝或好友1 500多万。但相比于在CIBN互联网电视、环球奇观、环球购物频道、国际在线上的投入，在移动终端上投入的资源和重视程度还远远不够，既缺乏技术支持也没有独立的策划、经营团队，往往是自我管理，各自为战，与国际水准更是有明显的差距。④ 打造优秀的移动终端应用，抢占移动终端市场的任务十分紧迫。

同样的，广播与听众也已经开始成为相互传播的对象。这就要求我们的员工（至少是与受众密切接触的部分员工）不仅仅是之前制作、传播信息的新闻工作者，还要是以“用户体验”为核心诉求的服务者，密切关注用户（而非“受众”）的反馈，充分展开交流，在保证事实的基础上，以用户最为满意的方式来传播我们的信息产品。

另外，不得不承认的是，随着信息碎片化不断加剧，传播碎片化也必将成为趋势。在某种意义上，不“断章”已经很难“取义”。而“断章”后的信息出现的最佳途径就是在移动终端上的新媒体平台。

突出移动终端服务，对转变国际台员工的工作意识也有积极的作用。传统媒体，包括早期的互联网平台都是从信息的提供方，向接收方的大众进行单向传播。而微博、微信使

---

① 有观点甚至认为移动终端是继报纸、广播、电视、网络之后的第五媒体，也是有史以来最具影响力的大众媒体。

② 著名网页设计师雅克布·尼尔森的研究发现，人们查看大部分网页的时间不会超过10秒，浏览时间超过2分钟的网页不超过1/10。

③ 包括纸质媒体中的《纽约时报》《华盛顿邮报》《泰晤士报》《卫报》《朝日新闻》《时代》《经济学人》《明镜周刊》；电视媒体中的CNN、ABC、FOX、CBS、NHK；广播媒体中的美国之音、NPR、BBC（同时有电视频道的App）、NHK德国广播电台。

④ 华录机顶盒终端和三星电视终端作为电视机的延伸服务受制于电视本身的发展，其前景并不十分乐观。

这种简单的一对多传播发生了急剧的转变，媒体甚至不得不开始从原来被动的“受众”来搜集信息，形成互相交流的“信息群”，而群与群之间也彼此碰撞、交汇，生成更大的群。

二、综合媒体品牌应当成为国际台的发展方向

打造并经营有影响力的媒体品牌是国际台的重点工作，也是建立国际传媒集团的基础所在。此前国际台对品牌的界定基本是以传播渠道为基础的，比如将环球资讯、轻松调频、流行音乐作为广播品牌，将国际在线作为网站品牌，将天地视频作为视频品牌。但在媒介融合背景下，以音频、视频、图片、文字等多种形式出现的网络广播，已经模糊了传统广播的媒介特征。[①] 因此，我们也没有必要将国际台的几个品牌简单固化在广播、网站或视频领域，而是完全可以形成一个综合媒体品牌。

在这方面已经有成功的范例。近几年，《纽约时报》突破传统媒体的形态界限，形成了高效的音、视、图、文等多媒体内容生产、传输分发及增值运营的能力；同时实现了技术、内容、渠道等方面的深度融合，构建起基于大数据、云计算的内容存储、挖掘、检索、调用、推送平台，初步打造出高度融合的全产业链运营体系。

类似的变化同样可以在国际台进行尝试。以作者所在的环球资讯广播为例，对于在FM90.5或其他在线广播平台的听众来说，它是一个广播品牌，但对于没有收听广播的习惯但关注环球资讯官方微博的人来说，环球资讯其实是网络品牌或一个简单的“微博大号”。环球资讯应该考虑从更高的层面上来审视自己的定位。在未来，环球资讯广播完全可以独立发展成为一个以广播为基础（或主要呈现方式）的综合性媒体平台。用户可以根据自己的兴趣、时间、带宽条件自如地选择收听广播，阅读国际台记者发布的报道、图片，或收看由CIBN制作的视频节目；并在此过程中进行即时交流，将意见或建议直接反馈给第一线驻外记者或编辑，形成良性互动，提升用户的体验。甚至，环球资讯转型成为一家主要提供严肃新闻资讯的社交媒体或视频播放平台也并非不可能。对此，我们必须抱有开放的态度，坚守环球资讯的品牌，而并非所依托的渠道。进行此类内容整合最现实、最便捷的方式，笔者认为就是前文所说的建设强大的移动终端服务平台。在这样的移动终端上，用户才能够在不同内容间迅速、自如地跳转。而通过观察用户的选择和喜好，环球资讯可以更加明确自己的发展方向和需加强的内容。

推而广之，可以进一步设想整个国际台也可以建成类似的整体性平台。进入这个平台后，用户可以像在超市中一样自由选择自己感兴趣的国际台子品牌及其生产的各种信息产品。这个平台所提供的选择越多，用户的黏性就越大，国际台整体品牌的价值也越高。当然，实现整体平台的重要基础就是打造包括环球资讯在内的一批具有广泛影响力的品牌，进而通过优质品牌的融汇使国际台成长为具有竞争力的国际传媒集团。

---

① 申启武、褚俊杰：《媒介融合背景下广播的发展趋势》，《传媒》2011年第6期。

三、国际台的优势和亟待加强的地方

国际台在开拓移动终端与建设综合媒体品牌的工作上已经具有许多重要的优势条件。

首先，以传播严肃新闻为主的媒体领域仍然是“内容为王”，内容的质量直接决定了媒体的发展。在中国的媒体中，国际台具有比较明显的人才优势，特别是近几年通过深化“人才兴台”办台理念，国际台已经建设了一支包括优秀的记者、编辑、主持人、技术人才和管理者在内的人才队伍。这使国际台在新闻内容和技术支持上都具备了完成开拓移动终端与建设综合媒体品牌两项重要工作的基础。但应该看到，国际台的人才数量、质量和结构与发达国家的传媒集团还有较大差距。特别是在新媒体开发、推广、营销队伍的招募和培养应当成为国际台的人才工作的重中之重。

其次，国际台拥有强大的海外事业部门，是内容制作和品牌推广的重要抓手。除了遍布全球的记者站，国际台还完成了东欧地区总站建设，启动了大洋洲地区总站建设；芬兰、意大利、美国等10家制作室也投入使用。可以说，相比于其他国内媒体，国际台具有最为广泛的国际信息搜集渠道，在内容上能够保证大力开拓移动终端的传播需要。记者站、总站和工作室除了声音文件外，未来也必将提供更多文字、图片、视频信息，而这些是建设综合媒体品牌最核心的内容。

要充分发挥国际台的人才资源优势，一个能够容纳丰富资源并可以实现在不同部门间迅速调取的平台就十分必要。① 同时，努力打通员工间的横向交流渠道，提高沟通效率和对重要事件的反应速度。病毒式的传播方式可以使一条优质、快速的信息瞬间在各种新媒体爆发出巨大的能量，并帮助其背后的媒体立即成为网络世界的焦点。而这也意味着，如同军事领域一样，在未来的传媒行业，以云资源平台为依托，横跨编辑、主持、技术、推广的3～5人的项目小组完全可能成为推进国际台重点品牌发展的重要力量。

（作者单位：中国国际广播电台国内外宣广播中心）

参考文献：

1. 包冉：《新媒体：从被时代到我世代》，中国传媒大学出版社，2010年。
2. 尼古拉斯·卡尔：《浅薄——互联网如何毒化了我们的大脑》，中信出版社，2010年。
3. 陈国权：《新媒体拯救报业》，南方日报出版社，2012年。
4. 姜进章：《新媒体管理》，上海交通大学出版社，2012年。
5. 林少丹：《移动终端应用开发技术——Android 实战》，机械工业出版社，2013年。
6. 石磊：《新媒体概述》，中国传媒大学出版社，2009年。
7. 张向红：《互联网新技术在媒体传播中的应用》，清华大学出版社，2010年。

① 笔者认为，可以考虑建立为全台服务为目标的资源云平台。

关于利用突发事件打造媒体品牌的几点思考

张军勇

品牌是媒体的核心竞争力。对于任何一个媒体来说，重大活动、重要事件以及重要时间节点都是塑造品牌形象的良机。其中，重大突发性事件因其能在短期内迅速聚集注意力，更成为媒体打造品牌形象的“灵丹妙药”。在这方面，中国国际广播电台（以下简称国际台）还有较大的提升空间，因此加强相关研究是有必要的。

一、充分认识重大突发事件价值，抓住时机着力打造媒体品牌

“事件成就媒体”是早已被公认的“法则”。对于媒体而言，应该充分认识重大突发事件对塑造媒体品牌的重要性。在“眼球经济”时代，媒体之间的竞争实际上是注意力资源的竞争，而这些注意力资源不仅与媒体内容有关，也与媒体自身的品牌形象有关。德国学者马莱兹克在他的大众传播过程的系统模式中指出，受众对媒体的印象是制约媒介传播的一个重要因素。也就是说受众对媒体的选择更多的时候是感性多于理性，更多的时候是由媒体品牌所拥有的知名度、美誉度、公信度所决定的。

对于受众来说，突发事件本身就有着强大的吸引力。每当有重大突发事件发生，受众一般都急于获知关于事件的最新信息。这个时候，把握住时机，往往成为打造媒体品牌的决定性因素。

许多经典的案例证明，众多世界顶尖新闻传播品牌之所以有今天的成就，“重大突发事件”这桶金在其发展过程中起到了至关重要的作用。例如，因及时对第一次海湾战争进行了报道，CNN力压众多国际知名传媒扬名世界；曾经名不见经传的卡塔尔半岛电视台凭借对阿富汗战争的报道而一举成为驰名全球的国际媒体。值得一提的是，深谙突发事件对于媒体拥有重要价值的CNN，一直坚守一个突发事件报道准则，那就是快速实时。为了第一时间获得新闻，CNN驻外记者总是绞尽脑汁抢尽先机，甚至不惜动用直升机播报新闻，用金钱来换时间。在日本“3·11”大地震报道中，CNN记者就像军人一样冒着可能遭受致命辐射的危险，在直升机的帮助下保护住了CNN第一时间获得新闻这一品牌形象，让收看其节目的受众不得不由衷产生出敬佩和信任之感。

近年来，面对重大突发事件，中国主流媒体也力争在第一时间进行报道，以求赢得受众，争取舆论主动权。以中央电视台为例，2008年“5·12”四川汶川8.0级特大地震发生后，中央电视台在第一时间中断了其他节目的播报，迅即开始对震情和救灾的现场直播。调查数据显示，5月13日央视新闻频道的收视份额高达7.58，5月18日央视综合频道、新闻频道和中文国际频道对抗震救灾294小时不间断的直播报道吸引了超过9亿的电视观众。由于在此次地震报道中的出色表现，中央电视台的新闻品牌形象得以进一步

提升。

凤凰卫视从对“9·11”事件、美伊战争的报道中脱颖而出，并在此后的别斯兰人质事件、汶川地震、内蒙古越狱事件报道中均有杰出表现，成就了它以“新闻资讯”为强势的品牌形象，从而在全球华人圈中具有广泛影响力。

对于重大突发性事件的价值，中国国际广播电台也有着清醒的认识。以2009年新疆乌鲁木齐“7·5”事件为例，国际台在第一时间派出记者赴疆采访，成为最早赶到事发现场的少数几家媒体之一。在对此事件进行报道过程中，国际台还充分利用多语种传播、海外资源丰富等优势，将对此事的报道与自身品牌塑造有机结合起来。通过有针对性的报道，维护了国家形象，使海外受众特别是土耳其的受众充分认清了这一事件的本质。在这个过程中，国际台的工作也得到了各方的认可和好评，国际台的品牌知名度、美誉度和影响力也得到了进一步提升。

以上这些例子充分说明，突发事件为媒体品牌形象的树立和巩固创造了大好时机。突发事件具有较大的社会影响力，因此更容易吸引受众的注意。成功的突发事件报道是培育和增强媒体竞争力的有效手段。媒体要充分利用好突发事件，塑造品牌形象，树立公信力。

二、充分利用重大突发事件报道，多管齐下提升媒体品牌形象

在激烈的媒体竞争中，一个好的品牌形象是媒体重要的无形资产。好的媒体品牌对受众有更大的吸引力，容易被受众认同，也有利于使媒体赢得更多的市场份额。然而，品牌形象的确立是一项极为复杂的系统工程，需要长期的积累，需要各部门、各环节之间的通力合作和共同推动。而突发事件由于社会影响广泛、受众瞩目程度高，媒体如果在报道中表现得出色，会更容易赢得受众的认可和赞赏，这对于塑造和巩固媒体品牌会起到事半功倍的作用。

笔者认为，对于媒体而言，利用重大突发事件报道来提升自身形象，需要在以下几个方面不断努力。

1. 强化“内容为王”为媒体品牌提供坚实支撑

对于媒体来说，塑造品牌形象最主要的武器还是所传播的内容，这也是受众最看重的。“内容为王”是永恒不变的真理，品牌的支撑永远来自内容。

从受众心理看，其对突发事件不仅要知其然，更要知其所以然，往往希望了解突发事件全过程以及发展的最新情况，这就需要媒体对此进行连续报道和深度开发。在突发事件发生后，主流媒体首先应以最迅速、最快捷的方式报道事件进展、发布权威信息，在第一时间满足受众知情权。其次，要进一步说明、解释、分析整个事态的发展、原因、背景、社会反映、影响等，以满足受众对其全面、持续的关注。接下来，对事件未被披露的内容进行补充，对各种边缘信息进行强调，满足受众更深层次了解信息内容的愿望。

在突发事件报道中，媒体要树立及时、准确、客观的形象。在“3·11”日本大地震中，NHK第一时间切断正常节目报道发生中的地震，以“向受众提供他们最需要的信息”

为第一要务，混乱的画面、紧张的声音、没有修饰的语言……这一切并没有让人质疑NHK的新闻报道能力和节目价值，反而让受众觉得报道真实、可信，凸显新闻媒体专业形象。

目前，许多媒体都建立了适合自身的突发事件报道机制，反应速度和报道手段也越来越“不相伯仲”。在重大突发事件面前，大家几乎是站在同一条起跑线上。与此同时，网络、手机、移动终端等新媒体、新传播平台对于广播、电视、报纸等传统媒体的冲击日益加大，这在突发事件报道方面表现得尤其突出。传统媒体抢占突发事件报道第一落点变得越来越困难，甚至出现了跟着微博跑的现象。传统媒体必须要正视这样一个现实，那就是“第一时间”正在逐渐让位于“第一角度”。也就是说，新闻首发既要争取，独家角度也得打造。“第一角度”的报道可以看作对错过“第一时间”的最佳补救措施。如果已在速度上失利，就要通过“深入挖掘”来“后来居上”。主流媒体要充分借助自身强大的采访、编辑实力，多挖掘细节；前后方配合，加强策划，并且根据事态的发展及时调整报道角度和方向。同时，充分调动、利用各方资源，对报道进行补充，使其更完整、丰富，从而与新媒体碎片化传播有所区别。

在全媒体时代，主流媒体要“狠挖”重大突发事件第一轮报道中还未透露的、有新闻价值的新鲜内容，尤其是受众最想了解的新细节。比如，在抗震救灾中，受众最想知道灾民安置的实际情况以及救灾资金和物资特别是社会捐助的款物的具体使用、发放情况。如果补充新情况有困难时，可利用平时积累的资料，加上受众想知道的背景材料，编发相关报道，引起受众的兴趣。此外，主流媒体还可以通过纠正其他媒体在第一轮报道中可能出现的事实错误或者干脆就是人为制造的假消息来体现自身价值。

在重大突发事件报道中强调“内容为王”的同时，要更加注意主流媒体传播的信息要与客观事实要相符合。刊登虚假或失实的报道，会对媒体的信誉造成严重伤害。只要媒体本着对受众和社会负责的态度，做好重大突发事件报道，就可以在在受众中树立信息可信度高、社会责任感强的整体媒体形象。

2. 推进“三名主义”，将媒体品牌形象由“虚”变“实”

“人”是品牌形象的创造者、使用者和维护者。对于媒体而言，良好品牌形象的创立离不开“人”。在现代国际传媒集团中，记者、编辑、技术保障人员以及其他所有相关人员，都是媒体品牌形象的代表。其中，在各个新闻现场采访、代表媒体发出声音的记者、主持人和评论员更是核心因素，是媒体品牌形象的活招牌。

在新闻传播史上，一起重大突发新闻事件，成就一名新闻记者乃至造就一个媒体品牌的例子屡见不鲜。例如《华盛顿邮报》的伍德沃德。“水门事件”以后，伍德沃德就成为《华盛顿邮报》的一块金字招牌——但凡重大事件发生，他总会出现在报道现场，这为《华盛顿邮报》“招揽”了大批受众。

近年来，中国主流媒体在不断打造自身品牌的同时，也在花大力气来培养、推出自己的名记者、名主持人和名评论员，有人将之称为“三名主义”。在这个过程中，媒体可以将看起来有些虚化的品牌形象具体化、实体化。而突发性事件的爆发，引来受众对事件的高度聚焦，为媒体塑造传媒明星创造了契机。以凤凰卫视为例，伊拉克战争成就了闾丘露薇，汶川地震成就了胡玲，日本海啸成就了李淼等。2003 年 3 月 25 日闾丘露薇进入巴格达当天，凤凰卫视就制作播出了闾丘露薇的宣传片，将其誉为“凤凰精神，华人先锋”“战地玫瑰”。由于报道出色，外加凤凰的着力打造，闾丘露薇一战成名，自此成为凤凰卫视在报道全球突发事件时首选的女记者，而凤凰也通过这种方式获得了高度关注和良好声誉。

除了凤凰，中央电视台也在这方面下足了工夫。比如，海湾战争打造了“战地记者”水均益，几次地震报道中力推张泉灵、白岩松，等等。

当然，任何媒体的成功都不是一蹴而就的。这些媒体之所以能够在这方面有所建树，跟他们有一套成熟高效的突发事件报道机制以及有一支人员相对固定且专业的突发事件报道队伍有着直接的关系。

突发事件最大的特点就是事发突然，这对记者的反应速度和执行能力甚至野外生存能力都提出了很高的要求。同时，地震、洪涝、泥石流、矿难、交通事故以及火灾等不同类型的突发事件的报道方式和手段也不尽相同，这也无形中对记者的综合素质提出了更高要求。

虽然参与过许多重大突发报道，并且也取得了很好的成绩，但长期以来，国际台没有相对固定的突发事件报道队伍，而不论是参与突发事件报道的记者，还是编辑、主持人，在相关知识储备、事态发展判断、节目编排、专业采访报道、心理抗压能力等方面都还有很多地方需要改进与提升。可喜的事，国际台已经意识到了这一点，一个以新闻中心记者为主、面向全台采编力量的应急报道队伍正在组建过程中。

在这里，笔者还想特别说明一点，虽然打造名记者、名主持和名评论员是参与突发事件报道的媒体应下大力气做的事，但媒体若想借助突发事件树立自己的品牌形象，切忌把灾难当成作秀平台。那些明显具有作秀意味的媒体噱头，因为广受非议，非但不能取得媒体想借机打造名记者、名主持人的目的，而且损害了媒体的形象。

3. 加强包装和推广，不断优化和提升媒体品牌形象

“重内容、轻形式”“重内在、轻外在”曾经是媒体在进行突发事件报道时普遍存在的误区，不过，这种情况正在发生变化。在这方面做得比较出色的还是凤凰卫视。凤凰卫视资讯台有一个很知名的专门报道全球重大突发事件的节目，名字就叫《突发事件直播》。这个节目之所以被认可，成为知名新闻品牌，除了其报道的内容以及节目编排外，精心的包装在其中也发挥了重要作用。这个节目的包装包含几个主要元素：片头、音乐、脚标、预告片、宣传片等。其中，片头和音乐相对固定，几乎没有改变过，这样有利于培养受众的忠诚度，使其一听到这个音乐就知道有大事发生了，因为凤凰卫视的《突发事件直播》节目又播出了。

虽然做过许多国际国内重大突发事件直播报道，但国际台至今没有一个专门的突发事件报道节目。突发事件报道分散在不同的节目中。由于缺少必要的统一包装，各个节目的片头、片花等风格各异，使报道缺乏整体感，无法让受众记住某个与突发事件报道相关的新闻品牌。

在这里，笔者还要重点提一下宣传片的问题。突发性事件发生后，媒体要快速、准

确、客观地报道事实真相，营造良好的舆论氛围，增强社会的向心力和凝聚力，促进和引导事件向好的方向发展。而宣传片直接体现了广电媒体的责任和义务，与媒体自身的品牌形象自然地结合，可以有效地提升媒体的社会公信力和品牌影响力。如今，为突发性事件专门制作精良的宣传片已经成为广电媒体通行的做法。这类宣传片可以根据事态发展的不同阶段进行及时调整，使其更有时效性和新鲜感。同时，媒体可以通过加大播出密度，并与频道或栏目宣传片合并播出，来强化媒体整体形象。

除了对节目进行精良的包装，越来越多的媒体开始在突发事件报道过程中，利用多种手段和平台加强对自身品牌形象的推广。比如，汶川地震发生后，众多电视台纷纷举办以“万众一心、众志成城”等为主题的公益晚会，在传递抗震救灾正能量的同时，很好地彰显了媒体的社会责任。在“4·20”芦山地震报道中，与央视以及一些地方电视台相比，凤凰卫视的报道规模要小得多。但是，这并没有影响到凤凰卫视利用此次地震来提升自己的品牌形象，通过与四川电视台合办抗震救灾晚会的方式，凤凰卫视的品牌形象在四川得到了深度推广。

对于像国际台这样的主流媒体来说，也可以通过与政府机构、社会团体、企业联合开展社会公益活动、制作公益广告等形式，在突发事件来临之时，向目标受众提供有价值的资讯，深化媒体在受众中的影响力，为提升媒体品牌形象创造市场竞争优势。

三、结语

综上所述，重大突发事件为媒体塑造品牌形象提供了一个很好的平台，而媒体自身的表现尤其是新闻报道的质量如何，将直接影响到受众注意力的集中度，并进而影响媒体的市场份额。竞争力强的媒体会调动包括人才优势、资源优势、制度优势等在内的一切有利元素，尽可能把重大突发事件的新闻做足做透，最大限度地吸引受众的注意。

与此同时，媒体还应充分运用公共关系、新闻策划、附属产品开发等系列营销、推广手段，策划有一定创意并能产生社会效应的活动，在公众面前塑造良好的品牌形象，扩大受众市场占有率。

（作者单位：中国国际广播电台新闻中心）

网络节目

百度新闻推荐行为对国际在线中文网的影响分析

李　默

百度（www. baidu. com）是全球互联网网站访问排名第五（采集自 Alexa 网站 2013 年 3 月份信息）、国内网站访问排名第一（采集自中国网站排名网 2013 年 3 月份信息）的热门网站，是全球第二大搜索引擎（第一搜索引擎为谷歌），最大的中文搜索引擎、最大的中文网站，对其他网站拥有不小的影响力。

国际在线（www. cri. cn）是由中国国际广播电台主办的政府重点新闻网站，1998 年 12 月 26 日正式对外发布。国际在线中文网稿件多次被百度新闻在首屏位置推荐，为网站带来了一定量的访问用户，拉升了网站的页面访问量。为了摸清百度新闻推荐对国际在线访问量的影响及分析百度推荐本网站稿件的规律，笔者作此分析与思考，从而令网站内容编排更符合搜索引擎推荐规律，在做到随机用户增长的同时，能较快地实现页面访问量的持续增长，提高网站随机用户转化为固定用户的能力。

需要说明的是，Alexa 是互联网首屈一指的免费提供网站流量信息的公司，创建于 1996 年。Alexa 排名（www. alexa. com）是目前经常被引用的用来评价某一网站访问量的一个指标。而中国网站排名网（www. chinarank. org. cn）是由中国互联网协会主办，国务院新闻办公室网络局、信息产业部电信管理局指导，北京中乾网润信息技术有限公司提供技术支持的大型网站排名项目。“中国网站排名”基于中国网站排名工具条和其他合作数据平台进行流量采集、统计、计算及发布，对在中国注册的网站和部分在中国运营的外国网站进行排名。

一、分析取样说明

本次分析各种取样量度如下：

（1）取样时间：2013 年 2 月 4 日～3 月 11 日

（2）百度新闻首页推荐取样范围：头图区、要闻区（取样区域演示见右图）

（3）取样对象：被百度新闻首屏推荐的国际在线中文网稿件、被头图区推荐的网站

二、统计方法

将取样稿件按 PV① 占新闻频道比例、UV② 占新闻频道比例、百度引入 UV 占整体 UV 比例、百度推荐位置、稿件来源、是图片新闻还是文字新闻、是国内新闻还是国际新闻分类并提取信息，将各项信息汇总或取均值。

需要说明的是，同一篇稿件，在不同日期被推荐，产生的访问数据不同，因此按两篇稿件计算。

三、被推荐稿件的基本情况

2 月 4 日至 3 月 11 日期间，百度新闻首页共推荐国际在线中文网稿件 33 篇。被百度抓取过的 33 篇稿件中，16 篇是图片新闻，17 篇是文字新闻；23 篇是国内新闻，10 篇是国际新闻；12 篇是本网原创稿件，21 篇是转载新闻。在 12 篇原创新闻中，9 篇为用购买第三方图片编辑的稿件，1 篇是中国国际广播电台台内媒资平台供稿，2 篇为“两会”直播文字稿。图示如下：

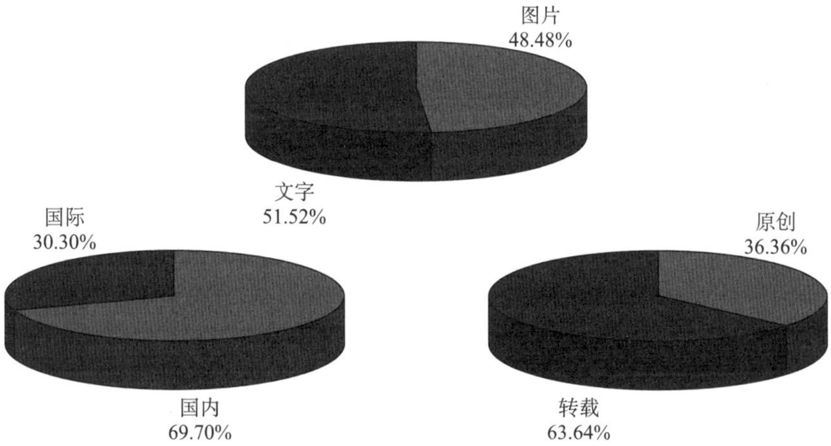

被抓取的 33 篇稿件，平均每篇稿件有 83.46％的访客来自百度，平均每篇稿件为网站新闻频道贡献 17.13％的 PV 和 25.15％的 UV。

---

① PV 是 Page View 的简写，即页面浏览量，通常是衡量一个网站或网站新闻频道甚至一条网络新闻的主要指标。Page View 中的 Page 一般是指普通的 html 网页，也包含 php、jsp 等动态产生的 html 内容。来自浏览器的一次 html 内容请求会被看作一个 PV，逐渐累计成为 PV 总数。网页浏览数是评价网站流量最常用的指标之一，简称为 PV。PV 总数越高，说明该页面被访问次数越多，越受读者关注。

② UV 是 Unique Visitor 的简写，即独立访客，也称独特访客，是指不同的、通过互联网访问、浏览这个网页的自然人。

四、通过分析引出的结论

1. 百度新闻推荐为网站引入更多访客

通过网站新闻被百度推荐与网站新闻没有被百度推荐时，新闻频道访问情况的对比，我们发现，百度新闻通过抓取、推荐国际在线网站内容，为网站带来了大量访客，促进了网站页面访问量的升高。

2月4日至3月11日共计36天，其中15天国际在线中文网有新闻被百度推荐，21天未有稿件被百度推荐。有稿件被推荐的日期，网站新闻频道平均PV是未有稿件被推荐时新闻频道平均PV的3.11倍，平均UV是未有稿件被推荐时的3.07倍。由此可以看出百度推荐对网站新闻频道PV、UV拉动比较大。

不过百度引入的访客随意性很大，如果没有较好的内容进一步吸引其阅读，该类访客短期内没有办法完成从随机用户到固定用户的转化。

2. 百度推荐使网站访问高峰在8～11时形成

百度新闻的推荐，除了对网站页面访问情况产生较大影响外，对网站24小时访问趋势[①]也有一定影响。笔者通过对比有稿件被百度推荐时网站的分时访问趋势，与没有稿件被百度推荐时网站分时访问趋势，可以看出百度新闻早间推荐国际在线网站的内容，使网站访问最高峰在8～11时形成。

将取样日期按是否被百度推荐分类，将两类日期中，网站每天24小时分时访问数据汇总并取均值观察，能够看到当网站稿件被百度推荐后，网站PV在8～11时形成访问高峰，大量的用户在这一时段涌入本站，之后开始逐步消退。但当网站没有内容被百度推荐时，网站PV在9时和15时形成访问高峰，其他时段渐为波谷。具体情况见以下两图。

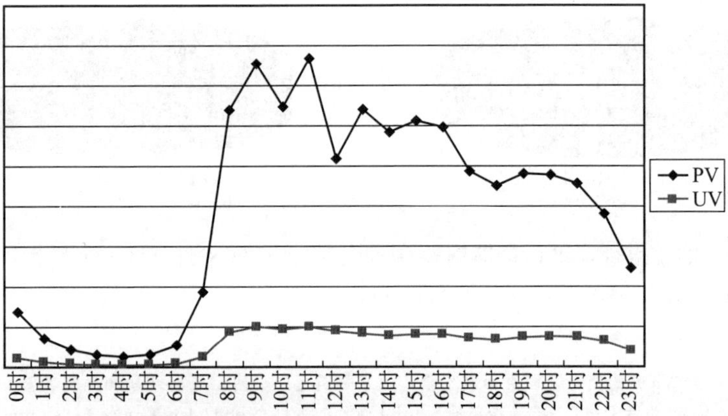

稿件被百度推荐时 网站24小时平均访问趋势

---

① 24小时访问趋势是每天0时至23时，页面或网站每小时页面访问量和独立访客数据连接形成的访问趋势图，也叫24小时分时访问图。

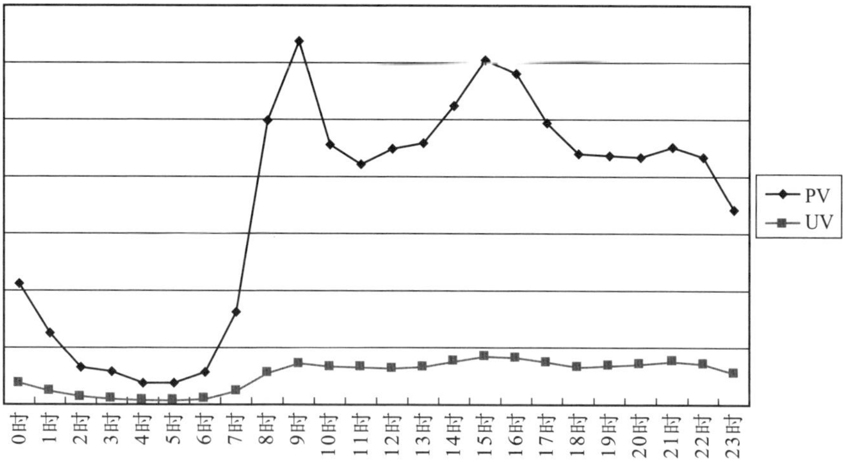

稿件未被百度推荐时 网站24小时平均访问趋势

此外，笔者通过每天观察百度新闻推荐情况，发现百度一般上午 9：30 完成一次推荐，下午 14：30 更新一次推荐，但下午的更新仅变动几个推荐位，不会将所有的推荐位更新。根据这一规律，为了更好地被搜索引擎抓取，网站应该在每天搜索引擎抓取前，更新网站内容，这样更有利于网站稿件被搜索引擎推荐，提升网站页面访问量。

3. 百度推荐的组图新闻相比文字新闻能引入更多的访客

笔者通过对比百度新闻推荐的组图稿件与文字稿件发现，被推荐的组图稿件所引入的访客量和产生的页面访问量会大于被推荐文字稿件引入的访客量和产生的页面访问量。文字稿件的访客来源相对于图片稿件来说更依赖于百度。

在被推荐的 33 篇稿件中，16 篇为图片新闻，17 篇为文字新闻。16 篇组图稿件均被百度新闻头图推荐，17 篇文字稿件被百度新闻要闻区推荐。

其中，被百度头图推荐的稿件，无论是页面访问量还是独立访问用户数量，都远远高于被百度要闻区推荐的稿件。被头图推荐的稿件（组图稿件）平均 PV（页面访问量）是要闻推荐稿件（文字稿件）的 7.8 倍，平均 UV（独立访客）是要闻推荐稿件的 3.93 倍。组图稿件 PV 与 UV 之比为 6.99，文字稿件 PV 与 UV 之比为 3.53。

不过要闻区推荐的文字稿件，88.32％的访客来自于百度，而头图推荐的稿件，78.36％的访客来源于百度，要闻区推荐的文字稿件访客来源依赖百度程度更高。情况如下：

量度	百度来源访客占比
组图稿件	78.36％
文字稿件	88.32％

通过以上比较可以看出，图片稿件比文字稿件更易吸引访客，从而推升新闻的页面访

问量。

4. 被百度推荐的国内新闻比国际新闻更受读者关注

将被推荐的稿件按国内新闻与国际新闻划分，笔者发现，百度推荐的国际在线组图稿件中，国际新闻与国内新闻平分秋色，推荐的文字稿件中，以国内新闻题材居多。从稿件页面访问量及独立访客量来说，网站浏览者关注本网国内新闻更多。百度为国内新闻与国际新闻引入的访客比例相差不多。

被百度推荐的33篇稿件中，10篇是国际新闻，23篇是国内新闻。因为图片稿件与文字稿件引入访客量差别过大，因此将国际新闻与国内新闻也按图片稿与文字稿分类研究，以消除对国际、国内类别稿件的影响。

（1）图片稿件中国际新闻与国内新闻对比

16篇图片稿件中，8篇是国内稿件，8篇是国际稿件。国内新闻的平均PV是国际新闻的3.70倍，UV是国际新闻的2.06倍。图片稿件中国内新闻79.99%的访客来自于百度，PV与UV之比为8.24，国际新闻76.50%的访客来自于百度，PV与UV之比为3.84。

（2）文字稿件中国际稿件与国内稿件对比

17篇文字稿件中，13篇是国内稿件，4篇是国际稿件。国内新闻的平均PV是国际新闻的2.44倍，UV是国际新闻的2.40倍。文字稿件中国内新闻88.26%的访客来自于百度，PV与UV之比为2.31，国际新闻88.63%的访客来自于百度，PV与UV之比为7.33。

通过比对我们发现，百度为网站国内新闻与国际新闻引入的访客比例相差不多，但网站的国内新闻被百度推荐的次数更多，且国内新闻引入的UV及产生的PV都高于国际新闻，在观察期内，国际在线的国内新闻比国际新闻更容易受读者关注。

5. 被推荐的转载稿件访问情况略好于原创稿件

将被百度推荐的新闻按原创新闻与转载新闻来划分，通过对比，可以看出转载稿件访问情况略好于原创稿件，转载稿件访客来源也更依赖于百度。

被百度推荐的33篇稿件中，12篇是国际在线原创稿件，其中9篇为用购买图片编辑的稿件，1篇是国际台媒资平台供稿，2篇为“两会”直播文字稿。21篇是转载新闻，其中7篇转载自《新京报》，5篇转载自中新网，2篇转自《北京晨报》、2篇转自《湖北日报》、1篇转自《京华时报》、1篇转自中广网、1篇转自新华社、1篇转自金黔在线、1篇转自《环球时报》。

通过对比原创稿件与转载稿件的访问情况发现，转载稿件平均PV是网站原创稿件的1.32倍，UV是原创稿件的1.04倍。原创新闻80.04%的访客来自于百度，PV与UV之比为5.24，转载新闻85.42%的访客来自百度，PV与UV之比为6.65。

由以上结果看，在取样期内，转载新闻访问情况略好于原创新闻，转载新闻访客来源更依赖于百度。

6. 中央重点新闻网站更受百度青睐

由于百度新闻图片推荐效果要好于要闻区推荐效果，3月4日至3月8日，笔者对百度新闻首屏的推荐情况进行了记录，其中有23家网站的图片被百度头图抓取，在这23家网站中，有9家网站被百度头图多次推荐，14家网站被推荐一次。在被多次推荐的9家网站中，被抓取次数最多的是光明网，共被推荐12次，其次是国际在线与中广网，分别被推荐6次。具体情况如下：

序号	网站名	上榜次数
1	光明网	12
2	国际在线	6
3	中广网	6
4	新华网	4
5	西部网	3
6	环球网	3
7	台海网	3
8	中国网	2
9	中新网	2
10	战略网	1
11	中青网	1
12	网易	1
13	华商网	1
14	大公网	1
15	21cn	1
16	新民网	1
17	华龙网	1
18	东北网	1
19	人民网	1
20	中华网	1
21	中国经济网	1
22	红网	1
23	央视网	1

截至目前，国家共有国际在线、新华网、人民网、光明网、央视网、中国广播网、中国网、中国日报网、中青网、中国经济网、中新网、中国台湾网、中青在线、中国西藏网等中央重点新闻网站。由以上列表可以看出，在观察期内，被推荐的23家网站中，10家

是重点新闻网站，13家是非中央重点新闻网站，在9家被多次推荐的网站中，6家是中央重点新闻网站。因此，如果一家网站是中央重点新闻网站的话，则被百度新闻推荐的几率会更大。

此外，国际在线被百度头图推荐的次数相对较多。被推荐最多网站（光明网）的推荐次数，与其他网站被推荐次数差别较大，“顶端优势”更明显。

五、由观察引发的思考与建议

经过以上分析与结论，我们发现百度的推荐对网站提升PV、UV有很大帮助，因此，吸引搜索引擎的关注是改善网站页面访问情况的好方法之一。针对我们的观察结果，笔者对网站工作有以下思考与建议。

1. 合理安排人力，获取更多被推荐机会

通过观察结果可以看出，百度推荐的时间是有规律可循的，并且早间推荐的力度更大，国际在线网站可以根据百度推荐规律，合理进行人力布置，在百度更新推荐位之前，完成当天部分优质内容的编辑，特别是国际新闻题材的组图编辑，以获取更多被推荐的机会。

2. 进一步强化网站内容特色

图片新闻相对文字新闻，更容易提升PV，网站向百度新闻推荐内容时，建议以图片为主，国际新闻题材的组图优先推荐，通过百度及其他搜索引擎逐步强化国际在线网站国际新闻特色，同样，相对于其他网站差异化的内容，也更容易受到搜索引擎的青睐。

3. 做好页面优化，促进随进用户到固定用户的转化

搜索引擎的推荐虽然能引入更多的访客，但是如何将访客留在自己的网站，成为固定用户，是一个让所有网站头疼的问题。笔者建议在借助百度新闻的内容推荐同时，逐步完成本站页面优化，建立完整的内容推荐流程或模式，引导访客阅读，让一定限量的UV催生更多的PV，同时，通过大量的原创内容和改善网站用户体验，促进随机用户到固定用户的转化。

（作者单位：中国国际广播电台中文国际在线）

国际台非通用语网站新闻报道议程设置研究

林伟大　吕凌凌

本文拟通过“议程设置”理论对中国国际广播电台非通用语网站新闻传播进行实效性研究。

一、文献和理论

议程设置（agenda setting）是通过大众媒介形成或影响舆论的理论假设。该理论的基本思想最初来自于美国新闻工作者和社会评论家沃特·李普曼（Walter Lippmann）。1922年，李普曼在其经典著作《舆论学》（Public Opinion）中提出了他的观点：“新闻媒介影响‘我们头脑中的图像’”①，这成为议程设置理论的雏形。

1963年，美国科学史家、哈佛大学教授伯纳德·科恩（Bernard Cohen）在他的《报纸与外交政策》一书中提出了对“议程设置”最有影响力的表述：“在多数时间，报界在告诉它的读者该怎样想时可能并不成功；但它在告诉它的读者该想些什么时，却是惊人地成功”②，这将议程设置研究的范围和深度向前推进了一步。

1968年，美国北卡罗来纳州的两位研究人员马尔科姆·麦肯姆斯（Maxwell McCombs）和唐纳德·肖（Donald Shaw）对李普曼的思想进行了实证性研究，他们对1968年美国总统选举期间传播媒介的选举报道对选民的影响进行了调查分析，并于1972年在《舆论季刊》上发表了论文——《大众传播的议程设置功能》，作为他们研究的总结。其主要含义是：传播媒介注意某些问题而忽略另一些问题的做法本身就可以影响公众舆论，而人们一般倾向于了解传播媒介注意的那些问题，并采用传播媒介为这些问题所确定的优先次序来确定自己对这些问题的关注程度。他们的研究标志着一个新的传播效果理论——“议程设置理论”的诞生。这个理论分为两个方面：一个方面是外显的过程，即议题从媒介议程向公众议程的传播过程，另一个方面是内在过程，即公众在头脑中形成这些议题和对象时新闻媒介所起的作用。

《新闻学大辞典》将议程设置理论解释为：“由马尔科姆·麦肯姆斯和唐纳德·肖于1972年提出。……核心观点是：大众传播媒介在一定阶段内对某个事件和社会问题的突出报道会引起公众的普遍关心和重视，进而成为社会舆论讨论的中心议题。”③ 美国学者沃纳·塞弗林和小詹姆斯·坦卡德在其《传播理论：起源、方法与应用》一书中，对议程设

---

① 李普曼著，林珊译：《舆论学》，华夏出版社，1989年。

② 伯纳德·科恩：《报纸与外交政策》。

③ 甘惜分：《新闻学大辞典》，河南人民出版社，1993年。

置理论提出了较为理性的认识，认为“媒介的议程设置功能就是指媒介的这样一种能力：通过反复播出某类新闻报道，强化该话题在公众心目中的重要程度。”① 而在我国学者郭庆光教授的《传播学教程》一书中，他认为议程设置的中心思想是：大众传播具有一种为公众设置“议事日程”的功能，传媒的新闻报道和信息传达活动以赋予各种“议题”不同程度的显著性的方式，影响着人们对周围世界的“大事”及其重要性的判断。②

经过三十多年的研究，议程设置理论得以不断发展和深化，并成为传媒效果的一个重要领域。这一理论也在某种程度上为我们认识社会与大众传播的关系提供了新的思路，但其本身还有一些问题和矛盾没有解决，所以，这一理论还有待进一步发展和完善。

议程设置功能并不是无所不在的神秘力量，很多研究都证明它是受各种社会因素影响在一定条件下才生成的效果。根据马尔科姆·麦肯姆斯和唐纳德·肖的研究，媒介的议程设置效果还要看公众与媒介的接触频率、公众对媒介的需要程度、当时人际交流的情况、不同公众的兴趣等因素的影响，而且，人际交流和亲身观察以及很多具体情况也会增大或减弱媒介议程设置的效果。另外一些学者通过研究发现，时间在媒介的议程设置中也是一个重要的因素，媒介议程设置的效果并不是立即出现的，一般都是在新闻报道几周之后。Twitter 联合创始人比兹·斯通（Biz Stone）和麦肯姆斯做过一项研究来考察议程设置的时滞问题并发现一则新闻从媒介议程转向公众议程似乎存在一个必然的时间差——大约是2～6个月。温特和伊尔（Winter & Eyal）则集中于研究民权这个问题来考察议程设置的时间跨度，该研究认为，在民权问题上，媒介议程和公众议程之间相关最强的时间跨度是4～6周。同时，公众对信息的接受量一般是有一定限度的，过多的议程往往会削弱媒介议程设置的效果。麦肯姆斯和肖的一项研究发现，公众的议事日程中不能超过5～7个议题，否则受众就会忽略很多媒介认为重要的议题。此外，议题的属性、公众对媒体的信任度等因素也都影响着媒介议程设置的效果。

随着网络的发展，对网络议程设置的研究也开始增多。国内学者彭兰在其著作《网络传播概论》中指出了网络媒体的特点决定了它们具有议程设置功能。国内学者屠忠俊、吴廷俊在其著作《网络新闻传播导论》中认为，“网络媒体与传统媒体不同，它是一种‘弱控制’的传媒，一部分传播权利由少数人手中分散到了广大网民的手中，多元化的传播者、开放的传播渠道、复合式的传播形态都弱化了传媒为公众设置议程的效果。”③ 然而他们也认识到“这种弱化会使网民在漫无边际的网上信息面前不知所措”仍然需要网络大众媒体为网上讨论设置议程。对于网络媒体“议程设置”功能理论的探讨，目前学术界还没有统一的看法，但总体来说学者们都基本认同网络媒体同样具有“议程设置”功能。他们对网络议程设置的研究都是以传统的议程设置理论为出发点，对网络是否存在议程设置只是客观地加以论证。

另外，在新闻传播领域中，有一些独特的传播机构，比如 VOA、RFI、BBC、CRI 等

① （美）沃纳·塞弗林、小詹姆斯·坦卡德著，郭镇之、徐培喜等译：《传播理论：起源、方法与应用》，中国传媒大学出版社，2006年。

② 郭庆光：《传播学教程》，中国人民大学出版社，1999年。

③ 屠忠俊、吴廷俊：《网络新闻传播导论》，华中科技大学出版社，2002年。

国际广播机构，它们都是立足于本国，而面向海外受众的官方传媒。他们的传播方式最初是以短波广播为主，逐步增加了中波和调频落地频率，目前多以互联网播出为主。由于这些国际广播机构本身定位的特殊性（国家色彩、政治色彩浓厚）、受众群体的特殊性、传者和受者之间的文化差异性、传播内容到达受众的方式和效果的局限性及传播方式的多边性等造成了国际广播机构和其他媒体的不同。

富布莱特高级访问学者蔡雯在赴美国访学期间与美国德克萨斯大学博士生戴佳合作，对麦肯姆斯进行了学术访谈，他问到媒介全球化对议程设置的影响："媒介全球化加剧了媒介之间的竞争态势，不同媒介因为经营模式、市场定位、目标受众的差异而出现了议程设置不同步甚至不同质的现象。您怎样看待全球化语境下的媒介议程设置之间的差异？"麦肯姆斯答道："针对中国的变化而言，目前的研究必须回答两个关于媒体的问题。首先，呈竞争态势的媒介在何种程度上设置了相互竞争的议程？很多关于竞争中的美国媒介的研究表明，在一个开放的市场体系中，大多数媒介面向一个大体相同的受众群。最近一篇由德克萨斯大学的一名博士生撰写的文章，考察了 CNN 与福克斯新闻（Fox News）之间的竞争，发现这两个竞争者之间日益具有相似性。即使是在媒介议程不同的情况下，我们也应该记住，议程设置理论谈到的是一个主动的受众群体，这个群体会忽略大多数的媒介日常内容，因为他们认为这些内容与他们的生活无关。我们应该对公众有信心。在今天日益显著的全球化的环境中，'议程碰撞'（agenda collision）是一个可以有多种答案的问题。是不同媒介机构的议程之间发生了冲突，还是新闻业本身也同样地经历着全球化？议程在不断地趋于一致吗？即使议程之间有很大的差异性，我们仍需对公众有信心。多年以前，我曾对居住在一个美国电视台可以覆盖的范围内的加拿大人进行研究，以考察美国电视新闻的议程设置效果。结果发现基本上没有议程设置效果。"按照麦肯姆斯的说法，随着媒介发展日益全球化，试想发展到这么一种理想状态下，根据议程设置理论，在一个足够开放的全球市场体系中，全球大多数媒介应该面向的是一个大体相同的受众群，那么这些媒介的议程设置应该是日趋相似的。实际上，这种理想状态就可以转化为一种简单的模型，即：全球大多数的媒介可以看成一个媒介，它所面向的受众群体即为它的单一受众群，一个媒介，单一不受其他媒介影响的受众群，当然会符合议程设置理论，即媒介议程和受众议程大体一致。这只不过是媒介全球化到理想状态下的一个模型。在媒介全球化的过程中，各种媒介之间，因为经营模式、市场定位、目标受众的差异必然有着碰撞，也必然有着"议程碰撞"。就像麦肯姆斯对一个美国电视台可以覆盖的范围内的加拿大人进行的研究，美国电视新闻的议程设置对加拿大人完全没有议程设置效果，这就是因为目标受众的迥异造成的。

传统媒体（报纸、广播、电视）和新兴媒体（互联网）的议程设置功能已被众多学者接受。学者们进行了与此有关的多项实证研究。人们也意识到了媒体的议程设置对受众议程设置的影响。那么国际广播传播机构的议程设置功能是否依然存在，是否表现明显？我们试图通过对 CRI 波兰语、朝鲜语和泰米尔语的网络受众的问卷调查，通过数据分析来研究上述问题。

二、假设

根据对议程设置理论的回顾，我们作出一个基本的理论假设，这也是本次我们需要通过问卷调查（email的形式）证明的结论：在国际传播中，CRI非通用语言网站新闻报道对其受众的议程设置功能依然存在，但是由于各种局限，议程设置功能相比而言会有所削弱。

三、研究方法设计

本次研究采用问卷调查方法。

对CRI非通用语言波兰语、朝鲜语和泰米尔语的网站2009年3月1日到4月4日之间的新闻进行内容分析，按照对某一事件或新闻主题的报道数量进行排序，从中选取排名最高的12～15个事件或者新闻主题（朝鲜语12件，波兰语和泰米尔语15件），得出CRI这几个非通用语言网站的媒介议程，再与通过问卷调查获得的各语言的受众议程进行对比分析。

本次调查问卷完成于2009年6月8日到6月22日，问卷中调查的是3月份的新闻事件，按照斯通和麦肯姆斯的研究发现，一则新闻从媒介议程转向公众议程似乎存在着大约是2～6个月一个必然的时间差。我们此次调查符合这一点。调查对象为各语言使用email和编辑部进行联系的网民，即听众当中的互联网使用者，对听众进行非随机抽样，波兰语发出问卷246份，回收30份，回收率为12.2%，朝鲜语发出85份，回收28份，回收率为32.9%，泰米尔语发出132份，回收28份，回收率为12.2%。

四、收集数据

所有回收问卷中，几份泰米尔语的问卷填写者没有完全领会调查者的意图，对我们所有列出的事件按照重要程度进行了排序，鉴于回收问卷数量较少，在进行数据统计时，我们把这几份问卷视为有效问卷，但是只把受众认为的最重要的六个事件计入统计结果。几个语言的媒介议程和受众议程见表1、表2和表3。

表1　波兰语媒介议程和受众议程的对比

重大新闻事件或新闻主题	媒介议程	排序	受众议程	排序
中国全国人大和政协年度例会	113	1	6	9
“西藏问题”	74	2	19	1
世界金融危机	67	3	18	2
中国经济、贸易状况	67	3	15	5
G20伦敦金融峰会	45	5	4	10
中国应对金融危机措施	18	6	16	3
北约相关新闻	14	7	4	10
中国环境保护	12	8	13	7

续表

重大新闻事件或新闻主题	媒介议程	排序	受众议程	排序
中东问题	11	9	1	15
中美关系	10	10	12	8
东欧反导系统问题	10	10	4	10
能源问题	10	10	16	3
中法“西藏问题”博弈	9	13	3	14
苏丹达尔富尔问题	9	13	4	10
朝鲜卫星发射问题	8	15	15	5

表 2　泰米尔语媒介议程和受众议程的对比

重大新闻事件或新闻主题	媒介议程	排序	受众议程	排序
中国全国人大和政协年度例会	166	1	17	5
有关西藏的报道	91	2	19	1
中国的发展状况（包括工业、农业、文化、教育、环保等各方面）	38	3	19	1
中国经济状况	29	4	15	7
关于印度的新闻	29	4	18	3
G20 伦敦金融峰会	25	6	9	10
席卷全球的金融危机相关报道	19	7	18	3
阿富汗局势相关报道	14	8	2	13
中国国家领导人出访等活动	13	9	17	5
中美关系	13	9	12	8
第二届世界佛教论坛	13	9	5	11
孟加拉国步枪队叛乱事件	13	9	1	15
斯里兰卡板球队在巴基斯坦遇袭事件	9	13	3	12
斯里兰卡政府与泰米尔伊拉姆猛虎解放组织的冲突	8	14	12	8
巴基斯坦警察培训中心遭武装分子袭击事件	5	15	2	13

表 3 朝鲜语媒介议程和受众议程的对比

重大新闻事件或新闻主题	媒介议程	排序	受众议程	排序
中国全国人大和政协年度例会	205	1	18	6
中国经济、贸易状况	115	2	20	3
涉美报道	77	3	12	8
“西藏问题”	70	4	19	4
世界金融危机	65	5	22	2
涉朝鲜报道	58	6	15	7
涉韩国报道	50	7	19	4
G20 伦敦金融峰会	39	8	8	9
中东问题	38	9	6	10
朝鲜半岛核问题	30	10	26	1
涉日报道	29	11	6	10
北约相关报道	10	12	2	12

五、分析和解释数据

对比上面的数字发现，受众议程并非像我们想象中的那样完全与媒介议程完全吻合。实际上只有波兰语的“东欧反导系统问题”、朝鲜语的“西藏问题”和“北约相关报道”这三项议程完全一致。我们把媒介议程和受众议程排序相差在两位（包括两位）以内的定义为议程相近，我们下面对三个语言的媒介议程和受众议程的差异情况进行单独分析。

波兰语比较相近的有“西藏问题”、“世界金融危机”、“中国经济、贸易状况”、“中国环境保护”、“中美关系”和“中法‘西藏问题’博弈”。

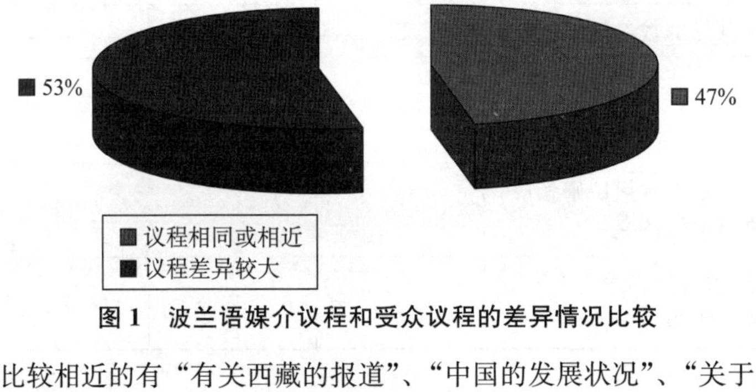

图 1 波兰语媒介议程和受众议程的差异情况比较

泰米尔语比较相近的有“有关西藏的报道”、“中国的发展状况”、“关于印度的新闻”、

“中美关系”、“第二届世界佛教论坛”、“斯里兰卡板球队在巴基斯坦遇袭事件”和“巴基斯坦警察培训中心遭武装分子袭击事件”。

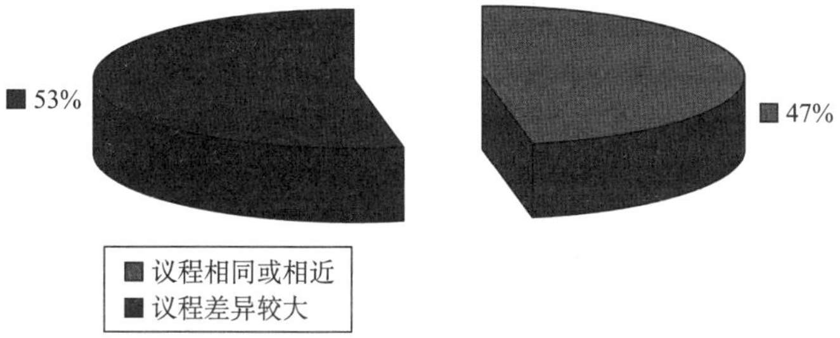

图 2　泰米尔语媒介议程和受众议程的差异情况比较

朝鲜语比较相近的有“中国经济、贸易状况”、“涉朝鲜报道”、“G20 伦敦金融峰会”、“中东问题”和“涉日报道”。

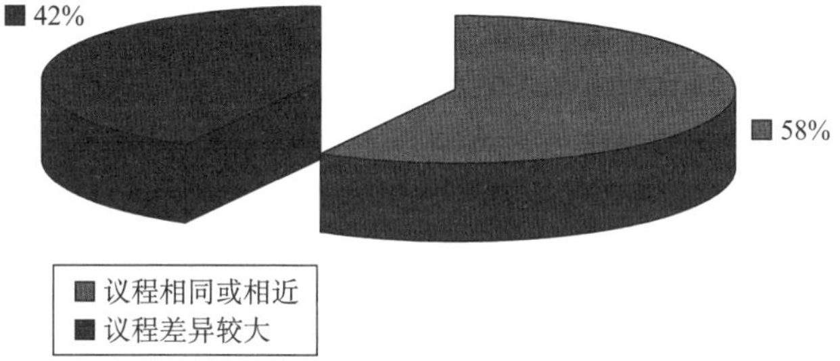

图 3　朝鲜语媒介议程和受众议程的差异情况比较

从以上三个图可以看出，三个语言的媒介议程和受众议程相似性程度都接近甚至超过了 50%，这说明我们的媒介议程在很大程度上还是对受众议程有影响的，我们所关注的重点，基本也是我们受众所关注的重点。

我们再对各语言网站和受众关注程度比较高的事件进行分析，我们选取媒介议程和受众议程里排名前六的事件进行对比。

表 4　波兰语媒介议程和受众议程前六位比较

媒介议程		受众议程	
1	中国全国人大和政协年度例会	1	“西藏问题”
2	“西藏问题”	2	世界金融危机
3	世界金融危机	3	中国应对金融危机措施
3	中国经济、贸易状况	3	能源问题
5	G20 伦敦金融峰会	5	中国经济、贸易状况
6	中国应对金融危机措施	5	朝鲜卫星发射问题

表 5 泰米尔语媒介议程和受众议程前六位比较

媒介议程		受众议程	
1	中国全国人大和政协年度例会	1	有关西藏的报道
2	有关西藏的报道	1	中国的发展状况（包括工业、农业、文化、教育、环保等各方面）
3	中国的发展状况（包括工业、农业、文化、教育、环保等各方面）	3	关于印度的新闻
4	中国经济状况	3	席卷全球的金融危机相关报道
4	关于印度的新闻	5	中国全国人大和政协年度例会
6	G20 伦敦金融峰会	5	中国国家领导人出访等活动

表 6 朝鲜语媒介议程和受众议程前六位比较

媒介议程		受众议程	
1	中国全国人大和政协年度例会	1	朝鲜半岛核问题
2	中国经济、贸易状况	2	世界金融危机
3	涉美报道	3	中国经济、贸易状况
4	“西藏问题”	4	“西藏问题”
5	世界金融危机	4	涉韩国报道
6	涉朝鲜报道	5	中国全国人大和政协年度例会

就媒介议程和受众议程里最受重视的前六位而言，波兰语、泰米尔语和朝鲜语媒介议程进入受众议程的都是 4 条，分别都占 66.6%，这个比图 1、2 和 3 里所体现的媒介议程和受众议程整体相关性要更加相关。

此外，说明媒体议程设置和受众议程设置不符合的例子也存在。比如在波兰语的节目中，能源问题和朝鲜发射卫星问题，在媒体议程中分列第 10 位和第 15 位，但在受众议程中排名却在第 3 和第 5 位。在泰米尔语的节目中，关于金融危机和中国领导人出访活动的报道，在媒体议程中分列第 7 和第 9 位，但在受众议程中列到了第 3 和第 5 位。其中最极端的例子出现在朝鲜语节目中，在媒体议程中仅列第 10 位的朝核问题，在受众议程中力拔头名，说明同受众利益的紧密程度，是影响受众议程的最重要因素。换句话说，朝鲜是否拥有核武器，是朝鲜语报道对象国（韩国）最关切的问题，就是媒体不讨论，受众自己也会私下议论。

就几个相关度比较高的新闻事件进行分析：

1. “西藏问题”

尽管中国政府强调“西藏问题”是中国内政问题，但不可否认的是，这一问题已经成为国际关注的问题，特别是达赖喇嘛获得诺贝尔和平奖以后。而 2008 年奥运火炬遭到藏独分子冲击，无疑令“西藏问题”在国际社会更加引人注目。而中国政府在“西藏问题”上的立场自然是受众关注的焦点。

2. 世界金融危机

此次世界金融危机来势凶猛，且在某种程度上演变为经济危机。而最令人担心的，就是此次危机的严重程度、何时见底，在国际社会依然没有权威结论。此外在世界经济一体化的背景下，发达国家和发展中国家、市场经济和非市场经济国家在这场危机中都无法独善其身。这两个关键因素应当是受众特别重视 CRI 有关金融危机报道的重要原因。

3. 中国经济、贸易状况

在大多数发达国家经济陷入衰退甚至负增长的情况下，连续 30 年保持经济高速增长的中国经济表现如何，无疑是世人关注的焦点。此外，中国是韩国最大的贸易伙伴，也是发展中国家重要的经济援助国。在全球金融危机的背景下，中国一直发挥着稳定世界经济的作用，中国经济的发展，一直是全世界瞩目的焦点，全世界都在关注中国经济的走向，因此受众无一例外地都把中国经济、贸易状况和发展情况作为他们议程中的重点，波兰受众还尤其关注中国是怎么应对金融危机的。

就几个相关度出现差异的新闻事件进行分析：

1. 朝鲜半岛核问题

“朝鲜半岛核问题”是三个语言中媒介议程和受众议程差异性最大的，在媒介议程中波兰语排在了第 15 位，朝鲜语排在第 10 位，泰米尔语被排除在前 15 名之外。朝核问题也是国际上关注的重大问题，中美俄几个大国作为六方会谈成员之一参与解决朝核问题，使得朝核问题不再是一个地区性问题，而是一个国际性的被人关注的重大新闻热点，加上朝鲜本身是一个备受关注的国家，核不扩散也是多年来国际社会努力的方向，因此就不难理解，波兰语和朝鲜语的受众对这个问题如此关注了。

2. 波兰语“中国全国人大和政协年度例会”

中国的“两会”是中国政治生活中的一项大事，也是国际台每年都要报道的重要事件之一（如果没有党代会、奥运会、改革开放 30 周年等事件，“两会”基本上是国际台当年要报道的最重要的事件）。国际台的全力报道是该事件得以登上朝鲜语和泰米尔语受众议程的第一个原因。第二个原因则是这两个语言的受众想借“两会”报道，了解中国应对金融危机的政策。而波兰原为社会主义阵营国家，出于历史和社会意识形态原因，对中国“两会”报道的关注程度相对其他事件而言反而不高。

3. 泰米尔语“孟加拉国步枪队叛乱事件”和“斯里兰卡政府与泰米尔伊拉姆猛虎解放组织的冲突”

此两起事件属于典型的回报（即把对象地区发生的事件，国际台通过广播、网站作为新闻对对象地区播出，一般而言，时效相差很大，我们播出的当地新闻，到达受众的时候已经是旧闻了），回报的事件，尤其是比较热点或者突发的事件，受众一般习惯于从当地媒体了解进展情况，当地媒体的报道速度、广度、深度都是我们难以相比的，他们不可能从外媒来了解事情的进展，如果他们关注外媒对该事件的报道，唯一的原因也只能是了解外媒对此事件的看法，而不是事件本身的进程。对对外传播机构来说，回报是一个尴尬的现象。国际台如何完善此类报道，达到有效传播，是一个不容忽视的问题。

由此我们可以得出结论，在国际传播中，CRI 非通用语言网站新闻报道对其受众的议程设置功能依然存在，但是它的媒介议程设置作用有所削弱。原因有可能是事件本身虽具有国际重要性，但同受众本身利益关联不紧密，也不排除在同一问题上，受众更倾向倾听本国媒体观点这一可能。

此外，受限于网络调查的局限，问卷收回率不高；且受众分属不同国家有不同的利益诉求（比如泰米尔语受众分布在南亚和东南亚多个国家和地区；波兰语受众分布在波兰以及其他一些东、西欧国家），这些都会导致他们对同一问题的关注度产生区别。

六、研究的不足

在我们进行此次调查的过程中，还存在很多的不足，我们的分析结果也具有很大的局限性。首先，我们通过 email 进行问卷调查，回收率很低，样本数量太少。其次，被调查者的选择是非随机性的，在受众的层次上，无法照顾到社会上的各个阶层。再次，问卷本身选取的主题的分类不科学，有些主题之间有交叉，造成被调查者的困惑。第四，统计本身可能带来的误差。第五，受众接触的国内媒体众多，受众议程容易被其他媒体影响。

（作者单位：中国国际广播电台波兰语部、泰米尔语部）

关于国际在线普什图语网站发展建设的思考

赖冬颖

国际在线普什图语网站（http：//pushtu. cri. cn）[①] 是我国唯一的一个普什图语网站，于2003年12月28日正式上线，网站的主要目标受众定位在阿富汗国内具有较好物质条件和文化素养的人群以及分布在世界各地的普什图侨民，旨在建设成为对象地区普什图语受众以及旅居在世界各地的普什图人了解中国的第一窗口及认识世界的重要途径。

根据我们掌握的统计资料和网民的反馈，国际在线普什图语网站是全球同类型普什图语网站中内容比较丰富的网站之一，已在普什图语网民中具有一定的认知度和影响力。网站由于内容扩充、更新发展的需要曾于2008、2009年两次改版，页面更加美观，内容不断丰富，时效性增强，表现形态多样化。现网站拥有新闻、经济、旅游、生活、文化、中国穆斯林、体育等频道以及学汉语、中国百科、主持人博客、音乐周刊等特色栏目。在专题方面，例如北京奥运会、“两会”、阿富汗总统访华、上海世博会、中国国际广播电视网络台（CIBN）成立等重大事件和活动的报道中都推出了即时性的新闻专题，在保证时效的基础上积极利用图、文、音、视等手段丰富报道的角度和内容。除此以外，也有如《哈菲兹中国游记》、《向毒品说“不”》、《带你去看海》、《我们在中国学汉语》等特色专题，具有主题鲜明、针对性强等特点，在可看性和创新性上都有积极的探索，因而获得众多网民的肯定与赞扬。

一、从数据看受众

网站的建设也应该遵循一个“以人为本”的原则，这个“人”指的就是受众——即网站的用户，因此研究网站用户是发展网站必须要做好的一项基本功课。现在国际在线普什图语网站使用 Adobe SiteCatalyst 进行相关浏览数据的记录和统计，通过对这些数据的统计和分析，能够从中发现用户访问网站的规律和使用习惯，从而有针对性地对网站的结构和内容作出调整和优化。

1. 用户结构

根据2012年10月至2013年3月时间段内的数据（如图1所示），国际在线普什图语网站的用户主要来自于阿富汗，占总数的41%，其次是巴基斯坦和中国，分别是12%和11%，其余则多分布在欧美国家。

喀布尔是阿富汗网络条件最好的地方，这里聚集了全国最多的政府机构、非政府组织、公司以及学校，人们的物质条件和文化程度相比其他省市高出很多，因此阿富汗的用

① pushtu 亦可译作 pashto。

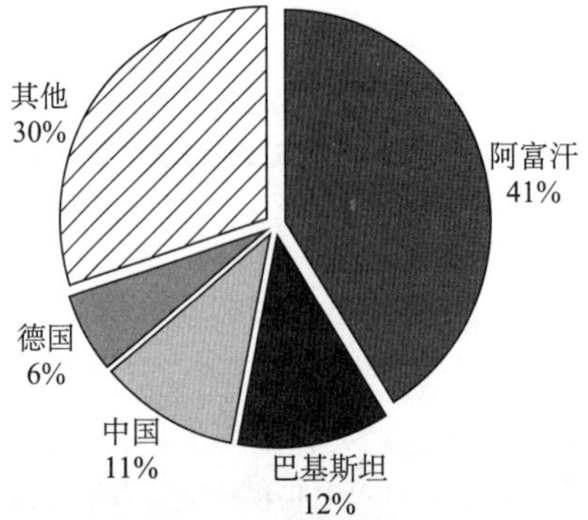

图 1　国际在线普什图语网站用户分布情况

户超过 97%都来自于首都喀布尔，仅有很少量的用户来源于坎大哈和赫拉特省；巴基斯坦的用户主要分布在首都伊斯兰堡，然后就是普什图族人大量聚居的开伯尔—普什图省、旁遮普省、信德省和俾路支省；中国的用户主要分布在北京、新疆和广东，这三个地方的阿富汗商人和留学生较多。根据上述情况再结合网站以往做过的问卷调查结果，国际在线普什图语网的用户多为拥有本科或以上学历的男性，有较好的物质条件和文化修养，大致可以分为以下四个群体：阿富汗的精英阶层、居住在巴基斯坦的普什图族人、在中国的普什图商人或留学生以及旅居在欧美发达国家但对本民族社会和文化仍十分关注的普什图族人。

2. 用户浏览习惯

互联网用户浏览网页的习惯其实和顾客浏览商店中陈列的商品并没有太大差别，用户打开一个新的页面，大致扫视一下重点区域的文字和图片，在短短的几秒内就可以作出下一步浏览行为的决定——是点击第一个引起他兴趣的链接，还是迅速关闭该网页。在这个过程中，页面上大量的区域用户甚至根本没有留意，大部分用户只搜寻他感兴趣或是能引发他兴趣的内容，一旦发现目标，点击行为就有可能会发生，但如果页面不符合期望，他们就会马上点击后退或关闭按钮。跳出率就是一个用以衡量网页是否引发用户持续关注的重要指标数值。跳出率是指仅阅读了一个页面就离开的用户占一组页面或一个页面访问次数的百分比，跳出率越低则表示网站留住了用户的目光，成功引发他的下次点击行为。国际在线普什图语网站首页的用户跳出率是 49.2%，还算是处在一个相对安全的数值范围内，但是到了二级页面和内容页，跳出率的值就会迅速上升，说明用户多从首页登入，在进入二级页面或内容页阅览后很少在该页面进行二次点击行为。国际在线普什图语网站用户的平均停留时间是 6.86 分钟，应通过合理的结构安排引导用户增加浏览点击，延长停留时间。由此看来，网页的结构和设计非常重要，直接关系到用户的浏览体验和点击行为。

德国现代主义建筑大师斯密·凡德罗提出了“少就是多”的设计理念，是指通过使用简洁设计突出功能与实用。相对于有形的建筑实体，存在于网络中的数字信息更是庞杂与浩瀚，让人眼花缭乱。从 APP 概念的流行就可以看出人们对于信息获取与传播简单化的渴望。在门户网站扎堆林立的时代，“多”曾经是做网站引以为豪的优势和特点，如今却已逐渐沦为影响用户集中注意力和进行有效信息接收的阻碍，而且从中国国际广播电台普什图语部门自身的资源和人力出发，“多”也不是一条高效可行的道路，我们应该转向思考如何在“少”的形式下展现“多”的内涵，首先要考虑到浏览者网站阅读过程中的便利、直观和舒适体验的要求，提高网民的视觉观感和浏览体验，然后就是要以少见多，突出网站从设计到内容的亮点和精华。因此结合用户的浏览行为习惯，国际在线普什图语网站可以在以下三个方面进行强化：第一，抓住用户。用色彩的统一避免干扰浏览者对网站的内容的关注，也使页面干净利落，合理使用图片增加页面美观度。首页的导航栏清晰，各个板块分类明确，一目了然。适当地控制页面加载项的数量能提高页面打开速度，保证内容的完整展示，这点对于网络条件捉襟见肘的阿富汗网民而言也非常重要。第二，重点展开。首页的新闻区域除了要有头条新闻，也分为中国、国际、阿富汗三个板块，便于用户搜寻重要的和需要的新闻咨询。左边栏不应该单纯排放专题 banner，这样容易使用户根据图片的主观感受决定是否点开，而是应该有带标题、图片、摘要的重点内容或文章推荐，让用户一目了然是否感兴趣的信息。第三，分类与补充。优化内容页的左边栏，在内容页中适当增加相关新闻链接列表或是读者感兴趣的热点文章推荐，都可以起到降低页面跳出率和增加浏览量的效果。

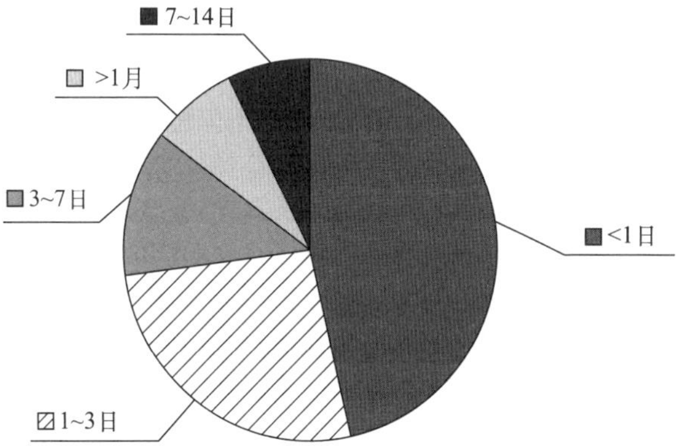

图 2　国际在线普什图语网用户的回访频率

回访频率是指用户在当天浏览网站后的再次访问日数。从图 2（使用 2012 年 10 月至 2013 年 3 月时间段内的数据）可以看出，有 53%的用户不只一天访问国际在线普什图语网，说明网站的回头率超过半数，其中访问天数超过一个月的属于我们的忠实用户，这部分只占到 7.5%，还有 47%的用户在当天浏览过我们的网站后没有进行第二次的回访，由此可见我们的用户“黏度”还有待加强。根据传播学中著名的“使用与满足”理论，用户是基于一定的信息需求来进行媒介接触行为的，从这一点来说网站需要满足用户的需求和期待才能获得他们的点击，因此通过统计数据了解用户的需求是非常关键的一步。

3. 用户需求

反向链接是指接入网站浏览的来源，对某个网页文档来说，所有来自其他文档指向自己的链接都叫“反向链接”，简单地说就是用户是如何进入网站开始浏览的。

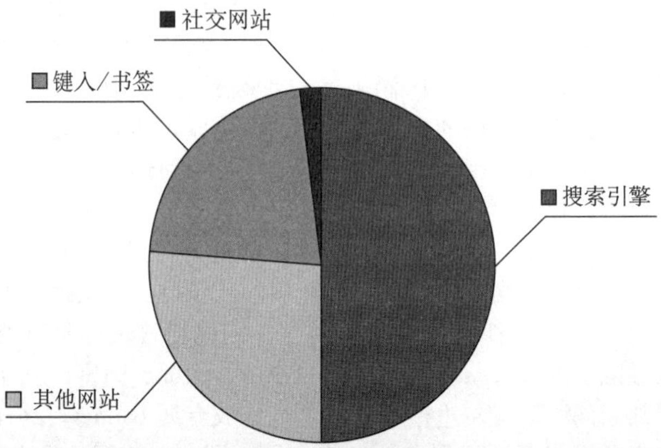

图3　反向链接类型

如图3所示，国际在线普什图语网站半数的浏览量来源于搜索引擎，用户主要使用谷歌网搜索，特别是google. com. af。搜索的内容有使用英文键入的，主要是“CRI”、“China Radio International pashto”、“cri pashto”、“China Pashto radio”等搜索国际在线普什图语网站的目标指向明确的关键字，这部分搜索很可能来源于我们的无线广播受众；使用普什图语输入的关键词最常见的有“普什图语”、“照片”、“国际台”、“广播”、“阿富汗新闻”、“美景”、“花”等，另外值得注意的是也出现了如“中国海军”、“中国火箭”、“政治新闻”这些搜索军事政治内容的关键词。约四分之一的浏览量是从其他网站转入的，主要是阿富汗本土电台benawa的网站、名为afghanasamais的新闻网站、国际台普什图语部阿富汗调频合作电台新月电台的网站和阿富汗当地知名网站Taand，这是由于这些网站添加了我们网站的链接或是转载了我们发布的新闻文章。还有20%的用户通过直接键入地址或打开书签的方式浏览我们网站，这部分用户的黏度较高，属于较忠实的老用户，但由于这个数值相对稳定，说明固定访问国际在线普什图语网站的用户群没有明显的扩展，在如何发展新的固定用户问题上还需要进一步的思考。剩下的少数点击来源于社交网站，最主要的是Facebook。

根据浏览量情况，国际在线普什图语网站的热门频道是中国穆斯林频道，该频道的文章多与中国穆斯林文化和生活相关，而且多为自采内容，对于用户来说有贴近性特点。频道下还设有广州、北京和上海的穆斯林指南，提供在这三个城市的穆斯林生活服务信息，非常具有实用性。中国经济频道排名第二，是因为在中国有不少阿富汗商人，他们对于经济类的资讯比较关心。《学汉语》栏目也很受欢迎。综合数据情况可以发现，国际在线普什图语网站的用户最关注的内容有穆斯林文化和生活、经贸资讯、反映中国发展变化的百姓生活以及汉语学习。

二、扬长避短，走差异化发展道路

虽然国际在线普什图语网站是全球同类型普什图语网站中内容比较丰富的网站之一，

但实事求是地看，在阿富汗当地相比 BBC 普什图语和 Azadi 两家广播电台的网站以及本土的 Taand、Tolafghan 等网站而言在知名度和忠实用户数方面仍有待提高。BBC 作为全球最人的新闻广播机构之一，在国际传播资源和受众研究方面具有一定优势，因此其网站内容丰富，而 Taand 这样的本土网站则十分了解当地用户的浏览习惯和热点关注，想要与这些网站竞争，在对象地区提高国际在线普什图语网的知名度，需要走一条差异化发展的道路。差异化发展即差别化发展，意思是在同类型网站竞争中形成具有自己独特性的内容和服务。因此通过了解这两家网站的情况并和我们的网站进行对比，可以帮助我们更好地做到知己知彼，扬长避短。

BBC 普什图语网站（http：//www. bbc. co. uk/pashto/）和 Taand 网站（http：//www. taand. com/）均在 2012 年实施了改版，两家网站的新版页面的共同特点是：以白色为底版色，配以灰、蓝、红等色块突出重点内容，网站结构清晰简洁，栏目分类详细，加大了图片的使用量和更新量。BBC 普什图语网站上的音视频节目量大大增加，Taand 虽没有自己的音视频资源，但也专门辟出转载视频的板块。下表是 2013 年 3 月 22 日国际在线普什图语网、BBC 普什图语网和 Taand 网的内容更新情况，可以看出 BBC 普什图语网在音视频量上远高于国际在线普什图语网，图片的使用量也较大，相对国际在线普什图语网站偏重发政治与军事类新闻的情况，BBC 普什图语网的新闻类型比较全面和均衡，尤其重视社会与经济新闻；Taand 虽然在更新的量上并不算多，但是网站经常发布一些民间评论员关于政治和文化的文章，这些文章成为网站的特色内容。

2013 年 3 月 22 日三家网站内容发布情况

网站	政治军事	社会与经济	对象地区新闻	文化	体育	图片（张）	音频（分钟）	视频（分钟）
国际在线普什图语网	12	6	2	4	0	13	50	0
BBC 普什图语网	7	8	5	2	1	20	125	32
Taand 网	5	1	3	5	0	5	0	12

BBC 普什图语网和 Taand 网的对象新闻更新量在条数和长度方面都高于国际在线普什图语网，这两家网站都在阿富汗有自己的本土记者团队，从以往的对象地区新闻来看，国际在线的相关报道无论是在时效性还是内容可读性和解读的视角与深度方面和上述两个网站都有着不小的差距，因此在对象国新闻报道上，国际在线应该注意扬长避短，单纯地把提高稿件数量作为加强对象性报道是以卵击石，应该另辟蹊径，利用合作电台新月台的海外报道员进行侧重中阿友好关系发展和交流合作的相关报道，新闻评论类突出中国立场、中国视角。除此以外，基于用户需求和我们的现有资源，再加上避免内容同质化的要求，我们还应该在以下方面寻找差异化发展的突破口：塑造品牌栏目，主打学汉语；注重受众反馈，加强网络互动，开辟我们与听众的交流板块，提升用户的参与感；增加服务性的资讯和信息，结合网站受众的需求，在内容建设上注意重点打造穆斯林频道，扩充和完善中国穆斯林生活指南；加大有针对性和实用性的中国商贸信息量；丰富学汉语的内容，打造

依托汉语教学的中国文化品牌；新闻板块的设置注意软硬结合，既有政治军事的硬题材，又有涉及文化和民生的软消息；丰富图片报道的种类和可看性。

三、网站的推广

在当今信息时代，可供用户选择的信息来源多种多样，用户一般经常关注的是自己较为熟悉或是知名度和美誉度较高的媒体网站。酒香也怕巷子深，扩大受众对网站的接触程度才能逐步提高该网站在受众中的认可度。从国际在线普什图语网的反向链接来源和回访频度来看，固定性访问该网站的用户只占网站浏览量的很小一部分，如何让仅浏览过网站一次的网民成为“回头客”？如何让还不知道国际在线普什图语网的用户接触到这个网站？这是网站推广要解决的问题。

第一，做好在线网络和无线调频之间的良好联动。2010 年 10 月 27 日国际台在阿富汗首都喀布尔每天通过新月台 FM2102.2 播出 1 小时普什图语节目，同时在阿富汗第二大城市坎大哈开播一套 12 小时的整频率落地节目，到 2012 年的 1 月又实现了首都喀布尔的整频率节目落地。在阿富汗拥有整调频落地后，如何做好调频与网站之间资源的互融互通一直是我们思考的一个课题。调频节目的优势是贴近性强，而互联网的一个优势就是互动性好，我们可以把调频节目中的音乐类节目和网站网友的留言结合起来，在音乐节目中解答网友提问、帮网友传递祝福和问候。另外还可以互为推荐内容，在举办活动的时候可以两条线共同造势、扩大影响范围，因此国际在线应该在这方面继续探索创新有效的模式。

第二，利用社交网站扩大网站知名度，扩展网站用户群。国际在线普什图语部融入公共社交网站后可以让人保持与朋友的直接联系和扩大个人的交际圈，同样，我们也可以利用社交网站和国际在线普什图语网的用户们建立起更紧密的联系，并且基于社交网络中群体化特征明显的这个特点，让社交网站上更多的普什图语用户转化为我们网站的用户。首先是在内容上要有别于网站的新闻发布，在轻松活泼的氛围下发布实用性强的信息，多选取中国的经贸资讯、小知识和趣闻类软性的内容发布，多发图片，还有汉语教学的《每日一句》，力求贴合受众的兴趣点。另外还可以经常举办一些小型的有奖活动，就国际在线普什图语网站发布的一些内容和网友进行互动问答，这样能够引导社交网络用户关注我们网站上一些重要消息，也可以通过引起大家的关注和积极参与来扩大我们网站在网民中的影响力。

（作者单位：中国国际广播电台普什图语部）

节目创新

新媒体时代国际短波广播的必要性探讨

郝　妍

在国际广播的历史中，短波广播在相当长的时期内起着举足轻重的作用。目前，新媒体技术日新月异的发展，传统媒体受到了很大的冲击，国际短波广播也遭到了大幅削减。那么，国际短波广播是否会退出历史舞台呢？笔者认为，在我国目前面临的国际格局和政治形势下，保持国际短波广播面向全球的覆盖能力仍然是非常必要的。

近年来，随着科技的飞速发展，新媒体越来越受到人们的关注。从技术角度看，新媒体是基于计算机技术、通信技术及数字广播等技术，通过互联网、无线通信网、数字广播电视网和卫星等渠道，以电脑、电视、手机、Pad、MP4 等设备为终端的媒体，能够实现个性化、互动化、细分化的传播方式。其主要特点是传播速度快、覆盖面广、互动性强。随着新技术的发展，新媒体的表现形式也日益丰富，读者不仅可以接受信息，也可以提供甚至创造信息，正如阳光文化集团首席执行官吴征所说："相对于旧媒体，新媒体的第一个特点是它的消解力量——消解传统媒体（电视、广播、报纸、通信）之间的边界，消解国家与国家之间、社群之间、产业之间的边界，消解信息发送者与接收者之间的边界"，实现真正的"所有人对所有人的传播"。①

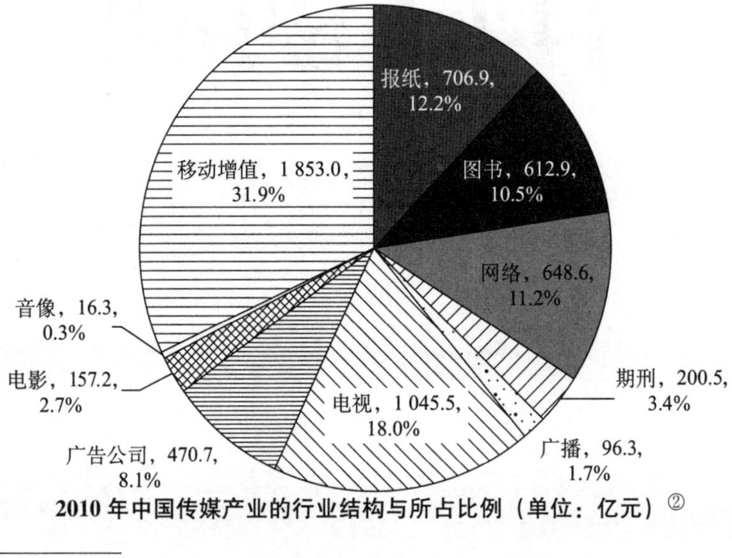

2010 年中国传媒产业的行业结构与所占比例（单位：亿元）②

① 项海燕：《中国广电的传统媒体与新媒体融合之路》，http://info.broadcast.hc360.com/2009/06/190853130511-2.shtml，2009 年 6 月 19 日发布。

② 唐润华、刘滢：《重点突破：中国媒体国际传播的战略选择》，《南京社会科学》，2011 年第 12 期。

新媒体传播的迅速发展，带给传播业革命性的深刻变化，它在全世界的迅猛发展势头，使之未来必然在国际传播中占据主导地位。以2010年中国传媒产业的行业结构与所占比例统计情况为例，广播业仅占中国传媒产业的1.7%（如图）。就世界范围内的国际短波广播而言，虽然在相当长的历史时期内它充当了国际广播的主要形式，但在新媒体当道的今天，国际短波广播不断地被削减已是不争的事实。

一、国际短波广播的起源

国际短波广播是传统媒体的重要媒介，它是伴随着国家外交与宣传而诞生的。一种观点认为，“世界上最早的短波广播是1925年从莫斯科发出的。在其后的五年里，所有苏联广播都有规律地向德国、法国、荷兰和英国进行共产主义宣传”；另一种观点认为，“最早开办国际广播的国家是荷兰（1927），不久德国（1929）、法国（1931）、英国（1932）、日本（1934）等国家也相继兴办国际广播”。①

国际短波广播最辉煌的阶段是20世纪40年代至80年代，作为二战及冷战的宣传利器，短波广播是交战双方制造舆论战的有效工具和发动心理攻势的有力武器。据统计，1937年共有27个国家开办对外广播，到1945年战争结束时，这个数字就增加为55个，整整翻了一番。即使在二战结束后，虽然电视迅速崛起，但在国际间的意识形态斗争领域，国际短波广播的重要作用依然无法替代。特别是1982年被认为是国际短波广播的顶峰之年，当时80多个国家用自己的官方电台进行着对外广播，最大的广播机构包括：苏联的电台每周广播2 000小时，美国的电台每周广播2 000小时，中国的电台每周广播1 300小时，联邦德国的电台每周广播800小时，英国的电台每周广播700小时。

二、国际短波广播发展面临的困境

进入21世纪，新媒体的迅速崛起，使国际传播环境发生着深刻的变化，传统媒体的发展空间和传播优势受到了严峻挑战。2011年3月25日，英国广播公司（BBC）中文普通话短波广播停播。BBC始于1941年5月19日的普通话广播，转眼间走过了近70年的岁月。为纪念停播这一时刻，BBC专门制作了一小时的特别节目，在伦敦时间14：30至15：30（即北京时间22：30至23：30）播出，随后BBC中文普通话的电波便从空中消逝。

这种状况也反映在美国之音（VOA）和德国之声（DW）身上。2011年2月14日，美国广播事业管理委员会向国会提交了其2012年财政预算方案，其中一项内容是：美国之音从2011年10月1日起撤销其普通话和粤语广播及电视节目。该方案称，此举一年可节省800万美元的财政开支。今后，美国之音将主要通过互联网等新媒体进行传播。2011年，德国之声也对国际短波广播采取了大刀阔斧的削减，从7月1日起，终止印地、保加利亚、希腊、克罗地亚、马其顿、波兰以及罗马尼亚等语种的短波广播，阿尔巴尼亚、波

① 达雅·屠苏著，董关鹏主译：《国际传播延续与变革》，新华出版社，2004年。

斯尼亚和塞尔维亚等语种的短波广播时间缩短。从 2011 年 11 月 1 日起，中文广播将从每天 120 分钟缩短到 60 分钟。与此同时，停止德语、俄语、波斯语和印度尼西亚语的短波广播，而英语短波也将仅限于对非洲广播。DW 称，德国联邦议院以压倒多数批准了德国之声的改革计划，而这项计划的核心是多媒体发展方向，以确保德国之声能适应国际传媒市场发生的变化。

众多西方国家大幅削减国际短波广播的原因主要有以下两个：首先，世界上大部分的国际广播电台均接受政府的财政资助，但近年来西方国家经济不振，尤其是遭遇金融危机后，不得不紧缩财政开支。于是，节约公共财政经费成为西方国家政府削减国际短波广播的实施理由。其次，互联网等新媒体迅速崛起，国际短波广播的媒介影响力逐渐下降。相对于快速发展的卫星电视和互联网，短波在媒介影响力方面处于劣势。

正如 BBC 中文总监李文所说：“由于媒体技术的日新月异再加上 BBC 面对的财政困难，我们不得不忍痛割爱，停止短波广播。”①

三、国际短波广播存在的必要性

资金不足、新媒体的迅猛发展严重冲击了国际短波广播，面临双重的压力，西方一些政客和学者认为：“短波广播已死”、“因特网将取代短波广播”等。但笔者认为，国际短波广播在数字时代仍然具有不可替代的存在价值。

1. 国际短波广播的战略储备意义正在上升

首先，短波是最可靠的全球传播工具，相对于卫星电视和网络广播，短波是唯一不受网路封锁和有源中继转发约束的传播。发射卫星成本高昂，即使租用也价格不菲，并且不能掌握主动权。调频广播需要对方国家的电台进行转播支持，还要对传播内容进行审查。互联网的脆弱性是与便捷性如影相随的。而短波发射的建设成本低，可以在本土发射，将信号直接送达听众，从而使主动权牢牢掌握在发射国家手中。这一点在发生重大全球性危机或战争时尤为重要。例如，2004 年和 2005 年，连发南亚大地震和印度洋海啸，使南亚地区及印度洋沿岸许多国家的广播通讯设施受到不同程度的损坏，网络通信近乎瘫痪。印度尼西亚是海啸的重灾区，海啸摧毁了印尼的电力供应和传输网络，导致英国广播公司和美国之音在当地 40 多家落地调幅调频广播电台转播节目无法在第一时间对灾难作出反应。此时，再一次证明了短波广播的媒介传播价值。该地区的短波电台迅速广播灾情，把伤亡人员名单、所需物资和车辆等重要信息及时通过短波传播出去，为实现通信的实时畅通提供了保障。美国《华盛顿邮报》、《华尔街日报》和法新社等媒体，纷纷对短波电台在海啸和地震发生后所起到的难以替代的作用予以了肯定。②

泰国当地时间 2006 年 9 月 19 日深夜，泰国皇家军队在泰国总理他信・西那瓦赴美国

---

① 李文：《BBC 中文广播 70 年》，载 BBC 中文网，2011 年 3 月 21 日，http://www.bbc.co.uk/zhongwen/simp/services/2011/03/110321_li_msg_70_broadcast.shtml。

② 赵明：《短波国际广播具有不可替代性》，《中国广播电视学刊》，2008 年第 4 期。

纽约出席联合国大会之际发动军事政变。军方实施了严格的媒体管制：互联网被封锁，国外有线电视被停播，出版物在海关被封存，泰国的所有民用广播发射装备被切断，同时又对来自斯里兰卡和新加坡的广播信号进行了干扰。由于英国广播公司和美国之音已在2006年3月和6月，分别终止了泰语短波广播，在极短的时间里，泰国成了信息真空的国度。美国曾认为，真实的信息传播可成为鼓动千军万马的力量，但就在最需要向泰国输入和获取信息的时候，它却失声了。美国之音和英国广播公司的短波难以恢复，福克斯电视新闻网和美国有线电视新闻网也不能进入泰国。面对这种局面，美英这两个传媒大国束手无策。

短波也可能会受到人为的干扰，但作出这种干扰所付出的成本十分高昂，主要原因是必须安装重型装备且需高能耗作业，会造成大量资源损耗和浪费；另外，短波可以在多个频率上播出，一个频率被干扰，可以立即更换另外一个频率，使干扰方难以捉摸，防不胜防。所以，一些国家不在迫不得已的情况下，一般不会去实施干扰。因此国际短波广播作为抗干扰能力较强的一种媒体，在今后相当长的一个时期内，仍然会是国际传播的重要战略武器。

其次，在意识形态领域，短波依然是国家之间斗争与交流的阵地之一。尽管苏联解体后冷战已经结束，但在全球化背景下，不同意识形态国家间的利益纷争、文化融合与碰撞却愈演愈烈。目前仍有数十个国家保持着相当规模的短波国际广播。这些短波电台散播着各国的声音，代表着各国的国家利益。在全球信息流动严重不平衡的形势下，这一阵地是绝不能放弃的。

最后，国际频率分配原则决定短波广播作为战略资源长期存在。短波广播与无线电广播最大的不同在于：短波广播并不是使用特定的频率，任何短波电台都可以使用特定频带（3至30兆赫）中的某一频率，只需遵循着“先到者先得”的原则，到国际无线电联盟的国际秘书处登记即可。同时，听众群体的建立也非一日之功。“养兵千日，用兵一时”这也是目前各国政府争夺频率，发展短波广播的重要原因。

2. 短波广播是覆盖贫困地区最重要的媒介手段

国际短波广播仍然是世界上贫困地区获取信息的重要手段，对于我国与发展中国家的交往具有重要意义。

目前，世界上的贫困地区大多是被关注的热点地区，比如中非、南亚、朝鲜等。尤其是这些国家的偏远地区往往政局不稳定，经济发展水平较为落后，国民受教育的程度普遍较低，且卫星电视和互联网远未达到普及程度，因此，国际短波广播对他们来说依然是一种重要的消息来源。联合国的调查数据显示，短波最基本的听众大多在发展中国家。在非洲地区，每三个人中就有一人以上拥有收音机，而拥有手机的比例为35∶1，拥有电脑的比例为130∶1，上网的人数比例为160∶1。另外，在中亚、南亚及南美洲的情况也大同小异。

英国广播公司公布的2006至2007年度绩效统计数据显示，该台的短波、中波、调频、电视和网络广播的全球听众共约1.63亿，其中，短波国际广播的听众数量高达1.09亿，占总听众数的2/3，主要分布在西亚、南亚和非洲等贫困地区，其中有关健康、农业方面的节目，收听率非常高。贫困人口不是不喜欢现代媒体，而是许多因素限制了先进传播技术的发展。如有的地区基础设施不完善，电力供应得不到保障，网络系统不稳定或没有铺建；有的地区现在尚负担不起使用现代媒体的费用等。所以，国际短波广播仍是覆盖贫困地区最重要也是最实际的媒介手段。

3. 通信技术的进步为国际短波广播不断注入新的活力

对短波广播而言，数字技术的快速发展不仅意味着面临强大的竞争，也意味着发现了新的生命。未来国际短波广播的发展在一定程度上取决于DRM[①]的发展。因为它在声效上拥有调频广播的音质，在覆盖范围上又具备短波的远距离传输性能。同时，跳、扩频技术提高了短波的抗干扰能力，使短波广播的稳定性日益提高。数字技术的发展将使短波广播不断克服自身缺陷，有望达到调频的播出效果。

国际短波广播在新媒体时代具有新的意义和使命，伴随着科学技术的发展，国际短波广播定能提升传播能力，在跨国传播领域发挥更大的作用。

（作者单位：中国国际广播电台意大利语部）

参考文献：

1. 方汉奇主编：《中国新闻事业通史》（第二卷），中国人民大学出版社，1996年。
2. 盛焱等：《三网融合下的网络中立性探讨》，《广播电视信息》，2012年。
3. 曲慧斌：《论国际短波广播的发展与定位》，《中国广播电视学刊》，2007年第7期。
4. 赵明：《短波国际广播具有不可替代性》，《中国广播电视学刊》，2008年第4期。
5. 苏廷、雷渭侣：《短波通信发展综述》，《广东通信技术》，1995年第4期。

① DRM，是一种在原中短波频带内，仍占用9kHz（或10kHz）带宽，可提供无干扰的接近调频立体声质量的广播技术。DRM广播是继调幅广播、调频广播之后的第三代广播方式，它的出现标志着广播系统正由模拟向数字体制过渡。

新时期如何搞好国际台阿拉伯语对外广播

颜 旭

在过去的20年中，国际台阿拉伯语对外广播发展迅速：从一间狭小的录音室到埃及开罗工作室的顺利运作；从每天1小时的短波广播到2012年相继在毛里塔尼亚和科摩罗实现每天10多个小时的节目落地；从单一的对外短波广播到如今在线广播以及阿拉伯语网站不断更新改版。国际台阿拉伯语对外广播取得了跨越式的发展。

国际台现在正努力发展成为现代综合新型国际传媒集团。党的十八大报告明确指出，要进一步发展广播影视事业，“要增强文化整体实力和竞争力。文化实力和竞争力是国家富强、民族振兴的重要标志。”新时期为我国对外广播事业的发展提供了很多机遇，但与此同时，世界传媒业的迅猛发展、阿拉伯国家局势的不断变化也使我们面临不少挑战。

一、阿拉伯语对外广播在新时期面临的挑战

1. 阿拉伯国家媒体受众的格局发生了很大变化

“卫星电视一出现，阿拉伯国家的卫星接收器就如雨后春笋般涌现出来，一个卫星接收器只要100美元，一旦拥有就能接收到数十个频道，包括半岛电视台，全部免费。”[①] 阿拉伯国家对卫星电视的限制整体上相对宽松，使其在过去20年中得到了很大发展。

在20世纪，阿拉伯国家互联网的普及相对滞后，进入新世纪以来，互联网普及程度逐步加快。比如，阿联酋的互联网用户在2000年12月为73.5万，到2012年6月底增加到585.9万，增长了近8倍，占国家总人口的70.9%。黎巴嫩的互联网用户逐步从30万增加到215万，占国家总人口的52%。[②] 根据2012年的相关统计，在中东和北非地区15～35岁的年轻人当中，平均每天花在互联网上的时间最长。调查数据显示，该地区70%的年轻人平均每天上网浏览的时间超过3小时，有22%的年轻人平均每天看电视超过3个小时，而平均每天收听广播超过3小时的年轻人只有5%。该调查数据同时显示，中东和北非地区62%的年轻人平均每天收听广播的时间不超过30分钟。[③] 此外，手机媒体的用户数近年来在阿拉伯国家也逐年递增。年轻人平均每天通过手机浏览媒体内容的时间呈上升趋势。由于卫星电视、互联网和新媒体技术的迅速发展，使阿拉伯国家的受众人数不断增加，也使短波广播受众的比例在下降。

---

① 休·迈尔斯：《意见与异见——半岛电视台的崛起》，学林出版社，2006年，第251页。

② Internet Users in the Middle East and the World, June30, 2012, http://www.internetworldstats.com/stats5.htm#top。

③ Understanding the Arab Digital Generation, conductedby You Gov, Oct1, 2012, Booz&CompanyInc. http://www.booz.com/media/uploads/BoozCo_Understanding-the-Arab-Digital-Generation.pdf。

2. 阿拉伯世界的广播业也悄然发生着改变

埃及是阿拉伯世界广播领域发展的先驱，拥有最大的广播系统，在阿拉伯和非洲地区具有重要影响。埃及的广播业起源于20世纪20年代。目前，埃及电台广播网由公共节目广播网、地方台广播网、阿拉伯之声广播网等9大分支组成。在整个中东地区，阿拉伯之声广播网的覆盖面相对较广，影响力较大，其中包括阿拉伯之声、巴勒斯坦之声和尼罗河谷之声3个广播电台。阿拉伯之声广播电台成立于1953年，节目面向整个阿拉伯世界和在世界各地的阿拉伯侨民。该广播网的节目涉及阿拉伯世界政治、经济、文化、社会等各个领域，致力于对阿拉伯焦点问题和在新世纪所面临的挑战进行广泛的对话。在阿拉伯世界中凸现共同合作、加强沟通与协调的重要性。

根据埃及广播电视协会2012年公布的数据，阿拉伯之声广播网在2011年总共提供了14 966小时的广播节目，包括12大类的节目，涉及政治、宗教、文化、教育、体育、经济、服务、健康、社会、历史遗产、旅游和娱乐等各个领域。值得注意的是，阿拉伯之声广播网近几年来正在悄然发生着改变，政治说教的色彩在变淡，而文化娱乐节目的比重有所上升。在所有广播节目中，娱乐节目时长仅次于政治类节目，超过了全部节目时间的1/4，文化类节目接近节目总长的15%，也就是说，文化娱乐类节目占到了整个节目的40%。紧随其后的是宗教类、社会类和服务类的节目。近几年来，阿拉伯之声广播网通过节目调整，逐渐使节目形式更加轻松，贴近老百姓的日常生活，更加“接地气”。

3. 美国等西方国家的阿拉伯语对外广播正在进行宣传战略调整

在所有西方国家的阿拉伯语对外广播中，变化最为显著的是美国的对外广播业。20世纪美国之音的阿拉伯语对外广播留有冷战思维的烙印，节目内容有明显的政治煽动性，对阿拉伯国家存在的问题指手画脚，煽风点火，不遗余力地推行西方的价值观。“9·11事件”后，美国认识到对阿拉伯国家乃至伊斯兰世界的宣传战略是失败的，开始对其对外广播业进行调整。美国之音的阿拉伯语广播停播。在制定了新的对外宣传战略后，由美国国会拨款成立的萨瓦电台于2002年3月23日开播。萨瓦在阿拉伯语中意为“平等、在一起”，企图淡化政府色彩，拉进与阿拉伯听众的距离。与此同时，美国的外交政策由“硬实力”逐步向“软实力”、“巧实力”转变。与此相呼应，萨瓦电台淡化了原来美国之音的政治色彩，由严肃的说教变成了流行歌曲和轻松的聊天。萨瓦电台阿拉伯语广播目前共有8套广播节目，分别主要针对埃及、海湾地区、伊拉克、约旦、黎巴嫩、利比亚、摩洛哥和苏丹进行广播。其节目设置非常简单，主要包括新闻、阿拉伯与欧美歌曲、风格轻松的广播节目三大类，其中前两类节目占主体。在每个时段的新闻播报之间，交替播出阿拉伯与欧美歌曲。萨瓦电台主要针对阿拉伯国家的青年听众。由于青年的思想较为自由开放，对欧美流行音乐的接受度较高，因而通过轻松的广播节目形式，萨瓦电台输出的西方的意识形态和文化思潮更容易被青年听众接受。

二、新时期如何搞好阿拉伯语对外广播

世界传媒业的发展和阿拉伯听众需求的变化使国际台阿拉伯语对外广播面临不少挑

战，但新时期也为我们提供了很多难得的发展机遇。我们应该充分把握机遇，积极采取措施，应对挑战。

1. 因地制宜地推进本土化进程

随着中国综合国力的不断增强和在国际舞台上的地位日益提升，中国在阿拉伯国家乃至整个世界的影响力不断扩展。这为我们推进对外广播在对象国家的本土化奠定了基础。同时，新形势要求我们必须增强文化的整体实力和竞争力，因为文化实力和竞争力是国家富强、民族振兴的重要标志，而发展对外广播事业是国家拓展文化影响力的一个重要组成部分，对外广播在对象国家的本土化也成为大势所趋。

（1）推动广播节目在阿拉伯语国家落地

由于受到阿拉伯国家相关法律的限制，国际台在阿拉伯语国家实现节目落地遇到了很大的困难。但随着中国在世界的影响力不断增强，我们也开始找到了突破口。在毛里塔尼亚和科摩罗相继成功实现节目落地后，国际台目前正努力在苏丹和约旦等国实现节目落地，力争在阿拉伯世界的东、西、南、北各个方向构建宣传基地，进而以点带面地在更多的阿拉伯国家实现节目落地，让更多的听众能够更加清晰地收听到我们的广播，增强宣传实效。同时，实现节目落地可以使我们和听众的沟通更加顺畅，更真实、全面地进行听众调查，根据听众的反馈进行节目改版。

（2）制作精良的本土化节目

国际台在埃及开罗的制作室自 2012 年起已经正式开始运作，设置了包括《阿拉伯世界》、《大全景》、《文化茶座》等栏目，主要制作涉及埃及等阿拉伯国家文化、体育和社会领域的节目。今后，我们应该在开罗制作室的基础上，在中东地区建立一个 CRI 制作室网络，使我们制作的节目能够从不同视角，客观反映阿拉伯世界和中东地区的现状，了解当地听众的实际需求。此外，还可以聘请专业的阿拉伯新闻工作者担任主播、主持人和记者，有助于优化媒体在对象国听众中的形象，提高受众的接受度和媒体的竞争力。制作更多精良的本土化节目，成为对外宣传的前沿阵地。

2. 关注阿拉伯青年听众的需求

广播节目的“年轻化”是阿拉伯国家国情所决定的。“2012 年，阿盟成员国总人口已经超过 3.7 亿，其中的 2/3 人口年龄在 30 岁以下。”① 面对年轻人占阿拉伯国家人口多数的实际情况，我们在广播节目设置和网络页面的设计上，都应该考虑到年轻人的需求。

近年来，不论是阿拉伯媒体，还是西方媒体的阿拉伯语对外广播，都出现了“年轻化”的趋势。阿拉伯之声广播电台更是把吸引年轻听众作为其当前发展的一个主要目标。2013 年，该电台对其节目再次进行了改版。在下午 5 点至晚上 12 点的广播黄金时段，除了新闻节目外，还开辟了多档主要针对年轻听众的节目。考虑到阿拉伯青年喜欢通过网络，特别是社交网络进行交流的习惯，电台开设了《青年在线》、《网络生活》、《Facebook 上的阿拉伯人》等节目，欢迎青年通过网络参与活动，吸引了大批年轻听众。此外，电台在黄金时段还开办了《爱情论坛》、《点子银行》、《体育馆》、《马戏场的对白》、《诗歌之

① 范鸿达：《阿拉伯青年：他们在关注什么》，《世界知识》，2012 年第 17 期。

约》、《歌曲马拉松》、《文化不眠夜》等节目，满足青年听众在各个方面的需求。

在这种形势下，我们在进行节目改版时，应该更加关注阿拉伯青年听众的需求，通过客观全面的听众调查，了解他们喜欢的广播形式和节目内容，让他们在广播节目中有更多的参与感。在文化娱乐节目上，更应该考虑到青年受众的欣赏要求，节目内容和风格应该更加轻松。目前，国际台阿拉伯语广播设有多档音乐节目，包括《金曲放送》、《中国风》、《流行风》、《好歌快递》、《音乐咖啡厅》和《周末音乐会》等，分别播出中国流行歌曲、民歌、古典民乐、阿拉伯歌曲、欧美流行歌曲和音乐会等，整体的节目风格偏重于中国人对音乐的欣赏角度。BBC 和萨瓦电台的音乐节目基本上由专业 DJ 制作，从阿拉伯人的欣赏角度选编歌曲，主持人只是做简单的介绍，一些流行音乐节目甚至根本没有主持人。BBC 和萨瓦电台的音乐节目侧重的是阿拉伯年轻听众，因此大体上较为关注歌曲的流行度和经典程度。阿拉伯歌曲的风格以及阿拉伯人对音乐的欣赏角度与我们有很大的不同，一些我们为之陶醉的音乐和歌曲阿拉伯人可能会听得直打瞌睡。让阿拉伯年轻主持人参与编排音乐节目，不仅可以节约大量人力，而且可以真正了解阿拉伯年轻人的喜好。

3. 聚焦阿拉伯听众对中国的关注点

进入新世纪以来，随着卫星电视和互联网在阿拉伯国家的普及，阿拉伯人对中国的了解更加全面、深入。阿拉伯国家和中国的交流日益增多。在阿拉伯人的心中，中国不再遥不可及，中国的形象也更加立体。中国已经成为在各方面不断发展进步、国富民强、在国际事务中发挥越来越重要作用的大国。随着时代的发展，阿拉伯听众对中国的关注点已经发生了改变。他们对中国的基本情况已经有所了解，任何泛泛而谈、自拉自唱的报道或是空洞的话题已经不能激发听众收听的兴趣。阿拉伯各大新闻网站目前最关注的是中国的经贸，其他还包括中国在阿拉伯和国际热点问题上采取的立场、中美两个大国之间的合作与较量、中国的航天事业等。

在这方面，我们可以借鉴外国电台的一些做法。比如，BBC 在向阿拉伯听众介绍英国的情况时，往往从听众关注的一个具体事件或听众感兴趣的一个社会现象谈起，从一个很小的切入点剖析深刻的社会问题。BBC 的王牌栏目《BBC 号外》在 2013 年年初曾推出一则报道，称一些在英国的穆斯林纷纷把自己的阿拉伯名字改成了普通的英国名字。节目从“改名”这一很小的社会现象谈起，以小见大，介绍了穆斯林在英国的生活状态及其在融入英国社会时所面临的压力。我们在报道中国时，应该选择报道的角度，这样不仅能让阿拉伯听众更加关注我们的节目，而且在听后能留下深刻的印象。

4. 发挥在线广播的作用

随着新媒体的不断出现，短波广播听众占所有媒体受众的比例在下降，而互联网在阿拉伯国家日益普及，使对外在线广播的重要性更为凸现。

在对外宣传战略上，各国媒体的侧重点各不相同。韩国 KBS 阿拉伯语网站的对外宣传宗旨是让世界了解韩国，不论是所在国新闻，还是国际新闻，全部是涉及韩国及其周边地区的新闻。美国的萨瓦电台则把宣传的焦点主要对准了中东地区。在 BBC 和半岛电视台的新闻报道中，中东新闻和其他国际新闻各占半壁江山。在国际台的网络新闻中，中国新闻、阿拉伯国家新闻和其他国际新闻呈现三足鼎立之势。这符合国际台“向世界介绍中国，向世界报道世界”的宗旨。值得借鉴的是，上述各大外国媒体在网站中为每条新闻都配上了图片，图文并茂，一目了然。作为广播媒体的网站，为新闻配图，可以使新闻浏览者感到更加直观，能更有效地激发浏览者的阅读兴趣。

在网站的栏目分类上，国际台阿拉伯语网站主要包括新闻、旅游与文化、社会生活、友好交流、听众园地、在线广播等栏目。其中，新闻主要分为中国新闻、阿拉伯国家新闻和国际新闻。而阿拉伯媒体和西方媒体则根据各自的情况对阿拉伯国家的新闻进行细化。比如，阿拉比亚电视台网站在阿拉伯国家新闻中设置专栏，分别介绍沙特、埃及、叙利亚、北非和阿拉伯市场的新闻；美国萨瓦电台网站在中东新闻中专门设置了埃及新闻和伊拉克新闻专栏；法国 24 频道阿拉伯语网站更是把阿拉伯国家的新闻细分成众多国家，包括突尼斯、苏丹、沙特、叙利亚、阿尔及利亚、伊拉克、黎巴嫩、埃及、阿联酋等。国际台目前在埃及设有中东地区总站和节目制作室，在埃及和卡塔尔设有记者站，我们可以考虑在网站上开辟专栏，介绍埃及等国的最新动态，并进行时事分析。阿拉伯和西方媒体除了时政新闻外，比较关注经贸、文艺、体育、科技、健康等方面的新闻，而我们更加侧重的是友好交往和文化旅游。如今，阿拉伯国家十分关注中国的经贸，因此，我们可以在网站上适当增加经贸新闻的比重。

在线收听方面，BBC 和萨瓦电台在网站上播出的是与广播同步播出的节目，而国际台网站上发布的是在过去一周内每天两小时的录播节目，最多只能收听到前一天录制的节目，时效性相对较差。因此，我们可以把在北京时间 0 点播出的广播节目在当天下午 3 点前（即阿拉伯国家当地时间的早晨）在网站上发布，提高时效性。

我们在网站上可以贴出更多的视频节目和风景图片，比如一些采访节目和有关中国穆斯林日常生活的视频等。因文化背景和国情不同，以及对美的欣赏角度不同，旅游节目在广播节目中很难让外国听众身临其境，一些风景名胜的“美”也很难用语言形容，因此，用语言讲述风景的美，不如用图片和视频来得更加直观。另外，我们可以在网站上设置新闻和专稿的浏览排行榜以及名牌栏目的收听排行榜，鼓励听众通过各种联系方式发表意见，以便我们根据听众的关注度对节目作适当的调整。

总之，新的世纪不论是传媒技术，还是世界局势都发生了巨大的变化。我们搞好阿拉伯语对外广播必须在了解受众需求的基础上，充分利用先进的传媒技术和手段，认真贯彻我国的对外宣传方针，在架设友谊之桥的同时，不断扩大国际台在阿拉伯国家的宣传影响力。

（作者单位：中国国际广播电台阿拉伯语部）

跨文化语境下提高国际台普什图语广播有效性初探

苏　杭

中国国际广播电台（以下简称国际台）担负着向世界传递中国的声音、增进世界各国人民对中国的了解、促进中外沟通与交流的重任。在跨文化传播的背景下，如何做到有效传播，使传播出去的信息引起国际公众的广泛关注，进而提升媒体影响力，是值得认真思考和研究的问题。本文尝试从跨文化传播的角度，以国际台普什图语广播为例，从中国文化与阿富汗文化的差异入手，对比普什图语调频广播和受众需求二者的契合度，探析如何改进节目内容，以取得理想的传播效果。

"跨文化传播"是指属于不同文化的成员之间所进行的信息交流活动。只要信息的发出者是一种文化的成员，而接受者是另一种文化的成员，就会发生跨文化传播。[①] 跨文化传播是人际传播的一种，使中西文化在价值观念的不断冲突中加强文化的融合，有利于不同国家的语言、文化和历史的传承。跨文化传播更有利于不同文化和政治背景下的受众，以文化为媒介感受一个国家的内涵和思想，并产生深远的影响。因此，如何使不同国家间的文化传播与交流在精神层面上有效地进行，是跨文化传播学研究中的核心问题之一。由于受众遍布世界各地，不用的文化、历史背景和价值取向决定着国际台的传播从诞生之日起就带有跨文化的性质，因此，针对受众群体语言、宗教、风俗、价值观的不同，制定有针对性的传播策略对国际台实现有效传播至关重要。

普什图语是阿富汗的官方语言之一。国际台普什图语短波广播开播于1973年7月15日，听众为普什图族人，主要分布于阿富汗和巴基斯坦地区。30多年来，国际台普什图语广播内容除了报道中国、国际及地区性的新闻、时事外，还涉及中国政治、经济、文化、体育、旅游等多方面内容。目前，普什图语还拥有网站和季刊，媒介手段相对完善。2011年，普什图语广播调频节目在阿富汗首都喀布尔和南部坎大哈落地，中国的声音更为清晰地传达到阿富汗，调频广播逐渐成为普什图语部工作的重心。

一、中阿文化差异

文化背景对人们世界观、价值观的形成会产生深刻的影响。阿富汗人在历史上受伊斯兰文化影响深远。该宗教不仅提供了一整套信仰与道德体系，深深影响着人们的价值取向和思维定势，而且很大程度上为社会提供某种约束和调节机制，规范着人们的行为方式。"在一个像阿富汗这样的国家，民族的概念发育未久，国家与社会两相分离，人们只效忠

① 萨姆瓦著，陈南、龚光明译：《跨文化传通》，三联书店，1988年。

于地方公社，伊斯兰教是唯一可以构成阿富汗人所有共性的东西。”① 可以认为，伊斯兰教是阿富汗的“中枢神经”。② 伊斯兰文明是以神权意识为主体的国家，可以说对安拉真主的信仰是伊斯兰文化的核心。

中国受儒家思想影响深远，中国人以家庭为基础，以父子关系为主轴形成社会。中国文化强调组织的团结，强调和谐胜于说服。

中国文化和伊斯兰文化的对比③

现代中国文化	伊斯兰文化
以“现实”为中心的概念框架	以“价值”为中心的概念框架
个人至上	团体至上
在错综复杂的社会关系	在错综复杂的社会关系
男女接近平等	性别区别
群体性思维	群体性思维
由于实现自我的努力	荣誉从各种来源
唯物史观/人文焦点	真主为导向的重点
集体权力为导向	群体权力为导向
没有公共与私人的空间之分	过去导向
私人财富积累的为荣	身份为重点的行为
趋向自由恋爱	身份相符谈判的婚姻

由此可见，中国人与阿富汗人有着完全不同的文化，因此，在进行跨文化传播时，要尽量从受众的文化背景出发，尽量减少因文化不同而带来的意义解读的困惑、心理情感的隔膜和文化身份的疏离。

二、传者供给与受者需求契合度比较

随着国际局势和各国国家利益取向的变化，以及新媒体技术发展等因素的影响，国际广播在信息传播全球化的过程中遇到了新的机遇和挑战。世界主要国际广播媒体对其发展战略进行了调整，国际广播呈现出一系列新的发展趋势：由政治“硬”传播转为文化“软”渗透；由传者本位转为本土化传播；由单一广播媒体转变为多媒体传播机构；目标受众由大众转为青年和精英群体。下面对传者—普什图语广播和受者—阿富汗受众需求契

① 奥利维尔·罗伊：《伊斯兰教和抵抗》，剑桥大学出版社，1986 年，第 30 页。

② 迈克尔·巴里：《苏联入侵下的阿富汗》，Flammarion 出版社，1984 年，第 57 页。

③ 《中国文化与伊斯兰文化的比较》，http：//blog. sina. com. cn/s/blog _ 4a80367d0100fsx5. html。

合度作个比较：

1. 业务重心与受众的媒介使用契合度

以调频广播为重心，整合广播内容资源，发展网络、报刊是普什图语的工作业务方针。

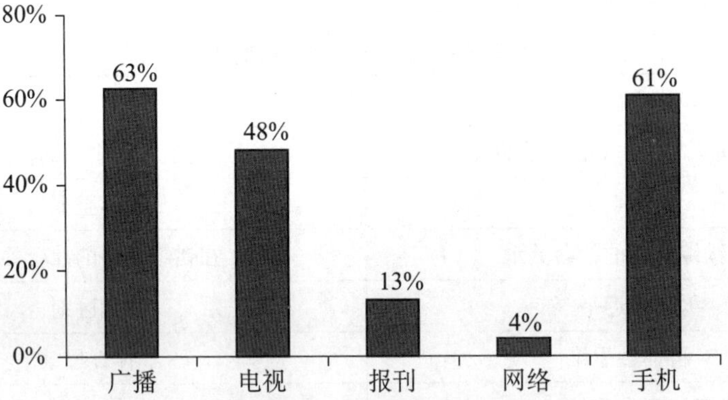

图1　2010阿富汗媒介工具使用调查图表①

上图为美国咨询机构 Altai Consulting 于 2011 年发布的《2010 阿富汗媒体状况》中媒介工具使用的调查结果图表。调查显示，63％的阿富汗人会定期听收音机，48％的阿富汗人会定期观看电视，而只有少数的 13％的阿富汗人定期阅读报刊。此外，手机也是阿富汗人使用的主要媒介工具之一，使用比例达 61％，网络的使用率最低，仅占 4％。由此可见，阿富汗的主导媒介工具仍然是广播，国际台普什图语将调频广播作为业务重心，这与受众的媒介工具使用有较高的契合度。

2. 播出时段与受众收听时段契合度

国际台普什图语调频广播每天播出时长 4 小时，播出时间为喀布尔时间 17：00（首播）和次日 07：00（重播），每次播出 2 小时。

图 2（上）为美国咨询机构 Altai Consulting 于 2011 年发布的《2010 阿富汗媒体状况》中广播、电视的收听和收看最佳时段调查图表，从代表广播收听时段的曲线来看，一天中 19：00～23：00 为阿富汗人收听广播的首选时段，其次为清晨 05：00～07：00，该两个时段为广播黄金时段。图 2（下）为美国咨询机构 Altai Consulting 于 2011 年发布的《2010 阿富汗媒体状况》中广播、电视收听率、收看率调查对比图表，从代表广播收听率的曲线来看，从清晨 05：00 开始收听率逐渐呈上升趋势，到 07：30 达到一天中广播收听率峰值 10％，之后收听率逐渐下降，12：00～18：00 期间，收听率维持一个较平稳的水平；18：00

① 美国咨询机构 Altai Consulting 于 2010 年 3 月至 8 月在阿富汗全国范围内进行了一次大规模的媒体调查，调查目的是为了了解阿富汗媒体发展状况、媒体对阿富汗公众观念和行为上的影响以及公众对媒体的期望。Altai Consulting 采取了配额抽样的方法，考虑了地区、性别、年龄、受教育程度等多种因素，对年龄段在 18 到 65 岁之间的 6 648 人进行了调查。调查范围覆盖全国 34 个省的 900 多个城镇和村庄。该调查报告已在 Altai Consulting 网站上发布，网址为：http：//www. altaiconsulting. com。

开始又呈现上升趋势；20：30 达到一天中收听率峰值，之后逐渐呈下降趋势；一天中收听率最低的时间段集中在深夜 23：00～次日 05：00。

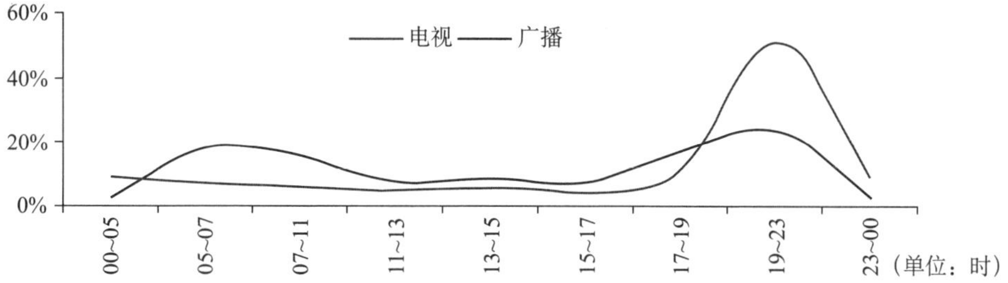

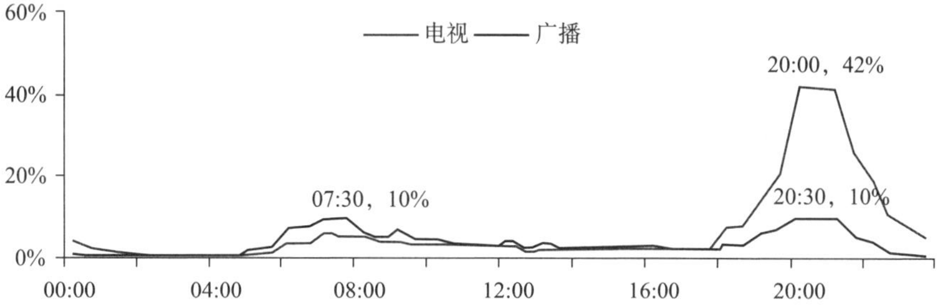

图 2　（上）2010 阿富汗广播、电视收听和收视最佳时段调查图表
（下）2010 阿富汗广播、电视收听率和收视率调查对比图表

经过与调查表比对得出结论：国际台普什图语调频广播的播出时间基本集中在了受众国广播黄金时段，二者契合度较高。

3. 播出内容与受众偏好内容契合度

国际台普什图语广播节目由中国新闻、地区新闻、国际新闻和专题构成，内容涉及文化、经济、社会等各领域。

图 3 为美国调查机构 Altai Consulting 于 2011 年发布的《2010 阿富汗媒体状况》中关于广播节目受欢迎度调查结果图表，从代表广播节目平均喜爱度的曲线来看，54％的被调查者最喜欢的广播节目为国内（阿富汗）新闻节目，45％的人喜欢音乐节目，30％的人喜欢宗教节目。其中，女性对于音乐节目、宗教节目有着更强烈的偏好。24％的人喜欢地方新闻，18％的人喜欢国际新闻，文化、政治评论、娱乐、健康、社会、戏剧等类型节目的受欢迎度相对较低。

根据国际台普什图语调频广播目前的节目安排，新闻节目周一至周五每天 10 分钟，周末新闻节目时长减半。在新闻选择和编排上注重选择对象国新闻，约占新闻总数量的 10％，中国新闻约占 40％，国际新闻约占 50％。音乐节目周一到周五每天 35 分钟，约占整体节目时长的 62.5％，周末音乐时间略长。音乐节目分为中国音乐和普什图音乐两类，内容包括中国民族音乐、流行音乐、歌曲等，以听众点播、回答听众留言、介绍热点社会话题为串场等多种方式构成节目。以音乐节目《声音和色彩》为例，35 分钟的节目基本上

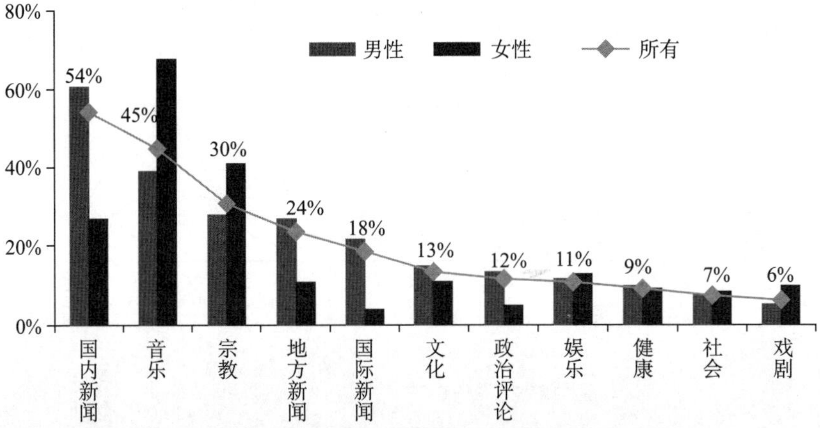

图 3　2010 阿富汗广播节目受欢迎度调查图表（全国平均水平）

由大约 8 首歌曲配以相关歌手及歌曲简介，或围绕其他热点话题串场构成。目前，由于缺少经费、跨国环境等各种客观原因，尚未针对国际台普什图语调频广播受众开展过大规模的调查，但从美国调查机构发布的《2010 阿富汗媒体现状》中可以对阿富汗国内民众对于广播节目的偏好有所了解，从而在节目整体构成上作出针对性的调整。

此外，美国调查机构发布的《2010 阿富汗媒体现状》中还涉及阿富汗广播电台知名度和受欢迎度的调查。调查结果显示，位于阿富汗最受欢迎电台排行榜榜首的是自由阿富汗电台（Azadi Radio），排名第二的为阿富汗国家广播电视台（RTA Radio），其次为 BBC 广播电台。其中自由阿富汗电台和 BBC 都不是阿富汗本土创办的电台，它们分别隶属于美国资助建立的自由欧洲电台和英国广播公司，但在对阿富汗开通广播初期，这两家电台都雇佣了解当地听众的从业人员，进行本土化运营，并且在节目品质、节目创新性、新闻的时效性、真实性、客观性方面也是做得较好的。以上调查的时间跨度为 2010 年 3 月至 2010 年 8 月，虽然那时 CRI 普什图语调频广播尚未在阿富汗落地开播，但位于排行榜前列的这些广播电台的一些指标，也反映出了国际台普什图语广播要想得到阿富汗听众的喜欢应具备的一些基本条件。

三、提高传播有效性

目前，国际台已经发展成为具备报纸、广播、电视、网络、新媒体五种传播手段的国际传播集团，五种传播手段中，普什图语部拥有报纸、广播、网络，此外普什图语部还在多个社交媒体，如新浪微博、Facebook 中开通账户，拓宽传播渠道。由于对象国阿富汗目前基础设施建设较为落后，国际台普什图语部已经拥有了相对完善的传播平台。笔者认为，现阶段应将重心放在内容建设上，提高广播有效性。

1. 增强节目贴近性

在对外传播中，受众的选择性心理问题是媒介学界与业界广泛探讨的焦点议题。美国传播学者克拉伯就在其著作《大众传播的效果》中，系统阐述了受众倾向于有选择地接触那些能够加强自己信念的讯息，拒绝那些与自己固有观点相抵触的讯息这一现象。克拉伯还将受众的选择性心理归纳为选择性主义、选择性理解和选择性记忆三个方面。其中选择性主义是指当大众媒介所传达的讯息符合受众的认知范围，且能够满足受众的部分需求时，才能引起受众对它的兴趣而加以注意；选择性理解是指具有不同心理特征、文化倾向和社会成员关系的人们，会以不同的方式解释同一则媒介内容；选择性记忆则是指受众往往只记忆那些对自己有利、符合自己兴趣，或与自己意见一致的传播内容。根据该研究理论，贴近性是使传播取得理想效果的重要因素之一。例如，美国广播管理委员会 2002 年正式开办了对穆斯林的中东广播网。起初它根据中东国家青年喜爱阿拉伯和西方音乐的特点，制定节目构成以阿拉伯与西方音乐为主。之后，随着节目影响力的日益扩大，不断增加新闻类信息的比例，使目标听众逐渐习惯收听该广播网的新闻和评析，并潜移默化地接受美国的思想和观点。笔者认为，国际台普什图语调频广播可以借鉴好的经验，在传播内容安排上，以受众最感兴趣的对象国国内新闻、音乐类节目为突破口，增强内容的本土化，获得受众较高的关注，进而提高国际台普什图语广播在对象国的传播影响力。

2. 以音乐节目作为节目本土化切入点

针对阿富汗听众喜爱音乐的特点，我们可以在音乐类节目中做足文章。目前，普什图语调频广播的音乐节目还主要由中国员工来主持和制作，而对于绝大多数从未到过阿富汗的中国员工来说，尚不能对对象国有感性的认识，加上跨国的远距离和文化差异的因素，无法把握受众对音乐的偏好和流行风尚。因此，笔者认为，应首先雇佣阿富汗当地对音乐了解的 DJ 来主持普什图语音乐节目，实现音乐节目本土化，以此作为切入点，逐步获得听众喜爱，当节目知名度进一步扩大后，再逐渐增加中国音乐的比重，以音乐为载体，让受众了解、认识中国。

3. 增加“软性”报道内容

国际广播是以国家为主体加入国际传播的一种宣传行为，其根本出发点是政治考虑，为国家的对外战略服务。在信息传播全球化背景下，以往的政治“硬”传播已经不能适应新的传播环境的需要，于是改用文化渗透这种“软”手段代替。[①] 用文化传播的方式蕴含政治信息，从而潜移默化地影响受众的价值观。

据国际台普什图语广播 2012 年受众调查结果显示，95%的被调查者希望了解中国，而回答对中国哪方面比较感兴趣时，文化位列第一。在跨文化传播中，文化信息的有效传递，可以拉近与受众的距离，能够让受众有更多的“亲近感”，而这种亲近感将进一步引发受众对中国的兴趣，因此，国际台普什图语广播应在调频节目中增加文化类节目内容的比重。

4. 办好汉语教学节目

汉语教学节目是普什图语调频广播节目的重要组成部分。根据普什图语部 2009 年一项网络调查显示，96%的受众希望通过普什图语广播学习汉语。目前，《学汉语》是普什

① 张超、王悦之：《全球化视野下的国际广播发展趋势》，《青年记者》，2007 年 8 月 25 日刊。

图语调频节目中唯一的汉语教学栏目，该栏目分60个课时，由易到难教授汉语日常会话，每天播出1课时，每课时10分钟。待所有课时播出结束后，再进行新一轮的轮播。笔者建议，在受众对学汉语拥有极大兴趣的情况下，可借鉴国际台轻松调频的1分钟英语学习栏目《单词看天下》的做法，以轻松幽默的风格打造简短、易于学习，并富有知识性的学汉语栏目，丰富汉语教学内容，切合受众对学汉语的兴趣点，提升普什图语调频广播的知名度。

（作者单位：中国国际广播电台普什图语部）

参考文献：

1. 萨姆瓦著，陈南、龚光明译：《跨文化传通》，三联书店，1988年。

2. 奥利维尔·罗伊：《伊斯兰教和抵抗》，剑桥大学出版社，1986年。

3. 迈克尔·巴里：《苏联入侵下的阿富汗》，Flammarion出版社，1984年。

4. 张超、王悦之：《全球化视野下的国际广播发展趋势》，《青年记者》，2007年8月25日。

关于国际台普什图语调频广播内容建设的思考

陈　重

随着中国经济的快速发展和国际影响力的不断加强，中央高度重视国家主流媒体增强国际传播能力的建设，中国国际广播电台（以下简称国际台）作为专门从事国际传播事业的国家媒体，根据中央的总体部署，紧紧围绕构建现代国际传播体系，提出了打造现代综合新型国际传媒集团的战略目标。随着自身国际传播能力和国际舆论竞争力的不断提升，国际台也迎来了海外事业的快速发展时期。

在这一大背景下，国际台普什图语整频率调频台——阿富汗坎大哈调频台于2010年10月27日正式开播，每天7：00～19：00播出普什图语节目4小时、英语节目8小时。与此同时，在阿富汗首都喀布尔每天播出1小时普什图语节目。2012年4月27日，喀布尔整频率调频台也正式开播，播出频率及内容与坎大哈调频广播一致。

当前，如何根据受众需求打造出适合阿富汗听众的调频广播，提高节目的可听性、贴近性，增强在阿调频广播的对外传播效果，已成为普什图语广播人需要思考和解决的问题。本文将就关于普什图语调频广播的内容建设提出几点思考。

一、普什图语调频广播发展现状

在阿富汗的各种媒体形式中，广播媒体占有主导地位。过去几十年中，BBC、VOA等西方知名广播媒体基本占领了阿富汗调频广播市场，形成了较为激烈的竞争。CRI坎大哈和喀布尔调频台的开播，打破了西方媒体在这一领域的垄断，并迅速以独特的国际视角和中国文化特色，吸引了当地听众的关注。

1. 普什图语调频广播的内容设置

目前，普什图语坎大哈和喀布尔调频台每天当地时间7：00～19：00通过普什图语和英语播音12小时，其中普什图语节目4小时、英语节目8小时，所有播出节目都在北京制作以录播形式播出。普什图语节目的首播时数为2小时，第一次播音于当地时间17：00～19：00，次日7：00～9：00重播，首播2小时内容以资讯和文化音乐类节目为主。每日播出内容包括：15分钟新闻时事类节目、10分钟海外报道员节目、10分钟《每日汉语》节目，以及各种专题类节目、音乐类节目和听众互动类节目。

2. 普什图语调频广播成为对阿富汗传播的优势媒体

随着普什图语坎大哈和喀布尔调频台的开播，集合了调频广播、短波广播、网站和报纸的国际台普什图语对外传播体系初步建成。调频广播以其收听效果好、内容丰富、互动性强的特点迅速成为国际台对阿富汗传播的优势媒体，并成为未来一段时间内国际台普什图语的重点发展媒体。作为阿富汗听众了解中国和世界的重要窗口，普什图语调频广播的汉语教学和文化类专题节目成为受众关注的热点。值得注意的是，调频广播的开播也带动了普什图语网站等媒体形态的迅速发展。例如，普什图语网站浏览量和听众留言量随着调频广播的开播不断增加，听众留言内容从过去的问候和索要礼品，变成了对节目内容的讨论和对主持人主持风格的评价等，内容更具有针对性和互动性。

3. 普什图语调频广播存在的不足

从普什图语坎大哈和喀布尔调频台广播内容设置来看，普什图语节目的播出时数为4小时，首播时数只有2小时，还不能满足当地听众的需求。目前每天的新闻类节目时长只有15分钟，在首播节目中占的比例较低，只有1/8。另外，国际台普什图语调频广播新闻节目内容由中国新闻、国际新闻和地区新闻组成，由于受新闻稿件来源的限制，涉及阿富汗本地新闻的报道内容与当地其他调频广播相比较少，时效性较差。目前，国际台普什图语调频广播节目内容多为短波广播节目的衍生，基本采取较为传统的播音形式，更符合调频广播特色的双主持人播音的形式仍没有常态化。

二、普什图语调频广播的定位和改革方案

我们想要在激烈的媒体竞争中立于不败之地，调频广播从业者应当更加了解和熟悉自己的听众，了解他们的收听习惯和需求。在充分调研的基础上，明确调频广播和目标受众的定位，以便更好地提高调频广播内容的贴近性和可听性。

1. 根据受众群体特点明确调频广播定位

根据受众调研经验，任何一家成功的城市调频广播必然有其特定的受众群体，而广播从业者应当充分明确自身广播定位和主流受众群，根据受众的收听习惯和需要来制作节目，只有这样才能达到传播效果的最大化。例如，喀布尔作为阿富汗的首都，民众受教育程度远高于其他省份，而调频广播的主要收听群体是官员、上班族、大学生和从事商业活动的人员，他们大多习惯早晨起床后或开车时收听广播，对于新闻资讯、服务类信息和谈话类节目的需求较大。而坎大哈作为阿富汗南部重镇和阿富汗塔利班的主要控制区，当地居民的文化程度和生活水平比较低，受众也以农民和大量从巴基斯坦回国的难民为主。他们收听广播的时间比较分散，对于音乐类和百科知识类节目的需求较大。因此，国际台普什图语调频广播节目定位应当以资讯、音乐和汉语教学为主，辅以文化类和谈话类节目。

2. 改善内容设置提高可听性

任何改革和创新都应建立在充分调查和研究的基础之上，因此，国际台普什图语广播部应通过专业的受众调研公司，在阿富汗喀布尔和坎大哈进行一次详细的受众调研。对当地各调频广播播出情况和自身受众分布情况进行摸底。根据受众调研结果、阿富汗本地调频节目特点以及普什图语调频广播节目的自我定位，再结合部门的实际工作能力，将普什图语首播时数从2小时延长至4小时，每两小时为一个播出周期，每日早、晚各播出一次。同时可对目前调频广播节目设置进行调整，改变现有零散的节目构成形态，内容以新闻、专题、音乐等节目形式呈现，使节目内容更加符合城市调频广播的特点。具体建议如下：

(1) 延长新闻节目时长，增加服务类信息，拓展新闻宽度和深度

国际台普什图语的新闻节目应以每两小时为一个更新周期，早晚各更新一次。在每一

小时节目中设置不同的新闻板块，新闻时长从原有每日15分钟，延长至第一小时20分钟，第二小时15分钟。由于目前针对阿富汗本地新闻的报道在时效和内容上还有许多局限，因此，国际台普什图语调频广播的新闻应抓住最新鲜的国际时事报道，内容要充分依托国际台和新华社等信息来源，以国际新闻为主，辅以中国新闻和地区新闻，并对重点新闻进行深度报道。此外，还应在新闻栏目之后增加天气预报、汇率信息等内容，充分满足听众了解中国经济和国际时事的需求。

（2）增强节目贴近性，丰富播出形式

目前，普什图语调频广播专题节目仍然以稿件的翻译和播报为主，专题内容分散在不同时段。另外，应当在每日早间两小时播出时段的第一小时新闻节目后，集中播出介绍中国的专题类节目，节目内容以介绍中国社会、文化、民族、经济发展成就，汉语教学、对外交流和服务性资讯为主，强化以我为主的对外传播效果。在每日晚间两小时播出时段的第一小时新闻节目之后，播出由海外报道员制作的以阿富汗本土内容为主的谈话类节目，增加节目贴近性。此外，主持风格应当更加轻松、活泼，要重视互动性和话题的完整性。

（3）注重音乐节目类型化，增强可听性

根据调研和国际台阿富汗合作方的反馈情况，随着首播时数从2小时增加为4小时，普什图语调频节目中的音乐节目也应增加，并且注重类型化。作为城市调频广播，音乐元素是必不可少的节目资源。国际台普什图语调频广播每天早晚应分别播出以普什图语歌曲欣赏和中国音乐介绍为主的两档音乐节目。音乐节目集中播出，也更加符合听众的收听习惯，能够吸引更多听众的关注。

三、未来的发展方向和建议

1. 积极推进调频广播节目本土化和直播化建设

在阿富汗的两家调频广播台的开播，大幅提高了国际台普什图语广播节目在当地的传播效果，经过两年多的努力，国际台普什图语调频广播也积累了一定的受众群体。由于阿富汗连年战乱，本土媒体的新闻采集能力相对较弱。以官员、知识分子、学生构成的调频广播收听主体，主要依赖国外媒体获取国际新闻、地区新闻。作为使用“中国国际广播电台”为呼号的国际台调频广播电台，应当充分注重区别于西方媒体的中国电台属性，为听众提供对于世界新闻和地区事务的不同解读。中国元素，应当是国际台普什图语调频广播有别于其他当地传媒的标志性特色。与此同时，随着阿富汗战后国家重建进程的推进，阿富汗政府近年来不断加强与包括中国在内的周边国家的友好交往。中阿两国作为友好邻邦，有着十分深厚的友谊，中国政府一直积极参与阿富汗重建进程。中国已经成为阿富汗最大的投资国。因此，阿富汗人对于中国的兴趣与日俱增。阿富汗民众希望了解中国，希望学习中国的先进发展经验，希望能够从中国获得更多帮助。因此，普什图语调频广播应当成为阿富汗人了解中国以及国际新闻和资讯的权威信息源，让听众能够获取具有中国视角的权威发布。此外，普什图语调频台还应该努力打造介绍中国文化的品牌栏目，用阿富汗人能够听懂的方式来介绍中国文化。积极打造精品节目，逐步形成有影响力的品牌栏目，例如《学汉语》和《中国百科》栏目。今后，国际台普什图语调频广播文化类栏目应当围绕这两个主题栏目进行采编和设置，节目形式应当是符合调频广播特性的、伴随性的、贴近受众生活的，以期成为阿富汗听众学习汉语和了解中国文化的最佳途径。

为了更好地实现节目本土化制作，今后，国际台普什图语部和喀布尔节目制作室将形成一个相互协作，分工明确，完整的节目生产和播出链。作为城市调频广播，普什图语喀布尔和坎大哈调频广播电台应根据制播能力和对外传播功能的需要，调整为音乐类型化城市电台。同时要负责跟踪中国的舆论信息，把握政策导向，提供部分半成品和成品节目，内容包括有关中国社会、文化、民族、经济发展的情况。要特别着重对于世界新闻、中国以及地区性新闻的资讯采集。喀布尔节目制作室将按照国际台的报道方针和受众需求制定报道方案，制作播出成品新闻节目和以阿富汗国内新闻内容为主的资讯、谈话和音乐类节目。

随着喀布尔节目制作室的建成，普什图语广播部的节目制作能力和水平将会大幅提升。因此，最终两个整频率调频台将成为单一语种的全时段普什图语电台，播出时长为12小时。此外，随着海外制作室的逐步完善，节目播出形式也将逐渐改为直播方式。

2. 积极拓展渠道加强听众互动

在实现节目直播化后，国际台普什图语调频台应在节目中专门设置听众互动类节目，加入以电话互动为主，手机短信为辅的两种互动手段。因为，普什图族听众具有文化水平普遍较低，且又喜爱音乐的特点，所以，坎大哈的调频节目应注重音乐节目和听众互动的结合，增加听众点播栏目。而在首都喀布尔的调频广播主要针对人群为官员、知识分子和学生，因此，他们更加倾向于通过广播来表达自己对社会问题和时事政治的看法。国际台普什图语调频台也将尝试引导这一部分听众参与对当地社会问题的讨论，在加强节目互动性的同时，扩大在当地的影响力。

综上所述，随着调频广播台在阿富汗的开播，涵盖调频广播、短波广播、网站和报纸的普什图语传媒体系已经初步建成，对外传播手段成功实现了从传统、单一媒体向现代、多元化媒体的转变。国际台在阿富汗本土的影响力不断扩大，使阿富汗受众能更好地了解中国。与此同时，传播内容的本土化以及节目采集、发布的本土化也势在必行。今后，要注重受众调研工作。随着喀布尔节目制作室的建成，国际台普什图语广播部要打造统一品牌，实现节目产品化制作，并适时对各播出平台资源进行市场化运营。

作为对阿富汗本土最有效的传播手段，未来相当长的一段时间内调频广播建设都将是普什图语广播部的工作重点。随着前方制作室的建成和节目形态本土化、直播化的逐步完善，普什图语对外广播事业也将迎来更加广阔的发展空间。

（作者单位：中国国际广播电台普什图语部）

参考文献：

1. 王庚年：《CRI/CIBN海外分台受众市场研究》，中国国际广播出版社，2013年。
2. 王庚年主编：《媒体品牌战略研究》，中国国际广播出版社，2013年。

如何提高世界语新闻广播的可听性

王溦时　熊　珊

广播节目的收听率往往成为广播行业衡量节目质量的因素之一。提高节目收听率可以加强广播的影响力，甚至是带来经济效益，为广播媒体的进一步发展奠定基础。提高中国国际广播电台（以下简称国际台）世界语新闻广播的可听性是提高收听率的前提。要有效地进行对外传播还要提高广播节目的质量，加强用世界语进行国际传播的社会影响力。

一、世界语的诞生

世界语诞生于1887年，是由波兰医生拉扎罗·路德维克·柴门霍夫创立的一种人造语言。柴门霍夫于1859年12月15日出生于波兰的比亚韦斯托克，当时那里是沙皇俄国的属地，住着俄罗斯人、日耳曼人、波兰人和犹太人，他们各自使用着不同的民族语言，由于语言隔阂，各民族之间的纠纷和冲突时有发生。柴门霍夫为同一国土上的居民之间如此生疏而感到痛心，也为整个世界的相互仇恨而觉得痛苦。于是，他开始考虑“如果人人除了自己的本民族语言以外，都学会一种国际的语言，便能够借助这种国际语言互相沟通，互相了解，从而消除彼此间的误解、隔阂和仇恨。”世界语就是在这样的背景下诞生的，自它的诞生之日起，它就担负着沟通各种族情感以及对外宣传的艰巨任务。

世界语是一种中立的语言，它用一种较简单的方法增进各国的沟通与了解，同时尊重各民族的文化和语言。世界语只在进行国际交流时使用，本着简单易学的原则，比任意一种民族语言都易学，且具有丰富的表达力，在国际传播中扮演着举足轻重的角色。

世界语有着与其他民族语言不一样的独特优势，传播影响力很广泛。比如，用日文出版的书籍只能在日本广泛发行，用法语出版的书籍最多也是在欧洲列国或者法属领土发行，但用世界语出版的书籍，全世界只要懂这个语言的人就都能看懂，也不存在历史遗留下来的语言区域问题。

二、如何提高世界语新闻广播的可听性

1964年12月19日，国际台世界语广播正式开播。开播初期，世界语对外广播只传向欧洲，自1980年起开始传向欧洲、东北亚、东南亚以及拉丁美洲等地区。2002年5月5日，国际台推出了世界语广播网站。

如何提高世界语新闻广播的可听性？笔者认为，要提高世界语新闻广播的可听性，可以从许多方面着手。而在其传播过程中，真实性、及时性、有效性、重要性、贴近性以及趣味性是应该重点注意与把握的内容。

1. 保证新闻的真实性

我们对于新闻的报道，应该本着尊重事实的原则，确保新闻的真实性。人们获取的新闻是对外部客观世界变化的认识，只有获得对外部客观世界准确的认识，我们才能更好地适应、改造客观世界。所以，新闻不是凭空而来的，它的来源是客观的事实。新闻工作者应具有务实的精神。

新闻工作者要坚持客观报道的精神，将事实真实地反映出来，并且要掌握好度。新闻媒体在进行舆论监督性报道时，要尊重客观事实，不发表带有倾向性的评论或意见，以免误导受众。对此，清华大学新闻与传播学院李希光教授表示："新闻工作者不是评论员（言论文章除外），不是裁判，更不是法官。你的任务就是冷静地将新闻事件完整地记录下来，进行客观报道。"

在新闻报道中，理论上主持人是不发表带有倾向性的评论或意见的，但面对地震、洪水等突发事件时，主持人的情绪会出现波动，主播们流泪、哽咽也会成为一种强大的感召力量，更能影响受众，体现新闻的真实性。然而，高质量的播音语言应该是"情取其高，声取其中"，主播对新闻事实要有浓郁深刻的感受，在向观众介绍新闻事件时应该把事实表达得平和，处变不惊，这更能彰显主持人的成熟。

2. 确保新闻的及时性

现在普遍对新闻的定义是：新闻是对新近发生的事实的报道。其实，新闻也有"相对论"，因为新闻这个概念本身就是相对的。即使今天最新发生的"新闻"，到了第二天就变成昨天的"旧闻"了，所以，新闻报道一定要及时。新闻在及时性上与文学、历史以及情报有明显的区别。新闻相对于文学更具有真实性；新闻相对历史更具有新鲜性；新闻相对情报更具有公开性。

新闻，顾名思义肯定离不开"新"，"新"不仅仅代表新近，更多的是代表新鲜、新意。我国杰出的新闻记者范长江就曾经提出他所理解的新闻"是广大群众欲知、应知而未知的"。有新意的新闻就能引起大众的兴趣，当受众去关注它之后就必然会引发舆论，这个新闻就会被社会所重视。只有及时地报道新闻，才能满足新闻具有新意的特性，也能满足受众对新闻的需求。

我们需要一些手段来了解新闻，也就是所说的传播报道。报道是一个活动的过程，这说明新闻常常处于变动之中。因为新闻来源于有形的物质，一切物质都处于运动变化中。"任何消息都不会无缘无故地透露给记者，其原因有时和透露的消息本身一样重要。"国际新闻的引导对国际沟通起了非常重要的作用。如果新闻从业人员不谨慎地对待国际新闻的报道工作，那么后果不堪设想，尤其在当今社会舆论威力惊人的情况下。所以，确保新闻的及时性，可以提高世界语新闻广播的可听性。

北京时间 2013 年 4 月 20 日 8 时 02 分，四川省雅安市芦山县（北纬 30.3°，东经 103.0°）发生 7.0 级地震。当日正值周末，按照国际台世界语部的惯例，周末新闻班应于下午 15：00 到岗，但得知这一消息后，世界语部员工迅速作出反应，及时开设网络专题，第一时间将雅安地震的消息翻译上网，同时配合时事以及图片报道。另外，世界语部还打破了当日广播节目固有的模式，增加了雅安地震的新闻专题，让广大世界语者能够及时了解地震灾区的受灾情况。

雅安地震发生时，国际台世界语部张平正在参加以色列举办的“亚洲世界语大会”，在确认地震的消息后，她立即将地震情况反映给大会主办方，主办方当即决定于次日对雅安地震中的遇难者举行默哀活动。第二天，默哀活动的图片、报道也在第一时间刊登在世界语网站上，同时，广播节目中也播放了参会的世界语者对于地震灾区的问候。节目播出后，收到了各国世界语者的反馈。由于世界语部及时地对雅安地震的情况进行了全面报道，该月广播节目收到的受众反馈大幅增加，网站点击率也有所提升。

3. 加强新闻广播的有效性

随着纸质媒体越来越多地被电子书之类的电子读物所代替，人们渐渐从选择买刊物转为更为便捷地到网上浏览新闻。广播的过程也是传播信息的过程。现在每天都会有铺天盖地的信息通过各种媒体渠道传输，其中有一些是真实的信息，有一些则是被夸大或者歪解的虚假信息，所以如何有效传播是值得研究的问题。

要采用受众研究的方式及时搜集反馈。对受众的研究主要是为了了解广播对受众究竟有何影响，这主要包括受众对于传播信息的可接受程度。全面了解受众的情况有利于有效传播信息，避免传播过程中出现盲点。

对于受众的研究重点集中在三个方面：受众获取传播信息的渠道、受众的兴趣点以及对广播节目的个人观点。一般情况下，人的行为受个人需求和兴趣点所影响。正如在商场购物，很难说人们都会选择什么样的物品，但显而易见的是，最后被选择的物品都是能够满足购买者需求和兴趣的。信息的有效传播也取决于受众的需求及兴趣点。当传播者了解大多数受众对某一事件的兴趣程度之后，就可以在传播的过程中按照受众的兴趣点来选取排列。当然，如果要想有效地传播新闻，引导舆论，就需要在传播过程中做到适当取舍。

4. 关注重要的新闻事件

什么是重要的新闻事件？重要的新闻事件往往会对社会，对人民生活产生重要的影响。例如，2008 年北京举办的第 29 届奥运会是一场全世界瞩目的体育盛会，同时，这也是对外宣传的好时机。通过我们的报道要让世界各地的人们深入了解中国的文化、宗教、社会、经济等各方面情况，让世界更加了解中国。另外，在播报重要的新闻事件时，我们还应对新闻事件涉及的背景作相应的介绍。例如，在播报与西藏相关的新闻时，如果受众对西藏的历史、文化、宗教等背景情况不够了解，也许就不能很好地理解与接受报道内容。

国际台世界语新闻广播应该关注重要的新闻事件，特别重大的新闻事件可以开设专题节目进行播报。例如，春节报道专题节目。春节是中国人一年当中最隆重的节日，代表着新一年的开始。在专题节目中，我们要让外国受众了解春节，甚至通过新闻播报一起“体验”中国的这个重要节日。这样既做到了重点突出，又满足了受众对于重大事件关注度的需求，增加了新闻的可听性。

5. 加强新闻广播的贴近性

新闻广播越具有贴近性，就越具有可听性。与受众息息相关的新闻，才容易被受众接受。

首先，在进行新闻传播时，可以在广播用语的选择上更具贴近性。例如，在讲述梁山伯与祝英台的浪漫爱情故事时，可能需要大量的词汇才能让外国的受众了解这两个人物。但如果我们换个思路，用更为易懂的“中国的罗密欧与朱丽叶”来描述，这样一来，尽管国外受众不知道梁祝的故事，他们也能立刻明白其中的意思。因为，对于欧洲的受众来说，罗密欧与朱丽叶的故事家喻户晓。所以，在对外广播中使用易懂的和常用的词语可以达到事半功倍的效果，提高广播的可听性。

除了在广播词语的选择上加强贴近性之外，使新闻传播更具有贴近性的另一个办法是多报道对象国或周边地区的重大热点事件。对象国或周边地区发生的事件是与受众日常生活息息相关的，也是他们比较关心的问题。在选择新闻时，如果新闻的其他因素都一样，只是发生的地区不一样，那么，我们就可以把靠近对象国地区的新闻放在前面，突出贴近性。

其次，新闻广播可以在内容层面上增强贴近性。在进行新闻广播节目策划时，除安排一些国际时政要闻外，还可以增加一些软性新闻，比如，在生活栏目可以增加一些服务性信息，像天气预报、出行指南以及预防疾病小窍门等。这些生活中的小贴士可以增加广播的贴近性，从而提高新闻广播的可听性。

6. 加强新闻广播的趣味性

加强世界语新闻广播的趣味性不单是指新闻的内容，也包括传播的手段应该更有技巧。比如说，播报新闻的模式可以从单一的主持人播报转为中外主持人播报的形式，也可以把记者请到录音间谈一下在现场采访的感受，增加新闻广播的亮点。另外，除了对某一新闻事件进行陈述之外，还可增加独特的点评与互动讨论等。

总之，我们要有效地进行对外传播，努力确保新闻的真实性、及时性，加强新闻广播的有效性、贴近性，关注重要的新闻事件，增加新闻广播的趣味性。真正做到“用心”去广播，用时间去锻造精品栏目，提高世界语新闻广播的可听性，从而带给受众更多有意义的节目。

（作者单位：中国国际广播电台世界语部）

参考文献：

1. 蔡帼芬：《国际传播与对外宣传》，北京广播学院出版社，2000 年。
2. 刘洪潮：《怎样做对外宣传报道》，中国传媒大学出版社，2005 年。
3. 张骏德：《当代广播电视新闻学》，复旦大学出版社，2001 年。
4. 张桂珍：《中国对外传播》，中国传媒大学出版社，2006 年。
5. 王崧：《新闻采访与写作：兼论对外传播》，光明日报出版社，1990 年。

关于新闻编辑创新的思考

刘 妍

广播电视编辑承担着信息筛选、处理、加工、发布等大量的工作，默默无闻地为广大受众提供感兴趣的信息，以满足受众不同的精神需求。当前，新闻改革逐渐深化，受众需求趋向多元化，媒体竞争日趋激烈，面对观点不同、角度多变、质量参差不齐、时效或快或慢的稿件，作为新闻编辑如何对新闻事件作出准确评估，筛选出好的稿件，汇编成文明健康、积极向上的精神食粮，使有限的新闻资源焕发无限的生机，在当前新闻活动中，新闻编辑工作的思路创新和技巧越来越重要。

一、新闻编辑再创作与媒体核心竞争力

信息革命的浪潮深刻改变的不仅是受众获取新闻的途径与方式，也从根本上改变了对新闻编辑职业角色和职业素质的基本要求。新闻编辑必须尽快自觉实现编辑理念、职业能力的全面转型——除了要熟练掌握组稿、编稿、校对等技能，还需要拥有新闻策划、新闻整合等从事现代媒体采编事业必备的再创作能力。

编辑的再创作能力“是建立在原创基础上的附加于原创体的创造性劳动”。尊重原稿，体现的是编辑对记者的尊重；善于对不能充分体现新闻价值、实现整体策划意图的稿件进行恰如其分的再创作，画龙点睛般地突出新闻的潜在价值，彰显的是编辑对新闻规律的坚守，是编辑主体意识和创新意识的体现，增强的是新闻媒体的核心竞争力。

1. 增强新闻传播效果

在稍具规模的新闻传播机构，“采访”与“编辑”通常是相对独立的两种岗位，其间虽然有合作，但各司其职的色彩更为浓厚。记者负责新闻的现场采访与稿件写作，编辑负责新闻的后期加工与编排。站在记者的角度看，记者提供的新闻稿是已经完成的作品；但对编辑而言，却只是生产内容产品的新闻素材，是尚未完成或尚存瑕疵的作品。编辑的“成品”应是一组完整的、高质量的、符合编辑意图和宣传思想的新闻组合。这就要求编辑对稿件进行选择和加工。要按照当前的宣传中心工作，按照新闻的价值进行组合和编排，这就是编辑的“再创作”。编辑的再创作是创造性劳动，不仅能够修正、弥补新闻作品中可能存在的思想性、技术性差错，确保在政治导向、新闻事实、文法修辞、知识常识等方面无懈可击，同时更在于可使新闻主题更突出、角度更新颖、裁剪更得当、结构更完整、观点更全面、语言更凝练、叙述更生动、标题更抓人，使新闻的可读性或可视性最大化展现，从而增强新闻作品的思想深度和艺术感染力，提升传播效果。

2. 突破同质化窘境

新闻媒体同质化现象在近几年表现得尤为突出，除了多个媒体在风格定位、栏目设

置、表现手法等方面的高度趋同，同一地区或城市的媒体上几乎每天都要发生“新闻撞车”——不同的媒体却在用相似的文字或影像报道同一个新闻事件，以至于有人说独家新闻成了唯有教科书上才能找到的概念。新闻的吸引力首先在于“新”，新闻不仅要反映受众关注的新事件、新人物、新现象、新知识、新动态，在素材、角度选取和写作风格上也应尽力求“新”。发现独家新闻的确很难，甚至可遇不可求，但在新闻实践中如果能够自觉强调编辑的再创作，强调编辑对新闻的策划意识和整合意识，还是可以作出有个性的新闻报道的。记者在一线采访时看到的通常是零散的“点”，加之新闻作品是一种机遇产品和时效压力下的产品，使得常见的新闻作品存在着报道角度雷同、事实要素残缺、逻辑链条断裂、文题不符、题大文小等问题，这给新闻编辑进行再创作留下了空间。担当后期制作任务的编辑如果有职业敏感和专业积累，善于思辨和创新，善于通过细节看大局，则能够从记者们提供的“点”中发现新闻之间的关联、洞悉新闻背后的新闻、反思现象之外的规律，通过归纳、分拆、组合、链接等手段，对新闻素材进行深度再加工、再创作。借助恰当的表现形式，将记者提供的一般化的新闻稿件升华为有深度和厚度、有新意和个性的新闻报道，形成差异性，有效避开与其他媒体同质化的尴尬。

3. 提升媒体核心竞争力

新闻编辑的再创作，重在“发现”和“提升”。所谓发现，一是发现有价值的新闻；二是发现新闻的潜在价值；三是发现传播新闻的最佳方式。所谓提升，是指帮助作者提升作品的思想水平和艺术水平。在传统媒体和新媒体相互融合的当下，新闻媒体之间的竞争与较量通常体现于编辑再创作能力的比拼。只有通过别具匠心的策划将散乱的、孤立的、一般化的新闻资源创造性地整合成新形态的新闻产品，依据受众心理需求、传播学原理从海量信息源中再创作出受众最需要的新闻产品，善于引领受众深度阅读新闻、通过新闻享受发现和思考的乐趣，使“易碎的”新闻借助再创作活动而延展、生成新的内容产品，尽快实现新闻编辑工作由简单排列组合型向系统创作型的全面升级，才能拥有较为坚韧的产品链、价值链，为新闻竞争、市场竞争打造出核心竞争力。

二、转变思维方式是创新的关键

新闻编辑的创新意识不仅表现在编辑过程中，还表现在对自身素质的修炼提高上，因此，新闻节目的质量取决于记者编辑的素质。加强自身道德修养是做好编辑工作的前提条件。随着新闻节目在理念、制播技术以及节目形式上的变化，编辑工作的职责就不仅仅局限在文字修改、图像编辑、节目编排和录制播出上，还要有新的思维方式，跳出常规的思维定式、独辟蹊径想“新点子”。

1. 逆向思维

所谓逆向思维就是遇到新闻素材要从相反的方向或角度来思考问题，选取别人没有注意到的新鲜事物、新的报道角度，或者找到别人没有采取的表达方式。在报道一些不够新颖的题材时，采用这种思维方式，往往可以找到更深刻的主题。例如，有一个时期报纸上关于领导干部改进工作作风的报道不少，山西一家报社也发表了一篇报道，说的是太原市有一座楼建成一年多不通水电，有关部门推的推，拖的拖，居民们怨声载道。后来市委书记亲自过问，6天就解决了问题。从全国范围来讲，类似这种表扬领导改进工作作风、关心人民疾苦的报道已有多篇，这一篇已不怎么新鲜了。可在千里之外的《羊城晚报》把它拿去转载时，高明的编辑只是在大标题中反问了一句："事事惊动市委书记怎么得了?"这样，报道的主题一下子变了，它发人深思：光靠一两个领导干部事必躬亲，是不是治本之道呢?

2. 发散思维

所谓发散思维就是以一个目标或者任何一个事物为中心，把思路向四面扩散，沿着不同的方向和不同的角度思考问题。发散思维可以帮助我们打开思路，不断发现大量的新闻线索。对于一名编辑来说，除了能选出别人没有报道的独家新闻外，当大家都在选取同样的新闻事件组织栏目、设计版面时，运用发散思维，往往能收到不同的效果。

国际台的新闻编辑发现上海的媒体报道了这样一条消息：上海市政府在年初确立了当年政府为市民办的10件实事，其中环境、文化设施方面的实事占据了主要部分。在年初的时候，不少大中城市的政府也都相继公布准备为市民办的实事。最常规的报道方法是找几个有代表性的城市，让各地方电台采访一下当地办实事的情况，再做一个串连就可以了。但是，如果我们换一个思路，每年政府都为市民办几件实事，那么，这些实事的内容是否有什么变化呢?如果有变化，这些变化又意味着什么呢?顺着这个思路，我们组织了《政府办实事，年年有不同》的报道。内容包括：随着人民生活水平的提高，柴米油盐不再是老百姓的全部要求了，环境、科技、文化等更高层次的需求越来越多地成为老百姓的追求。政府办的实事从当年保证市民日常生活必需品的供应、解决城市运转中亟待解决的尖锐矛盾等，已向目前主要加强城市管理、改善城市生态环境、提高城市文明程度转变。为此，我们选取了上海、天津、西安、哈尔滨四个比较有代表性的城市作这一报道。

发散思维具有三种特性：流畅性、变通性和独特性。这三种特性分别代表了发散思维的高、中、低三个不同层次。发散思维首先要保持思维的流畅性，也就是说思路展开时能沿着同一方面发散，并形成丰富内容。如果不仅限于此，改变思路，开阔报道视野，编辑的思维也就具有了变通性。当然，如果能够产生一些独特的报道思想，那就是发散思维的最高境界了。

3. 聚拢思维

所谓聚拢思维，是指思维的态势是向心的，编辑在前期采访素材的基础上，逐步缩小范围，把最主要的内容提炼出来。如果说发散思维是扩散，那么聚拢思维则要求报道要有针对性，要去发掘深度。如果说记者前期采访更注重发散思维，那么聚拢思维则更应该是编辑掌握的思想武器。聚拢思维不是把记者的采访材料和观点简单集中、归拢，而是要在新闻主题上进行纵深挖掘，让新闻的聚焦点越来越集中，越来越深刻。

长期从事编辑工作的人经常可以遇到这样一些报道：素材里面也不乏闪光点，但是闪光点淹没在面面俱到的报道中，特别是一些经验式的报道，几乎每个方面都写进去了，单独看每一个观点都是正确的，但是组成全篇就没有什么针对性和可视性，很像某个政府部门、某个企业的工作总结。遇到这种情况，编辑就要找准一个最佳的聚拢点，并把采访素材向这个聚拢点靠拢。

三、做好新闻主题思想的再创作

新闻编辑的再创作应当以坚守新闻事实为基础，忠实原作，保持理性，简明通俗，注重提高审美品位，这也是编辑再创作应遵循的指导思想。在新闻编辑与制作的整个流程中，都需要编辑再创作的助力，使新闻价值更突出，使新闻成品得到受众的喜爱，使传播更有效率。如果说记者是通过个别来反映世界，编辑则是要构建这些个别，较为完整地反映客观世界。因此，编辑工作是化零为整的过程，编辑的化零为整不是一般的拼凑，而是认识的推进，表现的升华。

相比于整个新闻板块的需要而言，记者提供给编辑的新闻稿件通常是孤立的、凌乱的，缺少次序和关联，既像散放的玩具积木，又似一堆散乱的珠子，需要用整体性的经营构思或一根似无实有的线将之重构为有秩序、有关联的整体，也就是说，新闻编辑要通过寻找、提炼、强化新闻主题，通过用心考虑该用怎样的顺序、怎样的高度、怎样的角度来再创作新闻，把新闻毛坯锻造为成品、精品，把杂乱无章的新闻素材有机组合成可读性或可视性强的新闻板块。大量实践证明，新闻主题的提炼应立足于发现、归纳、思辨新闻事实的基础之上，它决定着新闻是否深刻、新颖、抓人。可以说，善于发现、归纳、思辨、提炼新闻主题，是现代新闻编辑进行再创作活动时必备的基本功。

四、做好新闻编排再创作工作

新闻编排的目的是为了加强受众的阅读、收视、收听、点击兴趣，提升新闻信息的传播效率。编排环节的编辑再创作，必须遵循新闻特性和传播规律，依据整体策划的要求，从受众的视听心理、接受心理出发，突出主体要素。

1. 重视头条新闻

传媒以新闻取胜，而新闻又以头条为重，从某种意义上来说，头条新闻的优劣决定了一家媒体的水准。尤其对社会新闻而言，头条新闻体现着新闻编辑者的意图，也体现着新闻编辑者的认知角度和水准，很大程度上决定着受众对整个新闻编排接受与否的态度。

2. 贴近受众

受众关注度最高、最感兴趣的是与自己的生活和兴趣密切相关的新闻，因而，如何巧妙地将新闻贴近受众的生活与兴趣，是新闻编辑再创作中使用频率很高的一种技巧。新闻贴近受众的关键在于报道角度的选择，比如，记者去采访建设工作会议，如果稿件中重点突出的是某某领导出席、某某人讲话，注定得不到普通民众的关注，但如果编辑能够从中提取房价走势、商品房限购、安居房建设、农民工待遇、公共交通发展等新闻点，将稿件重新组织、编排，则会提高普通民众关注度。

3. 加大有效信息量

所谓有效信息量，简单说就是受众从传播活动中获知与认同的信息数量。在编辑工作中，信息选择是发展人类文明、推动社会进步和提高人类文化素质的需要。新闻工作者的主要职能是为受众提供有价值的、实用有效的新闻信息。因而，新闻编辑要牢固树立并时刻坚守“受众本位”的理念，时常站在受众的角度，审视新闻究竟能带给受众多少信息，并借助收视调查、受众访问等第一手资料及时改进工作，全面提高业务能力和服务意识，借助加大有效信息量来实现与受众的良性互动。

4. 提升新闻标题的制作水平

别致、恰当、新颖的新闻标题能显著提高受众的关注度。对纸媒而言，“看书看皮，看报看题”的习惯广泛存在；对电视媒体而言，由精心剪裁的画面和醒目的标题构成的节目预告，可以吸引受众提前锁定频道；对互联网等新媒体而言，受众只有点击了标题才能进入新闻阅读，拥有好标题的新闻能激发受众的点击兴趣。

5. 灵活运用新闻写作技巧和表现手段

当今社会，灵活运用新闻写作技巧和表现手段“吸引受众看新闻”，成了传媒机构面对的新课题、新挑战。新闻作品在结构上要力求短而精，注重人情味和亲和力。编辑对新闻进行再创作时要善于制造悬念，善于利用图表、照片、音乐、动画、字幕等增强信息的直观性、趣味性。

（作者单位：中国国际广播电台柬埔寨语部）

参考文献：

1. 何桂华：《论新闻编辑的深入浅出》，《新闻战线》，2010 年第 1 期。

2. 吴震：《论编辑的“再创作”》，《辽宁师范大学学报（社会科学版）》，2004 年第 1 期。

3. 徐威、王欣之：《为头条新闻把脉》，《新闻记者》，2001 年第 9 期。

4. 张铁莉：《谈期刊编辑的再创作》，《大连教育学院学报》，2003 年。

5. 周艳、张静：《电视新闻编辑的“再创作”》，《记者摇篮》，2004 年。

适应新形势打造国际台粤语教学精品节目

李晓婷

粤语教学节目虽非国际广播节目的主流，但这条支流却源远流长、鲜活生动。据说它与《小说连播》节目都是中国国际广播电台（CRI，以下简称国际台）广州话广播存在时间最长、影响最广的专题节目。粤语使用人群众多，影响力较大，但近年来，由于国内外改革发展的形势和受众的需求都在不断变化，要求粤语教学节目也要与时俱进。因此，如何打造粤语教学精品节目，更好地适应形势和受众需求的新变化，是摆在我们面前的一个新课题。

一、何为粤语

粤语，又叫广东话，本地人多称为“白话”，由于它是以广州话为标准音发展起来的广东官话，所以亦可称为广州话。粤语是我国七大方言之一，也是一种很有特色的方言。粤语主要通行于广东、广西部分地区及港澳地区。此外，在美、加、澳、新和东南亚的华人社会也普遍使用粤语。

在语言学中，粤语是种声调语言，有九个声调，属汉藏语系汉语族。粤语有四大片：粤海片、四邑片、桂南片和高阳片。广东是粤语发源地，“粤海片”一般被当作标准粤语的基础。

粤语自上古时期至今源远流长。经过历朝历代的发展与传播，逐步成熟起来，形成了一种相对独立的语言体系和特色。自上古时期，岭南地区便居住着被称为“南越”的民族。在秦朝，秦始皇派军南下攻取“百越”之地，数以万计的汉人来到岭南地区定居，导致汉语开始在岭南地区传播。而至汉代，汉高祖封赵佗为“南越王”，统治南越之地。此时，许多汉人进入岭南，便与南越杂居，并逐渐改变了当地土著之生活，同时也促进了汉语的传播。这便是粤语脱离母体的时期。

至魏晋南北朝时期，中原地区长期处于战乱动荡的状态，许多中原人为了逃避战乱，举家南迁，所以岭南地区汉族人口大量增加，大大促进了汉语的传播与发展。在此时期，粤语与中原汉语已经表现出较大差异，此时期可称为粤语之成长时期。

至唐朝，粤语随着广东地区汉族人口进一步增加、广州附近地区原来居住的一部分少数民族已经被汉化、另一部分被迫迁移到广西等地而有了很大的发展。在此时期，粤语受中原汉语影响，变得更加规范，进一步成为了一支具有相对独立的语言体系、词汇系统及语法结构的语言。唐朝是粤语日趋成熟的时期。

到了宋朝，粤语与中原汉语的差距越来越大，已经自立门户。元明清时期，粤语进一步发展，并形成自己的特色。清朝中后期，由于清朝闭关自守，仅留下广州与其他国家进行贸易交流，故相当一部分外国人来到中国后，掌握的语言是粤语而非北方话。除此之外，不少京官为了与外国人经商，亦常常学说粤语。这直接导致了粤语在晚清时期非常流行。

辛亥革命后，中华民国成立。当时在国会内确立国语时，要求粤语成为中国国语的呼声相当高。当时广东籍议员掌握了过半数议席，粤语成为国语理应不成问题。唯孙中山虑及中国之统一问题，逐一向议员游说以汉语北方话作为国语，最终，粤语以一票之差（一说为三票）败北，汉语北方话成为中华民国国语。

二、国际台开展粤语广播与教学的必要性

粤语不仅历史悠久、影响广泛，还是岭南文化的重要载体。

据统计，全球有 6 600 万人讲各种口音的粤语，排世界第 16 位；亦有统计数字称粤语的使用人口有 1.2 亿。虽然其使用人口比普通话少，但由于广东地区经济发展迅速，又以经济繁荣的港澳地区为后盾，使得粤语的地位迅速提升，成为一种强势的方言。

另外，从 18 世纪开始，有大量讲粤语的人移民国外，这使得粤语成为了海外华人使用最多的语言。另外，近年来，越来越多的中国内地学生选择到港澳和欧美、澳洲等发达地区留学，掌握粤语可以更好地在当地生活和学习。所以粤语教学在海内外相当有市场。

再者，第一批进入联合国非物质文化遗产名录的粤剧使用的语言就是粤语，更不用说那深受人们喜爱的粤语流行歌和粤语原声电影电视了。

向海外华人华侨正确地宣传我国的方针政策、更好地沟通与服务世界华人华侨，是国际台一贯的宗旨。开展粤语广播与教学事关对外宣传的准确性、文化传播的多样性和与受众沟通的有效性。

三、国际台粤语广播与教学节目的发展

早在 20 世纪 20 年代，中国最早的一批广播电台就开始使用各种方言播送节目。新中国成立初期，也开办了不少方言节目，其中包括广州话节目。

国际台华语广播于 1949 年 6 月 20 日在北平开播。初期，华语广播使用广州话、闽南话和潮州话三种方言播音，累计每天广播 6 次，共 1 小时 15 分钟；覆盖范围主要包括广东、广西、福建、台湾及东南亚国家。当时，为区别广州话与潮州话两种同样来自广东的方言，不使用粤语或广东话这样的名称，而用了“广州话”这个称呼。

广州话广播创办初期是以新闻类节目为重点的，如《新闻》、《时事报道》、《聚焦粤港澳》等。当时由于播出节目的时间少和人力不足等缘故，没有设立固定的专题类节目。随着中国人民对外广播事业的迅猛发展，专题类节目成为广州话广播的重要组成部分。

1955 年中国发起推广普通话活动。1956 年 2 月 6 日，中国国务院发布《关于推广普通话的指示》，该文件明确对普通话做了规定，即“以北京语音为标准音，以北方话为基础方言，以典范的现代白话文著作为语法规范”。国家推广普通话活动以后，方言逐步淡出

广播电视节目，除少数民族语言节目以及闽、粤语对台对外广播外，广播电视中的方言节目基本上都改用普通话播出。

1986年国家把推广普通话列为新时期语言文字工作的首要任务。因此，国际台华语广播推出《学讲普通话》栏目，华语广播内的四种方言（广州话、客家话、闽南话和潮州话）同时播出各自的普通话教学节目。内容为国际台统一编辑的教材，每次播出时间为10分钟。

1992年中国政府确定推广普通话工作方针为“大力推行、积极普及、逐步提高”，在强化政府行为，扩大普及范围，提高全民普通话应用水平方面提出了更高的要求。广州话广播把《学讲普通话》改版为《每日一句普通话》，播出时间为3分钟，由一位男播音员主持。形式是先放一句普通话会话的录音，然后由播音员用粤语逐字解释。现在看来这种形式虽然显得呆板，但它短小易学，顺应了当时听众学习普通话和广州话的需要，所以吸引了许多听众，他们纷纷来信索取录音磁带和教材。

国际台节目境外落地业务始于1993年，2003年正式成立节目境外办公室，节目境外落地进入了规模发展阶段，并在近年来取得了突破性进展。从2008年开始，世界范围内掀起了一股学汉语的热潮。同时，海外的华人群体也有很大的变化，表现为：（1）新中国建立之前就远走海外的第一代移民已渐渐由第二、第三代移民所取代；（2）改革开放后从内地出去的新移民数量大大增加；（3）移民的心理渐渐由“落叶归根”变为“落叶生根”，积极融入当地主流社会；（4）更多人与当地人或别国移民通婚，也有互相学习语言以加强交融的意愿，所以，他们的外语程度比老一辈要好。

2003年，为顺应海外落地和推广汉语的需要，国际台粤语教学节目再次改版，更名为《每日汉语》，播出时间改为20分钟。内容形式为两部分，前半部分是“情景对话”，后半部分是“汉字故事”，由男女主持人用普通话、粤、英三语播出。由于“情景对话”带有表演性质，又要熟练掌握三种语言，对主持人提出了相当高的要求。由于形式活泼、音响丰富，又能照顾到新老移民的需求，节目受到海外落地地区听众的欢迎，节目改革收到很好的传播效果。澳大利亚华人李维乐在来信中说，“我们全家最喜欢听《每日汉语》节目。我女儿学习普通话，将来可以有机会到祖国大陆发展；我让孙子学习广东话；我自己则学习英语，真是一举三得。”

四、国际台粤语教学节目的现状

从20世纪90年代中期开始，国内外各大广播电视机构开始使用互联网。1996年12月，广东人民广播电台建立网站，成为中国国内第一个上网的广播电台。1997年3月18日，上海东方广播电台《梦晓时间》节目开设的《东广信息网》与“瀛海威时空”合作，开我国网络广播之先河。1998年2月28日，北京经济电台《动心9时》开始网上直播。随后，中央人民广播电台、中国国际广播电台、珠江电台等也相继推出了网上广播。

CRI网络版创办于1998年12月，设有华语台、英语台、德语台、西班牙语台等几个相对独立的“网上电台”。2011年1月10日，国际台的方言网络直播电台《世界华声》开播，集合广州话、潮州话、闽南话、客家话和温州话五种方言，全天直播9个小时，同时覆盖全球主要的华人聚居区，对宣传我国的政策理念和服务华侨起到重要作用。

网络电台有几个明显区别于传统广播电台的特点：（1）可视化。互联网是多媒体形成，可提供与节目相关的信息和广告等，加强节目的交互性和参与度；（2）类型化。类型化实质上是分众化的过程。音乐广播、新闻广播等类型化广播非常受欢迎。网络广播的内容定位越精细小众，内容色彩越“非主流”或“另类”，越容易达到目标受众的需求；（3）移动化。现在人们可以随时随地通过手机、网络收音机、MP4等设备收听收看广播电视节目。

网络电台的受众也有明显区别于传统电台听众的特点：（1）喜欢互动和参与。很多网络电台为了吸引受众，往往增加互动环节，甚至以网络论坛作为节目内容；（2）喜欢即时与快捷的事物；（3）喜欢新奇和易接受的事物。太过冗长或晦涩的东西在网上都会让受众不感兴趣。因此，过去那种单向传播、内容古板、形式落伍、动辄几十分钟的教学节目已跟不上形势的需要了。

为了适应网络电台的这些特点，国际台粤语教学节目再一次进行了改革。现在的教学节目《粤语宝典》是专题节目《粤讲粤精彩》里面的一部分，时长不限，但内容绝对短小专业，不再兼顾普通话和英语，只精做粤语教学。《粤语宝典》先从字词教起，但重点突出粤语特有的词汇或近来热辣火爆的新词，以吸引网友的眼球。不但易学易记，也方便随时下载。

《粤语宝典》女主持人是地道的广州人，不但语音纯正，对岭南文化有深刻的理解，而且掌握新媒体技术。节目不但在无线广播、海外落地节目播出，还在网络电台和新浪微博上播出。节目内容既有来自专业书刊的知识，也有网友的提问内容，有时主持人还自唱一首粤语歌和网友互动。现在收听收看《粤语宝典》、《粤讲粤精彩》的微博粉丝每日都在增加，节目很受欢迎。

通过改革，使父辈广东人不用担心其子辈不知道“十三行”是什么，水平有限的新移民也不用担心跟不上进度，同时也满足了网友喜欢互动的需求。

五、国际台粤语教学节目的未来

粤语受众对节目的需求，也就是国际台粤语教学节目的未来。

面对信息传播的不断加速和人们对信息需求的不断提高，如何能从海量的报道中真正抓住人们的视线呢？从长远来看，在信息数量剧增的情况下，去验证一条信息的真实性、挖掘信息背后的故事、分析一个事件的潜在影响，这些传统媒体一直引以为傲的“有质量的报道”开始具有了更重要的价值。

笔者认为，我们现在的粤语教学节目形式还比较单一，只注重文字和声音，娱乐性和创新性还有欠缺。随着新技术的发展，未来的信息传播将是视觉、触觉为王的时代。在保证教学内容的正确性、充分挖掘教学内容背后的文化内涵之外，要重视以最炫的视觉效果吸引受众、用最佳的互动形式与受众沟通，这应该是每个有志作出“高质量”语言教学节目的新媒体人必须思考的方向。将来，在人力和技术都到位的情况下，我们希望逐步增加《听歌学粤语》、《睇戏学粤语》、《舌尖上的粤语》、《动漫粤语》，甚至《3D粤语》等栏目，力求做到音、视、图、文、互动交流的效果都达到受众的要求。

无论你喜不喜欢粤语，它都是一种文化的载体，粤语总是会对一个时代、一个大环境有所影响，会在一些人的关注下继续发展下去。我们认同文化的多样性，也会和很多地方文化保护者一样珍视一个方言的存在，并希望它继续存在下去。随着时间的推移和环境的改变，语言会发生变化，技术手段也将日新月异。不变的是粤语国际广播人必须随时作出调整，打造精品节目，以适应形势和受众需求的新变化。

（作者单位：中国国际广播电台华语中心）

参考文献：

1.《粤语的历史及现在》，百度百科。

2. 刘昊元：《方言类广播电视节目兴起和发展的原因探析》，《文教资料》，2007年1月。

3. 张伟：《锐意进取的中国国际广播电台华语广播》，华语广播网，2008年3月19日。

4. 王庚年：《国际传播发展战略研究》，中国国际广播出版社，2006年。

关于国际台阿尔巴尼亚语调频节目设置的思考

房小玉

2013年5月1日，中国国际广播电台（以下简称国际台）阿尔巴尼亚语部调频节目在阿尔巴尼亚首都地拉那和第二大城市杜拉斯成功落地。这意味着，国际台在阿的传播报道能力将大大提高。面对新的机遇，阿尔巴尼亚语部的广播节目内容也需要进行改版和调整，力求符合当地的宣传特点，用受众容易接受的方式，进行对外宣传报道工作。

自1969年阿尔巴尼亚语广播开播至今，通过中波和短波广播，已经在对象国培养了一批固定的忠实听众。基于这良好的听众基础，再充分利用落地调频这个更加广阔的宣传平台，我们相信受众的范围会愈加扩大。2011年至2013年年初，笔者在阿尔巴尼亚工作了一年，对当地的广播节目进行调研之后，针对国际台阿尔巴尼亚语调频节目设置有如下思考：

一、重视新闻栏目的内容设置和编排

阿尔巴尼亚当地广播节目的设置，大多是以欧美流行音乐加上整点新闻的形式编排。国际台阿尔巴尼亚语部的节目要想在当地打出品牌，作出有质感的调频节目，笔者认为首先要加强调频节目中新闻栏目的内容设置和编排。

1. 简明扼要的内容提要

“内容提要”是新闻正式播报前对整档新闻重要内容的介绍，能起到揭示重点，吸引观众，帮助观众正确了解新闻事实和意义的作用。①

阿尔巴尼亚语部的新闻栏目在制作内容提要时，应该着重选择2至3条重要的、有影响力的新闻，做成简明扼要的内容摘要，在每天节目的开始播出，从而吸引受众的注意力，使之收听整档的节目。根据对象国的受众收听习惯，新闻节目应该安排在每天整套节目的开始时段，以1小时为单位，播报整点新闻。这就要求新闻编辑在编排新闻时，严格以对象国听众的收听喜好为参考标准，先播报同对象国有关的新闻，随后播报对象国周边地区以及整个欧洲地区的新闻，最后播报中国及其他国家的新闻。

2. 要重视头条新闻

所谓头条新闻，就是每档新闻栏目的第一条新闻，是吸引听众兴趣的第一道“美味菜肴”。如果将一档新闻节目比作一桌盛宴，那么，内容丰富的新闻报道就好比是一道道菜肴，而新闻编辑就是这盛宴的掌勺厨师。一条编排得当的广播新闻节目，能产生“1+1>2”的传播效果。国际台阿尔巴尼亚语部在作节目编排的时候，在把握宣传大局的前提下，要

① 蔡雯：《新闻编辑学》，中国人民大学出版社，2006年。

将有关对象国的新闻、对象国民众关心的新闻以及社会影响力较大的新闻作为头条，只有这样才能吸引听众的注意力，保证节目良好的收听效果。

3. 运用灵活多样的节目编排和制作方式

同样一档新闻节目，如果采取不同的编排方式，听众的接受程度也会不同。广播新闻节目的编排，要在头条新闻上就紧紧抓住观众的心理，吸引其继续收听的兴趣。但是，一档新闻要让听众一直收听不换台，还需要多个“兴奋点”。

由于多种原因，长期以来在播报国内新闻时，大多数媒体仍然把会议报道、领导人的会见活动作为头条，或者集中在一起编排。这种传统而僵硬的模式很难吸引受众的注意力和关注度。作为国家外宣媒体，国际台阿尔巴尼亚语部的首要任务是宣传国家的政治、经济、文化和外交的政策和方针，在遵守新闻工作的党性原则以及职业道德操守的前提下，把我们的新闻做得更加耐听，更有说服力。

传统的新闻理论要求单条的新闻结构必须是“倒金字塔”式。但对于在阿尔巴尼亚落地播出的阿尔巴尼亚语调频节目来说，这一理论显然不能完全照搬。如果一档新闻节目，越往后听新闻价值越小，那么听众对这档新闻的兴趣就会逐步递减，以至于不等新闻播完就转换频道了。因此，在新闻编排时，有价值的新闻应该通过提要等形式加以强化，而在播出顺序上，应该将当天若干条有价值的新闻分散编排，使其在不同时段成为兴奋点，持续吸引听众的注意力。

当拥有内容广泛的新闻素材时，我们可根据新闻价值的大小，观众的兴趣点等进行编排，要选取适当的篇幅将受众关注的热点新闻编排在节目的重要板块，增强节目的传播效果，提高受众对本频道的关注率。只有重点突出，有特色的新闻编排方式，才能吸引更多听众的关注。

二、在调频节目中打造品牌节目

什么是品牌节目？品牌节目是一种让人容易识别的节目，是一种让听众会在固定时间收听的节目，是代表整个频道品质的节目。

现在，阿尔巴尼亚国内的广播节目大多采用一个主持人公布一个话题，同时，根据在社交网络 Facebook 上的留言与听众互动的方式制作一档栏目。无论从内容上还是形式上，都比较简单易操作。今后，我们可以利用中国媒体的优势，采用中外主持人对播的形式，打造一档具有中阿两国相关信息的栏目，满足受众的需求。

1. 品牌栏目的定位

一档品牌栏目的定位分为节目受众的定位和节目功能的定位。我们首先要对栏目覆盖范围内受众的年龄、职业、性别、经济收入、受教育程度等进行详细的调查分析。任何一档节目都不可能面对所有层面的听众，传播活动是双向的，只有充分了解和重视听众的兴趣和爱好，才能让信息传播更有效地到达。①

① 陈龙：《现代大众传播学》，苏州大学出版社，1997 年。

对于节目的功能定位来说，更要清楚你所要传达的信息是什么。阿尔巴尼亚的听众大多对中国的文化、旅游、医药和留学感兴趣。笔者认为，国际台阿尔巴尼亚语部可以开放节目的平台，让听众留言，说出他们最想听到的节目，最需要得到的信息。最后，我们把这些信息汇总，放在中国—阿尔巴尼亚交流的大栏目里，分别制作不同的小节目，每周依次播出，打造一档有品质的品牌调频栏目，栏目的话题要以受众的兴趣点出发。比如，阿尔巴尼亚语部每周五播出的《中医讲堂》栏目就是这样的一档节目。《中医讲堂》每期关注一个话题，由外籍员工制定热点话题并主持节目，这套节目在当地引起了强烈的反响，一些听众纷纷到本部门的网站留言，表示他们对中医的好奇，以及渴望听到更多的养生知识。这档节目在阿尔巴尼亚语部也算是一个新的突破尝试。外籍员工以阿尔巴尼亚人的视角，寻找感兴趣的话题点，收集材料，最后由中方人员定稿。另外，《中医讲堂》这档节目由外籍员工来主持，介绍许多中医知识，更具有说服力，也更容易被当地受众所接受。总之，一档品牌节目的定位，要根据受众的需求、习惯，投其所好，这样节目作出来，才会受欢迎。

2. 品牌栏目的发展

任何一档新的栏目要被受众接受，大体上要经历以下几个阶段：（1）生存阶段。同任何事物发展的规律一样，每件事情的起步都需要一定的时间，也都会遇到困难。虽然阿尔巴尼亚语部在对象国有固定的受众群体，但调频节目的设置还属于新的课题。一切工作要以“打开局面”为目的，要让受众喜欢听调频节目，就要在节目的外包装上下工夫。同时要稳定基础群众，着力推出优秀的节目主持人，让其个人魅力和节目内容相辅相成，为日后的发展提供更大的空间。（2）生长阶段。在这个阶段中，要求阿尔巴尼亚语部要以内容为根本，充实内容，追求节目风格化。同时要发展其他的潜在听众，比如，老听众的亲朋好友、同学同事等，从而扩大栏目的受众群。另外，阿尔巴尼亚语部也可以推出一些系列节目或者特别节目，来增强在当地听众中的影响力。（3）品牌阶段。经过一段时间的宣传积累，栏目已经被当地听众所熟知后，阿尔巴尼亚语部可以利用网络平台、杂志及听众俱乐部等方式，开展一些与听众们互动的活动。例如：阿尔巴尼亚语部有一档文化节目，根据中国特有的节气、节日以及文化传统，做了几期关于中国美食的节目，在广播里向听众介绍了中国特色的饮食文化。同时，为了更加形象地展示美食节目内容，我们还通过网络平台进行了中国美食评比，让受众在网站上更加形象地看到一盘盘美食，并且对觉得好吃的美食进行投票。经过一段时间后，我们归纳整理了受众投票的意见，配合专题杂志出版了一期《中国美食》。国际台阿尔巴尼亚语部的杂志是在对象国发行的，美食杂志的出版会让更多的受众看到、感受到中国美食的魅力，同时更加关注我们节目。所以说，一档品牌栏目应该可以延展到每个平台，让其发挥最大的宣传作用。

3. 品牌栏目的创新

一档栏目要随着时代的变化不断创新，这样才能适应发展的需要。我们应该具有敏锐的市场观察力，满足听众的需求，多制作符合目标受众口味的节目，只有这样才能使节目在竞争中保持不败。但无论怎么变化，品牌节目在内容和形式上应保持自己的风格。国际台作为在对象国的唯一一家中国媒体，应该发挥自己的优势，保留听众欢迎的节目，并在节目内容和形式上创新。目前，阿尔巴尼亚语部的广播节目和国际台的“劲曲调频”合作，正力求打造一个全新类型的音乐台。鉴于“劲曲调频”的音乐类型偏欧美化，阿尔巴尼亚语部的每档节目都根据新的风格，重新编排了片花、推荐片等，力求打造一个风格统一的高品质调频台。

三、发挥新媒体优势，加强节目的互动性

在新媒体时代，每个人都可能成为新闻的传播者，可以通过网上论坛、电子邮件等方式发布自己的看法和观点，并可根据自己的需要进行粘贴、编辑、链接获取新闻，尤其是微博的普及，又把新媒体传播方式推向了一个新高度。但从现阶段国际台的阿尔巴尼亚语广播来看，新媒体对传统媒体仍具有较强的依附作用。新媒体可以借助传统媒体丰富的资源和传播优势，传统广播节目也可以利用新媒体的优势吸引受众。二者互惠互利，相得益彰。

1. 利用新媒体手段获取信息

多年来，中国和阿尔巴尼亚一直都具有传统友谊。笔者相信，国际台阿尔巴尼亚语调频节目在阿尔巴尼亚成功落地，会为中国和阿尔巴尼亚的经济文化交流提供一个更广阔的平台。现在，新媒体发展迅速，阿尔巴尼亚语部要充分利用各种新媒体的渠道，如Facebook、Twitter、微博、杂志、网站留言板等，使每档节目都有的放矢，让受众通过阿尔巴尼亚语广播的大平台获取信息。Facebook是当地受众最常使用的社交网络，我们也开办了国际台阿尔巴尼亚语Facebook专页，用来发布重大事件、中外重要新闻、推荐专题链接等内容。

2. 广播节目和网站信息互补

传统广播由于受到地域、时效、播出时间等限制，需要对信息进行强制性的选择，有时只选择相对重要的新闻加以报道。所以，同网络信息相比，广播节目所传达的信息是有限的。阿尔巴尼亚语部网站自从2003年建立至今，开办了新闻、文化、旅游、教育等多个栏目。同时可以针对不同的新闻热点，推出相应的新闻专题，因此，受众不仅仅在广播里获取信息，还可以不受时间和地域的限制，通过网站浏览感兴趣的内容。一年来，阿尔巴尼亚语Facebook不断调整信息发布方向和发布频率，内容包括专题和频道推广、热点讨论帖、大事Facebook直播发布，等等。经过Facebook发布的原创或首发信息，例如：Facebook全程直播的阿尔巴尼亚独立100周年纪念日中国使馆活动、阿尔巴尼亚语网站的中国春节专题节目以及中医结合治疗的专稿等，均得到大量的点击流量。

3. 利用新媒体技术增强节目的互动性

网络媒体与网民的互动活动无论从时间、范围、话题设置、参与形式等方面都占有优势。近年来，受众会通过手机短信、互联网信箱留言等手段，就一些热点问题和热门话题进行互动讨论，但由于受到技术和地域的限制，这类的互动效果并不理想。新媒体利用超链接技术，可使读者随时对信息进行修改、增补和传播。新媒体环境下，受众对新闻信息拥有更具个性化、更主动的选择。国际台阿尔巴尼亚语部调频节目中与受众互动方式与网

站、Facebook 主页相结合，让参与者更直接地表达他们的想法和提出建议。根据 2012 年 5 月至 2013 年 5 月一年以来的数据显示，经过 OMNITURE 数据监测，阿尔巴尼亚语经由 Facebook 来源跳转 cri.cn 网站的流量逐步倍增。5 月，网站来自 Facebook 流量同比上升 317%，环比平均数上涨 65%。Facebook 流量来源上升到全站第三，仅次于 Google 搜索跳转和书签跳转，超过了 yahoo.com。经过 Facebook 跳转路径分析，经由 Facebook 跳转至阿尔巴尼亚语网站的登录页面，既有高流量登录页面，也有大量分散于全站的单独登录页面，登录页面大多为新近发布的内容，有效阅读率高且时效性强。所以，阿尔巴尼亚语部调频节目在与听众互动时，要充分利用 Facebook 的优势，更好地与对象国的受众沟通和交流。

每一次改变都是新的机会，新的起点，相信我们会以在阿尔巴尼亚开播 18 小时落地调频为契机，寻求发展，寻求突破。同时要善于发现规律，总结规律，驾驭规律，利用科学的传播手段，以听众的兴趣为出发点，用他们喜爱的节目和亲切的语言打造精品栏目，提升国际台的国际影响力。

（作者单位：中国国际广播电台阿尔巴尼亚语部）

浅谈国际台斯瓦希里语广播《妇女儿童》栏目的制作

徐 晨

斯瓦希里语广播节目是中国国际广播电台（以下简称国际台）仅有的两个使用非洲本土语言对非洲广播的节目之一。2006年，国际台肯尼亚内罗毕调频台的开播，标志着国际台斯瓦希里语对非广播翻开了全新的一页。之后，肯尼亚蒙巴萨、坦桑尼亚、刚果金和布隆迪等调频落地台的先后建立，从根本上改变了国际台斯瓦希里语广播的对非传播方式，同时也从节目内容和质量上对我们提出了更高的要求。国际台斯瓦希里语部《妇女儿童》栏目自2010年设立以来，先后获得2010年国际台“中国国际广播新闻奖”优秀落地节目类一等奖和2011年国际台栏目类节目一等奖，并被国际台选送参加全国优秀新闻作品最高奖第22届“中国新闻奖”的评选。本文尝试以《妇女儿童》栏目为例，谈一谈斯瓦希里语部广播栏目制作的一些体会。

一、节目的定位及形式

《妇女儿童》栏目是从2010年下半年开始筹备的，当时斯瓦希里语部已经在肯尼亚的内罗毕、蒙巴萨以及坦桑尼亚的桑给巴尔等多个城市和地区实现了调频落地。为了制作更贴近听众喜好的节目，斯瓦希里语广播节目准备全面改版，《妇女儿童》则是改版计划中推出的第一个新栏目。栏目的定位是：一方面介绍中国和非洲妇女儿童事业的发展情况和面临的问题，另一方面为非洲女性提供她们所需要的知识性、服务性信息。作为一个全新的栏目，首先在节目形式上要有突破。如果沿袭以往的做法，只是翻译稿件让主持人念稿，一是没有新意，二是稿件也没有现成的来源。于是，我们就考虑把《妇女儿童》栏目做成聊天类节目。这个想法得到了部门外籍工作人员的大力支持。他们认为，斯瓦希里语国家的听众非常喜欢聊天类型的广播节目，而《妇女儿童》栏目的生活气息很浓，用聊天的形式来做会更好听。但是，大家的想法成熟化之后又碰到一个问题：一般的聊天节目都是一个主持人对一个嘉宾或者多个嘉宾，但是邀请嘉宾就涉及语言的问题。我们不可能每次都能邀请到说斯瓦希里语的嘉宾，也不可能邀请了说中文的嘉宾像电视一样打翻译字幕。所以，最后我们就确定尝试采用双主持人聊天的形式来做这档节目。新节目一经推出，就受到了听众的欢迎。很多听众反馈说，《妇女儿童》栏目一改以往传统的播音念稿的方式，用说话聊天的方式来讨论问题，非常吸引人。确定好主打话题的制作形式之后，针对非洲经济落后、女性爱美，以及妇女、儿童疾病发病率高等特点，在主打话题后面安排了《我爱健康》和《爱美小贴士》两个服务性栏目。这两个小栏目分别由两位外籍主播主持，其中《我爱健康》栏目常常以电话连线的方式采访对象国医生，用斯瓦希里语就一些健康话题进行讨论，很受听众的喜爱。

二、栏目话题

首先，聊天类节目不等于漫无目的地闲谈。作为聊天类的栏目，节目的前期策划至关重要，好的前期策划能掌握更多的主动权，在运筹帷幄之中保证节目质量。广播谈话节目策划的关键就是选题，经过一段时间的摸索，目前《妇女儿童》栏目的主打话题的选题来源主要有以下几种途径：

1. 社会热点话题

这些话题一般具有两个特点：一是要能联系中非两方面的实际情况，贴合听众生活；二是要具有讨论性。

《妇女儿童》栏目做得比较成功的一期话题是《干得好，还是嫁得好》。策划这期节目的时候很有意思：当时江苏台的一档相亲节目《非诚勿扰》非常火爆，特别是节目里出现了以马诺为首的几位“物质至上”的女嘉宾，当时我们就想以“干得好，还是嫁得好”为话题做一期节目。外籍主播也表示，这个话题非常有讨论性。因为，现在这种现象在非洲也非常普遍，很多女孩为了改变自己的命运会选择年龄悬殊的人作为结婚对象，人们对于这种现象虽然不认可，但又无可奈何。所以说，这个话题没有国界之分。这期节目先后采访了中、非两方面的专家学者、女商人、街头路人，还特别邀请了国际台斯瓦希里语部资深主播陈莲英老师，以嘉宾主持的角色参与讨论。节目一经播出就收到很多听众的反馈，受到了非洲听众的欢迎。

另外，还有一期以“李阳家暴事件”为话题的节目也很引人关注。家暴事件在中国、非洲，甚至全世界都是一种普遍现象，由于李阳的名人身份使得大家把这个话题再次推到风口浪尖。播出的时间点就选择在国际消除对妇女暴力日，收到良好的传播效果。

2. 新闻类的话题

在新闻中心的发稿系统以及大型媒体网站上经常能够找到和妇女、儿童相关的新闻。这也是《妇女儿童》栏目话题的重要来源之一。短短的一条新闻确是一个极好的话题由头和重大线索。例如，我们在国际台新闻发稿系统里看到一条《“中非希望工程”在坦桑尼亚正式启动》的新闻，了解到这个项目是一些中国的企业家通过中国青少年基金会在非洲开展的一个助学工程，他们的奋斗目标是10年内在非洲各国贫困地区捐建1 000所希望小学。当时这个项目在坦桑尼亚启动的时候很受关注，举行了隆重的奠基仪式，坦桑尼亚总统基奎特还参加了《希望工程捐助协议》签约仪式。在举行奠基仪式活动期间，我们第一时间联络在非洲参加该活动的青基会负责人，前后方密切配合，顺利采制完成了一期节目，该节目播出后反响热烈，深受好评。此外，兔年春节期间的一条名为“女白领长假七天相亲八次”的消息引起了我们的注意，针对为数众多的大龄剩女这种社会现状，结合对当年举行的万人相亲大会的采访，我们制作了一期节目，引起了对象国听众的热烈反响。

类似的节目还有围绕在美国引起巨大反响的《虎妈战歌》一书的发行所引发的育儿话题——“放养”还是“圈养”，以及《让家庭成员远离毒品——湖南妈妈禁毒联盟的宣言》等多期节目。

3. 选取重要的时间节点

《妇女儿童》栏目采取的方法是准备一张日历表，标注上有关妇女、儿童的节日、纪念日、重大活动等，这些都能成为很好的节目话题来源。例如，兔年春节的时候，栏目组采访制作了一期《生个“兔宝宝”》，向听众介绍中国特殊的生育文化；在“两会”期间，栏目组制作了《中国“两会”关注妇女问题》的节目，讲中国的妇女问题在政治层面所受到的关注和重视；六·一儿童节的时候，栏目组又做了一期《“同成长、共欢乐”——中非儿童欢度国际儿童节》，等等。这些节目都得到了非洲受众的肯定。

4. 寻找话题线索

从已经报道过的新闻中寻找线索，绝不等于炒冷饭，拾人牙慧。因为同样的事件，选用不同的角度报道，可以体现不同的新闻价值。有很多新闻事件，根据自己的需要重新审视，很可能会从中找到很有价值的话题线索，例如《中国首个女生宏志班为失学女生撑起希望的天空》这期节目，就是源于我们在网上看到的一条新闻：《北京首个女生宏志班招生》。这条新闻本身很简短，大概只有400～500字的篇幅，但里面提到的“首个女生宏志班”这一点引起了我们的注意。宏志班的概念很多年前就有，它实际上是一种助学形式，但特别针对女贫困生的宏志班则反映了更多的社会性问题。由于各种因素，非洲女孩子通常13岁或14岁就辍学结婚了，女生的失学现象比中国还严重。所以，贫困家庭女生失学问题是中国及非洲国家共同面临的问题。通过对设立女生宏志班的学校的实地采访，帮助对象国听众对中国贫困女生失学情况深入了解，“中国宏志班”这个特殊助学形式对非洲有很好的借鉴作用。

5. 发挥外籍员工主观能动性

《妇女儿童》栏目组的两名外籍主持人来自非洲，更了解对象国听众喜欢什么样的话题。我们平时每次确定话题时都跟她们讨论。另外，我们还利用外籍员工出差、回国休假的机会提前策划选题，积累素材，并且进行采访和实地报道。

其次，必须掌握好节目话题的导向。确定节目的话题仅仅是第一步，作为国家的对外电台还需要对价值导向有良好的把握。节目不能泛泛地停留在新闻事件是与非的讨论上，而应有一定的思想性。这就要求节目制作人员要有一定的驾驭谈话类话题的能力，事先要了解大量背景材料，善于去挖掘新闻背后的新闻，因为任何一个话题的争论都只是冰山一角，其背后往往有着深刻的社会历史和现实背景。节目的制作人员要准确把握“为什么要说”和“我们到底要说什么”两个重要问题。以《干得好，还是嫁得好》为例，如果仅把《非诚勿扰》女嘉宾的一些言论播放给观众听，只是满足了听众的猎奇心态，这是远远不够的。我们还要用轻松愉快、让人乐于接受的方式展现我们的立场。其实，非洲听众对负面报道是很抵触的，他们认为，世界媒体对他们的报道都集中在负面消息上，有意无意地忽视了非洲积极和发展的一面。所以，我们在选择节目话题时，会在正面话题和负面话题的量上掌握平衡。即使报道中涉及一些负面内容时，在说明问题之后，我们也会着重谈对方的应对措施以及取得的进步。例如“家暴日”节目，在谈到非洲家暴严重的问题时，我们会同时介绍当地官方和民间的努力，比如基层建立民间互助组织、上层建筑立法等。这些做法得到了受众的肯定。另外，如果涉及的是国内的话题，我们也会掌握好正面话题和负面话题的平衡，用“润物细无声”的方式，让受众了解中国。

三、充分运用音响和音乐

广播节目是通过声音来传播的节目，除主持人的声音以外，加入有关的音响素材以及符合主题的音乐对提高节目的生动性和增强节目的表现力是非常重要的。

1. 节目音响

音响素材运用得当不但能提高广播节目的生动性、贴近性和可听性，也能提炼突出节目的主题。目前，《妇女儿童》栏目中的音响来源主要有四个方面：

首先是联系采访。作为一个话题类节目，要尽可能播放事件当事人的音响，提高节目生动程度。最好能做到面对面采访，实在不行就采用电话采访；第二是外籍主持人在现场用对象国语言直接进行外景报道，再加上现场声效的音响，效果往往很好。例如，做“首个女生宏志班”那期节目时，就由一位外籍员工到北京剑桥学校作了一个简短的现场报道，由他讲述在学校亲眼目睹的情况，并作现场采访，有学生下课时在操场的嬉闹声和上课时的朗读声等作为背景声，收到了良好的效果；第三是充分利用记者站的资源。在策划好选题之后，栏目组经常会请记者站的同事根据采访需要在对象国进行有针对性地采访，这种方式增强了栏目的生动性和贴近性；第四是注意整合部门全部资源，丰富节目音响。人多力量大，在栏目组以外的斯瓦希里语部成员外出采访时，如果有合适的选题，《妇女儿童》栏目组也会委托他们代为搜集一些音响。这样既丰富了节目内容，又节约了节目成本。

2. 节目的包装和宣传

一档节目也是一个产品，需要进行包装、宣传和推介。比如针对节目内容制作贴合主题的声效片花，会起到锦上添花的效果。《妇女儿童》栏目开始曲选用了以妇女为主题的斯瓦希里语歌曲，节奏明快，主题突出。在话题进行的过程中也会插入符合主题的音乐，起到点缀和烘托气氛的作用。另外，在后面两个小栏目中使用垫乐，既突出了栏目风格，又使得栏目不同的环节通过音乐进行了自然的过渡。

此外，我们将每期节目的精华部分以预告的形式在其他节目时段滚动播出，这样可以有效地在受众心目中形成印象，反复强化。有兴趣的听众也会提前思考问题，做到主动收听。

四、了解受众需求加强互动

作为话题类栏目，和听众加强互动，了解听众的收听喜好和需求非常重要。由于国际台斯瓦希里语广播不是在当地直接播出，所以通过热线电话交流的方式没有办法实现。目前，《妇女儿童》栏目主要通过在节目里推介邮寄地址、网站地址以及手机短信平台的方式，利用电子邮件、纸质信件以及手机短信来接受听众的反馈。另外，栏目组还通过记者站和外籍专家回国休假的机会，在当地受众中搜集反馈及节目收听意向，等等。同时，随着互联网国际社交媒体网站 Facebook 和 Twitter 等在对象国的普及和广泛使用，我们还应该与时俱进，探索利用这些新型的社交媒体和听众们近距离接触，为栏目制作搜集听众需求的第一手资料。栏目组与听众之间的互动对于我们改进节目非常有帮助。

五、群策群力加强团队合作

通过对于《妇女儿童》栏目制作和流程的介绍可以看出，一个栏目成绩的取得需要通过策划、采、编、播等众多人员的配合和努力才能完成，可以说《妇女儿童》栏目所取得的成绩是一个群体通力合作的成果。

自 2010 年开播至今，《妇女儿童》栏目不断地摸索和探寻，积累了一些体会。希望这个栏目能成为“他山之石”，为其他栏目“攻玉”当磨石。

（作者单位：中国国际广播电台斯瓦希里语部）

海外落地

利用资源优势加快国际台“走出去”步伐

刘　聪

2012年3月，时任中共中央政治局常委李长春参观中国国际广播电视信息网络展览会时表示：“要大力实施文化‘走出去’战略，推动广播影视技术、产品和标准走向世界，不断提高我国广播影视装备的国际竞争力，为提升国家文化软实力作出积极贡献。”经过30多年的改革发展，中国已经进入世界经济体前列。经济社会发展和综合国力等硬实力的提升需要与之相匹配的文化“软实力”。近年来，以中国国际广播电台（以下简称国际台）为代表的中国广电媒体积极推动“走出去”战略的实施，取得了良好效果，提高了国家的“软实力”，为我国经济社会发展增强了动力和后劲。

一、中国经济持续、快速的发展优势

党的十一届三中全会以来，我国国民经济社会发展取得了举世瞩目的成就。1978年中国国内生产总值2 683亿美元，排名世界第15位，国家外汇储备1.67亿美元。国家统计局公布的经济数据显示，2011年全年我国国内生产总值471 564亿元，比上年增长9.2%，经济总量排名世界第2位。其中，第一产业增加值47 712亿元，增长4.5%；第二产业增加值220 592亿元，增长10.6%；第三产业增加值203 260亿元，增长8.9%。第一产业增加值占国内生产总值的比重为10.1%，第二产业增加值比重为46.8%，第三产业增加值比重为43.1%。根据央行新公布的数据，截至2011年年末，我国外汇储备达31 811.48亿元。近年来，中国经济持续快速发展令人瞩目。（见图1）

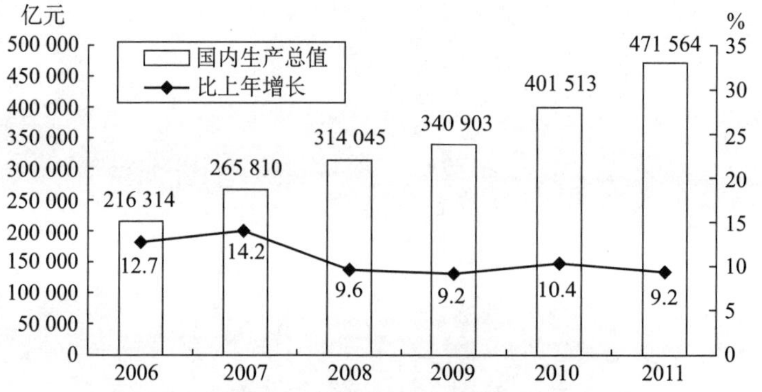

图1　2006～2011年国内生产总值及其增长速度

中国经济社会的快速发展也带动了我国广电产业的发展。截至2011年年底，全国共有广播电台197座，电视台213座，广播电视台2 153座，教育电视台44个。有线电视用户 20 152 万户，有线数字电视用户 11 455 万户。年末广播节目综合人口覆盖率为 97.1%；电视节目综合人口覆盖率为 97.8%。全年生产电视剧 469 部 14 939 集，动画电视 261 444 分钟。①

国家统计局数据显示，2003 年至 2011 年，中国经济年均增长 10.7%，而同期世界经济的平均增速为 3.9%。中国经济总量占世界经济总量的份额，从 2002 年的 4.4%提高到 2011 年的 10%左右；中国经济总量在世界的排序，从 2002 年的第 6 位，上升至 2010 年的第 2 位，2011 年依然保持着这一位置。中国经济的持续增长，对世界经济的稳定起着非常重要的作用，以中国为代表的新兴经济体已成为世界经济增长的主导力量。与此同时，作为新兴国家的代表，由于综合国力的增强，国际地位的提升，以及发展模式的国际影响力的扩大，对西方资本主义社会构成了一定的挑战。西方主流媒体报道中国的负面消息，企图在软实力上遏制中国。随着中国国力的继续增强，对西方发展模式将产生更大的影响，中西方舆论界就话语权的争夺愈加激烈。如何更快、更有效地发出中国的声音，让国际受众准确、客观地了解中国，这是我们国际传播人的历史使命。因此，我国经济社会快速发展为广电媒体“走出去”提供了前所未有的机遇。

二、新、多媒体等传播技术的传播优势

随着我国经济社会的飞速发展，新媒体技术已经遍及人类生活的各个领域。新媒体技术对推动传媒的发展起到了越来越重要的作用。受众在满足自己需求的同时，也追求其他更加直接的感官上的服务。完善的视频、音频媒体给受众带来更加直观的服务。新媒体的发展给传统媒体带来了一定的挑战，但同时也带来了极大的发展机遇。传统媒体要在调整、适应、合作的过程中，充分利用这一机会推进自己的变革。

1. 新、多媒体等传播技术愈加成熟

新媒体技术飞跃为广电媒体“走出去”插上更有力的翅膀。新媒体技术跨越地域和时空突破国际传播壁垒，在传播渠道、范围及影响方面具有传统媒体不具备的独特优势。不同国家受众获取讯息的渠道逐渐向更加迅速、便捷的方向扩展。据美国《世界日报》报道，美国媒体业团体发行审计局（Audit Bureau of Circulations）称，截至 2012 年 3 月 31 日，全美 1/7（约 14.2%）的报纸推出包括智能型手机和平板电脑版的电子版，高于一年前的 8.66%。发行审计局表示，《华尔街日报》仍是美国第一大报，非周末日平均发行量约 210 万份，约与一年前相当。《今日美国报》（USA Today）是全美第二大报，发行量 180 万份，较一年前减少不到 1%。《纽约时报》排名第三，发行量 160 万份，较一年前大幅增加 73.1%，其中电子版订量 807 026 份，传统印刷版 779 731 份。美国报业协会执行

① 国家统计局网站统计公报：《中华人民共和国 2011 年国民经济和社会发展统计公报》，http://www.stats.gov.cn/tjgb/ndtjgb/qgndtjgb/t20120222_402786440.htm。

长卡萝琳·利特尔说，包括电子版在内的发行新体制，是迈向正确的方向。①

根据国外媒体报道，NBC 在 YouTube 上推出超过 3 500 小时的视频直播内容，而英国 BBC 电台也将推出超过 24 个不同频道。日前，国际奥委会宣布计划在 YouTube 上播放 2 200小时的视频内容，其中包括所有 32 项运动的决赛。YouTube 将免费向亚洲和非洲等 64 个国家提供视频转播，其 64 个市场包括印度、新加坡、马来西亚、肯尼亚和中国等，总体上来说，从早上 9 点到晚上 11 点都将有超过 10 个在线赛事频道和 24 小时的赛事新闻频道向全球进行直播，并且将采用最新的传输技术，将延时减少到最少，让全球用户感受到“零延迟”般的享受。据了解，奥运会电视报道权将卖出数十亿美元。②

2. 国际台利用新、多媒体传播技术加快“走出去”步伐的成功尝试

在国外媒体大力发展新媒体业务的同时，以国际台为代表的我国媒体已经开始了用新媒体技术加快“走出去”步伐的成功尝试。作为中国向全世界广播的国家广播电台，国际台肩负着“走出去”的重任。近年来，国际台利用新媒体手段，推动“走出去”更好、更快地发展。1998 年 12 月 26 日，国际台网站正式上线，随后被命名为“国际在线”，并列入国家重点新闻网站。国际台在新媒体领域从起步至今经过十几年的探索，目前已初步形成了以国际在线这一全球语种最多的网络平台为龙头的多语种网站集群、多语种在线广播集群、多语种网络电视频道和多语种移动服务终端。2006 年 7 月，推出自主开发的多语种播客平台，提供汉语、英语、韩语和日语四种语言的播客功能，这是我国首家由专业广播电台提供的多语种播客服务网站。在上传的大量节目中，音频原创节目居多，此外还有外语教学、脱口秀以及大量电台节目等。2007 年 9 月，国际在线网站环球网络电台（CRI Webcast）正式对外发布，以本土化为目标的多语种境外网络电台集群开始形成。2007 年 12 月，我国首家广播孔子学院在国际台正式成立。国际台大力倡导“用在线广播学汉语、用新媒体手段学汉语、用母语学汉语、通过遍及五大洲的听众俱乐部学汉语”，这是我国汉语国际推广领域具有里程碑意义的一大盛事。2008 年 7 月，为更好地为北京奥运会服务，国际在线“北京奥运·穆斯林指南网”正式开通，向奥运期间来京的各国穆斯林朋友提供最实用的、与其民族习惯和宗教生活相关的信息。2008 年 8 月，移动国际在线英文网和中文网分别上线试运行。移动国际在线的试运行标志着国际台新媒体发展向移动互联网领域迈出了重要一步。2009 年 7 月，国际台“移动国际在线”在北京启动，这是国际台发挥外语优势面向移动互联网推出的新业务。2010 年 2 月，多语种的 2010 年上海世博会多媒体官方电子杂志——《城市之光》正式与全球网友见面。全球网民可通过国际台主办的网站——国际在线，享受在线阅读和下载浏览服务，也可通过 iPad 进行浏览。

2011 年 1 月 18 日，中国国际广播电视网络台（China International Broadcasting Network 简称 CIBN）正式成立，它是新媒体领域的国家广播电视播出机构，是国际台适应当

① 中新网网站消息：《华尔街日报蝉联美第一大报 纽约时报发行量大增》，http：//www.chinanews.com/gj/2012/05-03/3862360.shtml。

② 流媒体网网站消息：《伦敦奥运会：新媒体卡位之战》，http：//sm.lmtw.com/fenxi/201207/80278_7.html。

代网络、数字等新媒体技术发展趋势，实现无疆界、跨媒体综合传播作出的重大选择。中国国际广播电视网络台以多语种、多类型、多终端为特色，涵盖多语种网站集群、多语种网络电台集群、多语种网络电视频道和多语种移动服务终端等新媒体业态，致力于向全球受众提供更好的时事、政治、经济、文化、体育、旅游、社会和汉语教学等综合信息服务。2011年11月29日，CIBN互联网电视正式开播，天地视频网站正式上线，为全面打造CIBN核心竞争力，完善CIBN传播新格局奠定坚实基础，推进中国国际广播电台加快实现由传统单一媒体向广播电视综合媒体的转型。

2012年12月26日，国际台德语、意大利语、世界语、葡萄牙语和希腊语移动国际在线同时正式启动。至此，加上此前启动的英语、法语和西班牙语移动平台，国际台移动国际在线的语种数量已达8个。此次新开通的五大语种移动国际在线广泛适用于苹果 iPhone 的 iOS、安卓（Android）等智能手机系统或其他手持终端，提供图文、音视频等多媒体移动浏览方式。手机用户只需输入简单域名，即可随时随地浏览多语种时政、财经、娱乐、旅游等方面的新闻和信息，学习汉语，欣赏多语种音视频节目。这五大语种移动国际在线网址分别为：german. cri. cn，italian. cri. cn，esperanto. cri. cn，portuguese. cri. cn，greek. cri. cn。作为全新的移动媒体平台，国际台这些语种移动国际在线为加强中国和世界的相互了解提供了更为方便快捷的新渠道。①

3. 国际台多语种广播得到国际受众的积极反馈

国际台利用新媒体技术更加有效地实施“走出去”战略，受到了国外受众的积极反馈。2012年4月30日至5月1日，时任国务院副总理李克强访问匈牙利。国际台匈牙利语部积极利用布达佩斯落地调频台和匈牙利文网等各媒体，利用新媒体等手段，对此充分报道。匈牙利文网在李克强出发前往第一站俄罗斯前两天，就制作了网络专题，实时报道李克强副总理的出访活动，并提前策划布达佩斯调频台的相关节目，利用落地电台受众高端和清晰收听等优势，采访了匈牙利驻华大使、布达佩斯匈中双语学校校长埃尔黛伊、匈牙利中小企业驻京代表龚克依·玛丽娅、中国前驻匈文化参赞马玉琪以及在李克强副总理访问期间进行书法表演的切尔凯斯·加博尔，播出了《匈牙利驻华大使谈中国领导人访问匈牙利》、《匈中双语学校——双边文化的摇篮》、《匈牙利——中小企业投资的新天地》、《中国领导人对中东欧地区的访问》等节目。此外，匈牙利语部在与芬兰制作室每周的视频连线中，一起策划了相关节目播出安排，并由布达佩斯调频台记者采访李克强副总理的访问现场，作现场连线报道。匈牙利语部通过新、多媒体的报道，在第一时间收到了受众的反馈。网友郝玛尔·拉斯洛在匈牙利文网留言说，“我们现在的生活境遇不太好，你们的报道给我带来了希望。我不知道在遥远的国度真正发生了什么，但我们期待繁荣的中国的帮助。同时，我们也感到自豪，因为继中国总理去年访问后，今年我们又迎来了中国副总理。我们希望两国的关系是更加扎实的。”

① 国际在线网站消息：http：//gb. cri. cn/27824/2012/12/26/3245s3970982. htm。

三、作为国家广播电台的外宣传播优势

国际台创办于1941年12月3日，是中国向全世界广播的国家广播电台。其宗旨是“向世界介绍中国，向中国介绍世界，向世界报道世界，增进中国人民与世界人民之间的了解和友谊”。国际台是我国唯一一个对外宣传的国家电台，是中国对外宣传的主力军、主渠道，具有其独有的外宣传播优势，肩负着我国媒体“走出去”的重任。

首先，对外播出平台优势。2012年10月17日，国际台与巴基斯坦国家广播公司合作的伊斯兰堡FM98中巴友谊调频台正式开播。正在巴基斯坦访问的时任中共中央政治局常委李长春、巴基斯坦总统阿西夫·阿里·扎尔达里在国际台台长王庚年、巴基斯坦国家广播公司总裁穆尔塔扎·索朗基的陪同下，与中巴各界人士200多人当晚共同出席了在巴基斯坦总统府举办的伊斯兰堡FM98中巴友谊调频台开播仪式，并为开播纪念牌揭幕。伊斯兰堡FM98中巴友谊调频台每天早上6点至晚上12点，播出18小时的国际台英语、乌尔都语节目。节目信号覆盖伊斯兰堡及周边地区。2010年7月7日，在国家主席胡锦涛与巴基斯坦总统扎尔达里的共同见证下，国际台与巴基斯坦国家广播公司正式签署媒体合作协议。自2011年1月17日起，国际台开始在巴基斯坦伊斯兰堡、卡拉奇、拉合尔、木尔坦和科哈特五座城市播出其乌尔都语和英语节目。伊斯兰堡FM98中巴友谊调频台是国际台在巴基斯坦首家整频率电台。至此，国际台在海外整频率电台播出落地节目达到81家。①

其次，多语种翻译人才优势。2012年9月14日，国际台台长王庚年与缅甸宣传部副部长吴耶通在内比都签署中国电视剧《金太狼的幸福生活》缅甸语版译制播出协议。正在缅甸访问的中国全国人大常委会委员长吴邦国与缅甸总统吴登盛共同见证了协议签署。为加深中缅两国人民的了解和友谊，增强两国文化交流，在中国国家广电总局和缅甸宣传部支持下，国际台与缅甸国家广播电视台就电视剧《金太狼的幸福生活》缅甸语版的译制、推广及播出事宜达成协议。《金太狼的幸福生活》是缅甸首部缅甸语配音的外国电视剧。根据协议，国际台将承担该剧缅甸语版的剧本译制、配音及后期合成等工作。缅甸国家广播电视台将负责该剧的播出、推广工作。国际台台长王庚年表示，把中国优秀影视剧和优美的缅甸语相结合进行再度艺术创作，对促进中缅文化交流以及两国人民间的友谊都具有非常重要的意义。缅方有关负责人也表示，希望与中方开展更多合作，提高缅甸媒体竞争力。《金太狼的幸福生活》是一部现代都市爱情喜剧，讲述了报社记者小米瞒着母亲与妇产科大夫金亮登记结婚后，双方父母、家庭之间发生的一系列故事。该剧共40集，预计将于2013年上半年同缅甸观众见面。②

第三，国际台70多年海内外传播的经验优势。2013年2月26日，CIBN互联网电视与加拿大Distributel集团旗下的新动力传媒（简称XINFLIX）在北京签署CIBN—XINFLIX互联网电视业务战略合作协议。根据协议，双方将共同打造具有国际化特色的“CIBN—

① 国际在线网站消息：http://gb.cri.cn/27824/2012/10/18/3245s3890666.htm。

② 国际在线网站消息：http://gb.cri.cn/27824/2012/09/14/5951s3851247.htm。

XINFLIX互联网电视业务”，CIBN互联网电视将集成代表中国文化的优质节目内容，与XINFLIX富有加拿大特色的本土节目内容形成差异化互补，服务于加拿大主流人群及加拿大华人群体；同时，XINFLIX也将整合加拿大的旅游文化内容服务于中国观众，从而建立中外文化交流的双向内容运营体系。以此为开端，双方还将在用户共享、网络分发（CDN）、终端、技术等方面展开深度合作。名扬影视传播有限公司作为此次平台合作的重要合作伙伴之一，未来也将提供大量优质的中国影视内容服务于双方业务专区的建设。CIBN互联网电视是国际台“多媒体融合、新媒体发展”战略下的重要业务，由国际台旗下国广东方网络（北京）有限公司独家运营。作为国际台打造现代综合新型国际传媒集团的重要组成部分，CIBN互联网电视秉承国际台“中国立场、世界眼光、人类胸怀”的传播理念，依托国际台70多年海内外传播经验和63种语言优势，以视听互动、资源共享、多语种集合为特色，通过视听专区、应用专区和品牌专区三种形式，向海内外受众提供新闻、影音、旅游、科教等视听内容服务。①

四、结语

2011年10月18日，中国共产党第十七届中央委员会第六次全体会议通过《中共中央关于深化文化体制改革　推动社会主义文化大发展大繁荣若干重大问题的决定》。根据《决定》，外宣工作肩负着增强国家文化软实力、提升中华文化国际影响力、推动中华文化“走出去”的重要责任，这为国际台提供了机遇，指明了目标。国际台将秉承国家文化战略，充分发挥多语种、新多媒体及其他资源优势，加快“走出去”步伐。

（作者单位：中国国际广播电台匈牙利语部）

参考文献：

1. 王庚年：《国际传播发展战略》，中国传媒大学出版社，2011年。
2. 臧具林、陈卫星：《国家传播战略》，中国传媒大学出版社，2011年。
3. 姚望：《大国崛起的步伐：中国“走出去”战略》，科学出版社，2008年。
4. 邢厚媛、李志鹏：《“走出去”营造新优势》，中国商务出版社，2011年。

① 国际在线网站消息：http：//gb.cri.cn/27824/2013/03/01/3245s4035447.htm。

国际台万象节目制作室的创建与发展前景

蔡宝峰

近年来，国际台海外分台的总体规模迅速扩大，发展模式不断完善，初步打造了遍布世界五大洲的海外城市电台集群，加快了由本土媒体向跨国媒体转变的步伐。

老挝万象FM93调频电台于2006年11月19日正式开播，开播后受到中老各方广泛好评。2011年3月8日，笔者同老挝语部另外两名同事一起前往老挝万象，开始与老挝国家电台合作，筹建国际台老挝万象节目制作室，同时承担记者站的职能。

万象节目制作室建立两年来，一改过去“闭门造车”式的对老传播方式，进一步实现了调频“本土化”，使节目真正实现了本土调研、本土制作、本土直播，大大提升了万象调频台在老挝的实际传播效果。以此为基础，接下来的工作就是要考虑如何让这一本土化调频台走上经营化道路，进而迈上可持续发展道路。

一、海外节目制作室的初期建设

在国际台国际传播能力不断增强的时代背景下，海外节目制作室这一新型国际传播平台无疑成为一支促进国际台海外本土化传播的重要力量。那么，节目制作室建立初期，我们应该如何建设好这一平台，为未来事业发展奠定良好的基础呢？下面，笔者结合相关工作经历，谈几点体会。

1. 不怕困难，迎难而上

节目制作室的筹建工作是一项极其繁重的工作。一系列琐碎而又关键的环节，都关系到制作室日后开展工作的方方面面，所以哪一项都不可掉以轻心。关于办公地点的选址，笔者认为，应尽量选择市中心或地理位置较好的地段，这既便于开展新闻报道工作，也便于更好地宣传自己。经过认真调研，万象节目制作室最终选在临近万象市中心、靠近老挝几大部委及老挝的象征性建筑塔銮的一个地方。随后，其他各项工作都有条不紊地进行。2011年7月1日，制作室2小时的FM93Mhz本土直播节目上马；10月10日，国际台万象节目制作室正式挂牌；10月15日，本土直播节目由2小时增加到6.5小时。这些工作之中，充分蕴含着全体工作人员耐心细致、迎难而上的精神。

2. 明确理念，服务听众

万象调频台本土直播开播后，我们更加认识到，落地调频广播相比传统的短波广播，离听众更近，声音更清晰，听众收听更方便，但这并不意味着国际台的调频广播就一定能牢牢抓住听众的耳朵，特别是在信息化高速发展、新媒体技术广泛应用、广播不再占据优势的今天。听众喜不喜欢听某个电台的广播，是由该台广播的传播理念、传播内容、传播形式以及听众的喜好等诸多因素决定的。因此，要想让老挝人听我们的广播，就不能一味只顾宣传自己，而应该讲老挝人爱听的事，聊他们关心的事。我们把节目制作室开到老挝，目的就是为了贴近当地受众，贴近当地社会实际，贴近老挝人的收听需求，从当地获取一手资料，从而使节目内容更丰富，形式更新颖，让老挝人更爱听，让这个调频台更好地发挥作用，从而提高国际台在老挝的实际传播效果。基于此目的和理念，经过调查研究及前后方反复商议协调，万象调频台节目在2011年下半年进行了全新改版，其中本土直播部分更加贴近老挝人的收听需求。

3. 有的放矢，内容取胜

目前，万象调频台本土直播节目从当地时间下午4点一直到晚上10点半，包括6档栏目，依次为《幽默人生》、《93茶餐厅》、《体育世界》、《看中国》、《名曲赏析》及《国际台流行夜》，穿插老挝新闻、世界新闻（含中国新闻）及每日汉语。每一档栏目都是根据老挝人的收听需求精心打造，主要是采取音乐加聊天的形式，聊的内容都是老挝受众关心的、对他们有用的信息，这样就可以让听众在愉悦中接受信息。因为老挝受众酷爱音乐，是一个喜欢享受快乐的民族，因此节目中音乐必不可少。我们经过调研，根据老挝受众的喜好，除安排优秀动听的中文歌曲外，还安排了很多的老挝民间歌曲、老挝流行金曲及世界名曲。此外，老挝听众还可以通过我们的国际台短信平台及听众服务热线即时点播歌曲，这样便形成了与听众的互动，拉近了与听众的距离，目前这是老挝人最喜爱的一种广播节目形式，也为万象调频吸引了大批的新听众。对于栏目的设定，我们也是有的放矢，使其符合老挝人的兴趣。比如做《幽默人生》栏目时，我们聘请了当地电台深受老挝人喜爱的著名笑话节目主持人缇苏恩担纲主持，《体育世界》栏目聘请老挝国家电视台体育节目主持人艾克森担纲主持，这都是我们为吸引老挝听众所做的新的尝试。另外的一档《看中国》栏目，我们聘请了老挝国家电台资深编辑、曾在国际台担任外籍专家的桑坎担纲主持，这档栏目是专为希望了解中国的老挝听众打造的，让桑坎以一个在中国生活工作过4年的老挝人的视角来正面讲述中国的方方面面，主持人是抓住听众的关键因素，有了这些受欢迎的节目主持人，他们主持的栏目也自然成为受欢迎的栏目，还愁没人听么？而更重要的是，一旦老挝听众爱上了我们的节目，我们想要传递的声音便潜移默化地传到了听众的耳朵里。

4. 抓住时机，宣传品牌

新的节目形式、动听的音乐、好的节目主持人以及对节目比较准确的定位，使更多的听众喜欢上了国际台的节目，在此基础之上，我们还适时通过一些宣传推介活动来配合、辅助我们的广播，真正打响国际台FM93（国际台万象调频台频率）这一品牌。2011年8月底，万象节目制作室在老挝国立大学举办毕业典礼、众多大学生云集于此之际，在国立大学校园举办了国际台FM93宣传推介活动；2011年11月中上旬，老挝全国性节日——万象塔銮节期间制作室再次举办大型推介活动暨“我是金嗓子”群众歌手大奖赛，取得巨大成功并在万象引起热烈反响，FM93的听众群进一步扩大，国际台的名字进一步深入老挝人民心中，在老挝赢得了上至政府官员下至平民百姓的一致好评。

5. 关心当地重要事件，搞好采访，做好新闻

2011年正值中老建交50周年，中老双方交往频繁，友好活动不断，我们对重要宣传题材如中老建交50周年系列活动、中国电影周及图片展、万象第二届中文歌曲大赛、中

国国家民委“多彩中华”艺术团访老演出、中老友好光明行、中国军队文化活动周及中国政府援老挝国际会议中心项目开工及进展情况等重大双边活动都能够积极跟踪采访报道，另外对于国内高访团的来访和中国驻老挝大使馆举办的各项重要活动我们也按要求及时进行了报道，同时对老挝本土的重大事件，如老挝人民革命党第九次全国代表大会、老挝新年即泼水节、国会会议及选举、全国青代会、全国运动会等也都重点进行了报道。一年来共采发各类中老文稿件及口播百余篇，且配合发布大量新闻图片及音响，中文稿大部分转发国际在线，并被人民网、搜狐网、新浪网、凤凰网、中国日报网等多家网站转载，同时，老文稿大部分被老挝当地主流媒体《人民报》、《新万象报》等转载，从而展现了国际台的实力，使得国际台在多家驻老挝外国媒体中赢得了地位，以至老挝新闻界的朋友赞誉道：“国际台成为了老挝媒体的一部分”。

得到了这么高的赞誉，其实得益于我们对老挝新闻采访报道所把握的一个原则，即尽量避免报道当地的负面新闻，不干涉对象国内部事务，为弘扬中老友好服务，让老挝人民真正了解一个始终不渝走和平发展道路的与邻为善、以邻为伴的中国。

6. 重视团队，加强沟通

万象节目制作室每周会定期召开一次例会，并让老挝员工中的骨干也加入进来，目的是让大家加强沟通，减少分歧和不必要的误会，为顺利而有序地开展工作奠定一个良好的人力基础。另外，对当地雇员的管理也有其特殊性。为了让老挝员工明白我们的工作目标和要求从而高效地完成任务，我们首先要重视每一位员工，认清每一位员工的长处，让他们各尽所能，并通过经常性的沟通与联谊让他们感受到团队的力量和温暖，从而打造一个心往一处想、劲往一处使的优秀团队。

二、海外节目制作室的经营与发展

万象调频台是为老挝听众打造的集新闻资讯、文化综艺、生活指南于一身的综合电台，旨在提供最新鲜、最全面的中国资讯和最地道的中国文化体验，为两国人民架起沟通和友谊的桥梁，而万象节目制作室团队正是让这个调频台充分发挥作用的重要因素。

节目制作室建成并正常运作后，我们要与时俱进地去探索新的发展方向，使我们的电台与国际上各大知名城市调频台接轨，从而不断适应媒体的发展趋势，使我们的调频台保持生机与活力。笔者认为，只有使海外调频台逐步走上产业化、经营化的轨道，国际台的海外事业才能永葆青春，真正实现可持续发展。

1. 打响自身品牌，吸引广告投放

在现代传播中，没有广告的媒体不能称之为一个真正成熟的媒体，而要经营一家调频台，让其产生效益，最好的办法就是吸引广告投放。简单说，一个媒体做得成功与否，很重要的一个体现就是有没有人、有多少人来投放广告，而这也是国际台今后走上产业化之路的一个大趋势。

很长时间以来，“收听率”被普遍认为是广播广告经营的“通用货币”，高收听率的频率或高收听率的节目就是最好的广告投放载体。近年来，“收听率”作为广播广告的唯一衡量标准的观念已经发生了一些转变，目标听众的有效到达同时作为投放广播广告的重要依据。毕竟，消费者是广告的真正客户，消费者才能决定广告的效果。

对于广告主来说，广告能够投放于合适的频率和节目，可以以最小的成本换来最好的效果；对于广播广告经营者来说，手里掌握大量广播频率资源、时间资源，能够针对不同的产品投放不同的频率和时段，可以使资源得以充分利用，此举可谓达到“双赢”。

由此可见，要想使我们的调频台成为一个好的广告投放载体，首先就要打造频率自身的品牌和名牌栏目。对广播频率运营者来说，品牌是广播的核心竞争力。只有打响品牌，才能有高可信度和高收听率，进而实现目标听众的有效到达。

值得一提的是移动听众，广播是驾车人士在车上不可或缺的伴侣。国内数据显示，超过一半的驾车听众在开车时会利用80%以上的时间收听广播，超过30%的驾车听众在开车时至少50%的时间会听广播。这就说明广播媒体对移动群体的影响力比较强，而且移动听众被认为是“含金量”较高的群体，目前已成为很多商家、企业竞相追逐的新宠。

老挝虽然是一个人口仅有600万的小国，但人均汽车保有量却并不低。笔者在老挝工作期间，留意到大部分驾车人士都有在车上打开收音机的习惯，因此，老挝存在大量潜在的移动听众，如能牢牢吸引住这部分听众，也将大大有利于我们的广告经营。

2. 依靠广告效益，实现可持续发展

广播品牌是收听率的集中体现，听众对广播品牌节目的忠诚度直接决定着广播的财富指数。品牌知名度越高，对广告商的吸引力就越大。

万象调频台本土直播节目自开播以来，一直努力将FM93这一频率打造成一个集权威性、亲和性、知识性、趣味性和服务性为一体的名牌频率，且如前文所述，目前已树立起一批名牌主持和名牌栏目。当FM93真正成为一个品牌化的频率，就会对听众形成持续的吸引力，也会如磁石般把广告商牢牢吸引，因此，万象节目制作室下一步就应该运用自身创造的品牌价值逐步孕育FM93广告的发展，以实现频率的可持续发展。

广告带来经济效益后，就可以投入更多的资金用于调频广播品牌的创新和宣传推广，根据不断发展的时代、不断变化的市场、不断成长的听众对内容与形式进行改进，对定位与方向进行调整，更重要的是要对品牌所承载的内涵、精神进行创新，使品牌保持永远的活力，在媒体市场中永远保持所在广播频率的影响力、公信力和竞争力。

按照万象调频台的下一步规划，有望在近期将播出时段由12.5小时增加为19小时，如果条件允许，所增时段将全部采用本土化直播，届时，FM93将拥有更多的时间资源。相信在不久的将来，依托品牌化的频率、品牌化的节目加上品牌化的主持人，万象调频台将创造更高的广告效益，也必将创造更多的社会价值，并逐步走上良性循环的可持续发展轨道。

三、结语

万象节目制作室的顺利创建，一方面得益于近年来国际台重视开拓海外媒体市场的大背景，另一方面也适应了当今世界各大媒体本土化发展的大趋势。

（作者单位：中国国际广播电台老挝语部）

拓展新渠道　增强海外分台市场竞争力

——以国际台老挝万象调频台为例

尚艳波

文化实力和竞争力是国家富强、民族振兴的重要标志。2013年党中央明确指出，“要推动文化事业全面繁荣、文化产业快速发展。构建和发展现代传播体系，提高传播能力。增强国有公益性文化单位活力，繁荣文化市场。”① 当今时代，随着经济全球化的进一步深化和传播技术的飞速发展，信息传播的全球化发展趋势日趋明显。任何媒体如果不及时融入全球传播体系，不在国际舆论传播中定位自身，必然会失去在国际舆论竞争中的主导权。这就要求我们在统筹大众传播与分众传播的基础上，加快推进传媒产业的市场化改革步伐，规范媒体市场竞争主体。

一、加快推进海外分台建设进程，力求全球市场竞争规模化

当前，世界各国都十分重视通过国际传播宣释本国的政治制度、价值观念、人文精神和外交政策，塑造国家形象，提升软实力。在国际传播全球化的作用下，各种文化、新闻、资讯和娱乐等媒介产品，大批量地输送至全球消费终端，其结果是传播影响全球化。传播影响的全球化，体现在政治、外交、文化、经济等多个方面。因此，“国际媒体的影响力目前也经常被理解为一个国家的综合实力的体现。”②

为实现中央提出的增强国际传播能力、构建国际一流媒体的战略目标，中国国际广播电台（以下简称国际台）作为我国主流外宣媒体，加快海外分台的落地率及覆盖率，力求扩大国际影响力。2006年2月27日肯尼亚内罗毕调频台正式开播，成为国际台在海外开设的首个整频率电台，使得国际台海外整频率落地从无到有，在我国对外广播史上具有里程碑的意义。此后，经过短短6年时间，国际台海外分台从无到有，初具规模。截至2013年1月，已在五大洲建立了83个海外整频率落地电台，并取得了明显的传播效果，海外分台成为世界各国了解中国的重要窗口。

面对日益深入的市场化改革步伐及跨文化语境传播，国家广电总局提出了三点建议③：第一，要大力实施环球战略，积极鼓励有条件的中央、省及重点城市的广播电视机构在国外独立或合作开办电台、电视台；第二，要加强媒体产品的海外销售，拓展渠道，丰富品

---

① 人民网：《胡锦涛在中国共产党第十八次全国代表大会上的报告》，2012年11月18日，http：//cpc.people.com.cn/n/2012/1118/c64094-19612151-1.html。

② 郭可：《国际传播学导论》，复旦大学出版社，2004年，第112页。

③ 王庚年：《建设现代综合新型国际一流媒体研究》，中国国际广播出版社，2011年，第123页。

种，积极发展海外营销机构和网络；第三，要积极选择一些国外知名的广电机构进行电影、电视剧和广电节目的中外合作生产。

二、推进海外分台战略性转变，寻求海外全覆盖

由于存在历史文化或意识形态壁垒，西方国家的强势媒体对中国的了解、理解还不充分，时常会表现出或显或隐的傲慢与偏见。因此，争夺国际传播话语权仍是长期的任务，我们不能被动地等着国外媒体来传播中国，而要以开放的胸怀主动将真实的中国呈现给世人。然而在国际传播中，只有做到知己知彼，才能百战百胜。对此，为实现传播内容对象化、分众化、精准化与本土化，国际台坚持外宣“三贴近”原则，即贴近中国和世界发展的实际、贴近对象国受众对中国信息的需求、贴近国外受众的思维习惯，同时在遵循差异化传播策略的基础上，推进海外分台节目风格的编排及其运营的本土化，才能在更大的程度上取得良好的传播效果。由媒体“本土化”向“本土化”媒体转变，从而加强媒体市场竞争力，也是提升国际传播影响力的一项重要课题。

1. 推进本土化进程，提高媒体品牌认知度

老挝是一个多民族国家，居民通用老挝语，多信奉佛教，但因其国内道路建设有限，交通不发达，导致报纸发送不通畅，一些地区甚至全年读不上报纸。外加电视覆盖率及教育普及率低下，致使广播凭借其移动收听、价格低廉、适合特殊人群收听等特点，在老挝各种传播媒体之间占尽优势，“广播仍然是老挝受众最主要也是最权威的信息来源途径”。①

2006 年 11 月 19 日，老挝万象调频台顺利开播，广受老挝听众好评，被老挝国家主席朱马利誉为：“老挝媒体的一部分”。为增强节目的贴近性，万象调频台自开播以来经历多次改版，并于 2011 年 10 月 15 日由开播最初的 12.5 小时老、中、英三种语言节目全面改版成 12.5 小时老挝语单一语种整频率调频台。其中，CRI 万象节目室直播节目 6.5 小时，北京本部录播节目 6 小时。同时招募本土员工，邀请老挝国家电台、国家电视台、摄影协会的一批专家对其进行新闻采访、写作、节目主持、音频视频软件入门、摄影和摄像等方面的培训，从而形成系统化的员工培养制度。制作室的创建及其节目播出形式的改版是调频台实现本土化的必然趋势，也受到了广大受众的好评。经调查显示，受众对本土节目和老挝本土主持人都有较高认知度。CRI 万象节目制作室通过招募本土化职员参与节目制作、播出，使得节目在内容、形式和设置上更具有针对性和贴近性，更加受到欢迎。事实证明，“只有本土的，才是民族的，只有民族的，才是世界的。”同时，万象调频台节目制作室曾于 2011 年 11 月在老挝传统节日——塔銮节期间，推出了《我是金嗓子活动》线下推广活动以及 2012 年年底推出的《星光万象》大型歌手选拔活动为众多音乐爱好者和有音乐才华的老挝人提供了一个展示自己的舞台，并引起当地人强烈的反响。

2. 加快建设本土化人才队伍，有利于开拓海外市场

增强对外传播效果的关键在于人才。2008 年 11 月 7 日，李长春在中国新闻奖长江韬

---

① 老挝国家电台官方网站：http：//www.laonationalradio.com。

奋奖颁奖报告会上的讲话中强调，要加大人才培养力度，着力培养一批维护国家利益、熟练掌握外语的外向型人才，让党的新闻事业人才辈出、兴旺发达。① 然而在国际传播中，为了贴近受众，贴近对象国的实际情况，培养人力资源的本土化运营不仅有利于增强海外分台在对象国的信任感，还能降低经营成本，达到高效、高质量的传播，为海外分台快速融入当地提供有利的条件。因此，目前培养一批优秀的本土主持人，不仅能够提高媒体形象，筑造品牌，更能让跨文化传播更好地走向市场，走向世界。

新闻集团在人才本土化方面进行了有益探索。1985 年，新闻集团掌握了 20 世纪福克斯的控股权后，高薪聘请该公司原董事长巴西·迪乐担任要职，此后凭借其良好的人际关系和卓越的管理才能成功打入美国市场。新闻集团控股的凤凰卫视从编辑到记者、主持人乃至高层管理者，都采用本土人才，从而迅速融入了亚洲媒介市场。② 自从招募当地员工并实现 6.5 小时本土直播以来，经调查显示，一批老挝人主持的本土节目如《幽默人生》、《93 茶餐厅》、《CRI 流行夜》、《体育世界》等，在受众中有较高的名气。③ 高比例的老挝本土主持人的认知度，不仅有利于万象调频台对这些老挝本土主持人进行个性包装和推介，打造易于被本土受众接受的主持人形象，还能让受众通过自己喜爱的主持人和节目，认识和了解万象调频台。近期，万象调频台将把播出时段扩展为全天 19.5 小时老挝语整频率落地，同时提高节目的娱乐性及其服务性，以增强受众的认同性。届时，本土化节目时段将进一步增强，从而提高万象调频台在当地的品牌认知度和影响力，为万象调频台实现老挝全境覆盖及寻求品牌传播奠定了坚实的基础。

3. 跨语言传播增强影响力

中华文化历史悠久，博大精深，它绵延五千多年而仍具生命活力，在世界上有着独特的地位。经济的快速发展，综合国力的增强，国际地位的提高，使中国成为国际舞台上的一抹亮点，了解中国的发展以及中国的文化毫无疑问变成了全世界关注的焦点。2004 年 11 月 21 日，全球第一所“孔子学院”在韩国首都首尔挂牌。截至 2010 年 10 月，全球已建立 322 所孔子学院和 369 个孔子课堂，共计 691 所，分布在 96 个国家和地区，为增进中国与世界各国的友好关系，增进世界各国人民对中国语言、文化的理解作出了重要贡献，也为各国汉语学习和爱好者提供便利、优良的学习条件。其中，国际台与中国孔子学院总部携手创建的广播孔子学院，以广播孔子课堂、无线广播、在线广播等为载体，用 38 种外语向世界各地的学员教授汉语，传播中华文化。国际台的《学汉语》节目为数以万计的海外受众学习汉语提供服务。此外，12 家海外孔子课堂使用母语教学、多样教学，质量不断提高。孟加拉国广播孔子课堂被国家汉办称赞为“全世界办得最好的孔子学院”。

2010 年 3 月 23 日，广西民族大学和老挝国立大学合办的孔子学院即老挝国立大学孔子学院正式揭牌。孔子的思想是中国文化的核心，并对韩国、日本和越南有深刻的影响。

---

① 人民网：《李长春在第十八届中国新闻奖第九届长江韬奋奖颁奖报告会上的讲话》，2008 年 11 月 7 日，http：//politics. people. com. cn/GB/8306749. html。

② 王庚年：《国际传播发展战略》，中国传媒大学出版社，2011 年。

③ 王庚年：《国际舆论传播新格局研究》，中国国际广播出版社，2013 年。

在老挝建孔子学院，对老挝人才培养工作，特别是对老挝的教育部门人才的培养工作、对巩固和加强老中两党、两国政府和两国人民之间的友谊和交往有着重要意义。目前，老挝教育部已作出决定，将汉语作为在中小学开设的第二门外语之一（另一门是法语）。老挝国立大学孔子学院得到当地政府和我国大使馆全力支持。双方表示将继续进行多方资源合作，共同致力于汉语推广工作，从而为加强中老两国人民之间的友谊和合作交流发挥作用。

如今，汉语学习在老挝掀起了热潮，越来越多的老挝学生开始学习汉语。[①] 经过对老挝学生的语言态度和汉语学习动机进行调查及分析后发现：第一，老挝学生越来越热衷于学习汉语。第二，他们学习汉语是因为对汉语本身很有兴趣，觉得汉语是一种又有用又有魅力的语言。另外，为了找到好的工作，得到更多的收入而学习汉语也是老挝学生学习汉语的一个重要原因。第三，在调查老挝学生汉语学习的动机中发现不同性别、华人与非华人、不同年龄的学生学习动机有显著差异。第四，影响老挝学生学习动机的主要因素是课堂气氛、教师的教学态度和水平以及教材。事实上，我们在对汉语教学及其传播上都进行了相应的调整，比如说其中包括增加外派志愿者和加强对教师的专业培训等。国家鼓励中国企业走出海外以及各种文艺汇演走出去政策也给学习汉语的学生提供了更多近距离感受汉语言文化的机会。

此外，在跨文化传播中，在加强开展与海外的合作项目的同时要尽量避免官方色彩，充分运用各种文化交流活动来促进双方之间的交流合作。曾经担任过福特汽车公司北美汽车经理部副董事长的威廉·伯克说过："世界上只有一个市场，风行一种时尚。"其原因就是强势企业可以依靠传播传媒制造出单一的消费情趣。比如变形金刚、超人等卡通形象能在全世界风靡一时，国际传播在开拓国际市场方面的影响力可谓功不可没。因此，汉语的推广应尽量消除浓重的官方色彩，借助一些文化和市场途径，更深地融入人们的生活，以汉语为主题开展一些市场宣传活动，增加与海外受众及汉语爱好者的交流，尽量避免国家间、民众间的利益冲突，营造良好的境外接收氛围。

三、扩大外宣合作规模，拓宽媒体建设渠道

1. 发展平面媒体，力求多方合作

尽管电视、互联网当前在很多国家都堪称强势媒体，在老挝却不尽然。结合本国国情，老挝政府提出，到 2015 年，将实现印刷媒体覆盖全国人口的 95%，电台广播达到 95%，电视播送达到 80%～85%。由此可见，传统纸媒在老挝传媒业中仍占有举足轻重的地位。

为更有效地开展媒体经营，巩固国际台在老挝的良好媒体形象和品牌效应，2012 年 11 月，《悦生活》马来文版、老挝文版在本土正式出版。目前老挝尚允许外国机构涉足平

① 李晓敏：《关于老挝学生汉语学习动机的社会调查及相关对策》，知网，2011 年 4 期，http://cdmd.cnki.com.cn/Article/CDMD-10285-1012283804.htm。

面媒体行业，在东南亚中心统一指导部署之下，老挝语部拟将原有听众季刊《空中桥》改版为综合性杂志《悦生活》，让其成为老挝语广播从内容到形式的拓展与外延，成为弘扬中华文化的展台、增进中老合作的平台、塑造CRI品牌形象的舞台、搭建受众个性表达的擂台。在推广我们自身媒体的同时，还推广中国立场、中国文化，推广中国人的生活方式和价值取向，争取引领老挝媒体发展和时尚潮流。同时该杂志还设有汉语学习专栏，增强汉语传播，为汉语学习爱好者提供便利。杂志一经推出，广受老挝新闻传播界的赞许，并吸引了多家企业，表示对杂志的广告投放感兴趣。这不仅为平面媒体市场化运作创造了良好的机遇，同时也对杂志的本土化运营提出了更高的要求。为了让杂志能够受当地读者的欢迎，深入对象国人民的日常生活，寻求杂志的本土化运营成为了目前亟待解决的问题。

作为外宣平面媒体，形象塑造是一项具有战略性步骤的工程。① 它就如同品牌塑造及忠诚度的培养，必须建立专业的制作团队，并加强与国内外各界人士的多方面合作，从而提高杂志的服务性，达到普及。如今，草根媒体人开始成为引导舆论、影响政策的一股重要力量，并进入学术界的研究视野。而Twitter、Facebook等社交网络和个人媒体也进入了国外政府的传播体系。对外传播要想达到理想的目标，除了要学会紧跟时代步伐，也要学会发现和积极寻求与国内外草根媒体、出境游客、跨国企业工作人员等各种涉外机构和人士的合作，形成对外大传播的局面，从整体上实现有效传播。

2. 探索影视市场，实现中国文化“走出去”新飞跃

当今时代，文化越来越成为民族凝聚力和创造力的重要源泉，越来越成为综合国力竞争的重要因素。近年来，随着中国文化产业的繁荣发展，文化贸易成为推动中国文化“走出去”、扩大中华文化影响力的重要一翼。根据国家广电总局影视剧“走出去”1052工程精神，必须加大影视剧译制推广力度，让中国优秀的影视作品越来越多地在境外传播，使得中国文化的影响力越来越广泛。中央编译局秘书长杨金海指出，在国际交往当中，要尽量避免用意识形态话语，特别要避免讲大话、空话、套话，而更多地用学术的、通用的、大众的语言来交流，要注意研究、寻找人类共同的语言，用世界各国人民喜闻乐见的语言来传达我们的思想文化。② 所以，在对外传播中的影视剧的选择非常重要。要在遵守一定的外宣准则的基础上，选择一些与人们生活实际贴近，并能够引起观众共鸣的好剧，才能赢得较高的关注度。据了解，在东盟国家，中国摄制的一些古装武侠剧比较受欢迎，如中国四大名著中的《西游记》、《水浒传》等。

对此，2012年10月30日，国际台、中国国际广播电视网络台影视译制基地正式落户海宁。影视译制基地的建立，实现了国产影视作品走出去的强强联合，将充分利用语言技术和全媒体的资源优势，充分运用多种海外渠道，创新思路、创新模式，译制出更多更具国际水准的中国影视产品，以进一步提升中国影视产品走出去的影响力、促进中外文化交流和各国人民间的友谊作出贡献。同时，为加强与国际的交流与合作，译制基地将开展包

① 程曼丽、王维佳：《对外传播及其效果研究》，北京大学出版社，2011年。

② 中新网：《“文化走出去”展示中国新形象提升国家软实力》，2011年10月8日，http://www.chinanews.com/cul/2011/10-08/3371569_2.shtml。

括但不限于影视译制、海外推广、通用和非通用语教材及中文教学、语言译制软件等业务，计划实现年译制非通用语类影视剧目 1 000 部集，通用语类影视剧 2 000 部集，年出口金额达到 1 500 万美元。

目前，由浙江凤仪影业出品的《妈妈的花样年华》和海宁润禾影视出品的《老爸的心愿》已和国际台签约准备译制成斯瓦希里语出口到东部非洲国家和地区，成为影视译制基地成立后的开篇之作。此外，2012 年 9 月 14 日，在中国国家广电总局和缅甸宣传部的支持下，国际台与缅甸国家广播电视台就电视剧《金太狼的幸福生活》缅甸语版的译制、推广及播出事宜达成协议。《金太狼的幸福生活》是缅甸首部缅甸语配音的外国电视剧。根据协议，国际台承担该剧缅甸语版的剧本译制、配音及后期合成等工作。缅甸国家广播电视台负责该剧的播出、推广工作。截至 2013 年年初，该剧的译制和配音工作已完成，并得到了国家广电总局的肯定，被认为是目前译制最好的一部影片。

老挝电影发展的过程时断时续，总体来看作品欠丰。但从艺术或商业角度来看，老挝电影虽未有大成就，但它的质朴、简约是独特而具有魅力的，是世界电影中一道靓丽的风景。为推动本国电影业的发展，目前老挝也在寻求加强国际合作。2009 年和 2011 年，老挝首都万象市举办了两届万象国际电影节；2010 年和 2011 年，举办了两届琅勃拉邦国际电影节，由老挝大学生执导的 30 部电影参加了 2011 年的影展。这就透露出了一个信息，老挝电影正以开放的姿态接受外来的影响。为实现多元化对外传播，担当起中国文化自信、文化自觉的重任，目前，万象调频台正努力寻求多方面的合作，争取能通过在影视方面的合作，推动中国文化更好地走进老挝。

四、结语

在国际传播竞争日趋激烈的环境下，媒体对于国家形象的塑造起着至关重要的作用。国家形象塑造与传播的前提是国家形象定位。如果形象定位不够清晰，宣传力度再大，给人的印象也只能是模糊的。可口可乐进入中国，其口味最初并不为中国消费者所接受，在中国的市场份额也十分有限。然而该公司调动各种手段持续推行品牌战略，从产品层面深入到社会文化层面，包括春节贺岁，为中国入世、申奥成功专门制作纪念罐，兴建希望小学，资助特困大学生，援手教育项目等，从情感上一步步拉近与中国人的距离。这种途径所产生的效果绝对不是单纯的广告宣传或产品促销可以达到的。在当前国际传播新格局下，为加快打造区域媒体集团，建设媒体化组织，加快建成现代综合新型国际传媒集团，在加强海外分台市场竞争力的进程中，需要进行长期规划，建立长效机制。

（作者单位：中国国际广播电台老挝语部）

万象调频台凸显CRI国际传播影响力

何　斌

自2006年11月19日，时任中国国家主席胡锦涛与老挝国家主席朱马利共同启动万象调频台调频广播节目以来，特别是2011年万象节目制作室在老挝成立以来，CRI对老挝的广播进入一个跨时代的新阶段。在CRI一贯秉持的“中国立场、世界眼光、人类胸怀”的方针指引下，万象制作室立足于老挝本土，贴近老挝受众，同时注重中国元素，促进了中老两国人民的相互了解，加强与老挝本土主流媒体的交流合作，共同为老挝社会文化的发展贡献自己的力量，因此不仅受到广大民众的欢迎，同时也获得老挝政府领导层的关注和支持。

一、万象制作室实现对老挝传播的本土化

2011年10月10日万象制作室正式挂牌成立，标志着对老国际传播的新发展。万象制作室身兼新闻报道、节目制作等多项功能，不仅在重大新闻事件报道方面，加强了新闻报道本土化，报道方式、手段多元化，另外，在调频节目的形式选择、内容设置、主持人选用等方面也更进一步地贴近了本土的受众。

1. 万象制作室实现新闻报道本土化、多元化

在万象制作室建立之前，有关老挝的新闻事件报道，需要依靠老挝本土媒体的报道或者外媒报道，缺乏第一手资料，且时效滞后。在万象制作室成立之后，一旦老挝发生重要事件，万象制作室即刻派出记者进行跟踪报道，并且实现新闻报道手段的多元化，不仅有传统的音频、文字等方式，还注重采用多媒体手段，使用图片、视频等方式，更加生动地将新闻事件向受众报道，同时，以积极、负责的外媒的态度，公正、客观地报道新闻事件，树立了良好的媒体公信力，对于老挝受众来说具有较高的可信度，比如，在2011～2012年内，在老挝发生了许多重要事件，如老挝党九大、全国运动会、主办第九届亚欧峰会及系列会议、老挝成为世界贸易组织第158个成员国、主办东盟大学生运动会等，万象制作室始终密切关注在老挝本土发生的具有重要新闻价值的事件，并且利用自身手段多、形式新、时效强的优势进行报道，很多新闻事件的报道力度和效果甚至超过老挝本土的主流媒体。同时，通过向CRI东南亚地区传播中心提供新闻稿件，直接或间接地向中国以及世界其他国家介绍了老挝，使之实现名副其实的国际传播，对老挝在地区以及国际舞台上的地位提升产生了正面的促进作用，因此万象制作室的新闻报道不仅受到广大受众的欢迎，也受到老挝媒体同行以及政府相关部门领导的好评。

2. 万象制作室逐步实现节目制作本土化

万象制作室成立之后，负责6.5个小时的直播节目。在节目内容与形式上，万象制作室进行了大量的受众调研，并征集了老挝主流媒体多位资深媒体人的意见，在节目内容上

既有高端受众喜爱的信息资讯类节目，也有广大普通民众特别是青年群体中意的时尚与音乐节目；既有老挝自身的政治、经济、文化等方面的内容，也有介绍中国以及世界范围内的信息；既有幽默诙谐的人生小智慧，也有激情洋溢的时尚潮流。在主持人选择方面，既有成熟稳重的资深媒体人，也有青春活泼的青年DJ，而所有的主持人，全部都是从老挝本土精心挑选招聘而来。由于设置了针对性较强的节目内容、特色鲜明的节目形式以及风格各异的节目主持人，万象制作室的节目能够吸引分属不同群体的受众。

与老挝本土调频电台相比，万象调频台的优势正在于“中国立场、世界眼光、人类胸怀”，作为从事国际传播事业的媒体，高度、广度与深度都较老挝本土调频电台有着明显的优势，这点是毫无疑问的，然而较明显的弱势之一在于与受众的贴近度。近年来，随着FM93调频广播节目的逐步发展，万象调频台本土化取得了显著的成绩；随着万象制作室的建立，本土化的进程也进一步加快。因此，在已经产生的受众群基础之上，既要求我们不仅要从空间上扩大受众市场，还要求我们必须从时间方面着手，进一步抢占听众市场。现在万象调频台的节目时段是从万象时间的10点到22点30分，对于上午这个重要时段，万象调频台调频广播暂时还处于空白阶段，听众范围还有进一步扩展的空间。因此，2013年万象调频台的扩容改版计划，即从早晨5点到深夜24点整19个小时的节目时间，通过系统的调研和科学合理的节目设置，相信受众范围将进一步扩大，与本土受众的距离也将进一步拉近，万象调频台的媒体品牌和影响力也必将进一步提升。

二、万象制作室加强品牌推广

在国家“走出去”方针的倡导和指引下，万象制作室成立以来，不仅在空间上更加贴近受众，还追求在心理上、精神上、文化上更加贴近受众，以获得更高的受众认知度。因此，这两年来，在确保节目正常运转的情况下，万象制作室着力提高FM93品牌知名度和媒体影响力，线上线下加强对频率的推广。这两年，万象制作室先后举办“听CRI，知世界”有奖收听活动、“万象调频台进高校”、先后两届“万象调频台‘金嗓子’群众歌手大赛”等活动，使得万象调频台在老挝愈发深入人心，频率推介工作也因此有了较大进展。

1. 万象制作室推出线上互动活动，掀起受众参与热潮

为加强与听众的互动，万象制作室与老挝4家电信公司联合开通了短信平台。从2012年2月开始，万象制作室在广播节目中举办“听CRI，知世界”有奖收听活动，每周选取有关中国、老挝以及世界经济、政治、文化、社会等领域的信息或者热点事件作为有奖竞答的问题，不仅让参与活动的受众有物质上的奖励，同时使听众对当下在老挝、在中国以及世界的重要事件有所认知和了解。活动开始后，听众来信和热线电话成倍增长，据不完全统计，活动举办的前4个月，听众短信的数量就比开通短信平台头半年增长了300%以上。截至2012年12月底，老挝受众通过短信平台参与“听CRI，知世界”有奖收听活动达到24 667人次。特别值得一提的是，在抽取有奖竞答每周幸运听众时，意外抽中一名在万象市孟塞西塔县西盾端村按摩院工作的名叫BoSLD的老挝盲人听众，得知他眼睛不便后，制作室工作人员亲自将收听礼品送到他工作的地方。BoSLD说，他十分喜爱万象调

频台的节目，内容丰富鲜活，可听性强，并且每个节目各具风格，使他通过小小的收音机就能感受中国，了解世界，开阔眼界。特别是2011年3月，CRI在老挝万象建立了节目制作室之后，推出了直播节目，与听众有了更多、更直接的互动，让他觉得CRI就在身边，更加亲近了。在他的影响下，如今他身边越来越多的盲人朋友也喜爱上了万象调频台的节目，经常会很多个朋友聚在一起收听节目，分享感受。对他们来说，万象调频台不仅仅是调频广播，也是他们生活的一部分。BoSLD虽然眼睛不便，但却能准确无误地编发短信，他每天都会发短信到万象节目制作室的93短信平台参与“听CRI，知世界”有奖知识竞赛，回答问题、点播歌曲，在节日里给工作人员送上祝福。

2. 万象制作室自主策划举办文化活动，极大提高品牌知名度与媒体影响力

除了在广播节目中举办听众互动节目外，万象制作室也注重线下品牌推广活动。继2011年万象制作室成立之初，在当年的塔銮节尝试举办第一届“金嗓子”群众歌手大赛、收获强烈反响之后，2012年11月22日至28日在老挝最盛大的传统节日——塔銮节期间，万象制作室又举办了第二届“金嗓子”群众歌手大赛。凭借第一届比赛积累的极高人气，和贴近受众、回馈受众的活动宗旨，第二届“金嗓子”群众歌手大赛作为当年塔銮节期间唯一的公益性才艺比赛活动，获得老挝民众的热情支持和广泛参与。在舞台上，万象调频台的主持人团队穿插介绍了CRI以及万象调频台的节目信息，CRI新创刊的《悦生活》杂志推介以及广告业务宣传，并且通过游戏互动使现场气氛十分热烈，成功地利用节日契机，在人流量最大的塔銮广场推介了万象调频台，让更多的普通老百姓对万象调频台有更全面、更深刻的认知，同时也提升了万象调频台在老百姓心中的美誉度和亲切感。在活动期间，共有近200名民众报名参与群众歌手大赛，近万人次关注观看了万象调频台舞台的活动，至活动最后一天，尽管夜里下起了大雨，观众们仍然热情饱满，驻足在舞台前冒雨观看活动。活动结束之后第二天，就有老挝目前最流行的杂志《update》给制作室打来电话，要求采访在本次比赛中获奖的选手。

“金嗓子”群众歌手大赛是万象调频台结合老挝本土社会文化特色，全方位传播、打造品牌、提升竞争力的平台，更是普通老百姓展现风采、丰富精神生活的舞台。这种将自我推介与服务大众相结合的推广方式在老挝行之有效，效果非同凡响，并且形成了万象调频台的品牌活动，证实了在老挝举行此类推广活动的必要性和可行性，也彰显了万象调频台的群众基础和品牌影响力，再次成功提高了万象调频台的认知度，万象制作室的办媒体、创品牌的探索道路初步彰显成效。

媒体自身办活动，如今在老挝并不多见，尤其是纯公益性质且有如此之多受众热情参与、产生良好社会效益的媒体活动更是少见。2012年年底至2013年年初，万象制作室举办了万象调频台听众见面会，来自万象各区县的众多忠实听众踊跃参加了这次见面会，活动现场十分热闹。在见面会上，老挝国家电台西帕台长称赞，万象调频台以媒体办活动，是值得老挝媒体同行学习的榜样。

三、中老双方高层领导高度重视并大力支持万象调频台

由于万象制作室始终遵循CRI“中国立场、世界眼光、人类胸怀”的原则，始终贯彻

“增进中老友谊，促进中老两国人民的相互了解”的方针，始终坚持自身作为中老人民之间沟通之桥梁，这就决定了FM93以及万象制作室所承载的责任，以及进行的工作，必将是有利于增进中老两国政府以及两国人民的相互理解，增进两党和政府以及两国人民之间的传统友谊。因此，自2006年中国国家主席胡锦涛与老挝国家主席朱马利共同启动万象调频台至今，中老双方高层领导对FM93以及万象制作室都给予高度重视和大力支持。

2009年9月，老挝人民革命党中央委员会总书记、老挝国家主席朱马利·赛雅颂接受了国际台老挝语部莫小玲记者的独家专访。这一专访是朱马利主席该次访华期间唯一一次接受记者采访，老挝国家通讯社——巴特寮通讯社、老挝人民革命党党报——《人民报》等主流媒体纷纷在显要位置全文转发转载了该次专访稿件，老挝国家电台也播出了采访实况。正是在这次采访中，朱马利主席对于CRI对老广播给予了高度评价。他表示，国际台的节目以快捷、可信的资讯，实用、贴近的服务受到了老挝广大听众的热烈欢迎，自己和家人都是CRI的忠实听众。老方已把国际台当作了老挝新闻媒体的一部分。作为文化交流的桥梁，CRI为老中两国加强友好和互信作出了重要贡献。在朱马利主席成功连任接受国外媒体联合采访后也特意走到国际台记者面前，合影留念。

老挝政府总理通邢表示，他也经常收听万象调频台的节目，希望国际台尤其是万象制作室能把老挝国家发生的一些重大事件向全世界播出，提升老挝在国际上的影响力。

老挝驻华大使布建国表示，很多老挝领导人都是国际台的听众。CRI的工作富有成效。布大使高度评价国际台在海外建立工作室的举措，认为制作本土化节目可以拉进与受众的距离，切实做到有效传播，对外宣工作具有重要意义。

2012年12月底，在万象制作室拜会老挝新闻文化旅游部副部长、媒体局局长、老挝中联部副部长、外交部新闻司、外媒处主任、老中合作委员会副主任等政府部门领导时，各相关部门领导纷纷表示，CRI万象节目制作室在过去的一年里，在老挝举办亚欧峰会系列会议、老挝加入WTO、第一届东盟女部长会议、第16届东盟大学生运动会等重大事件的报道中做了大量的工作，在老挝传统节日中成功举办“金嗓子”群众歌手大赛等公益活动，拉近了与老挝受众的距离，进一步加快了与老挝本土社会的融合；向老挝人民、中国以及世界介绍和宣传了老挝的发展，为树立老挝的良好形象、增进中老两国人民的互相了解和传统友谊、促进两国的友好合作关系作出了贡献；建议并希望万象节目制作室在今后进一步发扬自身优势，在业已取得的成绩基础上再接再厉，在促进老挝媒体发展、促进先进社会文化的发展方面发挥更大的作用。

综上所述，万象FM93特别是万象制作室，在国际传播媒体本土化的探索过程中迈出了重要的步伐，以媒体办活动，以活动推品牌，以品牌扩影响，凸显了国际台的国际传播影响力，也是万象制作室目前探索发现的一条行之有效的发展思路；而下一步，如何在巩固与强化作为中老两国人民交流与友谊之桥梁的作用基础上，加快FM93进一步本土化，与本土市场接轨，进入良性运营的轨道，则是万象制作室急需解决的问题，也是值得大家深入交流探讨的课题。

（作者单位：中国国际广播电台老挝语部）

浅谈对中柬友谊台柬埔寨语调频广播的几点认识

张世鑫

中国国际广播电台（以下简称国际台）是世界了解中国的主流媒体，对外宣传中国是其首要任务。搞好对外广播必须树立现代传媒发展意识。随着现代对外广播事业的迅猛发展，以及国际国内形势的瞬息万变，对外广播节目的可听性、时效性和针对性显得愈发重要。因此，如何抓住受众也就成为对外广播节目成败的关键所在。

在现代社会中，广播的对外宣传所承载的不仅是文化与信息传播，在更深层面上，它也被视为一个国家“软实力”的重要体现。因此，策划对外广播节目，既要以塑造良好的国家形象为依托，又要遵循广播作为一种媒体宣传手段的一般规律，同时，还要立足于对象国的受众需求，积极创新，提高受众对我节目的认同感。

国际台多媒体、新媒体和节目落地等多种传播手段的快速发展，是我国对外宣传，让世界了解中国的新形势、新发展的新需要，我们必须根据现代传媒全球化、综合化、现代化和本土化等发展特点，抓住机遇，迎接新的挑战。机遇与挑战并存，欣喜之余，我们应该清醒地看到，现代广播的发展也为对外广播工作者提出了更高、更新的要求。

近几年，国际台柬埔寨语广播实现了“多级跳”式的发展。

国际台柬埔寨语广播始于 1956 年 12 月 15 日，每天通过短波对柬埔寨播出 5 次，每次 1 小时。

2008 年 12 月 11 日，国际台调频节目在柬埔寨首都金边落地，节目播出时间也由过去 50 多年的短波节目变成了每天由柬埔寨语、华语普通话、华语潮州话和英语四种语言滚动播出 18 小时。

2011 年 10 月 25 日，中柬友谊台暹粒调频台正式在暹粒开播。

2012 年 6 月 26 日，中柬友谊台直播节目正式开播及听众互动热线电话平台正式启动。每天播出 3 小时，分别为金边时间 13：00～14：00《谈笑人生》、14：00～15：00《时尚生活》和 15：00～16：00《音乐下午茶》三个栏目。

中柬友谊台柬埔寨语调频广播的开通意味着什么？国际台金边节目制作室的建立又有什么意义？笔者有以下几点看法：

一、调频对比短波　创新和发展

1. 调频落地广播与传统短波广播的共性

无论是传统短波的国际广播还是调频落地广播，都是新闻传播媒体，都必须遵循新闻报道的基本原则——真实性原则，要用事实说话，忠实地按照事实的本来面貌报道事实；其次是客观和平衡性原则，即采用客观陈述的方式，用事实报道来传播意图，避免记者的主观倾向；全面报道相关事实，避免以偏概全，影响报道的总体真实性。

2. 调频落地广播与传统短波广播的区别

在传播技术手段、听众收听方式、听众成分的组成方面，调频落地广播与传统短波广播存在着较大差异。

（1）定位：短波广播是代表一个国家发声，必然带有强烈的归属性，立场更鲜明，倾向性更强。而调频广播是在本土落地，更强调与听众的贴近性，需要淡化政府背景，树立更中性、更客观的形象。中柬友谊台柬埔寨语调频的定位是都市调频，让节目融入当地人的生活，关切听众所关切的东西，在纷繁的生活中带给他们心灵的沉静和感悟，引领他们关爱自己也放眼全球，是我们的努力方向。

（2）节目风格：短波广播的政论性更强，一般以时政类报道为主，而调频落地广播，则需要更贴近听众需求，强调其信息的实用性，收听的伴随性，以及节目的多样化；调频比短波更具有互动的可能性，因此在节目设置上要更多地呈现互动特点，与听众开展实时的、多种形式的互动。

（3）受众不同：传统短波广播的受众局限性较大，呈相对老化的趋势，而调频广播受众则更年轻化、城市化，而且居住更集中。因此在内容设计上应更偏重本土信息、娱乐、服务功能和轻松的风格。

调频落地节目应当充分发挥调频收听效果好的优势，充分发挥其与听众在空间和心理上更为贴近的优势，在内容设置和节目形态上与传统短波国际广播节目有所区别。如果说传统短波国际广播要突出时政性，定位以新闻性内容为主的综合性节目，那么落地节目就应突出其文化性，定位以专题性内容为主的综合性节目，通过播出介绍我们国家社会、经济和文化发展等方面的新闻及专题节目，满足听众希望全面了解中国的需求。总体上讲，传统短波国际广播与调频落地广播在内容、对象和功能上要各有偏重，同时又要形成相辅相成、刚柔并济的互补结构。

二、海外节目制作室　本土化目标

国际广播说到底是一种跨文化传播。只有立足本土化、紧贴受众，才能有效拉近与国外受众的心理距离，起到良好的外宣效果。要着眼于增强传播实效，加强电台电视台新闻机构海外本土化建设，逐步推广信息采集、编辑制作、信息编辑、信号传输、节目推广等环节的本土化运作，努力提高新闻报道的原创率、首发率、落地率。① 2008 年 12 月中柬友谊台金边调频台在柬埔寨金边以及 2011 年 10 月暹粒调频开播后，随着播出时间的推移，本土信号传输，异地信息采集、编辑制作、信息编辑与节目制作的弊端逐渐显露出来。比如，对象地区新闻采集量少、无法实现节目直播化、无法实现与听众的即时互动等。

1. 广播制作本土化优势

本土化的发展战略是全球化发展战略的应对战略，而且与区域化的市场特征紧密相

① 田进：《抓住机遇　重点突破　加快推进国际传播能力建设》，《国际广播影视》，2010 年第 2 期，第 1 页。

联。世界各国对外广播机构在实施全球化发展战略的时候，往往都会根据不同区域的市场结构，通过对区域受众的调查和研究，掌握他们的地理、人口特征、文化背景和收听心理等，据此确定对目标受众的节目产品和服务。本土化战略的具体措施包括直接利用当地的文化资源和语言来生产文化产品，或者通过本土语言和资源对节目重新进行组合包装，来供应当地市场。

根据本土化的发展战略，世界各国对外广播机构在世界某地区开展广播活动时，往往会选择本土广播经营者作为合作伙伴，采取“分众化”、“小众化”的经营策略，以便尽快熟悉对方国家的人文环境，适应其广播运行模式，解决语言障碍，了解市场需求、大众收听心理和收听习惯。本土化战略有利于借助区位优势使广播制作内容和手段随俗为变。其中，广播制作本土化所派生的最直接优势就是：

(1) 突发事件的快速报道。

突发性灾难事件的成功报道往往能让一个媒体一夜成名，同时能够在最短时间让受众建立起对该媒体的信任感。因此，各国传媒在处理突发事件的问题上从来都是极为重视的。

在遭遇重大事件时，是柬埔寨广播备受关注的时刻，加大对重大突发事件的报道，是柬埔寨广播的机遇和挑战。

2010 年，上海世博会成为万众瞩目的焦点，中柬友谊台对世博会进行了全面报道，大大增进了柬埔寨人民对世博会和对中国的了解，也是国际台自身宣传的大好时机。

2010 年 11 月，金边发生严重踩踏事件，中柬友谊台坚持“友谊”办台宗旨，在新闻报道中以事实为依据、公正客观地进行报道。

2012 年 10 月 15 日，柬埔寨太皇诺罗敦·西哈努克在北京逝世，柬埔寨举国哀悼。中柬友谊台根据柬埔寨的情况对节目作出了重大的调整，对整个事件进行了全面报道以及制作特别节目，让柬埔寨人民感受到中国人民对西哈努克太皇这位伟大朋友的离去而感到悲痛和惋惜，进一步拉近两国之间的友谊，突显中柬友谊台的本土化报道风格。

(2) 记者的现场报道。

记者的现场报道最能表现新闻事件的现场感，最能把观众带入身临其境的现实环境之中。现场报道以其明快的节奏，解说事件的同步进行，视听合一的立体冲击，大大增强了信息的可信性和权威性。例如：

2011 年，柬埔寨遭遇百年不遇的洪灾，中国政府对柬埔寨给予了大量的救灾物资援助并前往灾区进行发放。笔者随行深入灾区进行现场报道，让柬埔寨人民感受到了中国人民的热情和友谊。

2. 节目内容本土化

VOA 和自由亚洲电台的新闻节目都是以柬埔寨新闻和与柬埔寨有关的报道为节目主打。在新闻编排上，头条和第二条新闻与以柬埔寨相关的新闻为主，充分体现了新闻节目本土化原则。

鉴于国外对外广播媒体广泛采取的节目内容本土化的发展战略，国际台也通过在海外设立地区总站和海外节目制作室，使得当地调频的落地节目真正实现节目内容的本土化，把更多当地及时、有效地新闻报道融入到国际台自己的广播节目当中，更好地解决国际台对外广播中对象国新闻相对缺乏的现状，利用在当地驻有记者的优势更多地搜集新闻素材，制作出更有针对性和可信性的广播节目。国际台金边节目制作室正是其中之一。

3. 制作人员本土化

近年来我国广播媒体对外传播实力得到了较大程度的增强，技术上不输于国际领先媒体，对外报道队伍正在建立、充实。各种语言的对外报道逐渐丰富，媒体开始明确对外传播的对象，有针对性地进行节目的改进。尽管付出了很多努力，我国的对外媒体仍然存在着诸多差距，反观在柬埔寨的美国 VOA 和自由亚洲电台，它们利用柬埔寨国家新闻自由的大环境，在金边设立采编办公室，聘用当地柬埔寨雇员，现场采写和口头报道了大量柬埔寨消息；VOA 的音乐节目只播出柬埔寨的音乐和歌曲，强化对柬埔寨广播，力争打造出一个完全柬埔寨本土化的电台。在华盛顿的播音间里，播音员都是美籍柬埔寨人，发音准确流畅。

鉴于使用对象国本地主持人在语言上和节目感情上的优势，国际台柬埔寨语部不仅在现有国内制作的落地调频节目主持人上尽量多使用外籍工作人员，而且国际台金边节目制作室的建立、直播节目的开播，使得在未来实现除部分管理人员使用中国人外，其余的节目制作、主持、编播人员全部使用柬埔寨当地人的目标更进一步。

三、深入了解受众　增强互动

1. 如何了解受众

国际台的受众就是对象国和说对象国语言的听众和网民，听众的议论背景、生活习惯、思维方式都与我们国内听众大相径庭，在这种情况下，“知己知彼，百战不殆”的战备尤显重要，要贴近受众，首先需要了解受众。

了解对象的过程其实就是一个信息收集的过程，渠道也是多种多样的，主要包括：

(1) 收听收看对象国广播、电视，关注对象国各类媒体宣传。通过了解对象国的报道，进而了解对象国的文化、历史、社会背景，了解对象国人民，了解对象国受众关注的热点问题等。

(2) 收集受众反馈。听众和网民来信一直是国际台改进广播节目和了解受众的最直接、最传统的手段。他们的来信，或表扬、或批评、或建议，都是我们改进节目的重要依据。

2. 调频节目如何加强互动

柬埔寨调频节目设置主要有新闻、话题类节目、健康节目、故事会和音乐节目。除去新闻节目，其他的节目都涉及与听众的互动。特别是音乐节目，听众来信点歌比较踊跃，音乐节目主持人能及时地在节目中为听众送出点播歌曲，传递听众的祝福，是互动性较高的节目。但总的来说，节目和听众的有效互动还是有所欠缺。

首先是网站建设。和其他国家一样，柬埔寨语网站受众比较年轻，这就要求我们从年轻人的角度考虑，增加他们感兴趣的内容。定期对受众进行各种形式的调查，是了解受众喜好和心理的最直接方式。例如，对受众最希望获得中国哪方面的信息调查，能及时调整栏目内容，对侧重的内容做精做细。现在的柬埔寨语广播网站虽然有很大改善，但是还满足不了网民的需求。只是图片和文字的形式，或者总是一成不变的页面是不能满足受众的需求的，要增加音频和视频的东西，让他们更直接地感受中国，享受我们的节目。在网站上增设 BBS，发展 Facebook 和微博的互动，让听众能畅所欲言，也让主持人能够和听众有一个很好的沟通渠道。

其次是听众俱乐部建设。柬埔寨语节目调频在金边和暹粒分别落地，现今金边节目制作室也已经正常化运作，听众群聚集放大，有效地组织听众进行活动，最大程度地发挥金边节目制作室在前方的机动性和贴近性，将直播节目时段增加，延长热线电话的时间，收集听众意见和建议，可以一定程度地弥补沟通交流上因为地域存在的障碍，进一步拉近听众和调频的距离。

另外，我们应该加强和对象国媒体的合作交流，积极宣传推介自己。可以和对象国广播共同制作节目，通过他们进一步加强影响力。也可以和他们进行人员交流，让我们的主持人及时更新巩固知识储备，进一步了解当地人的生活状态，用更本土化的眼光制作节目。也可以多印制小巧的宣传册，广为派发。

现在，国际台的海外落地电台已有 80 多家，海外落地广播节目时长已超过传统短波广播播出的时长。调频落地节目能否取得成功，最基本和最关键的是节目能否得到受众的认可和欢迎。我们必须全面贯彻党的对外传播方针，在节目中真正体现对外传播“三贴近”的原则，加强节目的针对性和实效性，提高节目的亲和力和说服力。针对不同对象地区和国家、针对当地电台的风格和对象听众的特点，创新不同的节目模式，制作不同的节目版本，在内容上满足对象听众的需求；在形式上接近对象听众喜闻乐见的形式；在传播技巧上符合对象听众的思维习惯和接受程度；在节目风格上与合作电台相统一或融合；在节目编排上满足合作电台要求，长短皆备，灵活多样，才会收到良好的传播实效，才会让人愿意听，听得进。①

继 2008 年 12 月 11 日中柬友谊台金边调频台金边开播后，2011 年 10 月 25 日中柬友谊台暹粒调频台暹粒开播，以及 2012 年三个时段直播节目的开播，使国外听众数量日益增加。但是随着广播节目制作的不断发展和时代日新月异的变化，国外听众对我们广播节目质量的要求越来越高。而各个国家在国际广播领域的竞争也愈发激烈，听众的收听选择也越来越多。如果不能及时改进节目形态，不能通过改版、创新来提高节目的质量，便无法吸引那些年轻、时尚、超前的新受众，甚至还会失去钟爱并多年来坚持收听国际台的老听众。所以调频落地广播必须及时听取听众反馈意见和建议，及时调整专题节目的内容和形态，不断改版，不断创新，求得可持续发展。

与此同时，还要向国外一些成功媒体学习，学会市场条件下的广播经营，学会打造品牌和本土化建设。以品牌本土化节目为龙头，全面提升广播的核心竞争力，是调频广播做大做强的必由之路。

（作者单位：中国国际广播电台柬埔寨语部）

① 王庚年：《国际传播发展战略研究》，中国国际出版社，2006 年，第 59 页。

试论中国媒体“走出去”的非市场环境与战略

——以柬埔寨落地调频台为例

徐　震

近年来，随着中国媒体市场化程度的逐步加深，媒体实力也在逐渐加强。再加之国家外宣任务的不断扩大和企业追逐自身经济利益诉求的不断提升，很多有实力的媒体集团开始向海外拓展业务。本文将以中国国际广播电台（以下简称国际台）在柬埔寨设立海外分台，并将进行公司化运作的实际情况以及面临的问题为案例，重点分析中国传媒企业在海外发展所面临的非市场环境及应该制定的非市场战略。

一、案例背景介绍

国际台在柬埔寨已设立了两个调频台，并且运作正常。在不久的将来，必将以公司化模式进行管理，充分发挥市场的作用。从市场角度来说，调频台面临内容差异化竞争、广告销售渠道拓宽、传媒产业链上下游的拓展和开发，以及相关产品的研发和销售等。而在海外发展，非市场的内容则会大大制约市场战略的进程，比如，同行竞争者的利益考量、政治因素的左右、大众舆论和传媒的反应以及与政府机关政策走向、法律制度的关联等。而在实际操作过程中，市场化的操作相对简单，阻碍发展的往往是来自非市场的压力。所以，本文将具体分析中国媒体海外发展的非市场环境，提出应对的非市场战略，作为传媒企业未来在海外发展的参考。

二、媒体进军海外的非市场环境分析

非市场问题是指企业与利益相关者之间无法通过市场方式解决的利益冲突，这些利益冲突表现为对企业的业务经营活动或社会声誉有潜在或现实重要影响的政治、法律或社会事件。经过对中国媒体立足海外的利益相关者的深入分析，才能够制定行之有效的非市场战略。“Four I”是分析非市场环境的重要理论框架，下面就从问题（Issue）、利益（Interests）、机构（Institutions）和信息（Information）来作具体分析：

1. 问题

虽然柬埔寨政府同中国政府关系良好，也允许其国家电台与我国电台联合设立当地分支机构，但仅仅如此也是顶住了极大的压力。若是要完全使海外分台独立自主运营和经营，则除了分析电台内部自身状况制定市场战略之外，更重要的是要解决非市场问题。目前面临的非市场环境有三个方面：

（1）外国媒体的不满。西方媒体的国际战略布局已经形成，他们在世界各地都有足够强大的舆论影响力。此时若中国加强对东南亚传播，他们定会通过种种方式，迫使当地政府至少不支持中国电台的发展。他们会利用对反对党的经济和舆论支持不断渲染执政党在对华政策上的错误；利用西方媒体的战略联盟关系，抑制中国媒体的权威性；利用民众对西方文化的喜爱，孤立和压制中国文化。这些都是目前遇到的非市场问题。

（2）媒体公司的运作困难。西方媒体进入柬埔寨市场时间已久，不仅对于当地的渠道、销售、受众喜好非常了解，更重要的是，其自身也有很牢固的政府关系。另外，柬埔寨的传媒公司由于也面临市场份额的冲击，很有可能与他们的利益相关者结成联盟，共同对抗中国电台。

（3）频率发射功率遭到质疑。由于中国已在柬建立广播塔，发射功率相对较大，覆盖范围较广，甚至影响到其他私营电台的收听信号，导致其向有关部门提出抗议。另外，相关辐射论、健康论、占地论等言论也相继出现。

2. 利益

鉴于上述问题，我们能很明确地界定中国媒体公司想要海外立足将面对的利益相关者。

中国媒体进入海外面临着很多的利益相关者：

（1）国际同行业竞争者。如 VOA（美国之音）、BBC（英国广播公司）、RFI（法国国际广播电台）等。他们负有国家利益诉求，也是本国媒体海外布局方略的实施者，但同时他们也是媒体集团，需要靠自身的盈利来维持公司的生存。所以，当中国电台进入，就必然会影响他们的利益。但目前，柬埔寨不批准 VOA 和 BBC 等西方媒体设立独立的电台或媒体公司，只允许其租用当地私营媒体的时段。这使得他们非常被动，借中国进入设立媒体的事大加渲染，希望真正进入柬埔寨市场，扩大其影响力。

（2）柬埔寨当地都市广播和类型化电台。这些电台相当活跃，而且几近饱和。每隔 0.5 千赫就有一个电台。各个类型化的都市调频层出不穷，而且都是靠听众来维系其份额，靠份额和收听率来获取商家的广告投入。如果中国进入，则将冲击其市场份额和营业收入。

（3）国内进入海外的同行竞争者。诸如 CCTV（中国中央电视台）、新华社、人民日报等，也将相继进入海外市场。由于人民日报下属网站“人民网”已经上市，其拥有更多的资金和更大的自由度，而央视和新华社则拥有着更大的影响力。

（4）社会公众。社会公众希望更多的企业参与竞争，这样能取得最大的收益，他们选择可以更多，并能享受最大的实惠。但从另一层面，社会公众带有极强的民族性，任何不妥的政治选择，都将导致其对某个媒体品牌的终身厌倦。所以在处理公众问题上，一定要避开政治性和民族性。这样则可相安无事。若不是，则必会有民众对政府施加压力，再好的关系，也无法维系。

（5）传播舆论。媒体是一个复杂的事物，它既是社会舆论的反映工具，又是各个独立的企业。如果能满足自身的利益，就会大肆宣扬。在柬埔寨，政府对媒体的管辖还是比较松散的，但若是涉及过多的政治话题，政府则会勒令整改，甚至永远驱逐。所以，当中国媒体涉足当地市场时，必定会引发社会的普遍关注，大众传播必将会大力宣传。

3. 机构

在了解利益相关者的同时，还必须了解决定非市场战略制定的机构。有时，这些机构甚至也身处利益其中，但其权威性和不可对抗性，成为了左右战略成功与否的关键。

（1）柬埔寨立法机关。任何国家都不会轻易将媒体市场开放给外国人，更何况是意识形态不同的国家。所以，无法期求柬埔寨立法机关会因为各利益相关者的诉求而开放国内媒体市场。

（2）柬埔寨各党派。他们能左右国家的立法甚至会导致政权的更迭。各党派会利用媒体企业，发动权力攻势，达到其自身的目的。中国媒体只有两种方案：一是保持中立，二是彻底依附当局者。

（3）柬埔寨行政机关——新闻部。媒体公司的直接管理单位就是新闻部。新闻部有权力批准开设和关闭媒体公司，监督其行为，提出整改意见和建议。柬新闻部同意中国媒体进入的原因，也正是为了国家战略，平衡西方媒体一边倒地控制当地言论，纠正倾向西方的党派意识。

（4）中国大使馆。中国大使馆是中国政府在海外的代表，反映的是中国政府的利益诉求和政治政策，同时也是能在第一时间与柬埔寨当地机构进行沟通和协调的最佳代理人，也能起到协调各利益相关者的作用。

4. 信息

中国媒体进入海外，进入柬埔寨，所有各方能够得到的信息情况如下，而正是因为这些信息信号强烈，会影响到中国媒体在当地建立公司进行经营活动。

（1）中国媒体进入柬埔寨。当中国媒体与柬埔寨方合作时，柬埔寨当地媒体几乎一律欢迎，赞颂柬中友谊又上了一个新台阶。而当地媒体也同样受到官方媒体的左右。但是，西方媒体就提出质疑，质疑柬埔寨政府在处理媒体问题上的两面性——即对中更为友好，对西方只是迫于压力。由于中国当时的进入未涉及任何政治因素，仅谈文化，弱化中国概念，所以并未有太过激烈的反应。但上述所提及修改频率和功率的事件也确实发生。所以，在公司化运作之前，必须作好准备和对策，以免措手不及。民众也都知道中国建台，没有广告，也都欣然接受，毕竟对当地民众利益更大。但一旦商业化，若处理不好，则必会引起反感。

（2）中国威胁论。西方国家以其强势宣传和文化优势，牢牢掌握宣传的主动权。随着中国经济的不断强大，中国在海外做任何事都会被扣上威胁论的帽子。

（3）民众对中国的复杂感情。一方面，中国确实在基础设施建设上给当地民众带来了巨大的福祉，中国公司无偿修路、修桥、建设，带动当地发展；而另一方面，由于缺乏民众切身细小利益的宣传和行为，导致民众无法稳定对中国所行所为的安全感和信任，这也是现实。

三、中国媒体在海外立足的非市场战略

针对上述对中国媒体企业在海外的非市场环境分析，我们可以制定如下四方面的非市

场战略，来巩固地位，立足海外，并正常展开经营活动，避免出现恶性竞争、恶意排挤和抵制等状况发生。

1. 利益联盟战略

对于来自国内的竞争者，必须通过沟通与协调，优势互补，以大局为重，共同建立海外中国媒体集团战略联盟，严守职业操守和准则，坚持中立、不干涉他国内政的统一部署。以多种媒体手段进行信息共享。比如，利用新华社新闻来源准确和快速的优势，优先用广播和电视的方式发出；利用中央电视台视频优势及时发布信息，更广覆盖；利用中国广播的语言优势，迅速协调各方，并发布权威消息。这样国内竞争者就结成了战略联盟，互有补充，互通有无。

对于来自西方的竞争者，可以达成协议，互换高品质节目，以满足受众需求；并使合作不止于柬埔寨境内，全世界的媒体资源皆可互通互用，摒弃政治入侵和干涉，以纯粹的文化内容进行交流。当遇到冲突和纷争时，搁置争议，尽量用客观的事实对新闻和事件进行描述，减少评论性和有观点的论调。甚至在政治正确的前提下，相互推广，共享市场份额。还可以建立类似海外媒体行业协会的机构，相互沟通，互利共赢。

对于柬埔寨的竞争者，也可以通过战略联盟的形式，用高端的技术支持换取对方的渠道和经营，甚至可以通过并购方式，控股微小企业，最大限度达到双赢。

2. 对内对外双向政府战略

对柬埔寨政府采取友好、中立和反映客观事实的态度，严守当地法律法规和纪律，建立长效沟通机制，定期汇报情况，并主动接受监督。定期参加当地政府的各项公益活动和发布会，向政府传达友好和支持的声音。

树立大局意识，与我驻柬使馆建立定时定期的沟通机制，随时反映情况，主动反映诉求，做好公共外交，配合国家外交。

3. 媒体影响战略

由于媒体企业本身也是媒体，拥有传播途径和出口，所以在海外进行经营活动时，不能一味追逐经济利益，有时甚至要摒弃利益，抓住受众的心理，进行公益事业的宣传和自身公益活动的推广等。树立良好的媒体形象，以软性的内容打动受众，去除意识形态的内容。

4. 市场—非市场一体化战略

采取市场与非市场结合的战略，在营销、招商引资、并购等活动中，坚持履行非市场的战略，融入利益相关者的诉求；及时消除来自社会民众的压力和顾虑等。先获取声誉，再谋求利润。若急于求成，则一事无成。

四、总结

中国媒体由于先天的特殊性，跟其他企业不可等同对待。而中国媒体在海外进行公司经营活动时，也不能仅仅考虑市场的因素，而是应该结合市场环境，更多地实行非市场战略。只有这样，企业在海外才能立足，才能有所收益。总的来说，一是必须对本国政府和当地政府的需求和利益非常熟悉，并通过一切途径反映其利益；二是必须在当地民众中树立亲善、友谊、为民服务的形象，时时投身公益事业，才能真正在未来得到经济利益；三是必须妥善处理与利益相关者间的关系，切不可恶性竞争，需采取战略联盟的形式，达到互惠互利。只有这样，媒体公司或企业才能在海外立足。

（作者单位：中国国际广播电台柬埔寨语部）

参考文献：

1. James E. Post：《Business and Society》，McGraw－Hell，Inc，1996 机械工业出版社，1998 年。

2. 蔡曙涛：《企业的非市场环境及其战略——课程讲义》，2011 年 3 月。

3. 蔡曙涛：《企业的非市场环境及其战略——理论框架与逻辑关系的构建》，2012 年 5 月 19 日演讲。

关于进一步提升意大利语落地调频本土化传播能力的几点思考

李梦非

近年来，国际台积极探索传播新模式，通过在境外租用或建设调频台的方式，加快节目境外落地，加强传播的针对性和有效性，初见成效。在对外传播跨越式发展的背景下，对意大利传播面临着巨大的机遇和挑战。如何有效贯彻落实新思路，进一步拓展我们的传播渠道，实现对意大利传播的业务重点转移，是值得我们深思的一个问题。本文以意大利米兰落地调频台为案例，对其节目内容、受众特征和本土化探索进行研究，进而对落地调频节目的发展和创新提出建议。

一、CRI米兰落地调频节目发展现状

2011年2月1日，米兰调频台开播。米兰调频台以当地媒体形式出现，对传播内容提出了更高的要求。想要及时、准确、全面地了解意大利受众的收听需求，关注并报道受众所关心的热点话题，真正实现和听众的及时互动，只有通过“走出去”战略，真正实现落地节目的本土化制播。只有实现了落地节目的本土化制播才能真正地做到贴近受众，服务受众。

因此，从建立伊始，米兰调频台就从节目设置和内容安排上颠覆了以往做短波节目的习惯，进行了大量调整和创新。节目形式不拘一格，完全取消了单人播音介绍的形式，转为由中外主持人和嘉宾一起讨论对话，从原来的播报节目形态转变为现在的边播边聊，更加活泼，更具有可听性；根据市场需求确定节目内容，精心选题，周密布置，全力打造符合媒体发展需求的精品节目，同时针对该频道“城市音乐广播”的定位，开设了多档风格不同的音乐节目；重新对节目进行包装，特聘专业人员为节目制作落地版片头片花、推介曲等。整体来说，米兰调频台已经初步具备了完整的整时段节目形态，节目的贴近性、亲和力以及可接受度都得到了受众的肯定。

二、米兰地区受众调查统计及其广播需求

近年来，意大利语对外广播的工作重点逐渐由传统短波节目转向落地节目。可以说意大利语广播已经基本上解决了听得见、听得清的问题，如何满足受众喜欢听、愿意听的诉求成为亟待解决的问题。

为了更加全面地了解掌握意大利语米兰调频台的受众构成、特点与需求，完善和提高调频电台的节目质量，提高收听率，2012年下半年，米兰调频台进行了一次受众问卷调

查。此次调查帮助我们清晰了解到米兰广播受众的基本构成、人口特点、媒体倾向、广播需求等，为提升节目的本土化水平提供了数据支持。

此次调查问卷的发放对象是米兰调频台的现有受众和目标受众，根据调查结果我们发现，米兰调频台的受众在各个年龄段都有分布，以中、青年为主，受教育程度多为本科以上；从职业分布上看，以学生和职业人士为主，是社会的主流人群。因此，米兰调频台的受众群体主要锁定在居住在大城市的学生和高学历的中、青年职业人士。在此基础上，调查问卷围绕受众收听习惯和方式、受众需求、对中国的兴趣、节目喜好、意见建议等内容开展。

数据表明，由于近年来媒体技术的不断发展，越来越多的年轻受众选择使用网络电台、移动设备和车载广播收听米兰调频台广播，说明新媒体正在成为广播节目新兴的重要的收听方式和手段。目前米兰调频台的播出形式有传统广播、在线广播、智能手机应用程序收听等，与受众的多媒体收听需求相适应，未来我们在新媒体方向上应开拓更多形式，争取更大的发展空间。

在节目内容和受众需求方面，出于对中国经济飞速发展和对中国传统文化的好奇，米兰调频台的受众普遍对中国怀有浓厚兴趣，希望通过广播了解中国。大部分被调查者选择收听米兰调频台是为了了解与中国相关的信息。受众最喜爱的节目类型主要为文化类节目、欧美音乐和时政新闻资讯类节目，由于近年来中意之间经济和文化交流的增强，与中国有交流需求的意大利人越来越多，因此汉语教学类节目也拥有不错的收听率。

三、创新传播理念深化传播内容

根据受众需求不断优化节目，创新节目内容，改善节目质量和传播效果，就能够让更多的受众对我们的节目听得见，听得清，喜欢听，愿意听，实现国际传播入耳、入脑、入心。

1. 新闻价值贴近受众

强调新闻价值，可以帮助我们更好地理解、认识新闻资讯，有利于我们在策划和采写新闻报道时挖掘有对外传播价值的东西，摆脱简单僵化的套路。米兰调频台的主体受众是当地大学生和受过高等教育的职业人士，这就要求我们的新闻选取要突出针对性。富有针对性的米兰调频台新闻资讯包括：发生在意大利、尤其是米兰的热点新闻，与意大利有直接或间接关系的国际新闻，涉及中意关系和中意往来的内容，意大利、尤其是米兰受众感兴趣或比较关注的中国问题，根据米兰受众特点制作的服务类讯息。

在新闻内容上突出针对性，使得听众听完我们的节目之后，不仅了解中国和世界，也能了解发生在他们身边的事情。在报道中国的同时，充分考虑到所报道内容应与受众建立起关联，努力使调频台节目成为有关两地间新闻的集散地。意大利人在华和中国人在意大利的生活，两个国家之间的经济和文化往来都应当是调频台报道的主要内容。

2. 文化主题深度挖掘

长期以来，我国的对外传播策略较为陈旧，理念更新缓慢，浓厚的宣传色彩带给广大听众“受到威胁”的听觉体验。在这种局势下，文化传播的重要性越发凸显。文化的交流是人类心灵的交流和情感的沟通，具有打破意识形态壁垒的软性力量，作为一种软实力，文化传播的独特作用已经渗透到政治、经济、外交等现代社会生活的各个领域，文化维度正在丰富新世纪中国形象的内涵。

随着中国在国际竞争中地位的崛起，中国传统文化的吸引力和国际影响力也日益显现。同时，作为一个文明古国，意大利在历史与文化上与中国有诸多对话点，意大利年轻知识分子对中国文化的兴趣也与日俱增，这是意大利主流人群关注中国的内在文化因素。也就是说，意大利受众有了解中国文化的内在需求，这是对外传播的一个重要基础条件。

米兰调频台的文化类节目，特别是介绍中国传统文化或当地中国文化活动的节目，内容生动，形式活泼，有较高艺术欣赏性同时又制作精良的，普遍受到欢迎。文化类节目是米兰调频台节目中篇幅较长的，也是对外传播的重点，选题触及中国传统文化、书籍、电影、历史、旅游、教育、文艺思潮等诸多方面。在节目形态上，改变过去播音员空念稿件的套路，而是发挥主持人的调度功能，灵活配合采访音响、同期声、专家解读和嘉宾访谈等内容，加强节目的立体感和流动感。在米兰调频节目的内容选取上，我们有目的地选择了很多有关于中国当代文化创新成果以及中国新形象的话题，既让受众领略到中国传统文化的永恒魅力，也可以体会到当今中国的时代特色，向世界展示一个发展、开放、传统文化和当代文明并存的全新中国文化形象。

3. 主持风格生动口语化

米兰调频节目中，谈话类节目大量增加，主持语言较以往更加口语化。生动的语言会使不了解中国情况的意大利受众产生亲近感。口语化的主持，幽默的对白，生动形象化的风格，能够调动受众的想象力，使其身临其境，为受众营造一个轻松的收听氛围。

意大利语米兰调频台节目通常由中意两名主持人组成，意大利主持人无论在语言能力，还是在对意大利的了解方面都更具有优势。应大量招聘专业素养强的意大利籍主持人在当地工作时进行节目制播，因为一方面当地记者和主持人对当地热点话题和重大事件能都做到及时了解和准确把握，另一方面当地主持人语言表达上的优势能够使受众更容易接受我们的节目。

四、优化传播策略——本土化从概念走上实践

1. 实施本土化制播的必要性

在对外传播中，传播内容好固然重要，但传播形式也同样重要。世界各大主要传播媒体都非常重视节目的内容安排，强调在选择节目内容时，必须有鲜明的本土化色彩。为了更接近对象国和对象地区受众的接受习惯，本土化传播战略逐步从理念走上了实践的道路。

本土化制作是全球化发展战略的对应战略，就国际广播而言，本土化指使用对象国受众熟悉的语言，贴近他们需要的内容和他们喜闻乐见的风格与形式，部分或全部在对象国本土完成节目采编、制作和播出，包括采编人员也部分迁移至对象国，并使用对象国人力，根据当地受众的信息需求和接受习惯，对节目进行内容、形式、风格上的本土化包装。实践证明，本土化节目缩短了传受双方的物理距离，拉近了传受双方的心理距离，又

规避了一些国家落地准入的限制。

从经验上看，各国对外传播机构在开展国际广播活动时，往往会选择本土广播经营者作为合作伙伴，以便尽快熟悉对方国家的人文环境，适应其广播运行模式，解决语言障碍，了解其市场需求、大众收听心理等。本土化战略的具体措施包括直接利用当地文化资源生产文化产品或者对节目重新进行组合和包装，以便更有效地立足于当地市场。

2. 瞄准目标地区提高本土化传播能力

米兰调频台的定位是城市电台，贴近本地受众是城市电台的生存之道，意大利的城市广播本身十分发达，电台类型化细分程度很高，一个城市里可供选择的电台多达数十家，米兰调频台的落地节目要与那些专业的商业电台的节目竞争，具有一定挑战性。这就要求我们生产出既符合本广播特色，同时又能满足听众需求的节目，不断扩大影响力。米兰调频台开播至今，意大利语部不断对节目的制播进行调整，除了节目内容和栏目设置上更符合受众收听习惯之外，还将所有新闻节目都交由意大利米兰合作方来制作，我方只负责向合作公司提供文字素材。可以说意大利语广播已经开始探索，并正在尝试本土化节目制播模式。

本土化制播的有效措施之一是在海外建立工作室，吸纳对象国当地的新闻采编人才。本土化节目制播更易于了解当地受众的信息需求和收听兴趣，更好地实现内容接近性，进而有助于当地收听市场的开拓。目前米兰调频台已经有数名本土制作人员，当地工作室正在筹建中，这为调频台的本土化发展奠定了基础，可以更加提升节目的贴近性、亲和力以及可接受度。从节目内容本土化进一步发展为采编制作本土化，将会给我们的调频节目带来全新的活力。未来应进一步加大本土化步伐，逐步实现“工作时提出节目设想——国际台语言广播本部提供节目素材——当地本土化制作”的模式，使米兰调频台更加符合当地受众口味，另外，目前米兰调频台在当地已经采用了市场化的运作模式并积累了初步经验，未来应进一步参与当地传媒市场竞争，努力扩大舆论阵地，争取赢得话语权。

五、结语

意大利米兰落地调频台开播两年来，根据受众调查的数据结果，进行节目定位、谋划传播策略，重点在本土化传播和文化传播上下大力气。一方面，将本土化的概念落实在广播实践中，真正实现了采编制播的本地化和贴近性，另一方面，打破固有的外宣思路，不搞面面俱到，而是以文化为突破口，向当地受众介绍中国的古代文化和现代精神。满足其需求的同时，也逐渐塑造着中国的社会面貌和文化形象。

国际传播的经验和效果都是在积累中获取的。近两年来，意大利语广播部经历着从传统广播向多媒体广播、从短波覆盖到落地调频的探索过程。“广播”一词的内涵和外延随着实践边缘的拓展而扩大，国际传播显然已变成一种媒体形态的集合和传播手段的集合。因此，语言部门要增强内容整合意识，建立内容共享机制，进而形成风格统一的传播合力。如此，才能在国际广播中发出更洪亮的声音。

（作者单位：中国国际广播电台意大利语部）

对CIBN海外制作室的定位和发展的思考

吴宏亮

笔者在去芬兰接受海外制作室相关培训之前，中国国际广播电台（以下简称国际台）有关台领导曾对大家提过一个要求，即带着问题去学习、去考察。按照要求，笔者带着以下问题开始了为期20天的培训：海外制作室究竟是什么？在CIBN（中国国际广播电视网络台）体系中它的定位是什么？应该发挥哪些功能？在新媒体崛起的今天，欧洲媒体对待狭义的广播的态度如何？它又采用哪些有效手段来做好广义上的传播的？结合非洲地区的实际情况，将来国际台坦桑尼亚制作室的工作要如何展开？要注意哪些问题？

通过聆听在坦佩雷大学的讲座、与环球时代高管的交流，以及对芬兰国家广播电视公司YLE的拜访，笔者对以上问题有了一些粗浅的认识，想就海外制作室的定位和发展策略谈一谈个人不甚成熟的理解和想法。

一、海外制作室的定位和要求

1. 海外制作室不再是简单意义上的制作节目的工作室

什么叫海外制作室？最直接最简单的回答可能是顾名思义，即设在海外的制作节目的工作室。从字面意义上讲，这当然没有问题，但是在国际台建设现代综合新型国际传媒集团的大背景下，如果仅仅把海外制作室的定位和功能局限在制作节目本身，这种理解不仅仅是肤浅的，更是对CIBN事业发展的一种亵渎，因为我们事业发展目标的宏伟，决定了海外制作室的功能不可能简单。

国际台台长王庚年曾这样定义CIBN："CIBN是新媒体领域的国家广播电视播出机构，它依托互联网、移动通信等现代高新技术，以多语种、多类型、多终端的形态面向全世界传播。"我们的目标是建设成在全球具有影响力的国际传媒旗舰，而海外制作室，处于跟CIBN海外受众距离最近的第一线，作为扩大CIBN海外影响力最直接和最有效的桥头堡，必然要在国际台建设现代综合新型国际一流媒体的进程里发挥更大的作用。

2. 海外制作室需要具备超强的市场营销能力

CIBN成立之初，就已经确立了它的运营模式，即市场化运营。市场化运营是真正有竞争力的国际化传媒运行模式。如果说国际台是大本营、是元帅，各股份公司是分舵、是将军，那么海外制作室就应当是突击队、是冲在最前线的战士。它的运作好坏，直接影响到CIBN的发展进程和影响力大小。

笔者认为，在CIBN背景下的海外制作室的定位，开拓市场和经营市场显得尤为重要。我们应该把每个制作室看成一个公司，参与到激烈的市场竞争中去，要用公司化的视角来审视我们面临的处境。

我们要开设海外制作室的地区，往往面临着西方媒体和当地媒体的双重竞争。以坦桑尼亚为例，西方媒体中 BBC 的影响力最大，尤其是在国际新闻领域。而当地媒体在娱乐信息方面又有得天独厚的优势。也就是说，制作室必须要在与其他媒体的激烈竞争中，首先在海外立足，然后逐步发展，同时扩大 CIBN 的国际影响力，并最终能通过市场化运营尽快“断奶”并实现盈利，从而为 CIBN“造血”，实现社会效益和经济效益的统一。

在这个过程里，海外制作室不得不面对这些问题：作为一个来自东方的媒体，要找到当地受众接受的方式，从而培养自己的忠实受众；要擅长和当地媒体合作以“借力打力”，扩大自身影响力；在影响力提升的基础上，找到受众和广告商的契合点，从而找到可行的盈利模式。

3. 海外制作室需要具备整合海量资源的能力

前面谈到海外制作室不能仅仅承担简单的节目制作功能，它还要具备超强的市场营销能力，但是毕竟内容是载体，提供节目还是制作室的基本功能。由于国际台正沿着建设现代综合新型国际传媒的道路前进，“现代综合新型媒体”的定义，对节目制作室的内容提供方面提出了更高的要求。

王庚年台长曾指出，所谓现代新兴媒体，即以现代传媒技术为支撑，以多媒体综合国际传播为手段，以现代传媒管理理念为主导，以海量信息资源整理为主业。目前我台已经拥有了全媒体资质，从第一媒体到第五媒体，我们有报纸、出版社、对内对外广播、电视、网络和手机。我们要通过 CIBN 整合台里所有资源，这也意味着节目制作室不可能仅仅是往台内发回新闻报道，或者是在当地完成本土节目的制作。它还将承担起 CIBN 全媒体的发布和摄入需求。

在芬兰培训期间，感触特别深的一点就是，如 Facebook、Twitter 等社交媒体已经和传媒紧密地结合到了一起。社交媒体为传媒提供节目线索和内容，提供受众的反馈并促进传媒节目的提高，在传媒的发展中起到了至关重要的作用。从这点上讲，海外制作室在整合海量信息的同时，还得充分利用社交媒体来提升自己节目的知名度，促进受众的参与度。这点在随后笔者会具体阐述。

4. CIBN 建设对派出海外制作室人员的素质要求

鉴于海外制作室在 CIBN 建设中的重要地位以及它该发挥的作用，笔者认为，对派出海外制作室的我方人员也提出了很高的要求。

首先，所有派出人员必须充分领会 CIBN 建设的精神和战略，明确海外制作室的任务和各自的职责。

其次，管理人员必须具备跨文化管理的素质和能力，海外制作室必然要聘用众多当地员工，不同的文化背景，不同的宗教信仰，不同的生活习惯，对管理者尊重当地习俗并管理好团队提出了很高的要求。

再次，要具备市场营销意识。从事市场营销和公关的人员无可厚非必须具备市场意识。对于节目制作者来说，具备市场意识也是必要条件。

事实上，媒介产品本身就同时具有两个截然不同的标签——对受众的内容和广告商的受众。缺乏市场意识的人往往只注重内容的建设，只注重听众是否喜欢，而忽略这些内容能否吸引另一个受众——广告商，能否为媒体带来经济效益？在市场化运营模式下，从策划到制作到营销，市场意识必须贯彻全程。只有这样，才能根据市场的需求，做出受众喜欢的节目，凭借着优质的受众，再去吸引广告商，从而实现自身“造血”功能。

最后，要具备很强的学习能力。国外的媒体环境和台内的工作环境大不同，日常的工作性质也必然大不同。从稳定的工作环境到竞争激烈的第一线工作，有很多东西需要学习、适应和掌握。媒体是不断发展的，作为一线的员工，不断地提高自己才能在竞争中不被淘汰，才能在 CIBN 的建设中作出贡献。

二、跨文化背景下坦桑尼亚制作室发展策略

在笔者的理解中，海外制作室不论是整合节目提供内容，还是在当地举办各类活动，这些都是手段，其最终的目的，都是为了扩大 CIBN 的国际影响力。

结合未来要开设的坦桑尼亚制作室，想要扩大 CIBN 在坦桑尼亚乃至东非的影响力，我们必须问两个问题：

（1）东非受众和当地社会是否接受来自中国的 CIBN？

（2）用什么样的方式持续而有效地吸引 CIBN 的受众？

第一个问题其实是关于立足的问题，第二个问题是立足之后可持续发展的问题。幸运的是，台里这次给安排的培训课程，有两处让笔者印象最为深刻，这两处也恰恰就这两个问题给了笔者一些启发，一是跨文化传播的挑战，二是社交媒体在各大传媒的广泛应用。

1. 坦桑尼亚制作室的立足问题

在跨文化背景下，设立海外制作室，被目标受众接受是一个相当大的挑战。CIBN 的市场化运营模式决定了其节目内容必须得摒弃以前那种我说我的、你爱听不听的说教模式。就像人和人之间的交往一样，两个不同性格的人，生硬地走近，别人会有戒备心理，或者由于性格和表达上的差异，反而激起对方的反感和抵触。那么我们必须去了解对方的脾性喜好，找到对方感兴趣的话题，产生共鸣，拉近距离。成为了朋友，说的话自然也就有了分量。

环球时代在芬兰的发展也印证了这个过程。环球时代和国际台合作之初，芬兰主流媒体纷纷惊呼“中国的国家宣传机器入侵”，言辞中透着抵制。但环球时代找到了一条适合自己也符合欧洲人思维习惯的“第三视野”之路，经过几年的发展，芬兰主流媒体已从最初的抵触改称“这是中国软实力的体现”。

换言之，了解目的地区或国家的文化、政治构成是绝对重要的。我们知道的越多，越能更好地服务听众。从处于第一线的海外制作室的角度出发，我们不得不问自己几个问题：

（1）为什么有非洲人收听 CRI？

（2）非洲人想听到些什么？

（3）他们对 CRI 和中国有什么偏见？

（4）我们如何提供最好的服务给听众？如何用听众理解的语言进行交谈？

中国和非洲国家有着密切的合作和良好的传统友谊，中国在过去30年来在政治经济以及国际影响力方面的发展举世瞩目，中国在国际事务中始终维护广大发展中国家的利益。所以，有越来越多的非洲人希望听到中国在众多国际问题上的表态，渴望了解中国的经济建设，从中国的发展中学习经验。

然而，尽管对非广播已经存在了几十年，但是客观事实却是，西方媒体在非洲掌握着更多的话语权，因为它们在融入当地文化方面走在了我们前面，对比BBC的节目，感觉特别明显。他们的本地节目，往往有很多关乎当地民众切身利益的话题，这就吸引了听众的关注度。加上BBC一直很巧妙地把自己的价值观隐藏在标榜的“公正”外衣后面，以至于我们和西方媒体在一些问题上发出的不同声音，往往更容易受到受众的质疑。

在现代媒体世界中，了解目标听众的文化对获得跨文化对话提升是至关重要的。我们的日常生活和日常工作未必就是听众看到的那种方式。在过去的几十年里，旧的外宣思想影响了我们的传播效果，我们太注重自己想要表达的东西，而忽略了表达的方式以及对方能不能接受的问题。海外制作室的设立，恰恰将在很大程度上真正拉近受众和我们之间的距离，可以近距离地了解到他们在关心什么，需要什么。

如何把我们的信息传达给目标听众，这是我们要考虑的。或者说，更重要的是，我们要以一种听众能够理解的方式进行交谈。通俗地说，笔者觉得一个外来媒体要在不同文化背景下立足，得从三个步骤做好，即“脱去旧外套”、“穿上新衣服”、“找到好角度”。

（1）脱去旧外套。我们要努力去掉过去给听众留下的“我想让你听到”的生硬的印象。从包装到内容，我们都要像一个“本地人”。

（2）穿上新衣服。用受众喜闻乐见的方式来关注他们兴趣所在和利益相关的问题。非洲人的性格奔放活泼，爱好音乐和足球，调查显示，非洲本土电台多以流行音乐为主，而每逢足球比赛，街头聚集收听广播直播的场景堪称盛况。从关注受众的兴趣和日常生活这点来看，海外制作室相比后方的大本营，有着得天独厚的条件以及当仁不让的责任。

（3）找到好角度。找到合适的角度来发出中国的声音，毕竟CIBN始终肩负着让世界了解中国的使命，不可能像纯粹的商业电台一样为了利益而一味迎合受众。在一些有争议的国际问题上，如何表达出中国的声音，又不至于显得生硬而不为人接受，笔者认为，环球时代的“第三视野”给其他国家的海外制作室以及各语言传播部门提供了非常有价值的示范。

2. 利用社交媒体扩大坦桑尼亚海外制作室以及CIBN的影响力

Facebook、Twitter等社交媒体在最近几年中的发展非常迅速，它们对于人们生活的影响早已超越了普通的交际层面，特别是传媒对社交媒体的运用，已经到了一个彼此交融的境界。在西方，几乎所有的传媒都在Facebook等社交媒体上创建了账号并投入了相当比重的精力。

尽管国内也有新浪微博和腾讯微博，但是对于主要受众在海外的国际台来说，熟练使用Facebook和Twitter这些几乎全球通用的社交媒体，应当成为海外制作室一项极为重要的工作。因为它能实现两种基本功能：在线上宣传CIBN和让受众参与进节目中来。前者扩大影响力，后者则是对节目内容的有效补充、促进和反馈。

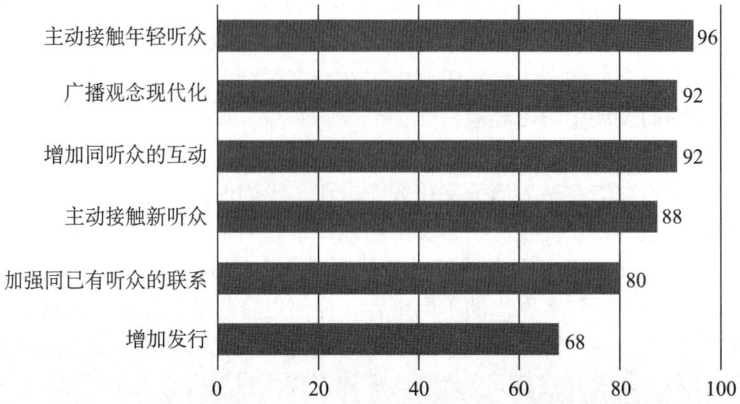

图1　欧洲广播联盟发布的利用社交媒体平台背后的战略理据

图2　BBC在Facebook的账号

有些语言部通过技术手段，也在Facebook上开通了面向海外听众的账号，但是由于基本账号的更新都是在国内完成，缺乏对对象地区关注的连续性和准确性。笔者的想法是，每个语言部门开设一个所属语言的Facebook账号，而整个账号的更新维护管理工作通通交给海外制作室的工作人员来负责，而不是国内的工作人员。

以坦桑尼亚为例子，目前收音机依旧是该国听众获取国际台节目的主要途径。受限于坦桑尼亚的网络条件，目前国际台的斯瓦希里语网站在坦桑尼亚国内普及的范围仍然很小。但是非洲地区有个特点，他们的手机网络发展很快，并不亚于中国，而且收费低廉，

图 3　法国国际广播电台在 Facebook 的账号

在社交媒体和手机终端结合得如此紧密的环境下，我们看到了 CIBN 利用手机终端的社交媒体在非洲打开局面并扩大影响的希望。

有关坦桑尼亚海外制作室管理下的 Facebook 和 Twitter 建设，笔者认为还应该注意以下几个方面：

（1）在 Facebook 上和 Twitter 上创建斯瓦希里语账号，并应该有专人来负责更新和发布。这人的职责是每天向粉丝发布新鲜有趣的资讯，并必须保证每天都有几个小时能让账号保持活跃，并和粉丝互动。

（2）在创建初期，Facebook 和 Twitter 的功能必须有所区分。Twitter 作每日新闻的发布（随着影响力的增加，Twitter 也可以承担互动功能）；而 Facebook 得发挥更多的互动的作用。Facebook 账号主页上应该有 CIBN 下辖斯瓦希里语部的介绍以及网站的链接，在影响力没有达到一定程度的时候，所有的频道、节目都可以在一个账号下。但是随着影响力的增加，粉丝的增加，则可以每个节目都开设一个 Facebook 账号，从而细分受众，与受众进行互动，并进行内容分享、节目宣传，并将受众的注意力转移到广播音频上。图 4 为 BBC 的 Facebook 在内容相关时，提供广播链接以将受众注意力引向广播。

（3）打造个性鲜明的主持人。以前我们总强调打造品牌节目，但是实际上一个特点突出的主持人往往是品牌节目成功的重要因素。在 Facebook 上开设品牌主持人账号，这效果可以参见国内新浪微博的名人微博效应。但是在这一点上要注意，Facebook 上主持人账号的风格要和节目本身账号的风格相一致。

综上所述，此次芬兰培训给笔者的最大启发就是：作为 CIBN 的媒体人，要跳出狭义

图 4 BBC 的 Facebook 账号中的广播链接

做节目的圈子，从市场化的角度去思考海外制作室的运营；作为 CIBN 前沿第一线的海外制作室，尤其要注重打造自己的形象，不论是包装还是实质内容，以便为当地社会和受众所接受；要充分利用新兴的媒体手段，多途径地丰富海外制作室的内容，扩大影响力。

（作者单位：中国国际广播电台斯瓦希里语部）

海外落地调频音乐节目类型和创新初探

翟茜茜

为大力开创和发展国际传播事业，提升国际传播的效果、扩大影响力，近年来，国际台通过在不同国家和地区建设海外调频电台，积极推进由本土媒体向跨国媒体的转型。海外调频电台的建立，使之前“远在天边”的中国声音切实走到了听众的“身边”，为中国对外广播事业的发展打造了一个崭新的平台。在这样的背景下，如何充分利用海外落地调频的优势，自然地融入对象国，进而从听众的“身边”走进听众的“心里”，便成为了海外落地调频节目建设的主攻课题。

实践证明，以娱乐欣赏为主、风格轻松自然的音乐节目无疑是海外落地调频贴近听众、加强互动的最有效的节目形式之一。在数小时甚至是全天候的落地调频节目中，音乐节目占据了比重不小的时间篇幅，而传统的、单纯的以音乐播放加主持人介绍歌手与歌名的“串珠式”音乐节目形式往往令听众略感乏味，而且缺少新意。因此，只有根据海外落地调频台的传播特点、对象国的实际情况和受众的需求来重新划分和定义音乐节目类型，从内容、手段、形式等方面大胆地对音乐节目进行创新，才能创作出符合受众需求的内容新颖、形式丰富的音乐节目，达到鲜活音乐节目、吸引受众和有效推广中国文化的目的。在本文中，笔者将结合自身在海外落地调频音乐节目的设计、制作和主持方面的体会及经验，针对音乐节目的类型划分和创新模式进行一些思考和探索。

一、海外落地调频电台的特点

随着“走出去”步伐的加快，中国国际广播电台（以下简称国际台）已经在全球拥有82家整频率调频和中波电台，已建和在建40家海外地区总站和记者站、24家境外节目制作室，实现节目本土化采集、制作和播出。[①] 从“自家门口”跨进“他家大院”的海外落地调频台既与当地的都市调频台有着一定的共性，自身又有着不一样的传播特点和传播目的，主要表现在：

1. 受众群体的不同

受众是大众传播媒介的接触者及传播内容的使用者，是使用而非一味被动接受媒介所传播信息的人。具体而言，广播电视的受众即是我们所说的广播听众和电视观众，是广播电视传播链条中的一个重要环节，也是广播电视传播得以存在的前提和条件。[②] 受众既是我们从事对外广播事业的主要服务对象，也是我们工作成功与否的监督者和评判人。因

① 国家广播电影电视总局发展研究中心：《中国广播电影电视发展报告（2012）》，社会科学文献出版社，2012年，第138页。

② 曹路：《中国广播电影电视运营与创新实务（上）》，中国传媒大学出版社，2006年，第88页。

此，在节目中牢固“以人为本”是指导落地节目工作的基本理念，是海外调频台实现可持续发展的根本出路。海外调频台面对的是不同地域、不同国情、不同民族、不同信仰、不同政治立场、不同价值观念、不同文化背景、不同思维习惯、不同审美趋向的另一个受众群体，要让与传播者有着不同的文化、思维、观念的受众群体接收和认同传播者所传递的信息及其内涵，就需要全面了解摸清受众和受众所在的传播环境，然后根据这个群体的特性“量身定做”具有针对性的传播内容和模式，做到声声入耳。

2. 异域文化的融入

美国政治学家塞缪尔·亨廷顿在《文明的冲突与世界秩序的重建》一书中指出：“在后冷战世界中，人民之间最重要的区别不是意识形态的、政治的或经济的，而是文化的区别。”① 因此，要真正“化身”为当地的媒体，在当地站稳脚跟，海外落地调频台所要面对的首要问题就是如何融入异域文化，或者说是如何实现国际传播本土化的问题。这里所说的国际传播本土化，是指各媒体以受众所在国家或地区的特定语言和受众喜闻乐见的特色方式为指导，来生产制造的特别内容的产品。② 在进行国际传播的过程中，从一种文化背景进入到另一种文化背景时，必须从“外宣三贴近”（贴近中国发展的实际，贴近国外受众对中国信息的需求，贴近国外受众的思维习惯）原则出发，坚持“本土化”落地的节目经办方针，坚持入乡随俗、因地制宜地制作落地节目的做法，进一步强化对外广播节目的本土特色和文化色彩，才能真正融入当地的社情文化，贴近受众。

3. 中国特色的呈现

传媒在表达立场、传播文化、促进与世界的交流等方面具有重要的作用，有助于塑造一个国家的正面形象及增强其在国际传播中的话语权，这也是我们从事对外广播事业的重要任务和原则。因此，在海外落地调频电台的工作实践中，不仅要突出融入异域文化的问题，更为重要的是在节目中体现中国元素，表达中国的立场和态度，展示中华文化的独特魅力，实现对外宣传中国、让世界了解中国的目标，推动广播事业“走出去”的步伐，全面提高中国文化“软实力”。

二、海外落地调频音乐节目的类型划分

广播，是一种听觉媒体，而音乐则是靠听觉来欣赏的艺术形式，在特性上与广播“不谋而合”。丰富多彩的音乐广播节目能够给人以美的享受，有着愉悦身心、净化灵魂的效果，而通过对音乐广播节目的不同类型进行划分，能够突出节目的特色，使其更具感染力，同时也能满足不同年龄、不同社会阶层和不同职业的受众需求。

总的来说，根据不同的标准可以将音乐广播节目划分为不同的类型，国内的一些相关学者和业内人士也曾对音乐广播节目的类型划分进行大量的讨论和研究，如陆群在《广播音乐节目的样式和创新》一文中将目前中国全国各地音乐台现行的音乐节目按节目形式划

---

① 塞缪尔·亨廷顿著，周琪、张立平等译：《文明的冲突与世界秩序的重建》，新华出版社，2010年。
② 王庚年：《中国广播电视“走出去”方略研究》，中国国际广播出版社，2012年，第173页。

分为类型音乐节目、点播（歌）节目、音乐资讯（杂志）节目、排行榜节目、各国风情音乐节目、音乐主持人节目、音乐娱乐节目、音乐情感节目、伴随音乐节目和异地同步直播音乐节目等10个节日类型；王维彤、刘颖和高洪篪的《广播音乐节目类型与互动浅析》一文则以节目内容为标准，将目前国内音乐电台及综合台的音乐类节目划分为欣赏类音乐节目、杂志类音乐节目、娱乐类音乐节目、情感类音乐节目等几个类型。

在国内学者研究成果的基础上，结合实际工作的经验，笔者认为，海外落地调频音乐节目的分类，应该遵循三个方面的原则，即立足对象国现状，针对海外落地调频台自身的特点，结合一般音乐节目的基本类型。以中柬友谊台音乐节目为例，可将海外落地调频音乐节目的类型归纳为以下几种：

1. 欣赏类音乐节目

由各种门类的音乐专题节目构成，其中包括流行音乐、经典老歌、民族音乐、国别音乐、摇滚、R&B等各种音乐类型。此类音乐节目涉及音乐种类宽泛，能够照顾到更多受众在音乐欣赏方面的需求，因此在中柬友谊台的音乐节目中，欣赏类音乐节目占据了大部分的板块，主要涵盖了华语流行音乐、民族音乐、影视歌曲、怀旧歌曲以及柬埔寨本土歌曲等内容，较为全面地满足了市场私营业主、大中学生、汉语学习者、私家车主以及各类音乐爱好者等欣赏类音乐节目的主要受众群体的收听需求。

2. 互动类音乐节目

是一种受众通过来信或热线与主持人进行沟通连线、歌曲点播、游戏问答、情感交流，从而实现节目互动的音乐服务类节目。这类节目往往为听众提供借助音乐互表问候、祝愿和进行情感交流的良好平台，也是加强与听众的联系、拉近听众距离的有效方式。中柬友谊台的《音乐礼品卡》节目和《音乐下午茶》节目均属于互动类音乐节目，主要以音乐点播的形式，促进主持人与听众的互动交流，是中柬友谊台最活跃的节目种类之一，极大地拉升了听众来信的数量。

3. 资讯类音乐节目

属于一种杂志化的节目，即把音乐和新闻、时尚资讯、生活知识以及与听众生活息息相关的内容相结合，以音乐的形式传递信息，颇受听众喜爱，是收听率较高的节目之一。据调查显示，中柬友谊台的受众中，20～49岁年龄层的受众高达76.2%，位列榜首；20岁以下年龄层的受众位居第二，达18.3%。从这个角度上来说，中柬友谊台的基本受众群和最活跃的受众群的年龄阶段主要集中在青少年和中年，该部分受众的职业主要包括大学生、公司职员、教师和军人等，且以城市居民为主。此类受众群体对信息资讯存在着极大的需求，尤其是青少年受众群体，他们崇尚个性，喜欢时尚潮流，向往浪漫和流行的生活方式，喜欢参加各类休闲娱乐活动，而音乐资讯类节目恰恰可以成为他们实现愿望的平台，使他们在享受音乐的同时获得各种信息和知识。

4. 中国特色类音乐节目

顾名思义是国际台海外落地调频电台利用自身独有的华语音乐和中国文化资源所创作的节目，是宣传中国文化，彰显中国文化“软实力”的特色文化产品。排行榜节目和音乐文化类节目是这种富有中国特色的音乐节目的典型代表。

排行榜，形式源于欧美国家，它即时地向乐迷们提供音乐信息、引导欣赏、动态地反映乐坛潮流趋势。在国际台的海外落地调频节目中，华语歌曲排行榜体现了国际台独特的资源优势，并是对象国众多外国电台中独树一帜的一类音乐节目。中柬友谊台的排行榜节目《CCFR华语音乐排行榜》是此类节目的典型代表，它固定在每周的周末向柬埔寨听众推荐和介绍一周内中国内地及港台地区最新出品且最受欢迎的华语流行音乐作品，一经播出便获得了众多受众的喜爱和追捧，多次来信来电要求增加节目时长。

由于柬埔寨与中国自古交好，两国关系和谐融洽，在经贸合作、文化和民间交往等方面接触十分频繁，对象国受众有着了解中国、获知中国文化的收听需求。而中国文化所具有的独特魅力和强大的生命力，正是中国对外传播可无限挖掘的精神储备。将中国文化知识点与中国民乐赏析相结合的音乐文化类节目既丰富了中国民乐的内涵，也发挥了载体作用，自然地向受众传播了中国文化，让听众在愉悦轻松地欣赏音乐的过程中增进了对中国的了解和认识。此类音乐节目能够通过灵活多变的传播方式，引发海外受众对中国文化的认同感。

三、海外调频音乐节目的创新发展

随着现代科技的飞速发展，各种传播手段层出不穷，发展势头迅猛，出现了多元化的传媒竞争局面。在这样的形势下，作为最传统传播手段的广播势必会受到新媒体的强烈冲击。音乐广播节目要想在新旧媒体混战中立于不败之地，就必须对节目进行大胆改革和创新，迎合广大听众的需求，跟随时代的步伐，如此才能在发展的道路上不断向前。

1. 与其他广播节目形式相结合，实现音乐节目价值的最大化

受众使用大众传媒媒介的动机大致有以下三种：获取信息，了解外部世界；娱乐消遣，满足精神、情感方面的需要；获取知识，满足求知欲。① 根据受众的需求重新整合节目资源，进行节目混搭，将信息、娱乐、欣赏三种节目功能合并，可以一次性地满足如上所述的三种受众诉求。

作为一个专业频率，音乐台在节目设置上最容易犯的一个错误即过分强调节目内容的特殊性，强调其欣赏功能而忽视其服务功能和实用功能。② 广播电台的节目通常分为新闻性节目、教育性节目、服务性节目和文艺性节目。将新闻性节目、教育性节目、服务性节目和文艺性节目的趣味性、实用性等特性添加至音乐节目当中，可增强音乐节目的多效性，满足受众的多元收听要求。例如将新闻性节目与音乐节目相结合，可以满足开车一族在路途上一边享受音乐一边获取信息的需求；将教育性节目与音乐节目相结合，寓教于乐，可以吸引更多青少年群体的关注，更好地实现节目的教育性和科学性；将具有实用功能的服务性节目与音乐节目相结合，可以稳固普通百姓受众群体，不仅能够避免音乐节目的“同质化”，又能使音乐节目摆脱单一娱乐性的“幼稚化”和“简单化”，让听众在工作和生活中得到休闲，在休闲中获取有价值的资讯和信息。不仅如此，这类混搭型的音乐节

---

① 张长明：《让世界了解中国：电视对外报道40年》，海洋出版社，1999年，第124页。

② 陆群：《困惑与思考：关于音乐节目设置的几个问题》，《中国广播电视学刊》，2001年第5期。

目还有助于吸引政府公务人员、企业白领群体等更多成熟受众群体的关注。

2. 与新媒体相结合，开辟音乐节目传播的新平台

在新媒体席卷而来之时，广播音乐节目要想在这场新旧媒体竞争中，坚守原有阵地，并为自己寻求更良好的发展环境，唯有从技术和内容两方面寻求发展路径：一是“新媒体化”，即通过与新媒体技术的融合达成硬件设施的提升，这有赖于整个广播产业的数字化进程的推进；二是实现节目内容的战略转型，即充分挖掘自身的不可替代性，这就需要广播音乐节目发掘其独特的角色定位和功能定位与其独特的魅力。① 在实现了节目内容的创新和转型之后，与新媒体相结合能为音乐节目开辟更广阔的传播平台。例如，将音乐节目放在互联网上宣传或是制成 APP，提供往期节目收听和在线实时接听，让年轻的一代广泛地接触音乐广播节目，真正喜欢上广播节目。此外，还可以结合青年一代富有激情、乐于参与的性格特点，借助网页论坛、Facebook 和微博等社交媒体增加各种线上互动机会，力求在交流互动中把音乐节目开办得有声有色。

3. 与受众需求相结合，开发个性化的音乐节目

从“媒介经营”的角度看广播，“听众”是一个最重要的概念。认识听众，研究听众，是我们每个“广播人”的基本职责。② 研究受众并结合受众的需求开创个性化的音乐节目，是彰显媒体个性和优势的独到方法。例如在节目中运用大量的有声资料、采访录音和音乐作品进行“无缝剪接”，制作声音版的“纪录片”，让音乐自己说话，此类做法可以用于播放音乐比赛、演唱会的实况，以及介绍歌手的成功故事等内容；又或者进行音乐节目娱乐化的尝试，把轻松的娱乐话题、笑话与音乐融为一体，用简短的笑话和幽默的串词来联结音乐和歌曲，让听众在愉快轻松的氛围中听音乐、听广播，从而增强音乐节目的休闲娱乐效果。此外，音乐使语言富有感染力，语言使音乐具有明确性。音乐的长处在于表现情感，尤其善于表现语言难以形容的人们内心深处的情感。③ 因此，还可以开发以情感话题为主的、结合智慧故事等的感性音乐节目，丰富个性化音乐节目的内容。

广播作为传统的“伴随性”媒体，与音乐有着天然的联系，在广播诞生的一个多世纪以来，音乐节目始终是其最适宜的节目形式之一。特别是在海外调频电台的广播节目中，音乐节目的地位更是举足轻重，正所谓“音乐无国界”，它可以超出语言的界限，在不同的文化之间搭建起沟通的桥梁。然而，随着时代的发展，广播音乐节目特别是对外广播音乐节目的设计、制作和推广也面临着更为严峻的挑战，异域文化的影响、受众多元分化、科技迅猛发展，在一定程度上给对外广播音乐节目制造了巨大的压力，但同时也为其发展创造了广阔的空间。紧密结合新媒体技术、不断更新节目类型、开发个性化栏目、实现节目价值的最大化，将是未来一段时间里海外调频音乐节目发展的必经之路。

（作者单位：中国国际广播电台柬埔寨语部）

---

① 殷琦：《新媒体时代广播音乐节目的内容转型》，《新闻界》，2010 年第 1 期。

② 刘习良：《空中文艺画廊第九届中国广播文艺奖集萃》，新华出版社，2003 年，第 380 页。

③ 贾世秋：《广播学论》，成都科技大学出版社，1996 年，第 105 页。

广播孔子课堂在海外的开办
——公共外交的一种中国实践

高妙红

2007年12月6日，国家汉语国际推广领导小组办公室（以下简称国家汉办）与中国国际广播电台（以下简称国际台）合作，正式成立了广播孔子学院。广播孔子学院并不是新鲜事物，它同国家汉办在海外开办的孔子学院一样，都是为了发展中国与世界各国的友好关系，增进世界各国人民对中国语言文化的理解，为各国汉语学习者提供方便、优良的学习条件，教学重点是应用汉语。区别在于广播孔子课堂依托的中国专门从事国际广播的媒体——国际台。

广播孔子课堂和孔子学院都是中国公共外交的一种实践。他们的基本任务是向世界说明中国，促进外国公众认识真实的中国——包括中国的文化传统、社会发展、经济状况、政治体制和对内对外政策等。

一、广播孔子学院的开办背景

1. 全球掀起“学汉语”热潮

随着全球范围内交流的加强、20世纪80年代以来中国大陆实行的改革开放政策，以及整个华文世界的活力，汉语达到了国际性语言的地位，成为了具有实用价值的语言。据估计，全球100多个国家的2 500多所大学正在进行汉语教学。虽然学习汉语的人越来越多，但高素质的教师依然缺乏。通过在各国开办孔子学院和广播孔子学院，就可使其作为海外学习汉语的教学基地，为海外汉语提供零距离的教学服务，提高当地中华语言文化的水平，提供更多汉语进修的渠道，并协助整合和统筹当地现有的汉语教学以及民间的文化活动，让汉语走向世界，使汉语在世界主要国家和地区得到尽可能广泛而深入的传播。

2. 提升中国“软实力”的需要

改革开放以来，中国在经济上取得了举世瞩目的成就。2010年，经过30年的快速增长，中国超过日本，成为仅次于美国的世界第二大经济体。但国际社会对中国的迅速发展和国家实力的增强缺乏了解，甚至因此而产生误解和错误认识，这是中国在发展过程中在外交上不得不面对的严峻挑战之一。20世纪90年代以来，“中国威胁论”及其变种“中国风险论”、“中国崩溃论”、“中国分裂论”等，在世界不同国家和地区不时泛起。这些对中国的看法，有的是某些人别有用心的煽动，但对于大多数国家的民众来说，是由于缺乏对中国的认识和了解。面对“中国威胁论”，中国提出了坚持走和平发展道路以及“和平、发展、合作”的外交政策，以缓解和消除世界上许多国家对中国迅速发展所产生的不安和担忧。可以说，中国的迅速发展对新时期中国外交提出了新的要求。中国外交不仅需要明确的战略与政策，还需要不断拓展外交空间，提出具体详细的行动方向。就依然在世界许多国家不断蔓延的“中国威胁论”而言，除了要明确阐明中国坚持走和平发展道路的立场之外，我们还需要促进和加强其他国家和人民对中国的了解和认识，而公共外交可以作为实现国家对外政策的手段之一。

中国的公共外交与中国的和平发展战略是一致的。中国公共外交的目标是“让世界了解中国，让中国了解世界”。中国的公共外交活动，尤其是其中的各种文化交流活动，加强了中国与其他国家之间的人员往来和相互了解，有助于消除各个国家和人民之间的误解，共同促进世界和平。①

通过语言教学等形式的教育文化交流作为公共外交的一种，可以加强其他国家公众对我们国家政治、经济、社会以及文化的了解，进而取得外国公众对我们国家政策的理解和支持，这也是中国提升自身“软实力”的一种重要做法。

软实力（Soft Power），指国际关系中，一个国家所具有的除经济、军事以外的第三方面的实力，主要是文化、价值观、意识形态、民意等方面的影响力。“软实力”的概念是由美国哈佛大学教授约瑟夫·奈提出来的。根据约瑟夫·奈的说法，“硬实力”是一国利用其军事力量和经济实力强迫或收买其他国家的能力，“软实力”则是一国通过吸引和说服别国服从你的目标从而使你得到自己想要的东西的能力。约瑟夫·奈教授认为一个国家的“软实力”主要存在于三种资源中：“文化（在能对他国产生吸引力的地方起作用）、政治价值观（当这个国家在国内外努力实践这些价值观时）及外交政策（当政策需被认为合法且具有道德威信时）”。② 语言是文化的重要载体，广播孔子课堂通过提供免费的汉语教学服务，向他国人民传播中华文化，是中国在海外传播中华文化的重要基地，政府寄希望于这样的公益机构能为提升中国的国际形象作出贡献。

3. 国际台丰富的汉语教学基础

国际台秉承“向世界介绍中国”的宗旨，一直以来通过广播、杂志、互联网等各种多媒体的渠道传播中华文化，各语种节目中推介中华文化的节目占据了重要部分，这其中更不乏各种形式的教授汉语的节目，包括正式的汉语教学、汉语言文学赏析和感受中华文化等丰富的题材，而且这些节目好多都成为各语种广播的传统名牌节目。如朝鲜语广播的《中国语讲座》自1987年开办以来，深受广大听众朋友的喜爱，随着汉语教学的需求逐渐旺盛，朝鲜语部在2006年编写了《实用中国语会话》一书，使听众学习汉语更加直观方便。活跃于各国的听众俱乐部也成为外国人民学习汉语、体验中华文化的重要场所。国际台的广播孔子课堂依托对象国的听众俱乐部而建，这与听众俱乐部成立的宗旨有很大一部分是重合的，只是孔子课堂在加强汉语教学方面的目的更加凸显。

① 韩召颖：《孔子学院与中国公共外交》，《公共外交季刊》，2011年秋季号。

② 软实力：详见维基百科，http：//zh. wikipedia. org/wiki/软实力。

二、广播孔子课堂的作用和影响

自从2007年国家汉办与国际台合作成立广播孔子学院以来，截至2010年年底，国际台以条件成熟的海外听众俱乐部和听众协会为基础，建立了12家海外广播孔子课堂，分布在亚洲、非洲、欧洲和大洋洲。

广播孔子课堂积极探索符合国际台特色的教学、运营和管理模式，充分借助媒体优势和听众资源，达到了生源稳定、教学规范、运营良好的效果。

广播孔子课堂建设快速发展，已成为海外人民学习汉语和了解中华文化的园地和中外文化交流的平台，是加强中国人民与世界各国人民友谊合作的桥梁。

首先，广播孔子课堂推动了所在国汉语教学的发展。国际台每年都从相关语言部门编播人员中选派人员，参加国家汉办举行的孔子学院中方院长或教师的选拔和培训，通过选拔和培训的人员被派到课堂担任院长或者老师。截至2010年年底，国际台从相关语言部门编播人员中选派的人员在9家海外广播孔子课堂中担任中方院长。2008年，国际台集合优秀外语人才和外籍专家的资源优势，制作推出了38种外语版的《每日汉语》广播节目，通过对外广播，面向全球听众播出，新颖的编排、实用的内容和活泼的形式，赢得了广大听众的喜爱。2009年下半年，这套广播教材还被开发制作成36个语种的多媒体广播课件和图书教材，形成广播在线互动教学。国际台遵循远程教育的规律和特点，无论在师资还是教学教材方面，都利用国际台多种外语的优势，让世界各国和地区的人民在母语环境里更快、更好地学习汉语。[①]

第二，广播孔子课堂成为传播中华文化的新支点。广播孔子课堂运用母语优势，积极开展形式多样的教学和文化活动，向学员们推介中国传统文化。按照国家汉办的统计，截至2010年年底，12家广播孔子课堂已经进入稳定的运营阶段，在册学员已经突破2 000人。仅2010年年内累计就有6 000多名海外学生在广播孔子课堂接受了汉语及中华文化培训，20 000多人参加了国际台广播孔子课堂组织的100多场的汉语推广和中华文化推介活动。

第三，广播孔子课堂拓展了中国外交的空间。广播孔子课堂与我国驻当地大使馆保持着紧密联系，经常配合使馆举办中国文化宣传推广活动，获得使馆的认可和肯定。2010年10月8日，国际台意大利教育中心广播孔子课堂与我国驻意大利使馆成功联办了意大利“中国文化年”的一项重要活动——“中意青年大联欢”。中国教育部副部长、意大利外交部副部长，以及近千名意中友好人士参加了开幕式。广播孔子课堂还积极支持2010年上海世界博览会等国家重大活动，在民间延续着外交友谊。2010年4月23日，国际台斯里兰卡比拟听众协会广播孔子课堂联合斯里兰卡文化处、斯中友好协会、斯中青年记者论坛等友好组织为上海世博会举行签名活动。活动反响热烈，斯里兰卡各界友好人士600多人参加了本次签名集会并在巨幅条幅上签名，表达了对2010年上海世博会成功举办的美好祝愿。

---

① 王庚年主编：《中国国际广播电台发展史》第二卷，中国国际广播出版社，2011年，第196页、第197页。

三、广播孔子课堂的问题和不足

在广播孔子学院抓住全球“汉语热”的好时机、发挥优势积极传播中华文化的时候，不能只考虑扩大规模，单纯地增加学员人数，更要对学员的学习效果进行跟踪，及时调整教学内容和方法，目的在于通过教学和活动增强中华文化的吸引力，加大学员对中国的好感。

根据一项对美国、日本、俄罗斯、泰国、黎巴嫩 5 个国家 16 所孔子学院的调查发现，当前孔子学院在全球范围内取得了一定的传播效果，但不同层次的中国文化传播效果存在较大差异。中国文化在不同文化圈层，尤其是儒家文化圈层和非儒家文化圈层中的传播效果有很大不同，国与国之间也存在较大差异。通过这项调查，研究者认为，中国文化在“走出去”的时候，在行为层面、精神层面的文化要寻找与其他文化接近、共通的内容，尽可能地“以他人之言而为之言”，通过寻求共鸣的方式进行传播，而且在不同国家的传播方式要有所区别，充分尊重当地传统与价值观念。① “以他人之言而为之言”、充分尊重当地传统与价值观念正是广播孔子学院运用母语教学的独特优势，也是要着力提升和努力挖掘的地方。

但是，在拥有了能够熟练运用母语教学的教师后，海外学员在学习中逐渐接受中国文化还将有个过程。美国管理心理学家斯蒂芬·罗宾斯博士把文化适应的过程大致分成四个阶段：蜜月期、沮丧期、恢复调整期和适应期。该理论对母语传播而言有很强的借鉴意义。不同文化间的传播进程也可以随着时间的推移分为以下四个阶段：

第一阶段：蜜月期。跨文化传播中，受众因为好奇、新鲜，一开始，对不同于自己的文化抱以很浓厚的兴趣和很高的关注度。

第二阶段：沮丧期。蜜月期过后，受众要么对他国文化产生审美疲劳，要么因为他国文化不符合自己的思维习惯、行为模式等，产生心理落差，甚至对抗情绪。

第三阶段：恢复调整期。如果传播者能及时察觉受众的沮丧情绪，就可以有针对性地对传播进行调整。那么，受众也随之对所传播的文化再次产生兴趣，同步进入调整期。

第四阶段：适应期。有效的跨文化传播是让受众从认知到认同的传播。适应期的到来也就意味着文化对接初步成功。②

广播孔子课堂的海外学员在学习和适应异国文化中同样会经历这四个阶段，怎样吸引更多的学员参与学习，帮助他们在文化接受中度过沮丧期，很快地进入恢复调整期，直到适应期，这是远比如何设置课程内容和运用何种教学技巧本身更大的课题。与国际广播面临的问题一样，仅仅追求到达率还不够，不仅要“入耳”，更重要的是“入心”，这也是摆在广播孔子课堂面前需要解决的问题，否则，国家对广播孔子课堂的建设和投入就无法达

---

① 吴瑛：《中国文化对外传播效果研究——对 5 国 16 所孔子学院的调查》，《浙江社会科学》，2012 年 4 月。

② 陈力丹：《传播学是什么》，北京大学出版社，2007 年，第 237 页。

到预期的效果。

虽然广播孔子课堂发展迅速，影响日益扩大，运用母语进行教学和文化传播确实在跨文化传播中发挥出了英语教学无法比拟的优势，但是，同样也无法为跨文化传播扫清所有的障碍。2010年，中国文化部部长蔡武在有关访谈中明确指出："对外文化传播方式的改进是一个老话题，关键是我们要学会'中国元素、国际表达'"。国际台从编播部门派出的人员拥有熟练运用对象国母语的优势，即所谓的"国际表达"，但在前提"中国元素"方面可能是这些教师比较欠缺的，这些编播人员大多来自中国几所拥有小语种教育资源的学校，专业背景多与外语有关，重点研究的是对象国的文化风情，知识结构相对单一，对中华文化的理解和运用能力稍显不足，并且他们几乎没有教学实践和经验。广播孔子课堂虽然在增强跨文化传播的效果方面跨越了一部分的语言障碍，但在其他方面也出现了不足，并且，在母语传播的情况下，也只能有限度地跨越文化障碍。广播孔子课堂的中方教师虽然比较清楚所在国的各方面情况，但思维习惯和情感仍然是中国式的，在教学过程中只能努力地去了解学生的想法和需求，无法与学生达到真正的"心灵相通"。因此，广播孔子课堂在快速成立的同时，更要加强师资队伍的建设，增强对中华文化的理解和传播能力的培养，丰富"中国元素"这个内核。

再者，广播孔子课堂需要开辟更多元的教学和传播渠道。如今，孔子学院在全球开展得如火如荼，虽说孔子学院和广播孔子课堂的设立都得到了所在国的批准，但是在他国不排除会有"异样的眼光"看待孔子学院和广播孔子课堂，因此必须完善对网络孔子学院（课堂）的建设。在如今的互联网时代中，网络可以跨越时间和国界，而且具有快捷、成本低等诸多优势，单靠在海外设立广播孔子课堂已满足不了世界人民学习汉语的需求。鉴于此，国际台广播孔子学院网站建设在不断完善，"广播孔子学院汉语国际传播频道"建设也已启动，这将实现全球汉语学习者的有效互动交流。这是未来广播孔子课堂努力的方向。

（作者单位：中国国际广播电台华语中心）

驻外记者

谈国际台驻外记者如何实践全能记者角色

徐艳清

国际台构建现代综合新型国际传媒集团的进程与国际新闻界兴起的媒介融合理论研究同步进行，成为媒介融合的很好样本。国际台作为拥有32家驻外记者站的国家级电台，其驻外记者也经历了从广播记者到全能记者的角色转变过程。在目前国际台建设中国国际广播电视网络台（CIBN）的背景下，本文探讨驻外记者如何实践全能记者角色。

一、全能记者的内涵

2004年，美国新闻界对“融合新闻”（convergence journalism）与“融合媒介”（convergence media）等媒介融合领域的课题研究刚刚起步，当时中国几乎没有相关研究。媒介融合的一个典型代表是美国媒介综合集团（Media General Inc.）2000年建立的“坦帕新闻中心”（Tampa's News Center），将属下的《坦帕论坛报》及其网站Tampa Bay Online、电视台WFLA—TV，还有集团网站TMO.com的编辑部门集中起来运行。[①]

从2004年开始，国际台围绕中央领导同志提出的“构建现代国际广播体系”的战略目标，对“现代国际广播体系”的内涵和外延形成了清晰的认识。围绕这个发展战略，国际台加快推进实现三个转变进程，即由传统媒体向现代媒体转变，由单一媒体向综合媒体转变，由对外广播向国际传播转变。在这个转变进程中，国际台的记者也实现了从单一的广播记者向全能记者的转变。可以说，国际台记者从广播记者转向全能记者的进程是与美国新闻界对全能记者的研究同步进行的。

“融合新闻”在个体层面的标志是那些掌握了多种媒介技能的全能记者，这些人在美国还有“背包记者”（backpack journalist）的称号。如在美国“融合新闻”做得最成功的美国媒介综合集团，有一个名叫Jackie Barron的女电视记者，曾用四周的时间在安东尼奥采访一个重要的联邦案件。她每天的工作日程是：早晨6点给网站写一篇专栏文章，介绍案件的情况，然后到法院去采访当天的最新进展情况，上午10点通过电话给电视台发去最新报道，下午2点半到3点编制一个晚间电视节目传回去，然后再回到法院采访下午的进展情况，通常到晚上7点才结束采访。最后，还要给第二天出版的报纸写一篇新闻稿。[②]

如今，全能记者的概念从美国媒介综合集团的成功实践逐渐平常化，成为对新闻记者的一个基本的要求或者门槛。这一情形在欧美新闻界尤为明显。媒介融合不仅是形态上的

---

① 喻国明、戴元初：《媒介融合情境下的竞争之道》，《新闻与写作》，2008年第2期。

② 蔡雯：《“超级记者”到“超级团队”——西方媒体“融合新闻”的实践和理论》，《中国记者》，2007年第1期。

全媒体，更是全媒体之间的互动。就全能记者而言，不仅要为不同形态的媒体提供内容，还要注重内容之间的层次和互动。

在媒介融合背景下，记者应当具备在新闻现场采集文字、图片、音频、视频的能力，同时又要使这些表现形式有机互动，使新闻事件的报道立体化。如在新闻事件发生时，记者为广播提供现场连线报道，为电视提供现场画面，为报纸撰写深度报道，而网络则可以集成这些报道，记者也可以为网络提供更多背景资料。

随着媒体建设品牌的进程不断加快，全能记者的内涵又有了新的发展。记者应当把自己当作媒体塑造品牌的重要组成部分。除了通过全媒体报道的方式使媒体的公信力和美誉度不断提升外，还应当做好力所能及的公关工作。全能记者要密切关注自己的公关对象。要及时跟踪受众需求，生产出来的媒介产品要符合受众需求。同时，积极与政府、企业等进行沟通，为媒体发展营造良好的外部环境。此外，还要积极与媒介同行联络，吸收媒介同行的先进经验，吸取失败教训。

二、驻外记者成为全能记者的必要性

2011 年 1 月 18 日，由中国国际广播电台开办的中国国际广播电视网络台（CIBN）正式成立，标志着一个拥有 61 个传播语种、全媒体业务形态的新媒体国际传播平台已全面启动。① CIBN 是一个涵盖多语种网站集群、多语种网络电台集群、多语种网络电视频道和多语种移动服务终端的新媒体业态。

国际台在全球拥有 32 个记者站。驻外记者作为最了解所在国家或地区情况的人，为打造 CIBN 品牌应当作出积极贡献。驻外记者有必要采用全媒体手段将“我在现场”传达出的媒体公信力发挥到极致。

目前国际台驻外记者发出的稿件已经呈现出全媒体手段，既有消息、图片报道，也有《记者口播》《环球记者连线》《录音新闻》《录音报道》等多种形式的音频报道，同时还有视频报道。以 2013 年 3 月 19 日发出的稿件为例，《〈记者口播〉刘醇逸正式宣布竞选纽约市长　成为纽约首位华裔市长候选人》《〈环球记者连线〉埃及总统穆尔西访问巴基斯坦》《〈视频报道〉欧洲艺术品博览会在荷兰开幕》《（附图）〈录音报道〉中国非洲特使驳斥“新殖民主义”言论》等，形式多样、内容丰富。这些报道体现了记者“我在现场”的公信力。

由于驻外记者工作的特殊性，一般驻外记者站只有一到两个人，这种客观现实要求驻外记者必须成为全能记者。中国人民大学新闻学院教授蔡雯在文章里说过：“密苏里新闻学院 Daryl Moen 教授在和笔者交流时说，‘我个人并不认为会有很多人成为背包记者，但是这种人才在某些地方会有用武之地’。他说的‘用武之地’主要指人力资源有限的地方媒体和派驻外地及国外的记者站。”由此可见，驻外记者由于人员的有限性，必须适应全能身份。

① 刘宇寰：《马为公：综合媒体时代到了》，国际在线，2011 年 1 月 21 日。

目前，随着智能手机的不断普及，新媒体形态中值得关注的是移动传播营销。随着Android手机跌破1 000元，以后绝大多数手机用户都用智能手机，这就会产生巨大的市场潜力。驻外记者应当努力为CIBN建设中移动营销的机遇贡献力量，提供适合智能手机观看的新闻，这也体现了驻外记者成为全能记者的必要性。分众传媒董事局主席CEO江南春这样描述移动传播营销："无论是广告主，还是4A机构，还是移动营销从业者，都遇到了一个巨大挑战——移动营销的复杂性和高速变化。可以说，大多数营销人都知道移动营销是个好东西，不过坦率地说，在中国真正掌握移动营销策略、策划和技术特性的人，是凤毛麟角的凤毛麟角。"驻外记者应当抓住国际台进行移动营销的机遇。

三、CIBN建设中驻外记者如何实践全能角色

1. 在掌握全能技术的基础上精准判断合适渠道

2010年7月，中国国务院公布了第一批三网融合试点地区（城市）名单。人们通过机顶盒，不仅可以在电视上看视频点播，回看电视，还可以接入互联网。这对记者的业务素质提出了更高要求，记者要尽可能提供适合各种媒介的报道形式。

随着媒介融合的不断发展，现在传统媒体基本都在发展多媒体，不少达到了全媒体状态。这是媒体品牌传播营销的重要因素。报纸是第一媒体，广播是第二媒体，电视是第三媒体，互联网是第四媒体，手机则被人们称为第五媒体——基于无线通信技术，通过以手机为代表的移动终端，展现信息资讯内容的媒体形式。①

驻外记者作为驻在国家或地区新闻报道的主力，应当能为第一到第五媒体提供有用信息，需要掌握撰写文字稿件、进行音频制作、拍摄新闻图片、拍摄视频新闻等基本技能，还应该掌握网页制作、排版等多项技能。在新闻事件发生时，驻外记者需要携带采访机、相机、摄像机、笔记本等设备，第一时间赶往现场。驻外记者要有渠道意识，为不同的传播渠道生产合适的新闻产品，尤其是各种新媒体业态的传播手段。

目前iPhone和iPad平台上都有中国国际广播电台杂志类的广播和节目。以iPhone平台上的新闻杂志《CRI i视界》为例，由于手机屏幕较小，记者在写作稿件时尽量注意用小标题隔开，同时多插入图片，令读者阅读起来更为清晰。

在实践中，驻外记者们对全能记者的认识也不断深入，在"全"中要有所侧重。驻外记者到达现场后或到达现场之前，要迅速进行判断，不是所有新闻事件都需要通过文字、图片、视频等所有形式展现，记者要找到最合适的表现方式，如画面感强的新闻尽量采用图片和视频的形式来展现，而新闻人物观点性强的新闻尽量用文字和音频的形式来展现。

2. 突出当地特色并及时与后方编辑沟通

驻外记者身处新闻发生地，应当尽量在报道中突出自己所见、所闻、所感，突出当地特色。在武力冲突等新闻事件发生时，记者在现场能带给受众最真实的现场感。即使是普通的会议新闻，记者也应当从中找到适合本台传播的点，发掘自己在会议上获得的信息，

① 艾丰：《第五媒体崛起是新时代的大趋势》，赛迪网，2010年12月15日。

突出当地特色。

加强专业记者与公众的互动是媒介融合的一个重要方面，驻外记者要多多利用社交网络与当地受众进行沟通。如今，在世界范围内由公众创造的内容越来越多地被专业媒体采用，同时正在流行的社交网络服务（SNS）也对人们的信息分享产生了重大影响，这些都大大改变了公众与主流媒体之间的关系。公众已经越来越多地参与到了媒体的议程设置过程中。驻外记者可以在自己的社交网络上征集新闻线索或者与当地受众进行互动。

驻外记者应当在日常工作中成为当地问题的专家。在日常工作中对所在国家或者地区的相关情况进行分类整理与分析，形成资料库。这样在新闻事件发生时才能有丰富的知识储备，带给受众的新闻是记者充分思考过的，必然能达到良好的传播效果。

驻外记者应当及时主动与后方进行沟通。由于驻外记者掌握的是所在国家和地区的第一手材料，而新闻热点地区的新闻事件常常处于时刻变化之中，驻外记者应当将最新情况及时与编辑进行沟通，使编辑掌握最新情况，共同制定报道方案，这样才能使方案做得更加完善，也便于编辑将新闻编排在最合适的位置，达到最佳传播效果。

及时与后方编辑沟通也有助于澄清其他媒体的一些不实报道。编辑获得的新闻线索经常来自于其他媒体，实际情况可能与报道的不一致，记者在了解情况后作一些澄清性的报道，还原事实真相也有助于媒体公信力的提高。

3. 将重大、突发事件作为实践全能记者的主战场

对驻外记者来说，要将重大、突发事件作为实践全能角色的主要战场。应当随时准备好一个各种设备齐全的背包，在事件发生的第一时间赶到现场进行报道。

全能记者的实现离不开传播技术和工具的进步。设备笨重、操作复杂和价格昂贵曾经是专业摄像设备的代名词，如果不加改变，全能记者恐难实现。但是，现在这一切都改变了。BBC的全能记者就曾带着小型视频摄像机报道美国大选，效果不错。现在更简单了，智能手机如此普及，设备已经不再是障碍。①

重大新闻事件一般情况下是能够提前了解到的，有一定的准备时间。驻外记者要做好前期准备工作，写好报道计划，包括如何为不同的渠道提供合适的新闻。在新闻事件进行过程中再进行适当的调整。

突发事件考验记者的临场应变能力。突发事件发生时，记者要做的是第一时间带着装备齐全的背包到达现场，在到达现场的过程中思考如何为不同渠道提供新闻，甚至在到达现场的过程中就要开始与后方连线或者传回报道。

4. 与当地机构及媒体圈形成协作关系

国际台驻外记者应当与所驻国家或地区的相关机构形成合作关系。在这些机构举办活动时能够提前得知活动的大概内容、出席人员等，在此基础上能够判断出新闻事件最合适的呈现方式，收到事半功倍的效果。与当地机构形成协作关系还有助于驻外记者进行深度报道或者拿到独家新闻。在激烈的媒体竞争中，更深度的报道或者独家新闻能让媒体脱颖而出，在最短时间内赢得受众关注。

---

① 王朋进：《“全能记者”的当下与未来——国际实践的反思性探讨》，《视听界》2012年第5期。

国际台驻外记者应当与当地媒体圈形成协作关系。当地媒体圈包括当地的新闻机构，也包括其他中央媒体的驻外记者。由于各种原因和条件的限制，各媒体驻外的记者在人数上一般都只有一至两人。驻外记者要学会在必要的时候与其他媒体进行资源共享，在报道中“借力”。如同一时间段内有两场活动，可以与别的媒体进行分工，这样彼此都能最大限度地获得新闻，再根据自身媒体需要进行不同的整理。如与电视台共享音频、视频素材，与电台共享音频资料，与报纸共享文字、图片素材等，这对驻外记者的社会活动能力提出了较高要求。驻外记者如果不能与当地媒体圈形成协作关系，很可能会漏发新闻。

5. 打造品牌活动

驻外记者扩展了全能记者的内涵。驻外记者同时承担推广本台的任务。公关活动包括研讨会、品牌推广活动等。其中最重要的是大型活动。如感动中国人物评选，经济人物年度评选，听众喜爱的主持人评选，超级女声、快乐男声的评选活动等，这些大型活动大大提升了媒体影响力。大型活动如能突出公益性更能体现媒体的社会责任感。由中央电视台和光明日报社联合主办的寻找最美乡村教师 2012 大型公益活动，经过近三个月的寻访和事迹展播，在社会上引发了强烈反响。这更彰显了媒体的人文关怀。

驻外记者要不断开展打造品牌活动，通过打造品牌活动扩大国际台的影响力。品牌活动除了与时效性相关的，可注重考虑品牌活动的延续性，这样才能扩大影响力。中国国际广播电台发挥多语种、多媒体优势，全面开展丰富多彩的自主策划活动，取得了良好的传播效果。与时效性相关的活动可围绕重大纪念日展开，如围绕中巴建交 60 周年策划实施的“中巴媒体母亲河之旅”，受到巴基斯坦总统等政要的赞誉。

驻外记者可以定期举办品牌活动，如在当地举办名主持人见面会，通过主持人与受众的互动提高受众对国际台的品牌认知度和忠诚度。一方面可以让他们与受众互动，能让受众进行口碑传播；另外一方面，媒体也可以对此进行报道，如报道见面会受众表现等细节，使口碑传播又能通过大众传播得到强化。

驻外记者除了自主开展打造品牌活动之外，还可以借力品牌活动，提供媒体支持。所在国家或地区在举办影响力显著的活动时，驻外记者可以积极与主办方进行联络，提供媒体支持，使国际台出现在当地媒体报道中。驻外记者还可以在活动现场对国际台进行推介，影响有影响力的人，提高媒体知名度与美誉度。

（作者单位：中国国际广播电台驻澳门记者站）

国际台驻外记者如何做好国际重大突发性事件的报道

方文军

重大突发性事件是指突然发生、出乎人们意料的事件，因其影响的广泛性、后果的严重性，使它在极短的时间内成为社会舆论关注的焦点和热点，因而具有极大的新闻价值，成为各家新闻媒体的必争之地。

作为驻外记者，面对国际重大突发性事件，既要以其独特的视角全面报道突发性事件的现象和特点，又要分析突发性事件发生的深层次原因，还要对事件的发展作出前瞻性的预测。可以说，重大突发性事件集中考验了驻外记者新闻基本功是否扎实，分析和处理问题的能力是否足够。那么，驻外记者如何才能在重大突发性事件来临之时“从容”报道呢？笔者结合在埃及驻站期间采访报道工作实践，来对此加以分析和说明。

一、时效性与真实性相结合

时效性是好新闻的重要要求，特别反映在对国际重大突发性事件的报道上，时效性就是新闻的生命力。基于“先入为主”的惯性思考方式，在一定程度上，谁能在报道的时效性上领先一步，谁就掌握了对某一事件的话语权。因此在对国际重大突发性事件的报道中，几乎所有媒体都紧盯时效，力争做到第一。当然，对于新闻媒体来说，事实准确和时效性同样重要，因为这关系到媒体的信誉。因此在突发性事件的报道中，记者的消息来源必须可靠，内容应准确无误。报道成功的重要原则便是时效性和真实性。

笔者在埃及驻站期间，恰逢中东地区发生几十年一遇的大动乱，埃及更是成为此次动乱的一个重要发源地，局势持续动荡不定。在此期间，各种渠道的信息层出不穷，到底哪些消息是真的，哪些消息是假的，一时间很难区别。如果一味追求时效，抢发独家新闻，就很有可能发出一些假消息，或者不准确的消息，进而影响到自己所在媒体的信誉。但如果对每个信息都花大量时间去求证，又会白白错过最佳发稿时机。为此，尽可能多地前往突发性事件发生的第一线了解情况，能大大提高记者甄别新闻事实的能力。

例如在埃及骚乱期间，大规模示威游行不断上演，游行示威者声称举行百万人大游行，而有的媒体说只有二三十万人，有的媒体说有五十多万人，甚至还有媒体说只有几万人。到底是什么情况，必须到现场才能了解清楚。埃及骚乱期间，笔者多次驱车前往示威游行活动的风暴中心——开罗市中心的解放广场。经过实地调查后发现，在约定的示威时间到来之际，所见到的游行示威人数并没有示威组织者声称的百万人之众，但解放广场确实挤满了示威人群，而且还有大量民众从四面八方向解放广场汇集。鉴于解放广场已人满为患，很多人就在广场周围街区以及一些重要的政府单位附近展开游行示威活动。如此算来，“百万人之众”确实有可能。此外，不同时间解放广场上的人数也有所不同，这就是为什么有媒体说只有几万人参加示威游行活动的缘故。另外，笔者在发稿时遇到一些拿不准的问题，就经常参考多家权威媒体的报道，并在稿件中加注新闻的来源，使自己的报道尽量客观全面。

二、多方面收集信息以实现准确全面报道

对突发性新闻事件的报道必须准确全面。媒体对大众舆论具有导向作用，如果报道新闻事件不准确或不全面，会对受众产生不同程度的负面影响。而在重大突发性事件发生的时候，各个信息渠道的真实性和权威性是有所不同的，这就需要我们在报道的时候，首先对这些信息渠道的特点有一个全面的了解，比如说这个媒体对哪些方面的报道具有权威性，该媒体的消息源是否足够广，该媒体在报道新闻的时候是否严谨等。然后根据突发事件的性质和特点，再对提供信息的媒体源进行分类，从而确保在应对重大突发性事件时，能及时全面掌握信息，并在重大突发性事件的报道中占据主动。

在对埃及骚乱引起政局持续动荡的报道中，笔者首先根据埃及自身的情况，以及在报道埃及局势中各媒体的特点，对各个新闻来源加以分类，按照新闻来源的重要性顺序予以区别关注。埃及国家电视台以及埃及政府的中东通讯社是埃及政府对外发布重大消息的主要渠道，因此把这两个新闻来源作为随时掌握埃及局势的第一类消息源。

比如埃及前总统穆巴拉克在被迫辞职的前一天晚上向全国人民发表的重要讲话，就是通过埃及国家电视台现场直播的。穆巴拉克在讲话中承诺，将不参加下次总统选举，但他表示，不会现在就辞去总统职务，将会把部分权力移交给副总统苏莱曼，委托苏莱曼代行部分总统职责。但埃及民众对此并不买账，举行更大规模的示威游行。第二天，也就是2011年2月11日，埃及副总统苏莱曼也是通过国家电视台向埃及民众以及全世界宣布，穆巴拉克已经辞去总统职务，并将权力移交给军方。由此可见，在埃及政局发生重大变动之时，埃及国家电视台的重要性和权威性是不容置疑的。而穆巴拉克下台后，接管政权的埃及武装部队最高委员会发布的一系列公报和声明，则基本上都是首先通过官方中东通讯社向外发布的。另外在平常时期政府颁布各种法令，以及各种经济、外交等方面的活动，也大都由官方中东通讯社首先发布。因此，在埃及政局发生重大变动之际，紧盯第一类消息源，即埃及国家电视台和官方的中东通讯社，是在重大突发性事件发生时能及时做好相关报道的重要保证。

法新社、美联社、路透社等西方通讯社在埃及已经有很多年的历史，跟埃及官方各界乃至民间组织等建立了广泛的联系，消息源比较广，经常能够了解很多内幕消息，这一类通讯社可以列为第二类消息源。另外，总部位于卡塔尔首都多哈的半岛电视台是立足阿拉伯、面向全球的国际性媒体，在报道中坚持与西方媒体不同的独特视角，逐渐成为阿拉伯世界乃至全世界具有重要影响力的电视媒体。半岛电视台在埃及也有广泛的消息来源，也可以列为第二类消息源。如埃及前总统穆巴拉克及其家人离开开罗，坐飞机前往埃及著名的旅游度假胜地沙姆沙伊赫休假等消息，就是法新社最先报道的。其消息来源于一位与埃

及政府方面关系密切的人士。在这极其敏感的时机，穆巴拉克及其家人离开开罗也就意味着穆巴拉克放弃了总统权力。法新社能弄到如此重要的新闻，可见其在埃及的消息是何等灵通。随时关注诸如法新社等第二类消息源，不仅可以了解到很多第一类消息源提供不了的信息，而且还可以据此把握突发性事件发展的脉络和方向。

还有一些新闻媒体要么时效性比较弱，如埃及的《金字塔报》；要么新闻来源的可信程度没那么强，或者只是转载其他媒体的报道，如《埃及公报》、中东在线等媒体，可以被列为第三类消息源。第三类消息源尽管时效性或者可信度没有第一类、第二类消息源那么强，但也可以作为前两类媒体消息的有益补充，让记者能够更全面准确地把握时局。

此外，与中国驻埃及使馆等方面加强联系也可以帮助记者了解到一些不一样的信息，从而进一步拓宽记者的视野，加深记者对时局的全面把握。

三、连续跟踪报道

重大突发性事件不可能很快就结束，事件的影响和各界作出的反应以及事件的善后处理都会连续发生，所以各方面的连续性报道是新闻记者在处理重大突发性事件中不可或缺的重要部分。

埃及发生骚乱乃至局势持续动荡，不仅有其自身的因素，埃及各界乃至国际社会的态度和反应，都会对埃及政局的发展变化产生不同程度的影响。埃及各界以及国际社会，特别是利益相关国的态度，自然也是报道埃及政局的重要一环。

就拿美国来说，由于几十年来，美国视穆巴拉克领导下的埃及为中东稳定的“基石”，穆巴拉克是美国最重要的中东盟友之一，因此美国最开始的时候确实是不希望穆巴拉克下台的，在埃及骚乱刚开始的几天里，美国一直不愿明确表示支持谁、反对谁的立场。美国总统奥巴马当时也认为埃及政府是稳定的，称“暴力不是解决问题的答案”。但是当埃及的街头抗议活动不仅仅在开罗，还在亚历山大以及其他所有城市成了野火燎原之势时，美国不得不做出牺牲，放弃对盟友穆巴拉克的支持。因此在穆巴拉克执政最艰难的时候，美国并没有要拉他一把的意思。就在埃及民众抗议示威风起云涌的时候，美国总统奥巴马 2 月 1 日就曾明确表示，埃及政权的“有序过渡必须是有意义的、和平的，并且必须从现在开始”。穆巴拉克辞职后，奥巴马再次发表了精心措词的讲话，认为穆巴拉克的决定响应了埃及人民对民主的要求，而这“不会是埃及变革的尾声，反而是一个开始”。从对美国方面对埃及局势态度变化的追踪报道上，也可以反映出埃及形势的变化和发展趋势。

四、强化多媒体报道

随着科技的不断发展，特别是互联网的迅速发展，受众了解信息的渠道越来越多样化，多媒体新闻报道已经成为人们生活中越来越不可或缺的信息源。而新时期国际台的发展目标“构建现代国际广播体系”战略，正是以多媒体为特征，力求实现“由传统媒体向现代媒体转变，由单一媒体向综合媒体转变，由对外广播向国际传播转变”的三个转变。作为国际广播前沿尖兵的驻外记者，理当在报道意识上作出重大转变，强化多媒体报道意识。

在对埃及政局的报道中，利用多种手段进行全方位报道也是我们追求的目标。在报道中，国际台驻埃及记者不仅发回大量的文字消息、国际纵横、录音报道等稿件，还发回一系列图片新闻、视频报道，受到国际在线等网络媒体的广泛欢迎。此外，驻埃及记者还利用博客和微博等网络手段，及时报道埃及骚乱的各类新动态，并与网友进行互动，从而大大提高了传播效率和国际台的知名度。

五、深度分析报道

深度报道是一种系统反映重大新闻事件和社会问题，深入挖掘和阐明事件的因果关系以揭示其实质和意义，追踪和探索其发展趋向的报道方式。作好深度报道，有助于通过对各种纷繁复杂的事件和现象的分析，让受众了解事件发生的前因后果，并对事件发展作前瞻性的预测。

在对埃及政局动荡的各类报道中，深度分析一直贯穿于报道当中。比如穆巴拉克之后埃及第一位民选总统穆尔西上台后，其与军方持久的权力斗争就一直引起国际社会的广泛关注。由于几十年来埃及军队已经形成了一个庞大的利益集团，维护其既得利益是这个利益集团的首要考虑。鉴于埃及广大民众对民主的诉求以及对军方继续掌权的极度反感，民选总统穆尔西就职后，武装部队最高委员会不得不承诺按期向民选总统交权。但尽管如此，军方并不甘心直接把国家权力完全拱手相让，而是利用其在台上的机会，为未来继续拥有绝对的权力和福利制定“游戏规则”，以确保军方的既得利益。而穆尔西就任总统之后，充分利用民选总统的合法地位，以及广大民众追求民主、反对军方掌权的诉求，采取多种措施不断向军方的权威发动挑战，同时利用军方的内部矛盾以及西奈半岛检查站遭袭击等突发性事件，果断对军方高层洗牌。军方因此不得不将国家权力完全转交给民选总统。在对双方权力之争的分析中，穆尔西本人的性格特征也是其中一个重要因素。正是穆尔西在关键时刻果断出手，才得以成功将国家权力从军方收归民选总统之手。

由此可以看出，要想作好重大突发性事件的深度报道，一定要把这些突发性事件放到具体的历史环境中加以分析。重大突发性事件的发生不仅有其特定的原因，更有其深刻的政治、历史和现实原因。而除此之外，政治人物的性格，以及在处理问题时的方法和手段也会对重大突发性事件的结果产生一定的影响。只有全面分析各方面的原因，才能真正把握重大突发性事件发生发展的脉络，并通过自己的报道工作，让受众对该突发性事件有较为全面的认识和了解。

总之，要作好重大突发性事件的报道，需要驻外记者在平时的报道中不断积累，不仅要注重提高各方面的报道技能，熟悉运用各种报道工具和技术手段，还要对驻在国家的各种问题进行分析和研究。只有这样，才能在遇到重大突发性事件时有的放矢，作出独具特色的报道来。

（作者单位：中国国际广播电台新闻中心）

参考文献：

1. 陈敏毅主编：《国际广播论文集》（第九辑），中国国际广播出版社，2008年。

2. 易非：《突发性事件报道的不足》，《记者摇篮》，2001年第3期。

3. 刘洪潮主编：《怎样做驻外记者》，中国传媒大学出版社，2004年。

4. 王代强：《国际重大突发性事件的报道策略——以“中日钓鱼岛撞船事件”为例》，《青年记者》，2011年第5期。

语言研究与推广

缅甸语音变探析

辛　甜

在缅甸有句俗语叫“写出来的是正字，读出来的是发音。”这句俗语概括了缅甸语的音变现象。缅甸语里，几乎每句话都涉及音变。在该变音的地方没有变的话，轻则让人觉得说话带有口音，重则让人听不懂。什么情况下要变，什么情况下不变？这常使人感到困惑，以至于有些学者认为缅甸语的音变是没有规律可循的。但是，语言是一种社会现象，绝不是个人能左右的。要使语言发挥其功能，达到交流思想、沟通信息的目的，它就必须遵循共同的规律，否则就无法进行交流，语言就失去了存在的意义。缅甸语的音变可以分为辅音和元音的变化。辅音的音变又可以分为非语流中的音变和语流中的音变。元音的音变主要是指音节的弱化。

在缅甸语的 33 个辅音字母中，有的字母并不常用，只在巴利文里才会用到，常用字母只有 20 个。如下图所示：

清辅音				浊辅音				鼻音	
不送气音		送气音		不送气音		送气音			
缅文字母	国际音标	缅文字母	国际音标	缅文字母	国际音标	缅文字母	国际音标	缅文字母	国际音标
က	k	ခ	kh	ဂ	g	ဃ	g	င	ŋ
စ	s	ဆ	sh	ဇ	z	ဈ	z	ည	ɲ
တ	t	ထ	th	ဒ	d	ဓ	d	န	n
ပ	p	ဖ	ph	ဗ	b	ဘ	b	မ	m

在这 20 个字母里，第一、二竖排的字母/k/、/kh/、/s/、/sh/、/t/、/th/、/p/、/ph/属于清辅音，在书写时用得较多。第三竖排与第四竖排的字母发音基本一致，属于浊辅音，在发音里用得较多。汉语里没有浊音，浊音可以说是缅甸语与汉语在发音上的最大区别。在 8 个清辅音字母里，第一竖排的字母/k/、/s/、/t/、/p/是不送气音，第二竖排的字母/kh/、/sh/、/th/、/ph/是送气音。在 8 个浊辅音字母里，第三竖排的字母/g/、/z/、/d/、/b/是不送气音，第四竖排的字母/g/、/z/、/d/、/b/是送气音。所以在变音的时候，以最后一行的字母为例，不送气的清音字母/p/要变成不送气的浊音字母/b/，送气的清音字母/ph/要变成送气的浊音字母/b/。其他的以此类推。在缅甸语里只有这 8 个清辅音字母和字母/tθ/存在有时要变音的情况。字母/tθ/属于不送气清辅音，变音时则变成/dð/。由此也可以看出辅音的变化主要是由清音变成浊音。

具体什么时候变音，什么时候不变音，变音的时候又有哪些规律呢？本文将对缅甸语的变音情况与规律进行归纳与总结。

一、缅甸语中的音变

音变就是语音的变化。缅甸语的音变一般分为三种情况：非语流中的辅音音变、语流中的辅音音变及元音音变。语流音变就是语流中的一个音与它前面的音节连读时，为了突出和强调它前面的名词、动词而在发音上产生某种变化。非语流变音是指单个单词在不考虑上下文语境的情况下需要变音。元音变音则主要表现为多音节词中音节的弱化。

1. 非语流中的辅音音变

非语流中辅音的音变主要有以下情况：

（1）两个音节连读时，如果前一个音节不是/ɛʔ/、/iʔ/、/aʔ/等短促音，后一个音节是/k/、/kh/、/s/、/sh/、/t/、/th/、/p/、/ph/、/tɵ/等清辅音的话，清辅音要变成相应的浊音。如“荷花”、“你们”、“人民”这几个单词：

单词	变音前	变音后
ကြာပန်း	/tɕa^{22}pã^{55}/	/tɕa^{22}bã^{55}/
မင်းတို့	/mĩ^{55}to^{53}/	/mĩ^{55}do^{53}/
လူထု	/lu^{22}thu^{53}/	/lu^{22}du^{53}/

（2）有的本来就发浊音的音节。如：“头”/khaũ^{55}/发音为/gaũ^{55}/，“角”/tɕho^{22}/发音为/dʑo^{22}/，“装饭菜的提盒”/tɕhaĩ^{53}/发音为/dʑaĩ^{53}/，“角落”/thaũ^{53}/发音为/daũ^{53}/，尽管前面有短促音/ɛʔ/、/iʔ/、/aʔ/，仍然还发浊音。

（3）两个音节连读，前一个音节弱读的话，后一个音节如果是不送气清辅音/k/、/s/、/t/、/p/、/tɵ/中某一个的话，要变成相应的浊辅音。如“耳机”、“生鱼”、“大路”这几个单词：

单词	变音前	变音后
နားကြပ်	/na^{55}tɕaʔ/	/nə dʑaʔ/
ငါးစိမ်း	/ŋa^{55}sẽ^{55}/	/ŋə zẽ^{55}/
လမ်းမတော်	/lã^{55}m^{53}tɔ^{22}/	/lã^{55}mə dɔ^{22}/

（4）两个音节都是不送气清音/k/、/s/、/t/、/p/、/tɵ/中的某一个，第一个音节弱读的话，这两个音节都要变成相应的浊音。如“堤岸”、“桌子”、“嘴巴”这几个单词：

单词	变音前	变音后
ကမ်းပါး	/kã^{55}pa^{55}/	/khə ba^{55}/
စားပွဲ	/sa^{55}pwɛ^{55}/	/zə bwɛ^{55}/
ပါးစပ်	/pa^{55}saʔ/	/bə zaʔ/

（5）第一个音节是送气清音/kh/、/sh/、/th/、/ph/中的某一个，当它弱读时，与它连读的无论是送气清音还是不送气清音，都要变成相应的浊音。如“筛子”、“扁担”、“喉咙”这几个单词：

单词	变音前	变音后
ဆန်ခါ	/shã^{22}kha^{22}/	/zə ga^{22}/
ထမ်းပိုး	/thã^{55}po^{55}/	/də bo^{55}/
ခံတွင်း	/khã^{22}twĩ^{55}/	/gə dwĩ^{55}/

（6）如果重叠词里重叠的音节是/k/、/kh/、/s/、/sh/、/t/、/th/、/p/、/ph/、/tɵ/等清辅音的话，为了表示强调和读起来更顺口，重叠的第二个音节要由清音变成相应的浊音。如：/seˀəthwe^{22}dwe^{22}/、/ətɕau^{55}dʑau^{55}/、/əphõ^{22}bõ^{22}/、/thu^{55}du^{55} tɕh^{55}dʑ^{55}/、/əsa^{55} za^{55}/等。

2．语流中的辅音音变

语流音变就是语流中的一个音与它前面的音节连读时，为了突出和强调它前面的名词、动词而在发音上产生某种变化。在缅甸语里，表示语法意义的助词绝大部分情况下都要由清音变为相应的浊音，助词前是/ɛˀ/、/iˀ/、/aˀ/等短促音时除外。这些助词单独读时不变音，但是放到句子中要变音。

（1）/k/

/k/作为主语助词时，发音都要变为/g/，但如果前面有/ɛˀ/、/iˀ/、/aˀ/等元音的话，则不需变音。

（2）/tɵi^{22}/

/tɵi^{22}/作为主语助词或句尾助词时要变为/dði^{22}/，作为名词时则发/dðɛ^{22}/。

（3）/tɛ^{22}/

/tɛ^{22}/作为句尾助词时发/dɛ^{22}/。

（4）/pa^{22}/

/pa^{22}/作为句尾助词和用于动词后表示文雅、尊敬时变音为/ba^{22}/。

（5）/pji^{22}/

/pji^{22}/作为句尾助词时要变音成/bji^{22}/。

（6）/tɔ^{53}/

/tɔ^{53}/作为助词、副词、连词时都要变音为/dɔ^{53}/。

（7）/tɔ^{22}/

/tɔ^{22}/作为助词放在名词后表示尊敬的意思时要变音为/dɔ^{22}/。

（8）/tɕaũ^{55}/

/tɕaũ^{55}/放在动词或形容词后作结尾语或放在分句的动词或形容词后作宾语从句时要变音为/dʑaũ^{55}/。

（9）/tɕhĩ^{55}/

/tɕhĩ^{55}/放在形容词或动词后，构成动名词或名词性词组时，变音为/dʑĩ^{55}/。

（10）/tɕhɛ^{ʔ}/

/tɕhɛ^{ʔ}/与/tɕhĩ^{55}/的用法类似，放在形容词或动词后，构成动名词或名词性词组时变音为/dʑɛ^{ʔ}/。

（11）/ko^{22}/

/ko^{22}/放宾语后作宾语助词时要变音为/go^{22}/。

（12）/tɕhĩ^{55}/

/tɕhĩ^{55}/在下面几种情形下需要变音为/ʤĩ^{55}/。

①放在名词、代词后形成副词词组。

②置量词后形成副词。

③表示“当……”的意思。

另外，/tɕhĩ^{55}/作为名词表示“姜”的意思时也要变音为/ʤĩ^{55}/。

（13）/to^{53}/

/to^{53}/表示名词、代词复数的助词时要变音为/do^{53}/。

（14）/pĩ/

/pĩ/放在名词、动词、副词、短语后起加强语气作用时，变音为/bĩ/。

（15）/mə phu^{55}/

/bu^{55}/最初写作/phu^{55}/，后来根据发音改成了/bu^{55}/。所以当/bu^{55}/的前面是/k^{ʔ}/、/i^{ʔ}/、/a^{ʔ}/等短促音时，则不变音，发成原来的音/phu^{55}/。

与/mə phu^{55}/类似的词语还有/tə tɛ^{55}/，要变音为/tədɛ^{55}/。

（16）/ta^{22}/

作为助词把动词变成名词的构词成分时，要变音为/da^{22}/。

（17）/swa^{22}/

作为助词放在形容词或动词后构成副词时，发/zwa^{22}/。

（18）/təɔ^{55}/

放在形容词、数量词或动词后，表示修饰关系的助词时，发/dðɔ^{55}/。

（19）/paũ^{55}/

当它表示“蒸”、“总数”的意思时，发/baũ^{55}/。

（20）/tɕi^{55}/

放在名词后表示“尊敬、亲切”或放在名词或副词后表示加重语气时，/tɕi^{55}/变音为/dʑĩ^{55}/。

（21）/ə shõ^{55}/

用于动词或名词之后，与/ə/搭配表示“最……”的意思时，变音为/əzõ^{55}/。

（22）/twe^{22}/

表示名词复数时，变音为/dwe^{22}/。

（23）/tθə lɛ^{55}/、/tθə la^{55}/

作疑问句的句尾助词时，变音为/dð lɛ^{55}/、/dð la^{55}/。

（24）/khɛ^{53}/

作为助词表示过去、将来、祈使时，变音为/gɛ^{53}/。

3. 元音的变化

缅甸语中，元音的音变主要表现为音节的弱化。(1) 缅甸语中的弱化音节除极少数的例外，绝大部分出现在双音节或多音节词中。(2) 只要是弱化音节，无论韵母是单元音或复元音，一律变成央元音/ə/，变成轻声调。如“秘书”、“鱼干”、“一个”这几个单词：

单词	变音前	变音后
စာရေး	/sa^{22}je^{55}/	/sə je^{55}/
ငါးခြောက်	/ŋa^{55}tɕhauˀ/	/ŋə tɕauˀ/
တစ်ခု	/ti^{ʔ4}khu^{53}/	/tə khu^{53}/

二、缅甸语中不变音的情况

(1) 前一个音节是不送气清音并弱读，后一个音节是送气清音的话，不用变音。

(2) 两个音节都各自有独立的意思，尽管第一个音节是浊音，后面的音节也不用变成相应的浊音。如“规定”、“牢固”、“选择”这几个单词。

(3) 两个音节连读，如果前面的音节弱读，它的发音不能覆盖到后面的音节，尽管后面的音节是清音，也不用变成浊音。

(4) 两个音节连读时，如果前一个音节是/ɛˀ/、/iˀ/、/aˀ/等短促音的话，后一个音节不需要变音。

(5) 两个音节连读都有独立的意思，前一个音节弱读的话，后一个音节如果是送气清辅音/kh/、/sh/、/th/、/ph/中某一个的话，后一个音节不用变音。

(6) 在读外来词的时候不需要变音。

(7) 人名一般不变音，只有少数几个要变音的例子。如“貌基”、“埃觉”、“觉吞”这几个名字：

名字	变音前	变音后
မောင်ကြီး	/maũ^{22}tɕi^{22}/	/maũ^{22}dʑi^{55}/
အေးကျော်	/e^{55}tɕɔ^{22}/	/e^{55}dʑɔ^{22}/
ကျော်ထွန်း	/tɕɔ^{22}thũ^{55}/	/tɕɔ^{22}dũ^{55}/

通过上面的这些例子，我们初步了解了缅甸语的变音规律、变音条件，以及在哪些情况下不用变音。从中可以看出缅甸语音变是有规律可循的。缅甸语的音变分为辅音和元音的变化。辅音的音变又可以分为非语流中的辅音音变和语流中的辅音音变，但是无论是在非语流中还是在语流中，辅音的音变主要表现为由清辅音变为浊辅音。元音的音变主要是

指音节的弱化。在此文中对于增加、丢失/h/音，增加、丢失/j/音等较少见的辅音音变由于篇幅有限就没有再作探讨了，只是探讨了最常见的音变现象，还存在不足之处。但是，只要了解了缅甸语的主要变音规律，就能大大减少学习、使用缅甸语的困难。

（作者单位：中国国际广播电台缅甸语部）

参考文献：

1. 貌钦敏：《缅甸语缅甸字》，仰光大学缅文系出版，1998 年。
2. 汪大年：《缅甸语与汉藏语系比较研究》，昆仑出版社，2008 年。

浅析尼日利亚豪萨语中不同方言的使用

李春光

据学者统计，豪萨语——一种在西非国家中广泛使用的商业用语，至今，在尼日利亚的北部、尼日尔有近 5 800 万人将其作为母语，而在加纳、喀麦隆、多哥、贝宁等国的北部及乍得、苏丹、马里、布基纳法索等国有近 3 600 万人能够使用该语言进行基本交流。

正因为使用这门语言的人数如此众多，并且分布在西非的不同国家和地区，使得该语言在形成和发展的过程中产生了不同的方言，即使在一个国家内部，豪萨语的使用也大不相同。例如，尼日利亚是使用豪萨语人口最多的国家，也是豪萨语使用最标准的国家，可是即使是在尼日利亚，不同地区的豪萨语方言也相差甚远。这也给豪萨语的学习研究者，带来了很大的困惑。例如在尼日利亚北部有卡诺方言、卡齐纳方言、索科托方言、道腊方言、扎里亚方言、包奇方言、哈代贾方言等。那么在众多的方言当中，哪一种才是标准的豪萨语呢？

包括中国、英国、美国、法国、德国、埃及、伊朗及西非国家在内的多个国家的广播电台及波兰、日本等国家的豪萨语研究机构都更倾向于使用卡诺方言来作为其研究豪萨语、使用该语言的基础，但这并不意味着卡诺方言就是标准的豪萨语。由于历史上卡诺被视为尼日利亚北部的重要商业中心，因此西非不同地区的商人多汇集于此，进行商品贸易，这也就使得卡诺方言成为了大多数人都能听懂的一门简单实用的方言。随着时间的推移，大部分的豪萨人也渐渐地就对以卡诺方言为基础的标准豪萨语达成了共识。

在豪萨语的不同方言中，很常见的就是同一含义的单词，在不同方言中的拼写和读法各不相同，并且不同地区的方言在词形转换规则、词与词之间的关系及句子构成等多个方面都有着很大的不同。

一、单词拼写、读法不同

在豪萨语的不同方言当中，即使是同一单词，也有可能在各地方言的拼写当中不尽相同。因此这也就导致了他们的读音各不相同。究其原因，会得到以下几种答案。

1. *原有字母被替换*

例如在索科托方言中，会加入更多的/sw/、/hw/、/hy/等音阶，以替代标准豪萨语（D. H.）中的一些原有字母。例如：在标准豪萨语中，“早晨”的书写方式是“safe”，可是在索科托的方言当中，原有的字母 s 会被替换成 sw，结果就变成了“swafe”；同样的原因，在标准豪萨语中的“皮革”被译为“fata”，可是在索科托方言中，该词的书写形式就被换成了“hwata”。

2. 双写个别字母，以加强该音节发音

在阅读不同地区出版的豪萨语报纸或书籍时，经常会出现和标准豪萨语中的某一个单词很相近的词语，只是该词当中的某个字母被双写了。这也给很多豪萨语初学者带来了困惑，有人会误以为这是一个新的单词，还有人会将其误认为是打印错误，其实不然。在索科托方言中，有时会出现双写一个单词中的某个字母的现象，以拉长该音阶的声调。例如，“老师”在标准豪萨语中的拼写是“malamai”，可在索科托的方言中，为了突出 m 的长音，故在拼写当中会双写 m，也就使得“老师”这个词在索科托方言中演变成为了“malammai”。同理，当豪萨语的学习者看到“hulla”（帽子）、“wakillai”（代表）、“jakki”（驴）等词的时候，相信很快就能猜出其中所指的含义。

3. 受其他语言的影响

由于尼日利亚北部地区并非只有豪萨语一门语言，只是豪萨语的应用比其他语言更为广泛，因此在长期的交流过程之中，豪萨语也难免会受到其他当地部族语言的影响。例如，包奇州的方言，由于包奇州的富拉尼人占据了该州人口的绝大多数，因此在长期的语言交流之中，富拉尼语给当地的豪萨方言带来了一定的影响，因为在包奇方言中（Bau.）没有/ts/和/c/，而会用/sh/代替/c/，用/s/代替/ts/。例如“内部”这个词在标准豪萨语中被译为“ciki”，可是由于包奇方言受富拉尼语的影响没有/c/这个音，因此在包奇方言中，/sh/代替了/c/，使得“内部”这个词被书写成为了“shiki”。同样的原理，由于没有/ts/的读音，“酸味”和“害怕”等词，分别演变成了“sami”和“soro”。

一个有趣的现象是，尽管同属于一种语言，但是豪萨语各方言之间的差别还是很大的。例如，在上面的例子中，包奇方言中会用/sh/去替代/c/这个音阶，而在相隔不远的道腊，那里的方言却偏偏没有/sh/的读音，需要用/h/或/hy/去替代它。例如，在道腊方言中，/sh/后面接的元音字母为/i/或/e/时，需要将其转化为/h/进行拼写和发音；而当/sh/后面接的元音字母为/a/或/o/或/u/时，则需要将其转化为/hy/进行拼写和发音。这也就使得道腊方言中“部分”一词被演变成了“rehe”，而“收割”一词被演变成为了“hyuka”，而并非在标准语中的“reshe”和“shuka”。

二、词形转换规则的不同

大多数的豪萨词语是由两个部分构成的，一部分是词根，而另一部分是词缀。在这两部分中，词根决定了词语的含义，而词缀则决定了单词的阴阳单复数形式转换。虽然在标准的豪萨语中词形的转换有一定的规律，可是在一些地区的方言中，这样的词形转换规则却大不相同。

在标准的豪萨语中，一般以-o 为后缀的词语，在进行阴性转换时，会将词尾的-o 转换成-uwa，以转换成阴性形式。可是在卡齐纳方言中，会将词缀的-o 转换成-anya，以转换成阴性的形式。例如，在卡齐纳方言中，“kato”（巨大的）一词的阴性形式，被演变成了“katanya”，而非在标准语中的“katuwa”。

不同方言中词形转换的不同，不仅仅表现在阴阳性的转换中，在单复数的转化中，也存在着同样的问题。以豪萨语中的“kare”（狗）这一词语的复数为例，在古代里方言中会将该词及其他以-e为词尾的单词的复数变成-nawu，而在标准豪萨语中则使用-nuka作为后缀来使其转变为复数形式。

此外，在豪萨语中有很多表示身份和位置的词语，他们的构成是由ma＋所属职业，ma＋地点构成新的名词词语，并且这些词多以-a为结尾。这些词在标准的豪萨语语法当中进行复数转换时，一般有规律可循，将词尾-a转换成为-u作为后缀即可。但在索科托的方言中，对于此类词语的复数形式变化，却有着不一样的规定，即必须将词尾的-a转换成为-inne为复数形式。例如在标准豪萨语中，“学校”被译为“makaranta”，即由ma＋karanta（学习），构成学习的地方——学校，并且由于该词的词尾为-a，根据标准豪萨语中的复数转换规则，将其转化为“makarantu”。可在索科托方言中，却将复数的-a，转换成为了-inne，因此得到了“makarantinne”这样的复数形式。同理，在索科托方言中，“工厂”和“坟墓”的复数则按此规则被分别转换成了“masana'antinne”和“makabartinne”。

三、组成句子中的各个词语之间的关系不同

我们知道一个完整句意的表达，离不开其中词与词之间的相互关系，例如所属关系、阴阳性保持一致等。

在阴阳性保持一致的问题上，尽管在标准豪萨语中，对豪萨语的阴阳性进行了规定，即在遣词造句的过程中，一定要严格按照名词的阴阳性选择相应的人称代词组成句子，但在有些方言的习惯中，人们却更习惯于误用主语人称代词的阴阳性。

1. 误用主语人称代词的阴阳性

在豪萨语中大多数以-a为结尾的为阴性名词，而以其他字母结尾的名词多为阳性名词。因此在阳性名词后面加主语人称代词的时候，一定要用阳性的代词（Ya），而在阴性的名词后面一定要加阴性的主语人称代词（Ta）。但在扎里亚方言和包奇方言中，人们在交谈及书写的时候，经常出现主语人称代词的阴阳性反着用的情况。例如在标准豪萨语中，由于“书”是阳性名词，因此在组成句子时，应使用阳性代词跟在该名词的后面，因此“书被撕碎了”，应被译为“Littafi ya yage”，然而在包奇和扎里亚方言中，由于主语人称代词的使用被调换，因此，出现“Littafi ta yage”也就不足为奇了。

2. 所属格的变化不一致

标准的豪萨语中所属格的变化十分简单，那就是当表示阴性名词的所属时，在该名词后面加r；而在表示阳性名词的所属时，在名词后面加n。

虽然标准的豪萨语语法规定了所属格的变化规则，可是在不同地区的方言中，所属格的变化规则也不同。例如“riga”（衣服）一词，由于它是阴性名词，因此在形容某某人的衣服时，应该在后面加r，变为“rigar”。可是在不同地区方言中，表示某某人衣服的后缀也不尽相同。在卡诺方言中，人们除了会使用“rigar”，还会使用“rigas”以表示同样的意义；而在道腊方言中，由于后缀的不同，某某人的衣服则被演绎为了“rigal”；在卡齐纳

方言中，还会用“rigay”表示同样的意义。也正是由于所属格变化的不同，在表示不同人称的所属格变化时，就会出现更大差别。例如，在表示第三人称“他的衣服”时，就会出现卡诺方言“rigassa”，道腊方言“rigalhi”，卡齐纳方言“rigasshi”以及扎里亚和包奇方言当中的“riganshi”等多种形式的变换。从这个变化的结果中，也可以再一次清晰地看出，在扎里亚方言（Zaz.）和包奇方言（Bau.）中，经常会出现阴阳性的互换，即使是在所属格变化后的结果也是一样。

3. 构成句子中的联系动词不同

和英语一样，豪萨语中也有属于自己语言的联系动词，并且通过主语＋联系动词来构成简单的句子。在表达完整句子的过程中，也必须考虑到该主语的阴阳性。例如，如果主语是阴性名词时，就在后面加 ce（阴性系动词），以构成完整句子；当主语为阳性名词时，则在后面加 ne（阳性系动词）。但是在索科托的方言中，当地人会使用 na/ta 来替代传统联系动词 ne/ce，构成完整句意。例如，在标准豪萨语中，“他是酋长”会被简单地译为“sarki ne”，可是在索科托方言中，由于系动词的变化，因此得到了“sarki na”这样的表示方法。

4. 与格词的不同

在豪萨语中，当句子的构成为主语＋谓语＋间接宾语时，则构成谓语的部分，不能用动词来直接充当。言外之意，就是动词不能直接接间接宾语，而需要在动词的后面加入与格词，表示间接性动作。当间接宾语为代词时，则需要用由 ma＋人称代词构成与格词，来作为句子当中的谓语部分进行使用。但是在古代里方言中，会直接省略与格词中的 ma，而直接用人称代词加入其中来进行表示。例如在标准豪萨语中“给他剪头发了吗?”会被翻译为“An (yi) masa aski?”然而在古代里方言之中，会省略人称代词而变为“An sa aski?”因此，在古代里方言中，“他们被抢劫了”，如果被翻译为“An su sata”也就不足为奇了。

除此之外，同样的结构主语＋谓语＋间接宾语，当后面的间接宾语为名词时，根据标准豪萨语的规则需要在前面加 wa＋名词，作为与格词连接动词和间接宾语。可是尽管标准豪萨语的规定如此，我们还是能看到在一些方言中，会出现使用 ma＋名词作为与格词的例子。例如，在标准豪萨语中，如果表示“孩子们把这些告诉了大人”，则表示为“Yara sun fada wa manya haka”。但在扎里亚、卡齐纳等方言中，也会出现使用 ma＋与格词为谓语的形式，因此就出现了“Yara sun fada ma manya haka”。

像这样在与格词的用法上和标准豪萨语有出入的情况，其实不仅存在于一些偏僻地区的方言中，在近似于标准豪萨语的卡诺方言中，为了简化句子结构，也会出现与格词的用法和标准豪萨语不同的情况。在卡诺方言中甚至会直接省略所有的与格词。例如，“他们告诉我了”被译为“Sun gaya mani”。可是在卡诺方言中，为了简化句子，直接由主语＋动词构成了一个看似不完整的句子“Sun gayan”。

5. 指示性代词的不同

豪萨语中一般会用“wannan”（这个）、“wancan”（那个）、“wadannan”（这些）来表示方位的远近，这些词被称为指示性代词，可是在不同的方言中，指示性代词也会有不同。例如，在索科托方言中用“wanga”（这个），“wagga”（那个），“wadanga”（这些）；而在卡齐纳方言中，则用“wan'in”（这个），“wa'in”（那个），“wadannan”（这些）。此外，在扎里亚方言中，还有一种奇怪的用法，就是用“wacannan”来表示“这个”。例如，“这个女孩”这句话，在扎里亚的方言中，会被人戏称为“wacannan yarinya”。

四、句子组成结构不同

1. 简单句的不同

在豪萨语中，即使是最简单的句子，在不同地区的方言中也不尽相同。例如最简单的形式，主语+谓语的简单句，在古代里和哈代贾方言中，经常会出现在这种主语+谓语的完整句末重复主语的代词，形成新的句子形式。例如：“他来了”，由主语“ya”（他）加上动词“zo”（来了），构成了一个简单的句子。可是在古代里和哈代贾方言中，会在句子的末尾重复主语以表示强调动作的施动者。因此一个简单的句子，“他来了”，在这两个地区的方言中，被转化成为了“Ya zo shi”。

2. 否定句的不同

在豪萨语中，最简单的经常时态的否定形式需要前置和后置两个否定词 ba，来表示否定意义的句子。但是当我们研究道腊方言和卡齐纳方言时，就会发现，在当地方言中，除了前后位置上的两个否定词 ba，还会在句子的末尾再加一个否定词 ba，以构成一种新的句子形式。例如，一个简单的句子，“不是小孩了”在标准豪萨语中，被译为“Ba yaro ba ne”。可是在道腊和卡齐纳的方言中，会在末尾再加一个 ba，使得该句变为了“Ba yaro ba ne ba”。

五、结语

综上所述，不同地区的豪萨语方言，在拼写、读法、词形转换规则、词与词之间的关系及句子结构等多个方面都有着很大的不同，像这样在标准豪萨语和豪萨方言之间的差别还有很多，但由于不同的豪萨语方言之间的相关性很大，因此很难把它们称为一个新的语言，并且由于豪萨语并非是某个国家的官方语言，因此该语言缺乏统一规范的书面语，语言表达未达到精确对应的程度。因此西非各地区政府在推广标准豪萨语的过程中，也遇到了一定的阻碍。更多的情况是，不同地区的人民仍旧延续着自己祖先流传下来的方言，研究不同地区的方言就好比是研究承载着古代文化的活化石，因为方言作为地方文化的一种，是民族文化的有机组成部分，从地区方言的异同中，我们也能看出非洲语言文化的包容性。

（作者单位：中国国际广播电台豪萨语部）

参考文献：

1. Abubakar：《豪萨语方言研究》，伦敦大学出版社，1983年。
2. Yahaya：《豪萨语书写规范》，尼日利亚国家出版署，1989年。
3. Hoffman：《十二种豪萨语方言对比》，伦敦大学出版社，1969年。
4. 程汝祥：《简明豪萨语语法》，外语教研与研究出版社，1997年。
5. BBC豪萨语网站：http：//www. bbc. co. uk/academy/collegeofjournalism/hausa。

国际台汉语国际推广手段的发展
——从《每日汉语》到《你好，中国》

高　飞

作为一家具有70余年历史的国家广播电台，中国国际广播电台（以下简称国际台）秉承“向世界介绍中国，向中国介绍世界，向世界报道世界，增进中国人民与世界人民之间的了解和友谊”的宗旨，在我国对外传播方面发挥了巨大的作用。国际台创办于1941年12月3日，是中国唯一向全世界广播的国家广播电台，目前拥有报纸、广播、电视、网络和新媒体等多种传播手段，在境外共有90余个整频率调频或中波台，使用60余种语言对外播音。

为加强对外传播效果，扩大国家外宣覆盖面，国际台结合国家汉办的发展规划，于2006年组建了汉语国际推广工作小组，负责统筹协调台内各部门力量，结合国际台海外听众资源，积极开展海外孔子课堂的建立。工作重点是按照国家汉办孔子学院/课堂的申办标准，建立以国际台各语种广播受众为群众基础的海外实体孔子课堂，简称“广播孔子课堂”，同时开发多媒体、多语种对外汉语教材，推出各类汉语教学产品以辅助教学等。

与国际台的整体发展轨迹相同，国际台汉语推广工作也在最近几年经历了从简单到复杂、从单一到多元、从被动到主动的变化。下面，以国际台在最近五年内先后实施的两个汉语推广项目——《每日汉语》与《你好，中国》为例，分析这种发展的历程。

一、《每日汉语》和《你好，中国》

在开设“广播孔子课堂”的基础上，2008年，国际台在国家汉办支持下，集中全台600多名优秀外语人才、100余位外籍专家的资源优势，制作推出了38种外语版的《每日汉语》广播节目。这套68集的汉语教学节目，通过国际台对外广播，面向全球听众播出。2009年下半年，国际台继续与国家汉办合作，将这套广播教材开发制作成38个语种的多媒体网络课件和有声化图书教材，形成广播在线互动教学，实现汉语教学节目与广播孔子课堂台网互动。

2012年6月15日至11月1日，国际台为俄罗斯“汉语年”策划实施的《你好，中国》大型多媒体文化项目，围绕100个经典汉语词汇，分别制作出了100集电视专题片、广播节目和教材课文等多种不同媒体形态的产品，在俄罗斯“文化”电视频道、《俄罗斯报》等多家俄罗斯国家级媒体上按照统一的时间表同步播出与刊发。2013年，以介绍中国旅游资源为主要内容的《你好，中国》第二季也在俄罗斯电视台“我的星球”频道播出。

《你好，中国》基本创意是：选取100个代表中国传统文化精髓的汉语词汇，如长城、京剧、熊猫、孔子、功夫、汉字等，针对每一个词汇进行解读，从不同侧面反映中国文化的博大精深，加深国外民众对中国的了解。

在四年内先后推出的两个项目在使用的传播手法、目标受众的选择以及合作推广方式上发生了很大的变化。这不仅仅是一种工作方式的进步，同时也是一种工作理念的发展。

二、从简单多媒体到综合多媒体

与普通的外语教学不同，汉语推广肩负着文化推广、促进软实力提升的重任。多年以来，我国在汉语推广教材的编写方面，采用的手段及编辑方法都是相对传统的，即以纸质教材为依托，配合部分音频进行教学。

而国际台开发的《每日汉语》及《你好，中国》教材是以纸媒、音频、视频、网络、手机平台等多媒体手段为依托制作的。虽然同为多媒体项目，二者在多媒体手段的使用范围及开拓程度方面有很大不同。可以说，《每日汉语》是国际台多媒体汉语教学产品开发的初次尝试，而《你好，中国》是国际台首次全面整合利用各种常见的多媒体手段，继而运用综合多媒体进行汉语推广的成功范例。

1. 简单多媒体汉语推广教材《每日汉语》

得益于国际台在语种、资源等方面的优势，《每日汉语》教材得以通过38种语言进行出版。这是国际台首次尝试自主开发多语种汉语教材，在国际台汉语推广教材编写历程上具有开拓意义。

美中不足的是，尽管音频光盘和网络课件的出版让这个项目具有了浓厚的多媒体色彩，但严格来讲，《每日汉语》的音频及网络课件只是将其纸质教材有声化及具象化，并未对纸质教材有任何修改或提升，未能全面地展现出多媒体手段的优势。因此它并不能算是一个标准的多媒体汉语国际推广项目，而是一部配有音频及课件的汉语教材。其中包含的68集教学内容均以二人对话为主，虽然被语言部门广泛使用在对外短波广播中，但其作为新媒体教材的优势并未得到充分展现。

2. 综合多媒体手段包装下的《你好，中国》

与《每日汉语》不同，《你好，中国》在最初就没有被定义为教材，而是大型多媒体文化推广项目。它选择了100个中文词汇，针对每个词语进行全方位解读，从词语的读写入手，用动画及实拍相结合的形式对词语的衍化进程、历史故事及文化含义进行了生动形象的剖析。这种将中文教学与中国文化推广相结合的手段本身就是一种很新颖的尝试。

除此之外，《你好，中国》的多媒体传播手段也有了很大的发展。除了音频、网络课件之外，100集视频片的拍摄对《你好，中国》的有效推广起到了至关重要的作用。视频媒介在全球范围内是目前受众接受程度最高、普及最良好的一种媒介。与《每日汉语》的简单多媒体手段相比，《你好，中国》的视频元素使得其在传播的长度、深度、密度及向度上进行了拓展，在俄罗斯电视台的播出更使得传播介质具备了高渗透性与私人化的特点。视频内容的加入，使得《你好，中国》区别于《每日汉语》及其他传统汉语教材，成为一种全新的综合多媒体汉语国际推广手段。

3. 综合多媒体在汉语国际推广中的优势

语言不仅仅是生活的基础，也是一个民族的灵魂，是一种文化的旗帜。语言推广是一种实用性很强的公共传播，它能提升国家的文化形象，进而提升国家的软实力。但是，语言本身往往是非常抽象的。在汉语国际推广中，鉴于中外文化的不同，很多单词不能通过简单的纸质教材、音频朗读等手段进行理解，那就需要采用音频、视频、网络互动等手段并重的综合多媒体方法进行教学。

此外，多媒体技术的发展，特别是一些新媒体手段的运用，还使得汉语教学呈现出互动性、趣味性兼具的特性，这也是语言教学中一直追求的。

比如“长城”这个单词，对于没有在实地切身体会的外国人来说，是难以理解的。而《你好，中国》这一运用综合多媒体手段进行外宣的文化推广项目，通过图片、影像等展现手段，不仅让受众通过多媒体了解到长城的外观，还接触到与长城相关的历史文化，进一步提升了受众对于学习中文、了解中国的兴趣。潜移默化中，受众对于中国的向往及好奇也逐步加深，为提升国家软实力埋下了伏笔。

三、从面向广泛受众群体到面向特定受众群体

对于汉语推广项目来讲，“谁是受众”是一个简单而又复杂的问题。简单来看，全球范围内，对中文有兴趣而母语又非中文的人都将成为汉语国际推广的受众。复杂之处在于，这些受众的母语及文化背景有着天壤之别。采取一种大而化之的方式进行汉语推广，在多元化的世界中并不恰当，个性化、针对性强的推广活动才能取得更好的效果。因此，在汉语国际推广工作中，也要遵循这一原则，从面向广泛受众群体向特定受众群体发展。

1. 针对性不强的汉语推广难以满足个性化需求

我国的对外汉语教材几乎都是在中国本土撰写，从编写者立场出发，在民族思维的影响下，带有较为浓厚的主观性。在现有教材中，课文里设计的场景、氛围有过多的中国元素，外国受众会对此感觉生疏，很难产生兴趣。

《每日汉语》系列教材采用传统方式编写，先后有600多名翻译人员和100多名外籍专家投入到了教材的翻译录音工作中。但是，所有翻译都是基于一个相同的中文版《每日汉语》。这是一种比较传统的编译方式，也是上述很多中文教材的固定编制模式。但是，由同一团队创作的编译版教材是否能满足全球不同国家中文爱好者的需求呢？也许，欧洲的受众感动于中国的文化，非洲的受众急于了解中国的经济，东南亚的受众想要了解中国的旅游景点，这在68集的《每日汉语》中是很难全部得到满足的。就发展趋势来讲，这种较为整体化、针对性不强的项目将渐渐被更具个性化的项目所取代。

2. 针对性强的汉语推广进一步提升效益

汉语教材的编写及文化外宣项目的策划涉及许多方面，因国别不同，国家之间不可能有一个统一性的教材，因此教材本土化也就显得非常重要。教材编写所要求的实用性、针对性和趣味性，离不开对有关国家的调查研究。

同样是汉语推广项目，《你好，中国》是一档专门为俄罗斯受众量身打造的节目，在对对象国受众兴趣点进行了充分的调查研究后，它从经济、历史、旅游、文化等各个方面介绍中国，推广汉语。因为机制、制作方式以及定位不同，规模更小的《你好，中国》在

俄罗斯反而受到了热烈的欢迎。

莫斯科的一位观众说："一个偶然的机会，我在俄罗斯'文化'电视频道看到了一个介绍中国文化的短片，精美的、有趣的内容一下子就深深吸引了我。从此我开始每天按时收看《你好，中国》节目。"一名来自俄罗斯鄂木斯克市的汉语爱好者说："在俄罗斯，关于中国的电视节目非常少，但现在我坐在家里就可以了解中国的文化和历史了，我每天都准时守候在电视机前等待《你好，中国》。"

可见，汉语推广活动取得的反响并不在于活动的整体规模，而在于它的针对性。教材的编写及项目的策划应立足对象国的国情，适合于当地人们的思维方式，因地制宜，使受众产生认同感，才能顺利地对中国文化进行传播。

在2008～2012年间，《每日汉语》和《你好，中国》两个项目完成了从面向广泛受众到面向特定受众群体的发展。打造针对性更强的汉语国际推广项目，是发展的必然趋势。

四、从单打独斗向国际合作发展

国际台拥有具备70年历史的短波广播，60余个语种的网站以及90余家海外落地电台，因此在汉语推广中拥有得天独厚的多语种、多媒体优势。但这种优势同时带来了风险，那就是容易凭借自身的资源优势忽视与外界的合作，从而踏入单打独斗的境况。完全凭借自身资源开发的项目及教材虽然满足了自身各子媒体的使用需求，但对于更多的海外受众和合作伙伴来讲是有距离的。

近年来，秉承"开放办台"的理念，开放发展汉语推广工作也是国际台加强传播能力建设的重要组成部分。国内外合作伙伴的增加丰富了汉语推广的形式和内容。国际台与国家汉办、地方旅游局、各大院校的合作，丰富了汉语推广的内容，而与外国政府、海外媒体的合作拓宽了汉语推广的渠道。从合作伙伴来看，《每日汉语》是国际台和国家汉办合作的产物，而《你好，中国》则凝聚了国际台、国家汉办、中俄两国政府、中俄两国媒体等各方面的努力。

1. 合作是语言文化推广的重要发展趋势

文化推广是世界各国提升自身软实力，提升国家影响力的重要手段，而语言推广是文化推广的核心。发达国家在很早之前就开始通过国际合作的方式来推广自己的语言。例如，日本早在1972年就在外务省的主持下成立了国际交流基金会，致力于推广日语。这个基金会一直活跃在世界各地，履行着与中国国家汉办类似的职能，为外国日语爱好者提供奖学金以及语言级别考试服务。这一组织广泛地与世界各地的大学合作，选拔外国学生赴日留学，举办活动推广日语。

语言的国际教育及国家文化的宣传推广是要在世界各国语言、教育、文化、国情的大背景下进行的，相关方面的发展、变化及配合都对其结果有着直接的影响。既然在国家层面上的语言推广工作都离不开广泛的合作，那么国际台的汉语推广工作更不能脱离中外合作方的支持。

2. "中俄旅游年"与《你好，中国》项目第二季

为巩固中俄两国关系，增进传统友谊，中俄两国政府将2012～2013年定为"中俄旅

游年”。国际台抓住这一契机，借鉴《你好，中国》第一季的成功经验，与国家新闻出版广电总局、国家旅游局、俄罗斯联邦旅游署、俄罗斯联邦大众传媒署、黑龙江省人民政府等部门展开合作，开发制作了《你好，中国》第二季（旅游季）。

该项目选取100个中国著名旅游景点，制作百集电视专题片、广播节目、图文报道并开设官方网站，通过俄罗斯电视、报纸、广播配合网络以及手机平台进行传播，让俄罗斯民众更好地了解中国丰富的旅游资源和独具特色的文化魅力。

为加强项目影响力，拓展外宣效果，国际台在《你好，中国》第二季项目中，将与外单位的合作放在显要位置，增强了自身实力，收到了良好的效果。与国家新闻出版广电总局、俄罗斯联邦大众传媒署的合作为《你好，中国》第二季提供了良好的播出平台；与国家旅游局、俄罗斯联邦旅游署的合作在政府层面为项目的宣传推广打好了基础；与黑龙江省人民政府的合作使项目为地方的旅游发展作出了切实贡献。

可见，采用国际合作这一方式进行文化推广是符合汉语国际推广发展趋势的。这一趋势也切合了汉语推广为外宣服务，外宣为中国营造良好的国际合作氛围的战略目的。

3. 如何在汉语国际推广中借鉴《你好，中国》的成功经验

《你好，中国》的成功经验可以成为今后国际台汉语推广项目的样本之一。

首先，在整体趋势上，汉语推广工作可以适度减少制作面向全球、全语种的统一汉语教材，增强教材和项目的针对性，制作差异化的教学及推广产品。

其次，汉语推广工作，可以更多地借助语言部门在对象国的语言和社会资源优势，开展“小而专”的项目。这也有助于提升项目的影响力，节约成本，规避风险。

再次，国际台汉语推广部门可以考虑适度转换自身的职责定位。从一个统筹全台资源、开发全台项目的组织者转变为一个负责分配资源、择优选用的管理者。将项目开发、寻找合作方等具体工作交由资源更为广泛的语言部门，进而从语言部门提交的可行计划中优化筛选，并付诸实施，从而更有效地利用资源，这将有利于使更多的技术手段在优秀项目中被充分利用，推动从简单多媒体到综合多媒体手段的发展，也更加有效地利用了语言部门的优势，贴近受众，完成从面向广泛受众到面向特定受众的发展，同时也能优化汉语推广部门自身的工作效率，创造出更多质量更高的合作项目。

五、结语

汉语国际推广是符合我国发展需要的重要战略决策，也是国际台发展中的重要任务。目前，汉语推广工作面临着很多问题，最为显著的是，有限的资源和繁重的推广任务之间的矛盾、有限的人力物力与受众日益增长的需求间的矛盾，以及创新能力不足与发展需要之间的矛盾。但是，只要汉语推广工作者抓住发展的脉搏，重视技术，重视受众，重视合作，伴随着国家和国际台的发展，汉语国际推广的明天会越来越好。

（作者单位：中国国际广播电台国际合作交流中心）

参考文献：

1. 尹韵公：《中国新媒体发展报告（2010）》，社会科学文献出版社，2010年。
2. 潘文国：《中文研究与国际传播（第1辑）》，华东师范大学出版社，2011年。
3. 刘谦功：《汉语国际教育导论》，世界图书出版公司，2012年。
4. 李晓琪：《汉语教学学刊（第3辑）》，北京大学出版社，2007年。

受众研究

互联网环境下加强受众调查和联络工作的重要性

赵　焰

进入21世纪，随着社会经济发展和生活水平的不断提高，人们对信息和沟通的需求日益增长，获取方式也呈现多样化。以报刊、广播、电视等传统媒体为主导的传播格局已被打破，以网络、手机、移动电视、数字传媒为主的新媒体异军突起，宣告了媒体单向传播时代的终结。

在新媒介环境下，受众不再是被动的信息接受者。他们被赋予了更多自由，可以表达自己对新闻事件的意见和情感的需求，并通过“自媒体”和交互平台（如网站论坛、聊天室）参与到信息传播的过程中。如何更准确地了解受众，把握其阅读心理、兴趣取向，并根据他们的需求进行网站内容“议程设置”，成为一个必须思考的问题。因此，进行适当的网络受众调查，并通过多种方式加强与受众的互动沟通，是极其必要的。

一、网络受众调查的意义

1. 为什么要进行网络受众调查

首先，受众调查是网站了解网民的一个基本渠道。网民的构成情况、浏览习惯、兴趣点和其他诉求，都在网络受众调查的范围内。受众调查也能为网站的战略调整（如页面改版、新频道和专题的设立）提供依据和方向。

其次，受众调查为网友提供了一个表达自己需求和与媒体交流的平台，使他们在网络信息的传播中占据更主动的位置。

此外，网络受众调查具有快速、操作简易、易统计的特点。所以，每当重大新闻事件发生时，各大新闻和门户网站可通过受众调查了解网友对该事件的意见与态度，以便于更好地了解舆论走向，及时调整自己的传播策略。

2. 网络媒介与传统媒介在受众调查方面的差别和优势

（1）网络媒介的可统计性。

传统媒介的传播方式是点对面的单向传播，受众只是被动接受。互联网媒介的传播方式则是点对点的双向传播，受众开始掌握自主权。

网络媒介的传播是以数字化方式出现的。传播的渠道是计算机和互联网，具有统计和计算功能。因此，网络受众的使用情况和进行的各项操作都能被清楚地记录、统计出来。

（2）网络媒介受众调查成本低、可独立进行。

传统媒介的受众调查工程量大，从确立样本数量到经过一定周期得出结果，要付出大量人力和物力，且往往需要借助专门的调查机构来进行。网络媒介可独立进行小规模的受众调查或以互联网为载体的在线调查，费用大大低于传统媒体的收听率、收视率调查。

（3）网络受众调查具有实时性。

网络媒介的在线调查周期短，获得的数据能够及时反映受众的最新变化和要求，便于网站作出针对性的调整。

（4）网络媒介受众调查不受空间限制。

传统媒体的受众调查受地域制约较大，不易操作。网络受众调查利用互联网的即时性和强大的全球覆盖力可随时进行。

二、走近网络受众

互联网用户构成了网络受众调查的主体。了解他们的使用心理、需求和喜好是进行有效的网络受众调查的基础和前提。笔者以本国和对象国巴西设例，简论之。

1. 中国和巴西网络受众概况

随着互联网的普及，我国的互联网用户不断增长。根据中国互联网络信息中心（CNNIC）2013 年 1 月 15 日发布的《第 31 次中国互联网络发展状况统计报告》（以下简称《报告》），截至 2012 年 12 月底，我国网民规模达到 5.64 亿，互联网普及率为 42.1%，较 2011 年年底提升 3.8%。与此同时，我国手机网民数量快速增长。数据显示，2012 年我国手机网民数量为 4.2 亿，年增长率达 18.1%，远超网民整体增幅。

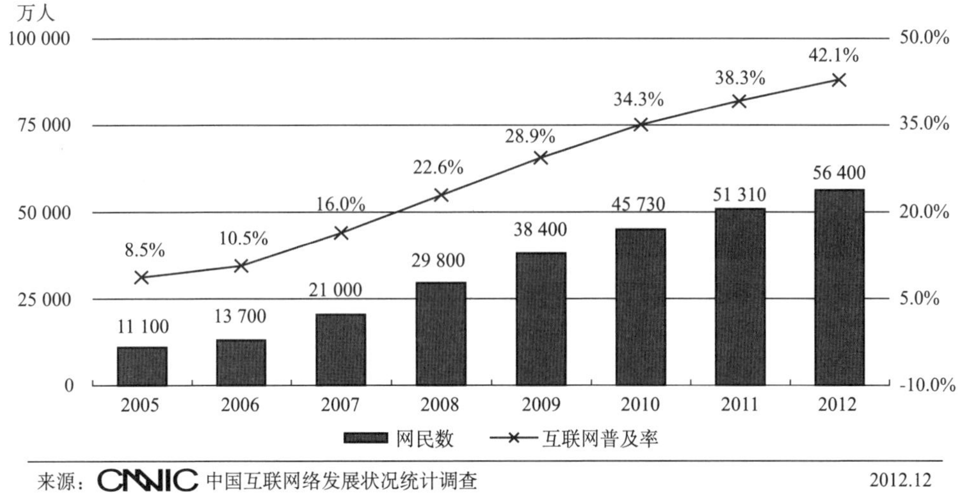

中国网民规模与普及率①

《报告》称，网民年龄结构继续向成熟化发展，30 岁以上年龄段网民所占比例有所上升。同时，网民学历结构呈低端化变动的趋势。另外，《报告》显示，我国网民的互联网

① 图片数据来源：新华网，http：//news.xinhuanet.com/tech/2013-01/15/c_124233840.htm，2013 年 1 月 15 日。

应用表现为商务化程度提高、娱乐化倾向继续保持、沟通和信息工具价值加深的特点。截至2012年12月底，我国微博用户规模为3.09亿，较2011年年底增长了5 873万，网民中的微博用户比例达到54.7%。网络购物应用依然呈现快速增长的势头。与2011年相比，网购用户增长4 807万人，增长率为24.8%。此外，社交网站、网络文学和搜索引擎用户也增长较快。

同为"金砖国家"，且与中国同属新兴经济体的发展中大国巴西，拥有数量庞大的网民群体。IBOPE[①]公布的数据显示，截至2012年9月，巴西的网民数量达到9 420万。网民平均每月最高上网时间为44小时，高于美国（40小时）、英国（37小时）、澳大利亚（39小时）等发达国家。

根据巴西F/Nazca[②]和Datafolha[③]2013年联合发布的《巴西互联网状况统计报告》，51%的巴西网民习惯在网上发布他们自主创作的文章和音、视频；69%的网民喜欢通过网络与朋友交流或分享事物。

综合以上数据不难发现，互联网已同人们的生活融为一体，网络受众这一群体正以迅猛的速度不断扩张。网络多样化、灵活性和个性化的特点，让受众有了更多的选择。他们不再局限于满足获取新闻信息，而是通过互联网平台实现更多的功能整合，满足自己沟通、表达和分享的需求。

2. 网络受众的心理特点

网民在互联网上进行的活动是自主选择的结果，而他们的选择是在多个因素的推动下形成的，包括兴趣、爱好、价值观和心理需要等。其中，心理需求是最根本的原因。

美国著名的心理学家马斯洛（Abraham H. Maslow）提出，人类的需要是分层次的，由高到低分别是：自我实现、尊重需求、社交需求（归属与爱的需要）、安全需求和生理需求。他认为，人都潜藏着这五种不同层次的需要，但在不同时期表现出来的各种需要的迫切程度是不同的。最迫切的需要才是激励人们行动的主要原因和动力。因此，"满足需要"是影响网络受众行为的直接因素。

通常，当网络受众进入一个网站浏览信息时，他首先会关注与维持自身生存相关的信息，如生活资讯、天气情况等。这些都源于对生理需要的满足。此外，重大新闻和突发事

---

① IBOPE：巴西舆论和统计研究所，葡萄牙语全名为Instituto Brasileiro de Opinião Pública e Estatística（IBOPE），成立至今已有60多年的历史。IBOPE致力于巴西和拉丁美洲市场的信息收集，从事不同主题的研究，包括媒体、舆论、政治、消费、行为、市场、品牌、广告和互联网。IBOPE也为拉美地区的公司和媒体提供定性和定量的市场研究服务、受众调查分析、数据处理和风险评估服务，以及媒介研究服务，包括收听率和收视率调查、网络数据统计等。IBOPE/NetRatings是IBOPE和AC尼尔森成立的一个合资公司，后改名为IBOPE Nielsen Online。该机构主要负责网络相关数据统计和网民行为的研究。

② F/Nazca：巴西的一家广告与传播公司，成立于1994年，在圣保罗和里约热内卢设有分部。该公司是上奇广告（Saatchi & Saatchi）的一部分，隶属于全球第四大广告传播集团法国阳狮广告与传播集团（Publicis Group）。

③ Datafolha：巴西的一家数据分析研究所，成立于1983年，隶属于《圣保罗州报》。该报拥有自己的通讯社，属私人经营的报纸，面向全国发稿，在巴西有较大影响力。

件的消息也是网络受众关注的热点之一。现实生活中，人们对维护自身安全有迫切愿望，在网络资源空间里表现为受众对安全信息的心理需求。这使得网络受众在行为上表现为对安全相关信息的高度关注，如事故、自然灾害、疫情、食品卫生事件等。

网络受众与传统媒体时代的受众不同，他们具有更强的自主性和参与心理，行为上表现为对热点事件新闻的留言、评论，并通过论坛、博客、微博等形式参与信息的传播和生产。在这个过程中，他们也完成了“自我实现”和“尊重需求”的满足。

三、网络受众调查类型

网络受众调查通常可分为受众情况调查和受众意见调查两类。

1. 受众情况调查

包括以下内容：

(1) 网民的构成情况，如年龄分布、职业、受教育程度、所在地区等；

(2) 受众的网上行为特点，如上网时间和地点；

(3) 受众对本网站的内容与服务的意见。

2. 受众意见调查

网站为了解网民对某个社会问题或新闻事件的意见而开展的一种调查形式。通常基于两种情况：

(1) 当重大的新闻或突发事件发生时，网站通过受众意见调查，更好地了解受众的观点，为进一步报道提供参考；

(2) 针对当前的社会热点，通过调查将潜在、分散的公众意见揭示出来，加以整合。

四、网络受众调查主要方法

目前，网络受众调查的常见方法有四种：注册法、软件调查法、问卷调查法和网上网下结合法，其中注册法和软件调查法为在线调查，也称网上调查；问卷调查法和网上网下结合法中既有在线调查也有离线调查。

1. 注册法

注册法，主要是获得受众的基本人口统计特征数据。具体做法是网络媒介在网页上提供一份注册表要求受众填写，以进行受众调查。有以下几种方式：

(1) 网络媒介向受众提供一些免费服务，如电子信箱、订阅服务、在线聊天室等，但受众在使用这些服务之前需要注册。注册内容包括基本的个人资料，如用户姓名、性别、年龄、教育程度、从事行业和个人爱好等。

(2) 网络媒介组织的有奖活动，要求受众先注册后参与。注册的目的在于确认参与者的身份和联系方式，以便于比赛和评奖。同时，网络媒体也可以增进对受众的了解。

2. 软件调查法

软件调查法指网络媒介利用软件在网上对受众的身份、电子信箱地址、上网习惯和媒介使用情况进行调查。大致分为两种：服务器软件调查和Cookie技术跟踪法。

（1）服务器软件调查法是指网络媒介在网络服务器设有访问日志软件，用来记录、统计和分析受众访问网站的情况。

（2）Cookie技术跟踪法是为了协助受众更方便地浏览网站内容，而采用一种被称为Cookie的技术。它是一种编码的身份识别标志。当网友访问该网站时，网络服务器会将软件自动设置在受众的计算机硬盘上。这种软件除了用来识别受众的身份外，还被大量用来调查受众的个人资料和媒介使用情况。

3. 问卷调查法

问卷调查法是目前使用最多的网络受众调查方法。它是完全在互联网上开展的受众调查，分为普查法和抽样调查法。

（1）普查法是将问卷放在网上，在一定时间段内等待受众任意地在网上答题。

（2）抽样调查法是通过抽样选出调查对象，将问卷寄到他们的电子信箱。

4. 网上网下结合法

通常情况下，网上网下结合法多被一些专业的网络调查机构所采用，其特点是工作量大，网上网下多种手段相结合，在科学的抽样和统计基础上进行。

五、国际在线葡萄牙语网站和部分葡萄牙语国家网站采用的受众调查和联络方法

1. 国际在线葡萄牙语网站的受众联络工作

随着网络的普及和全球网民数量的增加，为更好地利用互联网载体进行有效的国际传播，国际在线葡萄牙语网站于1999年正式上线，并在2009年5月成功地进行了第3次改版，形成了现有的网站规模。

网络时代，我们的传播方式多元化，与受众间的沟通也更便捷。目前，葡萄牙语部大部分的听众反馈和交流互动都是通过网络平台实现的，如电子邮件、网站留言、MSN聊天和社交网站（新浪微博、Facebook、Twitter）等。一些活动举办之前，葡萄牙语部会在网站挂出通知，并以电子邮件的方式鼓励受众参与，收到良好效果。

每当重大新闻事件发生，葡萄牙语部会采用网上问卷调查的方式，征集网友和听众的建议和关注热点。例如，每年“两会”召开前，我们会在网站显著位置挂出问卷调查。调查一般设置5～10道简单的问题，有单选或多选，以便了解受众对“两会”的关注度和对中国政治民生领域关心的话题。

为介绍中国文化，葡萄牙语部每月会在网站上推出一个有奖“知识竞赛”小视频，介绍某样文化事物或现象，最后提出一个相关的小问题。受众可通过邮件方式参与答题，并提出他们感兴趣或想要了解的关于中国的话题。我们会在之后的节目里，一一解释这些问题。

为加强与受众的即时交流，每周四的上午10～11点，葡萄牙语部会派出一名同事与听众在部门的MSN公共账户上聊天，解答他们的疑问，接受他们对节目和网站内容的建议。相比较来信和电子邮件，这种方式缩短了媒体与受众之间的距离，让沟通更加简单。

除了网上的受众小调查，针对一些年龄较大不经常上网的听众，葡萄牙语部会把纸质版的听众调查问卷邮寄给他们，或通过电话采访的方式来保持交流沟通。这些措施收效显著，对我们的工作大有裨益。

2. 主要葡萄牙语国家网站采用的受众联络方法

作为葡萄牙最大的门户网站，SAPO（蟾蜍）网在当地具有极大的影响力。该网站开设了“用户联络中心”频道，采用多种方式调查用户对网站的使用情况和意见：网上在线调查列出了几个关于使用评价的小问题，用户可以提出自己的意见，也可以只在“非常好”、“好”、“中等”、“一般”和“不好”等选项中进行选择；向受众公布网站联络邮箱和几个主要频道部门的联络电话；网站设有一个在线“答疑解惑”网页，用户可以提出他们的问题，网站工作人员会通过电子邮件的方式与他们联系。

巴西 Globo（环球）网是当地的门户网站之一。网站的受众联络及相关服务需要通过注册来实现。受众想要发表意见或享受网站的服务，都要先进行注册。

UOL 网站是巴西最大的在线传媒信息门户，拥有庞大的访问人群。网站根据受众的不同需求（如注册用户、购买网站商品和服务、解答疑问、纠正网站内容错误、广告业务等），列出了不同的页面链接，并通过电子邮件的方式与受众进行联络。

六、如何做好网络受众调查和联络工作

根据以上的论述，不断完善网络受众调查和联络工作需要做到以下几点：考虑到受众的实际需求；采取正确的调查和联络方法；做好调查结果的记录和分析工作；根据受众的意见，进行适当的网站内容“议程设置”。

每个网站都有不同的情况。对于大型门户网站来说，除了发布日常的重要新闻、信息外，也向受众提供许多服务，如博客、播客、微博和聊天软件等。因此，这些网站在受众调查方法上有很多选择，注册法和软件调查法都是可行的。对于一些以信息发布为主或规模较小的网站，电子邮件和在线问卷调查是加强与受众沟通的主要手段。

调查的实施只是一个过程，重要的是受众的反馈情况和对结果的记录、分析。网站工作人员应及时更新、归纳受众的反馈信息，揣摩受众心理，并根据他们的要求，对网站的内容和设置作出相应的调整。

七、结语

毋庸置疑，网络媒体与受众是唇齿相依、共荣共生的对立统一体。关注受众、赢得受众，是网络赢得先机、占领市场的“硬道理”。而受众调查和联络工作，恰是网络媒介“贴近”受众的有效途径。相信在今后的实践中，大力加强网络受众调查体系的建设，使其不断改进，必将为网络媒介和受众之间架起有效沟通的桥梁，从而推进国际台传播事业的进一步发展。

（作者单位：中国国际广播电台葡萄牙语部）

关于提高环球资讯广播新闻资讯类节目收听率的几点思考

郭　莹

作为中国国际广播电台对中国国内广播的新闻资讯频率，环球资讯广播在多年发展积累了大量忠实受众的基础上，通过进一步市场及受众分析和明确的品牌定位，应该还能够吸引一大批新的受众，无论是其收听率还是广播市场占有率仍然有巨大的发展空间。本文即针对笔者所从事的环球资讯广播新闻资讯类节目进行研究与分析，探讨提高环球资讯广播新闻资讯类节目收听率的几点重要因素。

一、受众分析是研究收听率的基本要素

1. 细化受众分析对于媒体的重要性

准确、科学的受众分析对于媒体的收听（收视）率的重要性毋庸置疑。媒体之于受众早已不是“你说我听”、“你宣传我接受”的时代，而是成为“受众主导”。受众通过手中的电视遥控器、广播频率切换键对媒体进行选择，这种选择决定了无法抓住受众的媒体会逐渐被受众边缘化甚至淘汰。

媒体探讨收听收视率提高的思维方式必须是自下而上的，必须深入分析受众需求，这就是所谓的“接地气”。当然，我们媒体肩负着党和国家政策宣传以及社会舆论引导的使命，这决定了我们对于受众需求的满足是有底线、有限度的，而不能为片面追求收视率而陷入低俗化、娱乐化内容传播的恶性竞争。但在这个限度之内，中央媒体的可作为空间仍然是巨大的，也就是说，包括环球资讯在内的中央级媒体的“接地气”还有很长的路要走。只有我们接了“地气”，我们传播的内容被受众所接受、所喜爱，我们所希望传递的社会价值观以及党和国家的声音才有可能在潜移默化中被受众接受，否则只能是“高高在上”、“自说自话”。近两年来我们推行的“走转改”取得了成效，但对于提高节目收听收视率而言，单纯的改变传播话语方式和改变文风是远远不够的，我们还应该以一种生产产品扩大市场占有率的方式来赢得受众，从而提高节目的收听率。

从某种程度而言，我们媒体探寻生产什么样的节目才能受到受众欢迎的方式类似于商业领域生产产品之前的市场分析。以苹果公司为例，其对于客户使用习惯及潜在需求的分析细化到了惊人的程度。对于 iPhone、iPad 等产品的每一个按键的位置、功能与作用，苹果公司都通过用户代表座谈会等多种方式，细化地满足受众需求，甚至细化到用户都不曾想到的需求，比如 Sirius 功能，苹果公司能够提前为用户想到。如果我们媒体也能够做到这一点，那无疑能够在节目收听率方面取得成功。

2. 环球资讯广播新闻资讯类节目目标受众分析

对于和笔者一样的节目生产者而言，“我做的节目到底有哪些人在听?”“他们喜欢听

什么样的节目？”“在海量的新闻信息中，我们该选择哪些新闻传递给受众？”“我们采用怎样的节目编排形式才能更好地吸引受众？”这一系列问题的解决不仅能够使节目的风格与定位更加明晰，也能够有效地激励节目生产者，对于他们的工作有更强的指导意义，也能够使不同组别的生产者具有更加统一的目标。

从目前的节目内容分析，环球资讯新闻资讯类节目定位于以国际新闻资讯为主，国内热点报道为辅。那么能够吸引到的受众是一批有了解国际时事、国际资讯需求，同时也需要关注国内时事焦点的受众。当然，传播离不开传播工具，传播工具和途径往往决定了受众如何接收信息以及传播者应该如何更好地传递信息。在信息时代，能够承载广播的传播工具呈现出更加多样化的特点。智能手机的出现无疑为广播增加了除收音机之外的到达受众的传播方式，受众通过智能手机客户端下载他们感兴趣的电台和节目，这对于广播节目生产者而言，不仅提供了机会，也增加了巨大的挑战。因为智能手机客户端的技术手段决定了众多除电台外的运营机构也能够提供广播节目，而且对于受众而言，他们所提供的网络电台节目更加新颖和不拘一格，更能够满足受众的收听需求，这就为我们传统的广播媒体提出了巨大挑战。一份针对美国人收听广播的调查报告显示了在当今信息时代人们收听广播的习惯与特点，对我们中国的广播受众分析同样有极大的借鉴意义。报告显示，2012年美国大众手机拥有率占88%，这个渗透率保持强大和稳定，预计未来十年表现将更好。在移动设备中真正的增长趋势是智能手机的增长。一半的美国手机用户现在拥有一部智能手机，在12岁以上美国人中占44%，在18至34岁的美国人中，智能手机拥有率接近2/3。这意味着大多数年轻人可以在任何地点通过各种媒体接收各种资讯。超过6/10（61%）的12岁以上美国人拥有一个便携式媒体设备，比如智能手机、平板、MP3播放器；40%的12岁以上美国人拥有一个苹果iPod、iPhone和iPad。[①] 中国的情况虽然在全国总人口方面与美国有所不同，但在城市受众的手机普及情况却与美国相当，而这与环球资讯所定位的目标受众情况基本一致，因此这份数据对于我们研究环球资讯新闻资讯类节目的受众分析有着极大的借鉴意义。而对于传统广播客户端而言，除了一部分有着多年广播收听习惯的忠实受众以外，环球资讯广播的很大一部分受众是驾车一族，他们在驾驶汽车的途中收听环球资讯广播，而这一部分受众就是我们主要的目标受众，恰恰是这一部分受众也是环球资讯潜在广告商最看重的目标受众。

基于以上分析，目前环球资讯广播的目标受众是一批有着一定经济能力、大部分受过高等教育、思维活跃、愿意接受新事物、渴望了解国际资讯的人。对这些人的收听心理及需求进行细化的分析和研究，将对提高环球资讯新闻资讯类节目的收听率起着至关重要的作用。

二、市场分析是媒体明确自身节目定位的关键

1. 市场分析的必要性

当然，环球资讯对于受众而言并不是唯一的广播，受众有着极大的选择范围。就像电

① 中国广播资讯网：http：//www. bpes. com. cn/zh-CN/displaynews. php？id=794。

视观众可以拿着手中的电视机遥控器选择收看电视频道一样，广播节目也同样面临着观众的选择。而这样的传播又具有“选你就不能选我”的特点，受众一旦被一家电台的节目吸引，就意味着别家电台失去了此时段、针对此受众个体的收听率。一个个受众个体收听率的叠加就构成了多家在同一时段播出的电台节目收听率的孰优孰劣，长此以往，受众也就形成了忠实的收听习惯。因此，同一时段播出节目的电台之间无疑是竞争关系，只有知己知彼，才能百战不殆。因此分析和了解本地区其他电台在同一时段节目的定位及其特点也是环球资讯新闻资讯类节目取得成功的关键所在。

2. 北京地区早间资讯节目分析

作为环球资讯主要收听市场之一，北京早间新闻资讯类节目呈现激烈的竞争，而早间上班高峰时段的播出又是各电台收听的重要时段和难点时段，因此就北京地区早间时段市场进行分析。

在环球资讯早间资讯节目覆盖的时段6：30到9：00期间，北京地区几家主要电台推出的节目都颇具实力。中国广播网基于听众调查评选出北京地区最受观众欢迎的十大早间广播节目。虽然这份调查并没有囊括中央级媒体的数据，但调查结果仍对环球资讯市场调研分析有借鉴意义。在这份调查中，《一路畅通》《新闻热线》《汽车天下》《行走天下》《空中笑林》《百姓TAXI》《演绎群英会》《北京新闻》《欢乐正前方》和《先听为快》栏目成为观众心目中的十大最爱。[①] 其中除《汽车天下》《空中笑林》《百姓TAXI》《演绎群英会》《欢乐正前方》等栏目与环球资讯早间新闻节目定位不同，其余几档节目均为新闻资讯节目，这无疑成为了环球资讯新闻节目的几个主要竞争对象。它们分别是北京交通广播的早间主打节目《一路畅通》，该节目汇集最新路况、新闻资讯、生活信息、音乐歌曲等诸多内容，通过轻松、活泼的主持风格调节出行人的心情，也对缓解交通拥堵状况起到一定作用。北京交通广播的另一档节目《行走天下》是一档透过新闻说天下的广播谈话栏目，该节目定位于“透过新闻说天下”，话题涉及时政、军事、经济、交通、旅游等内容，栏目贴近百姓生活的同时深度挖掘专家观点，与新闻同步、通俗地解读最近发生的新闻热点。北京新闻广播的《新闻热线》是一档早间社会性新闻日播节目，它的定位主要是体现“民生”和“民声”。该节目整体注重编排、串联、追踪、点评，听众可以直接参与，以听众讲述亲身经历的具有新闻价值的事件为主，依据听众提供的新闻线索进行追踪报道。节目内容突出、强调新闻性和社会性，所揭示的问题具有一定的普遍性和警示作用。北京新闻广播的另一档早间新闻节目《北京新闻》则是北京电台历史最悠久的一档节目，在历次社会调查中都位居北京电台节目收听率排名的前列，该栏目多次获得国家级优秀栏目奖。它的栏目定位是“每天清晨，与您一起听北京”，该栏目从各个层面关注公众利益，第一时间为听众报道权威、准确的北京市新闻。

在这份报告没有涉及的中央级媒体电台早间节目中，也有众多节目占据了大批早间听众。其中最主要的是中央人民广播电台“中国之声”的早间栏目《新闻纵横》，该栏目以追求高度、角度、深度、广度、速度为定位，用独特视角报道评论新闻事件，用采访当事

① 中国广播网：《北京电台观众最爱10大名牌栏目出炉》，http：//www.cnr.cn/zggbb/jiemu/200807/t20080717_505038610.html。

人和相关利益方接近事件核心，用最快报道把握最新变化，从而提供大量独家原创报道，领先其他媒体，凸显与众不同。此外，《新闻纵横》每期还通过播放昨日个性声音的方式，来梳理昨日生动新闻，从而做到在众多同时段栏目中的与众不同。作为中央级媒体历史悠久的名牌栏目，《新闻纵横》无疑是环球资讯早间新闻资讯类节目的核心竞争对手。如何在竞争中与《新闻纵横》以及其他电台早间新闻节目实现差异化，进而脱颖而出，是当前环球资讯新闻资讯节目面临的重大课题。

三、独特的策划是环球资讯在早间时段保持竞争力的关键

基于以上对受众以及同时段节目的分析，环球资讯若想在早间广播黄金时段争取市场，必须在深入分析目标受众对新闻内容需求的基础上，凸显环球资讯自身特色，发挥中国国际广播电台自身独特的资源优势，辅以必要的节目宣传与包装，才能成功提高收听率。其中策划的作用至关重要，包括媒体定位策划以及日常节目策划等。

1. 媒体定位策划

根据上述市场分析，目前北京地区早间广播节目市场国内新闻部分已经接近饱和，其中已经涵盖权威性报道、快速及时报道、深入报道、民生报道、轻松报新闻等各方面，然而在国际新闻报道方面却仍然有很大的潜在空间。这与北京地区各家广播电台的媒体性质有关，也恰恰是这一点构成了拥有大量驻外记者等资源的中国国际广播电台环球资讯广播的独特优势和发展空间。如何有效地利用自身优势资源，切实提高收听率，就需要以策划为龙头，进一步明确栏目定位，精心设计与编排节目。

策划需要以受众需求为导向，根据上述受众分析，随着全球化的加深，受众有更多了解国际新闻与资讯的需求。尤其环球资讯广播将主要目标受众定位于开车一族或拥有智能手机的群体，这一受众群体对于更深刻、更及时地了解世界有着强烈的渴望。深入研究他们需要什么样的资讯、他们喜欢以怎样的方式接收这些资讯，将是环球资讯新闻资讯类节目定位的关键。目前环球资讯片花词“环球资讯广播，聆听全球声音、感知时代脉动”就很好地诠释了环球资讯的独特定位。①

2. 日常节目策划

日常节目策划包括日常节目制作及编排策划、专题策划，以及对可预见重大新闻的提前策划等几个方面。在日常节目制作中，注重节目稿件的贴近性，注重新闻选择与受众的相关性，以及节目编排的科学性等，将成为日常节目制作与编排的重中之重。同时，一档新闻栏目的专题策划必不可少，环球资讯《第一资讯》栏目就曾策划过全球环保直播、春节特别节目系列等众多专题策划节目。笔者本人也在2012年年底针对人们普遍关注的“世界末日”预言策划了“2012世界末日系列节目”。人们当时对这个话题普遍关注且颇感兴趣，对于“世界末日”的反应各不相同。一些人称这个说法为无稽之谈，一些人对这个说法半信半疑，还有一部分人却深信不疑，甚至为应对“世界末日”进行了充分的准备。

---

① 环球资讯广播网：http：//newsradio.cri.cn/。

这个时候如果环球资讯没有策划这一系列专题节目，就错过了一次宝贵的吸引受众的机会。同时，对于人们对“世界末日”的复杂心理，媒体有责任进行舆论引导，引导人们科学地看待玛雅传说中关于“世界末日”的预言，用科学正确的信息取代流言蜚语，这是媒体在此时应当承担的社会责任。环球资讯《第一资讯》适时推出该系列节目，取得了良好的收听效果，受到了各界积极的评价。由此可见，专题策划对于节目起着重要的作用。

此外，某些重大新闻是可以预见的，我们可以提前策划以在新闻发生时及时快速地发出精彩的报道。比如柬埔寨太皇西哈努克逝世这条新闻，如果我们提前建立这些有影响力的世界风云人物的资料库，在西哈努克逝世的第一时间就能够调用足够的资料，快速地发出精彩报道，那将让环球资讯在多家媒体的竞争中独占鳌头。山东教育电视台就利用这个方法报道季羡林逝世。由于季老是山东人，作为家乡电视台，该台在季老健在时提前特别策划了关于季老的人物专题片，并赴北京301医院对季老进行了拜访，留下了珍贵的独家影像。该专题片汇集大量关于季老一生的相关材料，并将专题片主体提前制作完成。2009年7月，季老与世长辞，该台立即安排时段播出该专题片，取得了极高的收视率和关注度。而很多其他媒体在季老逝世以后才开始组织策划制作关于季老的专题片与纪录片，却永远失去了先机。当然，重大新闻的预见不仅仅局限于人物，很多重大新闻事件也可以提前进行策划准备。比如英国威廉王子大婚的专题新闻、女王登基六十周年庆典等新闻事件，都可以通过提前策划取得良好的播出效果。

四、媒体拓展与品牌推广是助推节目收听率的有效手段

在当今媒体竞争中，媒体在公众心目中形象也在很大程度上影响该媒体节目的受欢迎程度。凤凰卫视在此方面走在了媒体的前列。凤凰卫视通过对主持人全方位包装、系列书籍出版、著名评论员以客座教授身份到著名大学授课等方式，全方位、立体地打造出一个专业、权威、客观、公正，以及视野国际化的媒体形象，多年来通过其不懈努力，为受众留下了深刻印象。这一点值得我们很多媒体学习。

另外，适时地举办媒体与受众互动的活动也是保持媒体与受众之间密切联系、提高收听率的有效方式。北京音乐广播每年一次的听众晚会活动就是这方面成功的案例，这不仅有效地联系了媒体与受众，更能够使媒体自身保持活力。媒体活动不仅仅限于此类与受众的互动，通过一些公众关注度高的公益活动，重要的新闻发布会上记者提问亮相，以及与其他媒体之间互动进行品牌宣传推广的活动，都可以有效进行媒体宣传，从而直接或间接成为媒体节目收听率的助推器。

（作者单位：中国国际广播电台新闻中心）

社交网络环境下国际台马来语受众工作的机遇与挑战

孙牧宁

随着中国国际广播电台（以下简称国际台）马来语部传播手段的不断发展与传播理念的不断更新，互联网已经成为了与传统广播手段并重的传播手段。传统的听众纸质来信和来电也渐渐被电子邮件所取代。如何在互联网传播背景下开展马来西亚受众工作，成为了新的课题。马来西亚是一个互联网普及率相当高的国家，在这种情况下发展社交网络受众工作手段，为马来语部受众工作的发展带来了机遇，同时也因为社交网络的开放性与即时性对受众工作带来了新的挑战。

一、国际台马来语部受众工作的演变与发展

国际在线马来语网站于2000年正式上线，已经成为了马来语传播的重要形式。同时，邮件与网络留言板也成为了与受众沟通的主要手段。随着Facebook、Twitter等社交网络手段的兴起，与受众沟通的方式也得到了更新。

受众工作本身就是一种与人交流的工作，社交网络的本质是一个社会化的网络平台，依靠特定的功能，将用户群体聚集在这个平台上。这与受众工作的需求非常吻合。随着互联网社交功能的日益发展，经过几年的积累，社交网络用户数量已经形成了相当的规模，这促成了在全球互联网上弥漫的“社交网络热”，也使得社交网络作为受众工作重要手段的条件日益成熟。

过去，国际台马来语广播的受众工作是指通过与受众沟通了解受众对节目的需求，从受众对节目内容的反馈不断地改进节目内容，更好地为听众服务的工作。传统的受众工作方式包括受众交流、受众调查、来信收集、舆情反馈等。传统的受众信息获取渠道，主要包括纸质来信和听众来电。随着互联网技术在全球范围内的普及，受众越来越倾向于选择快捷便利的电子邮件手段进行沟通。以国际台马来语部为例，听众纸质来信在巅峰时期每年达到200～300封，但是2009年以来纸质来信数量急剧下降。2009年仅仅收到纸质来信34封，2010年这个数字下降到29封，2011年3封，到2012年全年没有收到纸质来信。纸质来信数量下降的主要原因，是受众不再使用这种传统的沟通方式，并且，在互联网技术发展的过程中，现在在受众工作中广泛应用的电子邮件、留言板等手段也都已经落后了。

二、社交网络对国际台马来语部受众工作的影响

社交网络是一个基于用户关系的信息分享、传播以及获取平台。就目前来看，在社交

网络上的沟通、交流是以圈群为中心的人际关系传播。社交网络用户主要关注的就是具有一定圈群性的账户。大量社交网络用户关注熟人的生活状态，最重要的是这些用户也关注业内资深人士、明星、社会知名人士的观点。这使得社交网络成为了媒体吸引受众的一种便捷手段，建立一个在对象国有影响力的社交网络账户往往比建立一个有影响力的网站、电台更容易，并且，社交网络账户维护方便、效率高、投入少，这符合现代国际化媒体的发展需要。

社交网络传播不是传统的点对点的传播、点对面的传播。社交网络的传播是一种裂变式的传播，它由点到面，再由多点到多面裂变式地滚动传播。一个人发出的微博、分享的照片、关注的网络电台可以被其“粉丝”转发，再由“粉丝的粉丝”层层传递。一个语言部门的社交网络账号如果有100名粉丝，发布一条信息，如果有10%的受众进行了转发，那就相当于多了10个发布点，而这10人如果每人有100名粉丝，对于这样一条消息而言，受众人数已经上升到了1 000人。依次类推，在第二、第三轮的传播中受众数量将继续直线上升，这种传播速度的优势是以往任何传统的受众工作手段都不具备的。

在引入社交网络手段之前，马来语部受众反馈数量呈逐年下降趋势。2008年到2009年间，该部门来信数量从2 289封下降到1 313封，下降了40%以上。在这种情况下，社交网络平台提供了一个全新的与受众沟通的平台，扭转了传统手段中受众反馈数量下降的趋势。

同时，受众工作者也在社交网络的运用中受益，通过社交网络受众工作者可以第一时间对受众的需求作出反馈，工作效率比以前大大提升，并且作为一个互动良好的平台，受众工作者可以将之前通过纸质信件和网站平台开展的知识竞赛和受众调查活动通过社交网络账户发布，得益于社交网络裂变式的传播速度，马来语部的知识竞赛和受众调查获得了比之前更好的反响。

三、社交网络对国际台马来语部受众工作的推动作用

在互联网非常普及的马来西亚，受众已经习惯通过社交网络这种即时性的、高效率的手段进行交流；同时，对于受众工作来说，也迫切需要一个具有高效率并能高度整合受众信息的综合平台。社交网络的出现满足了这一需要。经过调查研究之后，Facebook因为在对象国普及度高，上至国家总理纳吉布下至普通百姓都拥有自己的账号，被确立为马来语部社交网络手段发展的主要方向。

1. Facebook与2011年中国城市榜马来西亚宣传活动

2011年，为了配合中国城市榜的宣传活动，国际台马来语部在吉隆坡举行了城市榜宣传活动。与以往活动不同的是，这次活动中马来语部Facebook账户扮演了非常重要的角色。

马来语部聘请了马来西亚本土专业的社交网络运营公司，线下活动与线上宣传互动，既扩大了活动本身的影响力，又扩大了马来语部Facebook账户在马来西亚的影响力。活动进行当月，马来语部Facebook粉丝数从不到100人增加到超过20 000人，马来语在线浏

览量激增，当月听众留言超过 2 200 条。

在以往的受众活动中，主要渠道通常是马来语部网站，但是就平台而言，Facebook 的影响力更大，受众人群更广泛。国际台在活动中聘请的专业运营团队也向马来语部受众工作团队传授了经验，使得马来语部 Facebook 账户运营趋于成熟。

在这个过程中，马来语部受众工作者也习惯了使用社交网络的工作形式。之前单纯的统计工作，被互动性很强的与受众的即时交流所取代，无论是受众工作者的热情还是来信反馈的数量都有提升。一个月内受众人数增长超过 200 倍，来信反馈超过 2010 年全年总量，这都得益于社交网络手段裂变式的传播速度。在受众工作中，Facebook 的优势在于，区别于传统的互联网沟通手段，Facebook 建立的是一个熟人沟通的社区，从而将用户在现实生活中的人际关系直接引入到互联网之中。在社交网络时代，基于受众现实生活中的社交关系链而产生的社交网络，更具有稳定性和可靠性，同时受众关系也较紧密和有条理。马来语部的城市榜活动正是抓住了 Facebook 这种特点，将线下与线上活动结合，取得了良好的效果。这也正是受众工作在社交网络环境下发展的重要趋势。

得益于 Facebook 在马来西亚市场的巨大影响力，该社交网络的运用对马来语部受众工作能力的提升起到了很大作用。以 2011 年为例，2011 年全年，马来语部共收到各类电子信件、反馈 5 300 多件，其中来自 Facebook 的听众反馈达到 2 300 件以上，占全年来信量的 43%。

2. 微博账户填补马来语部国内受众工作空白

作为一家中国媒体，提升自身在国内的影响力是发展自身传播能力的手段。因此，受众工作不能仅仅面向国外受众。一直以来，对国内受众宣传工作一直是马来语部受众工作的空白，所以对于马来语部来讲，建立一个以中文为沟通手段的互动平台也是十分必要的。

受全球互联网发展影响，国内社交网络媒体飞速发展。以新浪为代表的微博客服务，是这个潮流中的佼佼者。

微博（microblogging 或 microblog）又称微博客，是一种允许用户及时更新简短文本（通常少于 140 字）并可以公开发布的微型博客形式。它允许任何人阅读或者只能由用户选择的群组阅读。随着发展，这些信息可以被很多方式传送，包括短信、实时信息软件、电子邮件或网页。

为满足国内受众了解马来西亚资讯的要求，国际台马来语部在 2012 年开通了官方中文新浪微博“马语者”。通过一年的发展，“马语者”已经拥有超过 1 000 名粉丝，并得到了马来西亚很多官方机构微博的关注。

对于国际台马来语部而言，中文微博账户的建立，满足了中国受众了解马来西亚讯息的需求。在过去，由于语言部门的网站都使用对象国语言，对于国内受众而言，很难从中获取有用信息，很多语言部门的国内受众，大多数是学习该语种的学生以及从业者。这些受众的数量不多，影响不大，致使语言部门很难肩负起“向中国报道世界”的重任。蓬勃发展的社交网络提供了一个很好的平台，提升了语言部自身的品牌效应和影响力。

“马语者”微博账户创建之后，每次重要的大型采访都会以直播的形式在微博账户刊载。可以同时分享照片、音频、视频的平台，以及140字的信息量，有效地填补了马来语部国内受众工作的空白。很多旅行爱好者以及在华马来西亚人纷纷关注了“马语者”微博，使得马来语部拥有了具有影响力的国内受众工作平台。

微博账户的设立为受众工作者带来了不少的工作量，但是通过与国内受众使用中文交流，既填补了马来语部国内受众工作的空白，也让受众工作者在这个过程中知道国内受众对马来西亚讯息的需求，这也丰富了对外传播节目的内容。

四、社交网络形势下马来语部受众工作的挑战与对策

社交网络媒体发展迅速，如何让媒体的社交网络账户保持新鲜度、保持竞争力是社交网络受众工作面临的主要挑战。而在自身不断发展、影响力不断提升的过程中，社交媒体也成为了新时代突发事件最重要的舆论场所。社交媒体在重大事件中发挥着越来越重要的作用。这种情况下，掌握媒体社交网络账户的受众工作者承担了比以往更多的压力。在新的社交网络形势下，受众工作也面临着新的问题。

1. 社交网络账户在处理重大国际事件中遇到的挑战

国际台作为一家国际传播媒体，其受众工作往往受到国与国之间关系的影响。与对象国关系的恶化，对于受众工作来讲是一个重大的考验。由于受众越来越将社交网络当作一种表达自己看法的渠道，社交网络媒体的互动性和即时性，在这类事件中给受众工作带来了挑战。因为本身的开放性，所有对象国受众都可以在社交网络上发表自己的看法，代表中国立场的言论难免遭到反驳。

尽管，中马关系现在处于历史上最好的时期，国际台马来语部受众工作还没有遇到类似的问题，但是这种挑战依然存在。

换个角度来看，这样的突发性事件对于社交网络环境受众工作来说，也未尝不是一种机遇。在以前的受众工作中，在处理突发事件时，我们缺乏一种能快速作出反应，即时与受众进行沟通的平台，用以表达媒体立场，向受众说明事实真相，争取理解。现在，社交网络手段的出现，弥补了受众工作者在突发事件中反应速度上的不足，只有与受众即时沟通，才能化危机为机遇，提升自身社交网络账户的公信力与吸引力。受众工作者应该就新闻事件积极地在社交网络平台上作出回应，对涉及我国的不符合事实的言论进行澄清，避免账户成为网民发泄情绪的平台，而成为能为自己媒体服务的言论交流平台。

2. 国际台马来语部社交网站受众工作对策

就目前来看，国际台马来语部为了建设在国内外都有影响力的媒体，仅仅以现有的人力资源和Facebook、微博两种手段是不够的，还应做以下工作：

首先，要锻炼自身的团队。根据中国城市榜Facebook推广的经验，具有专业水平的团队在社交网络媒体宣传中扮演着至关重要的角色。语言部需要建立专业的维护团队，使得自己的账户时时刻刻都能有新的、吸引受众的内容。当前社交网站的发展态势是，他们将会整合并拓展所有的和有可能出现的网络社交沟通类应用，既包括博客、电子邮件等传统互联网应用，也同时发展微博客、音视频分享等新兴手段。这就要求受众工作者不仅仅是

回信统计的收集者，也要是技术上的多面手。社交网络媒体本身的发展方向，是面向专业化、即时化、移动化和开放化，所以，和以往传统的受众工作不同，受众工作者更要提高工作效率。建设高效率、专业性和技术性的受众工作团队是马来语部在建设社交网络受众工作中的重中之重。

除此之外，在继续提升现有社交网络手段受众工作能力的同时，应该开发新的手段，包括建立 Twitter 账户、通过 YouTube 分享音视频作品等。马来语部在 2012 年与马来西亚方面合作出版的《悦生活》杂志也急需通过专属的社交网络账户进行推广。在未来发展中，马来语部最终将为各个栏目都建立自己专属的社交网络账户，而马来语部的受众工作，也不再以整个部门的形式开展，每一个栏目的团队都将有自己专属的社交网络媒体推广人。相信配备栏目专属的、具有专业知识与技术的受众工作者，是马来语部未来受众工作的发展方向。

五、结语

与传统受众工作方式依赖于受众对媒体的忠诚度不同，社交网络受众工作手段需要受众工作者不断创新、不断发布有吸引力的消息，来维护受众群对账户的兴趣。这对受众工作提出了新的要求。社交网络手段大大推动了国际台马来语部受众工作的发展，从本质上来讲，它推动的是一种全新的互动性工作理念。

（作者单位：中国国际广播电台马来语部）

参考文献：

1. 尹韵公：《中国新媒体发展报告（2010）》，社会科学文献出版社，2010 年。
2. 潘文国：《中文研究与国际传播（第 1 辑）》，华东师范大学出版社，2011 年。

播音主持

关于时政类资讯广播节目主持问题的分析

张晓晓

娱乐、生活服务等专题类节目也许能通过精良的包装和新奇的策划吸引人的眼球，资讯节目则要求主持人能够很好地掌控整个节目，使观众感受到切实有益的信息和态度，具有很强的实用价值，对主持人的要求也格外严格。本篇论文主要讨论的是时下资讯广播节目，特别是时政类资讯节目中所存在的问题，其中又以节目主持人的问题为主。

一、时政类资讯广播节目现状

1. 资讯广播节目在当今媒体中的重要地位及传播优势

1920 年美国 KDKA 电台利用美国大选的机会，大张旗鼓地开始了定期广播，这被公认为世界广播事业的诞生。伴随着时代的变迁，广播事业已经走过了 90 多个春夏秋冬。在此过程中，尽管电视、网络等媒介后来者居上，长时间占据着传媒行业的大半江山，但是广播始终没有被彻底取代，在一些特殊时期、特殊环境下，广播的优势更是体现得淋漓尽致。与电视媒介相比，广播节目参与性强、制作成本低廉、受众接收便捷，特别是资讯类广播节目，在传播资讯的同时能够发挥广播的优势，“准确、迅速、鲜明、生动”地把客观事物传播给受众，主要体现在：

（1）时效优势

新闻首先要求“新”。因此，各类新闻媒体都会把最迅速地实现新闻的传播作为整个新闻运作、参与传媒市场竞争的重要因素。迅速，是广播传播最突出的优势之一。通过主持人与记者进行电话连线报道、主持人现场直播等技术手段，广播的传播完全可以与报道对象的变化发展同步进行。例如 2013 年春节前夕发生在河南的鞭炮炸桥事故，相比于电视、报纸等媒介形式，广播的优势继湖南雪灾、汶川地震等事件后再次体现。环球资讯《第一资讯》、《直播中国》等节目在事件发生后的第一时间连线了位于河南的记者，通过直播连线的报道方式呈现事件具体情况，充分发挥了广播在处理突发事件时的作用，展现了广播的时效性优势。

（2）声音优势

声音，是广播传播的唯一物质手段，这通常也被看作是广播的劣势。但是，如果承认声音世界的真实性、生动性，也就应该承认这同样是广播的一个优势。广播的声音优势，既包括报道中的那些最有代表性、最有典型意义、甚至可能具有历史价值的音响，也包括主持人在播报、评论或是谈话时所展现出的语言魅力。这些声音，能反映出新闻事实的本质，能赋予作品一种震撼力，也能缔造出与其他传媒对抗的具有巨大力量的优秀作品。

（3）互动优势

如今，各家媒体已经纷纷意识到，想要作好重大事件的报道，一定要充分发挥媒介的传播特性。过去，听众只能通过热线电话或写信的方式与电台进行反馈、交流，现在有了方便快捷的手机短信、微博、微信等平台，听众只需轻轻一点，就能与广播节目中的主持人、嘉宾及时沟通。而对资讯广播节目主持人而言，更应该对这一优势加以充分利用，通过主持人的适当反馈，使听众建立“约会”的意识，对节目、对主持人有所期待，从而长久地“锁定”某一节目。①

2. 时政类资讯广播节目现状

（1）什么是时政类资讯广播节目

提到时政类资讯广播节目，我们不妨先从什么是资讯说起，它和新闻是一回事吗？在我国新闻学术界，最权威的“新闻”定义是1943年由陆定一提出的“新闻，是新近发生事实的报道。”新闻强调时效性，在报道时严格遵循以客观事实为基础的原则。而“资讯”的范畴更广一些，是指使用者因为及时获得它并利用它而能够在相对短的时间内给自己带来价值的信息，包括新闻、供求、动态、技术、政策、评论、观点和学术等范畴，时效范围远宽于新闻。可以说，今天的新闻明天不再是新闻，但今天的资讯明天也可能作用依然。

而对于“时政”，《现代汉语词典》给出的定义是“时事政治的简称，主要表现为政党、社会集团、社会势力在处理国家生活和国际关系方面的方针、政策和活动。”由此我们可以总结出，时政类资讯就是某个时段发生的国际时事所产生的带有社会价值的信息，具有从国际局势出发、纵览全局、概括性比较强、从大局出发等特点。因此，本文所要研究的时政类资讯广播节目，包括了以时政新闻为主要内容的播报、评论及谈话节目，而这一范围也符合目前资讯广播节目的基本样态。

（2）时政类资讯广播节目现状

目前，无论是国家级广播电台还是各省区市级电台，资讯节目都是不可或缺的重要组成部分。我们先以中央人民广播电台的第一套节目“中国之声”为例。“中国之声”于2004年1月进行改版，定位于“资讯综合频率”，改版伊始，节目的信息量、时效性和评论力度就得到了显著加强，这种全天候不断滚动刷新的资讯广播节目以前卫的理念、清晰的定位以及亲和的风格引起了听众的广泛关注和业界的浓厚兴趣。

2005年9月28日，中国国际广播电台推出了以报道国际资讯为主的“环球资讯”频率。作为中国最权威、最快捷的国际资讯提供者，“环球资讯”集合国际台独特的资源优势和语言优势，实现新闻的即时滚动播出。几十家驻外机构遍布全球，61种语言网罗天下，全天24小时播音。该频率定位于“世界在你耳边”，资讯内容涉及时政、经济、生活、文化、体育、娱乐等各个方面，为听众提供及时迅捷的新闻资讯。

整体来看，这两家以资讯节目为主打的频率都已经拥有了不少名牌栏目，例如央广的《新闻与报纸摘要》、《全国新闻联播》、《新闻纵横》，再比如国际台的《第一资讯》、《直播

① 胡越强：《我了解的类型化音乐广播》，《中国国际广播电台网络电台内部培训资料》，2008年7月。

世界》、《环球媒体浏览》，等等。这些栏目不仅收获了良好的口碑，形成了相对固定的听众群，也使时政类资讯广播节目的“江湖地位”得以巩固。然而，在快速发展的同时，当前时政类资讯广播节目的一些问题也逐渐暴露了出来。

3. 时政类资讯广播节目主要存在的问题

（1）海量信息 VS 无效重复

无论是央广的《全国新闻联播》，还是国际台的《第一资讯》，在这些节目结束后，出现的都是“整点新闻”这个板块，而这一板块有相当一部分是和前面几个小时的播报内容重复的。另外，目前这两大资讯频道全天的新闻也有不少会重复播出，例如，2013 年 2 月某一天早中晚三档《第一资讯》中有关欧洲“挂牛头卖马肉”的报道，是完全相同的内容。新闻，是变动的信息，所发生的事件每时每刻都在发生着变化，如果一味重复，必然影响节目的传播效果。

（2）内容为王 VS 一味迎合

时政资讯往往容易做得很“硬”，使听众产生距离感，可在“内容为王”的今天，一旦想往“软”了找补，却又容易偏离正轨。例如“中国之声”2004 年 4 月播出的一期《晚报浏览》节目中，当提到美国有个亿万富翁征婚时，主持人竟提醒中国妇女注意该消息。类似这样的情况其实并不少见，初听到时也许会逗您一笑，但是这样的节目内容与街头的花边小报又有什么区别呢？一个好的节目品牌绝不是一天两天就能形成的，它需要几年甚至十几年的运作才能最终成功，而如果想要破坏这个品牌，一分一秒也许就能办到。我们提倡轻松活泼的播报风格和形式，但轻松活泼绝不意味着媚俗与低级，每一个广播人都应该意识到：我们所播报的内容一经传出，便无法收回，一味迎合受众，最终只会失去受众。

（3）竞争激烈 VS 过度互动

面对激烈的竞争，如何留住听众成为了每个主持人需要思考和做足功课的问题，但凡事都有度，与听众的互动同样不能走向极端，过多的互动反而会破坏节目的完整性与连贯性，不利于听众的持久收听及其对节目内容的整体性把握。如北京人民广播电台交通广播的节目《一路畅通》，原本该节目的主要内容应该是对交通资讯的介绍以及对路况的播报，而近些年主持人往往在节目中插播大量的短信，内容多以调侃为主，信息量很少，加之该频率广告越来越多，不少听众反映“在广告和主持人贫嘴里插空听听路况”，严重损害了节目质量。所以说，互动只能是一种手段，绝不能取代内容，不能将节目内容湮没在大量的“热闹”的互动中，这样只能事与愿违，损害节目本身。

二、时政类资讯广播节目主持人的主要问题

1. 节目主持现状——语言质量不高，游走在“板”与“水”之间

播音主持是一项创造性的劳动，它的任务是把稿件中的文字或者主持人想要表达的思想内容，转化成明确的有声语言，主持人在进行这项转化工作时，是简单地出声念字，还是像说话般顺其自然，或者是经过一系列的准备、酝酿，将自己的思想情感运用多种表达

方式，形之于声呢？毫无疑问，答案应该是第三个。主持人的语言表达可能出现形形色色的问题，就时政类资讯节目的主持人而言，比较容易出现的是两种极端现象——“板”或“水”。

一提到字正腔圆的时政新闻播音，主持人往往会不自觉地把自己放进“框框”，一本正经地念稿子，搞不好就会给人以“呆板生硬”的印象。于是，一些人开始“纠偏”，明明手中拿的是一些严肃性新闻的稿件，播报出来也是油腔滑调、随意发挥，以为这样就拉近了与听众的距离，殊不知过犹不及。还有些主持人准备不充分，只能说些无关痛痒的话以耗时间，必然使节目越做越“水”。

导致这类情况出现还有一个客观原因，就是目前国内的资讯节目不再是“纯播报”性质的，而是加入了主持人评论、对谈，乃至与记者或嘉宾交流的多种环节，“播中有说，说中有播”。这就意味着我们的播音员、主持人必须具备比过去更灵活更全面的驾驭节目的能力。播音员、主持人都是依托节目存在的，节目在改革创新，机制也在改革创新，那么理所当然对播音主持工作提出了新的要求，主持人们必须与时俱进。

2. 哪些原因导致了“板”或“水”的表达

(1) 节目定位不准确

想要做出一档风格鲜明、广受好评的优秀节目，首先要明确节目的定位。节目主要关注哪些方面？几点播出？做给什么人听？这些问题都要考虑，只有这些问题明确了，你才知道你需要的是什么样的主持人，主持人也才能有的放矢。在笔者的工作实践中，曾听朋友抱怨这样一件事：他是一档资讯类节目的主持人，该节目有一个板块是与专家连线，就时政热点问题展开讨论。在某期节目过后，他见到了领导甲，甲指出他连线时间过长，与专家的交流太专业，听众会听不懂；正在这位朋友惴惴不安时，他又遇到了领导乙，后者对他的连线大加赞赏，表扬他时政知识丰富，提问非常专业，让他再接再厉。这位朋友感到很纠结，而这里体现的正是节目定位不准确给主持人带来的困扰。

(2) 专业知识不到位

大多数主持人也许不会犯张冠李戴之类的低级错误，但在遇到拿不准的地方时往往会选择东拉西扯，试图分散听众的注意力，殊不知有时“欲盖弥彰”，并且在语言表达的过程中加入了大量的无效信息。另外，还有些主持人虽然肚子里“有货”，却无法准确、简练、清楚地表述自己的思想和观点。在节目主持过程中，或者是废话连篇，或者是说一些含糊其词的话，甚至部分主持人说了很长时间也没有清楚地表达出自己想说的内容，这些都会导致节目拉拉杂杂，不够精致。

(3) 与记者、专家的有效沟通不足

时政类资讯节目，因其内容的严肃性和专业性，对主持人的要求更为严格。在节目开始前，主持人应该和参与节目的专家、记者作好交流与沟通，大致明确节目中将涉及的问题，但有些主持人却忽视了这一重要的前期工作。笔者认识的某位主持人，她的节目的准备工作全部由编辑完成，她只负责直播时的主持。某次节目结束后，嘉宾向编辑抱怨，原本沟通好的内容条理清晰、深入透彻，可是主持人却在直播中忽然谈到了在当时比较敏感的话题，让嘉宾非常难办。

三、当前时政类资讯广播节目主持人应该具备的能力

1. 精心的准备

备稿，分为广义备稿和狭义备稿两方面。广义的备稿是指平时的不断学习和积累。作为一名时政类资讯节目主持人，更要对国内外形势、党的一系列方针政策，做到全局在胸，见微知著。在平时的生活中，不断充实自己，让自己的知识面丰富起来，更好地完成节目任务。狭义的备稿，则是指播音主持之前的具体准备过程了。实践证明，认真备稿，是提高播音质量的重要环节。特别是在时政新闻中，常会出现一些拗口的地名、人名，如果不备稿，很容易“栽跟头”。笔者曾听到某频道的主持人在念到“日本王子造纸公司”这个名字时，由于平翘舌处理不当，在“王子造纸”这几个字上反复念错，来来回回共念了四五次，依然没念明白。如果他那天认真备稿了，这个情况应该能够避免。此外，对时政类资讯节目主持人而言，在每次直播前，对将要播报的内容作一个大致了解，知道其背景及大致走向，同样也是非常重要的。

2. 准确的表达

(1) 把握节目节奏、引导节目进行

对节奏的把握主要来自两方面：一方面是具体的每条新闻的播报节奏，另一方面是整个直播报道的节奏。前者主要是指主持人的播音速度、每条新闻之间的间隔时间，更多地体现的是主持人的播音主持业务素质。而后者提到的整个直播报道的节奏则包括每个时段新闻条数的安排、直播间嘉宾访谈和插播新闻交替的频度、直播间嘉宾话题转换的频度、插播片头片花的频度等。另外，从传播学的角度来说，任何一个新闻事件发生后，都会形成并建立起一个“场效应”，吸引受众对事件本身倾注持久的热情，在重大新闻事件发生的时候表现尤为明显。[①] 所以，广播在对这一事件进行播报之后，应继续关注于后续性的最新情况的报道，满足听众对新闻事件的最后发展的了解，而不应该浅尝辄止。这样难免令人意犹未尽、产生遗憾，所报道的事件也是零碎而不完整的。

(2) 与记者、专家连线，与观众的互动

《怎样当好新闻记者》一书的作者杰克·海敦指出：“大约有90%的新闻是部分或全部以访问，也就是向别人提出问题为基础写成的。”美国《塔尔萨论坛报》记者鲍勃·福尔斯曼也曾说过：“不善于访问是绝对当不好主持人的。”他们的话充分表明了采访提问对于主持人而言的重要性。主持人的提问是一门学问，在谈话类节目日益风行的今天，能否有效深入地提问，是衡量主持人成功驾驭节目与否的重要标准。

与此同时，主持人应当有自己的观点，而不能只是重复听众留言或是简单归纳梳理专家、学者们的观点。主持人当然是应该在节目中起串联、烘托、造势的作用，虽然不在节目中充当主要角色，但应该成为贯穿节目的灵魂，如果能起到画龙点睛的效果当然更好。这对主持人提出了更高的要求。

---

① 王锡松、甄学宝：《中国之声：让受众选择广播》，《中华新闻报》，2004年4月14日。

（3）冷静应对突发情况

媒介传播技术的进步实现了新闻直播的常态化，其中，对突发事件的同步直播是新闻报道中最鲜活的节目样式。由于突发事件事发突然，通常采用临时中断正常播出节目，以现场和演播室报道为主要内容，组织不间断、不定时长的现场直播。新闻节目主持人在第一时间被推进突变语境中，在信息匮乏和事件的未知变化中，新闻节目主持人要有驾驭突发事件的能力。① 对于时政类资讯节目主持人而言，重大、突发新闻事件的直播同样也是最具挑战性的。面对突发新闻的发生，主持人应在最短的时间内与导播、编辑、记者集体制定播出方案，了解新闻发生的国际国内背景，感受并把握现场的氛围，了解并预测新闻发展的趋势，牢牢把握现场新闻的若干重要环节。

（4）避免刻板

照本宣科式的播报早已被时代所淘汰，想要在众多同类型的节目中脱颖而出，主持人一定要敢于表达。而如何将国家政策、国际风云变幻等“硬新闻”通过主持人的有机传播真正灌输到听众的耳朵里、心里，是主持人水平的真正体现。笔者对昔日凤凰卫视资深评论员杨锦麟主持的《有报天天读》印象深刻。如果以专业水平来看待，杨先生的普通话恐怕是“三丙”水平，但他胜在了表达方式和表达内容上。在节目中，杨锦麟充分利用电脑网络，汇集来自世界各地的报刊信息，眉飞色舞、嬉笑怒骂，敢于在时政资讯中加入自己的态度和观点，令人过目难忘。

另外，主持人的表达技巧也要根据受众的不同，作出适当调整。比如说，收听晚间时段资讯的人有不少是辛苦了一天的上班族或者临睡前的老人，这就要求主持人语速不要过快，要让人听得清楚、听得明白。以日本 NHK 的经典节目《广播深夜便》为例，该节目的特点就是“语言规范、清晰，在中、高龄听众中有信赖感……在播出突发性新闻时能够做到沉着冷静。”②

（作者单位：中国国际广播电台新闻中心）

① 陆锡初：《突发性新闻节目主持人的素养》，《新闻爱好者》，2009 年第 3 期。

② 张采：《日本广播概观》，中国广播电视出版社，2001 年 6 月，第 179 页。

老挝语多媒体传播的播音主持风格及技巧

倪宏伟

中国国际广播电台（以下简称国际台）开播70多年来，老挝语部一直是对象国受众认识和了解中国的重要媒介桥梁。如今，国际台老挝语广播已经具备三种基本传播形式：一是传统短波广播，即1956年12月16日开播的短波广播节目；二是在线广播，即2003年12月18日正式推出的国际在线老挝语网站；三是城市调频，即2006年11月19日开播的万象FM93整频率落地调频广播节目。随着多媒体发展而产生的不同传播方式，对老挝语播音主持工作提出了新的要求。如何适应各种媒体形态的播音主持工作，成为一名国外听众喜爱的主持人，笔者拟就此谈些想法。

一、各种形态广播的播音主持都必须具备的基本要求

无论是老挝语短波广播、在线广播还是城市调频，都要求播音员（主持人）精通老挝语，发音标准。由于老挝语是一种拼音文字的语言，对发音要求特别高，只要声音稍微不准，国外受众就会听不懂或者理解错误。

老挝语属于汉藏语系壮侗族泰老语支，是老挝主体民族——老龙族的语言，全国有80%的人说老挝语。老挝语的语音语调比较接近我国华南沿海地区的方言（包括潮州话、闽南话、客家话），发音舌头部位靠前，声音柔软动听。由于老挝语的个别音素发音在中国普通话里没有相应音节，导致我国北方出生的播音员掌握这种语言的个别发音时比较困难。这里重点谈一谈老挝语发音的难点：

1. 复合元音长短音区别

复合元音有3对，每对发音部位相同，但长短音不同。发音时由第一个元音向第二个元音的发音部位滑动，但不完全达到第二个元音的部位。掌握老挝语中长短音和气流长短的差别非常重要，相互混淆就容易导致意思完全不一样。例如“国家主席和总理分别会见了老挝主席朱马利”新闻里的词语“分别”就要念长音，如果播音员不小心念成短音就变成“椅子”的意思了。

2. 辅音的清浊之分

老挝语的清浊音是舌中部贴住硬腭形成阻碍，而清辅音则是舌后部隆起贴住软腭形成阻碍。这两个清浊音在老挝语中经常出现，我国北方人发不好，如把正确发音的清音念成浊音，单词“伯母”就会被国外听众理解成“疯子”；把浊音念成清音，意思就从“好”变成“打”。作为一名合格的播音员必须要把这四个字母念得标准、正确，否则容易让国外受众造成对稿件原意的误解。

在平时工作中要注意的播音难点还有很多，像以上例子中的错误发音很容易让国外受

众收听后不理解，进而影响传播质量。打好外语基础，克服自身不足和母语语言习惯的影响，完全掌握老挝语标准发音是各种形态广播播音主持都必须具备的基本功。

二、不同媒体形态之特性与老挝语播音主持的技巧和风格

1. 短波广播

短波广播是自国际台成立以来最基本的传统媒体传播方式。短波依赖电离层反射而传播造成了信号的不稳定性，直接影响到收听效果，因而更加要求播音员发音清晰，字正腔圆，语速均匀。此外，国际台短波广播长期以来播音员惯用的有稿播音，使得感受和情感的表达只能渗透在字里行间，呈隐性的潜交流状态。这里重点谈谈新闻资讯类节目的播报。

“叙事清楚，且用中立的立场说话”是播报新闻节目的基本特点。新闻、评论等节目内容事实和信息性较强，播音员的气息相对来说也要比较平和、平稳。此类稿件一般来说都比较简洁、清楚，播音时须掌握六个要点：划分层次、概括主题、联系背景、明确目的、找出重点、确定基调。播音过程中应注意以下几点：

（1）加强老挝语言的逻辑性

从老挝语语法关系上找出换气的位置。老挝语的句子是用词和词组构成的能够表达完整意思的语言单位，分为单句和复句两大类。在念冗长的复句时，要运用好老挝语语法中关联词的停连和重音技巧，使语句和语意更加顺畅、清晰、明确。句与句之间的逻辑关系要表达得严密，使段落与层次间的内容更加集中，这样在念长篇稿件的时候才能自始至终地保持一定力度、不减不衰、声音贯通。

（2）注重播报新闻的连贯性

广播新闻节目中的句子要比老挝语的口语长，结构也比较复杂啰唆，间歇时间比口语少而短。所以要把每个新闻句子播报得完整并且有层次，就必须按照句子的结构和层次用气，不能因为中途念稿件感到气息不够而停下来吸气，这样容易破坏整个句子的完整性、句子与句子之间的紧凑性和句段之间的连贯性。新闻播音员必须学会补气、偷气的技巧，才会在最短的时间里、用最简洁的语言、用最快的速度把真实的信息传播出去。

（3）把握播报新闻语感的节奏

播报新闻的语感节奏最好是语气平稳和语流紧凑，如果把握不好节奏感，最容易出现的问题就是“一种语调”，不紧不慢，毫无理解，漫不经心，缺少语言中的重轻音变化。新闻播音员在播报新闻类节目时一定要有“精气神”，保持热情洋溢的状态。在新闻的结尾段，也是对新闻事实的补充，声音运用可在中声区稍下部分，稍偏低些，提示听众快到新闻结尾的感觉。

（4）新闻内容决定播音时的语气和语调

大多数的新闻播报应采用顺畅、平稳的语调，也有一些新闻可以根据内容略带感情色彩，例如播报中国运动员奥运夺金的消息，可以用明快节奏，体现出积极向上的精神；又例如2008年汶川地震等国内外的自然灾害事件，播音员就要语气沉重、声调缓慢；在播

报有关2012年10月柬埔寨西哈努克国王去世的新闻中语气要略带忧伤和沉痛的声调。

播报新闻资讯类节目，除了保持语音、语调和节奏上的平稳从容外，还可以重音停顿的方式突出稿件内容所表达的时间、地点、人名、数字等新闻播报的几点要素，但又不能使播音语调过于强调和突兀，以免给听众一种大起大落、拿腔作调的感觉。

2. 调频广播

城市调频广播具有音质优美清晰的特点，这是传统短波广播无法比拟的优越性。城市调频广播可以为受众提供音质优美清晰的精彩节目。它要求播音员播音时语速、语调快而不乱，凸显时效性和简洁性，节目主持基本上呈显性状态，包括个人用语和与听众的交流，个人的感受，情感的流露都比较直接。这就更加要求面对不同风格的节目和不同类别的稿件内容，播音员应该通过不同的播音技巧，比如声音、语调、语气和气息来表达不同的内容，传达不同的思想感情。

(1) 新闻资讯类节目改为“说新闻”

老挝国家电台是老挝政府唯一对外传播的国际电台，新闻播音员在主持新闻资讯类节目的报道时，播报流畅，语速快而不乱，停顿间隙短，和主持语速较缓慢的专题节目节奏不一样。由于中国的老挝语播音员毕竟是用外语作为语言工具，不是自己的母语，所以和老挝本土播音员相比，首先必须强调语言发音的标准性，其次才要逐步学习对象国家的播音员主持风格，力求接近当地民众的收听习惯。

在2006年老挝万象调频台开播后，播音员的主持风格尤其是新闻播报相对短波广播更倾向于“说新闻”，逐渐从长期有稿播音转变成口语化的半脱稿方式，在字里行间渗透着播音员对新闻的理解，并且把这种理解和感受真切地传达给国外受众，使他们与播音员达到互动的效果。

笔者编辑和主持的新闻资讯类节目《CRI广角》，改变了播音主持多年来照稿念新闻的死板风格，采用“说新闻”的轻松方式，向对象国受众讲述国内外近期热点大事趣事，还用自己的观点加以评论，用主持人的视角引导受众对国内外大事的特别关注。内容的新颖加上主持人自然朴实的播音风格，使听众产生亲切感，愿意收听下去。此类节目播出后就收到较好反响，国外受众多次打电话要求在这档节目里点歌，甚至有些听众多次打电话来说希望这档北京的节目能实现直播。

(2) 文化和音乐类专题节目要以情动人

当播音员主持文化和音乐类的专题节目时，无论短波还是调频广播，都要以真情打动对象国受众，因为只有真挚情感的流露，才能打动国外听众的内心世界。多年来笔者相继主持过不少的文化和音乐类节目。

专题《中国名片》介绍中国的文化、地理和历史人物，《文化大观》向国外听众讲述中国古代谚语、成语故事，针对这样的文化类节目，笔者认为在播音过程中除了充分理解文化内容外，最重要的就是要情真意切，用丰富的叙述故事特点的声音缓慢而又充满感情地向国外听众展现中国博大精深的文化历史。

笔者主持的音乐类节目例如《影视金曲》《占芭世界》《民族音乐》《轻松周末音乐》《晚安万象》和《生活周刊》等，有的音乐节目是纯音乐介绍，有的则是在和听众聊天互动的过程中说出人生的一些真谛和哲理。这样的播音主持风格多数是除了本人要对音乐有喜爱之情外，还要在节目的音乐评述语言中加上个人观点，对音乐作出恰当而又深刻的诠释，用舒缓、生动的声音艺术来传递音乐内涵，并且在音乐的衬托下讲述人生感悟。

(3) 科技和健康服务类节目要严谨和生动

科技健康类节目知识性强，播音主持必须读懂稿件的精髓，掌握相关知识点，不断完善自己的知识面。如果不了解科普方面的知识，就无法播出有感染力的稿件，难以令国外受众信服，甚至产生反感。比如《科技与生活》一期节目《植物的感情》，《健康之友》栏目中播出的《谈谈人体内所必需的六大营养素之一——维生素》，首先播音员要先了解自己主持节目所涉及的知识领域，了解多一些，播音时就更加生动形象，不会出现一知半解、误导听众的现象，做节目时从容自然，心里踏实。

科技健康类节目的播音语言通俗易懂，趣味性强，具有实用性，声调要平缓流畅，语音沉稳，透着说服力，让老挝受众在学习科普健康知识的同时掌握更多的生活常识。

(4) 情感娱乐类的专题要“轻松愉悦地对话”

老挝语部品牌节目《93 工作室》和《音乐礼品卡》是由中国资深播音员和外国专家共同主持的轻松娱乐节目，笔者相继和四位外国专家共同主持过这两档节目，从中学到更多的播音主持方面的知识。尤其是品牌节目《93 工作室》，中国和老挝两位主持人均须具有良好的口头表达能力，聊天时让对象国受众听得明白和清楚，即使脱稿即席发挥，也能出口成章，应对自如。

笔者曾和老挝知名主持人在录制这个节目的一期《老挝人为什么崇拜大象》时，专家介绍说大象与老挝这个国家的关系十分密切，因为古代老挝是大象聚集的地方，那时大象在老挝是运输工具，也是作战工具。老挝古国叫“澜沧国”，也被意译为“百万大象”。当今在老挝，大象仍然是民间传统的力役动物，尤其是在道路崎岖不平的山间丛林。笔者马上就用娴熟的老挝语告诉专家说，在老挝语中，大象被喻为高大和强壮，尤其是大象中的稀品“白象”，更被老挝全国人民所崇拜，视为“吉祥兽”，预示着即将有祥瑞降临人间。然后即兴发挥，聊起笔者曾在老挝留学时听到的一个故事，那就是：在老挝历史上有过因为争夺白象而引发周边国家入侵老挝的真实事件。节目结束后，专家连连夸奖笔者如此了解老挝的风土人情，并且信手拈来用上这个故事。轻松愉快的对播加上生动的历史故事，让这期节目的播出效果更加精彩，给国外受众留下了深刻的印象。

笔者和老挝知名主持人在合作中产生了默契，相得益彰，通过轻松欢快的对话向老挝听众介绍生活气息浓郁的节目内容，在优美音乐的烘托下拉近了主持人和当地受众的距离，让他们从节目中感受温暖和亲切。

3. 在线广播

在线广播是现阶段媒体的主流传播形式，也被称之为网络视频对话直播和录播，特点是不可逆性、不可修改性并且和音频同步，是对传统播音方式的一种突破。

在线视频节目要求播音主持人要有镜头感，主持风格自然流畅，凸显个性特点与气质，其中包括行为举止和有声语言在镜头前的表达，通过主持人对语词、语气语调和节奏等的选择、调整和把握，通过屏幕立体传播方式向国外受众展示节目内容。

在2005年中国—东盟博览会和2010年上海世博会上，国际台采用了多语种、多媒体的联合报道，其中要求老挝语部播音员现场主持直播大会盛况，用无线广播、国际在线多语种网站等多媒体形式，同时向对象国传播正在发生的资讯信息。经过多次的在线广播报道活动，在老挝当地进一步提升了国际台的影响力。老挝国家电台资深播音员和中国播音员共同主持，充分发挥了外籍播音员的母语优势，同时也给了中国播音主持非常好的学习提高机会。播音主持不仅能够提高外语口语的表达能力，还在网络视频的工作中展现出个人形象的外在表现力，这在传统广播中是无法实现的。

国际台的直播节目由于不带任何加工痕迹，带给听众的是最本色、最自然、最真实的感觉，被视为一种“最具本色魅力”的广播形式。现阶段，大多数传统的播音员还不能完全适应新媒体的发展，受众对网络主持人的总体评价还不是很高。那么，在未来的网络视频工作中，外语播音员除了要转变传统的播音思路，适应新的播音领域，驾驭外语的多方位表现形式外，还要尽可能地去对象国家学习进修，提高主持口语水平、各方面的综合素质以适应网络视频直播和录播的要求。

三、未来播音主持的类型化角色转换和定位

谈话类节目是国际台主流广播节目形态发展的趋势，它要求传统播音主持人尽快完成角色转换。主持人不但要有启发式的谈话，还要学会如何倾听、迅速判断和回应，这样才能把节目做得生动活泼。而目前我们的非通用语播音主持，由念稿过渡到说稿，严谨规范但轻松活泼不足。就笔者而言，可以从以下几个方面逐步完成角色的转变：

1. 认真倾听是前提

对于直播间的嘉宾或是拨打热线电话的听众，真诚倾听是对他们的尊重，国外受众只有感觉到主持人是在真诚倾听他们的表达，才会讲出自己要说的话语。真诚对待每一位嘉宾和参与节目的国外受众，是谈话类节目播音主持所具备的基本技能。

2. 快速捕捉现场声音

要排除分散注意力的各种消极因素，在专心倾听的同时，要对所倾听到的内容充分理解并加以记忆，让这些记忆体现在接下来的谈话中，这样既表达了对访谈者的尊重，也使主持人显得亲切自然，节目妙趣横生。

3. 灵活串接和思考

在用心倾听被访者的谈话后，及时思考并且用灵活机智的话语进行巧妙的衔接和贯穿，起到“穿针引线”的作用。通过思考去发现更有价值的东西，适时引导、发掘、追问，充实丰富节目内容。

4. 挖掘节目的宗旨

播音主持的思维要走在嘉宾和参与节目听众的前面，在听的过程中，准确理解对方观点并迅速作出回应，步步把主题引向深入，引领嘉宾和听众完成节目策划的意图，使谈话节目的深度、力度和社会影响力得到最大体现。

总之，作为对外广播的媒体人，播音主持工作就是个人综合素质的体现与浓缩，它与

节目的质量息息相关。外语播音员除了不断提高外语的翻译和播音工作能力外，还应注重自身潜能的开发和基本素质的综合训练。厚积才能薄发，面对新形势和新挑战，播音主持唯有在长期的播音主持实践中根据不同的节目类型有意去培养“角色意识”来满足对象国受众的多种需求，才能达到最佳的传播效果。这样，感知于心，形之于声，达之于外，才能游刃有余，为 CRI 和 CIBN 在新时期多媒体传播形势下的发展增添更多的活力。

（作者单位：中国国际广播电台老挝语部）

浅谈做好匈牙利语广播播音工作的经验与体会

张　辉

中国国际广播电台（以下简称国际台）近年来开始对节目播出方式进行改革，即国际台各语言部门的播音员要一改那种带着外语稿件进录音间，以“念稿”为单纯主持节目的方式，逐步向直播以及访谈类节目制作方式改变。这对于外语播音员的外语水平、应变能力、知识素养以及播音水平提出了更高的要求。作为国际台一名年轻的外语播音主持人，笔者在实际的工作中摸索出一些提高匈牙利语播音水平的方法，抛砖引玉，希望与其他年轻同行一道探讨如何提高自身的外语播音主持水平。

一、热爱播音工作

我们作为外语专业毕业的大学生，进入国际台工作并接触播音主持工作，对我们来说是一个全新的，同时也是未知的领域。中国古代教育家孔子曾经说过：“知之者不如好之者，好之者不如乐之者。”做好播音主持工作的前提是我们要热爱这份工作。

如何培养对播音主持工作的愿望和兴趣呢？笔者认为，用情去播音，用心去和听众交流，让自己真心地喜欢这项工作，对于我们培养对工作的愿望和兴趣有着极为重要的意义。我们的播音主持工作是在录音间里完成的，面对的是电脑和录音设备，听众在遥远的欧洲。播音间里虽然没有听众面对面的交流，但是只要心中有听众，想他们所想，千方百计从听众的需求出发，充满热情地与听众进行交流，去播送每一篇广播稿，去主持每一档节目，我们的声音通过电波传送出去，就能打动听众。作为一名播音员，每当想到远在几千里之外的欧洲朋友，通过收听我们的节目了解了中国的发展和中国的历史文化，甚至可以带领他们到中国各地去“旅游”，让他们在声情并茂中感受中国的名胜古迹，我们的节目变成了听众了解中国的窗口，作为播音主持人，其自豪感是不言而喻的。

听众在收听了我们播出的节目后会以来信的方式与我们交流。通过他们的信件，我们便可以感受到听众在收听节目时的想法和体会。一名成功的广播节目主持人，应该善于通过听众的反馈去了解他们的需求，通过研究不同受众群体的收听需求，制作出更多适合不同听众口味、不同风格的广播节目。

二、正确理解稿件

在工作中，我们通常的做法是带着已经编辑好的稿件走进录音间并把它播发出去。笔者认为，一篇稿件，无论是新闻类还是专题类，要想播好，前提是要准确地理解稿件的内容。这里说的“理解”，不仅仅是简单的将稿子念熟，播音的时候不出错误。我们需要做到的是，了解这篇稿件内容相关的所有背景知识。只有完全把握了稿件内容的所有内涵，我们在播音时才可以更有把握地将相关的新闻事件内容传递出去，这样的播报会更加有把握和更加自信，从某种程度上加强了信息的权威性和可信度，避免了枯燥地“念”稿子。

作为新闻类广播节目播音员和主持人，我们应该每天关注国内外发生的各种重大事件和突发事件，培养自己的新闻敏感度。很多新闻之间是有连续性和关联性的，我们应该保持持续关注，把关注新闻事件当成自己的职业习惯，对各方面新闻的背景知识进行研究，搞清楚各类事件之间的关系和历史渊源，只有这样，我们才会避免简单机械地播报，成为一个有职业素养的播音员和主持人。

比如大家熟知的巴勒斯坦和以色列冲突问题。巴以冲突是中东地区冲突的热点之一，冲突的背后隐藏着深刻的历史根源，既有宗教的、民族的因素，又掺杂了大国干预等外部因素，各种因素互相影响、激化，使得巴以冲突的复杂性非同一般。其中，两个民族对同一块土地提出了排他性的主权要求是根本原因。犹太移民定居点问题和耶路撒冷的地位问题则是巴以和平之路上的严重障碍。这些问题若不解决，巴以冲突就不会停止，中东也难以实现真正的和平。在此我们不讨论政治、历史问题，仅就新闻本身而言，相关稿件的特点就是有很强的联系性和连续性，如果不了解相关的背景资料和知识，那么我们在涉及相关稿件的时候，就只能是简单地读出来而已。相隔万里的听众本来就看不到我们，如果听到的声音也是枯燥无味的，就更不会对我们的节目产生兴趣。

此外，笔者认为，作为国际台的广播节目主持人，还应该注重平日的知识积累，多涉猎政治、经济、文化等方面的相关知识，这些知识可以为我们的工作提供更多的营养，对提高播音主持水平是极其有利的。可以肯定，一个知识渊博、文化功底扎实的播音主持人，其播音主持的节目不会是平淡乏味的，相反，一定是充满魅力和吸引听众的。

三、熟练掌握和运用播音语言

由于我们的工作性质是使用外语进行播音工作，因此，熟练掌握这种语言就显得尤为重要，我们在平时的工作中，要不断加强语言方面专业素质的提高，以保证播音工作的顺利进行。

以匈牙利语为例，匈牙利语被认为是世界上最生动、最美妙的语言之一。语音的明显特点是元音和谐现象。元音按发音部位的不同分 3 类：后元音、前圆唇元音和前展唇元音，后元音和前圆唇元音一般不同时出现在同一个词中；辅音丛很简单，而且很少出现在词首。单词重音落在第一个音节上。匈牙利语属黏着型语言。语法范畴通常用加后缀的方法表示；名词有数和格的变化，无性的变化；形容词和数词做修饰语时无须跟被修饰语一致。匈牙利语的日期按年、月、日次序，姓名是先姓后名，与汉语同。匈牙利语中没有前置词，表示从属关系由格的形式来体现。这两个明显特点反映了匈牙利语简明、概括力强的特点。词汇中有来自突厥语族、高加索语系，以及罗曼语族、斯拉夫语族的借词，现代有来自西欧语言，特别是借用了不少德语词汇。匈牙利语文字采用经过修改的拉丁字母，并使用一些变音符号，如加符号表示长元音等。

由于匈牙利语长短音分明，我们播音和主持节目的时候，如果该长的发音读短了，该短的发音读长了，或者该发浊音的地方发成了辅音，这些错误都会使听众无法听懂，造成意思的混乱，甚至可能造成不良的影响。

另外，匈牙利语的清浊辅音和长短元音往往听起来区别不是很大，但是以匈牙利语为母语的听众却能非常敏感地感觉到我们的发音是否正确。要做到准确无误，就一定要明确每一个音的发音部位和发音时的口型。比如我们每天节目结束时总少不了那句话“感谢您的收听”，而其中“收听”（Hallgatni）这个匈牙利语单词的过去时有两处是双辅音，我们在播音时有时候会错发成单辅音。为此，也曾经有听众来信谈及此事。由此看来，我们从事外语播音和主持的工作人员就必须要做到字音准确。没有基本发音的准确就谈不上语言表达技巧。比如匈牙利语中的颤音和非颤音就常常容易被人混淆。一种情况是，播报人能发出颤音，而在播音的时候不经意地把不该读成颤音的也发成颤音；另一种情况是播报者读不出颤音，所以把该读颤音的词读成了非颤音。匈牙利语中的“Világ”（世界）和“Virág”（花朵）两个词的差别就是前者是非颤音，而后者是要读成颤音的，如果相互读错了就很容易闹出笑话。另外还有一个例子就是“Katona”（士兵）和“Kanada”（加拿大）两个词，这两个词在发音上极其容易被人混淆，如果在播音的时候读成另外一个词，那么整个意思就完全不同了，这种错误也是在听众反馈中经常会看到的问题。因此，字音准确是对外播音和主持的必备基本条件，否则，就无法准确地表达稿件的意思。

四、匈牙利语播音中要注意的问题

（一）播音中的重音和起伏变化

重音是思想内容的要求。就匈牙利语而言，它的语言特点就是每个词、每个句的重音都在最前面，这是语言本身的规律，其他的语言也都有其自己的特点和规律。我们在实际运用中要注意不把逻辑重音和语言规律的重音混淆起来，只讲语言重音而忽视逻辑重音就无法准确表达句子的意思。

1. 掌握语言重音规律是实现准确表达的基础

匈牙利语的重音就单词而言，应当在每个单词的第一个音节，就句子而言，则在句子开头的第一个单词上。播音员要努力在最短时间内掌握这一语言规律，以适应工作要求，因为这是我们从事匈牙利语播音过程中要遵循的最基本的语言规律。

2. 确定重音

掌握重音也是匈牙利语播音创作必要的技巧。重音有词重音和逻辑重音两种。词重音就是要强调每一个单词的正确发音，而逻辑重音就是关键词的重读音节。逻辑重音的确定应该是在明确了稿件的主题和各个次要句、段落和主要句、段落的从属关系之后。在确定逻辑重音后，播音的时候就要适当提高声调，突出重要词的重读音节，句子完结时，还要读出突出词的重读音节，也就是从气息、共鸣、力度方面有所加重。重音也要避免生硬地重读，要尽量融于稿件的内容之中，也就是要让重音在运动变化的语流中自然地出现。就好像我们日常说话有起有伏、有轻有重才能让对方更好地理解，播音也有着同样的道理。

举个例子：Autóba rejtett pokolgép robbanása a szíriai biztonsági erök legalább kilenc tagjának halálát okozta vasárnap Damaszkuszban，egy rendörörs közelében-közölte az Emberi Jogok Szíriai Megfigyelö Központja.（一名警察在叙利亚人权检测中心表示：叙利亚安全部队至少 9 名成员因汽车炸弹袭击死亡，爆炸发生在大马士革。）

这是一个常见的匈牙利语句子，在平日的工作中，这样的消息比较多，句子一般都比较长，那么，在播音的时候就要注意重音的位置。在播报的时候，我们应该强调“至少 9 名成员”这里，我们需要强调这次袭击中伤亡的人数，因为这就是听众们最关心的新闻点。

3. 播音的起伏

所谓播音的起伏，就是围绕内容而起伏，随着情节的变化而变化，做到恰如其分才能给人以真实感和形象感。无论重音还是播音的起伏，都是为了更好、更准确地表达稿件的内容。

（二）语流间歇

掌握好播报稿件时的速度、处理好停顿与连接是全面驾驭播音技巧的主要环节。

1. 选定停连的位置

有的人可能认为看见逗号就要停顿，看见句号也要停顿，其实这是一种很机械的认识。在播报稿件时一般停顿有两种，一种是逻辑停顿，另外一种是心理停顿。前者是根据文章中的标点符号和语法关系处理的停和顿，后者则是根据稿件的内容、报告时的情绪处理的停顿。正确地运用心理停顿可以大大增加稿件的感染力和吸引力。

2. 主次语流

我们在播报稿件的时候，应该努力在语法规范的基础上，使停连的处理更有利于作品层次的清晰和主题的鲜明。中心部分更多地使用停顿技巧，也就是相对减少语流的密度，稍微放慢速度，让听众有回味的空间，而对非主要部分则可以使用连带技巧，顺势带过就可以了。

五、练习方法

以上是笔者总结出来的一些匈牙利语播音和主持的技巧和心得，当然，要想成为一名出色的外语播音员，最重要的还是要勤奋地学习和不断地练习。笔者认为，在练习上有以下一些方法：

（一）善于模仿

平时可以多做一些模仿训练，比如多收听本语言部门优秀播音员的播音节目或者对象国家优秀的广播节目。在收听时，可以小声跟着默念，以此来模仿这些播音员的语气语调，甚至是表达的技巧。这样的跟读可以从简单的新闻类节目开始，进而扩展到各类节目；也可以根据自己实际工作的需要，有针对性地跟读。通过这样的模仿跟读，长时间以后你会发现自己在语音语调方面，乃至在播音的技巧方面都有很大的进步。与此同时，可以把通过跟读方式学习到的表达技巧在日常的朗读中反复练习，加强学习效果。

（二）变“读”为“说”

外语播音工作和许多其他工作一样，在日常生活中，也需要我们去留心、留意。虽然我们从事的是外语播音工作，但是与国内广播的中文播音有着许多相似之处，比如同类题材文章的情感表达、句子的重音等部分。对内广播节目题材丰富，收听方便，我们可以经常带着学习的心态收听，学习其共性部分的长处。不仅仅是广播节目，电视的播音中也有值得我们学习的地方。在接触各种广播电视媒体时，应注意多思考国内优秀播音员的“说”稿技巧，并将其运用到自己实际的外语播音主持工作中去。

掌握一门外语，需要日积月累的学习；要成为一名合格的外语播音主持人，在学习外语的同时，还要掌握播音主持的技巧和素养。在笔者看来，外语播音员水平的提高没有捷径，只有长时间地去练习、去钻研、去总结，没有“速成班”，不能急功近利。因此，作为年轻的外语播音主持人要用耐心和恒心，把对外广播作为自己的终身事业，只有这样，才能成为一名真正成功的外语播音主持工作者。

（作者单位：中国国际广播电台匈牙利语部）

翻译园地

谈如何做好国际台马来语翻译工作

吕 清

近年来，随着中国国际广播电台对外宣传事业的不断发展，马来语部的对外传播工作范围也随之扩大。除了不断改进传统无线广播的节目形式，还大力发展互联网在线广播与视频、定时更新网站内容，出版杂志，甚至有时还承担电视短片的翻译等业务。马来语部的绝大部分工作需要先对中文稿件进行翻译，然后再根据翻译稿件进行广播节目和在线节目的制作。因此无论凭借何种平台进行对外宣传，最终宣传效果很大程度上取决于最基础的工作——翻译质量。要想做好翻译工作，不仅需要对中文完整准确的理解，还需要运用通顺的外语来表达，同时更需要翻译人员的敬业精神和责任心。

一、准确理解原文是做好翻译工作的前提

众所周知，翻译过程就是正确理解原文和创造性地用另一种语言再现原文的过程。近代翻译家严复先生对翻译提出的要求和原则是要做到“信、达、雅”。其中“信”，就是要求译文准确无误，忠于原文，如实地、恰当地用另外一种语言把原文翻译出来。而译文忠实的程度则取决于对原文理解的程度，评判译文就是间接评判理解的准确性。因此翻译首先源于理解，必须先对原文有准确、全面、深刻地理解之后才能着手准备进行翻译。只有读懂文章，知道文章的内容，才能挑选适当的表达方式，恰如其分地进行翻译。如果对原文内容、背景知识、深层意思不了解，仅仅根据自己熟悉的几个词想当然拼凑成句，那么翻译出来的译文有时候连自己也看不懂，更不用说国外受众了。

（一）完整理解文章含义

有些文章，文字里面的层次很多，表达的含义也多，需要多读看明意思，理解之后才能翻译。

例如，一篇新闻稿中写道：（1）文件提出创新农业经营体制，不是要去搞一个新制度，而是要在稳定和完善农村基本经营制度基础上，通过机制创新，更好地激发家庭经营的活力。（2）简言之，就是让农业经营主体与新型服务体系结合起来。（3）农户要提高集约化水平，采用先进科技和现代生产要素，增加技术、资本等生产要素投入；通过规范的土地流转，发展适度规模经营。（4）而多元化、多层次、多形式的社会化服务体系，就是要为农民提供全方位、低成本、便利高效的服务，把一家一户做不了、做起来不经济的事情做好，帮助农户降低风险，提高效益。

在这段文字中，第（1）句是全段的主题，说明了创新农业经营体系目的是为了更好地激发家庭经营的活力。第（2）句是第（1）句的补充，意在说明政府将采取什么样的创新方法。第（3）、（4）句则是对创新的两项措施作出的具体解释，即如何提高农户的生产

经营能力以及构建新型农业社会化服务体系的目的。

在翻译这段文字前，需了解原文的整体内容，准确把握主题思想，分析出逻辑重点，从而才能有层次、有条理地进行翻译。如果不认真阅读此段文字，理解清楚，翻译时很容易错译或漏译。

（二）正确理解相关专业知识

有的新闻专业性比较强，不仅需要多读几遍，还需具有一定的相关知识，才能理解其含义。

例如，“汇丰同时指出，中国地方债务逾70%的收益都流向了基础设施建设以及土地投资，而过半的债务都会在2013年年底到期；由于银行借款的期限结构与长期基建项目的投资回收周期不匹配，因此地方债务存在着流动性风险。”

这段文字说明了有两个原因造成地方债务面临风险，一个是过半的债务将在2013年年底到期，第二个是银行借款的期限结构与长期基建项目的投资回收周期不匹配。如果不能准确理解句子中所含的因果关系，也不明白“借款期限结构”、“项目投资回收周期”、“流动性风险”是怎么回事，就不能将这段文字的意思正确地翻译出来。

（三）准确理解结构较为复杂的句子

有些新闻的句子较复杂，需要分清句子结构，充分看明理解后才能翻译。

例如，（1）日本当地媒体的报道说，测出如此高辐射值的是核电站1号和2号机组反应堆所在建筑附近主排气筒下方管线的表面，（2）东电方面推测辐射源可能是存在于管线内部的放射性物质，（3）但具体原因尚在调查之中。

这段文字的结构多层次，不仅有第（1）、（2）两个并列的单句，还有第（3）一个转折复句。第（1）句的主干应该是“日本当地媒体报道测出高辐射值的是管线的表面”，“核电站1号和2号机组反应堆所在建筑附近主排气筒下方”很长一部分，其实都是“管线”的定语。而第（2）句的主干是“东电方面推测辐射源是放射性物质”，“存在于管线内部”则是“放射性物质”的定语。如果没有仔细分析句子结构，理解不到位，就会出现误译。

综上所述，要想做好翻译工作，保证译文的质量，在翻译前认真阅读中文稿件，准确理解原文的含义，是非常必要的。

二、准确通顺的表达是做好翻译工作的关键

翻译的最终目的就是为了传达“意思”、“信息”和“内容”。翻译必须做到既准确又通顺才能让人接受正确信息。准确，说的是译文内容与原文一致；通顺，指的是译文符合外语的语言规律。译文的准确与通顺相辅相成，缺一不可。如果翻译时只顾行文流畅，却不顾译文内容与原文是否相一致，即便受众看懂了译文，也得不到一个与原文内容相符的理解，这样的翻译就失去了意义；如果翻译时机械地逐字直译，貌似忠实原文，但语句不通顺易懂也不符合外语的语言规律，就会造成受众理解困难，有的甚至根本看不明白，这样的译文达不到传达信息的目的，准确也同样没有了意义。因此，只有准确达意，通顺易

懂，符合规范的译文，才能让国外受众看得清楚，听得明白，对外传播才能收到最佳效果。

（一）准确的译文能够传达正确的信息

准确传达原文的内容和思想感情，是好的译文的重要标准之一。准确的翻译需要忠实于原文，忠实于原文就是要忠实于原文主题思想、内容含义，包括数据等，也就是要求翻译出来的译文内容正确，信息完整，不得有任何篡改、歪曲、遗漏或任意增删的情况出现。

1. 译文应正确地表达原文内容

在翻译中应看清中文内容，弄明白事件发生的前后顺序，前因后果，选择适当的表达方式，将原文句子里的全部信息正确翻译出来。避免还没有看清全句意思，就机械地逐字逐句地直译，以致把原文里的意思混淆，造成翻译出来的译文含义与原文相悖。例如，新闻的中文原文是："'基地'组织北非分支'伊斯兰马格里布基地组织'头目阿布·扎伊德在马里遭到击毙之前，绑架过多名法国人。"这句话中的"之前"一词翻译成马来语时，如果是表达时间概念，应该用"sebelum"并需要前置到"遭到击毙"的前面；如果表达方位概念，则应该用"didepan"，位置不变。若不看清原文，逐字直译这句话，就会错误使用了"didepan"，翻译成马来语后，意思变成："在马里，'基地'组织北非分支'伊斯兰马格里布基地组织'头目阿布·扎伊德在绑架的多名法国人面前，遭到击毙。"由于在马来语的语法结构中，有定语和状语后置的特点，因此还要避免没有适当选择表达方式，造成译文内容错误。比如，原文是："该公司将提供免费送货上门的服务。"在将此句话翻译成马来语时，形容词"免费（percuma）"应该后置到"服务"后面去修饰"服务"，而不是放在"送货"后面去修饰"货"，否则翻译后意思就变成："该公司将提供运送免费商品的服务。"这些翻译后的句子虽然表面看起来没有任何语法错误，词汇的翻译也正确，语句通顺，但是意思与原文的含义却是大相径庭，给受众传达了一个错误的信息。

2. 译文须用词得当，准确反映原文意思

译文中最常见、最严重的问题就出在词汇的选择上。同一词汇在不同的社会环境中，不同的语境中会有不同的意思；同样，同一个意思在不同的社会环境中、不同的语境中要用不同的词汇表达。因此选择词汇需要考虑该词的含义褒贬、修辞情况、具体与抽象、反映范围的大小等，根据上下文的内容，考虑是否可使用该词，这样才能翻译出正确的译文。比如，中文里"侵犯"一词，在将"侵犯人权或主权"翻译成马来语时，需用"mencabuli"来表达，而"侵犯领土或领海"的"侵犯"则用"mencerobohi"。再比如，中文里"建设"一词的用法很多，翻译成马来语则有区别，具体工程的"建设"用"pembinaan"来表达，抽象的"建设有中国特色社会主义"中的"建设"，用"pembangunan"来表达，而"建设服务型政府"的"建设"则用"pembentukan"。在马来语中，"rantau"、"kawasan"、"wilayah"和"daerah"都有"地区"的意思，但范围大小不一样。在翻译"亚太地区"时，用"rantau"；翻译"西部地区"时，用"kawasan"；翻译"自治区"时，用"wilayah"；城市的"城区"则用"daerah"。又如，马来语里第三人称"他"，对于不同的人有不同的表达方法：对于普通人用"dia"；对于有地位或受尊敬的人用"beliau"；对于

国王或王室其他成员则用“baginda”。马来语词汇的用法，有时候从词语表面上无法作出判断，需要在日常工作中不断积累，同时勤查字典，多看马来文的报纸、杂志，才能够学会如何选择合适的词汇来反映原文的意思。

3. 译文中的专有名词翻译要规范正确

在日常翻译工作中，我们会遇到各种各样的专有名词。特别是在新闻里，人名、地名、组织机构名称、会议名称、各类头衔等基本上每篇都有。一般情况下，我们可以根据新闻中心提供的外名进行翻译。但是对于那些没有提供外名的组织、机构、头衔等，就需要注意规范性，按照固定或习惯性译法进行翻译，否则翻译出来五花八门，让受众理解混乱。例如，“基地”组织的头目“本·拉登”，原名是“Osama bin Laden”。该头目的名字其实应该是“Osama”而不是“bin Laden”，“Laden”实际上是该头目的父亲。又如，“统计局”一词，有些国家有自己固定的名称。如，中国的国家统计局是“Biro Statistik Negara China”，马来西亚的统计局是“Jabatan Perangkaan Malaysia”，印尼的统计局是“Badan Pusat Statistik Indonesia”，而欧盟统计局则是“Eurostat”。因此，不能想当然地随便翻译。特别是有关对象国的新闻，在专有名词的翻译上，更应该谨慎。对于一时不了解的名称、名词，应查资料、查该组织的网站、查找当地媒体的国内新闻，或向专家求教，避免翻译错误。

4. 翻译的数据要正确

许多新闻中含有各种统计数据，因为数字能让新闻报道更加精确、实证、有力。如果数据翻译出现错误，就起不到新闻的作用，还会闹出笑话。造成数据翻译错误的原因，一个是译者对中文不理解，如不知道“同比”，“环比”的区别，没弄清“翻两番”和“增长了两倍”的不同；另外一个是工作马虎，如原文是“三千万人”，翻译成马来语应该是“30 juta orang”（即：三十百万人）。在翻译时漏译了“百万（juta）”，就成三十人了。

（二）通顺易懂的译文更容易被接受

好的译文的另一个重要标准是通顺，即用通顺的文字，准确地表达原文中心内容和思想感情。“信、达、雅”中的“达”，就是要通顺畅达，要使译文符合译入语的语法、句法和表达习惯等，字通句顺，没有语病，让国外受众喜闻乐见。将中文稿件译成马来语，这对一个从未在马来西亚生活过，文化、社会背景，甚至思维方式都与马来人不太一样的人来说，要想翻译得十分地道，词语用法精确到位，比较有难度。这就要求翻译人员平常尽可能多地熟悉马来语的基本文法，更多地掌握马来语词汇。在翻译过程中，最大程度地摆脱母语表达方式的影响，尽可能贴近受众的思维习惯。这样，才能使翻译取得较为满意的效果。否则，“中式马来语”的译文虽然能让人基本看得懂，但是语句别扭不自然，理解起来并不顺畅。要想保证马来语翻译通顺易懂，需要注意以下三点：

首先，遵循马来语的用词习惯，保证译文的通顺。

在翻译过程中，翻译人员需要了解马来语的用词习惯，尽量运用一些符合马来语习惯的表达方法，根据马来语的特点，灵活地采用一些与中文不尽相同的词句。如，“中方希望国际社会为缅甸民族和解与经济发展创造宽松的环境。”在这里，“宽松”一词，如果简单地绝对忠实于原文，翻译成“longgar”（宽大，宽敞，松，不紧密），从马来文的角度，是不容易理解的。因此应该翻译成“bebas”。“bebas”一词有“自由、独立、解放”的含义，用在这里更能够体现出“宽松”的本意。另外，翻译人员还需要熟悉马来语固定的词语搭配模式，这样才能更大限度地避免选择词汇错误，保证译文通顺易懂。如，“大雨”、“大风”、“大雾”，中文看起来同是“大”，但是马来语却有不同的表达方式，“大雨”应译成“hujan lebat”，“大风”应译成“angin kencang”，而“大雾”应该译成“kabus tebal”。

其次，利用马来语句型的特点表达，控制句子长度。

汉语和马来语在语法、语序和句子结构上都有很大的差别，比较突出的区别是马来语习惯将定语和状语后置。因此在进行翻译的时候必须要考虑到这些方面的变化。对于句子长、含义复杂的中文段落，需要按照马来语的句子结构调整布局，理顺思路，将长句拆分，使结构上眉目清楚，便于理解，取得应有的宣传效果。

例如，“由于欧债危机和全球经济复苏脱轨的风险加剧，国际资本近来加快从新兴市场国家的股市、债市以及银行间市场撤出，回流美国本土，导致许多新兴市场国家股市动荡，货币贬值，韩国和印尼政府已经入市干预。”翻译成马来语时，整个语言顺序需要调整，同时分成三句：“欧债危机和全球经济复苏脱轨风险加剧，加快国际资本撤出新兴市场国家股市、债市以及银行间市场，回流美国。这导致许多新兴市场国家股市动荡，货币贬值。因此，韩国和印尼政府已经入市干预。”即：“Krisis hutang Eropah dan risiko kemerosotan ekonomi global semakin serius，mempercepat modal antarabangsa berundur dari pasaran saham，hutang dan bank negara-negara pasaran baharu muncul dan mengalir ke AS baru-baru ini. Ini mengakibatkan pergolakan pasaran saham dan susut nilai mata wang beberapa negara pasaran baharu muncul. Berikutan itu，kerajaan Republik Korea dan Indonesia sudah melaksanakan dasar campur tangan.”

经过这样的处理之后，不仅语言表达比较符合马来语习惯，而且内容层次也更加清楚，从而达到了让受众看了一目了然，一听就能抓住要点的效果。

最后，适当增加内容解释，保证译文易懂。

中文的词汇非常丰富，新名词、新事物更是层出不穷。一些具有中国特色的词汇，从字面上看有部分信息内容被省略了的情况。由于文化上的差异和社会背景的不同，如果仅从字面上翻译，受众是无法理解的。因此，在翻译中需要对这类词汇适当作出补充、解释，以便受众了解新闻事实。例如，“两会”、“春运”、“保障性住房”、“车号限行”等。另外，有些专有词汇，中文表达简洁明了，但是马来语中没有对应词。这类词也不能照字面意思直译，需要给予解释。例如：“本币结算”，翻译成马来语应该加以适当解释，译为“penggunaan mata wang tempatan untuk perdagangan”；“标准煤（煤当量）”应加以解释，译成“sumber tenaga mengikut piawaian arang batu”。这样，才能有利于受众理解、接受。

三、提高翻译人员的自身素质是做好翻译工作的保证

想要做好翻译工作，不是一朝一夕的事情。翻译人员首先应该做的是加强自身基本素养，具有严谨的工作作风和严肃认真、一丝不苟的科学态度。具体来说就是认真对待每一

份稿件。有不懂的地方就去查阅资料，有不清楚的句子也要花时间分析。翻译之后，自己应再检查一下，看看是否有不准确的地方需要进行修改，以保证稿件的翻译质量。其次，翻译人员还要进行大量的理论学习与实践，尽可能多阅读外语报刊杂志，浏览对象国新闻网页，多与外国专家交谈，以掌握更多外语词汇量，进一步加强对语法的了解，熟练运用外语。另外还要多关注电视和广播里的各种报道，了解国内外时事，同时还要再学习一定的专业知识，扩大知识面。只有对本国文化和对象国文化都有了解，能体会两种文化的差异，才能找到契合点，确保翻译出准确而通顺的译文，将原文中的文化信息进行有效的传播。

（作者单位：中国国际广播电台马来语部）

浅析中日两国间的词语融合

李轶豪

由于文化的交流与相互融合，语言之间也存在着相互引用、借鉴的现象。外来语言的进入丰富了原语言的表现形式，也会逐步融入其中促进原语言的发展。以汉语为例，梵语中的“琉璃”、古伊斯兰语中的“狮子”、匈奴语中的“胭脂”、藏语中的“喇嘛”、法语中的“蒙太奇”、日语中的“哲学”等外来词语，弥补了当时汉语对这些“新奇事物”表述方式的空白，经过发展已完全融入汉语体系当中。

中日两国由于地缘彼此相邻，伴随着文化交流与人员往来，文字上的相互融合可以说从未间断过。由于共同使用汉字的便利性，有的词语已经完全进入对方的语言体系。在现代汉语的口语、书面语中也存在很多日文词汇，根据词汇发展的规律，有些正在融入过程中，有些也许是昙花一现，最终会消失。笔者回顾两国通过文字的交往历史，探讨两国文字相互借鉴和引用，归纳总结其发展规律，纠正一些外来词语的滥用方式并提出对规范使用外来词语的意见。

一、中日两国文字的相互影响

1. 汉语对日本文化的影响

中日两国语言文化交流的历史源远流长，日本文化深受中国文化的影响。一千多年前，遣唐使、大量的日本留学生、僧人把先进的中国文化，包括语言文字带回了日本。

追溯汉字在日语中被使用的历史，早期日本人直接读写从中国传入的汉字。后来依据汉字创造了假名（日文中的音节文字），随着汉语的慢慢融入，也就逐渐地形成了汉字和假名交织的日语的风格。汉字在融入日语的过程中字形和字义发生了变化，同时日本人也依据汉字创造出了一些文字。这也就是所谓的“和制汉语”。比如，“财布”（中文意：钱包）、“残念”（中文意：遗憾）、“心配”（中文意：担心）、“返事”（中文意：回信）。在佐藤武义的“和制汉语一览”[①] 中，共收录了从古代到近代的“和制汉语”636个。

按照汉语进入的历史时期来划分，古代的汉语典籍、汉译佛教典籍和近代的汉译西洋书籍中的大量汉语词汇进入日语。

a. 对汉语典籍、汉译佛教典籍中汉字的吸收

日本人何时接触作为外语的汉语没有确切的时间，但是一般认为5世纪时，日本的文献中出现过汉字使用的痕迹。7世纪时，日本人使用汉字、汉语写出具有汉文风格的文章。例如，圣德太子（日本飞鸟时期的皇族、政治家）主持编写的《宪法十七条》（公元604

① （日）佐藤武义：《汉字百科大事典》，明治书院，1996年。

年）中就有“以和为贵，无忤为宗”的记载。“以和为贵”出自《论语》，以此可以认为此时开始，汉语典籍、汉译佛教典籍中的汉语进入日语。伴随着尊崇汉学的风气，引用汉语典籍中的汉字在历代都得以持续，直至日本明治时期（公元1868年～公元1912年）。

b. 对汉译西洋书籍中汉字的吸收

所谓汉译西洋书籍，指的是在中国传教的欧美传教士为介绍西洋科学，自己执笔或是与中国知识分子共同撰写的书籍。

天主教的传教士从明末（16世纪末）来到中国，其传教活动一直持续了200多年，直到18世纪中期。这段时间写的书籍被界定为“初期汉译西洋书籍”。这些书籍是用汉语写成，日本人以此来吸收西洋知识，并直接引用其中的汉语。例如“经度”、“纬度”、“温带”、“赤道”、“天体”、“方位”等词汇就在这个时期传入日本。

从18世纪中期到1840年鸦片战争前的近百年时间里，中国采取了闭关锁国的政策，所有的传教士都被迫离开中国。鸦片战争后，伴随着门户开放，新教的传教士再次来到中国传教，直到19世纪末。此段时间写的书籍被定义为“后期汉译西洋书籍”。这些书籍深受日本知识分子喜爱，并给日语词汇带来了很大的影响。“议长”、“国会”、“太平洋”、“统计”、“礼拜日”等词汇也因此进入日语。

2. 汉语对日语读音的影响

日语中汉字的发音分为“音读”和“训读”两大类。

所谓“音读”，即日本人引入中国汉字时模仿该汉字发音的读法。由于中国汉字进入日本是一个较长的过程，中国不同朝代、不同地方的发音有所差异，在日语的读音中也留下了不同的痕迹。日语中汉字的音读由于来自中国的不同地方或不同时期，又分为吴音、汉音、唐宋音（又称唐音或宋音）、惯用音四种。

吴音，是5～6世纪进入日语的汉字读音的总称，以与日本交往较多的古属吴地即中国江南地区的发音为主。所谓汉音，是指从奈良时期（公元710年～公元794年）到平安时期（公元794年～公元1192年）初期，日本派遣唐使、遣隋使和僧人前往中国学习，他们所带回的以长安为中心的北方音韵体系称之为汉音。唐音，为平安时期中期到江户幕府（公元1603年～公元1867年）末期，即中国宋朝到清朝中期，由日本僧侣和商人所带回的中国语音。惯用音，指的是汉字读音进入日本后，不属于吴音和汉音的任何规范，而发生了独特变化的语音的统称。

以日语汉字“人”的音读为例，吴音为“にん”(nin)，汉音为“じん”(jin)。

所谓“训读”，是利用汉字表达日语固有词语意义的读法，也可以说是汉字的日译。如日语中汉字“人”的“训读”为“ひと”(hito)。

3. 根据汉字发明了假名

日本人依据汉字发明了平假名和片假名。例如，平假名的あ、い、う、え、お的字源分别来自于汉字的安、以、宇、衣、於；片假名的ア、イ、ウ、エ、オ分别从阿、伊、於、江、於演变而来。

现在日语中共有假名（平假名、片假名）71个，最基本的有46个，排列成了所谓的“五十音图”。

二、日语词汇传入中国

有关中国与日本交往的记载，最早出现在东汉时期，直到隋唐时期两国交流达到高峰。整个古代，中日之间的文化交流传播可以认为是单向的，即由中国传入日本。汉语中找不到由日本传入的词汇。

鸦片战争之后，中国不少有识之士先后主张洋务运动与西学东渐，并开始学习并翻译西方的书籍。由于日本在明治维新之后成功地吸收了西方的技术与制度，中国除自行翻译西方词语外，也开始向日本学习，借鉴日本已经翻译成汉语的西语。

由于日本西化较中国早，相当多西语词汇首先经日本学者翻译成汉语，然后通过文化交流传到中国。由于同是建立在汉语的基础上，“和制汉语”和中国自己翻译的汉语词汇在经过相当时间的演变之后，逐渐进入汉语圈并成为汉语的新兴词汇，这些词汇对现代汉语的形成有非常重要的作用。例如，“电话”、“社会主义”、“资本主义”、“干部”、“艺术”、“否定”、“肯定”、“海拔”、“直接”、“警察”、“杂志”、“防疫”、“法人”、“航空母舰”都是属于借用日语中的“和制汉语”。

还有一些词语，虽然在古汉语中存在，但是意义发生变化再重新借入进汉语。例如，“社会”在我国古代是“集会结社”的意思，日语拿它来翻译英语的“society”，再借到汉语来，成为今天的词义。“劳动”古汉语指“劳驾”（如“多有劳动”），日语拿它来译英语的“labour”。“经济”古汉语指“经世济民”，和现代汉语的“经济”没有关系。日语拿它来译英语的“economy”。“知识”古汉语指“相知相识的人”，日语拿它来译英语的“knowledge”。有人管这样的词叫“侨词”或“回归词”。

粗略地统计，日语来源的现代汉语外来词大约有800个左右。刘正埮、高名凯所编的《汉语外来词词典》中，收录了来自日语的外来词882个。史有为在《汉语外来词（增订本）》中论述，应排除“俱乐部”、“淋巴”等从西方音译到日语的词汇，最终得出是858个。

三、现代汉语中的日语外来词

由于现今人员往来频繁、文化交流盛行，电视、网络等传播手段发达，范围更为广泛的外来词较以往更为大量、更为频繁地进入现在报刊、网络、电视节目及日常会话中。不同于“经济”、“社会”等已经进入汉语体系的词汇，这些词汇还只存在于书面语或者口语当中，未能收录到各种汉语字典中，因此只能称之为外来词。笔者将现今汉语中的日语外来词分为以下几类：

1. 日本人的人名

对于外国人名的翻译，翻译界的通用方式是采取音译，即用与其读音相近的汉字表现。如克林顿（Clinton）、布莱尔（Blair）。但是因为日本人名绝大多数使用汉字，所以直接引用更为方便，其读音也按中文的该汉字的读音。

例：

日文写法	日文读音	中文写法	中文读音
安倍晋三	Abeshinzou	安倍晋三	Anbeijinsan
小泉純一郎	Koizumijyunitirou	小泉纯一郎	Xiaoquanchunyilang

因为此翻译方法已经在业内达成一致，并被人们所接受，所以即使日本人名为非全部汉字的情况时，也不采用音译的形式，而是在与其发音相同的众多汉字中寻找一个替代。

例：

北京时间2月28日消息，据日本媒体报道，本月26日在东京举行了第十九届读卖演剧大奖颁奖典礼，54岁的日本女星大竹忍凭借舞台剧《Piaf》二度问鼎最佳女演员大奖。(摘自新浪娱乐网页2013)

大竹忍日文名为大竹しのぶ（读音：ootake sinobu)。しのぶ在日文中所对应的汉字通常为忍、仁、偲，也就是此三个字都发しのぶ的音。约定俗成在人名时通常选择“忍”字，所以日文名大竹しのぶ，在汉语中表记为大竹忍。

2. 日本的地名

同人名一样，对地名的翻译，其他语言一般也采取音译的形式，即用汉字标注其读音。如伦敦（London)、纽约（NewYork）等。而对日本的地名则多采取直接引用其汉字表记的形式。

例：

日文写法	日文读音	中文写法	中文读音
名古屋	nagoya	名古屋	mingguwu
富士山	fujisan	富士山	fushishan

3. 日本的地方行政单位

日本按行政区划共分为1都（东京都)、1道（北海道)、2府（大阪府、京都府)、43县。都、道、府、县为一级行政单位，下设1 727个市、町、村和23个特别区。

因为使用相同的汉字，所以关于地名一般为直接使用。

例：

3月11日电　据日本新华侨报网报道，3月10日，日本北海道的农业团体、商工业群体等相继举行集会，共同反对日本加入TPP谈判。(摘自中新网2013)

需要补充的是，与汉语中的县不同，在日本县为一级行政单位，可以理解为中国的省一级的行政区划。

例：

8月4日电　四川省与日本山梨县缔结友好关系25周年纪念会4日下午在成都举行。山梨县政府、议会、工会、国际交流协会代表团约100人参加了系列纪念活动。据悉，这

是山梨县交流访川有史以来规模最大的代表团。(摘自中新网 2010)

正因为日本的县和中文的省为同一级行政区划，才能相互结成友好关系。

笔者认为在书面表述中，特别是涉及中日两国的内容，应该对日本的县的行政级别作出解释。

4. 机构名称

在提及日本的组织时，因为基本是汉字表记，所以大多为直接引用，但笔者认为应该注明其相当于中国的哪个部门或是其职责范围。

例：

日本新闻网 12 月 3 日报道称，日本外务省当日作出决定，派遣亚太局局长杉山晋辅前往美国和中国访问，协调朝鲜发射“弹道导弹”问题。(摘自环球网 2012)(日本外务省主要负责外交政策的确立、实施，条约的签署，外交使节的派遣等外交事务)

3 月 13 日电　据日本新闻网报道，日本厚生劳动省 13 日发表消息称，到去年 12 月底为止，全国获得生活保护的人口已经超越 215 万，比上个月增加了 3 862 人，连续 8 个月更新了历史最高纪录。获得生活保护的家庭增加了 3 026 户，也创下最高纪录。(摘自中新网 2013 年)(厚生劳动省由原来的厚生省和劳动省合并而成，主要负责社会福利、社会保障、公共卫生、就业等问题，与中国现在的人力资源和社会保障部、国家卫生和计划生育委员会的部分职能相同)

5. 职务名称

日本的职务名称也多用汉字表示。有的根据字义可以理解其含义，有的无法理解，有的甚至与中文的意思相左，应注意附加解释。

例：

日本社民党党首福岛瑞穗女士在日本政坛有“铁娘子”、“奇女子”之称。她反对延长向海外派自卫队和为美国舰只加油的《反恐特别措施法》，2010 年还因拒绝美军基地迁移方案被时任首相鸠山由纪夫免去内阁职务。(摘自中国经济网 2013)

根据“党首”的字面意思，可以判断其含义为党的最高负责人。直接引用凭借汉字可以理解其含义，但以下的各种职务却无法通过字义判断，出于对读者负责应加入其意义的解释。

例：

新华社 12 月 17 日电　刚刚赢得日本众议院选举的自民党干事长石破茂 16 日晚在东京表示，自民党执政后将与中国政府构筑信赖关系。(摘自新华网 2012)

环球网报道据日本共同社 2 月 19 日消息，日本官房长官菅义伟 19 日在记者会上透露，将允许已赴朝鲜的在日本朝鲜人总联合会（朝鲜总联）副主席裴真求再次入境。(摘自环球网 2013)

在中国并不存在干事长、官房长官这些职务，因理解的不同个人可能会对其含义存在偏差，应在篇幅允许的情况下对其作出解释。日本政党的干事长负责处理党内的日常具体事务，是日本政党党内的第二号人物。日本内阁官房长官相当于政府秘书长，首相外访时代理首相职位，是日本内阁中首相以下最重要的阁僚位置。除了代表政府“颜面”出任发言人，还承担在内阁其他部门进行协调沟通的重任。

另外还有一些日本的头衔，虽然其汉字表记形式在汉语中也存在，但是其含义会相距甚远。例如，“主任”一词在中国属于管理层职务，在日本则指在机关或企业中业务较熟练的人，一般工作5到10年即可自然获得该职位，而不属于管理职位。另外日语中的“组长”多用于黑社会的最高头目，与中文中的含义大相径庭。

6. 发源于日本或通过日本传入的体育项目的相关名称

某种体育项目的相关词汇多数会使用该项目的发源国或是在此项目上具有优势的国家的词汇。例如击剑的相关用语多为法语词汇，与跆拳道相关的词汇多为韩语，柔道中的相关词汇大多使用日语。汉语就从日语中引用了很多体育用语。如棒球中的“内野”、“外野”，柔道中的“寝技”、“一本”等。

7. 发源于日本的社会现象

部分用来描述社会现象、无法准确翻译成中文的“和制汉语”，如“援助交际”、“少子化”等词汇被直接采用。

例：

近年来，随着日本社会老龄化和少子化问题的不断加深，社会保障方面的支出使得日本财政不堪重负。而日本的税收来源大部分来自消费税。日本现行的消费税税率是5%，在发达国家中属较低水平。（摘自中青在线 2011）（少子化是指生育率下降，造成幼年人口逐渐减少的现象）

新华网北京3月17日电　从16日开始，日本新干线速度最快的列车“隼”号最高运行时速可达320公里，领先日本其他列车。（摘自人民网 2013）（新干线是指相对于原来已存在的铁路干线而新修建的连接日本主要城市的高速铁路）

四、日语外来词的误用

目前，一些粤语圈的报章、杂志经常直接引用日语中的汉字词汇，流传之下，这些日式汉词在年轻人的谈话中或是时尚类、娱乐类节目中也经常出现。但是因为在汉语中本身就存在这些词汇的恰当的表达形式，所以应避免用此类外来词，规范使用汉语词汇。现列举若干如下：

汉字词汇：“声优”（配音演员）、“女优”（女演员）、“达人”（专家）、“料理”（菜肴、饮食）、“人气”（名气、人望）、“写真”（照片）、“株式会社”（股份有限公司）、“成军”（组合组建）。

音译日本词：“欧巴桑（おばさん）”（中年妇女）、“榻榻米（たたみ）”（草席）、“马萨基（マッサージ）”（按摩）。

五、结论

（1）汉日外来词的一个共同特点就是，在使用它们的人当中往往有一种“非外来词”

的感觉。这主要是由于这两种外来词在民族化方面都是十分彻底的。

（2）因为汉语和日语都共同使用汉字，所以使得两国相互借鉴词语变得容易。很多引用无法意识到，但有时也会产生歧义，或者根本无法理解其真正含义。

（3）从借用的必要性的观点来看，有的是必要的引用，有的则是没有引用的必要。没有合适的对译词汇时直接引用是不可避免的，但是写作人或是说话人的无意识地使用只能说是误用，而且应该避免。

（4）有意识的引用一般多为懂日文或是受日本文化影响的人，为正确表述应该加入解释。

（5）现在中国的报纸、网页中出现的日语借用词，可能会慢慢地进入汉语体系，成为真正的外来语，有的也许只是一个偶然的流行现象，最终会消失。

（6）从严谨使用的角度来讲，在词语未固定时应避免使用，避免汉语表达的混乱。

（作者单位：中国国际广播电台日语部）

参考文献：

1. 朱京伟：《日语词汇学教程》，外语教学与研究出版社，2005 年。

2. 彭广陆：《中国の新聞にみられる日本語の語彙》，《日本学研究》2003 年第 13 期。

3. 张德鑫：《水至清则无鱼——我的新生词语规范观》，《北京大学学报》（哲学社会科学版）2000 年第 5 期。

4. 闫志章：《汉语对日语的影响》，《科技资讯》2008 年第 11 期。

5. 熊金星：《汉语中的新词语》，《书屋》2006 年第 5 期。

6. 曹聪孙：《中日间外来词的双向交流》，《今晚报》2001 年 10 月 18 日。

7. 史有为：《汉语外来词（增订本）》，商务印书馆，2013 年。

日语学习中常见的被动语态错误分析

刘　非

被动语态是日语学习中的一大难点。这是因为日文中的被动语态不仅跟句子结构、动词的形态有关，还与文中的主语以及是否对主语产生影响等诸多要素相关联。因此，在学习过程中，如果只考虑句子结构因素的话就很容易出错。

笔者总结日语学习和翻译过程中被动语态常见的错误主要有以下几种类型：

一、被动语态与自动词的混用

1. 错误例句

(1) そのコーヒーには砂糖がいれられてるよ

(糖已经被放到咖啡里了)

(2) バケツにはもう水が入れられているよ

(水已经被注入到水桶里了)

(3) 修理したので、車が直された

(车被修好了)

(4) 風で窓があけられた

(窗户被风吹开了)

(5) ビールが冷やされてるから、飲んでいいよ

(啤酒被冰镇过了，喝吧)

(6) あそこに建てられているビル、ちょっと傾いてない?

(被盖在那边的那座大楼，你不觉得有点倾斜吗?)

以上6个例句，从日语语法的角度来看并不是完全错误的，但从语感上来讲就觉得不太自然，有点别扭。其实，如果把上面6个例句中的被动语态都用自动词来替代，就显得通顺多了。

修改后的例句为：

(1) そのコーヒーには砂糖が入っているよ	咖啡里已经放了糖了
(2) バケツにはもう水が入ってるよ	水桶里已经装了水了
(3) 修理したので、車が直った	车修理过了，现在好了
(4) 風で窓があいた	风把窗户吹开了
(5) ビールが冷えてるから、飲んでいいよ	啤酒冰镇过了，喝吧
(6) あそこに建っているビル、ちょっと傾いてない?	那边的那座楼，你不觉得有点倾斜吗?

2. 错误分析：对自动词的用法理解不够充分

以上6个例句错误的原因都是因为不当使用被动语态所致。例句（1）和（2）中的自动词“入る”对日语为母语的日本人来说这种表达方式再理所当然不过了，但是对于非母语的外国人来说，“砂糖”不可能自己放入咖啡中，“水”也不可能自己注入水桶里。因此，非母语学习者多会用被动语态来表达。例句（4）更是如此。因为在这个句子中“窗户”是无生命的东西，它不可能自己打开肯定是被外力打开的，很多外国学习者认为理应用被动语态来表达。也就是说，他们是有意避开使用自动词而特意选择用他动词的被动语态来表示“窗户”被打开了。但是，在日语口语中如果主语或者所叙述的主体为一种状态或者是发生的事情时，也就是说主语或者主体是非生物的物体或物质时，尤其是事象名词做主语时，日语通常是不用被动语态而是用自动词来表达的。而日语口语中自动词的被动语态表示主体受到了某种损害的意味。这些错句也反映出日语学习者对自动词的用法理解得不够充分。这也是导致他们不当使用被动语态的重要原因之一。

二、对自动词、他动词认识不充分导致滥用被动语态

在分析对自动词、他动词认识不充分导致滥用被动语态之前，先简要介绍一下日语中的自动词和他动词。日语中的自动词是指动词本身能完整地表示主语的某种动作的词。他动词则是需要有一个宾语才能完整地表现主语的动作或作用的词。换一种说法，自动词着重表现发生变化的人或者事物，他动词除了表现发生变化的人或事物以外，还关注引起这些变化的人或者事物。

例：テレビが壊れた（自动词　此句的关注点是电视坏了这件事的状态、结果）

テレビを壊した（他动词　此句的关注点是谁把电视弄坏了，关注引发动作的人）

另外，日语中有些动词只有自动词没有相对应的他动词。如，居る（在）、ある（有）、咲く（开花）、行く（去）、来る（来）、寝る（睡觉）、泣く（哭泣）等。而有些动词只有他动词而没有相对应的自动词。如，買う（买）、売る（卖）、話す（说话）、聞く（听）、読む（读）、書く（写）、見る（看）、打つ（打）等。还有些动词既是自动词又是他动词。如，吹く（吹）、開く（打开）、笑う（笑）、閉じる（关闭）等。

1. 错误例句

（1）コンピュータは世界中に普及されている

（计算机在全世界被普及）

（2）温められた気体は上昇される

（被加热过的气体被上升）

（3）一般的には練習するにつれて、能力が高まれてくるものだ

（一般来说，随着练习的加深，能力会被提高）

（4）実験の過程でガスが発生された

（实验过程中气体被发生）

以上四个例句都有明显的语法错误，正确说法如下：

(1) コンピュータは世界中に普及している

计算机在全世界得以普及

(2) 温められた気体は上昇する

被加热过的气体上升

(3) 一般的には練習するにつれて、能力が高まってくるものだ

一般来说，随着练习的加深，能力会得以提升

(4) 実験の過程でガスが発生した

实验过程中产生了气体

这四个例句本该用自动词来表达的，但却错误地用了“自动词＋被动语态结尾词”的形式来表述。虽然“発生する”是自动词、他动词一体的动词，但是犯这样的语法错误表明学习者还是把它当作他动词来使用。学习者之所以用被动语态来表达以上四个例句，是因为他们想刻意对以上四种事象做客观性地表述。也就是说，有一部分学习者还是知道日语中有中立被动语态的表达方式的，但是，他们不了解的是中立被动语态都可以转化成他动词的主动语态，但以上四个例句却不能。这是因为在日语中自动词本身就含有对事物进行客观描述的意思。

2. 错误分析：主要是对自动词、他动词的理解不够充分，特别是对自动词被动语态所表达的含义不明白所致

下面先以“建てる”（盖、建造）这个动词为例，简要说一下日语中他动词、自动词所表达的不同含义。

(1) 南側に高いビルを建てたよ　我在南面盖了座高楼（叙述说话人的意志性行为）

(2) 南側に高いビルが建ったよ　南面盖了座高楼（叙述事物的变化）

在这两个例句中，第一个句子使用的是他动词，强调的是盖楼这个行为。也就是说，说话人原本就有在南面盖高楼的意愿，现在实现了，盖成了。第二个句子使用的是自动词，强调的是事物的变化。也就是说，原来南面没有高楼，现在发生了变化，有了一座高楼。

在学习日语动词时，非母语学习者对表示命令以及意向等使用频率比较高的他动词的理解比自动词要容易得多。而对于叙述事象的自动词的理解困难就比较大。日语中的他动词都可以改写成被动语态，但是并非所有的自动词都有被动语态。而且在日语口语中自动词的被动语态有主语或者说话主体受损的含义，并且不存在相应的主动语态。

例如：

(1) 僕は子供に泣かれた

我被孩子哭得睡不着觉

(2) 私は母に日記を読まれた

我的日记被母亲偷看了

(3) 私は足を踏まれた

我的脚被踩了

在以上这三个例句中，都使用了自动词的被动语态，表达了主语“我”受害的含义。也就是说，在日语口语中自动词被动语态表达的含义一定与主语或说话主体是有利害关联

的，并对主语或说话主体造成了损害，带来了麻烦等含义。

三、不了解被动语态的使用与省略主语以及说话者视点有关

1. 错误例句

（1）大通りで私の肩は友達にたたかれて、呼び止めました

我在大马路上被朋友拍了肩膀、并叫住了

（2）私は試験を受けて、昨年、入学を許可した

去年我参加考试允许入学

（3）質問してないことに答えるのはちょっとはずかしいです

我回答了没有提问的内容觉得有点不好意思

以上3个例句在主句或从句中都有省略主语的情况。反复仔细阅读句子之后就会发现，主句的主语与谓语或者从句的主语与谓语不相搭配，整个句子读起来总感觉主谓语不一致。以上三个句子的语法错误就出在主语与谓语不一致的问题上。

2. 错误分析：主要是对省略主语的误解以及与说话者视点不统一造成的

日语中通常认定文章的主语就是说话者，所以日语语法中没有规定必须明示主语。因此，在日语表达中通常会省略主语。这就要求学习者在用日语表达时一定要有说话者视点的意识。日语为母语的人在说话时，会下意识地知道自己是应该以所发生的事情为视点说话，还是应该以某个构成人员为视点说话。视点放在哪儿，哪儿就是文章的主体或主语。然后，说话人以该视点为主体进行叙述，这样整个文章就会显得很自然、通顺。因此，即使省略主语，大家也知道说话者本人就是文章的主体或主语。

下面以例句（2）为例来说明这一点可能更容易理解一些。

私は試験を受けて、昨年、（私は）入学を許可した

母语为日语的说话人的视点一直放在第一人称“我”上。主句的主语是“我”，从句的主语还是“我”。也就是说，参加考试的主体和入学的主体都是“我”。因此，以“我”为视点来看，主句的主语“我”与谓语“允许”不相搭配。因为“我”不能允许自己入学，应该是“学校”允许“我”入学。“我”应该是被允许入学。然而，外语学习者认为：主句省略的主语不是“我”而是允许我入学的“学校”，所以觉得主句中的主语与谓语是一致的，并没有什么矛盾。从这个例子也可以看出，非母语学习者对于日语文章结构中说话者视点的认识是非常欠缺的。正是由于对主语省略理解得不够充分以及视点概念的欠缺，才出现了主谓语不一致的语法错误。因此，修改以上三个例句后其正确说法如下：

（1）大通で私の肩は友達にたたかれて、呼び止められました

我在大马路上被朋友拍了肩膀并被叫住了（说话人视点是“我”，但是，“拍肩膀”的动作和“叫住”的动作都不是“我”做的，是“朋友”，使用被动语态是为了保持说话者视点的统一）

（2）私は試験を受けて、昨年入学を許可された

去年我参加了考试并被学校录取了（说话人视点是“我”，但是，录取我的不是我自

己，是学校，使用被动语态是为了保持说话者视点的统一）

（3）質問されてないことに答えるのはちょっとはずかしいです

我回答了没有被提问的内容觉得有点不好意思（说话人视点是“我”，但是提出问题的人不是我，是别人，使用被动语态是为了保持说话人视点的统一）

上述例句产生错误的原因主要就是因为对省略主语理解得不够充分以及视点概念的欠缺。学习者假如不理解日语中说话者视点概念的话，就会对主从句中说话者的视点产生不统一，从而导致主谓语不一致的语法错误。另一方面，日语学习者在初级学习阶段以及日常用语的使用过程中，能自然而然地学会省略主语的用法。但是，如果省略的主语不是第一人称“我”时，很容易导致听者的误解，特别是当句子为结构复杂的复句时，就容易出现主谓语不一致的错误。因此，消除主谓语不一致的文法错误对正确使用被动语态也是行之有效的方法之一。为什么这么说呢？因为日语被动语态有一个作用就是为了统一说话者的视点。也就是说，通过使用被动语态使结构复杂的复句中的主语或主体得到统一，从而保持主语和谓语的协调一致。因此，理解日语的被动语态具有统一说话人视点，即统一主语或主体这一功能也是非常重要的。

四、小结：日语学习中常见的被动语态错误

第一，由于对日语自动词的理解不够充分，而导致被动语态与自动词混用。在日语口语中如果主语或者所叙述的主体为一种状态或者是发生的事情时，也就是说主语或者主体是非生命的物体或物质时，尤其是事象名词做主语时，日语通常是不用被动语态，而是用自动词来表达的。而日语口语中自动词的被动语态表示主体受到了某种损害的意味。

第二，由于对自动词、他动词认识不充分导致滥用被动语态。日语中自动词本身就含有对事物进行客观描述的意思，因此不需要刻意用被动语态来表示事物的客观性。日语中他动词都可以改写成被动语态，但是并非所有的自动词都有被动语态。而且在日语口语中自动词的被动语态有主语或说话主体受损的含义，并且不存在相应的主动语态。

第三，与不了解被动语态的使用与省略主语以及说话者视点有关。日语为母语的人在说话时，会下意识地知道自己是应该以所发生的事情为视点说话，还是应该以某个构成人员为视点说话。视点放在哪儿，哪儿就是文章的主体或主语。日语中被动语态的另一个作用就是为了统一说话人的视点。通过使用被动语态使结构复杂的复句中的主语或主体得到统一，从而保持主语和谓语的协调一致。因此，消除由于视点不统一而导致主谓语不一致的文法错误，对正确使用被动语态也是行之有效的方法之一。

（作者单位：中国国际广播电台日语部）

浅析老挝语、泰语的同源性对老挝语翻译的影响

覃海芳

老挝和泰国两国的语言文字高度相似。老挝人和泰国人之间常常可以使用各自的语言自如地交流，但这并不意味着两种语言可以完全等同。因为发音相同、字形相近的词汇在老挝语和泰语里异义甚至反义的现象也同样存在。本文将从老泰两国语言的同源性分析泰语对老挝语翻译的影响，以期老挝语翻译尽可能地排除相关干扰，更加准确、地道。

一、老挝语、泰语同源的具体体现和历史渊源

老挝语、泰语同属汉藏语系壮侗语族壮傣语支，具有许多相同的基本特征：(1) 单音节词根占大多数；(2) 每个音节有固定的声调；(3) 词序和虚词是表达语法意义的主要手段，基本语序是：主语—谓语—宾语，定语在中心词之后，数词、量词和名词组合时，一般是名词在前，数词居中，量词在后。两种文字均属拼音文字，字体相仿。

老挝语和泰语的同源历史可以追溯到公元前2世纪末。当时，老挝和泰国的先民同属于中国西南部傣族，他们曾共同生活在一起，说着同样的语言，后来才逐渐南下渗入中南半岛分别迁居不同的大河流域，即老挝先民南迁至湄公河流域，泰国先民沿昭拍耶河（俗称湄南河）流域而居，两个民族各自繁衍生息。①

历史地看，老泰两种文字的起源又与佛教有着密不可分的关系。老挝文字最早来自天城体梵文，大约始于佛历600余年间（即公元2世纪中叶），随着婆罗门教和大乘佛教的传入，科姆族和泰老族都引用了梵文，从而成为今日老挝、柬埔寨的文字之源。后来，随着小乘佛教的传入和广泛传播，大约到了澜沧王国的昭菩提沙拉王时期（公元1520年～公元1550年），佛历2066年（即公元1523年），老族人又从孟人、缅人及后来的清迈兰那国接受了小乘佛教的经书文字（坦文），亦即巴利文。从此以后，整个澜沧王国同时使用两种文字，即借用梵文辅音、元音字母的老挝古文字和源自巴利文的经书文字（坦文），前者用于国家公务，后者用于佛教信仰，但由于佛教盛行，经书文字（坦文）比真正的老挝古文字更通行。而邻邦泰国，早在素可泰王朝兰甘亨王时期，就于1283年将古柯姆文和古老挝文的一些字母形状和写法加以改造，创造了暹罗文字，并通过行政手段加以推广。其后又经不断改革完善，至19世纪末20世纪初，取消原来专用于宗教信仰的古柯姆文字，把暹罗（1932年改称为泰国）文字同时用于拼写泰语和梵语、巴利语，沿用至今，成为现代泰国文字。

① 老挝社会科学研究院历史研究所所长占塔披腊·展西沙腊在北京外国语大学关于老挝历史文化学术讲座，2011年11月1日。

在老挝，由于1828年暹罗灭亡万象澜沧王国，老挝沦为暹罗的属地（中、下寮和今天的泰东北）和属国（上寮琅勃拉邦澜沧王国），暹罗的全面统治包括文化的扩张和影响，压抑了老挝社会的正常发展，也使老挝原来的两种文字，特别是古老挝文字逐渐被排斥。1893年起，老挝又被法国殖民主义者占领，法语被强行规定为老挝的官方语言，殖民主义的政治、思想、文化统治，使老挝原用的古文字面临彻底消亡的危机。当时，有人主张废除老挝文字，采用法语字母拼写老挝语或用拉丁文拼写经书巴利文。但老挝的有识之士认为，一个民族国家应该有自己的民族文字，于是他们在佩差拉亲王的领导下，积极倡导并着手改革、规范老挝古文字，尽量采用在古碑文中出现过的梵文、巴利文字母，经过一番努力，于1948年形成了一套基本定型，并且有了统一的拼写规则的老挝文字。20世纪60年代，老挝进入了抗美救国时期，老挝爱国战线解放区在60年代初开始对上述文字和拼写规则进行改革，删繁就简，重做规范。今天老挝人民民主共和国的官方文字，基本上用的就是经过当年老挝爱国战线解放区改革后的文字。①

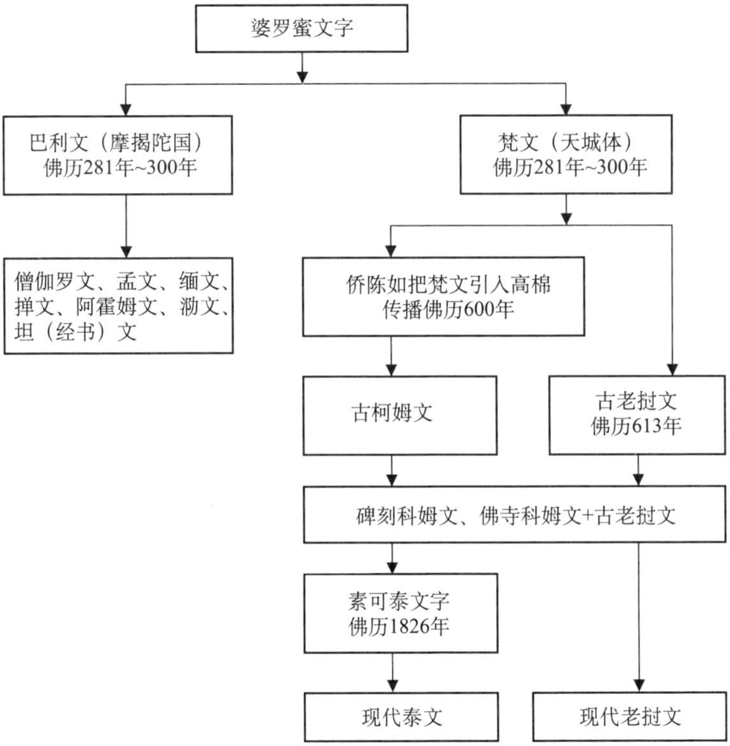

老、泰等国文字的由来示意图②

① 蔡文枞：外国习俗丛书之《老挝风情录》，世界知识出版社，2007年。
② （老）马哈西拉·维拉冯：《老挝文字史》，万象，1973年，第1页。

从上图我们可以一目了然地看到老挝和泰国两种语言文字，随着佛教的传入而共同起源于印度北部的梵文和南部的巴利文，经过相互的借鉴和影响最后各自发展成为本民族独立语言的这一演变发展的脉络。历经数百年的发展，如今的老挝语和泰语早已你中有我、我中有你。两个国家的语言中吸纳的梵语和巴利语的借词有很多相同的词语。如，和平、独立、民主、巨大、发展、特征，等等。此外，老挝语和泰语当中有很多完全相同通用的词汇，主要是日常生活用语和一些原始的基本词汇。如，手、脸、猪、牛、鸡、鸭、马、象、电话、火车、机场、土地、水、火、风、药、人民、警察、士兵，等等。另外，老挝语和泰语中还有大量相似的词汇和完全不同的词汇。相似的词汇，如，父亲、嫂子、礼拜、蹲、种地、缺少、情报，等等。完全不同的词汇，如，房子、杯子、窗户、发动、说、敌人、金等，这些词汇在使用中如不加以区别，容易混淆。

二、老挝语、泰语互通的现状及老方相关举措

近现代史上，泰国曾多次入侵和占领老挝，并进行了大规模人口迁移运动。大量的老族人被迫渡过湄公河迁移至今日泰国东北部的呵叻高原乃至中部平原地区。时至今日，在泰国居住着人口超过老挝本土数倍的老挝人（主要集中在泰东北地区）。这些老挝人仍然保持着自己民族的语言、风俗习惯和生活方式。老挝语也以方言的形式存在于今日泰国的语言文化中。

由于老泰两国经济、文化发展水平差距巨大，使得双语互通的现实更多地体现为泰语对老挝语造成很大的影响。老挝经济落后，工业基础薄弱，导致其高度依赖进口，大到机械、交通工具、电子产品，小到食品饮料、生活日用品基本依靠进口，而进口产品主要来自泰国。以手机、数码相机等电子产品为例，老挝市场刚刚出现这些产品时，其语言制式均为英语和泰语，而老挝人大多使用的是泰语，老挝语作为母语成为这些电子产品的语言制式也是近两年来的事情。

1. 泰语对老挝民众的影响

泰语对老挝当今社会的影响巨大，特别是80后、90后年轻一代的老挝人每天都接收来自泰国媒体的信息，如广播、电视、电影、书籍、报刊杂志、互联网、手机、唱片、影视光盘，等等。泰国传媒的产品制作精良、内容丰富、形式活泼、紧跟时尚潮流，更吸引年轻人。用泰国货，看泰国电影电视，听泰国流行歌曲，长期接触泰语使老挝中、青、少年一代在日常交流过程中热衷于使用老泰混搭的“夹杂体”，但“夹杂体”经常导致歧义。以下举例说明：

比如，有老挝人想表达：“今天的工作太多了，感觉很疲惫!”但在说到“疲惫”这个词的时候，不用老挝语的表达，而借用泰语来表达，又因为泰语中“疲惫”和老挝语的“生气”一词在发音和写法上非常相近，于是整个句子说出来就变成了：“今天的工作太多了，真恼火!”

又如，老挝语里表达“胜利，赢”的意思的一个词，在泰语里却是“失败，输”的意思。也就是说两者发音相同、字形相近但是意思完全相反。这样如果“比赛有输有赢!”这个句子老挝人夹杂使用两种语言的话说出来，句子就成了：“比赛有赢有赢!”

2. 泰语对老挝媒体的影响

泰语对老挝语的影响并不仅仅停留在老百姓日常交流的层面，泰语或者说泰语词汇已经渗透到了老挝包括平面媒体、电子媒体、互联网等在内的各种媒体中。比如，一些老挝电台和电视台的播音员、主持人有意识或无意识地在节目中使用了泰语；一些平面媒体从业人员常常从泰语网站上摘录国际新闻、娱乐新闻、体育新闻及常识等相关素材，简单翻译成老挝语使用。由于执笔者的语文水平有限，加上编辑审定稿件时的疏漏，致使这些带有很多泰语词汇的内容出现在了报刊杂志上。

针对上述问题，老挝有识之士不时会通过写信、打电话等方式向相关媒体呼吁正确使用老挝语。这也引起了老挝官方对国家语言文字严肃性和规范性的担忧。老挝教育部、新闻文化旅游部、社科院等相关部门均推出相关措施努力解决泰语对老挝语渗透的问题。比如，经常召开语言学术研讨会，同时加紧编撰和出版老挝语工具书，等等。

为保护本国文化，老挝新闻文化部于2004年正式宣布，在老挝公共场所包括机场、酒店、车站、餐厅和市场等一律禁止播放任何泰国电视和录像节目，违者将受到严厉罚款。① 老挝国家电台则于2011年编撰出版了《电子媒体专用老挝语词汇手册》，为广播电视编辑记者、播音主持人规范使用老挝语提供依据。

三、老挝语翻译中如何排除泰语干扰

如上文所述，老泰两种语言同源，高度相似，同时泰语对老挝语又有一定的影响和渗透，这恰恰成为了老挝语翻译的一个难点。翻译时，如果不加以辨别和分析，错误地使用泰语，就会使翻译出来的译文老泰混杂、不伦不类，轻则影响翻译的质量，重则损害媒体乃至国家声誉。下面笔者将结合日常实践，以新闻翻译为例来谈谈老挝语翻译（主要是中翻老）技巧和应注意的问题。

（1）老挝语中有相当数量的英语借词，但大多数是电器用品、科技用语。在对英语借词这一点上，泰语和老挝语大致相同。但由于泰国社会经济发展相对西化，英语用词比较普遍，特别是在国际新闻的用语中，源自英语的概念或者词汇，泰语的翻译比较倾向于直译，更有的直接使用音译。而老挝语则基本使用意译，保持老挝语原有的特色。

例1：2012年12月16日埃及最主要的反对派“全国拯救阵线”发表声明，称刚刚结束的第一轮宪法草案公投中存在舞弊行为，并要求最高选举委员会调查这些舞弊行为。

这条新闻中的“全国拯救阵线”这一词组有相应的英文解释，根据泰国新闻网站和老挝国家电视台的新闻节目在播报该新闻时的表述可以看出，泰语和老挝语对于其中“全国拯救”的翻译相同，不同的是“阵线”一词，泰语翻译明显是英文的直译，而老挝语的翻译则是另外一个词，该词翻译成中文是“联盟，阵线”的意思。

例2：美众议院议长称“财政悬崖”谈判无实际进展。

这句话中的“财政悬崖”一词源自英文，泰语直译英文，而老挝语则用解释性的方法

① 《环球时报》，2004年6月4日，第2版。

把这个词翻译成为“财政危机”。

例 3：日本政府实施所谓钓鱼岛“国有化”导致中日两国关系急剧降温。

其中，“降温”一词，泰语使用了直译，而据老挝国家电台资深新闻编辑称，如果老挝语直译成“降温”则不符合老挝语的表达习惯，容易造成误解。正确的译法应该是转译为“两国关系急剧紧张”。

（2）在翻译涉泰新闻时，由于老泰两种语言相近的特殊性，可不必过于依赖英文翻译，从这一点来说，老挝语专业的译者确实有一定的优势，如老泰两国文化同源，有助于了解相关历史背景，在人名、地名和机构名称等翻译中可以直接通过泰语发音在老挝语中找到相应的表达。如泰国参议院、众议员、泰国反独裁民主联盟等，均可直接引用泰语（按老挝语发音）。但并非所有的泰语词都可全部照搬套用，应该考虑老挝语的表达习惯以及老泰国情的不同。如“总理府”一词，泰语和老挝语是用不同的词来表达的。

由此可见，老泰两种语言的同源和相似，客观上为老挝语翻译在某些词汇的了解和借鉴提供了方便，但是，老挝语和泰语毕竟是两种独立的语言，两者有各自不同的用法和习惯。同一个词老挝语和泰语的表达是有区别的。特别是在翻译新闻时，很多词都可以通过泰语网站、报刊等途径获取现成的翻译，用在老挝语里，老挝人也能看得懂（基本上，老挝人都懂泰语）。但这样一来，不加分析和辨别地全盘照搬泰语翻译，最终会失去老挝语原来的特点。

四、结语

老挝语和泰语同源同支，其在发展过程中均大量吸纳了梵语、巴利语和相当数量的高棉语、汉语和英语等借词，同时两种语言又相互借鉴、影响，历经数百年的演变和发展最后发展成为两种独立的语言。但总体上来说，老泰两种语言大同小异，基本相通。尽管现代泰语对老挝语社会影响很大，但面对泰语对老挝语的影响和渗透这一无奈和尴尬现状，无论是老挝官方还是大多数的普通民众从民族情感上还是很抵触和抵制的。

老挝就有这样一句俗语：“语言表明民族，礼仪表明身份，失去语言文化，民族将不复存在。”中国国际广播电台（简称国际台）对老挝的传播是通过其母语——老挝语传播，在老挝的影响力日益提升。2009 年 11 月，老挝国家主席朱马里在接受记者专访时对国际台给予了高度评价。他说：“国际台是老挝媒体的一部分，是中老两国文化交流的桥梁，为增进两国人民的友谊和相互了解作出了重大贡献。”2011 年 7 月，国际台万象节目制作室成立，实现了节目的本土化直播。2012 年 9 月，国际台的老挝文杂志《悦生活》获得老挝正式期刊号，并于 2013 年开始在老挝本土发行。

随着国际台对老传播进一步融入老挝媒体和社会，在老挝语翻译中如何借力于泰语而不受制于泰语就显得尤为重要。译者应注意提高自身的老挝语水平，切实掌握老挝语和泰语这两种姐妹语言的差异，进而保证翻译的质量。这一点从技术层面上来讲是维护翻译的严谨和科学性，从外交层面上来讲是对老挝民族语言的一种尊重。维护老挝国家语言的严肃性和规范性其实就是在维护国际台的媒体形象和中国在老挝的国家形象。

（作者单位：中国国际广播电台老挝语部）

汉俄新闻翻译中应注意的几个问题

李忠庆

语言翻译实践中，遵循目的语言的语法规则和表达习惯十分重要，是决定翻译水平和质量的关键。下面就汉俄新闻翻译过程中的一些常见问题简单进行一下分析。

一、人名表示法

俄语与汉语在人名表述上是有区别的。一般来讲，世界各国人名都包括姓氏和名字两部分。有些国家的人名还包括其他部分，如俄罗斯人除姓、名外还有父称。俄、汉两种语言在姓名的表述上是不完全一样的。

1. 对姓名表述的一般要求

汉语新闻语体中称呼某人的姓名时，中国人一般用姓名的全称，外国人则只用姓氏。如“国家主席胡锦涛”，“胡锦涛”是姓和名的全称；“俄罗斯总统普京”、“美国总统奥巴马”，其中“普京”和“奥巴马”只是二人的姓氏，其全称分别是：弗拉基米尔·弗拉基米罗维奇·普京和贝拉克·奥巴马。

汉语新闻语体里一般省略外国人的名字（包括俄罗斯人的父称），而只用其姓氏。这是因为，外国人的姓名译成汉语过于冗长，对普通中文受众来说过于拗口并难以记忆。另外，外国人的姓氏是区分每一个人的主要标志。与中国人姓名情况不同，外国人的名字一般不是“想”出来的，而是从与中国人名相比数量有限且形式固定的若干“现成”的人名中选取。所以外国人重名的情况非常普遍，在汉语新闻报道中选取外国人的名字意义不大。

与汉语的表述习惯不同，俄语（新闻语体）里人名表述一般要用姓和名两部分。如，“Председатель КНР Ху Цзиньтао（中国国家主席胡锦涛）”；“Президент России Владимир Путин（俄罗斯总统弗拉基米尔·普京）”；“Президент США Барак Обама（美国总统贝拉克·奥巴马）”等。

这是因为：一则在俄语语言习惯中只用姓氏称呼某人是不礼貌的，加上名字表示对被称呼者的尊重；二则“名字＋姓氏”能更明确地界定被称呼者而不至于产生混淆。例如，前任美国国务卿是“Хиллари Клинтон（希拉里·克林顿）”而不是“Билл Клинтон（比尔·克林顿）”。此外，在书面上，为了节约版面，俄语中欧美人的名字经常缩写为其第一个字母（但不能省略不用）加句点。如：В. Путин；Б. Обама 等。同时，播音员或主持人播报新闻时仍然要读出名字来。

2. “同志”、“先生”、“女士”等称呼与人名的用法

汉语中“同志”、“先生”、“女士”等称呼与人名连用时比较自由：既可以与姓氏连用，也可以与名字连用，还可以与姓名一同连用。如：“王同志”、“建军同志”和“王建

军同志”。俄语里用“同志”、“先生”、“女士”等称呼某人时，要么与其姓氏连用，要么与其职衔、职务连用，但不可以单独与其名字连用。如：“Господин Путин（普京先生）”；“Господин президент（总统先生）”；但不能用作：“Господин Владимир（弗拉基米尔先生）”。

3. 领导人姓名及其职务的表示法

在汉语新闻语体中，除领导人姓名及其职务的全称表述之外还有一些省略形式。如，“中华人民共和国主席胡锦涛（全称）”；“中国国家主席胡锦涛（简略的全称）”；“国家主席胡锦涛（简称）”；“胡锦涛主席（简称）”等。

在一条关于领导人活动的汉语新闻中，一般在首段提及领导人的文字中要用到其姓名及其职务的全称，其余部分则可用简称。这里所说的简称主要是指职务上的简称。如，“胡锦涛主席”、“普京总统”、“奥巴马总统”等，即在主席、总统等职务名称后面可以不标注国别。

与汉语不同，俄语中领导人职务后面必须连接国家名称。书面上为节约版面，职务的某些部分（如：国家）可用缩写形式，但不能像汉语那样省略掉。如，“Председатель КНР Ху Цзиньтао（中国国家主席胡锦涛）”；“Президент РФ Владимир Путин（俄罗斯总统普京）”；“Президент США Барак Обама（美国总统奥巴马）”等。其中，“КНР（中华人民共和国）”、“РФ（俄罗斯联邦）”和“США（美国）”等虽为缩略语形式，但永远要与领导人的职务连用，而不可省略。不能用：“Председатель Ху Цзиньтао”，只能用：“Председатель КНР Ху Цзиньтао”；不能用：“Президент Владимир Путин”，只能用：“Президент РФ Владимир Путин”；不能用：“Президент Барак Обама”，只能用：“Президент США Барак Обама”。

在这个问题上，两种语言的相同之处在于，在同一新闻稿的某些部分（即在前面用到过领导人的姓名和职务的全称后），无论是中文还是俄文都可以只用姓名不用职务来继续叙述事件。如，“胡锦涛说……（Ху Цзиньтао заявил...）”；“普京说……（В. Путин заявил...）”；“奥巴马说……（Б. Обама заявил...）”。这里，中文稿中欧美领导人仍然只用其姓氏，而俄文稿中欧美领导人用“名＋姓”组合（名字可缩写，但不能省略。读或说的时候一定要把名和姓全部读出，不可省略）。

4. 两个特殊情况

为了满足“言简意赅”的要求，在汉语新闻标题中中国领导人的职务往往被省略，而“直呼其名”。

如，“胡锦涛出席G20峰会”；“贾庆林开始访问叙利亚……等国”。但在俄语新闻标题中中国领导人的职务不能省略。如，“胡锦涛抵达华盛顿开始对美国进行国事访问（Председатель КНР Ху Цзиньтао прибыл в Вашингтон，начав государственный визит в США）”；“（中国国家主席）胡锦涛出席G20峰会（Председатель КНР Ху Цзиньтао принял участие в саммите G20）”；“（全国政协主席）贾庆林开始访问叙利亚、波兰、阿曼和哈萨克斯坦等国（Председатель ВК НПКСК Цзя Цинлинь отправился с визитами в Сирию，Польшу，Оман и Казахстан）”。

同样为了达到"言简意赅"的目的，在俄语新闻标题中对欧美领导人可以只称呼其姓氏（这与姓名不分家的原则截然相反，但此种"例外"只在标题中存在）。如，"Саркози сегодня назовет имя главы правительства（萨科奇今日将宣布法国新政府总理人选）"。在此标题下的新闻内容则是："Президент Франции Николя Саркози сегодня……（法国总统萨科奇今天将……）"。其中用的是："法国总统尼古拉·萨科奇"。萨科奇的名字"尼古拉"在这里没有被省略，同时也必不可少地强调了其法国总统身份。

二、几个悬而未决的问题

语言是随着社会的发展而不断变化和发展的。20 世纪 90 年代初苏联的解体同样给曾经为多民族国家中共同使用的俄语带来冲击，导致其发生变化。其中，一些国家和地名用法和称呼上的差异成为颇具争议且悬而未决的问题。

1. "на Украине"还是"в Украине"

"在乌克兰"这个语法概念，在正统俄语人士的观念中一定是"на Украине"。但随着乌克兰的独立及其民族意识的增强，相当一部分仍使用俄语作为交际工具的乌克兰人认为，应该用"в Украине"取代"на Украине"，并且在语言实践中坚持自己的观点，因为在他们的概念里"на Украине"有不恭和贬低之意。然而，大多数俄罗斯人认为，"на Украине"是符合俄语语法要求的、正确的俄语表示法。他们认为"Украина"一词来源于"край"，有"边疆"的意思。俄语里用"на краю"而不是"в краю"，因而顺理成章应该是"на Украине"，而不是"в Украине"。这样一来就形成了"на Украине"和"в Украине"两种用法并存的局面，尤其是互联网上这种情况随处可见。甚至某些俄罗斯领导人为博得乌克兰人的好感，在与乌人士或媒体交流时也使用"в Украине"的说法。但俄罗斯官方文件和媒体中仍然坚持"正统"的"на Украине"的用法。

2. 与"Украина"相类似的情况

与"Украина"相类似的情况还有："Беларусь — Белоруссия"、"Кыргызстан — Киргизия"以及"Алматы — Алма-Ата"等的"纷争"。所不同的是"на Украине"与"в Украине"属于俄语中语法概念上的分歧，其讨论范围局限于俄语语言范畴之内。关于"Беларусь — Белоруссия"、"Кыргызстан — Киргизия"以及"Алматы — Алма-Ата"等的"纷争"则已超出俄语语言范畴。例如，"Беларусь"、"Кыргызстан"以及"Алматы"等本身就是白俄罗斯、吉尔吉斯斯坦和哈萨克斯坦本国语言中的词汇，而俄语中有自己与之相对应的词汇："Белоруссия"、"Киргизия"和"Алма-Ата"。非要在俄语中使用这些"外来"词以取代俄语中原有的词汇似乎有些不伦不类，并有强加于人之嫌。

需要指出的是，"Беларусь"有些例外。虽然这也是个"非俄语"单词，但俄罗斯官方曾发文，对"Беларусь（白俄罗斯）"一词予以"肯定"，确认了其在俄语中的"合法"地位。但一般来讲，俄罗斯媒体在提到白俄罗斯时仍习惯用"Белоруссия（白俄罗斯）"。如："《Газпром》готов поставлять газ в Европу в обход Белоруссии（俄天然气工业公打算绕过白俄罗斯向欧洲国家提供天然气）"；"Президент Белоруссии Александр Лукашенко объявил

2011 год Годом предприимчивости（白俄罗斯总统卢卡申科宣布2011年为‘进取精神年’）”。只是在使用全称时用“Беларусь（白俄罗斯）”：“Республика Беларусь（白俄罗斯共和国）”。

3.“китайцы”还是“ханьцы”

“中国”一词俄语译为“Китай”。这个与汉语“中国”一词在发音上没有任何相似之处的称谓，来源于历史上俄罗斯人对我国北方少数民族契丹人及其部落的称呼。由于地理位置的原因，本属欧洲的俄罗斯人在东扩过程中最先接触到的中国人是我国北方的契丹人。后者作为一个民族在历史长河中消亡了，但其“名字”却被保留下来并“发扬光大”。

“китаец”及其复数形式“китайцы”是俄语里对中国人的称呼。事实上“китайцы”在俄语里有两个含义：一是指中国公民，其中包括我国的五十六个民族；二是指中国的汉族人。但汉语里汉族有自己区别于其他少数民族的称呼。为便于区分，国内俄语工作者在俄语里“引入”了“ханьцы”一词专门指称汉族人。事实上，对于大多数普通俄罗斯人来说“ханьцы”是个完全陌生的词汇，它更多地“流行”于中国的俄语界，并且在翻译实践中被广泛使用。只有少数从事与中国相关工作的俄罗斯人了解这一词汇的存在。也许有朝一日“ханьцы”一词真的能变成一个地道的俄语词汇，就像来自韩国的“首尔”取代中文的“汉城”一样。

三、“与众不同”的政权机构

1. 某些“与众不同”的国家权力机关

议会（парламент）和政府（правительство）是一般国家权力机关的统称，但某些国家的议会和政府有自己“与众不同”的叫法，翻译时须注意。

(1) 中国全国人大、国务院和人民政协

中国全国人民代表大会（Всекитайское собрание народных представителей）为中华人民共和国最高权力机关，简称“全国人大（ВСНП）”。全国人大及其常委会（Постоянный комитет ВСНП）行使国家立法权，类似于其他国家的议会。全国人大常委会俄语经常缩写为：“ПК ВСНП”。

中华人民共和国国务院（Государственный совет КНР）是中国最高国家行政机关——“中央人民政府（Центральное народное правительство）”。俄语里中国国务院经常缩写为：“Госсовет КНР”。

中国人民政治协商会议（Народный политический консультативный совет Китая），简称人民政协（НПКСК）。政协全国委员会的俄文缩写为：“ВК（Всекитайский комитет）НПКСК”。

此外，按照俄语的“严谨”习惯，任何情况下，在翻译我国国家级行政权力机关时，都应加上“КНР”（机关本身包含“中国”含义的除外。如，“ВСНП”、“НПКСК”等）。如，“Госсовет КНР（中华人民共和国国务院）”；“МИД КНР（中华人民共和国外交部）”；“Министерство образования КНР（中华人民共和国教育部）”等。即使这些机构在中文原文中被简称为“中国国务院”或“国务院”等形式，在译成俄文时仍须加上“КНР”。同时，这一“规矩”同样适用于其他国家。如，“МИД РФ（或 России）（俄罗斯外交部）”、“Минфин США（美国财政部）”等。此外，除国务院及其直属机构外，其他任何中国机构都不能冠以“КНР”之称。如，“Международное радио Китая（中国国际广播电台）”不能用作：“Международное радио КНР（中华人民共和国国际广播电台）”。

（2）俄罗斯联邦会议和政府

俄罗斯议会称联邦会议（Федеральное Собрание Российской Федерации），由联邦委员会（Совет Федерации）和国家杜马（Государственная Дума）组成。

俄最高执行权力机关是联邦政府（Правительство Российской Федерации）。联邦政府由总理（Председатель Правительства Российской Федерации）、副总理（заместители Председателя Правительства Российской Федерации）和部长（федеральные министры）组成。需要指出的是：尽管习惯上中文称俄政府首脑为“总理”，但俄官方正式称呼为“Председатель Правительства Российской Федерации（政府主席）”。但也用作：“премьер-министр России”或“премьер России”。

（3）美国国会和德国议会

美国的议会在汉语里习惯称“美国国会”，由上、下两院组成。美国国会俄语称“Конгресс США”。其两院为：参议院（сенат）和众议院（палата представителей）。德国议会也有自己与众不同的叫法。德国全称德意志联邦共和国（Федеральная Республика Германия），其议会俄语称“Бундестаг”。 “Бундестаг”源于德语“Bundestag”，意为“федеральное собрание”。俄语里只用“Бундестаг”，而不用“федеральное собрание”。

（4）各国议会及其领导人的“统称”

尽管各国议会的名称不尽相同，但在俄语中它们一般有一个共同的名称——“парламент（议会）”。在一篇新闻稿的翻译中，在涉及某国议会时，当已提到过其正式名称后，为避免同一词汇的重复出现，在下一次提到该议会时一般都可用“парламент”代替其正式名称。如，俄罗斯议会称联邦会议（Федеральное Собрание РФ），也可称之以“парламент России”。而各国议会的议长也可称为“спикер”。如，“俄罗斯国家杜马主席格雷兹洛夫”可译为：“спикер парламента России Борис Грызлов”。

2. 不同的行政区划

根据政治和行政管理需要，从特定的社会经济条件和历史渊源出发，世界各国一般都将国土划分为不同的行政区域，设立相应的地方政府机关，实施行政管理，从而形成不同的行政区划（административно-территориальное деление）。我国的一级行政区划为省级行政区划，分为：省（провинция）、自治区（автономный район）和直辖市（город центрального подчинения）。世界上其他一些国家主要的一级行政区划在俄语里也称“провинция（省）”。如加拿大、泰国、印度尼西亚等。俄罗斯及许多苏联共和国的主要一级行政区划是“州（область）”。俄罗斯与州同级的联邦主体（федеральные субъекты）还有“共和国（республика）”、“边疆区（край）”和“联邦市（город федерального значения）”等。美国、澳大利亚、印度等国的主要一级行政区划是“州（штат）”；德国的“州”俄语译为

“земля”；日本的主要行政区划为“县（префектура）”；蒙古的主要行政区划称“省（аймак）”。“аймак”也是我国内蒙古自治区的盟以及俄罗斯布里亚特共和国等地的“区”的俄语译法。此外，俄语里“аймак”的下一级行政区叫“сомон”，相当于我国内蒙古自治区的“旗”。各国行政区划的中、外文译法可以用“纷繁复杂”、“五花八门”来形容。所以，在翻译过程中须谨慎、小心，不要“想当然”，以免闹出笑话。

3. 政府总理的“别名”

各国政府首脑（总理）的俄语称呼也不尽相同。“总理（премьер-министр）”一词出现在十六世纪末、十七世纪初的西欧。当时法国出现了“главный государственный министр（首席国务部长）”这一职位。“премьер”意为“第一的（первый）”、“首要的（главный）”，所以“总理（премьер-министр）”译为“第一（首席）部长”也许更为贴切。俄罗斯政府首脑在汉语里习惯称“总理”，但自1993年起俄总理的官方称呼不再是“премьер-министр”，而是“Председатель правительства Российской Федерации（俄罗斯联邦政府主席）”。

“总理”在拉脱维亚是“президент министров”，在保加利亚是“министр-председатель”。德国和奥地利总理的名称更“离谱”——“канцлер（总理）”或是“бундесканцлер（联邦总理）”。只有在以色列“总理”被叫得比较“直白”——“глава правительства（政府首脑）”。中国的政府总理也不是“премьер-министр”而是“премьер”，并且“премьер Госсовета КНР（中国国务院总理）”中的三个词一定要整体使用，不可分割。此外，日本、英国等君主立宪制国家的“премьер-министр”汉语里称“首相”，日本首相的汉语全称则是“内阁总理大臣”。这些国家的内阁“部长（министры）”在汉语里相应地也不叫“部长”，而是叫“大臣”。如，“防务大臣（相）（министр обороны）”、“外交大臣（外相）（министр иностранных дел）”等。有意思的是，世界上有一个国家的“外相”比较特殊。他（她）负责外交事务，但却不叫外长，而美其名曰“国务卿（госсекретарь）”。这当然是美国。美国政府负责外交事务的机构不叫“外交部（министерство иностранных дел）”，而叫“国务院”（государственный департамент США）。这是历史原因形成的。但要清楚它与我们中国国务院概念的异同以及两者在翻译上的区别。

需要特别指出的是，“премьер-министр（总理或首相）”一词虽然指政府首脑，而且中文里习惯说“政府总理”，但是俄语里“премьер-министр（总理或首相）”只能与国家名称搭配，而不能与“правительство（政府）”一词直接搭配组成词组。如，可以说：“премьер-министр Турции（土耳其总理）”，而不能说：“премьер-министр правительства Турции（土耳其政府总理）”；能说“премьер-министр Вликобритании（英国首相）”，而不能说：“премьер-министр правительства Вликобритании（英国政府首相）”。

4. 国家元首与政府首脑

“国家元首（глава государства）”与“政府首脑（глава правительства）”在翻译实践中有时会被用混。事实上这是两个完全不同的概念。“国家元首”顾名思义是一个国家的最高领袖、国家的象征。在不同政体下，国家元首可以是主席、总统或君主（国王、女王、天皇等）。政府首脑是国家最高行政机关的首长（如：政府总理或内阁首相），一般由国家元首提名或任命。某些国家的国家元首即为政府首脑，如美国总统既是国家元首，又是政府首脑。需要注意这两个概念的区别，翻译时不要混淆。

5. 特殊的“政府机关”—— 欧盟委员会

“欧盟（Европейский союз）”与“欧盟委员会（Европейская комиссия）”又是一对容易混淆的概念。关于“欧盟”和“欧盟委员会”的明确定义在各种文献以及网络上很容易找到，这里不做赘述。对于翻译人员来说，重要的是不能把表示这两个概念的不同词组“Европейский союз（可缩写为‘ЕС’）”和“Европейская комиссия（可缩写为‘Еврокомиссия’）”混淆。为了能够更好地区分这两个概念，我们可以把欧盟理解成一个“国家”，而“欧盟委员会”则是这个“国家”的“政府”。

6. 俄罗斯与“俄国”

俄罗斯是中国的重要邻邦。汉语中对俄罗斯的不同称谓有不同的含义。“俄罗斯（Россия）”是汉语里对这个北方邻国的通称。它既指位于我国北方、幅员辽阔、横跨欧亚大陆的这个大国，也指现在的俄罗斯联邦（Российская Федерация 或 РФ）。此外，汉语中还有“俄国”、“沙皇俄国”等概念。有时也简称俄罗斯为“俄”。需要指出的是，汉语中“俄国”和“沙皇俄国”的概念不是指现今的俄罗斯（俄罗斯联邦），而是指十月革命以前历史上的俄罗斯。此时一般应该译作“российская империя（帝俄）”或“царская Россия（沙俄）”。反之亦然，提到现今的“Россия（或 РФ）”时，汉语一定要用“俄罗斯”或“俄联邦”，而不能用“俄国”，更不能用“沙皇俄国”（修辞方法除外），否则是不规范的，并容易产生歧义。

（作者单位：中国国际广播电台俄语部）

谈谈中餐菜名的罗马尼亚语翻译

杨　颖

作为中国文化的一个重要组成部分，中华美食早已走向世界，受到越来越多的外国友人的欢迎。中国国际广播电台罗马尼亚语部的《中国烹饪》栏目介绍了大量的中国饮食文化知识、烹饪常识以及中国菜谱，深受受众欢迎。作为栏目负责人，笔者在专栏制作的过程中，发现菜名的翻译是一个非常让人困扰的问题。一个小小的菜名含有很多信息，不仅体现原料和做法，还可能包含产地、典故等，想翻译得准确、好听有相当的难度。2012年，北京市人民政府外事办公室和市民讲外语办公室联合出版了《美食译苑——中文菜单英文译法》，规范了2 158道中餐饭菜的英文译名。而作为非通用语言，罗马尼亚语的中餐菜名翻译仍然存在很多问题，有待规范。本文就想探讨一下罗马尼亚语的中餐菜名翻译。

一、中餐菜名罗马尼亚语翻译的困难和现存问题

中餐具有选材多样、技法独到、造型精美、口感丰富等特点。这是中华美食的优势和魅力所在，恰恰也是翻译的困难所在。中餐菜品数不胜数，一个简短的中餐菜名又往往包含丰富的信息和文化元素，这就造成了《中国烹饪》栏目翻译过程中的一些困难和问题。

1. 译名混乱

翻译是一种学术创作，是非常专业化的工作。然而不少人觉得菜名翻译是小事，能说清做的是鸡还是牛，是萝卜还是白菜就行了，于是翻译起来很随意，这就造成了译名的混乱。罗马尼亚语的中餐菜名一直没有规范的译法，包括在我们的《中国烹饪》栏目中，由于栏目负责人的更换，同一道菜也常常出现不同的译法。比如豆腐，有的采用意译，译成Brânză de soia（黄豆做的奶酪），有的采用音译Tofu。两种译法都对，但译名的不统一容易给不熟悉该食品的罗马尼亚人造成混乱。另外，一些词汇的使用不当也造成了菜名翻译的不准确。

2. 特色食品没有译名

在《中国烹饪》栏目制作中，笔者发现特色食品名称的翻译是一个很令人苦恼的问题。中国的食品、果蔬、调料品种非常多，其中有相当一部分是罗马尼亚没有的，甚至是罗马尼亚人连听都没听过的。比如，笔者曾经在《中国烹饪》栏目的翻译中用到“冬瓜”一词。冬瓜在罗马尼亚语中没有对应的名字。笔者就此和外籍同事进行了探讨，他们认为按照英文名称winter melon译成罗语dovleac de iarnă不妥，因为有些人会理解为冬天的南瓜，建议直接译为dovleac（南瓜）。但是我们都知道南瓜和冬瓜差之千里，在做菜过程中是绝对不可以用南瓜代替冬瓜的。所以，如果采用dovleac（南瓜）这个译法，一定会给受众造成误解，从而导致菜品的失败。这并不是个别现象，类似的情况还有很多。

3. 中餐菜名中蕴含的文化元素表达不出来或表达不准确

《中国烹饪》栏目既要介绍中国的饮食文化，也要介绍菜谱，涉及的既有传统菜，也有现代创意菜，范围非常广泛。我们都知道，中餐的菜名千奇百怪，除了表材料、做法和口感的常规菜名，还有的菜名强调形状，如蚂蚁上树；有的强调来源，如宋嫂鱼羹；有的强调寓意，如全家福……如今更有些创意菜为了抓人眼球，以新奇取胜，比如冰火菠萝油。只看菜名的话，连中国人都不知道是什么，更别提翻译了。另外，有些菜名是包含有故事的，比如麻婆豆腐。相传在清朝同治末年，成都有位陈姓妇女脸上生有麻子，但烧得一手好菜，经营餐馆以豆腐的味道最为特别，麻辣味鲜、色泽红亮，深受群众喜爱，因而得名。这样的菜名在翻译时，如果直译就会变成“一脸雀斑的女人做的豆腐”，不仅没有说出典故，还让读者莫名其妙，肯定是不可取的。笔者在翻译过程中就发现，中餐菜名中蕴含的丰富信息和文化元素是很难用几个罗马尼亚语单词表达出来的。如何实现中餐菜名的跨文化转换是翻译中的一个难点。

4. 菜名翻译不适应网络和移动终端平台的要求

随着新媒体的飞速发展，《中国烹饪》已经从一个广播专题转为网络专题，未来有可能也会以 App 的形式呈现。我们都知道，不同于广播专题，用于网络和移动终端平台的文章标题有着极其重要的作用，是吸引受众点击的关键。作为菜谱来讲，这个标题指的就是菜名。网络和移动终端平台上汇集了海量的信息，受众浏览主页面时通常速度很快，会不会点击某篇文章进行进一步浏览往往就是瞬间决定的。而我们有的菜名翻译得不够清晰明了，甚至有时只是不够吸引人，就会造成受众阅读兴趣的缺失。另外，有些菜名翻译中由于偏重传达文化特色或是其他原因，没有把主要食材包含到译名里，造成搜索时搜索不到。这样的翻译都是不能适应新媒体发展的需要的。

二、中餐菜名翻译的规则、方法和技巧

了解了问题所在，那么只要掌握了相应的翻译规则、方法和技巧，做好菜名翻译也并非难事。下面笔者就想从中餐菜名翻译的基本规则开始，逐一谈一下这些问题的解决方法。

1. 制定中餐菜名翻译的基本规则，避免译名混乱

译名混乱问题该如何解决？笔者认为虽然中餐菜名琳琅满目，但其翻译是有规律可循的。首先，应该制定基本的翻译规则。有了规则，我们就能更容易在翻译过程中跨越文化差异、避免技术性错误，做到让受众一眼就能看得明白。参照《美食译苑——中文菜单英文译法》中制定的翻译原则，笔者根据罗马尼亚语的语法特点进行了调整，将中餐菜名汉译罗的基本翻译规则总结如下：

（1）以主料为主，配料或配汁为辅的翻译规则

①菜肴的主料和配料

主料（名称/形状）＋cu＋配料

如：番茄菜花 Conopidă cu roșii

②菜肴的主料和配汁

主料＋cu/în＋汤汁

如：糖醋排骨 Coaste de porc cu sos dulce-acrişor

（2）以烹制方法为主，原料为辅的翻译规则

①菜肴的做法和主料

主料（名称/形状）＋做法

如：煎豆腐 Brânză de soia prăjită

清蒸鱼 Peşte în abur

砂锅鱼头 Cap de peşte în oală ceramică

②菜肴的做法、主料、配料

主料（名称/形状）＋做法＋配料

如：菠萝炒饭 Orez călit cu ananas

③菜肴的做法、主料、汤汁

主料（名称/形状）＋做法＋cu/în＋汤汁

如：可乐鸡翅 Aripi de pui fierte în coca-cola

（3）以形状、口感为主，原料为辅的翻译规则

①菜肴形状或口感以及主配料

主料＋形状/口感

如：松鼠鱼 Peşte în formă de veveriţă

脆皮鸡 Pui crocant

②菜肴的做法、形状或口感、做法以及主配料

形状＋主料＋配料＋做法或主料＋配料＋做法＋口感

如：什锦炒肉丁 Cubuleţe de carne şi legume asortate călite

酸甜萝卜泡菜 Ridichi şi castraveţi muraţi acrişori şi dulci

（4）以人名、地名为主，原料为辅的翻译规则

①菜肴的创始人（发源地）和主料

主料＋人名（地名）

如：东坡肘子 Coapsă de porc Dongpo

北京烤鸭 Raţă Beijing

②介绍菜肴的创始人（发源地）、主配料及做法

主配料＋做法＋în stil（cu specific）＋人名/地名

如：南京板鸭 Raţă marinată în stil Nanjing

（5）可数名词单复数使用原则

菜名中的可数名词基本使用复数，但在整道菜中只有一件或太细碎无法数清的用单数。

如：蔬菜面 Spaghete cu legume

熘肝尖 Ficat de porc prăjit

（6）介词 în 和 cu 在汤汁配料中的用法

①如主料是浸在汤汁或配料中时，使用 în 连接。

如：卤豆腐 Brânză de soia în sos condimentat

②如汤汁或蘸料和主料是分开的，或是后浇在主菜上的，则用 cu 连接

如：红烧肉 Carne de porc cu sos de soia

2. 中国特色食品翻译方法

中国有很多食品、食材是罗马尼亚没有的，其中一部分在罗马尼亚语中有对应的译法，更多的是根本没有译名的。那么，这个问题该如何解决？笔者认为中国的特色食品翻译应首选音译。就像上文提到的冬瓜，可以采用汉语拼音名称，并在括号中加以解释的方法，译为 dovleac dong gua（o specie de dovleac，cu coaja brumată），即冬瓜（一种表皮带霜状物的葫芦科植物）。

笔者认为，中国特色食品的翻译方法分为以下两种情况。

（1）具有中国特色的食品，且在罗马尼亚已有约定俗成的说法的，使用音译，并在后标注罗马尼亚文对应的说法

如：饺子 Jiaozi（Colţunaşi）

馒头 Mantou（Păine chinezească）

豆腐 Tofu（Brânză de soia）

（2）具有中国特色的食品，在罗马尼亚语中没有对应说法的，使用音译，并在后标注罗马尼亚文注释

如：包子 Baozi（Pâine aburită cu umplutură）

锅贴 Guotie（Colţunaşi prăjiţi）

艾窝窝 Aiwowo（Prăjitură de orez aburită cu umplutură dulce）

爆肚 Baodu（Burtă de vită sau de oaie opărită）

年糕 Niangao（Tort de Anul Nou）

在第一种情况中，既然已有约定俗成的说法，为什么还要使用音译呢？一方面这是推广汉语和中国餐饮文化的需要；另一方面，在让受众看懂的同时，回避容易引起分歧的说法，避免概念的混淆。比如，饺子是中国最重要的传统食品之一，也是被罗马尼亚人所熟悉的。在罗语中饺子被译为 Colţunaşi，借用了一种罗马尼亚食品的名称。罗马尼亚的 Colţunaşi 也是面皮里包上了肉、奶酪、果酱之类的馅料煮出来的，和饺子类似。如果在特定的环境或语境中，比如中餐馆或者谈及中餐时，用 Colţunaşi 这个词会很自然地理解为饺子，但一旦脱离了特定环境，就有可能造成误解。所以，笔者认为用汉语拼音 Jiaozi 来作为译名，后面注释 Colţunaşi，更为科学。既让人能明白这种食品大概是什么样的东西，也方便他们学习中文叫法的发音。另外，很重要的一点是在网络搜索过程中，使用 jiaozi 作为关键词的话，会有更强的指向性。如果使用 Jiaozi 和 Colţunaşi 同时作为搜索关键词的话，搜索结果会更为准确。既精确指向了饺子，又排除了使用其他语言的搜索结果。

3. 文化负载菜名的翻译技巧

语言和文化是密不可分，相互交织的。著名翻译家沈苏儒说：“翻译是跨语言、跨文

化的交流；翻译是把具有某种文化背景的发送者（sender）用某种语言文字所表述的内容尽可能充分地、有效地传达给使用另外一种语言文字的、具有另外一种文化背景的接受者。”我们不能脱离文化来谈语言。很多中国菜的菜名就具有浓郁的文化特色，不是很直白。光看菜名的话，很难明白菜的内容是什么。在这种情况下，我们就不能机械地采用直译，而要视情况灵活变通。采用“直译（音译）＋注解”、“直译＋意译”、“意译”等方法，尽可能重现原语菜名包含的信息。但无论怎样变通，首要保证的一定是把菜品的内容说清楚，让受众能理解。通常来讲，当菜名无法体现或表达不准确菜品内容时，我们根据实际内容进行翻译，并加以解释，尽量传达原名的文化特色。

比如，“驴打滚”，中文名字听起来生动形象，既表现了食品的颜色，也表现了它的形状。但是如果直译成罗马尼亚语，受众绝对不会明白这是什么东西，保不齐还会以为是驴肉做的菜。这种名称所负载的文化含义不是几个词就能说清楚的，所以翻译起来我们只能先保证把菜品内容说清楚。翻译时采用音译＋注解的方法，译为 Lüdagunr-Rulouri din orez lipicios umplute cu pastă de fasole roșie（驴打滚——红豆馅的江米卷）。至于菜名所负载的文化含义，可以在菜谱中再进行具体解释：“驴打滚”是用黄米或江米夹馅卷成的长卷，因卷下铺黄豆面，吃时将长卷滚上豆面，样子颇似驴儿打滚，因此得名。这样，既能保证菜名让受众一目了然，也能把原名的含义解释明白，让受众觉得更有意思。

在翻译理论中有“可译性”一说。就是说由于语言和文化上的差异，翻译是有一定局限性的，有的东西是翻不出来的。比如宫保鸡丁的“宫保”怎么翻译？这道菜一般认为是由清朝四川总督丁宝桢所创。所谓“宫保”，其实是丁宝桢的荣誉官衔。“宫保”两个字包含了人物、历史和官阶知识，根本无法翻译，所以只能采取汉语拼音 Gongbao 来表达，然后在菜谱中简单加以解释。比如可以说“宫保”是宫保鸡丁这道菜的发明者清朝人丁宝桢的官衔。这样受众可以理解，也可以了解一点中国的文化知识。

4. 菜名翻译如何适应网络和移动终端平台的需要

为了让菜名翻译适应网络和移动终端平台的需要，笔者认为应该达到以下三个基本要求。

（1）菜名翻译要清晰明了

上文说到受众会在很短的时间内决定是否点击一篇文章。所以，作为一篇菜谱，菜名必须做到一目了然，否则受众是不会花时间去猜测这是什么东西，之后再决定是不是点进去详细浏览的。这就要求我们在翻译菜名时一定要做到清晰明了，哪怕放弃一些原名的特色元素。

（2）菜名翻译要尽量简短

《中国烹饪》不同于焦点新闻，无论是在网络还是移动终端平台上，给菜名和菜品图所留的空间非常有限，如果菜名很长，就会影响页面美观，所以菜名长度要尽量简短，可以省略的词尽量省略。比如肉片炒菜花，Conopidă călită cu felii de carne，我们就可以省略形容词“炒的”călită，直接用 Conopidă cu felii de carne 即可。

（3）菜名的译名中一定要包含主要食材

我们网页的很多点击是来自于网络搜索引擎。另外，搜索也是移动终端平台上的一个重要功能。根据笔者的使用经验，在食谱类 App 的使用中，通常是用户输入某种食材名称，然后就会显示标题中包含该食材的所有菜谱。如果我们的译名中没有包含食材，是很难被搜索到的。所以为了方便受众搜索，也为了我们的食谱被更多人更容易地搜索到，我们的菜名译名中一定要包含主要食材。举例来讲，笔者借“六一”儿童节为孩子们做了一个中文名为“晚安，小熊”的食谱。菜品的内容是咖喱鸡肉饭，但是造型是一只盖着被子准备睡觉的小熊。可以说原来的中文菜名很生动，符合菜品的氛围，但是没有包含任何的食材，这样就不可能被受众搜索到。所以，虽然很喜欢原名，笔者还是把译名改为了 Orez cu pui în sos de curry în forma de ursuleț（熊宝宝咖喱鸡肉饭）。这样既包含了食材，也包含了造型，无论受众是搜索“咖喱”，还是搜索“鸡肉”，都可以搜到我们的食谱。

三、结语

中国菜包罗万象，菜名变化万千，可以说小菜名蕴含大学问。笔者认为，在《中国烹饪》栏目中，菜名翻译的首要原则是让外国人看明白这道菜是什么，之后再想如何传达它的文化特色，然后就是要保证译名适应新媒体发展的需要。如果译者能够具有很强的翻译能力，了解两国的文化，同时能够做到换位思考，以受众的眼光来检验译名，那我们就能更容易克服文化障碍，改善网络和移动终端平台用户体验，从而更好地在全世界传播中华饮食文化，同时达到扩大受众群，增加网页点击率的目标。

（作者单位：中国国际广播电台罗马尼亚语部）

参考文献：

1. 北京市人民政府外事办公室，北京市民讲外语活动组委会办公室：《美食译苑——中文菜单英文译法》，世界知识出版社，2012 年。

2. Luo Dongquan（骆东泉）：《Secretelebucătărieichinezești》（《中餐的秘密》），ARIPRESS 出版社，1999 年。

3. 王欣主编：《纵横：翻译与文化之间》，外文出版社，2008 年。

4. 廖七一：《当代西方翻译理论探索》，译林出版社，2006 年。

信息型文本的翻译策略

——以国际台对匈传播新闻翻译为例

赵　静

一、理论框架

英国著名翻译家和翻译理论家彼得·纽马克（Peter Newmark）在他的翻译专著《A Textbook of Translation》（《翻译教程》）一书中，根据语言功能的分类，将不同的文本按照三个范畴进行了划分，即表达型文本（expressive text）、信息型文本（informative text）和呼唤型文本（vocative text）。按照纽马克的划分，信息型文本包括教材、报刊文章、学术论文、会议纪要等。可见，我国对外报道工作中的新闻翻译，作为源语语言文本的新闻文稿按此划分应归属为信息型文本。

之所以需要对有待翻译的源语语言文本进行分类，因为翻译中许多理论问题，如对等翻译、变量和常量、理想的翻译单位、翻译过程等，如果不联系语言的功能来确定文本类型，讨论就失去了意义①。这也意味着，即便翻译的方法纷繁多样，依然需根据源语语言文本类型的不同而有所侧重地选取、应用翻译策略与方法。

纽马克先后在他的两本翻译理论著作即1981年出版的《Approaches to Translation》（《翻译问题探讨》）和1988年出版的《A Textbook of Translation》（《翻译教程》）中，提出了八种翻译方法，它们从最侧重源语语言到最侧重目标语言，依次为逐字译（word-for-word translation），直译（literal translation），信译（faithful translation），语义翻译（semantic translation），交际翻译（communicative translation），地道翻译（idiomatic translation），意译（free translation）和编译（adaption）。它们对原文的忠实度依次递减，而翻译的灵活度依次递增②。

新闻文本由于新闻自身的定义和特点，尤其偏重于内容和信息的传递。由于重内容文本关注有效的沟通和信息的准确，翻译的形式必须以目标语言为导向。对于信息型文本，纽马克建议采取交际翻译原则，使目标读者产生尽可能与原语读者一致的效果和反应③。归属于信息型文本的新闻文本，也有其自身的特点，而这也决定其有针对性的翻译策略与手段。

---

① 李治：《纽马克的文本分类及其翻译方法探讨》，《疯狂英语·教师版》2010年第3期，第197页。

② 张美芳：《编译的理论与实践——用功能翻译理论分析编译实例》，《四川外语学院院报》2004年3月第2期，第96页。

③ 喻莹：《信息型文本翻译策略初探——以“快乐投资”的网站翻译为例》，2011年5月，上海外国语大学硕士学位论文。

二、信息型文本和新闻文本的功能与特点

相比表达型文本和呼唤型文本，信息型文本的典型特征就是信息性和客观性①。翻译学者陈谊指出，新闻报道总是以事实为依据，重在传播新闻事实，用事实说话……对于源语受众和目的语受众来说，最重要的是获取瞬息万变的新闻事实②。由此可见，信息型新闻文本具有真实性、准确性、目的性和规范性的普遍特点。因此，在新闻翻译中也需依据以上特点进行翻译，比如，在新闻结构上体现“倒金字塔”的特点；行文风格应通俗易懂，言简意赅；根据传播的需求，可以运用“增译”、“重组”等方法进行编译等。具体到匈牙利语的新闻翻译，在实际翻译中不仅需要在如对等语缺失，或存在文化差异的情况下偏重运用“归化”；在长句处理中巧用“顺译”、“逆译”、“分译”等多种手段；在结构调整中运用更贴近对象国新闻文体特点的“倒金字塔”结构；在语态上灵活变主动语态为被动语态，以契合匈牙利文表达特性。同时，还要善用网络翻译工具和“平行文本”，以达到信息精准、有效传达的目的。

三、以对匈新闻报道为例分析新闻翻译的策略与手法

在中译匈的新闻翻译实践中，目标读者是不定向的匈牙利受众，翻译目的是向他们传播由我方信源提供的新闻资讯，有待翻译的文本归类为信息型文本，且文稿本身具有新闻自有的特点。

1. 标题上“删译”与“增译”

新闻的标题应该有一目了然的核心信息，力求在第一时间吸引受众，即便是广播中的新闻稿，也应做到核心信息被简洁明了地传达。

例一：

原标题：《中国扶贫基金会小额信贷受益贫困人口将达 200 万人》

译文标题：《2013-ban 2 millió kínai juthat mikrohitelhez》

原稿标题共 24 个字符，其中“小额信贷”和“200 万人受益”是核心信息，“小额信贷”的归属单位——“中国扶贫基金会”，受益的“200 万人”具体为“贫困人口”，这些辅助说明的信息应在标题中略去，并在新闻主体部分的翻译中稍后加以说明。因此，“200 万人将受益小额信贷”译作标题，由 5 个匈文词组成，即“2 millió kínai juthat mikrohitelhez”。其中，将来时的时态通过动词加后缀加以实现，即“jut”变为“juthat”。此外，为贴近对象国的新闻表述习惯，结合标题中将来时态的出现，时间范围界定应是在标题中增

① 喻莹：《信息型文本翻译策略初探——以“快乐投资”的网站翻译为例》，2011 年 5 月，上海外国语大学硕士学位论文。

② 陈谊：《从功能派翻译理论谈新闻报道的文本功能特点及翻译》，《北京邮电大学学报（社会科学版）》2007 年第 1 期，第 68 页。

译的部分，即增译“2013-ban”，“2013 年内”作时间状语。

例二：

原标题：《国际劳工组织称全球就业形势尚未恢复到危机前水平》

译文标题：《A globális foglalkoztatási helyzet nem állt helyre》

译文标题直译过来是：全球就业形势尚未恢复。可见，译文标题是用“删译”把原标题的核心意思提炼出来，之后加以翻译，略去了可在正文中加以说明的发出此结论的主体：“国际劳工组织”和恢复的具体状态：“危机前水平”。

2. 重组与摘译

在开始翻译之前，译者首先要彻底消化原文，这不仅指通读并读懂原稿，还需结合对象性与传播的目的性，以我为主地提炼出待传递的核心信息。同时，也要结合目的语读者的思维风格、接受习惯等因素重新搭建段落和结构，选取并组织信息。

(1) 导语结构重建。导语部分的重要性不言而喻。我们都知道，一篇完整的消息有五部分构成：标题、导语、主体、背景和结语。标题、导语、主体是一则新闻不可缺少的三个部分。

例文：

原文导语：新华网北京 4 月 24 日电 （林晖、钱成）记者日前从国内最大的公益性小额信贷机构——中和农信公司（中国扶贫基金会小额信贷项目）获悉，2013 年其覆盖的省份将达 14 个、分支机构增至 90 家，受益人口预计近 200 万人。

译文导语：Kína legnagyobb mikrofinanszírozó közjóléti vállalata várhatóan közel 2 millió vidéki kínainak nyújt majd segítséget 2013 végével.

在例文中，原文导语由一句话组成，其中主语——记者，谓语——获悉，宾语（获悉的内容）——2013 年其覆盖的省份将达 14 个、分支机构增至 90 家，受益人口预计近 200 万人，及状语（何时从何处获悉）——日前从国内最大的公益性小额信贷机构中和农信公司（中国扶贫基金会小额信贷项目）获悉，虽一气呵成，然而新闻重点并不突出，或者说，这样的导语表述并不符合西方人惯常的逻辑思维模式。因此，译文按照“倒金字塔”文体重构导语，提炼出新闻事件的 3 个核心要素，再进行重组，即：Kína legnagyobb mikrofinanszírozó közjóléti vállalata 中国最大的小额信贷机构（何人 Who），várhatóan közel 2 millió vidéki kínainak nyújt majd segítséget 将向近 200 万贫困人提供帮助（何事 What），2013 végével 在 2013 年内（何时 When）。至于余下的详细信息，如该慈善机构为何机构，受益人口涉及几个省市，有多少分支机构，提供小额贷款的目的和宗旨，等等，都在下面的新闻主体中一一说明。

(2) 段落上下调整。

例文：

《中国扶贫基金会小额信贷受益贫困人口将达 200 万人》

新华网北京 4 月 24 日电 （林晖、钱成）记者日前从国内最大的公益性小额信贷机构——中和农信公司（中国扶贫基金会小额信贷项目）获悉，2013 年其覆盖的省份将达 14 个、分支机构增至 90 家，受益人口预计近 200 万人。

中和农信 23 日向公众披露了财务信息。数据显示，2012 年该机构共在全国 14 个省份 63 个县开展小额信贷业务，共涉及 58 个国家级、省级贫困地区。有效客户达到 13 万户，放款笔数达到 13.7 万笔，贷款余额达到 8.5 亿元，贷款总额达到 13 亿元，大于 30 天的风险贷款率为 0.23%，业务进展稳定，贷款质量良好。

中和农信是中国扶贫基金会 1998 年成立的专门负责管理和实施小额信贷扶贫项目的公司，旨在运用小额信贷的方式解决贫困农户贷款难问题。十几年来，项目累计发放农户小额信贷 54 万笔、41 亿多元，近 150 万贫困人口从中受益。

译文如下：

.2013-ban 2 millió kínai juthat mikrohitelhez

Kína legnagyobb mikrofinanszírozó közjóléti vállalata várhatóan közel 2 millió vidéki kínainak nyújt majd segítséget 2013 végével.

A szegénység felszámolásával foglalkozó kínai alapítvány（CFPA）1998-ban hozta létre a mikrofinanszírozó pénzügyi szolgáltató céget，amely mikrofinanszírozású megoldásokkal segíti a vidéken élöket，és ezen keresztül a szegénység felszámolását.

A cég kedden jelentette be，hogy mikrohitelezési tevékenységével már 14 tartomány 63 megyéjében van jelen，köztük 58 szegénység sújtotta területen.

A CFPA Microfinance által kifizetett 1，3 milliárd jüanos mikrokölcsönnel 2012-ban 130 ezer családon segítettek.

这是一条经济新闻，而从“扶贫惠贫”这一视角来看，此条新闻也具有社会性。因此在它的翻译中，既要准确传达出它的经济特点，如在编译中强调关键的经济数据。同时，这条新闻社会性的一面同样不能舍去，同样是需要传达给受众的重要信息。

在该新闻翻译过程中运用的主要策略是编译。著名翻译家陈美芳指出，编译本身隐含了“改变”的意思，即为了适合某些读者或为了译文的目的，译者在一定程度上改变了原文的内容与形式①。

在编译过程中新闻段落进行了调整，原文和译文的段落数量由三段增为四段。这是因为，译文中将原文第二段中过于庞大的信息量进行了分解。叠加在一起的大量数据，无论是在广播中，或在网络上，都容易让受众产生混淆，增加他们的理解负担，因此，译者把该机构近年来发放小额贷款的成果，包括贷款总额、惠及人口等整合至一个独立段。同时，针对原文内容中对外性不强的部分，如表示信贷质量的“大于 30 天的风险贷款率为 0.23%”这一内容，则进行了减译。此外，译文在段落调整中，还将原文最后一段中作为背景资料的对“中和农信”的介绍——1998 年成立，旨在用小额贷款解决贫困问题这一信息，从最后一段前提，原因是译文导语中只简要说明其为“中国最大的小额信贷机构”，未附其他说明，因此，在接下来的展开部分，译者直接将对该机构的背景介绍的内容与原新闻中相关内容予以整合，既符合了规范性，也不失准确与严谨。

① 张美芳：《编译的理论与实践——用功能翻译理论分析编译实例》，《四川外语学院院报》2004 年 3 月第 2 期，第 95 页。

3. 使用机构简称

匈牙利文表达中特别注重避免重复，这不仅要求翻译中能灵活选用同义词，在译文中使用机构简称也很有必要。在符合匈牙利文自身表达习惯的同时，也体现新闻简洁流畅的文风特点。如上文例文中只在第一次时出现“中国扶贫基金会”全称，同时在括号内注明其简称，在下文部分则只使用机构简称。在其他的新闻翻译中也是同样的。

4. 以被动语态突出匈文特色

匈牙利语的一大特点是，在很多情况下不需要在句中表达主语，仅通过动词变位便可说明主语，甚至，很多时候宾语都可以省略，而由动词后缀的变位来体现。最典型的例句是“我爱你”，在中文里这是一个主谓宾的短句，翻译为匈牙利语却只有一个动词：“Szeretlek”。这个动词的意思是“爱”，动词原型是 Szeret，变位后的动词后缀 lek 诠释了主语是“我”，宾语是“你”。这样的语法在中文里不可想象，在匈文中却是最地道的表达法。因此，很多句子会在翻译中主动选择被动语态的表达，同时在可以的情况下省略主语。

例一：

原文：警方将对其（穆沙拉夫）涉嫌在 2007 年实施紧急状态时拘禁多名法官一案进行问询。

译文：Azzal kapcsolatban fogják kihallgatni，hogy 2007-ben a rendkívüli állapot kihirdetése idején parancsára sok bírót tartóztattak le.

译文将原文的主动语态“警察将对其问询”，译为被动语态“（穆沙拉夫）将被（警察）问询”，括号中的“穆沙拉夫”和“警察”均被略去，原因是在原文中该句的前一句：“巴基斯坦前总统穆沙拉夫于当天上午被逮捕，据报道，穆沙拉夫已被带至伊斯兰堡一家地方法院。”一句中，人物“穆沙拉夫”已经出现，而因其后一句中，“将被问询”成为重点，因此，问询的警方在此处的被动表述中可做省略。

例二：

原文：智利的科帕赫火山近日因活动频繁发出红色预警，当地政府已安排近 1 400 人疏离。

译文：Körülbelül 1 400 chilei lakost telepítettek ki a Copahue vulkán környékén，miután riasztást adtak ki egy várható hatalmas kitörés miatt.

此句的翻译中，将“当地政府安排疏离”的主动表述调整为“近 1 400 人被撤离”的被动表述，不仅强调了新闻点，同时突出匈文表达的自有特色。同时，由于新闻事实的重点是众多人员因火山活动而撤离，而不是由何单位负责组织此次撤离行为，因此在调整为被动语态的翻译中，组织方“当地政府”可以被省略，符合匈牙利新闻表达习惯。

5. 网络翻译工具和平行文本

不同的专业领域都有自己特有的术语。在专业性强的领域，译者善于利用网络翻译工具和平行文本不失为便捷、高效的手段。

网络翻译工具顾名思义，就是利用强大的网络资源，利用在线翻译功能，来实现准确的词汇翻译。因为在中外文的互译中，常常会在对象语言中找不到完全对应的词，又或者在一些固定搭配中，两个或多个词虽然分别认识，然而搭配在一起却完全是新的释义。在这种情况下，网络的优势便显现出来，除了匈文的谷歌 www. google. hu 可以在线搜索外，也可以在论坛中寻求解答。另外，http：//dictzone. com/angol-magyar-szotar/在线翻译字典据笔者考察也是一个可信赖且词汇量较全面的网络工具。

所谓“平行文本”，据斯内尔·霍恩比的定义，是指不同语言中话题、体裁和功能相同或相近的本土文本。其实质是直接从目的语言文本中寻找出同样领域、同样主题的文本，以借鉴学习专业词汇和表达风格。它的优势特别体现在涉及法律、科技等专业性强的新闻领域。在翻译中借助平行文本确保了准确性，也就是保障了传播的有效性。

四、结语

新闻作为典型的信息型文本，在翻译中需要尊重新闻自身的特点与规律，同时，应依据纽马克的文本分类理论和他提出的交际翻译方法，采用多种翻译策略灵活结合，综合运用，在对外传播的新闻翻译工作中逐步提高传播的有效性。

（作者单位：中国国际广播电台匈牙利语部）

参考文献：

1. 刘其中：《新闻翻译教程》，中国人民大学出版社，2004 年。
2. 雷跃捷：《新闻理论》，北京广播学院出版社，1997 年。
3. 谭载喜：《新编奈达论翻译》，中国对外翻译出版公司，1999 年。
4. 贾文波：《应用翻译功能论》，中国对外翻译出版公司，2004 年。
5. 俞建村：《论新闻报道的翻译特点》，《上海科技翻译》2001 年第 3 期。
6. 黄振定：《析翻译操作的两种基本方法》，《中国翻译》2000 年第 3 期。
7. 张美芳、钱宏：《翻译研究领域的“功能”概念》，《中国翻译》2007 年第 3 期。
8. 张美芳：《翻译学的目的与结构》，《中国翻译》2000 年第 2 期。
9. 彭汉良：《新闻翻译中的跨文化思考》，《武汉教育学院学报》1998 年 8 月第 4 期。

新媒体

发展新媒体的必要性及国际台新媒体发展现状

周辉文

以下两张照片分别拍摄于2005年和2013年，分别是教皇本笃十六世和弗朗西斯一世登基仪式现场。这张对比图给我们最直观的感受就是，科技日新月异，普通民众积极地运用新媒体手段记录新闻事件。短短几年时间，新媒体的普及和运用悄悄改变了我们的生活。

一、何为新媒体

随着科技的进步、社会的发展，我国传媒业正进入成长高峰期。近年来新媒体不断涌现，媒体界形成了一股新媒体的热潮。新媒体的发展势不可挡，它已成为业界关注、讨论的热门话题。纵观新媒体，无论是依靠技术催生的新媒体，还是将原有媒体重新定位、包装，进行市场细分而形成的新概念媒体，都对传媒格局带来影响。

对于新媒体的定义可谓是众说纷纭，阳光文化集团首席执行官吴征认为："相对于旧媒体，新媒体的第一个特点是它的消解力量——消解传统媒体如报纸、广播、电视之间的边界，消解国家与国家之间、社群之间、产业之间的边界，消解信息发送者与接收者之间的边界，等等。"中国传媒大学黄升民教授则认为："构成新媒体的基本要素是基于网络和数字技术所构筑的三个无限，即需求无限、传输无限和生产无限。"美国《连线》杂志对新媒体的定义是"所有人对所有人的传播"。

所谓新媒体是相对于传统媒体而言的，只有媒体构成的基本要素有别于传统媒体，才能称得上是新媒体。否则，最多也就是在原来的基础上的变形或改进提高。新媒体是利用数字技术、网络技术、移动技术，通过互联网、无线通信网、有线网络等渠道向用户提供信息和娱乐的传播形态和媒体形态。有学者这样定义新媒体，"互动式数字化的复合媒体"。

与传统媒体相比，新媒体有其独特的技术支撑，具备得天独厚的优势，在传播形式、传播时效、传播成本以及受众主动性等多个方面，都拥有传统媒体无法比拟的长处。

（一）传播形式

当今新媒体存在多种不同的传播形式，其中比较热门的主要包括，数字电视、直播卫星电视、移动电视、IPTV、博客、微博客、网络电视、电视上网、移动多媒体、虚拟社区、搜索引擎、电子信箱、门户网站等，其中既有新媒体形式，也有一些属于新媒介硬件、新媒介软件，或者新的媒体经营模式。

举例来说，以互联网、通信网、广播电视网等多种网络的融合为基础，现在智能手机不仅可以用来通话、发短信，同时还可以用来听广播、看电视、上网，多种媒体的功能集为一身。正因如此，隶属移动多媒体的手机报、手机电视等，在这两年堪称无处不在，我们随时随地都在接触着方便快捷的新媒体。

（二）时效性强

新媒体在很大程度上有效提升了新闻的时效性。如今许多受众已经习惯通过网络来获取信息，通过这种途径得知的新闻往往比随后浏览报纸、观看电视所获知的要快速很多。

而众所周知，时效性是新闻传播最重要的原则之一，既然电子媒体的传播速度远胜于传统媒体，自然会有相当规模的传统媒体受众纷纷流失，转投新媒体阵营。

近两年，在很多突发新闻现场，比如车祸、肢体冲突、有时候甚至是公车上的乘客逮住小偷，第一时间亮出相机和摄影机的往往不是媒体记者，而是随身携带智能手机或者平板电脑的行人。可能仅仅在几分钟甚至几秒钟之后，这些新闻照片就会通过新浪微博或者优酷等视频网站上传至网络，并通过爆炸式传播方式，视其关注度而定，在几个小时之内获得成千上万的点击率。受众在第一时间看到的这些照片和视频，都是由非专业的人员和设备拍摄，然而，这些细微的瑕疵在当今的新闻受众看来似乎都是微不足道、可以忽略不计的小问题，如今，新媒体方式给我们带来的，是前所未有的新闻的时效性和现场感。

在这种场合，记者往往伴随警察，成为抵达现场的第二批事件目击者。他们以专业态度和精良设备进行新闻采编，并争取在最短的时间内——通常是几个小时——通过广播和电视等传统媒体方式，将新闻传递给受众。如果是纸媒，还要更晚一些，读者通常第二天才能从报纸上了解到事件详情。

（三）不可或缺性

还有一些情况之下，记者并不是万能的，他们无法方方面面地逐一记录世界各地所发生的所有重大新闻，所以就出现了这样一种情况：在传统的官方电视媒体上，播放的视频新闻不是出自专业设备，而是一段首播于社交或视频网站的手机视频。比较典型的例子包括 2013 年 2 月 15 日发生的俄罗斯陨石坠落事件。当天早晨，俄罗斯车里雅宾斯克州发生陨石坠落事件。这一事件导致车里雅宾斯克州近 3 000 座建筑物受损，包括 200 多名儿童在内的 1 200 多人受伤。经济损失超过 10 亿卢布。这起天灾发生后，一段粗糙的手机视频在世界各大主流电视媒体循环播放。而此时，通常被认为十分挑剔的电视观众似乎也变得十分宽容，他们几乎无视了这段视频的非专业性——画质粗糙、画面抖动，等等，他们需要的只是新媒体带来的无可取代的真实性和身临其境感。

（四）提高受众积极性

新媒体还可观地增强了受众主动性。报纸新闻的阅读受报纸发行时间和地点的限制，电视新闻的收看受播出时间段的限制，传统媒体的受众不可能在自己所希望的任何一个时间段随心所欲地接受信息。新媒体的出现则大大改变了这样的格局，受众可以在任何时间段通过网络了解国内外动态，可以通过手机短信接收所希望获知的资讯。新媒体无形中改变了人们与生活对话的方式。

同时，新媒体的传播方式是双向的，信息的发布者和受众可以互相转换和互动，新媒体还使得受众成为了传播者，受众可以随时随地通过各种方式接受信息并很快传播出去，方便快捷。由此，新媒体充分调动了受众的主动性和积极性，传播的信息也更具价值。

（五）传播成本

随着新技术的发展，新媒体的成本大幅度下降，无论是在获得信息的量上，还是在获得信息的价格上，报纸都在失去其传统优势。新媒体传输技术和终端设备技术的长足进步，导致其价格大幅度下降，而且基本不受传输距离、范围和信息量的影响。

二、国际台新媒体产业的发展现状

随着现代科学技术的高速发展，新兴媒体如雨后春笋般不断涌现，它们席卷而来，霸气十足，借助强大的技术优势蚕食着传统媒体固有的领地。在这种严峻的形势下，长期以来以传统媒体为核心业务的中国国际广播电台（以下简称国际台），一直在努力与新媒体融合，以应对挑战，谋求新的发展之路。

在与新媒体共同发展的道路上，国际台全方位出击。目前，早期搭建的国际在线中文网在国内已经颇具知名度，成为主流中央媒体之一。而在此基础上，国际台最近几年开办CIBN，一个拥有 60 余个传播语种、全业务媒体形态和浓厚国际化特色的新媒体国际传播平台的建设全面启动。

CIBN，也就是中国国际广播电视网络台，是在互联网和移动通信技术日益发展的条件下，以多语种、多类型、多终端的形态面向全球受众传播的国家广播电视播出机构。该台以国际在线这一全球语种最多的网络平台为龙头，全面打造多语种的网站集群、在线广播集群、网络电视频道以及移动服务终端。

中国国际广播电视网络台广泛涵盖网络视听节目、手机广播电视、IPTV、互联网电视、CMMB等各种新媒体业态，以视听互动、资源共享、语种集合为特色，以“向世界介绍中国、向中国介绍世界、向世界报道世界”为宗旨，向全球受众提供时事、政治、经济、文化、体育、旅游、社会和汉语教学等综合信息服务，搭建中国与世界沟通的有效平台。在CIBN的框架之下，众多新媒体业务百花齐放。

（一）搭建天地视频网，并以此为基础，在Android和iOS操作平台上推出天地视频手机应用

天地电视手机应用是一款为无线手机用户打造的最全、最新国际新闻资讯的网络视频应用，是代表未来媒体发展方向的新型媒体平台，为受众提供丰富且优质的国际新闻资讯。应用中的同步世界、第一财讯、新闻主人公、赛事江湖、娱乐星动态、科技大爆炸六个板块，使受众随时随地获得最新国际新闻、娱乐、科技、体育全资讯及独家深度解析，纵览全球热点事件，畅享海外体坛劲爆热辣战况，欧美及亚洲娱乐明星动态尽收眼底。专题中的天地微观热议时政话题，国际问题的国内首席专家观点独家呈现。安装天地电视，全球新闻资讯专业报道，国际热点事件专家评议，大千世界一手掌握。

（二）创建环球购物网站

环球购物频道（GlobalGo）秉承国际台“向世界介绍中国，让中国了解世界”的办台宗旨，努力打造一个覆盖全球的、国内外中高端产品的信息发布和销售的多媒体平台，使中国的产品走向世界，让消费者足不出户就能购买到世界各地的产品。

环球购物频道定位于媒体零售、电子商务，着力于跨行业、跨媒体、跨地区、跨国界的发展，目标是成长为全国最大的“多媒体无店铺商业零售实体”，将“环球购物”打造成最具影响力和公信力的家庭购物平台。

作为国内外高端产品提供信息发布的渠道和商品交易平台，环球购物频道致力于向国际商务人士、国内商品营销行业从业者和城市中等收入人群展示高中端商品品牌形象，构建厂家、销售商和消费者之间沟通和交流的媒体渠道，快速发布新产品信息，提供快捷和可靠的营销服务，传达全新的购物理念。

（三）进一步推广环球奇观频道

环球奇观频道为国际台倾力打造的第一个数字频道，是国内唯一关注全球文化动态，介绍高端生活方式，提供环球文化生活资讯的数字电视频道。该频道创造性地提出“奇观”这一核心概念，针对观众普遍存在的求知、求异和求趣的收视心理，24小时同步全球人文发展资讯。

自2007年11月23日正式通过中央数字电视传媒的平台上星播出以来，环球奇观频道已成功在全国280个地市落地。其中包括北京、天津、杭州、南京、武汉、沈阳、哈尔滨、深圳、珠海、汕头等经济发达城市与地区。频道可实现覆盖的有线数字电视用户7 000

万，其中北京地区的有线数字电视用户为600万。

（四）与其他单位合作打造新媒体品牌产品

最近几年，国际台陆续与其他单位合作，推出原创性新媒体品牌节目。其中包括，与中国铁道部合作推出的火车移动电视《交通新闻》、与国航合作推出的航空移动电视《空中新闻》以及与国家汉办合作推出的对外汉语教学类网络视频教材《慢读新闻》，等等。作为试点，这些节目在受众中均取得了良好的口碑，并得到了合作方的肯定。

（五）积极利用微博客等新媒体手段

2009年8月，中国门户网站新浪推出"新浪微博"内测版，成为门户网站中第一家提供微博服务的网站，微博正式进入中文上网主流人群视野。到2011年10月为止，中国微博用户总数接近3亿，成为世界上使用微博人数最多的国家，并且这一数字目前仍在不断滚动增长。

随着微博在网民中的日益火热，国际台适时加入微博大军，通过这一渠道将本身已有的几大传统品牌节目进行二度推广，与节目受众进行互动。目前各栏目都收获了可观的粉丝群，并有效地进一步增强了传统节目的影响力。

除此之外，国际台还有几大新媒体业务正在推广中，其中包括IPTV，等等。

三、针对新媒体的质疑之声

随着新媒体的迅猛成长，社会公众对于新媒体负面作用的担忧也在增长。

最吸引社会公众关注的是新媒体传播内容的个性化。以如今大热的微博为代表的新兴传播方式，使每一个人都成为信息的发布者，自由地表达观点，发布信息，也能关注感兴趣的人并且自由发表评论。这种个性化的传播方式一方面让众人各抒己见，同时也使得个人隐私泛滥。

与此同时，内容冗杂混乱给管理带来困难，也对受众对虚假信息的辨别能力提出了更高的要求。举例来说，2013年春天有用户在新浪微博上发布虚假消息，称著名演员、曾在经典电视剧《西游记》中扮演孙悟空的老艺术家六小龄童不幸去世，等等。

除此之外，人们关于搜索引擎以及网络对于人们的思维、阅读产生的负面影响，也在社会上引起了广泛地讨论。

四、传统媒体与新媒体的关系

面对新媒体的强烈冲击，传媒界需要重新思考如何妥善处理好传统媒体与新媒体的关系。

新媒体来势汹汹，以锐不可当之势给传媒业带来巨大变革。新媒体的出现，直接"夺"走了相当一部分报纸读者和电视观众。手机电视、移动电视、IPTV、网络电视等新媒体的兴起，让信息的传播变得更加迅速、快捷和个性化，但同时也让传统的报纸、广播电台、电视台受到了极大的触动和冲击。虽然传统媒体随着社会的发展，自身的规模也在不断壮大，但是它却赶不上媒介领域的膨胀速度，传统媒体在整个媒介领域的占有率持续下降，传统媒体在信息传播中的垄断地位被打破。

新媒体固然生机勃勃、前途无量，但是，新媒体替代旧媒体并非一蹴而就，新媒体对传统媒体的依赖依然很深。

当前，受众对传统媒体仍然保持着较高的信赖度，传统媒体的公信力依旧会保持在一个较为稳定的水平上。这或许意味着，新媒体的发展必然也要依托公众对传统媒体的信任。与此同时，在新闻业务的专业性上，新媒体也对传统媒体具有极强的依赖性。

而在这种环境之下，进一步提高新闻工作者的新闻素养，发挥传统媒体在报道质量方面的优势，似乎是当前传统媒体应对新媒体冲击的生存战略，也是新旧媒体结合，优势互补，共同发展的重要契合点，以实现在融合中发展，在发展中融合。

（作者单位：中国国际广播电台匈牙利语部）

谈国际台新媒体发展战略

李　岩

以互联网为基础的新媒体传播手段，在国际传播领域具有重要战略地位。近年来，中国国际广播电台（以下简称国际台）顺应新媒体发展趋势，高度重视新媒体技术和新技术的应用，加快发展网络视听节目、互联网电视、手机广播电视、多媒体移动广播等新媒体业务，积极抢占传播技术的制高点，实现了传统媒体与新兴媒体的融合发展。2011 年年初成立的 CIBN（中国国际广播电视网络台）进一步提升了国际台的新媒体水平。多语种移动国际在线、微博等新媒体应用的不断升级，有效提升了国际台的国际传播能力。国际台现已涵盖广播、电视、报刊、网络和手机五种媒体形态，并提出以无线广播为基础，以在线广播为支撑，以新媒体发展为方向，以多媒体传播为特征的发展策略，成为传统媒体向新媒体领域进军的典范。

一、国际台新媒体业务架构

近年来，国际台始终把发展新媒体作为首要任务，密切跟踪和研究各种新兴媒体的发展态势，本着“构建现代国际传播体系，打造现代综合新型国际一流媒体”的发展目标，在人力资源配置、资金投放重点、设备更新换代等方面向新媒体业务倾斜。“国际在线”不仅是中央重点新闻网站，还是综合实力强、在国内外有广泛影响力的知名网络媒体。中国国际广播电视网络台（CIBN）正发展成为面向全球的新的传播平台。此外，积极推进手机电视、多语种移动国际在线、网络广播电视等新兴业务，稳步发展 IP 电视业务，占领各种新媒体领域。加速传统媒体更新换代，用新技术、新机制、新思路、新办法，使传统媒体向新媒体融合发展。国际台目前已形成以“国际在线”为基础，互联网电视、手机广播电视、移动国际在线等为重点的，多媒体、多终端的新媒体业务集群。

（一）PC 端业务

国际台目前已形成囊括“国际在线”多语种网站、“国际在线”特色内容网站、环球网络电台、网络电视台、天地视频网等新媒体在内的多语种多媒体集群网站。

“国际在线”目前使用 64 种语言传播，是全球使用语种最多的新闻网站集群。为满足海外受众个性化的内容需要，“国际在线”还加大多语种特色内容网站集群的建设，目前已建成“华影在线”网站、“中土文化旅游网”、“中国—东盟网”、“穆斯林中国指南网”及“中国名城网”，并将陆续推出其他特色内容网站。多语种网络电台是一个依托中国国际广播电视网络台多语种人才优势和专业化广播制作实力，针对网络听众群体专门制作的类型化网络广播，是国内拥有最多语种节目的网络电台。2005 年 12 月，“国际在线”网络电台被评为“中国互联网站品牌栏目（频道）”并在此后两年蝉联此项殊荣。国际台多语种网络电视将地方电视台的优秀节目进行整合，增设常态化新闻、电影、旅游、汉语教学等视频内容，实现24小时多语种不间断播出。天地视频网（www.t-d.tv）以文化传播为核心，对内以国际新闻为主，主推“环球资讯”品牌，对外以中国文化多语种传播为主，内容涵盖汉语教学、旅游、艺术、文物、饮食等外国人感兴趣的中国元素。目前网站以中英文对外发布，今后将陆续增加其他语种，服务全球网民。CRI网络电视 windows7 media center是国际台与微软公司合作，将国际台优秀音视频节目通过win7平台向全球用户传送，从而扩大传播范围，增强传播效果的有效尝试，内容涵盖资讯、谈话、音乐和外语教学四大类。

（二）TV端业务

国际台在TV端的业务由天地电视及互联网电视两大类组成。天地电视是国际台多语种原创视频内容品牌，全面覆盖电视机、电脑及移动设备，用户可随时随地获取精品视频内容，是交互性强、聚合特点显著的视频服务与分享平台。互联网电视以国际社会主流人群为目标受众，以互联网为传输手段，以电视机为主要接收终端，向全球受众提供多终端、多语种的视频节目及丰富的互联网应用。

（三）移动端业务

国际台目前拥有CIBN手机电视、移动国际在线、CMMB富媒体广播等移动端新媒体业务。CIBN手机电视集成了国际台及全国优秀内容提供商的音视频资源，为手机用户提供丰富的广播、电影、电视等节目的直播、点播及下载服务。用户可通过中国三大运营商平台随时随地收听收看精彩的音视频节目。移动国际在线是国际台发挥多语种优势面向移动互联网用户推出的新媒体业务，用户可在移动终端直接访问国际在线英文、法文、西班牙文移动Web页面，或在iPhone、iPad上下载客户端程序，随时随地浏览移动国际在线等提供的新闻、财经、娱乐、旅游等方面的信息，学习简单实用的汉语对话，欣赏原创音视频节目。

二、国际台新媒体发展战略

（一）开发品牌价值，增强品牌影响力

从资源短缺到渠道过剩，品牌成为生存的利剑。对于国际传播媒体而言，品牌影响力更为重要，如果没有足够的影响力，吸引不了受众，那么再高的覆盖率也是枉然，实现不了外宣的目的。国际台积极实施品牌策略，提升新媒体知名度，进而提升国际传播影响力。国际台实施借助网络等新媒体形式举办系列活动，用较小的成本，提升了品牌影响力。2008年，国际台举办了30多场形式多样、互动感强的多语种网络对话活动，吸引了网民的广泛参与。如国际在线各语言网站推出的“点燃心中圣火，传递世界友谊”活动，得到了各国网友的踊跃参与，取得了良好的国际传播实效。借助互联网举办活动，以互动交流为特征的新型活动形态已成为国际在线网站的常态方式。

（二）创新内容建设，提升传播能力

如传统媒体一样，内容是新媒体的灵魂，内容创新是新媒体发展的推动力，也是传统

媒体实现与新媒体融合的关键所在。近年来，国际台不断以大型活动作为新媒体传播的契机，整合优势资源，最大限度地提升新媒体传播的影响力与实践性。中日网络四季对话，自2007年推出以来，吸引了大批中日网民，境外访问者的比例超过一半。随着网络对话活动的影响力日益扩大，日本主流媒体对它的关注度也越来越高。此外，国内媒体如新华社、人民日报、中央人民广播电台、中央电视台等诸多媒体也对其进行了现场采访。中央重点新闻网站及各大门户网站也在显要位置报道了对话直播节目。中日媒体的积极报道和评价，有效地提升了网络对话的影响力。2009年新疆“7·5”事件发生后，国际台立即启动突发事件报道机制，7月6日便派记者前往新疆多地进行采访，并通过多媒体平台报道事件真相。“国际在线”土耳其网和土耳其伊斯坦布尔“方向”调频电台合作，于2009年7月13日至17日在乌鲁木齐成功举办了“来自乌鲁木齐的声音”中土网络系列对话。全部直播节目利用同声传译实现土耳其语播送。在对话活动中，14位代表走进演播间用亲身经历回答土耳其听众提问，与受众进行了充分互动，取得了良好的国际传播效果。2010年是中俄两国政府确定的俄罗斯“汉语年”。国际台为此策划实施的大型新媒体文化项目《你好，中国》，以全媒体形态强势登陆俄罗斯国家级电视、广播、平面及网络等新媒体平台，高频次、大范围、高密度地呈现给俄罗斯广大受众，受到各界广泛好评，为我国对外文化传播从节目策划、制作到落地等多个方面进行了有益尝试。“中国城市榜”活动是“国际在线”网站着力打造的品牌活动，“国际在线”网站在充分调动自身多语种、多媒体传播手段的基础上，积极拓展海外合作，利用最有效的本土化传播手段，尽可能多地借助对象国的媒体进行国际传播。以品牌活动为契机，引导境外媒体全面报道中国。“中国城市榜”活动的策划、组织及取得的宣传实效，整合了自身及合作伙伴的媒体资源，调动了传统媒体和新媒体手段，以中国文化、中国城市海外推介为突破口塑造国家对外形象，是国际传播一次颇具创新意义的尝试。由“国际在线”网站推出的“友城之约——中外友好城市网络对话”系列活动，是国际台倾力打造的品牌活动，通过中外友好城市市长、知名人士、普通市民等，以网络音视频对话的方式，集中展现中国城市与海外友好城市的交往，以及双方在经济建设、城市文化、市民生活等方面呈现出来的“多元文明之美”，在加强我国与世界各国文化交流的同时，助力地方政府对外宣传，促进国际友好合作交流，并通过“友城之约”这一品牌活动，搭建一个高端权威的中外交流平台。

（三）丰富媒体形态，拓展盈利模式

新媒体带来的不仅是新的产品形态，更有价值的是它们带来了新的盈利模式。国际台近年来提出“贯通两个机制”的发展战略，一方面将国家给予的事业经费全部科学有效地用于对外宣传事业，另一方面通过市场的基础性作用对国际台的品牌、内容、人才等优势进行产业化开发，形成文化生产力，在确保文化安全的前提下，通过引入市场机制，盘活国际台文化产业的有形和无形资产，使之产生经济效益。广告收入一直是传统广播的主要收入来源，国际在线网站的开通增加了国际台广告盈利的空间。国际在线为广告客户提供了网络广告、富媒体广告、频道内容合作等广告项目。多样式的广告满足了各类广告客户的需要，增加了国际台的收益。此外，数字电视付费收入、手机电视、互联网电视等业务也蕴含巨大的盈利空间。国际台下设的中国国际广播出版社及音像出版社，将外语广播、外语教学节目等素材整合成有声制品出版发行，受到了国内外外语学习者的欢迎。国际台的原创视频节目除了在互联网电视、手机电视、网络电视台等终端上播出外，还出售给其他电视台及频道。国际在线网站还通过接受品牌活动赞助以及直播形式获得收益和知名度。

（四）引进培养人才，扩大竞争优势

在传媒业激烈的竞争中，人才成为制约成败的核心，选拔和培养新媒体时代的复合型人才，已成为媒体可持续发展的关键因素。近年来，国际台积极探索人才培养途径，创新人才培养模式，引进新媒体人才，加大培养力度，扩大人才优势。国际台积极拓展招聘渠道，加大对新媒体人才的引进。首先，调整人才结构，大量选拔网络媒体人才：一方面面向社会广泛招聘新媒体人才，另一方面从台内选拔一批既懂新闻、外语又精通新媒体技术的优秀人才进入领导岗位。新媒体对从业人员的业务水平提出了更高的要求，对媒体来说，人才培养需要作为长期发展战略贯彻落实。国际台十分注重人才培养，先后实施了“岗位首席”、“四个一批”和“双百人才”工程，构筑了适应国际台新媒体发展的人才培养工程体系，特色人才和核心人才不断涌现，人才质量不断提高，结构不断优化，形成了门类齐全、结构合理、素质优良的国际性、创新性新媒体人才队伍。

（五）整合内部资源，降低运营成本

传统媒体的组织结构中业务部门之间泾渭分明、职务固定、工作内容单一。新老媒体融合后，这种结构方式很容易在部门之间搭建壁垒，造成内部信息交流不畅、高投入低效率、人浮于事的局面。因此近年来国际台加大架构调整的力度，不断调整组织结构，使其更加符合国际台的整体发展战略。

三、国际台新媒体发展面临的问题及建议

（一）进一步整合资源，建立完整的产业链

国际台涉足传统媒体与新媒体领域，拥有丰富的产品资源。但目前来看，资源使用形式较为单一，未形成完整的产业链。盘活优势资源，对其进行科学整合，变单一盈利模式为复合盈利模式，成为国际台转变运营方式的关键。国际台需创新手机电视和互联网电视等新媒体终端的付费模式，开设移动增值业务；通过数字广播和网络广播，推出信息定制服务，收取信息定制费；依托遍布全球的听众资源和平台，承接大型活动，实现活动收入。此外，还可以利用庞大的信息采集网络和充足的资源，建立信息资源库，出售信息，实现盈利。

（二）加强品牌塑造

新媒体时代，多种节目形态涌现，单一品牌很难支撑激烈的市场竞争，需要各产品合作，形成品牌资源优势。国际台可将不用产品捆绑，以强势品牌带动弱势品牌，形成统一的品牌链条。可将手机电视、网络电视台、互联网电视的视频资源整合，打造原创节目和外部视频资源相结合的业务模式，为受众重聚提供最大化的平台。

（三）国家加大对新媒体的扶植力度

国际台是国家拨款的中央级媒体，近几年，国家资金支持力度虽然逐年增加，但满足

不了国际台拓展业务、扩大规模的需要，特别是新媒体发展没有专项经费，严重制约其发展。同 BBC、VOA 等世界主要广播媒体相比，国际台在硬件实力、技术保障、新媒体应用等方面均存在一定差距。因此，为了缩小与世界主要传播媒体的差距，继续做大做强，向世界传播中国声音，国际台需建立用现代高科技武装的现代国际传播体系。这一体系的建立需要大量的资金投入和相关政策支持，需要国家给予充分重视，增加对国际台的拨款，特别是新媒体发展专项经费。同时，国际台应建立资金利用反馈体系，确保资金有效利用。

随着新技术的发展，还会涌现新的媒体形态及传播方式，要想在这种趋势下脱颖而出，就必须不断思考新的策略，调整及转型。国际台现在已走在了转型的前列，在新媒体领域名列前茅，正朝着现代新型综合媒体的目标迈进。

（作者单位：中国国际广播电台中文国际在线）

参考文献：

1. 王庚年：《新媒体国际传播研究》，中国国际广播出版社，2012 年，第 219～245 页。

2. 凌昊莹、时晓晓：《中国国际广播电台多媒体传播策略研究》，《中国广播电视学刊》2010 年第 6 期，第 47～49 页。

3. 林纯：《中国网络广播的发展策略研究》，《国际传播论文集（第十二辑）》，中国国际广播出版社，2011 年，第 12～18 页。

数字时代运用新媒体手段做好国际广播的思考

张　硕

国际广播在经历了二战时期的“广播战”和冷战时期“和平演变”之后，正处在转型调整期，作为意识形态宣传、政府公关、对外政策导向的重要工具，国际广播从出现以来在政府外交行动中就占据重要地位。然而在数字时代，国际广播似乎日渐衰落，在新的环境下如何应对激烈的传媒竞争，是各主要国际电台所要思考的问题。

一、国际广播概述

1. 国际广播概念

国际广播又称对外广播，是指由政府、民间机构或国际组织开办的，通过多种技术手段传输，以他国听众为收听对象的，具有目的性的，在固定时间播出的广播①。国际广播的职责，既有新闻传播，又有文化交流，更有政治宣传。

2. 国际广播的新闻性和政治性

（1）新闻性是国际传播的灵魂

国际广播是国家间信息的流动，失去新闻信息也就失去了它存在的基础。在国际广播的语境下，新闻传播的迅及性、直观性和真实性特征得到凸显。譬如 2006 年夏季的黎以冲突，世界各大媒体投入大量的人力与资金进行直播，战地记者们也各显神通，通过各种渠道把最新消息发给媒体。这是因为，受众最感兴趣的真主党和以色列之间的冲突情况，是以色列总理奥尔默特和真主党总书记纳斯鲁拉之间的较量，是以色列与阿拉伯国家的新仇旧怨。这些新闻事实是最吸引受众眼球的，也是媒体最大的卖点。如果国际广播没有了新闻与信息，也就等于失去了它的灵魂。我国长期以来把国际传播等同于对外宣传，忽视了新闻的重要性，就会使得传播的效果大打折扣。国际传播作为信息与新闻的载体，在传播过程中要符合传播规律，才能获得受众。

（2）政治性是国际传播的目的

当前，国家在国际传播中的主体作用非但没有削弱，反而在加强，主权国家越来越重视对信息的控制、整理和传送，并且将其视为综合国力的象征。国际广播作为一个国家软实力的象征，在国际关系中起着越来越重要的作用。国际广播不仅是国际事务的积极参与者，也制约着国际关系的发展。所以，每个国家政府都将国际广播作为自身政治意图的柔性外衣，作为外交的隐性延伸，其终极目的还是为它的政治服务。

在苏联解体之后，美国提出领导世界、称霸全球、建立以西方文明为指导的美国新世界

① 周幸：《中国国际广播电台对外广播策略研究》，2012 年，湖南师范大学硕士学位论文。

的战略目标。对此，美国政府向美国之音提出了6项任务：一是对抗共产党和极权国家；二是鼓动美国式的新闻自由；三是输出美国的价值观；四是提供广泛的学习机会；五是向全球解释美国的政策；六是为美国的文化、贸易、旅游服务。从以上政策我们可以看出，美国政府把美国之音不仅仅作为传播新闻信息的工具，更重要的是作为塑造美国国家形象的工具。美国政府通过美国之音提升自己的国家形象、攻击与其意识形态不同的国家，说服、诱导对方向自己的意识形态以及价值观念靠拢，以达到自己称霸全球的目的。

(3) 跨文化性是国际传播的障碍与魅力

新闻具有文化属性，因而国际广播必然带有跨文化交流的特征。跨文化交流是指来自不同文化体系的个人及组织、国家等社会群体之间进行的信息传播活动。由于不同的文化背景造就不同的价值判断和行为准则，而这一切反过来又影响到传播对象和传播方式的接受程度，所以，在国际广播中，如果缺乏对传播对象文化背景的了解，用本方的价值观去评判他人的行为，常常会引发歧义、曲解，甚至造成冲突。同时，人们对他国的东西总是抱有一种美好的幻想，不同的文化之间产生的碰撞，会满足受众对异域的兴趣。当人们对本国的价值观念产生审美疲劳时，愿意倾听来自异国的声音或者当他们对本国政府丧失信心时，国外媒体所传达的煽动性言论就容易有可乘之机。①

二、数字时代下的新媒体与国际广播

在某种意义上，为了弥补旧有媒体的不足，新的媒体才会产生。大众媒体因为弥补了精英媒体缺少受众的不足，从而迅速发展。当前，以互联网技术为基础的新媒体又弥补了大众媒体缺乏交流的缺点，从而掀起了网络化、数字化的潮流。

作为人的感觉能力的延伸或扩展的媒介，新媒体是应人的自身需求产生的，又是随着技术和社会的进步在不断满足人的需求中发展演进的，并且受众需求和人的其他需求一样，是无限且不断延伸变化的，引领着媒体的发展方向。本质上讲，新媒体的异军突起，是为了更好地满足受众需求，是一种更人性化的传播方式。在数字时代，媒体之间的竞争愈发表现为开发和满足受众深层次需求的能力的竞争。作为媒介之一的国际广播，自然也要遵循这个准则。因此，从受众需求角度定位国际广播发展，是可行而且是必要的。

1. 数字时代的受众需求与媒体定位

(1) 媒介的价值在于满足人们自由平等交流的需求，摆脱束缚

社会发展的进程，就是人类逐步摆脱各种束缚，实现最大的自由和平等的过程。作为人的感觉延伸的媒介，其最大价值也在于最大限度满足受众的信息、知识、情感的平等、自由交流的需求。因此在数字时代，就更应该重视受众的主体地位和主导作用，真正实现从“传播者本位”到“受众本位”的转变。

(2) 从“媒介化的人”到“人性化的媒介”：媒介的演变方向

人的需求引领媒体的发展方向。从技术和社会进步的角度看，媒介的演化方向不仅是

---

① 刘畅：《中国国际广播对中国国家形象的塑造》，2007年，四川大学硕士学位论文。

各种媒介的融合，而且还要实现人和媒体合一，即完全打破了信息制造者、传播者和接受者的身份界限，借助传媒工具，随心、随意、随时、随地收发信息，实现无障碍地沟通交流，按照自己的方式满足需求。帮助人们实现这一过程的媒体也是高度“人性化”的，可以作为人类得心应手的工具。

(3) 数字时代的传媒竞争之本——以满足受众需求为中心打造个性化媒体

从社会发展史的角度看，自由与平等是人类追求的两大基本价值，而媒介发展的过程也是人们追求平等、自由传播的过程。利用现代传播技术摆脱时空束缚，利用互动的传播来争取受众的平等。随着新媒体的发展，对平等与自由的追求作为传播理念越来越清晰地呈现在人们面前，以高度人性化的方式满足受众需求已成为媒体间竞争的核心内容。[①]

2. 数字时代与国际广播的关系

控制论是研究一般系统中控制和信息过程共同规律的科学。它的基本规律包括稳定性、多样性等。从控制论的角度去分析，数字时代与国际传播是一对矛盾。国际广播更多地表现为一种国家行为，必定会带有强烈的意识形态色彩。从历史方面来看，国际广播一直是国家实施对外政策和传播方式的重要手段。当今，电子媒体广泛普及，互联网络迅速发展，国际广播凭借着高科技装备下的大众传媒，成为了国家对外宣传其方针政策，影响国际舆论的重要途径。其特点是以国家利益和政府形象为核心，追求强化正面信息，弱化负面信息，从而过滤出对国家有利的信息。总之，国际广播是在国家控制下的，有所选择的信息传播。数字时代下促成的信息全球化传播则是一种无组织化的，没有控制的过程，要求在世界范围内消除壁障以实现信息的自由流动和传播的无障碍，必然要求各国政府减少对信息方面的控制，弱化其政治倾向性的意识形态、色彩。同时，我们也强调，数字时代的国际广播，仍然受国家利益的制约。任何国家的对内、对外传播，都必须受到控制。就连一贯倡导新闻自由、信息全球化呼声最高的美国，不仅存在着对信息的过滤，而且也存在着对媒体管制的现象。

三、运用新媒体做好国际广播的几点措施

新媒体给国际广播带来了挑战，国际广播媒体在发展中遇到了很多问题。国际广播媒体只有采取相应的策略，才能解决问题，迎接挑战，开辟国际广播发展的一片新天地。在新媒体的冲击下，国际广播媒体必须进行变革，与新媒体融合。

1. 媒体融合策略

美国的尼古拉·尼葛洛庞蒂最早提出了媒介融合理论。1978 年他用一个图例演示了三个相互交叉的圆环趋于重叠的融合过程。美国新闻学会媒介研究中心主任安德鲁认为：从本质上来说，媒介融合首先是传播技术的融合，即两种或多种技术融合后形成某种新传播技术，新传播技术具有多种技术特点又有其独特性；然后，媒介融合又是产品内容的整合，例如网络媒体可以把报纸上的文字新闻和电视上的图片新闻加以整合，再进行播报。

① 贾岳：《数字时代的受众需求与媒体定位》，《中国报业》，2008 年。

（1）国际广播融合网络资源

互联网的兴起给广播带来了巨大的冲击，传统国际广播必须与网络进行多方位的融合，形成网络广播，以弥补传统广播仅有声音而无图文、传播稍纵即逝、不能自由选听节目的缺憾。国际广播媒体与网络媒体进行有效的价值合作和功能的整合，可以实现双赢。技术上说，网络广播是指采用IP协议，通过互联网以计算机为终端的音频传播业务，业界已经习惯于将提供网络广播业务的音频网站叫做网络电台。

网络广播有直播和点播两种主要播放形式。直播，主要应用于重大活动的即时报道。它就是电台或电视台实际播出节目的网上传输形式，其优点是时效性强，生动实际，而且用户可在第一时间获取信息。点播，则是将节目根据内容做成一个个片段，听众可以根据标题或分类，选择所喜爱的片段来收听收看。这种播放形式具有节约资源的优点，而且选择性和针对性也更强。

（2）国际广播融合移动多媒体资源

数字时代，电脑终端、手持终端的进一步便携化，无线互联网点增多，3G、3.5G甚至4G移动通信网得到普及，一条指定的信息可以很精准地到达它所要到达的显示终端并呈现给想要看到这条信息的人。3G手机是手机发展的趋势，它能够轻松完美的在手机上实现图片、文字、Web页、电子邮件、音频、视频、实时影像、实时语音等各种多媒体功能。3G手机融合了报纸、广播、电视和互联网的诸多特点，同时还具有自己独一无二的优势：互动、便携、定向。作为3G的第三代移动通信技术也给广播带来了好处。3G将给广播带来更多的移动受众，而这群受众正是未来广播所必须争取与占领的。3G技术加快了移动收听的普及，手机很可能成为未来的个人终端。近年来，手机广播作为手机媒体的一种存在形式已初露端倪。手机＋广播的模式为移动中的清晰收听提供了保障。所谓手机广播，就是利用具有收音和上网功能的智能手机收听广播。手机广播和调频收音机一样不收附加费用，方便听众收听。①

2. 加强受众定位和心理研究

进入21世纪，各国际广播电台的受众定位发生了变化，在年龄上的趋势是由“大众”变为“小众”传播，即年轻人。在受众层次上侧重精英群体。② 为了在新媒体环境下能够提高收听率，国际广播媒体要以满足听众需求的节目作为节目的主体，整个广播节目包括新闻节目都要表现出实用气息。因为不论是在内容上，还是在信息传播渠道上，受众都会选择更便捷地接收生活信息。广播媒体要在传播渠道上设法变革，更要在内容方面下工夫。进行节目的创新，满足受众的多样化需求。

根据传播学的受众理论，国际广播的受众观应该从大众受众观向细分化受众观过渡。研究受众的心理差异、年龄差异、民族文化的差异，细分受众群体，有针对性地进行传播，以增强传播效果并增强自身的影响和竞争力。如前文所述，我国国际广播的首要任务和目的是向国外传递我国的文化、讯息和思想政策，让国外人民了解我国的政治经济社会

---

① 陈琳：《新媒体环境下广播发展研究》，2009年，湖南师范大学硕士学位论文。

② 张超：《全球化视野下的国际广播发展趋势》，《青年记者》2007年。

环境、人文地理以及风俗民情，让中国走向世界，让世界认识中国。因此，我国国际广播应细分受众群体，坚守自己的任务和使命，不应该仅仅着眼于眼前利益，而应该从长远角度看，详细分析受众结构，并针对需要调整传播政策和内容，这样才能达到良好的对外传播效果。此外，还应该根据受众接受信息的心理规律，抓住主干和重点进行新闻报道，使传播效果事半功倍，是对外传播的有效方法和捷径。

3. 走专业化之路

中国广播业已经结束了以数量增长为特征的粗放式发展阶段，在新媒体环境下，正在经历着以资源重组、外部结构调整为核心内容的整合期。为满足日益多元化的国外受众市场需求，加入一体化的全球性媒介市场竞争，在媒介资源整合的同时，我国国际广播必须借助媒介新技术的推动力，走以节目栏目化、频道专业化、经营地方化为特征的类型化发展道路。消费市场、广告市场和受众市场的分化使广播业必须走专业性的特色化道路，而要有特色，最重要的一点就是寻找并确定目标受众，围绕目标受众的需求，设计和制作节目，每个频道每个栏目都必须准确定位，锁定核心受众。锁定了受众，才能让受众锁定频道。有需求差异就会有市场细分，而且市场细分度越高，对国际广播细化程度要求也就越高。

4. 国际广播本土化策略

国际广播本土化策略主要包含以下四方面：

（1）文化本土化

如今国际广播在传播本国文化过程中，以尊重对方文化为基础，求同存异，对自己的文化价值观念进行适当地解释和本土化包装，便于受众理解和认可，消除歧义和误解。

（2）语言本土化

国际广播的语言要让听众觉得是地道的语言，才能在耳朵上抓住受众。除了播音之外，翻译方面也需要细细细琢。翻译其实就是对语言进行本土化的环节，以前对翻译存在的一个误区就是单纯的语际转换、机械性的工作等，语言上的贴近性不仅可以完整准确地表达传播者的意思，更可以拉近与听众的距离。

（3）节目内容本土化

节目内容的本土化是指在对对象国家的调研基础上紧密结合对象市场的特点与需求制作不同的节目。①

（4）传播渠道本土化

传播渠道本土化是指采用对象国受众惯用的收听方式实现传播的有效落地。

随着科学技术日新月异地发展，国际广播媒体处在网络等新媒体日益壮大的生存空间中，还会面临更多的挑战和冲击，但同时也会不断为广播的发展带来希望和机会。国际广播应该成为现代科技的受益者，对其而言，重要的是要在科技的发展中学会变化和调整。

（作者单位：中国国际广播电台意大利语部）

① 丁园园：《国际广播本土化竞争战略初探》，《东南传播》2009年第8期。

新闻媒体生态的变迁与专业媒体的应变之道

丁　波

近年来，网络媒体先后曝光了一些官员腐败现象，引起了公众的广泛关注。这种网络反腐的典型案例，更引发了官方媒体的特别关注。《人民日报》在分析了五年来的 39 个网络反腐典型案例后指出，利用网络手段反映官员腐败问题的现象逐年递增。

在此类事件中，网民个体或称之为“自媒体”，依托互联网，以论坛、微博、微信等为工具，显示了在信息传播的速度，报道覆盖面上的优势，让素以追求新闻时效性、敏感性为自豪的专业媒体相形见绌，这也生动地反映了当今媒体生态的变迁。

一、互联网时代媒体生态的变迁

（一）传统媒体的时代，“把关人”风光无限

传统新闻理论告诉我们，新闻专业从业人员掌握着新闻报道的采制和传播的全过程，而社会上广大的受众是被动的接受者。

美国学者库尔特·卢音早在 20 世纪 40 年代就提出了“把关人”这个概念，即“在全体传播过程中存在着这样一群人，只有符合群体规范或把关人价值标准的信息内容才能进入传播的渠道”，从这一理念出发，我们看到，新闻从业人员按照自己的价值标准选择题材，采编制作新闻作品，按照自己的方式传播、控制、引导着社会舆论。

以国际台为例，过去，我们的记者、编辑、主持人手中掌握着这一国际广播新闻流水线生产的全过程，最后通过专业的发射装置向全球播出，而普通听众无法选择传播内容、传播方式和传播时间，他们通过手中的收音机被动的接受信息，只能通过打电话、发信息等方式对我们的广播提出意见和建议。

在传统媒体的发展中，专业媒体的“把关人”地位一直不可撼动。在当时，新闻传播力之争完全在广播、电视、报纸、期刊等专业媒体之间展开。只有一家媒体报道或一家媒体率先报道的新闻，被称之为独家报道，是各家媒体记者追逐的目标，专业记者也独享“无冕之王”的美誉。这种局面一直持续到互联网时代的到来。

（二）依托互联网，新媒体强势发展改变媒体生态

本世纪以来，互联网大潮席卷全球，媒体生态随之发生巨变，“自媒体”浮出水面。美国新闻学会的媒体中心，在 2003 年 7 月出版的《“We Media（自媒体）”研究报告》中，对“We Media（自媒体）”下了十分严谨的定义：“We Media（自媒体）”是普通大众经由数字科技强化、与全球知识体系相连之后，一种开始理解普通大众如何提供与分享他们本身的事实、他们本身的新闻的传播途径。

这一概念看起来有些生涩，实际我们可以这样理解：在互联网时代，网民等受众既是

信息的接受者，又是信息的分享者，可以将信息轻松上网传播，每个网民都是一个潜在的“自媒体”。“自媒体”可以说是最小、最灵活的媒体；但同时就整体而言他们的数量又是非常庞大，而且数量还在高速增长。

据中国互联网络信息中心（CNNIC）最近发布的《第31次中国互联网络发展状况统计报告》显示，截至2012年12月底，中国网民规模达5.64亿，全年新增网民5 090万人。互联网普及率42.1%，较2011年年底提升3.8个百分点。

相比之下，到目前为止，中国新闻从业人员大约为50万，与汪洋大海般的“自媒体”个体相比，数量上处于极端劣势。

而且，现代网络通讯技术的日新月异，为“自媒体”的发展如虎添翼。例如，人们可以随时利用手机写微博、拍照、拍视频上传网络，发挥一个小型多媒体机构的作用，而其传播受众，仍是庞大的手机用户群等。据统计，截至2012年12月底，中国手机上网用户的规模为4.2亿，比前年底增加约6 440万人。

而随着移动宽带即4G时代即将到来，手机通信的速度正在与互联网接近。手机不但具备了与其他媒体相同或类似的基本传播能力，而且还具有其他媒体没有的随时、随地、无所不在的传播多媒体信息的功能。作为第五媒体，由移动宽带支持的手机的影响力将越来越大，正在改变现有的媒体格局，而第五媒体的最大用户，当然是持有手机的个体，可以说，第五媒体的主要面孔，就是“自媒体”。

由此可以看出，过去那种单一的“专业媒体报道，大众被动接受”的媒体生态，已经一去不复返，一种多渠道发布，接受者、发布者随时变换角色的多元互动传播时代正在到来。

二、自媒体的特点

（一）灵活的“把关人”，高效的自由体

在理论上讲，每个网民都可以在网上自由发布信息，具有传播话语权。在这个“自媒体”里，新闻采集人、新闻编辑人、新闻审定人、传播技术支持者都由网民个人一人担当，多多少少地行使着“把关人”的权力，使以前处于垄断地位的专业媒体不再独享“把关人”的权利。

具有庞大数量的“自媒体”，每个网民（包括手机网民）都可以成为一个小型多媒体传媒，可以随时把消息、音频、视频上传到手机、互联网，没有空间和时间的限制，这得益于数字科技的发展，信息能够迅速地传播，时效性大大增强。作品从制作到发表，其迅速、高效，是传统的电视、报纸媒介所无法企及的。

“自媒体”能够迅速地将信息传播到受众中，受众也可以迅速地对信息传播的效果进行反馈和再传播，“自媒体”与受众的距离为零，易于拥有千万关注者。例如号称“微博女王”的演员姚晨，目前的微博关注者已经超过了4 400万，许多大型专业媒体的受众均达不到这个数字。依靠亿万网民的关注、转发，“自媒体”能量巨大，其新闻触角之广、传播速度之快无与伦比。

相比之下，专业媒体选题定稿审慎，对新闻作品有较高的专业要求，在发现新闻线索的数量、传播时效性方面自然处于劣势。专业媒体人发现，自己孜孜以求的“独家报道”，网民往往以“网上爆料”的形式捷足先登。“无冕之王”的王权已经失落。

（二）零成本的运作

专业媒体往往是一个“事业”或者“产业”，需要专业的管理和庞大的资金投入，在人力资源、设备器材、市场运作、政策法律支持等方面有很高的要求。

比起专业媒体动辄上亿元的资本投入，开办一个“自媒体”可以说是零成本。互联网用户只需要通过简单的注册申请，就可以登录微博、播客、微信、论坛等，自由地发布文字、音乐、图片、视频等信息，从而创建属于自己的“媒体”。

三、专业媒体优势犹存

无论如何，专业媒体仍具有“自媒体”无法比拟的优势。

（一）专业媒体的认知优势

专业媒体的高报道要求，完善的审核体系，成就了专业的报道质量，树立了它在公众眼中的权威性，相比之下“网民爆料”的准确性就值得商榷了。

例如，由全球十几家研究机构完成的《世界互联网项目报告 2009》显示，对于什么是“重要”或“非常重要”的信息来源的回答，超过 45％的网民选择了报纸，还有超过 40％的网民认为网上的信息最多只有一半是可信的，其中中国网民对互联网的质疑比例最高，达到 70％。

“自媒体”方面，由于网络空间相关法律的不完善，隐身的空间性给了网民“随心所欲”的表达自由，但人们在追求表达的自由性的同时往往弱化了信息的真实性。有的“自媒体”过分追求新闻发布速度，或者为了追求点击率而忽略新闻事实，部分网络水军为某些利益驱动，甚至降低了自身的道德底线，对新闻进行编造炒作，这就导致了“自媒体”所传播的信息的可信度低。

（二）专业媒体的团队优势

与数量庞大，但“各自为政”的广大网民相比，专业媒体有一支分工明确、配合默契、装备精良的报道团队。

以国际台为例，在新闻团队方面，在北京总部，就有 2 000 人以上的新闻从业人员队伍，他们由专业的记者、编辑、播音员、主持人、翻译、工程师、媒体管理人等组成。目前，共有 64 种语言干部 1 000 余人，编辑、记者以及工程技术人员等 700 余人，外籍员工 200 余人。

国际台在重点国家和地区建有 32 个驻外记者站，启动和建成 8 个海外地区总站，并在国内各省、市、自治区建有记者站，拥有庞大的信息网。

相比之下，“自媒体”“从业人员”素质良莠不齐。发布的信息也完全是按照自己的意愿随心所欲，其主题和报道方向性也是发散性的。

（三）专业媒体的平台优势

与“自媒体”“网络个体”的身份相比，打造强大的多媒体报道平台已普遍成为专业媒体的选择。

例如，国际台就是一个集广播媒体、电视媒体、互联网媒体、平面媒体等多媒体、多语种为一体的媒体平台，每天使用64种语言向全世界广播，每天累计播出节目3 200多小时。截至目前，国际台拥有90家海外分台，每天在境外电台播出节目总时数达1 700多小时，覆盖70多个国家和地区。此外还在国内开办了3套都市调频广播。

在新媒体方面，国际台的国际在线网站的访问者来自世界180多个国家和地区，日均页面浏览量1 900万。据不完全统计，世界范围内链接“国际在线”各语种网站首页的网站数量达到近15 000个。到目前为止，国际在线已经陆续开通了18家环球网络电台。

目前CRI手机广播电视分别在中国联通和中国移动平台顺利上线，CIBN互联网电视正式开播，天地视频网站正式上线，国际台还办有《世界新闻报》和35种外文报刊，读者遍布世界各地。

（四）专业媒体的资源优势

在一些特殊的新闻活动和场所中，例如政治、经济、文化、体育新闻发布等采访活动，专业媒体拥有自己的“通行证”。

例如“人大”、“政协”等政治活动，主要政府部门、军事单位等举办的新闻发布活动，公司、机构等举办的经济、社会新闻活动、会展活动，奥运会等体育活动等这些活动中，专业媒体能够凭着专业身份“登堂入室”，专业媒体和众多社会机构有固定的联系，能够方便地获得新闻资源，这些都是“自媒体”无法匹敌的。

2013年，“人大”、“政协”年度例会，采访“两会”的中外记者达3 000多名。其中外国记者近1 000名，全部都是持有采访证的专业媒体记者，会议期间的重大时政新闻的发布权当然由这些记者就职的专业媒体垄断。

在伦敦奥运会上，中国中央电视台展开了中国奥运报道历史上最大规模的赛事直播，奥运期间的第一手比赛情况，观众大多从央视获得，央视旗下的CNTV对全部5 600小时奥运赛事进行直播，显示了专业媒体的强大实力。

在日本大地震、伊拉克战争这些重大战争、灾难事件中，各专业媒体记者，凭着献身精神和职业态度以及专业的设备，活跃在报道第一线，其新闻报道能力是“自媒体”无法比拟的。

依靠上述优势，专业媒体拥有强大的新闻内容生产力，这也是其生存发展之本。

四、新媒体生态时代专业媒体的生存发展之道

（一）现实的策略，追逐“第二落点”

在追逐“首发爆料”、独家新闻方面不占优势的情况下，专业媒体可以转而利用灵敏的新闻嗅觉和强大的深度报道能力，追逐新闻的“第二落点”，挖掘已经出现新闻的内涵，或者此新闻的“新角度”，彰显自己的专业优势。例如，近年来，专业媒体尤其善于在网络爆料的基础上，接过报道权，沿既有新闻线索穷追猛打，扩大战果。

2013年1月，有关陕西神木“房姐”的帖子在网上热传。帖文称神木县农村商业银行

副行长龚爱爱在京有20多套房产，总价值近10亿元；她还有另一个名为龚仙霞的身份证。事件发生后，众多专业媒体蜂拥而上，跟踪事件发展，报道面覆盖不同专业领域。中央电视台《焦点访谈》，迅速以《“房姐”们不能说的秘密》为题，报道了“房姐”事件的来龙去脉，其人其事，以及她拥有众多房产、4个户口等方面的详细情况。

《法制日报》随即从法律的角度报道说：“‘房姐’案件有了新的进展，当地警方已经以伪造国家公文、印章罪将犯罪嫌疑人刑事拘留。依照我国《刑法》第二百八十条的规定，‘房姐’有可能被判处三年以下有期徒刑、拘役、管制或者剥夺政治权利。在我国伪造居民身份证属于扰乱公共秩序犯罪，只有在伪造、变造次数较多、数量较大，非法牟取利益数额较大的情况下，才有可能判处三年以上七年以下有期徒刑。”

这一期间，“房姐”事件迅速登上全国各主要报纸的重要版面，中国主要通讯社、电视台、电台无不参与其中。之后，《南方周末》、《新京报》又将报道重点转向民间借贷等领域。

《新京报》的报道以《神木投资煤矿一亿赚两亿　房姐成煤老板财神爷来源》为题的报道说：“在神木，巨额民间资本的逐利冲动，催生了庞大的民间借贷。而在龚爱爱的老家神木县，拥有数个户口、大量房产并不罕见。支撑这一庞大投资业的，是渗透神木各个角落的民间借贷体系，龚爱爱也是借贷链条上的‘一环’。‘房姐’龚爱爱被抓，令神木县民间借贷危机逐渐浮出水面。”

随着去年煤炭价格一路走低，资金链趋于断裂，整个神木的民间借贷体系面临崩盘。与此同时，金融风险与日俱增，社会不稳因素加剧。在众多专业媒体一轮又一轮的猛烈轰炸下，“房姐”事件迅速发酵，衍生了“鄂尔多斯”式的泡沫经济话题，牵涉了都市工薪族“买房难”话题，等等，在社会上产生了巨大共鸣。

这一事件可以说是一个“自媒体”首先爆料，专业媒体大举跟进“第二落点”，将新闻传播效果最大化的经典案例。实际上，跟踪“第二落点”已经成为各专业媒体普遍采用的日常报道手段。以国际台为例，各中心都形成了多级策划机制，其主要功能就是跟踪“第二落点”。笔者参与的新闻中心联系策划会，每天都要汇集最新发生的新闻事件，精选其中受众关注的内容，议定报道主题和角度，交付本台国内记者和海外记者站、新闻评论员、专家、学者、嘉宾等进行跟踪分析，深入报道。这一策划的全过程，也可以视为新闻“第二落点”报道的推进过程。

（二）未来的发展平台，兼容开放的战略

我们在前面说过，专业媒体有强大的平台，专业媒体人士也发现，这个平台完全可以做到开放兼容，拥有整合其他专业媒体、甚至“自媒体”的力量，这也昭示着未来媒体生态的新特征。例如，“新浪”可以被看做是一个专业的媒体，笔者曾专门了解过新浪的报道运营策略，体育、汽车等领域是新浪的报道长项，其自采报道数量和专业程度超过了国内绝大多数专业媒体；而在新浪缺乏的时政新闻报道资源等方面，其积极引用新华社、中新社等各传统媒体的新闻，形成非常可观的新闻报道内容页面。笔者在工作中也发现，中国国际广播电台自采的新闻绝大多数都被新浪转载。

而新浪微博，本身就是亿万“自媒体”的集合。据新浪最近的公告称，截至2012年

12 月底，新浪微博注册用户数已超过 5 亿，同比增长 74%。日活跃用户数达到 4 620 万，可以说在利用本身平台开放集合、兼收并蓄方面，新浪等专业的互联网媒体走在了前面。

就国际台的平台而言，它在广播、网络、平面媒体上都集合了其他媒体大量的新闻，这些新闻通过国际台的专业编辑和翻译团队、主持人团队等的努力，最终都在各种语言的媒体平台上“亮相”，由此大大丰富了报道的内容。例如，CRI 手机广播电视已经分别在中国联通和中国移动平台顺利上线。CRI 手机广播电视除集成国际台自有的广播、电视、互联网多语种信息资源外，还整合了地方电台、电视台的节目内容。

当然，对传统专业媒体而言，在平台开放、兼收并蓄方面尚有很大的发展空间。例如，国际在线可以向网民开放论坛，设立专门的空间转载网友的微信、微博，利用多语种优势，将国外“自媒体”的力量整合到我们的平台之上。国际台的网络电台，可以集合“播客”的力量，链接、转载网民自办的这种“一人电台”……

专业媒体已经具有强大的报道平台，平台开放迎来的发展空间是无限广阔的，当然还需要法规方面的支持，更有待于其决策人在思维方式上进一步突破传统观念羁绊。

综上所述，互联网时代“自媒体”崛起，结束了专业媒体一统天下的局面；专业媒体虽然王权失落，但凭着强大的内容生产力仍保有优势。新的媒体生态及其发展趋势并不是一方的彻底出局，专业媒体将依托平台优势，整合各媒体包括“自媒体”的力量，交互支持，多点传播，迎来传媒发展的新局面。

（作者单位：中国国际广播电台新闻中心）

浅析“三网融合”对国际传播工作的启示

王　牧　武维纳

目前在我国广电、互联网和通信领域如火如荼地进行的“三网融合”工程，对国际传播媒体有重要的价值。本文以“融合”之后的媒介平台状态为参考范本，比照国际传播中的对象国目标环境，以国际在线克罗地亚文网站、广播及其对象地区为例进行拟态分析，尝试探索融合的新媒体环境给国际传播带来怎样的机遇和挑战。

一、“三网融合”的定义

三网融合是指电信网、广播电视网、互联网在向宽带通信网、数字电视网、下一代互联网演进过程中，三大网络通过技术改造，其技术功能趋于一致，业务范围趋于相同，网络互联互通、资源共享，能为用户提供语音、数据和广播电视等多种服务。三网融合并不意味着三大网络的物理合一，而主要是指高层业务应用的融合。三网融合应用广泛，遍及智能交通、环境保护、政府工作、公共安全、平安家居等多个领域。以后，手机可以看电视、上网，电视可以打电话、上网，电脑也可以打电话、看电视。三者之间相互交叉，形成你中有我、我中有你的格局。

二、“三网融合”的实施背景

“三网融合”是针对我国国内长期以来电信网、广播电视网和计算机通信网之间在业务应用、经营管理和政策法规等方面互相割裂、用户个性体验不够、信息需求难以满足的现状而实施的一项重大工程。

国际在线多语种网站是由中国国际广播电台（以下简称国际台）主办，主要为我国的国际传播事业服务，承担对外传播职能，其主要受众来自世界各国。处在迥异的媒介服务环境中，从表面上看，其目标群体与“三网融合”项目的国内服务对象关系不大。事实上，颇具中国特色的“三网融合”工程为我们的国际传播提出了一个课题——国内将在未来数年内建立起来的整合的信息通信网络，很可能是我们对象国现在已经拥有或会在不久的将来实现的网络。因此，如何在这样的形势下做好国际传播，对象国家的信息网络状态怎样，针对其现状应制定什么样的传播战略，是我们应该思考的问题。

三、“三网融合”对国际传播的意义

以东南欧国家克罗地亚为例，这个人口仅有440万的小国有超过80家电信运营商及上下游相关企业，其信息网络融合度高，通信基础设施很完备，具有非常出色的融合新媒体环境，对我们来说，这是一个新媒体环境下融合媒介的运营良港。

本文将以克罗地亚和克罗地亚文网站的传播活动为例，从内容来源、发布形态等方面来尝试探讨所谓“后三网融合”状态下的媒介环境对我国多语种网站建设的启示。

1. 内容资源的整合与扩张

我国的“三网融合”对内容领域提出了前所未有的要求，内容生产商也面临着空前的机遇。

“三网融合”将使有线电视公司的业务范围大为拓展。2010年年初的国务院会议明确了符合条件的广播电视企业可以经营增值电信业务和部分基础电信业务、互联网业务，部分有线电视公司早已开始提供互联网服务。

电信运营商在一些城市已经推出了IPTV电视收看业务，但其网络基础和收视质量需要有较大的提高才能与有线电视竞争。

广电企业有丰富的节目资源，而电信运营商有市场化的优秀营销能力，未来两者虽然在进入对方的固有领域时存在一定的竞争，但又存在互相合作互补的需要。

这样的状态从表面上看是平台的融合，实际上则已经开始了内容共享和交互的过程。原本的状态是：广电企业拥有优质图文、音视频资源，电信企业具有强大的提供增值服务和客户体验的能力，而互联网则具备了更为广泛和深刻的内容服务，这样一来，如何生产出对多平台用户都有吸引力的内容产品就成为主要课题。

（1）整合。

有学者提出，“我们所谓的‘内容’并不仅仅是广电所掌握的音视频内容，还要包括通信服务以及互联网上更加丰富的内容应用服务。而更高层次上，‘三网融合’的内容不是简单地提供电视节目或者提供语音、数据业务，而是需要通过网络、终端、业务三层次的融合，以创新的商业模式来最优化地满足用户的需求。”①

这段话说明了未来用户所需要的传播，“不单单是简单地把网络建设好，然后面向用户推送内容服务的过程”②，而应该是满足用户对信息更高层次的需求，这必然需要把分散的内容资源进行最大程度的整合。这个“内容”既包括图文、音视频，又包括个性化的应用、体验、服务，更包括互联、互动、互通的网络内容形态——建立在这样的融合平台上的内容资源，必然呈现出不同于以往单向传播主导、信息与应用脱节的全新状态。

（2）扩张。

进入到国际传播领域，仍以国际在线克罗地亚文网为例，提供什么样的内容服务可以从形态到信息都可以满足全新的传播要求和用户需要，内容源的扩张是必经之路。

“资讯平台的建立是针对原有网络广播节目播出平台的升级，通过对原有播出平台的播放控制平台前端，增加视音频资讯控制平台，并且通过资讯控制平台与播出平台的软件对接来实现的。其中，视音频资讯控制平台应当包括对海量电视节目素材的检索、文字提

① 邓中元：电信专家，2010.05.17中新网报道《三网融合核心是以创新的商业模式满足用户需求》。

② 邓中元：电信专家，2010.05.17中新网报道《三网融合核心是以创新的商业模式满足用户需求》。

取、关键帧提取、视/音频录制、视/音频编辑和视/音频发布模块，以实现快速获取并发布与播出节目相关的音视频素材，扩大网络音频播出页面的信息丰富度，增强国际台网络广播平台的'黏度'与吸引力。"①

传统的广播是基于无线电通讯技术在有限的空间中进行传播和接受的活动，而后来的互联网在线广播提供了更为开放的平台，打破了传统广播的局限；视频元素的引入，让广播可视、可见、可感；而以视频形态出现的新型"广播"就需要这样一个全新的资讯平台，正如上文所提到的"扩大信息丰富度"，其中重要的环节就是庞大、丰富的内容库——而这正是基于传统的广电优质内容而建立起来的。

具体到国际传播中，新的平台可以实现对国际台指定的、中外主要电视台播出的电视节目素材信号进行检索，可以快速找到外文直播节目的素材源（如画面、数据、音响、图文等），例如CNN、BBC、NHK以及当地媒体的报道素材；平台应该支持对这些素材便捷地再制作、再处理；平台应该同时具备快速发布能力，并支持在电脑、网页、大屏幕、移动设备等不同终端的发布。

例如，某平台开发商提供的内容库拥有云计算电视内容数字加工中心，覆盖国内至少100家电视台和上千个电视栏目的资讯内容，以及欧美、亚太等世界主要地区代表性电视台的资讯，可以基本实现全球主要电视资讯的覆盖。这些素材就如同一盘盘备好的菜料，而作为国际传播媒介的我们需要做的是，赋予它们全新的形式和正确的意识形态，选取合适的服务包装和增值策略，投放到相应的终端平台，以精准地到达目标受众群体。

这是一个全新的传播过程，是对国际传播媒体的一项考验，内容建设能否多维度地适应对象国媒介形态的发展趋势，将在很大程度上决定未来在本地区传播的成败。我们应该最大限度的利用国内丰富的资源并进行巧妙的议程设置，在搭建好的平台上或借用别人的渠道去实现这样的传播。

2. 对本土化传播的启示

国际传播的最佳状态或最终目标是实现本土化传播，"三网融合"对内容的要求是"电信运营商如果不往内容提供以及应用聚合这个价值链的更高端去转移，那么就只能成为一个管道。'三网融合'打开了一个大门，运营商不光可以纯做网络和管道，还可以提供各种各样的内容和应用，从而提高对最终用户的吸引力。"② 全新的平台更易于跟踪用户需求变化，并适时地调整战术，快速地应对用户兴趣点的转移和对新服务的需求，并作出反应。

本土化是国际传播历来的难题，跨国家、跨地域、跨民族、跨文化的交流和传播面临着诸多的障碍，更使得追踪用户的习惯和反馈变得难上加难。然而，如果对象国的开放融合的媒体平台已经建立起来，这项工作就有了很多的便利。举诸多传统媒体及新媒体的手机客户端应用为例。

不论电视台、电台、报纸、杂志，不论Facebook、Twitter、MSN、Flickr、You-

---

① 天脉公司产品介绍：《网络广播节目的资讯播出平台》。

② 黄冀：华为软件公司副总裁。

Tube，不论在中国的各大卫视、克罗地亚的Nova TV（克罗地亚最热门的电视台之一）和国家电视台，在读者、观众、听众或注册用户的iPhone、HTC、Blackberry等智能手机或平板电脑或任意终端设备的桌面上加上自己的客户端图标已经是必做的工作了——克罗地亚最大的报纸《晨报》（Jutarnji list）、《晚报》（Vecernji list）、《每日新闻》（Dnevnik）等强势传统媒体都早已在互联网平台、移动终端上拥有了自己丰富的产品线，特别是在互联网和移动Twitter、Facebook上的应用，早已形成气候，当地主流媒体的进驻意味着这一渠道的通畅、有效。

利用这样的一个小平台，我们可以跨越地理的、政治的、文化的距离，最直接、最精准地抵达我们受众的手掌心，只要他的手机安装一个小小的程序，媒体本土化的路程就缩短了许多。

仍以克罗地亚为例，在当地拥有iPhone等智能手机终端的年轻人不在少数，而他们最喜爱的、每天都离不开的SNS网站是Facebook，他们在上面组织聚会、玩游戏、分享新鲜事儿，每天有许多人通过手机来进行这项活动——抓住了他们的手机，很有可能就抓住了他们的使用习惯。克罗地亚人使用的智能手机有相当大的一部分是通过与电信公司签订入网协议及约定使用年限免费获得的，如果我们可以直接与当地的电信公司合作，在这样一个已经搭建起来的开放平台上，安放一个很小的随机赠送客户端——比如CRI@Zagreb（意思是“中国国际广播电台在克罗地亚首都萨格勒布”）——通过它可以收听我们的调频节目，观看我们好玩儿的视频，注册成为CRI的粉丝，报名参与CRI的线下party，等等。如果能到这样的程度，本土化就会慢慢做到极致。

3. 融合平台的独特优势

我国的“三网融合”工作完成后，将带来如下的好处：

（1）由单一信息服务转向图文、音频、数据、视频等多媒体综合业务。

（2）独立的专业性网络转向综合性网络，资源利用率提高。

（3）增值业务类型更加丰富，如图文电视、VOIP、视频邮件、多平台网游等。

（4）避免重复建设，基础投入减少，简化管理，降低成本。

（5）打破广电运营商和电信运营商在音视频传输领域的恶性竞争。各大运营商将在同一市场上公平竞争，进而有可能带来相关资费的下调。

而对于国际传播媒体来说，融合平台的独特优势就在于此。我们可以想象，在一个电信、互联网和广播电视已经浑然一体的融合平台中，可以更好地施展拳脚，这相当于在人家已经搭建好的高速公路上跑我们的车，当然这其中必然伴随着市场准入、当地政策法规、本土化能力等实际问题，但这样的一班“顺风车”是绝不应该错过的。

在过往传统媒介形态的竞争中，我国在国际传播领域一直处于弱势，而融合新媒体带来的全新舞台给予了我们新的平等机遇。“三网融合”是只在中国特定的历史、政策条件才产生的独特现象，在许多其他国家、特别是较为发达的西方国家，互联网、电信网、广电网之间不存在既有屏障，原本就是一个开放的媒介空间，这对我们国际传播媒体来说，是不可多得的天然良港。

对跨国媒体集团的政策限制和行业壁垒固然存在，但如果能借商业化媒体之船出海，进而以“经营”媒体的开放态度和满足用户需求的最终诉求去巧借平台进行传播，必将是我国国际传播的全新机遇。一旦可以潜移默化地在这一领域取得成绩，借助他者的渠道达到影响目标受众的目的，其意义必将不逊于真正的国内“三网融合”带来的生活便利。

（作者单位：中国国际广播电台克罗地亚语部）

全媒体时代媒介格局分析

路 博

人类最早的信息传递是在10万年前，那时，发明了语言，在3500年前，又发明了文字，在唐朝初期，中国人首先发明了印刷术。人类的智慧结晶为文明的开创、文化的积累奠定了坚实的基础，正是由于一项又一项伟大发明的出现，才造就了现在翻天覆地、举世瞩目的辉煌成就。随着科技的迅猛发展，随着社会环境的瞬息万变，人与人之间简单的对话、单纯的文字已经不能满足人们沟通与交流上的需要，于是，纸媒、电视、网络、手机等相应的媒体工具逐一面世，而随之而来的便是相互之间的竞争。

当今时代，以数字技术、网络技术为核心的信息革命正在深入演进，由此带来全球传播媒介的深刻变革。新媒体应运而生，视听新媒体蓬勃发展。IP电视、网络广播电视、手机电视、SNS社交平台、微博等以互联网为基础的新兴媒体形态正以裂变的速度渗透到生活中的各个角落，作为中央三台之一的中国国际广播电台（以下简称国际台），也在发生着巨大转变。

一、纸媒“电视化”

“纸媒”主要是指报纸、杂志等以纸张为载体的媒体。

传统的纸媒曾经一度成为人们获得信息的主要来源，不过随着电视机以及网络等的普及，纸媒开始受到严重打击。

据介绍，2010年，全国新闻纸生产量430万吨，较2009年的480万吨减少了10.42%，消费量423万吨，较2009年的461万吨减少了8.24%。2010年新闻纸的生产量低于2007年的水平。

如何保证在信息大潮中不被冲垮，成为了很多长期从事纸媒工作者的疑问。在寻找生存之路的过程中，有些人想到了能否让纸媒与走俏的电视相结合。

2007年4月，江西卫视创办的资讯类脱口秀节目——《杂志天下》就属于纸媒电视化的典型。该节目通过主持人在电视上阅读杂志的方式，从杂志的图文中展开话题。《杂志天下》自开播以来，受到观众的中肯评价。《杂志天下》开播近一年，收视率就翻了两番，目前已经成长为一档有影响力的脱口秀节目。

《杂志天下》的电视化之路其实算是比较简单地粗加工，不过是将杂志、报纸中的热点要闻串联在一起，再由电视中的主持人宣讲出来。其实，真正的纸媒电视化，就像把一本知名的小说改编成了电视剧，原本白纸黑字的文章，成为了鲜明跳跃的影像，人们不用再靠想象去认识文中的甲乙丙丁，也不用再靠假想来判断春夏秋冬。通过电视画面的场景再现，人们更加清楚地认识了事件的主人公，更加清晰地见证了事件发生的来龙去脉，更有说服力的“用事实说话”，比较有代表性的节目，就比如说国际台与《环球人物》杂志正在合作的一个新栏目——电视版的《环球人物》。

《环球人物》杂志是中国第一份具有全球视野的人物类期刊。《环球人物》全国发行量35万份，同时，《环球人物》已进入全国星级客户期刊展示网络，全国1 000家三星级以上酒店20万间客房均有展示；并在北京、上海、广州、深圳四大城市的15 000个高档写字楼有展示。

为了进一步扩大读者群体，提高知名度，《环球人物》杂志把传统的纸质传播方式与电视媒介相嫁接，而长期以来从事国际新闻报道的国际台成为了他们合作的首选。

国际台虽然是以广播为主，但也拥有自己的报纸——《世界新闻报》，但是在纸媒电视化的道路上，国际台首先展开的尝试对象并不是以《世界新闻报》为主，而是与人民日报社开展合作，利用国际台丰富的国际新闻视频素材，将《环球人物》杂志加工成动态的、生动的、吸引人眼球的视频节目，努力将人民日报社主管、主办的，国内第一份具有全球视野的人物类期刊《环球人物》，打造成电视版的节目，让平面上的热点人物，配上鲜活的画面、真实的现场声音，更有感染力地走进无数的电视观众眼中。

比如《环球人物》某一期介绍的人物是俄罗斯总统普京，文中写道“4年前，普京当总理的时候，就曾想过，4年后他会再次跨进这扇大门，成为俄罗斯总统。而此刻，克里姆林宫的卫兵已经给他拉开了两扇沉重而古老的大门。5月7日，普京一个人迈着稳健的步子，信心满怀地走进了就职典礼的现场。”通过这段文字，人们可能在脑海中浮现出了普京复杂的神情以及他激昂阔步的模样。通过电视画面的呈现，人们就能将当时的场景一目了然，电视比杂志更加立体、直观。而电视的篇幅毕竟有限，一档人物类的栏目，如果通篇只讲一个人的话，最好不要超过三十分钟。一般来说，其中都会填充一些与他相关的人物进去。如果超过了三十分钟，就容易让观众提不起精神，那么，如果三十分钟过后，观众已经视觉疲劳，这时，观众还可以翻起杂志，毕竟杂志的篇幅可以更长，介绍得更为详细。这样的互补与修饰，让纸媒在电视中得到了扩展，电视也借助了纸媒积累的人气，可以轻松地获得更高的收视率，这是一个双赢的结局。

借鉴与《环球人物》杂志合作的成功经验，国际台还可能会将自家的报纸《世界新闻报》搬上荧屏。此外，这也将为更多的纸媒电视化树立典范，让更多的优秀的报纸、杂志借助电视这个窗口，走进千家万户，出现在地铁和公交电视的屏幕上，让人们无时无刻不在“看”报纸，“睹”报纸。

二、广播电视节目网络化

正当杂志、报纸等都希望通过电视、广播等扩大普及度时，广播、电视等传播媒介也在寻找它们的新生机。

20世纪50年代主流媒体是报纸和刊物，60～80年代主流媒体是广播，90年代至2011年主流媒体是电视，但随着互联网的崛起，下一个主流媒体就应该是以互联网为代表的新媒体。①

那么，接下来要考虑的就是如何将广播、电视、纸媒与网络相结合？如何不被网络所取代。

1993年3月2日，中国科学院高能物理研究所租用美国电话公司国际卫星信道接入美国SLAC国家实验室的64K专线正式开通，成为中国部分连入互联网的第一根专线。部分接入的承诺是：中国专线只能进入美国能源科学网，并且不得散布病毒和用于军事及商业目的，中方必须签字后才能使用。这是中国第一次与互联网互联。

1995年1月12日，《神州学人》杂志上网，首开中国媒体上网先河。

1996年12月15日，广东珠江经济广播电台开通网上实时广播。

1996年12月26日，中央电视台计算机网络与国际互联网连通，试运行央视国际互联网。

1997年12月，上海人民广播电台尝试网上广播。

1998年8月13日，中央人民广播电台开通专业网站，12月26日，国际台开通国际在线网站，正式提供网上广播服务。

截至2011年年底，持有《信息网络传播视听节目许可证》的机构达616家。全国获批开办的网络广播电视台达17家，其中2011年新增9家，包括山东、浙江、河南、甘肃、四川、山西、北京、吉林等8省（市）广电机构各自开办的网络广播电视台和深圳联合十几家地市广电机构共同开办的城市联合网络电视台（CUTV）。中国国际广播电视网络台（CIBN）以及山东、浙江、河南、甘肃、四川、山西等省（市）网络广播电视台在2011年上线播出。

国际台台长王庚年表示，CIBN成立意义深远，它标志着国际台全面进入新媒体领域。王庚年台长说："建设中国国际广播电视网络台是国际台发展史上具有划时代意义的大事。它标志着已有近70年发展历史的中国国际广播电台全面进入新媒体领域。"

一个原本以广播为主流业务的媒体，不断地开办新的业务种类，创办了自己的报纸，开通了自己的电视渠道，又让自己的品牌借助网络锦上添花。

网络给传统媒体带来了强大的竞争力，同时，也给传统媒体开辟了一条新的生路。国际台借着网络的兴起，让传统的广播节目上线。在纪念国际台建台70周年之际，国际台旗下又一个重要的新媒体传播平台"天地视频网"正式上线。网民可以登录该网站，获得丰富的视频资讯。人们不仅能在网络上听到直播的广播节目，还能在线收看到多档由国际台制作的电视节目。

"天地视频网"注册域名为WWW. T-D. TV。该网站依托国际台丰富的新闻信息资源，根据国内外不同受众的需求，打造精品特色节目。主要栏目包括：第一时间跟踪刷新世界重大新闻事件的《同步世界》，抓取当日最具冲突性新闻资讯的《热点》，全面解读新闻背景、梳理新闻脉络的《深度》等；英语首页主打"你好，中国"，以中国文化精品纪录片、

① 杨伟光：《以互联网为代表的新媒体将成为未来主流媒体》，《中国视听新媒体发展报告》，社会科学文献出版社，2011年1月，第274页。

汉语国际推广以及提供旅游服务构成基础内容，为希望了解中国文化的海外受众搭建交流、服务平台。

伴随中国正在大力推进的新一代广播电视网、新一代互联网（IPv6）、新一代移动通信网（3G/4G）等科技的开发与应用，各种各样的视听新媒体犹如形态各异、品牌繁多的车辆，将在更为宽阔平坦的高速大道上顺畅奔驰，不仅使人们的信息交流更为便捷高效，还将在智能家居、电子商务、终身学习、远程医疗、智能养老等更广泛的领域发挥更大的作用！①

三、网络私人化

在电视刚刚兴起之时，观众只是被动地观看电视。现在，观众在面对电视时，已经能够自由的选择电视节目。此外，还能利用电视缴费、理财、订餐、查天气，等等。在未来，我们可能会通过电视实现人际交流，利用电视完成上网才能做到的事情，还可通过电视打电话，实现所谓的“三网融合”，让电信、通讯与电视合三为一。而从始至终，这个过程就是从“看电视”到“用电视”的过程，从“公共化”到“私人化”的过程，从“被动接收”到“主动选择”的过程。

网络视听新媒体的下一步演进是进入客厅和口袋，覆盖全部人群。网络电视台应运而生，网络电视台与视频网站的主要差别是支持多终端——在计算机之外还支持电视机和手机等终端，用户使用网络电视机保持电视机的全部体验。这将促进三屏联动发展。三屏联动需要由一个团队统一策划制作在不同媒体不同终端上播放的内容。②

不仅有了电视就相当于有了网络，有了网络也就相当于有了手机，此外，有了手机也同样能看电视、上网，“三网融合”将以一顶三，让人享受到前所未有的便捷和周到。

随着智能手机的面世，很多家报纸和五花八门的电视栏目都有了属于自己的手机客户端，在应用程序店里面能轻松地找到用户喜欢的栏目，无论是你一直钟爱的报刊杂志，还是最新人气飙升的综艺栏目，都能在手机上一览无遗。通过手机，用户可以为自己建立喜欢的栏目列表，也可以实现买票订餐，还能登上微博、社区交流网站，无障碍地与朋友随时随地交谈。目前虽然只有手机具备这些神通广大的功能，随着“三网融合”时代的到来，你的电视、电脑也将一一实现。

四、结论

三网融合的根本应该不是想要消灭传媒中的任何一种方式，反之，是希望各种传媒方

① 吴信训：《三网融合为视听新媒体插上理想的翅膀》，《中国视听新媒体发展报告》，社会科学文献出版社，2011 年 1 月，第 296 页。

② 侯自强：《网络视听新媒体正从视频网站向网络电视台演进》，《中国视听新媒体发展报告》，社会科学文献出版社，2011 年 1 月，第 284 页。

式之间能互相借力，此消彼长，为人们提供更全面、更便利的服务。

就“网络时代，报纸是否会消亡”这一问题，搜狐总裁兼首席执行官张朝阳博士和中国人民大学舆论研究所所长喻国明博士进行了一次深入对话。张朝阳说：“50年以后，电子网络式读物将成为主流媒体，报纸虽然还会存在，但其作用已无法与今天相比。从先进国家的发展进程来看，网络媒体日渐升温是一种必然趋势。”

而喻国明则表示，“网络的作用虽在扩大，但十几年内仍难以取代报纸。美国的电子网络已经很发达了，但《纽约时报》的地位却丝毫没有动摇。就消费者而言，读报比上网更廉价、更简便，也更轻松。”①

大众传媒是同一的传播大家族，这一族系中的各个媒介既有共通的一面，又有异质的一面。例如报纸的传播特征被定型化之后，广播的传播特性便大量重述了与报纸相同的许多特性。同样，对电视和网络传播的特性研究，也经常照搬此前的媒介特性。②

在报纸、杂志、广播、电视、网络、电信齐头并进的时代，这已经不是简单用“多媒体”这个词汇所能概括的了，更能准确表达的是“全媒体”时代。“全媒体”即“omnimedia”，源自美国一间名叫MarthaStewartLivingOmnimedia（玛莎—斯图尔特生活全媒体）的家政公司。这家成立于1999年的公司，拥有并管理包括杂志、书籍、报纸专栏、电视节目、广播节目、网站在内的多种媒体，通过旗下的所谓“全媒体”传播自己的家政服务和产品。“全媒体”的概念近年来得到很大的发展，引起了越来越多的重视，并开始在新闻传播、远程教育等领域广泛运用。像国际台这种拥有自己的报纸、音像、广播、电视、网络、手机电视的媒体，正在“全媒体”大潮中冲浪，小心翼翼地应对着挑战，同时也享受着新挑战带来的刺激以及征服挑战后的成就感。

（作者单位：中国国际广播电台数字媒体节目中心）

① 喻国明：《媒介的市场定位》，北京广播学院出版社，2000年1月，第341页。

② 刘建波：《新闻媒介传播特性研究的新命题》，《现代传播》2005年第136期，第132页。

借力新兴媒体　全面提升对外传播影响力

王　岚

得益于现代科学技术的飞速发展，传播媒介一直处于日新月异的变化发展中。从文字、广播、电视，再到网络等新兴媒体的出现，以具象为载体的传播媒介的更替速度远远超出了人们的想象。与此同时，随着中国国际地位的提升，对外传播的作用日渐凸显。在2009年《求是》杂志上，时任中宣部部长的刘云山刊文强调了我国加强对外传播的迫切性：“当今时代，谁的传播手段先进、传播能力强大，谁的文化理念和价值观念就能更广泛地流传，谁就能更有力地影响世界。构建覆盖广泛、技术先进的现代传播体系，形成与我国经济社会发展水平和国际地位相称的传播能力，已经成为一项十分紧迫的战略任务。”

由此可见，在传统媒体向新兴媒体进军的过程中，如何立足传统媒体的根本并充分借助新媒体的优势，对当今中国媒体对外传播能力的全面提升有着非同寻常的意义。

中国国际广播电台（以下简称国际台）创办于1941年，是中国向全世界广播的国家广播电台。早在2005年，国际台就提出了“从单一媒体向综合媒体转变，从传统媒体向现代媒体转变，从本土媒体向跨国媒体转变”的战略。自此，国际台开始了建设“现代综合新型国际媒体”的全面探索，不断增加和丰富广播、电视、报刊、网络、移动终端等媒体形态，以国际传播全球化、综合化、本土化、品牌化建设为着力点，全面提升国际传播影响力！

一、拓宽视角，与时俱进，探索新媒体发展之路

1. 了解新媒体

新媒体是相对于传统媒体而言的，是继报刊、广播、电视等传统媒体之后发展起来的新的媒体形态，是利用数字技术、网络技术、移动技术，通过互联网、无线通信网、卫星等渠道以及电脑、手机、数字电视机等终端，向用户提供信息和娱乐服务的传播形态和媒体形态。一般而言，新媒体的概念包含以下要素：

（1）新媒体建立在数字技术和网络技术的基础上。新媒体主要是以计算机信息处理技术为基础，以互联网、卫星网络、移动通讯等作为运作平台的媒体形态。它包括使用有线与无线通道的传送方式，比如互联网、手机媒体、移动电视、电子报纸等。如果说传统媒体是工业社会的产物，那么新媒体就是信息社会的产物。

（2）新媒体在信息的呈现方式上是多媒体。新媒体的信息往往以声音、文字、图形、影像等复合形式呈现，具有很高的科技含量，可以进行跨媒体、跨时空的信息传播，还具有传统媒体无法比拟的互动性等特征。

（3）新媒体具有全天候和全覆盖的特征。受众接收新媒体信息，大多不受时间、地点

的制约，受众可以随时通过新媒体在电子信息覆盖的地方接收地球上任何一个角落的信息。

(4) 新媒体在技术、运营、产品、服务等商业模式上具有创新性。新媒体不仅是技术平台，也是媒体机构。与传统媒体相比，变化的不仅仅是新媒体技术的运用，更有商业模式的创新。

(5) 新媒体的边界不断变化呈现出媒介融合的趋势。

2. 运用新媒体提升对外传播能力

(1) 和时代接轨，加快新媒体发展步伐。

传媒业发展的新时代已经到来，我国的新闻媒体也开始了从传统传播模式到拓展新媒体手段的各种探索和尝试。

2011 年 1 月 18 日，中国国际广播电视网络台（CIBN）成立，这标志着国际台全面进入新媒体领域。2012 年 5 月 28 日，CIBN 互联网电视正式上线商用。CIBN 广泛涵盖网络视听节目、手机广播电视、IPTV、互联网电视、CMMB 等各种新媒体业态，以视听互动、资源共享、语种集合为特色，以“向世界介绍中国、向中国介绍世界、向世界报道世界”为宗旨，向全球受众提供时事、政治、经济、文化、体育、旅游、社会和汉语教学等综合信息服务，搭建中国与世界沟通的有效平台。

而针对全球手机网民规模直逼电脑网民数量的事实，国际台德语、意大利语、世界语、葡萄牙语和希腊语移动国际在线于 2012 年 12 月 26 日正式启动。至此，加上此前启动的英语、法语和西班牙语移动平台，国际台移动国际在线的语种数量目前已达八个。此次新开通的五大语种移动国际在线广泛适用于苹果 iPhone 的 iOS、安卓（Android）等智能手机系统或其他手持终端，提供图文、音视频等多媒体移动浏览方式。手机用户只需输入简单域名，即可随时随地浏览多语种时政、财经、娱乐、旅游等方面的新闻和信息，学习汉语，欣赏多语种音视频节目。

(2) 加强对国外受众心理和行为模式的调查，坚持新媒体发展的以人为本。

新闻媒体的发展归根结底也是为了更好地为受众服务，满足受众的需求。因此，必须坚持受众主体地位，根据受众心理需求和行为模式的变化来指导新媒体发展的路线。

例如，随着苹果产品在全球的火热销售，越来越多的海外受众通过苹果的产品浏览信息，了解世界。因此，谁最先抓住这一部分受众群谁就抢占了新媒体发展的一个先机。笔者所在的捷克语部去年就推出了名为“食尚”的系列美食节目，并将其制作成了苹果 App 客户端，捷克受众可以在苹果 iPhone 和 iPad 上免费下载浏览“食尚”电子杂志。该杂志定位热爱中国美食的捷克受众，向其介绍中国美食文化和中国特色美食的制作方法，并配以精美的图片并依赖于苹果独特的触摸和浏览技术，一经推出便获得了不俗的下载量并呈每月递增的状态，深受对象国受众的喜爱。

(3) 内容为王，重视内容质量建设。

无论何时，人们接触媒体都是为了获取信息，无论是出于决策还是娱乐的目的。“内容”才是新闻活动的出发点和归宿，也是传媒业赖以生存的基础。可以预见，无论未来媒介形式如何变换，传播手段如何翻新，在媒介载体之上的信息内容永远是受众最关注的焦点，“内容为王”对于传媒行业来说是一条亘古不变的真理。

国际台在2013年的3月28日正式推出苹果版“知中国”客户端。用户通过苹果公司的软件商店（App Store）下载日语版和韩语版的“知中国”程序后，便可以在上面了解到中国国内的综合信息并参与汉语教学活动，内容涵盖社会、文化、科学、旅游、娱乐等多个领域。今后还将推出汉字拼图游戏、成语连句游戏、中日互译、中韩互译等功能。这些内容对于对象国受众来说非常实用，因此具有相当强的吸引力。

（4）利用新媒体的互动性，加强与国外受众的交流沟通。

新媒体之所以受欢迎，除去其技术优势，即时互动也是一项重要元素。传统媒体受传播形式限制无法与受众即时互动。因此，应当充分发挥新媒体的互动优势，通过组织策划受众感兴趣的活动，或者采用受众喜好的传播渠道等吸引更多的受众参与进来。

国际在线希伯来语网站是目前中国唯一一个由媒体开办的希伯来语网站。2012年为纪念中以建交20周年，国际台通过该网站发起并实施了“网络寻亲”的活动。通过“犹太人中国寻亲”活动不仅让中以两国人民重新回顾了那段感人的历史，增进了两国人民的相互了解和友谊，更进一步促进了两国人民在人文领域的交流与合作。

Facebook是目前国外最受受众喜爱的社交服务网站。为了能更好地推广国际在线的多语言网站并获得及时的反馈，许多语言部门都注册了Facebook的账号。以笔者所在的捷克语部门为例，该账号由专人管理，负责将国际在线捷克文子网站每天的重要新闻和特色专题等进行推介，并将链接直接发布在更新状态中。受众点击链接即可进入捷克文网站的相应栏目。不仅增加了网站的点击量，还能及时收取受众的意见和建议。

二、集思广益，不断创新，把传统媒体玩出新花样

1. 传统媒体仍然发挥着巨大的影响力

尽管新媒体咄咄逼人的发展态势给传统媒体带来了巨大的压力，但发展新兴媒体不代表放弃传统媒体。迄今为止，传统媒体仍以它独有的优势在社会传播中发挥着影响力，这是因为：

第一，从传播主体上看，传统媒体具有权威性。在百余年的传播实践中，传统媒体形成了一整套为社会所广泛承认的行业规范、职业道德以及吸引和联系受众的有效机制，其信息的可信性和可确认性都大大高于处于“匿名”或“半匿名”状态的其他传播者。当网上出现大量虚假新闻和极端言论使受众感到无所适从时，或者是重大突发性事件发生时，他们更倾向于权威的主流传统媒体。所以，传统媒体在人们心目中具有真实可信的权威性地位，有较完备的组织机构与人才网络，具有品牌效应。

第二，从传播客体上看，受众的传统消费方式仍占主导地位。在受众的消费习惯方面，基于传统媒体所表现出的方便性、经济实用性与操作性，绝大多数受众仍然喜欢翻报刊、看电视、听广播。这种传统的消费方式不仅现在占主导地位，而且会长期占主导地位。即使在网络业最发达的美国也是传统媒体占据传播业的主体。比如在《今日美国》报纸的网络版发行量速增的同时，其报纸发行量也不断增长。

2. 充分挖掘传统媒体的优势，寻找传统媒体发展的新策略

(1) 专以致用，善于发挥自身特长。

2012年年初，国际台通过位于华盛顿、洛杉矶、纽约等地的海外分台，对时任国家副主席习近平的访美行程进行了直播报道，再次证明了海外整频率电台传播的强大吸引力，直播报道深受美国受众的欢迎。2013年5月5日，国际台格鲁吉亚第比利斯调频台正式开播——这使国际台在短短7年多时间，海外整频率电台达到90家，数量仅次于BBC，居世界第二位。目前，国际台的海外整频率电台已遍及五大洲50个国家，近半数分布在发达国家。在实施海外整频率电台落地的同时，国际台还大力建设边境分台，加强对周边国家的传播覆盖和传播力度。对此，国际著名学者约瑟夫·奈在《纽约时报》上发表专文认为，BBC等世界各国的国际广播电台都在压缩播出时长，缩减节目，而国际台却在不断增加语种，增加节目时数，扩大全球覆盖，这是中国国家软实力不断提高的表现。

此外，国际台还创办了广播孔子课堂，目前13家广播孔子课堂已经遍布世界五大洲，开展汉语教学、汉语培训以及中外文化交流活动，成为各国人民学习汉语言文化，了解当代中国的重要渠道。

(2) 因地制宜，融入中国特色。

电视作为传统的传播媒介对国家形象的宣传有着重要的作用。但受语言的限制，许多电视作品难以进入对象国市场。对此，中国国际广播电台充分利用多语种以及强大的翻译人才的优势，以电视节目为载体推广中国文化。

2011年由国际台译制的斯瓦希里语版《媳妇的美好时代》在坦桑尼亚开播，得到了当地百姓的喜爱与追捧。2013年的3月24日，中国国家主席习近平访问坦桑尼亚时特意在他的演讲中提到了国际台的这部译制作品——“中国电视剧《媳妇的美好时代》在坦桑尼亚热播，使坦桑尼亚观众了解到中国老百姓家庭生活的酸甜苦辣。”2013年是俄罗斯的“中国旅游年”，由国际台组织摄制的《你好，中国》百集旅游电视系列片，将于2013年夏天在俄罗斯“我的星球”电视台黄金时段播出，同时登录俄广播、报纸、网络等主流媒体，推介100个中国著名旅游景点或旅游城市。可见，传统媒体在推广中国文化，提升国家形象等方面发挥着重要的作用。

三、传统媒体与新媒体和谐发展，齐头并进

首先，传统媒体和新媒体在信息共享和信息传播方式上，既可以各有侧重又能够实现互补。报网合一、网络电视、手机电视和手机报纸等技术和信息的整合，可以实现资源的共享和充分利用。传统媒体丰富、权威的资源，一旦通过新媒体的重新整合与多向传播、互动传播、精准传播，就会产生新的扩张力。

其次，传统媒体和新媒体在泛媒体时代只有互补性的各取所需，错位做强内容，才能够锁定稀缺资源——受众的关注度。如今的泛媒体时代，传媒业已经感受到受众的关注度不是廉价的，是需要深刻、真实、生动、公正、有价值的内容去支付的。

最后，传统媒体和新媒体的影响力是在信息的传者和受者的协同交流中产生的。信息

互动是时代的要求，单向传播必被双向互动所替代，延时反馈必然不敌实时互动。互动能够甄别信息的真伪，互动能够确信信息的意义，互动能够集聚参与信息传播的人气。

综上所述，要提高媒体的对外传播能力，传统媒体与新兴媒体必须两手都要抓，使其和谐发展，共同发挥作用。唯有如此，才能适应瞬息万变的传播发展形势。

正如国际台台长王庚年在《关于全媒体的认识与探索》的主题报告中指出，目前，国际台已经由一个单一的媒体，转变为拥有从第一到第五所有媒体资质，初步形成了现代综合新型国际传媒集团之雏形。只要我们坚定不移地朝着这个战略目标走下去，坚持多媒体融合、全媒体发展，一定能够在可预见的将来，把国际台打造成语种多、受众广、信息量大、影响力强、覆盖全球的现代综合新型国际传媒集团。

（作者单位：中国国际广播电台捷克语部）

参考文献：

1. 许志晖、曲彬赫：《媒体融合——试论当下媒体的划时代变迁》，《自主创新与持续增长第十一届中国科协年会论文集（4）》，2009年。

2. 汤宇时：《传统媒体如何应对新媒体时代的转型》，《中国传媒科技》2010年第8期。

3. 柴如瑾：《中国声音响起来——中国国际广播电台国际传播能力建设纪实》，《光明日报》网络版。

4. 王庚年：《建设现代综合新型国际一流媒体研究》，中国国际广播出版社，2011年。

微传播的大力量
——试论涉藏外宣中的微传播运用

林　路

涉藏外宣是我国对外宣传工作的重点之一，对国家统一、民族团结、社会稳定、国家形象有着十分重要的作用。长期以来，我们的涉藏外宣做了大量工作，取得了很多成效，但由于西方反华势力对我“西化”、“分化”的根本战略没有改变，其主流媒体涉藏舆论一直存在着偏颇。因此，如何与时俱进，开拓创新，进一步加强我对外涉藏舆论工作便显得特别重要。本文认为，在新媒体形势下重视和充分运用微传播在对外宣传中的作用，也是进一步做好涉藏外宣工作的有效途径之一。

一、什么是微传播

微传播是以微博客、手机程序、即时通讯工具等为媒介的信息传播方式，主要传播碎片化信息，借以实现个人或集团的自我表达、交往需求及社会认知①。当前新媒体产业迅速发展，以微传播为代表的新媒体早已超越平面、电视、广播、传统网站，成为人们接收信息最为快速和便捷的方式。2006 年，博客技术先驱 blogger. com 创始人埃文·威廉姆斯（Evan Williams）创建的公司推出了 Twitter 服务②。这种 140 个字符之内，由个人即时提供，经由网络向网际群体进行辐射性扩散的信息传播方式，似乎在一瞬间改变了互联网世界的景观③。截至 2012 年 3 月，Twitter 共有 5 亿注册用户，其中 1.4 亿活跃用户。这些用户每天发表约 3.4 亿条推文，使它成为全球互联网上访问量最大的十个网站之一④。

二、微传播的特点

微传播已经开启了网络信息传播的“核裂变时代”，每个人进行公共传播的能量被开掘出来，个体信息单元的传播能量，经由互联网连接形成的超越时空局限的网络结构，急剧放大。随着各种信息在微传播终端的普及应用，信息获取和信息传播的技术平台日益广泛地普及到各个社会成员，推进着基于每个社会成员的信息创造、信息传播、信息管理和信息经营的大趋势⑤。

---

① 参考百度百科。

② 参考百度百科。

③ 高钢：《多网融合趋势下信息集散模式的改变》，《国际新闻界》2011 年第 10 期。

④ 参考维基百科。

⑤ 高钢 ：《多网融合趋势下信息集散模式的改变》，《国际新闻界》2011 年第 10 期。

1. 开放平等性

借助微传播平台，人人均可以是信息的发布者，原本掌握信息源和发布权的政府、机构或组织已经不再是信息发布的唯一来源。当前越来越多的事件，第一信息传播人多数来自大众，人们可以是新闻的评论员、是非分晓的判断者。在涉藏外宣中，我们可以借助微传播平台，发布有利于我们的消息和声音。

2. 时效及时性

微传播的时效及时性是任何传统媒体都无法比拟的，它的速度源于手机媒介，可以在事件发生时同时发布。由于多数传播属于个人行为，没有层层审稿环节，因此传播速度十分快速。在突发性事件发生时，为了抢夺话语权可以利用好微传播这一特性。

3. 受众广泛性

眼下以 Twitter 为代表的微博客领域用户达到 5 亿人，中国新浪微博有 3.4 亿人①。以 App Store 为代表的手机程序，其应用下载量已经突破 400 亿次，其中半数是 2012 年完成的；总活跃账户数也达 5 亿②。这些庞大的用户群体为微传播提供广泛的受众群，这些数字还随着微传播发展在速度增加。

4. 碎片裂变性

在互联网的信息海洋中，每条仅有 140 个字的微博如原子般微小，契合了现代人快节奏的生活方式，顺应了以手机为主要平台的移动互联大趋势③。不过这种碎片化信息不容小觑，整合后会引发强大的社会效应。

5. “雪球”效应

每个突发重大微传播事件，都经历了“滚雪球”的过程。初期信息像一片片雪花出现在公众视野中，随着人们关注度增高，信息像滚雪球一样集聚，最后有可能还原事情真相或引发全社会群体的广泛关注。因此我们可以利用好微传播这一效应，做好“涉藏突发性报道”事件，对于不实新闻报道在“雪球”形成时就做好舆论引导和解析真相的工作。不过“雪球”的形成期时间非常迅猛，因此要不断提高应急水平与能力。

6. 传播互动性

以微传播为代表的新媒体已经改变了传统媒体的单向传播方式，可以随时随地与信息发布者沟通与联络，增强互动性与主动性，随时掌握受众的反馈，拉近与受众的距离。

三、涉藏外宣使用微传播的必要性

微传播的出现，使微小的信息可自由地成为人们关注的焦点，转发成千上万次，微传播的特点为我们提供了一个涉藏外宣的有效优质平台。

根据 Factiva 数据库统计，以“Tibet”为关键词，2012 年 1 月 1 日至 12 月 31 日，外

① 参考维基百科。

② 参考苹果官网。

③ 窦含章、李未柠：《政府如何开微博》，2011 年。

媒涉藏英文报道达 11 280 篇。涉藏议题自 2008 年（25 142 篇）高位下降后，至 2012 年有逐渐升温之势。长期以来，西方主流媒体在西藏问题上严重误导了世界人民对西藏的认知。一些西方国家政界及媒体利用所谓的“西藏问题”，攻击中国制度和人权状况。他们支持达赖的分裂行径，严重损害了中国的国家形象。这些信息的传递和发布，在世界上大多数接收信息的公众心中产生了疑惑和歧义，使西藏的本原变得模糊不清。因为新闻中 70％的消息来源于美联社、路透社、法新社等国际大通讯社，它们几乎垄断了世界范围内国际新闻的报道和流通①。

传媒发展趋势告诉我们，传统媒体已不能满足人们的信息需求；长期以来的涉藏外宣形势告诉我们，不能主要依靠外国媒体资源实现自我讲话，我们要革新传统新闻生产模式，以实现有效传播的根本目标。

此外，微传播主要影响人群是年轻人，这一平台更是为未来涉藏外宣奠定基础，因此微传播应成为新时期涉藏外宣舆论的重要阵地。

四、如何在涉藏外宣中用好微传播

涉藏外宣以向世界展示中国的西藏政策、方针为目的，最终服务对象是外国受众。因此，我们需不断提高微传播内容的可读性和外国受众对我们发布内容的可信度。针对这个问题，笔者认为我们应做好以下几方面工作。

1. 传播内容要符合外国受众的接受方式

涉藏外宣微传播的服务对象是外国广大受众，其议题设置、内容表达均应适应外国受众的接受方式。避免将面向国内受众的大块文章，简单分解传播。通过对中国多家中央媒体以及西方传媒界人士的研究，西方社会对中国涉藏新闻关注最高的是：中央政府对西藏的重大方针政策、突发性事件的客观报道、实用服务性新闻以及文化保护、生态环境、宗教信仰等社会新闻。

要适应外国受众喜欢开放性、提问式、辩论型的议题设置，配以具有亲和力、互动性、去政治化的表达方式，运用外国受众对民主、人权、和平、发展、文化保护、环保等问题的关注，对发布内容进行包装、归类，以吸引外国受众的注意力。

2. 对突发事件进行有效舆论引导

藏区发生的自焚事件是外媒全年涉藏报道持续时间最长、报道量最大的议题。据统计，2012 年全年，境外 29 家主要媒体共发表有关自焚英文报道 576 篇，占这些媒体同期涉藏英文报道量（1 826 篇）的比重高达 31.5％。其中多数报道不实，把自焚责任嫁祸于中国政府，不断借这一事件向中国施加舆论压力。根据新华社报道，大量事实表明，迄今藏区发生的所有自焚事件，都是由达赖集团一手策划组织或在其煽动蛊惑下发生的。根据警方陆续披露的案件细节，达赖集团“藏青会”、“格尔底寺新闻联络小组”等组织秘密向境内关系人传达指令，布置任务，发放经费，事发后第一时间将信息和自焚视频通过 QQ

① 陈鹏：《让世界认识真实的西藏　兼谈如何把握涉藏外宣话语权》，《现代传播》2010 年第 2 期。

等微传播方式传给境外，达赖集团媒体随即大肆炒作①。因此，在这一过程中，我们应利用微传播效应，针对外国受众普遍关注以及被蒙蔽的自焚报道，发出我们的声音，不断还原事件的本来面貌，用事实、图片、视频多媒介进行印证。

3. 培养意见领袖

在微传播领域意见领袖是十分重要的，一个社会名人发帖或转发，形成的舆论效果不容小觑。中国网在本次十八大的对外传播中使用了Twitter对会议内容进行发布，法国前总理拉法兰成为他们的粉丝并进行了转发，并通过他发出的帖子又获得了更多的人转发。这一方面可以证明微传播平台的开放与平等，另一方面可明显看到意见领袖的重要性。我们可以多与国外藏学家、政治界、文化艺术界人物增加联络，凭借“请进来”、“走出去”活动平台，增强与这些意见领袖的沟通与交流，通过微传播拉近彼此的距离，对我们的内容与观点进行发布。

4. 线上线下形式活泼多样

微传播提供了信息发布的权利，打开了外国受众接受我方信息的大门，在传播内容中不仅可以提供文字，还可提供图片、视频，等等。此外，密集、丰富的线下活动，是更快加深互相了解的法宝之一。依托微传播的平台，应用长期、多种组合变化的方式开展线下活动，推进外国受众对涉藏信息的了解与深入思考。在国外，定期通过当地使馆、孔子学院等我驻外机构的微传播平台，邀请国内知名的藏学专家与外国受众进行面对面交流，畅谈辩论西藏的经济、政治、文化、社会等多方面的情况，收看有关西藏的影片等。在国内，邀请长期关注我微博客的外国受众赴藏参访，实地考察西藏真实的社会状态，不断拉近中国与世界，真实西藏与世界的距离。再通过他们发布微博，将与中国的接触、对西藏的感受传播给他的微博关系人，达到有效的消息链。

5. 为多语种平台以及人才库建设添砖加瓦

微传播作为新型媒体，国外每年投入大量人力物力对其技术和内容进行拓展研发。在我国应成立这样一批熟悉涉藏报道信息、懂得微传播规律、掌握美工制作的微传播人才，持久、专业完成微传播的编辑、发布工作。

五、微传播媒介新探索——iPhone等手机程序中的生存空间

当前智能手机的运用为微传播提供了新的载体，随时随地与世界建立联系是人们当前的生活方式。而以iPhone和Android系统为龙头的智能手机，线上可下载的上千万个手机程序丰富着我们的生活。根据苹果官方提供的数字，当前苹果网店App Store应用下载量已经突破400亿次，其中半数是2012年完成的，这拥有广大的市场空间。而在这些手机程序中，以“Tibet”为关键词搜索的程序共有135个，其中10个是以达赖为形象的程序运用，介绍达赖的思想、动态，等等，其余可分为旅游、实用类、宗教文化等程序，由我方制作的程序微乎其微。

① 益多：《操弄“自焚”必受法律严惩》，新华网，2013年。

根据调研，目前一个手机程序的设计制作成本为20万元人民币，年服务器租用为1万元人民币。如与我媒体进行合作外包，每日定期更新内容，相较一个网站每年的运行成本来说，可以说是低投入高回报，具有一定的可行性。

在2013年《中国日报》所做的四川、青海、云南、甘肃藏区行的报道中，通过手机报、iPhone、iPad等客户端移动平台发出的相关报道，获得了近50万的点击量。可以说这种新媒体市场运用度非常高。

手机程序成功与否的标准是下载量，一个被人们广泛使用的手机程序，需要具有实用性、娱乐性、美观性的特点，需要不断更新丰富内容，保持用户点击量。我涉藏题材正符合了广大外国受众希望了解西藏，来到西藏旅游的需求。因此，我们可以借由各媒体共享的相关内容，提供立体综合的西藏信息与应用、新闻发布，介绍西藏风光、旅游提示，图片、歌曲、视频欣赏、海拔测量等，以多语种语言传播为手段，在满足外国受众需求的同时，将西藏的真实现状源源不断对外发布，在新媒体微传播领域行使涉藏宣传的主动权。

总之，涉藏外宣在传播过程中有一定的特殊性也有很多共性，在时代的发展中，应与时俱进抓住发展的机遇，应用新媒体当中的领军人物——微传播拓宽信息渠道，加深了解与友谊，为向世界展现真实的西藏作出努力。

（作者单位：中国国际广播电台新闻中心）

利用新媒体增强对柬埔寨传播的思考

徐晓霞

随着信息技术的迅猛发展，传播手段越来越丰富，数字电视、手机电视、电话广播、卫星广播、IPTV等新媒体形态层出不穷。新媒体带来的影响，已经深入政治、经济乃至社会生活的方方面面。世界各国对新媒体高度重视，美国、英国、日本、韩国等国将新媒体发展提升到了国家社会经济发展和国际竞争的战略高度，予以扶持和推进。部分发展中国家也在大力发展新媒体业务，以柬埔寨为例，近年来新媒体从无到有，初具规模。这对中国的对柬国际传播提供了新机遇，也提出了新要求。

一、柬埔寨新媒体发展现状

近些年，柬埔寨政府高层看到了网络的迅猛力量，开始关注互联网等新媒体的发展。

就互联网而言，柬埔寨经济基础薄弱、配套设施不完备等都是造成互联网在柬埔寨的普及率相对较低的客观原因。但可喜的是，近几年互联网用户在柬埔寨呈现出上升势头。世界银行的数据显示：2008年，柬埔寨的互联网用户只有4.4万，而2009年柬埔寨网民数量已达到7.8万，约占全国总人口的0.5%。柬埔寨邮电部的数据显示，至2011年年底，网民数量已飙升至120.4万。柬埔寨当地的调查报告指出，柬埔寨目前约有51万人拥有个人电脑，其中约6万拥有手提电脑；与此同时，目前柬埔寨全国共有320家网络咖啡厅，其中首都金边市占120家①。由此可见，随着新媒体浪潮的席卷、当地年轻人口的增长以及收入的增加，互联网在柬埔寨国内的影响力正日益加强。

微软的一位负责人表示，虽然目前在柬埔寨的电脑和智能设备的销售还比较有限，但那些受制于购买力限制的消费者正在显示出对新产品的兴趣。他说："柬埔寨的生活水平在提高，越来越多的人在购买iPhone，学生也有足够的钱来购买自己的电脑。虽然10年内达到40%的互联网使用比例的目标过于乐观，但的确有这种可能。能否实现这一目标很大程度上取决于柬埔寨政府对于IT产业的态度。"

柬埔寨政府的态度也是非常积极的。目前，柬埔寨正积极招商引资建设新媒体。国外电信运营商已全面进入柬埔寨，中国运营商也正采用BOT（Build—Operate—Transfer）方式进入柬埔寨互联网市场。最近柬埔寨政府和美国—东盟商务理事会（US－ASEAN Business Council）之间正在进行磋商，计划将目前IT产业15%的进口关税下调至低于5%。柬埔寨电信公司已在全国铺设22 380公里的光纤电缆，进一步改善了当地互联网服务缓慢的问题，并降低了互联网的费用。这是当地政府支持新媒体发展的很好证明。

① 柬埔寨中文社区网：http：//www.7jpz.com/article-583-1.html。

在2010年5月举办的第七届亚洲媒体峰会上，柬埔寨新闻部部长乔·干那烈介绍说，由于互联网费用昂贵，现在仅有一家中国公司和一家越南公司在柬从事互联网的建设，覆盖范围比较窄，网络用户相对较少，这是目前柬埔寨发展新媒体所遇到的困难。即便如此，乔·干那烈对新媒体的发展仍然非常乐观。他说："柬埔寨目前的手机用户有700多万（当时的数字），平均两人拥有一部手机。在金边，每家每户都拥有有线电视信号，可收到全世界120多个电视频道。除此之外，民众了解世界的热情非常强烈，要求更新更快的信息。因此，加快发展新媒体内容建设是我们新闻部的战略之一。"2011年笔者在采访乔·干那烈时，他就曾表示从长远来看，互联网在柬埔寨的发展充满希望，并称自己拥有Facebook账号，经常在上面发表言论并与其他人交流。值得一提的是，洪森首相的名字也出现在Facebook上，成为该网站最受欢迎的政治人物之一。甚至柬埔寨太皇西哈努克在自己退位后还开办了自己的个人网站，用法语、英语和高棉语发布网络日志，受到柬埔寨网民的热烈欢迎。在这样的背景下，柬埔寨网站数量近几年增加不少。但客观地说，有影响力的网站并不多，仅有如www.everyday.com.kh（每日新闻网）、www.dap-news.com（酸子树新闻网）、www.cen.com.kh（柬埔寨快讯网）、www.kohsantepheapdaily.com.kh（和平岛日报网）、www.jianhuadaily.com（柬华日报网）等有限的几个。

相对于互联网的低使用率，柬埔寨的手机普及率可以说相当之高。2011年12月底，据柬埔寨邮电部国务秘书艾万迪透露，柬埔寨手机用户已超过全国人口总数，达14 129 371人，大多数国民拥有两三个手机号码①。这一数字在2010年底为980万户，2009年仅为630万户。而据当地市场研究专家预测，到2015年，柬埔寨的手机用户将增至2 000万户。手机用户的大幅增加表明柬埔寨电信业的快速发展。

据笔者了解，新媒体使用人群主要是年轻人、知识分子以及政府官员。柬埔寨网民最常使用的是门户网站以及社交网络，其中以浏览新闻、在线社交、即时通讯、下载音乐、收发邮件等居多。

目前，柬埔寨手机市场活跃，电视节目丰富，加上互联网费用降低，我们有理由相信，在不久的将来，柬埔寨的新媒体将真正进入人们的生活。

二、拓展新媒体业务　增强对柬传播效果

新的形势对国际广播提出了更高的要求。新媒体已成为媒体发展的趋势，传统媒体若想在新媒体的冲击下站稳脚跟，就必须加快改革和创新步伐，依托互联网，通过文字、图片、音视频等全方位全天候的传播，加快信息传播的全球化进程，不断增强传播的贴近性和针对性。

如前文所述，柬埔寨的新媒体尚属起步阶段，开发广播新媒体业务的基础比较薄弱。但是，如果能在这个时候做大做强，有效创新传播平台，开发新媒体市场，使之与传统广播相辅相成，这对于开拓柬埔寨受众市场、扩大对柬埔寨精英群体的影响力则有着非常重

① 柬埔寨中文社区网：http：//www.7jpz.com/article-583-1.html。

要的作用。为了在传统广播手段之外更有效地为受众服务、与受众互动，抢占新媒体市场，国际台柬埔寨语部从数年前就开办了“国际在线”的柬埔寨文子网站，以加强与落地调频广播之间的互联互动，将其打造成为中柬友谊台的官方网站。在此期间，从版面设计、带宽速率到字体显示等都遇到了一些问题，在很长一段时间内，国际台柬文网站（http://cambodian.cri.cn）都只是以静态网页的形式存在，广播的在线收听功能也是时有时无。受众通过各种方式给柬埔寨语部反馈，希望柬埔寨语部能更新页面，增加带宽，实现在线广播的实时收听。

国际台柬埔寨语部根据受众意见，通过各种渠道在对象国寻找能与发布终端匹配的字体，积极配合新媒体部门查找、解决问题。经过努力，于2011年12月实现了静态网页的改版，将传统广播的内容移植到互联网上进行动态发布，实现了广播在线实时收听和节目音频下载功能，并且增加与网民互动的内容，网站包括新闻、专题、主持人博客、话题讨论等板块，收到了良好的传播效果。在搭建起网络沟通的渠道后，柬埔寨语广播还通过开设微博等手段加强与当地受众的交流。

此外，国际台正积极联系相关公司，希望在东南亚各对象国开发能同步到中国国内接收的手机短信平台以及网络IP电话平台。如果这些业务能顺利开展，以后柬埔寨的受众只要按下手机按键或者轻点鼠标，就可以便捷地与中柬友谊台进行互动，对柬埔寨传播的效果将进一步加强。

自互联网产生以来，经历了文字、音频发布后，最终出现了网络视频，得到受众的广泛喜爱。因为对于网络上的信息，人们不仅仅满足于文字和音频，更希望能够“眼见为实”，所以，网络视频作为可以实现信息视觉化的一种传播形式，在得到受众青睐的同时，也越来越得到各国国际传播机构的认可和推广。柬埔寨语部还将着力发展视频业务，力争从单一的音频业务转向音频、视频双重业务。鉴于柬埔寨互联网带宽不足、网速缓慢的现实情况，我们将着力于发展微视频业务，也就是短则30秒，长不超过20分钟的内容广泛、形式多样的视频短片，内容以人物访谈、文化纵览等为主，以满足对象国受众希望了解中国的多方位需求。可以说，网络视频手段的介入，能从根本上弥补传统广播的不足：以往仅能闻其声，现在更能见其形，主持人、嘉宾以及中国的方方面面均可一览无遗。正是认识到了视频带来的积极效果，2013年柬埔寨语部将对柬埔寨文网站进一步改版，预留更大的视频播放空间，积极制作视频节目以满足受众需求。

为了达到更好的传播实效，开发新媒体的工作也要做到本土化，尽力寻找当地的相关机构进行合作。一则他们更了解当地法律法规等情况，运作起来会更加顺畅；二则有助于消除对象国的疑虑，以更好地融入当地社会。国际台金边工作室于2011年8月在当地挂牌运营之后，一个又一个本土化的新媒体业务发展构想从可能变成了现实。

三、结语

在信息传播技术高度发达的当今社会，主流媒体向互联网等新兴传播领域延伸是大势所趋，谁占领了新兴媒体阵地，谁的传播手段就更先进，传播能力就更强大。近年来，国际台提出了要由传统媒体向现代媒体、由单一媒体向综合媒体、由对外广播向国际传播转变的目标。2011 年，国际台正式开办的中国国际广播电视网络台（CIBN）成为一个拥有 60 多种语言、全业务媒体形态的新媒体国际传播平台，这标志着“三个转变”的目标得以初步实现。

为适应国际台快速发展的步伐，柬埔寨语广播在对象国新媒体尚不普及的背景下，积极开拓传播新平台，力争成为柬埔寨新媒体环境下的排头兵；要坚持塑造媒介形象，坚持提供优质的内容产品，在国内外事件中拥有话语权，有效影响舆论；要有设置议程及掌握讲故事的能力，更好地维护中国的核心利益和国家形象。

在广播与新媒体嫁接、融合的过程中，机遇与挑战是并存的。中国传媒大学教授丁俊杰、黄升民教授认为，广播“只有借助技术变革，实现经营突破，与新媒体触变、融合，改变节目样态和运作思路，多维度增加节目触角，借鉴新媒体的经营模式，突破经营空间，重组产业链条，变简单的‘广播’为服务和交流，才能在策略变化中稳定自己的市场地位和空间。”① 国际台原台长张振华先生认为：“广播必须进行新的选择和变革。”② 因此，如何在广播行业打好新媒体牌，如何对广播进行重新定位，充分发挥人才、设备、技术等优势，赢得更多受众，复兴遭遇新媒体强力挑战的国际广播事业，这对广播从业人员的综合素质提出了更高的要求，国际广播工作者任重而道远。

（作者单位：中国国际广播电台柬埔寨语部）

① 丁俊杰、黄升民：《中国广播产业报告——产业发展与经营管理创新》，中国传媒大学出版社，2005 年。

② 张振华：《新媒体的崛起与广播的选择》，《中国广播》2007 年第 1 期。

微博：Web2.0时代国际传播的新助推力

——以国际台阿拉伯语部官方微博为例

石　晶

微博（microblog），是微型博客的简称，它允许用户通过登录网页、手机短信、电子邮件和即时聊天软件等手段，以个人博客的方式随时地发布信息文本（140个字符，70个汉字左右）。它的信息传播方式既不同于传统媒体的线性传播，也不同于网络媒体的网状传播，它是一种裂变传播。这种传播形态的传播速度之迅捷、传播密度之深密、传播方式之便利，远非以往的媒介所能比拟。根据中国互联网信息中心（CNNIC）发布的《第29次中国互联网络发展状况统计报告》：截至2011年12月底，中国网民规模达到5.13亿，较2010年年底增加2 770万人，增幅仅为6.1%；而微博用户则以高达208.9%的增幅，从2010年底的6 311万爆发增长到1.95亿，成为用户增长最快的互联网应用模式。加拿大传播学家马歇尔·麦克卢汉（Marshall Mcluhan）认为："媒介是社会发展的基本动力，也是区分不同形态的标志，每一种新媒介的产生和运用，都宣告我们进入了一个新的时代。"以微博的发展情况来看，相比于社交网站，它越来越像一个新闻媒体了。作为新兴媒体之一，微博以其独有的传播特点，为国际传播提供了新的选择、新的平台，成为了国际传播的新助推力。

本文以微博在国际传播中的作用及其实现为研究对象，以中国国际广播电台（以下简称国际台）阿拉伯语部新浪官方微博为例，提出加强微博与传统新闻媒介相互融合、相互促进、实现共赢的若干建议，以期对构建新型国际传媒体系提供思想支持和实践指导。

一、微博的传播特点

一是传播内容简单。每条微博在140个字符以内，即两条中文短信的长度，用户用140个字符即可把当前的心情、状态以及所见所闻发布出来。

二是传播渠道多种多样。用户可以通过网络、客户端、手机、即时通讯工具等多种手段，随时随地地发布信息和接收信息。特别是微博与手机（如手机短信、手机上网）、即时通讯工具（如QQ、MSN、Gtalk、skype）的绑定，极大地丰富了信息发布的渠道。

三是传播信息及时。文本编辑简便、信息发布渠道多样，使微博真正具有了在任何时间、任何地点，都能以任何方式传播任何信息的4A（Anything、Anytime、Anywhere、Anyway）传播能力，大大缩短了信息源到信宿的时间与空间，使信息接收者接受信息、阅读信息、转发信息的过程可同步完成。

四是传播裂变性强。多种传播手段的相互渗透使微博发布的信息能在短时间呈现出"裂变性"放大效应。例如，当某人微博发布后，其固定的"粉丝"甲乙丙丁……都可以实时接收，同时上述“粉丝”中的任何人都可以“一键”转发，并立即同步到自己的微博里，而他们的“粉丝”1234……也都可以实时接收，并再次转发信息，同步到他们的微博上。这样，一个微博的内容在传播过程中就能实现无数次的裂变传播。这种传播方式、传播速度、传播密度以及所达到的广度超过任何一种媒介，而实现的信息增值，也让其他媒介难以望其项背。

二、微博在国际传播中的作用及实现——以国际台阿拉伯语部新浪官方微博为例

1. 微博提供新鲜可靠的新闻信息

近年来，国际台阿拉伯语广播在节目内容和形式上不断求新求变，自采节目在所有广播节目中所占比例越来越大。作为传统媒体，以往我部记者获得信息的渠道一般分布在网络、纸质媒体、各地的通讯社、有关部门的宣传口、其他媒体从业者或者依靠提供线索的热心群众，这造成了信息源过于单一和被动。而微博则像个新闻场，有其天然的优势，依靠其网聚的强大人际关系网络，能为传统媒体提供海量的新闻信息和线索。只需经过核实、查证程序，微博便成为一个更方便、快捷、安全的信息获取渠道。例如，作为国际台阿拉伯语部新浪官方微博的“粉丝”，云南伊斯兰教经学院在其微博上发布了即将举办云南省伊斯兰教第九届“卧尔兹”演讲比赛的微博，并同步到国际台阿拉伯语部新浪官方微博，使阿拉伯语部相关负责记者在第一时间获得了该新闻线索，并及时联系该院负责人，核实消息后，便赴滇进行采访报道。除了报道演讲比赛之外，记者还独家专访了云南省政协副主席、中国伊斯兰教协会副会长、昆明市伊斯兰教经学院常务副院长等相关负责人，采写了《中国伊协官员呼吁穆斯林为国家繁荣贡献力量》、《录音专访：构建和谐社会是穆斯林义不容辞的责任》等文章。采访之余，记者还向当地阿拉伯语学习者推荐了阿拉伯语部官网和官方微博，对国际台进行了有效宣传。

2. 以微博为平台发布即时“微新闻”

一些传统媒体看到了微博的力量，纷纷将微博作为自身推广和沟通的平台，在微博上提供内容链接，发布新闻摘要，提升其影响力，使微博成为传统媒体新闻传播的一个新的平台。国际台阿拉伯语部于2011年1月与新浪网合作，开通了官方微博，并以加V的形式与网友见面，开辟了国际台阿拉伯语对外传播新阵地，与无线节目、在线节目等“主战场”交相呼应。其微博发布主要有以下五种形式：

（1）发布即时消息，为官方网站进行“微直播”

在2011年对阿拉伯国家局势持续动荡的报道中，阿拉伯语部采用了“微直播”的方法，即时跟进事态发展，用中阿双语发布微博，吸引更多网友的眼球。2011年2月12日16：10发布双语微博“穆巴拉克下台”；2011年2月21日10：32发布双语微博“突尼斯要求引渡本·阿里”；2011年2月21日10：33发布双语微博“摩洛哥部分城市发生暴乱”。

（2）以“标题＋链接”的方式发布新出炉的“微产品”

2012年3月9日15：17发布微博“杨洁篪外长代表、李华新大使今天下午将到访我

台，应邀参加阿拉伯语部视频访谈。敬请关注阿拉伯语部官网 arabic. cri. cn、天地视频网 www. t-d. tv 同步推出”。并于当日 22：01 发布微博“李华新大使阿拉伯语访谈视频已发布，敬请关注：http：//t. cn/zOvom8x”，于 22：51 发布微博“李华新大使中文访谈视频已发布，敬请关注：http：//t. cn/zOVOOVI”。

（3）公布各类节目播出时间、节目改版等“微广告”

2011 年 11 月 4 日 21：24 发布微博“11 月 7 日，国际台阿拉伯广播节目将迎来全新改版。周一，纵横中国、音乐茶座；周二，有好往来，流行风；……，所有广播节目均可在官方网站 arabic. cri. cn 中收听”。

（4）加强与“粉丝”的“微互动”

2011 年 2 月 12 日 9：32，阿拉伯语部官方微博发布了“迎新春，粉阿语，送好礼，只要成为国际台阿拉伯语粉丝并转发本微博，即送国际台 2011 年精美实用台历”。微博发布当天转发及评论达到 148 次，高效地扩大了阿拉伯语部的知名度。又例如，2011 年 2 月 17 日 9：40，阿拉伯语部官方微博发布了“把这句阿文诗歌（此处诗歌省略）翻译成中文，看谁翻的信、达、雅”。此帖发布后引起了很多国内高校阿拉伯语系师生的跟帖，营造了轻松的阿拉伯语学习氛围。

（5）利用微博进行网上“微纳贤”

例如，阿拉伯语部微博在 2011 年 2 月 14 日发布了“重要通知：2011 年度应届大学毕业生国际台台聘考试第一轮公共考试已经结束，专业考试时间另行通知。与此同时，阿拉伯语部还面向社会招收数名编外聘用人员，请有意参加企聘考试的广大考生将简历发送到 arab@cri. com. cn”，此微博发布后，我部邮箱收到了上百份求职简历。与以往的招聘模式相比，“微纳贤”更能集中目标，节约时间成本，提高招聘效率。

3. 容易形成舆论环境，制造新闻热点

微博的开放性决定了从个人发布信息的那一刻起，就成为了公共媒体的一部分。在互联网时代，虚拟环境正在成为真实生活的一部分，互联网用户有参与自己感兴趣领域生活的意识，由于传播的快速和便捷，微博的影响力在阿拉伯语部举办的“CRI 杯首届全国高校阿拉伯语演讲比赛”的宣传中起到了举足轻重的作用。2011 年 11 月 18 日至 12 月 17 日，阿拉伯语官方网站推出了本次比赛初赛的视频专题，邀请网民为喜爱的选手投票。我部新浪官方微博同时开辟视频展示区和投票区。该专题上线后，大大拉动了我网站的点击率，日浏览量从以往的 2 000 左右飙升至 7 000～9 000，独立用户数从 600 飙升至 2 000。微博的转发和跟帖迅速形成了热烈的舆论环境和媒体聚合效应，使很多原来不了解国际台的高校学生开始关注国际台，对国际台进行了一次务实、有效的推介。

4. 促进采编方法创新

微博可以丰富传统媒体采访的手段。传统采访情况下，记者要主动联系被采访对象，并根据不同采访内容和对象，留心选择恰当的采访地点进行采访。利用微博，记者可以在没有得到被采访对象的手机号码、电子邮箱等联系方式的情况下发出采访邀请，提出问题。例如，2012 年 4 月 13 日，中超联赛第六轮的焦点之战，北京国安队主场迎战山东鲁能队的比赛在北京工人体育场如期开战。山东鲁能的黎巴嫩籍外援安塔尔（Roda Antar）

是此次比赛的焦点人物之一，我部记者深知赛事紧张，联系山东队相关负责人安排采访的可能性不大，转而在安塔尔的个人微博上用阿拉伯语留言请求采访，最终赢得当面采访安塔尔的珍贵机会。

三、利用微博开展国际传播的几点思考

1. 提高对外传播的亲和力和可信度

微博这种融合了互联网、手机、即时通讯工具的媒介，不仅具有全球传播的能力，而且那些随时随地记录的人，都可以是新闻的报道者。这种靠个体自发记录和传播信息的模式，宣示着全民传播时代的到来，使更多“草根”有了施展的舞台。当前既要继续强化国际台有组织的对外传播活动，又要高度重视这种“草根”力量对境外民众的影响力。毕竟这种以社交方式出现的、由无数个体积极参与的传播，能进一步拓展对外传播信息出口。这些自由的表达、自由的创作、自由的互动宣传，比我们以官方媒体面目出现的“自说自话”的可信度更高，亲和力更好。

2. 借助境内外微博平台提高舆论领导力

微博是一个信息共享的平台，只要有信息发布，用户不仅当即能看到所发的信息，而且一个用户被其他用户关注的热点话题、对于同一社会事件的倾向态度等，都可以通过相关渠道获得。这种纷繁复杂的信息、观点各异的意见以及容易形成舆论气候的传播方式，对于对外传播的舆论引导能力，同样提出了更高的要求。当前，一是要重视对微博产品的研究，充分借助国内如新浪微博、腾讯滔滔以及国际上著名的 Twitter 等微博平台，使他们能够成为为我所用的、重要的“新闻发言人”；二是要在一些重大事件中，巧用名人、专业新闻记者、网络发烧友的微博，通过他们拉近与宣传对象的距离；三是要发挥议题设置“风向标”的作用，通过设置相关的议题，用“裂变”产生大量同一相关信息，主动引导人们关注事实和意见，实现舆论引导的“润物细无声”。

3. 利用微博与网民形成良性互动

目前，国际台各广播部门与听众的主要联系方式为平邮、电子信箱、电话等，由于各方面条件的制约和时差等关系，很难在新闻发生的第一时间收集听众的反馈，了解他们的所想、所需。而微博因其传播工具的多样性和传播速度的即时性，可以更加高效地与听众互动。笔者认为，可以通过以下几种方式实现“微博架彩虹，电波连五洲”：第一，重大新闻报道之前，用双语微博发布消息，使信息在境内外网民的转发中实现高效传播，从而引导更多听众和网民关注我官方网站并收听节目，在第一时间掌控突发事件的话语权；第二，鼓励主持人和记者开通工作微博，让听众和网民更直观地了解他们所喜爱的主持人，拉近和听众与网民的距离，让主持人在第一时间了解他们的所想、所需，从而提高节目质量。另外，记者可以通过与“粉丝”的互动，及时调整选题，使报道内容更加贴近受众，还可以在“粉丝”中培养“线人”，扩宽采访渠道。第三，发起对当下热议话题的讨论，使“沉默的大多数”有施展的舞台，并以赠送礼物等方式吸引更多的网民，扩大国际台的影响力。

4. 利用微博为听众和网民提供贴心服务

微博不能只关注政治、文化、经济生活中的重大新闻事件，还应该关注到日常的生活细节，最大程度满足听众和网民的需求。例如，根据听众和网民的需求，提供医疗信息、投资信息、旅游信息、交友信息，提供及时、全方位的服务，真正做到服务听众、服务网民。又如，发布全世界最新的天气资讯，及时预报异常变化，24小时即时更新；在阿拉伯语等穆斯林受众为主的语言部官方微博，发布伊斯兰历以及每天礼拜时刻，提供针对性强的服务。

综上所述，微博的发展前景让我们更清晰地看到媒介融合的方向与道路。目前传统媒体与新媒体的媒介融合是大势所趋，不可阻挡。国际台应在发挥传统优势的基础上积极探求与微博等新媒体的融合发展，利用微博的传播特点和技术优势，充分扩大国际台在境内外的社会公信力和社会影响力，使微博成为国际台国际传播的新助推力。

（作者单位：中国国际广播电台阿拉伯语部）

参考文献：

1. http：//tech. qq. com/zt2012/CNNIC29/。

2. http：//weibo. com/criarabic。

3. 马歇尔·麦克卢汉：《媒介理解：人的延伸》，商务印书馆，2000年。

4. 刘晖：《Twitter：微博客时代的到来》，《传媒》2009年第10期。

5. 郭伟、王敬照：《从微博现象浅论新传播方式》，《中国新闻出版报》2011年8月3日。

智能手机的媒体业务和传播特性探析

朱医博

随着全球移动互联网技术和移动终端技术的不断发展，手机在信息传播中发挥着越来越重要的作用。智能化的手机已不再是单纯的通讯工具，人们还用它接收资讯、阅读报刊、收听广播、观看视频、收发邮件、聊天社交、定位导航等。物理层面上，智能手机可接收音频、视频、图文、数据，具备了强大的媒介融合能力；业务层面上，作为传播的渠道和工具，智能手机起着承载和传递信息的作用。同时，智能手机除了包含其他媒体的诸多传播特性，自身独有的特性也非常明显。

一、智能手机及其传播影响力

据互联网数据统计机构 Internet World Stats 发布的数据显示，截至 2012 年 6 月，全球网民数量达 24.06 亿人，互联网普及率为 34.3%。另据中国互联网络信息中心发布的《第 31 次中国互联网络发展状况统计报告》显示，截至 2012 年 12 月，中国网民数量达 5.64 亿人，普及率达 42.1%；其中，手机网民在 2012 年内增长迅速，网民数量已达 4.2 亿，较 2011 年年底增加了约 6 440 万人，手机网民在总体网民中的比例进一步提高，从 2011 年年末的 69.3%提升至 74.5%。

网民手中的手机分为“智能手机”（Smart Phone）和“功能手机”（Feature Phone）两类，功能手机不能随意安装卸载软件，而智能手机具有独立的操作系统，用户可以自行安装或卸载由第三方服务商提供的应用程序（简称 App），并可以通过移动通讯网络来实现无线网络接入。

功能手机一般通过运营商提供的低速移动通讯网络连接互联网，而智能手机还可以通过 3G、4G（LTE）等高速通讯网络连接互联网，并支持 WIFI 连接，上网速度更快，使用更加便捷。据百度 2012 年第二季度《移动互联网趋势报告》显示，中国目前大多数用户选择 2G 网络接入移动互联网，但所占比率持续下降。Android、iOS 用户更倾向于高速网络接入，2012 年第二季度超过 73.7%的 Android、iOS 用户选择 3G 或 WIFI 接入移动互联网。

据美国互联网统计公司 ComScore 发布的《2013 年美国数码产品未来聚焦》显示，2012 年智能手机占据超过 50%的市场份额，人们从习惯在电脑上查找信息转变为用手机完成这些行为。同时，调研机构 IDC 统计数据显示，2012 年第二季度，中国市场智能手机的出货量首次高于功能手机。近日，苹果 CEO 库克在高盛集团科技和互联网大会上发表讲话时，坚信“未来所有手机都将是智能手机”。

随着新的传播技术和媒介的出现，大众接收信息的习惯和趋势发生了很大的变化，简单地说，50后习惯看报，60后习惯看电视新闻，70后习惯上门户网站，而80后和90后更习惯上SNS网站和视频网站。ComScore的报告指出，人际传播应用Facebook是去年最受欢迎的手机应用，覆盖了智能手机市场的76%；另一个很受欢迎的应用——YouTube则以46%的份额排名第六。

随着智能手机的普及、移动技术的发展及相关应用的不断丰富，智能手机将成为越来越重要的信息来源，发挥越来越强大的传播影响力。

在这种形势下，传统媒体纷纷组建应用程序团队，《纽约时报》、《华盛顿邮报》、《洛杉矶时报》等都已建立专门团队，维护新闻应用程序；NBC、BBC等广播公司也纷纷推出旗下系列品牌的应用。

二、智能手机的媒体业务类型

依据媒体类型和用户需求的不同，可大致将智能手机应用市场中与媒体相关的应用分为以下四类：

（一）新闻资讯类

新闻资讯类应用又可分为四类：一是报纸杂志类，即传统的报纸杂志媒体推出的手机应用，如“华盛顿邮报”、“环球时报”，这些应用继承了报纸杂志消息来源独家、准确、可靠的优点；二是门户网站类，如Yahoo！推出的“Yahoo！即时头条”，网易推出的“网易新闻”，这类应用基于门户网站广泛的用户基础，能够迅速对新闻事件有所反应；三是电子读物类，如“E-READER”、“ONE”等，应用种类多，内容丰富，读者分众化；四是信息聚合类应用，如“Flipboard”、“鲜果联播”，能够聚合网上的优秀内容资源，提供用户定制接收功能。通过这些应用，用户随时随地浏览国内外的新闻大事和阅读文章。

“网易新闻”是门户网站网易推出的一款新闻资讯类应用。因新闻快速、跟帖方便、评论犀利、体验流畅而备受网友推崇，安装量已超5 000万。其主要功能特点包括：

（1）内容的主要形式为文字和图片，主要来源为报刊转载和网友提供，关注热点和民生，看重网友态度。

（2）由于参与评论的网友多而广，能够从不同的角度看问题，并且往往一句切中要害，“跟帖”已经成为网易的一个看点。手机应用“网易新闻”除了能够跟帖和查看跟帖外，还专门开辟了可浏览对时事经典评论的“跟帖”板块。

（3）在WIFI环境打开应用时，可自动下载新闻，没WIFI信号的环境中也能看新闻。

（4）支持推送功能，在不打开应用的情况下，可以推送重大新闻。重大灾害发生时，用户可以第一时间知道。

（5）新闻分头条、体育、娱乐、财经、科技、本地新闻等多个频道，可供用户定制。

（二）广播影视类

智能手机通过各种广播影视类应用为手机用户提供基于地面广播网、卫星广播网和移动互联网的音视频推送、音视频广播、音视频点播、音视频下载服务。传统的广播电视媒体既可以作为内容提供商，也可以作为平台提供商为用户服务。

音视频应用相互竞争却各有侧重，比如“EZFM”是国际台轻松调频推出的传统广播的数字化应用；“last. fm”、“豆瓣电台”是可根据用户行为提供个性化推荐的广播类应用；“CNTV”是央视网推出的电视节目直播及点播应用；视频网站推出的“PPTV”、“优酷”、“乐视影视”等应用都提供电影、电视剧、综艺等大类，但是“PPTV”侧重于技术，“优酷”侧重于原创视频，“乐视影视”侧重于电视剧，“搜狐视频”侧重于美剧，“土豆”侧重于搞笑视频等。其共性的功能特点包括：

（1）首页一般具有热点推荐，并能够通过分析用户行为向用户推荐相关视频。

（2）能够在本机记录视频播放历史和进度，如果在用户登录的情况下，可将数据上传到云端，用户下次观看时可续点播放。

（3）支持边观看边下载，支持批量下载离线观看。

（4）能够根据网络状况调整视频播放清晰度，或者提供不同清晰程度的视频供用户自行选择。

（5）多集连播时自动跳过片头、片尾曲。

（6）记录视频点播次数，具有视频评价体系。

（7）提供用户上传视频的功能。

（三）人际交往类

这类业务以人际传播为主要传播形态，主要包括语音通话、即时通讯、微博和移动社交网络等，如“Twitter”、“Facebook”、“微信”、“新浪微博”、“QQ”、“人人网”等。

微信是腾讯公司推出的一款手机聊天软件，它能够通过网络快速发送语音短信、视频、图片和文字，支持多人群聊，并能根据地理位置找到附近的人，以及通过朋友圈分享自己的生活。

新浪微博和微信的注册用户都已过 3 亿。微博和微信相比，微博的特点是社交、传播的广泛化；能够实现社会热点的即时扩散；而微信基于现实的朋友网络，特点是能够实现社交、传播的精准化。

（四）社会服务类

社会服务类应用较多，如手机搜索、定位导航、行业专项服务等。定位导航业务将手机移动终端和定位导航技术相结合，能够帮助手机用户确定空间位置，并在此基础上提供相关服务，如地图应用“Google Map”、行车导航应用“高德导航”、找餐厅应用“食神摇摇”、找停车位应用“KurbKarma”，等等。

三、智能手机的传播特性

（一）智能手机的传播特点

1. 移动性和伴随性

移动性是手机最根本的特点，也是其他传播特点的基础。

在所有的移动媒介中，手机的移动性是最彻底的，只有手机是几乎人人随身携带的媒体。与手机移动性相应的是伴随性。清晨，手机闹钟把我们从梦中叫醒；出门前，用手机查看天气；上下班路上，用手机听音乐、听广播、看定制的新闻、看下载完的电视剧、玩玩游戏，或者是用导航开车去会议地点；上班时间，随时随地都可以查阅 email 新邮件、设置提醒事项等进行移动办公；下班之后，与朋友约会吃饭，用手机寻找餐馆，可以看到餐馆的点评、特色菜肴、优惠情况、行车路线等；吃到精致的菜品或者碰见好玩的事情忍不住拍下来发发微博；到家休息一下，发个状态到人人，看看朋友的日志或者照片。

随着人们携带和使用手机的时间越来越长，用户对手机媒体的需求也会越来越多、越来越丰富。

2. 主动性和被动性

用户在手机媒体中的主动动作主要分为三类：一是点击行为，即对自己感兴趣的视频或者新闻资讯进行点播或者点击浏览，活跃用户会参与互动；二是发布行为，主要表现为维护自媒体行为和社交行为，如更新状态或日志、拍下照片或者影片上传至 SNS、微博、视频网站；三是定位服务，主要目的是寻找生活服务信息或者专项服务帮助。

由于手机可操作性的限制，用户的自发行为受到约束，手机用户的主动性小于 PC 用户。如用户较少用手机搜索引擎搜索新闻事件的进展，而更愿意点击新闻网站客户端推送的信息。特别是在信息海量无序存在的情况下，用户更加愿意被动接收。

3. 大众性和分众化

智能手机具有用户的普及性、信息的规模生产和规模传播等大众媒体的基本特征，并具有强大的媒介融合能力。

同时，智能手机还具有分众传播的特点。主要表现在两个方面：一方面，用户有针对性地下载应用、定制信息服务，满足个性化的需求。另一方面，客户端应用通过搜集和分析用户行为，推荐给用户更需要的内容，如“豆瓣电台”的“私人电台”，用户听过的歌曲越多，系统推荐的歌曲就越符合用户的品味。

4. 快速化和碎片化

由于智能手机的传播途径较多，如短信、微博、SNS、门户网站、视频网站等，因而传播信息的速度极快，新闻事件发生之后，新闻几乎会同步出来。

手机传播的碎片化特点是指用户一般用零碎的时间用手机接收讯息，因此智能手机应用要善于利用碎片化时间，传播体裁短小、信息丰富、语言简洁的信息。在移动市场不断扩大的今天，有效占用人们的碎片化时间是获得更大发展空间的关键。

（二）传播优劣势及瓶颈分析

智能手机具有时效性强，精准传播的优势。通过分析智能手机用户的机器类型、位置信息、操作时间、操作习惯、应用类型、用户行为等，可以再现用户状态、推测用户需求、做到精准传播和营销。同时，手机新闻新鲜、快速、简短、互动、方便、丰富，能将瞬间发生的新闻事件迅速传播和再传播，且传播速度快、传播范围广，确保了新闻传播的时效性和有效性。

当然，手机媒体传播的便利，也带来了信息泛滥和信息安全的问题。

由于传播主体众多且身份隐蔽，信源不可靠，并且缺少体制上的把关，虚假信息乘虚而入；同时，由于信息冗杂，关键信息也容易淹没在信息海洋中。随着用户对智能手机的依赖性增强，手机存储的信息量更加丰富，信息安全问题日益凸显，如一些 Android 手机应用程序收集手机用户信息，不仅可以获取手机串号、地理位置，还可以在用户共享内容到 QQ、微博等平台时，通过登陆链接获取用户的账户和密码，将这些信息用以其他用途。

此外，智能手机的传播能力受技术条件的约束。目前国内移动通讯网络的上网费用仍比较高，3G 等高速网络的使用不够普及；智能手机待机时间都在 3 天左右，如果观看视频或者玩游戏则会使手机电池的使用时间减少到不足 8 小时，甚至更少。

四、关于媒体应对谋略的思考

目前，报纸、杂志、广播、电视等各种媒体都在积极应对移动互联网时代新的传媒格局，国际台作为媒体类型齐全的现代传媒机构，在发展智能手机的媒体业务方面，作出了积极的应对，已经推出了智能手机上的多款应用程序，如“EZFM”、“CRI Video HD”、“CRIi 视界手机杂志”、“CRI 手机电视”、“知中国”、多语种移动国际在线等。本文针对如何拓展智能手机的媒体用户，结合之前对媒体业务和传播特性的分析，提出一些思考：

首先，加强信息的收集、筛选、推送。在信息泛滥的时代，用户希望媒体能够抽取有用的、可信的信息推送给他们，从而节省他们自己分析和判断的时间。传统媒体信息来源的可靠性更强，更适合承担这个角色，品牌的力量在移动时代更为强大，媒体需要加强信息的筛选聚合与个性推送能力。

其次，采用多款而不是一款 App 解决移动产品的布局。一款 App 承载所有的媒体类型，会阻碍用户快速、准确地找到自己需要的内容。采用多款 App 布局媒体集团旗下多个品牌，一个 App 代表一个品牌，保持每个品牌相对的独立性，不同的品牌针对不同的目标市场。同时，通过品牌标识、品牌互荐、用户统一、数据共享等，将多款 App 进行统一品牌管理，形成统一的受众认知度。

再次，减少操作的难度，给用户主动权。以新闻为例，界面多媒体呈现、内容自适应屏幕、栏目导航、多渠道分享新闻、新闻收藏、图片保存、用户评论等功能可以给用户更大的自由度和选择性。

第四，适应碎片化传播的思维模式。如强化图片的使用；文字尽量精简；视频片段化，提供下载和缓存功能，保证用户在碎片化时间里观看的连续性。

最后，用互联网的思维，持续迭代更新产品。采用迭代开发的方式，迅速对用户需求有所响应，完善软件功能，提升用户体验。

（作者单位：中国国际广播电台建设管理办公室）

国际台手机电视台的创新发展策略分析

林 纯

随着近两年来智能手机的迅猛普及，手机已经成为一个便携、交互性强的娱乐、社交和信息终端，成为名副其实的“第五媒体”，智能手机甚至改变着一部分人的沟通与生活方式，并逐步养成了人们用手机看视频的习惯。面对超过1.3亿的庞大受众群，手机视频业务将呈现爆炸式的发展态势。

中国国际广播电台（以下简称国际台）以“CRI手机台”为核心品牌，在中国移动、中国电信和中国联通三大平台上运营广播电视业务，积累专业的视频内容运营及营销经验。随着手机视频业务的成熟与市场竞争的日趋激烈，CRI手机台要根据用户和市场需求及时调整发展策略，进一步完善内容建设、运营模式和盈利模式，大力推广品牌，才能在手机广播电视领域的竞争中抢占先机。

一、市场环境分析：前景无限群雄逐鹿

1. 移动视频的加速升温

过去，手机广播电视业务曾一直是“叫好不叫座”的领域，价格不菲的流量资费和视频播放效果较差等因素，是长期以来制约手机视频发展的技术瓶颈。如今，技术手段的变革、设备的完善让业界看到了前景，智能手机迅速普及、3G、WIFI等高速网络接入和网络流量资费的降低等都逐渐为手机视频的发展扫清障碍。中国互联网络信息中心（CNNIC）发布的中国互联网报告的数据显示，截至2012年年底，我国手机视频用户同比增长近70%，总数达1.3亿，是增长最快的网络应用领域之一①。面对如此庞大的客户群，随着未来4G技术的普及，无线网络覆盖范围的扩大和消费市场强大需求等各种因素的驱动，手机视频领域将迎来前所未有的机遇。

2. 手机视频牌照的含金量降低

手机广播电视业务在初现时曾被业界视为前景广阔、风光无限的“大蛋糕”，一时间手机电视牌照炙手可热。目前国家仅发放了9张全国性牌照，手机牌照持有方具有一定的政策优势。如今，优酷、土豆、搜狐视频等大量民营视频网站通过各种方式将传统视频业务延伸到手机视频领域，并占据了绝大部分手机视频市场份额，而9家牌照持有方的市场占有率却很低，手机视频牌照的含金量似乎没有那么高。

① 中国互联网络信息中心：《第31次中国互联网络发展状况统计报告》，2013年1月，http://www.cnnic.net.cn/hlwfzyj/hlwxzbg/hlwtjbg/201301/t20130115_38508.htm。

3. 传统网络视频网站的业务延伸

2013年，视频网站的战役正围绕“移动端”悄然升温。与手机牌照持有方相比，优酷、土豆、搜狐视频等网络视频网站在视频业务领域具有较高的知名度和品牌优势，在视频内容的建构、整合和运营等方面具有专业优势。此外，各视频门户网站已经培育了相对稳定的消费群体和观看使用习惯。根据艾瑞咨询2012年7月份的统计数据显示，视频移动应用日均覆盖人数排名前五的应用分别为：PPS影音、PPTV网络电视、优酷、爱奇艺。面对来自手机牌照方之间的竞争与传统互联网视频网站的步步紧逼，CRI手机台要根据用户和市场需求分析自身存在的不足，及时采取有效的应对策略。

二、将战略重点转向移动终端市场

艾瑞咨询2011年年底及2012年年底的移动互联网用户行为大调研显示，2012年中国智能手机终端迅速普及，智能手机的保有量由2011年的2亿迅速增长到2012年的3.6亿，而其中的增量绝大部分为iOS及Android系统的智能设备，能够安装大量的移动客户端[①]。过去，用户在手机界面上操作传统的WAP页时需要层层进入、点击数次，与手机媒体灵活、快捷的媒体属性不符，也让用户逐渐失去耐心。而客户端的用户体验远远优于WAP页，符合用户移动、碎片化的使用特点。如今，国内主要传统网络视频网站都已布局移动终端市场，并推出20多款手机视频应用，暴风影音、迅雷看看等软件公司也见势抢滩视频移动市场，并建立了良好的口碑。由此可见，抢占移动端用户覆盖将是2013年移动视频业界的关键战役。

CRI手机台在建立初期与中国移动、中国联通等运营商合作，通过“移动梦网”、“视讯新干线”等页面上的手机电视类别进入CRI手机台，用户还可通过发送短信等方式获取WAP页的链接网址链接。不足之处在于WAP页上简陋的页面和复杂、繁琐的操作流程极大消耗用户体验，通过WAP页进入手机台的渠道已逐渐不合时宜。

如今，中国移动推出客户端“手机视频”，CRI手机台主要是该客户端影视栏目的内容提供方，在“品牌”栏目分支中有“CRITV”层级。与运营商的合作模式虽然能够充分利用原有的品牌、客户群、网络渠道和计费方式顺畅打入手机视频领域，但由于“手机视频”的牌照合作方过多，节目组织庞杂无序，功能过于单一，在分流大量客户群的同时也不利于品牌塑造，不利于提高用户对CRI手机视频品牌的认知度和忠诚度。

因此，当务之急是，CRI手机台能创新播出渠道，及时推出独立的手机电视客户端，拓展丰富的视频手机应用，建设一套手机电视用户管理和计费系统。此外，还可推出各种细分领域的客户端。

---

① 艾瑞咨询报告：《2010—2011年中国手机视频用户行为研究报告简版》，2011年8月，http：//report.iresearch.cn/1599.html。

三、借力传统媒体做市场推广

CRI手机台落地的中国移动的“手机视频”客户端尚处于测试阶段，虽然拥有海量视频内容，但并未在其现有的客户群中进行大规模的营销和推广，仍是“养在深闺人未识”。此外，CRI手机台未能借力传统媒体的覆盖范围和影响全面推介。在“国际在线”网站上，关于CRI手机台的页面和资料都过于陈旧，手机台收听和收看方式仅停留在传统的WAP页通道上，对最新客户端的下载和应用语焉不详。如今，各大视频网站的角逐正围绕“移动端”展开，在建立CRI手机台的移动客户端之后，市场推广显得刻不容缓。

（1）CRI手机台可充分依靠和利用传统广播电视媒体的优势推广其品牌和客户端，与国际台在年轻受众群中较受欢迎的轻松调频、劲曲调频、国际在线等合作，开展丰富的互动主题活动，迅速提高其知名度和影响力。

（2）密切与微博、即时通信的互动分享与应用合作。截至2012年年底手机微博用户规模达到2.02亿，即高达65.6%的微博用户使用手机终端访问微博①。用户通过手机电视的信息共享功能，在点击观看视频节目的时候，通过微博、微信或社区评论功能向朋友推荐视频或发送自己的观点，还可与观赏同一视频的好友信息互动等。

（3）利用搜索引擎让用户检索到更详尽的收听收看方式、栏目介绍和最新动态；及时更新官方网络页面信息。

（4）在与移动运营商的合作中，通过整合营销等方式推送客户端，大范围推广用户体验。运营商通过手机增值业务平台以电话、短信或优惠促销活动等形式向用户介绍新业务。

四、完善内容建设

1. 加强即时性视频的内容建设

传播学的“补偿性媒介”理论认为：任何一种后继的媒介，都是对过去某一种媒介先天功能不足所做的一种补偿。手机是迄今为止时效性最强的媒体，只要在网络信号覆盖的地区，受众不受时间、空间等因素的限制，能在第一时间接收到媒体发布的信息，满足了比传统媒体更快速、便捷获取有效信息的需求。CRI手机台可整合国际台电视中心和各地方电视台视频资源，及时在终端上发布或向目标用户推送最新的突发性新闻、股市行情、气象、路况等信息。在伦敦奥运会期间，CRI手机台曾直播体育赛事，积累了丰富的实践经验，下一步在国际重大赛事、奥斯卡颁奖活动等重要的时间节点，可通过实时精彩片段传送或在线直播等方式，让用户可在流动过程中利用碎片化时间观看第一手视频内容。

---

① 中国互联网络信息中心：《第31次中国互联网络发展状况统计报告》，2013年1月，http：//www.cnnic.net.cn/hlwfzyj/hlwxzbg/hlwtjbg/201301/t20130115_38508.htm。

2. 加大用户的个性化定制

美国计算机专家尼葛洛庞帝在《数字化生存》中提到："在后信息时代，我们的生存环境变得越来越数字化，人众传媒的受众往往只是单独一人，信息变得极端个人化，个人化是窄播的延伸，媒介的受众从大众到较小的和更小的群体，最后终于只针对个人"。当前，视频内容的供给方仍未能实现分众化、个性化的精准传播，大部分视频素材都是从传统传播平台移植到手机终端，导致视频内容分类冗杂、层级堆砌、操作繁琐。因此，要充分了解用户的使用偏好和观看习惯，可在客户端用户注册时对用户感兴趣的门类和接收形式进行摸底，在为用户提供点播或下载服务时，收集用户的使用习惯和评价反馈，并依据其观看的视频类型和收看习惯不断进行动态调整。让客户能更自由地按自己的喜好决定视频栏目在手机界面上的排序，能方便运用"关键词"或"标签"检索定制符合个人口味的栏目，并自主选择是否接受推送服务以及相对应的频率和时间节点等。例如，商务人士可以每天接收到最新、最权威的金融、股市、经济类资讯；球迷可以观看到赛事直播、精彩镜头剪辑和球星动态等。根据用户不同的需求量身打造，可使用户黏性不断加大。

3. 提高原创内容份额，掌握稀缺资源

手机视频领域完成"跑马圈地"后，逐渐从粗放的规模化发展阶段逐步走向精细化，需要制作更多的原创内容产品，明确与同行间的差异化竞争优势。CRI 手机台的内容业务重点，主要是集成和发布热播影视剧，或将国际台电视中心的部分电视内容通过重新编辑、剪辑和包装后在平台上发布。在 2011 年中国手机视频用户使用的手机视频业务中，"用户在线看影视剧、动漫类节目"以 48.4%的比例排名第一①。CRI 手机台可与众多影视公司合作，集成受众最感兴趣的影视剧，在手机平台上提供最热门的影视剧视频片段在线观看和下载。在手机视频发展初级阶段，影视剧的抢先发布和海量集成必然能吸引大量受众点击，分得市场的一杯羹。如今，优酷、土豆、迅雷看看等网络视频门户网站大规模进军手机视频领域后，影视剧节目的竞争将更加激烈。

从长远发展考虑，CRI 手机台要有个性化的原创内容。首先，将微电影作为主要特色内容之一，打造全国最大的微电影手机发布平台。微电影故事短小、情节完整、节奏较快，适合利用碎片化时间在移动媒体上播放。可与影视公司和发行机构合作，首播最新上线的微电影，在手机平台上真正实现微电影的院线播放；其次，整合国际台的全媒体资源与多语种优势，与海外的影视公司或发行公司合作，引进海外最新的微电影、手机短剧、动漫、纪录片等优质视频资源，在 CRI 手机台上首发或推送。第三，国际台电视中心成立专门的机构，制作专供手机台播出的特色互动栏目或节目，如整合国际台语言资源开设多语种教学类视频或短片，与手机网友实时在线互动交流，拍摄手机综艺、娱乐类在线互动节目和手机短剧等，形成多样化的节目体系。例如 2005 年上海文艺广播推出的国内第一部手机互动情景剧《白骨精外传》，是一部长达 365 集、每集 5 分钟的情景短剧，剧中使用大量的网络语言和短信语言，迎合年轻人追赶时尚潮流和求新求异的心态，用户还可参与

① 艾瑞咨询报告：《2010—2011 年中国手机视频用户行为研究报告简版》，2011 年 8 月，http://report.iresearch.cn/1599.html。

评论并影响剧情，随剧情发展推出多种附加增值服务。第四，创建手机视频类社区，实现网友上传视频的分享互动。充分挖掘智能手机画质高、易操作、便携拍摄功能，在手机台上开设专门的网络视频社区，网友把原创视频如发微博般实时发布、共享、转发和评论等。第五，定期开展手机视频人气投票或原创视频竞赛等主题活动，探索多种互动激励手段激发用户兴趣，提高用户的参与热情。

五、探索盈利模式

CRI手机电视成立至今一直与移动运营商合作。运营商利用平台和计费的双重基础建设优势，得到50%的利益分成，给产业链其他环节的生存造成了很大的压力。当务之急是要探索手机视频的盈利模式。

CRI手机台在WAP页上运行时采用的是包月和按条数计费两种模式，在手机电台开办初期获得了一定的收益。但随着视频门户网站大量涌入手机视频领域，海量的视频都可以从客户端免费观看。因此，包括CRI手机台在内的手机电视台和移动运营商都在探索行之有效的盈利模式。

1. 会员制与包月方式

如上文提到，已经习惯了免费的中国受众通过手机能获取海量信息后就更不容易接受付费的模式。这种模式只适合某些稀缺性内容资源，如最新的微电影、影院里新上线的电影或手机剧的院线收入。

2. 在节目内容前后、节目搜索及游戏等互动服务中插播广告

这是传统的网络视频网站最常采用的广告模式。广告主为用户买单拉动手机视频产业发展是目前最有效的策略。手机是一种私人性较强的媒体，手机视频有“短、平、快”的特点，在视频播放前后或播放的过程中插播的贴片广告同样不能过长，广告信息点不宜过多，避免对受众造成“时间掠夺”效应，产生反感。由于手机信号的不稳定和流量的限制，手机在播放视频的过程中不可避免产生缓冲的过程，或在下载的过程中需要一段等待的时间，此时可适当插入页面广告。此外，借鉴其他客户端的广告模式，在客户端的主页面或视频播页面的下方插入滚动的广告小窗口，并提供广告商的网页链接等。

3. 在手机视频中引入互动广告和精准投放等营销手段

在上文所提到的在个性化内容定制与内容互动的基础上，对客户的兴趣偏好和使用习惯作出一定的分析和判断，并根据用户的类型特点、个人气质和使用需求等精准投放广告，提升广告的点击率和达到率，达到良好的市场效果。充分利用手机即时性强、互动方式灵活等特点，可在手机视频中引入互动类广告，手机网友可以在线提问、交流、拍摄产品的使用效果视频并上传分享，在朋友圈内转载推荐或在广告中插入互动游戏、有奖竞猜等方式，让广告也能实现交互性传播。

4. 以用户为中心的内容整合营销

首先，强化客户端的用户体验功能。利用技术和数据库手段，通过每一次登录对用户的位置状态、对业务的使用状况、使用习惯、个人偏好和消费倾向有了较为深入和全面地

了解后，建立分层级、分类别的用户管理系统。当用户进入终端后，系统能够识别身份，并以用户为核心整合营销，实现内容和广告的精准投放，开发用户深层次的需求，随时根据用户反馈的信息调整战略。其次，与其他媒体或商户联合开展营销活动。如CRI手机台与即将上映的电影制片方开展各类推广活动拉高票房，可通过举办类似活动在用户中开展赢取免费电影票或观看免费在线视频等活动。不仅如此，还可在经济、生活、服务类视频中巧妙植入广告信息并与用户在线互动，诱导传播和消费。此外，还可与赞助商合作，定期在手机视频网友中举办各类手机在线互动主题活动，提高参与度和影响力。

5. 内容整合营销

（1）整合资源，采购大量优质视频的无线发行版权。在手机视频终端竞争趋于激烈的时期，谁能掌握独家、高品质的内容发行权谁就将占据优势。CRI手机广播电视平台拥有中国国际广播电台独有的品牌和资源优势，在制作原创手机广播电视节目的基础上，进一步整合传统广播电视媒体的优秀栏目、互联网音视频节目以及知名手机广播电视内容提供商的资源，采购大量优质影片的无线发行版权。同时，抓住有利时机将内容产品延伸向国外的财经、文化、体育、娱乐、时尚、影视、音乐等视频领域，整合大量国内外视频内容的无线版权，建立国内最优质稳定的手机视频内容整合平台，通过内容产品的运作实现盈利。

（2）与视频门户网站或视频软件方合作营销。例如，2012年，迅雷与CRI手机台签署合作协议，双方将合力打造无线影视平台强悍的内容库，CRI手机台每年遴选20余部影视剧进行重点营销，双方尝试从内容合作拓展到整合营销，实现共赢，提高综合竞争力。

六、结语

如今，手机视频市场已经步入快速增长的轨道，业界的竞争异常激烈，各国在手机视频领域的业务都处于摸索期，没有现成的模式可供借鉴。那么，CRI手机台如何脱颖而出，还需要在实践过程中不断创新，在资金、人才、内容产品、传播手段和市场布局上及时调整策略，才能立于不败之地，成为中国手机传媒新时代的领跑者，持续提升国际台在新媒体领域的研发和创新能力。

（作者单位：中国国际广播电台华语中心）

参考文献：

1. 匡文波：《手机媒体》，华夏出版社，2010年。

2. 尼葛咯庞帝著，胡泳、范海燕译：《数字化生存》，海南出版社，1997年。

3. 陆地、高菲菲：《从“手机电视”回归“手机视频”——手机电视的用户偏好和发展前景》，《视听界》2009年第4期。

4. 中视金桥国际传媒集团事业发展与投资管理中心：《我国手机视频行业发展现状和趋势》，《传媒》2012年第11期。

略论传统广播借力微电台的创新发展模式

傅娇娜

近年来，传统广播的创新一直与互联网新技术的发展密切相关，随着微博这一新兴传播载体的迅猛发展，传统广播也将发展的目光投向了这一备受推崇的新媒体，试图从它的身上找到突破自身局限的方向，微电台在这一背景下应运而生。本文通过分析微电台产生的背景和原因，在比较研究传统电台与微电台的基础上得出结论：传统广播要借力微博，构建微电台平台，加强合作互动，实现双赢。

一、引言

进入新世纪，随着网络技术和通信技术的进步，以及基于这两大技术的创新发展，迅速产生了一系列应用形式，如论坛、博客、微博、SNS（社会性网络服务）、手机报等。许多人的工作和生活方式因此而改变，特别是近年来兴起的微博，革命性地将互联网和移动通信两大传播平台有效结合起来——人们可以不受时间、空间限制，通过互联网络，在智能手机、平板电脑、笔记本电脑等移动设备上随时、随地更新自己的个人微博。国内微博传播的单个信息文本内容通常限制在140个字符的范围内，除了能传播文字内容以外，也支持图片、音频和视频等形式的信息传播，内容相当丰富。

据CNNIC（中国互联网络信息中心）发布的《第31次中国互联网络发展状况统计报告》显示，截至2012年底，我国微博用户规模为3.09亿，较2011年年底增长了5 873万，网民中的微博用户比例达到54.7%①。作为一种新兴的传播媒介，微博仅用了不到6年时间就发展成为过半中国网民使用的互联网应用，在中国社交网络界占据重要位置。

面对微博这一新兴媒体如火如荼的发展势头，传统广播开始重新审视自身发展轨迹，寻觅与其融合的发展方式，以求找到突破自身瓶颈、焕发新活力的传播模式。在这样的大背景下，2011年，新浪“微电台”应运而生，作为微博平台的应用之一，微电台将传统广播与微博几乎完美地结合在一起，形成了庞大的、基于微博用户的、全方位立体化的交互方式，让很多广播人欣喜地看到了传统电台借助新媒体发展的新方向。

二、微电台的含义及其产生原因分析

1. 微电台的含义

微电台，是传统广播与互联网、微博相结合的产物，是基于微博应用平台，集合全国

① 中国互联网络信息中心：《第31次中国互联网络发展状况统计报告》，2013年1月。

多家广播电台和网络电台于同一个媒介的全新的广播传播平台。微电台打破了听众收听电台节目的地域和终端限制，使微博用户能够边使用微博边听自己喜欢的电台节目边与主持人进行线上互动。2011 年 5 月 10 日，新浪微电台正式上线，随后，腾讯微博应用中也出现了微电台的身影。

2. 微电台产生的原因分析

(1) 传统广播在网络时代加速发展的必然结果

正如加拿大著名传播学家麦克卢汉①说的：媒介总是以叠加的方式向前发展，新媒介的出现并不意味着旧媒介的消亡。近年来传统广播的创新一直与互联网新技术的发展紧密相连。不论是依托传统电台设置网站进行广播节目的在线直播、点播，或是另辟疆土，直接开创独立运作的网络电台吸引网络听众，都是基于时代的需求。在网络技术不断推陈出新，传播手段日新月异的背景下，被网民强烈推崇、用户数爆发式增长的微博不仅成为了新兴自媒体传播平台的代表，同时也成为传统广播与新媒体进一步融合的理想载体。微博即时、快捷、互动的传播特性与传统电台雄厚的节目资源和运作团队，通过“微电台”进行完美结合，是传统广播在新媒体时代加速发展的必然选择。

(2) 传统广播跟随听众收听偏好转移的必然结果

近几年，随着网络技术和通信技术的进步，基于这两大技术平台产生的一系列应用形式，如博客、论坛、SNS（社交性网络服务）、手机报等，都发展迅猛。它们以快捷的互动方式、强大的应用平台，逐渐改变了普通民众的社交方式、工作方式和娱乐方式——大众不再像以前那样只能通过报纸、电视、电台、杂志等传统媒体来获取信息，他们可以利用丰富的网络世界、爆炸式的信息流，满足各类不同需求。目前，广大民众越来越习惯于，也越来越依赖于通过互联网浏览新闻、看视频、赏图片、与朋友互动交流、购物，甚至通过网络进行商业销售与企业经营。由于网络已经深入到普通民众生活工作的方方面面，使受众所依赖的媒介发生了转移，导致传统广播的听众大批流失。正因为如此，传统广播不得不将发展的目光投向互联网，从类似微博这样的新媒介中吸引潜在的听众，找回曾经的“知音”。

(3) 满足微博受众实现伴随性收听的必然结果

微博以其独特的信息发布获取机制以及丰富的社会性交往服务能力，吸引了大批用户前往微博应用平台参与活动，玩游戏、听音乐、看相册、投票、观视频……在此基础之上，为了尽量满足用户登录微博之后的更多需求，微博开设了微电台，用于满足热衷于收听广播节目的用户——微电台的上线，使喜欢收听电台节目的网友，不必使用收音机，不必另开网页，即可在微博上听到来自全国各地的优秀电台节目。这种收听方式极大地满足了微博用户的收听需求，同时实现了广播节目的伴随性分享。

(4) 利用微博庞大客户群拓展潜在市场的必然结果

微博因其自媒体的传播特性、便捷的信息发布获取渠道、病毒式的信息传播速度，吸引了无数网民注册为用户。虽然在现阶段，微博还没有出现让人眼前一亮的商业模式，但

① （加拿大）马歇尔·麦克卢汉著，何道宽译：《理解媒介》，商务印书馆，2000 年 10 月。

微博快速发展的势头，仍然令业界人士对其商业前景表示乐观。从网络媒体的发展实践来看，只要能够吸引到足够数量的用户，就有机会能够在盈利方面有所收获。传统广播的盈利大部分来自于广告收入，微博如此庞大的潜在听众群，蕴藏着潜在的巨大商机，如果能将微博用户全部转化为电台听众，那么广告收入将是可观的。微博潜在的市场广阔，这也是微电台之所以能够吸引那么多电台加盟的原因之一。

三、微电台与传统电台的比较分析

从1920年第一家传统广播诞生以来，传统电台就以权威性强、可信度高、制作团队完善等优势成为一大主流媒体。但是，随着技术革新，社会进步，传统广播固有的局限性渐渐显露，限制了自身发展——这些局限甚至一度令广播陷入日趋萎缩的境地。相较之下，与微博结合的微电台在以下几个方面具有显著优势：

1. 传播平台广阔

由于整合了数量众多的传统电台与网络电台，同时还有微博助力，如果运作成熟，作为传播平台的微电台，较之单一传统电台的影响力将更加强大。大部分传统电台由于自身传播媒介的局限只能在一定范围内进行节目的传送，影响力也只限于能收听到节目的固定区域，包括互动也只能是在小范围内进行，而微电台就像一个放大器，单一电台的节目通过微电台播放，收听节目的将有可能是来自全国任何一个地方的微博用户，而不再仅仅只限于当地听众。同样的，不管哪里的听众通过微电台发微博，关注微博的用户也不会仅限于当地。

2. 传播地域不受限制

传统电台的播出方式常用的是调频和短波，短波的频率比较低，但传播距离长，声音效果不稳定，容易受天气、太阳黑子运动周期等一系列不可控因素的影响，导致短波电台面临逐渐减少的境遇。相比较而言，调频的声音清晰度高，但传播范围比较小。因此调频电台通常只能在一定区域内传播，这种地域局限成为制约调频电台做大做强的瓶颈，因此大部分电台节目以地方听众为主，节目内容的地域局限性强。基于互联网发展的微电台就不存在这方面的问题。近几年来，随着移动互联网的进步，微电台可以通过智能手机、平板电脑等移动新媒体随时随地在线收听或离线点播收听，因此，微电台比传统电台的传播地域更宽广，收听不受距离影响，全球各地的听众只要打开微博，就可以收听到自己想听的声音。

3. 传播终端多样化

一个世纪以来，传统电台使用无线电传播节目的传播模式一直没有发生根本性变革。虽然用于无线广播的无线电频率很多，但是一个频率只能对应一个电台的一套广播节目；收音机作为无线电广播的接收终端，一次也只能收听一个频率的广播节目。它的工作原理是这样的：收音机的接收天线收到空中的电波；调谐电路选中所需频率的信号；检波器将高频信号还原成声频信号（即解调）；解调后得到的声频信号再经过放大获得足够的推动功率；最后经过电声转换还原出广播内容。

作为接收终端，通过收音机收听广播最大的劣势就在于：只能收听到有限的频率，因而听众的收听选择范围较窄。另外，收音机功能单一，携带不便，面对新媒体强大的功能整合平台，其应用显得十分单薄。而基于移动互联技术的快速发展，移植到智能手机、平板电脑等移动终端的微电台，具有播出终端选择灵活、有利于伴随式收听的优势。

4. 传播受众涵盖面广

传统电台最大的传播受众是中老年听众与汽车司机，受众面窄，收听群体单一、固定。随着互联网的普及，移动互联网的发展，广播中的中青年听众逐渐向网络流失，甚至一些老年人的娱乐方式也从传统的收听广播节目转向上网冲浪。数据表明，因为互联网的出现，人们看报纸、听广播、看电视的时间减少了，相对应的，上网的用户数却呈现不断上升的趋势，人们上网的时数也在不断增加。微电台的潜在听众是拥有3.09亿用户数的微博，强大的用户群体，复杂的网民结构，电台节目可以呈现多元风格，而不仅仅局限于单一受众群。

5. 传播模式互动性强

传统电台是单向传播，即线性传播，听众作为受传者，接受来自广播所传达的信息。传统电台节目，主持人与听众的互动只能基于书信、电子邮件、电话或手机短信。其中，书信与电子邮件无法实现即时互动，即时参与，而使用热线电话与主持人进行一对一交流互动的受众毕竟只是少数，手机短信由于字数受限，无法畅快淋漓地表达意思，互动有限。另外，广播的传播与接收过程具有强制性，播出时间、播出内容，听众无法选择，也无法更改，只能被动接受。微电台将传统广播的单向传播变成双向传播；强大的互动平台使听众能边听边发表评论感受，主持人也可以通过关注互动平台，即时回复听众的微博——传播的针对性、贴近性大大提高。另外，听众的选择空间扩大，对于自己所喜欢的电台，喜欢的节目，可以选择回放收听。

6. 传播载体丰富多样的优势

在声、光、电不断融合的多媒体时代，传统电台的节目仅凭单一的声音传播，对受众而言吸引力显然是不够的。基于微博平台的微电台可以实现声音、视频等多种形式信息的叠加，听众不仅可以在网络上收听节目，通过文字互动，也能发布相应的图片或视频，表现手法丰富活泼。早期的热心听众，若想要重复收听喜欢的电台节目，必须用录音机加录音带进行录制，非常麻烦，而微电台听众可以操纵节目音频暂停或回放，也可以检索和下载节目音视频，广播的声音得以保存，非常便捷。

7. 传播效果评估机制更加科学

传统电台的考核一直是以几大调查公司所做的收听率调查作为指标，而且是唯一的指标，这种单一的考评机制对于节目的考核并不全面也不科学。微电台在其首页右侧长期对所在线的电台做排行榜单，其中包括电台收听榜、节目收听榜、收藏榜、电台影响力榜等，单单影响力排行考评数据，就有以下几个方面：各频率日均在线收听用户数、日均收听时长、DJ及网友在播放页发出的日均原创微博及互动量等，通过这些指标能够十分准确地了解各电台的收听情况，节目的受欢迎程度。同时，新浪微博微电台还定期举行微电台用户调查，通过问卷调查以及投票的方式，通过数据分析的方式进行受众的收听习惯调查。像最新一期的调查就是针对微电台合作电台推出的最喜欢的电台、节目、主持人票选活动，相较于收听率的调查，这些数据的来源更加科学；基于这些榜单和数据，各电台可以对节目作出更好的调整。

四、总结

通过上面的比较分析可以得出结论：广播电台的自身局限性，限制了广播事业的发展。微电台作为一种新兴的网络媒体应用，将成为提升传统电台传播力和影响力最理想的创新发展平台。微博用户群庞大、传播效果强大的魅力，吸引着传统广播媒体与微博媒介融合，借助微博平台的强大优势，迎来新一轮创新发展的机遇。

微电台是媒介融合的新开始，但是媒介融合的发展之路不会止步于此——媒体跨界合作将会涌现出更多的创新与惊喜，在新的传播格局中表现出强大的生命力，并且不断发展壮大起来。

（作者单位：中国国际广播电台华语中心）

参考文献：

1. 郭伟、王敬照：《从微博现象浅论新传播方式》，《中国新闻出版报》2011 年。
2. 彭兰：《网络传播概论》，中国人民大学出版社，2001 年 10 月。
3. 李俊健、刘同顺：《微电台：传统广播新突破》，《声屏世界》2011 年 12 月。
4. 刘同顺、张晓英：《“微”时代的广播突围路径》，《中国记者》2011 年第 10 期。

浅论视频网站的发展及创新

张 雪

网络时代，视频越来越凸显出它的价值和地位。网络视频随着技术的进步而不断发展。今天，大多数网站都设立了专门的视频频道，受到受众的欢迎。国内视频网站从最初的30多家一跃发展到今天的300多家，而且这个数字还在递增。视频无疑将成为媒体争夺受众眼球的最重要因素。

自2012年以来，乐视、56等网站都开始了视频的自制或定制，腾讯更是瞄准了传统电视业，这将打破电视台对于视频的垄断，一场媒体的博弈由此开始。

一、视频网站的发展

随着传播技术的发展，受众越来越不满足于仅仅通过文字、声音去了解信息，而是更愿意通过视频去直观地了解事件的真相。今天，录制、上传和观看网络视频的用户已遍及全球，各种各样的视频站点和服务已达数千种之多。据不完全统计，在中国使用网络视频的网民大概在两亿左右。更有调查显示，有79.8%的人选择互联网，69.3%选择电视，这说明互联网的影响力已经开始超过传统媒体跃居第一。在北京奥运期间，网民上网时间增长25%，平均每天花在互联网上的时间为3.39个小时，而其中的1.63小时花在了与奥运相关的内容上。以此计算，奥运网民平均每周花在互联网的时间为23.8个小时。中国网民平均每周上网时间为19小时，由此可见，奥运带给网民资讯消费时间大大增加。在上海世博期间，网上世博也成为一大亮点。

在北京奥运网络报道中，60%为传统的图文报道，40%为新型互联网信息，如博客、视频等。网络视频的受关注程度明显提升。11%的受访者表示只选择网络视频观看奥运比赛，这部分人每天上网时间为3.32小时。有数据表明，中国网络广告市场规模目前只有一百亿元人民币，这个数字只是美国的百分之七多一点，发展空间巨大。由于网络视频视听习惯，能够更好地吸引用户的注意力，达到较好的广告传播效果，更多的商家已经开始将产品的传播渠道转移到这个领域，他们对视频网站的广告都表现出了浓厚的兴趣和关注。

2009年中国视频网站广告市场规模在40亿元人民币左右，视频内容也正在从早期的自由分享向商业化转型。如今，从电视台到电影公司等在内的各大媒体也开始纷纷地将内容搬到了网络上，努力谋求在新媒体市场上争得一席之地，这块宝地无疑是当下传媒中最为重要的传播阵地之一。

二、通过创新整合　提升竞争力

近两年间，各个网站加速了整合和创新的力度。特别一些视频网站更是从过去的单向同步和衍生节目，发展到向电视台输出节目，实现资源反哺，这标志着视频网站的新时代已经来临。

过去一年里，一些网站有几次深度整合：3月12日，优酷与土豆共同宣布双方在3月11日签订最终协议，优酷、土豆以100%换股方式合并；8月20日，优酷和土豆在香港召开年度股东大会，投票表决通过优酷、土豆合并方案，优酷土豆集团正式诞生。3月27日，百视通新媒体股份有限公司发布公告，百事通拟出资三千万美元以受让股权及增资方式获得风行网络及风行在线技术有限公司各35%的股份。10月26日，搜狐视频宣布在天津经济技术开发区设立的总部正式投入运营，这标志着搜狐视频完成分拆，搜狐集团对在线视频业务持续看好并将继续投入，搜狐视频将进行全面性布局。11月2日，百度宣布与私募公司普罗维登斯资本签订协议，购买其所持有的爱奇艺股份，完成后百度拥有爱奇艺的绝对控股权。

2012年网络媒体的这一系列动作是继2011年上市及收购热潮后，视频企业竞争环境的持续加剧。特别是优酷、土豆两家上市公司的合并引爆了视频行业的大地震，随后几家网站迅速合拢、深度整合，大企业合并，小企业也在抱团取暖。最引人注目的是优酷、土豆的联手，不仅弥补了内容上的短板，也具有了强大的竞争优势。

视频网站之所以能够在几年内迅速发展，除了其技术的成熟之外，受众的需求也大大促进了其应用的进程。网络媒体的影像时代已经来临。

三、发挥技术优势　向视频行业靠近

视频是一块大蛋糕，也将是网站未来重要的盈利点之一。很多网站都看到了这个商机。靠技术起家的腾讯已经把目光盯上了视频。腾讯有着极强的技术研发能力和研发统筹管理能力，他们已经做了即时通讯类的QQ软件、电子游戏类的QQ游戏大厅、电子商务类的腾讯拍拍、搜索类的腾讯搜搜、安全类的QQ电脑管家，等等，翻开腾讯多达38种的产品目录，你会发现腾讯几乎做了市场上可以见到的所有热门网络应用。即使难度较大的视频领域腾讯也已经有了QQ直播（QQlive）、QQ影音、QQ播客等产品。可以说，从技术角度看，大规模做电视对腾讯而言不是一个难题。

视频信号是集文字、图片、语音、移动画面于一体的记录再现符号，是人类目前获取信息最全面、最综合的符号工具。各网络企业，甚至传统的纸媒转型机构，都不会放弃对这块高地的争夺。目前，因资金、技术、内容、政策等原因，有些网站竞争力受到影响。

在泛媒体化的今天，就连大型企业的包装盒都成了“媒体”，腾讯离这一步更近，它的微博、微信、QQ等工具事实上已经成了媒体，所以，笔者认为腾讯必然会走向全媒体。因为从技术能力上看，腾讯占有很大的优势。

四、加强内容建设　提高竞争力

随着4G甚至5G网络的建设，未来视频的发展将会更加猛烈。微博、微信的视频功能也日趋成熟，短视频、微视频也越来越受到了受众的欢迎和喜爱。受众可以充分利用碎片化时间接受有效的可视信息。特别是在视频娱乐方面更是难遇敌手。在这种情况下，加强内容建设，研发更多的自制视频节目就成为提高竞争力的重要一环。

湖南卫视与爱奇艺合作同步播出《深宫谍影》，而且出现了电视精华版、网络完整版及外传版三个不同的版本。在此之后，爱奇艺又与浙江卫视合作，制作全新的访谈节目《酷我真声音》，这个节目在爱奇艺和浙江卫视同时播出。

优酷土豆也不甘落后，联手十大卫视打造了一部音乐巨制产品《我是传奇》，这一举动实现了与优酷拍客、出品、空间等所有项目内容上的全面互通。诸如此类的行动在过去几年间此起彼伏。在与电视媒体的合作中，网络企业学到了传统媒体在内容上运作的经验，为网络行业规模化以及良性循环起到了积极的作用。同时，网络企业也为在视频内容方面的扩张奠定了基础。

除此之外，网络媒体自制节目力度也急速增加，涌现出如《我是传奇》、《晓说》、《老友记》、《土豆最音乐》、《浪漫满车》、《向上吧，少年》、《午间道》、《我为校花狂》、《城市印象》、《奇异家庭》、《秘密天使》等一大批视频节目。现在各大网站在视频发展方面也呈现出差异化的倾向，内容格局逐渐明朗。搜狐推出了美剧频道；乐视建立了全球影视库；56视频社交化，定位年轻人群；PPTV则以体育为主，主打足球、篮球项目；爱奇艺延续长视频优势；迅雷力推高清视频和电影库；凤凰视频则依靠凤凰卫视的大树，主打新闻类节目；酷6专注UGC内容和社交化路线；PPS继续立足客户端大流量优势，为用户提供最丰富的TVB港剧，等等。视频已经成为网络媒体最具活力的重要一支。

在着力研发自制节目的同时，很多网站也开始了招募更多优秀视频人才的工作，中央电视台音乐电视的创始人王坚平、凤凰卫视的刘春，以及银汉、光线等大型民营传媒的大量人才都投身到了新媒体行业。前段时间，又传出杨锦麟出走香港卫视加盟新媒体的消息。专业电视人对网络媒体的加入，无疑更加提升了网络媒体在视频领域的力量和竞争能力。

由于生活和工作节奏的不断加快，受众不愿意花费更多的时间去搜寻字里行间的乏味“游戏”，而乐意通过更直接、更形象的东西去获得。受众这种“懒惰”的情绪恰恰给视频提供了一个广阔的空间。

近年来，网络视频呈现出惊人的发展态势，各种视频网站也如雨后春笋般出现，更有像优酷这样的视频网站在境外上市，并从购买节目向逐渐制作节目的方向发展，有着长期看好的增长势头。目前，在国内的视频节目中，不乏精品。但同时我们也应该看到，肤浅的视频节目仍有相当大的存活空间。有一些拍客总喜欢把镜头对准一些低俗的东西，以此获取部分受众的需要。这是发展中的问题，我们既不能回避，也不能无视。

五、问题及应对策略

目前，视频节目的同类化倾向比较突出。很多节目缺乏创新，更没有特色。专业化程度远远不够，很多网站缺乏一只优秀的视频创作队伍，视频网站的竞争将日趋激烈。未来只有少量能提供优秀用户体验的网站才能够继续生存和发展，它们将出现爆炸式的增长，而大部分服务雷同、内容千篇一律、用户体验差的视频网站肯定会面临用户流量和盈利模式的困惑，从而消失在人们的视线之外。这也将使得视频网站得到从新洗牌的机会。

国际台在人员、设备、技术、政策、资金、语言等方面都具备了其他网站无法比拟的优势和条件。中国国际广播电视网络台（CIBN）也正式上线运营，这就使得国际台具备了高速增长的巨大引擎。我们如果能够充分运用好手中的政策，把握好手中的稀缺资源，就一定能够如虎添翼，更进一步。

如今，国际台各语言中心都成立了地区编辑部，这也是发展视频和图片业务的一个良机。所以，研究、规划好地区编辑部的作用，是摆在我们面前的一个重要课题。如果我们仅仅把它定位在编辑文字稿件，是远远不够的。笔者认为，国际台地区编辑部应该紧紧围绕新媒体，创作出以视频为主要内容的业务链，从而为CIBN的网上传播奠定一个最为扎实的基础。

我们也看到，60多年的业务传承，给CRI增添了一些“固有的东西”，这就是挥之不去的“声音元素”，大家好像已经习惯了用声音去报道，即便是搞了点视频节目，也是“贴牌式”的，即录音报道加画面，在创作源头上，还没有用新媒体的思维去考虑问题。今天，我们已经不可逆转地走进新媒体时代，走进一个用视频和画面去表现生活的时代，这对我们是机会，也是挑战。

（作者单位：中国国际广播电台罗马尼亚语部）

他山之石

韩国媒体半岛局势报道的样本分析及启示

陈 濛

当前，朝鲜半岛局势处于极度紧张状态，一方面，朝鲜在2013年2月进行第三次核试验，宣布废除《朝鲜半岛无核化共同宣言》、《朝鲜停战协定》以及朝韩互不侵犯系列协定。半岛紧张局势不断升级。

在朝鲜核试验以及朝鲜半岛相关问题方面，中国政府一直立场明确，即坚决反对核试验，同时希望相关各方冷静应对，通过对话协商解决朝鲜半岛核问题。坚持半岛无核化立场，呼吁相关各方保持冷静克制，防止造成紧张局势并避免局势进一步升级。

浏览此期间韩国主流媒体对朝鲜半岛局势以及各方立场，特别是中国在朝鲜半岛问题中发挥的作用的报道，能够发现如下特点：大量报道中国对安理会涉朝决议的态度；大量报道中国在朝鲜半岛核问题中起“核心作用”；分析中国新一届政府对朝政策可能的变化；分析韩中关系发展对双方对朝政策的影响，等等。

在对新闻事实进行报道的同时，韩媒报道当中也出现了一些不全面、不客观，甚至营造中朝矛盾氛围的报道。笔者认为，韩国媒体出于自身核心利益和服务外交的需要，营造利于本国政治和军事立场的舆论氛围十分正常。作为中国媒体，一方面要对朝鲜半岛局势进行均衡、理性和有助于推动局势缓和的报道。同时，针对外界对于中国在朝鲜半岛局势问题所持立场方面有失公允的报道，应以客观准确的报道进行应对，并积极阐释中方立场。

本文通过对2013年以来韩国主流媒体相关报道的案例分析，尝试归纳和梳理韩国媒体报道中国对朝政策立场的方法和意图，同时为进一步做好国际台的朝鲜半岛局势报道提出建议。

一、韩国媒体报道样本选择

本文所选取的韩国媒体报道样本来源：韩联社（Yonhap news agency）、《韩国中央日报》(Korea JoongAng Daily)、《朝鲜日报》（ChosunIlbo)、《东亚日报》（Dong-A Ilbo)、《韩国时报》(THE KOREA TIMES)、《韩国先驱报》(The Korea Herald)。

本文所选取的韩国媒体报道样本时间：2013年2月至2013年3月。

二、韩国媒体报道分析

通过对上述时间区间内韩国媒体报道的分析，可以看出以下特点：首先，针对朝鲜第三次核试验，韩国媒体在联合国决议出台前，集中报道朝鲜核试验对中国的影响，以及中国在联合国安理会对朝决议案方面的立场；决议通过后，对中国政府的表态和决议执行的前景进行分析。其次，针对此期间内召开的中国全国“两会”，密集分析中国新任国家领导人以及新一届政府对朝政策走向。再次，分析韩中关系发展对双方对朝政策的影响，特别关注韩国新总统朴槿惠的“中国人脉”。

（一）针对朝鲜第三次核试验的集中报道

2013 年 2 月 12 日，朝鲜不顾国际社会普遍反对，进行了第三次核试验。此前，联合国安理会在 2013 年 1 月 22 日通过的，针对朝鲜于 2012 年 12 月 12 日使用弹道导弹技术进行发射行为的第 2087 号决议当中明确提出，“安理会将继续审议朝鲜的行动，并愿意根据朝鲜的遵守情况，视需要加强、修改、暂停或解除有关措施，并就此表示决心在朝鲜再次进行发射或核试验时，采取重要行动。”①

因此，韩国媒体迅速开始针对联合国安理会是否会通过新的对朝决议展开报道。其中一个重要的报道方向是朝鲜核试验对中国的影响，以及对中国在安理会新对朝决议问题上所持立场和态度的预测和分析。

1. 关于朝鲜第三次核试验对中国的影响。长期以来，西方国家一直用“血盟”来定义中朝关系，如 2 月 16 日《韩国时报》言论版的一篇题为“中朝关系”的文章开篇即提到，“中朝两国在 1961 年签署了《中朝友好合作互助条约》，这是一种特殊的、没有期限的军事同盟。”② 因此，朝鲜违背联合国安理会决议，发射火箭以及进行核试验，会对中朝关系产生怎样的影响，是韩国媒体关注的重点。综合多家韩国主流媒体报道来看，“朝鲜行动不符合中国利益”是基本共识。例如，《韩国先驱报》2 月 13 日的报道：“当前中国正面临越来越大的压力，要求它加入国际社会，共同采取措施应对朝鲜的挑衅行为。而朝鲜的第三次核试验将进一步削弱中国对这个走向失控的盟友的耐心。”③

《韩国时报》2 月 14 日的报道：“周二进行的‘高级别’核试验表明，朝鲜可能已经完成了自行研发核武器的最终步骤，而中国可能需要承认朝鲜已经是有核国家这一现实了。”④

2. 对中国在安理会新对朝决议问题上所持立场和态度的报道。（1）在联合国安理会 3 月 7 日通过第 2094 号决议之前，韩国媒体对于作为安理会“五常”之一的中国将持何种立场，观点不尽相同。但其实应注意到，中国政府对于朝鲜核试验的立场是一贯的，即坚决反对核试验，同时主张积极推动朝鲜半岛无核化进程。⑤ 而此前，1 月 22 日安理会一致通过针对朝鲜发射火箭的第 2087 号决议时，中国政府也已经明确表明了相关立场。因此，中国政府在安理会新决议问题上的基本立场和态度并不难预测。所以，韩国媒体纷纷对这

---

① 联合国文献中心“联合国安理会第 2087 号决议全文”（http：//www. un. org/zh/documents/view _ doc. asp? symbol=S/RES/2087 (2013)）。

② 《THE KOREA TIMES》“China-North Korea relations”（2 月 16 日至 17 日，第 7 版）。

③ 《The Korea Herald》“Nuke test deals blow to China”（2 月 13 日，第 3 版）。

④ 《THE KOREA TIMES》“China to acknowledge N. Korea as nuclear state”（2 月 14 日，第 3 版）。

⑤ 凤凰网“回顾：中国针对朝鲜三次核试验的三份声明”（http：//news. ifeng. com/world/special/chaoxiansanheshi/content-3/detail _ 2013 _ 02/12/22122716 _ 0. shtml）。

一问题进行分析性报道，目的明显在于营造施压中国的舆论氛围，为在第2094号决议中尽可能多增加对朝制裁新措施，特别是增加军事制裁措施的相关讨论增加砝码。例如：《韩国先驱报》2月13日的报道："美国和中国加入全球范围共同谴责朝鲜无视国际社会警告进行第三次核试验的行动。作为朝鲜这一孤立国家的亲密盟友，中国在外交部声明中表示'坚决反对'核试验。"①

《韩国时报》2月15日的报道："中国将反对针对朝鲜进行第三次核试验而出台更严厉的制裁措施，减轻朝鲜经受的来自美国和其他韩国盟国的谴责。"②

韩联社2月18日的报道："到目前为止，中国在如何惩罚刚刚进行过核试验的朝鲜这一问题上一直保持沉默。而国际社会都在静观中国如何约束制造了麻烦的盟友。"③

《韩国中央日报》中文网3月6日报道："中国也同意强化对朝实施包括资金链在内的制裁，态度一直消极的中国在全国最大的政治活动——全国人大的开幕日就制裁案与美国达成一致意见。"④

（2）在当地时间3月7日，联合国安理会第2094号决议通过之后，韩国媒体关注的焦点迅速转向新对朝决议的各项措施能否得到落实方面。通过对这一时间以后韩国主流媒体的报道分析，可以看出，韩国舆论普遍期待中国能够切实落实制裁措施，但同时担忧气氛浓厚。例如韩联社3月8日的报道："中国对联合国安理会扩大对朝鲜制裁的新决议表示赞成是可喜的一步，但能否使朝鲜就范，取决于中国能否切实执行新的制裁措施。"⑤

《韩国中央日报》中文网3月8日的报道："虽然此次决议案相比以前有所突破，但为了确保其实效性，中国的态度非常重要。有人指出'就算中国表面上与国际社会合作，但它很难一下子就置自己的传统友邦——朝鲜于不顾'、'与其完全依赖安理会制裁案，我们还有必要以友邦为中心，参考一下像过去的汇业银行制裁那样的单独制裁方案'。"⑥

（二）对中国新任国家领导人以及新一届政府对朝政策走向的报道

2013年3月召开的中国全国"两会"期间，选举产生了新一届国家领导集体以及新一届政府机构。而早在2012年10月中国共产党十八大选举产生中共新一届中央领导集体之后，韩国媒体就对"中共新领导人"和"新一届中国政府"对朝政策将如何定位十分关注。在2013年1月，时任外交部副部长的张志军作为中国政府特使访问韩国的时候，韩国政界以及媒体就已经将中国未来外交政策调整作为主要关注议题。

1. 朝鲜进行第三次核试验之后，韩国媒体对于中国对朝政策定位的讨论主要集中在

---

① 《The Korea Herald》" U. S. , China join worldwide condemnation of North Korea"（2月13日，第1版）。

② 《THE KOREA TIMES》"China to oppose tough sanctions against NK' "（2月15日，第4版）。

③ （Yonhap）（LEAD）（News Focus）"NK sanctions-China role"（2月18日电）。

④ 《韩国中央日报》中文网"中国也同意强化对朝实施包括资金链在内的制裁"（http：//chinese. joins. com/gb/article. do? method=detail&art _ id=100641&category=002002）。

⑤ （Yonhap）（News Focus）" China holds key to implementing U. N. sanctions against N. Korea"（3月8日电）。

⑥ 《韩国中央日报》中文网"安理会制裁虽瞄准朝鲜要害，却未能击中"（http：//chinese. joins. com/gb/article. do? method=detail&art _ id=100749&category=002002）。

“核试验是否会推动中国对朝政策‘转向’”的话题上。一个有意思的现象是，笔者看到的韩国媒体报道，均认为中国对朝政策不会发生根本改变。但与此同时，韩国媒体通过在言论板块刊发大量评论性文章，来营造“中国可以放弃朝鲜”的舆论氛围。例如《韩国时报》2月23日的报道：“中国必须警告朝鲜，表明不会在本国国家利益受损的状况下仍然无条件支持朝鲜。事实上，中国应该明确表示，如同它一贯所说，希望朝鲜实现繁荣发展。但它也可以接受昔日盟友发生内部变化。”①《韩国先驱报》2月20日的报道：“李明博总统最近表示，在当前地区安全局势有所改变的情况下，中国实际上已经开始修改对朝政策。而这一政策转变的进程，将在中国新领导人习近平就任后得到加快。”②

2. 在韩国媒体的独创性报道或转载的报道当中，都不遗余力地为中国如何“放弃”朝鲜出谋划策。而对于“放弃”的方式，大致可分为两类，一是与国际社会一同强迫朝鲜选择“正确道路”，二是允许朝鲜内部发生“变化”，即在朝鲜实现政权更迭。例如《韩国中央日报》中文网2月27日的报道：“中国的核心利益主要分为三大部分。第一是维护基本制度和国家安全，第二是维护国家主权和领土完整，第三是保障经济社会的持续稳定发展。朝鲜核开发对于中国的第三条核心利益，也就是从根本上保障经济社会的持续稳定发展形成了严峻的挑战。现在，中国必须做出果断的决断。如果说由于过去朝鲜的威胁并没有成为现实所以中国消极应对的话，那么在已经接近现实性威胁的现在中国就必须做出决断。是将中国梦的实现时间表大幅推迟，还是采取坚决措施迫使朝鲜弃核，现在只剩下中国的选择了。”③《韩国时报》2月23日的报道：“传统所认为的朝鲜政权崩溃是灾难性的观点是一种误解。危机引发的朝鲜难民逃向中国边境将是短暂的，而国际援助将很快实现。中国同样不必担心韩国主导的半岛统一。中韩关系目前比中朝关系还要顺畅，而且半岛完成统一的过程将长达20年，日本和美国需要注入大量资源来重建和恢复朝鲜。这与中国继续致力自身发展并成为世界第一大经济体的利益并行不悖。”④

（三）分析韩中关系发展，特别关注韩国新总统朴槿惠的“中国人脉”

在所有关于朝鲜半岛事务的讨论当中，韩国一直处于较为微妙的地位。首先，韩国是半岛事务直接利益攸关方。无论是朝鲜半岛无核化进程还是韩朝关系改善进程，对于韩国来说都是关乎国计民生的核心利益。第二，作为美国在东亚地区重要的盟国，韩国在几乎所有涉及半岛事务的讨论当中都必须与美国及另一地区盟友日本进行立场协调。第三，在朝核问题六方会谈框架内，中国发挥了极其重要的协调各方、劝和促谈的作用，加上近年来中国在国际和地区事务当中的发言权越来越大，在半岛事务讨论当中与中国协调立场，对于韩国来说越来越具有实际意义。因此，在当前半岛局势再次处于极度紧张状态的情况下，韩国媒体当中大量出现了对韩中关系未来走向的报道。而这些报道当中，通过加强韩中关系，进而促使中国向朝鲜施加更大、更强硬的影响力是意料之中的，而在探讨如何实

---

① 《THE KOREA TIMES》“China without N. Korea”（2月23日至24日，第7版）。

② 《The Korea Herald》“Easing China's concerns”（2月20日，第14版）。

③ 《韩国中央日报》中文网“中国为什么必须在朝核问题上做出决断？”（http：//chinese. joins. com/gb/article. do? method=detail&art _ id=100371&category=002005）。

④ 《THE KOREA TIMES》“China without N. Korea”（2月23日至24日，第7版）。

现这一目标时，韩国新总统朴槿惠的“中国人脉”则是最被媒体津津乐道的话题。例如《朝鲜日报》中文网3月19日的报道：“中国国家主席习近平17日在全国人大闭幕会上发表讲话时说，为实现‘中国梦’，‘我们将高举和平、发展、合作、共赢的旗帜，履行应尽的国际责任和义务。’这一原则和承诺不会只排除朝鲜半岛。因为如果对朝鲜核问题置之不理，中国不会顺利实现‘中国梦’。为此，我们希望朴槿惠主动向习近平伸出友善之手。”[①]《韩国时报》2月5日的报道：“韩国的新总统应该从个人的层面上去了解习近平。领导人之间对彼此的了解十分有益，这也是中国传统文化中重要的组成部分，他们非常重视人际关系，而国家政策取向则可以（在一定程度上）视为是这种关系的延伸。”[②]《韩国中央日报》中文网3月21日的报道：“韩国和中国的国家元首朴槿惠和习近平有着‘特别的友情’，那是从8年前开始的。8年后，朴总统与习主席于本月20日进行了就职之后的首次电话通话。双方在通话中用了很长时间讨论朝鲜问题。对于朴总统‘希望中国努力敦促朝鲜回到谈判桌上来’的邀请，习主席表示‘尽管说服朝鲜非常困难，但我们仍将为此作出不懈努力’。青瓦台相关人员说‘韩中两国领导人的本次通话是历届领导人对话中少有的坦诚而又直接的对话。这让我们看到了朴总统和习主席之间深厚的友谊’。”[③]

三、对国际台进一步作好朝鲜半岛问题报道的启示

从上述韩国媒体报道的案例分析当中，可以明确看出，出于维护自身核心利益和服务外交的需要，并力图营造利于本国政治和军事立场的舆论氛围，韩国媒体在此期间的报道主观性、目的性极强。除了上文中所分析到的“中国在安理会立场”、“新一届中国政府对朝政策”以及“未来韩中关系走向及其对朝影响”之外，在对朝鲜第三次核试验各国反应的报道过程中，韩国媒体也表现出了很强的代言韩国战略意图的特点，例如《朝鲜日报》中文网、《韩国先驱报》等都曾用较重要版面或较大篇幅报道中国民间抗议朝鲜核试验的活动[④]。《韩国中央日报》中文网也曾刊发对韩国前驻华大使金夏中的采访文章，阐述“如果朝鲜发动进一步行动，会引发中国强烈反应”的观点。[⑤] 而值得高度重视以及警惕的是，在韩国媒体的相关报道中，隐含着一些对中国立场不客观、不准确的报道，这些表述不会直接体现在标题、导语甚至主要章节当中，但却因为观点的标新立异而引起受众注意。其中最明显的一个例子是对于中国“朝鲜半岛无核化”立场的不客观评价。例如《韩国先驱

---

① 《朝鲜日报》中文网“中国对朝政策能否改变?”（http：//cn. chosun. com/site/data/html _ dir/2013/03/19/20130319000014. html）。

② 《THE KOREA TIMES》“Park should get to know Xi Jinping personally”（2月5日，第14版）。

③ 《韩国中央日报》中文网“韩中领导人就任后首次通话”（http：//chinese. joins. com/gb/article. do?method=detail&art _ id=101365&category=002002）。

④ 《The Korea Herald》“SAY NO TO N. K.”（2月20日，头版）《朝鲜日报》中文网“［社论］如何看待中国网民反北情绪?”（http：//cn. chosun. com/site/data/html _ dir/2013/02/19/20130219000013. html）。

⑤ 《韩国中央日报》中文网“前韩国驻华大使金夏中：朝鲜如进行核试验等追加挑衅，中国可能将强烈应对”（http：//chinese. joins. com/gb/article. do? method=detail&art _ id=100857&category=002002）。

报》的文章说，“正如一位资深联合国安理会外交官最近所说，如果中国必须在拥有核武器的朝鲜和失去朝鲜现政权两者之间做出选择的话，它会选择前者。”① 另外，韩国媒体每当在表述中朝关系时，都会用“朝鲜在国际上唯一的盟友”或类似定语，用以营造“孤立朝鲜”的舆论氛围。

而在这种情况下，笔者认为，作为中国媒体，特别是从事国际传播的媒体，应从以下几方面进一步做好对朝核问题，以及朝鲜半岛局势问题的报道。

（一）客观准确报道中国立场，积极阐释中方主张

客观准确的报道是实现良好传播效果的基础，任何优秀的新闻报道都必须基于对新闻事实的尊重和正确理解，在朝核问题以及朝鲜半岛局势问题上，必须对以下中方立场有准确全面的把握。

1. 中国维护半岛和平稳定，致力于实现半岛无核化的立场是明确和坚定的。
2. 在六方会谈框架下解决半岛无核化问题。
3. 中国坚决反对朝鲜核试验。
4. 中方支持国际社会对朝鲜核试验的适度反应。
5. 中国一贯认真执行安理会有关决议，履行相关国际义务。

（二）回应外界关注，进行有针对性的报道，达到消除误解、解疑释惑的效果

当前，韩国媒体对于中国对朝政策的理解，可以简要归纳为“面临挑战的‘血盟’②”。一方面，基于对历史问题的认识，以及多年来中朝关系发展的状况分析，韩国媒体一直认为“中国政府不愿对朝鲜采取更为严厉的措施，并经常以常任理事国的身份在联合国安理会动用否决权。”③ 而另一方面，在中国政府对联合国安理会第 2087、2094 号决议投了赞成票，并在朝鲜进行第三次核试验前全力进行劝阻，核试验之后表示强烈反对的背景下，韩国媒体又普遍开始猜测中朝关系出现了“变化”，认为中国正在“重新考量”对朝政策④。同时认为第 2094 号决议是中美两国在朝核问题上“联手”的表现，并据此分析猜测中国政府在执行安理会决议时将采取的具体措施，以及中国是否会出台专门针对朝鲜的制裁措施。此外，在当前美国、韩国、中国相继完成政府换届的背景下，韩国方面对于中国新一届政府如何处理对朝、对韩关系，以及中国在朝鲜半岛问题上的态度和立场是否有所调整十分关注，这一点从新总统朴槿惠在当选后将第一个特使团派往中国⑤的做法上可见一斑。据此，作为中国媒体，应在如下方面进行有针对性的报道，以实现消除误解、解疑释惑的传播意图。

1. 中朝关系是正常的国家间关系。
2. 反对朝鲜核试验与联合国相关决议是国际社会的共识，而并非中美主导。

---

① 《The Korea Herald》“New sanctions on North Korea may be tougher, but impact in doubt”（3 月 11 日，第 4 版）。

② 《The Korea Herald》“Nuke test deals blow to China”（2 月 13 日，第 3 版）。

③ Yonhap “（LEAD）（News Focus）NK sanctions-China role”（2 月 18 日电）。

④ 《The Korea Herald》“Bellicose N. K. force China to shift stance ”（3 月 13 日，第 4 版）。

⑤ 《The Korea Herald》“U. S. , China call for tough new N. K. sanctions”（3 月 7 日头版）。

3. 制裁朝鲜并不能从根本上解决朝核问题，六方会谈等对话平台需要重启。

4. 中方支持韩国新总统朴槿惠主张的“朝鲜半岛信任进程”。

5. 中方要求有关各方保持冷静和克制，避免进一步采取可能导致局势升级的行动。

必须指出的是，当前中国媒体关注朝鲜半岛问题，过多将注意力集中于紧张局势以及朝韩双方的对抗性言论，而对双方主观或客观释放出的缓和信号不够敏感或“主观忽略”。例如韩国总统朴槿惠以及政府官员多次表示，政府虽应强力应对朝鲜的挑衅，但依旧不能放弃推进朝鲜半岛信任进程。同时强调不论政治局势如何，都将考虑延续对朝援助。① 作为追求中立、客观报道新闻事实的新闻媒体，应全面报道朝鲜半岛相关各方的各类表态，而不应以先入为主的态度对新闻事实作出“过滤”。此外，对当前韩国国内出现的“重新部署美战术核武器”和“自行开发核武器”② 以应对朝鲜威胁的相关言论，由于并非单纯韩国国内事务，同时也关系到朝鲜半岛无核化进程能否顺利推进，中国媒体应及时报道中国政府以及舆论观点。

（作者单位：中国国际广播电台新闻中心）

参考文献：

1. 黄凤志主编：《东北亚地区政治与安全报告》（2012），社会科学文献出版社，2012年5月第1版。

2. 孙冀：《韩国的朝鲜政策》，中国社会科学出版社，2011年10月第1版。

3. 金祥波：《朝鲜对外战略史研究》，中国社会科学出版社，2012年7月第1版。

① 国际在线“韩国总统朴槿惠：不能放弃推进朝鲜半岛信任进程”（http：//gb.cri.cn/27824/2013/03/12/6251s4048702.htm）。

② 《THE KOREA TIMES》“US nuke umbrella not enough”（2月20日，第1版）。

浅谈谈话类栏目的对外传播效果

——以国际台对印尼广播栏目《身边》为例

马宁宁

中国国际广播电台（以下简称国际台）印度尼西亚语的广播已开办了 64 年。长期以来，节目内容多为新闻报道，形式上以朗读式专题播音为主。2010 年 4 月下旬，国际台印尼语广播在印尼调频落地，收听群体发生较大变化。为了配合印尼听众的收听习惯，增强传播效果，印尼语节目组对广播节目的内容和形式进行了大胆改革。其中最重要的变革当属创办了《身边》栏目（印尼语 LENTERA)。

《身边》栏目的初创是基于对时下流行的谈话类节目形式的借鉴和创新，开创了国际台印尼语广播谈话类节目的先河。从节目的收听统计和听众的反馈来看，节目在受众群体中已产生了良好的传播效果。栏目开办三年多来，经过不断的调整改进和吸收创新，已逐渐已经形成自己独特的风格，在听众中树立了良好的形象和口碑。

在印尼众多广播节目以及国际台印尼语广播的众多栏目的激烈竞争中，为什么《身边》栏目能够独树一帜？本文力图通过对《身边》栏目在节目内容和形式方面的策划编排的分析来阐述谈话类节目的对外传播效果。

一、转变传播方式，注重传播效果

国际台对印尼广播自 1949 年诞生至今，为了不断地适应发展的形势对节目创新的要求，节目编排经历了多次调整。然而在最初的 60 年间，广播始终依存短波频率，落后于时代。从节目内容和播报形式而言，节目始终以新闻报道和朗读播音为基本，在风格方面从未发生根本性的改变。

随着时代的发展和技术的进步，新媒体的形式和手段不断涌现，人们获取信息的渠道在逐渐多样化，传统广播受到诸多新媒体形式的挑战，受众群体对新闻信息或者更广义的信息内容的接收渠道和方式有了更多样的选择。换言之，人们有更多的方式可以接收信息。因此在选择接收信息的渠道时，受众对信息内容之外的信息接收形式开始提出了更苛刻的要求。对广播节目而言，观众对于原有的朗读播音开始厌倦，希望新闻节目可以做得更有趣和更深入。

为了积极应对时代的发展对于媒体发展的要求，2010 年国际台对印尼语广播进行了大刀阔斧的改革。改革的目的是为了改进传播效果，手段即是通过对节目设置的创新而转变传播方式。

首先，大力拓宽播出渠道。2010 年，国际台与印尼合作方开展了播出合作，借助合作方的渠道资源保短波增调频，使国际台的声音最为直接有效地送达受众耳边。如果说在改革之前节目组注重的是把声音发出去，那么在改革之后更注重的是让声音能让印尼听众听得见。渠道的扩大为谈话类栏目发挥最大传播效果提供了基础性技术保障。

其次，大胆创新节目形式。国际台印尼语广播勇于挑战自我，历史性地设立了谈话类栏目——《身边》。

广播谈话类节目在我国出现于20世纪90年代初期，形式上主要是由主持人邀请嘉宾以谈话的方式开展固定或不固定话题的讨论，内容上多以公众普遍关注的新闻事件和社会现象为主。由于形式上较传统的新闻播报更为活泼和轻松，内容上贴近受众日常生活，使受众直接参与话题讨论成为可能，因此，谈话类节目自出现以来一直受到听众欢迎。

在印尼各大广播电视节目中，尽管传统的新闻播报类仍占主流，但是也有不少的谈话类节目在不断涌现，颇受听众好评。因此在国际台与印尼合作方开展合作之初，双方均有意尝试谈话类节目类型，贴合合作方确立的"说新闻"（News and Talk）形式，着力打造谈话类节目《身边》，以更灵活的方式来讲述新近发生的新闻事件和观点。

第三，保持谈话类节目的新闻特性。广播谈话类的节目内容丰富多样，其中包括贴近人心的情感、赏析、音乐、娱乐等多方面内容，然而这些方面都不是《身边》的定位。考虑到国际台作为国家电台对印尼广播的特殊性，符合"向世界介绍中国"的办台宗旨，同时为了与其他印尼广播电台的谈话类节目有所区别，特将《身边》确立为以新闻资讯内容为主的谈话类节目。节目内容始终围绕新闻事件，对相关的中印尼两国的政治、经济、社会、文化现象展开讨论，大量采用电话连线采访和嘉宾访谈的形式，充实了原先形式单调、内容单薄的新闻事件，使得内容的传播更具有趣味性和可听性。

第四，采用脱稿直播式录播，保留即兴谈话的新鲜感。为了与新闻播报节目区分，《身边》栏目摒弃了以往节目制作的方式，要求主持人和嘉宾均不事先准备外文谈话稿，录制前不进行对词。这样的方式对已习惯了新闻播音的广播主持人是极大的挑战，但是从实际效果看，节目保留了大量的即兴式的谈话内容，语言风格贴近生活，更容易被听众接受和喜爱。

二、分析收听习惯，适应听众需求

广播的目的是向受众传播信息。而国际台印尼语广播最主要的目的是加强印尼听众对中国的了解和好感，纠正偏见和误解。而为了实现上述的广播任务以及达到预设的传播效果，就必须对受众群体进行甄别和分析，了解受众群体的需求，并针对受众需求在节目的策划编排方面予以侧重，以实现更好地传播效果。

《身边》栏目是通过合作方电台对印尼听众广播，因此《身边》的听众在很大程度上与合作方的忠实听众群是重合的。根据合作方提供的资料，其听众主要包括印尼中产阶级、精英阶层，年龄方面以青年和中年为主。这类人群受教育程度较高，善于思考且独立、开放，对外部世界具有强烈的好奇心和求知欲。另外，随着中国的经济崛起，影响力不断扩大，因此对中国社会、中华文化产生兴趣的印尼人越来越多。因此，节目组针对主要受众人群的特点在节目中特意安排了大量介绍中国经济、政治、文化的内容。从观众反馈的意见看，这类节目也得到了听众最主要的关注和支持。

节目播出的时间是印尼西部时间晚间10：00至10：30。节目组为了有针对性的编排节目，对主要收听地区印尼首都雅加达及周边城市晚间10点听众的主要生活习惯进行了调研。调查结果显示，由于大部分听众居住在雅加达周边的卫星城，加之雅加达城区交通情况拥堵，有不少听众在晚间10点时正处于下班、工作、与亲友聚餐后返家途中。由于雅加达地区公共交通设施缺乏，大部分中产阶级人群拥有私家车。于是在返家途中，许多人习惯在车中通过广播获取资讯、放松心情或是消磨交通拥堵中的时间。节目组认为在车中收听广播节目的听众更倾向于选择收听气氛轻松欢快的内容，因此在节目编排中有针对的增加生活、文化、城市趣谈等轻松话题，在语言风格上也加入幽默风趣的元素，避免较严肃和沉重的新闻事件。在节目组对印尼听众的采访中也证明，确实有大部分听众是在驾车途中收听《身边》栏目。

同时，在节目开播之初，为了在内容编排上保持与其他广播台的差异性，节目组专门调查了雅加达地区同时间段印尼其他广播台的节目编排，结果见表1。

表1　2010年9月7日（临近开斋节）22：00，雅加达地区电台播出情况

电台名称	播出节目内容
Hard Rock FM	欧美流行音乐
Merpati Dharmawangsa	印尼流行音乐
Agustina FM	欧美经典歌曲
Kis FM	欧美流行音乐
Motion Radio	印尼流行音乐
Global Radio	印尼乐队访谈
OZ Radio Jakarta	音乐专题：Lady Gaga
Indika FM	点歌节目
RRI印尼国家广播电台	印尼国内新闻
Sonora	交通路况
Smart FM	故事会（类似评书）
Radio Pelita Kasih	宗教演讲
Radio Dangdut	谈话类节目：开斋节专题

从表1中可见，在雅加达地区与《身边》栏目同时段的广播节目多以轻松的音乐节目为主，配合一小部分的谈话类节目。这从侧面反映了其他广播电台对该时段的听众人群的生活习惯分析与国际台不谋而合。然而，从另一方面，也可以看到大多数广播电台均选择播放音乐为主，节目类型具有严重的同质化现象。在这种情况下，尝试性的播放有特色的

谈话类节目有可能会在激烈的广播竞争中得到意外的惊喜。

三、转变节目内容，加强听播互动

谈话节目的关键在于策划，策划的关键在于选题。可以说，一个好的选题本身就有着吸引听众的神奇魔力。《身边》节目每周播出四期，高频率播出的同时还要保证选题的高质量，这对节目组的策划能力提出了极大的挑战。

相比新闻播报类的节目，谈话类节目的话题具有更多的特殊性，既要有时效性，又要有趣味性，同时还要有可谈性。时效性是指内容与时代和生活贴近；趣味性是指内容能够引起听众的兴趣；可谈性则是谈话类节目话题的最重要的特点，能够引起不同观点的交锋和辩论。找到新鲜、有趣而且可谈的话题，谈话类节目就成功了一半。

为了能够尽可能挑选合适的话题，《身边》栏目的编辑除了在内部进行头脑风暴集思广益之外，更主要的是从听众中广泛征集话题，从听众来信中遴选最受关注的事件和话题。观众来信中关心的话题大多是与中印尼都有相关性，或者是两国人民共同面对的问题，或者是虽然与本国无关却对对象国的情况非常感兴趣的问题。例如中国穆斯林的生活、中医养生、中国和印尼的羽毛球运动，等等。这些话题来自于听众，自然也就容易引起听众的兴趣和共鸣。

在具体节目的编排上，《身边》栏目也在着力丰富节目形式，努力营造话题讨论的氛围，避免将谈话做成播报。例如在"中国穆斯林的生活"一期中，节目并没有简单地罗列介绍中国穆斯林的情况，而是邀请了印尼嘉宾参与节目，用在中国生活的印尼人的视角描述中国穆斯林的形象，然后结合印尼穆斯林的情况做对比性的介绍，节目中中国主持人和印尼嘉宾的不同观点形成了节目的看点，在意见的沟通交流中完成了对中国穆斯林的介绍。又例如"中医养生"一期中，两位主持人对中医持有赞同和谨慎两种不同观点，同时邀请了在华学习中医的印尼留学生参与话题，在节目中对同一事件形成了多角度多层次的讨论，体现了谈话类话题的特点，产生了与播报式节目不同的传播效果。

《身边》的印尼文LENTERA是从Lensa和Interaktif这两个词中各取部分音节形成的缩略词。在印尼语中Lensa Interaktif直译为"互动镜头"。顾名思义，"互动"是该栏目的重要特色，除了主持群之间的互动，主持人与嘉宾的互动以外，与听众的互动必不可少。以前播报式节目中，听众来信往往滞后，且受节目形式限制难以融入到节目中。现在的谈话类节目，主持人可以现场电话连线听众，还可以尽快将来信留言在节目中播出。互动增强了听众收听的兴趣，使传播效果及时反馈，达到最佳。

经过三年多的发展，《身边》主持人在节目结构设置和语言特色上也逐渐形成了自己的鲜明特色，这种特色也是在与听众的频繁互动中动态形成的。例如，在节目开播之初，主持人在开场时往往首先寒暄，然后通过铺贴，逐步引入话题。但是主持人发现以这种方式编排的节目播出后观众的反馈并不积极，因为听众希望在节目开始后立即了解话题，以便判断是继续收听还是仓促换台。经过不断的摸索和调整，现在的《身边》主持人已可以熟练把握开场问候听众后七秒中之内抛出话题的最佳时机。

四、调整主持风格，树立节目品牌

主持人对于谈话类节目，尤其是广播谈话类节目至关重要。节目的内容需要主持人来传达，话题的展开需要主持人来引导和把控，主持人的思想、品位、格调和风格反映着节目的思想、品位、格调和风格，他们自身的特点和魅力是一档谈话类节目的灵魂。优秀的谈话类节目主持人往往具有强烈的标志性个人风格，听主持人“怎么说”有时比听他们“说什么”更吸引人。

《身边》在初创期就意识到了主持人对于栏目的重要性，节目组在主持人的选择和组合上倾注了许多心血。由于《身边》客观上是一档在北京录制的印尼语谈话类节目，在聘请访谈嘉宾方面存在天然的困难，因此，在更多情况下节目需要由多个主持人共同形成主持群，配合完成，这对主持人的能力提出了更高的要求。

首先，每期节目的主持群必须保证有中有外。经过反复的探讨，节目组确定了由中方印尼语主持人和印尼籍母语主持人搭配，每期形成两到三人的主持群，通过聊天方式将话题以平民的视角呈现给听众。一方面中印尼主持人的不同立场和观点在节目中形成交织碰撞，另一方面同事间长期相处配合的默契往往可以激发最大情绪，产生意料之外的良好效果。

其次，无论中外，每名主持人必须有独特的风格，不同风格的主持人形成互补。《身边》目前有两名外籍主持和四名中方主持。两名外籍主持一男一女互相轮换，男士学识渊博，女士清新活泼，二人均有在中印尼两国的生活经验，同时具备对两国社会文化的认知。中方四名主持人的年龄层次不同，分布在三十到六十岁之间，看待事物的角度和方式不尽相同。这六名主持人在节目中进行不同的组合和搭配，每个人都保持独立特质，形成了不同的主持风格，有的沉稳持重，有的活泼时尚、有的前卫犀利，有的严谨审慎，让节目本身呈现出丰富多彩的局面。现在，《身边》栏目的主持人风格逐步深入人心，许多主持人已拥有了自己固定的收听群体。

第三，偶尔制造语言小惊喜。《身边》虽不是汉语教学节目，然而由于是向印尼介绍中国，所以不可避免地涉及一些中文词句或专有名词，将中华文化自然而然地渗透到节目中传播给听众。这样的情况不需多，一周出现一次便可制造足够惊喜，尤其是中文词句由外籍主持人说出，效果更加。例如“三人行必有我师焉”，“三十年河东，三十年河西”等，再用印尼语结合上下文加以解释，效果最佳。又偶尔有中方主持人，说出几句印尼俚语，颇能达到外国人说北京歇后语的效果，幽默风趣，活跃气氛。这些偶然制造的小惊喜，已经成为了《身边》的一大特色。

对于谈话类栏目来说，主持人形同栏目代言人，他们的形象与栏目品牌形象密切相关，一档栏目只有树立了良好的品牌口碑，才能长期生存下去。《身边》栏目组格外重视品牌建设。虽然是一档广播谈话节目，但是节目组也在不断尝试通过网络手段塑造栏目的品牌形象。《身边》的多位主持人在国际台官网都开通了外文博客，将主持节目的心得体会通过网络与听众分享，博客文风和关注侧重点与他们各自在广播节目中的个人风格保持一致，加强品牌辨识度。《身边》栏目音频的资料在网站上及时更新，得到了听众和网民的好评，点击率和留言频率一直名列前茅。

《身边》的创立是期望通过广播节目内容和形式的创新提升和改进传播效果，《身边》的发展验证了谈话类节目在印尼语对外广播中可以发挥独特的作用，形成对传统新闻播报类节目的有益补充。正如《身边》栏目的印尼语名 LENTERA（印尼语，直意为灯），它如深夜的一盏灯陪伴在听众身边，温暖人心。

（作者单位：中国国际广播电台印尼语部）

越南通讯社在中国“两会”期间涉华报道实证研究

卢倩桦

本文以越南主流媒体越南通讯社2011年至2013年中国“两会”期间涉华报道为研究对象，通过实证分析，从报道主题、态度倾向、消息来源、报道内容四个方面分析其涉华报道关注重点，从而得出改进国际台对越南传播的相关启示：跨文化传播需要加强对目标受众的传播生态、语言习惯、宗教信仰、文化心理等多方面的研究，才能使传播内容更能为外国媒体和受众所接受，实现对外传播效果的优化。

每年一度的“全国人民代表大会”和“全国人民政治协商会议”（简称“两会”）是中国当今政治生活中的一件大事，也是展示中国政治民主发展进程、重大政策酝酿产生、调整改革的重要窗口。毫无疑问，中国“两会”是产生新闻的重要平台，“两会”报道可以最直接和全面地反映中国各个领域受关注的问题，因而也是外国媒体审视中国政治、经济现状及未来政策走向的重要时机。

“两会”是越南媒体密切关注中国政治、经济走向及对越南影响的重要窗口，透过这一窗口，越南媒体试图勾勒中国政治、经济生态全图景，中越两国关系在越南通讯社中得到了比较充分的反映。越南媒体涉华报道关心的主题和评价态度是怎样的？考虑到研究的集中与连续性，本文试图从2011年至2013年连续三年的中国“两会”召开期间，对越南通讯社涉华报道的现状进行分析，发现其中的积极因素，以优化中国国际广播电台（以下简称国际台）对外传播效果。

一、研究对象及方法

本文选取越南主流媒体——越南通讯社为研究对象，越南通讯社（越文名缩写VNT-TX，英文名缩写VNA，以下简称越通社）创办于1945年9月15日，是越南影响力最大的媒体之一。作为国家通讯社，越通社是越南官方的消息来源，负责对外发布越南党和政府的信息和文件。它发布的消息涵盖各行各业，向世界传达越南的真实面貌，并将世界其他国家的信息传达给越南国内的读者。①

1. 研究方法

本文旨在用实证分析和理论相结合的方法研究中国国家形象在外媒中的建构，主要采用抽样调查与案例分析的实证方法，同时借鉴大众传播学中的“意见领袖”、“拟态环境”、“把关人”等相关理论，对越南通讯社对中国2011年～2013年“两会”报道现状进行分析。

① http：//www.vietnamplus.vn/staticpages/about.html。

数据抽样和案例分析在于增强研究的说服力。根据我国宪法规定，我国每年的“两会”在3月上旬召开，会期11～14天左右，（2011年为3月3日至14日；2012年为3月3日至3月14日；2013年为3月3日至17日）。考虑到“两会”召开前后外国媒体均有关注，本文样本选择为当年的3月1日至17日期间的越南通讯社的涉华报道（不包括图片报道），所有报道均来自越南通讯社网站（http：//www.vietnamplus.vn/）。越南通讯社报道既是个案又是数据抽查的对象。由于涉华报道主题多元，因此在报道主题、归类标准、报道内容的区分方面都有自己的标准。

在报道主题处理方面，将越南通讯社涉华报道主题区分为“两会”会议进程、中国内地、中国外交等主题。

在报道的归类标准方面，本文的归类标准主要看新闻报道的内容和用词是否有利或有损于中国的国家形象。

在报道的内容方面，根据新闻文本涉及的领域，本文区分为政治新闻、经济新闻、社会新闻、文体新闻、军事新闻及其他新闻。

2. 创新性与局限性

本文选取连续三年的中国“两会”期间的越南主流媒体的涉华报道进行研究与分析，并以此作研究选题，这正是本文进行创新的地方所在，换而言之，就是在研究主题方面的创新。本文研究具有填补这一研究空白的意义。研究和分析越南主流媒体对中国国家所发生的新闻事件的整体报道和具体报道，对于了解和弄清越南媒体对中国国家新闻事件的报道内容、报道方式和报道特点，特别是在建构中国国家形象过程中新闻传播的特点，等等，以及如何更为真实准确地塑造中国国家形象，都有着重要而深远的意义。

当然，本文研究也存在局限性，如客观因素，并且在数据抽样方法与传播学理论上也需要进一步完善。

二、对越南通讯社“两会”报道的分析

对越南通讯社对中国“两会”的报道的内容分析主要分布在五个框架下进行：报道时间分布、报道主题区分、稿件来源情况、报道内容区分和报道态度倾向。

1. 报道时间分布

统计数据看，越南通讯社对中国“两会”呈现出较大的关注度，涉华报道在其常态报道中占有较重要的位置。以下从2011年到2013年样本中作细致分析：

在2011年样本中，共搜索到涉华报道24篇，平均1.41篇/天；显示出越南通讯社对中国较高的关注程度。尤其值得注意的是，全国政协第十一届四次会议开幕当日，越南通讯社涉华报道陡然增加（如图1），当天共发表涉华报道6篇，其中集中报道了中国全国政协十一届四次会议开幕、中共中央制定的“十二五（2011年～2015年）”规划建议等相关内容，这显示出越南通讯社对中国“两会”开幕及中国未来五年规划的浓厚兴趣。值得注意的是，在“两会”闭幕（3月14日）后，越南通讯社并没有进行“两会”后续报道。

在2012年样本中，共搜索到涉华报道36篇，平均2.12篇/天；显示出越南通讯社对

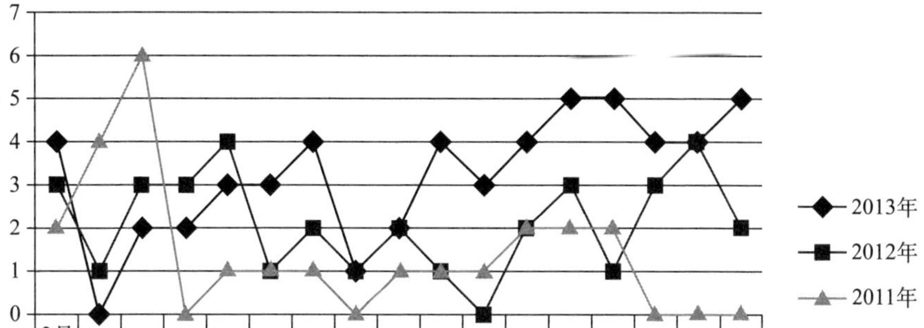

	3月1日	2日	3日	4日	5日	6日	7日	8日	9日	10日	11日	12日	13日	14日	15日	16日	17日
2013年	4	0	2	2	3	3	4	1	2	4	3	4	5	5	4	4	5
2012年	3	1	3	3	4	1	2	1	2	1	0	2	3	1	3	4	2
2011年	2	4	6	0	1	1	1	0	1	1	1	2	2	2	0	0	0

图1　报道时间分布

中国较高的关注程度。其中，全国人大第十一届五次会议开闭幕当日及前后，越南通讯社涉华报道篇数均为3篇/天，且报道篇幅较长与详细。尤其值得注意的是，2012年是中国现任中央领导班子换届前任职的最后一年，因此，越南通讯社在涉华报道上对部分“敏感问题”较为关注，如3月14日的中国总理温家宝答中外记者问中多次提到的“政治体制改革”及“王立军事件”、3月15日的“中共中央决定张德江同志兼任重庆市委委员、常委、书记；薄熙来同志不再兼任重庆市委书记、常委、委员职务”等均进行了详细报道。

在2013年样本中，共搜索到涉华报道55篇，平均3.24篇/天；显示出越南通讯社对中国极高的关注程度。其中，尤其值得注意的是，在本届“两会”召开期间，越南通讯社几乎每天都对大会的进程进行跟踪报道，尤其在即将闭幕的几天之内，越南通讯社涉华报道陡然增加（如图1），大会闭幕当天共发表涉华报道5篇，其中集中报道了“第十二届全国人民代表大会第一次会议闭幕”、“以习近平主席为核心的中国新一届领导班子”、“中国新一届政府的三大施政目标”等相关内容，这显示出越南通讯社对中国“两会”闭幕、中国新一届领导班子及本届政府施政目标等的浓厚兴趣。

2. 报道主题区分

主题的选择，既是媒体编辑方针的体现，也是媒体立场和倾向的反映。从文本分析结果来看，越南通讯社的涉华报道主题选择基本保持了以中性报道为主。从图2可以看出，2011年～2013年“两会”期间，越南通讯社涉华报道关注重点主要集中在：直接关注“两会”会议报道、中共中央制定的“十二五”规划建议、中国国内、中外关系四个方面。由于在2011年“两会”期间，日本发生特大地震，而2012年“两会”期间，“中国海监巡航编队抵达钓鱼岛及其附属岛屿附近海域进行巡航，引发日本‘抗议’”，2013年“两会”期间，中国外交部副部长傅莹表示：日本购岛违背曾有共识，中国海监船巡航钓鱼岛属必然。因此越南通讯社也十分关注中日关系；需要指出的是，2013年“两会”期间，越南通

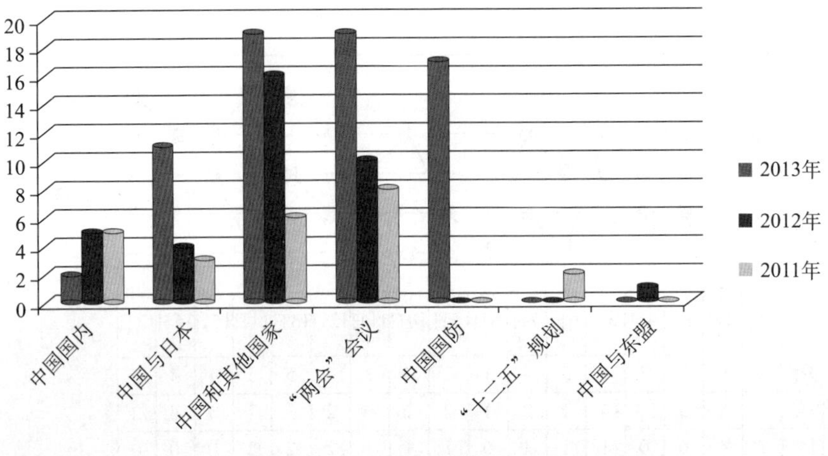

图 2　报道主题区分

讯社对温家宝总理政府工作报告中提到的"2013 年中国国防预算"进行了解读，并由此进行了连续多日有关军事方面的报道，对中日、中美、中俄关系以及南海问题进行了详细分析和解读。

3. 稿件来源情况

就媒体本身而言，稿件来源往往是其客观性的佐证；就一国对外传播媒体而言，外国媒体的稿件来源在一定程度上反映出该国对外传播媒体报道在国际上的被采用率和认可度。越南通讯社在 2011 年"两会"会议报道信源多为越南通讯社驻京和香港记者自采编译报道，部分取材于中国政府新闻发布会、新华社、国际台等；2012 年和 2013 年"两会"会议报道信源多为驻京及本地记者自采编译报道，部分取材于新华社、中国外交部、日美韩俄法等主流媒体等。

4. 报道内容区分

报道内容显示出越南通讯社涉华报道关注重点。如图 4 显示，由此可见，越南通讯社在 2011 年～2013 年"两会"期间涉华报道的重点主要集中在会议进程、中国外交、中国军事、中国经济等三个方面，尤以对中国外交政策及外交关系问题关注度最高。值得注意的是，在 2011 年"两会"期间，越南通讯社的涉华报道中，除了关注"两会"会议进程外，外交问题占当年报道比例高达 24%，2012 年"两会"期间关于中国外交问题报道占当年涉华报道比例竟高达 44%，2013 年"两会"期间关于中国外交问题报道占当年涉华报道比例也达 25.45%。

研究还发现，越南通讯社对中国经济问题的多篇报道中，均进行了详尽解读和分析，由此可见，在长达三十余年经济高速发展的当下，中国谋求转变发展方式，使毗邻我国的周边国家之一——越南投以关注的目光。如针对中国温家宝总理在 2012 年的政府工作报告中提到的中国计划 2012 年的 GDP 增速，越南通讯社也给予了高度关注，并对温总理答中外记者问中多次提到的"政治体制改革"进行了深层分析与推测。

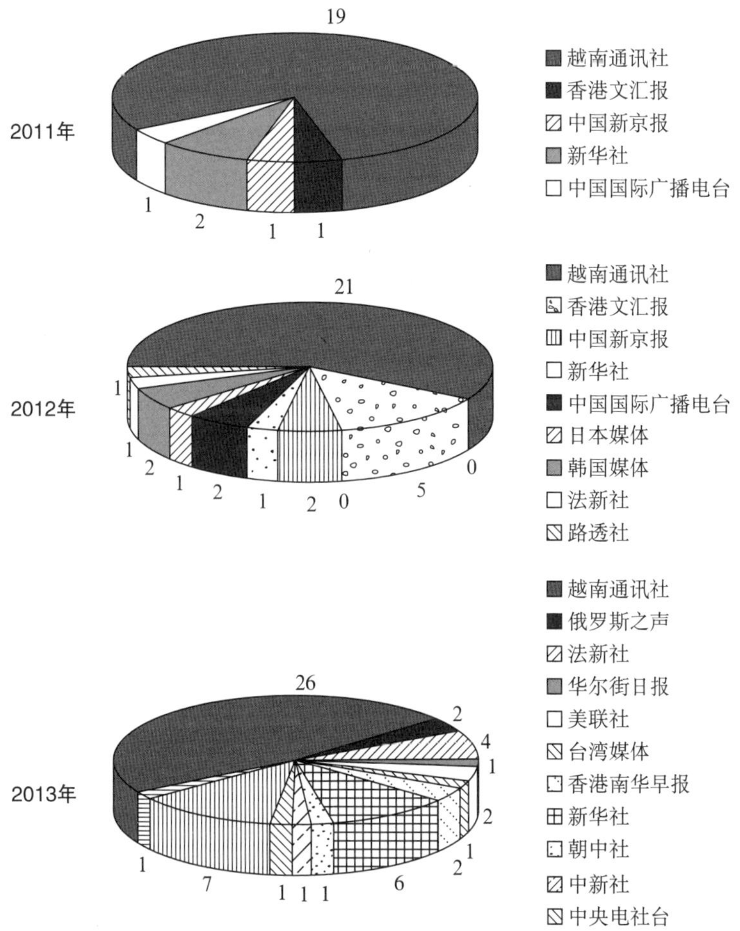

图 3　2011 年～2013 年稿件来源情况

5. 报道态度倾向

根据研究方法中界定的分类依据，笔者对 2011 年～2013 年“两会”期间越南通讯社的涉华报道进行了分类。总体看，越南通讯社涉华报道以客观中性的平衡报道居多，2011 年～2013 年平衡报道的比例基本维持在 58%～72%左右；涉华报道中正面报道比负面报道所占比例多，且正面报道所占比例逐年上涨，2011 年～2013 年分别达 12%、13.8%和 27%。越南通讯社 2011 年～2013 年“两会”期间的涉华报道中的正负面报道比例大体相同。由此可见越南通讯社涉华报道总体偏向于客观中性报道，这与其崇尚的客观公正的新闻理念有一定关系。

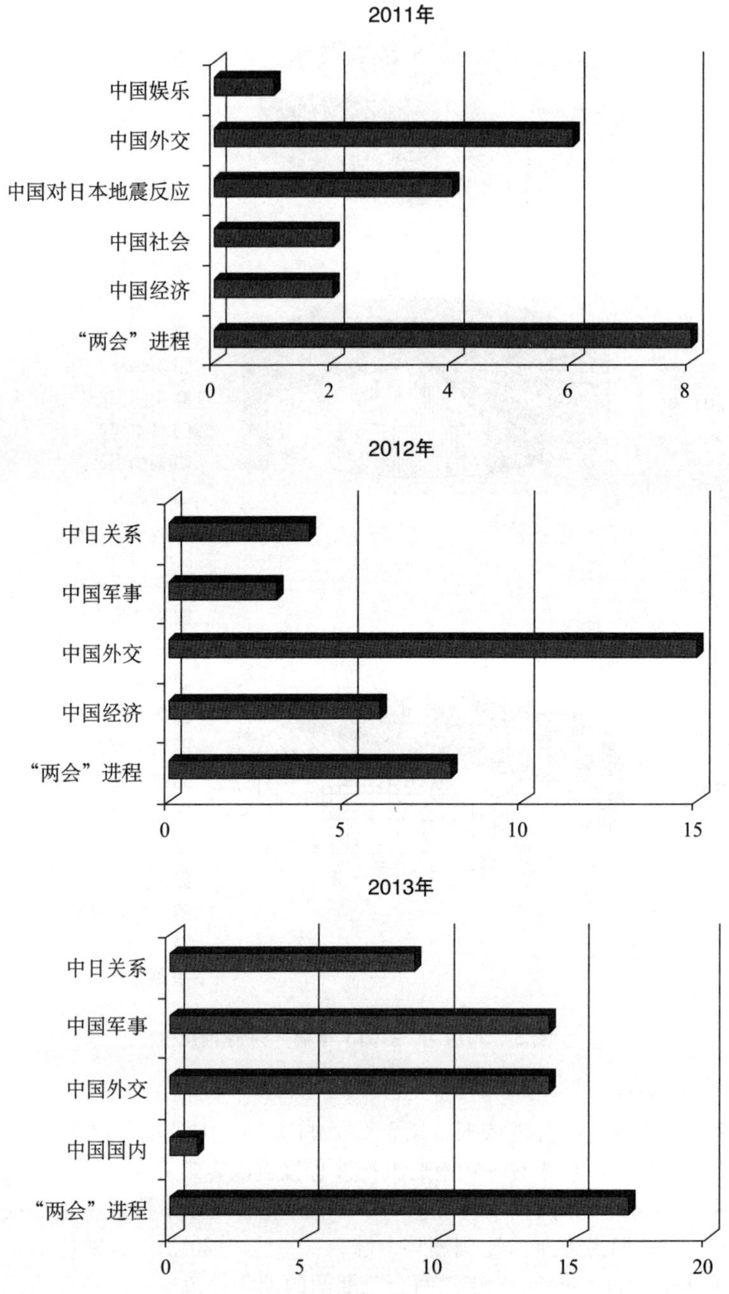

图 4　2011 年～2013 年报道内容情况

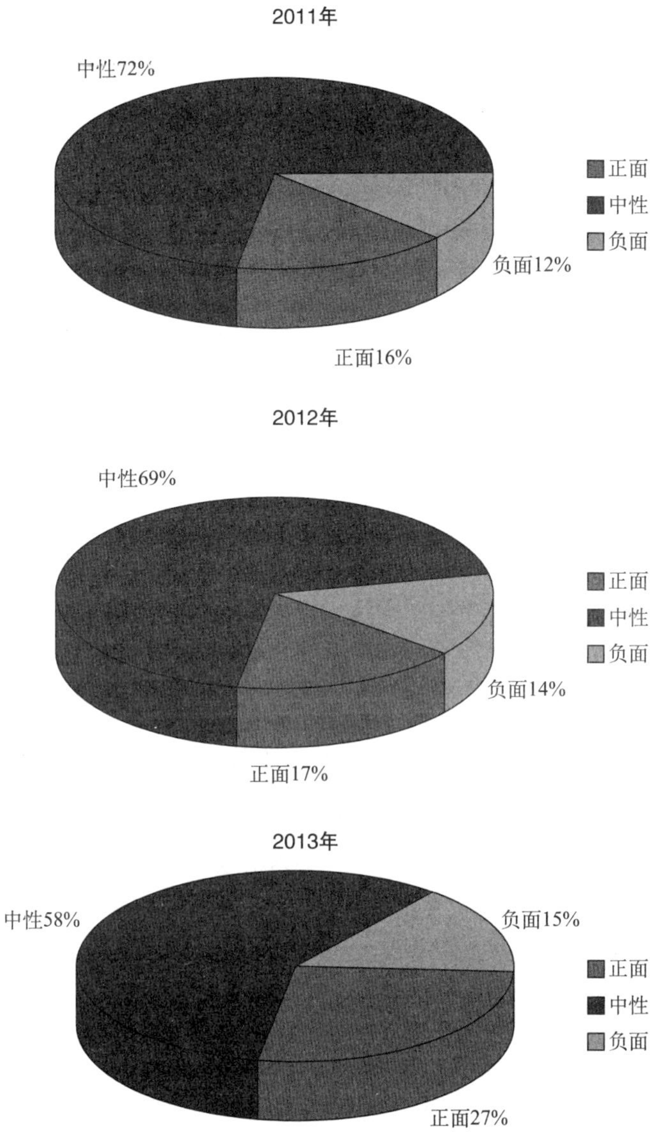

图 5　2011 年～2013 年报道态度倾向情况

三、越南通讯社涉华报道的启示

根据 20 世纪 20 年代中期，著名的传播学奠基人之一卢因所提出的“把关人”理论，我们可知：大众传媒在新闻与信息的生产与传播过程中起着重要的控制作用，因为社会上存在大量新闻素材，新闻报道不是、也不可能是“有闻必录”，而是存在一个取舍选择的过程；在这个过程中，传媒组织形成了一道关口，通过这道关口传达给受众的新闻只是众多新闻素材中的少数。此外，根据美国学者李普曼曾提出的“拟态环境”概念，即：传播媒介通过对象征性事件或信息进行选择、加工并重新结构化后向人们提示的环境。由此可见，作为大众媒体之一的越南通讯社对越南广大受众所传达的涉华报道，在一定程度上将是越南受众了解中国的重要途径之一。

通过对越南通讯社近两年来对中国“两会”的涉华报道统计与分析，我们发现，被报道事件自身的属性和报道者的态度倾向基本吻合，表明越南通讯社在进行有关中国国家的报道的时候基本上做到了客观公正，积极肯定，在新闻事件的选择过程中，越南通讯社并没有过分倾向于选择负面事件和消极新闻。这一点说明，越中两国友好合作、全面战略合作伙伴关系仍然是贯穿着两国关系的整体画面并仍然是越中两国关系的主流；但是越南通讯社对中国的部分敏感问题依然十分关注，因此负面报道仍占一定比例。

中越两国政治制度十分相近，从地缘政治和接近性的角度来说，越南政府和媒体对中国的关注是十分自然和必要的，尤其是改革政策和外交关系等方面。反映在越南通讯社上就是涉华报道中关于中国“两会”进程的中性报道居多，关于中国推出的新政予以肯定的正面报道也不少，同时伴有少部分“质疑”的负面报道。

越南通讯社 2011 年～2013 年中国“两会”期间的涉华报道对改进国际台对外传播的启示有以下三点：

1. 加强国际台在中国国家形象构建中的作用

一个国家的国际形象，从根本上来讲，取决于其综合国力、具体行为表现和实际行动。在战争的时代，国家可以通过军事办法来显示自己实力的强大，扩大影响力。但是在现代的社会里，特别是在和平与发展仍然是当今时代主流、世界各国依靠程度越来越强的情况下，伴随着传播科学技术的越来越发达，大众传媒依靠其自身传播优势在国家形象塑造方面发挥着不可忽视的作用。在通讯技术和信息技术迅猛发展的时代，大众传媒已经成为构建国际形象的重要环节和有力支撑。因此，作为专门承担国家对外宣传的主流媒体，国际台在中国国家形象塑造和对外传播中应发挥更大作用。

2. 加强对越南传播的受众定位研究

早在 20 世纪 40 年代，传播学者拉扎斯菲尔德就曾提出过“意见领袖”这一概念，其含义是指在人际传播网络中经常为他人提供信息，同时对他人施加影响的“活跃分子”。他们在大众传播效果的形成过程中起着重要的中介或过滤的作用，由他们将信息扩散给受众，形成信息传递的两级传播。当前，对外宣传领域的竞争，集中体现为新媒体手段上的竞争，而新媒体传播侧重的受众，正是对外宣传的重点人群和国际社会的主流人群。由此可见，要扩大中国国际广播电台在对象国本土的影响力，我们应把在越南有影响力的受众，作为新媒体外宣的传播重点。

越南邮电通讯部部长杜中校曾说，越南 8 500 万人口中有一半以上的人口是有文化知识的年轻人，应用现代通讯技术的态度非常积极。而新媒体受众的特点是年轻化、知识化，以中高收入阶层为主，公务员、学者、大学生等占有较大比例。该群体属社会主流，拥有较强的话语权、舆论影响力和传播力。因此，在新媒体发展背景下的对越南传播中，把这类有影响力的人群作为对外宣传的主体，针对这类人群，增强对外宣传的吸引力、亲和力和影响力，从而使其引导对象国主流社会、主流媒体和主流受众，逐步实现“影响有影响力的人”、“影响有影响力的群体”以及“影响有影响力的媒体”的“精准外宣”目标。

3. 加强对越南传播的本土化建设

从报道态度上看，越南通讯社在2011年～2013年“两会”期间的报道整体以中性报道为主，中国“两会”是产生新闻的重要平台，“两会”报道可以最直接和全面地反映中国各个领域受关注的问题，因而也是越南通讯社审视中国政治经济现状及未来政策走向的重要时机。因此，我们判断“两会”期间报道应是越南通讯社涉华报道常态的反映。

由此可见，应加强对越南受众的区域化、本土化建设。尤其应加强对越南受众接受心理、文化心理和媒体环境的研究，加强国际台对越南传播的本土化建设。

本土化是全球化的必然结果和特征，是当今世界媒体集团在全球发展中的重要战略之一。本土化贯彻的是传播学意义上的“贴近性”，受众将从中获得归属感，转化为传播媒介的信赖和忠诚，跨国传媒机构由此打开通向另一种文化的渠道；其次，本土化贯彻的是传播学意义上的“针对性”，即通过本土化策略加强针对性服务。当媒体可以满足不同地域受众的信息兴趣和信息需求，它的国际影响力就会得以彰显和放大。

具体体现在国际台的传播方式上，可通过在目标受众国购买播出时间、投放广告、节目输出、新闻交换、本地制作等方式，如国际台近年来在海外成立落地调频台或建立海外制作室等，从而实现对外传播内容在目标受众国的本土化，有效传递国际台声音，扩大信息覆盖面和到达率，实现传播效果的优化。

由于多种原因，国际台至今未能在越南建立落地调频台。考虑到在越南建设调频台所遇到的政策、法制限制，国际台应采取多种方式推进节目京外整频率落地。探索和实施与我国对外经援、文化交流、汉语教学等相结合的迂回推进模式；探索和推进以提供技术和节目制作培训、提供设备支持、联合制作节目等多种合作方式作为频率使用回报的多样互惠模式。①

四、结语

本文通过对越南通讯社对中国的“两会”报道的实证分析，使我们看到，对外传播也是跨文化传播，只有加强对目标受众的传播生态、语言习惯、宗教信仰、文化心理等多面的研究，才能使传播内容更能为外国媒体和受众所接受，实现对外传播效果的优化。从对2011年～2013年“两会”期间越南通讯社涉华报道的实证分析可以看出，虽然其报道内容广泛多样，但正面报道较少，对国际台发出的声音采用甚少。作为我国对外传播的最主

① 王庚年：《国际传播探索与构建》，中国国际广播出版社，2009年1月第一版，第37页。

要的媒体之一，中国国际广播电台应在发展优势的同时积极探索改革，国际台对越南传播还需进一步改进。

（作者单位：中国国际广播电台越南语部）

参考文献：

1. 越南通讯社网站，http：//www. vietnamplus. vn。
2. 李波：《“两会”期间印度时报涉华报道实证研究》，《东南传播》2010 年第 6 期。
3. 丹尼尔·麦奎尔著，刘燕南等译：《受众分析》，中国人民大学出版社。
4. 王庚年：《国际传播探索与构建》，中国国际广播出版社，2009 年 1 月第一版。

《阿尔巴尼亚语报》涉华报道框架分析研究

张　卓

近些年来，在政治、经济等方面中国取得了有目共睹的成就，正被全世界所瞩目。与此同时，经过国家转型的阿尔巴尼亚①在政治、经济、社会等领域正在稳步向前发展。中国国际广播电台阿尔巴尼亚语部一直在探索如何更好地开展对阿传播工作，但国内少有文献资料研究阿国及其媒体，因此对阿尔巴尼亚主流媒体的涉华报道研究显得十分迫切。

本文选取《阿尔巴尼亚语报》为研究对象，它是阿尔巴尼亚最大的媒体集团“顶点传媒（Top Media）”旗下的报纸，现为阿国发行量最大的报纸之一②。2008 年及 2009 年阿总理萨利·贝里沙访华时，该报曾派随团记者进行报道。2011 年中国外长杨洁篪访阿期间曾接受该报专访，这是杨外长此访接受的唯一一家阿媒体的专访③。可以说《阿尔巴尼亚语报》是阿主流媒体的代表。

本文运用传播学中常用的框架分析法对 2011 年《阿尔巴尼亚语》涉华报道进行框架的分析，更加清晰地分析新闻报道中的框架，将框架分为表层框架和深层框架进行研究。表层框架指文本的外显形态，而深层框架是传递文本内在意义的。

当代美国学者加姆桑（Gammson）认为框架定义可分为两类，一类指界限，包含取舍的意思，代表取材的范围。表层框架类似于这一概念：媒体选取希望受众了解和知晓的信息并界定希望受众知晓和了解该信息的程度。在本文中，分析表层框架的指标体现为：总量、一级议题内容和分布、二级议题内容及分布。总量、议题内容及分布体现了媒体选取希望受众了解和知晓的信息。

加姆桑（Gammson）认为框架定义的另一类是架构——人们以此来解释外在世界。架构是一种意义的联结，是一种观察事物的世界观。深层框架类似于这一概念：媒体对事件进行深层次的“架构”，从建构意义上引导受众理解事件的来龙去脉，并以此相信对事件的特定诠释。在本文中，分析深层框架的指标体现为：报道的倾向性。报道的倾向性体现了媒体希望受众对该事件得到的诠释。

《阿尔巴尼亚语报》网站与其纸质版是一一对应的。本文通过该网站提供的搜索功能，搜索 2011 年 1 月 1 日到 12 月 31 日所有含有“Kina”（中国）、“Kinë”（Kina 的变格形式）、“kinez”（中国人；中国的）、“kineze”（kinez 的变格形式）、“kinezë”（kinez 的变格形式）

---

① 1990 年阿尔巴尼亚人民议会通过宪法修正案，决定取消宪法中规定阿劳动党是唯一的政治力量的条款，确定阿是政治多元化的法治国家。百度百科，http://baike.baidu.com/view/712322.htm。

② 采访《阿尔巴尼亚语报》主编 Aleksander Çipa（阿莱克桑德尔·奇帕），据国际台阿尔巴尼亚语部新年节目特别节目《阿尔巴尼亚人在中国》采访素材，2012 年 1 月 1 日。

③ 采访《阿尔巴尼亚语报》主编 Aleksander Çipa（阿莱克桑德尔·奇帕），据国际台阿尔巴尼亚语部新年节目特别节目《阿尔巴尼亚人在中国》采访素材，2012 年 1 月 1 日。

的文章。选择以中国为主题，或对中国进行评论的文章作为研究样本。把每篇文章进行分类、统计，对涉及的主题以及文章的主要观点进行分析，得出倾向性判断，从表层框架及深层框架中作出定量的描述。总结以上几步研究得出该媒体涉华报道特点及成因，从而为我国对阿尔巴尼亚传播提供参考。

一、表层框架分析

1. 涉华报道总量

根据本文设定的文本选择标准，得出：2011 年《阿尔巴尼亚语报》涉华报道共 220 篇。本文采取无需抽样的普查形式，将全部 220 篇涉华报道按月进行统计，得出报道数量分布，如图 1：

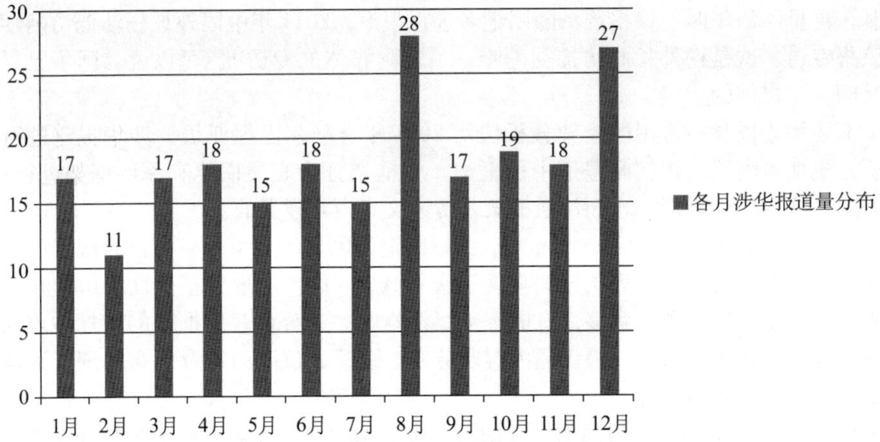

图 1　各月涉华报道量分布图

报道的数量可以一定程度上体现媒体对议题的关注程度，数量越多，关注程度越高。由图 1 可见，2011 年《阿尔巴尼亚语报》各月涉华报道数量比较平均，但 8 月和 12 月报道数量突增，其中 8 月是全年涉华报道数量最多的月份。

2011 年 8 月 3 日至 4 日中国外交部长杨洁篪访问阿尔巴尼亚，分别会见了阿总理萨利·贝里沙、总统巴米尔·托皮等高层领导人。这是中国外交部长六年来的首次访阿之旅。《阿尔巴尼亚语报》作为阿媒体的唯一代表专访了杨外长。关于杨洁篪外长访阿的报道是 8 月《阿尔巴尼亚语报》涉华报道数量最多的议题，共有 8 篇，占 8 月涉华报道总量 29 篇的 27.6%。

2011 年 12 月初中国驻阿尔巴尼亚新任大使叶皓赴阿开始工作，阿尔巴尼亚总理和议长分别与叶大使开展了工作会谈。关于中国驻阿新任大使的报道共 2 篇，占 12 月涉华报道总量的 7.4%。

《阿尔巴尼亚语报》8 月和 12 月涉华报道量突增与双边活动及中国所在地区问题受关

注程度有关。中国与阿尔巴尼亚双边活动的级别越高，越吸引《阿尔巴尼亚语报》媒体的重视，越容易被“界限”。

2. 一级议题内容及分布

2011 年《阿尔巴尼亚语报》涉华报道按照议题内容可分为八大类一级议题，涉及政治类议题的报道共有 87 篇，经济类 63 篇，文化类 26 篇，生态环保类 12 篇，社会类 10 篇，卫生类 9 篇，科技类 8 篇，体育类 5 篇。各大类议题量占总量的百分比如图 2 所示：

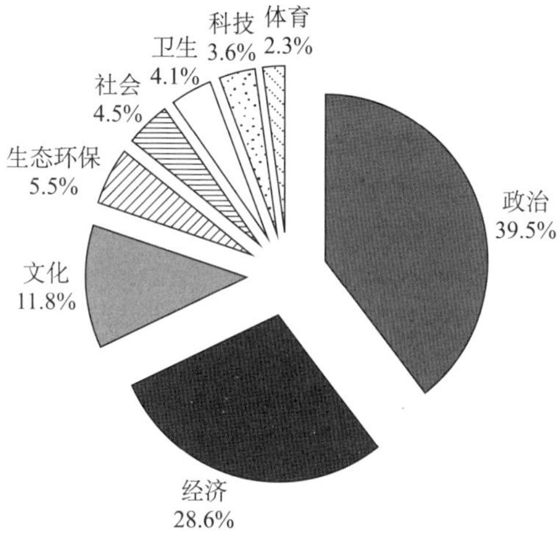

图 2　各大类议题报道量比例图

由图 2 所示，2011 年《阿尔巴尼亚语报》涉华报道涉及领域广泛，但是报道数量最多的议题是政治类，共 87 篇，占所有涉华报道的 40.5%。报道数量第二的是经济类，共 63 篇，占所有涉华报道的 28.6%。报道数量在一定程度上反映媒体对议题的关注程度，报道数量越多关注程度越大。该报 2011 年涉华报道虽涉及众多领域，但主要关注政治和经济类议题。

3. 二级议题内容及分布

2011 年《阿尔巴尼亚语报》涉华报道的八类一级议题还可进行细分到二级议题。政治议题可分为：双边、人权、民主、军事、台湾和“西藏问题”、中美关系、国内、国际、科索沃问题，共九个二级议题。经济议题可分为：双边、经济成就、进出口对外投资及援助贷款、经济危机、中美经贸问题、经济增长过程中出现的问题、产品质量、劳动力、其他，共九个二级议题。文化议题可分为：现代文化现象活动及人物、汉语、传统文化、其他，共四个二级议题。生态议题可分为：自然灾害、中国对生态的态度和现状，共两个二级议题。社会议题可分为：妇女问题、奇闻轶事，共两个二级议题。卫生议题可分为：双边、健康问题、成就，共三个二级议题。科技议题可分为：科技成就、存在的问题，共两个二级议题。体育议题由于数量较少不再进行细分。

表1 各级议题出现篇数及所占比例

一级议题	篇数	百分比	二级议题	篇数	百分比
政治	87	39.5	双边	12	13.8
			人权	8	3.6
			民主	23	26.4
			军事	5	5.7
			台湾和“西藏问题”	6	6.9
			中美关系	6	6.9
			国内	4	4.6
			国际	20	23.0
			科索沃问题	3	3.4
经济	63	28.6	双边	9	14.3
			经济成就	20	31.7
			进出口对外投资及援助贷款	5	7.9
			中美经贸关系	9	14.3
			经济增长过程中出现的问题	6	9.5
			产品质量	2	3.2
			劳动力	2	3.2
			其他	4	6.3
文化	26	11.8	现代文化现象活动及人物	12	46.2
			汉语	3	11.5
			传统文化	8	30.8
			其他	3	11.5
生态环保	12	5.5	自然灾害	3	25.0
			中国对生态环保的态度及现状	9	75.0
社会	10	4.5	妇女问题	6	60.0
			奇闻轶事	4	40.0
卫生	9	4.1	双边	3	33.3
			健康问题	4	44.4
			卫生成就	2	22.2
科技	8	3.6	科技成就	5	62.5
			问题	3	37.5
体育	5	2.3			

民主（26.4%）是政治类中报道比例最高的二级议题，经济成就（31.7%）是经济类

中报道比例最高的二级议题。文化类中的二级议题现代文化现象活动及人物的报道量是文化类报道的第一名（46.2%）。在生态环保议题下的二级议题中国对生态环保的态度及现状（75%）报道数量很多。社会、卫生、科技、体育等议题 2011 年《阿尔巴尼亚语报》都有涉及但是数量不多。

二、深层框架分析

1. 全部报道的倾向性

报道的倾向性体现了媒体希望受众对新闻事件的理解态度，是媒体深层“架构”新闻事件的一部分。本文根据报道中对中国的描述或评论的内容及所使用形容词、描述性语句的感情色彩来判断该报道的倾向性。在本文中，报道的倾向性分为：正面、中立、负面三类。

对 2011 年《阿尔巴尼亚语报》涉华报道 220 个样本按照以上标准进行研究发现，正面报道共 61 篇，负面报道 102 篇，中立报道 57 篇。报道的倾向性比例如图 3：

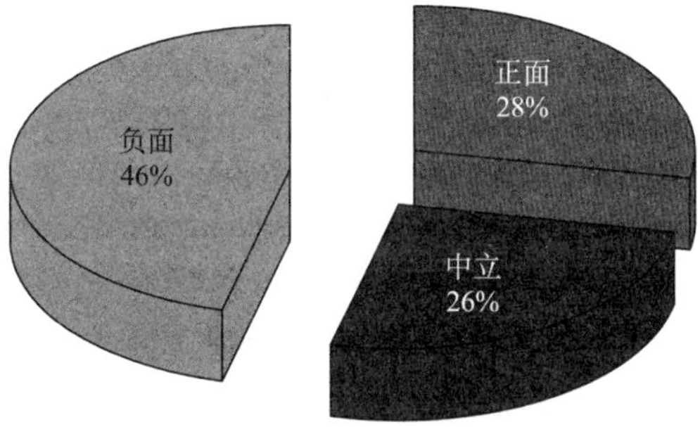

图 3　全部报道的倾向性比例图

由图 3 可见，220 篇涉华报道中，具有负面倾向性的报道所占比例最高，占 46%。具有正面倾向性的报道占 28%，远远低于具有负面倾向性的报道，但略高于中立报道所占的 26%。因此，2011 年《阿尔巴尼亚语报》涉华报道总体呈现的中国的形象和对中国的态度是负面的居多，正面的较少，中立的也较少。

2. 各大议题倾向性比较

在八个一级议题中，分别进行三种倾向性的进一步比较研究：

政治类报道共 87 篇：正面报道 9 篇（占全部政治类报道的 10%），负面报道 58 篇（占 67%），中立报道 20 篇（占 23%）。经济类报道共 63 篇：正面报道 25 篇（占全部经济类报道的 40%），负面报道 19 篇（占 30%），中立报道 19 篇（占 30%）。文化类报道共 26 篇：正面报道 15 篇（占全部文化类报道的 58%），负面报道 2 篇（占 8%），中立报道 9 篇（占 34%）。生态环保类报道 12 篇：正面报道 1 篇（占全部生态环保类报道的 8%），负面报道 10 篇（占 84%），中立报道 1 篇（占 8%）。社会类报道共 10 篇：正面报道 1 篇（占全部社会类报道的10%)，负面报道8篇（占80%)，中立报道1篇（占10%)。卫生类报道共9篇：正面报道4篇（占全部卫生类报道的44%)，负面报道3篇（占33%)，中立报道2篇（占23%)。科技类报道共8篇：正面报道3篇（占全部科技类报道38%)，负面报道3篇（占38%)，中立报道2篇（占24%)。体育类报道共5篇，正面报道2篇（占40%)，负面报道1篇（占20%)，中立报道2篇（占40%)。各大类倾向性比较如图4：

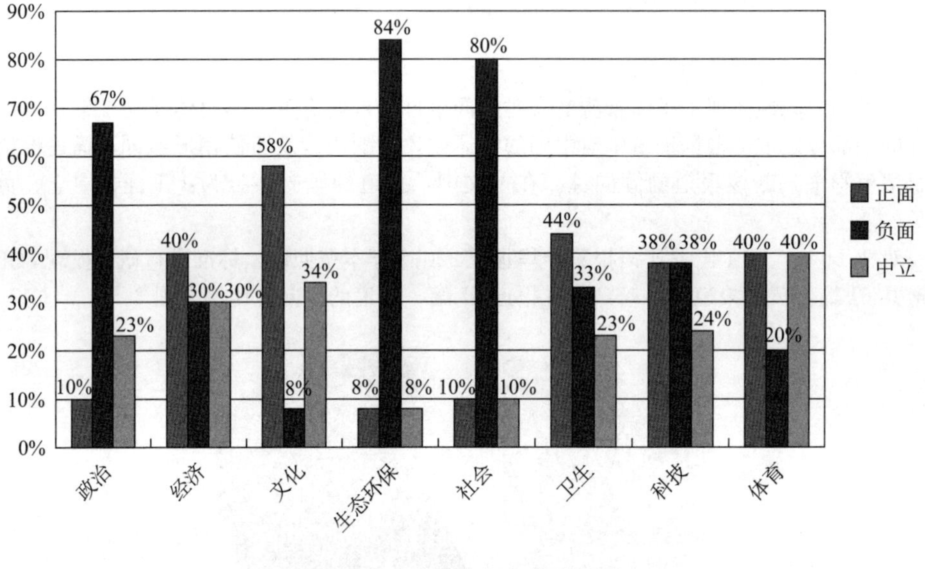

图4　各大议题内倾向性比较图

由图4所示，生态环保类负面报道占该类报道总量的百分比最高，第二名是社会类，第三名是政治类。文化类正面报道占该类总量的百分比最高，第二名是卫生类，第三名是经济类。

由于近年来世界环境恶化严重，引发全球气候异常和大量自然灾害，生态环保类议题成为比较受瞩目的议题。中国作为发展中大国一直以负责任的态度积极为保护世界环境而作出努力和贡献。《阿尔巴尼亚语报》2011年的涉华报道生态环保类文章中80%为负面报道，位居分类议题负面报道比例榜首，表现出该媒体对中国生态环保情况的敌对态度。

中国是五千年文明古国，中国文化源远流长。近年来由于中国国力的不断提高，中国政府越来越重视“软实力”的推广。阿尔巴尼亚和中国在文化领域的交流近年来也更加密切。2009年6月2日，中国驻阿尔巴尼亚大使王俊岭与阿尔巴尼亚最高学府地拉那大学校长库莱在地大签署了《中国驻阿尔巴尼亚大使馆与阿尔巴尼亚地拉那大学关于在地拉那大学开设汉语课的合作协议》①。时至今日，已有几百名地拉那大学的学生通过汉语课学习中文和了解中国文化。2011年7月阿尔巴尼亚驻华使馆文化一秘迪莫拉也曾透露，2011年

① 参见中华人民共和国外交部网站，http：//www.fmprc.gov.cn/chn/gxh/tyb/zwbd/gzhd/t565749.htm。

阿尔巴尼亚来华留学人数创新高[①]。2012年年初，阿尔巴尼亚总理萨利·贝里沙提出，阿中等教育学校应开设汉语课，把汉语作为第二外语进行选修[②]。2011年《阿尔巴尼亚语报》涉华报道文化类共26篇：正面报道15篇，占全部文化类报道的58%，在各类议题中正面报道所占该议题百分比最高，反映出该媒体对中国文化的友好态度。

因此，从各大类倾向性比例上看，2011年《阿尔巴尼亚语报》涉华报道呈现对环保持负面报道态度，对文化报道持正面态度的“架构”特点。

三、《阿尔巴尼亚语报》涉华报道特点及形成原因

1. 报道数量上的特点

（1）总量不大，双边交往对报道数量影响大

2011年《阿尔巴尼亚语报》涉华报道共220篇，总量不大（大约占该报全年总报道量的2%）。该报在2011年各月涉华报道数量比较平均，但8月和12月报道数量突增，其中8月是全年涉华报道数量最多的月份。关于杨洁篪外长访阿的报道是8月《阿尔巴尼亚语报》涉华报道中该议题报道数量最多，共有8篇，占8月涉华报道总量29篇的27.6%。2011年12月初中国驻阿尔巴尼亚新任大使叶皓赴阿开始工作，阿尔巴尼亚总理和议长分别与叶大使开展了工作会谈。关于中国驻阿新任大使的报道共2篇，占12月涉华报道总量的7.4%。《阿尔巴尼亚语报》8月和12月涉华报道量突增与双边活动有关。中国与阿尔巴尼亚双边活动的级别越高，越吸引《阿尔巴尼亚语报》媒体的重视，报道数量越大。

（2）政治类及经济类议题数量最大

2011年《阿尔巴尼亚语报》涉华报道数量最多的议题是政治类，共87篇，占所有涉华报道的40.5%。报道数量第二的议题是经济类，共63篇，占所有涉华报道的28.6%。政治和经济议题报道总量占所有涉华报道的69.1%。其他类报道该报都有涉及，但是数量很小。

2. 议题内容上的特点

（1）一级议题内容涉及领域广，政治经济类内容最受重视

《阿尔巴尼亚语报》涉华报道按照议题内容可分为：政治、经济、文化、生态环保、社会、卫生、科技、体育八大类一级议题。一级议题中政治和经济类报道数量最大。相比之下，其他六类一级议题所涉及的内容相对贫乏，程度也不深入。因此该报不能全面展现中国的现实状况。

（2）政治经济类二级议题涉及领域广，其他类二级议题内容匮乏

八类一级议题还可进行细分到二级议题。政治经济类二级议题涉及领域广，其他类二级议题内容匮乏。因此该报比较全面地展现了中国政治、经济方面的形象，但是对于历史悠久的中国，文化、社会等软性内容被关注程度低。

---

① 国际在线阿尔巴尼亚语子网站：http：//albanian.cri.cn/321/2011/06/27/65s108941.htm。

② 新华网：http：//news.xinhuanet.com/world/2012-02/16/c_111530854.htm。

（3）二级议题中民主议题最受关注

民主议题的报道共23篇，是所有二级议题中数量最大的。报道的数量一定程度上反映了媒体关注的程度。可见，《阿尔巴尼亚语报》对中国民主议题最为关心。

3. 倾向性上的特点

（1）整体负面报道数量大

2011年《阿尔巴尼亚语报》涉华报道中，具有负面倾向性的报道所占比例最高，占46%。正面倾向性的占28%，中立报道占26%。因此，该报涉华报道总体呈现的中国形象和对中国的态度是负面的居多，正面的和中立的较少。

（2）一级议题中生态环保类负面报道比例最高，文化类正面报道比例最高

八个一级议题中，生态环保类负面报道占该类总量百分比最高，第二名是社会类，第三名是政治类。文化类正面报道占该类报道总量百分比最高，第二名是卫生类，第三名是经济类。总体来说，2011年《阿尔巴尼亚语报》对中国的生态环保报道呈现负面的态度最明显。而对中国文化报道呈现正面的态度最明显。

（3）二级议题中民主议题的报道负面倾向性明显

23篇关于中国民主状况的报道全部为负面报道，该报描述了中国民主状况的负面形象。

（4）二级议题中的中国经济成就正面倾向性明显

20篇中国经济成就的报道中有14篇为正面态度，由此可见该报基本上对中国经济成就持正面的报道态度。

4. 形成以上特点的原因

分析以上《阿尔巴尼亚语报》涉华报道的特点，不难推论出以下原因：

（1）相互缺乏了解

中国与阿尔巴尼亚地理位置相隔较远，不具备地缘便得，且两国在政治制度、文化传统等方面差异巨大，两国人民彼此并不了解，彼此的关注度并不高，因此呈现出该报涉华报道总量不大的特点。

（2）中阿双边交往活动相对较少

中国与阿尔巴尼亚仅有的双边交往主要停留在政治、经济领域，很少涉及教、科、文、卫领域。因此，该报涉华报道主要集中在政治、经济领域，而且，由于涉华报道总量不大，一旦出现双边活动，涉华报道数量便会呈现突增的特点。

（3）意识形态的原因

作为经历过社会主义现在转型为资本主义的阿尔巴尼亚对中国的政治有不同于西方国家的感情。他们对中国的政治既熟悉又陌生。作为曾经的社会主义者，他们希望通过关注中国的政治来反思阿国的发展过程。作为现在西方阵营的一分子，他们受西方意识形态影响，对中国的民主等状况特别关注甚至抱有刻板态度。因此，该报关注中国的政治领域并对民主方面呈现负面态度。

（4）自身利益的原因

近年来中国的经济成就在国际社会的影响加大，阿尔巴尼亚经济发展刚刚起步，且两

国贸易额屡创新高。阿国现在的重点是发展经济，他们希望从中国的经济腾飞中获得经验，更希望加强与中国的经济交往，从而使阿国发展获利。因此，该报关注中国经济建设状况，对中国经济成就呈现正面报道态度。

（5）与中阿文化差异有关

中国文化讲究和谐统一，而阿国文化强调个性冲突。不同文化背景的主体，对文化、社会现象的关注点不同，中国的文化社会热点很难吸引阿国媒体的注意，因此报道数量不多，但中国的“软实力”在世界上不断增强，璀璨的文化一定程度上被阿国肯定，呈现文化方面正面的报道态度。

此外，阿尔巴尼亚媒体受西方新闻影响深刻，认为反常态的东西提新闻。阿国新闻工作者按照他们的新闻价值观捕捉素材，报道他们认为有价值的东西，如，报道中国生态环境问题。

（作者单位：中国国际广播电台阿尔巴尼亚语部）

“西班牙语国家中国国家形象”问卷调查及抽样访问结果分析

李晶晶　史斌斌

近年来，随着中国综合国力的增长和国际地位的提高，海外媒体对中国的兴趣与日俱增，在西班牙语国家也是如此。为了全面了解西班牙语国家主流媒体以及民众眼中的中国国家形象，探讨以CRI为代表的中国媒体在推广中国国家形象方面所应采取的策略，中国国际广播电台（以下简称国际台）西班牙语部通过网络、电邮、街头问卷、抽样访问等形式进行了一次主要面对西班牙语受众的问卷调查。

一、“西班牙语国家中国国家形象”调查问卷结果汇总

截至2013年3月15日，共有来自23个国家和地区的近600人参与答卷。他们分别来自西班牙、委内瑞拉、阿根廷、厄瓜多尔、哥伦比亚、萨尔瓦多、乌拉圭、哥斯达黎加、洪都拉斯、巴拿马、墨西哥、危地马拉、智利、秘鲁、古巴、玻利维亚、多米尼加等西班牙语国家以及巴西、美国、印度、巴基斯坦、摩洛哥、德国等非西班牙语国家。

年龄分布：

参与答卷的人中20到30岁年龄段人数最多，占受访人数的22%。其他年龄段依次为20岁以下，6%；30～40岁，18%；40～50岁，19%；50～60岁，18%；60岁以上，17%。

学历分布：

参加调查的人中本科以上学历占71%。其中本科学历占48%，硕士学历占18%，博士及以上学历占5%。此外高中学历占25%，小学文化程度占4%。

本次问卷一共提出了8个选择题：

1. 听到“中国”您首先想到什么？（多选）

在收到的答案中，82%的人提到“悠久的文化”；61%的人选择“长城”；59%的选择“经济实力”。其他选项的比例依次为：“中国制造”57%；“中国菜”56%；“中文”56%；“幅员辽阔”54%；“贸易”45%；“中医”44%；“共产主义”38%；“毛泽东”37%；“龙”36%；“军事实力”35%；“熊猫”32%；“文革”31%；“改革开放”29%；“功夫”27%；“京剧”25%；“姚明”18%。

受访者自己补充的项目包括：“高速发展”、“热情善良的人民”、“旅行”、“风景”、“道教”、“佛教”、“民族多样性”、“气候问题”、“中央集权”、“经济发展不平衡”等。

由此可见，西班牙语国家对中国的了解在近几年有所加强，主要集中在文化和经济发展两个方面。

2. 您通过什么途径了解中国？（多选）

62%的受访者通过网络了解中国；54%的人通过广播；35%的人通过电视；21%的人关于中国的知识来自教育机构；14%的人经由朋友和熟人了解中国；只有11%的人通过报纸杂志等纸媒。

由此可见，西班牙语国家民众了解中国的主要途径是网络以及电视、广播等传统媒体。

3. 本国媒体上是否经常出现有关中国的话题？

78%的接受调查者表示“经常”在本地媒体上见到有关中国的话题；19%选择“偶尔”；只有3%的人选择“很少看到与中国相关的话题”；没有人选择“从没看到过”。

由此可见，西班牙语国家媒体对中国还是比较关注的。

4. 本国媒体上关于中国的话题主要是正面、中立还是负面？

回答主要是“正面”的占73%；“负面”的占0.9%；18%的人选择“中立”。

由此可见，西语国家主流媒体对中国的报道相较前几年更为积极、正面。（这个统计结果也与参与问卷的人群关注点有关）

5. 本地媒体提到中国主要涉及哪些方面？（多选）

“经济”86%；“文化”80%；“历史”60.5%；“体育成就”50.5%；“人权”35.5%；“国民福利”32.5%；“社会矛盾”32%；“艺术”29.5%；“西藏及其他民族问题”24.5%；“政治”23.5%；“移民”11.5%；“台湾问题”10.5%；“事故、灾难等突发事件”6.5%。

由此可见，经济、文化是西语国家媒体涉华报道的主要关注点。

6. 有关中国的话题您最感兴趣的是？（多选）

“文化”73%；“经济”71%；“国民福利”60.5%；“历史”56%；“人权”53.5%；“政治”51.5%；“艺术”47%；“体育”44.5%；“事故、灾难等突发事件”32.5%；“移民”20.5%。

在目前收到的问卷答案中没有人选择“台湾问题”、“西藏及其他民族问题”两个选项。

由此可见，受众关心的中国相关话题与当地媒体的报道重点有相当的重合性，但对“台湾问题”、“西藏问题”等海外媒体喜欢大肆渲染的政治问题普通受众并不感兴趣。他们关注的除了历史文化和经济发展成就之外，主要是普通中国人的日常生活。

7. 请简短描述本地媒体呈现的中国国家形象

绝大多数接受调查者给出的答案是积极、正面的，“伟大的”、“杰出的”、“友好的”、“强盛的”等字眼频繁出现。很多受访者认为中国经济发展取得的成就令人“钦佩/羡慕”，“崛起速度令世界瞩目”，“发展潜力巨大”，是富于吸引力的“新兴出口市场”，同时也是“友好的投资来源国”。不少受访者提出中国会成为“未来世界第一强国”。一些人特别肯定了中国在国际事务中起到的积极作用，称赞中国“擅于合作”、“乐于助人”。拉美民众普遍认为中国是“我们国家的朋友/伙伴”，乃至“学习的榜样”。

当然，也有一些参加问卷的人表示他们国家媒体上中国的形象是消极、负面乃至自相矛盾的。有受访者表示本国媒体在提到中国的时候“总是把注意力集中的负面新闻上”，批评中国的“独裁政治”，强调中国在进行“经济扩张”；一些西班牙语主流媒体宣扬“中国威胁论”，并且喜欢在“西藏问题”、“人权”等问题上做文章；媒体在称赞中国的发展速度的同时也指出其社会问题很多，包括“贫富不均”、“腐败和滥用权力”、“环境污染”、

“妇女儿童权益”、“动物保护”、“盗版”等；此外，“中国制造”的质量问题也受到批评；西语媒体对“计划生育政策”普遍存在偏见。

由此可见，随着我国国力的增强和国际地位的提升，西班牙语国家主流媒体对中国的正面报道比过去增多，歪曲性报道相对减少，但负面报道依然占较大比例。海外媒体关注的中国社会问题与中国国内媒体有一定的共通性。然而国外媒体在西藏、人权、计划生育政策等问题上的偏见依然根深蒂固。

8. 对于推广中国国家形象您有哪些建议？

受访者给出的建议主要集中在四个方面：

(1) 加强中国在当地媒体的存在感。具体建议包括：在当地主流媒体占据更多版面；在当地媒体上为CRI的网站和其他产品打广告；通过频道租用、购买、联合制作等方式把CRI西班牙语节目推向当地的AM和FM频道，制作符合当地听众口味的广播节目；在本地开放频道、有线电视和卫星电视频道播放中国制作的西班牙语节目；制作播出中国文化、旅游纪录片；通过多媒体平台（包括网络电视等新媒体）推广中国国家形象；与西班牙语网站交换链接；与当地纸媒合作，开设中国专栏；在当地发行西班牙语版中国出版物（比如《今日中国》、CRI西班牙语部出版的季刊《观点·CN》）。

受访者普遍希望关于中国的报道着眼于介绍普通人的日常生活，而不是官员的出访和政治性活动。

(2) 扩大与中国驻外大使馆以及孔子学院等文化机构的合作，举办各类讲座、学习班、知识竞赛等文化活动；举办中国文化节，在街头巷尾推广中国文化；推广中文教学，加强大学间的文化交流，交换留学生，为当地学生提供奖学金。

受访者建议宣传中国文化的相关活动不应该只局限于首都和大城市，也应该向中小城市和乡村扩展。

(3) 发挥华人华侨在推广中国国家形象方面的作用。受访者指出，华人华侨是中国在海外的代表，应该加强对移民的管理，提高他们的素质。华人华侨应该采取更为开放的态度，积极融入当地主流社会。希望华人华侨能在当地的“中国街”、“唐人街”举办更多传统节日庆典等文化活动。鉴于西语国家的华人华侨有相当一部分从事超市经营，有人建议在当地的中国超市发放介绍中国文化、现状和旅游的印刷品，以及介绍使馆等机构举办的中国文化活动的小册子。

(4) 来中国旅行是认识真实中国的最佳途径。不少受访者希望中国能够制定更为宽松的签证政策。中国旅行社能为西班牙语国家的游客提供更方便、更经济实惠的旅行路线、方案以及更完善的服务，让更多的西班牙语游客能亲自体验中国的优美景色、灿烂文化和惊人的发展速度。

由此可见，建议中有很多正是中国政府、外交机构、文化部门和对外媒体工作的重点，切合国际台一直积极推动的“走出去”战略。在当地媒体打广告、建立海外制作室、广播节目本土化、在西班牙语国家发行西语刊物等恰恰是国际台西班牙语部未来努力的方向。

此外应特别注意的是，参与该调查的人普遍对中国和中国文化比较感兴趣，乃至长期关注CRI的广播节目或网页。在下一阶段的调研中我们将扩大调查范围，加大街头随机采访，以期问卷结果更具客观性和代表性。

二、西班牙、拉美抽样访问阶段总结

在中国的外交版图上，西班牙语国家正在占据更加重要的位置。随着双边贸易增长加速，高层互访频繁，中国在西班牙语国家主流媒体占据的版面也越来越大。为了侧面验证“西班牙语国家中国国家形象”调查问卷得出的结论，了解西班牙、拉美两个地区媒体和民众眼中中国国家形象的异同，我们通过与使馆和当地华人商店合作在阿根廷、墨西哥两地进行了面对面的调研，并对部分西班牙语国家在华专家学者进行抽样访问。

调研显示：随着中西关系、中拉关系的逐步升温以及中国国际地位的提高，近年来这两个地区的主流媒体（包括传统媒体和新兴媒体）对中国的正面报道逐渐增多，内容主要集中在经济、环保、社会问题、人权、旅游等方面。

经过20世纪80年代的“结构性发展危机”和开始于90年代的金融危机，拉美国家一直在寻找符合自身特点的发展道路，既要摆脱对欧美经济和政治上的过度依赖，又要顺应经济全球化的大趋势。中国改革开放30多年间取得的令人瞩目的高速发展成果给了拉美国家很多启示，“学习中国道路”不仅经常出现在政客们的演说中，在媒体上的曝光率也很高。拉美媒体和受众最关心的除了中国的经济发展，还有中国与拉丁美洲的关系、中美关系和中欧关系。他们认为作为多极世界愈来愈重要的一极，中国与这三方的关系直接影响到拉美自身的发展和全球政治经济大格局。除了经济和外交，政治和人权也是拉美媒体提到中国时绕不开的话题。2008年北京奥运会以后，中国体育成就的相关话题也开始占据大量版面。

拉美主流社会对中国的文化、发展成就乃至在多极化的世界格局中在国际事务中发挥的积极作用颇有好感。他们崇拜、尊重中国和中国文化，承认中国领导层在经济发展方面成绩卓著，对中国新任领导层期望较高，并密切关注领导层的更迭给中国发展和外交政策带来的改变。但拉美主流媒体受欧美影响较深，负面涉华报道依然经常占据重要版面，批评中国当局不尊重人权和个人自由，尤其是言论自由和信仰自由的言论屡见不鲜。

而西班牙媒体描述下的中国国家形象总体来说是自相矛盾的。公众对于中国的了解仍然处于比较无知、不乏偏见的阶段。西班牙语最大的通讯社——西班牙的埃菲社在涉华报道方面与CNN、路透社等西方媒体没有大方向上的差异，很多新闻完全是英文或法文媒体的编译转载。除了政治丑闻，腐败问题也是西班牙语国家媒体比较关注的。《纽约时报》等外媒关于中国官员向国外转移财富的报道被大量转载。此外，所谓的“人权问题”和活跃在西方国家的一些“异见人士”、“民主斗士”也会占据一定的版面，而达赖喇嘛的任何言论都会引起媒体的反馈。

以上结论既部分体现了受欧美主流媒体左右的拉美媒体对中国的传统偏见，也与西方国家媒体“报忧不报喜”的传统有关。随着中国经济的发展和国际地位的提高，这种情况有所改善，但转变成见还需要一个漫长的过程。

（作者单位：中国国际广播电台西班牙语部）

框架理论视角下的中美国际新闻比较分析
——以美联社对中共十八大的报道和新华社对美国大选的报道为例

刘　畅

2012年11月初，美国大选和中共十八大几乎在南北半球同时进行。中美这两个世界最大经济体的领导人更替无疑成为当月最重要的国际新闻。两国媒体都在观望，两国新一届领导人的诞生会给两国人民、两国关系乃至世界格局带来什么影响？有意思的是，两国媒体在报道对方的这一重大政治事件时，都不约而同地用到了“零和博弈”这个词。中国媒体说，无论美国大选结果如何，美国发展对华关系需要战略层面的新视角和新思维。在中美这样重要的双边关系中，一定要摒弃“零和博弈”的概念，要摒弃冷战思维。而美国媒体也说，希望中国新一届领导人上台之后，抛弃“零和博弈”的做法，追求两国互利共赢。两国媒体几乎不谋而合的指责让人不禁思考，作为两国民众了解对方国家的重要渠道之一，两国媒体的报道究竟是在加强两国间的沟通与对话？还是在加深相互的误解和矛盾？两国媒体在报道对方国家的新闻时，是否存有刻板的偏见？是否足够全面客观？如果媒体真心希望两国能消除偏见，增强互信互利，那么如何做才能达到这一良好的愿望？这是本文试图探讨的问题。

一、研究对象与方法

由于美国大选和中共十八大几乎同时举行，两国媒体对对方这一重大政治事件的报道也显示出极大的关联性，而这种“你中有我，我中有你”的报道更能加深一国民众对另一国的了解，是两国民众相互解读的一个重要渠道。美联社和新华社是两国最有影响力和权威性的通讯社，是本地媒体重要的新闻来源，所以本文选取两大通讯社对对方国家这一政治事件的报道作为研究对象。由于中共十八大和美国大选都在11月上旬举行，所以本文选取10月20日至11月20日之间两个通讯社发表的所有相关报道作为调查样本，基本可以涵盖绝大部分稿件。采样结果：美联社对中共十八大的报道共30篇，新华社对美国大选的报道共40篇。

笔者选用西方新闻学中比较流行的框架理论作为研究方法。著名传播学者恩特曼认为，框架理论包含了选择和凸显两个作用，框架就是把认为需要的部分挑拣出来，在报道中特别处理，以体现意义解释、归因推论、道德评估及处理方式的建议①。框架理论来源于社会学，20世纪70年代末之后，被广泛运用于新闻学研究，尤其是国际新闻的研究。记者在报道国际新闻时，通常以本地编辑与读者对该地已有的观念和期望为参照，投其所

① 胥琳佳、刘佳莹：《论〈纽约时报〉中国国庆报道的框架建构》，《中国新闻界》2009年第10期。

好，从事件中抽取与之相符的事实或价值侧面来构建新闻①。所以，以框架理论来分析国际新闻尤为合适。新闻框架的要素包括议题、报道方式、关键词、新闻来源等。而本文主要通过以上四大要素对两大通讯社的相关报道进行分析，试图回答以下问题：两大通讯社重点关注的是哪些议题？采取了什么样的报道方式？如何引领受众关注通讯社设置的议题？哪些是客观报道？哪些是主观色彩浓厚的倾向性报道？下文我们将一一探讨。

二、议题分析

为研究方便需要，笔者把美联社对十八大的报道稿件和新华社对美国大选的报道稿件统一分成政治、经济、社会、相关性四大一级议题，二级议题根据各自的设置来具体划分，类型差别较大。具体数据如下表1。

表1　各级议题出现篇数及所点比例

<table>
<tr><td></td><td>一级议题</td><td colspan="4">政治</td><td colspan="3">经济</td><td colspan="3">社会</td><td colspan="3">相关性</td></tr>
<tr><td rowspan="4">美联社对中国共产党十八大的报道</td><td>二级议题</td><td>党和领导人</td><td>薄熙来事件</td><td>打击党内腐败</td><td>十八大会议内容</td><td>增速放缓</td><td>收入鸿沟</td><td>进出口疲软</td><td>民众期待</td><td>安保与上访</td><td>西藏抗议者</td><td>美国前高官对十八大评价</td><td>民众对美国大选更感兴趣</td><td>贸易保护主义</td></tr>
<tr><td></td><td>4</td><td>4</td><td>3</td><td>4</td><td>3</td><td>1</td><td>1</td><td>2</td><td>4</td><td>1</td><td>1</td><td>1</td><td>1</td></tr>
<tr><td></td><td colspan="4">15</td><td colspan="3">5</td><td colspan="3">7</td><td colspan="3">3</td></tr>
<tr><td></td><td colspan="4">50%</td><td colspan="3">16.6%</td><td colspan="3">23.3%</td><td colspan="3">10%</td></tr>
<tr><td rowspan="4">新华社对美国大选的报道</td><td>二级议题</td><td>候选人选战</td><td>投票过程</td><td>新总统面临的挑战</td><td>大选后政治格局</td><td>复苏乏力</td><td colspan="2">大选对经济的影响</td><td colspan="3">民意调查</td><td>中美贸易战</td><td>中方贺电</td><td>大选对中美关系的影响</td></tr>
<tr><td></td><td>10</td><td>11</td><td>2</td><td>3</td><td>2</td><td colspan="2">3</td><td colspan="3">3</td><td>2</td><td>2</td><td>2</td></tr>
<tr><td></td><td colspan="4">26</td><td colspan="3">5</td><td colspan="3">3</td><td colspan="3">6</td></tr>
<tr><td></td><td colspan="4">65%</td><td colspan="3">12.5%</td><td colspan="3">7.5%</td><td colspan="3">15%</td></tr>
</table>

① 郭中实、黄煜、杜耀明、陈芳怡：《距离的建构：香港报章本地与非本地新闻报道之比较》，《新闻传播学的跨文化转向》2011年2月第1版，第174页。

1. 政治议题

整体来看，两大通讯社政治题材的稿子占到绝对多数，美联社的政治题材的稿件有15篇，占发稿总量的50%，新华社的政治题材的稿件有26篇，占发稿总量的65%。因为报道的是政治事件，政治题材居多在情理之中，相比较而言，新华社的政治新闻比重要更重一些，占到总数的一半以上，这与美国大选选战时间拖得过长、戏剧性情节较多、中国民众对美国大选的关注程度高不无关系。

在二级议题上，新华社和美联社的设置则有较大差别。美联社在报道政治议题时，并没有局限于会议本身，而是精心选择了几个点作为重点关注。根据报道内容，美联社的稿件可分为共产党和最高领导人的介绍、薄熙来事件、打击党内腐败、十八大会议内容四大块。这其中，介绍习近平的报道有3篇，重点强调了习近平的家世、年轻时在乡下生活的经历以及他的从政性格。而对于薄熙来事件的报道有4篇，反腐的报道有3篇，这7篇报道的比重占到整个十八大报道的近一半。而在十八大会议的具体内容中，美联社则重点关注了中共选举法、胡锦涛讲话、女性官员比例低、官员资产公开等议题。从这些议题设置不难看出，美联社的政治议题并没有紧紧围绕十八大会议本身来设置，对新一届常委也没有太大兴趣。在议题设置上，美联社一方面遵循了3W的原则，一方面从本国民众关心的视角来进行设置。

新华社在报道政治议题时主要采取的是线性的时间顺序，持续关注美国大选的进展。而在具体的报道内容上，新华社的稿件也可分为四大块：候选人选战、投票过程、新总统面临挑战，大选的政治议题主要集中在大选本身。

2. 经济议题

在经济议题上，受全球经济不景气影响，中国经济增速放缓，美国经济复苏乏力，所以两国在报道领导人选举这一政治事件时，也同时关注了各自国家经济的现状。美联社在报道中国经济现状的时候，主要集中在增速放缓、进出口疲软、收入鸿沟的问题上。消息来源有中国商务部长陈德铭、中国发改委主席等官员的介绍，同时也有对普通民众的采访，较为全面客观地报道了中国经济存在的问题。新华社对美国大选的经济报道主要集中在美国经济面临的挑战以及大选对美国经济的短期影响。报道主要通过汇率、股市、失业率等具体数字来说话，同样较为客观。相比之下，美联社的经济议题所占比重较大，有16.5%，而新华社的经济报道占所有报道的比重是12.5%。

3. 社会议题

在社会议题中，美联社继承了美国媒体在报道中国政治事件时关注人权、民族、安全管制的传统，在选材方面倾向性很强。这其中，关于安保题材的报道就有3篇，稿件事无巨细地列举了十八大期间中国国内的安保措施，给人一种中国举国上下戒备森严的感觉。而西藏议题和人权议题更是每当中国有重大政治活动时美国媒体必然要涉及的议题，这种主观性很强的议题设置表现了美国媒体长年以来对中国政治积累的刻板印象。新华社的社会议题也有3篇，都是关于总统候选人的民意调查。相对美联社主观性极强的报道，新华社的调查式报道则客观得多。

4. 相关性议题

由于国际新闻离本地居民较远，为增加报道的贴近性，媒体往往会在与本地利益密切相关的题材上做文章，而这一类议题也更容易引起本地读者的共鸣，通过比照加深对异地新闻的理解。所以虽然相关性议题也会涉及政治、经济等领域，但本文还是单列出来加以探讨。

在相关性议题中，美联社的 3 篇报道呈现出多元化的价值取向。其中，美国前高官对十八大的评价以正面为主，“中国民众对美国大选更感兴趣”的议题则凸显出美国对自身政治架构的优越感，而在谈论贸易保护主义时，美联社指出，中国及其贸易伙伴美国、欧洲、日本等国家在汽车、太阳能面板的进口上都存在提高关税的问题。新华社的相关性议题有 6 篇报道，从数量上来看是美联社的一倍，所占全部报道的比例也比美联社要高一些。从议题内容来看，中国领导人给美国新总统的贺电有 2 篇，而这一内容是美联社没有的。中美贸易战和美国大选对中美关系的影响各 2 篇，而这 4 篇的题材都属于评论。在谈到美国总统候选人在选战时大打中国牌时，报道会评论说这只是美国大选为了拉票惯用的招数，但新总统上任之后“都不得不正视中美关系的大局，回到对华政策的基本框架上来。”在报道中美贸易战时，报道会引用中国商务部长陈德铭的话：“贸易战是双刃剑，中美谁都输不起”，并对奥巴马第二个任期的对华经贸提出具体的期待。在报道奥巴马上台后对中美关系的影响时，报道重点关注了美国的“亚太再平衡”战略以及台海问题、中日僵局，并希望两国今后能建立一种新型大国关系。

可以看出，在报道相关性议题时，美联社通过不同的消息源来平衡报道，而新华社的报道则传递出更明显的加强交流合作、避免摩擦冲突的信号，可以纳入交流式报道的范畴。

三、报道方式分析

报道方式包括体裁选择、文章结构、材料的选取、组织、安排等。在框架理论中，新闻报道通过对报道方式的选择和处理，凸显想让受众关注的内容，引导受众接受报道的观点。

由于政治议题的报道是美联社和新华社的重头戏，所以选取政治议题中的典型报道来进行报道方式的分析。美联社在报道中共十八大时，往往采取中国领导人的讲话作为开头，展现中国政治的现状。但是这种看似客观的开篇只是为了给读者留下一个客观立场的初步印象，是一个欲抑先扬的开头。接下来，报道会将主观词汇和有选择的采访、取材结合起来，再加上外国专家的评论，把读者的注意力引导到对中国政治体制的批判上来。而这种报道则完全超出了客观报道的范畴，有浓厚的本国价值观和意识形态的色彩。

以《胡锦涛严重警告党内腐败》为例，这是一篇夹叙夹议的深度报道。报道开头写道：“为期一周的共产党十八大以胡锦涛的讲话拉开了帷幕，胡锦涛的讲话指出了中国现在面临贫富差距、环境问题、城乡发展不平衡等问题，并十六次提到反腐的重要性。”这是一个较为客观的开头，而引用胡锦涛的讲话也具有权威性，但报道只是将胡锦涛的讲话作为引子，由反腐讲话引出薄熙来的话题。接下去，报道话锋一转，描述北京戒备森严的安保措施以及对外国记者的干扰和阻挠，却不提有多少家外国记者在报道十八大的事实。随后，报道采访了一位中国普通民众，通过他的亲口讲述表达对美国选举制度的羡慕以及对中国政治制度的不满，而结尾处选用了一位外国的中国问题观察家批评中国政治制度缺乏效率的评论。通过对报道的深入分析不难看出，这篇稿件不仅仅是在报道十八大，而是通过欲抑先扬的手法，对题材的有偏向性的选择，达到抨击中国政治制度的目的。

新华社在报道美国大选时，花了大量的篇幅在描写总统候选人如火如荼的选战活动上。报道通过凸显两方候选人在拉选票中不择手段、挥霍无度的现象，批评美国的选举制度是富人玩的游戏。试以《美国大选成烧钱游戏》进行分析。这篇评论开篇提出鲜明论点："从节节攀升的竞选费用不难看出，美国总统大选实际上已经变成一场烧钱游戏。"随后，报道用数字说明两党在竞选中花费的大量金钱，接下去又插入一句评论"双方竞选班子如此慷慨，让人感觉候选人取胜的杀手锏已不再是他们的竞选纲领和施政方略，而是他们的竞选资金。"为了让报道更有说服力，报道紧接着又引用了民意调查和普通网民的观点，说明美国政客只知为大选筹款，而置糟糕的经济与穷人利益于不顾。报道最后用一句尖锐的评论收尾："无论谁当选，最终的获益者实际上只有两种人，一种是赚取了巨额广告费的媒体大亨，另一种则是为竞选双方提供大量捐款的企业老板。"这篇报道也是通过鲜明的观点和有倾向性的选材来达到对美国选举制度进行批评的目的。

四、关键词分析

为进一步研究两家通讯社报道的框架建构，我们采取词频分析的方法对两家通讯社稿件中的关键词进行了分析，具体数据如下表2：

表2 关键词分类及出现次数

<table>
<tr><td rowspan="3">美联社</td><td rowspan="2">关键词</td><td>Xijinping and Xi</td><td>corruption and anti-corruption</td><td>Reform</td><td>Liang jiahe</td><td>scandal</td><td>Bo Xilai</td><td>Security</td><td>leadership transition</td></tr>
<tr><td>习近平和习</td><td>腐败和反腐</td><td>改革</td><td>梁家河</td><td>丑闻</td><td>薄熙来</td><td>安全</td><td>领导人过渡</td></tr>
<tr><td>词频</td><td>59</td><td>47</td><td>27</td><td>17</td><td>16</td><td>15</td><td>15</td><td>13</td></tr>
<tr><td rowspan="2">新华社</td><td>关键词</td><td>投票</td><td>中国</td><td>支持率</td><td>摇摆州</td><td>中美合作</td><td>财政悬崖</td><td>桑迪</td><td>广告</td></tr>
<tr><td>词频</td><td>146</td><td>87</td><td>41</td><td>37</td><td>34</td><td>33</td><td>28</td><td>20</td></tr>
</table>

在美联社的稿件中，"习近平"和"习"是出现频率最高的，共出现59次，这说明美联社对新一届中国共产党最高领导人的重视。而在报道习近平时，"梁家河"这一地名出现了17次。一个名不见经传的地名受到如此重视，是因为它是习近平青年时代下乡时生

活过的地方。美联社关注“梁家河”，也就是关注习近平作为普通人的坎坷的青年经历，这也是他与以往最高领导人不同的地方，而这段经历是否会给他未来的从政之路带来什么影响，也是美联社想挖掘的内容。

“腐败”和“反腐败”这两个词共出现了47次，而这两个词有一半都来自于中国中央电视台的报道和中国领导人之口。而“改革”一词出现了27次，说明美联社对中共新一代领导人上台之后，中国的道路问题尤为关注。这一部分内容属于较为客观的报道。

“薄熙来”一词出现了15次，“丑闻”一词出现了16次，而这两个词基本是绑在一起同时出现。美联社将“薄熙来事件”等同于中共党内丑闻，并与“腐败”联系起来，通过这三个方面挖掘中共内部的权力斗争和腐败问题。这些词出现频率较高，说明美联社在选材上的倾向性。

在新华社对美国大选的报道中，“投票”一词出现146次，是最多的一个关键词。这一客观描述性词汇的频繁出现说明新华社对选举本身的关注。此外，“支持率”、“摇摆州”的出现频率位列第三和第四，这些都与激烈的选战和拉票活动有关，这也是新华社对美国大选的一个重点关注对象。

值得关注的是，在新华社的高频关键词中，“中国”一词出现87次，在出现“中国”一词时，大部分与美国政客大打“中国牌”有关，还有一些在讲中美关系时出现。而美联社对十八大的报道中，高频词中不包含与美国相关的词汇。这一现象说明，新华社更关注美国大选中的中国元素以及新总统对中美关系的影响，而在报道中美关系时，“中美合作”一词出现了34次，这种报道带有一定对话性质，是在向美方传达加强对话的意愿。

五、新闻来源

新闻来源可以体现一篇报道的客观程度。美联社对中国十八大的报道中，有9篇全文都是来自于中国中央电视台的报道，占到所有报道的31%。以上报道涉及中国发展成就、经济现状和问题、十八大议题、反腐败等内容。而关于中共最高领导人、安保措施、薄熙来事件、人权、西藏问题等主要来自于自采。而在具体材料的选择上，有引用新华社的内容、有中、美官员的讲话，有对中国专家、美国专家、中国民众等人的采访。新华社对美国大选的报道全部来源于自采。在具体材料的选择上与美联社基本相同。从以上分析可以看出，美联社和新华社都对材料渠道的多样性较为重视。

六、结语

从框架理论来看，美联社与新华社在报道对方最高领导人选举时的选择与凸显有相似，也有不同。在经济报道的议题上，双方的报道都较为客观。在政治议题的报道中，双方的报道都有较强的主观色彩，凸显了双方在政治上的互不认同。在社会议题和相关性议题中，新华社的报道都较为客观，并展现出希望对话的姿态，而美联社的报道则呈现出一种带有偏见的刻板印象。

导致媒体存在偏见的原因是多样的。因为媒介并不是孤立存在的，它的存在、发展与其他社会的子系统（如政治、经济、文化等）存在密切联系，而不同政治、经济、文化之间的巨大差异使得国际新闻的报道容易偏离新闻专业主义的某种常规，在国内政治报道中坚持了比较好的专业伦理的媒体，在报道国际问题的时候也往往抛弃专业主义的伦理规范，转而以极大的主观性批评性地报道与自我文化相异的他文化新闻。媒体自身的意识形态间接或者直接甚至毫无顾忌地进入到国际新闻报道中去。①

而从中美关系的现状来看，中美关系的一举一动影响着新闻报道的走向，而新闻报道的选择与凸显反过来也会影响两国关系的发展。因为中美经贸关系的互相依赖，中美经济报道也显现出较为客观的态度。而由于中美在政治上缺乏互信，中美的政治报道中互相批评指责的情况较为多见，而媒体有些不够公允的批评往往又会引起两国外交纠纷。

由于国际新闻会影响一国民众对另一国国情的看法，进而影响两国关系，而两国关系又与两国民众的生活密切相关，所以笔者建议，两国媒体在报道对方新闻时，可以采取“对话式新闻”的报道方式。李希光说，“对话式新闻是人与人之间、不同民族、不同文化之间信息的自由流动。对话式新闻是通过沟通来了解敌人的想法和敌人的逻辑，以发掘新的事实和想法。对话式新闻是指多样的新闻和多样的观点呈现在同一张报纸或同一个卫星频道上，而不是出现在不同的报纸或不同的电视频道。只有当同一家媒体报道多样的、相反的观点时，才能够帮助社会、国家和国际社会达成共识、求同存异。”②

对话式新闻虽然不能弥合分歧，但是可以促进彼此间进一步地了解，这无疑是改善双方关系的重要一步。对话新闻还意味着，媒体应该深刻反思对其他民族、文化以及意识形态的根深蒂固的偏见，跨越受众已经接受的对其他国家的刻板印象，尊重多元与差异，不将自己国家的价值观凌驾于其他价值观之上，并引导受众认识和理解对方。这是因为，新闻传媒不仅有责任见证、再现两国的摩擦和冲突，更有责任成为两国加深理解与沟通的桥梁。

（作者单位：中国国际广播电台新闻中心）

---

① 单波：《导论：新闻传播学的跨文化转向》，《新闻传播学的跨文化转向》2011年2月第1版，11页。

② 李希光：《对话新闻与和谐世界》，《新闻传播学的跨文化转向》2011年2月第1版，第227页。

其　他

论影视剧译配标准及流程工艺

王刚建

在大众传媒广泛发展，全球化趋势愈加明朗的当今社会，跨文化交流的需求日益增强，翻译活动已经成为融合各国文化，增进各国间理解和沟通的重要桥梁。影视作品作为20世纪的新兴媒介，因其自身特点已经成为各国文化和语言的理想传播载体，在文化传播和跨文化交流中所起到的作用不容小觑。可以毫不夸张地说，影视作品的翻译是当今影响最广泛，也是最重要的翻译活动之一。

2012年，国际台完成了“中国优秀电视走进东非”首部36集电视剧——斯瓦希里语版《媳妇的美好时代》的全部翻译、配音、制作、推广工作。斯瓦希里语版《媳妇的美好时代》是中国第一部以非洲本土语言配音，并在非洲主流国家电视台播出的电视剧。节目播出后获得各界好评，该剧还引起了周边肯尼亚、乌干达、民主刚果等斯语国家多家电视台的关注，成功实现我电视剧译制片在非洲主流电视台、黄金时段的播出。《媳妇的美好时代》在非洲热播的情况为我台影视剧译制工作打下一个良好的基础，在前期沟通联络，脚本翻译，境外演员招募，境内配音制作和节目推广落地等各个环节，积累了成功的经验。本文结合我台实际情况，就影视剧译配标准及流程工艺进行初步探讨。

一、影视剧译配标准

影视剧是一种靠声音、画面以及图像传播意义的大众化传媒，影视中视觉和音响手段的使用以及影视剧本身大众娱乐性的特点给影视剧的翻译强加了许多制约因素，尤其是在进行配音翻译时，剧本的翻译必须考虑到配音时的口型问题，所以译文要在保证准确、生动、感人的前提下，力图在长短、节奏、换气、停顿乃至口型开合等诸方面求得与剧中人物说话时的表情、口吻相一致。为此，译文必须尽可能地与原话字数相当，长短一致。译文过长或过短都会给配音带来困难，甚至影响人物性格的塑造和情绪的表达。

（一）影视译制片翻译过程的特点

影视译制片就是经过翻译和对口型配音后播出的电影和电视剧。译制片不仅要求把台词译成目的语，而且还需要配音演员对准口型进行配音。它包括语言翻译和语言配音，是“译”和“制”两个连续的阶段。“译”既是“制”的前提和基础，又是“制”的内容。所以，翻译在译制片的制作过程中举足轻重。译制片的翻译过程较之普通翻译过程又有其特殊性。译制片译者接受原语的渠道不只是书面的，还必须另外从听觉和视觉两方面接受原语信息。也就是说，译制片译者在翻译操作过程中还要受限于影视画面和声音，其操作成果必须与影视画面和声音相协调。影视译制过程包含两个主要元素，一是剧本翻译，二是语言配音。影视译制的审美原则体现在剧本翻译中，应是在真实反映原片艺术意境的基础上，力争剧本的内容与形式的和谐统一。为求剧本翻译内容与形式的和谐统一，首先要保证译片内容与原片内容一致，即译本的精神、中心思想与内部包含等要忠于原文。至于译本语言对白的形式，却不能强求它处处与原文的形式一致，应该根据不同的情况，进行不同的重建式审美再现。影视剧的翻译不同于一般文字翻译，它是人物台词的翻译，要求译文言语样式符合人物的身份、个性特征，要刻画人物，表现人物形象，必要时富于感情色彩。而且它是声画艺术，译文要结合原片人物的动作、原片人物讲话口型大小调整语言形式，更需要“推倒重来”式的译法。以对象国观众所能接受并理解的语言表达方式、口语习惯、幽默方式来翻译原文，能使母语国的观众更充分理解我国影视剧的“言语与情感”。

（二）译制片翻译的标准——再现原片风格

不论是哪种翻译，都应以忠实原文内容为基础，必须遵守内容真实性原则，影视作品更不例外。可以说，影视作品翻译是将文字翻译尽量口语化。不仅要遵循文字翻译的基本原则，而且要求译文尽可能地保持原片的风格，从而让观众领略到中国文化内涵和艺术底蕴。因此，影片翻译是否能再现原片风格就显得至关重要。这就要求译者在充分了解两国文化基础上，充分把握原片内容，并用大众容易理解的语言文字表达出来，再现影片风格。

影视翻译可以说是文学翻译的一部分，它与文学翻译相比，有相同之处，都需要遵守翻译的一般准则。但是，它还受制于本身的特殊性。

1. 通俗易懂性

影视剧在大众传播过程中，广大受众是最为重要的。影视作品与其他文学作品相比，它更是一种大众化的艺术。因此，这就要求影视作品的语言要符合观众的欣赏水平，让观众一看就懂。因此，译制片译者也应当将观众作为最优考虑对象，即以受众为中心。第一检测标准就是看观众观看影片时是否懂了译文的内容。在翻译过程中，将受众的现状、受众的期待始终放在第一位。这就要求影视作品的语言要通俗一些。

既然译制片的翻译是为受众服务的，要以受众为中心，那么我们不应满足于普通受众可能理解译文，而是应当确保普通受众不可能误解译文。另外，影视对白具有稍纵即逝的特点，观众观看影片时既没有充足的时间仔细考虑对白的内容，也没有机会要求演员再说一遍，所以易懂性就显得尤为重要。

2. 简洁、口语化

译制片的语言主要就是人物对白，而人物对白本身就是生活化的口语，应该句式简洁并且富有个性。因此，译制片译者在翻译过程中要摆脱书面语的束缚，结合影片中的人物语言、表情、动作及画面的变化和音响效果等因素，力求译语生活化、口语化，口语化的译文才不会给观众带来扭捏造作的感觉。

二、影视译配流程和工艺

根据国际台已有经验，影视剧译配过程总体上可以分为影视剧素材的准备、影视翻译、配音制作以及制作内容审查等几个阶段。

（一）影视素材的准备阶段

影视译配素材的准备需要全面，译制人员必须掌握所有的素材，包括视频、音频、字幕、国际声带、宣传画、海报、剧照、剧本、导演阐述、原剧组或者出品方的联系方式、主要演员的联系方式等。掌握素材后，进而判定配音译制制作条件，主要包括：字幕是否为电子版，磁带是否带时间码和字幕，是否需要有国际声带及是否符合国际声带制作标准等。

（二）影视剧本翻译阶段

影视译制翻译阶段，需要为翻译人员准备基本的剧目的信息和介绍，包括剧情介绍和故事梗概；准备剧目人物表，剧目人物表包含节目里人物的性格介绍、年龄、特质等，这些内容对演员的选择是至关重要的一个信息，同时可以提高翻译的效率和翻译精确度，避免发生遗漏的现象。准备翻译表格，方便检查工作，确保翻译工作不会发生遗漏。工作画面的准备：国际台影视剧译制过程中，规定工作画面视频不能以任何的光盘的形式进行传递，工作磁带需要由视频制作单位统一采集成为视频文件，提供5套拷贝，分别留存译配中心、翻译方、项目负责人、录音棚和配音导演。视频采集的标准为：标清制式下，视频采集为mp4文件，720×576，25fr，码流在2m/s左右，带明码，时间码位置在画面的左上方，大小为画面整个高度的10%以内，以后所有的时间码叙述以画面文件上的明码时间为准。音频采集为16bit 48k的OMF文件，采集的文件内音频文件名内不能有中文字符。高清制式下，视频采集为mp4文件，1920×1080，25fr或者24fr（根据原始磁带的帧数来决定），码流在3.5m/s左右，带明码，时间码位置在画面的左上方，大小为画面整个高度的10%以内，以后所有的时间码叙述以画面文件上的明码时间为准。音频采集为16bit、48k的OMF文件，采集的文件内音频文件名内不能有中文字符。

（三）配音制作阶段

我台采用的母语配音方式，需要根据需求选取母语国家的境外演员进行配音工作。在选取境外演员时，需要对演员角色进行数字编号并制作主要演员的视频合成，每个演员有1～2段30秒左右视频，演员角色前需要用英文标注角色的特点，包括性别，年龄，性格叙述等。在筛选过程中用摄像机对参与筛选的演员进行视频记录，作为依据保存。

配音制作过程期间，录音棚需要提前3天做好配音准备工作，落实有关配音条件，包括所有工程文件的准备，台本的打印，等等。所有配音演员需要提前到位，根据统一的电子版本的名片，熟悉录音棚的相关位置。配音工作一旦开始，就不能够停下，必须一鼓作气完成档期。在签署配音合同时，必须就有关周末非工作日是否工作采用明确方式进行合同约束，并协调境内的外籍演员进行辅助配音工作，保证项目执行高效准确。国内配音录音制作时，所有的制作录音棚需要每天将前日的工作进行叙述，报到相关项目负责人手中，以方便进度控制。配音工作完成时，需要将所有的声音文件制作出来，提供给我方的语言导演。语言导演确认所有的语言均已配音，在不存在缺失的情况后，再将配音演员组解散。

（四）制作内容审查标准

影视译制采集时，需要填写原始节目数据信息表，不能任意改变原始节目的帧数。无论标清节目和高清节目均应按照相应节目要求来处理，节目采集完成后，装至移动硬盘并注明装入的硬盘编号，所有移交的硬盘必须进行记录。

节目最终混合审查时，提供的音视频文件必须与提供的参考视频的长度一致。审查时以参考视频画面上的明码为准。供审查用的音频文件的标准格式为 wav 格式，16bit，双声道标准；对白语言的电平是电视剧为－10db，电影为－14db，信噪比在 60db 以上，在不失真条件下，整个动态不限定范围。电影同时需要符合原始 5.1 环境的效果。对于音源为 5.1 声道的节目，最终的节目应当经过 dolbyE 编码，存储在节目带的第三、第四轨上，并填写专门的记录单描述原数据。在磁带的第一、第二轨，写入混合立体声信号；节目信号不可有断音和杂声，声像和画面要配合到位。制作方提供我方的 DVD 为最终提供的版本。原始节目无论是标清制式或高清制式，提供的 DVD 均为标清制式。DVD 需要在进行完转制后进行制作。具体标准为：DVD 格式适应对象国播放需求，N 制 DVD 为：720×480，30p，码流为视频 6m，音频为 ac3，编码为 192k。P 制 DVD 为：720×576，25p，码流为视频 6m，音频为 ac3，编码为 192k。电视剧按照每张 DVD 存储一集，DVD 的盘面需要用标准格式打印。审查通过后，制作方进行母带制作，送交译制中心进行二次审查。磁带的制作需要对应对象国国家的制式。同时，提交给译制中心采集后的视频存储在硬盘内，不能有明码。

配音混录完成之后的文件，需要提供给我方进行审查。我方在拿到录音棚的文件后，第一时间组织审片。审查过程中需要对片头和片尾进行单独审查。审查不合格的文件在进行意见反馈后，请音频制作公司修改；审查合格的文件则由视频公司合成输出后交由我方验收入库。至此，一部完整的符合在境外主流媒体、黄金时段播出的标准的影视译制剧诞生了。

（作者单位：中国国际广播电台影视译制中心）

试论规范网上新闻传播秩序的手段与方法

张　晖

互联网时代，网络媒体凭借传统媒体无法企及的优势，如多元性、海量性、交互性、虚拟性等，给世界各国的经济、政治、社会、文化以及人们的思维方式带来了全方位的变化和影响。面对国际形势纷繁复杂、国内矛盾凸显、不同文化思潮的价值观通过互联网传播、冲撞和博弈的现实情况，我国的各级新闻网站和商业网站与网络媒体主管部门肩负着“加强和改进网络内容建设，唱响网上主旋律，加强网络社会管理，推进网络规范有序运行”这一共同使命。本文旨在通过分析当前网上新闻传播出现的主要问题和原因，结合网络媒体发展与传播自身的特点和我国的国情特点，就网络媒体如何加强行业自律，网络媒体主管部门如何采取有效的管理手段，共同携手，改进网上新闻报道，规范网上新闻秩序，有效引导网络舆论导向提出见解。

一、当前网络媒体新闻传播的突出问题及原因

网络媒体的使命本应是传达社会主流价值观、传承优秀历史文化、表达积极健康的观点。总体上，我国网上新闻信息传播秩序是好的，网上舆论主流是积极健康的。但在网络媒体快速发展的进程中，许多网站，特别是一些商业网站，片面追求商业利益，不顾社会道德和职业规范，极力传播不实信息和网络谣言，使网上新闻信息传播出现许多乱象和顽疾。对此，网站媒体从业者与监管者应予以足够的重视，采取切实可行的措施予以解决。

网络媒体新闻信息传播的问题与乱象归结起来主要有：重大题材和正面宣传力度不够、负面新闻堆积、恶意篡改新闻原稿标题、恶性炒作突发事件和官员涉腐案件、违规转发境外媒体稿件、双首页要闻区管理混乱、新闻跟帖管理不严、重大人事报道不规范、自主策划栏目导向负面、微博客等互动栏目审核不严等。在这些问题和现象当中，尤以传播虚假信息与网络谣言、篡改新闻标题的“标题党”现象最为突出，其危害可从以下几个事例中看出。

2013年5月15日，搜狐、新浪等商业网站在转载新华社有关李克强总理在国务院机构职能转变动员电视电话会议的讲话时，擅自将原标题《简政放权　转变职能　创新管理　激发市场创造力和发展内生动力》，篡改为《李克强：调查称上项目要经过27个部门》，完全偏离了原稿的主题，引起网上负面炒作。更有甚者，2012年，《环球时报》发表的评论《反腐败是中国社会发展的攻坚战》，标题竟被个别商业网站篡改为《允许中国适度腐败，民众应理解》后发布，严重误导网民和舆论。

这些问题和乱象，严重违背了互联网新闻信息传播的基本原则和职业道德，严重干扰了正常的社会生产生活秩序，严重危害了公共利益，严重损害了网络媒体的权威性和公信

力。造成这些问题和乱象的原因是多样的。就网络媒体自身来讲，主要有以下一些原因：一是网络媒体竞争激烈和过度商业化，致使媒体单纯追求网站点击量和广告收入，把经济利益摆在了社会利益之前，甚至放弃了社会利益，对新闻时效性、可读性的考虑，往往超过了对新闻真实性的重视。上面所举的两个例子，颇具代表性，说明这些商业网站为追求所谓“轰动效应”和“刺激眼球”，歪曲新闻事实、断章取义、哗众取宠的做法走向了极端，挑战了网络媒体的从业底线。二是在媒体竞争的压力和名利思想作用下，网络媒体的从业人员政治意识、大局意识淡薄，职业素养不足，时常把新闻的真实性原则和媒体的政治属性抛到一边，职业操守屈从于功利追求。三是网络媒体内部考核、培训制度的天然缺陷，许多网络媒体从业人员没有接受过正规的新闻训练，没有受过职业道德教育，特别是职业操守教育，媒体内部审核把关制度不严等。四是外部环境缺乏权威的监督机构，缺乏有效的监管机制，等等。这些造成网络媒体虚假新闻丛生，制约了网络媒体有序健康发展。五是网络传播的匿名性和低门槛特性，使得网络监管的难度加大。网上发布新闻具有成本低、方便自由的特点，从而很难对其实现有效的网络信息监管。网络时代人人都是新闻发言人，个个都是记者，任何网民都可以通过帖文、微博客等形式提供信息，但由于缺乏有效的把关，信息的多点发布和迅速传播使得新闻的真实性难以保证，也促使这些问题屡屡发生。

二、加强行业自律，规范网上新闻传播

随着科技的发展，网络越来越普及，大众对网络媒体信息服务的质量要求越来越高，网络媒体健康有序地发展，就必须首先从网络媒体自身着手，通过加强行业自律，强化制度建设与对员工的思想教育，实现自我约束，自我管理，自我净化，形成依法从事互联网新闻信息服务的长效机制，打造良好的网络传播舆论环境。

第一，网络媒体的从业人员要牢固树立政治意识、大局意识、责任意识和法律意识，在思想上要和国家的大政方针政策保持高度一致，主动为党和国家的大局和全局服务、为百姓服务，“帮忙不添乱”，发挥网络媒体主渠道主阵地的作用，积极做好各类重大主题宣传等报道工作，积极抢占网上舆论制高点，为党和国家守好网上舆论阵地。

第二，要坚持“政治家办媒体”的理念，牢记网络媒体的政治属性，贯彻马克思主义新闻观，在新闻从业人员当中培育高尚的职业精神和职业道德，牢牢把握正确的舆论导向。

第三，要切实担负起网络媒体的社会责任。网络媒体要把民众的利益、国家的利益、社会的利益放在重要的位置，促进社会经济建设与精神文明建设，为社会的稳定和发展发挥积极的作用。新闻报道要兼顾国家利益、部门利益、个人利益，正确处理三者之间的关系，不能因为局部的利益而损害了全局的利益，坚决杜绝因为个人的利益而传播报道一些虚假、不实新闻而造成严重的后果。

第四，网络媒体要进一步规范内部制度建设。严格新闻采访、编辑的工作流程规定，完善各项规章，从内部制度上堵塞虚假不实新闻报道。严把审稿关，坚持对事实不清楚的稿件不用、来源不明的稿件不用、采访不细致的稿件不用。坚持原创稿件逐级审核签发制

度，建立健全培训机制，通过岗前培训制度，内部员工的奖励、惩罚激励机制加强队伍建设，提高员工的综合素质，使其严格遵守道德标准，把好新闻报道的关口，有效防止虚假信息、不良信息的传播。

第五，不断加强和改进新闻报道的方式方法，进一步探索适合网络传播的报道形式。增强新闻传播的有效性，提供更多的组合信息；增强新闻传媒信息传播的互动性和联动性，有选择地实现信息互补、资源共享；增强新闻传播的思想含量，满足受众思考性需求；增强新闻传播的服务性，满足受众多样化和个性化需求；增加和改进新闻报道的样式和类型，提供更多的新闻类型和新闻精品。

第六，不能片面追求高点击量和轰动效应而人为制造一些虚假有害信息。网络媒体虽然为社会各阶层表达利益诉求和情绪宣泄提供了一个很好的渠道，但网络媒体不能满足于做网民的“出气筒”，要针对网民的各种思想疑虑，做好解释说服工作，通过引导网上热点、疏导公众情绪、化解社会矛盾，促进舆论和谐，让积极、正面的网络新闻更加有思想性、趣味性、可读性，通过采编通俗易懂，百姓喜闻乐见的真实故事吸引网民的关注，让有害虚假信息无处藏身，引导社会舆论沿着理智、建设性的轨道发展，同时也达到规范网上新闻传播秩序的目的。

三、加强管理，健全法制，促进网络媒体健康发展

“网络平台是党的重要执政平台，网络资源是党的重要执政资源，网络舆论引导也是检验党的执政能力的重要方面”——这一点作为我党新时期加强舆论引导工作的一个重要共识正在逐步深化。因此，网络媒体的壮大与发展，网络媒体传播秩序的有序健康，除了网络媒体要加强自身的制度建设外，还需要各级网络主管部门及全社会为其创造良好的发展空间。通过各级网络主管部门一系列行之有效的制度建设来规范网上传播秩序，从而净化网上舆论环境，打造积极向上的网上舆论场。

第一，各级网络主管部门要秉持“善待媒体、善用媒体、善管媒体”的管理理念，进一步深化对网络新闻传播功能和作用的认识，不断提高网络媒体的应用能力和应对能力，结合网络媒体行业自身发展的特点和传播规律，建立起完善有效的管理体系，进行现场督导，及时传达上级指令，确保第一时间落实，通过制定切实可行的管理制度，寓管理于服务当中，为规范网上新闻传播秩序提供高效的制度支持和发展空间。

第二，面对网络舆论引导面临的各种挑战，各级网络主管部门要进一步加强法制建设，依法管理互联网，抓紧制定和实施网络行业的法律、法规，堵塞漏洞；完善互联网有害信息监控工作体系，加大执法力度，依据网络媒体的法律、法规整治互联网低俗之风，严厉打击网络犯罪和虚假新闻，惩处一些破坏国家安全、造成社会危害的违法犯罪行为。遏制不良信息的蔓延传播，净化网络媒体的生存发展环境。

2013 年上半年，国家有关部门在网络媒体中开展了“深入开展整治网站违规登载新闻信息专项行动”，规范网上新闻传播秩序，维护网上正确舆论导向，具体来说，就是要求网络媒体要深入做好 6 项重点工作。①要深入整治新闻来源标注不规范行为。网站转载新

闻必须标注新闻来源，并提供转载稿件链接，并要对原始报道来源进行二次审核把关。②深入整治恶意篡改新闻标题的歪风。网站转载新闻要保持原稿内容的完整性，可在完整准确体现原稿内容基础上作适当修改，做到题文一致。③深入整治网上虚假失实报道。要坚持新闻真实性原则，确保新闻信息真实客观准确传播。要严格执行三审制度，强化终审责任，不报道、不转发未经核实的网民投稿，不传播、不转载网上流言传言和猜测性信息。④深入整治将博客、微博客等互动栏目帖文直接编发新闻的行为。网站不得以所谓"网传""网曝"等名义将论坛、博客、微博客等互动栏目帖文作为新闻直接编发或集纳编发。网站在转载新闻时，不得擅自配发网民自行上传但未经核实的图片、音视频信息。⑤深入整治网站违规合作"洗稿"，新闻网站不得与商业网站开展正常供稿之外的违规合作，严禁新闻网站以新闻发布权为商业网站自采新闻提供"洗稿"平台牟利。⑥深入整治违规编发境外媒体新闻。

第三，各级网络主管部门要积极引导全社会正确看待网上的各类信息以及各种声音，提升全民族的文化素质，提高网民的媒介素养，使其在各种舆论中保持理性与客观，正确寻求事实的真相，增强自身的辨别能力；引导网民理性上网、守法上网，主动抵制有害不良信息的传播扩散，进一步弘扬社会主义核心价值体系。

第四，各级网络主管部门还应准确理解我国面临的国内外形势，树立民生观念，充分认识百姓疾苦和民生需求，充分依托和发挥网络媒体的平台作用，深入分析网民大众的心理倾向和思维习惯，给予网民充分尊重和信任，强调网民参与的重要性，让网民引导网民，通过培养自己的网络意见领袖，着力增强议题设置能力，用网络流行语言来设置议题，陈述意见，引导舆论，澄清不实和偏激言论，促进网络传播秩序的有序进行。

四、结语

增强网络媒体的行业自律，加强各级政府对网络媒体的有效监管，发挥网络媒体正能量的作用，将会促进中国网络媒体的健康发展和网上新闻传播秩序的有序进行，同时也将会进一步提升网络舆论在我国整个舆论体系中的地位和作用，使其成为舆论引导新格局的重要一环。如此，互联网才能真正"成为传播社会主义先进文化的前沿阵地、提供公共文化的有效平台、促进人们精神生活健康发展的广阔空间"。

（作者单位：中国国际广播电台中文国际在线）

参考文献：

1.《"三项学习教育"活动辅导读本》，新世界出版社，2012年3月第1版。

2.《"人民至上"——深化"走转改"活动研讨会发言集》，学习出版社，2012年8月第一版。

3. 杨保军：《论网络新闻真实的特征》，《视听专论》2007年第7期。

国际台产业发展中的难点及对策探讨

董军香

国际台产业发展是指在确保新闻宣传导向正确，满足社会公共服务的前提下，将广告经营、节目制作等可经营性资源从事业体制中剥离开来，通过公司化手段进行市场运作，将事业发展中蕴藏的人才、信息、品牌优势通过市场发挥出来，在产生经济效益，反哺事业发展的同时，不断打造现代、综合、新型国际传媒集团，促成国际传播事业的全面、协调和可持续发展。

媒体喉舌功能和产业功能并存的特殊属性决定国际台产业发展将以事业和产业的逐步贯通为主要路径，以“公司化”为主要手段，其发展过程将呈现既受现存体制制约，又力图重构新体制空间的矛盾，表现出明显的渐进色彩。它具有以下两方面特征。

一、转变运行机制

国际台产业发展必须在中央政策允许的范围内开展，确保国际台作为党、国家和人民的喉舌性质不能变，党管媒体不能变，党管干部不能变，正确舆论导向不能变。其“公司化”手段要改变的是运行机制，是目前存在的条块分割、机制不活的问题，其实质就是将有关部分进行转制，建立充满活力、富有效率和生命力的局部运行机制。

二、谋求最佳效益

我国媒体的双重属性及体制的特殊性，决定中国媒体需优先考虑和重视社会效益，保证在追求经济效益的同时，不损害社会效益。这就决定了国际台产业发展不能像企业一样以追求利润为终极目标，在进行必要的经营活动时必须首先考虑社会效益。而媒体产业的竞争日趋激烈，国家财政拨款难以全部保障事业全面发展的需要，媒体要生存，要发展，就不能不计算经济效益。国际台产业发展就是要在党的统一领导下，通过市场基础性作用，谋求两个效益的最佳平衡点。为此，尝试在现有体制下突破难点，找寻出路，将是加快国际台产业发展的有益探索。

难点1：财产关系模糊

我国媒体产权主体是国家，国家是媒体资产的实质拥有者，而实际上媒体资产产权则处于“虚置状态”。媒体的实际创办者、投资者以及主管者都是党政部门及群众团体，媒体的主办者也大多是这些主管者的下属机构或实体，政府各部门、群众团体虽然事实上以投资主体的身份介入传媒，但大多是在创办初期给予一定的资金、人员编制等支持，而后更主要体现在政治方向上的领导和监督。在一个长时间里，庞大的媒体资产并没有一个明确的政府部门来监管，没有明晰的最终委托人对国有产权负责，更没有明晰的所有权、支配权、使用权与剩余索取权的界定与划分，使得媒体呈现非市场化状态，大到媒体间的兼并，小到媒体资金的投向都受到主管部门有形和无形的干预。由于媒体市场的产权不清、规则不明，导致国有经营性资产和非经营性资产边界模糊，并购买卖难以操作，从而带来高额的交易成本，使一个统一的传媒市场体系难以形成。传媒产权无法正常流动，就无法通过资本运营实现资产的优化配置、产权重组和集团发展，最终将影响整个媒体市场的效率。

对策 1：理顺产权关系，与资本市场“联姻”

明晰媒体产权，从政府层面来说应通过媒体资产管理的专门化来实现。如建立专门机构进行专业化管理，明确所有权的具体代表（如国有资产管理局），以减少所有权的行政色彩。

从国际台层面来说，针对目前产业发展过程中面临的所有者主体缺位的状况，一方面，应理顺产权关系。对国际台直接投资的企业（如报社、出版社、物业等），应改变由国际台各中心管理的体制，对国际台投资的企业实行公司制改造，或在现阶段将股权委托或转让给同一下属公司管理，确保所有权和经营权分离，增强资源凝聚力；同时国际台应加快成立媒体集团步伐，通过政府授权部门（如国有资产管理局）向媒体集团的授权，使媒体集团拥有对国有资产的独立支配权、完整的经营权和投资权，承担起对国有资产保值、增值的责任；通过媒体集团向其二级单位授权，使下属公司拥有对这部分国有资产的独立支配权，在合法范围内自主经营，谋取自身利益最大化，具体承担起对国有资产保值、增值责任，而不受其他资产主体的随意干扰。

另一方面，借助金融杠杆实现跨越式运作，通过与资本市场的“联姻”手段，解决“所有者缺位”问题。事实证明，不论是中石化、中移动在海外上市，还是银行、电力企业在国内上市，不仅没有造成国有资产流失、失控，反而实现了国有资产的保值、增值。为此，国际台产业发展应加快探索有关企业的上市步伐，以国有股、法人股等方式将“国有”资产通过股权、产权明晰量化，使得责权利主体化、市场化、国际化，为加速产业升级、规模扩张打下良好基础。

难点 2：资金匮乏

广电媒体是重装备、高科技、高投入、高消耗的产业，其正常运转和持续发展需要有充足的资金来支持。目前，国际台公司化企业尚处在初级阶段，创收能力有待增强，产业发展资金相对匮乏。近年来我国媒体之间的竞争日趋白热化，为了适应竞争的需要，媒体均需不断加大基础建设的投入，机构的建立和运营、传播内容的采集制作、技术设备的更新和人才的网罗与培训，都需要大量的资金。国际台产业要想做大做强，单靠政府拨款是不够的，单凭自身广告收入的积累也行步迟缓，无法迎接未来的国际竞争与挑战。

对策 2：资本运营

解决资金匮乏问题，大致有三条路：一是媒体产业以上市公司的身份，获得社会资金；二是媒体公司化资源与非媒体企业联营，从行业外获得资金；三是利用媒体资源从行业内或行业外的国际大资本那里获得资金。通过上市走资本经营的道路是解决资金瓶颈的有效手段，但目前仅少数广电企业达到该行业的特殊上市标准，为此需探索借壳上市、与上市公司合作等多种间接上市方式。国际台目前已在间接上市过程中迈出了可喜的步伐。此外国际台产业发展在现阶段还可通过吸引投资、引入民营资本等手段，解决融资难题，并进一步提高对银行贷款融资的重视。通过债务来支撑集团扩张几乎成为西方大型媒体集团最常用的手段。银行贷款融资属于长期借款融资，由于资金偿还期较长，筹资速度快，借款成本低，可减轻媒体的还款压力。国际台产业可尝试利用媒体政策倾斜的保护进行银行贷款融资或各种政策性负债融资，只要财务杠杆风险控制合理，便可在不断负债经营的基础上实现发展。

难点 3：人员分流

在国际台产业发展公司化运作过程中，为了确保公司运营的独立性，人员分流和身份转换不可避免，这个问题矛盾最多。对此，《关于深化文化体制改革的若干意见》确定了“新人新办法、老人老办法”的基本原则，国务院办公厅下发了《文化体制改革试点中支持文传产业发展和经营性文化事业单位转制为企业的两个规定》，对有关人员分流、社会保障、收入分配等做出了原则规定。但在实践中，仍普遍存在欠缴社保费用、员工事业身份买断等棘手问题，需要耗费大量资金才能解决，没有专项补贴或政策豁免，国际台产业化单位恐怕不堪重负。同时，事业编制人员享受国家事业单位级别待遇，转为企业员工对每名员工来说同样是一种挑战。一方面需要面对企业市场竞争飘忽不定的职业风险；另一方面，事业编制的员工一般参加工作较早，年龄较大，继续工作的时间不会太长。如果按照企业员工身份退休，养老金就要低很多。如何保证这些员工转企后的退休金能够与原事业单位达到平衡，这是一个难点。这就使得公司化成本和阻力很大。

对策 3：采取过渡政策，减少公司化阻力

目前国际台产业发展因国家采编、经营两分开的政策致使所剥离媒体资源成立的公司仍在台内保留相应管理部门，形成人员交叉兼任的现象。当前过渡时期可采用在编员工事业身份及档案工资保留，退休仍可回台的政策以减小公司化阻力；但在公司化成熟期，则应探索人员彻底分流的对策，如借鉴成功媒体人员安置经验，采取划定企业身份规定，明确愿意做企业员工的转为聘用，否则留在原单位，自行竞聘上岗，无岗人员给予待岗期并做好经济补偿工作；转制的员工一律按企业员工缴纳社保，并不断提高企业员工待遇，在稳定队伍的同时，吸引人才。

难点 4：管理多头，内容经营不足

国际台在实际产业发展过程中，出现同属于经营资源的产业分属于不同的管理部门管理，造成了一个“媳妇”多个“婆婆”的管理模式。新媒体业务是媒体融合与技术融合的产物，由于新媒体业务与多个部门利益相关，出现多个部门的监管范围和职责交叉的局面。这种多头管理的体制一方面存在管理盲区，另一方面又造成过度管理。

此外，由于国际台汇聚了多种媒体资质，彼此之间缺乏内容互动，加之各频率专业化定位仍不清晰，内部未形成资源共享机制，节目制作缺少统筹规划，往往采用自下而上的自发式生产方式，造成节目策略、经营策略雷同，内容资源未带来好的经济效益。

对策4：强化管理机制，创新内容经营手段

针对多头管理的现状，国际台在发展初期可采用在交叉职责部门范围内成立类似委员会的暂行决策机构，以减少管理成本，提高资源配置效率。随着业务的发展成熟，应尽可能减少管理级次，明确归口部门，建立高效而强有力的治理结构和管理机制。

针对国际台公司内容经营不足的现状，首先，应将媒体资产的管理转到“平台模式”上来。国际台正着手建立媒资共享平台，该平台将承担起台内信息资源共享的功能。同时由于新媒体的挑战，传统媒体已经不能仅定位为内容的生产、集成和发布者。如今，受众或用户拥有内容的生产者与消费者的双重身份，“传”、“受”的界限已经模糊，为此，媒资平台应达成平台共建、资讯共用、利益共享的多重目标，成为所有人都可以使用的平台。

其次，充分发挥国际台多媒体资质，利用互联网优势取长补短，借网捕鱼，扭转传统媒体的传播弱势，创新内容经营手段。通过股权整合打造国际台内容制作统一管理实体，对国际台每种媒介都应有对应市场的明确定位，内部各媒介之间的定位不能相互雷同，并应随着市场环境的不断变化，对定位不断微调。在内容经营上，从国际台内部资源优化配置出发，建立对内容开发的立体产业链，加强对内容的深度开发，追求内容的附加值最大化。当出现了好的内容时，管理实体负责利用各种资源，联合台各种媒介一起行动，把内容的影响力扩展到极致，唯有如此，才能充分发挥内容的传播效能，提升国际台整体影响力。

（作者单位：中国国际广播电台财务管理中心）

浅谈媒体现代化建设的两个要素：平台与理念

潘　佳

媒体的现代化建设涉及现代化技术平台建设、现代化传播理念建设、现代化传播内容建设、现代化管理模式及营运机制建设等多方面的内容。如同国家战略力量分为硬实力和软实力一样，对于国际一流传媒集团而言，现代化传播技术平台与传播理念相互依存、相互促进、缺一不可。中国国际广播电台作为我国最重要的主流国际传播媒体之一，不仅要拥有世界一流的传播技术平台，也需要与时俱进的传播理念。本文从“平台与理念建设”这两个方面入手，以中国国际广播电台的实践经验为实例，对媒体的现代化建设进行初步探讨。

一、建设现代传播技术平台是媒体现代化转变的必由之路

传播技术是一个广义概念，是人类在传播过程中应用的一切技术方法、手段的总称。现代传播技术研究的范围是 20 世纪以来，建立在新科学技术基础上的媒体技术、系统技术以及为适应现代传播而产生、发展起来的传播理论和传播技术，其重点研究目标是媒介技术的发展。①

1. 互联网技术的发展使媒体迈入新媒体传播时代

互联网的出现改变了大众传播中所界定的传者和受者的角色定位，改变了传播的基本形态和模式，同时也改变了内容生产的传统流程和传统媒体的内容产品。仅从用户数量的激增就可以看出互联网技术对于新媒体发展的重要作用。根据中国互联网络信息中心CNNIC（2012 年）针对中国互联网使用状况的调查，截至 2012 年 6 月，中国共有 5.38 亿网民，与上年同期相比增长 2 450 万。互联网普及率达到 39.9%，同比增长 1.6%。为互联网普及推波助澜的还有各家电信公司，它们不断推出多样化的市场策略吸引用户并刺激互联网市场的不断扩张。

2. 媒体传播技术平台的发展趋势

媒体的功能和形态不断拓展，对于人们日常生活的参与也愈加深入和多样化。总体来说，现代传播技术的发展有以下几个方向。

（1）传播内容的数字化。传播内容数字化趋势推动了传统媒体的发展变化。比如，以从演播室到发射、传输、接收的所有环节都是使用数字电视信号的数字电视为例，这是一个从节目采集、节目制作、节目传输直到用户终端都以数字方式处理信号的端到端的系统。随着数字电视的出现和逐步推进，预计到 2015 年，所有的模拟电视信号将会转变为

---

① 百度文库：《现代传播技术》，http：//wenku.baidu.com/view/a706c5fcf705cc17552709df.html。

数字电视信号。①

(2) 传播平台的融合化。当互联网技术和移动通信技术日益成熟、普及之后，再加上传统广电网的技术优势，媒体将迎来融合传播的新时代。在传播载体形态上，融合化传播可概括为报纸、杂志、广播、电视、音像、电影、出版、网络、电信、卫星通讯等平台的融合。

(3) 传播媒介的移动化。进入移动互联网时代以来，作为各种新媒体服务承载平台的移动智能终端令世人关注。因为它不仅仅是新一代的移动通信终端，更是新一代互联网接入终端和个人信息门户终端。平板电脑的出现，为传统纸媒的发展提供了一个利用数字化技术实现跨界延伸的平台。

(4) 传播渠道的全球化。互联网为媒体提供了一个比任何其他方式更快、更经济、更直观、更有效、更广泛的传播媒介，互联网把每一个人都连接在一起，成为一张信息传播网络，网络中的每一个信息都高速传播。2012 年 7 月，中国互联网络信息中心（CNNIC）在京发布的《第 30 次中国互联网络发展状况统计报告》显示，到 2016 年，全球互联网将会拥有 30 亿用户。互联网以其庞大的用户数量、超强的传播能力和效率，为人们建设了一个虚拟的数字空间。

3. 国际台着力搭建现代化传播技术平台

近年来，国际台着力改变以无线短波广播为主体的传播平台，加快建设能够整合和联通多语种、多媒体、多平台、多终端的传播平台，构建符合新媒体传播和高新技术应用的多媒体技术传播支撑体系，优化了传播业务流程和产品体系。

从 2005 年来，国际台就开始自主设计搭建多媒体资讯共享平台，通过对各部门内容资源的整合，实现音频、视频、在线、平面媒体、文稿、新媒体等业务系统的互联互通和统一管理，促进了资源的合理配置。新的多媒体资讯共享平台，通过融合 IP、音频、视频、网络等多种成熟技术，在同一平台上实现多媒体内容的采集、存储、制作和管理，集“采集、编辑、制作、存储、发布”等功能于一体，使台内各种媒体的业务系统实现了有机关联、互联互通和资源共享，成为支持媒体形态最多的、支持语种最多的多媒体制作平台。在此基础上，将扩展增加支持多媒体内容产品集散、发布的功能，实施媒资平台后续的完善、优化建设，面向编播用户提供一站式服务，面向新媒体应用进行技术改造和技术创新，加快建成环球新闻信息采编系统、资源共享及交换系统、资源发布系统，提供各种新媒体不同承载方式的传播手段。

同时，国际台通过对自身新媒体优质资源的整合，形成了以国际在线这一全球语种最多的网络平台为龙头的多语种网站集群、多语种网络电台集群、多语种网络电视频道和多语种移动服务终端等现代传播平台。2011 年 1 月 18 日，正式开办中国国际广播电视网络台（China International Broadcasting Network，简称 CIBN）。国际台开启了以新媒体化为方向、以传统媒体与新兴媒体融合发展为特征加快构建国际传播体系的新的时代。CIBN 的开办标志着一个拥有 60 余个传播语种、全业务媒体形态和浓厚国际化特色的新媒体国际传播平台的建设全面启动。

① 网易读书：《媒体全面数字化》，http：//data. book. 163. com/book/section/000BNZJE/000BNZJE2. html。

根据事业发展的总体规划，国际台正在加快建设多语种、新媒体、互动性应用为核心的对外传播技术平台，此项工程建设将满足60余种语言节目直播化、交互化、视频化和大型报道综合化、立体化、规模化需求，支持海外整频率电台分频播出和多语种网站本土发布，实现海内外多语种、多媒体采集、制作、播出衔接和贯通。依托对外传播技术平台建设，国际台将建立以云计算为支撑，综合制作、综合发布的大技术体系。同时，正在对现有技术系统进行数字化、网络化升级改造，通过数字化再造节目制作工艺新流程，创建运行和管理新方式，构建采、制、播、存、用一体化和网络化的数字技术新体系以及开放集成、资源共享、版权保护的数字节目内容管理系统以及集成分发交换平台。

二、现代传播理念引领媒体的现代化转型

按照《辞海》的解释，理念一词可以解释为“看法、思想”和“观念”。对于我国主要国际传播媒体之一的国际台而言，拥有强大的现代传播平台是远远不够的。可以说，现代媒体的传播理念犹如一面旗帜，引领媒体的前进方向。只有拥有了现代化的理念，才能找准符合自身的发展战略，实现由传统向现代的转型，并在激烈的舆论竞争中占据优势地位。

1. 从宣传到传播的重要转变

准确地讲，“宣传”和“传播”之间有着根本的区别。宣传是一种专门为特定议题（议事日程，agenda）服务的信息表现手法。在西方，宣传原本的含意是“散播哲学的论点或见解”，但现在经常被放在政治环境中使用，特别是指政府或政治团体支持的运作。① 由此可见，宣传发布的信息直接服务于某种政治目的，带有“我说你听”的灌输和说教色彩，容易引起受众的反感。传播是指社会信息的传递或社会信息系统的运行。信息是传播的内容。传播的根本目的是传递信息，是人与人之间、人与社会之间，通过有意义的符号进行信息传递、信息接受或信息反馈活动的总称。②

从新中国成立到20世纪90年代，为应对以美国为首的西方资本主义阵营利用新闻传播媒介同社会主义阵营展开“冷战”，我国的新闻事业服从于外交斗争的需要。这种情况使我们党的新闻传播事业长期受宣传的主导。从历史唯物主义角度看，在革命战争年代和“冷战”时期，新闻传播服从宣传需要是必然的，但随着我党工作重心的转移，受众对新闻信息需求的多样化，直接为政治目的服务的宣传已经不能全方位满足受众多样化的信息需求③，这就需要包括国际台在内的我国国际传播媒体重新调整理念，从“宣传”迈向“传播”。

2. 从大众传播到分众传播的转变

随着社会的发展和技术的不断进步，不同的经济状态，不同的传播愿望，不同的用户

---

① 百度百科，http：//baike.baidu.com/view/193752.htm。

② 百度百科，http：//baike.baidu.com/view/69730.htm。

③ 王庚年：《建设现代综合新型国际一流媒体研究》，中国国际广播出版社，2011年，第36页。

需求，使得市场分割越来越细，受众向不同渠道分流，并催生传媒模式的变革和创新。传媒必须清醒认识到人类信息传播的这一变化，清醒认识媒体分众化、对象化的新趋势，认清当今媒体的生态和传播环境，并寻找相应的对策，在信息的传播中占据主动。

所谓大众传播，是指在传统媒体时代，专业媒介组织运用先进传播技术和手段，向社会大众进行的规模信息生产和传播活动。分众传播与大众传播相对应，是大众传播和媒体技术发展到一定阶段的产物，是指媒介组织向特定受众进行的信息生产和传播活动。分众传播理念在传播过程中表现在很多方面，突出体现在传播渠道多样化、传播内容个性化以及受众市场细分化等几方面。

3. 从“跨国境”传播到“跨文化”传播的转变

在当今时代，由于国际政治体系中民族国家的长期存在，国家间的国际舆论传播依然深受主权和意识形态等因素的影响，从而使国际传播表现出极强的政治性色彩。近年来，国际台传播能力建设取得了巨大进展，传播平台不断拓展，覆盖范围得到了很大提高，但是，如果我们仅仅满足于地理上或技术上的传播覆盖，不追求国际传播背后本质性的内容，那么，我国媒体的国际传播实践将是低效的，也不会对提高我国的国际地位、改善我国的国际舆论环境产生作用。

从国际上看，综合国力竞争的一个显著特点，就是文化的地位和作用更加凸显，许多国家，特别是主要大国都把提高文化软实力作为增强国家核心竞争力的重要战略举措。在世界范围内各种思想文化交流交融交锋更加激烈的大背景下，谁占据了文化发展的制高点，谁拥有强大的文化软实力，谁就能够在激烈的国际竞争中赢得主动。近年来在国际文化讲坛上流传一段名言：19 世纪靠军事改变世界，20 世纪靠经济改变世界，21 世纪则要靠文化改变世界。① 这就是对文化力量重要性的描述。

作为人类传播活动的重要组成部分，跨文化传播是各种文化信息在不同文化背景的人们之间流动、共享和互动的过程，是人类各个文化要素的扩散、渗透和迁移的过程。人类的生活离不开跨文化传播，它总是和人类生活的各个方面交织在一起，是人与人之间、民族与民族之间、国家与国家之间必不可少的活动。当前的国际传播活动中，文化因素所起的作用越来越大，所占的比重越来越高，我国主流媒体在国际传播过程中，必须深刻了解中西文化不同的话语体系，把现阶段“跨国境”的简单传播上升为“跨文化”的复合传播。

4. 国际台多媒体融合、全媒体发展理念

近年来，中国国际广播电台顺应国际传媒发展态势，在总结自身积极实践经验的基础上逐步推进由单一媒体向综合媒体转变、由传统媒体向现代媒体转变、由对外广播向国际传播转变、由本土媒体向跨国媒体转变。可以说，实现“四个转变”是建设现代综合新型国际传媒集团的必由之路。

2004 年 1 月 16 日，中央领导同志在视察国际台时，明确提出要通过“两手抓”“两条腿走路”“建立现代国际广播体系”的发展思路和战略目标。2006 年 12 月 3 日，中央领导

① 刘晓玲等：《文化软实力提升浅论》，湖南人民出版社，2009 年，第 192 页。

同志提出，国际台要积极建设现代国际广播体系，不断提高我国对外广播的质量和水平。2008 年 10 月，党的十七届三中全会指出，要“建设覆盖广泛、技术先进的现代传播体系，形成与我国经济社会发展水平和国际地位相称的国际传播能力，着力建设语种多、受众广、信息量大、影响力强、覆盖全球的国际一流媒体”。在 2011 年国际台台庆 70 周年纪念大会上，中央领导明确要求国际台要加快实现以传统媒体为主向多媒体融合、全媒体发展转变。中央关于“构建现代国际广播体系”“建设国际一流媒体”“多媒体融合、全媒体发展”战略目标的提出，对国际台事业发展具有里程碑意义。它不仅证明过去近八年的探索是正确的、有效的，而且在更高的层面上，使国际台有了明晰的全媒体发展战略和奋斗目标。根据中央指示精神，在深入调研的基础上，国际台确立了“多媒体融合全媒体发展，加快建设现代综合新型传媒集团”的战略目标。近八年来，国际台紧紧围绕这一战略目标，抓改革、求创新、谋发展，各项事业取得了快速发展，国际传播能力显著增强，得到了中央领导同志的充分肯定和海内外亿万受众的高度赞扬。应该说，经过近八年的探索和实践，目前，国际台已经由一个单一的媒体，转变为拥有从第一到第五所有媒体资质的全媒体，初步形成了现代综合新型国际传媒集团之雏形。只要我们坚定不移地朝着这个战略目标走下去，坚持多媒体融合、全媒体发展，一定能够在可预见的将来，把国际台打造成语种多、受众广、信息量大、影响力强、覆盖全球的现代综合新型国际传媒集团。

因此，媒体的现代化转型与现代化理念的树立密不可分。只有现代化的传播理念，才可确保树立包括国际台在内的我国主流国际传播媒体的引导力和权威性，在国际传播新格局中处于主动地位；只有现代化的报道理念，方可增强我国媒体的传播效果，在国际传播新格局中发出自己响亮的声音。

（作者单位：中国国际广播电台捷克语部）

OTTTV 为传统广电行业带来机遇

王　岚

近几年来，国内外 OTT 都得到了快速的发展。本文对国内外 OTTTV 的发展概况及发展模式进行简要的综述，并分析 OTTTV 给传统广电带来的影响以及广电行业面临的机遇。

一、引言

OTT 是“Over The Top”的缩写，广义上是指基于开放互联网的视频服务，终端可以是 TV、PC、平板电脑、机顶盒和智能手机等，OTT 强调服务与物理网络的无关性。多数情况下，OTT 服务指的是 OTT 视频服务。那么，OTTTV 就是指终端是电视的服务类别。通过允许访问互联网上的免费或付费视频，OTTTV 颠覆了传统的用户被动的电视观看模式，让用户对“用”电视有了新的认识，它突破了电视被动接收内容的限制，使用户更加有选择地使用电视，并通过基于互联网视频服务和应用在多终端的分发，实现与其他终端之间的互动。

在国际上，OTTTV 指通过公共互联网面向电视传输的 IP 视频和互联网应用相融合的服务，其接收端为互联网电视一体机或机顶盒＋电视机等。① 在我国，OTTTV 是指通过公共互联网面向电视机传输的由获得互联网内容服务牌照的国有广播电视机构提供的视频内容的可管可控的服务，也就是大家所说的互联网电视。

二、国内外 OTTTV 发展情况概述

近几年来，国内外 OTT 都得到了快速的发展，市场研究公司 Informa 预测，到 2015 年全球 3.8 亿人将通过如电视机、游戏机或机顶盒等联网设备观看在线视频。② OTTTV 正是互联网向传统视频服务市场扩张的必然结果，全球的 TV 和视频市场越来越受到 OTTTV 的影响，它正在带来一场新的视频服务的革命。但由于国内外不同的环境、政策和监管措施，使得不同国家和地区间 OTTTV 的发展有着较大的差距。

1. 国内 OTTTV 发展情况

在中国，据 CNNIC 统计显示，截至 2012 年年底，中国网络视频用户达到 3.72 亿，较 2011 年年底增加了 4 653 万人，增长 14.3％。网民中上网收看视频的用户比例较上年年底提升了 2.5％，达到 65.9％。其中使用手机在线收看或下载视频的网民数为 1.3 亿，相

① 黄远清：《2012 年美国 OTT 市场浅析》，《卫星电视与宽带多媒体》2012 年第 23 期。

② 王崇鲁：《OTTTV 快速发展已成全球趋势　长期看将与 IPTV 并存发展》，《通信企业管理》2012 年 8 月。

比 2011 年增长了 9.5%，增速仅次于手机微博，成为 2012 年娱乐类应用的新亮点。可见，这种通过互联网观看视频的用户逐年增加。

在国内，OTTTV 的发展和国内关于视频服务的监管政策的演进密不可分，总的可以划分为三个阶段，如图 1① 所示：第一阶段为政策空白期，由家电厂商着力推广“互联网电视机”模式的阶段；第二阶段为政策调整期，电信运营商和互联网电视牌照商争做主导地位的合作化运营阶段；第三阶段为政策规范期，从 2012 年以来广电全面布局 OTTTV 的阶段。虽然历经了这三个阶段，但我国的 OTTTV 的发展目前还在产业链的初步形成阶段。从 OTTTV 的整个内容消费模式来说，内容、商业模式和可用性等多个方面都还有需要进一步探索的地方。2012 年 6 月，由广电有线运营商、互联网电视牌照商以及三十多家芯片和硬件商联盟合组建的“DVB+OTT 融合创新联盟”成立，标志着广电有线电视网络运营商正式加入到 OTTTV 的产业链整合中来。

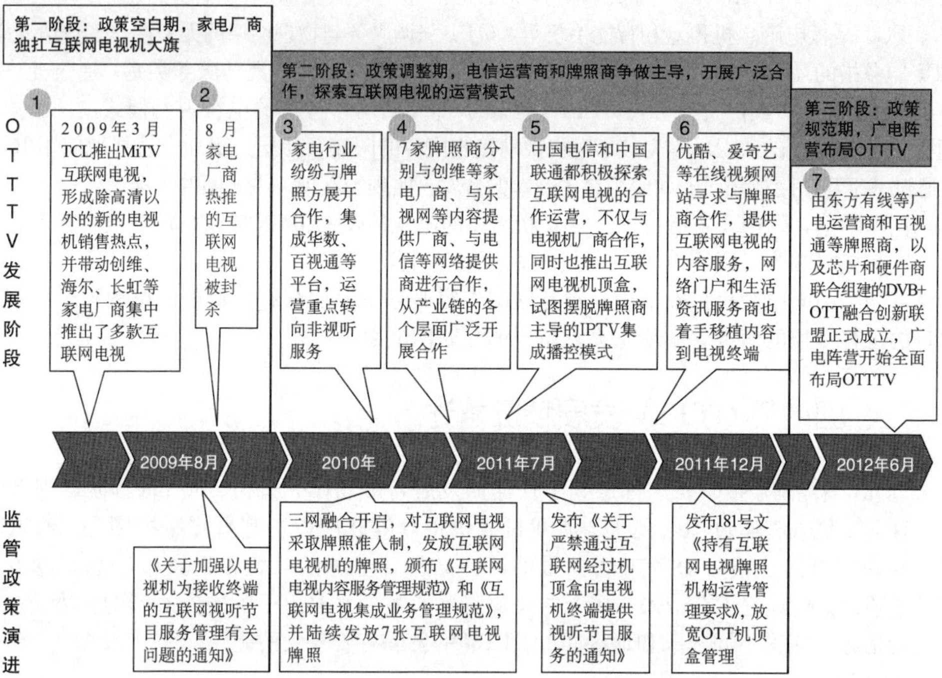

图 1　监管政策的演进与 OTTTV 的发展阶段

Digital TV Research 的研究报告预测，中国 OTTTV 的收入将从 2010 年的 5 000 万美元增长到 2016 年的 13.8 亿美元，收入增长将达到 27 倍②，用户也将过亿。从电视终端逐

① 刘洋：《OTTTV 的发展阶段和业务模式研究》，《电信网技术》2013 年 1 月。

② 黄体富：《OTT 带给广电的新发展》，《广播电视信息》2012 年 11 月。

渐占据客厅和卧室的家庭娱乐核心地位来看，其正成为行业发展的新目标。由此可知，我国的 OTTTV 市场存在着巨大的发展潜力。

2. 国外 OTTTV 发展情况

国外 OTTTV 是互联网视频产业的统称，终端可以是电视机、电脑、机顶盒、智能手机等，既包括 YouTube、Hulu 等以 PC 为终端的网络视频，也包括 Google TV 和 Apple TV 等互联网电视一体机，还包括索尼、三星、飞利浦等在市场上推出的具有上网功能的智能电视机。

作为互联网的一项重要应用，近几年 OTTTV 在美国得到了迅猛发展。由于美国宽松的互联网和传媒管制政策，基于 PC 的互联网视频很容易移植到电视屏幕上，且 OTTTV 的市场主体是自由的，只要拥有资本、内容和服务的运营能力就可以成为 OTTTV 的运营商，所以在美国，传统的有线电视运营商、卫星电视运营商以及其他内容服务提供者都可以直接运营 OTTTV 业务。目前，除了 Netflix、Hulu 等继续保持着高速的发展之外，Amazon、Apple、Google、Microsoft 等巨头不断大手笔投入在线视频，使得美国广电传统付费电视产业受到 OTTTV 的较大冲击，近年来美国传统广电有线电视用户持续流失。全球知名的分析机构 ABIresearch 的研究称，美国 20%的网民正在考虑以 OTTTV 代替传统付费电视作为收看视频的渠道。① 早在 2011 年第一季度，Netflix 的视频服务用户总数已经超过了传统的有线电视最大的运营商 Comcast，如图 2② 所示。

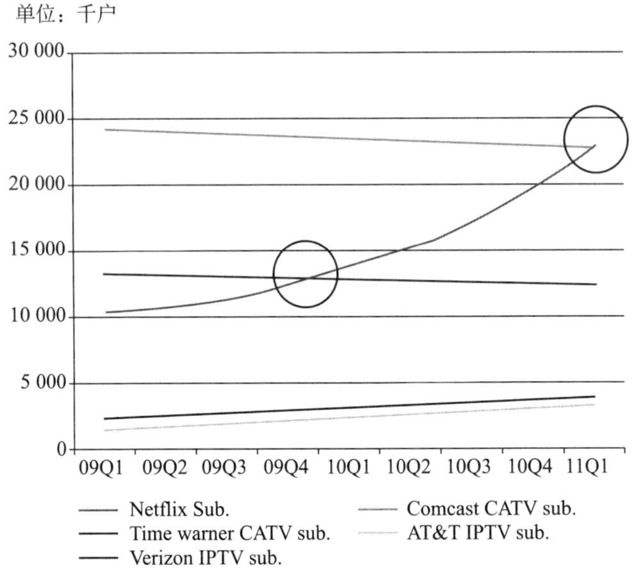

图 2　美国典型视频服务方式的用户发展情况

---

① http：//www. abiresearch. com/press/netflix-lead-the-us-ott-market-and-tops-abi-resear。

② 熊飞：《从美国视频行业看中国 OTT 发展》，2012 年 3 月 CCBN 中国国际广播发展论坛。

自2008年至2011年，美国传统有线付费电视用户减少了740万，而OTTTV付费视频业务则迅猛增长了2 480万户，如图3① 所示。由此可见，OTTTV视频服务不仅更好地吸引了新的视频用户，对传统有线电视服务有着明显的冲击。

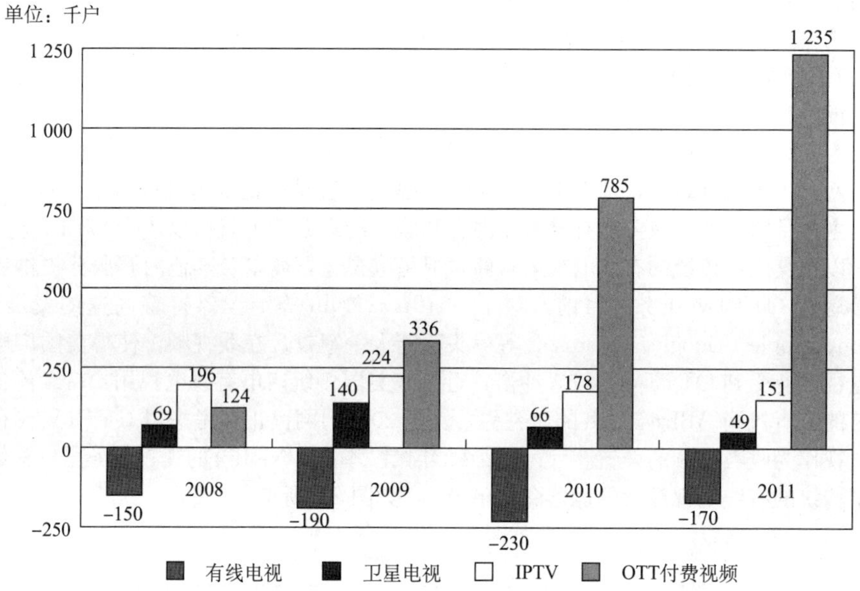

图3　2008～2011年美国不同视频服务模式的用户增减情况

而在全球范围内，2015年OTTTV用户将是IPTV用户数量的两倍。因此，在全球的TV和视频市场内，OTTTV也正成为新一代的视频业务领军者。

三、OTTTV的几种发展模式

OTTTV是对传统电视的革命，带来了新型电视服务的发展，在国内外逐渐形成了以下几种模式。

美国开放式OTTTV模式。在这种模式里，TV作为互联网的终端，通过植入浏览器软件，开展网页浏览、点播、视频通话等数字电视业务。这种模式下电信运营商、互联网企业、硬件设备商以及内容生产商等都将自身定位于视频产业的参与者并获取相应价值，是一种以开放互联网服务为核心的模式，视频服务不再成为广电运营商的专利。OTTTV视频服务还可以向PC、手机等多终端覆盖，满足用户多方面的观看需要。

欧洲HBBTV模式。这种模式主要是依托与运营商的基础网络资源和用户，将OTTTV业务和原有的传统广播电视业务进行整合。HBBTV是一种混合广播的技术，是

① 罗松：《OTTTV推动新一轮三网融合的兴起》，《电信网技术》2013年1月。

一套基于中间件平台兼容互联网宽带的双模业务系统标准。除了传统的广播外，HBBTV提供互联网方面的服务像VOD、时移电视、互动广告、在线购物等应用。在欧洲，电视服务是核心，有线网络运营商通过支持数字电视和互联网OTT视频，在电视服务的基础上开展多种增值业务，并对在电视上的互联网应用进行有限度的管理。在德国，80%以上的广播电视运营商采用HBBTV的方式提供OTTTV服务，法国、西班牙和荷兰等国家也在2011年开始提供HBBTV业务。[①] 欧洲HBBTV所代表的混合播放路线在消费习惯过渡及产业协调等方面，更加平稳有序，因此发展前景也普遍被外界看好。

中国可管可控的模式。2011年年末，国家广电总局《持有互联网电视牌照机构运营管理要求》（广电总局181号文件）的下发，标志着中国可管可控的OTTTV模式的建立，通过发放由广电总局认可的集成牌照，使有资质的运营商提供内容播控，并进行OTTTV业务的运营，且牌照方和客户端硬件完全捆绑，实现对客户端的管理和控制。

另外一种是以终端企业为主导的模式，以Google TV和Apple TV为例，通过跨终端服务生态系统的搭建，实现用户价值向互联网视频核心服务转移。

四、OTTTV给传统广电带来的机遇

2012年，我国OTTTV产业的迅速发展让广电行业意识到互联网时代日新月异的科技革新所带来的威胁。OTTTV对广电行业最大的威胁在于它能够通过开放互联网绕开广电的有线网络，直接将内容以更低的成本传送给终端用户，从而打破了广电行业长期以来在视频业务上占据的主导地位，造成有线电视用户逐渐流失。

面对OTTTV的大潮，传统广电的危机日益严重。2013年年初，国家广电总局下发了2013年1号文——《广电总局关于促进主流媒体发展网络广播电视台的意见》。该文件要求将网络广播电视台提升到与电台电视台发展同等重要地位，并明确三至五年后确立网络广播电视台在新媒体传播格局中的主流地位的目标。这份鼓励电台电视台与宽带互联网、移动通信网等新兴媒体结合的文件，体现了广电行业欲变OTTTV业务的危机为转机、在三网融合过程中化被动为主动的态度。[②]

无论是运营商（包括牌照方）、内容商（如广电行业），还是终端厂商（家电生产企业）等，发展OTTTV都同样面临着机遇与挑战。对于传统广电来讲这是最大的一次机会，当然也可能是最后的一次机会。不过，危机从来是“危”与“机”并存的，广电根基在被OTTTV威胁的同时，广电传统业务也能够从内容、增值业务、用户体验等方面与之形成有益互补，并在这方面形成竞争优势。

在开展OTTTV业务方面，传统的有线电视运营商有着天然的基础设施优势。OTT传输的基础网络是IP网络，随着三网融合和广电下一代广播电视网的推进，在双向网改方

① 赵志伟、丹璐：《“广电系”OTT吃准三大机遇》，《中国电子报》2013年3月29日第6版。

② 高巍：《从互联网走向电视机——OTTTV的兴起与有线网络的应对思考》，《广播与电视技术》2013年第1期。

面，首批三网融合的试点城市网络改造已经全面完成，第二批三网融合的试点城市也已大部分完成网络改造。在具有基础设施的网络里开展 OTTTV 业务没有太多的限制，通过广电的有线网去开展 OTT 服务不需要建专网，节省了网络建设费用。

广电行业还可以充分发挥内容的价值优势，广电的内容提供商所制作的内容是目前海量的互联网内容中质量最高的精品内容，要充分发挥这一优势，通过整合使内容更加丰富，将更多海量自媒体内容、社交媒体内容都纳入播控平台上提供给用户，给用户更多的自由，在海量的视频资源中观看自己想看的内容，而不是像传统的有线电视或 IPTV 那样，只能看运营商推送的东西。通过 OTTTV，将一些交互式的应用引入到我们的有线电视网络中，多方位多层次地满足用户的各方面需求。

除此之外，双向网络数字电视用户正是 OTTTV 的优质目标用户群，这些用户将为广电开展 OTTTV 提供良好的市场基础。在互联网应用需求层次不断提升的情况下，OTTTV 可以在培养用户使用习惯和不断扩大用户规模的基础上重点关注家庭日常生活和沟通社交的应用，通过在电视上的应用服务模式创新吸引用户使用，这还将有助于广电保持持续的竞争力。

通过基础设施、内容优势、用户体验和增值业务等几方面提升，广电运营商最终形成由视频服务、广播服务和互动服务组成的多元组合，并通过多种需求的捆绑提升用户价值，将使用户的使用体验得到极大的提高，最终形成一个跨屏融合的端到端的，有着丰富的内容和服务、良好的用户体验的优质的 OTTTV 业务的提供者。

五、结语

综上所述，在互联网时代，互联网对于传统视频服务市场的改造已经不可避免，OTTTV 将成为视频服务的新模式、新方向，原来的视频服务霸主将倍感失落。但目前我国的 OTTTV 服务还处在发展初期。随着下一代广播电视网络技术的不断演进、三网融合的不断推进以及网络视频的用户数量增长和影响扩大，OTTTV 对传统有线电视网络将产生不可忽视的影响。

与此对应，国家广电总局出台的《关于促进主流媒体发展网络广播电视台的意见》中明确指出，要“推动广播影视媒体与互联网等新型传播载体融合发展。坚持‘台台并重、融合发展、规模运营’的原则，通过完成加强视听节目内容建设、提升技术支撑能力和服务质量、探索多种经营模式、完善运营体制机制、加强队伍建设和人才储备等五项重点任务，争取用三到五年的时间打造一批导向正确、内容丰富、业态新颖、综合实力强的主流媒体网络广播电视台”。如果国内的互联网电视运营商以及有线电视运营商能抓住这个机遇，通过业务转型，不仅提供数字电视服务，还利用 OTT 新技术实现多屏分发电视内容和各种增值服务，那么将获得竞争的主动权并实现长足发展。

（作者单位：中国国际广播电台技术管理办公室）

浅谈现代媒体集团的内部资源整合

王丹宁

现代媒体集团的内部资源整合是一种资源的配置，即集团内部分子将自己的可用资源进行重组，以期更有效率地发挥资源增值效能。内部资源整合对传媒集团的生存和发展至关重要。通过内部资源整合提升传媒集团资源的利用率和信息共享水平是传媒集团运转的关键。传媒集团内部资源的整合涉及媒介形态层面（媒介资源的整合与内容的跨平台传播）、媒体组织管理层面（组织机构的高效运行）和媒体资本层面（经营资源的综合利用），其目的是使集团内部资源发挥整体效果大于部分简单叠加的系统效应。本文集中讨论媒体集团如何充分整合上述三方面的内部资源，更合理地运用现代管理与技术，充分发挥人力资源的积极效应，以提高传播效果，打造经济效益高的集约化运营模式。

一、传媒集团内部媒介资源整合

（一）媒介资源整合是传媒集团发展的必然选择

在现代传媒集团内部，集团内部各成员组织之间的联结有几种传递纽带，一是行政权力传递纽带，二是资产纽带，三是信息资源共享纽带。与企业集团不同的是，传媒集团成员间仅仅有行政关系纽带与资产纽带是不够的，还必须有信息资源和媒体产品的共享纽带，通过不同传播平台和媒介资源的有效整合，协同合作，使信息资源和媒体产品的共享使用发挥最大化的效能。可以说，在现代传媒集团内部，传媒运作的核心问题之一就是如何提高资源利用效率和信息共享水平。在新的历史与科技条件下，应确立这样的观念：只有经过有效整合的信息资源才能被称为资产。在传媒集团内部必须实现媒介资源的有效整合，使各成员拥有较高水平共享的信息资源，才可能在集团整体层面实现较高资源利用效率，否则，资源就仅仅是潜力，难以为传媒集团增强竞争力，难以激发集团内部的活力。

（二）我国主流国际传播媒体及其传播平台现状分析

新华社、中国新闻社、中央电视台、中国国际广播电台、《人民日报》、《中国日报》等通称为“两社、两台、两报”，是我国最重要的主流国际传播媒体。[①] 这些媒体的传播平台和媒介资源基本上按照传统单一媒体形态的形式构建。以传统传播平台为发送终端的媒体制播能力比较强大，但与多媒体融合、全媒体发展的时代脱节。我国传播平台主要现状表现为：其一是传统传播平台在媒体集团中优势地位明显。在多媒体、电子化、数字化的网络时代，我国主流国际传播媒体的专业人才、媒体产品生产能力以及媒体的社会资源仍基本集中在传统的传播平台上。其二是新媒体传播平台实力较弱，传播理念相对滞后。目

① 王庚年：《建设现代综合新型国际一流媒体研究》，中国国际广播出版社，2011年，第132页。

前，我国的主流国际传播媒体都开展了诸多新媒体业务，在媒体产品生成、传播平台整合等方面进行了一系列融合改革，但是目前主流媒体的新媒体综合生产能力仍然主要依托作为母体的传统媒体的生产能力，新媒体传播平台在某种意义上只是传统传播平台节目内容的横向平移。

（三）中国国际广播电台媒介资源整合模式分析

近年来，中国国际广播电台通过对自身新媒体优质资源的整合，拥有了以国际在线这一全球语种最多的网络平台为龙头的多语种网站集群、多语种网络电台集群、多语种网络电视频道和多语种移动服务终端等传播手段。2011 年 1 月 18 日，正式开办中国国际广播电视网络台（China International Broadcasting Network，简称 CIBN）。国际台开启了以新媒体化为方向、以传统媒体与新兴媒体融合发展为特征加快构建国际传播体系的新的时代。CIBN 的开办标志着一个拥有 61 个传播语种、全业务媒体形态和浓厚国际化特色的新媒体国际传播平台的建设全面启动。

中国国际广播电视网络台（CIBN）不是中国国际广播电台新成立的一个新媒体部门，而是在互联网和移动通信技术日益发展条件下，以多语种、多类型、多终端的形态面向全球受众传播的国家广播电视播出机构。CIBN 标志着已有近 70 年发展历史的中国国际广播电台全面进入新媒体领域。通过 CIBN 的运作，国际台在继续发展广播电视、纸媒等传统媒体业务的同时，将全力发展新媒体业务，就是以数字化的音视频传播为核心，利用互联网和移动通讯技术，覆盖室内和移动各种终端。CIBN 以视听互动、资源共享、语种集合为特色，以“向世界介绍中国、向中国介绍世界、向世界报道世界”为宗旨，向全球受众提供时事、政治、经济、文化、体育、旅游、社会和汉语教学等综合信息服务，搭建中国与世界沟通的有效平台。

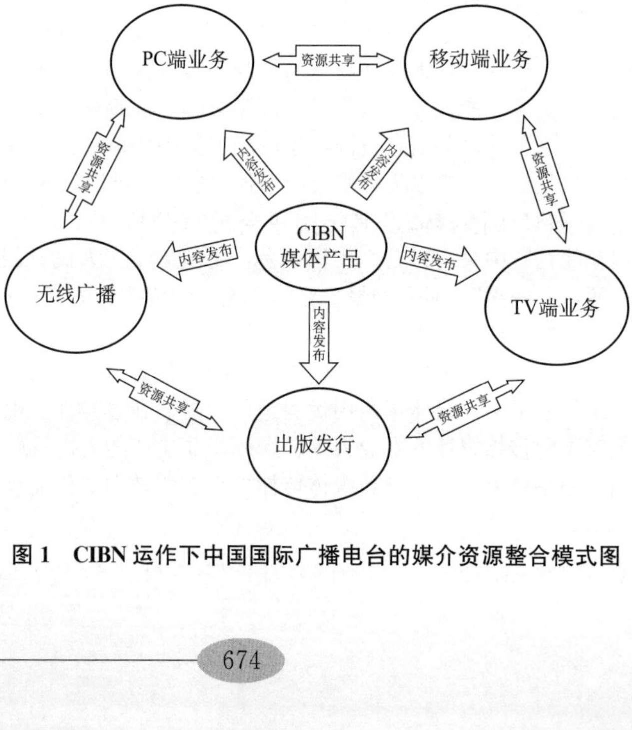

图 1　CIBN 运作下中国国际广播电台的媒介资源整合模式图

CIBN 的主要传播平台和业务范围包括：

PC 端业务：多语种网站、特色内容网站（华影在线、中土旅游网、中国名城网、穆斯林指南）、CIBN 网络视频、CIBN 网络电台、Win7 客户端；

TV 端业务：天地电视、IP 电视、数字电视（环球购物、环球奇观）；

移动端业务：CIBN 手机台、CIBN 移动国际在线、CIBN 富媒体广播；

无线广播：海外分台、多语种环球广播、境内调频广播（环球资讯、轻松调频、劲曲调频）；

出版发行：《世界新闻报》、中国国际广播音像出版社、中国国际广播出版社。①

二、内容的跨平台传播

（一）国际传播内容以及跨平台传播的重要意义

1. 国际传播的内容

国际传播的内容指国际媒体所发布的所有信息，按照性质分类，包括新闻资讯、知识类信息、娱乐信息、服务信息等；按照不同领域分类，又可以分为政治类信息、经济类信息、文化类信息和社会类信息等。内容为王是传媒业永恒的主题。媒体作为传播载体，其特点是不断创建、管理和发布“内容”。传媒内容的更新和发展，是提高传媒核心竞争力的关键。

2. 内容跨平台传播的重要意义

国际一流传媒集团传播的内容丰富多彩，形式新颖多样，且充分利用现代数字技术、互联网技术和通信技术，通过广泛多元的渠道进行跨平台传播。例如美联社每天通过其遍布在全球的 237 个记者站采集资讯，日均处理文字量约 2 000 万字，图片 1 000 多张。美联社用英语、德语、荷兰语、法语、西班牙、瑞典语六种语言，发送资讯消息，覆盖世界上 120 多个国家，其传播平台和媒体客户形态包括报纸、杂志、书籍、互联网、电视台和广播电台。

国际一流传媒集团以资源共享为基础，强化信息内容在不同媒体平台上的互通、互动、互用，提高了传媒集团的国际传播效果，扩大了传媒集团的经济效益，并节省了它的运营成本。

（二）我国主流国际传播媒体跨平台传播实践

在传统传媒领域，我国主流国际传播媒体与西方国家一流媒体集团在基础规模、传播能力、经营能力和媒体知名度方面都有明显的差距，且西方国家的优势地位短期难以动摇。进入信息时代，在新兴媒体，特别是国际电视和网络媒体等传播平台上，发展中国家与发达国家几乎处于同一起跑线上，两者的差距可以在短期内缩短。因此，我国主流国际传播媒体无一例外地大力发展以数字信息技术为基础，资源共享、互动传播为特征的新媒体业务。具体到一个媒体集团内部，整合内部传播平台资源，推进信息内容的跨平台传播

① 资料来源：国际在线官方网站，http：//gb.cri.cn/index01/，2011 年。

是加速传统媒体向新媒体转型升级的重要途径。

中国国际广播电台在实现信息内容跨平台传播方面走在了中国主流国际传播媒体的前列。国际台近年来建立以资源共享为基础，以重大宣传任务和重大新闻事件为依托的跨语种、跨媒体、跨部门联合报道机制。国际台依托媒资平台，汇编各编辑部门信息，实现资源共享；打通不同媒体手段，使信息内容通过无线广播、在线广播、微博、手机等多媒体联动播出。同时，国际台注重整合视听新媒体节目内容，形成多终端差异化特色。

三、组织机构的高效运行

（一）构建现代化传媒管理体系

1. 现代化传媒管理体系的内涵

现代化传媒管理体系是现代综合新型国际一流媒体高效运行的基本保障，主要体现在：组织管理合理化、管理思想先进化、管理方法科学化、管理手段自动化、管理人才专业化。新闻集团是一个遍布全球的庞大公司群体，以高效运转的现代公司制为特征的企业组织结构是默多克传媒帝国运行的基础。公司制是指在世界范围内为人们所共识的、以股份有限公司和有限责任公司为主要形式的现代企业制度。现代企业组织制度要求建立规范而完善的公司法人治理结构。

2. 我国主流国际传播媒体组织机构存在的问题

我国主流国际传播媒体组织机构存在的最突出的问题是与多媒体融合的时代脱节，与新媒体的业务脱节，与全媒体发展的战略脱节。无论是中国国际广播电台、中央电视台等广电媒体，还是新华社、人民日报社等平面媒体，它们的组织机构基本上按照传统单一的媒体形式设置，不适应现代综合新型国际传媒发展的需要，也不适应媒体资源的整合和战略布局的拓展。我国主流国际传播媒体组织机构所存在的问题集中体现在机构分散，功能交叉重叠，很难形成规模效益和媒体品牌。

（二）组织机构改革应着眼于完善分类管理

目前我国的主流国际传播媒体都开展了多种形式的新媒体业务。同时，它们为了适应新媒体发展的需要进行了一系列的组织机构改革尝试。广播、电视、报纸、杂志、互联网、海外分台、视频媒体、对内外宣媒体等不同业务形态有着各自发展的客观规律。进行媒体组织机构改革，必须遵循媒体发展的客观规律，完善分类管理，即对集团内部的媒体形态分类规划、分类实施、分类考核。

四、媒体经营资源的综合利用

（一）媒体经营资源的内涵

媒体的经营资源在不同国家、不同性质的媒体集团中所涵盖的内容、表现的形式和实现增值的模式都有区别。许多国际传媒集团，如时代华纳、新闻集团、迪斯尼都是跨广播、电影、电视、报刊、出版社、互联网等媒体形态多元化经营、高度市场化运作的巨型现代传媒集团。集团产业链上的各种品牌媒介产品都是这些国际一流传媒集团的经营资源，同时它们拥有高度成熟的市场化、商业化手段，制定有灵活高效的资本运行战略。

对于国外公共广播电视机构来说，执照费是它们经营收入的重要来源，也是维持公共广播电视高品质服务的基本保障。在日本、英国、法国、德国和瑞典，广播收入大部分来自公众执照费。其中瑞典81%的广播收入来自执照费，德国79%的广播收入来自执照费，法国61%的广播收入来自执照费。[①] 到1999年，BBC的运营收入中还有97%来自执照费[②]，但随着其商业分支BBC环球（BBC World）的发展，其单纯依赖执照费的情况有所改变。2010～2011财政年度[③]，BBC的收入共计49.93亿英镑，其中执照费收入35.13亿英镑，占总收入的70%，其他收入14.80亿英镑，占总收入的30%。[④]

我国主流国际传媒集团生成主要不依赖市场机制，媒体的经营资源主要指媒体的可经营性资产，包括和新闻业有关的广告、发行、印刷、信息、出版等产业，也包括媒体所经营的其他产业部分。我国传媒集团之间的合作还不够，传媒集团内部缺乏多元化经营、市场化运作的实践经验。2011年全国广播电视总收入达到2 717.32亿元，收入构成情况如下[⑤]：

指标	总收入（亿元人民币）	占全国广电总收入比重（%）
财政收入	314.09	11.56
广告收入	1 122.90	41.32
网络收入	563.78	20.75
其他收入	716.55	26.37
全国总收入	2 717.32	100.00

（二）积极推动经营体制改革

我国主流国际传播媒体应根据实际情况实行不同的经营体制，按照宣传、经营“两分开”的原则，将所属的经营性业务的事业单位进行企业改制，或在境外设立经营性文化公司，形成一批具有竞争力的市场主体。

国际传播媒体内部可实行“一体多制”，即不同业务部门根据自身特点，实行不同的经营体制和管理体制。创新内部运营和管理机制，以绩效管理为着力点，以人力资源管理为长效驱动，以精细化管理为落脚点，整合内部资源，降低管理成本。调整内部组织形态，合理调整媒体内部组织架构、职能定位和人员配备，完善科学决策机制，提升决策力

---

① Ofcom，*Communications Market Report*：*International*，Dec. 14，2011。

② Bernd Holznagel，“Basic Principles for the Funding of Public Service Broadcasting”，*The Future of the Broadcasting License Fee in Times of Meida Convergence*，June 5，2010。

③ 2010年4月1日至2011年3月31日。

④ BBC，*Full Financial Statements 2010/11*，July 12，2011。

⑤ 《中国广播电影电视发展报告（2012）》，第355页。

与执行力；建立科学、规范、高效的管理制度体系，制定清晰的战略目标、先进的管理制度、明确的执行规划、规范的绩效标准；建立公正、平等、竞争、择优的用人机制，建立责权利清晰、赏罚分明的薪酬制度和激励机制，实现科学管理。

（三）建立健全事业产业体制

1. 盘活经营资源，贯通两个机制

我国媒体的体制形成于计划经济时代，近十多年来推行的体制改革创新取得了巨大进展，但是一元型事业体质特征还比较突出，不能完全适应公共服务的要求和市场经济的环境，不利于我国主流国际媒体参与国际合作与竞争。党的十七届六中全会明确提出，要推动文化产业的跨越式发展，使之成为新的经济增长点、经济结构战略性调整的重要支点、转变经济发展方式的重要着力点和国民经济支柱性产业。贯彻落实文化改革发展的基本思路，我国主流国际传播媒体正在形成公益性事业和经营性产业二元发展格局。

2. 探索经营之道，打造媒体品牌

以建立现代综合新型国际传媒集团为目标的媒体必须探索适合自身发展的经营之道。我国主流国际传播媒体在经营规模、产业链价值、盈利能力、市场运作等多方面与国际一流传媒集团有明显差距，且在短时期内难以弥补。打造品牌，挖掘品牌价值，是适合我国主流国际传播媒体经营发展的必然选择。品牌是媒体的核心竞争力。建设品牌媒体，是建设媒体集团的重要举措，是实现由办节目向办媒体、管媒体、经营媒体转变的关键所在。

媒体集团适合自身的经营之道是在不断探索中找到的。国家力量、产业体系、新传播技术、机遇性事件为现代综合新型国际一流媒体的发展提供了外部动因，而媒体自身的准确定位和不断进取是成为现代综合新型一流媒体的内部动力。外因和内因也是可以相互转化的，这种转化更需要通过媒体自身加倍努力创造条件。善于创造条件的媒体，才可以创造机遇、创造价值，进而创造成功。

（作者单位：中国国际广播电台捷克语部）

浅谈《悦生活》杂志在东南亚国家的本土化推广

张　哲

2012年，围绕加快建设现代综合新型国际传媒集团的战略方针，中国国际广播电台东南亚地区传播中心（以下简称国际台东南亚中心）确定了打造地区传媒集团的发展目标，在巩固已有媒体平台的基础上，积极拓展新的媒体形态和对外传播渠道，推出了以《悦生活》为统一命名的多语种杂志。在发展外文平面媒体的实践中，如何有效整合自身广播、网站资源，切实提高办刊水平，创新内容，突出特色，成为东南亚中心各语言部所面临的崭新课题。

一、《悦生活》杂志的发行背景

国际台东南亚中心多个语言部此前已拥有各自的杂志或听众小报，如马来语部的《华夏之旅》、越南语部的《友谊彩桥》等。在内容方面，语言部的外文刊物大多从国外受众对中国的关切点出发，选取文化、旅游、社会发展为主要题材，在对象国反响积极，拥有了一定数量的读者群体。然而，在平面媒体建设方面，每个语言部各自为战，缺少相互间的沟通和资源共享，最重要的是在发行渠道方面多采用“寄送听众小报”的方式，传播的范围和效果十分有限。

结合以往外文刊物制作过程中的有益经验，2012年东南亚中心对外文刊物工作进行了统筹规划，为刊物选定了统一的中文名称——《悦生活》，并设计了统一标志，同时还聘请国内专业平面媒体集团——北青集团的文编和美编加盟，为杂志提供部分稿源，并就不同语种的杂志，有针对性地进行专业设计、排版和包装。此举在提升了杂志专业化程度的同时，解决了语言部组稿难、找图片难的问题。

在杂志定位和栏目设置等方面，各语种《悦生活》杂志根据对象国受众的不同需求，有所区别、突出重点。例如，马来文《悦生活》侧重中国旅游，老挝文《悦生活》则侧重文化生活。此外，各语言部还会在杂志中分别安排有各自特色的内容。

二、本土化发行是《悦生活》杂志实现最大价值的前提

从对外传播实效看，以《悦生活》杂志为代表的平面媒体同广播一样，都需要通过在对象国的落地以实现其传播效果的最大化。为此，本土化发行成为《悦生活》杂志的必经之路。

《悦生活》杂志的本土化发行受到对象国相关政策法规、平面媒体业态、受众市场等多方面因素影响。由于东南亚各国情况不同，各语种的《悦生活》杂志在获取发行渠道方

面只能相互借鉴经验，而不存在统一的模式可供复制。因此，杂志的发行应坚持因地制宜的原则，根据各部门在对象国发展的实际情况，依靠自身在对象国的合作伙伴和相关资源，努力为《悦生活》杂志争取发行渠道，从而在最大程度上实现杂志的社会效益和经济效益。

1.《悦生活》杂志的发行方式

以《悦生活》杂志在马来西亚的发行为例，由于马来语部目前还未在对象国建立工作室，也无人员派驻，因此尚不具备在当地独立制作发行杂志的条件。然而，如果委托某家杂志社印刷并将两方的杂志进行捆绑发行，不失为“借船出海”的好办法。经过周密的调研，并与合作方充分沟通后决定，将马来文版《悦生活》杂志的合作方确定为马来西亚最大的马来文平面媒体 Karangkraf（卡朗福）集团，他们旗下的《假日》杂志是当地发行量最大的马来文旅游杂志，月发行量 4 万余册，覆盖全马。按照第一年的合作方案，《悦生活》杂志作为《假日》杂志的赠刊随其 2012 年 7 月、10 月和 2013 年 1 月、4 月号捆绑发行。随后，在第二年的合作方案中，将《悦生活》杂志从季刊改为双月刊，随《假日》杂志相应月刊捆绑发行。目前，马来西亚读者可以在该国各地的书店、报摊、超市等地购买到夹带有《悦生活》的《假日》杂志。考虑到马来西亚印刷成本较低的因素，《悦生活》杂志的印制同样委托了当地的印刷机构完成。综合各项费用统计，《悦生活》杂志在马来西亚的发行成本仅为 1.30 元人民币/本，大大低于其在国内的制作发行成本。

2. 申请独立刊号自主办刊

《悦生活》杂志也可积极向当地主管部门申请独立发行刊号，实现杂志印刷出版和营销等各环节的完全自主。与上述发行方式相比，独立办刊在内容选取上更为自由，并可以根据市场需要在第一时间对发行量进行调整，同时在杂志广告营销方面实现完全自主经营。

3. 尊重当地社情规避法律风险

不管是哪种方式的本土化发行，《悦生活》杂志在对象国“接地气”后都应入乡随俗，遵守对象国政府在出版发行领域的相关法律，尊重当地社情民意，以避免杂志发行困难。同时，在与当地印刷公司、杂志经销商、广告公司等机构合作时，应签署具有法律效应的相关合同，必要时还应向当地律师所等机构进行咨询，尽可能地规避各类法律风险。

三、通过内容建设不断提高《悦生活》杂志的核心竞争力

对于杂志来说，其竞争力的核心是内容，没有好的内容，没有读者需要的内容，杂志的销售和市场前景必定堪忧。《悦生活》杂志的本土化发行为其内容建设提出了更高的要求，这需要我们在选取杂志稿件时从当地读者的兴趣点出发，同时在版面设计上也要考虑到他们的阅读习惯，并提高中文稿件翻译的水平。

1. 杂志的定位和栏目设置需突出特色

以马来语《悦生活》杂志为例，根据以往对马来西亚开展对外传播的经验可知，马来西亚受众对中国最感兴趣的方面依次为旅游、穆斯林、文化、双边经贸、教育等。因此，马来语《悦生活》以介绍中国的旅游文化作为杂志的主要定位，为杂志提供了颇具潜力的

读者市场，同时也与其捆绑发行的《假日》杂志的旅游、休闲主题一脉相承。

读者在阅读一本杂志时好比享受一道次大餐。因此，在杂志内容的设置上应遵循题材多样、重点突出、稿件长短搭配的原则，避免给读者造成阅读疲劳，满足读者的不同口味。例如，在某一期杂志稿件的选取中不但要包含对中国名山大川、历史古迹的介绍，同时也要有关于民俗文化、餐饮美食的文章，并将其中的一两篇稿件利用较长的篇幅或更多的图片进行突出，使其成为一期杂志的主打，以给读者留下更深的印象。

相比稿件内容的千变万化，杂志的栏目设置在一段时间内应保持一致，这样有利于逐步确立自身的特色和品位，并能够吸引住一个相对稳定的读者群体。另外，《悦生活》杂志也应急读者之所需，提供一些有关中国交通、住宿、餐饮等方面的实用信息，为对象国游客提供指南。

2. 杂志的稿件翻译应抒情达意

无论《悦生活》中文稿件的文字多么优雅，编排多么考究，对于海外受众来说，他们阅读的是被翻译成外语的最终成品，因此翻译水平的高低直接影响了杂志的整体品质。这就需要在翻译时不仅要做到准确无误，同时还要做到抒情达意，给读者带来真正的阅读享受。

以马来语《悦生活》杂志 2013 年 1 月刊中的《长城》一文为例，对该文章的翻译不能局限于长城的历史、规模和用途等可谓尽人皆知的内容，而更需要在翻译中进行一定程度的创造性发挥，努力运用最恰当的外语词汇和句法，以直译和意译相结合的方法将中文稿件中长城的文化和民族特性表现出来。应当注意的是，创造性发挥的意译应忠实于稿件原意，不能“随便伸缩”或“无中生有”。

3. 读者调查有助于杂志的精准定位

近几年，东南亚报刊业发展的专业化和个性化趋势日益明显，如何锁定自身的读者群关乎杂志的市场前景。因此，多语种《悦生活》杂志应避免“大而全”的办刊理念，不需寄希望于所有的对象国群体都对其感兴趣，而要将精力放在与杂志定位相匹配的读者群。为此，了解读者群体的构成和他们的购买及阅读习惯有助于对杂志的定位、栏目设置和销售渠道等环节进一步的完善，因此读者调查工作不可或缺。读者调查可通过问卷的形式，围绕读者的年龄、学历、职业、购买杂志的地点、频率，以及读者最喜欢的杂志栏目等方面展开，也可设立一些小奖品鼓励读者发回问卷。对相关调查问卷结果的统计和科学分析，对我们完善杂志建设，更好地锁定读者群具有重要的指导意义。

四、《悦生活》杂志的推广和营销

当杂志推向市场后，其商品属性逐步显现。而对绝大多数商品来说，推广宣传工作对增强其知名度，从而赢得更好的市场份额显得尤为重要。同时，有别于其他商品，杂志的媒介属性使其拥有广告营销方面的价值。因此，对于在东南亚国家本土化发行的《悦生活》杂志来说，内容建设与推广宣传和广告营销工作应齐头并进，在提升杂志品质的同时，努力实现自身的商业价值。

1. 广开渠道推介

杂志推广宣传的实质是一种信息传播和沟通行为，其主要对象为读者和广告投放者。《悦生活》杂志对于海外读者而言是一份消费品，用于满足他们对特定信息的需求。而对于潜在的广告客户来说，《悦生活》又成了媒介手段，以达到宣传自身的目的。由于二者对杂志的关注点不同，因此在进行推广宣传时也应当区别对待。

东南亚中心相关语言部可利用自身媒体资源，通过广播、网络等平台对《悦生活》杂志进行相关推介，并在对象国杂志销售地点，如书报亭、车站、书店等地开展广告活动，张贴《悦生活》宣传海报。相关宣传须紧扣杂志《悦生活》定位，突出自身独树一帜的卖点所在。除市场化发行外，还可以将一定数量的《悦生活》杂志免费送给对象国新闻、文化等相关主管部门或其驻华使领馆，争取为杂志获得更多的高端读者，同时来自对象国政府的认可也会为《悦生活》杂志营造出更好的发展环境。此外，东南亚中心相关语言部还可争取将《悦生活》杂志“落户”于对象国图书馆、酒店、机场等公共场所，以进一步扩大杂志的传播渠道。

2. 深挖商业价值

作为东南亚中心所拥有的对外传播媒介之一，《悦生活》杂志应当坚持将社会效益放在首位，将对外传播中国优秀文化和现实风貌，为国家发展赢得友善的周边环境的外宣工作大局服务。与此同时，我们也应认识到，《悦生活》杂志在实现社会效益和经济效益两方面并不抵触。相反，杂志通过广告营销等手段获得的经济收益可反哺对外传播工作，并对《悦生活》杂志赢得更高的影响力和品牌价值具有积极意义。

目前，多语种《悦生活》杂志主打中国旅游和文化，是国内少有的以东南亚国家语言在海外进行本土发行的刊物，具有独特的对外传播功效。因此，《悦生活》杂志可为有意在东南亚拓展旅游客源市场的中国相关省市提供服务，将其旅游资源和相关旅游产品融入杂志当中，向东南亚读者进行推介，并以此实现杂志的广告价值。此外，中国各地的酒店、商城、旅行社等与旅游业相关的机构也可成为《悦生活》杂志的潜在广告客户。为此，东南亚中心可考虑为《悦生活》杂志组建相应的营销团队，以更加专注的精力对杂志资源进行整合，挖掘其商业价值。

3. 推展营销互动

东南亚中心相关语言部可依靠自身广播、网站和社交网站等媒介平台，或在杂志中利用固定版面开展不同主题的互动参与活动，以达到贴近读者、树立信誉、提高知名度的目的。

作为读者互动活动的一项成功案例，东南亚中心马来语部在2012年《悦生活》杂志10月刊发行之际，推出了“我与《悦生活》”主题互动活动，发动读者发来与《悦生活》杂志的合影和对杂志的寄语，并为参与者设立了中国精美刺绣及T恤衫等奖品。同时，在马来语部国际在线子网站和Facebook（脸书）专页上建立了活动专区，从而达到网站推广和多媒体联动的效果。该活动收到了多位热心读者发来的照片，并收到电子邮件及相关留言三百多条。在活动举办过程中，我们发现，奖品的设立与读者参与度之间存在紧密联系，丰厚的奖品设置能够极大地提升读者参与活动的积极性。

五、结语

目前，东南亚中心各语言部的《悦生活》杂志尚处在发行初期或筹备期，在进军东南亚期刊市场的过程中还有很长的路要走。对于任何一份杂志来说，品质无疑是决定其今后生存与发展的生命线。由此，《悦生活》杂志应始终将杂志品质放在首位，坚持“期期有亮点，篇篇是美文”的质量标准。同时需要注意的是，期刊业的竞争不仅是内容质量的竞争，也是发行渠道的较量。《悦生活》杂志团队应根据对象国期刊市场的最新变化，不断拓展、创新杂志的发行渠道，争取在东南亚地区拥有更大的市场份额。

（作者单位：中国国际广播电台马来语部）

对加强广电系统党风廉政建设的几点思考

王　妍

党的十八大从提高党的建设科学化水平的高度，对党风廉政建设作出了全面部署。新形势下，加强党风廉政建设面临着许多新情况、新问题。廉政建设是我们党在新时期必须始终抓好的头等任务。

广电系统是党的事业的重要组成部分，是党的宣传文化阵地，加强行业内党风廉政建设是确保舆论宣传导向正确和维护社会和谐的必然要求和重要保障。深入分析行业内党风廉政建设工作面临的新形势和新特点，积极探索廉政建设的有效对策，对切实改进党的作风建设和廉政建设，具有重要意义。

一、党风廉政建设的重要意义

1. 是保持党同人民群众血肉联系的迫切需要

中国共产党从建党之初起就强调作风建设，党一切行动的目的就是为人民服务。保持党的先进性、纯洁性，保持与人民群众的血肉联系，是执政党永葆青春与活力的源泉和基石。

党的十八大报告明确要求："坚持以人为本、执政为民，始终保持党同人民群众的血肉联系。"鲜明地指出了加强党的作风建设的重点任务和目标要求。党中央制定发布关于改进工作作风、密切联系群众的八项规定，就是要时刻提醒我们保持共产党员应有的作风。必须把保持党同人民群众的血肉联系放在更加重要的位置，把以人为本、执政为民作为党检验一切执政活动的最高标准，任何时候都要把人民利益放在第一位，始终与人民心连心、同呼吸、共命运，始终依靠人民推动历史前进。

2. 是党的执政能力建设的重要内容

我们党的性质和宗旨决定了党风廉政建设是党的执政能力建设的重要内容。我们党的性质和宗旨决定了必须坚持立党为公、执政为民；只有持之以恒地加强党风廉政建设，才能保证广大党员在复杂的形势下，经受住长期执政的考验。党风问题的重要性决定了党风廉政建设是党的执政能力的重要内容。在执政的条件下，一方面党风的好坏对政风和社会风气有着决定性的作用；另一方面，党风的好坏也直接反映了执政能力的高低。我们党执政地位的巩固取决于执政能力建设的加强，而加强党风廉政建设是加强执政能力的重要举措。

3. 是党完成建成小康社会历史重任的需要

我们党要完成全面建成小康社会的历史重任，必须进一步深化改革，为先进生产力的发展扫清障碍、创造条件。改革的过程就是调整利益的过程，这涉及千家万户。在全面建成小康社会的新阶段里，我国社会的利益关系、利益矛盾错综复杂。在协调整合社会利益方面，执政党面临着前所未有的难度，这对党的执政能力提出了极高的要求。执政党协调兼顾利益的难度越大，越需要群众对党和政府的理解与信任。这考验着党和人民群众的坚强团结与血肉联系，检验着党在人民群众中的政治威信和人心凝聚力。党员带头模范地执行党和国家的政策规定，带头顾全大局克服困难，处处为群众着想、为大局着想，就会在群众中产生强大的榜样示范作用，群众就会把党员当作自己的贴心人，党组织就有活力，就有凝聚力，有号召力。这就能够影响、带动群众理解执行改革政策，为推进改革，解决各种复杂矛盾，构建和谐社会，创造良好的社会条件。

二、当前广电系统党风廉政建设的现状

党的十七大以来，经过全党全社会共同努力，党风廉政建设方向更加明确，思路更加清晰，措施更加有力，成效更加明显，呈现良好发展态势，取得显著成效。我们党面临着执政考验、改革开放考验、市场经济考验、外部环境考验，党风廉政建设总体态势是成效明显与问题并存，这些都对党的廉政建设提出了新的重要课题。

广电系统按照党和国家党风廉政建设的总体部署，结合自身工作的特点，采取了一系列有效措施，认真落实廉政建设任务，坚决维护党的政治纪律和宣传纪律，积极开展廉政文化建设和廉政宣教工作，坚持推进行党风建设，加强对信访和案件核查力度，及时纠正领导干部违反廉洁自律规定和思想作风问题，党风廉政建设取得明显成效，促进了广播影视事业的持续健康发展。在充分肯定成绩的同时，我们也应看到，当前广播影视系统廉政建设工作还存在一些问题和薄弱环节，需进一步增强干部法纪规则程序意识，防止在广播电视广告经营、影视产品交易、工程建设等领域滋生腐败现象，防止虚假新闻、不良广告、节目低俗等问题发生。同时，我们要增强忧患意识、风险意识和责任意识，既立足当前抓紧解决突出问题，又要树立长期作战思想，不断把廉政建设向纵深推进。

三、对策及建议

加强新形势下广电系统廉政建设，必须进一步提高科学化水平。按照科学发展观的要求和十八大报告以及习近平总书记在中纪委二次全会的讲话精神，认真总结实践经验，进一步提高对廉政建设规律的认识，从而以科学理论和科学方法为指导，以制度机制为保障，以健全完善惩治和预防制度体系为重点，进一步推进廉政建设走向深入，取得更好的成效。

1. 遵守党章，强化纪律

加强纪律建设必须从遵守和维护党章入手。纪律严明是党的光荣传统和独特优势。各级党组织和广大党员干部，特别是主要领导干部，要牢固树立党章意识，用党章规范言论行为，自觉加强党性修养和党性锻炼，不断提高抵御风险的能力。要通过日常学习、在线学习、专题培训等多种形式，把学习党章作为党员领导干部的必备课程，作为组织生活

会、民主生活会的重要内容，自觉遵守党章、贯彻党章、维护党章。纪检监察要对遵守党章，特别是执行政治纪律情况开展监督检查，对不按党章办事的党员及时提醒，对违反党章行为予以纠正。

强化政治纪律和宣传纪律的监督检查，确保宣传导向正确。要开展对贯彻中央关于宣传工作的方针、政策以及广电总局要求推进产业改革培育市场主体、贯彻“外圆内方”发展战略、加快国际传播能力建设等重大决策部署实施情况的督察，促进党和国家以及总局的重大决策部署落到实处。主流新闻媒体要立场坚定、旗帜鲜明，确保宣传工作自觉服务于党和国家工作大局，服务于外交、外贸、外宣的整体部署，严格落实中央和总局外宣纪律，严格落实稿件和节目审核审查流程。

2. 廉洁自律，有效监督

作风建设关系人心向背，必须常抓不懈。要全面学习和认真执行中央政治局出台的《关于改进工作作风、密切联系群众的八项规定》和总局制定的落实“八项规定”的具体措施。按照党的十八大部署，围绕保持党的先进性和纯洁性，深入开展以为民清廉为主要内容的党的群众路线教育实践活动，突出“为民、务实、清廉”的要求，坚决纠正领导干部脱离群众的行为，促使领导干部树立正确的政绩观，反对形式主义和官僚主义。纪检监察要把好关、执好纪、问好责，认真受理群众举报，发现违规行为责令整改，情节严重的严肃处理并予以通报。

加强作风建设，坚持廉洁自律，有效监督是保证。要以思想教育、完善制度、集中整顿、严肃纪律为抓手，督促党员干部加强理论学习，注重实践锻炼，增强党性修养。要健全包括组织生活会和领导班子民主生活会制度、党内情况通报制度等在内的党内生活制度。通过制度落实，营造一个良好的党内政治生活环境，强化领导班子内部监督，防止不良风气的侵蚀。严格落实党风廉政建设责任制及责任追究制度、领导干部报告个人有关事项制度、述职述廉制度、民主评议制度、诫勉谈话制度、巡视制度、经济责任审计制度和质询制度、问责制度等，监督党员领导干部廉洁自律情况。要建立健全领导干部作风状况评价机制，把作风建设情况纳入党风廉政建设责任制考核范围，并将考核结果作为选拔任用干部的重要依据。

3. 加大力度，严肃惩处

近年来，广播影视管理部门和直属单位违纪违法案件有所增加，我们要积极探索廉政风险防控办法，运用制度加科技监管模式，推进惩防体系建设，做到惩治更加有力，预防更加有效。

要坚持有案必查，重点查办滥用职权、玩忽职守、贪污贿赂等案件。认真受理信访举报，及时纠正领导干部违反廉洁自律规定和思想作风苗头性问题及广播影视从业人员违反职业道德问题。通过治理，规范公务交往行为，提倡勤俭节约，遏制奢靡浪费。要深入治理广播电视行政审批许可、工程建设、设备物资采购、影视产品交易、广告经营中存在的突出问题，对于违纪问题，按照《行政机关公务员处分条例》和《事业单位工作人员处分暂行规定》作出处理。同时，畅通举报渠道，健全查处机制。认真核查控告举报，完善保护证人和举报人制度。加强对典型案件的深度剖析，常鸣警钟，建章立制，堵塞漏洞。在尊重事实基础上，对于违反法纪的依法依纪处理，对于反映失实的在一定范围内澄清，对于诬告陷害的追究责任，保护党员干部干事创业的积极性。

4. 加强廉政，传播理念

加强廉政文化建设，深入推进党风廉政建设。要通过广播、电视、网络、手机移动终端等多语种、多媒体传播平台，认真开展行业内党风廉政建设宣传工作，做好廉政建设工作的授权发布，传播崇廉理念，把握“建设”主题，弘扬廉洁行为。积极开展有特色的廉政文化建设，打造廉政文化品牌，通过形式多样的廉政教育活动，推动形成“廉荣贪耻”的廉政文化和团队文化建设的有机结合，锻造出“志存高远，脚踏实地”的人文品格，让学廉、知廉、清廉蔚然成风，努力营造有益于事业发展的和谐团队氛围。

要加强对党员干部，特别是领导干部理想信念和党性党风党纪教育，增强法治观念和依法办事的意识。坚持示范教育与警示教育相结合、普遍教育和重点教育相结合，通过举办干部职工岗位培训、新录用人员培训等各类培训班，加大岗位廉政教育力度。特别要加强对人事、财务、资产管理、政府采购、工程建设项目和技术改造项目以及经营管理、涉商等重点部门、关键岗位工作人员的岗位廉政教育。结合行业内发生的重大案件加强警示教育，要通过党课说廉、网络学廉、短信醒廉、读案思廉等多种形式，加强廉政、法制教育，不断增强廉政建设教育的针对性和有效性，增强广大领导干部和职工抵御风险的能力。

5. 优化行风，有效落实

继续加强行风自律工作，规范人员行为。深入开展“三项学习教育”活动和“走转改”活动，开展“杜绝虚假报道、增强社会责任、加强新闻职业道德建设”专项教育活动，组织节目采编播人员和主持人认真学习《广播电视编辑记者职业道德准则》和《广播电视播音员主持人职业道德准则》，不断提高采编播从业人员的思想政治素质、道德修养和职业精神。严格执行《国家广电总局行风自律规定》，严禁有偿新闻和虚假新闻，继续深入开展抵制低俗之风行动，杜绝虚假违规广告和互联网有害视听节目。

把提高政治素质作为核心，加强纪检监察队伍建设。要深入贯彻落实中央纪委《关于进一步加强和改进纪检监察干部队伍建设的若干意见》，加强教育培训，引导专兼职纪检监察干部加强理论学习和党性修养，带头学习实干，带头改进作风，带头遵纪守法，自觉接受监督，树立忠诚可靠、服务人民、刚正不阿、秉公执纪的良好形象。要加强调查研究，完善工作思路，改进方式方法，健全内部监督制约机制，不断提高科学履职能力和水平。

党组织要担负起管党治党的政治任务，严格执行党风廉政责任制。主要领导干部要切实承担主体责任，领导班子成员自觉抓好职责范围内的廉政建设工作，各部门要把业务工作与廉政建设工作有机结合，形成协同推进廉政建设的合力。要对实施责任制情况进行严格检查考核，让党风廉政责任制得到有效落实。

（作者单位：中国国际广播电台监察室）

参考文献：

1. 朱宇：《新形势下反腐倡廉建设面临的新课题新挑战》，《理论探讨》2011 年第 4 期。

2. 鲁全吉：《党风廉政建设的重要性及对策分析》，《科技创新与应用》2012 年第 12 期。

3. 何建东：《新形势下党风廉政建设面临的新问题和思考》，《前沿》2012 年第 18 期。

4. 习近平：《更加科学有效地防治腐败 坚定不移把反腐倡廉建设引向深入》，《中国监察》2013 年第 3 期。

5. 蔡赴朝：《在 2013 年国家广电总局反腐倡廉建设工作会议上的讲话》，全国电视电话会议，2013 年 1 月。

谈如何做好外事接待工作

王海丽

中国国际广播电台（简称国际台）作为我国唯一的国家级对外广播机构，在70多年的发展过程中始终以“向世界介绍中国，向中国介绍世界，向世界报道世界，增进中国人民与世界人民之间的了解和友谊”为宗旨，在整个外宣工作格局中发挥着举足轻重的作用，同时，中国国际广播电台也是沟通中国与世界的有效载体，已经成为海外人士了解中国、中国人了解世界的一个重要窗口。

近年来，凭借其多语种优势以及遍布160个国家和地区的庞大听众群体，国际台在很多官方的外交活动、民间的对外交流活动中担当友谊使者、沟通桥梁，每年都会接待大批文化推广、媒体经营领域的专业人士。与此同时，还有大量国际台的优秀译员被租借或外调到兄弟单位，担任翻译接待工作。

外宾接待工作的首要任务是通过友好交流、宣传自己等活动，增进各国人民对我国、对国际台的了解和友谊，广交朋友、扩大开放，为我们的发展创造有利的国际环境；同时，还要通过外宾接待工作，掌握了解国外信息，引进先进理念、专业人才，增进双方技术和文化的交流与合作。概括地说，就是宣传自己、了解别人、增进友谊、促进合作。所有外事接待人员应当既有坚定的立场，又善于区别不同对象，采取不同方式方法，把接待、宣传工作做好做活，收到预期的效果。

本文从一些对外接待工作中的细节出发，试对接待工作中容易被忽略的问题以及如何更好地完成接待任务进行简略探讨。

一、名片

在公务活动中，与初识者互换名片，是一种交际惯例。宾主双方对此皆应“有备无患”。由于各国、各民族语言不同，风俗习惯各异，社会制度不一，因而在称呼与姓名上差别很大，如果称呼错了，姓名不对，不但会使对方不高兴，引起反感，甚至还会闹出笑话，出现误会。

1. 称呼①

在国际交往中，一般对男子称先生，对女子称夫人、女士、小姐。对已婚女子称夫人，未婚女子统称小姐。不了解婚姻情况的女子可称小姐，对戴结婚戒指的年纪稍大的可称夫人。这些称呼可冠以姓名、职称、衔称等。如“布莱克先生”“议员先生”“市长先

① 《礼宾知识》，中华人民共和国外交部网站，http：//www.fmprc.gov.cn/mfa _ chn/ziliao _ 611306/lbzs _ 611374/。

生”等。

对地位高的官方人士，一般为部长以上的高级官员，按国家情况称“阁下”、职衔或先生。如“部长阁下”“总统阁下”“主席先生阁下”等。对有地位的女士可称夫人，对有高级官衔的妇女，也可称“阁下”。

对医生、教授、法官、律师以及有博士等学位的人士，均可单独称“医生”“教授”“法官”“律师”“博士”等。同时可以加上姓氏，也可加先生。如“卡特教授”“法官先生”等。

对军人一般称军衔，或军衔加先生，知道姓名的可冠以姓与名。如“上校先生”“莫利少校”“维尔斯中尉先生”等。

对教会中的神职人员，一般可称教会的职称，或姓名加职称，或职称加先生。有时对主教以上的神职人员也可称“阁下”。

2. 姓名

外国人的姓名与我国汉族人的姓名大不相同，除文字的区别之外，姓名的组成、排列顺序都不一样，还常带有冠词、缀词等。例如说，英美人姓名的排列是名在前姓在后。如John Wilson译为约翰·维尔逊，John是名，Wilson是姓。又如Edward Adam Davis译为爱德华·亚当·戴维斯，Edward是教名，Adam是本人名，Davis为姓。在西方，还有人沿袭用父名或父辈名，在名后缀以小（Junior）或罗马数字以示区别。如John Wilson Junior，译为小约翰·维廉，George Smith Ⅲ，译为乔治·史密斯三世。

妇女在结婚前都有自己的姓名，结婚后一般是自己的名加丈夫的姓。如玛丽·怀特（Marie White）女士与约翰·戴维斯（John Davis）先生结婚，婚后女方姓名为玛丽·戴维斯（Marie Davis）。

书写时常把名字缩写为一个字头，但姓不能缩写，如G. W. Thomson，D. C. Sullivan等。

口头称呼一般称姓，如“怀特先生”“史密斯先生”。正式场合一般要全称。

比如菲律宾由于西班牙殖民历史的影响，多沿用西班牙语姓名的规则，通常有三四节。前一二节为本人名字，倒数第二节为父姓，最后一节为母姓。一般以父姓为自己的姓，但少数人也有用母姓为本人的姓。如Diego Rodrigueez de Silva Velasquez译为迭戈·罗德里格斯·德·席尔瓦—贝拉斯克斯，de是介词，Silva是父姓，Velasquez是母姓。已结婚妇女常把母姓去掉而加上丈夫的姓。通常口头称呼常称父姓，或第一节名字加父姓。如菲律宾前总统玛丽亚·格洛丽亚·马卡帕加尔·阿罗约（Maria Gloria Macapagal Arroyo）的原名是格洛丽亚·马卡帕加尔，阿罗约是她嫁给迈克·阿罗约后的称呼，准确地说应该叫她阿罗约夫人。

3. 接受名片的基本讲究①

其一，应当起身站立，或迎向对方。其二，应当使用双手，或者使用右手。其三，应当在接过名片后将其认真捧读一遍。其四，应当将其毕恭毕敬地收好。其五，应当随后回敬对方一枚自己的名片。主要禁忌：用于涉外交往的名片，一般不宜印上本人照片、格言

① 王春柳：《接待中的礼仪文化》，中国铁道出版社，2013年。

警句或私宅电话号码，并且不应当在其上涂涂改改，加加减减。接受外宾的名片时，不宜当面将其置于桌上、裤袋之内，或是将其交给他人传阅。

二、旅游

外国客人到一个国家，无论是访问或旅游都会要求参观游览一些项目，并且或多或少都会想购买一些旅游纪念品。但是，长期以来，由于种种原因，我们接待过程中总把自己束缚在无形的条条框框中，让一些外宾无法体会到一个全面的中国，因而他们即使身在中国，依然对眼前的景象存在诸多质疑。笔者曾经遇到一个军方少将级外宾，惊叹过故宫、长城的雄伟，了解过中央电视台以及国际台在传播手段上的丰富多彩，却依然坚持认为，中国人上街必须带身份证以便随时接受查验，晚上实施宵禁，不许随便外出等。对待这类“顽固不化”的外宾，我们就需要在安排参观游览的过程中，通过精心挑选目的地，让其“偏见”不攻自破。

1. 参观游览

参观游览项目的选择，主要考虑几个因素：(1) 访问目的、性质，以使参观项目的安排有一定的针对性。(2) 客人的意愿与兴趣。例如有些年长一点的外宾醉心于中国传统文化，可以带他去湖广会馆听戏、老舍茶馆喝茶，去故宫、颐和园、长城等经典传统地方游览，到鸟巢、水立方参观，到北京胡同穿梭深度游等。而年轻一点的外宾则更多希望能感受现代中国时尚气息，那么就可以带他去后海酒吧一条街听歌、南锣鼓巷小资咖啡馆喝东西、东四十条看新疆歌舞、钱柜麦乐迪唱卡拉 OK。此外，还要考虑参观时间的长短、路途的远近等。除专业考察，一般不要安排在路上花费几个小时，而参观只需几十分钟的项目，即使内容丰富，也无必要。对方提出的要求，在可能情况下尽量予以满足，如果确有困难，不能安排，可如实告知，并作适当解释。

安排布置项目确定之后，应作出详细计划，包括先看什么，后看什么，中间是否休息，参观前有无介绍，参观前后是否座谈，各参观点之间距离远近，徒步前往还是乘车前去，等等。这些细节和某些具体要求一旦定下来以后，应向客人做大概介绍，以便参观过程中发现问题，亦易于处理。尤其是团队出行，在开始参观前，应确保每一位成员知晓如果一旦发生掉队、走散情况后的集合地点、联系方式。

介绍情况。参观项目的基本概况可能时事先发给书面材料。这既能节约参观介绍时间，让客人多实地观看，又可以让客人事前对项目有所了解，看起来印象更深，效果更好。还应该对不同的外宾可能提出的问题有所准备，不致一问三不知。确实不了解，或者说不明白的，可以表示自己不清楚。

用餐安排。参观地点遥远，或是外出游览，要考虑用餐时间和地点。这个问题接下来会另作讨论。

2. 购物

提起北京可以推荐给外宾的购物场所，当然首推秀水街。外国人把秀水市场称为“OK”街、北京的“小香港”、北京的“小巴黎”。一提起秀水街，人们便把它与登长城、吃烤鸭的每个来北京的老外联系在一起。多年来，许多外宾到了北京，秀水街是必游之地。这里还有个好处——商户可以讲熟练的英语、法语、西班牙语、俄语等语言，讲价直接用计算器，省去翻译的环节，还让许多外宾在讨价还价过程中获得极大的满足感。法国前总统雅克·希拉克、美国前国务卿贝克夫人等名人，都曾以普通顾客身份到秀水街选购服装。但与秀水街相比，接下来介绍的几个地方，东西品质不差，价钱却低廉得多，更适合一些追求高性价比的外国友人。

西单商业街①

西单大街是北京最著名的传统商业区之一。行业涉及百货、餐饮、娱乐、金融等各个行业，目前有西单商场、西单购物中心、西单赛特商城、中友百货等多家大型现代化商场，有“桂香村”食品店、万里鞋店、“元长厚”茶庄等京城“老字号”商店。商品囊括高中低档，突出了“专”而“全”的特色，能满足各阶层人士的需要。

主要商品：百货、服装、首饰。

潘家园旧货市场

潘家园旧货市场形成于1992年，是一个假日特色市场，也是中国目前最大的古玩和旧货市场，是喜欢古玩和古董的中外人士“淘金”的宝地。在这里，可以充分领略到中原的文化历史与民族风情。整个市场从经营类别上可划分为民间工艺品区、古旧生活用品区、字画区、瓷器区、铜器区、旧书刊区和仿古家具区等几大部分。售卖的古玩主要有瓷器、铜器、玉器、木器、紫砂（陶器）等民间工艺品，以及书法、字画、旧书刊等文化艺术品及其他古旧生活用品。

主要商品：中国特色古旧物件。

南锣鼓巷

与出售传统中国手工艺品的店铺相比，许多外宾更喜欢富有创意的、有精致与可爱物品的小店。南锣鼓巷的许多小店，店主并不是有名的设计师，可店里的东西都是他们自己设计并找工厂制作的，设计奇妙，时尚有趣，完全不同于传统的中式工艺品。

主要商品：创意小物品。

北京天意小商品批发市场

天意是北京市规模最大的小商品批发兼零售市场，汇集了四面八方、天南地北的各种小商品，客流量、经济效益及社会效益居北京小商品批发市场之首。设有礼品厅、箱包厅、玩具厅、电器厅及精品屋等商品专卖厅。其商品精美，品种繁多，价格低廉，是许多来京访问的外宾最流连忘返的购物场所之一。

主要商品：日用小百货。

3. 订餐

数小时激烈的双边会谈后，美国总统奥巴马和俄罗斯总统梅德韦杰夫不在白宫享受盛宴，而是跑到一个街边小店啃起了汉堡。美国副总统拜登访华时，在驻华大使骆家辉的陪

---

① 《老外在北京不能不逛的特色街道》，中国网，http：//www.china.com.cn/travel/txt/2008-07/29/content_16088363_2.htm。

同下，和孙女一起到北京市鼓楼附近品尝北京炸酱面。这些事例告诉我们，参观访问中的宴请或订餐、酒菜可以根据活动形式和规格，在规定的预算标准以内安排，但如若在考虑主宾的喜好与禁忌选菜的同时，能加入一些地方特色，将会锦上添花。其实不少外国人在中国就餐，更多是寻求一种体验，一种探奇。如果一味安排山珍海味、燕鲍鱼翅，只会让外宾觉得乏味且不环保。更何况在有些国家，很多食材是不能被接受的。

像上文中提到的那位军方外宾，在后海酒吧一条街喝过一杯啤酒，在钱柜唱了几曲欧美金曲，又在天意大包小包购买了一通小百货，顺带在“张一元”刷卡提走几罐茶叶后，对中国的印象就不再仅限于文物古迹的壮丽。连他自己再谈到对中国的“印象”时都不禁莞尔，这一效果是循规蹈矩的接待安排达不到的。

三、话题

与外宾交谈时，应对话题认真地加以斟酌。[①]（1）忌选的话题。以下三话题，不宜在同外国人交谈时选择。其一，令人不愉快的负面话题。诸如灾祸、凶杀、惨案、绯闻，等等。其二，非议他人的话题。“来说是非者，必是是非人”，外国人往往对此也有同感。其三，涉及隐私的话题。收入、年龄、婚恋、健康、住址、经历等个人隐私话题，尤其不宜主动提及。（2）宜选的话题。与外国人交谈时，选择下述三类话题，一般均不会出现问题。其一，交往对象所擅长的话题。其二，轻松愉快的话题。如体育比赛、影视娱乐、休闲度假、时尚流行、风土人情、烹饪小吃、天气状况，等等。其三，格调高雅的话题。哲学、历史、地理、文学、艺术等格调高雅的话题在交谈中均可涉及，但切勿不懂装懂或班门弄斧。

四、仪表

一部《泰囧》把数以百万计的中国人诱惑到了泰国清迈。导演徐峥也因为大力推动了泰国旅游业而受到了泰国女总理英拉的接见。但接见翌日，徐导演就被某媒体人吐槽，说他不注重社交礼仪，“卷着衬衣袖子，敞着胸口”，直把总理府当成了片场。尽管有泰国媒体表示，并不觉得徐峥的穿着有何不妥。因为此次会面不算是一个十分公开化的公众活动，对着装的要求没有那么高。但这再次给各位外事人员敲响了警钟：在涉外交往中，每个人的穿着打扮均被视为其自身教养的最为形象的说明，并且被视为与自己对交往对象尊重的程度有关，故此不可自行其是。

在外事场合中，我们应当注意以下几点：[②]

（1）头发、胡须要经常修整，鼻毛、指甲应修剪短；

（2）衣着要注意清洁、整齐，特别是衣领和手帕，要经常换洗，衣服要熨平，皮鞋要

① 金正昆：《涉外礼仪教程》，人民大学出版社，2010年。

② 金正昆：《涉外礼仪教程》，人民大学出版社，2010年。

擦亮。穿中山装应扣好风纪扣，参加正式活动穿西装应打领带；

（3）参加活动进门后应把大衣、帽子、围巾、手套、雨衣或风衣等脱下，送存衣处存放，存放前注意检查口袋里不要留有文件、笔记本和钱包等物品；

（4）男士任何时候在室内不得戴帽子；

（5）室内一般不要戴黑眼镜，即使在室外，遇有隆重仪式和迎送等礼节性场合，一般不要戴黑眼镜。

五、保持联系

完美的日程安排、体贴周到的用餐服务都只是成功的外事接待的伏笔，比精美的菜单、热情的接待更为重要的，是要在本土接待任务完成后，与被接待对象之间保持联系，并抓住一切机会夯实这份情谊，为以后的互通有无、建立合作关系打好基础。比如生日或圣诞新年等节日，给他们寄张贺卡，发封问候的邮件，让他们知道你心中想着他们。此外，社交工具的普及也为维系私人之间的关系提供了便利条件。有时也许只需一个“赞”或一句“照片很漂亮”，就能够打开美好的记忆之门，让你们的关系更加亲密。此外，还可以充分利用因公或因私旅行的机会，邀请朋友一起进餐。发展工作以外的私人交情有时会在你工作时助你一臂之力。

（作者单位：中国国际广播电台菲律宾语部）

加强国际台法律事务管理的几点思考

高　芳

中国国际广播电台（以下简称国际台）已经建立了以《法律事务管理办法》《合同管理办法》和《版权管理暂行办法》为主体的内部法律风险防控体系，依靠国际台自己培养的专职法务人员基本实现了依法决策、依法管理，全台事业发展健康有序。然而，随着文化体制改革的不断深入，国际台融入市场竞争的程度日益加深，法律事务管理作为全台职能管理的重要组成部分，也面临着新的挑战与机遇。广播影视业兼具市场主体和文化传播主体双重属性，其内部法律服务工作具有不同于一般自由竞争市场主体的特性。如何把握规律，科学布局，以法治精神规避风险、增强媒体实力，是构建现代国际广播体系，增强国际台国际传播能力的重要课题。

着眼当下，围绕国际台台长王庚年在 2013 年工作报告中着重提出的“建设媒体化组织”的目标以及创新媒体管理的要求，加强法律事务管理对于解决国际广播事业发展中遇到的各类问题更具有特殊的现实意义。而以下三点尤为重要：第一，加强法律事务管理有利于保证媒体自身健康运转；第二，加强法律事务管理能够树立国际台良好的国际形象；第三，加强媒体法律事务管理是建设媒体化组织的基础路径。

笔者认为，推动和完善国际台法律事务管理与服务建设，可以从以下几个方面着手。

一、入心入脑，重视落到实处

经过几年来的努力，全台上下已经就“讲程序做实，讲规矩做细”的依法办事理念达成共识，但在管理实践中还是会存在一些问题。所以，对依法管理和法律服务工作的重视必须落实到行动中去。国际台目前的法律事务管理水平对于保障一般事项的合法性已经基本合格。现行新修订的《合同管理办法》对于增加法律专业人员参与合同事项合理性的论证是有所促进的，这种让法律人员在合同立项阶段即参与意见的制度设计在全国广播影视系统尚属首创，但要做到切实参与、实质发挥作用，使法务管理在合理性方面创造出更多的管理价值，还需要在组织职责分工、配套制度创设方面做更多工作。

二、创新管理，制度成就效果

法律管理与服务的完成，对决策事项的合法化、合理化论证都离不开制度的保障。制度建设的优劣，不仅取决于制度的有无，更取决于制度的质量与执行评价。如果说制度的有无需要凭借勇气和眼界，那么制度的质量则要依靠智慧。

面对多媒体融合、全媒体发展的目标，国际台制度完善的工作重点是彻底理清行政命令和依法治理的关系，最大限度地实现媒体决策和运转的去行政化。

完善制度的工作重点还应当放在对制度设计质量的考量上，特别是管理的效果上。相比制度的建立和完善，对制度执行的评价工作在实践中难度更大。原因是多方面的，其中最主要的问题在于领导者往往习惯于用经济标准去衡量法律服务管理制度的价值。应该认识到，那些显现的通过纠纷案件胜诉而获得的经济利益固然是法律服务制度带来的直接效果，而那些通过制度实施，在决策层、被管理者群体中培养起来的秩序意识、法律理念以及媒体所树立的依法管理的良好国际、国内形象，更是宝贵的财富。所以，对内部法律服务制度的评价标准应当是多元的，不能简单地用挽回损失的数字去衡量全部效果。

需要说明的是，法律风险防控的效果往往同廉政风险防控工作联系在一起，前面所述的制度执行的无形效果，将在客观上对廉政风险的防控起到积极的作用。

三、统筹兼顾，加快启动版权管理体系建设

节目资产是广播电视的核心资源，节目版权的管理是广播影视行业知识产权的管理重心，与之相关的法律事务不仅包括引入节目版权，开发版权经济，开展版权贸易，加大制作、发行、播放和后产品开发力度，参与国际版权交流等，还包括通过版权维权严厉打击盗版的行为。版权开发收益是发达国家媒体收入的最主要来源。

2007年，国际台作为全国广播影视系统的第二家单位，在法律事务管理方面实现了专业化分工，成立了节目版权处，但由于种种原因，时至今日，国际台的版权管理体系仍未建立，过去70年的珍贵历史资料，以及每时每刻都在创造的新的资源，都因为保护系统的缺失而疏于管理，更为后续的开发利用埋下了法律隐患。在“内容为王”的新媒体时代，我们的节目越畅销，因版权管理缺失所带来的法律风险就越严重。而中央电视台和中央人民广播电台已经初步建立了适合本单位实际的版权管理体系。起步较早的中央电视台在2010年版权收入已经超过了人民币1亿元。紧追其后的中央人民广播电台在2013年年初已经围绕版权产业的大开发重新划分了版权管理部门的分工，并把版权开发作为本年度媒体产业增长点的最重要计划目标。

由此可见，用尽可能短的时间建立符合国际台发展实际的版权管理体系时不我待，这是多媒体融合、全媒体发展的基本条件，是发展文化产业、参与媒体竞争的必经之路。由于较为成熟的广播影视版权管理体系中“拿来主义”较多，起步并不十分复杂，只要合理借鉴、科学规划，在国际台相对集中的运行管理模式下依靠“自上而下”的方式抓紧推进，国际台版权管理有可能在短期内达到较高水平。

版权管理系统的实质是依托技术系统实现的一种符合现代媒体发展方向的依法管理媒体版权资源的思路与程序。在现阶段，国际台最为迫切的是通过在正在建设或正在完善的媒资平台中嵌入版权管理技术系统，以使全台的节目资源从素材采集、编辑制作、编目归档到多终端开发都能够依法实现权利清晰、管理有序、开发充分的科学管理目标。

四、服务大局，加快复合型法律专业人员培养

国际台的法律事务管理模式相对独特，专门机构的法律事务工作由所在单位第一层级的领导直接分管，很好地兼顾了法律事务管理的各方面特点，将法务人员的专业法律意见同本单位最高决策层的全局性统筹高度完美结合，顺利地克服了法律专业人员有限而难以统筹协调相关事宜的不足，在保证决策效果的前提下，实现了高效决策。而且，考虑到法律事务具有监督的特性，国际台法律事务始终由台分党组成员中分管纪检监察工作的台领导主抓，也使法务管理和纪检工作相得益彰，可谓一举多得。

要保证前述独特管理模式作用的发挥，首先，要培养熟悉本媒体运营规律的内部法律专业人员，摒弃那种单纯依靠社会法律服务机构的做法。设立于台内的法律管理和服务机构及其专业法律人员，具有社会法律服务机构无法替代的独特价值，集中体现在如下四个方面：一是责任心和归属感强；二是熟悉本单位各类情况；三是同行沟通便利，是保证台内各机构和社会服务机构之间顺畅高效沟通的桥梁；四是协助判断社会服务机构能力水平的可信赖帮手。一支训练精良的内部法律管理服务专业队伍，能够主动地、及时准确地发现本单位决策运行中的风险隐患，并且懂得如何借助专业力量去提示、化解风险，在借助“外脑”时能够获得“1+1”远大于“2”的出色效果。这一立足全局、经过综合判断进行风险预警的队伍的独特价值，远远高于某一具体事件获得妥善处理的价值，更是社会法律服务机构被动服务无法企及的。

其次，需要媒体内部的法务管理专业人员具有过硬的专业水平和综合判断能力，这就需要在学科、年龄分布、短中长期培养计划制定方面下足工夫。国际台的专职法务管理人员在学科分布方面涵盖了知识产权法、民商经济法（含国际私法、公法）、宪法和行政法，基本能够满足现代、新型、综合、国际一流媒体的需要，但人员普遍年龄较轻，对于法律这门实践性极强的学科而言，在实践经验上还有一些差距。笔者认为，人员培养的短期重点在于对本媒体业务内容、运行规律的了解和掌握，短期传媒业务培训，选派法务人员到业务部门不定期地进行短期实习，机构内部多学科的定期业务交流都是易于操作而富有实效的做法；中期培训可以选择有具体主题的脱产强化课程，通过高强度的授课、测试等形式使具有法律基础的专业人员在短期内对某一专门领域的技能的掌握有较为明显的提高；最好的长期培养就是法务管理实践，办理每一件法律事务的过程就是对知识和技能的最好锤炼，法务部门内部应当建立良性的学习氛围和机制，使创新而富有实效的好做法能够充分分享，创造价值。

五、务求实效，普法长抓不懈

法制宣传教育是推进依法治国、建设社会主义法治国家的一项重要基础性工作，也是一项必须长期坚持的重大任务。广播影视机构内部法律和廉政风险防控体系的建立，内部良性法治环境的形成，乃至整个广播影视行业从业人员综合素质和社会责任感的提升，广

播影视全行业的发展壮大，都同法律普及工作密切相关。

笔者对加强和改进国际台法律普及工作有如下建议：

1. 加强对决策层领导干部学法用法能力的培养

领导干部的法律素养在一定程度上决定了整个机构、单位的依法办事水平。对领导干部法律素养的培养应当以法律精神为主，兼顾法律知识的了解和介绍。借鉴其他单位的成功做法，法规处准备按年度向台最高决策层提交书面年度法制报告，报告的内容主要包括：过去一年里与广播影视行业、国民生活关系密切的国家立法动态，国际台过去一年的法律纠纷点评，以及根据立法及纠纷处理而针对国际台管理提出的意见和建议。希望这一做法能够达到生动而有针对性地向高层决策者普及最新法律知识的目的。

2. 加强对全台进行与传媒执业密切相关的法律普及，维护新闻媒体的公信力

一方面要强化广播影视行业从业人员职业伦理教育，另一方面要通过预防新闻侵权法律知识和职业技巧的学习和训练，减少侵权事件发生。必要时，行业协会也可以制定行规，利用行业自治的“软法”来矫正有悖行业公信力的行为。

3. 强化针对性，分层级、部门、专业领域对全台进行全维度法律普及

国际台的普法工作一直走在全国广播影视系统的前列。经过过去几年形式多样的法律普及工作，全台职工对传媒法律体系、与行业关系密切的法律知识已经有了一定程度的了解。接下来的普法工作，要在深度上多做文章，要密切配合事业发展的年度工作重点，结合具体的合作事项，送法律服务到部门中间，化管理于服务之中。

所有制度建设都不可能一蹴而就。法律事务管理作为上层建筑的重要组成部分，也需要根据国际台实际情况逐步健全完善。国际台正处于构建现代国际广播体系的攻坚关键时期，健全和完善法律事务管理，走专业化的广播影视法律服务道路，是促进广播影视行业健康快速发展，增强媒体公信力和传播能力建设的不二选择。

（作者单位：中国国际广播电台办公室法规处）

国际广播使用录音制品的著作权法律分析

冉 青

目前，国内广播电台使用录音制品，主要依据我国著作权法的相关“法定许可”①。具体的付酬办法于近年颁布实施，正式宣告了广电行业免费午餐时代的终结。本文在此背景下，根据中国国际广播电台（以下简称国际台）使用播出录音制品的业务实际情况，分析和探讨所涉及的相关著作权法律问题，并试图提出解决方案建议。

一、法定付酬的由来和现状

我国《著作权法》于1990年颁布，1991年正式实施。由于考虑广播电台、电视台是国家宣传机构，是公众获得文化信息的主要途径，依靠着国家财政拨款运营，如果凡播放作品都要获得认可和支付报酬，势必影响其正常活动并给国家带来巨大的经济负担。② 因此，该法作出了广播电台、电视台播放已出版的录音制品，可以不经著作权人许可，不向其支付报酬的规定。

随着市场经济体制的建立完善以及对著作权保护力度的不断加大，该规定不断遭受各种质疑和诟病，特别是在我国迫切需要加入世界贸易组织的情况下，该规定已与相关国际规则冲突，损害到著作权人财产利益。因此，2001年该规定被修改为：“广播电台、电视台播放已经出版的录音制品，可以不经著作权人许可，但应当支付报酬。当事人另有约定的除外。具体办法由国务院规定。”这意味着相关使用仍不需要事先征得著作权人的许可，但使用后需要付酬，著作权人获得合理报酬的权利受到了法律的保护。由于考虑到付酬“涉及诸多复杂问题，需要由国务院制定具体办法，否则，难以操作”③，因此该条还明确了“具体办法由国务院规定”。也正是由于问题的复杂性，时隔九年《广播电台电视台播放录音制品支付报酬暂行办法》（以下简称《付酬办法》）才得以颁布施行。

《付酬办法》详细规定了付酬的方式和计算标准，包括约定固定数额计酬、广告收入一定比例计酬、播出时间总量计酬三种方式，并明确了协商不成应采取的方式，使付酬具有可操作性。此外，办法还规定了由著作权集体管理组织转付的机制。使用非著作权集体管理组织会员的作品应支付的报酬，广电媒体也可通过著作权集体管理组织转付。中国音乐著作权协会（下称“音著协”）是目前我国唯一一家代表音乐作者的集体管理组织。目

① “法定许可”：指依据《著作权法》规定，在使用已发表的作品时，可以不经著作权人许可，但应当支付报酬。我国《著作权法》规定了四种“法定许可”，广播组织播放已出版的录音制品是其中一种。

② 江平、沈仁干等：《中华人民共和国著作权法讲析》，中国国际广播出版社，1991年，第207页。

③ 见国家新闻出版署署长、国家版权局局长石宗源2000年12月22日在第九届全国人民代表大会常务委员会第十九次会议上关于《中华人民共和国著作权法修正案（草案）》的说明。

前，国内的广电媒体已经成立了版权行业组织——广播版权委员会和电视版权委员会，负责组织会员单位与音著协进行沟通与协作。在两个版权委员会的带领下，全国已经有部分广播电视媒体与音著协达成了付酬协议。

二、国际台节目播出使用法律分析

国际台作为国家级外宣媒体，目前通过60多种语言向世界传播，具有语种多、作品使用量大，尤其是在国外使用和使用外国作品量大的特点。这一特性造成著作权使用付酬情况较为复杂，不仅要解决国内使用付酬问题，还要解决国外使用付酬问题。由于著作权法的地域性，即一个作品的著作权根据一国的法律获得并只在该国范围内受到保护，涉外广播不可避免涉及不同国家或地区的法律适用问题。由于涉及节目制作、信号发射、信号接收等行为以及广播频率所有者、节目制作者、接收者以及国内外著作权人，相关法律适用就显得较为复杂。下面根据相关法律规定和中国国际广播电台业务特性，就广播使用他人已发表的录音制品行为的具体情况进行分析。

1. 使用涉及国内作者的录音制品在境内播出

这一情况下，由于使用的录音制品所涉及的是国内著作权人，且通过国际台的国内频率在国内播出，并不存在任何涉外因素，如国际台的三套对内广播频率"环球资讯广播""轻松调频广播"以及"劲曲调频广播"在使用国内作者的录音制品时，应完全根据我国《著作权法》和《付酬办法》的相关规定解决使用付酬问题。

2. 使用涉及国外作者的录音制品在境内播出

这种情况下，例如国际台的对内广播频率"劲曲调频"在播出节目时使用了由国外作者创作的海外流行音乐，虽然涉及了外国人，存在涉外因素，但由于节目制作、播放以及信号接收行为均发生在我国境内，根据国际法的属地管辖权原则，也可以完全适用我国著作权法律规定。

是否以及如何对外国人（及无国籍人）的作品进行保护，我国《著作权法》第二条作了详细规定。外国人的作品根据其作者所属国或者经常居住地国同中国签订的协议或者共同参加的国际条约享有的著作权，受该法保护。根据我国加入的《伯尔尼公约》《世界版权公约》及《TRIPS协议》相关国民待遇原则，符合该规定的外国人的作品，可享有我国著作权法的保护。对于未与中国签订协议或者共同参加国际条约的国家的作者的作品，如果作品首先在中国境内出版，或首次出版行为在中国参加的国际条约的成员国发生的，也可以受到我国《著作权法》的保护。

3. 使用涉及国内作者的录音制品在境外播出

根据业务实际，中国国际广播电台境外播出的情形主要有三种。

一是短波播出，即节目在国内制作，通过短波发射，可以在国外收听。目前，国际台外语短波广播频率已覆盖200多个国家和地区。

二是节目在国内制作，通过卫星发射到国外，由购买或租用的境外频率（包括频率时段）接收并播出。

三是节目在境外制作，从境外发射，在当地播出。这种情况主要是指在当地运营的海外制作室或海外分台制作播出节目的行为，比如2013年年初开播的土耳其梅伽调频台的节目就是由伊斯坦布尔节目制作室负责进行本土化制作和播出，节目覆盖土耳其首都安卡拉、最大城市伊斯坦布尔等11个主要城市，全天播出24小时。

第一种情形下，由于节目制作和发射地均在国内，国外听众仅通过收音设备实现直接收听，并无国外转播或信号中转设备，因此可以视为相关行为实施地仍在中国，可以通过中国著作权法律解决。第二种情形，节目制作和发射地均在国内，但节目通过卫星在境外接收，又通过境外的频率播出，比如国际台在美国、欧洲等地通过租用当地电台的频率或时段进行广播。这种情况下，行为发生在不同国家，应适用哪国法律并不容易判断。对此，国际上有两种不同理论：一是“发射地理论”，即广播组织应当依据信号发出国的法律规定，在信号发出国获得著作权人授权；另一个是“接收地理论”，即广播组织应当依据广播信号传播到的国家或地区的法律规定，在当地获得著作权人授权。[①] 欧共体于1993年通过的《协调有关卫星广播和有线转播的著作权、邻接权规定的指令》，采用的就是“发射地理论”。按“发射地理论”，广播组织只需在发射地取得许可，就可以向世界各地播出节目，这一做法无疑对于广播组织较为有利，操作较为简便，而不必到节目的接收地去一一取得许可。第三种情形，根据“本土化”的发展要求，由海外节目制作室或海外制作公司制作节目并通过当地频率播出的传播形式，由于制作和传播行为均发生在境外，则应适用当地法律。

4. 使用涉及国外作者的录音制品在境外播出

这种使用形式与前述使用涉及国内作者的录音制品在境外播出的唯一不同，在于使用所涉及的作品著作权人为国外作者。因此，这两种使用情形并无实质区别，因此不再赘述。

三、思考与建议

解决国际台相关播出使用的著作权问题，应主要考虑以下两点：一是通过著作权集体管理组织解决；二是尽量适用我国法律解决。

著作权是私权，不管播出情况如何复杂，如果能够直接与著作权人签署协议，解决作品播出使用问题，自然是最完备的做法。通过协议签署，可以明确作品使用的地域范围，是否以及如何支付报酬，也可以在广播权利以外获取如信息网络传播权等其他权利。但是，由于节目使用的作品海量，就每一个作品直接与权利人签署协议显然并不现实。而在我国著作权法明确规定了“法定许可”的前提下，也应充分利用制度便利，在使用之后根据《付酬办法》通过著作权集体管理组织进行付酬。

不论是国内作者还是国外作者，均可根据著作权“法定许可”在广播使用播出后，通过音著协解决付酬问题。对于非音著协会员的作者，付酬办法明确了音著协的转付义务。

---

① 韦之：《欧共体卫星著作权指令评介》，《知识产权》1999年第6期，第42～44页。

另外，由于音著协与外国（地区）同类著作权集体管理机构签订有相互代理协议，因此此类外籍作者的使用费也可由音著协转付。从其他广播电台、电视台与音著协的付酬实践来看，通过谈判，也有可能解决广播使用以外网络使用的授权问题。另外，由于国际台的特殊外宣职能，可以根据《付酬办法》争取较为优惠的付酬。

前面分析的四种播出使用情况中，在境内播出的第一种和第二种情况，由于可以适用我国法律，自然通过付酬办法与音著协协商解决。而在境外播出的第三种及第四种情况，为方便解决付酬问题，使国际台相关利益最大化，可根据“发射地理论”，尽可能适用我国著作权法，在与音著协的协商谈判中进行明确，在签署的协议中进行约定。不过需要注意的是，境外节目落地一般均与当地广播机构签署合作协议，合同对方在合同条款中常会要求我方遵守当地的法律规定及节目准则，解决著作权法律问题，因此，除了考虑法律的适用，还要遵守合同的约定。而在无法适用我国著作权法解决许可付酬问题的情况下，如在境外本土化制作播出，则需要特别注意在日常业务中严格遵守当地法律，防止产生纠纷，同时也应尽可能通过境外集体管理组织解决著作权问题。

（作者单位：中国国际广播电台办公室法规处）

浅谈风险社会中媒体应对突发事件的策略

李　严

风险社会理论的首倡者、德国社会学家乌尔里希·贝克曾指出，风险社会是现代社会发展的一个阶段，由于工业化过程中所出现的一些问题，导致全球性风险开始出现，使人类日益“生活在文明的火山口上”，面临着越来越多的风险景象。在此情况下，媒体也不可避免地要直面突发事件的拷问。如何在报道中化解危机、有效引导舆论走向成为我们需要解答的问题。

一、“风险社会”理论梳理

1. 风险社会理论的定义

德国社会学家乌尔里希·贝克（Ulrich Beck）在 1986 年首次提出了“风险社会”（risk society）理论。该理论指出，现代工业社会的技术经济发展逻辑与现代性的后果不仅带来诸多人为危难与社会不平等，更同时衍生了大量难以预测但却影响深远的未知风险，而且这种风险已经渗透到人类社会的各个环节。①

风险社会是在全球化发展背景下，由于人类实践所导致的全球性风险占据主导地位的社会发展阶段。此时，各种全球性风险对人类的生存和发展存在着严重的威胁。② 它既包括天灾、瘟疫等自然风险，也包括核威胁、生态危机、恐怖袭击、经济危机等社会风险。

2. 风险社会的特征

风险社会具有全球性、不确定性，以及有组织地不负责任等特征。

第一，风险危害的全球性。英国社会学家吉登斯曾说过，生活在全球化时代，就意味着要面对更多的、各种各样的风险。③ 伴随着通信、互联网、交通等的日益发达，全球化的步伐已经渗入多个领域，国家、地区间的关系变得愈加紧密。从某种程度上说，危机一旦发生，人们会面临一荣俱荣，一损俱损的局面。

第二，风险发生的不确定性。这种不确定性既表现在风险诊断上，也表现在风险发生方面。因为风险可呈现复杂多样的特征，它可以渗透到社会生活的各个层面和领域，例如生态、文化、金融、政治，等等，抑或是多种领域交织在一起呈现出的风险；在地缘上，它可以是全球性的，也可以是地域性的，同时也不受国家和种族等因素的制约。例如 1986 年，苏联的切尔诺贝利核电站发生核泄漏，事故发生后前 3 个月内数十人死亡，之后 15 年

① 何双秋、魏晨：《媒体在风险社会中的社会功能》，《传媒观察》2007 年 6 月。

② http：//baike. baidu. com/view/2552570. htm。

③ （英）安东尼·吉登斯：《现代性的后果》，译林出版社，2000 年。

内有6万至8万人死亡，13.4万人罹患不同程度的辐射疾病。此次事故影响到了俄罗斯、白俄罗斯和乌克兰，甚至是北欧、西欧的部分国家。

第三，有组织地不负责任。贝克认为，技术的进步和经济的发展在增加社会财富的同时抬高了风险的系数和级数，但是当被问到谁该对人为的风险负责时，没有哪个政府、组织、机构、个人愿意为此承担责任。① 例如，2010年4月，英国石油公司位于美国墨西哥湾的石油钻井平台发生爆炸，沉没的钻井平台每天漏油达到5 000桶。事件造成了巨大的环境污染和经济损失。而与事件有关的多家公司在接受美国参议院质询时，却互相推卸责任。这种危机发生后无个人、组织、政府担负责任的表现成为“有组织地不负责任”的典型。

二、中国突发事件增多　逐渐进入风险社会

无论是1986年发生的切尔诺贝利核泄漏事故，还是2001年的美国“9·11”事件，以及之后曾肆虐一时的疯牛病都昭示着世界进入了风险社会。而随着全球化程度的不断提高，以及中国更加深入地融入国际社会事务中，中国正在逐渐进入风险社会。而随着改革的不断推进和深入，中国在经济建设取得巨大成就和发展的同时，由社会转型、体制转轨所带来的物质利益与经济资源的重新分配与调整，造成了不同利益群体之间的矛盾与冲突。②

中国政府于2006年1月颁布了《国家突发公共事件总体应急预案》，其目的就是要提高政府处置突发公共事件的能力，最大限度地预防和减少突发公共事件及其造成的损害，保障公众的生命财产安全，维护国家安全和社会稳定。预案中还明确规定，对于危机信息的发布要及时、准确、客观。③

三、媒体在风险社会中的重要角色

在危机发生时，人们总是有着对于真实信息的渴求，而本身肩负着传递信息职责的媒体是公众获取这些信息的最直接、最有效的途径。大众之所以渴望在第一时间获取有关风险的客观信息，是为了便于采取合理的措施，将风险带来的损失降至最低。这也是每个个体或组织的本能反应。④ 而媒体在传播真实、客观的风险信息的过程中，帮助受众认知了风险，也为公众提供了风险化解服务，以及减轻了受众心理应激反应，缓解了紧张情绪，还可提高公众辨别不实传言的能力，有效抑制了不实流言的传播和扩散，同时为防止危机的扩大化设置了一个边框，限制其继续发酵。

---

① 陈岳芬：《风险社会危机传播困境之分析》，《暨南学报》（哲学社会科学版）2008年第6期。

② 陈丽维：《风险社会背景下我国群体性突发事件的特征分析及其预防》，《现代商业》2009年第23期。

③ 连水兴：《风险社会与危机传播研究》，《东南传播》2007年第7期。

④ 何双秋、魏晨：《媒体在风险社会中的社会功能》，《传媒观察》2007年6月。

在这个过程中，媒体成为受众与主管部门、权威部门间信息传播的中介和纽带。例如，2012年5月27日上午10:30左右，京、津、冀地区的部分民众感到房屋和地面有震动，在短短的十余秒之后，新浪微博上数百名用户发问和求证是否发生地震的帖子相继出现。随后的几分钟，主流媒体立即在网上发布权威消息称，当天河北省唐山滦县发生浅源性4.8级地震，未造成人员伤亡。消息一经发布，公众的不安与好奇心马上得到释放和缓解。随着真相的开公，地震讨论的热度在20分钟左右的时间里归于常态。

四、媒体应对突发事件策略

1. 时效性是媒体的生命

英国危机公关专家里杰斯特（M. Regester Michael）提出媒体在危机处理时要展现自身的责任感和使命感，在风险发生时应快速反应。时效性无疑是报道的重中之重。

在突发事件发生后，传媒在未能完整地向公众展现风险危机事件前，公众处于一种焦躁、恐惧、脆弱、冲动的状态中，此时也易于轻信和盲目行动。① 如果没有正规媒体的权威信息发布与报道，公众的好奇心会被最大限度地激发出来，而且公众的知情权、参与权、表达权等都得不到满足，使得公众心中产生疑惑和猜测，这也会给今后的报道工作带来更多的困难。因此，在突发事件发生时及时发布信息成为关键中的关键。

2. 客观报道突发事件

客观真实同样是新闻的生命。危机发生时受众最想知道的是究竟发生了什么。这种需求伴随着紧张不安。如果新闻媒体报道的危机信息不准确、不真实，不但无助于缓解在受众中弥散的不良情绪，反而会加剧其发展的态势，同时也迫使受众从其他渠道获取相关信息。这又从另一个侧面助长了流言的传播和扩散。反之，只有客观真实地报道突发事件，才能有效安抚公众的情绪，引导公众保持理性思维，避免过激行为，从而保证社会的正常运转。

3. 完善专家系统，建立权威发布

在风险社会中，危机具有复杂性和专业性。让一个新闻从业人员或某一个受众成为各领域的通才显然是不切实际的，而且就突发事件的突然性而言，这些人也没有足够的时间对某一领域的专业知识进行深入学习和研究，因此在实际工作中，媒体建立常用的专家库十分必要。

美国传播学专家霍夫兰从大量的实证调查中发现，信源的可信度越高，其说服效果越大；反之，则越低。危机事件发生时，公众最渴求的主要是权威信息，如果能在危机过程中及时引入专家信源，对危机解决是非常有利的。

专家即某一特定领域掌握专门知识的人。他们握有某一技能或专业知识，能大大地降低风险的不确定性，并把其带来的负影响尽量降到最低。

此外，一些权威的信息还来自于政府主管部门和相关业务部门，因为这些权威部门拥

① 刘丹凌：《试论传媒在风险社会中的双面性》，《新闻传播学》2010年5月。

有专业的设备和专业人员，所以，它们的信息呈现数量高、准确性高等特点。此时这些部门与媒体可在权威信息发布上形成优势互补，一方有充足的信息和业内知识，另一方有传播手段和影响力，两者的完美合作有利于为受众答疑解惑，化解突发事件对受众和社会的冲击。

例如，2008 年 1 月，我国南方部分地区遭遇冰冻雨雪灾害。中央人民广播电台的中国之声与中央气象台、交通部、公安部、各地政府及交警部门联动，及时向公众发布路况信息、气象预报，以期为公众提供有效的出行信息。同时节目还联系了经验丰富的机构和专家向公众介绍相关的减灾和防灾知识。这些都为降低冰冻灾害带来的损失提供了帮助。①

4. 提前制订应急预案

制订应急预案的目的就是未雨绸缪，同时尽可能地为解决问题争取更多的时间。

媒介应急预案应该包括：(1) 配置快速反应的采、编、播团队。根据不同类型的突发事件，配备相应的专业人员，以适应不同的知识要求和不同的采访对象。(2) 精良的设备。如果设备发生故障，再有能力的新闻从业人员也无计可施。(3) 准备几套报道策划预案。媒体首先应该对突发事件的走向及影响进行研判，制订出几套报道方案。根据事态发展的不同方向选择方案中最接近现实的一种付诸实施，达到预期的传播效果。同时还应建立与政府主管部门、涉事单位、权威部门、专家等的对接方案，及时进行沟通与协调，在第一时间获得官方的表态和立场，从而提升信息的权威性和影响力。

5. 不能忽视的新媒体

新媒体是一个相对于传统媒体的概念范畴，是基于互联网技术和 3G 技术支撑体系下出现的媒体形态。伴随着移动网络技术的日臻成熟，博客、微博等一系列新媒体产品的诞生与流行，新媒体已经深深地影响着人们的生活。它以受众为传播主体，大大提升了信息的传播速度和广度，从而改变了以往传统媒体一对多的单向传播模式，变成了点对点的互动传播模式。而其满足受众成为信息的发布者和传播者的愿望，更使得信息源在广度上不断地加大。

此外，新媒体因其互动性强、成本低等特点，在很大程度上简化了民众与政府主管部门、专业部门、媒体等沟通的流程，民众也许只需要几条回复和线上提问，相关部门就可以有针对性地回答大家关注的问题，还可以根据相关民意来进行议程设置，从而对公众舆论进行有针对性的正面引导。

总之，在突发事件发生时，新媒体成为一块不可放弃的报道阵地，若加以合理的运用可以起到事半功倍的效果；若弃之不用，则会陷入自说自话、脱离实际的尴尬境地。

五、结语

目前，国际台已经形成了集音频、视频、网络、报刊于一体的综合新型传播模式。在突发事件报道上，各种类型的传播模式均可以发挥其自身的优势。

---

① 毕冬梅：《从突发事件报道看广播发展》，《新闻世界》2009 年 9 月。

广播方面。广播节目的制作流程相对简捷，节目编排时间短，在争分夺秒的报道过程中，可凭借较短的制作时间，高质量的传播效果，把突发事件信息尽快发布出去，从而抢占报道先机。

视频则以图、文、声并茂的形式向受众展现事件的生动细节，最大限度地传播事件的真相，更可以传达用语言文字无法表达的场景和氛围。甚至在某种程度上降低因文字和语言差异带来的传播障碍。目前，国际台拥有网络电视台、环球奇观、手机电视等多个视频平台。这些传播渠道可有效地与广播形成互补优势，用更多的图像展现事件细节，形成报道合力，也使报道更具说服力和感染力。

报刊因其截稿时间等原因，无法与其他传播形式拼抢时效性，但是可以在深度报道方面展现其长处。尤其是可以把报刊与专家的解读有机结合，让经验丰富的专家们借助报刊的平台，用通俗易懂的语言深度分析事件的原因、背景，预测事件的大体走势，并配发观点独到的评论，从而开展相应的议程设置，引导高端受众的价值取向。

新媒体已经成为国际台不可或缺的一部分。台内各语种和窗口部门除了有广播和视频出口之外，还拥有多语种的网站，以及微博客等新型传播渠道，再加上近年开设的 CIBN 手机台等传播平台，这无疑在新媒体大行其道的今天为国际台应对突发事件提供了得天独厚的优势。新媒体更是国际台亲近受众，与受众沟通，并收集反馈的重要平台。同时还可以通过网民对网页的点击和回复获知舆情民意，有效地开展议程设置，引导公众舆论向着健康和正面的方向发展。

权威发布方面。由于国际台是中央级媒体，与政府主管部门和相关专业机构保持着密切的工作关系。国际台更可以通过与上述部门、组织、机构等建立相应的协作关系，成为它们在发生突发事件时向国内外发布权威信息的主要渠道与平台。

总之，一旦发生突发事件，综合新型传媒可以以广播为报道先导、视频为细节和情景再现的渠道、报刊为深度分析的载体、新媒体为多向互动的平台，形成一个全方位、立体式的突发报道集合体，为及时地向海内外受众传达权威信息和传播我方立场发挥积极的作用。

不可否认，突发事件报道无疑为媒体提供了一个展示自身实力、提升自身影响力的平台，也是衡量一个媒体专业水平、综合实力的重要标准。

（作者单位：中国国际广播电台新闻中心）

构建现代国际广播体系对复合型外语编播人才的要求

苏　怡

近年来，中央提出中国国际广播电台（以下简称国际台）要“积极建设现代国际广播体系，不断提高中国对外广播的质量和水平，努力架起促进中国人民和各国人民相互了解的友谊桥梁，为全面建设小康社会营造和谐友好的国际舆论环境”。国际台加快了构建现代国际广播体系的步伐。作为国际台的一名工作人员，笔者也切身感受到国际台日新月异的变化，通过自己的工作实践，深切地认识到培养复合型外语编播人才对推进现代国际广播体系建设的重要作用。

一、构建现代国际广播体系对复合型外语编播人才提出新的要求

“构建现代国际广播体系”战略目标的基本思想是：国际台要围绕增强中国在国际上的声音这一总的目标，一手抓好无线广播，一手抓好互联网在线广播，尽快建立现代国际广播体系，形成与中国的国际地位相适应的现代化国际广播体系，在对外传播方面发挥更大、更独特的优势。现代国际广播体系包含了传播理念上的现代、传播内容上的现代、传播手段上的现代、传播风格上的现代；涉及传播范围的国际化、传播信息的国际化、传播受众的国际化、传播影响的国际化；实现集无线广播、在线广播、多媒体传播于一体的媒体集合。国际台正面临着传媒国际化的挑战与机遇。因此，培养具有较高外语专业水平、熟练掌握先进信息传播技术、了解一定国际传媒市场运作的复合型外语编播人才，是实现“构建现代国际广播体系”这一宏伟战略目标的重要保障之一。笔者认为，复合型外语编播人才应具备以下素养。

1. 较高的外语专业水平

复合型外语编播人才，顾名思义，其首要必备条件是良好的外语语言基础。作为从事国家对外广播的外语编播人员，较高的外语专业水平是其与外国受众进行沟通交流的重要工具。无论是精确到位、科学规范、及时无误的新闻翻译，还是语言生动、贴近生活、形式多样的专题翻译，高质量的翻译播音都会带来良好的播出效果和积极的受众反馈。当然，随着国际广播事业的不断发展，很多外语工作者集采访、编辑、播音、制作于一身，成为全方位的外语编播人才。

建立现代国际广播体系，对外语编播人员提出了新的更高的专业素质要求。语言伴随着时代的发展在不断进步，新技术的运用促进了信息传播手段的日益更新，面对传媒国际化发展的必然趋势，每一位外语编播人员都应当勇于尝试新的传播形式，努力提高外语专业水平，不断拓宽知识面，实现更为有效的国际传播。

2. 掌握先进的信息传播技术

在当前的广播电视数字化革命中，新兴技术广泛应用于广播，数字广播、卫星广播、互联网在线广播等新媒体正迅速发展成为国际广播的主要传播方式。在传播新技术的不断冲击和挑战下，广大外语编播人员要及时接受并更新科技理念，学习使用新技术、新设备，从技术层面对自身进行不断调整完善。

构建现代国际广播体系的内涵是十分丰富的。这里所指的“广播”绝不是传统概念中狭义的新闻传播工具，而是相对人际传播而言的“广为传播”，它不仅包括短波、中波、调频和卫星的音频播出，还涵盖电视、网络、报刊、新媒体业务等一切有利于国际广播的媒体形态，是一切能够向国际受众传播信息的媒体集合。因此，广大外语编播人员更应顺应新的传播环境，主动运用数字化、网络化等先进技术，从而顺利完成从幕后走到台前、从声音变成音像、从传统广播过渡到现代广播的重要转变。

3. 了解国际传媒市场运作规律

世界经济的全球化趋势对各国产生了重要而深远的影响，传媒全球化是国际社会政治、经济、文化等全球化进程中的组成部分之一。中国经济的持续发展为中国传媒业走向世界提供了巨大动力，也为中国传媒业的国际化奠定了坚实的基础。随着我国日益提升的国际地位和日渐增长的国际影响力，中国媒体的国际传播取得了突破性进展，但同时也面临着严峻挑战。为参与未来全球传媒业的激烈竞争，加快培养一支既熟知中国传统文化，又了解一定的国际传媒市场运作的外语编播人才队伍是当前我国国际传播领域亟待解决的问题。

二、如何打造复合型外语编播人才队伍

业以才立，国以才兴。实现“构建现代国际广播体系”这一宏伟战略目标，需要一支业务过硬的队伍。笔者认为，打造这支队伍要符合构建现代国际广播体系对复合型外语编播人才的要求，要从以下三方面着手。

1. 综合提升外语专业水平

作为从事对外广播的外语编播人员，其外语水平的高低直接关系到节目质量的优劣、播出效果的好坏，甚至影响到外宣工作的成败。因此，他们不仅应具备扎实的外语基本功底，还要不断提高自身的外语专业水平，保证及时、快速、准确地传达中国声音，让国外受众能够更好地了解中国。

广大外语编播人员要从听、说、读、写、译等多方面综合提升外语专业水平。平时应做到坚持不懈地学习积累，持之以恒地训练实践，虚心诚恳地请教商讨。同时，还要努力争取到所学语言国家去进修深造。良好的语言学习环境将促使外语学习者很快投入其中，在你来我往的日常社会人际交往中，有意识地训练思维，丰富词汇，培养语感，外语水平必然会得到大幅度的提高。同时，还可以熟悉语言对象国家的国情，了解当地的文化历史、风土人情，掌握对象国人民语言的表达方式，从不同侧面全方位整体提升外语专业水平。当然，如果能到语言对象国的相关广播电视机构交流工作一段时间，那是最理想不过

的了。亲身体验当地媒体的工作模式，与外国同行一起交流沟通，定期参加相关业务语言培训，这种针对性强的工作学习方式将迅速高效地提升外语编播人员的综合专业素质。

国际台俄语部与俄罗斯官方国际广播电台俄罗斯之声长期以来就保持着这种有的放矢、行之有效的人员交流合作方式。多年来，两台不仅在广播节目制作播出领域合作卓越，而且在人才交流方面也成绩斐然。一直以来，国际台俄语部都有来自俄罗斯之声的外籍专家在此工作，俄语部也派遣相应人员到对方交流学习。特别是最近几年，随着中俄文化交流合作日益加强，两国主流媒体间的交流协作也日趋紧密。为了加大对双方中青年力量的培养力度，两台签订了协议，保证每年双方都接纳来自对方的学习进修人员。截至目前，俄语部已有若干名同事学成归来，学以致用。因此，这种“门当户对”的人员交流培训机制非常值得借鉴推广。

此外，广大外语编播人员还应与时俱进，不断加强学习，经常浏览外文书刊报纸，收听收看外文广播电视节目，捕捉接收新事物新信息，更新积累时时涌现的新词汇新语法，时时处处注意努力提升自身语言水平。

2. 与时俱进，及时掌握新技术

当前，在高新技术越来越频繁地应用于广播的情况下，广播传播的操作呈现出技术化的特色。对于从事对外广播的外语编播人员来说，只具有完整的理论素养、系统的文化知识和专业的职业技能显然是远远不够的。与时俱进，掌握先进的传播技术，已经成为广大外语编播人员必备的基本技能。

身处瞬息万变的科技时代，传统播音间里的工作由于广播新科技的应用发生了翻天覆地的变化，新技术的发展促进了多种新闻传播手段的诞生。现场直播、采访连线、与听众互动、短信平台等新的传播形式要求每一位外语编播人员必须熟练掌握和操作现代多媒体设备，配合导播或者其他工作人员顺利完成节目的制作播出。因此，广大外语编播人员要及时掌握先进的信息传播技术，经常关注现代传媒科技的最新发展，积极参加技术部门组织的新媒体业务培训，主动学习运用新技术、新设备，并在采访、编播、制作节目的过程中反复使用练习，多与同事切磋交流，努力提高设备操作水平和熟练程度。

俄语部一向重视人才的全方位培养，时时更新技术理念，处处掌握现代技能是对广大俄语编播人员提出的必然要求。除了不断提高外语专业水平，部里按时安排人员参加技术部门举办的各种相关技能培训，鼓励大家参与中心或部里组织的外延业务讲座，在年轻同志间开展技术交流、技能竞赛等活动。通过这些举措，部门同仁能够及时了解先进的传播手段，紧紧把握国际台发展的时代脉搏，利用多种渠道、采取多样传媒方式进行更为有效的对外广播宣传。

3. 开拓创新，加强与国际传媒合作

在传媒全球化的背景下，中国传媒正在逐步融入全球化。因此，勇于开拓创新，积极参与国际传媒竞争是中国传媒国际化对我国传媒人才队伍建设的必然要求，也是构建现代国际广播体系中广大外语编播人才的必备条件。

关注国际传媒市场的发展变化，加强与各国传媒集团的国际合作，在传媒国际化实践中不断加深对国际传媒市场的认知，是使广大外语编播人员了解国际传媒市场运作的有效途径。近年来，国际台积极配合国家外交，精心策划实施了一系列大型中外媒体合作项目，通过与各国主流媒体开展合作，大规模、全方位、高密度地传播和塑造了我国良好的国家形象。这些国际性的传媒合作项目为国际台外语编播人员进一步了解国际传媒市场运作提供了宝贵机会。他们通过全程参与活动的组织策划，与外媒的谈判协商，实地的采访报道，更加全面深入地了解了国际传媒市场，积累了一定的国际传媒运作经验。

俄语部努力为每一位编播人员提供参与国际传播的锻炼机会。在中俄两国"国家年""语言年""旅游年"期间，全体俄语部工作人员积极投入到各项大型中外采访报道活动中。通过亲历活动的全过程，不仅开拓了眼界，增长了知识，丰富了经验，而且更加深刻地认识了国际传媒市场，更加熟练地掌握了国际传媒运作方式。

随着经济全球化的深入发展和世界各国合作交流的日益频繁，国际舆论环境在国家发展中的战略地位不断提升，国际广播已经成为国家文化软实力的重要体现，构建现代国际广播体系是顺应当今国际广播发展趋势的应时之举、有力之举。广大外语编播人员应该充分理解认识到这一点，不断学习进取，充实完善自我，通过坚持不懈的努力，成为具有较高外语专业水平、熟练掌握先进信息传播技术、了解一定国际传媒市场运作的复合型外语编播人才，为构建现代国际广播体系、增强我国对外传播的整体实力提供智力支持和组织保障。

（作者单位：中国国际广播电台俄语部）

参考文献：

王庚年：《国际传播——探索与构建》，中国国际广播出版社，2009年。

谈国际台机要档案的管理与使用

高　杨

中国国际广播电台（以下简称国际台）是我国唯一致力于对外传播的国家电台，肩负着“让世界了解中国，让中国了解世界”“向世界报道中国，向中国报道世界”的光荣使命。在繁杂的报道和日常工作中，国际台每天都会产生大量有价值的档案。在这些档案中，有一部分比较特殊，就是机要档案，由于它的涉密特性以及对国际台事业发展的重要性，有必要对它们的管理和使用进行认真分析和深入研究。

一、机要档案定义

机要档案，或称涉密档案，是档案中涉及一定程度的国家秘密，如果泄露会对国家造成相应损失的档案的总称。

机要档案分为绝密、机密和秘密三个级别。根据《国家保密法》的定义，绝密级国家秘密是最重要的国家秘密，泄露会使国家安全和利益遭受特别严重的损害；机密级国家秘密是指重要的国家秘密，泄露会使国家安全和利益遭受严重的损害；秘密级国家秘密是一般的国家秘密，泄露会使国家安全和利益遭受损害。

国际台的机要档案主要是各上级机关下发的各类带有密级标志的文件，以及国际台日常工作和报道中所产生的具有涉密性质的各类文件资料。

二、机要档案的管理

机要档案是党和国家的重要信息，它关系到党和国家的安全，关系到国家的政治活动、军事活动和经济发展的成功，具体到国际台，则关系到国际台多媒体融合、全媒体发展事业的顺利进行。因此，为确保国家秘密的安全，必须管理好机要档案。

1. 加强涉密人员的管理，提高机要档案管理人员的素质

做好机要档案的管理，首先要做好对机要档案人员的管理。

档案管理人员的职责，就是要维护档案的完整与安全。这既是档案保管工作的基本任务，也是档案保管工作的目的。档案保管工作的具体任务就是做到不坏、不丢、不散、不乱。不坏，就是使档案保管得完好无损，不致因各种不利因素而使档案损坏。对已经破损的档案，要及时抢救。不丢，就是使档案绝对安全，不致因工作疏忽而使档案遗失或被窃，不仅保证档案实体安全，也要保证档案内容的安全。不散，就是要求档案的保管相对集中，不致因档案的分散保管而使档案管理不便，甚至造成档案损坏或丢失等严重情况。不乱，就是要求档案保管工作有条不紊，档案排架整齐规范，有规可循，有目可查。机要档案

保管工作的任务是艰巨的，也是光荣的，这是一项重要的基础工作，机要档案保管人员要持之以恒，时刻警惕，防止档案的损坏，确保档案的安全，为档案工作提供物质保障。

机要档案工作人员具有特殊的地位和身份，有知密早、知密多、知密深的特点，对保守党和国家的秘密负有比一般工作人员更为重大的责任，因此，档案保密工作好与坏，档案管理人员的素质是关键。机要档案管理人员必须有较强的责任心、事业心和高度的保密意识，不仅要有严谨的工作作风，经手的事情件件有头有尾，手续清楚，而且由于机要档案管理人员经常接触党和国家大量的秘密，这些秘密随着主人的社会活动被带到各个复杂的场合，往往一句话，说者无意，听者有心，这些工作人员应把保守国家秘密作为自己的神圣职责和应尽的义务。

因此，必须加强对机要档案工作人员的政治教育和技能培训，使之能够适应不断发展变化的档案工作和保密形势需要。

国际台已建立起一整套涉密人员的教育培训体系。国际台的机要档案由台机要室统一管理，作为机要档案的管理人员，台机要室的工作人员每年都要参加各上级单位组织的各项保密知识培训。同时，台保密办公室也定期组织台内各中心的各级领导、分管档案的档案员和常备记者们进行保密知识和档案技能培训，加强保密教育，增强保密意识，确保万无一失。

2. 做好存储地点的管理

机要档案应与非机要档案分别保管。要设防盗门、电子门禁、保险柜、保险锁、防盗器、红外报警装置和视频监控装置，从保管条件上确保机要档案的安全。目前国际台的机要档案均由台机要室统一管理，管理比较规范。

3. 加强机要档案的日常管理

机要档案的调阅、移出、销毁等应严格按规定手续办理，必须经指定领导人审批，认真履行登记、签字手续，任何人无权擅自调阅。机要档案使用完毕后应及时清对、检查，发现失密、泄密问题，应及时查明原因，进行补救。

4. 做好机要档案的保管期限与保密期限的区分工作

确定机要档案保管期限的原则是，正确分析和鉴别档案内容的现实作用和历史作用，根据国际台工作的需要和为国家积累历史文化财富的需要，全面确定档案的保存价值，准确地判定档案的保管期限。而保密期限是根据国家秘密事项在一定时间内，如被泄露，将对国家的安全和利益造成的危害来确定的，它表示该国家秘密事项在其确定的期限内，受国家有关保密法律、法规的保护，产生法律效力的时限。《中华人民共和国保守国家秘密法》中规定：国家秘密的保密期限，除另有规定外，绝密级不超过三十年，机密级不超过二十年，秘密级不超过十年。这里所说的“另有规定”是指制定保密范围的中央、国家机关可以在规定有关保密范围中某类事项的保密期限时设定解密条件。对未符合解密条件的国家秘密事项，在授权机关作出解密前，其他机关、单位应当对其采取长期的保密措施，不得擅自决定解密和随意对外提供。

5. 时刻注意机要档案涉密情况的变化

机要档案在保管过程中，其密级不是一成不变的，而是随着时间的推移和文件贯彻的情况变化的。基本变化是升密、降密、解密。其中升密是极少数的，也是暂时的；就大多数而言，总的趋势是降密，直至解密。其变化原因有三：一是保密范围的变化。二是密级文件作用的变化，有一些原来的密级文件其指导作用与现在工作不相适应，已失去了指导作用，为此立档单位废掉了此类文件，密级自然消除了。三是保密时限的变化。很多馆藏的机要档案文件，只标有密级而没有保密时限，多数都是超期服役，应依据档案涉密内容的变化掌握划密标准，严防密级偏高或偏低，密期偏长或偏短。

（1）要贯彻落实《中华人民共和国保守国家秘密法》以及国家保密局、国家档案局联合制发的《各级国家档案馆馆藏档案解密和划分控制使用范围的暂行规定》的精神，在广泛宣传、提高认识、大力协调的基础上，重点解决好两个问题：一要严格执行解密划控的时间标准、有关涉密内容标准及保密规范标准，做到有法必依，执法必严，违法必究。二要主动接受保密部门对调密工作的监督指导，齐心协力搞好档案涉密文件的清查鉴定。严格划清密与非密的界限，确定哪些档案能开放利用，哪些限制在一定范围内利用，哪些还不能提供利用，为今后进一步搞好规范化、标准化机要档案建设奠定基础。

（2）要建立起制度化的新秩序。对机要档案的变化调整，不仅要立足于当前的实际工作，还要着眼于长远。历史的经验教训告诉我们，以往关于档案保密的制度还不健全，适应不了《保密法》的要求，需要完善增加新的内容。为了适应机要档案调密工作制度化、正规化的需要，应建立以下三个制度：第一，建立划定密期制度，以便届满自行解密。第二，建立调密通知单制度，对保密期间提前解密或发生升降变化的密级文件，要下发通知单告知档案馆室，以便衔接工作，及时掌握，适时变动。第三，建立机要档案接收标准制度，加强机要档案的规范化建设。

6. 加强机要档案的电子化管理

加快档案信息自动化系统建设，实现档案工作各个环节的计算机化，是实现档案工作现代化、提高档案系统整体功能的物质技术基础和重要手段。机要档案也是如此，应借助现代化档案管理手段，将机要档案目录输入计算机，进行计算机管理。目的是方便机要档案管理人员和阅览人员检索档案，调阅档案。但是，机要档案电子化管理的前提是所使用的涉密计算机或涉密信息系统必须与互联网物理隔离，即与所有公网彻底隔离，保障涉密计算机和涉密信息系统的安全和独立。同时，所使用的涉密计算机必须符合国家保密局的各项规定，如必须安装国家保密局指定的导入系统、设置符合要求的各级密码等，确保不会产生泄密隐患。

三、机要档案的使用

加强机要档案的使用，首先要正确处理好机要档案保密与利用的关系。

保守国家机密是每个公民应尽的义务，更是档案管理工作人员的神圣职责。日常工作中，档案管理人员十分重视档案保密，工作尽心尽职，但由于在传统的保密观念影响下，档案工作普遍存在着重保轻用、利用不足的现象。由此产生一些弊端：大批档案得不到充分的利用，甚至有些很有价值的档案长期被束之高阁，造成档案浪费；领导不能及时全面地了解情况，有效地利用档案；档案管理人员的管理价值也难以在利用档案的效果中体现出来。上述情况表明，档案部门改变传统的观念，在严格做好保密工作的同时，切实完善工作职能，为领导决策服务势在必行。机密档案应该保密，但保密的目的之一是为了利用，是有时间、地点、范围限制的利用，保而不用只会失去保的意义，失去档案的价值。当然，利用必须是在保密基础上的利用，无限制的利用会给党和国家的安全和利益造成危害。所以，对机要档案工作来说，保密与利用两者都十分重要，绝不可偏废。

如何既确保机要档案的保密工作，又提高机要档案的利用率，使其为国际台的事业发展发挥更大的作用呢？这就涉及机要档案的利用监督。

档案利用监督是做好机要档案利用过程中保密工作的一项重要措施，它能有效地发现并制止、纠正档案利用过程中不利于档案保密的各种不良行为，从而做到既能利用档案，又能保证档案的完整与安全。具体说来，档案利用监督可以从以下几个方面实施。

1. 加强制度建设

机要档案利用规章制度一般有阅览制度、外借制度、复制制度等。根据实际情况，对不同层次的利用人员确定不同的利用范围，规定不同的审批手续，使提供利用工作有章可循，在大力开展档案利用工作的同时，确保不失密、不泄密及文件的完好无损。各项档案利用规章制度的条文应严密而简明，便于执行，并在实践中认真加以总结，不断充实和完善。

2. 加强队伍建设

担负机要档案利用服务工作的档案管理人员，是利用制度的直接贯彻者，对档案的安全负有直接责任，必须具备较高的素质。一是政治素质，要有高度的政治责任心和全心全意为人民服务的精神，热爱档案和档案事业。二是业务素质，要具备专业知识，熟悉所保管的档案内容，熟悉档案法规。三是文化素质，要有较高的文化知识，能总结和分析利用工作中的经验与问题，从中掌握利用工作的规律。此外，还要有敏锐的工作能力和观察能力，善于做利用者的工作，能独立处理利用中出现的一般问题。

3. 严格控制范围

对阅览人员的审查工作是机要档案使用前的一项重要工作，也是阅览机要档案的一个重要环节，其主要任务是科学而准确地区分、判定机要档案的阅览与控制使用范围，严格确定阅览人员。

4. 加强监督措施

在利用中，要根据不同的利用对象的不同目的，掌握其心理和思想动机，加强重点监护。做到三勤：一是嘴勤，勤宣传利用档案的制度与规定，勤与利用者交谈，掌握其利用目的与动机。二是眼勤，勤观察动态，置每个利用者于视野之中。三是手勤脑勤，勤分析利用者的情况和利用效果，勤检查被利用的案卷，勤督促利用登记制度的落实。要在利用者离去之前，仔细检查翻阅被利用过的案卷和文件，发现问题及时查处，并在利用登记簿上备注说明。对于损毁档案较为严重的违法行为，应及时报告有关领导，以便及时查处，挽回损失。

四、结语

国际台的机要档案管理一直比较规范，多次受到上级机关的好评与嘉奖，只要负责管理国际台机要档案的机要室工作人员继续认真遵守国家制度，与时俱进，紧跟国内外档案和保密工作的新技术、新发展，那么国际台的机要档案管理和使用工作必将更上层楼。

（作者单位：中国国际广播电台办公室）

档案资料对编史修志的重要作用

臧爱桦

编修实践一再证明：要编撰出一部既具有时代性又科学严谨、忠实历史的史书，除了参考大量的历史文献和大量的口述回忆的文史资料之外，还必须参照丰富的真实可鉴的档案资料、照片实物以及录音录像等，否则是根本做不到的。档案资料在编史修志中具有十分重要的作用。

随着中国国际广播电台（以下简称国际台）第二轮修志工作的展开，各部门为了全面、真实地编撰本单位的史志，可谓煞费苦心。可是，有的部门因为资料缺乏，编写起来显得很吃力，而有的部门由于善于利用档案资料，修志工作得心应手、事半功倍，进展得很顺利。

本文结合自己16年来参与国际台编史修志的工作实践，探讨档案资料与编史修志的相互关系及作用，以期更好地发挥档案资料对编史修志工作的推动作用，有助于各单位高质量、高效率地做好本部门志的编修工作。

一、档案资料与编史修志的关系

档案作为人类历史活动的记录，是伴随着有文字可考的历史出现的，和我们人类形影相随。《中华人民共和国档案法》对档案作出如下定义：“本法所称的档案，是指过去和现在的国家机构、社会组织以及个人从事政治、军事、经济、科学、技术、文化、宗教等活动直接形成的对国家和社会有保存价值的各种文字、图表、声像等不同形式的历史记录。”

本文所说的“史志”是指史书与志书，两者都是人类历史活动的纪录。史与志，同源异体，但各有侧重：史记历史，志主记当代，因此历来有“当代修志，隔代修史”之说。关于史与志的区别，《志书编纂要则》讲得很清楚：“志体与史体不同，如果从编纂形式来说，最大的不同点是：史体是以时系事，以纵列为主之体，志体是以类系事，以横列为主之体……（史体）是以年代为经，以事体为纬，著述往事，侧重从纵的方面反映历史的连续性。而志体却是要求分门别类记述一方之历史和现状，事以类从，类为一志。它的特点是打破总的时间概念，注意事物分类横排。”所以，清代史学家章学诚说“史体纵看，志体横看”。

由此可见，无论是史还是志都是人类活动的历史记录。在我国文明发展史上，史志与档案有着相互依存的密不可分的关系。任何史志的编撰都离不开档案文献资料。我国历史上成就卓著的史学家，无不得益于他们所掌握的丰富广博的档案史料。孔子周游列国，“得百二十国宝书（档案——著者注）”，修成《春秋》；司马迁任西汉太史令，博览皇室所藏典籍档案和诸子百家著述，著成《史记》，开我国纪传体通史之先河；司马光借助官府档案和遍览典章史籍，编成《资治通鉴》这部大型的编年体通史；班固做兰台令史，撰成《汉书》……

这些事例有力地证明：史志与档案资料有着密不可分的关系。史志以档案资料为主要基础原料加工、整理、编撰而成，反过来新发现的非常有价值的史志内容又可存档作为可鉴的档案资料，两者相辅相成。

国际台史志办编修台史部门志的实践也证明了这一点。国际台从 1993 年就开始研究对外广播史。其中对于中国人民对外广播的开播时间长期以来一直存有争议。一度曾以 1950 年 4 月 20 日为准，其标志是这一日我国对外广播和对内广播明确分开；后来我们在新华社查到 1947 年 9 月 11 日新华广播电台在张家口开办英语广播的开播稿，便改为 1947 年 9 月 11 日为国际台创始日，但一些延安时期的老同志对此持有异议。据他们回忆，抗日战争时期延安曾开办过针对侵华日军的日语广播。为了搞清这个问题，原副台长胡耀亭用了近一年的时间，先后走访了二十多位老领导、老同志，特别是采访到了延安新华广播电台的第一位日语播音员原清志（女）。延安新华广播电台开办过日语广播，这一点已确定无疑，但具体开播日期仍定不下来，后来根据老人们提供的线索一路追下去，最后从人民解放军通信兵大事记中挖掘出了具体日期——1941 年 12 月 3 日，并找到了原始记录。后经广电总局（当时为广播电影电视部）党组批准，我国人民对外广播创办时间暨中国国际广播电台的诞生日正式定为 1941 年 12 月 3 日，还原了历史的本来面貌。

在这一过程中，档案资料起到了一锤定音的重要作用。又如，为了纪念我国改革开放二十周年，为了记录这些年里我国对外广播事业的发展及其新面貌，史志办编写了《中国对外广播史上的新篇章——改革开放中的中国国际广播电台》一书（书中有彩色照片 38 幅，附有大事记）。此外，史志办还编撰了《中国国际广播电台内部文件资料汇编》（第一集）和《中央领导人和中央文件中关于对外宣传和对外广播的论述》（下简称《论述》，2000 年出版）等。这几本书都受到中央和有关部门的重视。《论述》出版时，广电总局正在召开全国对外电视会议，局领导决定发给每位与会代表一本，作为学习资料，其后中宣部、国务院新闻办公室和总局召开的一些全国性的外宣会议，也多次索求此书。有的编辑、记者说："这本书太有用了，写稿时可随手准确地翻检、摘录，很是方便。"他们建议再增补新近资料重新出版。《论述》共选编收入了中央领导人和中央文件中关于对外宣传和对外广播的论述 136 条，内容涉及对外宣传的方针、任务、战略、战术、宣传方式、方法和队伍建设等，这些论述原来散见于各种文件、报刊，其中许多是从档案资料中收集得到的。

中国人民对外广播的创办日暨中国国际广播电台的诞生日的最终确定以及上述几本书的编撰都得益于档案资料。没有那些宝贵的档案资料，这些都是无法完成的。

二、档案资料的重要作用

档案是国家机构、社会组织以及个人从事各种社会活动直接形成的对国家和社会具有保存价值的历史记录。它的本质属性是真实、客观、准确地记录上述主体部门从事各种社会活动及期间所发生的重要历史事件的关键内容。因此，它具有无可争议的权威性。

档案具有原始价值和法律效用，具有查考和凭证的作用。如上面所提到的，我国人民对外广播的创办日暨中国国际广播电台诞生日的最终确定就是档案这一作用的有力佐证。

曾任国际台副台长的胡耀亭同志花费了近一年的时间，从中国人民解放军通信兵大事记中发现了有关记载：1941 年延安新华广播电台“从 12 月 3 日起，每星期五的 17 时至 17 时 30 分由日本同志（袁青子——即原清志）用日语广播一次”。总参通讯兵部出版的《人民广播事业的创始者》一书中也有相关记载。这些发现使我们喜出望外，但是要认定这一日期，必须找到原始记录。在总参通讯兵部的热情帮助下，胡耀亭同志终于在当年军委三局一处的《1941 年工作总结》中找到了原始记录：“为着加强对敌伪之宣传，（延安新华广播电台）并于 12 月 3 日起，每星期三的 17 时到 17 时半，用 24 米半波长，由日本同志用日语向日本广播一次。根据这一波带突增之干扰推测，估计已有相当之收获。”鉴于这些确凿的历史证据，总局（原广播电影电视部）党组批准了国际台的申请报告，将我国人民对外广播事业的创办日暨中国国际广播电台的诞生日正式确定为 1941 年 12 月 3 日。

这就是档案独有的无可替代的查考与凭证作用。档案资料的真实性、客观性和准确性，是我们所编修的史志的真实性、客观性和准确性的基础与根本保证。没有档案资料作为依据，编修史志便成了无源之水、无本之木。国际台第一轮史志编修时，我们就经常借阅台档案室和总局档案室的档案资料，据统计当时我们借阅的档案约占两室所存档案的 70％。可以说，台和总局档案室是我们编修史志的坚强后盾，没有他们的支持，我们是无法完成任务的。

档案是十分丰富、弥足珍贵的史料。“国家机构、社会组织以及个人”，不同个体的档案涵盖不同的领域，包括不同的内容。以国际台为例，广播是我们的主体事业，几十年以来，每天国际台都用几十种外语和汉语普通话及汉语方言向世界各地进行广播，近十几年我们的事业更是突飞猛进，广播业务拓展到网络音频视频、手机电视、国外调频台……为了保证广播事业的稳健发展，国际台还设有技术、行政、党办、人事、后勤等单位。我们的档案资料自然包括这些方方面面的内容。而且，今日档案资料已由过去比较单一的文书档案、实物档案发展到文字、图片、声像等多种形式。应该说，今日我们的档案资料比以往任何时候都广泛、丰富。我们编修史志时一定要充分利用这一丰富资源。

三、如何发挥档案资料的作用

目前，国际台各部门正在忙着编修 2001～2011 年的部门志。在这一编修过程中，一定要有效利用档案资料。从我们第一阶段的编修实践看：

（1）对我们的编史修志工作最有利用价值的资料主要有各部门年度工作总结报告、职能业务年度统计报表、大事记、组织机构沿革、专题工作总结、工作会议文件等。

（2）并非只有永久、长期保管的档案资料利用价值高，许多近期保留资料，如许多短期保管的科室年度工作总结、半年总结、重大宣传报道的简报等也很有参考价值，而且往往记载更翔实。

(3) 重视非纸质载体档案的史料价值和参考价值，尤其在文字资料不足的情况下，比文字资料更形象直观的实物档案、照片、录像档案非常重要。

(4) 如果现有档案资料不全或不具体时，我们可以走访一些老同志或者召开座谈会，请一些老同志追述和求证某些事件的发生经过，在这过程中形成的专访记录、座谈会记录、调查询问记录等都是珍贵的“口述档案”，有的甚至可以弥补我们原始档案记录中的一些空白点，有的可以提供进一步寻访求证的线索。对于这些资料一定要妥善整理，待编修工作结束后及时交档案部门保存。

档案资料作为历史信息资源，是我们编撰史志最重要的资料源。我们编史修志就是在开发利用这一丰富资源的基础上编撰史书志书。这是一个创作过程，而且是一个非常艰苦的创作过程，因为我们编撰的史书志书既要具有时代性、科学严谨、忠实于历史，又要具有可读性，吸引读者。我国著名的史志书籍均出自大学问家、饱学之士之手。它们不仅保存了历史，而且成为历代人们爱不释手的文学名著。尽管我们难以达到这一水平，但是我们应朝这一方向努力。

国际台1996年6月正式成立史志办公室，陆续编撰出版了《中国国际广播电台全台志》（上、下集）、《中国国际广播电台部门志》（1～6集）等一批史志书籍，特别是2011年在我国人民对外广播开办暨国际台创办70周年之际，我们又编撰出版了《中国国际广播电台发展史》（一、二卷）、《中国国际广播电台大事记》（一、二、三卷）和《CRI创业者风采——国际传播70周年》（上集）和《追忆——我们书写历史》，2012年编写了《CRI创业者风采——国际传播70周年》（下集）等，真实客观、全面立体、形象地再现了我国人民对外广播暨国际台的诞生和发展的历史。

在国际台第一阶段的编修史志过程中，我们秉承“存史、资治、育人”的宗旨，力求使编撰的史志书籍达到思想性、科学性和资料性的统一。进入第二阶段编修进程，我们要力争在前一阶段取得的经验基础上把工作做得更好。

国际台的最大特点是对外广播语言多。每一种语言广播对外都是一家电台，都具有其整体性。因此，各语言部编写部门志时都要通盘考虑：纵，要突出本部门的发展轨迹；横，要包含该部门的各项事业，大的门类不可少。根据国际广播专业的特点，每种语言广播都要包括如下内容：概述、机构沿革、方针政策、节目设置、编采译播、听众工作、队伍建设、合作与交流，等等。特别是近十几年随着国际台事业的飞速发展，各部门又增加了新的业务种类——网络音频视频以及海外调频广播等。整体结构应呈“鸟型”：概述为头，本文为志，大事记、人物为两翼。不过，有些项目视情况带有伸缩性，比如人物，考虑全台志书要专设，部门志中有的就不设了。

2001～2011年这十年，各部门的有关档案资料保存得都比较好、比较完善，这是我们编修这一阶段部门志的最有利的条件。我们一定要充分利用。但是，我们知道，编撰史志既要忠实于史料，又不能一字不差地抄录原始档案，将其简单地“拼接”，而应在梳理史料的基础上，按照其内在逻辑重新构思记述。再者，原始档案资料多是非常具体的、零散的，我们要把它们放回到原来的时间和空间里，使它们恢复原来的时间连贯性与立体感，还原其原来的发生、发展轨迹。在这一过程中，我们必须秉笔直书，既不能夸张渲染，也不能贬低拘泥，要力争在原始档案资料的基础上有所升华，让历史事实在时间和空间里重新活起来、丰满起来，还原其历史原貌。

2001～2011 年的各部门志要真实客观地反映各自部门这一阶段的发展足迹，既要全面系统地记载其发展史，又不能事无巨细、面面俱到，写成一本“流水账”。要在编撰宗旨的总领下，根据所编撰篇章的需要对史料进行认真分析、适当取舍，着重记述那些最能反映本部门该阶段发展主体和发展特点的事，但是对档案资料绝对不能断章取义。

不言而喻，这需要编撰人员有马列主义政策理论水平，不仅要有驾驭丰富史料的能力，还要有较高的文字功底。只有这样，才能编撰出高质量、高水平的部门志。胡乔木同志曾说：“……志书有利于我们把握昨天通向今天的历史走向，选择从今天通向明天的最佳道路。志书有微型档案之便，一册在手，有省时致用之功。”希望我们能编撰出这样的好志书。

四、做好档案资料的整理保管工作

我国《档案法》明确规定：“各级各类档案馆应当配备研究人员，加强对档案的研究整理，有计划地组织编辑出版档案材料，在不同范围内发行。”随着事业的发展，我们的广播电视网络档案资料会越来越丰富，为了更好地发挥档案资料在编史修志工作中的重要作用，我们一定要与时俱进，及时整理好各类档案资料，把有价值的史料及时存档，以备后用。为此，笔者提出几点想法。

1. 做好档案资料的收集工作

这一点很重要，在第一阶段编史修志中，我们的工作曾多次因为档案资料缺失而踟蹰不前。例如，编撰国际台部门志（1～6 集）时，要查找某部门的成立时间，但翻阅了该部门的所有参考资料，由于当时工作人员没有及时收集进来形成档案资料，结果没有查到，而且任何线索也没有查到。正在我们一筹莫展之时，台档案室工作人员提供了有关资料，解决了这一难题。因此，我认为档案收集工作要做到及时、全面、准确，把一切有价值的资料都及时存档保存。倘若当时台档案室的工作人员没有及时有意识地收集并保存了这份有价值的档案资料，为了这一部门的成立日期，我们不知道还要费多少周折。可想而知，如果没有丰富的档案资料做后盾，我们的编史修志工作不知要遇到多少困难。

2. 做好档案整理工作

郭沫若先生曾说过：“有了史料，如果没有根据辩证唯物主义和历史唯物主义（辩证法）加以处理研究，好像厨师手里有了鱼、肉、青菜、豆腐而没有烹调出来一样，不能算已经作出了可口的菜。”显然，收集史料只是完成工作的一小半，还要对收集的各种信息进行整理，“去粗取精”，科学分门别类，有序保存。例如，部门主要领导人变更，即是大事记的主要内容，同时也要在机构沿革中得到体现，整理时就要及时分类管理。但是，像部门主要领导人的某些活动，如参加与本部门工作无关的会议等，就不必整理到档案资料中。

3. 做好档案资料的撰写工作

撰写方法最好恪守各类档案资料的格式。如大事记要由大事记述和大事时间两部分组成，组织沿革可根据实际情况采用文字叙述或图表的形式，也可以采用图文并用的方式；会议简介可采用文字叙述式、条目式、表格式。撰写要求文字简明扼要，条理系统清晰，出处有据。这样一目了然，便于查阅。

4. 做好档案资料的保管工作

我国《档案法》说："各级各类档案馆、机关、团体、企业事业单位和其他组织的档案机构，应当建立科学的管理制度，便于对档案的利用；配置必要的设施，确保档案的安全；采用先进技术，实现档案管理的现代化。"

毫无疑问，国际台档案保管部门也要与时俱进，进一步做好安全保管和保护工作，同时在新一轮编修工作进入高潮阶段，耐心细致做好档案借阅登记，监督借阅部门和个人做好档案的安全工作，确保档案资料在借阅利用过程中不丢失、不污损。

总之，档案资料对编史修志作用重大、意义深远，我们一定要重视档案资料的收集、整理和保管工作，以便更好地发挥其在编史修志中的重要作用，从而编撰出优秀史志书籍，更好地为中国国际广播电台的建设发展服务。

（作者单位：中国国际广播电台国际传播研究中心）

参考文献：

1.《中华人民共和国档案法》（1987 年 9 月 5 日第六届全国人民代表大会常务委员会第二十二次会议通过，1996 年 7 月 5 日第八届全国人民代表大会常务委员会第二十次会议通过《关于修改〈中华人民共和国档案法〉的决定》）。

2. 胡耀亭：《谈谈修志工作》（2010 年 4 月 23 日，在国际台编史修志培训班会上的发言）。

浅析数字化网络视频安防系统

刘建宇

随着科学技术的迅速发展，网络数字化监控和报警系统现代化设防（即技防），已成为媒体行业安全防范的首选，也是实施实时监控最强有力的保障。在物防、技防、人防这三大防范手段之中，采用网络数字化监控和数字硬盘录像（DVR）进行楼宇监控及周界防范报警相结合的安全防范系统，即技防，逐渐占据重要地位。

本文从硬盘录像机的实际监控应用来简析数字化监控系统优势及其性能特点。

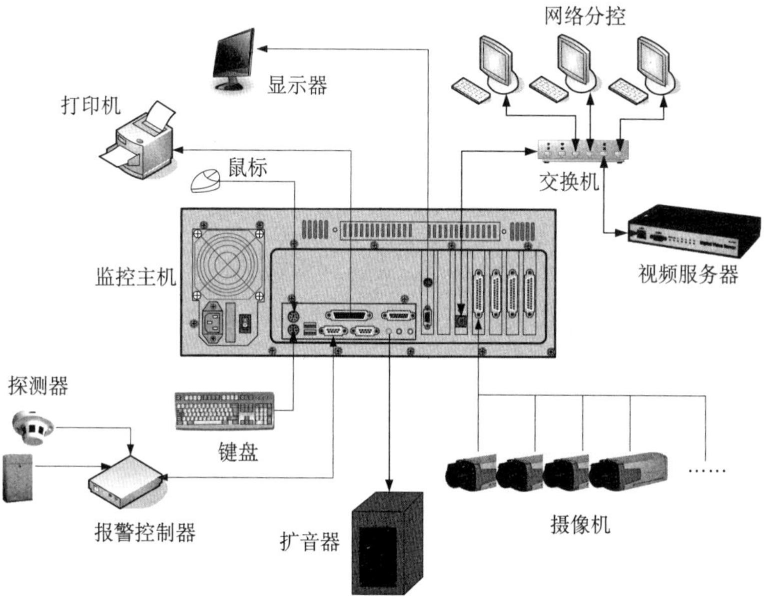

图 1　系统连接示意图

一、系统概述

网络化数字监控系统是集计算机网络技术、多媒体智能技术与闭路电视（CCTV）技术于一体，以数字化的方式和全新的理念构造出的新一代监控视频硬盘录像系统。系统在应用同轴电缆或其他材质线材在其闭合的环路内传输视频信号的同时，又能实现监控图像画面的远程传送，加强了网络监控整体安全管理。在系统中，将模拟信号进行数字化，并对其进行压缩编码存储，通过计算机网络及多媒体技术来传输视频图像，即形成从摄像到图像显示和记录构成独立完整的系统。它能实时、形象、真实地反映被监控对象，不但极大地延长了人眼的观察距离，而且扩大了人眼的视能，可以在恶劣的环境下代替人工进行长时间监视。如果让人能够及时了解到被监视现场实际发生的一切情况，就要保证数字硬盘录像机 24 小时正常运行。这与传统的模拟信号系统相比较，屏幕截图、打印出的照片具有更高的清晰度和逼真感，数据的传输更可靠，速度更快。系统以模块化设计为基础，各个模块包括：视频信号采集模块、监控模块、图像录制模块、远程访问模块和中央控制模块。数字视频资料以其直观性、易于存储、检索和共享为优势，是安防体系的重要保证。

数字化图像监控系统可实现远程图像监控，把分散在各地的监控点通过计算机网络有机联系在一起并利用了多媒体技术，增强了整体安全和图像监控的自动化管理能力。

在用的数字硬盘录像机系统中均使用了特殊的动态存储压缩技术，从而保证了图像的质量。数据压缩和图像、声音的复合全部由硬件完成，在一个系统上可实现 16 路的实时监控（可扩充 128、256），16 路信号可同时存储（可扩充 128、256），而且视频图像的不丢帧、动态存储技术，保证了监控端图像的连续性和高清晰度。

二、系统结构

本文提出的视频监控系统采用三级分布式架构，如图 2 所示。视频采集系统，负责对指定区域视频监控，并将采集到的模拟信号压缩转换成数字信号，通过编码转换成流媒体。传输系统，负责将流媒体数据从视频采集系统传输至控制中心，控制中心将收到的视频流一部分解码并还原成模拟信号投放到电视墙上，另一部分传送到流媒体服务器上存储，并通过网络广播分发出去。授权的客户端软件通过选择态势图上的对象，连接对应的广播站，获取流媒体数据，并通过内嵌在软件里的媒体播放器播放达到实时监控的目的，并且客户端软件可对多个对象同时进行视频监控。

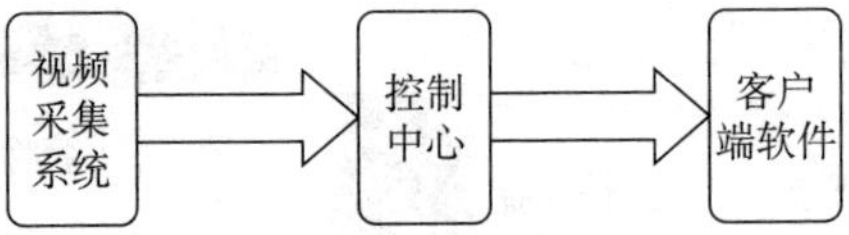

图 2　数字视频监控系统

1. 视频采集系统

视频采集系统由三部分组成：

a）监控设备

该系统采用半球摄像机、红外摄像机、云台摄像机等，使用这些设备主要负责采集现场视频信号。

b）视频压缩卡

视频信号信息非常大。比如按 PAL 制编码 90 分钟影片，分辨率 352×288、每像素

24bit，数据量高达 65 7180Mb。如此庞大的数据如不进行压缩处理，无论传输、存储都很困难。所以，系统中需要采用视频压缩卡，利用目前国际上流行的 MPEG-4/H. 264 标准进行高品质视频压缩，压缩比最高可达 200：1。

c）Adaptive Multi-rate Encoder 流媒体专业编码器

因为一些特殊的需求和独特的压缩算法，大多采用自己特殊的录像加密编码格式来存储，而不采用通用的视频格式，这样就限制了监控录像的流传。回放时需专用格式播放器。

编码器（encoder）把模拟视音频输入信号压缩转换成数字信号文件，而解码器把数字编码文件转为模拟视音频信号。

整个视频采集系统完成了监控区域视频信息采集，将模拟信号转换成数字信号，最后通过高品质的视频采集卡压缩编码成流媒体数据存储在硬盘，这样就完成了视频信号数字化的过程。

2. 传输介质

系统采用有线方式完成视频采集，通过传输系统传输至控制中心。

传输系统将监控系统的前端设备与终端设备联系起来。前端摄像设备所捕获到的图像信号、声音信号、各种报警信号通过传输系统传送到控制中心，而控制中心可将发出的各种控制命令传送到前端控制设备。

a）同轴电缆

本系统采用同轴电缆 SYV 型传输视频基带信号。视频基带是指视频信号本身的频带宽度（0 至 6MHz），将视频信号采用调幅或调频的方式调制到高频载波上，然后通过同轴电缆传输，在终端接收后再解调出视频信号。因此在传输距离不远的情况下，采用调制传输方式可以较好地抑制基带传输方式中常有的各种干扰。

b）控制信号传输

摄像机控制信号线使用两芯屏蔽总线式串联，接至控制中心优先级编码控制器。它将全部控制命令数字化后，通过端口 RS232/RS485 通信协议，传输到前端控制设备，经解调还原成操控命令。这种方式可满足长距离传输控制。

3. 控制中心

控制中心是整个监控系统的核心。系统的各项功能均由视频矩阵控制器、电视墙、视频分配器、优先级控制器、报警主机、UPS 等一些辅助设备组成实现。控制中心主要完成视频采集存储，控制、管理数据和报警等各种信号，对接收的信号进行各种方式的控制、操作、处理、整合，以实现系统所需要的功能，并使得信号的格式符合重现设备的要求，实现广播分发出去的功能。

视频采集功能的实现。视频采集的图像信号经视频分配器，分别送到视频矩阵控制器和视频服务器。视频信号同时送至电视墙固定屏幕显示；视频矩阵控制器可切换任意摄像机视频图像在电视墙显示；视频服务器也可单画面或多画面显示，同时采用 MPEG－4/H. 264 的压缩格式对全部视频信号进行存储。

报警功能。分红外探测器报警和采用 De-interlace（反交错处理）算法图形处理单元的影像移动侦测 ITMD（In-Time Motion Detection）报警。

入侵探测报警系统由报警探测器、传输系统和报警控制器（报警主机）组成。报警系统和视频监控系统联动组成大楼重点部位安防系统。当探测器检测到防范现场有入侵者时，产生报警信号并传送到报警主机，报警主机发出声、光报警。并在电子地图上显示报警位置，可以自动启动摄像机等多种联动设备。同时报警信息通过网络还可同步输出到值班分控设备。

除前面所述报警系统的报警功能外，还可通过视频客户端软件设置进行影像移动报警。

控制功能的实现。对摄像机的变焦、旋转、俯仰等可通过视频矩阵控制器的键盘摇杆及视频服务器完成。通过优先级控制器就可实现总线式控制线同时传输多个控制信号，实现矩阵控制器和视频服务器同时控制不同的摄像机。

管理功能的实现。管理功能通过系统软件完成。包括对系统各硬件的配置，对系统各种资源进行设定和控制，具体有用户管理、视频源设置、解码器设置、定时布防设置、报警联动设置、工作日志管理、数字录像设置、网络连接设置、节假日设置等。

4. 客户端

授权客户端软件是通过用户选择监控对象的窗口，连接对应的广播站，获取流媒体数据。并通过内嵌在软件里的媒体播放器播放达到实时监控，并且客户端软件可对多个对象同时进行视频监控。

客户端软件设计采用 C/S 架构，视频监控管理功能更为强大。它使用 Hisilicon Co.，Ltd. 开发的控件模块提供给 Player 播放器直接调用，或嵌入到软件框架中作为视频监控模块供别的软件模块调用。并建立监控对象和控制中心视频流的联系，可以在软件页面中插入多个控件，满足多监控对象和多画面监控的需求。取代了模拟监控系统中的视频矩阵切换器、画面分割器、字符叠加器等设备，提高了整体系统的稳定性和可靠性，减少日常维护设备的难度。

三、系统功能

该系统的功能分视频监控和录像功能、报警功能、控制功能、管理功能等。

1. 视频监控和录像功能

对被监控点进行 24 小时不间断实时录像，视频资料保存周期至少 15 天。图像质量分为十一个等级：高清晰、较高清晰、标准清晰、稍低清晰、动态（高清晰）、动态（较高）、动态（标准）、12 帧/秒、6 帧/秒、3 帧/秒、1 帧/秒。

视频文件大小计算公式：码率（最大录像速率）× 0.00045＝MByte/小时。

2. 报警功能

通过安装红外报警探头系统对非法入侵可立即在联网范围内联动发出声、光报警，同时生成报警文件。

3. 控制功能

监控中心通过操作矩阵键盘，可对控制矩阵和控制主机带有云台的摄像机镜头变焦、光圈、方位进行调整，还可进行云台的预制和控制。对与控制中心联网的计算机通过分级管理和授权，可实现远程分控和监视。

4. 管理功能

系统的管理功能主要通过软件实现包括视频数据、报警数据、设备工作信息数据的管理和备份用户管理、安全认证管理，等等。

5. 检索回放功能

数字硬盘录像通过计算机监控系统软件设置，信息可以自由传递到网络能够到达的范围，因此监控图像的显示不再限于传统的图像切换方式，它可以根据需要在任何被授权的地点监控任何一处被控区域，使系统具有极强的安全管理能力。监控图像通过图像录制模块以高压缩率存储于高容量磁盘阵列中，可随时供授权人调阅、多种快速检索和回放（图像分辨率一般可达 752×582 或 640×480 像素。录像速度：25 帧/s。回放速度：25 帧/s）、画面抓拍。也就是说，可将多个摄像机（目前最多为 16 个）的多路图像实时显示于一台监视器上，同时，还可将所有的视频图像存储在其内置的硬盘阵列中，以备回放、查找和转换，并可将图像备份至外置移动硬盘中。相对于传统的磁带记录方式，操作简便，可靠性高。

由于采用了数字压缩存储技术，能大大增强录制图像的抗衰减、抗干扰能力，因此无论经过多少次的检索或录像回放都不会影响播放图像的清晰度，回放质量更高，而传统的模拟方式记录的录像带，在经过若干次检索及回放后，图像质量将会有一定的衰减并引起信号信噪比的下降。当需要对已存储的图像进行复制时，数字记录的图像不存在复制劣化的问题，而模拟方式记录的图像每经过一次复制就要劣化一次。

另外，所记录的图像可长时间保存，重复利用率极高。还可被转录制成光盘用于存档保存。在大于 80G 的硬盘配置下，动态视频存储约可以保存一个月甚至更长时间。

四、系统性能分析

整个系统有很强的功能扩展能力，重点布控区域分布广，其每新增加一个前端设备只是意味着占用一个客户端 IP 地址。数字化网络视频安防系统的显著优点是克服了模拟闭路电视监控的局限性。首先，它可以利用有线（或者无线）的方式在计算机网络（局域网或广域网）上传输图像数据，基本上不受距离限制，信号不易受干扰，可大幅度提高图像品质和稳定性。其次，它可利用计算机网络联网，网络带宽可复用，无须重复布线。其三，它还极大地简化了监控系统中可能涉及的设备种类和数量，用软件取代了模拟监控系统中的视频矩阵切换器、视频分割器等设备，提高了整体系统的稳定性和可靠性。另外，压缩后的视频数据可瞬间存储在磁盘阵列中或保存在光盘中，查询起来十分简便快捷。由于系统采用模块化设计，整个系统便于安装、管理、维护。未来在遇到监控对象不固定、受地形限制难以布线和需要“动中通”等问题时，可采用无线传输方式，快速搭建起无线链路，保证视频数据的传输。这需要再建立新的视频监控系统或对现有的视频监控系统进行扩展升级，布控网络更具有灵活性和可扩充性。具体来说就是能够做到 3A 特点：“Anyone”，任何人多用户监控；“Anywhere”，任何地点都可以监控和被监控；“Anytime”，只要网络畅通，系统就可以复用现有的网络随时监控，甚至可以调用存储的历史记录查看，保证时时都可以监控。

五、结语

安全防范监控报警系统的采用加强了物防、技防设施建设力度，建立了较为完善的多方位防护体系，切实提高了安全保卫工作的能力。随着通信技术的发展，数据传输正朝着高速率、低损耗、远距离的方向发展，我们有理由相信，网络数字化视频安防系统将会在未来得到更为广泛的应用。

（作者单位：中国国际广播电台后勤服务中心）

浅谈我国财务软件的演变及发展

何　萍

笔者从事财务管理工作多年，随着我国经济体制改革和社会主义市场经济的发展，亲眼目睹了我国财务软件在计划经济下从传统手工财务核算过程的一种模拟和再现，发展到今天具有前期预测、决策，中期规划、控制，后期核算和分析功能的管理型财务软件的发展过程。笔者希望通过本文对这一转变过程和未来发展方向进行简单的梳理和分析，使读者能够有一个系统的了解。

一、我国财务软件名称的界定和特征

1. 计划经济下的情况

在计划经济情况下，一切经济工作都是在预定的计划下实施的，因此财务工作主要是根据计划进行财务的核算，核算信息主要用于对计划的把控和调整，因此这种情况下的财务软件基本上是传统手工财务核算过程的一种模拟和再现，这种软件只能称为财务核算软件。

直到20世纪80年代，我国的财务软件仍被称作会计核算软件。财政部颁布的有关会计电算化管理的规章制度，如《关于会计核算软件管理的几项规定》《会计核算软件功能规范》《会计核算软件评审规则》等，也都使用了“会计核算软件”这个称呼。

2. 市场经济下的情况

随着我国市场经济地位的确立，财务活动发生了深刻的变化。财务软件如果仅仅具有对单位已发生的经济业务进行事后分类与汇总的核算的功能，已经远远不能满足需要了，必须在现有的财务软件中增加财务及关联各方面的管理要素，使财务人员能够在核算的基础上充分利用核算所产生的大量信息，准确分析单位的现状，预测未来，辅助单位的决策层进行决策，真正发挥财务的管理职能，为本单位提供预测与决策信息。会计电算化技术的长足发展，也使财务软件的升级发展成为可能。

另外，在市场经济条件下，本单位为了求得生存与发展，需要不断引入各种先进的管理经营理念，这些理念都需要复杂的数据模型和知识库、方法库的支持。同时，本单位自身的业务量也比以前明显地增加，这些因素都不是核算型财务软件所能解决的，这必然要实现由核算型向管理型的跨越。

为了加强本单位的财务管理，需要开发与应用事前有预测、决策，事中有规划、控制，事后有核算和分析的全面管理型的财务软件。为了与前述只有事后核算为主要内容的会计软件有所区别，我们称其为管理型财务软件。经过几年来的使用，管理型财务软件已经为财务软件业界大多数人所接受。根据人们对财务软件发展及其功能的需求，笔者认为管理型财务软件需具备如下特征。

(1) 管理型财务软件应具备完善的核算功能。核算是管理的基础，管理型软件只有利用会计数据的核算结果，才能对其进一步处理，产生所需的管理信息。所以，管理型财务软件必须包含核算型软件的账务处理、各个科目、报表等子系统。它是建立在核算型财务软件基础之上的。

(2) 全面的事后核算，更需要财务软件能够对经济活动进行事前的分析、预测以及事中的调整与控制。为了让用户高效、方便地使用软件，必须通过系统集成技术，把综合化的多功能系统组合起来，形成一个功能强大的管理型会计信息系统。

(3) 管理型财务软件应是单位管理信息系统的组成部分。管理型财务软件为我们提供的是本单位综合、全面的管理信息，如果只依靠财务部门是远远不够的，需要单位的各个部门与管理型财务软件建立紧密的接口，及时、准确地将数据传递给会计系统，从而建立起以管理型财务软件为核心的管理信息系统。

二、管理型财务软件的完善情况

1. 首先完善核算型财务软件

由于管理型财务软件的管理与决策所需的数据，大部分来自会计信息系统，因此，核算型财务软件是为管理型财务软件提供数据的基础。基于此，形成了以现有核算型财务软件为基础，对其功能与结构加以扩充与完善的管理型财务软件的开发思路。如，将应收应付账款处理扩展为从签订合同管理到结束整个系统管理。这就对核算型财务软件提出了更高的要求：一是核算型财务软件要易于扩充和修改，能顺利实现二次开发；二是由于管理会计所需数据有许多要对财务核算的证、账、表进行分解，因此要求核算型财务软件要对有关数据进一步分类细化。

2. 实现成本核算模块通用化

我国财务软件的商品化发展虽已日臻成熟，但成本核算模块的通用化问题一直未得到解决，这也在一定程度上影响了财务软件向管理型、决策型方向的发展。导致成本核算模块通用化困难的原因在于：成本核算方法因业务流程、规模、产品成本构成、管理要求及习惯做法的不同而有所差异，使得成本模块设计难于统一。

3. 实现与其他管理信息子系统的关联

单位要开展经营预测、决策、控制和分析，不仅需要财务数据，而且还需人、钱、物等各方面的信息资料，这就要求解决好现有软件与其他系统之间的接口问题，实现不同系统间的数据传递。最好是能对管理信息系统进行全面规划与整体设计，实现系统高度集成、数据完全共享，建成一个集人员管理、资金管理、物资管理等会计核算及财务管理于一体的管理信息系统，以实现物流与资金流的同步与统一，保证成本数据的准确、及时，满足管理会计对非财务数据的需求。

三、如何推广应用以加快推进管理型财务软件的发展

由于核算型财务软件发展已较为完善，同时，对管理型财务软件有较大需求，因而，在今后的应用软件市场中，管理型财务软件将占据较大的份额。而就目前情况来看，管理型财务软件的发展并没有人们所期望的那样有太大的实质性突破，有些所谓的管理型软件只是在原有的核算型基础上增加了有限的、简单的分析功能，与人们的真正需求相差甚远。如何推动管理型财务软件在正确的方向上快速发展，是软件业亟须解决的一个问题。本人认为应从以下几个方面考虑。

1. 政府进行有效的宏观调控

要充分利用政府职能部门的调控手段，一方面尽快建立完善的财务软件市场，另一方面要投入力量，进行帮助扶持，并组织力量，进行关键技术的攻关。同时，为了发展我国的财务软件，开发拥有自主知识产权的管理软件，应对我国的财务软件行业进行适度的保护。

2. 以完善的核算型软件作为管理型财务软件开发的基础

对单位的经济活动进行事前的预测、分析和决策，事中的控制，必须在事后的核算结果的前提下进行。因此，管理型财务软件应在核算型财务软件的基础上建立和扩展，应与核算型财务软件相兼容，从而减少软件开发的难度与成本。

3. 会计软件行业的联合是行业整体发展的保证

这几年，国外企业已瞄准了我国财务软件这一巨大市场，纷纷登陆，抢占滩头阵地。面对这种情况，如果国内企业间缺少协作，则容易被竞争对手击败。财务软件行业要迅速发展，抵御国外管理软件对中国市场的侵占，不仅要接受政府部门的管理与支持，还需要在行业的内部实行自律管理，协调行业内部的矛盾，设定行业内部都应遵守的标准，成立财务软件行业协会是一种行之有效的方式。

4. 加强软件业之间的联系，加大技术整合力度

由于管理型会计要完成的不仅仅是核算，还应是核算基础上的分析与预测，这需要强大的方法库、模型库和知识库的支持，这是财务软件行业所不具备的。因此，单独依靠财务软件公司的联合还不足以开发管理型财务软件，财务软件业应与其他软件行业相结合，集中技术力量，共同完成管理型财务软件的开发与设计。

5. 吸收国外管理软件先进的管理理念与开发技术

在我国财务软件发展的初期，财务软件的开发处于一种闭门造车的状态，缺乏必要的经验交流，这使得我国的财务软件在发展过程中走了很多弯路，造成了一些不应有的损失。所以，在开发管理型软件的过程中，应避免这种情况的发生。国外的管理软件在开发技术上、经营理念上和管理思想上有很多优势和长处，我们可以充分地借鉴和吸收，洋为中用，这是一种有效的、快捷的管理型财务软件的开发方法。

四、管理型财务软件应用需注意的问题

1. 建立自主的管理型财务软件

虽说借鉴国外管理软件是一种管理型财务软件设计的捷径，但并不是不加分析地照抄照搬，而是要结合我国财务处理与管理的实际情况，开发出符合我国国情的管理型财务软件。同时，为了向国际化发展，在软件开发过程中应充分考虑国际上的惯例，保留必要的数据接口，以便与国际业务相融合。

2. 管理型财务软件的规范化

核算型财务软件之所以能实现通用化并广泛应用于会计实务，主要是因为通过制定会计准则和会计制度，使得财务会计工作基本实现了规范化。管理会计由于是用于内部管理，采用的方法和程序灵活多样，因而加大了编制通用的管理型财务软件的难度。而且，管理会计有关规划、决策、控制与业绩评价的主要方法，又大量应用了一些复杂公式和数学模型，手工操作难以胜任。开发管理型财务软件的目的，就是要实现管理会计电算化，使管理会计的理论和方法能够普及应用。对管理会计进行适度规范化，选择那些对管理会计实务有普遍指导意义的基础理论、基本概念和具有较强通用性的方法进行规范化，必将有助于管理型财务软件的开发和推广应用。

3. 充分考虑发展的新形式

随着计算机应用的普及，特别是网络技术的快速发展，单位在进行经济活动的过程中出现了越来越多的新形式，网上采购、电子货币交易等，电子商务形式在经营活动中发挥越来越重要的作用。所以，在开发管理型财务软件时应充分考虑这些新形式对财务软件的需求。

4. 不应过分追求管理型财务软件的通用化

在我国会计电算化事业的发展中，财务软件在会计电算化的普及与推广中发挥了不可替代的作用，其中一个重要的原因就是财务软件的通用性。通用的财务软件投资集中，设计周全，售后服务较易管理，这使得一套财务核算软件可以在不同行业中被广泛地采用，但这种情况在管理型财务软件的应用中却并不是可取的方法。首先，管理型财务软件是在核算的基础上对单位的经济活动进行预测和分析，所以它既包含大量的核算功能，同时又要对核算结果进一步处理，而这些处理是建立在复杂的模型分析之上的。所以，如果在管理型财务软件的设计中再遵循通用性的设计原则，将会使系统变得十分庞杂，必然造成系统的初始化设置工作内容过多，系统定义过于抽象，这会使得用户在使用过程中难于理解和控制，从而在心理上产生对管理型财务软件的抵触情绪，不利于软件的推广和应用。同时，对于一些规模较小的单位来说，庞大而复杂的分析、管理功能在实际工作中并不能完全发挥作用，这就使得一些小单位用较高的价钱买回实际上很多内含功能长期闲置的会计软件，造成人力与财力的隐形浪费。其次，由于在财务核算过程中财务处理程序只有几种，又因计算机的特点，所以核算型财务软件基本上都是以记账凭证财务处理程序作为核算的主要方法，这就使得通用型软件得以普遍采用。而对于管理来说，我国的管理起步较

晚，在管理理念、方式和水平上都存在很大的差异，对于管理的认识和管理的要求很难达到一致，这也是限制管理型财务软件通用化的一个主要因素。

虽然上述这些因素限制管理型财务软件的通用性，但是并不是说我们就完全放弃通用，各自为政。在小的范围之内管理需求还是存在规律可以遵循，我们可以把范围定义在相同规模上，或者是相同行业内，都可以设计本范围内使用的管理型财务软件。一般来说，我国中小规模单位居多，所以管理型财务软件的开发应侧重于中小规模，建立中小规模各行业通用的财务软件。而对于管理较为先进、需求复杂的大中型规模的单位，可以采取“通用软件＋定点开发”相结合的方式，但这种方式并不是众多单位逐个来实施，而是不断完善某一个行业的管理软件。

5. 重视财务软件开发人才

财务软件开发水平直接制约着财务软件的质量。因此，财务软件开发队伍急需既懂管理又懂技术的复合型人才。只有这种人开发出的管理型财务软件，才能真正成为企业的好助手。此外，计算机技术与信息技术日新月异，开发人员还要有快速学习的能力，才能使开发的软件建立在先进的技术与理论构架之上。

6. 财务软件实施的专业咨询

管理型财务软件最终将作为管理信息系统的一个子系统出现，软件的设计既要考虑到单位管理的现状，又不能局限于对原有的会计模式和管理模式进行简单的移植，而应采用先进的实用性强的管理技术和方法。由于相应的软件系统结构复杂，软件实施就成为单位应用软件的关键环节。借助专业化的咨询服务队伍，不仅可以完成软件实施的复杂工作，也符合管理软件国际发展经验和现代产业发展分工细化的原则，对推动国产管理软件的成功应用，提高管理水平也将起到积极作用。

（作者单位：中国国际广播电台财务管理中心）

参考文献：

1. 章程：《中国财务与会计制度改革评述》，《财务与会计》2000 年 12 月。

2. 王衍：《浅议〈软件产品管理办法〉与〈会计电算化管理办法〉》，《中国会计电算化》2001 年 4 月。

3. 梁亚玲：《试论我国财务软件应该向国际化方向发展》，《中国会计电算化》2001 年 4 月。

技术天地

国际台节目运行管理系统研究与实现

管　毅

一、背景

1. 现状及需求分析

节目运行管理直接关系到广播节目的播出安全，一直是国际台确保安全播出的一项重点工作。多年来，该业务一直采用的是任务书结合节目运行图的方式进行。在以往的工作模式中，均是以人工手动管理节目信息的方式，档案也多以纸张为介质进行存档。近年来，随着国际台海外整频率落地电台以每年十几个左右的速度不断增加，海外落地节目日播出时长也以每年增加 200 余小时的速度增长，而全台每天的节目累计播出时长已超过 3 200小时。日播出节目时长的不断增加，使节目调度、技术系统运行维护的工作量也愈来愈大，现有的节目调度已经很难满足业务发展需要。

随着播出通路和播出时长的快速增长，原先的纸质节目运行图和监听卡已经无法满足业务发展的需要。节目运行图虽然几经修改，但是纸质图只能提供有限的信息、查找不便等固有的缺陷给节目调度工作造成了很多不便。监听卡由于卡片数量急剧增长，在应急中无法在短时间内查找所需信息，在实际工作中已经被抛弃，但是没有监听卡却给安全播出保障带来了实实在在的威胁。

在原有工作模式下，对播出节目的调整涉及多个技术部门的多个环节，但是节目调度任务的下达却是依靠纸质任务书，由各环节技术人员各自独立完成相应的任务。任何节目调整操作的顺利完成，必须依靠各环节协调一致，原有模式下完全依赖各环节技术人员对工作的反复检查和确认，需要大量的人工和时间。现在随着节目调整的频度增加，没有那么多人力和时间进行反复检查，工作中出现失误的概率明显上升。

2. 系统目标

为了适应业务的发展，国际台在 2011 年完成了主控系统的改造，主控输出通道进行了大幅扩容，并且从原先的一级矩阵改为包含功能矩阵和汇聚矩阵的二级矩阵系统。与之相适应，节目运行图表也进行了改版，从原先的七张升级为了“九图一表”，制作方式也从原先的采用 VISIO 变成了采用 EXCEL，但是总体来说工作模式并未发生根本性改变。

为此，国际台节目运行管理系统的建设工作，旨在通过实现运行图表管理、运行图表监听、运行图表任务书存档和节目调度等功能，可以对运行图实现信息化管理，提高节目调度工作的准确性和效率。

二、系统设计

国际台节目运行管理系统采用 B/S 架构模式及 J2EE 体系，基于 Java/Javascript 语言开发，支持 Servlet2.5 和 Java Server Pages2.1 的 Web 应用程序服务器，兼容 SQLServer2005 版本以上的数据库。结合统一用户管理下的权限设置轻松实现权限的划分，并且可同时支持 1 000 个以下客户端同时访问。前端使用 HTML5 和 CSS2 标准，兼容主流的浏览器及 Android 终端操作。节目运行管理系统的架构如图 1 所示：

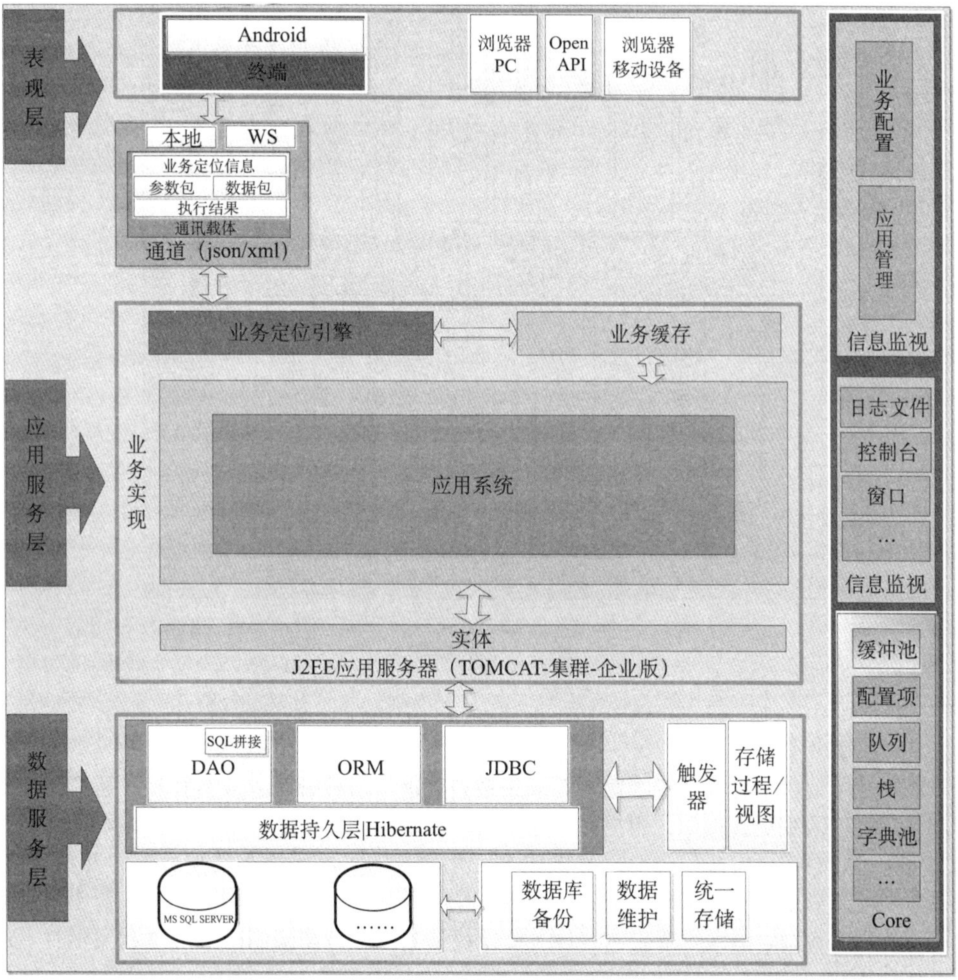

图 1 系统架构图

三、系统实现

1. 功能结构

国际台节目运行管理系统主要包括运行图管理模块、调度管理模块、任务书管理模块及运行监听检索模块，其功能结构如图 2 所示：

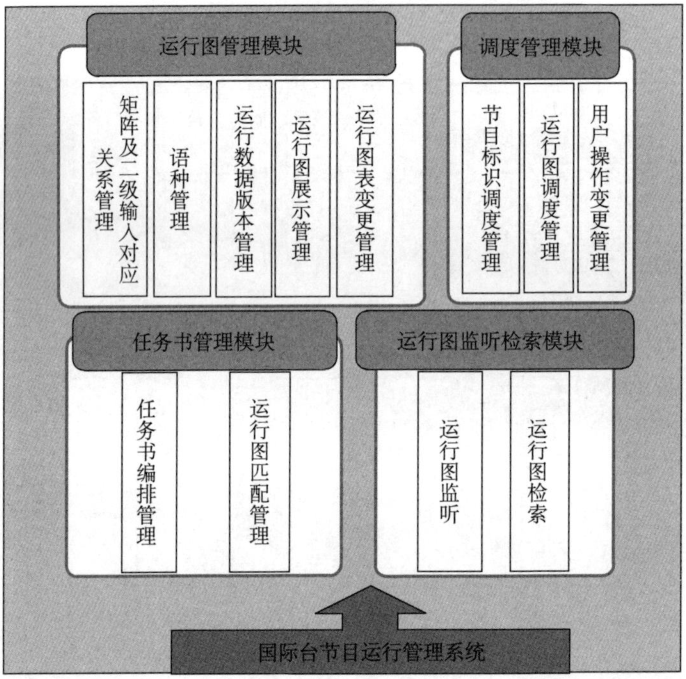

图 2　功能结构图

2. 运行图管理模块

本模块主要包括矩阵及二级输入对应关系表管理、语种管理、版本管理、运行图展示管理及运行图表变更管理等。用户通过此模块添加矩阵与二级输入的对应关系，输入语种的文字标记，自定义模板信息，最终生成电子化运行图。此模块在实现现有“九图一表”的基本功能基础上，实现了对运行图的变更操作实时记录，并可针对节目源、输出等属性进行智能组合查询，方便了管理与统计。该模块提高了运行图绘制的准确性和灵活性，改进了工作效率。

3. 节目调度管理模块

目前，国际台节目调度变更涉及两种类型，一种只涉及节目标示类的变更，包括板块、栏目或节目的变更，如：修改某个访谈类节目的时间，合并当前“栏目”的某两个节目等，此类修改不涉及运行图的变更；第二种是涉及节目源及矩阵输出的变更，如：新增某个落地节目等，需要技术部门协助修改运行图的变更。

针对第一种节目调度变更，可使用节目标示调度管理，对现有节目运行情况的变更进行电子化归档，以便于对节目运行现状进行统计分析，生成相关报告，为管理者作出合理决策提供有效的数据支撑；针对第二种节目调度变更，将向业务部门提供一套受权限控制的“节目变更审查管理系统”，以方便业务部门自行审查节目变更的可行性，降低业务部门对节目变更方案操作的难度。具体节目调度管理流程如图 3 所示：

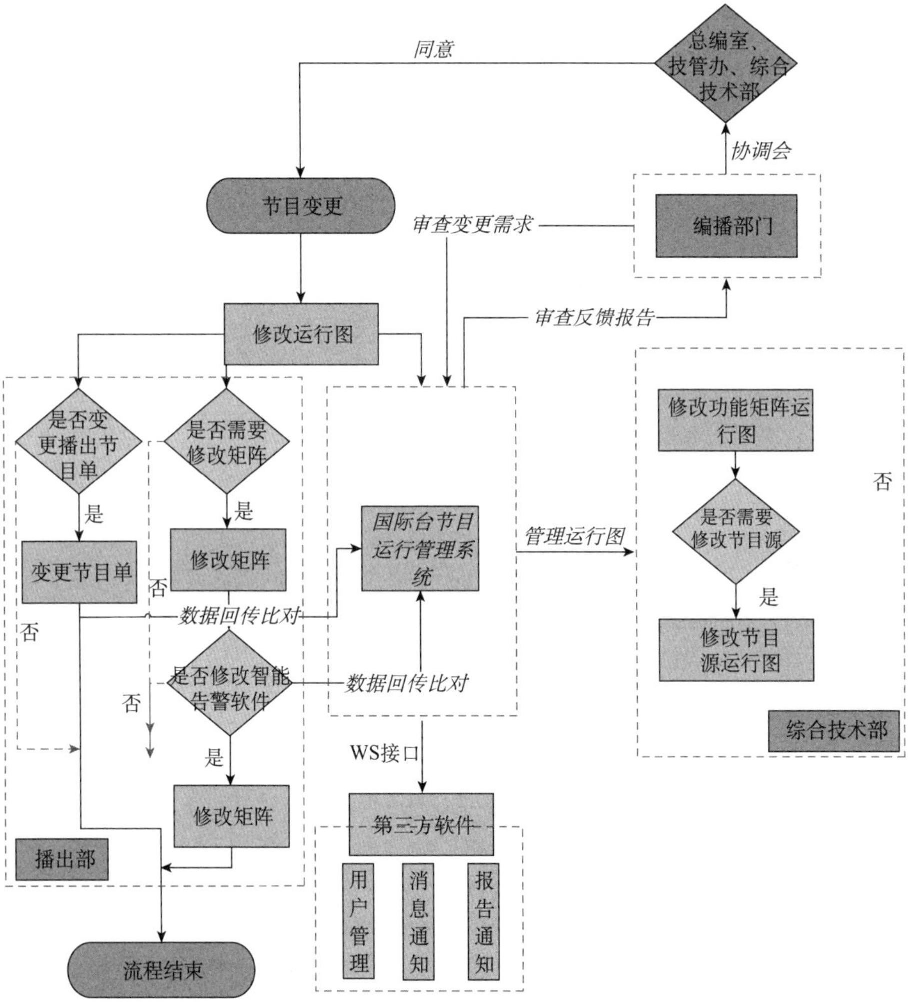

图 3　节目调度管理流程图

4. 任务书管理模块

该模块具有对任务书进行统一版本编号、录入保存的功能，提供对运行图变更和任务书之间的关系自动匹配的功能，可确保查看某一版本任务书时统计出相应变更的运行图表数据。

5. 运行图监听检索模块

该模块可自动实时加载切换点（跳源点），能够根据当前运行图表的跳源点实时反映功能矩阵中出口的节目源信息数据，支持区别“新增源”、“带入源”、“无信号源”三种类型源信号的功能。此外，该模块还可提供以跳源点、星期等字段的组合检索功能。自动实时加载切换点设计效果如图 4 所示：

图 4　运行图实时监听界面

四、关键技术

1. SVG 渲染与实现

可缩放矢量图形（Scalable Vector Graphics，简称 SVG）是一种使用 XML 来描述二维图形的语言（SVG 严格遵从 XML 语法）。SVG 允许三种类型的图形对象：矢量图形形状（例如由直线和曲线组成的路径）、图像和文本。可以将图形对象（包括文本）分组、样式化、转换和组合到以前呈现的对象中。SVG 功能集包括嵌套转换、剪切路径、alpha 蒙板和模板对象。

SVG 绘图是交互式和动态的。例如，可使用脚本来定义和触发动画。这一点与 Flash 相比很强大。Flash 是二进制文件，动态创建和修改都比较困难。而 SVG 是文本文件，动态操作是相当容易的。而且，SVG 直接提供了完成动画的相关元素，操作起来非常方便。

SVG 与其他 Web 标准兼容，并直接支持文档对象模型 DOM，这一点也是与 HTML5 中的 canvas 相比很强大的地方（这里注意，SVG 内部也是用一个类似的 canvas 这样的东西来展示 SVG 图形，到后面你会发现很多特性和 HTML5 的 canvas 还有点像；文中如果没明确说明是 SVG 的 canvas 的话，都代指 HTML5 中的 canvas 元素），因而可以很方便地使用脚本实现 SVG 的很多高级应用。而且 SVG 的图形元素基本上都支持 DOM 中的标准事件，将大量事件处理程序（如“onmouseover”和“onclick”）分配给任何 SVG 图形对象。

2. SOAP

简单对象访问协议（Simple Object Access Protocol，SOAP），是一种轻量的、简单的、基于 XML 的协议，它被设计成在 Web 上交换结构化和固化的信息。SOAP 可以与现存的许多因特网协议和格式结合使用，包括超文本传输协议（HTTP）、简单邮件传输协议

(SMTP)、多用途网际邮件扩充协议（MIME)。它还支持从消息系统到远程过程调用(RPC）等大量的应用程序。使用SOAP技术关键点包括：

(1）SOAP是可扩展的。SOAP无需中断已有的应用程序，SOAP客户端、服务器和协议自身都能发展。而且SOAP能极好地支持中间介质和层次化的体系结构。

(2）SOAP是简单的。客户端发送一个请求，调用相应的对象，然后服务器返回结果。这些消息是XML格式的，并且封装成符合HTTP协议的消息。因此，它符合任何路由器、防火墙或代理服务器的要求。

(3）使用SOAP和厂商无关。SOAP可以相对于平台、操作系统、目标模型和编程语言独立实现。另外，传输和语言绑定以及数据编码的参数选择都是由具体的实现决定的。

(4）使用SOAP与编程语言无关。SOAP可以使用任何语言来完成，只要客户端发送正确SOAP请求（也就是说，传递一个合适的参数给一个实际的远端服务器)。SOAP没有对象模型，应用程序可以捆绑在任何对象模型中。

(5）使用SOAP与平台无关。SOAP可以在任何操作系统中无需改动则可正常运行。

3. 基于pushlet框架下Comet的实现

Comet是一个Web应用模型，在该模型中，请求被发送到服务器端并保持一个很长的存活期，直到超时或是有服务器端事件发生。在该请求完成后，另一个长生存期的Ajax请求就被送去等待另一个服务器端事件。使用Comet的话，Web服务器就可以在无需显式请求的情况下向客户端发送数据。

Comet的一大优点是，每个客户端始终都有一个向服务器端打开的通信链路。服务器端可以通过在事件到来时立即提交（完成）响应来把事件推给客户端，或者它甚至可以累积再连续发送。因为请求长时间保持打开的状态，故服务器端需要特别的功能来处理所有的这些长生存期请求。

4. 版本控制

版本控制是一种软体工程技巧，借以在开发的过程中，确保由不同人所编辑的同一档案都得到更新。版本控制透过文档控制记录程序各个模组的改动，并为每次改动编上序号。这种方法是工程图维护的标准做法，它伴随着工程图从图的诞生一直到图的定型，是一种简单的版本控制形式，例如，赋给图的初版一个版本等级“A”，当做了第一次改变后，版本等级改为“B”，以此类推，等等。

国际台节目运行管理系统中的运行图采用版本控制实现了可记忆操作记录变更，能够生成功能矩阵翻译书、节目源运行图、功能矩阵运行图信息、矩阵二级输入对应关系表的变更报告。

五、总结及展望

国际台节目运行管理系统部署上线运行，有利于加强国际台节目运行数据的全面管理，有利于提高节目运行与节目统一调度工作的安全性和准确性，有利于降低人力成本和优化业务流程，有利于进一步增强安全播出保障能力。下一步，国际台还可以利用该系统生成各类统计报表及合理化建议，为管理人员在安全播出、流程管理、协同工作等方面提供有效的数据信息，以便于及时、准确掌握国际台节目运行现状，作出正确的管理决策。

（作者单位：中国国际广播电台播出传送中心）

参考文献：

1. 李刚：《轻量级 J2EE 企事业应用实战——Struts＋Spring＋Hibernate 整合开发》，电子工业出版社，2007 年。

2. 戴志诚：《SQLServer2005 数据库开发系统与实例》，电子工业出版社，2007 年。

3. 洪维恩、何嘉：《Java2 面向对象程序设计》，中国铁道出版社，2005 年。

4. 张洪伟：《TomcatWeb 开发及整合应用》，清华大学出版社，2006 年。

5. 张文、唐鹏举：《SGIIRIX6. 5 下基于 J2EE＋Tomcat5. 0＋My-SQL4. 0 应用开发的实现》，《电脑开发与应用》2007 年第 11 期。

6. 尹继平、张帆：《Java 范例大全》，机械工业出版社，2009 年。

流媒体在国际在线网站上的应用与发展

韩　涛

在国际台的网站建设之初，我们的在线广播系统，就是基于流媒体的形式构建的，由最初的纯音频形式不断发展到现在的音视频多种组合形式。由大型活动的现场直播报道形式，不断发展成大型活动现场直播报道与前方、后方访谈类节目相结合的多种直播形式。在线点播的语种、内容、形式越来越多样化，越来越细化、深化、专业化。国际台网站各类流媒体节目的音质越来越好，画面越来越清晰，安全性和稳定性不断提高。

以音频信号为例，国际台音频在线直播系统主要由以下几个部分组成：

1. 信号源；2. 信号采集编码压缩；3. 信号的上传与发布；4. 信号的监听。如图1。

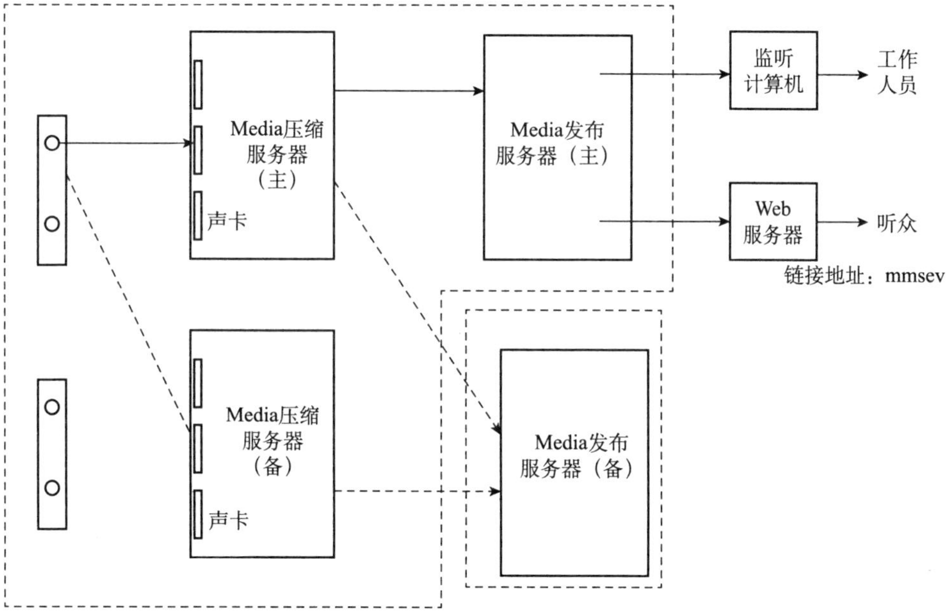

图1　在线直播线路图

1. 信号源：我们人耳可以听到的理论声音频率范围：20Hz（赫兹）～20 000Hz（赫兹），20Hz以下称为次声波，20 000Hz以上称为超声波。人说话的声音的理论频率范围是200Hz～4 000Hz。许多大型的报道活动，我们使用麦克风或其他录音设备将声音信号转换成电磁信号作为信号源。每个麦克风都有一条频响曲线，它表示麦克风对全部可听声谱的频率反应。如图2。大部分语音麦克风都有一定的临界频率，用于对抗噪音。

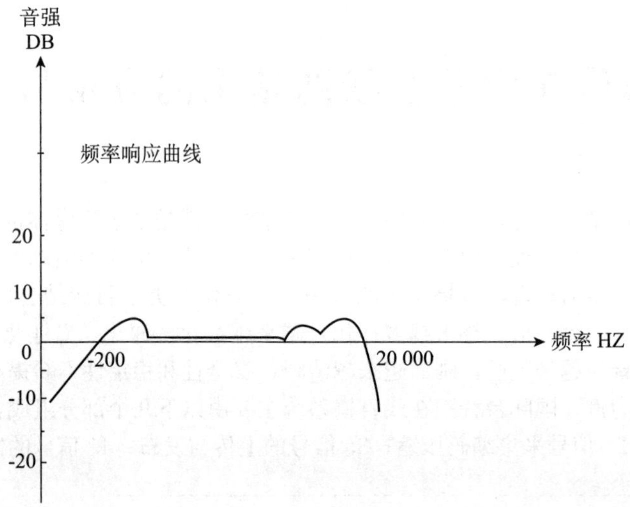

图 2

在我们进行直播报道时，现场的声音经过麦克风转换成模拟或者数字电信号后，传入到调音台。调音台可以收发不同信号源之间的电平并使其平衡，它有多路输入，多路输出，每路输入的声音信号可以单独进行处理，即可以放大，也可以进行音质补偿，然后再将各输入声音进行混合，而混合的比例也可以调节。经过调音台之后，前方的工作人员再通过电话耦合器或 ISDN 专线等通路将信号传回到主控机房里的主控跳线盘阵，一路进行音频的复制，另一路进入到直播间进行推介词的播放，推介词是后方直播主持人、嘉宾的情况介绍、讲话，等等。经过处理后的音频信号再次送到跳线盘阵，然后送入到塞孔盘里。

2. 信号的采集与编码压缩：音频塞孔盘上的音频信号经音频线传入到压缩服务器的声卡上，此音频连接线接口可用大三芯转小三芯的音频连接线。在音频的编码压缩部分，可以采用硬件编码和软件编码两种方式。如果设定 44. 1KHz 采样就可以完全录取声音全部细节，设置 48Kbps 就可以把人耳听不到声音录下来（例如，人耳听到声音的感受）。在国际台现有的音频压缩中，我们采用 Media 格式进行编码压缩。

3. 信号的上传与发布：经过编码压缩后的信号送到 Media 的发布服务器上进行发布。发布服务器上安装了流媒体发布服务，将编码后的音频信号发布出去。

4. 信号的监听：互联网上的用户安装播放软件，输入收听地址，就可以收听到相应的音频。工作人员可以通过外网计算机进行监听。

当我们不需要台内的导语或推介词以及直播前或者直播后的访谈报道时，我们可以在现场进行直播。这种直播形式是将音频直播流推送至 CDN 的服务器上发布。首先将音频线接入笔记本电脑，然后启动音频压缩软件，选择广播实况事件，进行推传递，确定 CDN 服务器地址，最后监听直播效果。

随着互联网网络带宽的不断增大和网络速度的不断提高，视频流媒体越来越成为互联网上流媒体播放的主流。未来流媒体的发展方向主要是以视频格式，甚至是3D视频格式为主体。现在一个简单512×512×512体素分辨率的3D视频，可以被包括部分PDA在内的电脑设备播放。一些网站的流媒体播放软件中也相应地配置了3D视频播放。与网上视频播出相对应的移动流媒体音视频也将不断发展，迎来新的时代。

视频泛指将一系列的静态影像以电信号方式加以捕捉、记录、处理、储存、传送与重现的各种技术。连续的图像变化每秒超过24帧（frame）画面以上时，根据视觉暂留原理，人眼无法辨别单幅的静态画面；看上去是平滑连续的视觉效果，这样连续的画面叫做视频。视频技术最早是为了电视系统而发展，现在已经发展为各种不同的格式以利于将视频记录下来。网络技术的发达也促使视频的纪录片段以串流媒体的形式存在于因特网之上并可被电脑接收与播放。由此视频格式可以分为两大类：影像格式和流媒体格式。在影像格式中根据出处划分为三大种：（1）AVI格式：这是由微软提出，具有“悠久历史”的一种视频格式；（2）MOV格式：这是由苹果公司提出的一种视频格式；（3）MPEG/MPG/DAT：这是由国际标准化组织ISO与IEC联合开发的一种编码视频格式。MPEG是运动图像压缩算法的国际标准，现已被几乎所有的计算机平台共同支持。流媒体格式也可以划分为三种：（1）RM格式：这是由Real Networks公司开发的一种新型流式视频文件格式；（2）MOV格式：MOV也可以作为一种流文件格式，Quick Time能够通过Internet提供实时的数字化信息流、工作流与文件回放功能，为了适应这一网络多媒体应用，Quick Time为多种流行的浏览器软件提供了相应的Quick Time Viewer插件，能够在浏览器中实现多媒体数据的实时回放；（3）ASF格式：这是由微软公司开发的流媒体格式，是一个在Internet上实时传播多媒体的技术标准。如果要把一部VCD、DVD制作成可以在线观看的影片，最主要就在于文件尺寸的缩减，还要适应网络传播的特点，这样原始的视频格式就不能满足需要，必须要转化成互联网视频播放规范的流媒体格式才可以。人们发展出许多方法来压缩视频串流。由于视频包含了空间与时间的冗余性，空间冗余性可以借由“只记录单帧画面的一部分与另一部分的差异性”来减低，这种技巧被称为帧内压缩。时间冗余性则可借由“只记录两帧不同画面间的差异性”来减低，这种技巧被称为帧间压缩，包括运动补偿以及其他技术。现在非常流行的MPEG4视频压缩技术，它能够把一张DVD压缩到一张CD上去，并且视频效果也不会有太大的变化。MP4还是手机常用视频。FLV是随着FlashMX的推出发展而来的新的视频格式，其全称为Flashvideo。由于它形成的文件极小、加载速度极快，使得网络观看视频文件成为可能，目前各在线视频网站多采用此视频格式。

现在开展了视频流媒体业务的网站有搜狐影音、新浪播客、56、优酷、土豆、酷6等。搜狐公司还开发了流媒体加速引擎，它是一套基于PXP技术的互联网音视频直播/点播解决方案，包含了信号采集，压缩编码，节目的组织和发布，网络加速，客户端的连接播放等各个模块，能够支持内容和服务提供方以很少的带宽同时为上万用户提供流畅的视频服务。它会使网络视频观看体验更加清晰、流畅。百度公司也正在筹备研发流媒体点播平台，其中包括播放器、点播系统、内容管理系统、广告联盟系统等，该流媒体点播平台至少涉及音视频编解码、播放器客户端、流媒体点播系统、广告联盟系统、内容管理系统(CMS)、流媒体服务器端产品、客服、官网以及论坛等数个方面。

国际在线的网络视频流媒体直播系统主要由 1 个采集系统、2 个切换制作系统、3 个音视频编码系统、4 个多通道监测系统组成。如图 3。

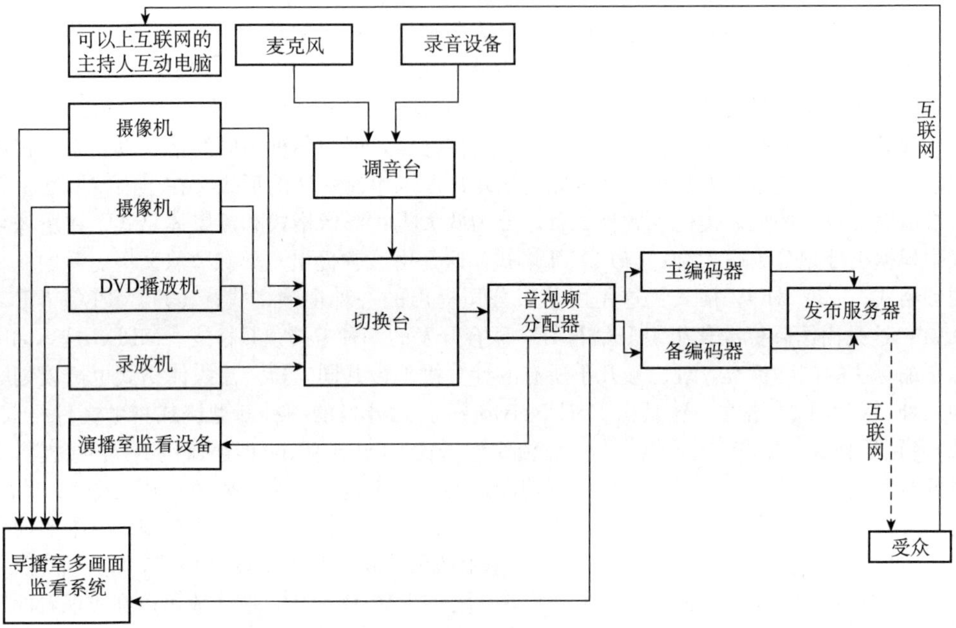

图 3

网络视频流媒体直播各系统功能如下：

1. 采集系统：拍摄设备为高清摄像机，用于采集或现场直播，通过切换台选择主播出画面。传统媒体介质的播放设备采用 DVD 播放设备，需要根据情况进行配置。演播室录放机在录制机房节目的同时，可以录制/播放音视频节目。周边配备背景、幕布、灯光设备等。国际台有自己专业的演播室，除了外拍节目，其他的视频节目录制都在几个演播室内进行。演播室按照面积大小可以分为小型演播室、中型演播室、大型演播室，按照视频信号可以划分为标清演播室、高清演播室，按照布景可以分为实景演播室、虚拟演播室。录制视频节目时，可以根据不同的节目类型采用不同的摄制方式，即可以采用单机的摄制方式，也可以采用多机位的现场制作方式。

2. 切换制作系统：音视频节目源通过专业切换台控制音、视频的切换。

3. 音视频编码系统：接收从切换台传输的音、视频节目源数字编码为 Windows Media 格式的码流，分别传输到已有 Windows Media 播放服务器，音频、视频编码器为主备设计。

4. 多通道监测系统：共监测 4 个环节，包括摄像机和麦克风输出信源信号、切换台和调音台输出信号、编码器输出 IP 信号、服务器端接收 IP 信号。多通道实时监测报警系统节目内容实时监测有色彩格式显示、色彩格式异常报警、黑场、静音、伴音静帧、无伴音静帧、音量过高、音量过低等故障，并进行实时监测报警。监测系统具有多种解码格式，支持WMV9、MPEG-2、H.264、AVS等众多主流高、标清节目解码。支持WMA8、MP2、MP3、AC3、AAC、杜比5.1声道的音频解码，能区分双声道与立体声监测；支持色彩格式显示、色彩格式异常报警，特定图像报警，台标监测、黑场、静帧（静帧可结合伴音判断）、音频丢失、音量过高过低等监测。

未来流媒体网站的内容将不断全球化、专业化、深度化，以实现用户的订阅来达到货币化。国际台拥有自己大量的原创音视频内容，建立了天地视频网站，为国际台网站带来了品牌效应。国际台还从海外获取优质的音视频内容，吸引众多的国内用户，国际台成立了影视译制中心将中国的优质影视节目内容输出到国外。这样日益丰富的内容和专业化的制作使流媒体视频对传统广播电视造成了冲击，抢占了它们的市场份额。在美国，世界最大的在线影片租赁服务商佛利克斯网络公司已经连续五次被评为顾客最满意的网站，迪士尼公司和它签订了一项多年的影片独家授权协议。作为内容观看平台，相比康卡斯特的有线电视订阅来讲，佛利克斯网络公司拥有更独特的流媒体用户。从当下的市场数据来看，用户非常愿意为好莱坞的高质量内容付费。通过广告和视频订阅服务，流媒体视频将会在盈利模式上取得更大的进展。流媒体音视频网站还要播放一些更有针对性的深度内容，比如说运动的技巧、专业制作等，只要能够为消费者提供有针对性的深入内容，消费者就乐意支付相应的费用。单项推送模式的效率是非常低的，对于流媒体视频网站来说，他们有机会去重新定义产品和内容之间的关系，并以一个更亲切的方式走进消费者。当人们观看视频内容的时间增多，会为电子商务提供一个很好的渠道。现在的人机交互技术逐渐走向成熟，而流媒体视频完全可以借助它们把电子商务和内容完美地结合到一起，从而为消费者带来更好的体验。此外流媒体的音视频压缩还可以在硬件上进行，实现多卡对多个视频源进行流处理，在网络上进行视频教学和会议。天地视频网站的学汉语等教学节目也可以推出这样新的模式。现在国际台已经开始关注视频云平台的部署，这有助于解决视频流媒体网站的技术和成本难题，受众可以随时随地、快速地观看视频内容。受众虽然看不到具体的存储、计算和交付方式，但他们能体会到的是多平台、多协议、多个码流的视频观看体验。

随着光纤入户的推动和网络带宽的不断发展，4G移动技术的不断推动，还有云计算的大时代背景，视频网站的数据量和访问量迅猛增长。用户插入标准的视频源，然后在电脑上转码视频上传到视频网站，视频网站审核后将内容发布，受众和媒体之间就可以很好地互动，互动视频，还有移动端的微视频、微电影等，都将是流媒体新的应用发展方向。

（作者单位：中国国际广播电台采集制作中心）

参考文献：

1. 明建华：《基于感知的视频质量评价与视频编解码》，2008年。
2. 于春伟：《电气设备噪声主动控制的研究及输出电路的设计》，2008年。

技术运维呼叫中心系统设计与实现

杨秀文　杨立培

一、现状概述

1. 技术维护现状

近年来，台内的技术系统随着对外广播事业的发展而不断产生并扩展，台事业的不断壮大、传统广播技术的更新换代、以 IT 技术为代表的新兴技术的发展，促使我台的技术系统也在不断地进步。

为方便描述此次技术运维呼叫中心设计的整体性，以下仅以 2009 年时技术部门及技术系统状态为例进行说明。截至 2009 年，台内运行的主要技术系统包括：

（1）音频节目制作播出系统；

（2）网站制作发布系统；

（3）流媒体压缩、直播系统；

（4）视频制作播出系统；

（5）文稿处理系统；

（6）多媒体资源共享平台；

（7）电子邮件系统；

（8）我台与合作单位、记者站之间传送数据的 FTP 系统；

其次，还有一些独立的应用系统，使用面相对较窄，使用人员比较固定，例如：

（9）图书馆的对内服务系统；

（10）《世界新闻报》的编辑排版系统；

（11）台内办公系统（OA）。

所有的这些技术应用系统，主要的使用者都是我台编播与职能部门的同志，而承担这些系统运维工作的责任部门有技术中心内的各部门、新媒体节目中心以及与我台合作的部分合资公司。承担运维工作的上述部门，针对自身负责的系统各有各的维护方式，对待用户报修时的处理流程也各不相同。

随着应用系统数量的增加，在实际工作中，产生了以下的问题：

（1）用户报修时很难分辨具体使用的系统应该归哪个部门维护，不知道应该找谁。早期的系统比较简单，音频方面的故障联系主控；电脑打印机类故障、发稿终端的问题找网络部。之后，随着网站制作等应用系统陆续增加，报修时需要打一圈电话才能找到维护部门的情况越来越多。

（2）随着整体技术系统的网络化推进，各个分系统之间的联系越来越密切，即使是技术人员有时也无法在本部门内部完成查找具体故障的原因。时不时有这样的事情发生，语言部的同志打电话到A部门报修某系统故障，A部门检查后发现自己负责维护的部分没有异常，可能是B部门或C部门负责的部分，再通知后者。

（3）没有针对整体系统维护工作的数据统计工作与知识库，无法从大量的用户报修数据中发现系统运行的异常状况或严重技术故障的端倪。解决的技术疑难问题没有很好的交流平台，例如甲解决了一个报修故障，但问题的确定、解决方法等信息没有良好的沟通机制。在面对同类故障时，其他技术人员需要从零开始。

（4）由于人员、资金等原因，不是所有的技术维护部门都具备7×24小时的值班制度（每个系统都这样运维也是对人力资源的浪费）。

以上这些，对全台所有用到技术应用系统的同事都造成了不便，单一故障的解决时间被延长。整体技术运行维护的效率低下。

2. 现有技术中心相关业务的维护流程

截至2009年，技术管理中心下设五个部门，分别是：综合技术部、网络技术部、采集制作部、转播传送部、播出部。

传统意义上的技术维修工作基本分为两大类别，不论是技术部门实际操作或者编播部门普遍的概念都是如此。即传统音频广播相关的维修工作大家会找播出部，而与上网电脑、终端打印机等相关的维修工作联系网络部（这里的维修不包含相对专业的，仅限终端级别的）。随着制播网间隔离工作的进行，与音频相关的故障不会只发生在录音间和音频网。随之迫切需要解决的问题就是这两类维修工作的结合。也将是新成立的呼叫中心主要面对的难点。

如图1所示，目前，编播业务部门用户需分清楚哪类技术问题通过哪个技术部门解决。与技术中心业务相关的需求及对接部门关系如下：

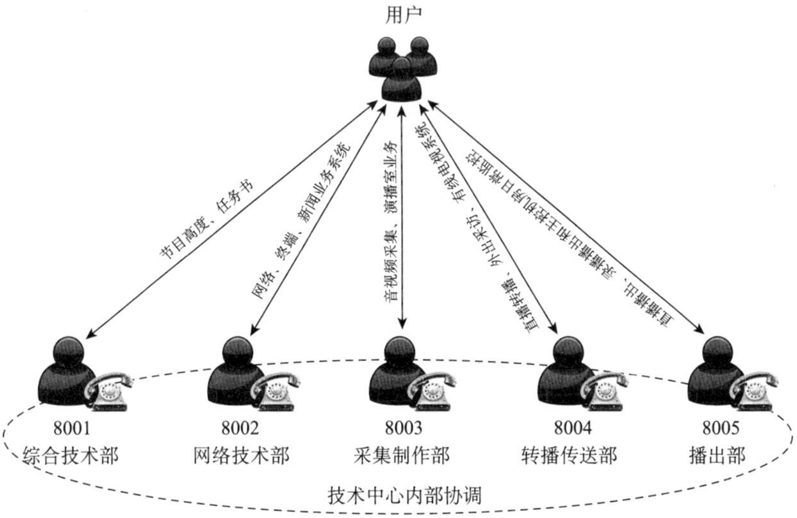

图1 现有技术中心相关业务的维护流程图

(1) 节目调度、任务书→综合技术部；
(2) 网络、终端、新闻业务系统→网络技术部；
(3) 音视频采集、演播室业务→采集制作部；
(4) 直播转播、外出采访、有线电视系统→转播传送部；
(5) 直播录播和主控机房日常监控→播出部；
(6) 其他技术问题，由技术中心统一协调解决。

二、项目系统需求

针对现有业务维护流程，建立呼叫中心以后，具体系统需求如下：
(1) 至少需要8条模拟中继线路接入；
(2) 15个电脑座席（具备呼出、呼入），其中含1个班长座席；
(3) 1套内部报修工作流程管理系统；
(4) 系统的使用部门为：播出部、技术部、网络部、传送部、采集制作部。
如图2所示，建立呼叫中心后，编播业务部门用户的报修流程为：
用户故障报修→呼叫中心系统→5个部门处理。

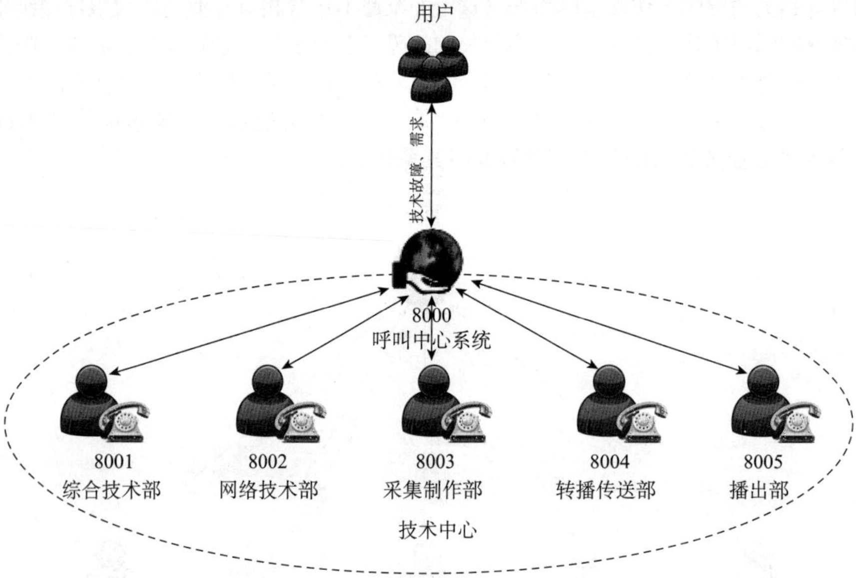

图2　呼叫中心系统支撑下的报修流程图

三、系统功能需求

建设呼叫中心的基本目标是提高用户服务的等级，使用户服务工作和用户服务管理规模化、规范化，使呼叫中心成为与用户联系的统一渠道，用户只要拨打某一技术报修服务电话号码，就可获得所需技术服务。呼叫中心系统需实现的主要功能如下：

1. CTI平台功能①

（1）可以支持自动语音与人工座席、人工座席与人工座席、普通座席与班长座席间转接，并且座席之间转移时实现语音和数据（资料）的同步转移；

（2）可以支持人工座席和IVR之间的双向切换，如用户通过IVR转人工咨询某一问题，此问题解答若是IVR已录制的，则座席人员可将电话切换到IVR相应的语音信箱中，让用户听取该问题解答；

（3）可以根据来电用户的编码和密码或主叫号码等，识别用户身份，业务中的用户信息管理模块记录用户的信息，弹出到座席屏幕；

（4）支持电话屏蔽功能，如当座席无法回答用户的问题，可呼叫第三方专家咨询并屏蔽客户端，以提供满意的服务；

（5）可提供简单的自动路由转接生成工具，在图形化界面中，输入相应的参数即可实现多种路由转接功能；

（6）提供灵活的接口，便于嵌入其他业务系统，增加多种人工业务应用；

（7）支持与各种后台应用和数据库系统（如Oracle、Sybase、Informix、MS SQL Server等）TCP/IP、ODBC、COM/DCOM、COM/DDE等方式连接；

（8）系统可方便地升级和扩容，满足未来发展的需要。

2. 智能路由功能

可根据时间顺序将多种渠道（如：语音、传真、VoiceMail等）呼入统一归类、排队，转交座席处理；可获取主叫号码；可确定用户优先级别和服务类别；智能路由可以根据业务需求灵活设计、实现、调试和更改，路由策略可按照技能匹配、成本、优先级、空闲座席、主叫号码识别等灵活调整，如可按不同的人工成本配置路由，优先路由到成本低的座席等；在呼叫延迟时，可提供“等候时间”的语音提示；在客户排队等待时，可以播放音乐；在用户交易时，可由座席引导后随时切换到相应的自动服务，自动语音系统可提供灵活的跳转规则。

3. 自动语音应答功能

支持语音播放、按键提取、自动应答功能；支持语音录制、编辑，在语音信箱中录制问候语等；提供完全图形化的呼叫流程设计工具，对语音及操作流程能灵活配置。更改流程不需要停机；提供完整的用户自动语音服务流程记录，可存储并上传到中心数据库系统和人工的界面上。

4. 语音信箱功能

可以提供语音留言功能，如在工作时间（8：30～17：30）外或座席全忙，而用户又不愿意等待时，用户可以通过留言录音留下相应的问题。支持留言提取功能，座席可到语音信箱中提取留言，以及时进行处理、回复其询问的事宜。支持语音信箱管理功能，支持提

① （注：CTI是指计算机电话集成，Computer Telephony Integration的缩写）

取、保存、删除留言。

5. 录音功能

支持全程监控录音，也可设置人员、时段等参数实现部分录音，以经过压缩的标准语音文件保存到录音服务器上；提供灵活、全面的语音记录处理功能；提供图形化的录音检索和播放工具，可实现根据时间、业务、用户、座席等条件多维动态查询检索、播放，并支持实时和远程录音监控和检索回放；支持多种语音格式并支持 DVD-RW 或磁带备份查询。

6. 普通座席功能

支持基于 PC 的电话控制功能（软电话功能）；支持来电及主叫号码显示；支持外拨功能；支持统计分析报表；支持上下班登录；支持手动/自动来话应答；支持来话/记录同步转接；支持呼叫超时显示；支持呼叫等待显示；支持呼叫班长；支持呼叫转移。

7. 班长座席功能

支持等待呼叫监视；支持座席状态监视；支持电话控制功能；支持监听/强插功能；支持组呼叫监视；支持座席配置管理；支持强制应答；支持实时设置改变；支持实时群组状态显示；支持实时系统状态显示。

8. 监听、监控功能

能对中心及远程座席实时监听；可对中心及远程座席的当前呼叫量、通话量、等待呼叫量以及平均通话时长、放弃呼叫量等情况进行统计；可实现中心及远程的班长监控管理，包括座席员登录时间总数、平均处理时间等；可根据预先设定的业务指标对出现的异常情况及时报警。

9. 报表功能

可提供多种标准报表并可结合 Crystal Report 报表生成工具自由地设计报表格式（如：平均排队等待时间报表、应答的呼叫数报表等）；可提供对数据的查询、分析和统计功能；可提供图形化的用户界面供管理人员选取标准的运作数据组成报表进行统计分析；提供灵活的报表提取方式：用户可以通过客户端/服务器方式、内部网方式和电子邮件方式来进行报表设计、分派和浏览，可根据设定的条件自动触发生成和发送报表；可按小时、日、旬、月、季、年等统计输出报表，支持 E-mail、网页等多种输出格式。

10. 管理功能

提供座席员信息维护管理：包括人工座席增加、删除、修改；座席记录查询；座席权限设置；座席业务特长设置；提供座席员技能分组管理、自动排班功能；可根据话务数据生成报表，反映座席的工作状况和工作表现；可定期备份系统数据，按权限安全操作。

四、内部报修工作流程分析

作为本次建设系统的核心部分，内部报修工作流程管理系统需包括：报修任务管理、工作流程定制管理、知识库管理、权限管理、客户信息管理、统计报表管理。系统需要为播出部、综合技术部、网络技术部、转播传送部、采集制作部提供 7×24 服务。

1. 报修任务管理

(1) 一线接单人员任务管理:

主要需完成报修任务的信息录入、保存工作。用户通过电话进行报修时,一线接单人员(一线接单人员为全中心共享,计划设置 20 人,分 5 个班次,每班次 4 人,实行 24 小时值班制)根据自身的业务能力和知识库的帮助,为用户提供在线实时的问题答疑,并对报修内容进行录入,确保日后的查询和统计。一线接单人员当时无法解决的故障报修,需进行录入和保存记录,可以进行故障类型的标记,为下一部的准执行,提供依据。

(2) 二线处理人员任务管理:

二线处理人员的工作内容以部门职责而定,各不相同,总人数约为 100 人,分 5 个班次、每班次平均 20 人,每部门平均 4 人。具体工作内容分工如下:

播出部处理人员工作内容为: 处理各语言节目录制机房内专业音频设备、音频编辑工作站系统、节目制作及传送、直播机房内专业设备及播出系统、节目录播播出系统、内外 ftp 文件交换系统、主控节目传输与交换系统、主控节目监控告警系统等故障申报及咨询。

综合技术部处理人员工作内容为: 处理音视频播出节目播出时段修改和调整、现场转播和直播任务协调、音视频技术设备更换、现场技术支持协调等申报及咨询。

网络技术部处理人员工作内容为: 处理有线综合业务网终端、各楼层网络接入、核心业务网络交换、网络出口、DMZ 区、网络机房内相关服务器和网络设备、网络流媒体采集与发布系统、文稿处理系统等故障申报及咨询。

转播传送部处理人员工作内容为: 处理现场扩声、转播直播节目传送、视频播出、卫星信号传送、直播车技术支持等申报及咨询。

采集制作部处理人员工作内容为: 处理音频制作及播出网络系统和楼层设备、采集区制作系统、演播室机房、音视频节目录制、音视频节目后期非编等申报及咨询。

如果系统中已经由一线接单人员提交了报修任务单,系统会根据具体的故障类型,将任务分配到不同的维护部门,并显示在此部门二线处理人员的电脑中,二线处理人员接到报单后,根据具体内容立刻现场排除故障。呼叫中心系统需可以将任务分解为多个人员执行。在任务下发到具体某个人执行时,系统提供提前提示的功能,会把相应提示信息传递到执行人处,在执行人处的桌面或电子邮件显示。

当故障排除后,由二线处理人员填写具体处理过程和结果后,结束自己的任务,系统能将流程转至一线接单人员,进行事后回访,最终结束本次报修任务。如果二线人员仍然无法处理本故障,将转至三线专家(高级处理人员)。

(3) 三线专家(高级处理人员)任务管理:

全中心的高级处理人员约为 10 人,具体工作如下:

专业音频专家: 针对专业音频设备及系统、节目传输及交换系统提供指导。

专业视频专家: 针对演播室系统、非线合成系统提供指导。

专业网络专家: 针对核心网络系统、互联网接入、路由交换系统提供指导。

专业卫星传输专家: 针对卫星节目传输系统提供指导。

专业技术咨询专家：针对现有技术支撑系统提供技术咨询指导。

当专家接到故障排除任务单后，为二线人员提供技术指导，协助完成处理，处理结束后，由二线处理人员填写具体处理过程和结果后，结束自己的任务，系统会将流程转至一线接单人员，进行事后回访，最终结束本次报修任务。

整条记录将被保存在系统数据库中，以备日后的查询和统计。

整个呼叫中心报修流程的设计图见图 3。

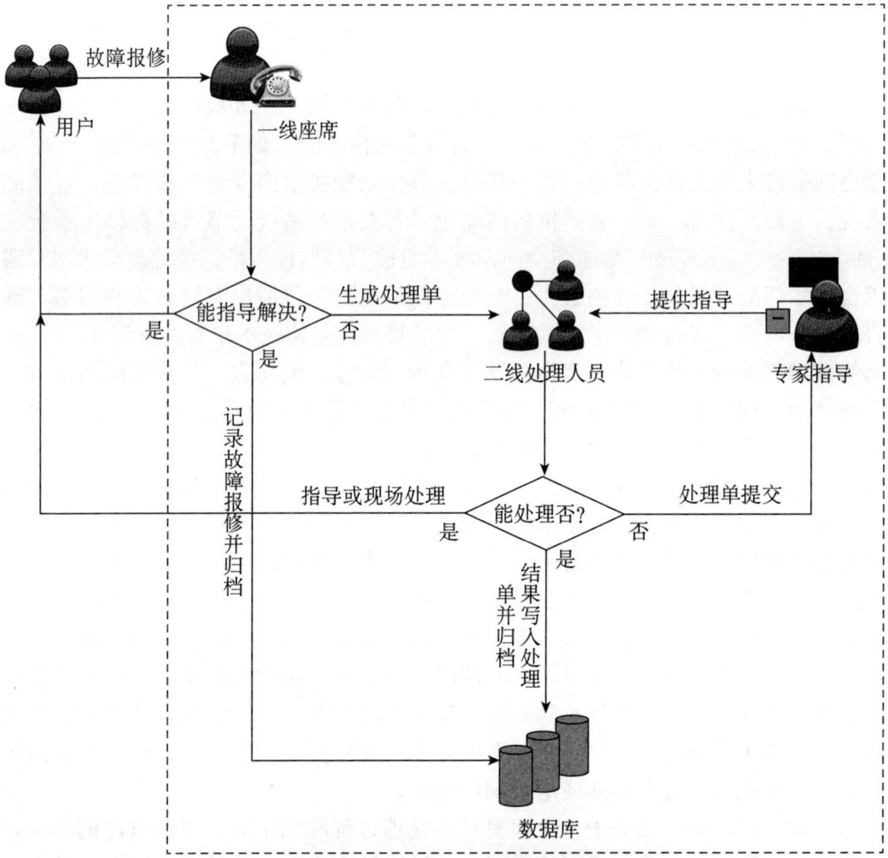

图 3　呼叫中心系统内部故障报修流程图

2. 工作流程定制管理

管理人员可以根据具体的业务情况方便的制定业务服务的工作流程，可以将后台的相应业务部门等有关人员组成一个完整的工作流管理下的业务处理流程，并可以监视工作流内部的所有环节进展情况，形成各种报表。

3. 知识库管理

系统要面对用户设计，用户的需求是多种多样的，这就需要提供很多的信息为他们服务，而座席人员很难具备所有的知识，知识库系统则可以帮助座席人员快速找到所需的信息回答用户。系统需采用友好的图形用户界面，支持 HTML 超文本链接和文件附件，提供强大的信息检索查询工具，支持全文、模糊、高级等方式的中英文检索，知识库信息能够实时更新，实时共享；而且，座席人员可以将比较有代表性的已有的用户处理内容很方便地直接创建成知识库内容。

目前涉及报修维护的系统归属于各个部门管理，各自部门针对维护工作可能建立有自己的知识库或类似系统。呼叫中心建立后必须在现场维护人员的配合下建立完整的报修维护知识库，这样对于故障定位、人员调派等环节都会发生很好的促进作用。知识库的建立预计将是一个较长的过程，没有大量的数据积累与相对高端的技术人员的分析是不可能完备的，预计达到初步规模发挥作用至少在系统建立的 3 个月之后。

4. 用户信息管理

用户信息管理主要包括用户编码规则、进行用户属性定义、进行用户分类、新增或修改用户信息、编辑用户联系人、设置用户初始账户、进行用户分配等功能，如针对特定人群（如台领导、各中心主任、核心业务生产线）一些使用习惯、常见故障建立特殊的信息收集管理。

座席的操作界面需简洁明了，座席只要使用鼠标点击或简单输入就可以实现数据的录入、数据的查询和各种报表的统计等功能。

5. 权限管理

权限管理是报修管理系统的重要组成部分，权限管理需实现不同层级的身份判别，系统的统计功能也将依据此功能进行每个人的工作情况的统计。

6. 统计报表管理

系统需提供一个报表定制工具，用户或系统管理员，可以根据业务的需要随时定制各种规格的统计表，而且各种定义都和数据库直接相连，根据要求得出各种结果，可以通过柱状图、饼状图、表格等格式显示和输出。

五、项目方案实现

1. 方案一：自主建设型

（1）系统拓扑图：

此方案系统拓扑图见图 4。用户自备话路资源：至少 8 条模拟中继线路接入。建设此系统需配置：1 台 8 口模拟网关、主服务器、录音服务器及数据库服务器、内部报修工作流程管理系统服务器、座席电脑（具备声卡耳麦）15 套。所有服务器及座席电脑均与公司 LAN 连接，处于同一网段中。

（2）系统结构：

当一个电话进来，接入主服务器，由主服务器应答进行自动语音服务，如果需要人工服务，则系统通过多种排队策略（如：时间、优先级等）将该电话转到某一个空闲座席，同时业务系统根据该电话的主叫号码或在 IVR 中输入的其他标示号（如代码、卡号等），

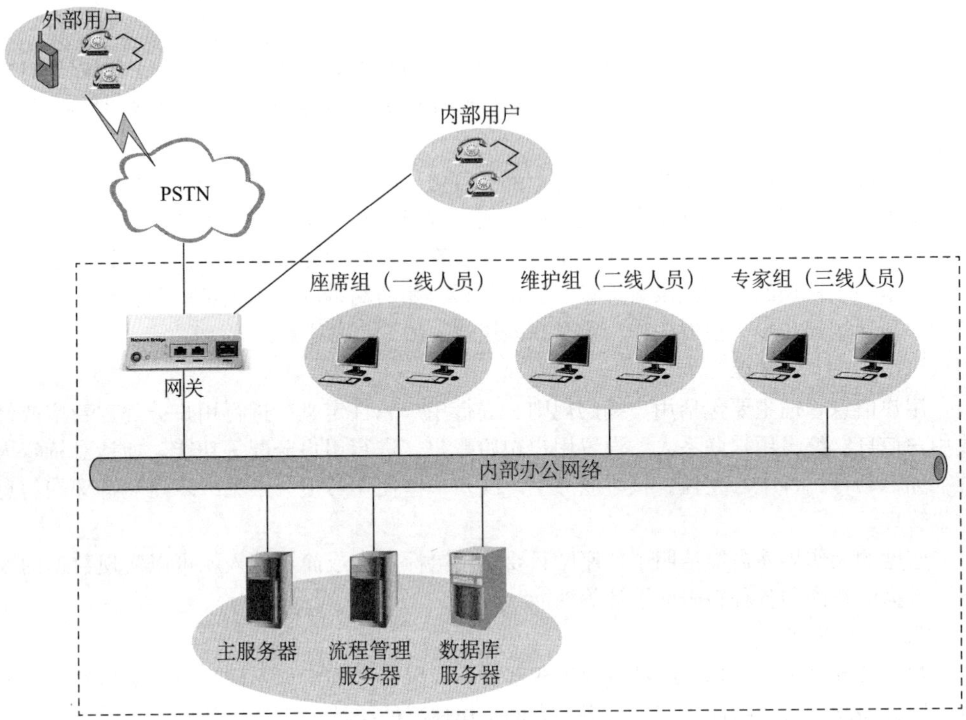

图 4　自主建设型系统拓扑图

从后台数据库查询该电话的基本信息（如：客户名、地址等）和历史记录并自动弹出到该座席界面，由该座席进行人工服务，受理报修、投诉及建业、通知等业务。

（3）优点

①系统构建选择空间大，用户可根据自己的需求选择；

②符合传统项目建设模式，采购自建是比较习惯的系统建设模式，尤其是政府及事业单位更适应自建模式；

③系统管理维护自主性高，自建模式能更好地发挥其在呼叫中心运营过程中所构建的庞大运维团队作用；

④单位的技术服务人员有更高的归属感和责任感，易于同相关各个部门的沟通，更快捷解决用户的问题；

⑤对用户服务要求专业性较强，保密性也较强，采取自建的方式可以更好做好信息的保密和安全工作；

⑥从长期投资和运营来看，可以降低单位运营成本；

⑦保持一定的灵活性，规模人数都可随时改变。

（4）缺点

①建设周期很长：对于系统功能升级，需要原厂商配合集成商二次开发。在建设前期

需要对自身需求准确分析，并对产品选型、供货商、集成商都要反复论证考察。建设过程中，需要把大量的人力、物力从主营业务中抽调出来，参与系统建设，经常会发生系统成功上线运行，却发现由于缺乏呼叫中心运营经验，系统功能与实际需求有很大差异。

②短期内有固定资本的投入，如计算机、录音设备等。

2. 方案二：代理托管型

（1）系统拓扑图：

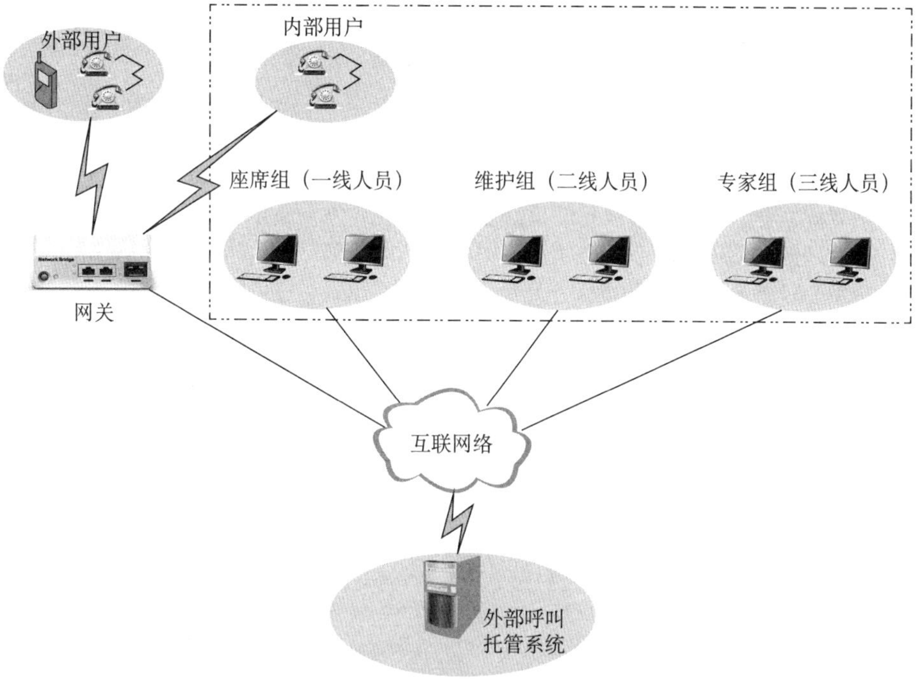

图 5　代理托管型系统拓扑图

（2）系统结构

此方案系统拓扑图见图 5。托管型呼叫中心是由第三方公司联合电信运营商集中建设和运营的大型呼叫中心服务平台，通过远程座席功能，可实现非常灵活的分布部署，把呼叫中心座席分组给不同的企业用户使用。

（3）优点

①托管模式投入成本低，座席数量可随需增减；

②托管模式更突出专业化服务，对用户个性化需求可以即时响应；

③系统建设周期大幅缩短，托管模式由于无需初期建设投资，系统开通迅速，一般没有特殊的要求，1 个工作日就可以开通服务，坐席没有空间限制，可放置与任何数据网络和电话网络通达的地方；

④系统更为安全稳定：托管模式所有系统的维护工作都由专业技术专家负责。呼叫中

心系统放置在专业的电信机房里面，保证7×24小时的稳定运行。

（4）缺点

①不适合目前国内企事业单位及政府相关职能部门项目建设采购模式；

②容易出现单位内部与托管公司由于沟通不到位而产生推托搪塞、含糊其词、时间延误等问题，不能有效促进各部门的沟通，特别是技术部门，不能更快速、高效地帮助用户解决问题，从而背离了构建呼叫中心系统的初衷。

六、结束语

整体呼叫中心的建立更主要是运行机制的调整，呼叫中心本身运行、向台内各部门的推广适应、各技术系统之间的耦合才是核心问题，技术解决手段有很多，各自有优缺点。这些不同的实现方式都是为了整合技术维护的统一。

最初只要能建立起完整可运行的报修接待、缩短故障判断定位的时间就是成功的。高级的技术问题解决不放在呼叫中心职责范围内，仍由原部门或公司负责也是一种方式。但要求呼叫中心具备准确、迅速的判断能力。

（作者单位：中国国际广播电台播出传送中心、采集制作中心）

移动多媒体广播技术浅析

毛 矛

本文针对我国移动多媒体广播技术及其产业化发展前景从CMMB技术体系、STiMi的关键技术、CMMB商业化运营框架、CMMB产业化发展情况等方面，就CMMB移动多媒体广播技术及其产业化发展前景进行一些探讨和分析。移动多媒体广播也称手机电视，是目前极具应用前景的广播技术之一。目前我国手机电视国标尚处于测试和评估阶段，尽快出台手机电视国标，有利于整合手机电视行业各方资源，加速手机电视规范化和产业化发展进程。

一、CMMB标准

CMMB（中国移动多媒体广播）是我国自主研发的、具有完全自主知识产权的移动多媒体广播标准，CMMB标准通过卫星和地面无线广播方式，能够满足人们在小屏幕、小尺寸、便携的手持类终端如手机、PDA、MP3、MP4、数码相机、笔记本电脑以及车载、船载便携移动终端设备上随时随地接收新闻、资讯、娱乐等电视节目的需求。

1. CMMB标准的发展

广电总局在2006年10月发布了CMMB标准的第一部分（广播信道帧结构、信道编码和调制），2006年11月发布了CMMB标准的第二部分（复用），2007年8月发布了CMMB标准的第三部分（电子业务指南），2007年11月发布了CMMB标准的第四部分（紧急广播），2008年1月发布了CMMB标准的第五部分（数据广播），CMMB标准体系越来越完善。广电总局还将分期、分批推出CMMB标准的其余部分。

2. 移动多媒体广播评估标准

移动多媒体广播也称为手机电视，手机电视国标应该在终端功耗、屏幕显示分辨率、码流速率、高速移动性、建网成本、抗干扰能力、知识产权自主性、信道传输技术、信源压缩技术等方面进行客观公正的评估。

手机电视业务不能简单地定性为电信增值业务，广电行业具有明确的主导作用，广电总局拥有手机电视内容牌照的发放权，并拥有对全国广电频段资源的分配权。我国手机电视国标应该采用具有自主知识产权的手机电视标准，CMMB标准很有可能由推荐性行业标准上升为强制性国家标准。手机电视国标应该在广电总局CMMB标准与信产部3G/TD-SCDMA标准这两个行业标准基础上进行结合，形成三网融合的手机电视国标。

3. 传输技术

CMMB标准的传输技术采用了广电行业自主研发的STiMi（卫星、地面交互式多媒体广播传输系统）专利技术，是针对我国幅员辽阔、传输环境复杂、东西部区域发展不平衡、用户众多和业务需求多样化的国情而设计的卫星覆盖与地面覆盖相结合的移动多媒体广播无线信道传输技术。

STiMi 技术利用 S 波段大功率直播卫星信号覆盖全国范围，结合地面增补转发网同时同频同内容转发卫星信号，补点覆盖卫星信号覆盖盲区，针对城市楼群遮挡区域，通过信号转发进行优化增补覆盖，组成 S 波段大功率直播卫星覆盖为主、地面增补转发网覆盖为辅、单向广播和双向交互相结合、星网相结合、天地一体、统一标准、全国全程全网覆盖、全国漫游的移动多媒体广播网络，移动终端可以同时接收卫星信号和地面信号，卫星和地面信号不会互相干扰，而是互相增补。

4. 音视频编解码标准：AVS

音视频编解码标准 AVS 是我国具有自主知识产权的音视频国标，属于先进的第二代信源编解码标准。AVS 的音视频压缩效率比第一代标准 MPEG-2 提高了一倍，采用 AVS 的系统承载和传输节目的能力可提高一倍。AVS 也是国际标准的备选标准，AVS 不仅在性能上与最新国际标准相当或更高，而且比国际标准更精简，芯片和产品实现复杂度比最新国际标准约低 30%。AVS 的专利费仅为 1 元人民币，AVS 已经具备大规模商业化应用的条件。IPTV、地面数字电视、手机电视都是 AVS 的主要应用领域，CMMB 技术体系已经决定优先采用 AVS，基于 AVS 的手机电视终端产品在 2008 年将大规模面市。

5. CMMB 系统的回传技术

CMMB 系统采用卫星广播和地面无线广播方式实现移动多媒体广播业务，目前 CMMB 系统只能单向传播内容，不能和手机用户形成互动，但 CMMB 系统并非只可单向接收，也可以实现回传和互动。CMMB 系统可以采用广播式下传+移动通信回传的模式，利用电信移动通信网络构建回传信道实现交互，带移动通信模块的 CMMB 终端借助无线接入网络将用户反馈信息上传。

二、STiMi 的关键技术

STiMi 是 CMMB 标准核心部分，主要包括以下几项关键技术。

1. 物理层信号处理流程

STiMi 的物理层信号处理模块将来自上层的多条数据流独立地分别进行 RS 编码和字节交织、LDPC 编码、比特交织和星座映射等处理，然后与离散导频以及承载传输指示信息的连续导频组合起来，形成 OFDM 频域符号，再对频域符号数据进行加扰，然后进行 OFDM 调制、成帧、基带到射频上变频等处理，最后将射频信号发向空中。

2. RS 编码和字节交织

STiMi 系统采用了 Reed-Solomon 码作为外码，字节交织器作为外交织器。RS 编码和字节交织根据列输入列输出、行编码的方式进行处理。RS 码采用了码长为 240 字节的 RS（240，K）截短码，该 RS 码由原始的 RS（255，M）系统码通过截短产生，其中 M=K+15。K 为一个码字中信息序列的字节数，校验字节数为“240-K”。RS（240，K）码提供了 4 种工作模式，分别为 K=240，K=224，K=192，K=176。输入数据以字节的形式按列写入矩阵中，待填满K列后，按行进行RS编码，待对所有行的RS编码完成后，再按列从矩阵中读出数据，作为输出。

3. LDPC编码

STiMi系统针对手持设备接收灵敏度要求高、移动性和电池供电的特点，采用先进的信道纠错编码LDPC（低密度奇偶校验码）技术，提高了系统的抗干扰能力和接收灵敏度，支持高移动性。高度结构化的HS-LDPC编码具有接近Shannon理论极限的纠错性能，编码复杂度和译码复杂度较低，能够降低编译码器硬件的复杂度，利于芯片实现。信道编码LDPC编码支持1/2和3/4两种编码速率。

4. 比特交织

STiMi系统采用了比特交织作为内交织，LDPC编码后的比特序列输入到比特交织器进行交织。比特交织器采用块交织器，LDPC编码后的比特序列按照从上到下的顺序依次写入块交织器的每一行，直至填满整个交织器，再从左到右按列依次读出。

5. 星座映射

针对移动多媒体广播特性，STiMi系统支持BPSK、QPSK和16-QAM三种星座映射编码模式，可以对不同的广播网络，选用不同的编码，以便对广播网络进行区分，灵活地适应不同的传输速率需求，适合传输不同服务质量要求的业务。

6. OFDM调制

多载波OFDM调制技术支持天地一体单频组网，以简化系统组网复杂度，提高频谱使用效率。

OFDM的基本原理是将高速串行数据变换成多路相对低速的并行数据，并对不同的载波进行调制，这种并行传输体制大大扩展了符号的脉冲宽度，提高了抗多径衰落的性能，同时使各子载波上的频谱相互重叠，但这些频谱在整个符号周期内满足正交性，从而不仅保证接收端能够不失真地复原信号，而且大大提高了频谱利用率。频域OFDM符号由数据子载波、离散导频子载波和连续导频子载波组成。离散导频不承载任何信息，主要用来辅助接收机进行信道估计、相干检测和解调。部分连续导频上承载了系统传输指示信息。其中，8MHz带宽模式和2MHz带宽模式下，OFDM符号中的有效子载波数目分别为3076和628。

7. 时频二维导频技术

无线信道的时域和频域响应都是时变的，必须采用信道估计的办法来估计出信道的时域和频域响应，对接收到的数据进行校正和恢复。STiMi系统采用了基于多载波OFDM调制技术的时频二维导频技术，不仅保证了无线信道复杂传输环境下可靠的信道估计与均衡，以获得更好的信道适配性能，而且降低了解调模块硬件的复杂度，有利于芯片实现。

8. 信标技术

对于OFDM调制技术，接收机需要进行帧同步捕获和OFDM符号同步捕获，然后才能进行正确解调。为了保证无线信道复杂传输环境下能够快速获取信号，实现系统的快速捕获、快速获取同步，STiMi系统采用了基于PN序列的时间域扩频信标技术，用于同步快速捕获，具有同步捕获时间短、抗载波频偏能力强、抗信道多径时延扩展能力强等特点，这种方式大大减少了用户开机到正常接收所需要的同步时间，尤其在紧急广播环境下，可以保证用户快速、可靠的接收。

9. 时隙技术

时隙技术的本质是时间分片，STiMi 系统每个广播业务可以占用一个或几个时隙。在同时传送的多路多媒体信号中，接收机根据用户收看的频道，利用时隙开关天线、调谐器等大功耗器件，只接收相关时隙，而在其他时隙则关闭这些大功耗器件，从而大大降低终端功耗，有效地提高终端续航收视能力。

10. 帧结构

STiMi 系统采用基于时隙的帧结构，物理层信号每 1 秒为 1 帧，1 秒共包含 40 个时隙（编号为 0～39）。每个时隙为 25 毫秒，包括 1 个信标和 53 个 OFDM 符号（调制数据块，编号为 0～52）。STiMi 系统采用的复用帧具有较高的应用灵活性、可扩展性和容错能力，能够复用承载多路音视频多媒体数据业务，多路数据业务复用码流在广播信道中传输效率很高，可以满足无线移动多媒体广播数据进行窄带传输的需求。

STiMi 系统还将控制信息和业务数据分离，将冗余辅助信息和信道调度控制信息放在专用的高保护率信道中传输，能够很好地适应无线传输的恶劣环境，提高接收的稳定性和容错能力。STiMi 系统复用帧的结构包括网络信息表、持续业务复用配置表、短时间业务配置表等，复用帧包括一个复用帧头和多个复用子帧，每一个复用子帧对应不同的业务，可实现多个业务在一个逻辑信道中复用。复用帧中三个数据段最少选择一个，电视业务应选择视频和音频数据段，电子业务指南数据可以放在视频数据段中。声音广播业务只需选择音频数据段。

11. 移动接收终端技术

STiMi 系统设计了灵活的终端接口，全面支持多种类型的移动接收终端，终端可以带有通讯模块，也可以不带有通讯模块。STiMi 系统采用广播式、双向交互式和预付费式相结合的授权方式，无需对每一个节目进行重复加密，并采用了分级式用户管理和计费体系，能够满足多业务分级式运营的需求。

三、CMMB 商业化运营框架

1. 覆盖网络

CMMB 系统覆盖网络的建设目标是以较低成本、在较短时间内建成天地一体、星网结合、统一标准、全国全程全网覆盖、全国漫游的移动多媒体广播网络系统。CMMB 系统的信道传输技术采用了 STiMi 技术，STiMi 技术支持卫星和地面的 S 波段单频网结构。CMMB 系统覆盖网络的结构采用 S 波段大功率卫星覆盖全国范围，S 波段和 UHF 波段地面增补转发网覆盖城市密集区域，无线移动通信网络构建回传信道。S 波段卫星通过广播信道和分发信道覆盖全国，广播信道用于直接接收，上行采用 Ku 波段，下行采用 S 波段、OFDM 调制方式：分发信道用于地面增补转发，上行采用 Ku 波段，下行也采用 Ku 波段。地面增补转发网的 S 波段和 UHF 波段转发广播信道采用单发射台站或单频网、OFDM 调制方式。

2. 通用业务平台

CMMB系统通用业务平台的建设目标，对于终端是建成通用功能的实现平台，对于业务是建成通用、开放的业务集成平台，对于前端是建成可以管理和控制的业务平台，而不是每个业务都必须对应特定的终端或特定的前端。建立在通用业务平台之上的CMMB终端，将会以低成本、高性能和丰富功能吸引用户，提高用户对CMMB业务的满意度和忠诚度。

3. 运营支撑体系

CMMB系统运营支撑体系的建设目标包括：

（1）CA体系：支持海量用户的多种控制管理授权方式，支持中央和地方相结合的运营体系，以促成中央和地方各级广电机构共同形成利益共同体，用户终端支持多密和全国漫游；

（2）BOSS体系：实现对用户信息、用户终端信息、用户预定信息等进行管理；

（3）自动和人工客服系统：向用户提供业务受理、推介咨询、申告投诉、客户建议等体系；

（4）业务内容：包括电视基本包（各级电视台现有节目）、电视增值包（各级电视台新办的个性化节目）、非电视类增值包（金融类、交通类、下载类内容）；

（5）商业模式：包括市场模型、价格模型、收入模型和成本模型。

4. 合作共赢策略

CMMB要实现商业化运营、加快产业化发展进程，CMMB运营商必须采取合作共赢策略，实现统一标准、统一网络、统一市场、统一运营、全国全程全网覆盖、全国漫游。CMMB信号要真正实现在全国各地落地，显然需要地方各级广电机构全力配合，促成中央和地方各级广电机构共同形成利益共同体，共同承担责任，共同获得利益，共同实现目标。

中央和地方各级广电机构在合作方式上，可以进行资本层面、业务层面、技术层面和市场层面的合作，使CMMB系统形成自上而下完整的传输覆盖体系、业务运营体系和市场服务体系，各级广电机构都成为整个CMMB系统链条中不可缺少的重要环节，真正实现合作共赢的目标。

CMMB要实现商业化运营，加快产业化发展进程，CMMB运营商还需要加强与移动通信运营商的合作，实现资源共享、优势互补、合作共赢的目标。CMMB系统是广电业务和移动通信业务实现融合的极佳平台，广电CMMB系统具有频带宽、信息量大、内容资源丰富、受众共享信息资源等优势，移动通信系统在双向功能、业务及用户管理机制、个性化信息服务等方面具有优势，借助移动通信系统，CMMB系统可以顺畅地解决回传业务信道和用户管理难题。

四、CMMB产业化发展情况

1. CMMB核心优势

（1）卫星覆盖面广、建设周期短、见效快；

（2）广电机构具有丰富的内容资源；

（3）CMMB运营商正积极与移动通信运营商合作，满足用户对CMMB终端的移动通讯、电视收看、手机上网等功能的需求；

（4）CMMB系统流畅的信号传输效果，合理的收费模式是CMMB标准赢得手机电视国标的最好理由；

（5）用CMMB方式完成全国国土100%覆盖，约需人民币240亿元（包括两三颗卫星及大量的地面增补转发器），维护成本约为30亿。而单纯采用地面传输方式实现全国覆盖，成本则高达893亿元人民币，维护成本超过90亿。

2. CMMB主要不足

（1）CMMB终端直接接收卫星信号，实现难度较大，成本较高，接收效果受气候及地形影响很大；

（2）城市地区增补转发器需求数量很大，建网成本较高；

（3）支持CMMB标准的信道解码芯片IF101只是一颗CMMB解码芯片，尚未将调谐、解调等功能集成在一起。

3. CMMB商机巨大

CMMB商机巨大，产业化发展前景广阔。2008年全国手机电视用户数将达到522 075户，市场规模约为13亿元，2010年全国手机电视用户数将达到9 750万户，市场规模将达到24亿元。

以CMMB系统为代表的新媒体为体育赛事提供了新的报道平台，重视对体育赛事的报道，是CMMB有效吸引受众、迅速扩大收视群体的重要手段。2008年奥运会期间，CMMB能够满足人们对奥运会赛事信息的需求，人们可以随时随地接收奥运会赛事直播、新闻报道以及商业广告、资讯、娱乐等电视节目。CMMB系统通过广播式信道，为消费者提供真正物美价廉的普及型服务。现在已经通过验证的业务，包括电视、广播、紧急广播、网络浏览、天气预报、股票行情、政务信息等。

CMMB业务的收入主要来源于三块：一是广告收入，广告主对手机电视等新媒体的关注程度正在逐年提高；二是通信费用收入；三是商用增值收费节目的包月费或用户点播个性化节目的订制费用。

CMMB能否大规模推广，在很大程度上取决于使用成本的降低。CMMB业务在一定时间内可能采用免费的运营模式，奥运会期间，用户可以收看多个频道的免费CMMB节目。中央电视台将为全国CMMB终端用户提供3个电视频道、3个广播频道共6套免费CMMB节目，地方广电机构也会配套提供一两套免费CMMB本地节目，其余CMMB节目则为商用增值收费节目，目前CMMB运营商对商用收费节目的用户鉴权主要通过购买充值卡或电子货币等方式。一只安装CMMB功能模块的手机，其制造成本大约增加100元人民币，但CMMB手机厂商出于销量和市场推广的考虑，可能会采取几乎不加价的策略来定价和销售CMMB手机。

4. CMMB产业链加速完善

广电总局在2007年成立了具体运营与管理CMMB业务的中广卫星移动广播有限公

司，并将在中广卫星移动广播有限公司基础上成立一家新的股份公司，股东既包括中央和地方广电机构，还包括非广电系统的单位和厂商，新公司在全国将建立多个分公司，实现CMMB业务的全国性运营与管理。目前CMMB已经在技术、资金、内容、芯片和终端等方面做好了产业化发展的准备，CMMB产业链正处于加速完善阶段。

广电总局申报的S波段卫星覆盖网络资源已经获得国际电联的批准，我国已经确定S波段2.6GHz频段作为CMMB卫星覆盖频段。中星9号卫星将可以为CMMB提供覆盖服务。为了节省CMMB建网成本和加快CMMB建网速度，广电机构采取了在各个城市现有电视发射塔基础上进行改造的策略。

CMMB已被列为“十一五”国家科技支撑规划重点项目，该项目实施年限为3年，从2008年至2010年，由广电总局科技司具体组织实施，向相关企业公开招标。目前，CMMB工作组的成员单位已经超过90家，涵盖广电机构、科研机构以及生产制造企业。CMMB标准已经吸引了大量CMMB产业链各环节企业参与进来，上游企业包括CMMB研发和CMMB芯片厂商，中间环节企业包括CMMB调制器、CMMB复用设备、CMMB激励器、CMMB发射机、CMMB测试仪器、CMMB配套设备等厂商，下游企业包括CMMB终端接收设备厂商。

支持CMMB标准的信道解码芯片IF101于2007年研发成功，IF101芯片在灵敏度、功耗、体积、成本等各项性能指标上都能够满足商用要求，并优于国外同类技术。随着CMMB调制器、CMMB复用设备、CMMB激励器、CMMB发射机、CMMB测试仪器、CMMB配套设备以及基于IF101芯片的手机、PDA、MP4、笔记本电脑等CMMB终端接收设备的研发成功并投入商业化运营，表明CMMB产业链各环节已经成功打通、实质聚合并初具规模，目前CMMB产业链已经基本成熟，CMMB已经具备产业化发展的条件。在2008年3月的CCBN展会上，基于广电行业CMMB标准的手机电视全线设备产品将会悉数亮相，其中CMMB终端接收设备产品将展出多种国内外知名品牌的手机、MP4gU笔记本电脑等。

广电总局于2007年已经在6个奥运城市——北京、青岛、沈阳、上海、秦皇岛、天津，加上深圳、广州共8个城市部署开通了CMMB发射站，进行了CMMB试验网或运营网铺设、覆盖试验、端到端测试和CMMB业务开通工作。

2007年广电总局在北京建立的CMMB单频网利用中央电视塔完成了开播试验，所发射的CMMB信号覆盖效果良好，抗多径干扰、多普勒频移等性能优良，基于CMMB芯片的手机完成了信道解调和复用功能开路接收测试，CMMB手机能够在移动中较好地接收与播放实时节目，画面流畅、音质优美。

2007年10月，CMMB试验网利用青岛电视塔和上海东方明珠电视塔成功发射了CMMB信号。

2007年年底广电总局已经启动了针对国内37个主要城市CMMB网络覆盖的新一轮设备招标，37个城市已经完成CMMB频率规划、发射台站选点、试验网铺设、设备招标和采购工作，招标涵盖CMMB产业链的各个环节，包括CMMB发射机、CMMB测试仪器、CMMB手持便携终端接收设备、CMMB其他支撑系统设备等。广电总局还完成了针对国内 324 个城市的 CMMB 频率规划。

五、结语

CMMB 技术的精髓和目标是建成天地一体、星网结合、统一标准、全国全程全网覆盖、全国漫游的移动多媒体广播网络系统，形成自上而下完整的传输覆盖体系、业务运营体系和市场服务体系。

CMMB 将能够满足人们使用 CMMB 手持便携终端随时随地接收直播、新闻报道以及商业广告、资讯、娱乐等电视节目的需求。有理由相信，CMMB 一定能够顺利实现商业化运营和产业化发展的既定目标。

（作者单位：中国国际广播电台传送播出技术中心）

参考文献：

1. 郭峰：《从数字电视发展的五个重点看下一代硬件平台的发展》，《广播电视信息》2009 年第 3 期。

2. 马莉、方春冬：《CMMB 移动终端架构研究》，《移动通信》2009 年第 6 期。

3. 广电总局发言人：《CMMB 用户将达 1.5 亿带动消费 1500 亿》，《当代电视》2009 年第 3 期。

4. 郑斯佳、门爱东：《移动多媒体广播覆盖测试系统开发》，《广播与电视技术》2009 年第 3 期。

5. 田建柏：《CMMB 移动终端测试技术》，《电视技术》2009 年第 2 期。

媒体化组织下的移动应用群岛建设
——Live Studio 平台的设计与搭建

王　竹

近年来，随着我台媒体化建设的推进，全媒体应用逐步升级，各种资源通过多媒体平台实现的需求也越来越多，尤其是移动互联网的蓬勃发展，手机、平板电脑等移动终端日益强大，使移动互联网已经成为未来最具潜力的发展方向。因此移动应用阵地的开辟对国际台是一次新的机遇。移动端应用之一——Live Studio 平台（在线直播音频播控平台）的建设构想正是整合我台资源，借助移动平台优势，开拓多媒体发展道路的尝试。Live Studio 既能满足全台各语言中心实现移动端节目播控的实际需求，也能做到节目运作与商业利益的完美结合，具有实现更为丰富的国际台官方手机应用，开创手机多语种应用的先河，建立广泛的听众数据库等重要意义。

一、Live Studio 系统平台的设计构想

Live Studio 是通过 iPhone 客户端来实现音频播控功能的软件系统平台，用于展现国际台中最具特色的自制节目，以国内外重大事件、会议、活动、社会热点等为主要内容，通过直播和回放两种方式，辅助以搜索、下载、分享等功能。用户可以在线收听当前正在直播的多语言节目，第一时间了解社会上最受关注的事件，掌握权威媒体的声音，同时也可以通过关键词搜索、时间设置、节目列表等方式寻找自己感兴趣的内容。节目可以收藏到文件夹，方便回放，还可以通过下载到客户端，在没有网络的环境下也可以进行收听。除此以外，该平台具备广告和租用计费功能，各语言中心可以通过低成本租用的方式使用该平台；通过这个平台收集统计的信息如用户分布，关心热点，重要群体特点等，统一进入后台的听众数据库，用于反哺节目制作，使媒体建设更加有的放矢，为各项工作提供有力的数据支撑。

在功能设计上 Live Studio 系统主要可以分为节目直播、节目回放、在线互动、广告播控、数据管理及统计、用户管理与统计、计费管理模块七方面内容。如下：

1. 节目直播

音频节目的直播功能，将国际台重要的节目通过 Live Studio 同步直播给听众。节目可实现多语种直播，用户可以自由切换。直播伴有相关文字及图片介绍，方便了解节目背景。

2. 节目回放

用户可以根据自己的爱好选择节目，点播回放。节目列表和推荐列表可直观显示节目内容，供用户选择。用户还可以使用搜索功能查找节目，或者设定时间，定位某个月播出

的节目，从中选择自己喜爱的内容。回放节目也有相关文字介绍，可实现多语种切换功能。

3. 在线互动

用户在线收听节目，可以对节目进行评级，星级的高低，直接影响节目在推荐列表中的排序。对于感兴趣的内容，用户可以收藏到文件夹，或者可以下载到本地，这样即使在无网络的环境下，用户也可以随时收听节目。用户还可以通过网络分享自己收听的信息，进行网络互动。

4. 广告播控模块

在 Live Studio 系统中，将出现图片广告区域，广告多以图片为主要形式。广告可以分为通过用户点击关闭，和由系统设置播放时间，用户无法手动关闭的。

5. 数据管理及统计

系统可实现数据的录入、删除、统计、管理等功能。系统可对节目播放量、下载数量、评论星级等数据进行统计，形成表格，供节目分析使用。同时可通过设置，控制节目播放时间，实现数据统一管理。

6. 用户管理与统计

用户可通过微博分享或注册成为会员，享有会员的特殊权限。系统还可以通过软件的登录情况，对登录用户自动形成信息记录。用户信息的存储和权限的区分，可形成 Live Studio 的初级用户列表，为未来设立用户体验，建立听众数据库奠定基础。

7. 计费管理模块

Live Studio 系统平台将节目动作与商业利益有效结合，设计了节目计费管理模块，计费内容包括广告计费和节目计费两方面。广告计费以广告播放时间为标准，广告上刊和下刊均以广告方买断的时间为限。节目计费存在直播和回放两种情况，直播以次数计费，回放以节目存储时间长短来收取费用。广告及节目均可通过时间设置功能自动排序上下刊，当设置时限结束时，该文件从节目列表中消失，再次续费后，方可出现在节目列表中。

二、Live Studio 平台建设内容

综合上述要求，结合七项功能模块，本平台的建设内容应包括以下几个方面：

(1) 音频的播放。实现：

①通过对流媒体的采集和转换，实现节目的直播；

②通过与数据库的对接，实现节目的点播。

(2) 搜索功能，集成现有信息系统提供的相关节目资源，实现信息定位，为使用者提供所需的节目，享受全面、便捷、丰富的服务。

下图是模拟系统的设计界面。

图 1 是直播界面，上面显示直播的简要信息和控制按钮。最下方一排按钮从左到右分别代表“评论”“语种切换”“分享”“下载”“搜索”功能。

图 2 是节目列表界面。按时间列出（查找）相应的节目，进行点播收听或下载。

图 1

图 2

(3) 收藏、下载功能，节目可收藏或下载到文件夹中，下载后，即使在无网络环境的情况下，也可以在本地收听喜欢的节目。(如界面设计示意图 3)

(4) 分享功能，用户可以通过微博进行分享，实现用户在网络上的互动。

(5) 提供基于角色的权限基础认证体系，用户通过注册、分享、下载等功能，被系统进行信息记录或者权限区分。在后台可以根据信息进行权限设置，同时还可对用户数量等数据进行统计分析。

(6) 广告区域，软件系统的一些页面设立广告位，实现节目与商业利益的结合，为未来节目收费、用户权限设定、广告收费等功能提供前期基础。(如界面设计示意图 4)

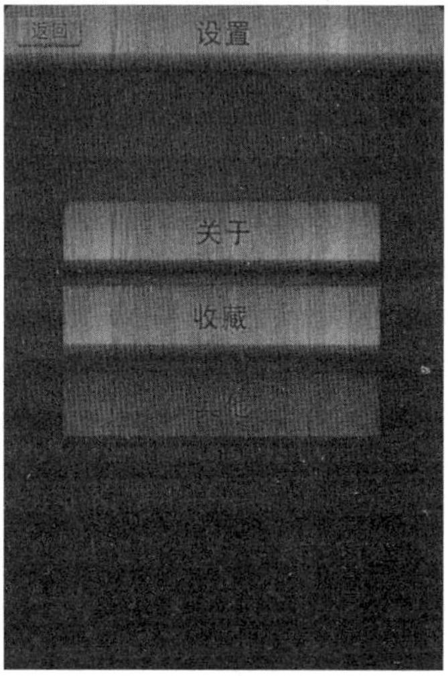

图 3

图 4

（7）计费功能主要体现在广告及节目的上下刊设置。广告及节目的播出均通过时间设置功能来完成，保证广告及节目按时上刊，按时下刊。

（8）具备完善的后台内容编辑平台，可以完成 Live Studio 中所有数据内容的录入、编辑、删除、管理等工作。

①音频文件的导入及删除；

②文字及图片的录入及删除；

③文件上线时间的管理。

（9）实现后台的节目数据统计报表功能，根据节目播出时间及用户星级评论的结果对节目进行排序，针对节目的点击量和下载数量对节目关注度进行分析，方便节目相关数据统计。

（10）在 iPhone 终端上提供美观、高效的操作界面，为用户提供优秀的节目播控服务。

（11）提供强大的移动终端管理系统，保证版权内容，同时确保用户服务，确保终端数据安全。

（12）按照国家及行业标准，提供成熟的、灵活的接口，将其他系统中的统计信息或统计数据进行采集。

三、系统设计方案

1. 总体要求

（1）全面规划，提高系统稳定性和灵活性：

通过项目整体规划，建设一套适应未来发展的总体建设方案。通过从服务器部署、从系统底层设计等角度来进行规划，从而提高系统运行的稳定性和灵活性。

（2）融入人性化设计，满足多方面需求：

立足于移动终端常用模式，将设计得更具人性化，使用户方便使用、舒服收听。在功能设置上，全方位地进行了考查和筛选，实现功能设计的科学性，打造一款内容高端、技术先进、功能完善、时尚方便的节目播控系统。

（3）优化系统性能，提高系统运行速度：

依托技术手段，通过对软硬件平台的改造和对系统的灵活设计提供一个的高效易用的节目播控系统。

（4）深度数据挖掘，提升用户体验：

通过对收听数据的深度挖掘与分析，采用 HTTP Live Streaming（HLS）技术提升用户体验，为用户带来更好的收听体验，提升系统品质。

（5）与台内相关系统对接

Live Studio 需要和台内的其他系统进行对接，因此我们在开发和集成的过程中要采用国家、业内标准，预留足够的接口，为以后的扩展升级打下基础。

2. 系统架构设计

Live Studio 应用平台是运行在 iPhone 终端的 IOS 软件。整个系统设计分为五层，分别

为流媒体服务层、基础支撑平台、业务管理层、终端接入层、终端表现层。(如下图 5)

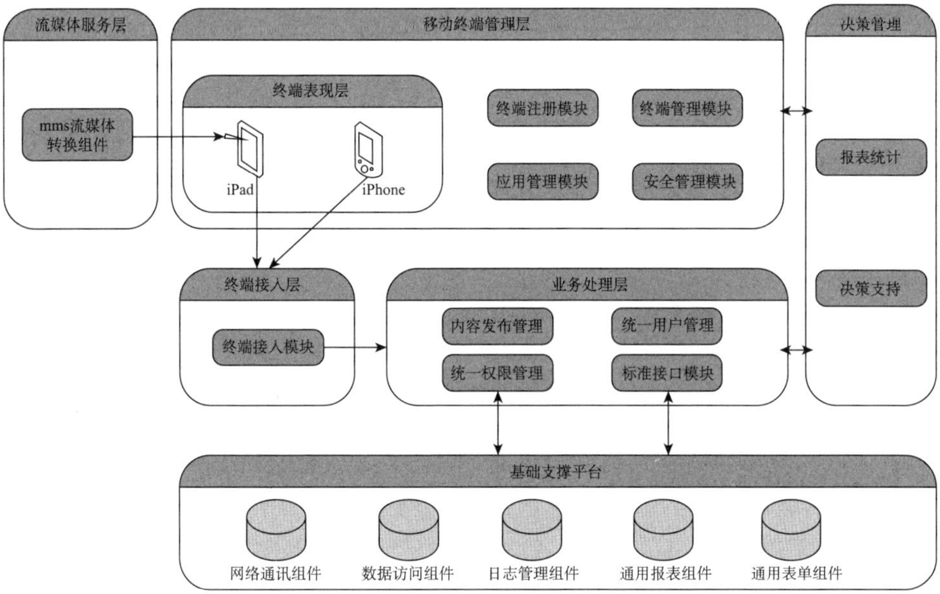

图 5　系统架构图

(1) 流媒体服务层：流媒体服务层为节目直播提供稳定的音频流，通过移动终端直接获取数据，通过转换格式，把 mms 流媒体转化成 iPhone 可识别的音频流。

(2) 基础支撑平台：基础支撑平台是整个系统的基础架构，由网络通讯组件、数据访问组件、日志管理组件、通用表单组件等构成，完成整个系统的底层实现和框架功能。基础支撑平台是标准化的，具备良好的扩展性和重用性。它的好处是：以基础支撑平台为依托，可以扩展其他应用，无需再开发新的底层实现和框架，只需要根据业务需求，开发业务处理层即可。节约了资源，压缩了成本，并且快速实现。

(3) 业务管理层：业务管理层由内容发布管理模块、统一用户管理模块、统一权限管理模块、标准接口模块等组成。内容发布模块用于发布音频、文字、图片等内容。统一用户管理模块用于管理用户，包括对搜索、下载、分享、注册等功能的限制。统一权限管理模块，采用角色的访问控制技术，使各个系统具备完整的权限管理功能。能够按照业务要求对用户进行角色分配、权限分配。保障信息安全。标准接口模块，采用国际通用的标准设计系统接口，用于和其他系统进行对接，采集其他系统数据进行汇总。

(4) 终端接入层：终端接入层负责将终端设备安全的接入系统，在终端与系统的通讯中，对数据进行加密，保证数据的通讯安全，保证通讯的畅通与高效。

(5) 终端表现层：终端表现层，基于 IOS5 环境进行开发，在 iPhone 上表现节目的内容，与评级并保障八种语言的自由切换。表现层突出良好的用户体验与程序的流畅性，注重 UI 设计，以最好的方式展现 Live Studio 节目内容。

3. 系统平台的通用信息化组件

在系统平台中将包含多种业务系统，如下载量统计报表和后台用户权限统计报表系统、内容发布系统等，为了能够为这些系统的建设搭建一个统一、安全的通用服务平台，可以采用在平台中设置通用的信息化组件的方式来实现，也就是说，将每个应用都要用到的功能模块，独立出来，作为服务平台中的标准化组件，其中包括：网络通讯模块、数据访问模块、日志管理系统、报表系统等。这样既可以提高开发效率，又可以节约成本。

网络通讯组件：无论是音频节目的收听还是下载，Live Studio 的产品效果都依托于顺畅高速的移动网络，基于中国移动网络现状，需要一套高效率的用于移动网络通讯的组件，使得移动通讯效率明显提高，保证节目源的调用及收听质量。

数据访问组件：数据是信息的核心元素，对数据的访问也是信息系统的关键功能，如何安全高效地对数据进行存储、访问、修改，数据访问组件就能完成这一功能。采用国际通用标准，将对数据的访问组件化，对外提供高效、安全的数据访问接口，外包应用只需要调用相应接口，即可完成数据的访问。

日志管理组件：服务平台中的每个应用系统处于安全性考虑都会要求有严密的日志系统，使系统在用户登录、注销、修改口令、对数据库有任何的除查询以外的操作、越权访问、系统出错等情况下，系统都将自动记录日志。

日志的内容包括：操作用户 ID、操作计算机 IP 地址，保证操作事后具有不可抵赖性。

在系统管理程序，提供完整的日志查询功能，提供按用户、按时间、按类别、按主题等搜索查询的功能，日志不允许任何人修改和删除。

报表系统组件：服务平台中都出于决策和运营的考虑，都会要求有准确的报表系统，我们需要根据业务要求，后台提供各种数据统计报表。包括下载统计、点击统计、分享统计，等等，并且所有报表都可以定制。

四、关键技术

Live Studio 系统是在 iPhone 手机端实现流媒体应用的 IOS 软件。因此将涉及如下关键技术：

1. 采用 XML 实现配置灵活和数据交换的要求

XML（eXtended Markup Language，可扩展的标记语言）具有可扩展性、灵活性、自描述性和简明性。它不再像 HTML 只有一成不变的格式，而是可以定义无穷无尽的标记来描述文件中的任何数据元素的方便工具。XML 突破了 HTML 固定标记集合的约束，使文件的内容更丰富，并组成了一个完整的信息体系。良好的数据存储格式、可扩展性、高度结构化和便于网络传输是 XML 的四大特点，决定了其卓越的性能，使得 XML 可以在本项目中在页面配置和数据交换中一展身手。

2. HTTP Live Streaming（HLS）技术

HTTP Live Streaming（HLS）技术是苹果公司开发的渐进下载的流媒体协议。目前的先进的视频点播平台（例如优酷、土豆）都使用了 HTTP Live Streaming（HLS）技术。

通俗地说，HLS 就是将一个时间很长的视频进行切割。切割为若干个小视频。对这若干个小视频分别进行缓冲。采用渐进式的缓冲方式，这样每次缓冲的时间都非常短。播放更加流畅，用户体验也更加好，并且为移动用户节省流量。此技术同时可以解决 App Store 上对于视频的 10 分钟缓冲限制。

五、结语

Live Studio 平台的建设构想源于各语言部门的现实需求，是移动应用群岛中的项目之一。该系统应用是我台多语种音频广播节目在线收听系统向苹果终端的移植和拓展，将中国国际广播电台中最具特色的品牌节目，通过移动互联网展现给世界各地的听众，有效地利用媒体运营手段达到延伸传统广播覆盖面和优化品牌的目标，在我台建立媒体化组织，坚持媒体为先，市场为源理念的今天有着重要的意义。

（作者单位：中国国际广播电台采集制作中心）

谈“多媒体融合、全媒体发展”进程中的软件项目管理

李普玉

近年来，国际台以多媒体融合、全媒体发展为方向，积极拓展传播渠道，丰富媒体形态，逐步发展成为传统媒体与新兴媒体融合发展的新型综合媒体，国际传播能力得到了稳步提升。为了能够更好地引领和支撑国际传播事业发展，加快推进区域媒体建设，发挥多语种、多媒体的优势，就需要紧跟媒体技术发展，加强新媒体技术以及媒体融合的应用研究，加快技术创新和系统建设，逐步实现技术体系对全媒体业务的全面支撑。

在多媒体技术系统建设过程中，为适应国际台多语种、多媒体、多平台、多终端的应用特点、满足诸多个性化的需求，软件定制开发项目会越来越多。由于软件定制开发项目具有连续性、复杂性、少参照性、无标准规范、周期长等特点，存在很大的风险。在项目建设过程中，不能仅仅依靠项目的建设单位来完成，国际台作为项目需求方来讲，其有效的项目管理对项目成功和失败起着关键的作用。

根据国际台技术项目管理实际，软件定制开发项目一般分为项目立项、深化设计、采购、实施、验收、质保维护六个重要阶段。为有效指导国际台项目组的软件项目管理，现结合软件项目管理经验，详细阐述国际台项目组在软件项目各个阶段中应该做好和把控的关键工作。

一、项目立项

项目立项是项目承建部门根据需求和发展规划，经过相关部门或领导批准，确定拟定制开发的软件系统和申请预算的过程。项目承建部门在提出软件项目意向时，要成立项目组，确定项目负责人。对于重大复杂软件项目，项目组可进一步分为领导组、技术组、业务组、档案组、协调组等，每个组要明确职责，设置负责人。

项目组要充分了解软件项目需求，确定项目建设重点，可通过社会考察，了解潜在开发商。项目组要对潜在开发商进行考察，了解其资质、同类项目业绩、技术实力和项目管理规范等相关情况。

考察结束后，项目组要结合开发商针对本项目的技术方案，形成考察报告，并研究论证定制开发的软件系统需要采用的技术，明确其性能、环境、安全等要求，作出可行性研究报告和初步设计，详细测算项目预算，报项目管理办理部门或领导审批。项目批准后，编制项目申报材料，向财务部门申请预算。

二、项目深化设计

项目深化设计是对软件项目的实施在技术上和经济上进行全面而详尽的安排，是项目决定性环节，是后续阶段开展的依据。项目组要根据项目批复资金额度，结合项目初步设计，对项目进行深化设计，详细描述项目主要内容、软件具备的功能、应采用的技术和性能要求、体系架构、系统拓扑、软硬件设备及参数等。

深化设计完成后，由项目管理部门对设计方案进行初审，并邀请专家或委托专业机构对深化设计方案进行论证评审，以便进一步完善项目方案。

三、项目采购

对于不需进行政府采购的软件项目，项目组要根据深化设计要求综合评估潜在开发商的解决方案，评估内容应包含开发商实力、技术方案、项目实施、售后服务、费用等方面。确定开发商后，就可与开发商签署合同。

对于需进行政府采购的软件项目，项目组应根据深化设计方案和政府采购要求，编制项目招标文件，明确项目软件功能、实施、测试、试运行、培训与售后、验收等要求，由政府采购部门根据招标文件委托招投标公司进行政府采购。确定中标方后，就要和中标方签署合同。

项目组需要在与开发商或中标方（乙方）签署的合同中约定项目进度、付款计划、知识产权、验收、试运行时间、售后服务、软硬件质保期等内容，合同要通过技术管理、财务、法律、纪检等相关部门的审核。

四、项目实施

项目实施是实现项目目标而进行的活动，项目实施阶段是项目成功与否的一个决定性阶段，做好项目实施管理是项目组确保项目成功的关键。因此，项目组要加强项目实施管理，做好项目启动、需求深化、设计开发、系统部署、系统测试和试运行等关键阶段的各项工作，同时要对各阶段的每个关键点或里程碑进行严格审核，避免前一阶段出现的问题传递到下一阶段，甚至被放大。因此，项目组可以根据项目实际情况，要求乙方采用迭代式软件开发流程，如下图 1 所示：

1. 项目启动

项目启动阶段的工作直接影响到项目后续阶段的开展情况。因此，项目组内部应召开专题会议，根据项目实际，明确项目组成员在实施阶段各自的责任。要根据软件功能需求，针对每个功能，确定需求负责人，负责人一定要由业务精通的人员担任，能对系统的功能进行细化和提出明确的要求，并能有效地反馈给乙方需求调研人员；安排协调人员，协调人员负责整个项目相关事务的协调，如合同付款，安排会议等；设置档案管理人员，

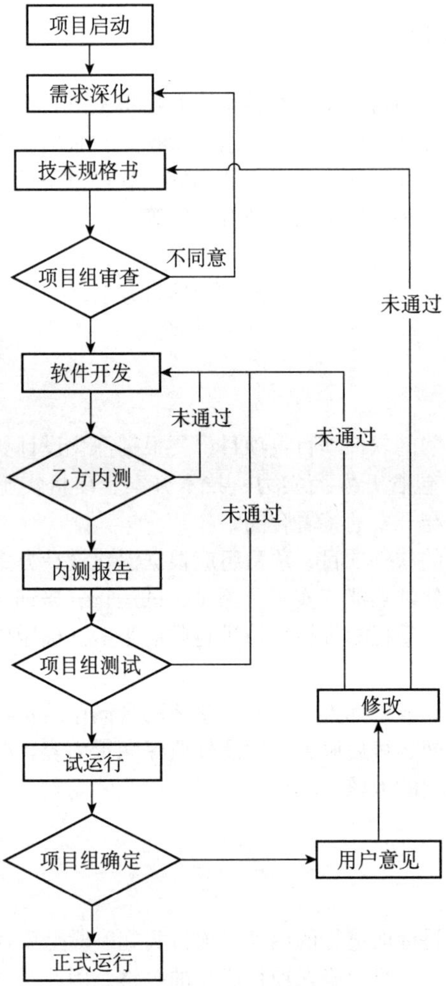

图 1　迭代式软件开发流程

负责项目相关文档的整理、归类和存档。

项目组要组织与乙方召开项目启动会，双方应根据项目进度和目标，制订合理的进度计划，明确项目的各项工作、里程碑、参与人员的职责等，并制订项目例会制度、沟通机制、调研方法、文件管理和文档要求等内容。

2. 需求深化

项目启动后，就进入软件需求深化阶段，需求深化主要是乙方对国际台定制开发的软件系统功能进行需求调研、分析、并转化为技术需求，由项目组确认的过程。需求深化阶段很重要，乙方需求深化的不完整或者错误，在设计阶段将会被成倍地放大。因此，需求深化得越详细、准确、完整，定制开发的软件功能就越明确。

此阶段包含需求调研和需求分析两个重要过程。对于需求调研，项目组要根据项目的大小和进度，与乙方一起确定调研计划。一般情况下，乙方人员对国际台的业务需求，理解程度不一样，需求调研也要进行迭代方法进行，乙方需求调研—项目组确认—调研—确认，反复地进行。由于乙方的需求分析包含功能需求、当前和未来业务及流程等，因此，项目组应在乙方需求调研时，提前做好项目所涉及业务的详细准备工作，具体包括业务流程，流程所涉及的岗位、单据、报表，以及各种单据和报表之间的计算关系等。如果国际台需求不够清晰、管理及业务流程不稳定、需求经常变化，对于软件规模小，不太复杂的项目，可以要求乙方进行原型化开发，原型化开发的软件系统为最终用户界面，便于项目组梳理需求和乙方需求调研及软件设计。项目组一定要认真仔细地完成此阶段工作，因为需求的不明确或乙方对需求理解不够透彻，会影响到后续阶段中的需求变更。

需求调研完成后，乙方会对需求进行分析，形成技术规格书，项目组一定要认真进行评审并最终确认。

3. 设计开发

软件开发阶段，主要的工作在乙方，但在此阶段中，项目组需要对软件的设计进行风险跟踪。项目组应要求乙方制订严格详细的项目开发规范，约束乙方项目开发人员的行为、设计和编程风格，让所有参与开发的人员，都遵照统一标准开发，规范可包括系统设计规范、程序开发规范、系统测试规范、数据规范等；项目组应和乙方加强沟通，在开发过程中遇到问题要及时沟通交流；应监督和了解乙方的开发进度，要对乙方工程师设计完成的软件界面进行确认，并要求乙方编制健全的软件设计文档等。

4. 软硬件系统部署

软硬件系统部署是一项非常重要的工作，软件和硬件设备的配置是否良好直接决定着系统运行性能的优劣。因此，项目组应根据项目计划，要求乙方实施人员在系统部署前制订详细的实施方案，实施方案应包含：实施进度，设备布局、系统拓扑图、IP 地址规划、服务器系统配置、存储系统配置、设备编号索引、线缆及配线架标示规则及其他需要实施的相关软硬件配置（如：数据库、中间件、负载均衡）等。项目组技术人员要对实施方案进行审核确认，确认合格后，由乙方人员按照实施方案进行操作实施。

实施前，项目组可要求乙方实施人员对国际台技术和维护人员进行安装调测培训；实施中，项目组应安排技术人员跟踪和协调，同时要求乙方对项目组技术人员进行现场培训；实施后，项目组应要求乙方实施人员根据实施情况，对实施方案的各项内容进行调整完善，同时编制相关系统的安装配置手册，如服务器、数据库、存储等子系统的安装配置手册。

软硬件系统实施完成后，定制的软件也基本上完成，乙方就要将软件部署在软硬件系统中，并完成最终调试。此时，项目组技术人员要对此阶段系统部署情况进行检查、验收。

5. 系统测试

系统测试主要是项目组对定制开发的软件系统是否满足需求进行验证，并找出与需求规格不符或与之矛盾的地方，从而提出更加完善的方案。对于项目组来讲，系统测试应包括功能测试和性能测试两部分。

项目组应在乙方完成软硬系统部署后，开始系统功能测试。为避免乙方功能测试的压力指向项目组，项目组在测试过程中发现的错误过多，则要求乙方重新进行测试，形成测试报告，经项目组确认后，再进行项目组内部测试。项目组要在这个阶段运行真实的数据，根据功能需求，逐项对软件模板进行功能测试，及时发现 Bug、故障、与需求不符或矛盾的地方，由乙方进行修改完善。

功能测试确定满足需求后，就可以进行性能测试。在真实的运行环境下，项目组应按照采购时的技术要求，选择几个关键性的指标，要求乙方人员进行性能测试，形成测试报告，同时，还应委托第三方有资质的测试单位进行系统性能测试，以保障系统质量。

6. 试运行

系统测试合格后，进入试运行阶段，此阶段项目组要根据乙方制订的操作说明书，制订软件系统的业务操作规范，同时和乙方组织系统的使用用户、系统管理人员进行系统培训。

系统培训的形式可以采用现场培训、搭建培训环境、讲座等多种形式，为达到培训效果，培训时，项目组应要求乙方准备操作说明书和业务操作规范的书面文本，培训后要求使用人员要对照这两个文本进行系统使用和练习，必要时要对使用人员进行考核上岗。

系统培训完成后，使用部门要开始正式试用定制开发的软件系统，试用时间应至少一个月，试运行期间项目组和乙方应建立问题反馈流程和机制，并及时解决问题，优化系统，使系统能够更加健全稳定地运行。

五、项目验收

项目验收是对项目完成情况进行综合审查并作出相应结论的过程。软件项目验收包括初验和终验两个过程。初步验收由项目组和乙方在系统试运行结束后组织完成，主要确定软件项目建设完成、功能和性能满足需求、系统稳定可靠、文档规范齐全等。初验合格后，项目组和乙方要撰写项目初验报告和工作报告，并按照国际台项目验收的管理制度，向项目管理部门提交相关文档申请项目终验，由相应管理部门要分别对项目文档、技术实现、固定资产、资金等进行综合验收，并出具最终验收报告，必要时可以聘请专家或委托第三方专业咨询机构进行终验。

系统终验通过后，项目组要及时将项目文档和验收文档按要求进行归档。需要将系统移交至运维部门时，项目组应与运维部门进行沟通，做好系统和文档移交工作。

六、质保维护

项目终验结束就进入质量保证期。此阶段是乙方免费维保阶段，项目组要和乙方约定好运维的服务要求，应包括但不仅限于软件系统的软件系统升级和 Bug 修订以及现场维修与故障恢复服务承诺、响应时间等服务要求。

此阶段，系统正式投入使用，在使用的过程中，可能会检验出原来定制的需求有不足或业务有更改的地方，此时就需要乙方对软件系统进行部分调整。乙方修改完成之后，项目组或运维部门要对系统修改点进行测试确认，并更改相应的操作说明书和操作规范。

（作者单位：中国国际广播电台技术管理办公室）

参考文献：

1. 甲方在项目开发过程中的作用，http：//www.leadge.com/djnews/news/20088415190.htm。
2. 原型化开发，http：//baike.baidu.com/view/8430974.htm。
3. 韩万江、姜立新等：《软件开发项目管理》[M]，机械工业出版社，2004 年。
4. 何春：《软件开发在项目中的管理》[J]，《科协论坛（下半月）》，2008（07）。
5. 雷坚：《项目管理在软件开发中的应用探究》[J]，《软件导刊》，2011（07）。

综述国新办新闻发布会后方直播系统配置与技术保障

吕燕威

国际台肩负着国务院新闻办公室新闻发布会现场直播任务，每年大约直播几十场，具有时效性高、快捷等特点，同时使用中英文，通过国际台中波频率及互联网实时播出。

一、系统概述

1. 信号流程

采集现场信号，由传输装置通过电信网传至台内主控，由电信传输设备接收信号后通过线盘将信号跳入直播间，再由直播间技术及相关人员依播出时间参考现场情况将信号切入通道，由调音台将信号送入相关播出通道。

2. 直播室系统配置

（1）调音台：

以前这套系统的主要设备主要由一台 studer 调音台及相关周边设备组成，今年年初将已用多年的调音台换成了 lawocrystal 全数字式调音台，它具有技术先进，易于安装调试，性能稳定，操作灵活等特点。

本系统采用 lawo 公司设计生产的 CRYSTAL（水晶）型调音台，从结构上它由两部分组成。

首先是调音台的主机核心单元，它设计紧凑，仅有 1U 高，19 英寸宽，可非常方便地安装在标准的广播设备机柜上，核心处理无 PC 控制，因此使得调音台启动时间非常短，它既能使用最基本的配置，又可提供高级的功能以方便不同人群使用。

再是调音台的控制面板单元，它和主机只通过一根 CANBUS 线缆连接。从外观上简洁清晰，布置合理，非常易于使用，无论是用于直播还是制作，它都能满足节目编辑人员或技术人员的工作要求，它采用模块化设计，有以四个推子为一组的输入输出单元，最多可扩展至四组 16 个推子，在中心处理单元模块有监听控制和功能设置等功能。

（2）延时器：

延时器在直播时是不可或缺的设备，当有不利于播出相关的内容时，可在短时间内进行应急处理。本系统采用 EVENTIDEBD600 型数字延时器，它在功能上，控制方面及信号质量方面都能满足广播级技术系统的要求，它比前代产品有了很大改进，尤其是用户操作方面的很大改进，使它可进行快捷的操作，且性能稳定，直播安全的可靠性大大提高。

除此以外，在这个直播系统中还包括话筒、CD 播放机、音频工作站、MD 播放机、监听音箱、耳机等周边设备。

二、系统安装

1. 安装前的注意事项（很重要，但常常被忽略）

首先检查设备外观，以防可能在运输过程中造成的损坏，如果发现有异常现象，千万不要急于加电，或已经加电需立即切断电源。主机箱和控制面板及周边设备都要很好接地。根据手册要求给调音台供电。调音台使用的环境温度在10～35摄氏度之间。主机箱前面板（见图1）包括：以太网、CANBUS、RS232接口。后面板（见图2）包括：模拟线路输入输出、数字线路输入输出、话筒输入等接口、电源插座等接口。

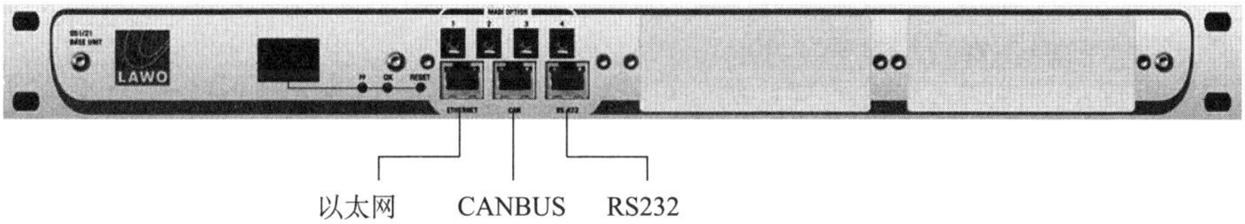

图1

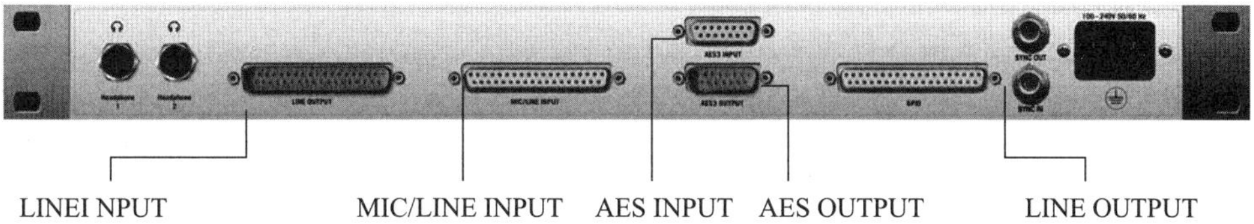

图2

将主机和控制面板分别用专用的电源线连好，将用于系统配置的PC机用网络电缆（STP-CAT5带有RJ45插头）连接到主机的ETHERNET接口上，如果需要连多台PC机，可通过网络交换机连接。接好电源后开机，在主机前面板的LED窗口显示开机启动状态：初始闪烁，系统开始引导，完成引导，显示系统IP地址，RUNLED开始有规律地闪烁，这个过程需要10～15秒。

2. 安装配置工具软件

PC机系统需求：操作系统使用微软Window 2000或Windows XP，内存256M，英特尔奔腾3处理器（主频800Hz或更高）。MDAC驱动2.5版本，微软JET4.0SP6插件。安装CRYSTAL提供的配置工具软件，用该软件将配置模块程序下载到主机。

3. 连接和配置网络

通过配置PCP/IP的设置完成PC机与调音台设备之间的通讯，CRYSTAL主机的IP地址是10.225.101.240。当主机启动时，主机前面板的LED小窗将显示这个IP地址，PC机的IP地址是10.225.101.241，子网掩码是255.255.255.0。用PING命令检查调音台主机和PC之间是否连接成功。

调音台主机与PC机建立通讯后，可用PC机中的调音台配件工具软件将已经预先编制好的配置模板程序下载到调音台主机。操作方法是：打开一个模板，并在 PC 机中存一个备份（起一个文件名）。然后再将文件下载到调音台主机。

4. 功能配置

可根据所提供的软件模板来配置，并且使用相应的接口连接到外部设备。例如：如果使用 RADIOON-AIR 模板（本系统采用），可以把 DJ1 话筒连接在 MIC/LINEINPUT 接口的“1”号位置，当把 RADIOON-AIR 配置模板下载到主机时，这个物理接口所连接的信号源被定义成“DJ1”（调音台推子单元上有源的显示），如果希望自我定制调音台配置，可在配置好调音台的功能后，将配置文件存入 PC 机中，然后再下载到调音台主机。由于 CRYSTAL 的可配置的功能非常多，因此根据不同的用户有如下三种配置的建议。

基本配置：也是默认配置，在这个模式中，只能对配置有一些小的改动，如对信号源标签重命名，其他配置选项将被锁定。

中级配置：是更高一级的配置，例如可使设备与字时钟同步锁定。

高级配置：在这个模式中可实现所有调音台的配置选项。但要注意，在高级模板中，如果下载了一个错误的配置可能影响到调音台的功能设置，因此，要是一开始不熟悉系统功能的配置，最好先使用基本配置模式。

5. 操作步骤

（1）将一个标准模板下载到调音台：

从 PC 机上点 START＞PROGRAM＞FILE＞ZIRKON，第一次启动时出现“提示与技巧”对话框，看后点“OK”，在程序中选择 FILE＞NEW，在 PRODUCTS 的窗口中选择“CRYSTAL”选项，点“OK”，出现模板选择对话框，由于本系统采用 12 个推子硬件模块并用于直播，因此选“CRYSTAL12FADERRADIO”选项，然后将所选的模板另存，可起一个文件名（如果是网络设置则更复杂，本系统不涉及）。下载配置文件：在程序中菜单栏选 DOWNLOAD＞CONFIG，出现对话框点“EXCUTE”。当下载完成后，调音台主机将重启，新的配置参数被使用。

注意，由于 CRYSTAL 的推子没有马达驱动，在推子下方有一个上、下箭头有闪烁的显示，表明信号源分配到推子的正确电平，上下推动推子使箭头不再闪烁，这时推子就是在正确的电平位置。

（2）重新设置日期和时间：

在 PC 中点 START＞RUN，键入“cmd”，点“ok”，出现 DOS 提示符，键入“telnet192.168.101.240”，在“login”后键入“root”，在“password”后键入“tomtom”，按“enter”进入“rtcset”指令，键入某个日期，如“03.11.08”代表 2008 年 11 月 3 日。然后键入“14：00：00”，代表下午 2 点，按“enter”。再键入“rtcsetsys”，按“enter”退出时间日期设置，再键入“exit”退出。

6. 信号源参数

在信号源分配到调音台控制面板后，将包含如下参数：

（1）模拟输入单元（话筒）：话筒增益，20db 衰减，48v 幻象供电，高通滤波器。

（2）数字输入单元：单声道信号源包括数字增益，L/R 声像电位器。立体声信号源包括数字增益，平衡，左边输入相位翻转，宽度控制等。

(3) 另选配的DSP模块包括：3段参数均衡器（高、低通滤波器），动态处理器（噪声门—扩展和压缩），限幅器，延时器。

(4) 快照功能：可以将以上参数进行快照处理，这样当再使用上述参数时可立即调出，不必临时重新设置。

7. 调音台的控制面板操作

(1) 推子单元：

a. 旋钮：当“ACCESS”关闭时，这个旋钮可以控制话筒前置放大器增益，数字增益，L-R声像，L-R平衡，另外这个旋钮也可以选择和调整信号源及参数。

b. 多功能键（MF键，1、1b、2、2b四个键及LED显示窗）：当“ACCESS”关闭时，多功能键执行由设置好的模板来定义默认操作，包括PFL（预听），母线分配和对讲，其中用四个键也可以调整信号源的参数。

c. ACCESS键：在每个推子模块条上都有一个“ACCESS”键，单击“ACCESS”键后，可以调整信号源参数，双击“ACCESS”键，可选择信号源到本模块条。

d. 推子：也叫推拉衰减器，刻度由负无穷大到＋9db。

e. lawo标记信号灯：当把这个推子模块作为输入单元时，信号灯表示有无输入信号；当把这个推子模块设置成输出单元时，这个灯显示表示信号的属性，如作为PGM它显示呈洋红色，作为AUX它显示呈蓝色。

f. 推子下面的LED小窗显示信号源名称如LINE1。

g. 多功能键3、4：由配置模板来定义，通常定义成通道的“ON”、“OFF”或“MUTE”、“PFL”。

(2) 监听模块：

a. 峰值表：立体声峰值表由配置模板来定义，其中还包括相位表，第一块监听模块上的峰值表监测监听源的电平，第二块监听模块上的峰值表监测PGM（REC）的信号电平。

b. 环境监测小灯。

c. 功能键1～8：与推子模块上的“ACCESS”键配合使用。分别表示INP（输入）、DYN（动态）、LIM（限幅器）、DLY（延时器）、EQ（均衡器）、母线分配、快照的存储及调出。在通常情况下，还包括ON AIR（直播）信号灯、GLOBALPFL OFF（解除全部预听）、对讲键等。

d. 下端旋钮及多功能键：可以定义两个旋钮监听不同的信号源的音量电平，如监听音量和耳机音量。多功能键也可定义成播音室哑声键、对讲键等。

三、直播流程

(1) 将前方信号接入播音室调音台，将当前正在播出的88.7mhz通道的节目分接到调音台（不影响播出），试通所接链路，检查MD播放机、录音工作站、延时器、监听装置是否工作正常，检查调音台的设置，是否与延时装置连接好，前方传送主路、备路信号、大广播信号、MD播放机信号是否已接入调音台通道。与编播人员进行沟通，是否有播出特殊要求，本系统能否满足，检查所提供的节目片头、备播节目的音频质量。

（2）在开播前10分钟，将台内广播信号接入调音台通道，这时由调音台控制广播信号电平，整点开播时将广播信号拉下，切入国新办直播片头，这时监听前方节目是否已开始，如果开始，将片头拉下同时切入前方主路信号。

根据国新办节目特点，节目开始主路信号传送前方同声传译信号，备路信号传送现场信号（背景声），同声传译结束是交叉传译，也就是现场信号。同声传译结束后拉下，将备路的现场信号推大，这时与主控线盘人员沟通，将同声传译的通道变成现场信号作为备用通道，预听备路通路信号是否正常。节目结束后，播放MD结束曲，结束曲播放完毕后，拉下MD，切入大广播通道等待主控线盘将广播节目跳回正常的播出通道。

（3）应急方法：

如果前方信号主路中断，需及时推上备路信号，如果备路信号也中断，需及时推上台内广播节目或MD备播节目，如遇节目内容等不利于播出情况时，及时将在播节目切换成备播节目。

（4）经验总结：

广播直播工作非常重要紧张，稍有不慎就会酿成事故，因此提前想好可能出现的问题非常重要，同时要仔细检查设备的工作状态，理清本次直播的工作流程，将备用方案想清楚，注意到每个细节可能给直播造成的影响，就会在工作中有备无患。一般当遇到如中断信号等突发状况时，为快速反应排除故障，我的经验是充分了解直播的硬件系统的特点、操作方法、熟悉直播流程，做到心中有数。

本文以国新办节目直播为例，详细介绍了直播所需硬件系统，其中主要介绍了调音台安装设置、功能及使用，CRYSTAL（水晶）调音台由德国lawo公司制造，它具有性能稳定等特点，特别适用于广播电台、电视台等重要播出场所使用，目前国内尚未有关于它的详细介绍，本文也算是抛砖引玉吧。另外本文还介绍了国新办直播节目的特点、节目流程、信号处理方法及应急方法等。本文所介绍的内容不仅适用于国新办节目直播，也适用于其他各类相关广播节目的直播。

（作者单位：中国国际广播电台播出传送中心）

安全播出管理系统设计与应用

何 伟

随着2011年新主控的投入使用，在极大扩展国际台播出能力的同时，对安全播出工作也提出了更高的要求。在安全播出运维、管理人员基本没有增加的前提下，现有人员的工作量大为增加。为了在新的技术条件下实现对全系统的安全播出管理，需构建安全播出管理系统，根据各信息系统与播出业务的相关程度，从节目源、节目交换、节目传输等多方面全方位地进行安全播出监管，构建从内到外的业务安全纵深，同时从播出网络安全、节目交换保护、传输环境安全等多个层面落实各种安全措施，形成纵深管理体系。

安全播出管理系统作为音频制播业务管理平台，将实现制作机房管理播出业务的办公自动化，促使安全播出工作更加标准化、流程化、系统化，从而降低安全播出事故频率，有效保障节目安全播出。在播出工作现有业务的基础上对工作业务流程进行梳理并优化，且整合现有技术资源，进而构建安全播出管理系统，包括统一用户管理、机房管理及监控、运维管理、资源管理、统计分析管理、运行图管理、高端展示平台等，其中资源管理综合了人员、设备、文档知识库等。系统还对电子化存储的相关机房监控数据、运维管理数据、设备管理数据进行统计分析，并深度挖掘潜在信息，为管理者提供决策依据和参考；系统还提供扩展接口，如构建Web Service对外接口，方便与其他制播系统及监控系统的对接。以下将从系统设计、模块设计和关键技术阐明安全播出管理系统的设计与应用。

一、系统设计

安全播出管理系统基于B/S架构，用Eclips3.5和JDK1.6工具开发，部署在SQL Server 2008和Tomcat平台上，分布在制作网和监控网中。其中制作网主要用于语言部管理素材、制作成品节目并上传至播出网，包含统一用户管理、制作机房管理及监控、运行图管理、统计分析、运维管理及资源管理等模块；监控网主要包含高端展示平台、系统配置管理和统一用户管理等模块，系统总体功能结构如图1所示。

由于安全播出管理系统主要基于B/S架构，部署时分别部署服务器于制作网和监控网中，制作网客户端只需部署监控客户端插件，监控网中高端展示平台终端需要flash插件支持，通用业务终端用浏览器即可与服务器正常通讯。服务器部署时，数据库服务器主备互为镜像，可以自动切换，防止单一数据库出现异常而影响正常访问。安全播出管理系统部署图如图2所示。

图中主矩阵网络、备矩阵网络及总控监控其他系统均可与安全播出管理系统通过对接平台进行数据交换，完成业务间的无缝对接，方便了安全播出业务的集中管理。

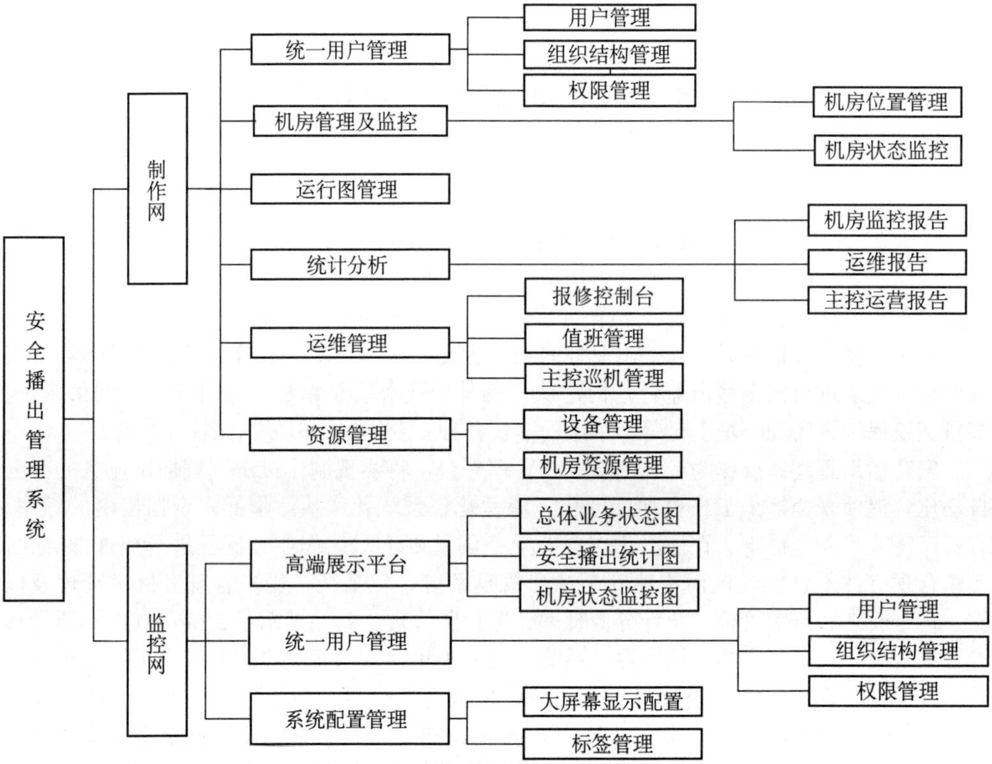

图 1　安全播出管理系统功能结构图

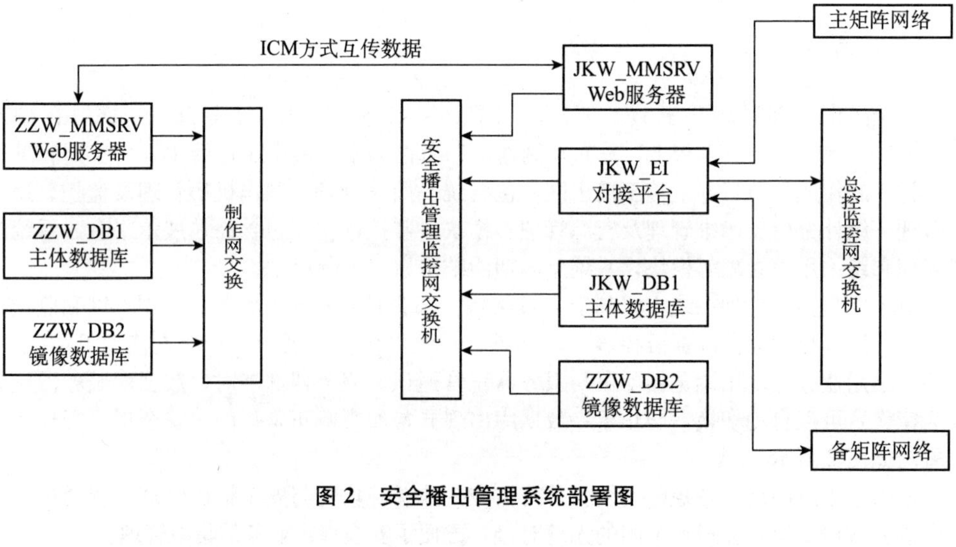

图 2　安全播出管理系统部署图

二、模块设计

安全播出管理系统业务流程开发是基于统一的规则引擎开发，这样实现了业务决策与应用代码分离开来，提高了开发和维护的效率，系统开发流程基于各功能模块，根据业务需求划分各功能模块进行详细设计。

1. 统一用户管理

该模块主要分为用户管理、组织结构管理和权限管理，支持安全播出管理系统的统一用户身份认证，采用基于角色的访问控制（RBAC）模型，其中用户管理主要负责添加、更新、删除用户信息，组织结构管理负责国际台管理和业务机构的组织管理，权限管理负责创建特定的角色并给用户和组织分配角色。操作时可以将用户分配到组织或部门下的岗位中，再给具体的组织结构、岗位或用户分配权限，完成对用户、组织结构和权限的统一管理。

2. 机房管理及监控

本模块负责管理全台的直播、录播机房的位置管理和使用状态监控。其中机房位置管理主要对机房的布局、创建和维护提供可视化的控制界面，方便直观地创建、配置机房信息，高效地对全台机房统一规划管理。

机房监控模块主要针对机房状态实时监控，采用的方案是在机房制作终端安装监控客户端，监控客户端实时采集机房使用情况，采集标准为制作终端的活动事件，包括鼠标活动事件、键盘活动事件和网络连接状态等。监控客户端把采集的数据传送至服务器，若服务器未接收到特定 IP 的客户端数据则判定机房有网络故障，接受到的数据中特定时间段无鼠标键盘事件则判定为空闲，否则判定机房为工作状态。用户还可利用机房实时自检巡机子模块来获取机房使用状态的汇总信息。

3. 运维管理子系统

运维管理主要对安全播出日常业务进行电子化流程管理，包括报修控制台和主控巡机交班子系统，该子系统可对报修和值班业务的每个环节进行数字化监控管理。报修控制台作为全台机房及主控维护办公自动化平台，可详细记录跟踪报修、派修及维护回执等各环节内容。主控巡机交班子系统是可配置、可管理的自定义巡检系统。自定义巡检项目，依据值班表，对相应的巡检项目逐一登记并记录登记时间，同时记录巡检异常项目，关联异常事件。集成警告提醒功能，对初次登录该系统的用户提示未过期的警告信息。集成“每周总结汇报”功能，对每周的值班事件做统一的总结，而且系统还将该信息统一纳入信息库供日后数据挖掘处理。

4. 资源管理

资源管理子系统分为设备管理和机房资源管理，设备管理统一登记制作播出全流程使用设备信息，并作出即将到期告警、超期服役告警，提供报废、故障等设备清单报表。机房资源管理用于将相关设备分配到各相关机房进行有机管理。

5. 统计分析

据机房监控子系统、运维管理子系统和资源管理子系统采集的信息进行综合汇总及深度数据挖掘，生成机房使用情况报告、运维报告及主控运营报告等。为管理者作出合理抉择提供参考。

此模块将根据收集的机房监控信息按月份、季度和年度自动生成机房使用情况报告，包括全台机房使用的汇总信息、各机房使用情况统计和各语言组机房使用情况汇总等。报告依据用数据讲事实，客观地反映了全台机房使用的具体情况，从而为管理者合理分配机房资源及机房使用者高效使用机房提供参考。运维报告和主控运营报告按月份、季度和年度客观统计各项和安全播出相关的运维业务情况，并结合各项运维指标和安全播出任务进行分析比较。

6. 运行图管理

运行图管理主要负责管理矩阵对应关系、矩阵出口关系，生成和更新短波广播节目运行图、海外落地节目运行图Ⅰ、海外落地节目运行图Ⅱ、录播节目运行图和直播及互转节目运行图。该模块可以根据节目变动的需求及时地更新各图表信息，最终生成对应的图表供业务人员查看。

7. 高端展示子系统

该模块需要利用flex开发基于flash的高端展示客户端，可在主控大屏幕显示各语种分布图及播出量、总体业务状态图、总播出量和安全播出统计图、主控节目运行图、主控拓扑图、安全播出业务流程图、机房监控图、告警监控显示和系统状态显示等。

8. 统一用户管理

用户管理采用基于角色的访问控制方式，对国际台人员采用现有组织结构进行构建，并根据访问级别创建超级管理员、部门管理员、值班员、编辑、保驾人员等角色，角色可分配相应模块的不同级别权限，在将组织和个别人员分配到角色后，其将拥有相应角色的权限，这种用户管理模式逻辑性、灵活性强，方便了系统维护者进行系统管理。

9. 系统配置管理

此模块主要针对系统相关参数进行设置，如大屏幕显示方式、与其他系统进行对接的开关设置等，还可对系统应用界面进行自定义，提高了用户界面设定的自由度。系统配置管理加强了系统的可扩展性，为系统变更、新模块的开发及与其他系统对接提供了很大便利。

三、关键技术

1. 基于角色的访问控制

基于角色的访问控制（Role-Based Access Control，简称RBAC）作为传统的自主访问和强制访问控制的有前景的代替受到广泛的关注。在RBAC中，权限与角色相关联，用户通过成为适当角色的成员而得到这些角色的权限。这就极大地简化了权限的管理。在一个组织中，角色是为了完成各种工作而创造，用户则依据它的责任和资格来被指派相应的角色，用户可以很容易地从一个角色被指派到另一个角色。角色可依新的需求和系统的合并而被赋予新的权限，而权限也可根据需要而从某角色中回收。角色与角色的关系可以建立起来以囊括更广泛的客观情况。

在 RBAC 中，用户标示对于身份认证以及审计记录是十分有用的；但真正决定访问权限的是用户对应的角色标示。用户能够对　客体执行访问操作的必要条件是，该用户被授权了一定的角色，其中有一个在当前时刻处于活跃状态，而且这个角色对客体拥有相应的访问权限。即 RBAC 以角色作为访问控制的主体，用户以什么样的角色对资源进行访问，决定了用户可执行何种操作。利用此访问机制将国际台人员组织机构和权限进行有机的结合，增强了系统的逻辑性和灵活性。

2. 规则引擎

本系统的业务流程实现主要基于规则引擎，规则引擎由推理引擎发展而来，是一种嵌入在应用程序中的组件，实现了将业务决策从应用程序代码中分离出来，并使用预定义的语义模块编写业务决策。接受数据输入，解释业务规则，并根据业务规则作出业务决策。

规则引擎是解析、调用、执行规则包的服务，目前 Visual Rules 采用 Java 语言来实现规则引擎，并且提供了 Java 类接口、Socket、Servlet、SOAP 等多种外部调用接口。其实 Java 类接口是所有这些接口的核心，其他接口其实也是通过 Java 类接口来加以调用。考虑到最小化规则引擎，因此规则包的解析工作已经在规则编辑时预先进行了处理。规则引擎只处理规则包的调用和执行，同时为规则包用到的数据库接口、Excel 接口、内存表接口、Xml 接口提供缺省的实现。利用统一的规则引擎可以对国际台安全播出管理系统开发过程进行流程化管理，并便于以后系统功能的扩展，提高了系统的兼容性。

四、总结展望

安全播出管理系统的应用为国际台安全播出工作提供了可靠的保障，不仅对设备、机房等采用了数字化管理，而且对工作人员、值班安排、设备巡检、报修流程等进行了规范化管理，提高了安全播出管理的效率，减少了播出事故率。安全播出管理系统已可根据采集机房监控数据生成了国际台机房监控报告，详细分析全台机房的使用率、故障率，各语言组机房使用情况等，为合理分配机房资源提供数据依据。还对报修业务数据进行了挖掘，制作了安全播出运维报告，可及时反映国际台节目播出总体情况。随着系统应用进一步展开，数据统计分析模块将对长期采集的数据进行再度挖掘，提炼更有效降低播出事故的运维方式，为安全播出工作提供便捷有效的运维体系。

（作者单位：中国国际广播电台播出传送技术中心）

参考文献：

1. 陈任：《基于 Web Service 的企业集团综合运营管理》，《计算机应用与软件》2012 年第 1 期。

2. 刘尚旺：《Tomcat 与 IIS 或 Apache 服务器集成的应用研究》，《计算机工程与设计》2009 年第 10 期。

3. 居庆玮：《基于 RBAC 和 Web 服务的统一授权研究》，《湖南工业大学学报》2012 年第 4 期。

4. 刘宇：《Java 规则引擎技术研究》，《计算机时代》2011 年第 7 期。

5. 张仙伟：《Web 服务的核心技术之 SOAP 协议》，《电子科技》2010 年第 3 期。

安全播出技术在国际台总控室的应用

王　晟

广播作为一种传媒宣传手段，具有一定的严肃性和神圣性，因此对播出的安全和稳定要求十分严格，尤其是国家级广播电台，带有一定的政治任务，代表国家形象，对播出的安全性、完整性、正确性要求尤其严格。近年来，以安全播出为核心的技术发展十分迅速，安全播出技术可以实现对广播节目制作、交换、播出、传输的全方位保障。本文首先介绍安全播出技术和相关的标准，第二部分详述中国国际广播电台总控室的安全播出技术体系构架，深入探讨安全播出技术的具体应用。

一、安全播出技术

安全播出技术是指在广播电视技术系统配置中，以安全播出为核心所采取的一系列技术手段。

安全播出是指广播电视节目播出，传输过程中满足以下三点要求：

（1）节目完整：广播电视节目完整准确地播出、传输。

（2）信号安全：保证广播电视信号不间断，高质量传输。

（3）技术安全：广播电视相关活动参与人员人身安全和广播电视设施安全。

围绕以上三点所进行的技术系统配置，包括广播电视播出、传输、发射系统中的安全性考虑和相关的监测、监控系统、配电系统、附属设施和为了实现安全播出所采取的技术体系构架等可以统称为安全播出技术。

广播中心安全播出技术的实现至少要考虑如下几点内容（见表1）：

表1

供配电系统	主要播出负荷应采用UPS供电；主备播出设备、双电源播出设备应分别接入不同的UPS供电回路。
制播网络系统	对网络交换机端口进行访问控制，禁止非法设备接入，网络应安装网管软件，对整个网络实时监控，主备服务器分别连接主备网络交换机。数据存储采用磁盘阵列，对于节目播出数据实时镜像备份和数据无中断调用。主备音频工作站实现无缝切换。
直播室系统	至少配置一套备份直播机房，直播机房配置独立应急调音台或调音台应急模块，主备节目播出信号应经两路以上播出链路送至总控。

续表

总控系统	应配置设备机房和值班机房，应具备主备信号源和应急信号源，避免单点故障引起的系统瘫痪。信号源之间能够进行切换；切换设备应有切换控制面板，矩阵具备在线热备，采用双电源配置；切换矩阵应能在断电恢复后保持原接通状态，具备断电直通功能。主备信号传输应具有两条不同的路由传输通路，具备主备双电源。
自台监测系统	应实时监测、监听总控系统输入、输出、直播信号的电平、相位；针对各种异常情况，立刻给出报警，具备全录音功能，对机房环境进行集中监控。
现场直播系统	所有话筒、放音设备应有在线热备；配置在线热备调音台，两个调音台的输出应采用在线互备方式接入传输系统。至少保证两个不同的传输路由或手段回传至总控或直播机房。

二、安播技术在国际台总控系统中应用

1. 系统构架

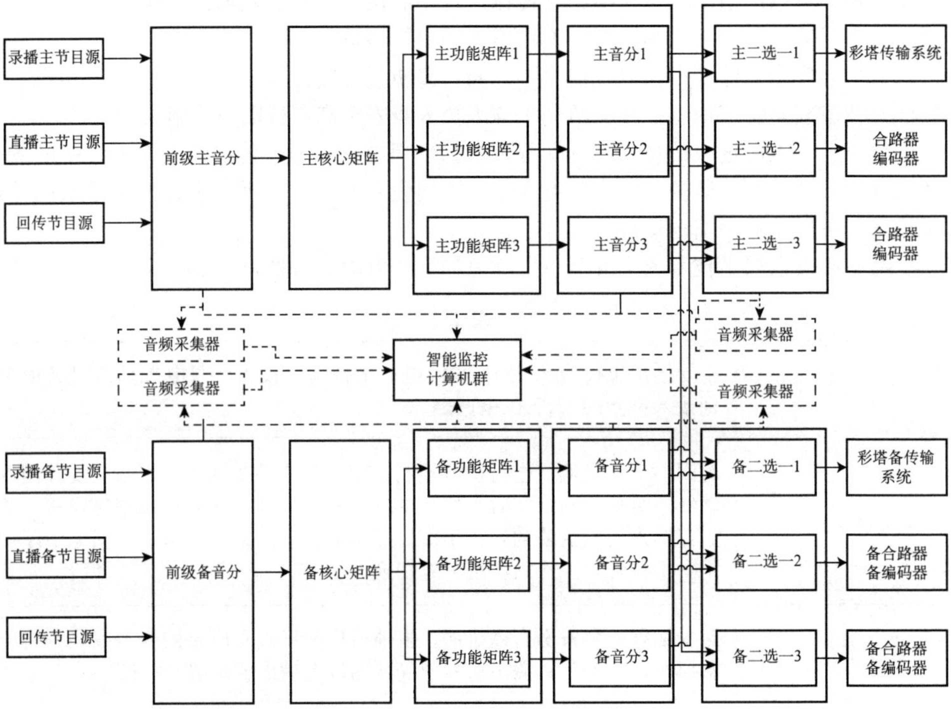

图 1

如图1所示：国际台总控安播系统从前级至后级传输设备分别是音源区域、矩阵前音频分配器区域、两级矩阵区域、矩阵后音频分配器区域、音频切换器区域，整个信号流由音频采集器采集音频信号送至智能监控计算机群监控。

国际台总控安播系统中不存在单一节点，系统中任何一路出现问题均存在相应的备份路由替代，且具备自动倒备功能。音频信号流程如下：主备路音源经过主备音频分配器进行采集和分配，实现音频信号的矩阵前级监听、监看、应急；经过音频分配器后的主备音频信号分别进入主备核心矩阵，该矩阵只完成简单的切换功能，信号路由确定后，该矩阵的切换就是固定的，经过核心矩阵的主备两路音频信号由主备功能矩阵进行切换，这些矩阵具有随时间改变的切换表，通过功能矩阵的切换完成不同时段播出音源通路的切换；经过矩阵切换后主备音频信号通过矩阵后级主备音频分配器各分成两路，送入矩阵后级音频切换器，该音频切换器除了具备应急切换功能，还兼具了对矩阵后级音频信号的监听、监看、收录。

上述系统中有多个自动补乐节点。在音源部分，录播工作站具备自动补乐功能，在直播通路接入总控室的备路路由中设置了自动补乐机，同时矩阵前级备路音频分配器和矩阵后级备路音频分配器在主备路信号同时中断时，可以自动补乐。

围绕着整个安播系统设置了音频信号采集器，实现对主备音频信号的矩阵前后级全方位电平监视。同时配置监听矩阵，实现对音频信号矩阵前后级监听。同时各级传输节点的路由都支持通过塞孔的应急和监听。

2. 安播设备

国际台总控机房为了保证安全播出，在需求上对整个播出系统中的每一级设备都进行了细化分析，在这些设备的基础上建立起安全可靠的安播技术体系。其中所有核心设备都具备双电源供电，每个电源接入不同的UPS回路，所有的设备都具备与之相对应的备份设备，不存在单一节点。关键性设备具备断电直通功能，各设备详细介绍如下。

矩阵：矩阵负责将节目切换至不同的输出端播出。国际台总控机房矩阵采用两级构架，分为核心矩阵和功能矩阵，核心矩阵将全台所有音频信号汇集，通过光纤分别送入到功能矩阵中，功能矩阵按不同节目类型功能划分为短波广播功能矩阵、海外落地节目1功能矩阵、海外落地节目2功能矩阵。这种构架将单一矩阵的切换操作分散到两级矩阵进行，这样即使一个功能矩阵出现故障，不会影响其他矩阵的切换，并减少了单个矩阵单位时间内的切换次数，延长矩阵寿命，并且有利于维护人员处理异常情况，缩短排除故障时间。

音频切换器：音频切换器的主要功能是进行主备路音频信号的切换。设备具备强制A路、强制B路、自动切换三种状态，正常情况设置在自动切换状态，自动切换状态选择A路音频信号输入，如果A路信号缺失，B路正常，该设备会6秒内自动切换至B路。该设备可以把信号异常、状态异常的信号发送至串口服务器进行监控。

音频分配器：音频分配器的主要功能是进行音频信号的分配，用于传输、收录、监听监看、应急。音频分配器带有自动垫乐功能，并支持远程控制。当主备路播出信号缺失2秒以上，智能告警计算机会自动判断路由，给音频分配器发送控制信息，音频分配器自动垫乐。在播出系统的矩阵前后级设置音频分配器，前级音频分配器可以保证节目源出现异常情况的告警应急，后级音频分配器还可以保证矩阵切换出现异常情况的应急，该设备可发送自身状态信息至串口服务器进行监控。

音频采集器：音频采集器内部存有节目表，节目表可上传、下载。音频处理器对比节目表，判断节目时段音频信号有无。并把节目异常和自身状态异常信息上传至监控计算机。

除上述关键设备外，总控室在直播信号备路接入总控室的路由设置音频垫乐器，在音频信号缺失5秒以上可以自动垫乐，保证直播信号的安全。在矩阵前级和矩阵后级设置监听矩阵，用于监听矩阵前后级每一路音频信号。在矩阵后级设置录音系统，用于收录音频信号，便于分析异常情况。

3. 安播监控体系

安全播出中监控系统主要对整个播出流程的信号进行实时监测，捕捉异常情况进行告警，并能自动应急。国际台的安播监控系统在设计上力求做到全面性，准确性，及时性，稳定性。

监控系统由监控硬件和监控软件两部分组成，其监控体系如图2所示：

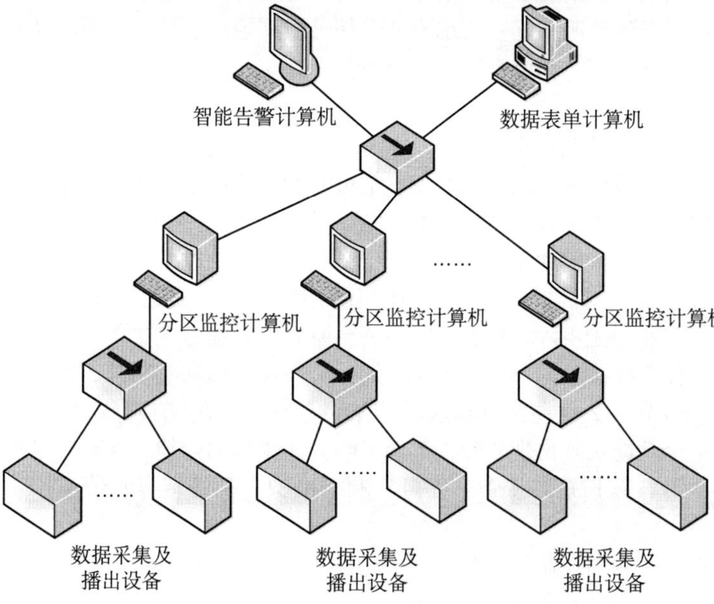

图2

国际台总控室监控系统采用分区监控与统一监控并重的监控理念，在矩阵前级分别监控主备前级音频分配器区域，矩阵后级对各个主备功能矩阵的播出通路进行分区域监控。这样整个播出系统一共被划分成八个监控区域。

每个监控区域的音频信号都由音频采集器进行音频采集监控，监控区域的硬件设备通过 RS232 串口传输设备状态信号进行监控，所有这些监控信号通过区域监控计算机进行处理，该计算机实现音频信号的彩条显示和硬件设备的状态显示，如果出现异常情况，区域计算机传递异常信号至智能告警计算机进行处理。

智能告警计算机是监控系统的核心部分，它负责汇总各个分区告警计算机传递的告警信号，通过与节目表和系统路由进行对比，准确给出告警信息，定位异常设备位置，并对告警内容进行记录，以备分析告警原因。

整个告警软件的路由配置和节目表添加更改由数据表单计算机完成，数据表单计算机提供了告警路由自由配置功能，这样可以灵活添加和撤换设备，而不需对软件进行二次编码。数据表单计算机路由和表单信息配置完毕后，同步到智能告警计算机和区域告警计算机。

监控系统把异常情况分为五个级别，按优先级排列如表 2 所示：

表 2

告警类型：	情况分析：
有节目源中断	有节目源中断为告警级别最高的告警情况，此类告警为主备路节目源音频信号中断，此时告警系统会判断故障路由并显示，并自动进行垫乐，产生有切应急告警。
有停播告警	有停播告警为后级音频切换器主备路无音频信号输入，此时告警系统会判断故障路由并显示，并自动进行垫乐，产生有切应急告警。
有切应急	在节目源中断或有停播告警的告警情况发生时，为保证有音频输出，告警系统会自动自行垫乐并产生有切应急告警。
二选一有告警	二选一有告警为后级音频切换器主路或备路无音频信号输入，但并未影响播出，此时告警系统会判断故障路由并显示。
系统有告警	系统有告警是最低级别的告警类型，此类告警产生于在未影响播出的情况下，设备脱机或某一路音频信号缺失但互备音频信号正常，此时告警系统会显示故障路由。

4. 国际台总控室关键性安播技术

（1）设备冗余：国际台总控室采用双路由架构，所有设备都有在线热备冗余设备替代，系统中不存在单一节点，每台关键性安播设备都接入两路不同的 UPS 电源，任何一台设备出现问题，系统会自动切换备份路由播出，杜绝了单一节点造成播出事故的风险。

（2）两级矩阵构架：国际台矩阵采用两级构架，减少了单一矩阵的切换量，增加了设备稳定性，同时分化了风险，缩短了应急时间。

（3）全方位监控：国际台总控室的监控系统通过两层监控体系架构，先分区域监控整个播出路由再汇总由智能监控计算机统一处理，监控覆盖系统内所有设备，判断准确、及时，并根据不同的告警情况划分告警等级，通过监听、监看彩条和告警路由准确定位故障设备，以便安播人员快速处理异常情况。

（4）多级应急：国际台送至总控室的录播、直播节目源均具备应急垫乐功能。且直播备节目源至播出系统路由处配置了自动补乐机，矩阵前后级音频分配器具备自动垫乐功能，多级设备的应急功能保证播出安全。除上述设备一级的应急功能外，整个播出系统的各级设备之间均与塞孔盘连接，安播人员可以通过塞孔跳过任何一台故障设备，保障安全播出。

综上所述，安播技术在广播领域中的地位异常重要，是安全播出的可靠保障。实践证明，国际台总控室以安全播出为核心搭建的技术体系具备准确性、可靠性、及时性、全面性的技术优点，并在设计上为未来的发展作出充分考虑。随着广播技术体系的不断发展，安全播出技术将更加全面化，智能化。

（作者单位：中国国际广播电台传送播出技术中心）

参考文献：

1. 杨林华：《安全播出系统中关键技术的设计与应用》，《广播电视信息》2010 年 6 月。

2. 王伟斌：《有线电视安全播出系统的应用》，《系统设计与设备》2006 年 6 月。

国际台新老主控系统之比较

曲志伟

主控系统是广播电台的“心脏”，是播出环节的重要组成部分。当前，随着数字技术和网络技术的广泛应用，传统的运行模式和技术手段已不适应新形势下广播的发展。本文主要介绍了中国国际广播电台新主控系统的系统构成及其功能，并对改造前与改造后的主控系统进行了比较，分析了新主控系统的系统构成及其功能，对新主控系统的特点进行简要介绍。

中国国际广播电台是国家电台（以下简称国际台），承担着党和国家的重要宣传任务，具有重要的地位和作用，是世界最具影响力的重要传媒之一，70多年的发展，国际台形成了自己的优势品牌。“向世界介绍中国，向中国介绍世界，向世界报道世界，增进中国人民与世界人民之间的了解和友谊”是我台的宗旨。作为国家级广播宣传媒体，安全是生命，技术系统是实现宣传任务的重要保障，先进的技术设备和安全可靠的系统，加上科学规范的管理，是确保安全播出的基本条件。国际台主控系统在全国广播电台中是最独特的系统，同时也是规模最大的系统。由于国际台主要的播出方向在境外，通过音频矩阵对源信号实时地切换来实现对境内外不同方向的节目编组、发送，因此对于国际台而言，音频分配矩阵是整个音频系统的核心，这一特点与国内其他以直播间为主的电台结构是完全不同的。

一、国际台原主控系统及存在的问题

国际台原主控系统结构如图1所示，其中规模为128×128主备矩阵共两台，主控系统包括主备矩阵、矩阵前级二选一和分放、矩阵后级二选一和分放以及相关监听、监看、慢录等分系统。

国际台原主控机房面积约为300平方米，安装了多个机柜，部署了上百台的工作站、服务器和几百台数字音频设备，机柜使用率已达到90%以上。用于节目交换的音频数字立体声矩阵系统为128×128路，已经使用111×111路，使用率已到达85%以上，不仅机柜数量和传输通路都已基本用满，没有更多的扩展空间。而且经过十几年不断技术改造、扩容，只剩余了10套节目的通路容量，已经达到设计的满配容量。主控是国际台音频节目的交换核心，主控节目汇聚、交换能力不足将完全制约国际台节目发展、事业发展的需要。

国际台日常矩阵每小时切换量从最少的三十余次到上百次不等，而且日常业务中需要频繁地对矩阵节目切换单进行修改，甚至对设备的检修维护也要在实时播出中进行，由于国际台原核心矩阵只有一套主备系统并行运行互为热备份，因此任何对矩阵的操作以及在此过程中发生的意外都将造成整个播出系统的运行风险性的提高。

国际台原播出节目主要在主备架构系统的单个矩阵中进行切换完成，同时国际台节目

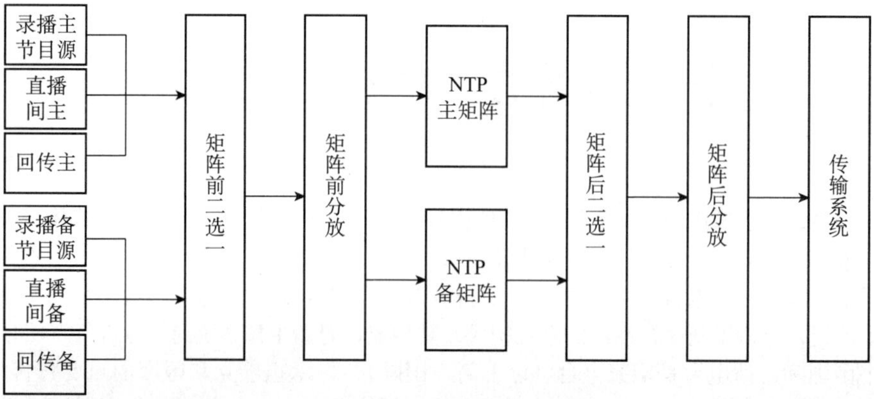

图 1　国际台原主控系统结构

输出有海外短波、海外调频和中波、国内调频和中波以及网络音频播出等不同性质的应用，对于矩阵切换的要求也各不相同，在单套系统规模越来越大的时候，系统风险比较集中，可能会由于单路故障而影响到整体系统运行，存在较高的安全隐患。

另外，国际台原主控音频系统搭建时间较早，系统内部各个分系统分别使用不同的终端进行监控，没有统一整合到一个监控平台上。而且原主控系统的矩阵前二选一、矩阵前分放、矩阵后二选一、矩阵后分放都存在单一节点故障的隐患，面对庞大繁杂的现有系统，一旦发生意外情况，分散的监控系统会影响技术人员及时判断故障点，最终影响应急操作和恢复系统的正常播出。

因此，基于对国际台事业长期发展的需要以及为提高安全播出的安全系数，对原主控系统进行升级改造。

二、新系统的设计及特点

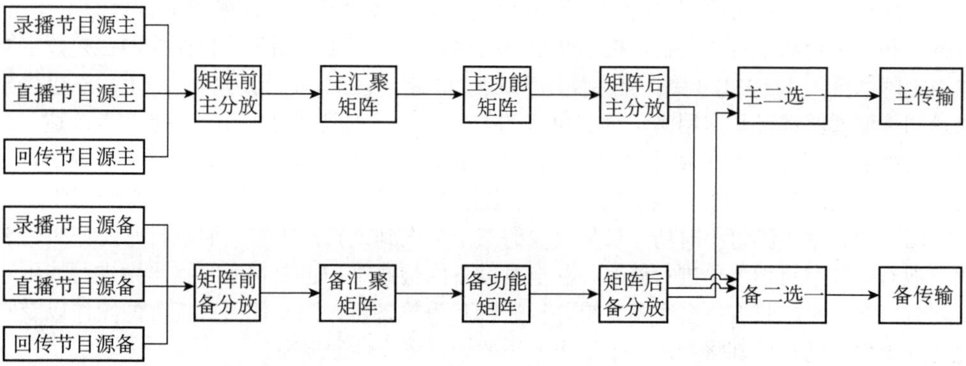

图 2　国际台新主控系统结构

新主控系统的系统架构如图 2 所示，新主控节目交换系统仍然采用主备系统，相互独立且互为热备份，可单独使用运行，整个系统不存在单一故障点。与以前系统最大不同在于矩阵实际有两个部分，前端矩阵为 256×256 的大矩阵，但该矩阵只完成一个简单的切换功能，而且是手动操作完成，即将需要的信号切换到固定的输出通道，紧接其后的分区矩阵才有真正意义的节目切换表，此部分也是主备两部分。

另外，后级播出系统整体架构将从原来的集中式改为分布式，避免了“将所有鸡蛋放入一个篮子”，所有节点、设备均有冗余备份，并具有相互自动保护能力，尽量减少了人为干预情况的发生。解决了系统实时运行时对系统日常维护以及改扩建工程对播出系统的影响。

新主控系统不仅具有整体性，而且功能清晰、简洁。而且对以后的发展在整体框架、系统接口以及相应的系统设备上都留有一定可扩展余地。

1. 矩阵设计

矩阵系统采用矩阵群的架构，矩阵群包括两套核心交换矩阵（汇聚矩阵）、七套功能矩阵，其中六套功能矩阵为主备各三套使用（分别为大广播功能矩阵、云冈一功能矩阵及云岗二功能矩阵），第七套功能矩阵为以上六套功能矩阵的备份矩阵。

矩阵系统以汇聚交换矩阵为主，对系统任意一部分维护和修改时都不会影响系统其他部分，降低了日常大量操作所带来的整体系统的风险。汇聚矩阵与功能矩阵之间采用主干全光架构，避免了大规模系统中布线繁多和不易扩展的问题。

矩阵系统分为汇聚级（汇聚矩阵）和功能级（功能矩阵）两层。汇聚矩阵主用光纤连接，数字 AES 电缆备份，与楼层之间的交换采用光纤连接，汇聚矩阵与周边系统的连接采用数字 AES 电缆连接。主备音源数字电信号在矩阵前通过主备音分直接进入到主备汇聚矩阵。主备汇聚矩阵通过光纤（MADI）将信号分别传送至各功能矩阵。汇聚矩阵只起到信号的汇集作用，以及向不同功能矩阵进行信号的固定分配，即汇聚矩阵不做自动切换，原则上只进行手动切换跳选。汇聚交换矩阵还对所有台内音视频节目源信号、台内音视频播出信号、台外音视频转播信号进行汇集，经过矩阵分配以后通过光纤送到各个楼层，并接入每个节目录制机房、直播机房，起到音频节目的全台调度作用；功能矩阵的作用类似于原主控系统中的 NTP 矩阵，以不同输出方向为单位个体进行信号的自动编单切换跳选。

在此架构下，汇聚矩阵的跳选压力极小，日常维护可以通过跳线等方式进行旁路矩阵来实施；功能矩阵可以通过备用矩阵旁路进行维护，而且功能矩阵播出方向单一、因接受方原因所受影响降低、矩阵规模较小，避免了大矩阵、任务多方向等因素造成的影响，还可以达到方便扩展的目的。在系统规模越来越大的同时，保证系统的稳定性和抗相互干扰能力。

2. 智能告警系统

与原主控告警系统相比，新主控智能告警系统在一个平台上汇集了播出系统所有设备的信息，对所有设备的状态数据、电平彩条数据采集以及节目运行图的情况进行综合智能告警，所有的设备均在一套告警体系下管理，实现了对国际台新主控系统中所有设备以及节目播出运行情况的全过程监控和报警，从节目源开始，一直到传输设备的全过程中的节目、设备状态都能够在监控系统中得到监测和报警。改变了原主控告警系统内部各个分系统分别使用不同的终端进行监控，告警分散、故障点难判断的缺点。

主控智能告警系统主要包括两个部分：智能告警和彩条告警。

智能告警是指智能告警服务器通过以太网和彩条告警服务器、二选一、分放、采集报警器以及补乐报警机进行通讯，收集整理整个播出系统中音频路由的信息，通过矩阵前、矩阵后的设备以及音频信号状态，根据从数据服务器中获得的常规设置的节目运行表的对比进行监测告警，智能告警通过统一分析并综合当前告警，给出智能判断，通过告警信息及声音告警对值班员进行提示故障类型以及故障路由，从而方便值班员判断故障点，减少值班人员判断故障时间。

彩条告警是指彩条告警服务器把通过采集报警器采集的音频信号通过彩条的形式直观地表现出来。彩条告警服务器同样具备声音告警。

新主控智能告警系统将功能相近或集中的操作模块化，把节目表、数据采集和综合告警放在不同的计算机中去执行。系统中的计算机按功能划分为三大部分：数据表单计算机、分区监控计算机（包括矩阵前监控计算机和矩阵后监控计算机）和主告警计算机，其系统架构如图 3 所示，各计算机通过网络交换机进行数据交互。这样除了必要的数据通过网络交换机交换外，可集中资源完成自身模块分配的任务，避免了全部监控告警功能集中在一台计算机运行时负荷过重，而且系统的某个部分计算机出现故障也不会影响整个告警系统的正常运行。

主告警服务器的主要功能是接收各个区域监控计算机传来的告警数据。

数据表单服务器主要用于编辑和存储两个矩阵区域的节目运行表，同时也提供用户对系统设备以及拓扑结果的配置和存储，最终告警信息的记录也由数据表单计算机来完成。从而方便在追溯故障时查看当时的节目运行状况。

矩阵前监控计算机主要完成矩阵前节目信号的彩条电平采集和显示，同时也完成矩阵前音频分配器设备的设备状态检测。计算机根据矩阵前音频信号与节目表的对比得出告警信息，除在本地提示之外，还会将数据送出到主告警计算机。

矩阵后监控计算机的功能与矩阵前监控计算机完成的功能类似，只是监控的内容不同。

新智能告警系统根据不同的系统故障设计了不同的自动智能应急备播功能，可在发生系统故障时及时补充备份节目，包括直播节目前级垫乐器垫乐、录播服务器备播节目自动播出、前后级分放自动应急垫乐等。

系统故障主要分为单点故障和多点故障。

单点故障从新主控播出系统的功能点上分类可分为：录播节目源单点故障、直播节目源单点故障、回传节目源单点故障、矩阵前级分放故障、汇聚矩阵故障、功能矩阵故障、矩阵后级分放故障、矩阵后级二选一故障、前后级采集器故障等。

多点故障为某两路或多路通道出现故障，可分为以下三类：

第一类情况：在主或者备通路中有某两路或者多路通道出现故障，同时影响该两路或者多路播出。

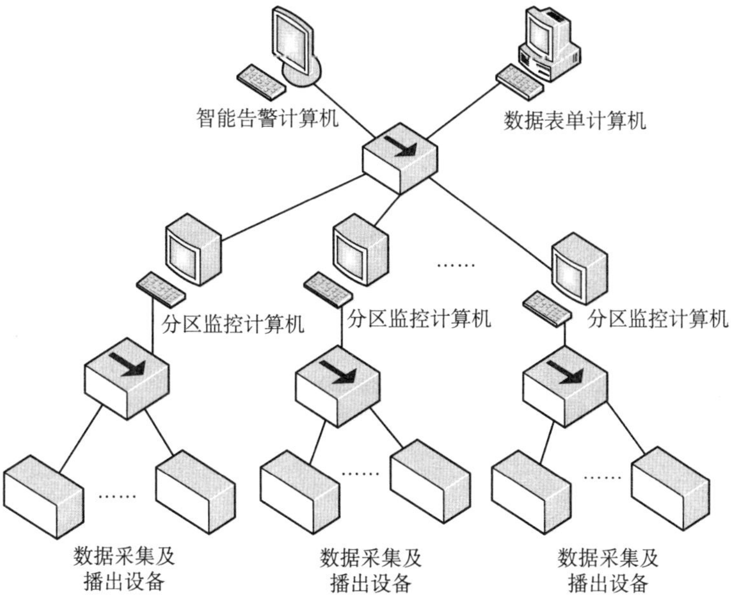

图 3　智能告警系统系统结构

第二类情况：在主路和备通路中同时出现两路或者多路均互相不为主备关系的通道出现故障，同时影响该两路或者多路播出。

第三类情况：分别在某一路（多路）主备通路中有多于一个以上的设备出现故障，同时影响该路（多路）主备通路的播出。

3. 数字音频切换分配器

数字音频切换分配器是新主控系统与原主控系统有重要改进与区别的设备之一，该数字音频切换器改变了以前数字音频切换分配器两入一出的模式，采用了两路输入四路输出的模式，机箱采用插卡模式，每个机箱内不少于 10 路，每一路有主备两路数字 AES 输入，四路输出，双电源，带控制模块，具备断电主路直通功能。

主备后级数字音频切换分配器的四路输出方向：主数字音频切换分配器的四路输出分别给主传输设备、主彩条告警、主监听塞孔、主监听矩阵；备数字音频切换分配器的四路输出：分别送给备传输、备彩条告警、备监听塞孔、备监听矩阵。

对数字音频切换分频器的改进改变了原主控系统对播出系统末级无法监控的缺点，实现了对主控系统的整体监控，更加有利于安全播出。

三、结语

新主控系统按照构建现代国际广播体系的战略目标，由单一媒体向综合媒体转变、由传统媒体向现代媒体转变、由对外广播向国际传播转变的总体布局而建，改变了传统电台的播出管理模式，运用网络化节目传输技术，在一个平台上汇集了播出系统所有设备的信息，通过对所有音频源、播出通道的实时监听、监看和对设备的状态监看、远程遥控，实现了不受空间限制的一站式服务，以及电台内部的协同工作，资源共享，系统的统一化、智能化监管。

国际台新主控系统在整体系统中采用信息技术、光纤网络传输技术和集成技术等加强电台播出资源管理与交换共享。并采用智能监控系统有效地将安全播出的事故率降至最低，提高了播出体系的安全性，而且将原四层主控作为备份，彻底解决了原体系中主控作为核心机房但存在单点致命故障的隐患。

新主控系统不仅操作直观简易，信号调度方便灵活，便于设备调整和维护，而且从启用到现在成功地提高了现有播出体系的安全性，能够满足现有和未来一段时间内业务发展的需要。

（作者单位：中国国际广播电台传送播出技术中心）

并行计算技术在媒资检索系统中的应用

郭晓梅

本文主要阐述通过研究并行计算技术及并行计算方法在媒资检索系统中的应用，使用基于 MPI 的媒资检索并行计算方法及相应的通信技术，可以使检索平台的性能大大提高，信息的检索速度大大加快。

近些年来，随着广电媒体行业的飞速发展，每天都会产生很多音、视、图、文文件，形成了巨大的媒资系统，供编辑检索使用。在媒资系统中，需要强大的信息采集能力、快速的检索响应和精确的检索结果。并行计算技术的应用，可以加快信息的检索速度，提高工作效率。

一、并行计算技术

1. 概念

所谓并行，是指有两个或两个以上的事件在同一时间段或同一时刻发生。在世界上，客观事物彼此相对独立，相互联系和制约，但发展过程很多都是并行的。并行计算是把进程相对独立的分配在不同的节点上，每个节点都有独立的内存资源和 CPU；进程间则通过消息传递相互交换信息。并发性是物质世界普遍存在的一种属性，许多实际问题都可以分解为能并行计算的多个子任务。并行处理是人们视为处理数据密集型问题的一种快速的解决方法。PC 集群和工作站的出现，并行编程软件标准的诞生，使得并行能够普遍适用。并行计算涵盖的内容非常多，是一门交叉学科。它可以辅助各个领域的专家，为在并行机上求解问题提供技术支持。

采用并行计算的原因有：（1）它可以加快运算速度，减少运行时间，在更短的时间内解决相同的问题或在相同的时间内解决更多更复杂的问题；（2）它可以扩大运算规模，可以解决较大规模的计算问题；（3）它可以节省投入，串行计算中较高成本的消耗才能够完成的任务，使用并行计算可以以较低的投入完成。

2. 并行计算的软件环境

并行计算的软件环境包括消息传递的编程模型和共享存储的编程模型。

消息传递模型中消息传递过程很像邮政系统，通过点对点的消息传递在不同进程间交换信息，为了确保消息安全和正确的到达，用一个“信封”把每条消息封好，在“信封”上标明该消息的发送进程和接收进程的编号，以及通信域、标识符和接收顺序。消息传递模型常见的开发环境是消息传递接口 MPI（Message Passing Interface）。

MPI 是由全球工业、政府和科研部门 1994 年 5 月联合推出的一种并行编程接口。这种并行编程接口适合进程间进行消息传递。它把许多消息传递系统的优点吸收过来，是一个消息传递函数库的标准说明，MPI 已经成为流行的并行编程的消息传递库标准。

在 20 世纪 80 年代，共享存储的编程模式在高性能科学和工程计算中曾经占据绝对的优势。在 20 世纪 90 年代后，分布式的大规模并行处理系统快速崛起，但共享存储的并行处理具有编程的简易性和系统的高可用性优点，依然在科学和工程计算中占有很多优势。特别是近年来，随着微机系统中多核 CPU 的迅速普及，共享存储编程得到了越来越广泛的应用。共享存储模型的底层硬件是一系列处理器，这些处理器都访问同一个共享存储器，所以这些处理器可以使用共享变量来进行交互和同步。

在共享存储的并行程序中，标准的并行模式为 Fork/Join（Fork：创建新线程或唤醒已有线程；Join：即多线程的汇合式）并行。如图 1 所示，在程序刚开始执行的时候，只有一个叫做“主线程”的运行线程存在。主线程在运行过程中，当需进行并行计算时，主线程派生出（创建或者唤醒）一些附加线程。在并行代码执行结束时，派生的线程退出或者挂起，同时控制流回到单独的主线程中，即会合。

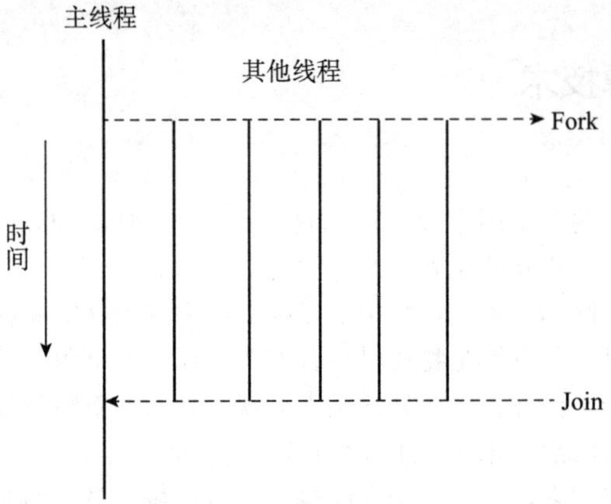

图 1　Fork/Join 式并行

OpenMP 是为在多处理器上编写并行程序而设计的一个应用编程接口，它是作为共享存储标准问世的，它包括一套编译指导语句和一个用来支持它的数据库。

OpenMP 编程支持增量并行化，即首先可以实现一个算法的串行版本，然后在此基础上一次操作程序的一段代码，将需要并行化的地方纳入多线程的并行区域，经过多次这样的操作可以将整个串行程序转化为并行程序。显然，这种并行化的方式不改变原有串行程序的结构，与 MPI 消息传递并行编程相比要简单很多。

OpenMP 具有良好的可移植性，在平台支持上，OpenMP 能够支持多种平台，如 Linux、Unix 以及 Windows 系统等；同时支持多种编程语言，包括 Fortran77、Fortran90 以及 C/C++等。

消息传递模型和共享存储模型的一个关键区别在于消息传递模型中的所有进程存活在整个程序的执行过程中，而在共享存储模型中，在程序的开始和结束时存活着的线程数均为一，在整个程序执行过程中线程数会动态变化。

3. 并行计算算法

并行算法可从不同的角度分类，可分成共享存储的和分布存储的并行算法；数值计算的和非数值计算的并行算法；同步的、异步的和分布式的并行算法；确定的和随机的并行算法，等等。

并行程序设计就是在并行计算机上编写求解应用问题的并行程序的技术。并行体系结构、并行系统软件、并行程序设计语言和并行算法是现实并行程序设计的四个要素。程序员使用并行语言进行并行程序设计，并行编译系统依据并行语言对并行程序进行编译。

设计并行算法一般有三种方法：

（1）发现和开拓现有串行算法中的固有并行性，并直接将其并行化，这种方法对很多应用问题都是一种很有效的方法，虽然不是对所有问题总是可行的。很长时间以来人们积累并总结了大量优秀的串行算法，所以在设计并行算法时，要充分利用现有求解问题的串行算法，在其基础上直接并行化，这显然是一种优先考虑的方法。

（2）从问题本身的描述和问题的固有属性出发，设计一个全新的并行算法。主要侧重从并行化的具体实现上开辟新的设计方法。

（3）借用已有的并行算法使之可求解新的一类问题。表面上看这两类问题是完全不同的，或似乎有一些相关，因此按照常规的办法，求解这两类问题好像没有任何关系，但是可以通过一些内在联系，在求解方法上将这两类不同的问题统一起来。想要借用时，一定要从问题求解方法的相似性方面仔细观察，寻求问题解法的相同之处；而且所借来的方法要用得好，效率要高，这样才能达到借用的目的。

二、并行计算方法在媒资检索系统中的应用

广电媒资系统数据量巨大，上面有大量的音、视、图、文信息，数据源通常基于很多业务子系统，每个子系统都有自己的数据库，许多编辑在工作过程中需要对历史文稿数据进行查询，无论信息源来源于何处，都能有效地检索出来。为了满足大数据量和高并发的检索要求，信息检索平台需要使用并行计算技术，在大规模数据集上快速检索出用户需要的信息。

在信息检索平台中使用 MPI 编程方法，可以大大加快信息检索的速度。MPI 是为并行程序提供并行库，程序员要完成程序的并行化设计，只需要加入对并行库的调用，而不需要改变原串行程序结构的基础。

1. 什么是 MPI

MPI 不是一门语言，而是一个库。它具有非常好的可移植性，几乎被所有的并行环境所支持，具有完善的异步通信功能及非常好的可扩展性。它可以与 C 或 Fortran 等任一种语言相结合，被它们所调用，在主要进程间的通信中被使用。MPI 是为并行程序提供并行库，程序员要完成程序的并行化设计，在原来串行程序结构的基础上，不需要改变，只需加入对并行库的调用。

具体来说，在实际应用中，MPI 的优点有如下几个方面：

- 能够提供给应用程序编程接口；
- 能够提供可靠安全的通信接口；

- 能够提高通信的效率，提高效率的方法主要有可以使计算和通信重叠等；
- 提供的接口能够方便 C 语言及其他语言的调用；
- 可以提供在异构环境下的实现；
- 是一种编写消息传递程序的标准，和语言和平台无关；
- 用它来编写消息传递程序，可移植性好，实用。

MPI 是一种使用非常广泛的编写消息传递程序的标准，它与语言和平台无关，用它来编写消息传递程序，实用，高效，灵活，可移植性好，并且不会改变当前已有的实现。

2. MPI 调用接口

MPI 比较庞大，有几百个调用接口，但是从理论上说 MPI 所有的通信功能可以用它的 6 个基本的调用来实现，这六个基本调用是：

MPI 初始化：MPI _ Init ()

MPI 结束：MPI _ Finalize ()

当前进程标示：MPI _ Comm _ Rank ()

通信域包含的进程数：MPI _ Size ()

消息发送：MPI _ Send ()

消息接收：MPI _ Recv ()

MPI 程序开始于 MPI _ Init ()，MPI 的所有初始化工作由它完成，所有 MPI 程序的第一条可执行语句都是这条语句。结束于 MPI _ Finalize ()，它结束 MPI 程序的运行，它是 MPI 程序的最后一条可执行语句。MPI _ Comm _ Rank () 返回调用进程在指定通信域中的标示号，用于区分各个进程，实现各自的任务。MPI _ Size () 返回的是在指定的进程域中有多少进程总数，进程通过调用这个函数可以知道在给定的通信域中一共有多少个进程在并行执行。MPI _ Send () 可用于发送缓存区内各种类型的数据给指定进程。MPI _ Recv () 可用于接收指定进程发来的各种指定类型数据。

3. MPI 通信及在媒资系统中的应用

MPI 提供的点对点通信方式总体上可分为阻塞和非阻塞两种。阻塞式通信：在发送函数返回时消息已经被发送出去，发送缓冲区可以重新再被使用，接收缓冲区在接收函数返回时已写入了完整的消息。非阻塞式通信：发送函数返回时操作还没有完成，要通过检测来判断是否发送缓冲区可用，接收函数返回时操作也没有完成，要通过检测来判断是否可以读取接收缓冲区的数据。阻塞和非阻塞分别都有四种通信模式：标准通信模式、缓存通信模式 B、同步通信模式 S、就绪通信模式 R。函数集见表 1。

表 1　MPI 点对点通信函数集

模式	阻塞式发送/接收函数	非阻塞式发送/接收函数
标准模式	MPI _ Send/MPI _ Recv	MPI _ Isend/MPI _ Irecv
缓冲模式	MPI _ Bsend	MPI _ Ibsend
同步模式	MPI _ Ssend	MPI _ Issend

续表

模式	阻塞式发送/接收函数	非阻塞式发送/接收函数
就绪模式	MPI _ Rsend	MPI _ Irsend
完成校验		MPI _ Wait/MPI _ Test

因为通信通常需要比较长的时间，但在阻塞通信中，处理机需要等待通信的完成，而这样就在很大程度上浪费了处理机的计算资源，我们使用的技术就是尽量使计算与通信重叠，而非阻塞通信就可以实现这个目的。非阻塞通信一般用于计算和通信的重叠，如图 2 所示，这样可以提高整个程序执行的效率。

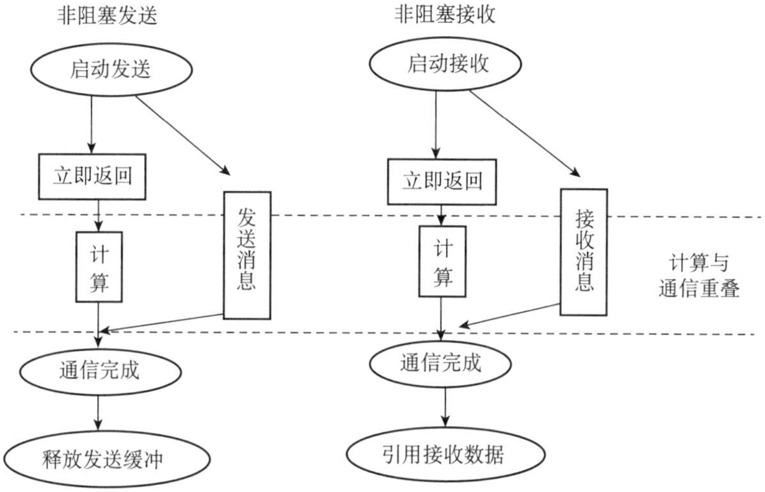

图 2　标准非阻塞通信发送和接收

阻塞通信的完成仅需要一个调用函数，而非阻塞通信的完成一般是需要两个调用函数的，首先是非阻塞通信的启动，但启动并不意味着该通信过程的完成，因此，还必须要调用通信完成接口来保证通信的完成，通信完成调用意味着非阻塞通信完成。但是由于非阻塞通信的返回并不意味着该通信过程已经完成，那么怎样才能明确知道该非阻塞通信已经完成了呢？本研究中使用 MPI _ Wait 调用。MPI _ Wait 函数的返回要等到与该非阻塞通信对象相应的非阻塞通信全部完成，完成的同时释放该阻塞通信对象，在返回的状态参数 status 中存放与该非阻塞通信完成有关的信息，所以程序员就不需要再释放该对象。

MPI 通信中除了点对点同通信，还有组通信，其函数集如表 2。组通信跟点到间通信不同，不是只有发送方和接收方两个进程，而是参加通信的组内所有进程。组通信一般实现三个功能：通信、同步和计算。通信功能需要完成组内数据的传输，而同步功能实现组内所有进程的执行进度在特定的地点获得一致，计算功能要对给定的数据进行一定的操作。

表 2　组通信函数集

类别	函数
数据广播	MPI _ Bcast
数据收集	MPI _ Gather MPI _ Gaterv MPI _ Allgather MPI _ Allgatherv
数据发散	MPI _ Scatter MPI _ Scatterv MPI _ Alltoall MPI _ Alltoallv
数据聚集	MPI _ Reduce MPI _ Allreduce

基于 MPI 的媒资检索并行计算方法如图 3。

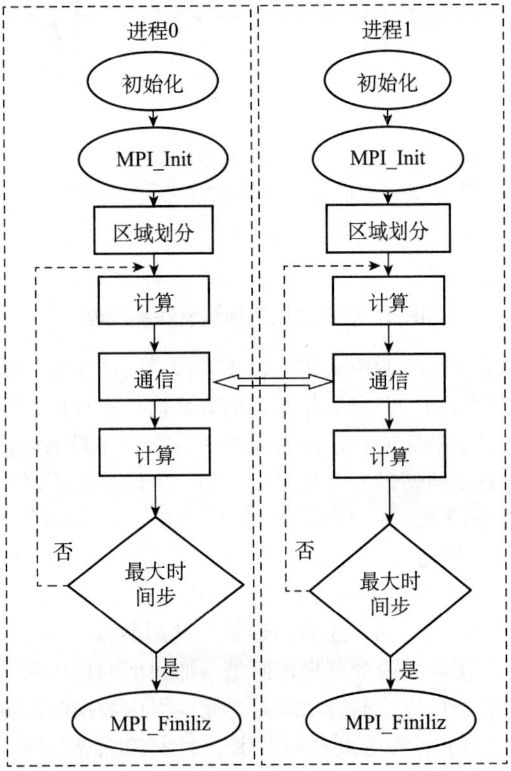

图 3　基于 MPI 的媒资检索并行计算方法

使用基于 MPI 的媒资检索并行计算方法后，检索性能得到了很大的提高，检索时间被大大地减少了。

三、结论

并行计算技术是人们视为处理数据密集型问题的一种快速的解决方法，本文通过研究并行计算技术，使用基于 MPI 的媒资检索并行计算方法，能够使检索平台的性能大大提高，信息的检索速度大大加快，编辑的工作效率得到很大的提高。

（作者单位：中国国际广播电台采集制作中心）

参考文献：

1. Gropp，William，EwingLusk，and Anthony Skjellum，《Using MPI：Portable Parallel Programming with the Message-Passing Interface》，Cambridge，MA：The MIT Press，1994。

2. 《Open MP Application》，Program Interface [EB/OL]，http：//openmp.org/wp/. 2008。

网络路由协议介绍及实例分析

王　铮

一、路由协议的定义和分类

路由是指路由器从一个接口上收到数据包，根据数据包的目的地址进行定向并转发到另一个接口的过程。路由协议是路由的规则，作为 TCP/IP 协议重要的组成部分，其选路过程实现的好坏会影响整体互联网数据的传输效率。路由协议分为静态路由协议和动态路由协议。

静态路由是指由用户或网络管理员手工配置的路由信息。当网络的拓扑结构或链路的状态发生变化时，需要手工去修改路由表中相关的静态路由信息。静态路由信息在缺省情况下是私有的，不会传递给其他的路由器。静态路由一般适用于比较简单的网络环境。优点在于静态路由无需进行路由交换，因此节省网络的带宽、CPU 的利用率和路由器的内存；具有更高的安全性。在使用静态路由的网络中，所有要连到网络上的路由器都需在邻接路由器上设置其相应的路由，因此，在某种程度上提高了网络的安全性。缺点在于管理者必须真正理解网络的拓扑并正确配置路由；网络的扩展性能差；工作量大，如果要在网络上增加一个网络，管理者必须在所有路由器上加一条路由；配置繁琐，特别是当需要跨越几台路由器通信时，其路由配置更为复杂。

动态路由器上的路由表项是通过相互连接的路由器之间交换彼此信息，然后按照一定的算法优化出来的，而这些路由信息是在一定时间间隙里不断更新，以适应不断变化的网络，以随时获得最优的寻路效果。动态路由因为需要路由器之间频繁地交换各自的路由表，而对路由表的分析可以揭示网络的拓扑结构和网络地址等信息。大型和复杂的网络环境适宜使用动态路由，优点在于网络工程师不用全面地了解整体网络拓扑结构，同时在网络拓扑发生变化的时候，动态路由自动大范围更新，提高网络自适应能力，节约人力成本。缺点在于周期性发送和接收路由数据，带宽占用率高。

二、常见动态路由协议及特点

根据是否在一个 AS 自治域（自治域：指一个具有统一管理机构、统一路由策略的网络）内部使用，动态路由协议分为内部网关协议（IGP）和外部网关协议（EGP）。自治域内部采用的路由选择协议称为内部网关协议，常用的有 RIP、OSPF；外部网关协议主要用于多个自治域之间的路由选择，常用的是 BGP 协议。

IGP 只作用于本地 AS 内部，而对其他 AS 一无所知。它负责将数据包发到主机所在的网段。EGP 作用于各 AS 之间，它只了解 AS 的整体结构，而不了解各个 AS 内部的拓扑结构。它只负责将数据包发到相应的 AS 中，余下的工作便交给 IGP 来做。

1. RIP 协议

RIP（Routing information Protocol）是应用较早、使用较普遍的内部网关协议（Interior Gateway Protocol，简称 IGP），适用于小型同类网络，是典型的距离向量（distance-vector）协议。

RIP 通过广播 UDP 报文来交换路由信息，每 30 秒发送一次路由信息更新。RIP 提供跳跃计数（hop count）作为尺度来衡量路由距离，跳跃计数是一个包到达目标所必须经过的路由器的数目。如果到相同目标有两个不等速或不同带宽的路由器，但跳跃计数相同，则 RIP 认为两个路由是等距离的。RIP 最多支持的跳数为 15，即在源和目的网间所要经过的最多路由器的数目为 15，跳数 16 表示不可达。

优点：节约成本，对资源消耗较低，配置简单，对硬件要求低，占用 CPU、内存低，所以在小型网络中还有使用到。缺点：计算路由慢，链路变化了收敛慢，能够保存的路由表相对较小，最多只能支持 15 台设备的网络，只适用于小型网络。

2. OSPF 协议

开放式最短路径优先（英文 Open Shortest Path First，OSPF）协议是一种链路状态路由协议，隶属于内部网关协议（IGP）。采用著名的迪克斯加算法（Di jkstra）用来计算最短路径树。它使用“代价”（Cost）作为路由度量。链路状态数据库（LSDB）用来保存当前网络拓扑结构，它在同一区域中的所有路由器上是相同的。OSPF 分为 OSPFv2 和 OSPFv3 两个版本，其中 OSPFv2 用在 IPv4 网络，OSPFv3 用在 IPv6 网络。

OSPF 协议是大中型网络上使用最为广泛的内部网关协议。OSPF 提出了“区域”（Area）的概念，一个网络可以由单一区域或者多个区域组成。其中，一个特别的区域被称为骨干区域（Backbone Area），该区域是整个 OSPF 网络的核心区域，并且所有其他的区域都与之直接连接。所有的内部路由都通过骨干区域传递到其他非骨干区域。所有的区域都必须直接连接到骨干区域，如果不能建立直接连接，那么可以通过虚拟链路（Virtual-link）和骨干区域建立虚拟连接。

优点：路由表的快速收敛，对大型网络支持以及不易受到错误路由信息的影响；使用 Area 的概念，降低协议对 CPU 和内存的影响，减少路由协议产生的流量；完全支持无类别路由处理，消除了有类别路由协议的一些问题，例如不连续子网的问题，可以更有效地利用多路径进行数据传输；使用预留的组播地址，减小对非 OSPF 设备的影响。缺点：配置相对复杂，对网络维护人员要求较高；路由负载均衡能力较弱。

3. BGP 协议

BGP（Border Gateway Protocol，边界网关协议）是一种用于 AS 之间的动态路由协议，同时是互联网上一个核心的去中心化自治路由协议。它通过维护 IP 路由表或“前缀”表来实现 AS 之间的可达性，属于矢量路由协议。BGP 不使用传统的内部网关协议（IGP）的指标，而使用基于路径、网络策略或规则集来决定路由。因此，它更适合被称为矢量性协议，而不是路由协议。

BGP是为了取代外部网关协议（EGP）协议而创建的，允许运行一个完全分散的路由系统，从ARPANET（不同型号、使用不同操作系统、不同数据格式、不同终端的计算机连在一起实现相互通信和资源共享的网络）模型的核心路由系统过渡到包括NSFNET（采取的是一种具有三级层次结构的广域网络，整个网络系统由主干网、地区网和校园网组成）骨干网及其相关区域网络的分散系统。这使得互联网成为一个真正的分权制度。自1994年以来，第四版本的BGP在互联网上使用，所有以前的版本现在已经过时不可用。在第四版主要的增强功能是通过支持无类别域间路由和路由聚合来减少路由表的大小。

中国联通 、中国电信、中国移动、教育网等和极少数大的企业和集团都有AS号，全国各大网络运营商多数都是通过BGP协议与自身的AS号来实现多线互联的。

优点：BGP是一种外部网关协议，与OSPF、RIP等内部网关协议不同，其着眼点不在于发现和计算路由，而在于控制路由的传播和选择最佳路由；BGP使用TCP作为其传输层协议（端口号179），提高了协议的可靠性；BGP支持CIDR（Classless Inter-Domain Routing，无类别域间路由）；路由更新时，BGP只发送更新的路由，大大减少了BGP传播路由所占用的带宽，适用于在Internet上传播大量的路由信息；BGP路由通过携带AS路径信息彻底解决路由环路问题；BGP提供了丰富的路由策略，能够对路由实现灵活的过滤和选择；BGP易于扩展，能够适应网络新的发展。缺点：BGP使用TCP建立连接保证传输的可靠性，但是TCP开销大，所以当建立多个TCP连接的时候，CPU的负载变大；BGP设计首先考虑的是可扩展性问题，BGP的路由收敛速度慢；对网络维护人员知识水平和实际操作能力要求较高。

三、BGP路由协议在实际工程中的应用

1. 项目介绍

中国国际广播电台（以下简称国际台）自建台以来，一直租用联通和电信的静态互联网链路，用来访问互联网资源。随着自身以新媒体为代表的互联网业务的发展壮大，国际台对网络，特别是与互联网数据交换的要求越来越高，最终于2011年年底开始实施国际台互联网出口BGP改造项目，经过与联通、电信、移动和教育网运营商的沟通与谈判，确定接入带宽和接入方式；然后逐一进行链路测试，搭建测试环境，模拟切换后用户使用情况，记录测试数据，攻克技术难点；最后经讨论研究，确定最终切换方案和时间。

2012年9月完成了国际台互联网出口BGP改造工作，整个项目从开始计划到最终完成，历时9个月。

2. 改造前出口情况介绍

国际台互联网出口原来使用的是联通160M、电信100M的静态链路接入方式，互联网出口具体情况如下图所示：

联通160M链路和电信100M链路通过路由器接入国际台计算机机房，下联2台交换机做分光后接入链路负载均衡F5设备；链路负载均衡设备通过自身IP地址表按照目的地址做负载策略，同时两台负载均衡设备通过心跳线做主备冗余，同步相关配置信息，在主

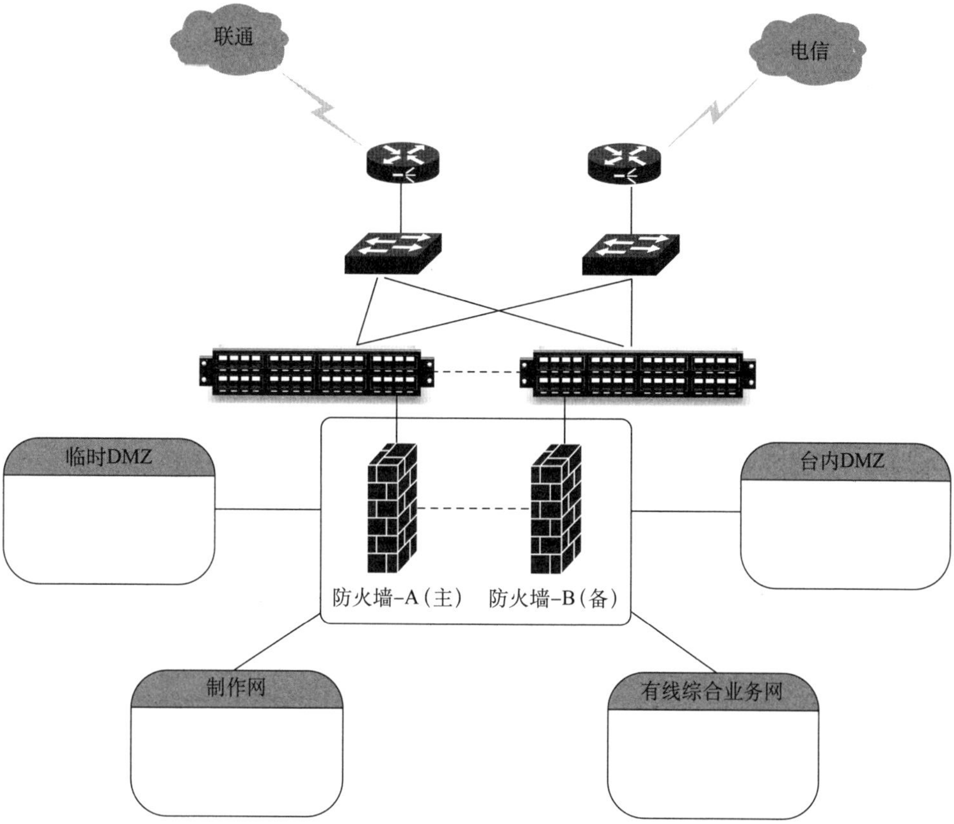

设备出现问题的情况下自动切换至备用设备；负载均衡设备下联防火墙，两台防火墙通过心跳线做主备冗余，与负载均衡设备成“口”字形连接；防火墙下联内网 4 个区域。

3. 存在的网络问题

（1）由于互联网出口相关设备使用年限较长，包括路由器和负载均衡设备性能不能满足国际台日益增加的网络需求，导致网络访问出现丢包现象，丢包率一直居高不下；

（2）负载均衡设备通过自身 IP 地址表做链路负载均衡，在路由选择方面不能达到最优，导致访问互联网延时较大，访问速度较慢；

（3）互联网出口设备较多，层次较多，从路由器至防火墙共有 4 层设备，任何一层出现问题都会导致网络故障，并造成出现问题排错困难。

4. 改造后情况介绍

在原来联通、电信两条链路的情况下，新增加了移动、教育网两条链路，同时变更原来静态连接方式，采用 BGP 链路连接方式。其中，联通带宽 260M、电信带宽 90M、移动和教育网带宽各 50M（见下图）。

首先在 CNNIC 注册了 AS（全球的互联网被分成很多个 AS 自治域，每个国家的运营

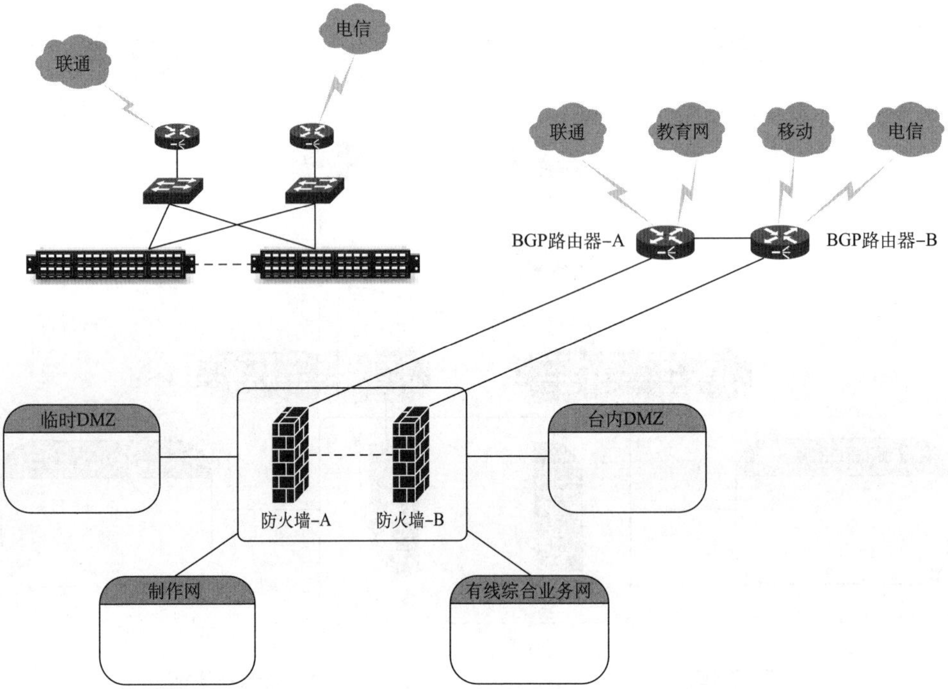

商、机构，甚至公司等都可以申请 AS 号码，AS 号码是有限的，最大数目是 65 536。各自分配的 IP 地址被标清楚属于哪个 AS 号码，能申请到的 AS 号码很少，仅是几个运营商持有，不超过 30 个），同时租用了 32C 的 IP 地址。

四条链路分别连接 BGP 路由器 A 和路由器 B，与联通、教育网、移动、电信通过互联地址，启用 BGP4 协议（BGP 的一种路由选择协议）来建立邻居，同时发布国际台 AS 内的 32C 地址和网内路由给 4 个运营商，发布的同时接受运营商路由器的全网路由约 40 多万条。

为保证服务器切换后正常使用，需要沿用国际台原使用的电信、联通共计 4 个 C 的互联网地址。经过讨论研究，没有采取复杂的地址注入方式，而是通过在对方路由器添加静态路由的方式，把 4 个 C 的访问通过 BGP 链路指向国际台路由器。

路由器 A 连接联通和教育网两条链路，路由器 B 连接移动和电信两条链路，两台路由器间通过 IBGP 协议（内部 BGP 协议）共享全网路由信息，使用 TRUNK（不同虚拟局域网的聚合信息链路）链路交换数据，同时启用 3 层 VRRP（虚拟路由器冗余协议）虚拟出一个 IP 地址，用于冗余设计，并为上联和下联设备配置下一跳路由提供便利。两台路由器均使用公网地址。

路由器下联防火墙，两台防火墙通过心跳线做主备冗余，并监听上联路由器端口状态，在路由器出现故障时切换，保证网络数据正常交换。防火墙的功能为 NAT（网络地址转换技术，是一种将私有保留地址转化为合法 IP 地址的转换技术）和为公网访问台内资源做端口控制。火墙下联台内四个区域，分别是临时 DMZ 区、DMZ 区、制作网和有线综合业务网。防火墙针对不同区域访问互联网做不同的 NAT 池转换，可以有效地分流。DMZ 区由于部署互联网服务器，在 NAT 上都是采用一对一策略。

5. 互联网出口 BGP 改造优势和成果

（1）减少网络出口环节中的设备和层次，扁平化设计网络出口结构，降低网络故障出现的概率，在出现网络问题时有利于排查网络故障，确定故障点。

（2）建立国际台自有 AS 号和互联网地址，提升国际台在国际互联网中的地位，在国内与四大运营商处于网络对等交换状态，为国际台网络未来发展提供巨大的想象和发展空间，无形价值巨大。

（3）通过自有 32C 地址，针对不同内网网段做 NAT，有利于针对不同网段做策略，同时在内网出现故障时可以关闭部分 NAT 池，保证国际台网络主要应用的正常使用。32C 地址可以满足国际台未来 5～10 年的使用需求，在国际互联网地址日益紧缺的今天，愈显珍贵。

（4）自有路由器收集全网路由，并实时更新，可以保证互联网访问是最优、最小路径、最小延时。同时在最优路径出现问题的情况下，次优路径保证网络数据包迅速送达目的地址。

（5）DMZ 区服务器只需要设置一个 IP 地址，最佳访问路由是由网络上的骨干路由器根据路由跳数与其他技术指标来确定的，不会对占用服务器的任何系统资源。服务器的上行路由与下行路由都能选择最优的路径，所以能真正实现高速的单 IP 多线路访问。

（6）由于 BGP 协议本身具有冗余备份、消除环路的特点，所以国际台四条 BGP 互联线路时可以实现路由的相互备份，在一条线路出现故障时路由会自动切换到其他线路，路由收敛迅速，保证互联网访问的安全、高效，特别适合国际台对网络系统的高要求。

（7）使用 BGP 协议还可以使网络具有很强的扩展性，可以将网络与其他运营商互联，轻松实现单 IP 多线路，做到所有互联运营商的用户访问都很快。这个静态链路接入无法比拟的。

（8）通过静态路由和 BGP 路由协议复合使用的方式，既保证了国际台用户使用自有地址，又为原使用服务器提供了切换时间，可以按需逐步切换服务器地址至国际台自有 IP，保证了应用的无缝割接。

（9）BGP 路由器按照最佳路由选择路径，可以提供最真实的线路占用使用情况，有利于合理分配与运营商网络带宽大小，进行网络带宽优化，节约资金。

四、总结

网络的发展推动了路由方式的发展与进步，在实际工程中，我们要针对不同的网络结构和规模，采用不同的路由协议组建网络。对于中小企业用户，网络结构需要简单高效，同时节省带宽，采用静态路由或者 RIP 路由方式；对于大中型企业用户，网络结构需求多样化，对网络安全有一定要求，采用 OSPF 协议是较适宜的；对于大中型企事业单位，网络结构需求多样化，同时对网络安全要求极高，可以采用静态路由和 OSPF 相结合的方式；对于大型企事业单位，在国际上有较高影响力，在不同地点有很多分支机构来说，可以通过建立 AS 自治域采用 BGP 路由协议的方式提高网络访问效率。

（作者单位：中国国际广播电台采集制作中心）

各类告警在主控应急处理中的应用

梁　晖

国际台主控机房是全台音频节目的总汇聚点，也是全台音频节目的总输出端，担负着全台节目的安全播出任务。近年来，国际台音频节目播出量呈暴发性增长。2005年，国际台主控全年的节目播出量为297 110小时，平均每天814小时。短短几年间，至2012年年底，主控机房全年节目播出量迅速增加到443 852小时，平均每天1 212.7小时，平均每小时播出50.5路节目，最多时同时输出61路节目。如此巨大的输出，只靠现有每个班组4名值班员的人工监听、监看来保证安全播出是不可能实现的。因此，主控音频传输系统中各种告警的作用显得尤为重要。当音频系统产生播出异常现象时，各类告警中出现的提示信息成为值班人员进行判断、操作处理并监测节目的主要依据。可以说，告警不仅仅是对节目进行实时监听、监看并记录、统计、分析的工具，它已成为保障安全播出不可或缺的重要手段，是我们实现安全播出任务的关键点和核心部件。

本文即结合实例谈谈各类告警在国际台主控音频系统中的作用，尤其是智能告警系统在应急处理中的作用。

主控系统的告警设备主要分为两大类：一是智能告警系统及相关软、硬件设施；二是录播服务器告警软件以及一些音频设备自带的软、硬件告警。

BIM-1000智能告警监控系统的硬件和软件构成及作用。

这套告警系统是专为国际台主控音频系统开发的智能播出告警监控系统。

硬件的构成和作用：

图1为智能告警监控系统在主控音频系统中接入的方框图：

我们知道，广播电台安全播出监控告警系统一般包括三个环节：节目制作、节目播出、节目传输环节。其中节目制作环节中的监控在国际台主要由节目负责人来审听把握，节目传输环节的监控目前在主控系统中暂时未能实现，而主控系统主要承担的是节目播出环节的监控、告警、记录等任务。

从图1中我们可以清楚看到智能告警系统其监测点涵盖了主控系统从节目源到输出的大部分音频设备。它的硬件部分主要包括智能监控计算机、网络交换机、串口服务器和音频采集处理器等设备。

图1中虚线部分代表智能告警监控系统接入的数据采集和音频采集点。其中NC900系统串口服务器用于采集音分、二选一等设备的工作状态和电平状态，共8台；这里的音分包括前主音分、前备音分、后主音分、后备音分，音分是数字音频分路放大器的简称，具有将音频信号放大并分成多路同样信号的作用；数字音频切换器，又称二选一，包括后短波广播主、备二选一，后海外落地1主、备二选一，后海外落地2主、备二选一，在广播播出系统中常常用来实现信号的选择和应急切换。

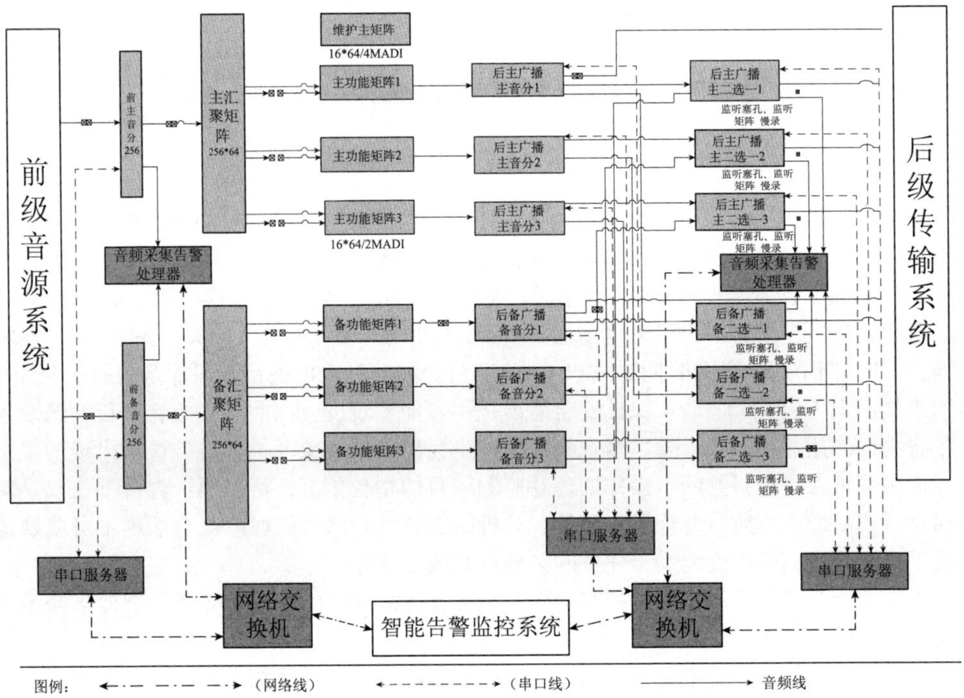

图 1

音频采集告警处理器用于采集音频信号电平，在此系统中共配置了 56 台。

H3CS1526 系统网络交换机用于以上采集设备与智能告警监控系统之间的数据交换，在此系统中共配备了 10 台。

智能告警监控系统计算机用于数据监测、数据服务和主告警等，在整个系统中共配备了 11 台。

软件的构成和作用：

图 2 为智能告警系统的基本软件结构。

从图 2 中我们可以看到，此套系统的软件课分为三个部分：数据服务终端软件、主告警终端软件以及数据检测终端软件。

数据服务终端软件用于存储、编辑系统中重要和相对固定的数据，是整个系统的数据基础。数据检测终端软件用于系统的实时数据采集。主告警终端软件是系统的核心处理部分，它可根据检测终端送来的告警数据，结合提前输入获取的告警信息路由关联，以及综合数据服务器中设定好的主控节目运行图，最终推导出当前告警与所关联的系统部分，再根据主控系统的预设来发出声音、文字、颜色等告警提示。

因为实际应用中，主告警终端软件是值班员在应急处理中最为倚重的工具，值班员会根据它所反映出的告警信息，再结合其他告警的提示来进行应急点的判断和操作。因此，笔者在这里要着重介绍一下。

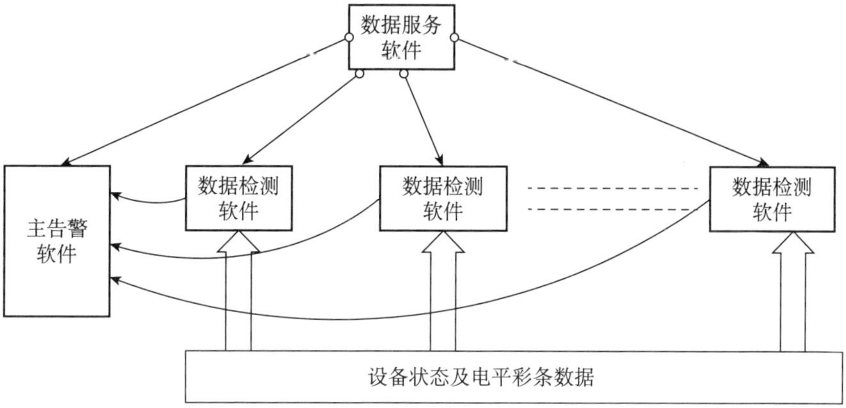

图 2

图 3 为主告警终端软件主界面。

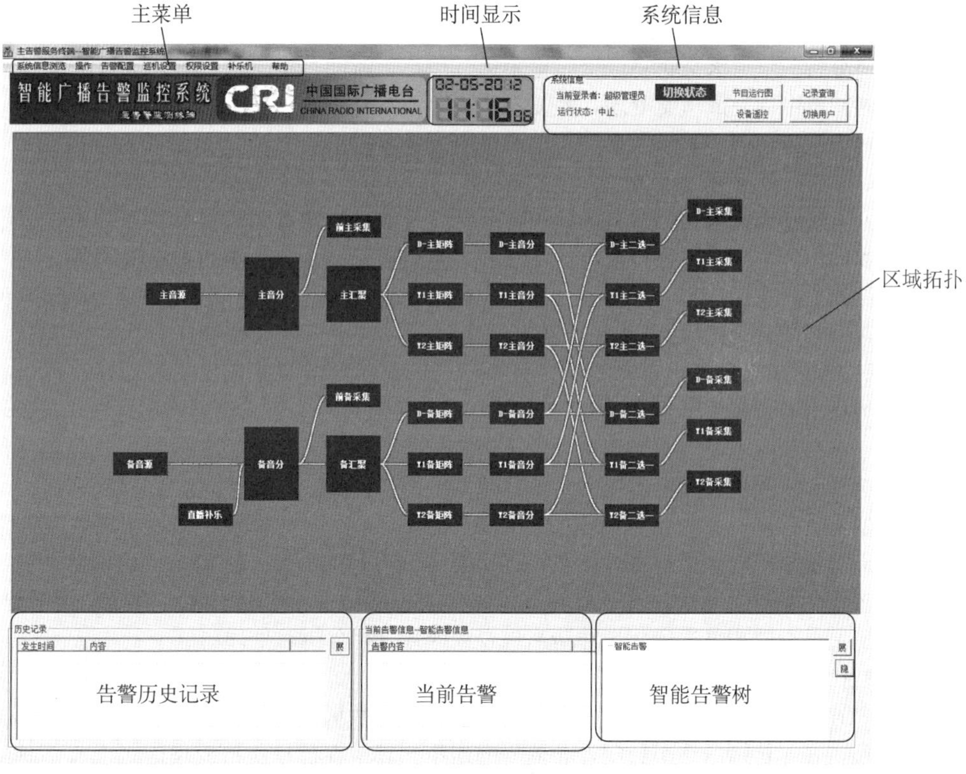

图 3

在这个界面中共反映出主菜单、时间显示、系统显示、区域拓扑、告警历史记录列表、当前告警列表、智能告警树 7 个部分。

当主控音频系统出现异常情况时，图 3 中区域拓扑部分、系统信息部分、智能告警树部分以及当前告警区域、告警历史记录区域会同时显示文字、声音、颜色等提示信息，来提醒值班人员注意播出节目的异常。当班人员会立即根据其反映出来的各种信息，再结合其他设备的告警来进行综合判断，迅速确定、分析故障点，进而采取正确有效的措施完成应急操作。

需要重点说明的是，实际应用中，声音告警是值班人员获取告警信息最为快捷有效的方式，值班员往往是在第一时间听到声音告警后，才能意识到异常情况出现，再迅速查看文字告警的具体内容，结合颜色显示来进行初步判断的。智能告警系统声音分为 5 种，其优先级从高到低依次为“有节目源中断”、“有停播告警”、“有切应急”、“二选一有告警”、“系统有告警”。

当智能告警出现优先级最高的“有节目源中断”、“有停播告警”提示时，显示主控音频系统有节目中断现象，即空播事故出现，此时值班人员必须立即采取补救措施，尽量减少空播时间；当系统出现“有切应急”、“二选一有告警”、“系统有告警”声音提示时，表示音频系统有异常产生，但还没有最为严重的空播事故，此时值班人员不必立即贸然操作，可冷静分析一下原因，再采取措施也不迟，当然，时间一定不能过长，要在安全播出所规定的时间范围内完成应急处理，恢复系统正常。

录播播出服务器告警软件及音频传输设备的告警及应用：

1. 录播播出服务器告警软件

一播八系统是国际台录播节目的播出平台，其录播播出服务器告警软件负责对传入播出站并即将播出的节目状态进行监控、记录并发出告警信息。其告警机制分为两种：一种是对播出站播出状态的告警：当播出站通道应有节目播出却异常停止且无垫乐时，该软件界面会显示“播出停止”文字消息并发出声音警示；当播出站通道垫乐时，界面会显示“开始垫乐”文字消息并发出声音提示。另一种是对播出站节目未满的告警：通过播出程序设置，当播出通道板块节目开播前 30 分钟和 5 分钟时，若节目未满足设定时长，报警软件会显示“节目长度不足”文字消息并发出声音提示。此外，当报警软件程序未收到任何消息时，会显示“某通道无响应”文字消息并发出声音提示。

对于值班员来讲，最为重视的消息当然是“播出停止”、“开始垫乐”报警，遇此消息，应立即迅速采取应急措施进行补救；其次是“节目长度不足”报警，遇此信息，值班员会立即查询相关播出通道并及时通知节目制作编辑部门补足节目长度。对于“无响应”消息，值班员可查看相关通道状态并请当班音频保驾进行分析、处理。

2. 数字音频切换器上的告警及应急处理

数字音频切换器（以下简称二选一）由电源模块、数据接口模块、控制模块共三部分组成，可用于音频传输通路中数字音频信号的切换。其中在数据接口模块面板上有三种红色告警指示灯：“UNLOCK”是输入信号锁定告警，当信号线路中断时会产生告警；“CRC”是输入信号 CRC 告警，当通道状态码的 CRC 校验错误时会产生告警，CRC（cyclic redundancy check）即循环冗余校验码，是一种常见的差错校验码；PARITY 是输入信号奇偶校验告警指示，当某样点的奇偶校验错误时报警。在控制模块上有“UNMUTE”、“MUTE”两个选择拨子，分别表示打开、关闭蜂鸣器报警音，实际使用中，为避免不必要的麻烦，我们通常选择“MUTE”状态，即关闭报警音。

以上告警指示是值班员在做日常设备巡检时的关注点。在进行应急处理时，值班员的操作点集中在数据接口模块上的“MODE”，即切换模式部分。

二选一的切换方式有自动、手动、遥控三种。一般情况下，我们设定使用自动切换方式，紧急情况下使用手动切换。其切换门限电平的设置范围可从-36 分贝至-90 分贝，主控系统现在使用的值为-48 分贝。其切换延时时间的设定范围为 0 秒至 48 秒，主控系统使用的值为 6 秒。即当二选一 A 路接收的音频信号低于-48 分贝且时间延续 6 秒时，则自动切换到 B 路信号播出，同时 B 路指示灯亮，显示告警。需要注意的是，当 A 路信号恢复，系统不会自动切回 A 路，值班员必须手动将切换开关由 B 拨到 A 再恢复到“AUTO”自动位置，系统才会恢复 A 路的输出信号。

3. 数字音频分配器的告警及应急处理

数字音频分配器（以下简称音分）由电源模块、数据分配接口模块和控制模块三部分组成。在数据分配接口模块和控制模块均有“UNLOCK”（失锁）告警、“LINE”（线路）告警，当数据分配接口模块上的 A 路节目源部分和控制模块上的 B 路备播音源输入端信号或线路失锁、线路中断时，红色指示灯亮起，产生告警提示。值班员日常巡检时，这部分是重点关注点。

与二选一相同，在应急处理时，值班员的操作点集中在数据分配接口模块上的“MODE”，即状态选择部分。DAL-3810D 型数字音分有 A、RM、B 三种状态选择：RM 为远程控制状态，正常情况下，模块板卡拔子处于此状态，以便于智能告警系统进行自动处理；A 路为节目源状态，播出正常时模块面板显示灯显示 A 路亮，表示输出信号为正常节目；B 路为垫乐状态，当 A 路节目源输入部分无信号时（信号音量低于-48 分贝，且持续时间达到 6 秒），智能告警系统控制音分自动倒入 B 路垫乐状态，此时 B 路绿色指示灯亮起，显示告警出现。应急处理时，值班员可根据此告警提示迅速定位信号异常点，并立即采取相应的应急操作。当节目源恢复时，值班员可在智能告警控制软件上远程手动遥控恢复 A 路正常节目，也可直接在设备端手动恢复面板拔子为 RM 状态。

4. 各类告警提示下应急处理的实例分析

智能告警系统通过以太网和二选一、音分、采集报警器进行通讯，收集整理整个播出系统中音频路由的信息，与预设的节目表进行比对，通过文字、声音、颜色等形式对值班员进行提示。因此，值班员应急处理时，既要关注智能告警系统产生的告警消息，也要关注以上设备及录播告警软件的报警提示，只有采集到足够的信息，应急操作才能准确无误。以下实例为录播节目源信号中断时的告警及应急，即印证了这一点。

某时，智能告警突然响起声音提示，在 2 秒钟之内前后依次出现“有节目源中断”一声、“有切应急”一声，之后持续响起“二选一有告警”；值班员立即观察主告警终端软件主界面中的智能告警区域，该区域中在 4 秒钟之内显示出文字信息 48 条，依次显示某路前备音分、前备采集、前主音分、前主采集以及某路后主音分、后备音分、后备采集、后备二选一、后主二选一、后主采集有告警出现。同时该界面中"区域拓扑"部分显示"前主音分"、"D-主二选一"、"D-备二选一"均为红色警示；界面中"切换状态"也呈红色警示。此时A岗值班员只能初步推断可能是某路节目源中断，引起系统自动切应急输出。几秒之后，B1岗值班员提示A岗录播告警软件响起声音警示并显示文字消息"某通道播出停止"，并在录播播出工作站界面观察到此通道有红色停播警示。此刻，A岗可以根据以上信息完全判断出是录播播出站某通道节目主、备均异常停播引起音频传输系统中前主音分某路无声告警，前备音分自动切B路备播音源应急播出，同时导致相关输出通道主、备路二选一自动倒备路播出。

至此，A岗立即指挥B1岗采取措施恢复该录播服务器通道节目；并要求B2岗值班员即刻进入设备间，通过观察音分上亮起的B路切换提示灯，迅速在256个前备音分中锁定需切应急的那一个，并密切观察该音分上A路左、右音量显示灯状态，一旦A路音量显示亮起，立即手动切回"RM"远程遥控模式；之后B2岗值班员再根据二选一切换器上B路告警指示灯亮起提示，迅速在512个二选一中找到已倒备路播出的主、备各一个二选一，并手动恢复到"AUTO"正常模式。至此，此次应急处理基本完毕。

综上所述，主控音频系统的安全播出仅依靠音频设备是远远不够的，各类告警已成为保障安全播出的核心部件。当然主控系统现有告警还没有覆盖所有音频设备的监控、记录，在告警系统的开发和应用上还有许多文章可做。相信通过我们技术人员的不断努力，告警将日益完善，在安全播出工作中会发挥更为显著的作用。

（作者单位：中国国际广播电台播出传送中心）

参考文献：

1.《智能播出告警监控系统用户手册》，中国电子科技集团公司第三研究所，2011年。

2.《DAL系列专业音频设备用户手册——数字音频切换器、数字音频分配器》，中国电子科技集团公司第三研究所，2011年。

图书在版编目（CIP）数据

国际传播论文集. 第14辑 / 王明华主编. — 北京：中国国际广播出版社，2013.7
ISBN 978-7-5078-3632-5

Ⅰ. ①国… Ⅱ. ①王… Ⅲ. ①传播学－文集 Ⅳ. ①G206-53

中国版本图书馆CIP数据核字（2013）第200838号

国际传播论文集（第十四辑）

主　　编	王明华
责任编辑	张　婧　赵　芳　赵　晶　廖小芳　杨　桐
版式设计	国广设计室
责任校对	徐秀英
出版发行	中国国际广播出版社（83139469　83139489 [传真]）
社　　址	北京复兴门外大街 2 号（国家广电总局内） 邮编：100866
网　　址	www.chirp.com.cn
经　　销	新华书店
印　　刷	北京艺堂印刷有限公司
开　　本	710 × 1000　　1/16
字　　数	1300千字
印　　张	52.5
版　　次	2013 年 7 月　北京第一版
印　　次	2013 年 7 月　第一次印刷
书　　号	ISBN 978-7-5078-3632-5/G · 1414
定　　价	128.00元

CRI 中国国际广播出版社　欢迎关注本社新浪官方微博　官方网站 www.chirp.cn